KB161766

앙리 베르그송(1859~1941)

고등사범학교 입학생들 베르그송은 맨 오른쪽(1878)

레지옹 도뇌르 훈장 베르그송은 1930년 71세 나이에 레지옹 도뇌르 대십자훈장을 받았다.

파리 고등사범학교 캠퍼스 정문

파리 고등사범학교 캠퍼스

콜레주 드 프랑스 학교 건물 베르그송은 이 학교의 철학교수를 지냈다.

소르본대학교 캠퍼스 베르그송은 1889년 소르본대학교(현 파리 제4대학교)에서 철학박사 학위를 받았다.

2008년 노벨문학상 발표장면 베르그송은 1927년 노벨문학상을 수상했다.

베르그송의 무덤 파리 가르슈의 마을묘지

아인슈타인과 베르그송 베르그송은 교수직을 은퇴한 뒤 아인슈타인과 시간개념에 대한 유명한 논쟁을 벌이기도 했다.

정원에 앉아 있는 베르그송

아카데미 프랑세즈 건물 프랑스에서 가장 권위 있는 학술기관으로, 베르그송은 이 아카데미 회원을 지냈다.

연구실에 앉아 있는 베르그송

세계사상전집037

Henri Bergson
LE RIRE/L'ÉVOLUTION CRÉATRICE
LES DEUX SOURCES DE LA MORALE ET DE LA RELIGION

웃음/창조적 진화/도덕과 종교의 두 원천

앙리 베르그송 지음/이희영 옮김

동서문화사

웃음/창조적 신화/도덕과 종교의 두 원천
차례

웃음
머리말
제1장 모든 웃음에 관하여……13
제2장 상황의 우스움과 말의 우스움……46
제3장 성격의 우스움……79
부록……114

창조적 진화
서론
제1장 생명의 진화……125
기계론과 목적성
제2장 생명진화의 여러 갈래 방향……207
마비 지성 본능
제3장 생명의 의의에 대하여……279
자연의 질서와 지성의 형식
제4장 사유의 영화적 구조 및 기계론의 착각……352
철학 세계들의 역사 훑어보기, 실재적 생성과 거짓된 진화론

도덕과 종교의 두 원천
제1장 도덕적 의무……439
1. 사회적 질서와 자연의 질서/2. 사회 속의 개인/3. 개인 속의 사회/4. 저항에 대한 저항/5. 정언적 명령에 관하여/6. 의무와 생명/7. 폐쇄된 사회/8. 영웅의 호소/9. 개방된 영혼과 폐쇄된 영혼/10. 정서와 추진/11. 정서와 창조/12. 정서와 표상/13. 해방/14. 전진/15. 폐쇄된 도덕과 개방된 도덕/16. 폐쇄와 개방 사이/17. 자존심/18. 정의(正義)/19. 강압과 동경/20. 주지주의/21. 생명의 약동/22. 훈육과 깨달음

제2장 정적 종교……523

1. 이성적 존재의 자가당착/2. 우화 기능/3. 우화 작용과 생명/4. '생의 약동'의 의의/5. 우화의 사회적 역할/6. 부분적인 인격들/7. 질서 파괴에 대한 보장/8. 의기소침에 대한 보장/9. 유용한 우화 기능의 일반적 주제/10. 자가 당착의 번성/11. 예측 불가능한 일에 대한 보장/12. 성공 의지/13. 우연/14. 문명인들의 원시적 정신/15. 마법/16. 마법의 심리학적 기원/17. 마법과 과학/18. 마법과 종교/19. 정령 신앙/20. 종족으로 간주되는 동물/21. 토테미즘/22. 신들에 대한 신앙/23. 신화적 상상력/24. 우화 기능과 문학/25. 어떤 의미에서 신들은 존재했는가/26. 정적 종교의 일반적 기능

제3장 동적인 종교……616

1. 종교라는 말의 두 의미/2. 왜 같은 말을 사용하는가/3. 그리스 신비주의/4. 동양의 신비주의/5. 기독교 신비주의/6. 신비주의와 변혁/7. 이스라엘의 예언자들/8. 신의 존재/9. 신비주의의 철학적 가치/10. 신의 본성/11. 창조와 사랑/12. 악의 문제/13. 영생

제4장 결론 : 기계학과 신비학……667

1. 닫힌 사회와 열린 사회/2. 자연적인 것의 영속/3. 자연적인 사회의 성격/4. 자연 사회와 민주주의/5. 자연적인 사회와 전쟁/6. 전쟁과 산업 시대/7. 경향의 진화/8. 이분법과 이중적인 열정의 법칙/9. 단순한 삶으로의 복귀는 가능한가/10. 기계학과 신비학

베르그송의 생애와 사상……715
베르그송의 생애/베르그송의 저작/베르그송의 이론과 체계

베르그송의 연보……744

Le Rire

웃음

머리말*1

이 책은 우리가 일찍이 《파리평론》*2에 발표한 '웃음'에 관한(또는 '희극성이 불러일으키는 웃음'에 관한) 세 편의 논문으로 되어 있다. 이들을 책으로 정리하면서, 우리는 과거 이 문제에 손을 댄 사람들의 사고를 남김없이 음미하고 웃음에 대한 여러 이론을 정면으로 비판해야 할지 자문해보았다. 그러나 그렇게 하면 우리의 서술이 마구 뒤섞여, 이 제목에 걸맞지 않은 책이 완성될 것 같았다. 게다가 웃음의 주된 정의는 비록 간단하지만 이해를 도울 만한 상상을 하게 하는 이런저런 예에 대해서 확실하게 또는 자연스럽게 논의되고 있었다. 그래서 결국 이러한 논문을 그대로 다시 싣는 데 그친 것이다. 다만 이에 곁들여, 지난 30년 동안 발표된 웃음에 관한 주요 노작(勞作) 목록을 덧붙였다.

그 뒤를 이어 몇몇 작품이 더 나타났다. 아래에 싣는 목록은 그 때문에 길어졌다.*3 그렇지만 우리는 책의 내용을 조금도 건드리지 않았다.*4

그것은 이 다양한 연구들이 여러 웃음의 문제를 해명하지 못했기 때문은 결코 아니다. 다만 웃음의 창출 기법들을 명확히 하려는 우리의 방법이, 대단히 폭넓으면서도 단순한 공식에 희극적인 효과를 삽입하는 일반적인 방법과 대조를 이루기 때문이다. 이러한 두 방법이 서로 배타적인 것은 아니다. 그러나 후자가 부여하는 모든 것은 전자의 여러 성과에 아무런 누도 끼치지 않을 것이다. 그리고 후자야말로 과학적 정확성과 엄밀성을 갖춘 유일한 방법이라고 본다. 또한 이것이 이번 판에 곁들인 부록에서 독자의 주의를 불러일으키고자 하는 점이다.

H.B

1924년 1월 파리

〈주〉

*1 (원주) 우리는 여기에 23판(1924년)의 머리말을 다시 실었다.

*2 (원주) 〈파리평론〉 1899년 2월 1일과 15일, 3월 1일 호(號)

＊3 (역자주) '머리말' 바로 다음에 실은 웃음 연구서 목록은 모두 생략했다. 프로이트의 저서를 빼고는 오늘날 거의 찾아보기 힘든 문헌뿐이기 때문이다. 하지만 베르그송이 본문에서 특별히 다룬 학자의 주장에 대해서는, 그 이름을 들지 않은 것을 포함해 장 마지막마다 나오는 '역자주'에서 그때마다 아주 간단하게 언급해 두었다.

＊4 (원주) 그렇지만 문장 형식은 조금 수정했다.

제1장
모든 웃음에 관하여
형태의 웃음, 움직임의 웃음

웃음의 팽창력

웃음이란 무엇을 의미하는가? 웃음을 유발하는 밑바탕에는 무엇이 있을까? 익살꾼의 찌푸린 얼굴, 재치있는 말솜씨, 보드빌(vaudeville : 가벼운 오락용 희극)의 착각, 하이코미디 장면 사이에서 어떤 공통점을 발견할 수 있을까? 어떤 증류법(蒸溜法)을 사용하면 저렇게 종류가 잡다한 산물(産物)에 독한 향기를 감돌게 하는, 언제나 같은 그 엑기스를 채취할 수 있을까? 아리스토텔레스 이래로[*1] 훌륭한 사상가들이 이 사소한 문제에 몰두해 왔다. 그러나 이 문제는 언제나 그 노력을 비웃듯이 빠져나가고 비껴가고 다시 제자리로 돌아왔다. 철학적 사색에 던져진 비위에 거슬리는 도전이라고나 할까.

지금 또 이 문제를 거론하면서 먼저 이해를 구해야 할 것은, 우리는 이 희극적 공상을 어느 정의에 고정시키려고 애쓰는 것이 아니라는 점이다. 우리는 희극적 공상에서 무엇보다 살아 있는 무언가를 본다. 그것이 아무리 가벼울지라도 사람이 삶에 대해서 지불해야 할 존경하는 마음을 가지고 그것을 다룰 생각이다. 우리는 그것이 성장해 꽃을 피우기에 이르는 상황을 바라보는 것에 그쳐두자. 형태에서 형태로 눈에도 띄지 않는 단계를 거쳐 그것은 우리 눈앞에서 아주 색다른 여러 가지로 변신하게 될 것이다. 우리는 이제부터 보는 것에 대해 무엇이라도 경멸하지 않을 생각이다. 틀림없이 이렇게 일관된 자세로 나가면 결국에는 이론적인 정의보다도 무언가 더욱 융통성이 있는 것을 얻게 될 것이다—오랜 교제에서 낳게 되는 것처럼 실제적이고 친밀한 지식을. 그리고 뜻밖에도 유익한 지식 하나를 얻었음을 틀림없이 깨닫게 될 것이다. 희극적 공상은 심하게 탈선한 것에 이르기까지 그 나름대로 합리적이고, 그 광기와 같은 것에도 조리가 있다. 꿈을 꾸는 듯하지만 곧 사회 전체에 승인이 되고 이해가 되는 환각을 불러일으킨다. 이런 희극적 공상이 인간의 상상작용에 관해서, 특히 사회적·집단적·민중적인 상상의 작용에 관해서 어찌 우리에게 가르치는 바가 없겠는가? 실제의 삶에서 나온 예술과 닮은 그것이 어찌 예술과 삶에 대해서 우리에게 호소하는 바가 없겠는가?

먼저 가장 기본적인 것으로 간주되는 3가지 관찰을 제시하겠다. 그것은 웃음 자체보다도 오히려 그것을 탐색해야 할 곳으로 향해 있다.

1

우리가 첫째로 주의를 환기하고 싶은 점은 이것이다. 고유한 의미로 인간적인 것을 빼면 웃음이란 없다. 경치가 아름답다거나, 운치가 있다거나, 숭고하다거나, 보잘것없다거나, 또는 추악하다거나 하는 것은 있다. 그렇지만 그것은 결코 우스운 일이 아니다. 사람은 동물을 보고 웃을 때가 있다. 그것은 동물에게서 인간의 태도라든가, 인간적인 표정을 읽었기 때문이다. 사람은 모자를 보고도 웃을 때가 있다. 그러나 그때 사람이 조롱하는 것은 펠트나 밀짚 따위가 아니고, 사람들이 모자에 부여한 인간의 변덕이다. 이처럼 단순하면서도 중요한 사실이 왜 철학자들의 주의를 끌지 못했을까? 많은 사람이 인간을 '웃을 줄 아는 동물'로 정의했다.[*2] 또한 그들은 사람을 웃길 줄 아는 동물로도 정의할 수 있었을 것이다. 왜냐하면 어떤 다른 생물이나 무생물이 우리를 잘 웃게 한다고 해도, 이는 인간과 유사하기 때문이거나, 인간이 그것에 새겨놓은 표시나, 또는 인간이 그것을 사용하는 방법에 의한 것이기 때문이다.

다음으로 이에 못지않게 주의해야 할 하나의 징후로서 웃음에 수반하는 무감동을 지적하고 싶다. 웃음은 매우 평온하고 흐트러짐 없는 정신의 표면에 떨어질 때에만 그 흔들림의 효과를 낳을 수 있는 듯하다. 무관심은 웃음을 느낄 수 있는 천연의 환경이다. 웃음에 감정 이상의 대적은 없다. 그렇다고 해서 연민이나 애정을 불러일으키는 인물에 대해선 웃을 수 없다는 말이 아니다. 단지 몇 시간만이라도 이 애정을 잊고 연민을 침묵시키기만 하면 된다. 순수하게 이지적인 사람들의 사회에서는 다분히 울 일이 없다. 하지만 여전히 웃는 일은 있을 것이다. 반면 언제나 사물에 민감하고 삶의 합창에 공감하고 모든 사건이 감정적인 공명을 수반하게 되어 있는 마음을 지닌 사람들은 웃음을 알지도 이해하지도 못할 것이다. 시험 삼아 잠시 남이 말하고 행동하는 것에 완전히 동화되어, 상상 속에서 그들과 하나가 되어 느껴보자. 자신의 공감을 최대한으로 펼치는 것이다. 마법의 지팡이에 한 번 맞은 것처럼 자못 가볍게 보이는 것도 무거워지고 모든 것이 엄숙해짐을 보게 되리라. 다음으로, 한 발짝 물러서서 구경꾼이 되어 삶에 임해보자. 대부분의 드라마는 희극으로 바뀔 것이다. 사람들이 춤추는 연회장에서, 음악소리에 귀를 막기만 해도 그들을 바보스럽게 만들기에는 충분하다. 어떤 인간 행위가 이러한 시련에 견딜 수 있을까? 대부분은 그것에 수반하는 감정의 음악을 끄면, 갑자기 엄숙함에서 익살맞음으로 돌변한다. 역시 희극적 효과를 십분 발휘하기 위해서는 순간적인 심장마비와도 같은 것이 필요하다. 희극성은 순수 이지(理知)에 호소하는 것이다.

다만 이 이지는 언제나 다른 이지들과 접촉해 나가야만 한다. 우리가 주의를 환기하고 싶었던 제3의 사실이 바로 이것이다. 자신이 고립되어 있다고 느끼는 사람은 웃음을 맛보지 못할 것이다. 웃음에는 반응이 필요하다. 웃음소리를 잘 들어보자. 그것은 분명하고 또렷한 음이 아니다. 이웃에서 이웃으로 반응하면서 길게 가려는, 마치 산중의 천둥소리처럼 첫 폭발이 있고 나서도 울림이 이어지는 무언가이다. 그럼에도 이 반응은 끝없이 이어지는 것은 아니다. 그것은 아무리 넓은 범위 안에서도 진행될 수 있지만 역시 한계가 있는 것이다. 우리의 웃음은 언제나 집단의 웃음인 것이다. 기차나 식당에서 여행자들이 세상 돌아가는 이야기를 나누는 것을 들은 적이 있을 것이다. 그들은 진심으로 이야기가 우스워서 웃는 것이 분명하다. 여러분도 만일 그 가운데 있었다면 그들과 똑같이 웃었을 것이다. 하지만 여러분은 그 패가 아니었기 때문에 조금도 웃고 싶은 생각이 들지 않았다. 어느 사람에게 모두를 감격의 눈물로 젖게 하는 설교를 듣고도 왜 눈물을 흘리지 않느냐고 묻자, 그는 이렇게 말했다. "나는 이 교구의 사람이 아닙니다." 이 사내가 눈물에 대해서 생각한 것이 웃음에 대해서는 한층 더 진실해진다. 사람들은 웃음이 진실한 것이라고 생각하지만, 웃음은 현실의 또는 가상의 다른 사람들과 무언가 합의를 본, 거의 공범이라 할 만한 저의(底意)를 숨기고 있다. 관객석이 꽉 차면 찰수록 극장에서 웃음소리는 널리 퍼진다는 이야기를 몇 번이고 들어 보지 않았는가. 한편 희극적 효과는 대체로 한 언어에서 다른 언어로 번역할 수 없는 것으로, 한 사회의 습속이나 관념과 연관되어 있음이 몇 번이고 강조되지 않았는가. 그러나 이 이중의 사실이 얼마나 중요한지 몰랐기 때문에 지금까지 사람들은 익살 속에서 정신이 흥겨워하는 단순한 호기심과, 다른 인간 활동과는 무관한 유별나고 고립된 현상만을 보아왔다. 그래서 '관념들 속에서 인정된 하나의 추상적 관계', 즉 '지적 대조'라든가 '감각적 부조리' 등으로*3 희극적인 것의 정의를 내리는 것이다. 이러한 정의는 비록 실제 희극적인 것의 온갖 형태에 들어맞는다고 해도, 왜 그것이 우리를 웃게 하는지를 조금도 설명해 주지 못한다. 온갖 다른 논리적 관계가 우리의 몸을 태연히 방치함에도, 유독 이 특수한 논리적 관계만이 인정된 순간 우리를 포복절도하게 만드는 이유는 도대체 무엇인가? 그러나 우리는 이러한 측면에서 문제에 접근하지 않을 것이다. 웃음을 이해하려면 웃음의 본디 환경인 사회를 살펴 볼 필요가 있다. 특히 웃음의 사회적인 역할이라는 유용한 역할을 분명히 해야만 한다. 이제부터 다룰 이것이 우리 연구의 주축이 된다. 웃음은 공동 생활의 어떤 요구에 대응하고 있는 것이 틀림없다. 웃음은 어떤 사회적 의미를 지니는 것이 분명하다.

지금까지 우리가 살펴본 세 가지 관찰이 수렴하는 바를 확실하게 해 두자. 웃음이란 한 무리로 모인 사람들이 감성을 침묵시키고 이지만을 작용시켜, 그 모든 주의를 그들 가운데 한 사람에게 돌릴 때 탄생하는 것이다. 그러면 그들이 주의를 돌려야만 할 특수한 점이란 무엇인가? 이때 이지는 무엇에 쓰이는 것일까? 이러한 물음에 답하는 것만으로도 거의 문제의 핵심에 다가가게 된다. 하지만 그 전에 몇몇 예를 반드시 짚고 넘어가야 한다.

2

거리를 달리던 사내가 비틀거리면서 쓰러진다. 그러자 지나가던 사람들이 웃는다. 만일 그가 갑자기 땅바닥에 주저앉을 생각이었다고 상상했다면 사람들은 웃지 않았을 것이다. 그가 얼떨결에 앉은 것을 사람들은 아는 것이다. 그리고 보면 웃음을 나오게 한 것은 그의 태도의 갑작스러운 변화가 아니라, 변화 속에 본의 아닌 것이 있다는 것, 즉 실수이다. 길에 돌멩이가 있었을지도 모른다. 걸음걸이를 바꾸거나 아니면 그 장애물을 피해서 지나가야만 했던 것이다. 그렇지만 유연함이 부족했던 탓인지, 멍청했던 탓인지,

그것도 아니면 몸이 고집을 부린 탓인지, 사정이 다른 것을 요구하는데도 말하자면 경직*[4]이나 외부의 힘 탓으로 근육이 여전히 같은 운동을 계속했던 것이다. 그 때문에 그는 넘어진 것이고, 이를 보고 지나가던 사람들이 웃은 것이다.

다음으로 이번에는 치밀하고도 세밀한 일을 하는 사람이 있다고 하자. 그런데 누군가가 그 주위의 물건에 못된 장난을 쳐놨다. 그가 잉크병에 펜을 넣자 진흙이 묻어나온다. 의자에 편안하게 걸터앉는데 마룻바닥에 엉덩방아를 찧는다. 습관적으로 언제나 하는 일이 빗나가고 헛도는 것이다. 이것은 버릇이 그러한 움직임을 이미 몸에 새겨 두었기 때문이다. 그는 움직이길 멈추거나 그 상황을 피해야 했다. 그런데 그러긴커녕 기계적으로 행동을 계속한 것이다. 그렇기 때문에 직장에서 장난의 희생자는 위에서 말한 달려가다 넘어진 사람과 비슷하다. 이는 같은 이유에서 우스워지는 것이다. 이들의 경우에 우리를 웃게 하는 것은 주의 깊은 유연함과 민첩함이 필요한 상황에서의 기계적인 경직(硬直)이다. 이 두 경우의 차이는 단 하나, 첫 번째 일은 자연스럽게 일어났으나 두 번째 일은 인위적으로 일어났다는 점이다. 앞서의 통행인은 그저 구경을 한 반면, 후자에서 장난을 치는 자는 실험을 하고 있는 것이다.

그렇지만 두 상황 모두에서 결과를 결정한 것은 외부의 사정이다. 따라서 웃음은 우연히 생겨나는 것이다. 이른바 그것은 인물의 표면에 머물러 있다. 어떻게 하면 웃음이 내부로 잠입할까? 그러기 위해서는 기계적인 경직이 모습을 드러낼 때, 우연한 상황이나 누군가의 장난 같은 걸림돌이 더는 필요하지 않아야만 할 것이다. 그 경직이 밖으로 나타날 늘 새로운 기회를 자기의 품안에서 자연스럽게 끄집어낼 수 있어야만 할 것이다. 거기에서 마치 반주에 뒤처지는 선율처럼 언제나 한 것만을 생각하고 지금 하고 있는 것은 잊는 사람을 상상해 보자. 이제는 없는 것을 보거나, 울리지 않는 것을 듣거나, 적합하지 않은 것을 말하고, 그래서 결국 현실에 몸을 적응시켜야만 할 때에 여전히 과거의 상상 속에 계속 몸담고 있는 듯한 사람을 떠올려 보자. 이제 우스개는 그 인물 자체에 깃들어 있다. 이 인물이야말로 소재와 형식, 원인과 계기 모두를 우스개로 제공할 것이다. 방심한 사람(우리가 지금까지 이야기했던 바로 그 인물들)이 희극 작가들의 영감을 불러일으킨 것이 이상한 일일까? 라 브뤼예르(Jean de La Bruýre)는 살아가면서 이러한 인물과 마주칠 때면, 그를 분석하며 자신이 희극적 효과를 많이 만들어 낼 수 있는 비법을 손에 넣었다고 생각했다. 그러나 그는 그것을 함부로 남용했다. 메나르크*5에 대해 서술하면서, 몇 번이나 되돌아가 몹시 정성을 들여 터무니없이 장황하게 늘어놓았다. 가장 길고 조잡한 묘사였다. 쉬운 주제감이 그를 물고 늘어진 것이다. 사실 방심으론 아직 웃음의 근원 그 자체에 도달하지 못한다. 하지만 근원에서 일직선으로 흘러나오고 있는 여러 사실과 관념과의 어느 흐름에는 확실히 들어가 있다. 사람은 웃음의 자연스런 큰 분수령 중 하나에 있는 것이다.

그렇지만 방심의 효과라는 것은 자기 쪽에서도 강화될 수 있다. 여기에 일반적인 법칙 하나가 있고, 그 첫째 적용은 지금 우리가 갓 본 것으로 다음과 같이 요약될 수 있다. '어떤 웃음의 원인이 자연적인 것이라고 생각될수록 그 웃음은 우리에게 더욱더 희극적으로 다가온다.' 단순한 한 행동으로서 사람이 보여주는 방심이 우리를 웃게 하는 것이다. 그 방심이 태어나 성장하는 과정을 눈앞에서 보고, 그 기원도 알며, 그 내력을 재구성할 수도 있다면 그것은 더더욱 우스울 것이다. 이에 대한 적절한 예로서, 평소에 연애 소설이나 기사도 이야기를 즐겨 읽는 사람이 있다고 하자. 소설의 주인공들에게 끌리고 매료되어 그 사람은 자신의 사상과 의지를 차츰 그들 쪽으로 옮겨간다. 이리하여 결국 그는 몽유병자처럼 떠돌아다니는 사람이 되는 것이다. 그의 행위는 방심 행위이다. 다만 이러한 방심 행위는 이미 알고 있는 분명한 원인과 결부되어 있는 것으로, 더 이상 거짓이나 꾸밈없이 순수하게 존재하는 것이 아니다. 공상적이긴 한데, 확실하게 정해진 어느 환경에 속해 있는 인물의 존재로 설명될 수 있는 방심인 것이다. 넘어지는 것은 물론 똑같다. 하지만 한눈을 팔다가 우물에 빠지는 것과, 별만 바라보다가 우물에 빠지는 것은 다르다. 돈키호테가 열심히 보았던 것은 바로 별이다. 이 공상과 망상의 정신이 추구한 웃음의 깊이는 얼마나 심오한가. 그럼에도 웃음을 불러일으키는 매개물인 방심에 대한 생각을 정리해 보면, 이 깊이 있는 웃음이 가장 피상적인 웃음과 결부되어 있음을 알아차리게 된다. 그렇다. 망상가, 광신자, 이들 별난 이유가 있는 미치광이는 그 직장의 짓궂은 희극의 희생자 또는 거리에서 넘어진 통행인과 마찬가지로 우리의 심금을 울리고 같은 내부의 기구를 움직여 우리를 웃게 하는 것이다. 그들 역시 확실히 넘어지는 질주자이고 남에게 비웃음당하는 외골수이고, 현실에 좌절하는 이상주의자, 죄 없는 몽상가이다. 하지만 그들이 특히 엄청난 방심가이고, 그 방심이 어느 중심 관념을 기준으로 일사불란하게 조직되어 있다는 점에서—그들의 불운한 실패가, 모두 서로 결합되고 더구나 현실이 꿈을 바로잡기 위해 적용하는 가혹한 논리로써 결합되어 있다는 점에서—그리고 그렇게 끊임없이 잇따라 겹쳐져 갈 수 있는 효과로 끝없이 커져가는 웃음을 주위로부터 이끌어낸다는 점에서, 그들은 다른 누구보다 뛰어나다.

이제 한 걸음 더 나아가자. 어느 약점과 성격의 관계는 고정 관념의 경직성과 정신의 관계와 같지 않을까? 약점이란 좋지 않은 굴곡이 천성에 생긴 것이든 의지가 위축되든 간에, 대개 영혼이 휘어진 상태와 비슷하다. 물론 어떤 약점은, 풍부한 능력을 지닌 영혼이 그 안에 깊숙이 자리잡고서, 그 약점들에 생명을 부여하고 끊임없는 변화의 소용돌이 속을 돌아다니는 일도 있다. 그야말로 비극적인 약점이다. 그렇지만 웃음을 주는 약점은 이와 반대로 우리가 자신을 그 안에 끼워 넣는 틀처럼 외부에서 가져오는 약점이다. 그것은 부드러움을 우리에게서 빼앗지 않으면서도 딱딱한 경직성만을 부여한다. 우리가 그것을 복잡하게 만드는 것은 아니다. 오히려 이것이 우리를 단순화시킨다. 자세한 것은 이 연구의 마지막 장에서 설명할 텐데—희극과 드라마와의 본질적인 차이는 바로 여기에 있다고 생각된다. 드라마라면 하나의 이름을 지닌 우리의 정념 또는 약점을 묘사할 때라도 그것들을 인물에 잘 덧입힌다. 그래서 그것들의 이름은 잊혀지고 일반적 특성은 지워져, 우리는 이제 그것들을 조금도 염두에 두지 않은 채 오직 그것들을 그대로 흡수한 주인공만을 생각하게 된다. 이 때문에 하나의 고유명사가 아닌 드라마 제목은 결코 없는 것이다. 반면, 대부분의 희극은 보통명사를 내걸고 있다. '수전노'라든가 '노름꾼'처럼 말이다. 만일 예를 들어 '질투'로 이름 붙일 만한 희극을 꼽아 보라고 한다면, 《스가나렐(Sganarelle)》이라든가 《조르주 당 댕(George Dandin)》이 생각나지 결코 《오셀로(Othelle)》는 떠올리지 않을 것이다. '질투'는 희극의 표제일 수밖에 없다. 희극적인 약점은 인물에게 아무리 그럴싸하게 덧씌우려고 해도 여전히 한결같은 독립성을 유지하기 때문이다. 그것은 눈에 보이지 않아도 현실로 당당히 서 있는 중심 인물이다. 살아 있는 인물들은 무대에서 그것에 잡아끌릴 뿐이다. 때로 그것은 자신의 힘으로 그런 그들을 잡아당기거나 함께 구르거나 하며 흥겨워한다. 그러나 대부분은 그들을 도구처럼 다루어 장난을 치거나 조종 인형처럼 다룬다. 자세히 보라. 희극 작가의 기교는, 그가 조종하는 인형의 몇 가닥 실을 관객에게 넘겨줄 정도로까지 그 약점을 우리에게 알려주어, 관객을 그 조종 인형과 친하게 만드는 데 있음이 보일 것이다. 그러면 이번에는 우리가 그것을 대신 조종하는 것이다. 우리가 희극에서 맛보는 재미 가운데 일부는 거기에서 온다. 그러고 보면 여기에서도 우리를 웃기는 것은 바로 하나의 자동 현상이다. 그리고 그것은 역시 단순한 방심에 매우 가까운 자동 현상이다. 이를 납득하려면 희극적인 인물은 대체로 그가 자기를 모르는 정도에 정비례해서 희극적임을 지적하는 것만으로 충분하다.*6 희극적인 인물은 자신도 모르는 사이에 희극적이 된다. 마치 기게스의 반지를 역으로 사용한 것처럼, 그는 자신은 보지 못하면서도 다른 모두에게 보이는 그런 존재가 되는 것이다. 비극의 인물은 우리가 어떤 식으로 그의 행위를 비판하는지 알았다고 해도 그 행위를 손톱만큼도 바꾸지 않을 것이다. 그는 자신의 모습을 충분히 자각하고 있어도, 그가 우리에게 야기하는 공포심*7을 명확하게 감지하고 있어도, 그대로 그 행위를 고집해 나갈 것이다. 하지만 우스운 결점이 있는 사람은 그것을 웃기는 것으로 느끼는 순간, 겉으로나마 자신을 고치려고 힘쓴다. 만일 알바공이 그의 인색함을 두고 우리가 웃는 것을 본다면, 그가 반드시 그 점을 고친다고 말할 수는 없지만 우리 앞에선 그 행동을 얼마쯤 삼가거나 다른 식으로 보여줄 것이다. 바로 이런 의미에서 웃음이 '풍습을 교정하는' 것이다. 웃음은 우리가 마땅히 되어야 할 존재, 언젠가는 결국 도달해야 할 존재가 일찌감치 된 것처럼 보이게 힘쓰도록 한다.

그러나 지금 이 분석을 더 진행할 필요는 없다. 달리다가 굴러 넘어지는 사람에서부터 비웃음당하는 외골수로, 조소에서 방심으로, 방심에서 열중으로, 열중에서 의지와 성격의 여러 변형에 이르기까지, 우리는 순서를 좇아 희극적인 것이 차츰 깊게 인물 속으로 자리잡는 과정을 더듬어왔다. 그것은 가장 미묘한 희극성의 발현조차도, 가장 거친 형태 속에 우리가 인정한 어떤 것, 즉 자동 현상과 경직의 효과임을 우리에게 상기시킬 수밖에 없었다. 처음부터 상당히 먼 곳에서 보였기 때문에 아직 막연하고 혼돈스럽긴 하지만,

이제 우리는 인간성의 희극적인 면과 웃음의 예사로운 역할에 대한 첫째 관점을 얻은 것이다.

생활과 사회가 우리 모두에게 요구하는 것은, 현재 자신의 처지를 알도록 끊임없이 기울이는 주의이고, 나아가 우리를 그것에 적응시켜 주는 육체와 정신의 탄력이다. 긴장과 탄력, 이것이야말로 삶이 발동시키는 서로 보완하는 두 힘이다. 그런 것들이 우리 육체에 심하게 부족하면 나타나는 것이 온갖 사고, 허약, 질병이다. 정신이 메마르면 일어나는 것이 온갖 심리적 빈곤, 이런저런 정신 박약이다. 결국 성격에 부족함이 있으면 비참한 처지의 원천, 때로는 죄의 기회가 되는 사회생활에 대한 심각한 부적응을 낳게 될 것이다. 생존과 연관이 있는 이러한 결핍에서 멀어져야만(그것들은 생존경쟁이라 불리는 것 가운데서 자연히 배제되는 경향이 있다) 인간은 생활할 수 있으며, 특히 다른 인간과 더불어 살 수 있다. 그렇지만 사회는 그보다 더 많은 것을 요구한다. 단지 사는 것이 아니라 훌륭하게 살 것을 원한다. 이제야말로 사회가 경계해야 할 것은 우리 각자가 실생활에 중요하다고 생각되는 것에 주의를 기울이는 데 만족해, 그 밖의 것은 모두 몸에 익힌 습관의 손쉬운 자동현상에 맡겨 방치하는 것이다. 또 사회가 우려해야만 할 것은, 사회를 구성하는 성원이 서로 더욱더 정확하게 맞물려야 할 의지와 의지의 사이에서 좀더 세심한 평형을 지향하는 대신에, 그 평형의 기본적 조건들만을 존중하는 데 만족하는 것이다. 사람과 사람 사이의 야합만으로는 사회에서 충분하지 않다. 사회는 서로 적응하기 위한 끊임없는 노력을 요구할 것이다. 따라서 성격이나 정신 내지 육체의 경직은 사회가 우려하는 문제가 된다. 그 이유는 그것의 활동이 잠자고 있을지도 모르는 표시이고, 또 그 활동이 고립되어 사회가 이끌고 있는 그 공통적 중심에서 벗어나 있을지도 모르는 표시이며, 요컨대 '중심이탈(excentricité)'을 하고 있을지도 모르는 표시이기 때문이다. 그럼에도 사회는 그 때문에 손해를 입는 것은 아니므로 이때 구체적으로 단속하며 간섭할 수는 없다. 사회는 불안을 느끼게 하는 어떤 것에 직면하고 있다. 그러나 그것은 징후일 뿐 위협이라고 할 수 없는 것으로 기껏해야 하나의 몸짓에 지나지 않는다. 따라서 사회가 그것에 호응할 때에도 몸짓으로 하는 것이다. 웃음이란 이러한 어떤 것, 하나의 사회적 몸짓임에 틀림없다. 웃음은 그것이 일으키는 불안감 때문에 엉뚱한 행동들을 억제한다. 그리고 자칫하면 고립되어 잠에 빠질 우려가 있는 부차적 부류의 활동을 언제나 일깨우고 서로 접촉시켜둔다. 이로써 결국 사회 집단의 표면에 기계적 경직으로 머물러 있을 듯한 모든 것을 유연하게 하는 것이다. 웃음은 그렇기 때문에 순수미학에 속하지 않는다. 왜냐하면 웃음은(무의식적으로, 더구나 개별적인 많은 미적인 면을 보인 경우 부도덕적으로도) 넓은 의미에서 보았을 때 개선이라는 유익한 목적을 추구하기 때문이다. 그럼에도 그것은 얼마쯤 미적인 면을 보인다. 왜냐하면 희극성이란 사회와 개인이 그들의 자기 보존의 고뇌에서 벗어나 자아를 예술품으로서 다루기 시작한 바로 그때 탄생하기 때문이다. 한마디로 말해서 개인이건 사회이건 그 생활을 위태롭게 하고, 이로써 당연히 제재를 받게 되는 행동이나 성향의 주위에 원을 그린다면, 이 동요와 투쟁의 지역 밖에 사람이 단순한 볼거리가 되는 중립지대가 생기는데, 여기에 육체와 정신과 성격의 어떤 경직이 잔류하는 것이다. 사회는 그 성원들에게 되도록 더 나은 유연성과 사회성을 주기 위해 이러한 경직을 더욱 제거하려고 한다. 이 경직이 바로 웃음거리이고, 웃음은 그 징벌이다.

그러나 이 단순한 공식이 온갖 희극적 효과를 직접적으로 설명해주리라고는 기대하지 말자. 그것은 물론 어떤 혼합물도 섞이지 않은 희극성으로서 기본적이고 이론적이며 완전한 사례에만 들어맞는다.

그러나 우리는 이것을 중심 원리로 삼아 우리의 모든 설명을 전개해 나가려고 한다. 언제나 그것을 염두에 두어야 하지만 그렇다고 그것에 너무 얽매일 필요는 없다. 말하자면 뛰어난 검객이 연속 돌격에 몸을 맡기면서도 동시에 끊었다 이었다 하는 동작 하나하나를 마음속으로 계산해야 하는 것과 같은 이치이다. 그리고 우리가 바야흐로 세우려고 노력하는 것은 희극적 형태의 연속 그 자체이다. 익살꾼의 익살에서 희극의 가장 세련된 연기에 이르는 실을 잡고, 그 실에 의지해 때로는 뜻하지 않은 우회로로 접어들고 때로는 주위를 둘러보기 위해 걸음을 멈추기도 할 것이다. 그러다 결국 할 수 있다면 그 실이 매여 있는, 삶과 예술의 일반적 관계가 분명하게 밝혀질 지점까지 거슬러 올라갈 것이다. 희극성은 삶과 예술 사이에서 외줄타기를 하고 있기 때문이다.

가장 단순한 것에서부터 시작하자. 익살스런 얼굴이란 무엇일까? 우스꽝스러운 얼굴 표정은 어디에서 오는 것일까? 여기에서 익살스런 것과 추한 것을 구별하는 것은 무엇일까? 이렇게 제기된 문제는 이제까지 제대로 해결을 본 적이 없었다. 아무리 단순해 보여도 정면으로 접근하기엔 이미 너무나도 포착하기 어려운 문제이다. 따라서 우선 추(醜)한 것부터 정의를 내린 다음, 익살스런 것은 여기에 무엇을 곁들이는지 밝혀야만 한다. 추함을 분석하는 것이 미를 분석하기보다 훨씬 쉽다고 할 수는 없다. 그래서 이제부터 우리는 우리에게 종종 힘을 보태주는 하나의 잔꾀를 시도해 볼 것이다. 원인이 명확해질 때까지 결과를 확대함으로써 문제를 비대화시켜보자. 그리고 추함에 무게를 더하고, 그것을 꼴사나울 정도로까지 밀고나가 보자. 그리고 왜 꼴사나운 것에서 우스꽝스러운 것으로 옮겨가는지를 살펴보자.

어느 꼴사나움이 다른 꼴사나움보다도 웃음을 더 불러일으킬 수 있는, 서글픈 특권을 가진 것은 사실이다. 세밀한 점까지 파고들 필요도 없다. 단순히 여러 꼴사나움을 음미해본 다음, 자연히 웃음 쪽으로 방향을 튼 것과 절대로 웃음 하고는 거리가 먼 것 두 집단으로 분류하기만 하면 된다. 그 방식이 다음의 법칙을 이끌어낼 것이다. 신체가 정상적인 사람이 흉내 낼 수 있는 꼴사나움은, 모두 익살이 될 수 있다.

그러면 곱사등이는 몸을 제대로 가누지 못하는 사람이란 인상을 줄까? 그의 굽은 등은 잘못된 습관이 만든 것인지도 모른다. 신체의 고질로 인해, 경직으로 인해 한번 몸에 밴 습관을 그대로 버리지 않게 된 것인지도 모른다. 그저 눈으로만 보도록 힘써보자. 아무것도 생각하지 말자. 특별히 이치를 따지지 말자. 고정관념을 말살하자. 그리고 직접적이고 소박한 그대로의 인상을 추구해보자. 그러면 여러분은 다음과 같은 광경을 보게 될 것이다. 경직이 되어 어떤 자세를 취하려는 사내를, 말하자면 자신의 몸이 부자연스럽게 움직였으면 하는 사람이 여러분 앞에 서 있을 것이다.

그러면 우리가 명확히 하려던 점으로 되돌아가보자. 웃음을 유발하는 꼴사나움을 약화하면 익살스런 추함을 얻게 된다. 따라서 익살스런 얼굴 표정은, 이른바 얼굴의 평소 움직임 속에 무언지 모르게 고정된 경직이 있는 듯한 표정일 것이다. 강한 안면 경련, 굳어진 찌푸린 표정을 바로 거기에서 볼 수 있는 것이다. 모든 얼굴의 습관적인 표정은 우아하고 아름다운 것일지라도 영구히 새겨진 주름과 똑같은 인상을 주는 것이라고 말하는 사람이 있을지도 모른다. 하지만 여기에서 중요한 구별을 해두어야만 한다. 우리가 표정의 미(美) 내지 추(醜)에 대해서 말할 때나, 어느 얼굴이 표정을 짓는다고 말할 때, 그것은 움직이지 않는 표정을 대상으로 함이 분명하다. 그러나 우리는 그 표정이 끊임없이 변화하리라고 추측할 수 있다. 그 표정은 고정 중에도 나타내는 정신 상태의 온갖 가능한 색조가 막연하게 묘사된 듯한, 하나의 정해지지 않은 무엇을 보유하고 있다. 마치 봄날 안개 낀 아침에 한낮의 열기가 숨쉬고 있는 것과 같다. 그렇지만 얼굴의 우스운 표정은 그것이 보여주는 것 이상은 아무것도 약속하지 않는다. 왜냐하면 오직 하나의 결정적인 찌푸린 얼굴이다. 그 사람의 정신 생활 전체가 이 틀 속에서 결정(結晶)을 이룬다고도 말할 수 있다. 따라서 그 사람의 인격이 영구히 그곳에 빨려들 듯한 어떤 단순한 기계적인 행위와 같은 관념을 잘 암시하는 얼굴일수록 더욱더 희극적인 것이다. 끊임없이 울상을 짓는 얼굴, 언제나 웃으며 휘파람을 부는 얼굴, 늘 상상의 나팔을 부는 얼굴이 있다. 이것이 모든 얼굴 중에서 가장 익살스럽다. 여기에서도 그 웃게 하는 원인이 쉽게 설명될수록 더더욱 재미있다는 법칙이 확인된다. 기계적 동작, 경직, 몸에 밴 습관, 이런 것들이 우리를 웃게 하는 것이다. 그러나 이 효과는 이러한 특성을 어떤 깊은 원인, 마치 정신이 어떤 단순한 행위의 물질성 때문에 매료되고 최면이 걸린 것과 같은, 그 사람의 어떤 기본으로부터의 방심에 결부시킬 수 있으면 그것은 더욱 그 강함을 증대하는 것이다.

그래서 사람은 만화의 우스개를 이해할 수 있다. 얼굴이 아무리 반반해도, 그 윤곽이 아무리 조화로워도, 또한 움직임이 아무리 유연해도 결코 균형이 절대적으로 완전하다고는 말할 수 없다. 사람은 언제나 얼굴에서 주름이 될 듯한 징후라든가, 나타날 것만 같은 찌푸린 얼굴의 밑바탕이라든가, 오히려 자연스럽게 솔선해서 자신을 일그러뜨리려는 취향의 꼴사나움을 구분할 것이다. 만화가의 기술이란 때때로 눈에 띄지 않는 이 움직임을 포착하고 확대해서 누구의 눈에도 보이게 하는 것이다. 마치 그 모델들이 얼굴을 최대한 찌푸렸을 때처럼 그들의 표정을 그리는 것이다. 형상의 표면적인 조화 아래 숨겨진 질료의 심각한 반역을 그는 간파한다. 본성 속에는 잠재적으로 존재하는 게 틀림없으나, 더 높은 힘에 짓밟혀 고개를 쳐들 수 없었던 불균형이라든가 꼴사나움을 그는 실제화한다. 어딘지 모르게 악마적인 면이 있는 그 예술은 천사가 때려눕힌 악마를 부추겨 일으키는 것이다. 물론 그것은 과장하는 예술이긴 한데, 그렇다고 과장이 그 목적이라고 단정한다면 그것은 분명 대단히 잘못된 정의이다. 왜냐하면 초상화보다도 실물과 닮은 만화도 있고, 과장의 흔적이 거의 눈에 띄지 않는 만화도 있으며, 반대로 아무리 과장해도 만화의 진정한 효과를 내지 못하는 수도 있기 때문이다. 과장이 익살스럽기 위해서는, 그것이 목적이 아니라 본성의 밑바탕에 있는 여러 가지 뒤틀림을 우리에게 명확하게 보여주기 위해 만화가가 사용하는 단순한 수단으로 보여야 한다. 중요한 것은 이 뒤틀림으로, 이것이 관심을 끈다. 따라서 움직임에 무능력한 얼굴의 여러 요소, 코의 구부러진 정도라든가 귀의 형태까지도 사람은 왜곡을 추구하는 것이다. 이는 결국 우리에게 이목구비는 움직이는 것으로 보이기 때문이다. 코의 생김새는 존중하면서 그 크기만 다르게 한다면, 예를 들어 자연스럽게 있던 그 방향으로 잡아 늘인다면 그 만화가 정말로 그 코를 변형시키는 것이다. 그러면 우리에게는 실제의 코가 스스로 늘어지길 원해서 변형된 것처럼 보일 것이다. 이런 의미에서 보면 자연 그 자체가 때때로 만화가로서의 성공을 거두었다고도 말할 수 있다. 입술을 터뜨리고, 턱을 오므리고, 볼을 부풀리는 움직임 속에서, 자연은 더욱 합리적인 힘의 체계적인 감시의 눈을 피해 찌푸린 얼굴의 한계에까지 다다른 듯한 얼굴을 보일 때가 있다. 그때 우리는 이른바 고유한 만화 못지않은 그 얼굴을 보고 웃는 것이다.

요컨대 우리의 이성이 동조하는 학설이 무엇이든 간에, 우리의 상상력은 자신의 확고한 철학이 있는 것이다. 모든 인간적 형태 속에서 상상력은 물질을 형성하는 정신의 노력을 인정한다. 그 정신이란 한없이 부드럽고, 영원히 움직이며, 지구의 인도를 받지 않기 때문에 중력으로부터도 자유롭다. 이 정신은 자신이 생기를 불어넣은 육체에 날개와 같은 경쾌함으로 무언가를 전해준다. 이렇게 물질에 흡수되는 비물질성이야말로 사람이 일컫는 우아함을 이루는 것이다. 그런데 물질은 저항하고 계속 버틴다. 그러면서 '비물질성의 우월한 원리가 이룬 언제나 깨어 있는 움직임'을 자기 쪽으로 끌어당기고 자기 고유의 무기력 상태로 고쳐 이를 자동 현상으로 퇴화시키려고 한다. 물질은 또한 육체의 교묘하고도 끊임없는 움직임을 멍청하게도 몸에 밴 버릇으로 굳히려고 한다. 그리하여 얼굴의 생동하는 표정을 계속 찌푸린 표정으로 응결시키려는, 즉 살아 있는 이상과 접촉해 끊임없이 자아를 새롭게 해나가는 대신에, 기계적으로 작동되는 물질성 속에 빨려들어 몰두하는 듯 보이는 그런 태도를 사람에게 각인시키려 한다. 물질이 그처럼 정신의 삶을 외면적으로 둔중하게 하여 그 운동을 응결시키는 일에, 즉 그 우아함과 모순된 것에 성공한 경우, 육체로부터 해학적 효과를 얻는 것이다. 그러므로 여기에서 만일 익살을 그 반대물과 대조시켜서 정의한다면 그것은 미(美)보다는 우아함과 대립시켜야 할 것이다. 희극적인 것은 추함(laideur)보다는 오히려 경직(raidekur)이기 때문이다.

4

이제 형태의 희극성에서 몸짓과 움직임의 익살로 이야기를 옮기자. 먼저 이러한 사실을 지배한다고 생각되는 법칙을 말해두겠다. 그것은 우리가 방금 읽은 고찰에서 쉽게 추론할 수 있다.

인간의 태도, 몸짓, 그리고 움직임은 단순한 기계를 생각나게 하는 정도에 정비례해서 웃음을 유발한다.

이 법칙을 구체적인 예를 하나하나 들어가며 밝히지는 않을 것이다. 그 적용은 헤아릴 수 없이 많기 때문이다. 이 법칙을 직접 검증하고 싶다면 만화가의 작품을 자세히 연구하는 것만으로 충분하다. 다만 우리가 이미 특별한 설명을 해둔 만화 쪽을 제외시키고, 그림 그 자체에는 없는 익살스런 부분을 제쳐두고 연구해야 한다. 왜냐하면 그림에서의 익살스러움은 때때로 다른 데에서 빌려온 것이고, 여기서는 그 그림과 함께 있는 글귀가 큰 역할을 담당하므로, 착각해서는 곤란하기 때문이다. 말하자면 만화가는 풍자작가와 보드빌작가까지도 겸할 수 있고, 그때 우리는 그림 그 자체보다도 거기에 표현된 풍자나 익살 장면 쪽을 보고 더욱 많이 웃는다는 것이다. 그렇지만 만일 그림 그 자체만을 염두에 둔다는 굳은 결심으로 그것을 대한다면, 인간 속에 꼭두각시를 보여주는 명료함과 조심성의 정도에 비례해서 일반적으로 그 그림은 희극적인 것이 됨을 알 수 있을 것이다. 그 암시는 명료해야만 하고, 투명체처럼 우리가 인물 내부에 있는 교체 가능한 꼭두각시를 확실하게 인정할 수 있는 것이어야만 한다. 아울러 조심성이 있어야 하며, 팔다리와 몸은 저마다 기계의 각 부분처럼 경직되어 있더라도 전체적으로는 우리에게 여전히 살아있는 존재란 인상을 주는 것이어야만 한다. 인물로서의 형상과 기계로서의 형상이 서로 꼭 들어맞으면 익살스런 효과는 그만큼 더 다가오고, 만화가의 예술은 더할 나위 없는 것이 된다. 그리고 만화가의 독창성은 단순한 하나의 꼭두각시에 불어넣은 생명의 특수한 종류로 정해질 수 있을 것이다.

그러나 이 원리의 직접적인 원인은 제쳐두고 여기에서는 더욱 간접적인 결과들에 대해서만 말해두고 싶다. 인물의 내부에서 기능하는 기계적인 광경은 재미있는 효과를 통해서 나타난다. 그러나 그것은 대개 불러일으키는 웃음 속에서 곧 사라지고 마는 허무한 영상이다. 그것을 묶어두기 위해서는 분석과 반성의 노력이 필요하다.

예를 들어 여기에 어느 연설가가 있다고 하자. 그 몸짓이 마치 말과 경쟁이라도 하는 듯 보인다. 말을 시샘한 몸짓은 사상을 뽐내려 애쓰고 자기도 역시 통역의 역할을 자청하려고 한다. 그렇지만 그러려면 몸짓은 사상의 진전 하나하나를 뒤쫓아야만 한다. 생각이란 연설의 처음부터 끝에 이르기까지 자라난다. 그리하여 싹을 틔워 봉오리를 부풀리고 꽃을 피워 열매를 맺는 것이다. 그것은 결코 멈추거나 되풀이되지 않는다. 시시각각 끊임없이 변화해가야만 하는 것이다. 변화를 중단한다는 것은 삶을 중단한다는 뜻이 되기 때문이다. 따라서 몸짓도 관념처럼 살려 두고, 결코 되풀이되지 않는다는 삶의 근본 원칙을 수락해야만 한다. 그러나 지금 우리에게는 팔이건 머리건 어느 운동이나 언제나 같고, 주기적으로 되돌아오는 것처럼 생각된다. 만일 내가 그것을 알아채고 마음을 빼앗긴다면, 그래서 도중에 그것을 기다리게 된다면, 기다리는 순간에 그것이 닥쳐온다면, 그러면 나는 무심코 웃음을 터트릴 것이다. 왜냐하면 그것은 지금 내 앞에 자동적으로 기능하는 하나의 기계로 놓여 있기 때문이다. 그것은 이제 생명이 아니다. 생명에 깃들어 생명을 흉내내고 있는 자동 기계이다. 이것이 바로 웃음이다.

웃게 되리라고는 꿈에도 생각지 않았던 몸짓도, 다른 인물이 흉내내면 웃음이 나오는 까닭 또한 여기에 있다. 사람들은 이 단순한 사실에 대단히 복잡한 설명을 요구해왔다. 그러나 조금만 더 생각해 보라. 우리의 정신은 시

시각각 변하는 것이다. 만일 우리의 몸짓이 이 내면의 운동에 충실하게 따른다면, 그것이 우리가 살아 있듯이 살아 있다면, 되풀이될 수 있겠는가? 몸짓이 모든 모방을 경계하는 이유가 거기에 있다. 그래서 흉내는 스스로 자기임을 포기할 때 비로소 낼 수 있는 것이다. 다시 말해 우리의 몸짓이 지닌 기계적이고 일률적인 부분만을, 이 때문에 우리의 살아 있는 인격과는 소원한 부분만을 흉내낼 수 있다는 것이다. 누군가의 흉내를 낸다는 것은 그 사람이 자기 안에 들어오게 해둔 자동 기계의 부분을 끄집어낸다는 의미이다. 따라서 흉내는 정의 자체가 익살스런 것이고, 그것이 웃음을 유발시킨다는 것도 의심할 바가 없다.

그러나 몸짓 흉내가 이미 그 자체로 웃음을 자아내는 것이라면, 예를 들어 보자. 재목을 베거나, 모루를 내리치거나, 가상의 초인종 끈을 잡아당기거나 하는 등 무언가 기계적인 몸짓을 모방하면서, 형태를 왜곡하지 않는 동시에 정성을 쏟는다면 보다 더 웃음을 유발할 것이다. 이것은 상스러움이 (확실히 어느 정도는 그것에 속해 있지만) 웃음의 본질이란 의미는 아니다. 오히려 그것은 마치 몸짓의 사명이 기계적인 행동에 있었듯이, 사람이 그것을 어느 단순한 작업에 결부시킬 때 그것에 연결된 몸짓은 보다 명확하게 기계적으로 보인다는 의미이다. 이 기계적인 해석을 암시하는 것이 패러디가 즐겨 사용하는 수단임에 틀림없다. 우리는 이것을 선험적으로 추론해왔지만 익살꾼들은 물론 전부터 이를 직관하고 있었을 것이다.

이렇게 해서 파스칼이 《팡세》의 1절에서 제기하는 작은 의문 "특별히 우습지 않으나 서로 닮은 두 얼굴이 함께 있으면, 그 닮은 것 때문에 웃음을 자아낸다"는 것도 풀린다.*8 마찬가지로 이렇게도 말할 수 있을 것이다. "따로따로 보면 우습지 않은 연설가의 몸짓도 되풀이되면 우습게 된다." 이것은 정말로 살아 있는 삶은 되풀이될 리가 없다는 의미이다. 되풀이해서 완전히 유사한 것이 있는 곳이라면, 우리 삶의 배후에 기능하고 있는 기계적인 것이 있지 않은가 하고 고개를 갸웃해야 할 것이다. 쏙 빼닮은 두 얼굴을 대면했을 때 여러분의 인상을 분석해보라. 그러면 똑같은 틀에서 본을 뜬 두 개의 복사본, 같은 도장의 두 날인, 또는 동일한 필름에서 인화된 두 장의 사진, 즉 무언가 공업적인 제작의 작업 공정을 떠올림을 알아챌 것이다. 생명을 기계적인 방향으로 돌리는 것, 여기에 웃음의 진정한 원인이 있다.

그리고 파스칼의 예에서처럼 무대에 단순히 두 인물을 등장시키는 것이 아니라 되도록 많은 배우, 모두가 서로 비슷한 데다 동시에 똑같이 연기를 하면서 함께 가거나, 오거나, 춤을 추거나, 손발을 움직이거나 하는 사람들을 무대에 올리면 웃음은 더욱더 강렬해질 것이다. 이번에는 꼭두각시를 생생하게 떠올려 보자. 우리 눈에는 보이지 않는 실이 팔과 팔, 다리와 다리, 한 얼굴의 각 근육과 다른 얼굴의 유사한 근육을 연결하고 있는 것처럼 보인다. 대응의 탄력성이 없어 형체의 유연함이 우리 눈앞에서 굳어지고 전체가 기계로 응고되는 것이다. 약간 거친 막간 무용(幕間舞踊)의 기교는 이것이다. 이 기교를 부리는 사람들은 대부분 파스칼을 읽지 않았을 테지만, 확실히 파스칼의 글이 시사하는 사고를 끝까지 밀어붙인다. 그리고 만일 두 번째 경우에서 웃음의 원인이 기계적 효과를 보는 데 있다고 한다면, 첫 번째 경우도 보다 미묘하긴 하지만 같은 것임에 틀림없다.

지금 이 방향으로 계속 나아가면 우리가 앞서 세운 법칙으로부터 더욱더 멀리 있으나 그만큼 중요한 여러 결론을 희미하게나마 볼 수 있다. 사람들은 기계적 효과가 더욱 희귀한 장면, 즉 이제 더는 단순히 몸짓에 의해서가 아니고 인간의 복잡한 행동에 의해서 시사되는 장면을 예감한다. 또한 희극의 상투적인 기교, 언어나 장면 등의 주기적인 반복, 역할의 대칭적인 교체, 오해의 기하학적 전개, 그리고 그 밖에 이 수법 저 수법, 그러한 웃음의 힘을 같은 원천에서 끄집어낼 수 있음을 추측한다. 보드빌작가의 예술은 진실한 것 같은 외관, 즉 삶의 외견상 유연성을 보존하고 인간적 사건 속에 명확히 기계적인 억양을 우리에게 제공하는 데 있다. 하지만 분석이 진행됨에 따라서 순서를 정해 끄집어내야 할 결과에 대해서는 아직 이야기하지 말자.

5

더 나아가기 전에 잠시 걸음을 멈추고 주위를 둘러보자. 이 논문의 첫머리에 암시해 두었듯이, 하나의 단순한 방식에서 온갖 해학적 효과를 끄집어내기란 터무니없는 일일 것이다. 어떤 의미에서 공식은 확실히 존재한다. 다만 그것이 늘 똑같이 전개되지 않을 뿐이다. 우리가 말하려는 것은, 연역 방법은 때때로 지배적인 효과가 있는 곳에서 걸음을 멈추어야만 하고, 그런 효과는 저마다 그것을 중심으로 해서 그와 비슷한 새로운 효과가 원을 그리면서 배열되는 모델과 같다는 것이다. 이러한 새로운 효과는 그 공식에서 연역되는 것이 아니라, 그 공식에서 연역되는 것과 혈연 관계라는 점에서 해학적이다. 다시 한 번 파스칼을 인용한다면, 이 기하학자가 룰렛(rulette)이란 이름 아래 연구한 곡선으로 정신의 진행을 정의하고 싶다. 여기서 곡선은 차가 일직선으로 나아갈 때 차바퀴 원둘레의 한 점이 그려가는 것이다. 그 점은 차바퀴와 똑같이 회전도 하고 진행도 한다. 또는 때때로 네거리가 있는 숲 속의 큰 길을 생각해 보라. 네거리가 나올 때마다 그 주위를 돌아 눈앞에 펼쳐진 풍경을 구경하다 보면 결국엔 처음 위치로 돌아오게 된다. 우리는 이러한 네거리 중 하나에 있는 것이다. 살아 있는 자 위에 붙여진 기계적인 것, 그런 것이 멈추어야만 할 네거리로 거기에서 상상력이 여러 방향으로 뻗어 나가고 있는 중심적 형상이다. 그런 방향이란 무엇일까? 우리는 그 가운데 주요한 세 방향을 알아챌 수 있다. 그런 것들을 하나씩 더듬고 그 뒤에 다시 큰 길을 똑바로 나아가기로 하자.

1. 우선 살아 있는 것에 끼워진 기계적인 것이라는 견해는, 우리를 샛길로 빠지게 해 어색하게 삶의 선을 쫓아 그 유연함을 모방하게 한다. 그리고 삶의 운동성 위에 눌린 무언가 약간의 경직과도 같은 모호한 형상 쪽으로 향하게 한다. 이에 옷이 우스워지는 것이 얼마나 쉬운 일인지 알 수 있다. 유행은 어느 것이나 모두 어딘가 이상한 데가 있다고 해도 무방할 것이다. 다만 그것이 유행할 때에는 옷이 그것을 입은 사람들과 완전히 일체를 이룬다고 생각될 정도로 그것에 우리가 익숙해져 있을 뿐이다. 우리의 상상력이 그들을 옷에서 떼어놓지 않는 것이다. 입는 것의 생명 없는 강직함에 입혀진 것의 살아 있는 유연함을 대치시키려는 사고가 이제 우리에게는 생기지 않는다. 따라서 이 경우 웃음은 잠재되어 있는 것이다. 여기서 그것이 얼굴을 들여다보는 데 성공하는 것은 오랜 세월에 걸쳐 서로 접근시켜도 둘의 합일을 공고히 하는 데 성공하지 못했을 정도로 입는 것과 입혀지는 것과의 사이에 본디 어긋남이 심각할 때뿐이다. 예를 들면 실크해트(^{챙이 좁고 원통형으로} ^{높은 실크 모자})의 경우가 그렇다. 오늘날 옛날에 유행하던 옷을 입고 있는 기인을 상상해보라. 그러면 우리의 주의는 의상으로 모아지고 우리는 그것을 그와 완전히 구별해, (마치 모든 옷이 사람을 가장시키는 것이 아닌가 하듯이) 저 사람은 옷으로 가

장하고 있다고 말한다. 그렇게 해서 유행의 웃음을 유발하는 방향이 어둠에서 밝은 곳으로 나타나는 것이다.

우리는 여기서 희극성의 문제가 불러일으키는 세부 사항에 대한 커다란 난제 두세 가지를 예견하기 시작한다. 웃음에 대해서 잘못되거나 불충분한 이론이 생긴 이유의 하나는, 계속되는 관습이 그 사물에 깃들었던 희극적 효력을 잠재웠기 때문에, 많은 것들이 이론적으로는 희극적이면서도 실제로는 그렇지 않게 된 것이다. 이 희극적 효력을 눈뜨게 하기 위해서는 연속의 급격한 단절, 유행과의 단절이 반드시 필요하다. 그러한 때 이 연속의 단절이 희극성을 낳게 한다고 생각하는 사람이 있겠지만, 사실 그것은 희극성이 우리의 눈에 띄게 할 뿐이다. 사람은 웃음을 기습이라든가 대조 등등으로 설명할 것이다. 그런데 그러한 정의는 우리가 웃고 싶은 마음이 전혀 들지 않는 많은 상황에도 또 들어맞는다. 진실은 그렇게 단순한 것이 아니다.

그렇지만 우리는 지금 가장이라는 관념에 도달해 있다. 앞서 살펴보았듯이 이것은 사람을 웃기는 힘을 지닌 공식의 대표자이다. 그러므로 이 관념이 어떻게 그 힘을 행사하는지 검토해 보는 것도 무익한 일은 아닐 것이다.

왜 우리는 머리카락 색깔이 밤색에서 금빛으로 바뀌면 웃는 것일까? 빨간 코가 우스운 까닭은 무엇일까? 헥커, 크레펠린, 립스와 같은 심리학자들이 번갈아 이 문제를 제기하고 더구나 저마다 다르게 대답하는 것을 보면[*9] 꽤나 난감한 질문일 것이다. 그렇지만 나는 어느 날 거리에서 바로 내 앞에 있던 마부를 통해 이 문제를 풀어냈다. 마부는 자기의 마차 안에 앉아 있는 흑인 손님을 '얼굴이 더러운 사람'이라며 상대한 것이다. 얼굴이 더러운 사람! 그리고 보면 새까만 얼굴은 우리의 상상력에 따른다면 잉크나 검댕이로 더럽혀진 얼굴이 된다. 또 빨간 코는 다름 아닌 연지를 그 위에 더덕더덕 바른 코가 된다. 말하자면 실제로는 가장한 것이 아니지만, 가장하면 할 수 있는 그런 경우에 대해서 가장이 그 희극적 효과를 얼마쯤 전한 것이다. 앞서 평소의 옷차림은 아무리 그렇게 입은 사람과 구별하려고 해도 그 보람이 없었다. 우리가 그 옷차림을 보는 데 익숙해서 그 옷과 사람이 하나인 듯 보이기 때문이다. 이번에는 검다거나 빨갛다거나 하는 색이 본디 피부색이라도 소용이 없다. 그 색이 우리에게는 의외이기 때문에 인공적으로 입혀진 것이라고 간주되는 것이다.

여기에서 웃음의 이론에 새로운 난제가 나타난다. "나의 평상복은 내 몸의 일부이다"와 같은 명제는 이성의 눈으로 보기엔 부조리하다. 그렇지만 상상력은 그것을 진실로 간주한다. "붉은 코는 칠해진 코이다." "흑인은 가장한 백인이다." 이런 것들도 이치를 따지는 이성에게는 역시 부조리이지만 단순한 상상력에게는 매우 확실한 진리이다. 즉 이성의 논리가 아닌, 때로는 그것과 대립조차 하는 상상력의 논리가 있는 것이다. 이것을 가지고 철학은 희극성의 연구만이 아니라, 같은 부문의 다른 연구도 해야 한다. 그것은 꿈의 논리와도 같다. 그것을 재구성하기 위해서는 특별한 노력이 필요하다. 그 노력을 통해 사람은 잘 축적된 여러 판단과 확실하게 뿌리내린 여러 관념이 형성한 껍데기를 벗겨내, 지하수의 수맥처럼 서로 뒤엉킨 여러 형상의 유동적인 연속이 자신의 깊숙한 곳을 흐르고 있음을 보게 될 것이다. 이 형상의 상호 침투는 우연히 생긴 것이 아니다. 그것은 법칙 또는 오히려 습관에 따르고, 그것과 상상력의 관계는 마치 이론과 사유의 관계와 같다.

거기에서 이 상상력의 논리를 우리가 현재 연구 중인 특수한 경우에 한해 더듬어 가보자. 가장한 사람은 해학적이다. 타인으로 하여금 가장한 것으로 생각게 하는 사람 역시 해학적이다. 이것을 더 확대하면 한 인간의 가장뿐만 아니라 사회의 그것도, 또 자연의 그것조차도 가장이란 가장은 모두 해학적이 된다.

자연부터 시작하자. 사람들은 반쯤 털을 깎은 개나, 인공적으로 색채를 입힌 꽃들이 있는 화단이나, 선거 포스터가 나무둥치에 붙어 있는 숲 등을 보면 웃음을 터뜨린다. 그 이유를 물어보자. 그러면 그들이 가장파티 같은 상황을 생각하고 있음을 알게 될 것이다. 그러나 희극성이 여기에서는 상당히 희미하다. 그것은 원천에서 지나치게 벗어나 있기 때문이다. 그 도를 높이고 싶다면 원천 그 자체로 거슬러 올라가, 거기에서 전래한 형상인 가장 파티의 그것을 원시적 형상(기억하겠지만 그것은 삶의 기계적 위조라는 형상이었다)으로 되돌려 보아야만 한다. 그러면 기계적으로 위조된 자연이란 진정 희극적인 하나의 모티프인 셈이고, 이 모티프에 우리의 공상이 갖가지 변형을 가하면 반드시 큰 웃음을 자아낼 수 있는 것이다. 기억하겠지만 《알프스 산의 타르타랭》*10에서 봉파르가 타르타랭에게 (그리고 얼마쯤 독자에게도) 스위스가 오페라 극장의 회전 무대나 위로 올라가는 장치처럼 무대 지하에

꾸며져 있고, 그곳을 폭포와 빙하 그리고 가짜 크레바스 등을 설치하는 어떤 회사가 경영하고 있다고 생각하게끔 하는 유쾌한 대목이 있다. 전혀 다른 문체이긴 하지만 역시 똑같은 모티프가 영국의 유머 작가 제롬 K 제롬(Jerome Klapka Jerome)의 《새로운 이야기들》에도 있다. 자선 사업을 하고 싶지만 그것에 방해받아선 곤란하다고 생각한 어느 성주의 늙은 부인*11은, 일부러 꾸민 무신론자나 술꾼으로 가장시킨 성실한 사람을 자신의 성 근처에 살게 한다. 이 모티프가 여기서 반주 역할을 맡은, 진지하거나 또는 거짓된 순수함에 섞여, 멀리서 들려오는 울림으로 희극적인 말에서 발견될 때가 있다. 예를 들면 천문학자 카시니가 월식 관측에 사람을 초대했는데 지각한 부인이 한 말. "카시니 씨, 나를 위해 다시 해주실 수 없나요?" 또는 공디네의 작중 인물이 어느 도시에 도착해 그 근교에 사화산이 있다는 말을 듣고 외친 말. "이곳 사람들은 화산이 있으면서도 그게 사라져가도록 내버려두다니!"*12

사회로 옮겨보자. 사회 속에서 사회에 의해 살고 있는 우리는, 사회를 살아있는 존재로 다루어야만 한다. 따라서 가장하고 있는 사회, 그리고 이른바 사회적 가장 파티라는 관념이 우리에게 시사하는 무언가의 형상은 웃음을 유발할 것이다. 그런데 이 관념은 살아 있는 사회의 표면에 생기가 없는 것, 기성품, 즉 작물을 우리가 인정하자마자 만들어낸다. 이것 역시 삶의 내면적인 유연함에 걸맞지 않은 경직이다. 따라서 사회생활의 의식적인 방면은 당연히 잠재적인 우스개를 포함하고 있으며 그것은 오직 밝은 곳에 나타날 기회를 기다릴 뿐이다. 의식이 사회라는 몸과 맺는 관계는 꼭 옷이 개인의 몸과 맺는 관계와 같다고 말할 수 있다. 의식이 지닌 엄숙함은, 우리가 관습 때문에 그 의식을 어떤 중대한 일과 똑같다고 간주하는 데 있다. 우리의 상상력이 의식을 그 중대함에서 분리하자마자 의식은 이 엄숙함을 잃는다. 그러므로 하나의 의식을 익살적인 것으로 하기 위해서는, 우리의 주의를 의식의 격식에 집중시켜 철학자들이 말하는 것처럼 그 형상만 생각함으로써 그 질료 쪽을 등한히 하면 그것으로 충분하다. 이 점을 역설할 필요는 없다. 흔해빠진 상품 수여식에서 공판중인 법정에 이르기까지 꼼짝 못하는 형식의 사회적 행사에서 익살적인 기발한 생각이 얼마나 쉽게 떠오르는지는 누구나 알고 있다. 형식이나 방식의 수만큼 우스개를 끼워 넣을 수 있는 기성의 틀이 있다는 것이다.

하지만 여기에서도 역시 해학성을 그 원천에 접근시킴으로써 강화시킬 수 있다. 그러려면 전래해 온 가장이란 관념에서 근원의 관념, 즉 삶으로 겹쳐진 기계라는 관념으로 거슬러 올라가야만 할 것이다. 모든 의식의 딱딱한 형식은 이러한 형상을 우리에게 시사한다. 우리가 성전이건 의식이건 엄숙한 목적을 잊자마자 그것에 참가하는 사람들은 꼭두각시처럼 그곳에서 움직이는 듯이 보인다. 그 움직임은 하나의 공식이 지닌 부동성에 따르고 있다. 그것은 기계적 동작이다. 그렇지만 완전한 기계적 동작은, 예를 들면 단순한 기계처럼 일하는 공무원이나 또는 오도 가도 못하는 숙명을 지니고 그곳에 몸을 바치며 자신을 자연의 한 법칙으로 생각하고 있는 행정 법규의 무의식성일 것이다. 이미 오래 전에 어느 대형 여객선이 디에프(Dieppe) 근해에서 난파한 적이 있었다. 그때 몇 명의 승객이 가까스로 구명정 한 척으로 목숨을 건졌다. 용감하게도 그들의 구조에 나섰던 세관원들은 그들에게 먼저 이렇게 묻는 것으로 입을 열었다. "신고할 물건은 아무것도 휴대하지 않았겠죠?" 이와 비슷하긴 하나 보다 정교하고 치밀한 개념이, 철도에서 범행이 있었던 다음 날, 한 국회의원이 장관에게 질문한 말에서 나타난다. "가해자는 피해자를 살해한 뒤, 교통법규를 위반하고 기차에서 선로 반대쪽으로 뛰어내린 것이 틀림없습니다."

자연 속에 끼워진 기계 장치, 사회의 자동적인 규제, 이것이야말로 요컨대 우리가 도달한 희극적 효과의 두 유형이다. 남은 일은 결론을 내리기 위해 그것들을 함께 결합시켜서 거기에서 어떤 결과가 나오는지를 지켜보는 것뿐이다.

이 결합의 효과는 말할 것도 없이 인간이 정한 규칙이 자연의 법칙 그 자체로 치환되고 있다는 관념이다. 제롱트가 심장은 왼쪽에, 간은 오른쪽에 있음을 스가나렐에게 관찰해 보라고 했을 때 그가 한 대답을 떠올려보자. "그래요. 옛날엔 물론 그랬죠. 그런데 나 같은 사람이 이 모든 것을 바꾸고 말았습니다. 그래서 지금은 완전히 신기한 방법으로 의료 행위를 하고 있죠."*13

푸르소냑 씨를 진단했던 두 의사의 논의 장면도 기억해 보자. "당신이 내린 진단은, 이 환자가 반드시 우울증일 수밖에 없을 정도로 박식하고 훌륭합니다. 만일 환자 본인이 아니라고 말한다 해도, 당신이 말한 것의 뛰어남과 진단의 정확함 때문에라도 그는 우울증에 빠져야 할 것입니다."*14

이와 같은 예는 얼마든지 들 수 있다. 몰리에르의 희극에 나오는 의사를, 한 사람도 남기지 않고 죽 늘어놓기만 해도 충분할 것이다. 더구나 여기의 해학적 공상이 대단히 엉뚱한 것으로까지 나아간다 해도, 때때로 현실은 이를 추월한다. 극단적인 이론가인 한 현대철학자는, 나무랄 데 없이 연역되는 그의 추론도 경험과는 양립할 수 없다는 지적을 받자, "경험이 잘못되어 있다"는 간단한 한마디로 논의를 중단했다. 이것은 법규만으로 생활을 규제하려는 관념이 생각 이상으로 보급되어 있음을 의미한다. 재구성이라는 인공적 방법으로 얻은 이 관념은 그 나름대로 자연스럽다. 또한 우리에게 현학적 태도의 진수를 말해주는 것이라고도 할 수 있다. 현학적 태도의 근본은 자연보다 뛰어나다고 주장하는 것 이외에 아무것도 아니기 때문이다.

요컨대, 인간 몸의 인공적 기계화라는 관념에서부터, 인공적인 것의 자연적인 것으로의 대치라는 관념에 이르기까지 같은 효과가 끊임없이 미묘해지면서 나아가고 있는 것이다. 긴장을 조금씩 풀어 점점 꿈의 논리를 닮아가는 하나의 논리가 같은 관계를 차츰 고차원적인 세계 속으로, 점점 비물질적인 관계 사이로 옮긴다. 그리하여 행정적인 법규가 자연 또는 정신의 법칙에 대해서 맺는 관계가, 예를 들어 기성복이 살아 있는 육체와 맺는 관계와 같은 것으로 변하면서, 우리가 발걸음을 내딛어야만 하는 세 방향 가운데 이제 그 첫째의 끝까지 이르렀다. 다음으로 두 번째 방향으로 옮겨가자. 그리고 그것이 우리를 어디로 이끌어 가는지 보자.

2. 생명이 있는 것 위에 붙여진 기계적인 것, 그것이 역시 우리의 출발점이다. 이때 희극성은 어디에서 나오는가? 바로 산 육체가 경직되어 기계화된다는 사실에서이다. 산 육체는 완전한 유연함, 언제나 기능하는 원리의 늘 깨어 있는 활동이어야만 하는 것으로 생각되었다. 하지만 이 활동은 실은 육체보다도 오히려 정신에 속해 있을 것이다. 그것은 고급 원리에 의해서 우리 내부에 점화되고 투명화 작용으로 육체를 통해서 감지되는 생명의 불길인 것이다. 우리가 산 육체 속에서 우아함과 유연함만을 보는 까닭은 그 안에 자리한 무게가 있는 것, 저항이 있는 것, 즉 물질적인 것을 고려하지 않기 때문이다. 그 생명력만을 염두에 두어 물질성을 잊고 있는 것이다. 여기서 생명력이란, 우리의 상상력이 지적 정신적 생활의 원리 그 자체로 귀착시키

고 있는 것이다. 하지만 누군가가 우리의 주의력을 육체의 이 물질성에 쏟도록 했다고 가정하자. 육체를 살리고 있는 원리의 가벼움에 참여하는 대신에 육체가 우리의 눈에는 이제 무겁고 거추장스러운 것에 지나지 않은 것, 땅을 벗어나고 싶어 애태우는 정신을 지상에 붙들어두는 다리의 짐에 지나지 않은 것으로 상상해보자. 그러면 육체는 정신에 있어서 앞서 말한 의복의 육체 그 자체와 같은 것, 즉 생명의 에너지 위에 놓인 생명이 없는 물질이 될 것이다. 이리하여 희극의 인상은 우리가 이 겹쳐짐에 확실한 느낌을 갖자마자 생길 것이다. 우리는 특히 사람이 육체의 욕구에 들볶이고 있는 정신을 말할 때에 그 느낌을 감지할 것이다—한편으로는 총명하게 여러 가지로 변화하는 에너지를 갖춘 정신적 인격이 있고, 다른 한편으로는 기계와 같은 고집불통에 간섭하고 차단하고 있는 어리석고 단조로운 육체. 이러한 육체의 욕구가 시시하게 일률적으로 되풀이되는 것이라면 되풀이될수록 그 효과는 더욱 더 뼈아플 것이다. 하지만 그곳에 있는 것은 단순히 정도 문제에 지나지 않는다. 그리고 이들 현상의 일반 법칙은 다음과 같이 공식화할 수 있을 것이다. 즉 정신적인 것이 문제가 되고 있는데 우리의 주의를 인물의 육체적인 것에 돌리도록 하는 것은 모두 희극이다.

왜 사람들은 연설의 가장 감동적인 순간에 재채기 하는 연설가를 보고 웃는 것일까? 독일의 한 철학자가 인용한 다음의 추도사, "고인은 덕도 높고 통통하게 살이 오르기도 했습니다"의 해학성은 어디에서 오는 것일까? 그것은 바로 우리의 주의력이 갑자기 정신에서 육체로 돌아온 것 때문이다. 이러한 예는 일상에 널려 있다. 그러나 그것을 찾는 수고를 하고 싶지 않은 사람은 라비슈의 책 한 권을 닥치는 대로 펼쳐보는 것만으로도 족하다.*15 거기에서 이러한 효과와 자주 마주칠 것이다. 가장 고조된 문구에 다다랐을 때 치통으로 중단하는 연설가라든가, 구두가 너무 작다거나 벨트가 너무 죄어져 있다는 따위의 말을 하기 위해 이야기를 끊는 사람 등, 육체의 제약을 받는 인물, 그것이 이러한 예에서 우리에게 시사되는 형상이다. 극도로 비만인 사람이 우스운 까닭은 의심할 바 없이 그가 이러한 종류의 형상을 불러일으키기 때문이다. 그리고 때때로 소심하고 겁이 많은 것을 조금은 바보 같은 짓으로 치부하는 이유 역시 그와 같다. 소심한 사람은 자칫 그 육체를 주체하지 못해 어딘가에 둘 곳이 없을까 하고 주변을 둘러보는 사람과 같은 인상을 주게 된다.

따라서 비극 작가는 우리의 주의력을 모을 수 있는 모든 육체적인 측면을 피하도록 주의하는 것이다. 육체의 일이 마음에 걸리기 시작하면 희극성이 끼어들 우려가 있다. 비극의 주인공이 마시지 않고, 먹지 않고, 따뜻함을 취하지 않는 이유는 그 때문이다.*16 심지어 되도록이면 앉지조차 않는다. 대사를 하다 앉는 행위는 육체를 지니고 있음을 상기시키는 일이 될 것이다. 때때로 심리학자 같았던 나폴레옹은 앉는 행위만으로 비극이 희극으로 옮겨간다는 사실을 꿰뚫고 있었다. 구르고 남작의 《미완일기》에 이 문제에 대한 나폴레옹의 생각이 나와 있다.

(예나 전쟁 뒤 프러시아 여왕과 회견했을 때 일이다.) "왕비는 쉬멘처럼 비극적인 모습으로 나를 맞이하고는 '폐하, 정의를! 정의를!' 하면서 나를 몹시 곤란하게 하는 어조로 말을 계속했다. 결국 나는 왕비의 태도를 바꾸려고 왕비에게 앉으라고 권했다. 비극적인 장면을 끊는데 이처럼 좋은 것은 없다. 사람이 앉으면 그것은 희극이 되기 때문이다."

육체가 정신을 앞지른다는 이 형상을 확대해 보자. 우리는 더욱 일반적인 무엇을 손에 넣게 될 것이다. 즉 내용보다 뛰어나려는 형식, 글의 진의에 트집을 잡는 표현. 희극이 어떤 직업을 웃음거리로 만들 때 우리에게 시사하는 관념은 이것이 아닐까. 희극은 마치 의사, 변호사, 재판관으로 하여금 그들이 존재한다는 것이, 그리고 그 직업의 외적 형식이 어디까지나 존중되는 것이 중요하며, 건강이나 재판 등은 사소한 일인 것처럼 말하게 한다. 이처럼 수단이 목적을, 형식이 내용을 대신하면 이제 직업은 대중을 위해 형성된 것이 아니고 직업을 위해 대중이 형성되어 있는 것이 된다. 형식에 대한 끊임없는 배려, 규칙의 기계적인 적용이 여기에서 하나의 직업적 자동 운동을 만들어내는 것이다. 그것은 육체의 여러 습관이 정신에게 강요하는 자동운동에 비교할 수 있고, 그것과 똑같이 웃음을 자아낸다. 그것에 대한 예는 연극에서 많이 볼 수 있다. 이 주제 위에 제작되고 있는 여러 가지 변형에 일일이 파고들지 않고 이 주제 자체가 단순하기 이를 데 없는 모습으로 규정되어 있는 두서넛 작품을 인용해 두자. 몰리에르의 《상상으로 앓는 사나이》에 나오는 디아포바류스는 "격식에 맞게 환자를 다루기만 하면 된다"고 말한다.[17] 그리고 《사랑에 빠진 의사》[18]의 바이스는 "규칙을 범해서 사는 것보다는 규칙을 지켜서 죽는 편이 낫다" 말하고, 같은 희극 가운데서 디포난드레스는 이미 "어떤 일이 일어나건 정해진 규칙은 언제나 지켜야만 한다."[19]고 말한다. 그리고 그 이유를 동료인 토메스가 설명하고 있다. "죽은 인간은 기껏해야 죽은 인간이 아닌가. 하지만 정해진 규칙 하나라도 소홀히 하면 개업의 모두에게 중대한 손해를 끼치네."[20] 이것과는 조금 다른 관념을 포함한 것이긴 한데 브리드아존의 다음 말도 이에 뒤지지 않는 의의가 있다. "무슨 일이나 혀……형식, 알겠지만 혀……형식이야. 평상복 차림의 판사를 보고 웃는 것도, 법복의 검사를 보기만 해도 움츠러드는 것도 혀……형식이야."[21]

여기에서 우리가 연구를 진행해감에 따라서 차츰 명료하게 나타나는 법칙의 첫 번째 응용이 등장한다. 음악가가 무언가의 악기로 소리를 내면, 그 제1음보다도 음향은 약하지만 일정한 관계로 그것에 연결이 되어 겹쳐져 그것에 자기의 음색을 전하는 듯한 다른 음이 몇 개나 떠오르는 것이다. 이것이 물리학에서 말하는 기본음의 배음(倍音)이다. 해학적 공상은 그 가장 무궤도한 창의까지도 이와 똑같은 종류의 법칙에 따르고 있는 것이다. 예를 들어 내용보다 뛰어나려는 형식의 그 해학적 음조를 고찰해 보자. 만일 우리의 분석이 정확하다면 그것은 배음으로서 다음의 것을 지녀야 한다. 바로 정신을 괴롭히는 육체, 정신을 앞지르는 육체이다. 따라서 희극 작가가 첫 번째 음을 제시하자마자 본능적으로 무심코 거기에 두 번째 음을 가하는 것이다. 달리 말해서 그는 직업에서 나오는 우스개를 무언가 육체에서 나오는 우스개로 배가시키는 것이다.

브리드아존 판사는 더듬거리면서 무대에 나타나, 그 행동으로 이제부터 우리에게 보여줄 이지(理知)의 골화(骨化) 현상을 이해시키려는 것이 아닐까? 도대체 어떤 숨겨진 혈연 관계가 이 육체적 결함을 정신적 협착(狹窄)에 결부시킬까? 틀림없이 이 재판하는 기계는 동시에 입을 여는 기계처럼 보여야만 했을 것이다. 어쨌든 이 밖에 어떠한 배음도 이 이상으로 기본음을 보충하진 못했을 것이다.

몰리에르는 《사랑에 빠진 의사》 가운데 두 의사 바이스와 마크로톤을 우리에게 소개하면서 한 사람은 이야기를 한 음절씩 끊어서 천천히 말하게 하고, 다른 한 사람은 빠르게 말하도록 한다.*²² 《푸르소냑 씨》의 두 변호사 사이에도 똑같은 대조가 있다.*²³ 대개의 경우 언제라도 언어의 리듬 중에 직업적 희극성을 보충하기 위해 충당하고 있는 육체적 기교가 깃들어 있다. 그리고 작가가 그러한 결점을 지시하지 않았을 때에는 대부분 배우가 본능적으로 그것을 만들어내려고 한다.

그리고 보면 우리가 서로 대조시킨 두 형상, 즉 무언가의 형식으로 고정하는 정신과 무언가의 결함에 의해서 응고하는 육체 사이에는 자연적인, 자연스럽게 인정된 혈연관계와 같은 것이 확실히 있다. 우리의 주의가 내용에서 형식으로 돌려진다고 해도, 또는 정신적인 것에서 육체적인 것으로 돌려진다고 해도 우리의 상상 속에 전해지는 것은 똑같은 인상이다. 그것은 두 경우 모두에서 같은 종류의 희극성이 나타나기 때문이다. 여기에서도 우리는 상상력이 진행하는 자연적 방향의 하나를 충실하게 더듬으려고 했다. 이 방향은 우리가 기억하기로는 중심적 형상에서 나와 우리의 눈앞에 나타난 방향 가운데 두 번째 것이었다. 마지막 세 번째 길은 아직 열려 있다. 이제 이 길로 들어서보자.

3. 마지막으로 다시 한 번, 우리의 중심적 형상으로 되돌아가 보자. 즉 생명이 있는 것 위에 붙여진 기계적인 것에. 여기에서 특히 문제가 되었던 생명이 있는 존재는 인간, 즉 사람이었다. 기계적 장치는 이에 반대로 사물이다. 이러한 각도에서 보면 웃음을 유발시킨 것은, 사람이 순간적으로 사물로 바뀌는 것. 거기에서 기계적이라는 명확한 관념에서 사물 전반이라는, 좀더 막연한 관념으로 옮겨보자. 그러면 일련의 새롭고 우스운 이미지가 생긴다. 그것은 이른바 전자의 윤곽을 모호하게 해서 얻는 것으로 우리를 다음의 새로운 법칙으로 이끈다. 즉 사람이 사물과 같아 보이는 모든 경우는 웃음을 자아낸다.

사람들은 담요 위에 내던져져 풍선처럼 공중에 튀어오르는 산초 판사를 보고 웃는다.*²⁴ 또 대포알이 되어 공간을 날아가는 뮌히하우젠(Münchhausen) 남작을 보며 폭소한다.*²⁵ 그렇지만 서커스의 어릿광대 쪽이 이 법칙에 대해서 보다 명확한 예증을 보여줄 것이다. 물론 어릿광대가 그 중심적 주제를 장식하고 있는 익살을 모두 제외하고 주제 그 자체, 즉 고유한 의미에서 진정으로 '어릿광대적'인 다양한 자태, 장난기, 그리고 움직임만을 포착해야만 할 것이다. 나는 단 두 번 이러한 익살스러움을 순수한 상태에서 관찰할 수가 있었다. 그리고 이 두 경우에서 모두 같은 인상을 받았다. 첫 번째에는 어릿광대들이 점점 더 세게 하겠다는 분명한 한 마음으로 한결같이 가속되는 리듬에 따라서 가거나 오거나 부딪거나 쓰러지거나 또다시 튀어오르거나 하고 있었다. 차츰 관중의 주의를 끌었던 것은 이 반동이었다. 사람들은 서서히 생명이 있는 인간을 보고 있다는 사실을 잊었다. 대신 떨어지거나 서로 부딪거나 하는 짐짝을 생각하고 있었다. 그러자 이 광경은 명확해졌다. 형체들은 둥글게 되어 굴러가는 듯이 보여 마치 공이 될 것만 같았다. 마지막에는 이 모든 장면이 무의식중에 지향했던 광경이 나타났다. 그것은 여기저기에 던져져 서로 부딪치는 고무공들이었다.

그리고 더욱 거칠었던 두 번째 장면도 이에 뒤지지 않게 교훈적이었다. 두 사내가 무섭게 큰 대머리로 나타났다. 그들의 손에는 큰 곤봉이 들려 있었다. 그리고 번갈아 가며 그 곤봉을 상대의 머리 위로 내리쳤다. 여기에서도 점차적인 변화를 알아차릴 수 있었다. 그들의 몸은 얻어맞을 때마다 점차 커지는 경직성에 눌려 무거워지고 굳어지는 것처럼 보였다. 반격은 사이를 두고 이루어졌는데 차츰 무거워지고 반응도 강해졌다. 끝으로 뻣뻣하고 둔해져 1자로 우뚝 선 두 몸이 서로 상대 쪽으로 기울고, 이때 곤봉이 떡갈나무 들보에 떨어지는 묵직한 쇠망치 같은 소리를 내며 둘의 머리를 내리쳤다. 둘은 함께 쓰러졌다. 그 순간, 두 광대가 관람객의 상상 속에 점차로 주입시켰던 암시가 선명하게 나타났다. 이렇게 말했던 것이다. "우리는 무거운 나무 인형이 되어 왔습니다. 그리고 지금 완전히 그렇게 되었습니다."

배움이 없는 사람들은 여기에서 막연한 본능으로 심리학적인 가장 미묘한 성과 두세 가지를 암시받을 수 있다. 최면술사가 최면에 걸린 사람에게 간단한 암시만으로도 환영을 일으킬 수 있다는 것은 알려진 사실이다.

새가 그 손에 앉았다고 하면 그는 새를 인정하고 그것이 날아가는 모습을 볼 것이다. 그러나 암시가 언제나 그런 식으로 이유도 없이 받아들여진다고 할 수는 없다. 보통은 최면술사가 순서를 쫓아 서서히 암시하지 않으면 실패하게 된다. 그때 그는 최면에 걸린 사람이 현실로 지각하고 있는 사물에서 출발해 점차 그 지각을 혼동시키는 데 힘쓸 것이다. 그런 다음 차츰 그 혼란 속에서 그가 만들려던 환각의 명확한 형태를 끄집어낼 것이다. 이런 식의 것을 많은 사람들은 잠에 빠지려고 할 때 경험한다. 유동적이고 형태가 흐릿하며 색깔이 있는 몽롱한 것이 시야를 차지하다가 어느샌가 명확한 사물로 고정화되는 것이다. 따라서 혼란스러운 것에서 명료한 것으로 점차 옮겨가는 것이 특히 뛰어난 암시 방법이다. 사람들은 이것을 많은 희극의 암시 밑바닥에, 특히 거친 희극 속에 우리의 눈앞에서 사람의 사물로의 변형이 이루어지는 것과 같은 경우에 발견하는 것으로 생각된다. 그러나 예를 들어 주로 시인들이 쓰고 있고 틀림없이 무의식적으로 똑같은 목적을 지향하고 있는 가장 조심스런 다른 수단도 있다. 리듬, 운(韻), 모음(母音)을 다채롭게 배치해 우리의 상상을 조용히 흔들어 달래면서 규칙적인 흔들림으로 똑같은 것 사이를 오가게 함으로써 암시한 심상을 순순히 받아들이도록 준비시킬 수 있는 것이다.

르냐르의 다음 시구를 들어보라.[*26] 그리고 사람의 희미한 형상이 어떻게 여러분의 상상 속을 가로질러 가는지 보라.

> 그뿐 아니라 그분은 수많은 사람들에게 빚을 지셨습니다.
> 그 액수는 1만 1리브르 1오보르
> 그것도 시키는 대로 1년 내내 끊임없이
> 그분에게 옷을 입히고, 차를 태워주고, 따뜻하게 해주고, 신을 신기고, 장갑을 끼우고,
> 맛있는 것을 먹이고, 머리를 매만져주고, 목을 축여주고, 가마를 태워주느라고,

피가로의 다음 대사에서도 (여기에서는 오히려 사물의 형상보다도 동물의 형상을 시사하려고 한 것인데), 무언가 같은 것이 발견되지 않을까?

"그는 어떤 사람인가? ―잘생겼으나 뚱뚱하고, 작은 키에, 활기찬 노인으로, 은회색 머리칼에, 음험하고, 수염을 짧게 깎고, 무신경한가 싶으면 가만히 노려보다가 이리저리 찾아다니고 투덜대고 중얼거리지."[*27]

이런 조악한 장면과 미묘한 암시 사이에는 헤아릴 수 없이 많은 재미있는 효과가 끼어들 여지가 있다. ―이런 모든 것은 사람을 '사물'과 똑같이 표현

함으로써 얻게 된다. 그런 예가 얼마든지 있는 라비슈의 연극 가운데서 그 한둘을 예로 들어보자. 페리숑이 열차에 탔을 때 빠뜨린 짐이 없나 확인한다. "넷, 다섯, 여섯, 마누라 일곱, 딸내미 여덟, 그리고 나 아홉."*²⁸ 또 다른 희곡에서는 아버지가*²⁹ 딸의 재주를 이런 말로 자랑한다. "우리 딸은 과거에 일어났던 프랑스 왕의 이름을 모두 술술 읊을 수 있네." 일어났다는 것은 왕을 단순한 사물로 명확하게 바꾸지는 않았어도 그들을 비인격적인 사건과 똑같이 본다는 뜻이다.

다만 마지막 예에 대해서 다음을 주의하라. 익살스런 효과를 낳기 위해서 사람과 사물의 동일시(同一視)를 끝까지 밀고 나갈 필요는 없다. 예를 들어 사람과 그가 하는 일을 혼동하는 것 같은 행동을 할 정도의 길로 들어서면 그것으로 충분하다. 아부의 소설에 나오는 한 촌장의 다음 말을 보자. "1847년 이래 여러 차례 교환했음에도 언제나 변함없는 호의를 베푸신 도지사님……"*³⁰

이들 어구는 모두 같은 본보기에 따라 만들어졌다. 이제 우리는 공식을 손에 넣었으므로 얼마든지 이런 어구를 만들 수 있다. 그런데 콩트 작가나 보드빌 작가의 예술은 단순히 연관된 어구를 만드는 것에 있지 않다. 어려운 일은 그 어구에 암시력을 주는 것, 즉 그것을 사람에게 받아들이도록 하는 것이다. 그리고 우리가 그 말을 받아들이는 이유는 그것이 우리가 아는 어느 정신 상태에서 나오는 듯 보이거나, 또는 그때그때 꼭 들어맞아 보이기 때문이다. 이리하여 우리는 페리숑 씨가 첫 여행을 떠날 때에 상당히 흥분하고 있음을 아는 것이다. 또한 '일어났던'이란 말은, 딸이 아버지 앞에서 배운 것을 외울 때 몇 번이고 나왔음에 틀림없는 표현에서 비롯된다. 그래서 그것은 우리에게 암송을 생각게 하는 것이다. 그리고 마지막으로 행정 꼭두각시에 대한 찬사는, 엄밀하게 말해서 비록 도지사의 이름이 바뀌어도 그 직분에는 아무런 변함도 없고, 그의 직무는 그 일을 수행하는 관리와 상관없이 독립적으로 이루어짐을 우리에게 생각게 하는 데까지 이를 것이다.

우리는 여기에서 웃음의 본디 원인과는 상당히 먼 곳까지 와 버리고 말았다. 그 자체로는 설명이 안 되는 익살 형식이 다른 것과 아주 비슷함으로 말미암아 비로소 이해될 때가 있다. 이것은 또 제3의 것과 혈연 관계에 의해 우리를 웃기고, 그런 식으로 길게 다음으로 이어진다. 따라서 심리적 분석은 아무리 명쾌하고 투철한 것이라 해도, 익살스런 인상이 그 한쪽 끝에서 다른 쪽 끝으로 나아가는 실을 확실하게 붙잡지 않으면 반드시 미아가 될 것이다. 어디에서 그 진행의 계속이 생기는 것일까? 도대체 이렇게 형상에서 형상으로 익살스러움을 이동시켜 차츰 본디 지점에서 멀어지게 하고, 그것이 한없이 먼 몇 개의 비교 속에 보이지 않게 되며 갈라지는 데까지 이르게 하는 그 압력은 무엇일까? 그 불가사의한 추진력은 무엇일까? 나뭇가지를 잔가지로, 뿌리를 잔뿌리로 나누고 더욱 작게 나누는 힘은 무엇일까? 하나의 불가항력적인 법칙은 이리하여 모든 살아 있는 에너지에 조금이라도 시간을 빌려주면서 되도록 많은 공간을 차지하도록 강요하고 있다. 그런데 해학적 공상은 그야말로 산 에너지이다. 사회적 토양 중에서도 잔돌이 많은 부분에서 늠름하게 싹을 틔운 기묘한 생물, 이것은 재배되어 가장 세련된 예술 작품에 필적할 수 있길 기다리는 식물이다. 말할 것도 없이 우리는 지금까지 살펴본 예와 위대한 예술로부터는 거리가 멀다. 그러나 뒤에 하지만 이어지는 장(章)에 이르러, 아직 완전히는 아니더라도 상당히 그것에 접근할 것이다. 예술의 하위에 기교(l'artifice)라는 것이 있다. 우리가 헤치고 들어가려는 것은 자연과 예술의 중간인 그 기교의 지대이다. 이제부터 보드빌 작가와 익살꾼을 다루어보자.

〈주〉
〔머리말〕
얼마 전 베르그송 탄생 100주년 기념으로 간행된 책 《저작집》 Henri Bergson, (Euvres, Édition du centenaire, 1959(1970²)을 처음으로 펼쳐보았다. 거기서 《웃음》의 '주(註)'를 편찬자의 한 사람인 앙드레 로비네(André Robinet)가 썼음을 뒤늦게나마 알았다. 그를 통해 탐색의 손길이 미치지 못했던 베르그송의 인용 문헌 출처를 알게 되어 그것을 재인용했는데, 그때마다 이를 명기해 고마움을 표했다.

그런데 이 새롭게 다시 쓴 '역자주'는 로비네의 주를 그대로 베낀 것이 아니다. 미력하나마 앞서 말한 부분 외에는 모두 여기서 새로이 쓴 것이다. 어디까지나 독자를 염두에 두고, 나아가 여느 주석에나 있을 법한 대학 연구실 같은 현학적이고 무성의한 매너리즘을 피하고자 했다. 그 성패는 차치하더라도 이것은 로비네의 주와는 전혀 다른 모습일 것이다.

＊1 특히 《시학(詩學)》 5, 또는 《니코마코스 윤리학》 제4권, 제8장 등 참조. 다만 베르그송은 아리스토텔레스 이전에 플라톤이 이미 머지않아 문제가 될 것임을 알았다. 다른

각도에서의 '해학성에 대한 웃음' 이론의 어엿한 싹을 《필레보스》 29에서 드러내고 있음을 언급하지 않은 것은 묵살일까, 간과일까?

*2 예를 들어 라블레는 '웃는 것은 인간의 본성……'이라고 하여 이 정의(定意)의 보급에 힘썼다. 그러나 이는 아리스토텔레스의 주장을 자기 주장처럼 말한 것에 지나지 않으며, 이쪽이 그에 비교가 되지 않을 정도로 더욱 큰 공헌을 했다.

*3 비슷비슷한 정의는 여기저기서 볼 수 있는데 특히 유명한 것은, 어느 학자가 The 'sudden contrast' theory of laughter의 대표라고 가정한 쇼펜하우어이다.

*4 경직(raideur)은 베르그송 웃음 이론의 키워드 중 하나이다. 한국어라면 어색함, 불편함, 껄끄러움, 단조로움, 완고함, 옹고집, 고집불통, 직선적 등등 몸과 마음에 걸친 경직을 표현한 말이다. 이 흔해 빠진 보통 명사가 철학 용어로 승격한 것은 '도덕과 종교의 두 원천'에서 fabulation=허구기능의 경우와 비슷하다.

*5 라 브뤼예르의 《성격론》 제11장 '인간에 대하여' 제7절.

*6 플라톤이 《필레보스》(앞서 게재한 부분)에서 이미 그것을 지적했다. 그의 웃음 이론이 The 'lack of self-knowledge' theory라고 불리는 이유이다.

*7 '공포'는 '연민'과 함께 아리스토텔레스의 유명한 '비극의 정의'의 키워드로, 베르그송은 여기서 이를 근거로 삼고 있다. 《시학》 11에 '비극이란……연민과 공포의 감정을 불러일으키는 행위의 묘사이다'라고 나와 있다.

*8 파스칼 《팡세》 133편.

*9 위 세 명은 모두 독일의 심리학자. 요약하면 헥커(Hecker)는 희로애락 등 정서들 사이의 대조, 크래펠린(Kraepelin)은 예상과 기대 밖의 일(기습공격)의 대조, 립스(Lipps)는 큰 것을 기대했는데 작은 것이 나타났을 때 그 인지의 대조라고 대답했다고나 할까?

*10 알퐁스 도데 《알프스의 타르타랭(Tartarin sur les Alpes)》 제5장 '터널 아래서의 고백'.

*11 어느 날 '내'가 갑자기 소설가가 된다고 선언을 해서 부인을 놀라게 하는 부분부터 시작하는 유쾌한 이야기이다. 이 나이든 귀부인은 '나'의 딸 약혼자의 큰어머니로 시골의 고색창연한 별장에서 은거하고 있는데, 그곳에 밤마다 나타나는 수천 마리 바퀴벌레를 퇴치하는 기상천외한 이야기도 압권이다. 《보트의 세 남자》와 함께 웃음 연구자의 보물섬이다.

*12 앙드레 로비네에 따르면 이것은 1882년에 상연된 에드몽 공디네(Edmond Gondinet, 1828~88)의 희극 〈화산〉을 기초로 했다고 한다. 그렇다면 베르그송은 20대 초반에 그것을 보았다는 이야기이다. 프랑스 철학자가 연극을 좋아하는 것은 어제 오늘의 일이 아닌가 보다.

*13 몰리에르 《억지의사》 제2막 제4장.

*14 《푸르소냐 씨 De Pourceaugnac》 제1막 제8장—베르그송은 원문을 약간 생략해서 인

용했다.

* 15 라비슈(Eugène Labiche, 1815~88). 19세기 후반 프랑스에서 가장 인기 있던 희극작가. 자선(自選)전집에 포함된 작품만도 57편에 이른다. 그의 연극은 베르그송이 청년 시절 극장을 다니던 목적 중 하나였다. 그는 몰리에르와 함께 '웃음' 이론 만들기의 초석이 되었기 때문이다.
앞의 것은 《에드가르와 그의 몸종》 제1막 제4장(로비네에 따름).
뒤의 것은 《이탈리아 밀짚모자》 제1막 제6장. 이 명작은 르네 클레르가 영화로 만든 것으로도 유명하다.

* 16 물론 이것은 코르네유나 라신으로 대표되는 '고전 비극'을 기초로 한 그의 발상으로, 근대의 비극은 완전히 시야 밖이다.

* 17 몰리에르 《상상으로 앓는 사나이》 제2막 제5장.

* 18 몰리에르 《사랑에 빠진 의사》 제2막 제5장.

* 19 몰리에르 《사랑에 빠진 의사》 제2막 제3장.

* 20 몰리에르 《사랑에 빠진 의사》 제2막 제5장.

* 21 보마르셰(Baumarchais) 《피가로의 결혼》 제3막 제14장. 브리드아존은 극중 판사. 말을 약간 더듬는 아둔한 인물로 내용보다는 형식을 중시한다.

* 22 《사랑에 빠진 의사》 제2막 제5장.

* 23 《푸르소냐 씨》 제2막 제11장.

* 24 세르반테스 《돈키호테》 상편 3권 제17. 유명한 담요 헹가래 대목. 구스타프 도레가 그린 삽화가 유명하다.

* 25 Freiherr von Münchhausen(1720~1797)의 허풍 이야기가 계속 부풀려져서 마침내 허무맹랑한 공상 이야기 《뮌히하우젠 남작의 놀라운 수륙(水陸)여행과 출정, 유쾌한 모험》이 완성됐다. 우리나라에도 《허풍선이 남작의 모험》이라는 이름으로 소개되었다.

* 26 르냐르(Regnard, 1655~1709)의 경쾌하고 묘한 희극 《도박자(Le Joueur)》, 제3막 제4장. 시종 에크토르가 발레르의 아버지 앞에서 읽는, 그의 주인 발레르의 부채 목록 중 한 구절.

* 27 보마르셰 《세비야의 이발사》 제1막 제4장.

* 28 라비슈 《페리숑 씨의 여행》 제1막 제2장.

* 29 《샹보데 역(驛)》 제2막 제4장.

* 30 Edmond About(1828~85). 저널리스트, 작가. 《피에르 씨》 제9장.

제2장
상황의 우스움과 말의 우스움

1

우리는 지금까지 형태와 태도 그리고 움직임 가운데 있는 우스개를 연구해왔다. 이번에는 그것을 행동(actions)과 상황(situations) 가운데서 탐구해야 한다. 물론 이런 우스개는 일상적인 생활에서도 쉽게 마주칠 수 있다. 하지만 어쩌면 그 장소는 분석에 가장 적합한 곳은 아닐 것이다. 만일 극이 생활의 확대화와 단순화라는 것이 사실이라면, 이 제목의 특수한 점에 대해서는 희극 쪽이 현실 생활보다도 많은 가르침을 우리에게 제공해줄 것이다. 어쩌면 단순화를 더욱더 추진하고 좀더 오랜 추억으로 거슬러 올라가 어린 시절 흥겨워하던 놀이 속에서 웃음을 일으키는 희극적 조합의 희미한 첫 윤곽까지도 찾아내야 할 것이다. 늘 그렇듯 우리는 쾌락이나 고통의 감정에 대해서 선천적으로 노숙한 것처럼, 마치 그런 것들 하나하나가 자신의 역사를 지니고 있지 않은 듯 말한다. 특히 언제나 있는 일이지만 우리는 자신들 대부분의 환희의 정서 속에 아직도 이른바 어린애와 같은 면이 있음을 잊고 산다. 자세히 살펴보라. 현재의 쾌락 가운데 지난날 쾌락의 추억에 지나지 않는 것이 얼마나 많은가? 만일 우리의 정서를 엄밀하게 느껴진 것만으로 환원할 수 있다면, 만일 단순히 회상되는 것 모두를 거기에서 지워버릴 수 있다면, 그 많은 것에서 과연 무엇이 남겠는가? 일정한 나이에서부터 우리는 선명하고 새로운 환희에 대해서는 무감각해진 것이 아닐까? 그리고 성인의 가장 감미로운 만족이 되살아난 아이의 감정, 차츰 과거가 멀어져 갈수록 드물게 불어넣는 잔잔한 훈풍인지 누가 알겠는가? 더구나 이 지극히 일반적인 물음에 대해서 어떤 대답을 하건 하나의 점만은 의심의 여지가 없다. 그것은 어릴 적 유희의 쾌락과 성인이 되어서의 쾌락 사이에는 단절이란 있을 수 없다는 것이다. 그런데 희극은 바로 유희, 삶을 모방하는 하나의 유희이다. 그리고 아이가 놀 때 인형이나 꼭두각시 등을 모두 가느다란 실로 움직인다면, 우리가 희극의 상황을 연결한 실 속에서 되찾아야 하는 것 역시 너무 써서 가늘어지긴 했지만 그것과 똑같은 실이 아닐까? 그러므로 우선 어린애의 놀이에서부터 출발하자. 아이가 꼭두각시 인형을 성장시켜 여기에 생명을 불어넣고, 나아가 그것이 여전히 꼭두각시 인형인 동시에 인간이 된다고 할 때, 결국엔 불안정 상태에 이르게 될, 눈에 띄지 않는 진행을 뒤쫓아 가보자. 그러면 우리는 희극적 인물을 만날 것이다. 그리고 앞의 분석이 우리에게 예견하게 한 법칙을, 보드빌의 장면 전반을 정의하는 법칙을 검증할 수 있을 것이다. 즉 생명이 있는 듯 보이면서도 기계적인 구조의 명료함이 느껴지는, 이 두 개가 마주 겹쳐진 동작이나 사건의 배열은 모두 희극적이란 것이다.

1. 도깨비상자(Le diable à ressort) — 어린 시절 우리는 모두 상자에서 튀어나오는 도깨비와 놀았다. 꼭꼭 누르면 그만큼 높이 튀어오른다. 덮개 밑으로 그것을 누르면 때때로 모든 것을 날려 보낸다. 이 완구가 얼마나 오래 된 것인지는 잘 모르겠다. 그러나 그 안에 포함되어 있는 오락의 종류는 확실히 어느 시대에나 있었다. 그것은 두 개의 버텨내기 싸움이고, 순수하게 기계적인 한쪽이 결국엔 다른 쪽에 지기 때문에 재미가 있는 것이다. 쥐와 오만한 고양이, 다리를 걸어서 잡기 위해 매번 스프링처럼 쥐를 석방해 튀어나가게 하는 그 고양이도 똑같은 종류의 오락에 빠져 있는 것이다.

이제 연극으로 옮기자. 우선 기뇰(Guignol)의 연극에서부터 시작해야겠다. 경찰관이 무대로 어슬렁어슬렁 나아가는데 다짜고짜 당연한 것처럼 곤봉에 일격을 당하고 쓰러진다. 다시 일어나자 두 번째 일격에 쓰러진다. 또다시 일어나자 또 얻어맞는다. 긴장하고 이완하는 스프링의 일률적인 리듬에 따라서 경찰관은 쓰러지고 또 일어난다. 그 사이 청중의 웃음은 점점 더 커져간다.

다음으로 정신적인 스프링, 즉 한 사람이 어떤 생각을 표현하면 다른 사람이 이를 저지하고 그래도 또 표현하려는 하나의 관념, 사람이 튀어나와 막아도 변함없이 또 나오는 말의 물결을 상상해 보자. 우리는 여기서 또다시 고집을 내세우는 하나의 힘과 그것을 단숨에 해치우는 다른 의지를 보게 된다.

그러나 이 광경은 그 물질성을 잃었기 때문에, 우리는 이제 기뇰의 연극을 보는 것이 아니다. 우리는 진정한 희극을 구경하고 있는 것이다.

대부분의 희극적인 장면은 사실, 이 단순한 유형으로 환원된다. 이리하여 《강제결혼》의 스가나렐과 판크라스가 나오는 장면에서,*¹ 희극성은 모두 이 철학자에게 강제로 들어달라는 스가나렐의 사고와 말하는 자동 기계인 철학자의 고집 사이의 갈등에서 생긴다. 이 장면이 진행됨에 따라서 도깨비상자의 형상은 더욱더 확실하게 모습을 드러낸다. 그리고 결국엔 인물들 스스로 도깨비상자의 운동을 채택하여, 스가나렐은 매회 판크라스를 분장실에 쳐넣고 판크라스는 그때마다 또 말하기 위해 무대로 돌아온다. 마침내 스가나렐이 판크라스를 집 안에 가두었을 때, 갑자기 판크라스의 고개가 마치 뚜껑을 밀치고 나오는 것처럼 창을 밀고 또다시 나타나는 것이다.

《상상으로 앓는 사나이》에도 같은 장면이 있다.*² 자신이 내린 처방이 제대로 이행되지 않는다는 사실을 안 퓌르공은, 걸릴 수 있는 온갖 질병을 늘어놓으며 아르갱을 협박한다. 아르갱은 그의 입을 막으려는 듯이 팔걸이의자에서 일어서는데, 그때마다 퓌르공은 누군가가 분장실에 밀어 넣기라도 한 것처럼 모습을 감추었다가 이윽고 스프링에 떠밀린 듯이 또 무대로 되돌아와 새로운 저주를 퍼붓는 것이다. 아르갱의 입에서 끊임없이 되풀이되는 '퓌르공 선생!'이란 외침은 이 작은 희극에 시시각각 리듬을 맞추고 있다.

당겨졌다가 풀어지고 다시 또 당겨지는 스프링의 형상을 더욱 가까이 다가가 살펴보자. 그 본질적인 것을 끄집어내보자. 그러면 우리는 고전 희극의 상투적 수법의 하나인 반복을 떠올리게 될 것이다.

연극에서 어떤 언어를 되풀이할 때의 우스개는 어디에서 오는 것일까? 이 아주 단순한 물음에 만족스런 대답을 주는 희극 이론을 찾아본들 헛수고일 것이다. 그리고 재미있는 말에 대한 설명을, 그것이 우리에게 시사하는 바와 분리해 그 말 자체에서 발견하려고 하는 한 문제는 언제까지도 해결할 수 없다. 기존 방법의 불충분함을 이 이상 잘 폭로하는 것은 어디에도 없다. 사실 뒤에 논할 특수한 두세 경우를 제외하면 언어의 반복은 그것만으로는 웃음을 유발할 수 없다. 말의 반복은, 그것이 정신적 요소로 이루어지는 어떤 특수한 유희를 상징하면서도, 그 자체가 완전히 물질적인 유희의 상징일 때에만 우리를 웃긴다. 그것은 역시 쥐에게 장난을 치는 고양이의 유희, 도깨비

상자에 도깨비를 밀어넣고 또 밀어넣는 아이의 장난인데—다만 세련되고 정신화되어 감정과 관념의 영역으로 옮겨진 것이다. 연극에서 말의 반복이 낳는 주요한 희극적 효과를 규정하는 것으로 생각되는 법칙은 다음과 같다. 말의 희극적 반복에는 일반적으로 두 항이 서로 대치하고 있다. 바로 스프링처럼 압착된 하나의 감정과 그 감정을 새롭게 압착하는 것에 흥겨워하는 하나의 관념이다.

도린이 오르공에게 그의 아내가 병에 걸렸다는 이야기를 할 때, 오르공은 계속해서 도린의 말을 막고는 타르튀프의 건강에 대해서만 묻는다. 그때마다 나오는 "그래서 타르튀프 씨는 어떤가?"는 우리에게 튕기는 스프링처럼 매우 선명한 느낌을 준다. 그리고 도린느는 에르밀의 병에 대한 이야기를 되풀이하면서 그 스프링을 누르는 일에 흥겨워하고 있다.[*3] 그리고 스카팽이 늙은 제롱트에게 그의 아들이 납치되어 유명한 갈리선에 포로로 잡혀 있으니 한시라도 빨리 가서 구해야 한다고 알리러 갔을 때, 그는 도린이 오르공의 장님 행세를 비웃었던 것과 똑같이 제롱트의 인색함을 비웃었다. 인색은 겨우 억제되었는가 하면 바로 또 자동적으로 튀어나온다. 그리고 이 자동 현상을 몰리에르는 아무래도 내야 할 돈을 아쉬워하는 마음이 담긴 구절, "애당초 놈은 무슨 생각으로 갈리선에 탄 거야"를 기계적으로 되풀이하게 함으로써 표현한 것이다.[*4] 딸을 사랑하지 않는 사내에게 시집보내는 것은 잘못됐다고 발레르가 아르파공에게 역설하는 장면에 대해서도 똑같이 말할 수 있다. 아르파공의 욕심이 줄곧 상대의 입을 가로막고 말한다. "지참금이 필요 없단 말이야!" 그리고 우리는 자동적으로 몇 번이고 나오는 이 말의 배후에서, 고정관념으로 나사가 죄어져도 반복하길 계속하는 기계를 엿보는 것이다.[*5]

이따금 이 기계를 알아차리기란 좀처럼 어렵다. 우리는 여기에서 희극 이론의 새로운 난점을 접하는 것이다. 장면의 모든 흥미가 인격이 둘로 나뉘는 한 인물에게 집중되어 있어, 상대역은 이러한 양분(兩分)이 실현되는 프리즘 역할만을 하는 경우가 있다. 이런 때 만일 우리가 보고 듣는, 인물과 인물 사이에서 벌어지는 외부적 장면 속에서 희극적 효과의 비밀을 찾으려 한다면, 길을 잘못 들게 될 위험이 있다. 외부적 장면은 내부적 희극을 굴절시켜 드러낸 것에 지나지 않으며, 희극적 효과의 비밀은 내부적 희극에 있기 때문이다. 예를 들어 내 시가 서투르다고 생각하느냐 묻는 오롱트에게 아르세스트가 정색을 하며 "그렇게 말할 생각은 없다" 대답할 때 이 반복은 우습다. 그러나 여기에서 오롱트가 앞서 말한 유희에 아르세스트를 끌어들여 재미있어하는 것이 아님은 명백하다.*6 바로 여기서 주의해야 한다. 사실 아르세스트 안에는 두 인간이 있는 것이다. 한편으로는 사람들에게 있는 그대로 말하리라 맹세한 '인간혐오자', 그리고 다른 한편으로는 사교의 예의범절을 깨끗이 잊을 수 없는 귀족 또는 이론에서 행위로 옮길 때, 누군가의 자존심에 상처를 내고 남에게 고통을 줄 수밖에 없는 결정적인 순간에 꽁무니를 빼는 온후한 인간이 있다. 따라서 진정한 장면은 아르세스트와 오롱트 사이가 아니라 바로 아르세스트와 아르세스트 자신 사이에 있는 것이다. 이 두 아르세스트 가운데 한 사람은 속마음을 털어놓으려 하고, 다른 한 사람은 앞 사람이 무언가 말을 하려고 하면 그 입을 막는다. 반복되는 "그렇게 말할 생각은 없다" 이 말은 밖으로 뛰쳐나가려는 무언가를 누르고 또 누르려고 하는 노력을 나타낸다. 따라서 이 말의 어조는 차츰 격렬해지고, 아르세스트는 점점 더 화를 내는 것이다―그가 생각하는 것처럼 오롱트에 대해서가 아니라 자기 자신에 대해서. 그렇게 스프링의 긴장은 끊임없이 새롭게 되고 강화되다가 결국 마지막에 이르면 폭발한다. 되풀이하는 구조는 그렇기 때문에 여기서도 역시 같은 것이다.

어떤 사람이 설사 "모든 인간에게 정면으로 대적하는"*7 처지가 되어도 생각하는 바를 말하겠다고 결심한다 해서 그것이 반드시 희극적인 것은 아니다. 그것은 삶이고, 더구나 가장 좋은 삶이다. 또 다른 사람이 온순한 성격이나 이기심 또는 좋아하는 감정 때문에 타인의 귀에 듣기 좋은 말만 한다고 해도, 그것 역시 삶인 것이다. 거기에는 우리의 웃음을 자아내는 요소가 아무것도 없다. 이들 두 사람을 합쳐 한 사람으로 만들고, 그가 상대의 감정을 해치는 솔직함과 남을 기만하는 예의 사이에서 머뭇거리도록 해보자. 서로 반대되는 두 감정의 갈등은 아직 희극이 아닐 것이다. 만일 그 두 감정이 상반성 그 자체에 의해서 짜 맞추어지는, 함께 진행하는, 하나의 복합적 정신 상태를 만들어내는, 즉 우리에게 철두철미하게 삶의 복잡한 인상을 주는 삶의 양식(modus vivendi)을 채택한다면, 이 갈등은 엄숙해 보일 것이다. 그렇지만 지금 확실히 살아 있는 한 사람에게 이러한 두 감정이 경직되어 있다고 가정해 보자. 그리고 그 사람이 한쪽에서 다른 쪽으로 동요하고 있다고 하자. 특히 그 동요가 단순하고 초보적인 장치물에서 볼 수 있는 흔해빠진 형식을 택함으로써 명백히 기계적인 것이 되었다고 하자. 그러면 여러분은 이제까지 우리가 우스개에서 발견한 형상, 즉 살아 있는 것에 덧씌워진 기계적인 것을 보게 되고, 따라서 웃게 될 것이다.

우리는 희극적인 공상이 어떻게 물질적 구조를 정신적 구조로 서서히 바꾸는지를 이해하기 위해 그 첫 형상, 도깨비상자의 형상에 대해서 많은 말을 했다. 나아가 이번에는 한두 가지 다른 놀이를 간단하게 살펴보자.

2. 꼭두각시인형(Le pantin à ficelles) —어떤 인물이 자유롭게 행동하고 말을 하여 생명의 본질을 간직한 듯 보인다. 그러나 어떻게 보면 그를 가지고 노는 존재의 손바닥 안에 있어, 단순한 장난감처럼 보이는 희극의 장면이 수없이 많다. 아이가 한 가닥 실로 조종하는 꼭두각시에서 스카팽이 조종하는 제롱트나 아르강트로 넘어가기란 쉽다. 스카팽의 말에 귀를 기울여보라. 그는 "꼭두각시가 완전히 보인다"거나 "하늘이 그들을 내가 친 그물 속으로 몰아온다" 같은 대사를 한다.*8 사람들은 타고난 본능에 따라, 또 적어도 상상으로나마 속기보다는 속이는 쪽을 좋아하기 때문에 사기꾼 편을 든다. 이로써 그는 사기꾼과 공모자가 되고, 그 뒤로는 친구에게서 인형을 빌린 어린애처럼 꼭두각시의 실을 잡고 자신이 그것을 무대 위에서 오가게 한다. 그렇지만 이 뒤의 조건이 꼭 있어야 하는 것은 아니다. 무대의 이야기가 기계적이라는 확실한 느낌만 간직하고 있으면, 우리는 그에 대해 방관할 수도 있기 때문이다. 이런 상황은 어떤 인물이 서로 다른 두 입장 사이에서 어느 쪽을 택할지 몰라 갈팡질팡할 때 볼 수 있다. 예를 들면 파뉘르쥐가 사람들에게 자신이 신부를 맞아들여야 할 것인지를 물을 때와 같은 것이다.*9 그런 때 희극 작가는 서로 다른 이 두 입장을 인격화하려고 배려한다는 점에 주의를 기울이자. 실을 잡아줄 관객이 없으면 적어도 배우라도 그렇게 해야 하기 때문이다.

삶의 모든 중요함은 우리의 자유에서 온다. 우리가 성숙시킨 감정, 우리가 부화시킨 정념, 우리가 숙고하고 결정해서 수행한 행동, 즉 우리에게서 나와 바로 우리의 소유가 된 그것이야말로 때로는 극적이고 보통은 엄숙한 양상을 삶에 주는 것이다. 그러면 이 모든 것을 희극으로 변형하려면 무엇이 필요할까? 겉치레의 자유가 사실은 숨겨진 실로 조종되는 것이라고 상상만 해도 충분할 것이다. 그리고 이 지상에서 우리의 존재란 시인이 아래에 말한 것과 같다는 생각도 해볼 만하다.*10

 그 실은 '필연'의 손에 쥐어져 있다
 보잘것없는 꼭두각시들

 그리고 보면 공상이 이 단순한 형상을 불러일으킴으로써 익살적으로 밀어낼 수 없는 현실적인, 엄숙한, 극적인 장면은 하나도 없다. 아마 활동 영역이 이보다 더 넓은 놀이는 어디에도 없을 것이다.

 3. 눈덩이(La boule de neige) ―희극의 수법에 관한 연구를 진행해 갈수록 어릴 적 추억이 주는 역할을 더욱 이해하게 되지 않는가? 어쩌면 이 추억은 이런저런 특수한 놀이에 대해서라기보다는 기계적 구조에 관한 것으로, 이 구조를 적용한 것이 놀이일 것이다. 더욱이 일반적 구조가 너무도 다른 놀이에서 발견되기도 한다. 이는 마치 오페라의 똑같은 아리아가 많은 환상곡에서 나타나는 것과 같다. 여기에서 중요한 것, 마음에 간직해야 할 것, 보이지 않을 정도의 단계를 밟아 어린애의 유희에서 어른의 유희로 옮겨가는 것은, 곧 짜맞춤의 '도식(圖式)'이고 추상적인 방식이다. 유희는 이것들을 개별적으로 응용한 것이라 할 수 있다. 예를 들어 여기에 굴러가면서 불어나는 눈덩이가 있다. 또 한 줄로 서 있는 납으로 된 군인도 떠올릴 수 있다.
 만일 그 처음 것을 건드리면 그것이 두 번째 것 위로 쓰러지고, 그것이 세 번째 것을 쓰러뜨리고, 그리고 이 상태는 악화되면서 모두가 완전히 바닥에 쓰러질 때까지 진행된다. 또는 애써 쌓아올린 카드 집도 좋다. 손을 댄 첫 번째 카드가 무너질 듯 말 듯 주저하는 사이 그 옆의 것이 흔들리면 붕괴 작업은 재빨리 진행되고, 점점 더 속도를 더해가면서 마지막 결말로 눈 깜짝할 사이에 돌진한다. 이런 예들은 모두 다르지만, 우리에게 암시해 주는 추상적인 심상(心象)은 똑같다고 할 수 있다. 즉 자기증폭을 가하면서 확산됨으로써 초기에는 아무 것도 아니던 것이 뜻밖의 결과에 도달하게 된다고 말할 수 있다.

이번에는 아이를 위한 그림책을 펼쳐보자. 그러면 이 구조가 이미 익살적인 장면의 형식에 다가가고 있음을 보게 될 것이다. 예를 들어 여기에 (나는 닥치는 대로 '에피날 그림책(프랑스 로렌느 지방의 도시에서 출판된 대중 그림책)' 중 한 권을 들었다) 허둥지둥 객실로 들어오는 한 방문객이 있다. 그 손님은 한 부인과 부딪친다. 부인은 그 노신사에게 그녀의 홍차 찻잔을 뒤엎는다. 노신사는 미끄러져 유리창에 부딪힌다. 창유리는 거리의 한 경관 머리 위에 떨어진다. 경관은 경찰에게 총출동 명령을 하는 등등……. 어른이 보는 많은 그림 중에도 똑같은 구조가 있다. 해학 화가들이 그리는 '무언(無言)'의 이야기 중에는 위치를 바꾸는 어느 사물과 그것에 연관된 사람이 종종 나온다. 그런 때 장면에서 장면으로, 사물의 위치 변화가 사람과 사람 사이의 차츰 중요해지는 변화를 기계적으로 동반한다. 다음으로 희극을 보자. 이 단순한 유형으로 환원되는 익살 장면, 희극에도 얼마나 많은가. 《소송광들》에서 시카노의 말을 다시 읽어보자.*11 소송이 소송으로 톱니바퀴 돌 듯이 진행된다. 그리고 그 계략은 차츰 신속하게 진행되어(라신은 소송 용어를 차츰 집중적으로 늘어놓음으로써 가속화되는 느낌을 준다) 결국에는 한 줌의 건초 때문에 제기한 소송이 고소인의 재산 대부분을 탕진하게 한다. 돈키호테의 두세 장면에도 역시 같은 짜맞춤이 있다. 예를 들어 숙소 장면에서, 기이한 사정의 연속으로 마부가 산초를 구타하게 되고, 산초는 마리톨네스에게 덤벼들고, 그녀 위로 숙소 주인도 넘어진다.*12

마지막으로 현대의 보드빌에 대해서 보자. 그런데 이 똑같은 짜맞춤에 나타나 있는 모든 형식을 끄집어낼 필요가 있을까? 그 가운데 상당히 빈번하게 사용되는 것이 하나 있다. 예를 들어, 어떤 물건이(이를테면 편지) 어느 사람에게 무엇보다 중요한 것이어서 어떻게든 찾아내야만 하는 상황을 설정하는 것이다. 그 물건은 손에 넣었다고 생각되는 순간 사라져버리는 식으로 작품 전체를 누비면서 차츰 중대한, 의외의 사건을 그러모은다. 이러한 모든 것은 우리의 처음 생각보다 더 아이의 놀이를 닮았다. 그리고 어디까지나 점점 더 커지는 눈덩이의 효과를 보여준다.

기계적 짜맞춤의 특색은 일반적으로 반대로도 될 수 있다는 점이다. 아이는 장난감 기둥 9개를 향해 던져진 공이 굴러가면서 그 모두를 쓰러뜨리는 광경을 보며 즐거워한다. 그런데 그 공이 여기저기서 돌다 멈추다 하며 출발점으로 되돌아온다면 더욱 큰소리로 웃을 것이다. 다시 말해 앞서 우리가 말한 구조는 그것이 직선적일 때에도 이미 희극적이다. 그러나 그것이 원운동을 해서, 인물의 이런저런 노력이 원인과 결과의 숙명적인 톱니바퀴 장치에 의해서 철두철미하게 같은 장소로 되돌아오게 되면 더욱 희극적이 된다. 그런데 보드빌의 상당수가 이 착상을 중심으로 채워져 있음을 보게 될 것이다. 이탈리아의 밀짚모자가 말에게 먹혔다. 그것과 닮은 모자 단 하나가 파리에 있다. 어떻게 해서라도 그것을 찾아내야만 한다. 그런데 그것은 이제 잡았다고 생각하는 순간 언제나 멀어져서는 주인공을 지치게 한다. 또 그는 마치 자석이 쇳조각을 잇달아 끌어당기듯이 주변 사람들이 자신을 쫓아다니게 만든다. 결국 파란에 파란을 거듭한 끝에 목적에 다다랐다고 생각한 순간, 그 모자는 바로 말에게 먹히고 만 그 모자임이 밝혀진다. 이것에 뒤지지 않게 파란만장한 이야기가 라비슈의 유명한 다른 희극에도 있다.*13 이야기가 시작되자 매일 함께 카드놀이를 즐기는, 오랜 친구이자 나이 많은 독신녀 독신남이 등장한다. 이 두 사람은 각자가 같은 결혼상담소에 신청을 하게 된다. 이들이 작품 전체를 통해 나란히 실패에 실패를 거듭하고 여러 어려움을 극복한 끝에, 맞선 자리에서 마주한 것은 서로의 얼굴이었다. 가장 최근의 작품*14 중에도 똑같이 결국에는 만나는 효과, 같은 출발점으로의 복귀가 있다. 학대를 받은 남편이 이혼해서 자기 아내와 장모로부터 겨우 벗어난 것으로 믿는다. 그리고 재혼한다. 그런데 결과적으로 이혼과 결혼이 짜 맞춰짐으로써 어처구니없게도 그의 첫 아내가 새 장모라는 형태로 되돌아오게 된다.

이러한 우스개가 얼마나 강하게 또 빈번하게 나오는지를 생각해 보면, 그것이 몇몇 철학자들의 상상력을 어떻게 움직였는지 알 수 있다. 많은 과정을 거치지만 알지도 못하는 사이에 출발점으로 되돌아온다는 것은, 말할 나위 없이 수고만 하고 전혀 소득이 없다는 것이다. 사람들이 이런 식으로 희극성을 정의하려고 했던 것도 무리는 아니다. 허버트 스펜서(Herbert Spencer)의 생각 역시 이런 것이었으리라.*15 그에 따르면 웃음은 노력이 갑자기 허무에 부딪히는 노력의 징표라고 했으니 말이다. 칸트는 이미 이렇게 말한 바 있다. "웃음이란 기대가 갑자기 무로 해소되는 것에서 생긴다" 우리도 이러한 정의가 바로 전에 말한 예에 적용됨을 인정한다. 하지만 이 공식에는 두세 가지 제한을 두어야 할 것이다. 웃음을 유발하지 않는 헛수고도 많기 때문이다. 또한 바로 앞의 예들이 작은 결과에 도달하는 큰 원인을 제시했다 하더라도, 그 전에 든 예들은 반대로 작은 원인에서 나오는 큰 결과로 정의되어야 할 것들이었다. 물론 후자의 정의 쪽이 전자의 정의보다 훨씬 가치가 있다고 할 수는 없다. 원인과 결과 사이의 불균형은 그것이 어느 방향으로 나타나건 웃음의 직접적인 원천은 아니다. 우리는 이 불균형이 상황에 따라 나타내기도 하는 어떤 것, 즉 원인과 결과의 배열 배후에서 이 불균형이 우리에게 보여주고 있는 특수한 기계적 구조를 보고 웃는 것이다. 이 구조를 등한시한다면, 여러분은 웃음의 미궁으로 들어갈 때 안내자가 되는 유일한 단서를 놓아버리는 것이 된다. 또한 선택할 수 있는 다른 법칙이 있다고 해도 잘 고른 몇몇 경우에만 적용될 뿐, 상태가 나쁜 예에 하나라도 직면하면 좋든 싫든 헛수고만 할 우려가 있다.

그런데 왜 우리는 이 기계적인 구조를 보고 웃는 것일까? 한 사람이나 단체의 일이 일정한 순간에 톱니바퀴, 스프링, 또는 조종하는 실의 소행처럼 우리에게 보인다는 것, 그것이 왜 우스꽝스러운 것일까? 이 물음은 이미 여러 가지 형태로 제기되었는데, 거기에 대해서 우리는 변함없이 같은 대답을 할 것이다. 인간적 사물의 계속되는 삶 속에서 우리가 때때로 침입자처럼 발견하는 경직된 기계 장치는 우리와 완전히 특수한 이해 관계를 맺고 있다. 그것은 삶에 대한 방심과 같기 때문이다. 만일 사건이 끊임없이 그 자신의 여정에 주의를 기울일 수 있다면, 기이한 만남은 물론이요 우연한 만남도 동행의 만남도 없을 것이다. 모두가 앞으로 전개되어 어디까지나 진보해 나갈 것이다. 그리고 만일 언제나 삶에 대해서 깊은 관심을 쏟았다면, 만일 우리가 언제나 타인과 또 우리 자신과 끊임없이 접촉을 유지하고 있었다면, 결코 스프링이나 실에 조종당하는 것처럼 보일 일은 없을 것이다. 희극성은 사물을 닮아가는 사람이 지닌 어떤 면이고, 완전히 특수한 일종의 경직에 의해서 처음부터 끝까지 기계 장치, 자동 현상, 즉 삶이 없는 운동을 모방하는 인간적 사건의 양상이다. 따라서 그것은 초미의 교정을 촉구하는 개인적 또는 집단적인 불완전성을 나타내는 것이다. 웃음은 이 교정 그 자체이다. 또한 인간과 사건의 어떤 특수한 방심을 지적하고 저지하는 사회적 행동이다.

그런데 이것은 우리를 촉구해 더욱 깊숙한 탐구로 향하게 하려고 한다. 우리는 이제까지 어른의 놀이 중에 아이를 즐겁게 해주는 어떤 기계적 짜맞춤을 재발견해 흥겨워하고 있었다. 그것은 처음에 하나의 경험적인 방법이었다. 이제는 방법적인 완전한 연역법을 시도하고 원천 그 자체로 거슬러 올라가 그 변하지 않는 단순한 원리에 희극적 연극의 다양한 변화가 있는 이 방법 저 방법을 이해하기 위해 가야 할 때가 온 것이다. 우리가 말한 것처럼 이 연극은 삶의 외부적 형태에 기계 장치를 잠입시키듯이 사건과 사건을 짜맞추는 것이다. 따라서 외부에서 바라볼 때 생명이 단순한 기계 장치와 어떤 점에서 확실히 대조되는지 그 본질적 성격을 결정해 보자. 그러면 현실적인 또는 가능한 희극의 이 수법 저 수법에 대해서 이번에야말로 보편적이고 완전한 추상적 공식을 얻기 위해서는 그 반대의 특성들을 살펴보는 것만으로 족할 것이다.

생명은 우리에게 시간 속에서의 일정한 진화, 공간 속에서의 일정한 복잡화로서 나타난다. 시간으로 고찰하면, 생명은 끊임없이 늙어가는 어떤 존재의 계속적 진행이다. 그것은 결코 뒤로 되돌아감이 없고, 되풀이되는 일도 없기 때문이다. 공간적 차원에서 바라보면 생명은 서로 친밀하게 연대적이고 한결같이 서로를 위해 만들어진 동시에 존재하는 요소들을 전개하고 있다. 그러므로 그 가운데 어느 것도 동시에 다른 유기체에 속할 수는 없다. 저마다 살아 있는 존재는 다른 체계와 서로 관계를 맺을 수 없는 하나의 닫힌 현상 체계이다. 양상의 기계적 변화, 현상의 역행 불가능, 그 자체 속에 틀어박힌 한 계열의 완전한 개별성, 그것이 (현실인지 겉치레인지는 아무래도 좋다 치고) 살아 있는 것을 단순한 기계로부터 구별하는 외부적 특징이다. 그 정반대의 것을 취해보자. 그 결과 우리는 반복, 뒤집기, 교차라고 불러도 좋은 3가지 방법을 얻게 될 것이다. 이해하기 쉬운 이치이지만 이러한 방법이야말로 보드빌 그 자체이고, 그 밖의 다른 것은 있을 수 없다.

우리는 이 방법들이 지금까지 검토해 온 장면에, 그리고 당연한 일이지만 이런 방법들이 복제하고 있는 구조를 지닌 아이들 놀이에 저마다 분량을 달리 해 섞여 있음을 발견할 것이다. 그러나 그 분석을 하는 것 때문에 머뭇거리고 있을 수는 없다. 오히려 이러한 방법을 새로운 예에 따라서 순수한 상태에서 연구하는 편이 유익할 것이다. 게다가 또 이 정도로 쉬운 일도 없다. 고전희극에서나 현대극에서나 마찬가지로 사람은 종종 순수 상태에서 그런 것들에 직면하기 때문이다.

1. 반복―이제 문제가 되는 것은 앞서와 같이 어느 인물이 되풀이하는 한 마디 내지 한 구절이 아니고 하나의 정황, 즉 여러 가지 사정의 짜맞춤이다. 이것은 몇 번이고 그대로의 모습으로 나타나고, 그리하여 시시각각 변하는 삶의 흐름과 대조를 이룬다. 우리는 경험을 통해 이미 이러한 우스개를 불충분한 상태로나마 맛보았다. 내가 느닷없이 거리에서 오랫동안 만나지 못했던 친구를 만났다고 하자. 이 상황은 조금도 이상할 것이 없다. 하지만 만일 같은 날에 또다시 그를 만나고 또 세 번, 네 번 더 만난다면 마지막엔 그 '똑같음'에 함께 웃게 될 것이다. 이번에는 삶의 착각을 충분히 주는 일련의 사건을 상상해 보자. 그리고 진행해 가는 이 계열의 한가운데에 동일한 인물 사이도 좋고, 또는 다른 인물 사이라도 좋고, 같은 장면이 여러 차례 일어난다고 상상해보자. 여러분은 역시 똑같음, 훨씬 이상한 똑같음을 보게 될 것이다. 이러한 것이 연극에서 보여주는 반복이다. 그것은 되풀이되는 장면이 복잡할수록, 또 그것이 좀더 자연스럽게 도입될수록 더욱더 우스움을 더하는 것이다―서로 양립할 수 없는 듯 보이는 이 두 조건은 극작가의 정교한 수완으로 잘 버무려야 하는 것이다.

현대의 보드빌은 이런 수법을 온갖 형식으로 사용하고 있다. 그 중 가장 잘 알려진 형식은, 일정한 인물들을 막에서 막으로 이동시키며 언제나 새로운 환경에 놓이게 하지만, 사실 그들이 늘 처음 상황에서 겪는 사건은 언제나 같은 일이 되게 하는 것이다.

몰리에르의 많은 작품 또한 같은 사건이 희극의 발단에서 결말까지 되풀이되는 구도를 보인다. 《아내들의 학교(L'Ecole des Femmes)》는 한 효과를 세 번이나 반복해서 재생한 것이다. 즉 제1절에서는 오라스가 아녜스의 후견인을 속이기 위해 생각해낸 것을 아르놀프에게 말하는데, 아르놀프는 그 후견인이 바로 자신임을 알게 된다. 제2절에서 아르놀프는 상대의 공세를 다 막았다고 생각한다. 제3절에서는 아녜스가 아르놀프의 술책을 도리어 오라스에게 이익이 되도록 바꾼다. 이처럼 규칙적인 반복은 《남편학교(L'Ecole des Maris)》나 《덜렁이(L'Etourdi)》에도 나온다. 특히 《조루주 당댕(George Dandin)》에서는 반복 효과가 세 번 나온다. 제1절에서는 조루주 당댕이 자기 아내에게 속고 있다는 사실을 깨닫는다. 제2절에서는 장인 장모를 불러 도움을 청한다. 제3절에서는 오히려 당댕 쪽이 사죄를 한다.

때때로 같은 장면이 다른 인물 집단에서 나타날 때가 있다. 그 경우 첫 번째 집단은 주인들이고, 두 번째 집단은 하인인 경우가 꽤 있다. 이미 주인들이 연출한 장면을 하인들이 기품이 덜한 형식으로 되풀이하는 것이다.《앙피트리옹(Amphitryon)》도 그와 같은데《사랑의 원한(Dépit amoureux)》의 일부분도 이런 식으로 구성되어 있다.《고집스러움(Der Eigensinn)》이란 베네딕스의 유쾌하고 짧은 희극에서는*16 순서가 뒤바뀌어 있다. 하인들이 실례를 보여준 고집스러운 장면을 그 주인들 쪽이 따라하는 것이다.

하지만 대칭적인 상황을 벌이는 인물들이 어떤 사람이건 고전희극과 현대희극 사이에는 큰 차이가 있는 것 같다. 사건 안의 진실함, 즉 삶의 양상을 보존해 두고 일정한 수학적 질서를 도입하는 것, 그것이 이들의 한결같은 목적이다. 그렇지만 사용하는 방법은 다르다. 대부분의 보드빌에서 작가는 관객의 정신에 직접 영향을 끼친다. '똑같음'이 아무리 이상한 것이라도 그것이 받아들여지리라는 사실만으로도 받아들일 수 있는 것이 되고, 그것이 서서히 받아들여지도록 작가가 준비 공작을 하면 우리는 그것을 받아들이는 것이다. 현대작가가 쓰는 방법은 대체로 이렇다. 이에 반해서 몰리에르의 연극에서 반복을 자연스런 것으로 만드는 주체는 무대 인물의 마음가짐이지 관중의 그것은 아니다. 등장 인물들 저마다는 어느 방향으로 향해진 일정한 힘을 나타내고 있다. 그리고 반복되는 상황을 낳게 하는 것은 불변의 방향을 지닌 그런 힘이 필연적으로 상호간에 똑같은 식으로 조정되었기 때문이다. 이렇게 보면 상황희극은 성격희극에 가깝다. 만일 고전예술이 원인 중에 놓여 있는 것 이상의 결과를 결코 끄집어내려고 하지 않는 예술이라고 한다면, 그것은 가히 고전적이라고 부를 만하다.

2. 뒤집기(L'inversion)—이 두 번째 방법은 첫 번째 것과 대단히 유사한 면이 있으므로 적용에 대해서는 말을 아끼고, 정의하는 것에 그쳐두기로 하자. 일정한 상황에 있는 몇몇 인물을 상상해 보기 바란다. 그 상황을 뒤집어 역할이 뒤바뀌도록 하면 희극적 장면을 얻게 될 것이다.《페리숑 씨의 여행기》에 있는 이중의 구조 장면은*17 이와 같은 것이다. 그렇지만 대칭적인 두

장면이 반드시 우리 눈앞에서 연출되어야 하는 것은 아니다. 우리가 한쪽 장면을 떠올릴 수 있다는 것이 확인되면 단지 그 한쪽을 보이기만 해도 좋은 것이다. 이로써 우리는 재판관에게 훈계를 하는 피의자, 부모를 가르치는 아이를, 즉 '거꾸로 된 세상'이란 표제로 분류할 수 있는 것에 대해 웃는다.

종종 희극에서는 그물을 쳐두고 그곳에 스스로 걸리는 인물을 등장시킨다. 박해자가 자신의 박해의 희생이 되는 이야기, 사기꾼이 사기에 말려드는 이야기는 많은 희극의 내용을 이루고 있다. 우리는 그것을 이미 옛날의 웃음극 가운데서 발견한다. 변호인 파트랭이[18] 고객에게 재판관을 속이기 위한 비법을 전수한다. 그러자 고객은 이 변호인에게 돈을 지불하지 않으려고 그 비법을 이용하게 된다. 잔소리가 심한 아내가 모든 가사를 처리하도록 남편에게 강요한다. 그 아내는 처리해야 할 일을 '목록'에 적어 두었다. 그런데 아내가 세탁통 속에 떨어지자 남편은 "그것은 목록에 써 있지 않다"고 말하며 그녀를 거기에서 꺼내길 거부한다.[19] 근대문학은 도둑맞은 도둑이란 주제로 많은 색다른 변형을 만들고 있다. 여기에서 언제나 문제가 되는 것은 근본적으로는 역할의 뒤집기, 그리고 상황이 그것을 만든 자에게 역습을 가해 오는 것이다.

여기에서도 우리는 응용 사례를 이미 여러 번 지적해 둔 바 있는 법칙을 확인할 수 있다. 어떤 희극 장면이 종종 반복되면 그것은 '카테고리' 또는 본보기의 상태가 된다. 그것은 우리를 재미있게 해 주었던 이유와는 별도로 그 자체만으로 재미있는 것이 된다. 이로써 이론상으로는 전혀 우습지 않은 새로운 장면이, 위의 것과 비슷하다는 이유만으로도 우리에게 재미를 줄 수 있는 것이다. 그런 것들은 우리가 유쾌한 것이라고 마음속에 새긴 형상을 막연하지만 다소나마 불러일으킨다. 그리고 하나의 양식으로 분류되기에 이르는데, 바로 여기에서 공식으로 승인된 희극성의 한 본보기가 나오는 것이다. 도둑맞은 도둑의 장면은 이러한 것이다. 그것은 안에 포함하고 있는 우스개를 다른 많은 장면에까지 퍼지게 한다. 사람이 자신의 실수로 스스로 초래한 온갖 불행을 희극적인 것으로 만든다. 그 실수가 무엇이건 그 실패가 무엇이건, ─그 낭패에 대한 암시나 그것을 상기시켜주는 한마디조차도 충분히 우스운 것이다. "자업자득이야, 조르주 당댕",[20] 이 말은 그 여운으로서 울리는 희극적인 공명음이 없었다면 아무 재미도 없었을 것이다.

3. 교차—반복과 뒤집기에 대해서는 어지간히 말했다. 이제는 계열의 교차(interférence des séries)를 논할 단계가 되었다. 이것은 연극에 나오는 형식이 너무도 다양하기 때문에, 그 공식을 끌어내기가 무척 곤란한 희극적 효과의 하나이다. 정의를 하자면 다분히 이런 식으로 해야 하지 않을까? 어느 상황이 서로 완전히 독립적인 일련의 두 사건에 동시에 속하면서, 또한 전혀 다른 두 의미로 해석될 수 있을 때는 희극적이다.

사람들은 곧 오해를 떠올릴 것이다. 오해란 사실 동시에 두 가지 다른 의미를 나타내는 상황이다. 그 하나는 단순히 가능한 것으로 연출자가 그 상황에 부여하는 것이고, 다른 하나는 진정한 것으로 관객이 부여하는 것이다. 우리는 그 정황의 진정한 의미를 알고 있다. 우리가 그 온갖 면을 볼 수 있도록 연출자가 배려했기 때문이다. 하지만 배우들은 제각기 그 가운데 하나밖에 모른다. 거기에서 그들의 착각이 생기고, 주위의 다른 사람들에 대해서도 잘못된 판단을 하게 되는 것이다. 우리는 그 잘못된 판단에서 진실한 판단으로 나아간다. 가능한 의미와 진실한 의미 사이를 오간다. 그리고 우리의 정신이 이 두 상반된 해석 사이를 오가는 것이 오해의 재미 가운데서 가장 먼저 나타나는 것이다. 어느 철학자들이 특히 이 오감에 감동했다는 것, 또 어떤 자가 서로 모순된 두 충돌 또는 중복 속에서 희극의 본질 그 자체를 보았다는 것이 수긍이 된다.*21 그렇지만 그들의 정의는 모든 경우에 들어맞기는커녕, 그것이 들어맞는 곳에서조차 희극의 원리를 정의하는 것은 아니라 다만 다소나마 먼 그 귀결의 하나를 정의하는 것뿐이다. 사실 쉽게 인정될 수 있는 것인데 연극의 오해는 더욱 일반적인 하나의 현상, 즉 독립한 계열 교차의 특수한 경우에 지나지 않는다. 게다가 웃음을 자아내는 것은 오해 그 자체가 아니라 단순히 계열의 교차기호인 것이다.

사실 오해에서, 인물은 저마다 관여하고 있는 사건의 계열에 삽입되어 있고, 그는 그 사건에 대해서 정확한 표상을 지녀 그 사건에 준해서 말과 행동을 한다. 각 인물과 관계가 있는 각 계열은 서로 독립된 방법으로 진전해 간다. 그렇지만 그들 계열은 일정한 시기에 달하면 그 가운데 하나에 속하는 행위와 언어가 다른 것에도 똑같이 적합할 수 있는 그와 같은 조건 아래 서로 마주치기에 이르는 것이다. 거기에서 인물 간의 착각과 두 의미가 생기는 것이다. 그렇지만 이 두 가지 의미는 그것만으로는 희극이 아니다. 그것이 두 개의 독립된 계열의 부합을 나타내야만 희극인 것이다.

그 증거로 작가는 끊임없이 우리의 주의를, 독립과 부합이라는 이 이중의 사실로 유도하도록 연구해야만 한다. 그는 통상 부합하고 있는 두 계열이 당장이라도 분리할 것 같은 식으로 보여주는 것을 끊임없이 되풀이함으로써 겨우 목적을 이루는 것이다. 순간마다 일체가 부실해지는 것 같다. 하지만 일체는 되돌리는 것이다. 이 소행이 서로 모순되는 두 단정(斷定) 사이를 우리의 정신이 오가는 것 이상으로 우리를 웃긴다. 그리고 그것은 희극적 효과의 진정한 원천인 두 개의 독립된 계열의 교차를 우리의 눈에 그대로 드러내기 때문에 우스운 것이다.

그런 이유로 오해는 특수한 경우의 하나일 수밖에 없다. 그것은 계열의 교차를 감지할 수 있게 하는(어쩌면 가장 기교적인) 수단의 하나이다. 단 그것이 유일한 것은 아니다. 동시대적인 두 계열 대신에 한 계열은 옛날의 사건, 다른 한 계열은 지금의 사건을 취하는 것도 물론 가능할 것이다. 만일 그 두 계열이 우리가 상상하는 가운데 교차할 수 있게 되면 그것은 이제 오해는 아니나 역시 같은 희극적 효과를 낳을 것이다. 쉴롱 성에 보니바르가 잡혀 있는 것을 생각해 보라. 그것이 첫 번째 일련의 사실이다. 다음에 스위스를 여행하다 잡혀 감옥에 들어간 타르타랭을 상상해 보자. 이것은 첫 번째 것과는 독립된 이야기이다. 그런데 지금 보니바르가 묶였던 사슬에 타르타랭이 매였다 치고, 두 이야기가 순간 하나가 되었다고 해보자. 그러면 도데의 공상력이 묘사한 대단히 재미있는 장면, 아주 유쾌한 장면을 보게 될 것이다.*²² 영웅=희극적 장르의 많은 사건은 이와 같이 분해될 것이다. 고대의 것을 현대화하면 대체로 재미있게 되는데 이것도 역시 마찬가지 착상에서 나온 것이다.

라비슈는 이 방법을 온갖 형식에 사용했다. 때로는 우선 두세 가지 독립된 계열을 만들어두고 다음에 그것들을 교차시키며 즐거워했다. 그는 폐쇄된 한 무리, 예를 들면 결혼식에 참석한 사람들을 납치해 묘한 부합을 통해 전혀 모르는 환경에 밀어넣는다. 때로는 모든 등장인물을 단 하나의 계통에 속하게 하기도 한다. 하지만 그들 가운데 두세 명에겐 비밀을 주어 그들끼리 용납하게 한다. 즉, 큰 희극 안에서 작은 희극을 연출하도록 하는 것이다. 그리고 끊임없이 두 희극 중 하나가 다른 하나를 방해하지만 이윽고 잘 수습

되어, 두 계열의 일치가 회복되도록 한다. 마지막에는 현실적인 사건에 완전히 상상적인 일련의 사건을 끼워 넣는 일도 있다. 예를 들어 숨기고 싶은 과거가 있는 사람이 그것이 쉼 없이 현재로 튀어나오려 할 때마다, 과거와 그것이 아무래도 수습 불가능하게 만들어버릴 듯한 상황을 잘 조정하기에 이른다. 그러나 우리가 다시 보는 것은 언제나 독립된 두 가지 일련의 사건들, 그리고 늘 부분적으로 부합하는 현상이다.

우리는 보드빌 수법의 분석을 이 이상 추진하지 않을 생각이다. 그것이 계열의 교차이건, 뒤집기이건, 반복이건, 우리는 목적이 언제나 같음을, 즉 그것이 삶의 기계화라고 불리는 것을 얻는 데 있음을 알고 있다. 사람은 행위 및 관계로 이루어지는 하나의 계통을 포착하고 그것을 그대로 되풀이하든가, 거꾸로 뒤집든가 또는 부분적으로 부합하는 다른 한 계통 속에 품위 있게 그대로 옮기는 것이다. 이 모든 작용은 삶을 뒤바꿀 수도 있고 부분 부분이 서로 교환할 수도 있는, 반복되는 기계 장치처럼 다루는 것이다. 삶이 같은 종류의 효과를 자연스럽게 반복하도록 하고, 따라서 삶이 자신을 스스로 잊는 정도에 정비례해서 현실 생활은 보드빌이 된다. 왜냐하면 삶이 끊임없이 주의를 기울이고 있으면, 그것은 끊임없이 변화해 가는, 역으로 할 수 없는 진보이며 분할할 수 없는 통일이기 때문이다. 그러므로 사건의 희극성은 사물의 방심으로 정의할 수 있다. 개인의 성격의 희극성이 우리가 이미 암시해 둔 것처럼, 그리고 뒤에 더욱 명쾌하게 증명하듯이 인간의 어떤 근본적인 방심에 따른 것과 마찬가지로 말이다. 그러나 이 사건의 방심은 예외적이며, 그 결과는 하찮은 것이다. 그리고 어느 경우에도 교정할 수 없다. 따라서 그것을 보고 웃는다 해도 아무런 도움이 되지 않는다. 따라서 만일 웃음이 하나의 쾌락이 아니라면, 인간이 웃음을 낳는 최소의 기회라도 재빠르게 잡지 않았다면, 이 방심을 과장하고 체계화하고 그것을 하나의 예술로 창조해 보자는 생각은 찾아오지 않았을 것이다.

이렇게 보드빌은 해석된다. 그리고 보드빌과 현실 생활의 관계는 마치 실을 통해 움직이는 꼭두각시와 실제로 걸어다니는 인간의 그것과 마찬가지이다. 즉 보드빌이 사물의 어떤 자연적인 경직을 몹시 인공적으로 과장한 것이다. 그것을 현실 생활에 결부시키는 실은 몹시 가늘다. 또한 그것은 온갖 놀이와 마찬가지로 우선 일반적으로 승인된 약속에 따르는 하나의 놀이에 지나지 않는다. 이와 달리 성격 희극은 삶 속에 깊게 뿌리내리고 있다. 우리가 이 연구의 마지막 부분에서 다룰 문제가 바로 이것이다. 그렇지만 이에 앞서 다양한 면에서 보드빌의 우스개를 닮은 말의 우스개를 분석해야 한다.

2

말의 우스개에 대해서 하나의 특별한 범주를 세우는 것은 다분히 인위적인 면이 있다. 왜냐하면 이제까지 우리가 연구해 온 해학적 효과의 대부분은 이미 말의 매개를 통해 낳았던 것이기 때문이다. 그런데 언어가 표현하는 우스개와 언어가 창조하는 우스개 사이에는 구별이 있어야만 한다.

전자는 필요하다면 어쨌든 다른 나라 언어로 번역할 수 있다. 물론 풍습이나 문학 특히 관념의 연합을 달리하는 사회로 옮길 때에는 그것의 탁월함을 대부분 잃을 수도 있지만 말이다. 반면 후자는 대체로 번역하기가 힘들다. 그것은 희극성이 문장의 구조나 단어의 선택에서 나오기 때문이다. 즉 언어의 도움으로 사람이나 사건에서 보이는 특수한 방심을 분명히 하는 것이 아니라, 언어 그 자체의 방심을 강조하는 것이다. 요컨대 희극적이 되는 것은 언어 그 자체인 것이다.

물론 문장은 저 혼자 만들어지는 것이 아니다. 우리가 그것을 듣고 웃는다면, 똑같이 그 말을 한 주인공에 대해서 웃어도 별지장은 없다. 하지만 이 마지막 조건은 반드시 필요한 것은 아니다. 문구나 언어는 독립된 희극적 힘을 지니고 있기 때문이다. 그 증거로, 우리는 이따금 막연하게 누군가가 웃음의 원인이란 사실을 느끼면서도, 그가 누구인지를 말하려고 하면 상당히 난처할 때가 자주 있지 않은가.

더욱이 웃음의 대상이 언제나 말을 하는 사람은 아니다. 여기서 재치(spirituel)와 희극적인 것(comique)을 구별하는 일이 중요하다. 어떤 말이, 그 말을 한 사람에 대해서 웃음을 자아낸다면 희극적이고, 우리나 제삼자에 대해서 웃게 한다면 다분히 재치 있는 것이라고 볼 수 있다. 그러나 대개의 상황에서 그 말이 희극적인지 재치 있는 것인지 구별하기란 어렵다. 다만 할 수 있는 말은, 이 일이 웃음을 유발한다는 것이다.

앞으로 더 나아가기 전에 아무래도 재치(esprit)라 불리는 것의 의미를 더욱 상세하게 음미해 보아야겠다. 재치 있는 말은 적어도 우리의 미소를 자아내는데, 그 본성을 밝히고 관념을 명확히 하는 것을 소홀히 한다면 어떻게 완벽한 웃음 연구가 되겠는가. 그런데 이 매우 미묘한 정수가 빛에 닿으면 분해될까 우려된다.

우선 넓은 의미의 재치와 좁은 의미의 재치를 구별해 두자. 언어의 가장 넓은 의미에서 사람은 연극적인 사고방식을 재치라고 부르는 듯하다. 재치가 있는 사람은 자신의 관념을 단순한 상징으로서 다루는 대신에 인물처럼 그것들을 보고, 듣고, 특히 그것들에게 서로 대화를 시킨다. 또한 그것들을 무대에 올리고, 자기 자신도 어느 정도 무대에 오른다. 재치 있는 민족은 연극을 몹시 좋아하는 민족이다. 뛰어난 독서가에게는 배우의 소질이 있듯이 재치가 있는 사람에게는 얼마쯤 시인적인 면이 있다. 이런 비유는 일부러 꺼낸 것으로, 이렇게 하면 그다지 힘들이지 않고 이 네 가지의 비례적 관계를 세울 수 있기 때문이다. 독서를 잘하려면 대체로 배우가 지닌 예술성의 지적인 부분만 있으면 충분하다. 하지만 연기를 잘하려면 진심으로 온 인격을 바쳐 연기하는 배우여야만 한다. 이와 마찬가지로 시의 창조도 어느 정도 자아 망각을 요구하는데, 보통 기지가 있는 사람은 거기에 빠져드는 일이 없다. 이런 축에 드는 사람은 자신의 말과 행동 배후에서 다소라도 그 존재를 드러낸다. 그는 그곳에 몰입하지 못한다. 그곳에 자신의 지성만을 두기 때문이다.

따라서 시인은 모두 자신이 원할 때에 재치 있는 사람으로서 나타날 수 있다. 그는 그 때문에 무언가를 손에 넣을 필요도 없다. 오히려 무언가를 잃어야 할 것이다.*23 그저 자신의 관념을 "아무것도 아닌 일을 위해, 즐거움을 위해" 서로 대화를 시켜두는 것으로 충분하다. 그는 단순히 자기의 관념을 자기의 감정에, 그리고 자신의 정신을 삶에 접촉시키고 있는 이중의 연계를 느슨하게 풀기만 하면 된다. 즉 시인이 감정을 토대로가 아니라 지성만으로 시를 짓는다면, 그는 재치 있는 사람이 될 것이다.

그러나 재치가 일반적으로 연극의 형식 아래에서(sub specie theatri) 사물을 보는 것이라면, 이는 좀더 특별히 극예술의 하나인 희극 쪽으로 향한다고 생각할 수 있다. 여기에 이 단어의 가장 좁은 의미, 그리고 웃음의 이론적 견지에서 볼 때 우리의 관심을 끄는 유일한 의미가 나타난다. 여기서 재치란 다음과 같다. 지나는 길에 재미있는 장면을 스케치하는데, 어찌나 신중하고 경쾌하고 재빠른지, 우리가 그것을 깨닫기 시작했을 때는 이미 마무리가 되었을 정도의 재능이다.

이러한 장면의 배우는 누구일까? 재치 있는 사람은 누구를 상대로 하고 있을까? 언어가 상대 한 사람에 대한 직접적인 대답이었다면, 우선 그가 그 상대이다. 그 자리에 없는 인물이 상대일 때도 가끔 있는데, 그때 재치 있는 사람은 그가 이야기한 것에 대해 자신이 대답한 것으로 상상한다. 그러나 무엇보다 자주 있는 상황은 세간(tout le monde), 즉 내가 상식(sens commun)과 상대하는 것이다. 재치 있는 사람은 통념을 역설(paradoxe)로 전환함으로써, 관용구를 이용함으로써, 또는 인용이나 속담을 모방함으로써 해치우는 것이다. 이러한 작은 장면들을 서로 비교해 보라. 그러면 그것이 우리가 잘 아는 '도둑맞은 도둑'이란 희극의 주제에 바탕을 둔 변형임을 깨달을 것이다. 어떤 은유라든가 격언이라든가 논법을 갖다 붙여 그런 것들을 만든 사람, 또는 만들 것 같은 사람으로 하여금 생각지도 못했던 것을 말하게 하여 이른바 언어의 올가미에 걸리도록 하는 것이다. 그러나 '도둑맞은 도둑'이란 주제가 유일하게 가능한 것은 아니다. 우리는 많은 희극의 종류를 조사해 왔는데, 재치의 혀끝이 날카롭게 연마하지 못하는 것은 단 하나도 없었다.

따라서 재치가 있는 말은 분석이 가능하며, 그 처방을 내릴 수도 있다. 그 처방은 다음과 같다. 우선 재치 있는 말을 하게 되는 장면을 무대화한 뒤에 여기에 속하는 희극성의 범주가 무엇인가를 찾는 것이다. 즉 재치 있는 말을 가장 단순한 요소로 환원한 다음 거기에서 그 완전한 설명을 얻는 것이다.

이 방법을 고전 문학 가운데 한 예에 적용해 보자. 세비니에 부인이 병을 앓고 있는 딸에게 다음과 같이 써 보냈다. "나는 너의 가슴이 아프다." 재치 있는 말이다. 만일 우리의 이론이 정확하다면 이 말을 강조하고 과장해서 그것이 희극적인 장면으로 전개되는 것을 보기만 하면 될 것이다. 몰리에르의 《사랑에 빠진 의사》에서 여기에 꼭 들어맞는 장면을 발견할 수 있다. 돌팔이 의사 클리탕드르는 스가나렐의 딸을 진찰하기 위해 와서는, 스가나렐의 맥을 짚어 보더니 아버지와 딸 사이에 있는 교감에 근거하여 이런 진단을 내린다. "따님께서는 대단히 상태가 좋지 않습니다."[24] 여기서 우리는 재치있는 것이 희극적인 것으로 전환됨을 본다. 이제 우리의 분석을 완전하게 하는 데 남은 일은 부모를 진찰해 아이의 진단을 내리는 착상 가운데서 희극적인 요소를 찾는 것뿐이다. 그런데 우리는 희극적 공상의 본질적 형태의 하나는 살아있는 사람을 꼭두각시처럼 보이게 하는 것이며, 이 형상을 만들기 위해 눈에 보이지 않는 실로 이어진 듯 말하고 행동하는 두서너 인물을 우리에게 보여주는 것임을 안다. 딸과 아버지 사이에 있는 교감 상태를 구체화하도록 우리를 인도함으로써 작가가 우리에게 암시하는 것은 그 착상이 아니겠는가?

　여기에서 재치를 논한 작가들이 왜 그것을 정의하는 데는 대부분 성공하지 못하고, 이 용어가 지시하는 사항의 이상한 복잡성에 주의하는 것만으로 그쳤는지 알 수 있다.*25 재치를 발휘하는 것은 그렇지 않은 것과 같은 정도로 그 방법이 다양하다. 그러니 먼저 희극적인 것과 재치 있는 것 사이의 일반적 관계를 결정하는 일부터 착수하지 않는다면, 이 둘 사이의 공통점을 어떻게 인정할 수 있겠는가? 하지만 이 관계가 확실하기만 하면 모든 것이 명확해진다. 그때 재치와 희극성 사이에는 이미 만들어진 장면과 그리고 앞으로 만들어져야 할 장면에 대한 순간의 지시 사이에 형성되는 것과 같은 관계가 발견된다. 희극성이 취할 수 있는 형태의 수만큼 재치도 그것에 대응하는 다양함을 지닐 수 있다. 그러므로 먼저 정의해야 할 것은 그 다양한 형태 아래에서의 희극성이고, 그러려면 하나의 형태에서 다른 형태로 연결하는 실을 찾아내야 한다. 이렇게 함으로써 재치를 분석할 수 있다. 그러면 재치는 다름 아닌 기체화된 희극성처럼 보일 것이다. 그렇지만 반대의 방법에 따라서 직접 재치의 방식을 추구하려고 하면 그것이야말로 실패할 것이 틀림없다. 실험실에서 임의로 물체를 손에 넣을 수 있음에도, 대기 중에서 단순한 흔적의 상태로만 그런 것들을 연구하겠다고 주장하는 화학자가 있다면 사람들은 그에 대해 뭐라고 말할까?

　그런데 이 재치 있는 것과 희극적인 것과의 비교는 동시에 우리에게 언어의 우스개 연구에서 따라야 할 방침까지도 지시해 준다. 한편으로 사실 희극적 언어와 재치의 언어 사이에는 근본적인 차이가 없음을 안다. 그리고 다른 한편 재치의 언어는 비록 언어의 어느 도상(圖像)과 결부되어 있어도 어느 희극적 장면의 막연한 또는 뚜렷한 형상을 환기하는 것이다. 바꾸어 말해서 언어의 우스개는 행동과 상황의 우스개와 하나하나 대응해야 하는 것이고, 이는 만일 이렇게 표현할 수 있다면, 전자는 후자가 말의 차원에 투사한 것에 다름 아니다. 행동과 상황의 우스개로 되돌아가 우리가 그것을 손에 넣는 주요한 방법을 고찰해 보자. 그 방법을 언어의 선택과 문장의 구성에 적용해 보자. 그러면 우리는 언어의 우스개의 온갖 형태와 재치 본연의 다양성을 손에 넣게 될 것이다.

1. 경직 또는 습관의 힘 때문에 말할 생각이 없었던 것을 무심코 말하거나, 할 생각이 없었던 것을 하게 되는 것, 그것이 우리가 알고 있는 해학성의 커다란 원천의 하나이다. 따라서 경직된 것, 틀에 박힌 것, 즉 기계적인 면이 몸짓이나 태도나 또 얼굴 표정에 있으면 그것을 보고 웃는 것이다. 이러한 경직은 언어에서도 역시 인정될지 모른다. 물론 그렇다. 거기에도 틀에 박힌 방식과 관용구가 있기 때문이다. 언제나 이러한 어법으로 무언가를 말하는 인물은 반드시 희극적일 것이다. 그렇지만 어느 고립된 어구가 그것을 입에 올리는 사람에게서 분리된다면, 그것이 기성의 관용구인 것만으로는 희극적인 것이 되기에 부족하다. 더욱이 그 관용구가 자동적으로 발하게 된 것임을 우리에게 조금도 의심할 여지가 없이 인정하게 하는 것을 자기 안에 지니고 있어야만 한다. 그리고 그것은 그 관용구가 명백한 부조리, 즉 커다란 오류라든가 또는 특히 그 언어 중의 모순을 포함하고 있어야만 이끌어낼 수 있다. 거기에서 다음의 일반적 법칙을 낳게 된다. 이렇게 부조리한 관념을 잘 성숙된 관용구의 틀 속에 삽입하면 희극적 언어를 얻을 수 있다는 것이다.

프뤼돔 씨가 말했다. "이 검이야말로 내 생애 가장 영광스러운 날이다(Ce sabre est le plus bean jour de ma vie)."*26 이 문장을 영어나 독일어로 번역한다면, 단지 부조리한 것이 될 것이다. 그러나 프랑스에서는 우스운 말이다. "내 생애 가장 영광스러운 날(le plus bean jour de ma vie)"은 프랑스인에게는 익숙한 관용구의 하나이기 때문이다. 그러고 보면 말을 희극적으로 만들기 위해서는 그것을 발언하는 사람의 자동 현상을 백일하에 드러내는 것으로 충분하다. 사람은 그곳에 하나의 부조리를 삽입해 그곳에 도달하는 것이다. 여기서 부조리가 우스개의 원천은 아니다. 그것은 단지 우스개를 우리에게 드러내 보여주는 매우 단순하고 효과적인 하나의 수단에 지나지 않는다. 우리는 프뤼돔 씨의 한마디를 인용한 것뿐이다. 하지만 그의 말은 대부분 이와 같은 유형이다. 프뤼돔 씨는 관용구만 사용하는 사람이다. 그의 표현은 좀처럼 번역하기 어렵다고는 하지만, 어느 나라 말에나 관용구는 있기 때문에 대체로 바꿔 쓸 수는 있다.

때로는 진부한 문장에 부조리가 슬그머니 끼어 있어 알아차리기 어려운 경우도 있다. 어느 게으른 자가 말했다. "나는 끼니 사이에 일하는 게 싫어(Je n'aime pas à travailler entre mes repas.)." 만일 건강에 대한 교훈으로서 "끼니 사이에는 아무것도 먹지 마라(Il ne fant pas manger entre ses repas.)"는 어구가 없었다면 이 말은 그다지 재미없었을 것이다.

또 상투적인 문구가 하나가 아니라 두서너 개가 뒤섞여 복잡해진 것도 있다. 예를 들어 라비슈의 작품에 나오는 한 인물의 말을 인용해 보자. "동포를 죽일 권리가 있는 자는 오직 신뿐이다." 여기에서는 우리에게 익숙한 "인간의 생명을 좌우하는 것은 신이다." 그리고 "동포를 죽이는 것은 인간에게 죄이다" 이 두 명제가 잘 뒤섞여 있다. 우리의 귀를 속여, 사람들이 기계적으로 되풀이해 받아들이는 그러한 어구의 하나라도 되는 듯 말이다. 그래서 우리의 주의력은 부조리가 갑자기 눈뜨게 해주기 전까지는 반수면 상태에 빠져 있는 것이다.

이러한 예만으로 희극성의 가장 중요한 형태 하나가 언어상에 어떻게 투영되고 단순화되는지를 이해하기에 충분할 것이다. 이제는 다소 비일반적인 형태로 옮기기로 하자.

2. "어떤 사람의 정신적인 면이 문제가 되는 순간에 그 육체적인 면 쪽으로 주의가 기울어지면 우리는 웃게 된다." 그것이 이 논문의 첫 부분에서 우리가 제시한 법칙이다. 이를 언어에 적용해보자. 언어의 대부분은 그것이 글자 뜻대로 파악되느냐 또는 비유적으로 파악되느냐에 따라서 물적인 의의와 정신적인 의의를 나타내는 것이라고도 할 수 있다. 어떤 언어라도 사실 처음에는 구체적인 대상이거나 또는 물적 행위를 지시한 것이다. 그런데 차츰 언어의 의미는 정신화해 추상적 관계 또는 순수관념으로 전환한다. 따라서 만일 우리의 법칙을 이 경우에도 여전히 적용한다면 그것은 다음과 같은 형태가 되어야만 한다는 소리이다. 어떤 말이 비유적으로 사용되는데 그것을 문자 그대로 해석하면 우스운 효과를 얻을 수 있다. 또는 우리의 주의가 어떤 비유의 물질성에 집중되자마자 그 표현되는 관념은 우스운 것이 된다.

"모든 예술은 형제이다." 이 문장에서 '형제'라는 단어는 서로의 깊은 유사성을 표시하기 위해 비유적으로 사용되고 있다. 그리고 이 단어는 이제는 우리가 그것을 듣고도 하나의 혈연관계가 내포하는 구체적이고도 물적 관계를 생각하지 않을 정도로까지 빈번하게 그러한 식으로 사용되었다. 그러나 만일 "모든 예술은 사촌이다" 말하면 그때에는 '사촌'이라는 단어가 그렇게 비유적으로는 사용되지 않은 점에서 우리는 이미 상당히 구체적이고도 물적인 관계를 생각할 것이다. 그리하여 이 경우에는 그 언어가 가벼운 희극적 빛깔로 아로새겨질 것이다. 그런데 지금 극단으로까지 나아가 혈연관계가 결부되어야 할, 두 용어의 성과 양립할 수 없는 하나의 혈연관계를 택해서 형상의 물질성에 억지로 사람의 주의를 끌었다고 상상해보자. 그러면 여러분은 웃기는 효과를 맛보게 될 것이다. "모든 예술〔남성〕은 자매〔여성〕이다" 이 문장 역시 프뤼돔 씨의 유명한 말이다.

"그 녀석은 재치를 뒤쫓고 있더군(Il court après l'esprit—직역하면 '그 녀석 되게 젠 체하더군'이 된다)" 부플레에게 어느 사람이 몹시 비위에 거슬리는 한 인물에 대해 이렇게 말했다. 만일 부플레가 그 말에 대답하길 "그 사내는 재치를 붙잡지 못할 거야" 했다면 그것은 재치 있는 말의 시초였을 것이다. 하지만 단지 그뿐이다. 왜냐하면 '붙잡다'란 말은 '뒤쫓다'라는 말과 거의 마찬가지로 자주 비유어로서 사용되고, 앞서 달리는 사람과 그를 뒤쫓는 두 경주자의 형상을 충분히 구현하지 못하기 때문이다. 만일 그 대답이 완전히 재치 있길 원한다면 자신이 경주를 직접 관전한다고 생각할 정도로 구체적이고 생생한 언어를 스포츠의 어휘에서 빌릴 필요가 있다. 부플레가 "나는 익살 쪽에 건다" 말한 것이 그것이다.*27

재치는 종종 이야기 상대의 사고를 부풀려 그가 그 사고의 반대 것을 말하고, 이른바 자기 언어의 함정에 스스로 빠질 정도로까지 이르는 것에서 성립하는 것임을 우리는 앞에서 말했다. 이 함정은 이것도 대체로 비유이거나 비교(직유)이고 이 자체의 구체성에 사람은 역습시키는 것임을 덧붙여둔다. 사람들은 《가짜 선인들》*28 가운데 나오는 어머니와 그 아들의 다음 대화를 떠올릴 것이다. "주식을 하는 건 위험이 따르는 일이다. 오늘 버는가 싶으면 내일은 손해를 보는걸." "그럼 격일로 하면 되겠네요." 그리고 같은 작품에 있는 두 회사 창업자의 교훈적인 대화. "우리가 여기서 하는 일이 과연 정당할까요? 결국엔 불운한 주주의 주머니에서 돈을 거두는 것이니……." "그럼 당신은 어디에서 돈을 거둘 생각이었습니까?"

이런 식으로 어느 상징이건 기호를 그 구체성의 방향으로 발전시켜, 그 발전시킨 것에 기호에서와 똑같은 상징적 가치를 유지하게 하는 것처럼 해 두면 재미있는 효과를 얻을 수 있을 것이다. 대단히 유쾌한 보드빌에 모나코의 한 관리가 나오는 장면이 있다. 그는 훈장을 단 하나 받은 것뿐인데도 제복에 훈장을 가득 달고 나와 이렇게 말한다. "실은 룰렛의 한 번호에 내 훈장을 걸었는데, 그 번호가 나와 건 것의 36배를 돌려받았소." 《철면피들》*[29]에 나오는 지보아이에가 말한 핑계 아닌 핑계도 이와 비슷하다. 혼례의상에 오렌지 꽃을 달고 있는 40세의 신부에 대해서 사람들이 이러쿵저러쿵 말들이 많다. 그러자 지보아이에가 말했다. "그녀도 오렌지를 먹을 권리가 있는걸."

하지만 만일 이제까지 열거한 법칙을 하나하나 거론하며 언어에서는 어떤 의미를 갖고 있는지 검증하려 한다면 끝이 없게 되고 만다. 그보다는 앞 절의 3가지 일반 명제에만 한정하는 편이 좋을 것이다. 우리가 보여준 것은 반복이나 뒤집기나 마지막으로 교차에 의해서 《사건의 계열》이 희극적인 것이 될 수 있다는 것이었다. 그것이 언어의 계열에서도 똑같다는 것을 이제부터 보려는 것이다.

사건의 계열을 취해 신기한 상태로 또는 신기한 환경 속에서 그것을 되풀이하거나 또는 어느 하나의 의미만을 남겨두고 그것을 역으로 하거나 또는 의의가 서로 교차되도록 그것들을 뒤섞으면, 앞서 말한 바와 같이 생명을 기계적으로 다루게 되므로 그것은 희극적이 된다. 그런데 사상 역시 살아 있는 것이다. 따라서 사상을 번역하는 언어도 사상과 똑같이 살아 있어야만 한다. 그리고 보면 어느 어구가 뒤바뀌어도 여전히 그 의미를 나타낼 경우, 또는 그것이 완전히 독립한 다른 두 관념 체계를 어느 쪽이건 상관없이 나타낼 경우, 또는 사람이 어느 관념을 그 자체가 아닌 것으로 옮김으로써 그 어구를 얻은 경우, 그 문구가 희극적임은 알아차릴 수 있다. 이러한 것이 사실 명제의 희극적 변형에서 찾아볼 수 있는 세 가지 근본 법칙이다. 다음에 두세 가지 예를 들어 살펴보자.

우선 이 세 법칙은 희극 이론에서 보아 동등한 의의를 지닌 것은 아님을 말해둔다. 셋 가운데 뒤집기가 가장 재미가 적은 방법이다. 하지만 이것은 가장 응용하기 쉬움에 틀림이 없다. 왜냐하면 재치를 자랑거리로 삼고 있는 프로는 어느 어구를 듣자마자 그것을 역으로 해, 이를테면 목적어인 곳에 주어를 두고, 주어인 곳에 목적어를 두어 그래도 어느 의미가 생기지는 않을까 보기 마련이기 때문이다. 다소라도 장난끼가 있는 말로 어느 사고를 논박하려고 이 방법을 사용하는 일도 드물지 않다. 라비슈의 어느 희극*30을 보면 한 인물이 위층에 살고 있는 세든 사람 때문에 자기의 테라스가 더러워지자 그 위층의 사내에게 이렇게 소리친다. "왜 나의 테라스에 담뱃재를 버립니까!" 그러자 곧바로 세든 사람의 목소리가 들린다. "왜 나의 파이프 밑에 당신의 테라스를 설치했소?" 하지만 이러한 재치에 대해서는 그다지 말이 필요없다. 이 같은 예라면 얼마든지 질릴 정도로 들 수 있을 것이다.

동일한 어구 속에 있는 두 관념체계의 교차는 재미있는 효과가 끊이지 않는 원천의 하나이다. 여기에서 교차를 손에 넣는 수단, 즉 동일한 어구에 대해서 서로 겹쳐지는 두 개의 독립된 의미를 부여하는 수단은 얼마든지 있다. 그 가운데서 가장 찬성할 수 없는 것은 재담(calembour)이다. 재담에서는 두 개의 독립된 의미를 표현하는 듯 보이는 것이 실은 동일한 어구이다. 그런데 그것은 단순히 하나의 겉보기에 지나지 않는다. 실제로는 다른 언어로 구성된 다른 두 개의 어구가 있고, 사람들이 이 두 개의 어구가 귀에 똑같은 음향을 주는 데 끼어들어 혼동한 척 가장하는 것이다. 게다가 우리는 재담에서 깨닫지 못하는 점층법에 의해 진정한 언어의 익살(jeu de mots)로 이행한다. 여기에서는 두 관념체계가 실제로 하나의 똑같은 어구 중에 거두어지고 있으며, 사람들은 똑같은 어구를 상대로 하고 있는 것이다. 우리가 이용할 수 있는 것은 언어가 취할 수 있는 의미의 다양함이다. 이것은 특히 본디 의미에서 비유적인 의미로 옮길 때에 볼 수 있다. 이리하여 한편으로는 언어의 익살과 다른 한편으로는 시적 은유 또는 계몽적 비유 사이에 때때로 약간의 차이밖에 인정되지 않을 때가 있다. 계몽적인 비유와 인상적인 형상이, 삶의 두 병행적 형태로서 보게 되는 언어와 자연과의 내적 합치를 표시하고 있는 것으로 보이는 데 대해서 언어의 익살은, 오히려 언어의 자유 행동을 생각하게 하는 것이다. 언어는 한때 그 진정한 임무를 잊고 이제는 사물에 따라서 언어를 결정하는 대신에 언어에 따라서 사물을 규정하려고 한다. 언어의 익살은 그렇기 때문에 언어의 하나의 방심을 보여주는 것이고 바로 이 때문에 재미있는 것이다.

뒤집기와 교차란 결국 언어의 익살로 빠져드는 정신의 유희에 지나지 않는다. 그것보다도 전환(transposition)의 우스개 쪽이 훨씬 깊다. 전환과 일상어와의 관계는 사실 반복과 희극이 맺는 그것과 같다.

반복이 고전희극에서 애용되었던 방법임은 이미 말했다. 그것은 어느 장면이 새로운 사정 아래 있는 똑같은 인물 사이거나 또는 같은 상황에 있는 다른 인물 사이에서 몇 번이고 반복되도록 사건을 배치하는 것에서 성립한다. 이미 주인들이 했던 행동을 덜 고상한 말로 하인들에게 되풀이하도록 하는 것이 그것이다. 한편 어느 두세 가지 사고가 그것에 걸맞은 형식으로 표현되고 그것으로 그 본디 환경에 잘 들어맞는다고 가정해보자. 만일 그 사고와 사고 사이의 관계를 그대로 두고 그것이 새로운 환경으로 이행할 수 있는 장치를 두루 생각한다면, 또는 말을 바꾸어 만일 그러한 사고를 전혀 다른 방식으로 표현하고 또한 전혀 다른 상태로 옮길 수 있게 되면, 언어 쪽이 여러분에게 희극성을 제공하고 언어 쪽이야말로 희극적이 될 것이다. 게다가 같은 사고의 두 표현, 즉 전환된 표현과 본디의 표현을 우리에게 일부러 표시할 필요는 조금도 없다. 본디 표현은 우리가 본능적으로 탐지하는 것이므로 사실은 그것을 알고 있기 때문이다. 따라서 희극성을 만들려는 노력이 향해야 할 방향은 다른 한쪽, 단지 오로지 한쪽뿐이다. 전이된 표현이 제공되기만 하면 우리는 스스로 자연스러운 표현 쪽을 보완하게 되는 것이다. 그런 점에서 다음의 일반법칙을 얻을 수 있다. 즉 어느 사고의 본디 표현을 다른 어조로 옮기면 희극적 효과를 얻을 수 있다는 것이다.

전환의 방법은 수가 무한하고 변화무쌍하며 그 언어의 어조가 풍부하다. 여기에서 나오는 해학성은 허무한 농담에서부터 유머와 아이러니 같은 고차원적인 형태에 이르기까지 많은 단계를 지나므로, 이를 모두 열거하는 일을 단념하기로 하자. 먼저 법칙을 설정한 다음, 여기저기서 주요한 적용을 검토만 해도 충분할 것이다.

우선 첫째로 극단적인 두 어조, 즉 장중한 어조와 일상적인 어조를 구별할 수 있을 것이다. 단지 그 하나의 어조를 다른 어조로 옮기는 것만으로도 작으나마 해학적 효과를 거둘 수 있다. 거기에서 해학적 공상의 상반된 두 방향이 나오게 된다.

장중한 어조를 일상적인 어조로 바꾼 결과 완성되는 것이 패러디이다. 이렇게 정의되는 패러디의 효과는 마땅히 다른 어조를 취해야 할 생각이, 그것이 단지 관례에 따른 것에 지나지 않더라도, 일상적인 어조로 표현된 경우까지 포함될 것이다. 한 예로서 장 폴 리히터가 인용한 여명의 묘사를 보자.*31 "데쳐지는 새우처럼 하늘은 검은 빛에서 붉은 빛으로 바뀌기 시작했다." 또 고대의 것을 현대의 생활 용어로 표현해도 같은 효과를 준다. 이는 고대 고전을 둘러싸고 있는 시의 후광 때문이다.

몇몇 철학자, 특히 알렉산더 베인*32이 희극성 전반을 폄훼(dégradation)하여 정의한 까닭은 분명 패러디의 희극성 때문이다. 그들은 우스꽝스러운 것이란 "이전에 존경받던 사물을 하찮은 것으로 제시할 때" 낳는 것이라고 한다. 하지만 우리의 분석이 정확하다면, 폄훼는 전환의 여러 형태 가운데 하나일 뿐이며, 전환 자체도 웃음을 얻는 방법의 하나에 지나지 않는다. 그 방법은 그 밖에도 많으므로 웃음의 원천은 더욱 거슬러 올라가 추구해야만 하는 것이다. 게다가 또 그처럼 멀리 나아가지 않아도 장중한 것을 비천한 것으로, 선을 악으로 전환하는 것이 해학이라면 이와 반대인 전환이 보다 희극적이 된다는 것은 이해하기 쉬운 일이다.

이 반대의 전환 역시 폄훼의 전환과 마찬가지로 자주 보인다. 그리고 그것이 대상의 크기를 지향하느냐, 그 가치를 지향하느냐에 따라서 두 개의 주요한 형식으로 나눌 수 있으리라 생각된다.

사소한 일을 큰일처럼 부풀리는 것이 바로 일반적으로 말하는 과장이다. 과장은 그것이 계속되거나 특히 체계적일 때 희극적이다. 실제로 그때야말로 과장이 전환의 한 수단으로 보이는 것이다. 과장은 사람을 정말 잘 웃기기 때문에, 일부 저자가 폄훼로 희극성을 정의했듯이 몇몇 저자는 과장으로 이를 정의했을 정도이다. 사실 과장은 폄훼와 마찬가지로 희극성의 한 형태에 지나지 않는다. 그러나 눈에 띄는 형태의 하나이다. 이 과장은 영웅=희극시(poém héroï-comique)를 낳아 약간 진부해진 장르이다. 방법적으로 과장하려는 경향이 있는 사람이라면 누구에게서나 그 흔적을 볼 수 있다. 허풍쟁이가 우리의 웃음을 자아내는 이유는 그 영웅=희극적 측면 때문이라고 자주 언급되는 것도 당연하다.

이보다 더욱 기교적이면서도 세련된 형태의 전환이 있다. 바로 그 크기가 아니라 가치를 낮은 것에서 높은 것으로 전환하는 형식이다. 거짓된 사고를 진실한 것인 듯 표현한다거나, 수상쩍은 지위나 천한 직업 또는 비열한 행동 등을 극도로 respectability(존경스러운) 어휘—경어—로 표현한다면, 그것은 대체로 희극적이 된다. 여기서는 일부러 영어를 쓴 것이다. 그러한 사례 자체가 영국적인 것이기 때문이다.

디킨스에서, 새커리에서, 영국문학 전반에서 우리는 그 예를 무수히 발견할 수 있다. 내친 김에 지적해 두는데 효과의 강도는 그 길이에 비례하지 않는다. 때로는 한마디로도 충분하다. 그 말이 어느 일정한 환경에서 받아들여지는 전환의 전모를 암시할 수 있다면, 이른바 부도덕한 조직을 드러내 준다면 말이다. 고골리(1809~1852)의 한 작품을 보면, 어떤 고관이 부하에게 이렇게 말한다. "자네 직급 정도의 관리가 하기에는 너무 많이 횡령했군."*33

요약하자면 이렇다. 우선 비교가 되는 양 극단의 두 항목, 즉 최대와 최소, 최선과 최악이 있고, 그 둘 사이에서 전환이 한쪽 방향으로 또는 역 방향으로 움직인다. 그 간격을 점차로 좁히면, 둘 사이의 대조는 덜 차츰 노골적이 되고, 그에 따라 희극적 전환의 효과는 더욱더 미묘해진다.

이러한 대조 가운데 가장 일반적인 것은 아마도 현실과 이상(理想), 현재 상황과 마땅히 있어야 할 상황 사이의 그것이리라. 여기에서도 역시 전환은 반대되는 두 방향에서도 행해질 수 있다. 때때로 우리는 마땅히 있어야 할 것을 마치 현재 있는 것처럼 주장할 때가 있다. 아이러니는 이렇게 해서 성립된다. 때로는 이와 반대로 현재의 것을 세세하게 서술하면서 그것이야말로 당연히 있어야 하는 것으로 가장한다. 흔히 이런 식으로 나오는 유머는 아이러니의 반대라고 정의할 수 있다. 이 둘은 모두 풍자의 형태이기는 하지만, 유머가 어딘가 좀더 과학적인 데 반해 아이러니는 웅변적이다. 우리는 있어야만 하는 선의 관념에 의해서 차츰 고양되는 것에 몸을 맡김으로써 아이러니를 강조한다. 이리하여 아이러니는 우리의 내면에서 열렬하게 끓어올라 이른바 압축된 웅변이 될 수도 있는 것이다. 이에 반해서 유머는 냉정한 방관자적 태도로 있는 그대로의 악을 하나하나 지적하려고 그 내부에 더욱더 깊게 파내려갈수록 강화된다. 많은 학자, 그 가운데서도 장 폴은 유머가 구체적인 언어, 전문적인 세목, 명확한 사실을 좋아한다고 지적한다.*34 만일 우리의 분석이 정확하다면, 그것은 유머의 우연적인 특색이 아니라 바로 그것의 본질 자체이다. 유머 작가는 과학자로 가장한 도덕가이고 우리에게 혐오감을 불러일으킬 목적으로 해부하는 해부학자와 같다. 그리고 우리가 여기에서 말하는 좁은 뜻의 유머는 바로 도덕적인 것에서 과학적인 것으로의 전환이다.

전환되는 언어와 언어 사이의 간격을 더욱 좁혀 나가면 이번에는 차츰 특수해지는 희극적 전환의 여러 체계를 얻게 된다. 보통 직업에는 그만의 전문 용어가 있다. 일상생활과 관련된 개념들을 이 직업적 언어로 옮겼을 때 웃음의 효과가 나타나지 않는 것이 얼마나 있을까? 마찬가지로 사무적 언어를 사교적 관계로까지 확장하는 것도 희극적이 된다. 예를 들어 라비슈의 작품 가운데 어느 인물이 자신이 받은 초대장을 언급하는 문구가 있다. '지난달 3일 귀하의 호의', 이것은 '이달 3일 귀하의 편지' 같은 상업문 격식을 옮긴 것이다. 뿐만 아니라 이러한 우스개는 단순히 직업상의 습관을 나타낼 뿐만 아니라 성격의 약점까지도 나타낸다면 색다른 깊이에 도달할 수 있다. 결혼이 마치 사업처럼 다루어지고 감정상의 여러 문제가 엄밀한 상업적 용어로 표현되는《엉터리 선인들》이나《부노아통 일가》*[35]의 장면을 떠올려 보라.

그렇지만 우리는 여기에서 언어의 특수성이 실은 성격의 특수성을 번역한 것에 지나지 않는 경우와 맞닥뜨리게 된다. 이것에 대한 상세한 연구는 다음 장으로 미뤄두자. 분명히 예상했던 것처럼, 또 이제까지의 내용에서 알 수 있었듯이 말의 우스개는 상황의 우스개 뒤에 들러붙어 뒤쫓고 있으며, 상황의 우스개와 함께 성격의 우스개 속에 몰입하는 것이다. 언어는 가능한 한 정확하게 인간 정신의 여러 형태를 모방해 만들어진 인간적 산물이기 때문에 비로소 웃음을 자아내는 효과에 도달하는 것이다. 우리는 언어에서 우리의 생명을 지니고 살아 있는 무언가를 느낀다. 만일 이 언어의 생명이 완전무결하다면, 그 속에 응고한 것이 아무것도 없다면, 또한 개개의 독립한 유기체로 분할할 수 없는 하나의 완전히 통일된 유기체라면, 그것은 마치 아주 잔잔한 물결처럼 조화롭게 융화되어 평화롭게 살아가는 사람과 마찬가지로 희극적 대상이 될 일은 없을 것이다. 그렇지만 수면에 낙엽 몇 잎 떠 있지 않은 연못이 없고, 타인에 대해서 뿐만 아니라 자신에 대해서도 경직되는 습관 하나쯤 붙어 있지 않은 사람은 없다. 이와 마찬가지로 기존의 상투적인 것을 배제하고, 단순한 사물에 대해서와 마찬가지로 언어에도 적용해보고 싶어하는 뒤집기·전환 등과 같은 기계적 조작에 대항할 수 있을 만큼 충분히 유연하고 각 부분을 일일이 배려하는 말은 없다. 유연한 것, 부단히 변화하는 것, 살아 있는 것에 반대되는 경직된 것, 상투적인 것, 기계적인 것, 주의에 반대되는 방심, 요컨대 자유 활동에 반대되는 자동 현상, 그런 것들이 바로 웃음이 가려내고 교정하려는 것이다. 우리가 우스개의 분석에 착수했을 때 그 새 출발을 비쳐주길 바랐던 것이 이 관념이었고, 실제로 우리는 가는 길의 어느 결정적인 갈림길에서도 그것이 반짝이는 것을 보았다. 이번에는 이 관념에 의해서 보다 중요한, 그리고 원컨대 보다 교훈적인 탐구에 착수하려 한다. 우리는 바로 희극적 성격의 연구, 또는 오히려 성격 희극의 본질적인 여러 조건의 결정을 계획하고 있는 것이다. 이 연구가 예술의 진정한 성질뿐만 아니라, 예술과 생활의 일반적 관계를 우리에게 이해시키는 데 공헌하도록 힘쓸 것이다.

〈주〉

*1 몰리에르 《강제결혼》 제1막 제4장.

*2 《상상으로 앓는 사나이》 제3막 제5장.

*3 몰리에르 《타르튀프》 제1막 제4장.

*4 몰리에르 《스카팽의 간계》 제2막 제7장, 판(版)에 따라서는 제10장.

*5 몰리에르 《수전노》 제1막 제7장.

*6 《인간 혐오자》(미장트로프) 제1막 제2장.

*7 《인간 혐오자》 제1막 제1장, 아르세스트의 대사.

*8 《스카팽의 간계》 제2막 제4장과 제7장.

*9 라블레 《라블레―제3서 팡타그뤼엘 이야기》 제8장. 여기서 파뉘르쥐는 심술맞고 음흉하며 약삭빠른 인물로, 이 제3서는 그가 결혼을 해야 하는지에 대해 많은 사람과 논의하는 내용이다.

*10 쉴리 프뤼돔(sully prudhomme, 1839~1907) 《시련(Les Epreuves)》, 섹션2, '의심, 좋은 사람(Doutes, Un Bonhomme)'(앙드레 로비네에 따름).

*11 라신 《소송광들(Les Plaideurs)》 제1막 제7장.

*12 《돈키호테》 상편, 3권 제16.

*13 위의 작품은 라비슈의 《이탈리아의 밀짚모자》, 아래의 희곡은 《카놋(La Cagnotte)》. 영어 번역 제목은 'Pots of Money'라고 되어 있다. 여기서는 지방의 정직한 부르주아

들이 카드 승부를 벌여서 질 때마다 1수우를 카눗 안에 넣는다. 그리고 그것이 가득
차면 함께 뭔가를 하기로 정한다. 결국 그 돈으로 파리로 여행을 가서 모두 저마다
유치장에 들어가는 실수를 저지른다는 유쾌한 다성악 해학곡(諧謔曲). 부차적인 플롯
이 이것이다.

*14 비송(마르스와 공동 저작) 《헤어져보면(Bisson et Mars, Les Surprises de divorce,
1888)》비송(1848~1912)은 희극 외에 오페라 대본도 썼고 음악 이론가로도 유명했다.

*15 스펜서이론(Essays : Scientific, Political and Speculative, Ⅱ, 452ff. Appleton, 1892)은
간단히 요약할 수 있는 것이 아니며, 프로이트가 《기지론》에서 높이 평가하여 자신의
선구자 중 한 사람으로 여기는 계기가 되는 다른 독창적인 의견도 포함하고 있다.

*16 베르그송은 이 작품을 프랑스어 번역으로 읽었다. 라이프치히에서 태어나 그곳에서
죽은 베네딕스(Roderich Benedix, 1811~78)는 살아 있을 때 이 땅에서 이름을 크게
떨쳤던 작가이자 희곡 작가이다. 나폴레옹에 대한 레지스탕스 이야기나 독일 민화집
등도 써서 높은 평가를 받았다.

*17 《페리숑 씨의 여행기》제2막 제3장 및 제10장.

*18 《파트랭 선생의 웃음극(La Farce de Maître Pathelin(작자 미상, 1464년 경)》. 프랑스
의 중세 웃음극의 최고 걸작. 여기서 파트랭은 사기성이 짙고 약삭빠른 변호사.

*19 《큰 통(세탁통으로도 번역된다)의 웃음극(La Farce du cuvier)》(작자 미상, 15세기).
제멋대로에다 난폭한 부인을 공격의 대상으로 삼는 것은 귀족사회와 달리, 중세 서민
층(물론 주로 남자이다)이 가장 즐기던 주제 중 하나였다.

*20 몰리에르 《조르주 당댕》제1장 제7장.

*21 뒤망(Léon Dumant, 1837~76)이 웃음의 원인에 대해 전개한 이른바 The theory of
'two contradictory propositions'의 정의. 립스(Theodor Lipps, 1851~1914)의 'expecting'
theory(Komik und Humor, 1885) 및 앞에서 주(註)로 달았던 크레펠린의 'unexpecte-
d intellectual contrast' theory 등을 그는 여기서 염두에 두었다.

*22 알퐁스 도데 《알프스의 타르타랭》제11장.

*23 빅토르 위고의 첫 번째 사극(史劇) 《마리온 드 로름(Marion de Lorme, 1831)》에서
인용.

*24 몰리에르 《사랑에 빠진 의사》제3막 제5장.

*25 프로이트의 《기지론》이 나타난 것은 1905년이므로 베르그송이 이것을 읽었을 때
(1890년대 말) 그것이 아직 그의 시야에 전혀 들어오지 않았음은 물론이다.

*26 《조제프 프뤼돔 씨의 영광과 몰락(Grandeur et décadence de M. Joseph Prudhomme,
1852)》이라는 책에 있는 말이라고 한다. (앙드레 로비네에 따름)

*27 부플레르(Boufflers, 738~1815). 군대와 정치권의 요직에 취임한 뒤 은퇴해서 작가가
된 부플레르 후작. 필베르(Philbert) 《웃음(Le rire, 1883)》에 인용된 것을 베르그송이

재인용한 것이라고 로비네는 말한다. 서론이면서도 이 책은 베르그송의 참고 도서 중 하나였다.

＊28 바리에르(Barrière)와 카팡(Capendu)의 《가짜 선인들(Les Faux bonshommes)》, 제2막 제7장 및 제4장(앙드레 로비네에 의거함).

＊29 《철면피들(Les Effrontés)》, 오지에(E. Augier, 1820~89)의 '작은 정치적 태풍을 불러일으킨' 정치적 풍속 희극. 이 작품, 그리고 특히 그 다음 작품 《지보아이에의 아들 (Les Fils de Giboyer)》은 1861, 62년에 상연되었는데, 정치적 자유주의파 선언으로 간주되어 물의를 빚었다고 한다.

＊30 《전처(前妻)의 인과》. 1855년 초연. 전체 제8막. (로비네의 지적에 따름)

＊31 장 파울 리히터 《미학입문》 제2부, 제9프로그램 '기지에 대하여'. 그곳에 인용된 시구는 새뮤얼 버틀러의 '돈키호테'식, 라블레 풍의 영웅담을 이른바 영웅풍 시체(詩體, Mock-heroic)로 쓴 《휴디브라스(Hudibras)》 제2편 제2가 31~32행. 원문은 아래와 같다.

　　And, like a lobster boil'd, the morn
　　From black to red began to turn…

＊32 알렉산더 베인(Alexaner Bain, 1818~1903). J.S. 밀과 함께 연상심리학파의 중심 인물. 《정서와 의지(The Emotions and the Will, 1859)》 제39장—웃음이론에서는 베르그송이 생각하는 대로 이른바 The 'degradation' theory의 창시자임에 틀림없다. 하지만 웃음을 '신경적 에너지의 범람(overflow of nervous energy)'으로 보는 스펜서이론의 긍정자이기도 하며, 또한 이와는 다른 면에서도 프로이트의 정신분석파 이론을 선취하는 점이 있어서 쉽게 판단할 수 없다.

＊33 고골 《검찰관》 제1막, 시장의 순찰에 대한 말.

＊34 장 파울 리히터 《미학입문》 제1부 제7 프로그램 '유머문학에 대해' 특히 제35절, '유머의 감성'

＊35 《브누아통 일가(La famille Benoîton, 1865)》. 사르두(V. Sardou, 1831~1908)》가 오지에의 사회적 풍속 희극을 흉내내어 프랑스 제2 제정시대(1852~70년)의 Money mania를 풍자한 작품. 그는 라비슈와 함께 그 세기 후반 프랑스에서 최고의 엔터테이너였다.

제3장
성격의 우스움

1

우리는 여러 길로 선회(旋回)하고 우회하면서 해학성을 뒤따라왔다. 더불어 그것이 어떻게 형태, 태도, 몸짓, 상황, 행동, 그리고 말에 침투하는지 연구했다. 이제 우리는 희극적 성격의 분석과 함께 과제의 중요한 부분에 도달했다. 만약 희극성을 몇몇 기억에 남는, 그리하여 결국 조잡하기 마련인 실례에 따라 정의하려는 유혹에 넘어갔더라면 이 부분은 가장 곤란한 문제가 되었을 것이다. 그랬다면 우리는 해학성의 가장 격조 높은 단계에 올라감에 따라, 그것을 파악하려는 정의의 지나치게 넓은 그물코 사이로 여러 사실들이 빠져나가는 광경을 보아야 했으리라. 그러나 우리가 기대 온 방법은 그 반대였다. 우리는 빛을 위에서부터 아래로 비추었다. 웃음은 사회적인 의의와 효력을 지니며, 희극성은 무엇보다도 사회에 대한 인간의 어떤 특수한 부적응을 표시한다는 것, 즉 인간을 빼놓고 우스움이란 없다는 사실, 이를 확신하면서 우리가 우선 목표로 삼은 것은 인간과 그 성격이다. 따라서 곤란한 문제는 오히려 왜 성격 이외의 무언가를 대하고 웃는 일이 있는지, 또 어떤 미묘한 침투나 결합 또는 혼합 현상을 통해 희극성이 단순한 운동으로, 비인격적인 상황으로, 독립된 문구로 스며드는지를 설명하는 일이었다. 이제까지 우리가 해 온 일이 바로 그러한 것이었다. 애초에 우리에게는 순수한 금속이 주어졌고, 우리의 노력은 한결같이 광석을 재구성하는 일에만 기울었던 것이다. 그러나 이제부터 우리가 연구하려는 것은 금속 그 자체이다. 앞으로는 단순한 요소만 다루면 되므로 이처럼 쉬운 일은 없을 것이다. 그것을 자세히 관찰하자. 그리고 그것이 그 밖의 모든 것에 어떤 식으로 반응하는지 살펴보자.

앞서 말했듯이, 그것을 알아채는 순간 우리를 동요케 하는 정신 상태가 있다. 사람이 공감하는 환희와 비애, 보는 자의 가슴을 철렁하게 하는 경악, 공포와 연민 등을 불러일으키는 정념이나 악행, 즉 감정적 반향을 일으켜 마음에서 마음으로 확산되어가는 감정이 그것이다. 그런 것들은 모두 삶의 본질과 관계가 있으며, 모두 엄숙하고 때로는 비극적이기도 하다. 타인의 인격이 우리를 감동시키지 못했을 때야말로 희극은 시작될 수 있다. 사회생활에 대한 경직으로 불러도 될 만한 행동에서 그것은 시작된다. 다른 사람과의 만남에 개의치 않고 자신의 길만을 자동적으로 더듬어가는 인물은 희극적이다. 이런 사람의 방심을 다잡기 위해, 그를 꿈에서 깨어나도록 하기 위해 웃음은 그곳에 존재하는 것이다. 만일 작은 일을 큰 일에 비교하는 것이 허용된다면, 사관학교라든가 사범학교 같은 곳에 입학했을 때 일어나는 일을 이때 떠올릴 수 있을 것이다. 시험이란 힘든 고비를 넘긴 수험생 앞에는 더 큰 산이 남아 있다. 바로 선배들이 그를 새로운 사회에 적응시키기 위해, 그들의 표현을 빌리자면 군기를 잡기 위해 마련한 과정이다. 큰 사회 속에 형성된 작은 사회라 할지라도 모두 이처럼 막연한 본능에 따라 이제까지 몸에 밴, 그러나 이제는 고쳐야 하는 습관의 경직성을 바로잡고 풀어주기 위한 방법을 생각해낸다. 본디 의미에서 사회란 것도 이와 별다르게 작용하지 않는다. 사회의 각 구성원은 언제나 자신을 둘러싸고 있는 것에 주의를 기울이고 주위 사람들을 거울삼아 자아를 형성한다. 즉 상아탑 속에 틀어박히듯이 자기 성격 속에 틀어박히는 것을 피한다. 그리고 사회는 각 구성원에게 교정하라는 협박은 아니더라도 적어도 굴욕의 예측을 늘 심어준다. 그 굴욕은 비록 경미한 것이라도 두려움의 대상이다. 웃음의 역할은 그와 같은 것임에 틀림없다. 웃음은 그 대상이 되는 사람에게 언제나 얼마쯤의 굴욕을 준다. 사회적 신입생에 대한 괴롭힘인 것이다.

거기에서 웃음의 모호한 성격이 나타난다. 그것은 완전히 예술에 속하지도 생활에 속하지도 않는다. 한편으로 현실 생활의 등장 인물은 마치 우리가 관람석 위에서 내려다보는 구경거리처럼 그들의 동작을 바라볼 수 있는 것이 아니면 웃음을 자아내지 않는다. 그들은 우리에게 희극을 보여주고 있기 때문에 우리의 눈에 우스운 것이다. 그러나 다른 한편 연극에서조차도 웃음에서 오는 즐거움은 순수한 쾌락, 즉 절대적으로 이해 관계를 초월하고 한결같이 심미적인 쾌락은 아니다. 그 가운데에는 우리 자신이 지니고 있지 않은 때에도 사회가 우리를 위해 지니고 있는 하나의 저류가 섞여 있다. 웃음에는 말은 하지 않을망정, 그 대상에게 창피를 줌으로써 적어도 외면적으로나마 바로잡아 주려는 의도가 들어 있다. 희극이 드라마보다도 현실 생활에 가까운 것은 그 때문이다. 걸작 드라마일수록 작가가 현실에 있는 비극을 순수한 상태에서 끄집어내기 위해 현실에 가해야 할 분석적 재구성은 심오한 법이다. 이에 반해서 희극이 현실적인 것과 두드러지게 대조를 이루는 것은 오로지 그것의 저급한 형태, 즉 보드빌(가벼운 희극)과 펄스(웃음극)에 있어서 뿐이다. 그것이 고급이 되면 될수록 희극은 더욱더 생활과 혼동하는 경향이 있고, 토씨 하나 바꾸지 않고 무대에 올릴 수 있을 정도로 고급희극에 가까운 현실 생활의 장면이 얼마든지 있다.

그런 점에서 희극적 성격의 여러 요소는 예술에 있어서나 인생에 있어서나 같다. 그러한 요소는 무엇일까? 그런 것들을 추론하는 데는 아무런 어려움도 없을 것이다.

흔히 다른 사람의 가벼운 결점이 우리의 웃음을 자아낸다고 한다. *[1] 이 주장이 대체로 진리임은 나도 인정한다. 그럼에도 그것이 하나에서 열까지 엄밀하다고는 생각할 수 없다. 첫째로, 결점에 대해서도 경미한 것과 중대한 것과의 사이에 한계를 두는 것은 상당히 어렵다. 결점이 다분히 경미하기 때문에 우리를 웃기는 것은 아니고, 우리를 웃기기 때문에 그 결점을 경미한 것으로 보는 것이다. 웃음만큼 사람을 무장 해제시키는 것은 없다. 그러나 더 나아가 중대한 것인 줄 잘 알면서도 우리를 웃기는 결점도 있다고 주장할 수는 없겠는가? 예를 들면 아르파공의 지독한 인색함처럼 말이다. 그리고 또—말하기가 약간 거북한 점이긴 한데—우리는 단순히 다른 사람의 결점만이 아니라 때로는 그들의 장점을 보고서도 웃는다는 사실을 깨끗이 고백해야만 한다. 우리는 아르세스트를 보고 웃는다. 그 웃음은 아르세스트의 정직함이 아니라 그 정직함의 특수한 형태, 즉 우리가 볼 때 정직함에 상처를 내는 어떤 성격상의 결함에서 나온다고 말할지도 모른다. 물론 그렇다. 그러나 우리를 웃기는 아르세스트의 성격적 결함이 그의 정직함을 우습게 만든다는 것 역시 사실이며, 바로 그것이 중요한 점이다. 따라서 희극성이 반드시 언어의 도덕적 의미에서 무언가 결점이 있다는 증거는 아니며 만일 거기에서 어떤 결점, 더구나 가벼운 결점을 반드시 보고 싶다면, 가벼운 것과 무거운 것이 어느 지점에서 구별되는지를 정확히 지적해야만 할 것이다.

엄밀하게 말해서 희극적인 동시에 엄격히 도덕적일 수는 있다. 아르세스트의 성격은 완벽한 궁정신사(honnête homme)와 같다. 그러나 그는 비사교적이며, 바로 그 때문에 희극적이다. 유연한 결함보다는 완고한 미덕을 희극화하는 편이 쉬울지도 모른다. 사회가 의심스런 눈으로 보는 것은 이 경직이다. 따라서 아르세스트의 경직이 정직함에 다름없는 것일지라도 우리를 웃기는 것이다. 자기 안에 틀어박히는 사람은 누구이건 농담의 표적이 되기 쉽다. 그것은 희극성이 대부분 이 틀어박힘에서 만들어지는 것이기 때문이다. 이리하여 희극성이 종종 습속이나 관념—정확히 말해서 사회의 편견과 대단히 깊게 연관되어 있다는 사실이 설명된다.

그렇지만 인류의 명예를 걸고 사회적 이상과 도덕적 이상이 근본적으로 다르지 않음을 확실하게 인정해야만 한다. 거기에서 우리는 일반법칙으로서 우리를 웃기는 것은 확실히 타인의 결점임을 받아들일 수 있다—물론 그런 결점이 그 부도덕성보다도 오히려 비사교성 때문에 웃음을 자아낸다는 점을 덧붙인다면 말이다. 이제 희극적이 될 수 있는 결함은 무엇이며, 웃기에는 그 결점이 지나치게 심각해 보이는 경우가 언제인지 아는 문제가 남아 있다.

그런데 이 문제에 대해서는 이미 넌지시 대답해 두었다. 앞서 말한 바와 같이 희극성은 순수 이지에 호소하는 것이다. 웃음은 감정과 양립할 수 없다. 어떤 작은 결점이라도, 만일 여러분이 나의 동감, 공포 또는 연민의 정을 움직이며 그것을 드러낸다면 그것으로 끝이다. 나는 이제 그것에 대해 웃을 수가 없다. *2 반대로 뿌리 깊고 흔히 말해서 신물이 나는 악덕을 골라보라. 만일 여러분이 적절한 기교로 그 악덕을 드러내는 데 성공하여 내 마음이 동요치 않도록 한다면, 악덕을 희극적인 것으로 만들 수 있다. 물론 그렇게 하면 악덕이 무조건 희극적이 된다는 말은 아니다. 그렇게 한 다음에야 희극적이 될 수 있다고 말하는 것이다. 나의 마음을 움직여서는 안 된다, 이 것이 희극성을 창조하는 데 충분하다고는 할 수 없으나 정말로 필요한 유일한 조건이다.

희극 작가는 우리 마음을 움직이지 않도록 하기 위해 어떤 조치를 강구할까? 무척이나 번거로운 물음이다. 이 문제를 충분히 해명하기 위해서는 상당히 새로운 연구의 한 부분으로 들어가 우리가 극에 대해서 가져오는 인위적 교감을 분석하고, 어떤 경우에 우리가 상상적인 환희나 고통을 받아들이는지, 또는 어떤 경우에 그것과 함께 하기를 거부할 것인지를 결정할 필요가 있다. 최면에 걸린 사람에게 하듯이 우리의 감수성을 잠들게 해서 꿈을 꾸도록 준비해 주는 기술이 있다. 또 공감이 되려는 바로 그때에 맥이 빠지게 하여 아무리 진지한 상황도 진지하게 받아들이지 못하도록 하는 기술도 있다. 희극 작가가 다소 무의식적으로 응용하는 이 기술은 두 가지 방법으로 되어 있는 듯하다. 그 하나는 인물의 정신 한가운데서 그 인물에 부여하고 있는 감정을 분리시키고 그것으로 이른바 독자의 생존을 유지하고 있는 하나의 기생 상태로 하는 것에서 성립한다. 대체로 어떤 강도의 감정은 차츰 모든 다른 정신 상태를 범하고 그 특별한 색채로 그것을 아로새기는 것이다. 만일 그때 이 점진적 침투에 우리를 들어가게 해준다면 서서히 우리 자신도 그것에 대응하는 하나의 정서에 젖어들게 된다. 잘못된 형상을 빌리면—사람은 이렇게도 말할 수 있을 것이다. 즉 온갖 배음(倍音)이 기본음과 함께 그곳에 주어져 있을 때 정서는 극적이고 전달적인 것이라고. 배우가 온몸을 던져 그렇게 진동하기 때문에 관중도 또 관중대로 진동할 수가 있는 것이다. 이에 반해서 우리를 관계가 없는 채로 해두고 희극적이 될지도 모르는 정서에는 무언가 경직이 있어 그것이 정서가 깃들고 있는 정신 외의 부분과 교섭하고 있는 것을 저지하고 있다. 그 경직은 때가 오면 꼭두각시인 형태의 동작과 같은 것이 되어 나타나 사람들의 웃음을 자아낼 때가 있다. 하지만 그 이전에 경직이 우리의 공감을 거슬렀던 것이다. 도대체 그 자신과 장단이 맞지 않는 정신에 어떻게 우리가 장단을 맞출 수 있을까? 희극 《수전노》에 아슬아슬한 장면이 하나 있다. *3 아직 만난 적 없었던 채무자와 고리대금업자가 대면을 했는데, 알고 보니 부자 사이였다는 장면이다. 이 경우에 만일 강한 욕심과 부성애가 아르파공의 마음속에서 격돌해 다소나마 색다른 짜맞춤을 가져왔다면 우리는 완전히 드라마에 빠져들 것이다. 그런데 조금도 그렇지 않았다. 만남이 거의 끝날 즈음 아버지는 모든 것을 망각하고 말았다. 다시 아들과 만났을 때, 아버지는 그처럼 중대했던 그 일을 거의 문제삼지 않고 있다. "다음은 자네. 아아, 아들, 전의 한 건은 용서해주겠는데……." 그러고 보면 탐욕은 다른 감정에 영향을 주거나 영향을 받지도 않은 채 그저 설렁설렁 지나가 버린 것이다. 탐욕이 마음속에 의젓하게 자리잡아도, 한 집안의 주인이 되어도 별다를 것 없이 그것은 여전히 이방인이다. 비극적 성질의 탐욕은 이와는 전혀 다르다. 그 탐욕은 인간의 여러 에너지를 자기 쪽으로 끌어당겨 섭취하고 동화해 이를 개조한다. 즉 감정과 정서, 욕망과 혐오, 결점과 미덕 같은 것이 모두 질료(質料)가 되고 탐욕이 그것에 하나의 새로운 삶을 부여하는 것이다. 생각건대 이러한 점이 고급 희극과 드라마의 첫째가는 근본적 차이이다.

두 번째 차이는 보다 눈에 띄긴 하지만 첫 번째 차이에서 생겨난 것이다. 극작가가 한 영혼의 상태를 극적으로 표현하거나 또는 단순히 그것을 관객이 진지하게 받아들이게 할 의도로 묘사해 보일 때에는, 그것을 그 정확한 치수를 나타내는 동작 쪽으로 서서히 다가가게 한다. 그리하여 수전노는 돈 버는 일을 안중에 두고 만사를 계획하고, 거짓으로 독실한 신자는 하늘만을 바라보는 척하면서 되도록 교묘하게 지상의 일에 분주한 것이다. 희극은 확실히 이러한 잔꾀를 배제하는 것은 아니다. 타르튀프의 간계를 그 증거로 들어두고 싶다. 그렇지만 그것은 희극이 드라마와 공통으로 지니고 있는 점이다. 드라마와 구별되기 위해, 진지한 동작을 우리가 진지한 것으로서 받아들이지 않도록 하기 위해, 즉 웃을 수 있도록 우리를 미리 준비시키기 위해 희극은 다음과 같이 공식화된 하나의 수단을 사용한다. 그것은 우리의 주의를 행위 그 자체에 집중시키는 대신에 오히려 몸짓으로 향하게 한다. 여기에서 몸짓이란 목적도 없고, 이득도 없고 단지 내적인 근질근질한 작용에 의해서 어떤 정신 상태가 표명되는 그런 태도, 거동, 그리고 말까지 가리킨다. 그렇게 정의를 내리면 몸짓은 동작과는 근본적으로 다른 것이 된다. 동작은 계획된 것이고 아무튼 의식적인 것이다. 반면 몸짓은 무심코 나타나며 자동적인 것이다. 동작을 부여하는 것은 온 인격이나, 몸짓은 인격의 고립된 부분이 나머지 부분이 모르는 사이에 또는 적어도 분리해서 나타나는 것이다. 마지막으로(이 점이 가장 중요한데), 동작은 그것을 고취하는 감정에 꼭 정비례하고 있다. 그 둘 사이의 이행은 점진적이고 따라 우리의 공감이나 반감이 감정에서 행위로 옮기는 도선을 따라 차츰 관심이 고조되어 갈 수 있는 것이다. 그렇지만 몸짓은 얼마쯤 폭발적인 면을 지니고 있어 서먹서먹해지는 우리의 감수성을 일깨우고 우리의 각성을 불러일으켜, 사항을 대충 받아들이게 한다. 따라서 우리의 주의가 행위가 아니라 몸짓으로 향하자마자 우리는 희극의 영역으로 접어드는 것이다. 타르튀프란 인물은 그 동작으로 말하면 드라마에 속할 것이다. 우리가 그를 희극으로 보는 것은 오히려 그의 몸짓을 안중에 두고 있는 때이다. 그가 "롤랑, 내 행복을 채찍으로 매주게"*4 말하면서 등장하는 장면을 떠올려 보라. 그는 도린이 자신의 말을 듣고 있음을 알고 있다. 그러나 설사 도린이 그곳에 없었다고 해도 역시 똑같이 말했을 것이 틀림없다. 그는 위선자 역할을 실로 훌륭하게 소화하고 있다. 말하자면 성실하게 그것을 연기하고 있는 것이다. 그것으로 인해서, 단지 그것으로 인해서만 그는 희극적이 되는 것이다. 이 실제적인 성실함이 없다면, 오랜 세월에 걸쳐 몸에 밴 위선이 자연스런 몸짓으로 바뀐 언어나 태도가 없었다면, 타르튀프는 단순히 혐오의 대상이 되었을 것이다. 그의 행동 가운데에 있는 고의적인 것 외에는 우리의 생각이 미치지 않을 것이기 때문이다. 이렇게 해서 동작은 드라마에서는 본질적인 것이나 희극에서는 부수적인 것임을 알 수 있다. 희극에서는 인물을 우리에게 보여줄 때 전혀 다른 상황을 택하는 일도 얼마든지 가능하다는 느낌이 든다. 다른 상황에서도 역시 그는 동일 인물이었을 것이다. 드라마에서는 그러한 느낌을 받지 않는다. 여기에서는 등장 인물과 상황이 함께 용접되고 있다. 또는 더욱 적절하게 말해서 사건이 인물의 전체를 만드는 일부분이 되며, 따라서 만일 드라마가 다른 이야기로 전개되었다면, 그것을 연기하는 배우의 이름을 보존해 두었더라도 우리가 진정으로 보고 있는 인물은 다른 사람일 것이다.

요컨대 어떤 성격이 좋건 나쁘건 그것은 그다지 문제가 아님을 우리는 보았다. 비사회적이기만 하면 그것은 희극적이 될 수 있는 것이다. 이제 우리는 사태의 중대성은 더더욱 문제가 되지 않음도 보았다. 중대하건 사소하건 우리가 그것에 동요되지 않는다면 우리는 웃을 수 있는 것이다. 인물의 비사교성과 관객의 무감동성, 요컨대 이것이 본질적인 두 조건이다. 이들 두 조건에 포함되어 있는 세 번째 조건은 바로 이제까지 우리의 분석이 끄집어내려고 했던 것이다.

그것은 자동 현상이다. 우리는 그것을 이 연구의 첫머리에서 표시해 두었다. 그리고 끊임없이 이 점에 주목해 왔다. 대체로 본질적으로 우스운 것은 자동적으로 이루어진 사항뿐이다. 결점에서나 아름다운 점에서조차도 우스개는 인물이 알게 모르게 해버리고 마는 것, 본의 아닌 몸짓이거나 무의식적인 언어이다. 방심은 모두 희극적이다. 그리고 방심이 뿌리 깊으면 깊을수록 희극성은 더욱더 진해진다. 돈키호테의 방심처럼 조리가 있는 방심은 이 세상에서 사람이 상상할 수 있는 가장 희극적인 것이다. 그것은 가능한 한 맨 밑바닥 가까운 곳에서 꺼내 온 희극성 그 자체이다. 다른 희극적 인물을 누구건 택해서 보라. 그 말하는 것, 행하는 것에 대해서 그가 아무리 의식적일 수 있었다고 해도, 그가 희극적이라고 하는 이상 그것은 자신이 모르는 그의 인간적인 일면, 즉 그 자신의 눈에 띄지 않는 한 측면이 있기 때문이다. 단 그 점으로만 그가 우리를 웃기는 것이다. 깊이 있는 희극적 경구는 무언가 결점이 노골적으로 나타나는 가식 없는 문구이다. 만일 스스로 자신을 직시하고 비판할 수 있다면 어떻게 사람들 앞에서 자신을 그렇게 드러낼 수 있겠는가? 어느 행동을 희극적 인물이 말로 비난하면서 바로 뒤에 그 실례를 보여주는 일이 드물지 않다. 주르댕 씨의 철학 교사가 화내는 것을 나무라는 설교를 한 그 입으로 바로 화를 벌컥 내는 것이나, 자기가 쓴 시를 읊는 사람들을 매도한 뒤에 바로 자신의 주머니에서 시를 꺼내는 바디위스 등이 그 예이다. [*5] 자신에 대한 부주의, 따라서 타인에 대한 부주의, 그것을 우리는 여기에서도 예외 없이 보게 되는 것이다. 그리고 만일 사태를 자세하게 음미해 본다면 그 부주의가 바로 이 경우 비사교성으로 불리는 것과 하나가 되고 있음을 알아차릴 것이다. 경직의 가장 큰 원인은 사람이 자신의 주변, 특히 자기 내부로 눈을 돌리는 일에 소홀한 것이다. 만일 타인을 알고 또 자신을 아는 것에서부터 출발하지 않는다면 어떻게 다른 사람을 본보기 삼아 자신의 인격을 다듬을 수 있겠는가? 경직, 자동 현상, 방심, 비사교성, 그 모든 것이 서로 얽혀 있으며, 바로 여기에서 성격의 희극성이 완성되는 것이다.

요컨대 인격에서 우리의 감수성을 움직여 우리를 감동시키는 것을 제외하면, 그 밖의 것은 희극성이 될 수 있고 그 우스개는 그곳에 나타나는 경직의 부분에 정비례할 것이다. 우리는 이 연구의 첫머리에서 이 사고를 공식화했으며, 그 주요한 귀결에 대해서도 증명했다. 그리고 그것을 희극의 정의에도 적용했다. 이제 우리는 그것을 더욱 가까이에서 파악해 어떻게 이 사고가 희극의 정확한 지위를 다른 여러 예술의 한가운데서 취할 수 있는지를 보여주어야 한다.

어떤 의미에서 보면 어느 성격이건 모두 희극적이라고 말할 수 있을 것이다. 단 그것은 성격을 우리 자신 안에 있는 기성의 것, 태엽을 한 번 감으면 자동적으로 작동할 수 있는 기계 장치의 상태에서 우리 가운데 있는 것을 의미한다는 전제에서이다. 말하자면 우리 자신을 반복하게 하는 것이다. 그리고 또한 타인이 우리를 반복할 수 있게 하는 것이다. 희극적 인물은 하나의 유형이다. 뒤집어 말하면 어느 유형에 유사한 것은 다소라도 희극미를 지닌다. 우리는 오랫동안 어느 사람과 교제하면서도 그에게서 조금도 우스운 면을 발견하지 못할 때가 있다. 그렇지만 만일 우연히 그와 닮은 소설이나 드라마의 유명한 주인공 이름을 따서 붙이면 적어도 그 순간은 그도 우리의 눈에 우스운 인간으로 다가온다. 그 소설의 인물이 희극적이 아니라도 상관없이 말이다. 단지 그 인물과 비슷하다는 이유만으로, 그가 자신의 자아로부터 들떠서 뛰쳐나온 것 때문에, 그가 마련한 틀 속에 끼어들기 위해 오기 때문에 우스운 것이다. 그리고 무엇보다도 우스운 것은 그가 스스로 다른 사람들이 쉽게 끼어들 수 있는 틀이 되어버리는 것, 자신을 하나의 성격에 고정시키는 것이다.

갖가지 성격, 다시 말해 여러 일반적인 유형을 묘사하는 것이 하이코미디의 목적이다. 이것은 여러 사람이 오래도록 말해 온 사실이지만, 여기서 특별히 되풀이해 두고 싶다. 이 공식만으로도 희극을 정의하는 데 충분하다고 생각하기 때문이다. 실제로 희극은 우리에게 일반적 유형을 보여줄 뿐만 아니라, 생각건대 온갖 예술 가운데 일반적인 것을 노리는 유일한 것이다. 따라서 일단 희극에 이 목적이 있는 것으로 정해지면, 희극이 무엇인지 그리고 다른 것이 무엇이어야 하는지를 말한 것이 된다. 그것이 바로 희극의 본질이며, 따라서 희극이 비극과 드라마를 비롯한 그 밖의 예술 형태와 대립한다는 것을 증명하기 위해서는 예술을 그 가장 높은 형태로써 정의하는 일에서부터 시작해야만 할 것이다. 그런 다음 서서히 희극시로 내려가면, 희극이 예술과 생활의 경계에 자리하고 있으며 일반성이라는 그 성격에 따라 다른 예술과 확실하게 대조를 보인다는 사실을 알 수 있을 것이다. 여기에서 이처럼 광범한 연구 주제에 뛰어들 수는 없다. 하지만 희극의 본질을 이룬다고 생각되는 것을 소홀히 할 우려가 있으므로 아무래도 그 요령을 대략 말해야겠다.

예술의 목적은 무엇인가? 만일 현실이 직접 우리의 감각과 의식에 와 닿는다면, 만일 우리가 사물과 직접 의사 소통할 수 있다면, 예술은 쓸모없는 것이 되거나 오히려 우리가 모두 예술가가 되거나 할 것이다. 왜냐하면 그러한 때에는 우리의 정신이 끊임없이 장단을 맞추어서 진동할 것이기 때문이다. 우리의 눈은 기억의 도움으로 모방할 수 없는 그림을 공간 속에서 잘라내 시간 속에 붙여둘 것이다. 우리의 시선은 지나가는 길에도, 고대의 조각상에도 뒤지지 않는 아름다운 조각상의 단편들이 인체라는 산 대리석에 새겨져 있음을 알아차릴 것이다. 우리는 영혼 깊숙이에서, 때로 쾌활하지만 대개는 구슬픈, 그러면서도 언제나 참신한 음악처럼 끊임없이 울려 퍼지는 내적 생명의 노래를 들을 것이다. 그 모든 것은 우리 주위에 있고, 우리 내부에 있다. 그런데도 그 모든 것의 어느 것도 확실하게 우리에게 지각되지는 않는다. 자연과 우리 사이에는, 그뿐만 아니라 우리와 우리의 의식 사이에는 하나의 장막이 가로놓여 있다. 보통 사람들에게는 두터우나, 예술가나 시인에게는 얇고 거의 투명에 가까운 장막이다. 어떤 선녀가 이 장막을 짠 것일까? 악의를 가지고 짠 것일까, 아니면 호의로 짠 것일까? 사람은 살아가야만 한다. 그리고 삶은 우리 자신의 필요에 대해서 사물이 지니고 있는 관계에서 우리가 그 사물을 터득하길 요구하고 있다.

산다는 것은 행위한다는 것이다. 생활을 함은 사물에서 적절한 반작용으로 그것에 응하기 위해 유용한 인상만을 받는 것이다. 그 이외의 인상은 희미해지거나 그렇지 않으면 막연히 우리에게 도달하는 데 지나지 않는다. 나는 주의 깊게 보면서 그저 본다고 생각하고, 귀를 기울여 들으면서 그저 듣고만 있다고 생각하며, 자신을 관찰하면서 마음속까지 읽는다고 생각한다. 그러나 외부 세계에 대해서 내가 보고 듣는 것은, 단순히 나의 행위를 비추기 위해서 나의 감각이 외부 세계에서 추출한 것에 지나지 않는다. 내가 나 자신에 대해 아는 것 또한 가볍게 표면을 스치는, 내 행동에 실제로 연관된 사항뿐이다. 그렇기 때문에 감각이나 나의 의식은 현실에 대해 단지 그 실용을 위해 단순화된 것만을 제공해 주는 것이다. 그런 것들이 사물과 나 자신에 대해서 부여하는 전망 속에는, 인간에게 무용한 차이는 지워지고 인간에게 유용한 유사함은 강조되어 내가 실제로 일하기 위해 들어가야 할 길들이 미리 나를 위해 깔려 있다. 온 인류는 이전에 그런 길을 지나왔다. 사물은 내가 그곳에서 끄집어낼 수 있는 이익이라는 입장에서 분류된다. 그리고 그 분류가 사물의 빛깔이나 형태보다도 훨씬 더 내 눈에 띈다. 의심할 것도 없이 인간은 이미 이 점에서 동물보다 훨씬 뛰어나다. 늑대의 눈이 산양과 새끼 양을 구별하리라곤 아무래도 생각할 수 없다. 늑대에게는 그저 똑같이 잡아먹기 쉬운 두 마리의 먹잇감일 뿐이다. 우리는 산양과 양을 구별한다. 그러나 한 마리의 수컷 산양을 한 마리의 수컷 산양으로, 한 마리의 양을 한 마리의 양으로 구별하고 있을까? 사물과 존재의 개성은 그것을 인정하는 일이 물질적으로 유용하지 않을 때에는 언제나 우리에게서 떠나고 만다. 그리고 우리가 개성에 착안하는 경우에도(한 사람과 다른 사람을 구별할 때처럼) 우리의 눈이 포착하는 것은 개성 그 자체, 즉 형태이건 색이건 완전히 독창적인 일정한 조화는 아니다. 다만 단순히 실용적인 구분을 쉽게 하는 한두 가지 특징뿐이다.

다시 말해서 우리는 사물 그 자체를 보고 있는 것이 아니다. 대개의 경우 사물 위에 붙어 있는 쪽지를 읽는 데 그치고 마는 것이다. 필요에서 나온 이 경향은 언어의 영향을 받아 더욱 강조되기에 이르렀다. 왜냐하면 언어는 (고유명사를 제외하고) 모두 종류를 표시하기 때문이다. 사물의 가장 기본적인 기능과 흔해빠진 양상만을 나타내는 언어는 사물과 우리 사이에 개입해 그 형체를 우리의 눈에서 가릴 것이다. 언어 그 자체를 만든 필요의 배후에 이미 그 형체가 몸을 숨기고 있는 것이 아니라면 말이다.

그리고 단순히 외부 세계의 사물뿐만 아니라 우리 자신의 정신 상태가 간직하고 있는 가장 깊숙하고, 개인적이며, 남다르게 체험된 것들마저도 우리에게서 벗어나 사라진다. 우리가 사랑이나 증오를 느낄 때, 기쁘다거나 슬프다고 생각할 때 우리의 감정 그 자체가 그것을 완전히 우리의 것인, 무언가로 하고 있는 수많은 은근한 색조와 깊은 공명음과 함께 우리의 의식에 오게 되는 것이 아닐까. 그렇다면 우리는 모두가 소설가이고 시인이며 음악가일 것이다. 그렇지만 대부분의 경우에, 우리는 우리의 정신 상태 가운데 그 외적인 부분만을 지각할 뿐이다. 우리는 우리의 감정 가운데 그 비개인적인 면, 즉 누구에게나 같은 조건에서 거의 동일하므로 언어가 결정적으로 기술한 면밖에 파악할 수 없는 것이다. 이렇게 해서 우리 자신의 개체에서조차 개성은 떠난다.

우리는 일반성과 상징에 둘러싸여 움직이고 있다. 마치 우리의 힘이 다른 힘과 힘겨루기를 할 수 있는 시합장 안에 있는 것처럼 말이다. 그리고 우리의 최대 선을 위해 행동이 스스로 선정한 지반(地盤)에서 행동에 매료되고 행동에 이끌려 우리는 사물과 우리 사이의 중간지대 안에, 사물에 대해서와 마찬가지로 우리에 대해서도 바깥쪽에서 생활하고 있는 것이다. 그러나 때때로 방심으로 인해서 자연이 생활에서 계속 초탈(超脫)하고 있는 정신을 출현시킬 때가 있다. 나는 반성과 철학의 소행인 의도적이고 논리적이며 체계적인 초탈을 말하는 것이 아니다. 감각 또는 의식에 본디 갖추고 있으며 보고, 듣고, 생각하는 이른바 순수한 방법으로 직접 드러나는 자연적 초탈을 말하는 것이다. 만일 이 초탈이 완전한 것이었다면, 만일 정신이 그 지각의 무언가에 의해서도 행동을 고집하지 않았다면, 그 정신은 이 세상이 아직 본적 없는 예술가의 정신이 될 것이다. 그 정신은 모든 예술에서 동시에 뛰어날 것이고, 오히려 그런 예술을 모두 혼합해서 하나의 예술로 만들 것이다. 또한 온갖 사물을 그 근원적인 순수함에서 인정할 것이다. 물질계의 여러 가지 형체, 색, 음향, 그리고 내면 생활의 가장 정교한 움직임까지도 인정할 것이다. 그러나 이렇게 되면 자연에 너무나 많은 것을 요구하는 것이다. 우리 가운데 자연을 통해 예술가가 된 사람들에 대해서도 자연이 장막을 들어 올려 준 것은 단지 한 면에서 뿐이다. 이 한 방향에서만 자연은 지각을 필요에 결부시키는 일을 잊은 것이다. 그리고 저마다 방향은 우리가 감각(sens)으로 일컫는 것에 응하고 있으므로 그의 감각 하나에 의해서, 그리고 단지 이 감각에 의해서만 예술가는 보통 예술에 몸을 바치는 것이다. 그런 점에서 본디 예술에는 다양성이 있다. 그리고 또 선천적 소질의 전문적 구별이 있다.

어떤 사람은 색과 형에 집착한다. 그는 형태를 위해 형태를 사랑하고, 색을 위해 색을 사랑하는 것이므로, 또한 자신을 위해서가 아니라 바로 그 자체를 위해 지각하는 것이므로, 그가 사물의 색과 형태를 통해서 보는 것은 사물의 내적 생명이다. 그는 그것을 처음에는 망설이고 있는 우리의 지각에 서서히 잠입시킬 것이다. 적어도 한 순간이나마 우리의 눈과 현실과의 사이에 끼어 있는 형태와 색에 관한 선입견에서 우리를 풀어줄 것이다. 그렇게 해서 예술의 가장 큰 야심을 실현한다. 그 야심이란 우리에게 자연을 드러내 보여주는 것이다. 또 어떤 사람들은 오히려 자기 자신을 성찰할 것이다. 감정을 겉으로 드러내는 이제 막 나타나기 시작한 행동 아래에서, 개인적인 정신 상태를 표출하고 은폐하는 흔해빠진 사회적 언어의 배후에서 그들이 추구하는 것은 순수한 모습 그대로의 감정과 정신 상태이다. 그리고 우리가 그 것과 똑같은 노력을 하도록 그들은 자신들이 본 것을 우리에게 보여줄 연구에 골몰한다. 즉 전적으로 조성되어 하나의 독창적인 생명으로 살 수 있게 되는 언어의 운율적 배열에 의해서 그들은 언어가 표현하지 못하는 사물을 우리에게 말하거나 암시하는 것이다. 또 어떤 사람들은 더욱 깊게 파내려갈 것이다. 다급해지면 언어로 번역될 것도 없이 이런저런 환희와 비애 밑에 그 들은 이제 언어와는 전혀 무관한 것, 사람에 따라서 다른, 인간의 가장 내적 인 감정보다도 더욱 내면적인 것의 생명과 숨결의 일정한 리듬—사람의 의 기소침과 열광, 회환과 희망의 살아 있는 법칙—을 파악할 것이다. 이 음악 을 풀어서 고조시킴으로써 그들은 우리의 관심을 불러일으킨다. 그들은 지 나가다 무도회에 참여하게 된 행인처럼 좋든 싫든 간에 우리를 그 속에 휩쓸 리게 한다. 그리고 그것에 의해서 우리를 내몰고 우리의 마음속 깊이 진동할 때를 기다리고 있었던 무언가를 뒤흔들게 할 것이다. 이리하여 회화건, 조각 이건, 시이건, 또는 음악이건, 예술은 우리를 현실 그 자체에 직면시키기 위 해 실천에 유용한 상징, 관습적으로 또 사회적으로 받아들여지고 있는 일반 성, 즉 우리에게 현실을 숨기고 있는 것 모두를 멀리하는 것 이외의 목적은 지니고 있지 않다. 이 점에 관한 오해에서 예술에서의 사실주의와 이상주의 사이의 논쟁이 태어난 것이다. 예술이란 확실히 현실을 좀더 직접적으로 투 시한 것이라 할 수 있다. 그러나 이 지각의 순수성은 유용한 관습과의 단절, 감각 또는 의식의 내재적으로 타고난 무사무욕, 즉 사람이 언제나 이상주의 로 불러온 삶의 비물질성을 내포하고 있다. 따라서 언어의 불명확한 의미를 조금도 논함 없이 다음과 같이 말할 수 있다. 이상주의가 정신과 하나가 되 면 그 작품은 사실주의적이 되고, 또한 우리가 현실과 접촉할 수 있는 것은 오로지 이상 덕분이다.

극예술도 이 법칙에서 예외가 아니다. 드라마가 찾아내 조명하려는 것은 생활의 필요에서, 종종 우리의 이해 그 자체 속에서 우리에게 숨겨져 있는 깊은 하나의 현실이다. 그 현실이란 무엇인가? 그런 것들의 필요란 무엇인 가? 시는 모두 정신 상태를 표현하고 있다. 그런데 그러한 정신 상태 중에 는 특히 다른 사람과 접촉해 낳게 되는 것이 있다. 그것은 가장 강하고도 격렬한 감정이다. 음양의 전기가 축전지의 양극 사이에서 서로 당기고 축적되어 불꽃이 튀게 하듯이, 사람과 사람을 단순히 함께 나란히 있게 하는 데서 강한 당김과 반발이, 균형의 완전한 파괴가, 즉 정념이라는 정신의 감전 상태를 낳는다. 만일 인간이 그 감성적 자연의 충동대로 맡겨두고 있다면, 만일 무언가의 사회적 법칙도 도덕적 법칙도 존재하지 않았다면, 이러한 격한 감정의 폭발은 일상적으로 흔한 일이 될 것이다. 그렇지만 이 폭발은 피하는 편이 유익하다. 사람이 사회에서 생활하고 따라서 어떤 규칙에 따르게 되는 것은 피할 수 없는 일이다. 그리고 이익이 조언하는 것을 이성이 명령한다. 즉 세상에는 의무란 것이 있고, 우리의 법규는 그에 따르는 것이다. 이 이중의 영향 아래 감정과 관념의 외층이 인류를 위해 형성되었을 것이 틀림없다. 이것들은 불변성에 대한 경향을 지니고, 적어도 모든 사람에게 보편적이 되고자 한다. 그래서 개개인이 가진 정념의 불을 꺼버릴 힘이 없을 때에는 그것을 덮어 감출 수 있다. 차츰 평화로워지는 사회 생활을 향한 인류의 완만한 진보가 이 층을 서서히 굳혀온 것이다. 마치 우리 지구의 삶 그 자체가, 단단하고 찬 얇은 껍질로 뜨겁게 달아오르는 금속의 불덩어리를 감싸기 위한 오랜 노력이었던 것과 같다. 그러나 화산의 폭발도 있었다. 만일 지구가 신화에 나오듯 살아있는 생명체라면, 아마도 지구는 가만히 있으면서도 급격한 폭발에 의해서 갑자기 자기 안에 깊숙이 잠재하는 것을 되찾는 것과 같은 일을 다분히 몽상할 것이다.

드라마가 우리에게 주는 것도 이러한 쾌락이다. 드라마는 사회와 이성이 우리를 위해 만들어준 평온하고 평범한 생활 아래서 다행히 폭발은 하지 않으나 그 내적 긴장을 느끼게 하는 무언가를 뒤흔들어 놓는다. 자연을 대신해 사회에 복수해 주는 것이다. 때로 드라마는 일직선으로 이 목표에 돌진한다. 무엇이건 날려 보내는 정념을 속에서 표면으로 불러내는 것이다. 때로는 흔히 현대극이 하듯 옆으로 들어가기도 한다. 궤변으로도 보이는 교묘함으로 사회의 모순을 우리에게 보여주는 것이다. 그것은 사회법칙 속에 있을지도 모를 인위적인 것을 과장하고, 그로써 우회적인 수단으로 이번에는 겉 껍데기를 찢으면서 역시 우리를 속마음에 접하게 하는 것이다. 하지만 사회를 약하게 하건 자연을 강하게 하건, 이 둘 중 어느 경우에도 드라마가 추구하는 목적은 같다. 그것은 우리 내부에 숨겨져 있는 부분, 우리가 성격의 비극적 요소라고도 이름 붙일 수 있는 것을 폭로하는 것이다. 뛰어난 드라마를 본 뒤에 우리는 그런 인상을 받는다. 우리의 흥미를 끈 것은 타인의 이야기라기보다는 오히려 우리 자신에 대해서 잠깐 엿보인 부분, 겉으로 드러나려고 했으나 우리로서는 다행히도 그렇게 되지 않았던 막연한 것들로 혼돈 상태가 된 하나의 세계이다. 또 한없이 먼 과거에 속해 있는 기억, 마치 우리의 현재 생활이 한때는 비현실적인, 또는 틀에 박혀 그 때문에 우리가 새롭게 터득해야만 하는 것으로 생각될 정도로 이 생활과는 단절된, 이 뿌리 깊은 격세(隔世) 유전적인 기억, 그 기억에 대해서 우리 안에 하나의 호소가 보내진 것 같은 생각이 들 때도 있다. 따라서 드라마가 좀더 유용한 획득물을 초월해 추구하는 것은 바로 하나의 좀더 깊은 현실이고, 거기에서 이 예술은 모든 다른 예술과 같은 목적을 지니고 있는 것이다.

예술이 언제나 개별성을 지향함은 이러한 사실로부터 태어나는 것이다. 화가가 화폭 위에 그리는 것은 그가 어느 곳, 어느 날, 어느 시간에 본 것으로 다시 볼 일 없는 색조를 띤 것이다. 시인이 노래하는 것은 그 자신의, 그리고 오직 한결같이 그 자신의 정신 상태로서 결코 두 번 다시 돌아오지 않는 경험이다. 극작가가 우리 눈앞에 보여주는 것은 정신의 두루마리이고 감정과 사건의 산 직물이며, 결국 한 번 나타나 두 번 다시 반복되는 일 없는 어떤 것이다. 이러한 감정에 일반적인 명칭을 부여해도 보람은 없을 것이다. 다른 정신에서 보여지는 이러한 것들은 이제 같은 사물일 수 없기 때문이다. 그런 것들은 개별화되어 있다. 그런 점에서 특히 예술에 속하는 것이다. 그 이유는 일반성, 상징, 유형조차도 우리의 일상적 지각의 통화(通貨)이기 때문이다. 그러면 어디에서 이 점에 관한 오해가 생기는 것일까?

그 이유는 대단히 다르게 되어 있는 2개의 것, 즉 사물의 일반성과 우리가 그 사물에 대해서 내리는 판단의 일반성을 혼동하고 있기 때문이다. 어느 감정이 일반적으로 진정한 것으로 보인다고 해서 그것이 일반적인 감정일 수는 없다. 햄릿처럼 특이한 인물이 또 있을까? 설사 그가 얼마쯤은 다른 사람들과 비슷하다고 해도 우리의 흥미를 끄는 점은 그에 따른 것이 아니다. 그러나 그는 보편적으로 받아들여지고, 그의 성격은 살아 있는 것으로 간주된다. 그가 보편적 진리의 성격을 띠는 것은 단순히 이 의미에서 뿐이다. 다른 어느 예술 작품에 대해서도 마찬가지이다. 그 어느 것이나 특이하다. 하지만 만일 천재의 각인이 발견되기만 하면 그것은 결국 모두에게 받아들여지게 된다. 사람들은 왜 그것을 받아들일까? 그리고 만일 그것이 그 분야에서 유일한 것이라면 무슨 근거로 그것이 진실임이 인정되는 것일까? 생각건대, 우리가 진지하게 사물을 보도록 그것이 우리에게 촉구하는 노력 그 자체에 따른 것이리라. 진지함은 전달성이 있다. 예술가가 본 것을 우리가 다시보는 일은 물론 없을 것이다. 적어도 같은 식으로는 전혀 보는 일이 없다. 그렇지만 그가 진실로 그것을 본 것이라면, 그가 기울인 철저한 노력은 우리를 좋든 싫든 모방하게 한다. 그의 작품은 우리에게 교훈으로서 도움이 되는 하나의 본보기이다. 그리고 교훈의 효력에 따라 작품의 진리가 측정되는 것이다. 진리는 그 안에 신념, 변화조차 촉구하는 힘을 맡고 있으며, 이것이 그 진리가 인정될 때의 표지(標識)이다. 작품이 위대해질수록, 거기에서 엿보이는 진리가 심원할수록 그 효과는 더욱더 기대해 볼 만하며 그만큼 보편적이 된다. 그러므로 여기서 보편성이란 결과에 있는 것이며 원인에 있는 것이 아니다.

희극의 목적은 전혀 다르다. 여기에서 보편성은 작품 그 자체에 있다. 희극은 우리가 이미 마주친 적이 있고 앞으로도 또 마주치게 될 것 같은 성격을 묘사한다. 그것은 유사함을 기록에 남기며, 우리에게 전형들을 보여주려 한다. 또 필요하다면 새로운 전형조차 창조할 것이다. 그런 점에서 그것은 다른 여러 예술과 확실한 대조를 이룬다.

위대한 희극의 제목 자체가 이미 의미심장하다. '인간 혐오자' '수전노' '노름꾼' '얼빠진 사람' 등등. 그것은 모두 장르의 이름이다. 그리고 성격희극이 고유명사를 표제로 하고 있는 곳에서조차 그 고유명사는 내용의 무게에 눌려 즉시 보통명사의 흐름에 빨려든다. 우리는 "타르튀프 같은 사람"이라고는 말하지만, "페드르*6 같은 사람"이라든가 "폴리왹트*7 같은 사람"이라고는 표현하지 않는다.

특히 비극 작가는 그의 주요 인물 주위에 이른바 그를 단순화시킨 유사품에 지나지 않은 인물을 표현하자고는 결코 생각지 않을 것이다. 비극의 주인공은 그 방면에서 유일한 한 개체이다. 그 주인공을 모방할 수는 있으나, 그러면 우리의 의식 여부에 상관없이 비극에서 희극으로 옮기게 된다. 그를 닮은 사람은 아무도 없다. 왜냐하면 그는 아무하고도 닮은 면이 없기 때문이다. 이에 반해서 희극 작가가 중심 인물을 만들어낼 때는 하나의 두드러진 본능이 그를 이끌어, 그 주위에 똑같은 일반적 특징을 지닌 인물들을 그러모 으게 한다. 대부분의 희극은 여학자들(Les Femmes savantes), 우스꽝스러운 재주꾼 여인들(Les Precieuses ridicules), 따분한 사람들(Le Mande ou I'on s' emnuie) 등과 같이 복수명사나 집합명사를 제목으로 삼는다. 또한 기본적으로 같은 유형을 재생산하고 있는 다양한 인물이 모여 얼굴을 맞대는 장면을 많이 삽입한다. 희극의 이 경향을 분석하기란 흥미 있는 일일 것이다. 틀림없이 사람들은 무엇보다 먼저 의사들이 지적한 사실, 즉 같은 유형의 정신이 상자들은 어떤 보이지 않는 인력을 통해서 서로 만난다는 사실에 대한 예감을 발견할 것이다. 구태여 의학의 영역에 들어갈 것도 없이 희극의 인물은 이미 설명해 둔 바와 같이 흔히 방심가이다. 그리고 이 방심이라는 것에서 정신 균형의 완전한 파괴로 서서히 이어져가고 있는 것이다. 그런데 그 밖에 또 다른 이유가 있다. 만일 희극 작가의 목적이 우리에게 유형, 즉 되풀이되는 성격을 보여주는 것이라면 같은 유형에서 나오는 다른 많은 본보기를 보여주는 것보다 더 좋은 방법이 있을까? 박물학자가 어느 종(種)을 다룰 때에도 이러한 방법을 따른다. 그는 종을 열거한 다음 그것의 주된 변종을 열거하고 기재하는 것이다.

개체에 집착하는 비극과 장르에 집착하는 희극 사이의 본질적 차이는 또 다른 식으로도 나타난다. 그것은 작품을 처음 구상할 때 모습을 보이는데, 대단히 다른 두 관찰 방법에 의해서 자기를 나타내는 것이다.

다음과 같은 단정은 대단히 역설적으로 보일지도 모른다. 비극 작가에게 다른 사람들을 관찰하는 일이 반드시 필요하지는 않다는 것이다. 우선 실제로 위대한 극작가들이 극히 은둔적이고 세속적인 생활을 했음을 우리는 발견할 수 있다. 그들은 자신들이 충실하게 묘사했던 여러 정념들이 주위에서 분출되는 것을 볼 기회가 없었다. 그러나 그들이 그러한 광경을 목격했다고 해도 그것이 그들에게 크게 도움이 되었을지는 의심스럽다. 사실 그들의 작품에서 우리의 흥미를 자아내는 것은 대단히 심각한 어떤 정신 상태, 또는 완전히 내면적인 갖가지 갈등들에 대한 통찰이다. 그런데 이 통찰은 외부에서 만들어낼 수 없다. 정신은 서로 뒤섞일 수 있는 것은 아니다. 외부로부터는 정념의 어느 표시밖에 감지할 수 없는 것이다. 우리는 자신이 경험한 것과 유추해서 겨우—더구나 불완전하게—그 표시를 해석할 수 있을 뿐이다. 따라서 우리가 경험하는 것이야말로 본질적이며, 그 표시를 알기에 이르렀을 때에도 우리는 단지 자신의 마음에서 오는 것 외에는 근본적으로 알 수 없는 것이다. 그렇다면 작가가 그 서술하고 있는 것을 경험하고, 그의 작중 인물들의 자취를 더듬고, 그들의 내면 생활을 체험했다는 의미일까? 여기에서도 역시 작가들의 전기가 우리에게 아니라고 말할 것이다. 어떻게 한 사람이 맥베스이고, 오셀로이고, 햄릿이고, 리어 왕이고, 더욱 많은 그 밖의 인물이었다고 생각할 수 있을까? 하지만 여기에서 사람이 지니고 있는 인격과 사람이 지녔을지도 모를 인격은 틀림없이 구별해야 할 것이다. 우리의 성격은 끊임없이 새로워지는 하나의 선택 결과이다. 우리의 앞길에는 계속 (적어도 외견상으로는) 갈림길이 있다. 실제로는 거기서 단 하나의 길밖에 취할 수 없다고 해도, 우리는 갈 수 있는 많은 방향을 인정한다. 원점으로 되돌아가 흘끗 보아 둔 방향을 끝까지 더듬어가는 것, 그것으로써 시적 상상력이 성립하는 것이다. 물론 셰익스피어는 맥베스도, 햄릿도, 오셀로도 아니었다. 하지만 한편으로는 사정이, 다른 한편으로는 그의 의지의 수락이 그에게서 내적 충동에 지나지 않았던 것을 격렬한 폭발로 이끌 수가 있었다면, 그는 이런 다양한 인물이 되었을지도 모르는 것이다. 시적 상상력이란 마치 아를르캥의 옷을 누비듯이 주위 여기저기에서 모은 조각으로 주인공들을 만드는 것이라고 생각했다면, 시적 상상력의 역할을 완전히 오해한 것이다. 그런 것에서는 살아 있는 무엇이 하나도 나타나지 않는다. 삶은 재구성되는 것이 아니다. 그것은 단지 사람의 눈에 비칠 뿐이다. 시적 상상력은 현실의 보다 완전한 이해 이외의 것일 수는 없다. 만일 비극 작가가 창조하는 인물들이 살아 있는 느낌을 우리에게 준다면, 그것은 그들이 작가 자신이기 때문이다. 작가는 내면을 관찰하려는 노력으로 자신을 깊이 파고듦으로써, 현실적인 것 가운데 잠재적인 것을 포착하고, 자연의 소묘나 초안으로 그의 내부에 맡겨 둔 것을 되찾아서는 하나의 완전한 작품을 만드는 것이다.

희극을 낳는 관찰의 방식은 완전히 다르다. 그것은 외면적 관찰이다. 아무리 희극 작가가 인간적 본성의 우스운 점에 호기심이 있다고 해도, 생각건대 자기 자신을 탐구하는 데까지는 이르지 못할 것이다. 뿐만 아니라 그는 그것을 발견하려고 해도 발견하지 못할 것이다. 우리는 자신의 인격 가운데 의식으로 포착하기 힘든 면에서만 우스꽝스러워지기 때문이다. 따라서 이 관찰이 이루어지는 것은 타인에 대해서이다. 그런데 바로 그 점에서 관찰은 사람이 그것을 자기에게 향하게 할 때에는 얻을 수 없는 일반성의 성격을 취하는 것이다. 왜냐하면 관찰이란 표면에 초점을 맞추고 있으므로 인물들의 겉모양, 즉 대부분이 서로 접촉해 서로 닮을 수 있는 데 까지밖에 도달하지 못하기 때문이다. 그것은 그 이상 진전이 없을 것이다. 그리고 설사 진전이 있다 하더라도 그것을 하려고 하지 않을 것이다. 거기에서는 아무것도 손에 넣을 수가 없기 때문이다. 인격 내부에 너무 깊이 파고들면 외부적 결과를 너무 깊은 내면의 원인에 결부시키게 되고, 그러면 결과가 지닌 우스꽝스러운 것을 모두 위태롭게 하여 결국에는 그것을 희생하게 될 것이다. 우리가 그것을 보고 웃기 위해서는 그 원인을 정신의 중간 지대에 국한해 둘 필요가 있다. 따라서 그 결과는 가능한 한 평균적인 것으로서, 즉 인류의 평균을 나타내는 것으로 우리에게 보여야 한다. 그리고 모든 평균처럼 이것도 흩어져 있는 데이터를 모음으로써, 유사한 경우를 비교해 그 진수를 추출함으로써, 즉 물리학자가 법칙을 끄집어내기 위해 사실에 대해서 하는 것처럼, 추상화와 보편화의 작업에 의해서 얻게 되는 것이다. 요컨대 방법도 대상도 여기에서는 관찰이 외면적이고 성과가 일반화될 수 있는 것이란 의미에서 귀납적 과학과 성질이 같은 것이다.

이처럼 길게 돌아서 우리는 이 연구 사이에 도출된 이중의 결론으로 되돌아왔다. 한편으로 인간은 방심과 유사한 무언가의 성향에 따르지 않으면 기생체처럼 무언가 인간의 유기체 일부가 되지 않고, 그 위에 살아 있는 것에 의존하지 않으면 결코 희극적이 될 수 없다. 거기에 그 성향이 외부로부터 관찰되고 또 교정되는 이유가 있다. 그런데 다른 한편으로, 웃음의 목적은 이 교정 그 자체이므로 교정은 한번에 최대 다수의 사람들에게 가해지면 유익하다. 거기에 희극적 관찰이 일반인에게 향해지는 이유가 있다. 그것은 많은 특이성 가운데서 반복될 수 있는 것, 따라서 인간의 개성과 분리하기 쉽게 결부되어 있는 것, 이른바 공통적 특이성이라고도 할 수 있는 것을 택한다. 그리고 그것을 무대에 옮기면서, 그것은 의식적으로는 단순히 사람을 기쁘게 하는 것만을 지향하고 있는 점에서는 물론 예술에 속하지만 그 일반성이란 성격에 의해서, 또 교정하고 교화한다는 무의식적인 저의에 의해서 다른 예술 작품과는 확연하게 대조를 보이는 작품을 창조하는 것이다. 따라서 우리는 희극이 예술과 생활의 중간에 있다고 말할 수 있었다. 그것은 순수 예술처럼 이해를 초월한 것은 아니다. 웃음을 조직하면서 희극은 사회생활을 자연스러운 환경으로서 받아들인다. 그것은 사회생활의 추진력 가운데 하나를 따르기조차 한다. 그리고 이런 점에서 그것은 사회와의 단절이고 단순한 자연으로의 복귀인 예술에 등을 돌리는 것이다.

2

지금 말한 것에 의거해 이번에는 이상적인 희극의 성격, 그 자체로 희극적이어서 그 근원에 있어서나 그것의 발현에 있어서나 희극적인 하나의 성격 성향을 창조하기 위해서는 어떻게 해야 할지 살펴보자. 희극에 끊임없이 자료를 공급하기 위해서는 그 성향이 뿌리 깊어야 하면서도 희극의 가락을 잃지 않기 위해서 표면적이어야 한다. 또 우스개란 본디 무의식의 것이므로 그 성향을 소유하고 있는 자에게 보여서는 안 되면서도 보편적인 웃음을 불러 일으키기 위해서는 다른 모든 사람들에게 보여야만 한다. 그 성향이 거침없이 발휘되기 위해서는 자기 자신에 대해서는 매우 관대하고, 타인이 용서 없이 그것을 억제할 수 있기 위해서는 매우 번거로운 일이어야 한다. 그것을 보고 웃어도 그 보람이 있게 하기 위해서는 바로 교정할 수 있어야 하고, 웃음이 언제나 활동할 여지를 발견하기 위해서는 새로운 양상 아래 반드시 되살릴 수 있는 것이어야 한다. 또 사회에서는 도저히 해낼 수 없는 일인데 사회생활과는 분리할 수 없는 것이어야 한다. 마지막으로 그것이 상상할 수 있는 한의 다양성을 취하기 위해서는 온갖 악덕, 적지 않은 미덕과도 결합할 수 있어야만 한다. 그런 것들이 모두 하나로 바르게 녹아들어야만 하는 요소인 것이다. 이 미묘한 조제가 맡겨졌을 때 그 정신의 화학자는 그의 시험관을 열고 조금은 실망할 것이다. 그가 대단히 공을 들인 결과란 자연 속의 공기처럼 인류 중에 널리 퍼져 있어서 고스란히 손에 넣을 수 있는 하나의 혼합물을 재합성하는 데 지나지 않음을 깨달을 것이기 때문이다.

이 혼합물은 허영심(vanite)이다. 생각건대 이 이상으로 표면적인, 이 이상으로 뿌리 깊은 결점은 달리 없을 것이다. 사람이 허영심에 대해서 받는 손가락질은 결코 무거운 것이 아니지만, 그 상처는 좀처럼 아물지 않는다.

사람이 이에 대해서 하는 봉사는 모든 봉사 가운데서 가장 허무한 것이지만, 그 뒤에 오래도록 고마움의 마음을 남긴다. 그 자체는 악덕이라고 할 수 없다. 그러면서도 온갖 악덕이 그 주위에 모여들고 방법을 짜내면서 그것을 만족시키기 위한 수단 이외에 무언가를 할 생각은 하지 않는다. 사회생활에서 나온 것이기 때문에―그것은 타인에게 불어넣을 수 있다고 믿는 찬미 위에 구축된 자화자찬이기 때문에, 이기주의보다도 자연적이고 보편적이며 본디부터 타고난 것이다. 왜냐하면 본성은 종종 이기주의는 극복하지만, 허영심을 완전히 없애는 것은 생각으로만 가능하기 때문이다. 사실 나는 겸손이라는 것을 전적으로 생리적인 어떤 소심함이라고 부르지 않는 한, 우리가 선천적으로 겸손하다는 것은 믿어지지 않는다. 이것은 우리가 일반적으로 생각하는 것보다 더 오만에 가까이 있다. 진정한 겸손은 허영심에 대한 성찰 외에는 있을 수 없다. 타인의 착각을 보는 것에서, 그리고 자신도 똑같은 미혹(迷惑)에 빠지지 않을까 하는 우려에서 겸손은 태어나는 것이다. 그것은 사람이 자기에 대해서 이러니저러니 말하거나 생각하거나 하는 것에 관한 과학적 주의와 같으며, 숱한 교정과 시정으로 만들어져 있다. 즉 그것은 획득된 미덕이다.

겸손해지고 싶다는 마음가짐과 바보스럽게 되고 싶지 않다는 마음이 어디서 확실하게 갈라질지 말하기는 어렵다. 하지만 이 마음가짐과 우려는 분명 처음에는 하나이다. 허영심에서 오는 여러 가지 착각과 그것에 얽혀 있는 바보스러움을 완전히 연구하면 그것은 색다른 빛으로 웃음의 이론을 비쳐줄 것이다. 사람은 웃음이 규칙적이고 그 주요한 역할의 하나, 즉 방심하고 말하는 자만을 완전한 자의식의 경지로 되돌리고, 이렇게 해서 성격에 가능한 최대의 사교성을 부여하는 역할을 수행하는 것을 그곳에서 볼 것이다. 우리는 사회생활의 자연적 소산인 허영심이 왜 사회를 괴롭히는지 볼 것이다. 그 괴롭힘은 마치 우리의 유기체에서 끊임없이 분비하는 무언가 경미한 독소가, 만일 다른 분비물 때문에 그 결과가 중화되지 않았다면 결국에는 그 유기체를 중화시키는 것과 같은 것이다. 웃음은 끊임없이 이러한 일을 성취하고 있다. 그런 의미에서 허영심의 특효약은 웃음이고, 본질적으로 웃어야 할 결점은 허영심이라고 말할 수 있을 것이다.

우리는 형태와 움직임의 우스개를 논했을 때 왜 그 자체가 가소로운 이런

저런 단순한 형상이 더 복잡한 다른 형상에 침입하고, 그 사물에 자신의 해학적 공덕의 힘을 주입하는지 설명했다. 이로써 해학성 속의 가장 높은 형태가 때로는 매우 낮은 형태에 의해서 설명되는 것이다. 그러나 그 반대의 경우가 더욱 자주 일어나는 것 같다. 그래서 매우 정교하고 치밀한 해학성에서 내려오고 있는 것에 바탕을 둔 매우 품위 없는 해학성이 있는 것이다. 이렇게 해서 허영심이라는 해학성의 고급 형태가 무의식이기는 한데 인간적 활동의 온갖 두드러지는 것 중에 우리가 자세하게 추구하려는 한 요소이다. 설사 단순히 웃기 위한 것에 지나지 않아도 우리는 그것을 추구하고 있는 것이다. 그리고 우리의 상상력은 허영심이 어찌할 도리가 없는 곳에 종종 그것을 두고 있다. 대조라는 것에서 심리학자들이 그다지 적절하지 않은 설명을 하고 있는 완전히 거친 해학성의 맛은 다분히 이 근원으로 되돌릴 필요가 있을 것이다. 커다란 문을 빠져나가는데 고개를 수그리는 작은 사내라든가, 한 사람은 키가 대단히 크고 다른 한 사람은 키가 작은데 점잔을 빼고 팔짱을 낀 채 걷고 있는 두 사람 등등, 이 마지막 형상을 가까이에서 점검해보면 여러분은 두 사람 가운데 작은 사내 쪽이 마치 소처럼 크게 되고 싶었던 개구리처럼, 키가 큰 사내와 어깨를 나란히 하려고 무던히 애쓰고 있는 듯 보인다는 것을 깨닫게 될 것이다.

3

희극 시인의 주의를 끌려고 허영심과 팔짱을 끼고 또는 그것과 맞서는 성격의 특이성을 여기에 모두 열거하는 것은 무리이다. 우리는 온갖 결점이, 그리고 엄밀하게 말해서 적지 않은 장점이 우스개가 될 수 있음을 설명해 두었다. 이미 알고 있는 우스운 것에 대해서 목록이 만들어졌다 하더라도 희극은 그 목록을 늘릴 수 있을 것이다. 말할 나위도 없이 순수하게 공상으로 바보 같은 것을 창조하는 데 따른 것이 아니고, 그때까지 깨닫지 못하고 지내온 어리석음의 이런저런 방향을 간파한 데 따른 것이다. 이렇게 해서 겨우 한 장의 똑같이 짜인 복잡한 모양 가운데서 상상력은 끊임없이 새로운 도형을 끄집어낼 수가 있는 것이다. 본질적 조건은 우리가 알고 있는 대로 관찰된 특이성이 많은 사람들을 끼워넣을 수 있는 틀처럼 보여야 한다는 것이다.

그러나 사회가 분업에 기초하고 있으므로 사회에 필요하여 사회 자체가 마련한 기성의 틀도 있다. 내가 하려는 말은 생업, 역할, 그리고 직업이다. 모든 전문적 직업은 그 안에 들어와 있는 자에게 어떤 정신적 습관이나 성격적 특이성을 부여하고, 그것에 따라서 서로 닮아가고 남의 것과 자신을 구별한다. 이렇게 해서 몇 개의 작은 사회가 큰 사회 내부에 구성되는 것이다. 의심할 것도 없이 그런 것들은 사회 전반의 조직 그 자체에서 나온다. 하지만 만일 그런 것들이 너무 지나치게 고립되면 사회성을 파괴하기에 이를 우려가 있다. 그런데 웃음은 모든 분리하려는 경향을 억제한다. 즉 경직을 유연함으로 교정하고, 개체를 전체에 재적응시키며, 모난 것을 제거해 둥글게 하는 것이다. 따라서 우리는 여기에서 우스개를 얻는다. 그리고 그 변종은 사전에 결정할 수도 있을 것이다. 우리는 그것을 직업적 우스개로 부르고 싶다.

우리는 이 변종의 세부 항목에 관여하는 일은 하지 않는다. 그보다도 그것들이 지니고 있는 공통점에 대해서 역설하고 싶다. 그 제일선에는 직업적 허영심이란 것이 있다. 주르댕 씨의 가정교사들은 저마다 자신의 과목을 다른 모든 것보다 위에 두고 있다. *8 라비슈의 작품에 나오는 한 인물은, 사람이 재목상이 아닌 다른 직업을 가질 수 있다는 것을 납득하지 못한다. 말할 것도 없이 그는 재목 상인인 것이다. 게다가 여기에서는 영위되고 있는 직업에 사기꾼 같은 기미가 엿보이고 허영심이 거드름을 피우는 경향이 있는 것 같다. 왜냐하면 어느 과목이 수상쩍게 보이면 보일수록 더욱더 그 일에 종사하는 사람들은 자신에게 성직이 부여되고 있는 것으로 간주하고, 사람이 자신의 비밀스런 의식 앞에 고개를 숙이도록 요구하는 것은 두드러진 사실이기 때문이다. 유용한 직업은 명백히 공중을 위해 만들어져 있다. 하지만 유용성이 훨씬 의심스러운 직업은 공중이 그것을 위해 만들어져 있는 것으로 상정해 비로소 자신의 존립을 정당화할 수 있는 것이다. 거드름을 피우는 근저에 있는 것은 이 착각이다. 몰리에르가 묘사한 의사들의 우스개는 대부분 거기에서 오고 있다. 그들은 마치 환자가 자신들을 위해 만들어졌으며, 그리고 자연 그 자체를 의술의 종속물 가운데 하나처럼 다룬다.

이 해학성의 경직 가운데 또 하나의 형태는 직업적인 냉혹이라고 부를 수 있다. 희극적 인물은 자기 직업의 단단한 틀 속에 꼭 끼어 있으므로 평범한 사람들과 똑같이 처신하거나 감동하기 힘들다. 이자벨이 어떻게 불운한 사

람들이 고문당하는 광경을 지켜볼 수 있느냐고 물은 데 대해서 재판관 당댕
(Perrin Dandin)이 하는 말을 들어보자. *9

뭐, 그것으로 한두 시간 심심풀이 하지.

오르공의 입을 빌려 표현된 타르튀프의 말 역시 직업적 냉혹이 아닐까?*10

형제나 아이들, 어머니나 아내가 죽는 것을 본다 해도, 그런 일로 조금도 우울
해하는 일은 없을 것이다.

그러나 직업을 희극성에 이르도록 하는 데 가장 많이 쓰이는 수단은 직업
을 그 직업 특유의 언어 내부에 밀어넣는 것이다. 재판관, 의사, 군인이 마
치 다른 사람들처럼 말할 수 없게 되기라도 한 듯이 일상의 사물에 법률, 전
술, 또는 의학적 용어를 적용하는 것이다. 보통 이러한 우스개는 상당히 거
칠고 가볍다. 그러나 이미 말한 바와 같이 그것은 직업상의 버릇과 함께 성
격의 특이성을 드러낼 때는 더 품위 있는 것이 된다. 실례로서 르냐르의 《도
박꾼》을 보자. 그는 도박 용어를 써서 대단히 독창적으로 자신이 생각하는
바를 말한다. 하인에게는 에크토르란 이름을 붙이고 약혼녀는 다음과 같이
부른다.

스페이드 여왕의 이름으로 유명한 팔라스*11

몰리에르의 《여학자들》에서 우스개는 대부분 그녀들이 과학에 속하는 관
념을 여성적 감수성이 묻어나는 용어로 옮기는 데서 나온다. 예를 들어 "에
피쿠로스라는 건 오징어지요⋯⋯(Épicure me plaît)"나 "나는 소용돌이에
홀딱 반했어(J'aime les tourbillons)" 이렇게 말하는 대목이 그러하다.*12 제3
막을 다시 읽어보기 바란다. 아르망드, 필라망트, 그리고 벨리즈가 한결같이
이런 식으로 표현하고 있다.
같은 방향으로 더 나아가면 사람은 또 직업적 논리와 같은 것이 있음을 발
견할 것이다. 즉 일정한 환경에서는 올바르지만 그 밖의 세계에서는 잘못된

이치를 내세우는 것이다. 그런데 하나는 특수적, 다른 하나는 보편적인 이들 두 논리 사이의 대조가 어떤 특별한 성질의 우스개를 낳으므로, 이에 대해서는 더욱 깊이 들어가 논해보는 일도 어느 정도 필요할 것이다. 우리는 여기에서 웃음 이론의 중요한 점과 접하게 된다. 거기에서 이 문제를 더욱 확대해 전반에 걸쳐서 고찰하기로 한다.

4

지금까지 희극성의 깊은 원인을 끄집어내는 일에만 너무 열중해 왔다. 그런 나머지 희극성이 가장 두드러지게 나타나는 것 중 하나를 등한히 했다. 이제부터 우리가 논하려는 것은 희극적 인물 및 희극적 집단의 특유한 논리, 경우에 따라서는 부조리(l'absurdité)에 큰 지위를 부여하는 기묘한 논리에 대해서이다.

테오필 고티에*[13]는 일정한 틀을 벗어난 우스개를 부조리의 논리라고 말한다. 적지 않은 웃음의 철학이 이와 유사한 사고의 주위를 맴돌고 있다. 희극적 효과는 모두 어딘가에 모순을 안고 있다고 한다. 우리를 웃기는 것은 어느 구체적 형태에 구현되고 있는 부조리, 하나의 '눈에 보이는 부조리'—또는 더욱 최초에 용인되고 바로 뒤에 정정되는 외견상의 부조리—아니 오히려 한쪽에서 보면 자연스럽게 설명이 붙지만, 다른 한쪽에서 보면 부조리한 것 등이다. 이런 이론은 아마도 어떤 면에서는 타당하긴 할 것이다. 그러나 우선 그것은 상당히 뻔한 희극적 효과에만 적용된다. 그렇게 적용되는 경우라 하더라도 그것들은 우스개의 특징적인 요소, 즉 우스개가 부조리를 포함하고 있을 때 그 부조리의 완전히 특수한 종류를 명백히 등한히 하고 있다. 이 점을 납득하고 싶다면 이들 정의의 하나를 택해 그 공식에 의거해서 여러 가지 효과를 만들어보는 것만으로도 충분하다. 그러나 열에 아홉은 희극적 효과를 손에 넣지 못할 것이다. 희극성에서 우리가 맞닥뜨리는 부조리는 아무래도 상관없는 것이 아니라 일정하고 확실한 부조리이다. 그것이 우스개를 창조하는 것이 아니라 오히려 그것이 우스개에서 나오는 것이다. 그것은 원인이 아니고 결과—그것을 낳는 원인의 특수한 성질이 반영하고 있는 매우 특수한 결과이다. 우리는 그 원인을 알고 있다. 그러므로 이제 그 결과를 이해하는 데 어려움은 없을 것이다.

여러분이 언젠가 시골로 산책을 갔다가 작은 언덕 위에 빙빙 도는 팔이 달린 움직이지 않는 커다란 물체와 비슷한 것을 보았다고 하자. 아직 그것이 무엇인지는 알지 못한다. 그러나 여러분은 관념, 즉 이때 끄집어낼 수 있는 기억 가운데서 지금 보이는 사물에 가장 적합한 무언가를 물색한다. 그리고 바로 풍차의 형상이 마음에 떠오르는 것이다. 여러분 앞에 있는 물체는 바로 풍차이다. 여러분이 외출하기 전에 당치도 않은 긴 팔을 가진 거인의 옛날 이야기를 읽었다고 해도 그다지 신경 쓸 것 없다. 양식이란 기억하는 데서 이루어질 뿐만 아니라 특별히 잊는 능력에서도 성립하기 때문이다. 그것은 대상이 변할 때마다 관념을 바꾸면서 끊임없이 적응하고 다시 적응해가는 정신의 노력이다. 또한 사물의 움직임에 정확하게 적응해 가는 이지의 운동이요, 생활에 대한 우리의 주의가 움직이는 것이다.

다음으로 이번에는 싸움터로 떠나는 돈키호테를 보자. 그는 애독하는 이야기 가운데서 기사가 도중에 적의 거인들과 맞닥뜨리는 장면을 읽고 있었다. 그러니 그에게는 아무래도 거인이 필요하다. 거인이란 관념은 언제나 그의 정신에 자리를 차지하고 대기하면서 밖으로 뛰쳐나가 무언가의 사물에 몸을 드러낼 기회를 노리는 하나의 특권이 있는 기억이다. 그것은 물질화되길 원한다. 따라서 최초로 나타난 사물이 거인의 형태와 아주 먼 유사함밖에 지니고 있지 않아도 그것은 기억을 통해 거인의 형태를 부여받는다. 돈키호테는 우리가 풍차를 보는 곳에서 거인을 보는 것이다. 이것은 희극적이면서도 부조리하다. 하지만 그것은 아무래도 상관없는 부조리일까?

그것은 매우 특수한 상식의 뒤바뀜이다. 이것은 우리의 관념을 사물의 틀에 맞추는 것이 아니라, 그 관념의 틀에 사물을 맞추는 것이다. 또한 실제로 보고 있는 것을 생각하는 것이 아니라, 자신이 생각하는 바를 눈앞에서 보는 것이다. 양식은 사람이 그의 추억을 모두 차례로 늘어놓길 원한다. 그 결과 적당한 추억이 현재 상황의 호출에 응해 그때마다 나타나 그것을 해석하기만 하는 구실을 하는 것이다. 이에 반해서 돈키호테의 경우에는 한 무리의 기억이 다른 기억들 위에 군림하고 또한 인물 그 자체까지도 지배하고 있다. 거기에서 현실의 힘이 이번에는 상상 앞에 굴복하고 이제는 상상에 형태를 부여하는 역할밖에 하지 않게 된다. 한 번 착각이 형성되면 돈키호테는 그것을 그가 내리는 모든 결론 속에서 합리적으로 발전시킨다. 그는 꿈대로 사는 몽유병자의 확실함과 정밀함으로 움직이는 것이다. 이러한 것이 착각의 기원이고 부조리에 가득 찬 특수한 논리이다. 그런데 이 논리는 돈키호테에게만 특별하게 있는 것일까?

우리는 희극적 인물이 정신 또는 성격의 완강함에 의해서, 방심에 의해서, 자동적인 것에 의해서 실수를 저지른다고 설명해 두었다. 우스개의 밑바닥에는 경직이 있어 그것이 사람을 일직선으로 나아가게 하거나 타인의 말에 귀를 잘 기울이지 않게 하거나, 모든 것에 귀를 막게 하는 것이다. 몰리에르 희극의 많은 장면들이 이 단순한 유형에 따른다. 즉 자신의 사고에 따라가는 인물이, 타인이 끊임없이 가로막는데도 언제나 자신의 사고로 되돌아가는 것이다. 뿐만 아니라 아무것도 듣지 않으려는 사람에서 아무것도 보지 않으려는 사람으로, 그리고 자신이 원하는 것만을 보려는 사람으로 깨닫지 못하는 사이에 행해질 것이다. 완강한 정신은 결국 사물에 자신의 관념을 적응시키는 대신 자신의 관념대로 사물을 굽히게 한다. 따라서 모든 희극적 인물은 지금 말한 착각의 도정에 있고, 돈키호테는 희극적 부조리의 일반적 유형을 우리에게 제공하는 것이다.

이 상식의 뒤바뀜에는 이름이 있을까? 의심할 여지없이 우리는 광기의 어느 형태 속에서 급성이거나 만성이거나 이러한 상식의 뒤바뀜과 맞닥뜨린다. 그것은 많은 방면에서 고정관념을 닮아 있다. 그러나 일반적인 광기도 고정관념도 결코 우리를 웃기는 일은 없을 것이다. 왜냐하면 그것은 질환이기 때문이다. 그것은 우리에게 연민의 정을 일으키게 한다. 웃음은 우리가 익히 알 듯이 정서와는 양립할 수 없다. 만일 웃음을 유발하는 광기가 있다면 그것은 정신의 일반적 건강과 양립할 수 있는 광기, 건전한 광기라고도 말할 수 있는 것이다. 그런데 어느 점에서나 광기를 따라하는 건전한 정신상태가 있다. 거기에서 우리가 발견하는 것은 정신착란에서와 똑같은 관념의 연합이고, 고정관념에서와 똑같은 기이한 논리이다. 그것은 꿈의 상태이다. 거기에서 우리의 분석이 틀리지 않다면 그것은 반드시 다음과 같은 정리로 공식화될 것이다. 희극적 부조리는 바로 꿈속의 부조리와 같은 성질의 것이다.

무엇보다 꿈속에서 이지(理智)의 진행은 바로 지금 말한 대로이다. 자신에게 사로잡힌 정신은 외부 세계에서 자신의 상상을 구체화하는 구실만을 찾게 된다. 음향이 희미하게 귀에 도달한다. 색채가 여전히 시야를 돌고 있다. 요컨대 감각이 완전히 무디어지지는 않은 것이다. 그렇지만 꿈을 꾸는 사람은 자신의 감각이 지각하는 것을 해석하기 위해 자신의 모든 기억에 호소하는 대신에, 반대로 좋은 추억에 형체를 부여하기 위해 자신이 지각한 것을 이용한다. 그리하여 벽난로에서 불어오는 같은 바람 소리도 꿈을 꾸는 사람의 정신 상태에 따라서, 또 그의 상상을 차지하고 있는 관념에 따라서 맹수의 포효(咆哮)가 되기도 하고 선율이 있는 노래가 되기도 하는 것이다. 이러한 것이 꿈의 착각의 보통 구조이다.

그런데 만일 희극적 착각이 꿈의 착각이고 희극적 논리가 꿈의 논리라면, 우스꽝스러운 것의 논리에서 꿈의 논리의 다양한 특성을 발견하리라 예상해도 좋다. 여기에서도 우리가 익히 아는 법칙, 즉 우스꽝스러운 것의 한 형태가 주어진다면 그것과 똑같은 희극적 내용을 포함하지 않은 다른 형태도 전자와의 외면적 유사 때문에 가소로운 것이 된다는 법칙이 증명된다. 사실 모든 관념 유희는 그것이 꿈의 유희를 생생하게 또는 희미하게 상상시키기만 하면, 우리에게 흥미를 유발시킬 수 있음은 이해하기 쉬운 이치이다.

무엇보다 추리의 여러 규칙 가운데 전반적으로 늘어진 상태를 주목하자. 우리의 웃음을 유발하는 추리는, 그것이 거짓임을 알고 있으나 만일 꿈속에서 들었다면 사실로 간주했을지도 모르는 것이다. 그런 것들은 마치 잠에 빠져 있는 정신을 속이기에 충분할 만큼 사실의 진정한 추리를 모방하고 있다. 그것 역시 논리이나 맥 빠진 논리, 그리고 바로 그것에 의해서 우리의 지적 작업을 중지시키는 논리이다. '꿰뚫은 익살(traits d'esprit)'의 대부분은 이러한 추리, 즉 출발점과 결론밖에 주어져 있지 않은 생략된 추리이다. 게다가 이러한 기지의 유희는 관념과 관념 사이에 설치된 관계가 피상적이면 피상적일수록 언어의 유희를 향해 나아간다. 우리는 차츰 이미 들은 언어의 의미는 신경쓰지 않은 채 단순히 소리만을 염두에 두게 된다. 이리하여 다른 이의 귓속말을 어떤 사람이 그 의미를 뒤바꿔 되풀이해 말하는 희극적인 장면을, 꿈과 비교해 볼 수 있지 않을까? 만일 사람들의 대화를 들으면서 잠에 빠져든다면 여러분은 그들의 말이 차츰 내용을 잃고 음성마저 변형되면서 하나로 뭉뚱그려져, 여러분의 마음속에서 이상한 의미를 갖게 됨을, 그래서 이런 식으로 이야기하고 있는 인물과 마주한 여러분은 프티 장과 프롬프터 사이의 장면을*14 그대로 재연하고 있음을 발견할 것이다.

또한 꿈에 따라붙는 강박관념과 대단히 닮은 희극적 강박관념도 있다. 몇 번이나 계속해서 꿈에 같은 형상이 나타나고, 그런 꿈과 꿈 사이에 달리 공통점이 없는데도 그것이 어느 꿈속에서나 그럴듯한 하나의 의미를 보였던 경험이 누구에게나 있을 것이다. 연극이나 소설의 반복 효과 가운데에는 때때로 이 특수한 형태를 보여주는 것이 있다. 그 중 어떤 것은 꿈의 여운을 지니고 있다. 그리고 틀림없이 많은 샹송에 있는 후렴구도 마찬가지이다. 그것은 그때마다 다른 의미를 지니면서 언제나 똑같이 모든 쿠플레〔이야기 부분〕의 끝에 되풀이해 나올 것이다.

꿈속에서 크레센도, 즉 진행함에 따라서 고조되는 기괴한 일을 드물지 않게 본다. 이유가 없는 최초의 양보가 제2의 양보를 유치하고, 이것이 더욱 중대한 다른 양보를 유치해 계속해서 마지막 부조리까지 이른다. 그런데 이 부조리한 것으로의 진행은 꿈을 꾸는 사람에게 특이한 느낌을 준다. 그것은 생각건대, 술을 마시다 보면 논리든 체면이든 이제 아무것도 아닌 상태로 기분 좋게 미끄러져 가면서 느끼는 바로 그것이다. 여기서 몰리에르의 희극 두세 편이 똑같은 느낌을 주는지 살펴보자. 예를 들어 시작은 그런대로 조리가 서지만 끊임없이 온갖 엉뚱한 일이 벌어지는 《푸르소냑 씨》, 또 진행함에 따라서 인물들이 광기의 소용돌이에 휩쓸리는 듯한 《평민귀족》. "이보다 더 바보 같은 놈을 만난다면 로마까지 가서 보고할 것도 없지." 연극이 끝난 것을 알리는 이 말이 우리가 주르댕 씨와 함께 빠져 있던 구렁텅이, 갈수록 더 기기묘묘하게 되어가던 꿈에서 우리를 끄집어낸다.

그렇지만 꿈에는 특히 고유한 정신착란이 있다. 꿈꾸는 사람의 상상으로는 너무나 자연스럽지만 깨어 있는 인간의 이성으로는 무척 거슬리는 것이어서, 그런 경험을 한 적 없는 사람에게는 정확하고 완전한 관념을 줄 수 없을 듯한 특별한 모순들이 있다. 여기에서 우리가 말하는 것은 실제로 같은 한 사람에 지나지 않는데도 확실히 분리된 두 인물 사이에서 꿈이 종종 행하는 불가사의한 융합이다. 보통 그 인물 가운데 한 사람은 꿈을 꾸고 있는 본인이다. 그는 실재하는 그대로의 자기 모습을 여전히 간직하고 있음을 느낌에도 다른 인간이 되고 있는 것이다. 그는 그 자신인 동시에 아니다. 그는 자신이 이야기하는 것을 듣고 자기가 행하는 것을 보고 있다. 그러나 다른 사람이 그의 몸을 빌리고 그의 목소리를 택한 것으로 느낀다. 또는 평상시처럼 이야기하고 행동한다는 의식을 지니고 있으면서도, 자신의 일을 자신과는 아무런 공통점이 없는 타인의 일처럼 이야기할 것이다. 그는 자신에게서 분리되어 있는 것이다. 몇몇 희극적인 장면에서 이 기묘한 융합을 발견할 수 있지 않을까? 《앙피트리옹》*15에 대해서 말하는 것이 아니다. 거기에서는 틀림없이 혼동이 관객의 마음에 시사되고 있다. 그러나 희극적 효과의 대부분은 오히려 더욱 전에 우리가 '두 계열의 교차'로 부른 것에서 비롯된다. 내가 말하는 것은 추출하려면 반성의 노력이 필요하며, 진정 순수한 상태로 나타나는 혼동으로서, 탈선한 희극의 추리를 말하는 것이다. 예를 들면 마크 트웨인이 인터뷰를 하기 위해 온 취재 기자에게 하는 대답을 들어보자. "형제가 있나요? —네, 그렇습니다. 빌이라고 했습니다. 불쌍한 빌! —그럼, 사망한 것입니까? —그걸 아무래도 모르겠습니다. 이 사건은 큰 미스터리죠. 죽은 아이와 나는 쌍둥이였습니다. 태어나고 15일쯤이 지났을까, 우리는 같은 욕조에서 목욕을 하게 되었죠. 그때 우리 둘 중 하나가 물에 빠져죽고 말았습니다. 그런데 그게 누구인지는 아무도 모르는 겁니다. 어떤 사람들은 빌이라 하고, 다른 사람들은 나라고 생각합니다. —이상한 일입니다. 그런데 당신은 어떻게 생각하십니까? —실은 내가 이제까지 아무에게도 털어놓지 않았던 비밀을 당신에게 말씀드리겠습니다. 우리 둘 중 한 사람에게는 특징이 하나 있습니다. 바로 왼 손등에 커다란 사마귀가 있는 것이죠. 그리고 그 사마귀가 있는 쪽이 나입니다. 그런데 빠져죽은 것은 그 아이라고 하네요⋯⋯."*16

자세히 보면 이 대화의 부조리는 무언가 주변에 있는 흔한 부조리는 아니다. 만일 이야기를 하고 있는 인물이 바로 그가 이야기하고 있는 쌍둥이 가운데 한 사람이 아니었다면, 그 부조리는 사라져 버릴 것이다. 여기서 부조리는 마크 트웨인이 완전히 제삼자처럼 말하면서도, 자기가 그 쌍둥이 가운데 한 사람이라고 밝힌 데서 비롯된다. 우리 꿈의 대부분도 이와 마찬가지로 흐를 것이다.

5

이 마지막 관점에서 고찰해 보면 우스개란 우리가 그것에 부여해 왔던 형태와는 약간 다른 형태로 나타나게 될 것이다. 이제까지 우리는 웃음 속에서 특히 교정 수단을 보았다. 일련의 희극적 효과를 들어서 크게 지배적인 타입을 분리해 보라. 그러면 중간에 있는 효과는 희극적 공덕의 힘을 그런 유형과의 유사함에서 빌려온다는 것, 또 그런 유형 자체가 사회를 상대로 한 그만한 수의 무례함의 본보기임을 여러분은 발견하게 될 것이다. 그러한 무례에 대해서 사회는 웃음으로 되받아친다. 그 웃음이야말로 더욱 심한 무례이다. 따라서 웃음이 호의적이라고는 할 수 없을 것이다. 그것은 오히려 악을 악으로 갚을 것이다.

그럼에도 우스꽝스러운 것에 대해 우리가 처음 받는 인상은 그러한 것이 아니다. 희극적 인물은 대부분 우리가 공감하는 인물이다. 내가 말하려는 것은 잠깐 동안 그의 입장이 되어 그의 몸짓, 언어, 행위를 흉내 내고, 만일 그에게 있는 우스운 점이 흥미를 자아낸다고 한다면 상상 속에서 우리와 같이 즐거움을 함께 하도록 그에게 권한다는 의미이다. 즉 우리는 우선 그를 동료로서 대하는 것이다. 따라서 웃는 사람에게는 적어도 겉모습만에라도 친절과 상냥한 명랑함이 있고, 그것을 계산에 넣어야만 한다는 것이다. 특히 웃음 중에는 자주 지적을 한 긴장 이완(弛緩)의 운동이 있다. 우리는 그 이유를 규명해야만 한다. 지금 말한 여러 예에서만큼 그 인상이 확연한 것은 어디에도 없다. 게다가 우리가 그 설명을 발견하는 것 또한 그 점인 것이다.

희극적 인물이 자동적으로 자기의 관념을 더듬어갈 때 그는 드디어 마치 꿈을 꾸는 것처럼 생각하거나 이야기하거나 행동하게 된다. 그런데 꿈은 하나의 이완이다. 사물과 사람과 관계를 이어 나가고 있는 것만을 보고, 현존하는 상황만을 생각한다. 그러려면 지적 긴장의 부단한 노력이 필요하다. 양식이란 이 노력 그 자체이며 작업이다. 그러나 실재 상황에 대해서는 초탈했으면서도 그것의 이미지는 인정하고, 논리와 인연을 끊었으면서도 여러 관념을 계속 모으는 것은 단순한 유희나 나태인 것이다. 따라서 희극적 부조리가 무엇보다도 우선 관념의 유희라는 인상을 주는 것이다. 이에 우리에게서 일어나는 최초의 충동은 이 관념 유희에 참여하는 것이다. 그러면 사고하는 수고스러움에서 숨을 돌릴 수 있기 때문이다.

우스꽝스러운 것이 취하는 그 밖의 여러 형태에 대해서도 똑같이 말할 수 있다. 이미 말한 바와 같이 희극의 밑바닥에는 언제나 안이한 측면—대체로 습관의 비탈길—을 따라서 가려는 경향이 있다. 습관에 젖으면 사람들은 이제 자신이 일원인 사회에 대해서 끊임없이 몸을 적응시키고 재적응시켜 나가려 하지 않는다. 삶에 대해서 지불해야 할 주의를 느슨하게 푸는 것이다. 따라서 사람들은 많건 적건 방심하는 사람을 닮아간다. 이지(理智) 위의 방심이라기보다 의지의 방심임을 우리는 승인한다. 그래도 역시 방심은 방심이고 따라서 나태이다. 앞서 논리와 인연을 끊은 것처럼 습관에 젖은 사람은 예의범절과 인연을 끊는다. 결국 그는 유희에 빠진 사람처럼 보이게 된다. 여기에서도 역시 우리의 첫째 충동은 나태로의 초대를 수락하는 것이다. 적어도 한 순간 우리는 유희의 동아리에 낀다. 그것이 삶의 어려움에서 숨을 돌리게 해주기 때문이다.

그러나 숨을 돌리는 것은 겨우 잠시뿐이다. 희극성의 인상 중에 낄 수 있는 공감은 곧 사라지는 공감이다. 실은 그것 또한 방심에서 오는 것이다. 엄격한 아버지가 때로는 자기를 잊고 아이의 못된 장난에 끼어들었다가 곧바로 정신을 차려서 아이를 올바르게 가르치는 것과 같은 경우라고 할 수 있다.

웃음의 목적은 무엇보다도 교정이다. 굴욕을 주기 위한 웃음은 표적이 되는 사람에게 반드시 쓰라린 상처를 안겨준다. 사회는 웃음으로 사람이 사회에 대해서 행한 자유 행동에 복수하는 것이다. 웃음에 만일 공감과 호의가 새겨져 있었다면 그 목적을 이루는 일은 없을 것이다.

즉 적어도 웃음의 의도만은 좋은 것일 수 있고, 우리는 종종 누군가를 사랑하기 때문에 벌하는 것이다. 그래서 우리의 최대 선을 위해 어느 결점이 밖으로 나타나는 것을 미연에 막음으로써, 그러한 결점 자체를 교정하고 우리를 내면적으로 개선시킨다고 할 수 있을까?

이 점에 대해서는 많은 논란이 있을 것이다. 일반적으로 통틀어서 웃음은 의심할 것도 없이 유용한 역할을 수행하고 있다. 게다가 우리의 모든 분석은 그것을 증명하는 일을 목표로 삼아왔다. 그렇지만 그렇다 해도 웃음이 언제나 정곡을 찌른다거나, 그것이 친절 또는 공평함에 대한 생각에서 나왔다는 말은 아니다.

언제나 정곡을 찌르기 위해서는 그것이 반성하는 행위에서 나오는 것이어야만 한다. 그런데 웃음은 자연적으로, 또는 거의 같은 이야기지만 사회생활의 아주 오랜 습관으로 말미암아 우리가 갖추게 된 기구의 결과에 지나지 않는다.

그것은 완전히 혼자서 일어나 앙갚음의 반격을 한다. 그때마다 어디서 맞는지를 확인할 틈은 없다. 웃음은 마치 질병이 사람의 과도함을 벌하는 것과 비슷하게 어느 결점을 벌한다. 죄가 없는 자를 공격하고, 죄인을 눈감아주고, 개개인의 경우를 따로따로 살피는 경의를 표하는 법 없이 일반적 결과를 지향한다. 의식적 반성으로 이루어지는 것 대신에 자연의 도리에 의해서 성취되는 것은 모두 그와 같다. 하나의 중용적인 공평함은 전체의 결과라면 몰라도 개개의 세부 사항 가운데에는 나타나지 않는다.

이런 의미에서 웃음은 절대적으로 올바른 것이라고 말할 수는 없다. 또 반드시 친절한 것도 아님을 되풀이해 둔다. 그것은 굴욕을 주어 기가 죽게 하는 것을 역할로 삼는다. 만일 자연이 이를 위해 가장 선한 사람들에게도 심술궂음이나 적어도 놀리고 싶은 마음을 조금쯤 남겨두지 않았다면, 웃음은 그 역할을 수행하지 못할 것이다. 아마도 이 점은 깊게 파고들지 않는 편이 좋으리라. 우리는 이완 또는 팽창 운동이 웃음의 서곡에 지나지 않고, 웃는 자는 즉시 자신에게로 되돌아가 다소나마 오만하게 스스로 자신을 확인하고 다른 사람을 마치 자신이 조종하는 꼭두각시 인형처럼 간주하는 경향이 있음을 볼 것이다. 게다가 이 오만 중에서 우리는 즉시 약간의 이기주의를, 그리고 그 이기주의 배후에 무언가 더욱 자발적이지 않은 좀더 고통스러운 무엇, 웃는 자가 자기의 웃음에 이유를 더 붙이면 붙일수록 더욱더 움직이기 어렵게 되어가는 무언가 일종의 맹아적(萌芽的) 염세주의를 구별해 낼 것이다.

다른 경우와 마찬가지로 자연은 여기에서도 선을 위해 악을 이용했다. 이 연구 전체에 걸쳐서 우리가 마음을 쏟아 완성한 것은 특히 이 선이다. 즉 사회는 완전한 영역으로 나아감에 따라서 좀더 큰 적응의 유연함을 그 성원에게서 얻고 그 뿌리가 더욱더 균형을 잡게 되며, 그 표면에서 그와 같은 대집단에 따라붙는 여러 가지 혼란을 일소하는데, 웃음은 그러한 동요의 형태를 강조함으로써 유용한 역할을 수행하고 있다는 것이다.

그리하여 바다의 표면에서는 파도가 잔잔해질 틈도 없이 싸우는데도 아래쪽 심연에서는 깊은 평화를 지키는 것이다. 파도는 서로 충돌하고 항쟁하면서 균형을 추구한다. 희고 가벼운 물거품은 끝없이 변화하는 윤곽의 뒤를 쫓고 있다. 때때로 파도가 바닷가 모래 위에 거품을 조금 남겨두고 간다. 그곳에서 놀던 아이가 와 그것을 한 주먹 쥐어보고는 손바닥에 물이 서너 방울밖에 잡히지 않은 것에 놀란다. 더구나 그것을 싣고 온 파도의 물보다 훨씬 짜다. 웃음은 이 물거품처럼 태어나는 것이다. 그것은 사회생활의 외면에 가벼운 모반(謀叛)이 있음을 알려준다. 그리고 그러한 동요의 움직이는 형태를 즉시 묘사해낸다. 그것 또한 염분을 머금은 거품이며, 거품처럼 다른 거품을 만든다. 그것은 쾌활함이다. 그러나 그것을 음미하기 위해 이 거품을 채집하는 철학자는 때로 그 보잘것 없는 양에서나마 한 가닥 쓴 맛을 보게 될 것이다.

〈주〉

*1 이 주장을 처음으로 내세운 사람은 아리스토텔레스로 나머지는 모두 그것을 자기 주장처럼 말했거나 변화시켰을 뿐이다. "희극이란……비교적 열악한 성격의 인물 묘사이지만, 그렇다 해도 그것이 여러 가지 나쁜 점을 모두 갖춘 인물이라는 뜻은 아니다. '우스움'은 '보기 흉함'의 한 부분에 지나지 않는다. 왜냐하면 '우스움'이란 다른 사람에게 고통도 위해도 가하지 않는 결함이자 추악함이기 때문이다……." 아리스토텔레스 《시학》.

*2 제1장 주(7) 참조.

*3 몰리에르 《수전노》 제2막 제2장, 제3막 제4장.

*4 몰리에르 《타르튀프》 제3막 제2장.

*5 몰리에르 《평민귀족》 제2막 제3장, 《여학자들》 제3막 제3장.

*6 라신의 같은 이름 비극에 나오는 주인공. 아테네의 새 왕비로, 의붓아들 이폴리트에 대한 사랑으로 고통받다가 끝내 자살한다.

*7 코르네이유의 같은 이름 비극의 주인공. 기독교로 개종하여 장인에게 살해당하는 인물.

*8 몰리에르 《평민귀족》 제1막.

*9 라신 《소송광들》 제3막 제4장

*10 몰리에르 《타르튀프》 제1막 제5장.

*11 《일리아스》에서 유명한 트로이의 영웅 헥토르(에크토르)는 다이아의 잭. 노름을 좋아하는 주인공(발레르)에게서 시종(리샤르)이 받은 이름이라는 것을 안 아버지(제론트)가 곧바로 이렇게 말한다. "좋은 이름이다. 그럼 그 녀석은 약혼자를 스페이드 여왕에 비할 수 있는 팔라스(아테나 여신의 이름)로 해야겠구나." 르냐르 《도박자》 제3막 제4장.

*12 몰리에르 《여학자들》 제3막 제2장.

＊13 Théophile Gautier(1811~1872) 프랑스의 작가, 비평가. 같은 시대의 공리주의자를 강력히 비판하고 아름다움의 무용성을 주장했다. 대표작으로 시집 《에나멜과 카메오 (Emaux et Camées)》, 장편 소설 《모팽 양(Mlle de Maupin)》 등이 있다.

＊14 라신 《소송광들》 제3막 제3장. 정신없는 인물들을 돕기 위해 나온 프롬프터의 말을 프티 장이 아무 생각없이 반복함으로써 말의 본디 의미를 사라지게 만드는 장면.

＊15 몰리에르 《앙피트리옹》 참조.

＊16 '웃음'의 영어 번역에서는 원문을 그대로 인용했다. 베르그송이 읽은 불어 번역에서는 번역자의 '프랑스식 버릇'이 생략되어 있는데, 그 솜씨가 능숙하고 깔끔해서 오히려 원문보다도 좋다. 흥미있는 독자는 《COMEDY by Wylie Sypher》(p. 184~185, Anchor Book, 1958)을 보길 바란다. 이 책에는 베르그송의 영어 번역과 메레디스의 《희극론》, 거기에 〈부록〉으로 와일리 사이퍼 자신이 직접 쓴 〈희극의 의의〉가 수록되어 있다.

부록
제23판의

우스움의 여러 정의와 이 책에서 따르는 방법에 대하여

〈매월평론〉[*1]의 한 흥미 있는 논설에서 이브 들라주(Yves Delage)는 우스움에 대한 우리의 개념에 그 자신이 주장하는 정의를 대치시켰다. 곧 이런 식이었다. "어떤 것이 우습기 위해서는 원인과 결과 사이에 부조화가 있어야 한다." 들라주를 이 정의에 이르게 한 방법은, 우스움 이론가 대부분이 따르는 것이므로 우리 방법이 어떠한 점에서 그와 다른지를 밝혀두는 것도 의미 있으리라. 그런 까닭에 우리가 같은 잡지에 발표한 대답의 핵심을 다시 기록해 두고자 한다. [*2]

여기저기서 모아온 희극적 효과 안에서 우리는 희극성과 마주한다. 우스움은 겉으로 눈에 띄는 일반적인 특성에 따라 정의할 수 있다. 이런 정의 몇 가지는 아리스토텔레스 이후부터 제기되어 왔다. 당신의 정의도 이 방법에 따라 얻은 것이라고 생각한다. 당신은 하나의 원둘레를 그려 보이고서 닥치는 대로 잡은 해학적 효과가 거기에 포함될 수 있다고 한다. 통찰력 있는 관찰자가 정리한 만큼 그 문제의 특성들은 의심할 여지없이 우스움에 속할 것이다. 하지만 생각건대 우리는 때때로 우습지 않은 것들에서도 그러한 특성을 만난다. 당신의 정의는 일반적으로 너무나도 광범위하다. 그것은—사실이 정도도 대단하지만—정의에 관한 논리의 요청 한 가지를 만족시키는 데 그친다. 즉 그것은 어떤 필요 조건을 제시하긴 하지만 선택된 방법으로 볼 때 충분 조건을 주었다고는 생각하지 않는다. 그 증거로는, 그 정의의 몇 갠가는 같은 말을 하고 있지 않음에도 똑같이 받아들일 수 있기 때문이다. 그리고 특히 그것들 모두가 내가 아는 한에서는 정의된 대상을 꾸며 내는 수

단, 우스움을 만드는 수단을 내놓지 않기 때문이다. *3

　나는 전혀 다른 어떤 일을 시험해 봤다. 희극이나 웃음극이나 어릿광대의 곡예 등등에서 우스개를 만드는 여러 절차를 탐색했다. 그것들은 좀 더 일반적인 하나의 주제를 기초로 한 그만큼의 숫자 변화라는 것을 인정할 수 있었다. 나는 간단히 하기 위해 그 주제를 지적했지만 문제로 삼은 것은 주로 그 변화였다. 결국 이 주제는 일반적 정의를 제공하고, 바로 그것이 희극성을 구성하는 규칙이 된다. 본디 그렇게 얻은 정의는 바로 앞의 방법으로 얻은 정의가 너무나 광범했듯이 언뜻 보기에는 지나치게 좁아 보이지 않을까 생각했다. 너무 좁아 보이는 까닭은 본질적으로 또 그 자신에 의해서 우스운 사물, 즉 그 내부적 구조에 의해서 우스운 사물 이외에, 그것과의 어떤 표면적인 유사성에 의해서, 또는 그것을 닮은 다른 것과의 어떤 우연한 관계에 의해서, 그리고 또다시 차례대로 같은 관계에 의해서 웃음을 불러일으키는 사물이 많기 때문이다. 웃음의 반동에는 끝이 없다. 왜냐하면 우리는 웃는 것을 좋아해서 모든 구실이 웃기에 충분하기 때문이다. 관념연합 기구는 여기서는 더할 나위 없이 복잡하다. 따라서 이 방법으로 우스움의 연구에 다가가서 우스움을 한 가지 방식 안에 모아 넣고 이것을 깨끗이 정리하는 대신에, 끊임없이 차례로 나타나는 어려움과 싸워야만 하는 심리학자는, 언제나 그가 모든 사실을 일일이 설명하지는 않는다는 말을 들을 우려가 있다. 그가 그 이론을, 다른 사람이 그에게 보낸 예에 적용해서 그것들은 그 자신이 우습다고 생각하는 것과의 흡사함에 의해 우스운 것이 됐다는 증명을 끝냈다고 해도, 사람들은 쉽사리 그 밖의 예를 발견해 내고 또 다른 예를 발견해 낼 수 있을 것이다. 그는 언제까지고 끙끙대야 할 것이다. 우스움을 제법 광범한 하나의 원 안에 가두는 대신 그는 그것을 파악했을 것이다. 그는 일이 잘 풀리면 우스움을 만드는 수단을 제공할 것이다. 설사 아무리 올바르고도 뚜렷한 형용사(사람은 언제나 적절한 많은 것을 발견해 낸다)를 어떤 것에 부여해도 그것의 인식에서 진보했다고 생각하지 않는 학자의 엄밀성과 정확성을 가지고 해나갔을 것이다. 분석이 필요하다. 그리고 우리가 재구성하는 것이 가능할 때 완전하게 분석을 한 것이다. 내가 시도한 계획이 바로 이런 것이었다.

　덧붙여 두자면 나는 우스움을 만드는 차례를 규정하려고 생각함과 동시에 사회가 웃을 때의 의도를 연구했다. 왜냐하면 사람이 웃는다는 것은 매우 놀랄 만한 일인데, 내가 앞에서 말한 설명 방법은 이 작은 신비를 해명해 주지 않기 때문이다. 예를 들면 다른 많은 성질이, 장점이건 결점이건 간에 구경꾼의 안면 근육을 태연히 내버려두건만 어째서 '부조화'만이 부조화라는 이유로 인해, 그것의 목격자에게 웃음과 같은 특수한 표시를 나타내게 하는지를 나는 모르겠다. 그러므로 희극적인 효과를 부여하는 부조화의 특수한 원인이 무엇인지를 탐구하는 일이 남아 있다. 그리고 사람은 만약 이 같은 경우 사회가 왜 그것을 표시하고 싶어하는지를 그것에 의해 설명할 수 있을 때에 한해서만 정말로 그것을 발견한 것이다. 분명 우스움의 원인 안에는 사회생활에 대한 가벼운 침해(그리고 특수한 침해)가 있음에 틀림없다. 왜냐하면 사회는 그에 대해서 어떻게 보아도 방어적 반작용 같은 하나의 몸짓, 가볍게 공포심을 품게 하는 하나의 몸짓으로 응수하기 때문이다. 내가 설명하려 했던 바가 바로 이 사실이다.

〈주〉

＊1 Revue du mois, 10 août 1919 ; tome XX, p.337 et suiv.
＊2 Ibid., 10 nov. 1919 ; XX, p.154 et suiv.(역자주 : 《저작집》에서는 p.514)
＊3 게다가 우리는 이 책의 많은 부분에 대해 그것들 가운데 이러저러한 것의 불충분함을 간략히 나타내 두었다.

L'Évolution créatrice

창조적 진화

머리말

생명 진화의 역사는 아직 매우 불완전하지만, 그래도 이 역사는 지성이 척추동물 계열을 지나서 인간에 도달하는 선(線)을 따라 끊임없는 진보에 의해 형성되어 온 모습을 이미 우리에게 보여 준다. 이 역사가 우리에게 보여 주듯이, 이해 능력은 행동 능력의 부속물이다. 이해 능력이란, 생물의 의지가 자신에게 주어진 모든 생존조건에 점점 적확하게, 또 점점 복잡하고 유연한 방식으로 적응해 가는 능력을 가리킨다. 그로부터 다음과 같은 결론이 나오지 않을까. 즉, 좁은 의미에서 우리 지성의 역할은, 우리 신체를 그 환경에 꼭 맞게끔 하는 일과, 외부 세계 사물들끼리의 관계를 표상하는 일, 요컨대 물질을 사고하는 일이다. 사실 그것은 이 시론(試論)의 결과들 중 하나가 될 것이다. 나중에 살펴보겠지만 인간적 지성은 타성적인 대상, 특히 고체들 사이에 방치되어 있을 때에는 편안함을 느낀다. 거기서는 행위를 위한 장소나 산업을 위한 노동 수단을 찾아낼 수 있기 때문이다. 우리 개념은 고체의 모습에 따라 형성되어 왔으며, 우리 논리는 무엇보다도 고체의 논리다. 그러므로 우리의 지성은 기하학에서 승리를 거둔다. 기하학에서는 논리적 사고와 생명이 없는 물질의 친근성이 드러나기 때문이다. 또한 이 분야에서 지성은 아주 가볍게라도 경험과 접촉한 뒤에는, 오직 자신의 고유한 운동에 따르기만 한다면 점차 발전을 거듭하는 형태로 나아갈 수 있으며, 게다가 경험이 자기 뒤를 쫓아와 반드시 자신을 정당화해 주리라 확신하고 있을 수 있기 때문이다.

그러나 여기서 필연적으로 다음과 같은 결론이 나온다. 즉, 우리 사고(思考)는 그 순수하게 논리적인 형식 아래에서는 생명의 참된 본성, 다시 말해 진화 운동의 깊은 의미를 표상할 수 없다는 결론이다. 우리의 사고가 일정한 환경 속에서 일정한 사물에 작용하도록 생명에 의해 창조되었다고 한다면, 어떻게 그런 사고가 생명을 포괄적으로 언급할 수 있겠는가? 사고는 생명이 발산된 하나의 형태이거나 하나의 국면에 지나지 않은데 말이다. 사고는 진화 운동 과정에서의 침전물에 지나지 않는다. 그런데 어떻게 진화 운동 그 자체에 사고가 적용될 수 있겠는가? 그런 사고방식은 "부분은 전체와 같다"느니 "결과는 그 안에 원인을 포함할 수 있다"느니 "해변에 남아 있는 자갈들은 그 자갈들을 운반해 준 파도의 형태를 그리고 있다"느니 하는 주장과 똑같다. 실제로 우리는 다음 사실을 느끼고 있다. 우리의 사고 범주, 이를테면 단일성, 다양성, 기계적 인과성, 지적 목적성 등 이 가운데 어느 무엇도 생명의 상황에 정확하게 적용되지는 못한다는 사실을. 개체성은 어디서 시작되고 또 어디서 끝나는가? 생물은 하나인가 여럿인가? 세포들이 뭉쳐서 유기체가 되는가, 아니면 유기체가 많은 세포들로 분해되는가? 이런 문제들을 누가 말할 수 있겠는가? 우리가 가진 이런저런 틀 속에 생명체를 집어넣어 본들 헛수고일 뿐이다. 어떤 틀도 삐걱거리게 마련이다. 우리가 집어넣으려 하는 것의 입장에서 볼 때 그런 틀은 너무 좁고 딱딱하다. 우리 추리는 생명이 없는 사물들 사이를 움직일 때에는 자신감에 가득 차 있지만, 이 새로운 토지에서는 불편함을 느낀다. 오직 추리에 의해 이루어진 생물학상 발견을 예시하라고 요구받으면 누구나 당황할 것이다. 게다가 생명이 어떤 결과를 얻기 위해 어떻게 활동하는지를 경험이 우리에게 가르쳐 줄 때, 우리는 다음 사실을 종종 깨닫는다. 생명의 작용 방식은 그야말로 우리가 결코 생각할 수 없었던 모양새로 움직인다고.

그런데도 진화론적 철학은 단순히 물질에 대해 성공했던 설명 방법을 아무런 망설임도 없이 생명체에게까지 확대 적용하려 든다. 진화론적 철학이 맨 처음 우리에게 보여 준 바에 따르면, 지성은 진화의 어느 한 결과다. 여기서 지성은 아마도 우연하게 생겨난 한 줄기 빛이다. 그리고 생물의 활동을 위해 열린 좁은 통로에서 생물이 움직이는 모습을, 이러한 지성의 빛이 밝혀 준다는 것이다. 그런데 그 뒤에 진화론적 철학은 방금 한 말을 갑자기 잊어버리기라도 했는지, 지하도 구석에서 사용되던 그 랜턴을 마치 세계도 비출 수 있는 '태양'처럼 취급한다. 진화론적 철학은 대담하게도 개념적 사고라는 무기만을 손에 쥔 채 모든 사물을, 더 나아가 생명마저 관념적으로 재구성하려 한다. 물론 진화론적 철학은 그 과정에서 까다로운 어려움에 많이 부딪친다. 이때 철학은 자신의 논리가 여기서는 온갖 기괴한 모순에 부딪침을 깨닫고는 맨 처음 야심을 재빨리도 포기해 버린다. 그러고는 이렇게 말한다. "우리가 재구성하려 한 대상은 더 이상 실재 그 자체가 아니라 실재의 모사(模寫), 또는 차라리 상징적인 모습에 지나지 않는다. 우리로서는 사물의 본질을 파악할 수 없으며 앞으로도 그러하리라. 우리는 온갖 관계들 사이에서 움직이고 있을 뿐이며, 절대적인 것은 우리의 관할 영역에 속해 있지 않다. 그러니 '알 수 없는 것' 앞에서는 멈춰 서도록 하자." 하지만 솔직히 이 멈춤은, 인간의 지성에 관해 너무도 오만했던 결과 이번에는 지나치게 겸손해진 결과이다. 생물의 지성 형식은 어떤 종류의 신체와 그 물질적 환경 사이의 상호적인 작용 및 반작용에 의거해 점차 형성되어 왔다. 따라서 이 지성 형식이 신체를 구성하는 본질 자체를 어떤 식으로든 제시하지 못하란 법이 어디 있는가? 행동은 비현실적인 세계 속에서는 진행될 수 없다. 처음부터 사변하거나 몽상하기 위해 태어난 정신에 대해서라면, 그런 정신은 언제까지 현실 밖에 머무른다는 점을 나도 인정할지 모른다. 그런 정신은 현실을 왜곡하거나 변형할 터이고, 우리가 지나가는 구름 속에서 인간이나 동물 모습을 상상하여 그 모습을 창조하듯 때에 따라서는 현실까지 창조할 수도 있으니까. 그러나 앞으로 생겨날 작용이나 그에 따라 생겨날 반작용을 목표로 삼는 지성은, 대상의 유동적인 인상을 받아들이기 위해 대상을 더듬어 좇는다면, 절대적인 대상에 어느 정도 접촉할 수 있다. 우리의 사변이 어떤 모순에 부딪치고 어떤 막다른 골목에 다다를지 철학이 보여 주지 않았더라면, 우리 인식의 이 절대적인 가치를 의심해 본다는 생각이 어디 우리의 머릿속에 떠오르기나 했겠는가. 하지만 그런 어려움이나 모순은, 우리 지적 활동의 작용이 미쳐서는 안 될 대상에, 따라서 우리 틀에 맞지 않는 대상에, 우리가 사고의 습관적인 형식들을 적용하기 때문에 발생한다. 지적 인식은 생명이 없는 하나의 양상에 관계하는 한, 위와 반대로 이 양상의 충실한 판(版)을 우리에게 제시해 줄 것이다. 지적 인식의 판은 이 특정한 대상을 바탕으로 만들어지기 때문이다. 다만 지적 인식이 상대적인 성격을 띠는 경우는 다음과 같은 때이다. 즉, 지적 인식이 생명을, 다시 말해 이 판을 만든 인쇄공을, 분수도 모르고 재현한다고 주장할 때에만 그렇다.

그렇다면 우리는 생명의 본성에 대한 심층적인 연구를 단념해야만 하는

가? 생명의 본성에 대해 지성이 늘 제공해 주는 기계론적 표상으로 만족해야 하는가? 그런 표상은 아무래도 인공적이고 기호적이다. 왜냐하면 이러한 표상은 생명 활동 전체를 어떤 특정한 인간적 활동 형식으로 국한한 것인데, 이 인간 활동 형식은 생명의 부분적이고도 국부적인 하나의 형태, 즉 생명 활동의 한 결과나 잔여물에 지나지 않기 때문이다.

만약 생명이 자신의 심적 잠재력을 오직 순수한 지성을 형성하는 데에, 즉 기하학자를 만드는 데에 모두 사용했다면, 우리는 그런 기계론적 표상에 만족해야 할 것이다. 그러나 인간에까지 도달해 있는 진화의 선이 유일한 노선은 아니다. 그 밖의 여러 가지 의식 형태들이 다른 온갖 과정들을 통해 발달해 왔다. 그들(인간의 진화노선에서 분리되어 달리 진화해온 의식 형태들)은 인간의 지성과는 달리, 외부의 구속으로부터 자신을 해방하거나 자신을 되찾거나 하지는 못했다. 하지만 그래도 그들은 진화 운동에 내재되어 있는 본질적인 무언가를 나타내고 있다. 그런 의식 형태를 서로 가까이 모아서 지성과 융합시킨다면, 이번에야말로 생명영역까지 확장될 수 있는 의식을 얻을 수 있지 않을까? 그런 의식이라면 자신의 등 뒤에서 느껴지는 생명의 추진력에 저항하여 갑자기 돌아봄으로써, 순간적으로나마 생명의 전체를 조망할 수 있지 않을까?

사람들은 이렇게 말할지도 모른다. "그런 짓을 해 봤자 우리는 우리의 지성을 초월할 수는 없다. 자신의 지성을 가진 우리는 그 지성을 통해서 다른 여러 가지 의식 형태를 볼 테니 말이다." 만약 우리가 순수한 지성을 지녔으며 우리의 개념적이고 논리적인 사고 주위에 어떤 희뿌연 구름 같은 것이 떠다니지 않는다면, 확실히 위의 주장이 맞을지도 모른다. 그러나 실제로는 그런 구름이 존재한다. 게다가 이 구름은 우리가 지성이라 부르는 저 눈부신 핵(核)을 만들어 준 바로 그 재료로부터 생겨났다. 이 구름에는 지성을 보탬하는 어떤 힘들이 깃들어 있다. 우리는 자기 내부에 틀어박혀 있을 때에는 그런 힘들을 혼란스럽게 느낀다. 하지만 그 힘들이 자연의 진화 속에서 활동하고 있음을 스스로 깨닫는다면, 그 힘들의 모습은 분명하게 드러나리라. 그리하여 그 힘들은, 생명의 방향 자체에 따라 자신을 강화하고 확장하려면 어떤 노력을 해야 하는지를 배울 것이다.

위 사실은, 요컨대 인식 이론과 생명 이론이 서로 떨어질 수 없는 듯 보인다는 사실을 의미한다. 인식의 비판을 수반하지 않는 생명 이론은, 지성이 마음대로 사용하고 있는 온갖 개념을 그대로 받아들일 수밖에 없다. 그런 생명 이론은 기존의 틀을 결정적인 요인으로 간주하여, 모든 사실을 그 안에 닥치는 대로 집어넣을 뿐이다. 그 결과 이 생명 이론은 편리한 기호주의를 손에 넣는다. 물론 기호주의는 실증과학에 필요할지도 모른다. 하지만 이것은 대상에 대한 직접적인 직관이 아니다. 한편 인식 이론은 지성을 생명의 진화 전반 속의 본디 장소에 돌려놓지 않는 이상, 인식의 틀이 어떤 식으로 구성되었는지, 또 어떻게 해야 그 틀을 우리가 확장하거나 뛰어넘을 수 있는지를 우리에게 가르쳐 주지 않는다. 따라서 이 두 이론은 순환적인 과정을 통해 한없이 서로의 추진력이 되어 주어야 한다.

　이 두 탐구가 서로 협력한다면, 철학이 제기하는 주요한 문제들을 더욱 확실하고도 한결 경험에 가까운 방식으로 해결할 수 있을 것이다. 왜냐하면 이 두 탐구가 공동 기획에서 성공한다면, 이 둘은 지성의 형성을 우리에게 보여 줄 것이며, 그럼으로써 지성이 그 일반적인 윤곽을 그려 줄 어떤 물질의 발생을 우리는 목격할 수 있을지도 모르기 때문이다. 두 탐구는 자연과 정신의 근원 그 자체까지 깊이 파고들 것이다. 그리고 스펜서의 잘못된 진화론 대신 참된 진화론을 우리에게 제시할 것이다. 스펜서의 진화론은 요컨대 이미 진화를 마친 현재의 실재를 마찬가지로 진화한 작은 조각들로 분할하고, 이 단편들로 실재를 재구성하는 식이다. 따라서 그것은 설명되어야 할 모든 것을 미리 지정해 놓고 시작해 버리는 이론이다. 그러나 참된 진화론에서는 그 발생과 생장을 그대로 추적하는 일이 이루어진다.

　그러나 이런 종류의 철학은 하루아침에 완성되지 않는다. 이른바 철학 체계들이란 한 천재의 작품으로서 취하거나 버리거나 해야 할 것들이 하나의 전체로서 제시되게 마련이다. 하지만 진화론적 철학은 다른 일반 철학과는 달리, 여러 사상가들과 관찰자들이 서로 보충하고 정정하며 개선하는 집단적·점진적인 노력에 의해 비로소 성립될 수 있다. 따라서 그런 매우 중요한 문제를 단숨에 해결하는 일은 이 시론의 목표가 아니다. 우리의 목표는 다만 해결 방법을 규정하고, 2~3가지 본질적인 부분에서 그 방법이 적용 가능하다는 점을 드러내 보이는 일일뿐이다.

이 책의 구성은 주제 자체에 따라 정해졌다. 제1장에서 우리는, 우리의 지성이 이용하는 기계론 및 목적론이라는 기성복 2벌을 시험 삼아 진화 과정에 입혀 볼 것이다. 그러면 2벌 다 안 맞는다는 사실과, 그래도 그중 하나는 다시 재단하고 꿰매서 모양을 맞추면 다른 하나보다는 비교적 잘 맞을지도 모른다는 사실이 밝혀질 터이다. 제2장에서 우리는 지성의 견지를 뛰어넘기 위해, 인간의 지성에까지 도달한 진화의 선 이외에, 생명이 더듬어 온 몇 가지 주요한 진화의 선을 재구성해 볼 것이다. 그러면 지성은 그 발생원인 안으로 되돌아갈 것이며, 이번에는 이 발생원인 자체를 파악하여 그 운동을 추구하는 일이 우리의 과제가 된다. 우리는 그런 노력을 제3장에서 불완전하게나마 시도해 볼 것이다. 마지막인 제4장에서는 우리의 지성 그 자체가 일정한 훈련을 거친다면 지성을 뛰어넘는 철학을 준비할 수 있다는 점을 보여줄 예정이다. 그러려면 체계의 역사를 한번 훑어 볼 필요가 있으며, 동시에 인간 지성이 실재 일반에 대해 사색하기 시작한 이래로 노출되어 온 두 가지 커다란 착각을 분석해야 한다.

제1장
생명의 진화
기계론과 목적성

우리가 가장 확신하며 가장 잘 아는 존재는, 의심할 여지없이 바로 우리 자신이다. 왜냐하면 우리는 자신 이외의 다른 모든 사물에 대해서 외적이고 피상적으로 판단하는 데 비해, 자신에 대해서는 내적으로 환히 꿰뚫어 보기 때문이다. 이때 우리가 확인하는 것은 무엇인가? 이러한 특수한 상황에서 '존재한다'라는 말의 정확한 의미는 무엇이겠는가? 여기서 이전에 발표한 논문의 결론을 몇 마디로 요약해 보기로 하겠다.

나는 우선 내가, 하나의 상태에서 다른 상태로 옮겨가곤 함을 인정한다. 나는 덥기도 춥기도 하고, 기쁘기도 슬프기도 하며, 때로는 일을 하기도 아무것도 하지 않기도 하고, 나를 둘러싸고 있는 것들을 바라보거나 다른 것을 생각하기도 한다. 감각·감정·의욕·표현─이러한 변화들 속에서 나의 존재는 분열되고, 바로 이러한 변화들이 나의 존재를 하나하나 채색한다. 이렇게 나는 끊임없이 변한다. 하지만 나의 변화에 대해 해줄 말이 더 있다. 변화란 우리가 처음에 생각했던 것보다도 훨씬 더 근원적이다.

사실 나는, 마치 내가 처하는 여러 상태가 저마다 하나의 토막을 이루는 것처럼 말하고 있다. 나는 내가 변화한다고 분명하게 말한다. 그러나 그 변화의 기분은 내게 있어 어떤가하면, 하나의 상태에서 그 다음 상태로 가는 통로에 있는 것 같다. 각 상태에 있을 때, 나는 그 상태에 빠져서 그 상태가 생겨날 때의 모습을 언제나 유지하리라 믿고 싶어진다. 하지만 조금만 주의해서 살펴보면 변하지 않는 것이란 없다. 정감이나 표현이나 의욕 등 그 어느 것도 매순간 변화하지 않는 것이 없음을 알게 된다. 만일 심적 상태의 하나가 변화하기를 그친다면 그 영혼 상태는 머물러 있다 해도 더 이상 채색되지 않을 것이다. 가령 가장 안정된 내적 상태에 있는 것으로서, 움직이지 않는 물체를 눈으로 보고 있다고 하자. 그 물체가 그대로 있고 내가 같은 각도, 같은 빛 아래에서 그 물체를 바라본다고 해 보자. 하지만 그래 봤자 아무 소용없다. 잠깐의 시간이 흘렀다 해도 내가 지금 보는 그 물체의 시상은 조금 전에 본 그 시상과는 같을 수 없기 때문이다. 나의 기억이 거기에 있어서, 그 기억이 과거의 무엇인가를 현재 속으로 밀어넣고 있다. 내 영혼의 상태는 시간이라는 길 위를 걸어가면서 그렇게 끊임없이 끌어모아들이는 지속과 더불어 팽창해 나간다. 말하자면 스스로 눈 위를 구르는 눈사람과 같다. 이렇게되면 말할 것도 없이, 상황은 보다 깊숙히 들어간 내적 상태로서의 감각·감정·욕망 등등이 된다. 이러한 내적 상태들은 변함없는 사물의 외부 상태에 대응하는 것이 아니다. 즉, 시각적인 단순한 지각과는 다르다. 그래서 더욱 변화한다. 그러나 우리는 그러한 끊임없는 변화에는 주의를 기울이지 않게 되기 쉽다. 그리고 우리의 육신에 새로운 태도를 새겨놓고 우리의 주의심에 새로운 방향을 안겨다 줄 만큼 중대한 변화에만 주목하기 쉽다. 정확히 이런 순간에 사람들은 상태가 변화했음을 깨닫게 된다. 사실 우리는 끊임없이 변하고 있고, 이 경우 상태 그 자체가 이미 변화한 것이다.

다시 말하면, 하나의 상태에서 다른 상태로 옮겨가는 것과, 늘 같은 상태를 유지하는 것 사이에는(중대한 변화가 없는 한) 본질적인 차이가 없다는 뜻이다. '같은 채로 있는' 상태가 우리 생각보다 더 변화된 것이라고 한다면, 그 반대로 하나의 상태에서 다른 상태로 옮겨가는 것은, 똑같은 하나의 상태가 연장되는 것과 의외로 비슷하다. 변이란 연속적이다. 하지만, 정확히 말해서 우리는 심리상태 저마다의 끊임없는 변이에 대해서는 눈을 감고 있기 때문에, 그러한 변이가 우리의 주의력을 압도할 정도로 중대하게 되면, 마치 새로운 상태가 그 전의 상태와 병렬로 있는 것처럼 장담할 수밖에 없게 된다. 이 새로운 상태에 대하여 우리는 그것 역시 불변하다고 생각하며, 그리고 이 상태가 무한히 계속되리라고 상상한다. 우리의 심리적 생명이 비연속적으로 보이는 것은, 우리가 일련의 비연속적인 주의 작용을 통해 심리적 생명을 주목하기 때문이다. 즉, 완만한 비탈면밖에 없는 곳에서 우리는 주의 행위의 절단된 선을 따라가면서, 우리는 어떤 계단을 오른다고 생각하게 된다. 우리의 심리적 생명이 예상 외의 것으로 가득 차 있다는 것은 물론 사실이다. 수많은 우발적인 사건이 생겨나고, 그 사건들은 이미 나타난 것과는 대조를 이루며, 그 다음에 일어나는 사건들과는 조금도 관련 없는 것처럼 보인다. 그러나 그러한 출현의 불연속성(비연관성)은 그 여러 가지 사건이 그려지는 배경의 연속선상에 뚜렷이 드러나며, 그 사건들을 분산시키는 간격은 바로 그 배경에서 온다. 그 사건들은 교향곡 속에서 이따금 울려 퍼지는 팀파니 소리이다. 그 사건들이 무엇보다도 더 관심을 끌기 때문에 그 사건에 우리의 주의력이 집중되지만, 그 사건의 하나하나는 우리의 심적 존재 전체 유동량을 감당하고 있다. 각 사건은 우리가 느끼고 생각하고 원하는 모든 것, 어느 순간의 우리의 모든 상태를 포함하는 움직이는 지대 가운데 가장 잘 밝혀진 지점에 지나지 않는다. 사실상 우리의 상태를 구성하는 것은 이 움직이는 지대 전체이다. 그런데 사람들은 이처럼 정의된 상태들이 뚜렷이 구별될 수 있는 요소들은 아니라고 말할 수 있을 것 같다. 그 상태들은 끝없는 흐름으로 서로 이어지고 있다.

하지만 우리의 주의에 의해 그러한 상태들이 인위적으로 구별되고 떼어놓아졌듯이, 곧이어 우리의 주의에 의해 그 상태들은 인위적으로 연관지어져 한데 묶여야만 한다. 이처럼 우리의 주의는 무정형의 나, 무관심하며 부동의 '자아'를 상정한다. 그러면 그러한 나의 위에 심적인 여러 상태들이 풀어지거나 아니면 서로 얽혀진다. 이때 우리가 주의를 기울이기 때문에 이 심적 상태들은 독립적 실체가 되어 있다. 금세 사라지고 마는 유동적인 색조들이 서로 침해하는 곳에서, 우리의 주의력은 마치 목걸이의 색색 진주알들처럼 나란히 늘어서 있는 선명한 빛깔, 다시 말하면 불변의 색들을 파악한다. 그러면 우리의 주의력은 역시 모든 진주를 한데 묶을 실로서 견고한 실을 가정할 수밖에 없다. 그러나 이 무색의 기반이 자기를 뒤덮는 색에 의하여 끊임없이 채색된다면, 불확정성을 띠고 있는 그 기반은 우리에게 있어서 마치 존재하지 않는 것과 같게 된다. 결국 우리가 지각할 수 있는 것은 정확히 말해서 착색된 것, 즉 여러 심적 상태뿐이다. 사실 이 '기반(또는 기체, 基體)'은 실재가 아니다. 그것은 우리의 의식에 있어 하나의 표시로서, 한 가지 상태가 계속 전개되는 경우 우리의 주의력은 하나의 상태를 다른 상태와 병렬로 동시에 나란히 놓는 작업의 인위적인 성격을 우리의 주의력에 끊임없이 상기시키는 역할을 맡고 있다. 만약 우리의 존재가 분절된 여러 상태들로 구성되어 있고, 이 분절된 상태들을 무감각한 '자아(나)'가 종합한다면 우리에게 지속이란 없을 것이다. 왜냐하면 변하지 않는 자아는 지속하지도 않으며, 한 심리 상태가 다음 차례의 상태로 바뀌지 않는 한 자기와 동일한 상태로 남아 있는 심적 상태 역시 지속하지 않기 때문이다. 따라서 그 상태들을 뒷받침해 주고 있는 '자아(나)'의 토대 위에 그러한 상태들을 겹쳐 포개놓아 본들, 그처럼 고체 위에 다른 고체를 꿰매어 놓은 식으로는 계속적인 흐름을 이룰 수 없다. 사실 사람들이 이러한 방법으로 얻는 것은 내적 생명의 인공적인 모조품이며, 논리적 언어적 존재에 더 들어맞는 것이다. 분명히 그렇다. 왜냐하면 거기에서는 실재적 시간이 제거되었기 때문이다. 그러나 상징적 기호들 속에 감추어진 채 그 밑을 흐르는 심적 생애에 대하여 살펴보면, 시간이 바로 그 바탕적 실질을 이루고 있음을 쉽사리 알게 된다.

이 시간보다 더 강하고, 더 중요한 실체적 실질은 없다. 왜냐하면 우리의 지속되는 시간이란 단지 한 순간을 대신하는 순간에 불과한 것이 아니기 때문이다. 그렇게 한 순간일 뿐이라면 현재밖에 없을 것이고, 현재에 이르는 과거의 연장도, 진화도, 구체적인 지속도 없을 것이다. 지속이란 과거가 미래를 갉아먹고 부풀어 나가면서 전진하는 연속적인 진전이다. 과거가 끊임없는 부풀림을 시작하는 순간부터, 그 과거는 또한 한없이 보존된다. 기억이란, 우리가 이미 증명하려고 노력한 바 있지만, 추억을 서랍 속에 정리해 넣거나 장부에 기록해두는 기능은 아니다.*1 장부도 없고 서랍도 없으며, 엄격히 말해서 이 경우 기능이라는 것조차도 없다. 왜냐하면 기능이란 자기가 원할 때나 가능할 때 간헐적으로 발휘되는데, 그에 비하여 과거가 과거 위에 쌓이는 일은 잠시도 쉬지 않고 계속되기 때문이다. 사실 과거는 자동적으로 자력에 의하여 보존된다. 모든 과거가 어떤 순간에도 우리를 따르고 있다는 데에는 의문의 여지가 없다. 우리가 아주 어릴 때부터 느끼고 생각하고 원하던 것이 그 과거에 모여 있고, 그 과거에 합류할 현재 위에 그 과거의 일들이 기대어 있으며, 그 현재는 과거를 의식 속에 받아들이지 않고 밖에 두려고 의식의 문을 꽉 누르고 있다. 뇌기관은 아주 정교하게 되어 있다. 그래서 과거의 대부분을 무의식으로 밀어넣고, 현재 상황을 밝혀주는 성질의 과거만을 의식에 끌어들인다. 그렇게 해서 준비 중인 행동을 도울 수 있으며 결과적으로 유효한 작업을 제공할 수 있는 과거만 의식에 받아들여진다. 가장 호사스런 추억들은 기껏해야 살짝 열린 문틈으로 몰래 들어온다. 이런 추억들은 무의식이 보낸 사자로서, 우리도 모르는 사이에 우리를 따라 다니는 것을 우리에게 일깨워 준다. 그러나 설령 우리가 그것들을 뚜렷하게 의식하지 못한다 하더라도 우리의 과거가 현재 남아 있다는 사실은 막연하게나마 느낄 것이다. 실제로 우리는 무엇이며, 우리의 성격이란 무엇인가? 그것은 우리가 태어난 이후의 역사, 심지어는 우리가 태어나기 이전 역사까지의 축적이다. 물론 우리가 사고하는 데에는 우리 과거의 일부밖에 개입되지 않는다. 하지만 우리가 욕구하고 의지하고 활동하는 데에는, 우리의 모든 과거와 함께 타고난 영혼의 성향조차도 포함되어 있다. 그러므로 비교적 적은 부분만이 겉으로 드러날지 모르지만, 우리의 과거는 그 추진력으로 인하여 경향이라는 모습을 띠고 남김없이 우리에게 나타난다.

과거는 이렇게 살아남기 때문에, 의식이 같은 상태를 두 번 반복할 수는 없다. 환경이 그대로 남아 있다 하더라도 마찬가지다. 환경은 한 사람에게 같은 작용을 하지 않는다. 이 사람은 자신의 역사에서 새로운 순간에 그 환경을 접하기 때문이다. 우리의 인격은 경험을 축적하여 한 순간 한 순간 형성되어가고 끊임없이 변화한다. 인격은 어떤 하나의 상태가 근본적으로 반복되지 못하도록 방해하면서 변화한다. 겉으로는 그대로일지라도 그렇다. 그러한 이유로 우리 시간의 지속은 거꾸로 돌이킬 수 없는 것이다. 우리는 아무리 작은 부분이라도 같은 체험을 두 번 할 수 없다. 그러려면 계속되어 온 모든 것에 대한 기억을 지워 버려야 하기 때문이다. 엄밀히 말해, 그 기억은 지성으로부터는 지워 버릴 수 있을지 몰라도 의지로부터는 지울 수 없다.

이리하여 우리의 인격은 끊임없이 성장하며 완숙해진다. 인격의 각 순간은 그 전에 있었던 것에 무엇인가가 새로 덧붙여지는 순간이다. 그것을 보다 깊이 파고들어가 보면, 그것은 새로운 것일 뿐만 아니라 예견할 수 없는 것이다. 물론 나의 현재 상태는, 내 안에 있던 상태와 바로 직전에 나에게 작용하던 상태로 설명된다. 그것을 분석해 보아야 그 밖의 다른 요소는 찾아낼 수 없을 것이다. 그러나 그러한 모든 추상적인 요소에 구체적인 조직을 제공하는, 단순하고도 불가분한 형태를 예견하는 일은, 설사 초인적인 지성이라 하더라도 불가능했을 것이다. 왜냐하면 예견이란 과거에 느꼈던 것을 미래에 투영하거나, 아니면 후일을 위하여, 이미 지각된 요소들의 새로운 집합을 다른 순서로 표상해 보는 데 있기 때문이다. 그러나 한 번도 지각되지 않았던 것과, 동시에 단순한 성질의 것은 필연적으로 예견 불가능하다. 그런데 우리의 상태 하나하나를 유전하는 역사의 한 순간으로 본다면, 그 상태가 바로 그런 예견 불가능에 해당된다. 상태는 단일한 것이다. 그 나누어질 수 없는 상태는, 지각된 것을 남김없이 포함할 뿐 아니라 현재가 덧붙이는 것까지도 함께 응축하고 있기 때문에 미리 인식될 수는 없다. 이런 상태는 더이상 최초 그대로의 역사가 아닌, 독창적인 역사의 독창적인 순간이다.

완성된 초상화는 모델의 생김새, 화가의 성격, 팔레트에 타놓은 물감 색으로 설명된다. 그러나 그 초상화를 설명하는 재료를 가지고 있다 해도 그 누구이든, 화가 자신조차도 그 초상화가 어떤 그림이 될지는 정확히 예측할 수 없다. 왜냐하면 예측한다는 것은 그 초상화를 그리기 전에 이미 그 초상화를 그려보았다는 말이기 때문이다. 미리 예견하여 그려본 그림은 급기야 저절로 없어지고 말 무의미한 가정이다. 이렇듯 우리는 우리 삶의 순간들을 이 화가들처럼 완성한다. 우리 삶의 순간은 하나하나가 창작이다. 게다가 화가가 제작하는 작품이 어떠한지에 따라 그 화가의 재능이 형성되거나 붕괴되거나 또는 변형되는데, 이와 마찬가지로 우리 저마다의 상태도 우리로부터 떨어져 나가자마자, 우리가 지금 스스로에게 부여하기 시작한 새로운 형상이 되어 우리의 인격을 변형해 간다. 따라서 우리가 만들어내는 결과는 우리가 어떠한 사람이냐에 좌우된다고 말할 수 있다. 그러나 우리는 우리가 만들어내는 결과 자체이며, 어느 정도에서는 끊임없이 우리 자신을 창조하고 있음을 부언해두어야 한다. 더욱이 자신의 자기 창조는, 사람들이 자신이 만들어내는 결과를 보다 잘 추리할수록 더욱 완벽한 것이 된다. 왜냐하면 이성은 이 문제를 기하학 같은 방법으로 처리하지는 않기 때문이다. 기하학에서는 여러 전제가 한 번 주어지면 결정적인 것으로 여겨지므로 비인격적이며, 여기서는 필연적으로 비인격적인 결론이 나온다. 그 반대로 여기서 이유는 같더라도 사람이 다르다거나 또는 사람은 같더라도 순간이 다르면 그 명하는 행위는 근본적으로 달라질 수가 있는데, 그렇더라도 그 어느 쪽이나 똑같이 이성적이라 할 수 있다. 사실을 말하면, 그 이성은 같은 사람의 것도 같은 순간의 것도 아니므로 전혀 같은 이성이 아니다. 따라서 그러한 이성을 기하학에서와 똑같이 추상적으로 외부로부터 다루어서는 안 되며, 또 인생이 어떤 사람에게 제기하는 문제들을 본인을 대신해서 다른 사람이 해결할 수는 없다. 각자 자기 자신이 내부로부터 그 문제들을 해결해야 한다. 그러나 우리는 이 점을 깊이 파고들 필요는 없다. 우리는 단지 '존재한다'라는 어휘에 대해 우리의 의식이 주는 정확한 의미를 알고자 할 뿐이다. 그리하여 우리에게 알려진 사실은, 의식을 지닌 존재자에게 있어 존재란 변화한다는 것, 변화란 성숙한다는 것, 성숙이란 자기 자신을 한없이 창조하는 데 있다는 것이다. 그러면 존재 일반에 관해서도 그와 같은 말을 할 수 있을까?

그런데 우연히 목격되는 물질적인 사물은 어느 경우를 보더라도 방금 우리가 열거한 성격과는 반대되는 성격을 보여준다. 그것은 있는 그대로 계속 있든지 아니면 외부의 작용으로 변화하는데, 우리는 그 물체의 여러 부분 자체가 변화하지는 않으므로, 부분들의 상호 위치만 변화해 있다고 생각한다. 만약 물체의 이 부분들이 변화할 의사를 보이려 한다면, 우리는 그 부분들을 더 세분할 것이다. 이리하여 우리는 부분을 이루는 분자, 분자를 구성하는 원자, 그리고 원자의 모체인 미립자에 이르기까지, 나아가서는 스스로 단순히 빙글빙글 도는 입자로써 형성되는 '무게를 달아 볼 수도 없는 극소의 것'에까지 내려갈 것이다. 간단히 말하면, 우리는 필요로 하는 데까지 계속 분할하고 분석해 나가다가, 움직일 수 없는 곳에 부딪힐 때 멈출 것이다.

그래서 합성체는 그 부분들이 서로 위치를 바꿈으로써 변화한다고 우리는 말한다. 그러나 어느 부분이 그 위치에서 떨어져 나갔을 때, 그 부분은 본디 위치로 되돌아가는 데 아무 방해도 받지 않는다. 그러므로 한 무리의 요소들이 어떤 상태에서 지나가 버렸다가도 다시 되돌아 올 수 있다. 자기 혼자 힘으로는 안 된다 하더라도, 적어도 어느 외적인 원인이 작용하여 모든 것을 그 본디 위치로 되돌려 준다면 된다. 다시 말하면, 그 한 무리의 상태(심적 상태)들은 얼마든지 원하는 대로 반복될 수 있으며, 따라서 그 무리는 나이를 먹지 않는다. 그러한 상태에는 역사가 없다.

이런 상태들은 소재로서나 형식으로서나 그 무엇도 창조하지 못한다. 그 무리가 언젠가 될 상태는 '지금 상태' 속에 이미 존재하고 있다. 단, '지금 상태'란 그 무리가 관계하는 우주의 모든 점들을 포함하여 생각하는 경우에 한해서이다. 초인간적인 지성이 있다면, 어떤 순간에든 그와 같은 공간계

(système)의 임의의 위치를 계산할 수 있을 것이다. 따라서 전체 형태에는 부분의 배열 이외에는 아무것도 없으므로, 그 (공간)계의 미래 형태들은 이론상 현재의 구성 속에서 볼 수 있다.

사물에 대한 우리의 신뢰나 과학이 고립시키는 계에 대한 우리의 조작은, 결국 시간의 경과가 물체와 계들을 갉아먹지 않는다는 데 근거를 두고 있다. 나는 이전의 저서에서 이 문제에 대해 한마디 언급한 바 있는데 이 책에서도 그에 대해 다시 언급하겠다.

우선, 과학이 물질적 사물이나 어느 고립된 계에 부여한 추상적인 시간 t 는, 몇몇의 동시성(simultanéité)에 의해 정해진 수일 뿐이며, 또는 보다 일반적으로 말해서 몇몇의 논리적 관계(correspondance)들에 의해서 구성되고, 또 그 논리적 관계들이 어떤 간격으로 분절되든 간에 그 수(과학적으로 가정된 수)는 변동하지 않는다. 사람들이 최초의 천연물질에 관해서 이야기를 할 때에는 그러한 간격들이 문제가 되지 않는다. 그 간격에 대해 고려한다 하더라도, 그것은 새로운 논리관계들을 (추정에 의해) 계산하기 위한 것이고, 그 각각의 새로운 논리관계들 사이에 무슨 일이 일어날지는 무시하는 것이다. (여하한의 감정으로부터) 독립된 조직체계만을 주시하는 과학과 마찬가지로, 상식은 개별적인 사물만을 대상으로 하며, 간격의 양극단에 위치할 뿐 간격들 모두를 거치지는 않는다. 이런 까닭에 우리는 시간의 흐름이 굉장히 빠르다는 것과 물질적 사물이나 고립된 조직체계들의 과거·현재·미래가 단번에 공간 속에 펼쳐졌다고 하는 가정을 할 수 있다. 과학자들의 정식은 물론이거니와 상식이 지니는 언어조차도 변경할 필요는 조금도 없을 것이다. t라는 수는 늘 같은 기정값을 가리킨다. 그것은 이제 물체나 계의 여러 상태들 사이의, 그리고 '시간의 흐름'이라고 하는, 이미 그어진 한 선의 여러 점들 사이의 논리 관계들을 통한 수, 바로 이 수를 헤아릴 것이다.

그러나 물질계에서도 연속이란 하나의 부정할 수 없는 사실이다. 독립적인 조직체계들에 대한 우리의 추론이, 체계 저마다의 과거·현재·미래의 역사가 부채살처럼 한꺼번에 전개될 수 있음을 의미한다 해도 헛된 일이다. 어쨌든 그러한 역사는 우리의 지속과 똑같은 지속을 점유하고 있는 듯이 점진적으로 전개되기 마련이다. 설탕물 한 잔을 마시고 싶을 때 아무리 서둘러 봐야 설탕이 녹기 전까지는 먹지 못한다. 이 조그마한 사실은 큰 교훈을 지니고 있다. 왜냐하면 내가 기다려야 하는 시간은 물질계의 전체 역사에 걸쳐 적용되는 수학적인 시간이 아니기 때문이다. 그런 수학적 시간이라면 설사 세계의 역사가 단숨에 공간 속에서 전개되었다 하더라도 늘 똑같이 적용될 것이다. 하지만 내가 기다릴 그 시간은 나의 조바심에 따라 정해진다. 다시 말하면 나에게 길게 느껴지는 시간의 부분에 따라 정해진다. 이런 시간(시간의 느낌)은 마음대로 더 늘일 수도 더 줄일 수도 없다. 그것은 더 이상 사유적인 시간이 아니라 살아 있는 시간이다. 그것은 이제 더이상 상관적인 시간이 아니라 절대적인 시간이 되어 있다. 이러한 사실이 의미하는 것은 물컵과 설탕, 그리고 수중에서의 설탕 용해 과정이 물론 추상작용이라는 사실, 그리고 나의 감각기관과 지성에 의하여 그것들이 전체 속에서 재단되는데, 그 '전체'는 의식과 같은 방식으로 진전한다는 것을 의미함이 아니고 무엇이겠는가?

물론 과학이 한 조직체계를 고립시키고 폐쇄시키고 하는 조작은 전적으로 인위적이지만은 않다. 만약 그 조작이 객관적인 근거를 뿌리내리지 않았다면, 어떤 경우에는 그 조작이 완전한데 또 어떤 경우에는 그렇지 않다는 사실을 설명할 수 없을 것이다. 우리가 볼 수 있는 바로는, 물질이란 분리 가능한 조직체계를 형성하는 경향이 있고 그 분리 가능한 체계는 기하학적으로 다루어질 수 있다. 바로 그러한 경향이 본디 있기 때문에 우리가 그 물질을 정의할 수 있는 것이다. 하지만 그것은 하나의 경향에 지나지 않는다. 물질은 극한에까지 갈 수 없으며, 물질의 고립화(이성화 또는 논리화)도 결코 완전하게는 이루어질 수 없다. 과학이 극한까지 끌고 가 완전히 고립시키는 것은, 연구의 편의를 위해서이다. 과학은 고립되었다고 말하는 조직체계가 어떤 외부적인 영향하에 있음을 은연중에 암시하고 있다. 과학이 외부의 영향을 제쳐놓는 것은 어쩌면 외부의 영향을 거의 무시할 수 있을 정도로 약하다고 보거나, 아니면 뒤에 가서 경우에 따라 그에 대한 고려를 하려고 하기 때문이다. 그렇지만 이러한 영향들은 그 조직체계를 보다 광대한 다른 조직체계와 연결하고, 후자로 하여금 그 두 체계를 모두 총괄하는 제3의 조직체계와 연결하는 역할을 하고 있다는 점이 사실이다. 이런 형태의 조직이, 객관적으로 가장 고립되어 있고 모든 체계 중에서 가장 독립적인 체계인 태양계 전체에 이르기까지 그와 같다는 점 또한 사실이다. 그러나 이 경우에도 고립이란 절대적이지 않다. 우리의 태양은 가장 멀리 있는 혹성에까지 열과 빛을 발한다. 또 한편으로 혹성들과 위성들을 이끌고서 정해진 방향을 따라 움직인다. 물론 태양계를 우주의 다른 부분과 연결하는 줄이 약하기는 하다. 그러나 우리가 살고 있는 세계의 가장 작은 부분에까지, 온 우주에 내재하는 시간적 지속이 전해지는 것은 이 연관의 줄을 따라서이다.

우주는 지속한다. 시간의 성격을 깊이 탐구하면 할수록, 지속이란 발명과 형체의 창조, 절대적으로 새로운 것의 계속적인 건조(建造)를 의미한다는 사실을 우리는 이해하게 될 것이다. 과학에 의하여 국한된 조직체계들은 우주의 다른 부분과 불가분의 연관을 맺고 있기 때문에, 그로 인하여서만이 계속 지속한다. 뒤에서 언급하겠지만, 우주 자체 내에서 두 가지 상반된 운동, 즉 '하강' 운동과 '상승' 운동을 구별해야 한다는 것은 사실이다. 하강운동은 이미 준비된 두루마리를 펼치는 것에 지나지 않는다. 감아놓은 태엽이 풀어지는 경우와 마찬가지로, 원칙적으로 하강운동도 거의 순간적으로 이루어질 수 있다. 그러나 성숙과 창조의 내부 성숙에 대응하는 상승운동은 본질적으로 계속 지속하고, 하강운동에 자기의 리듬을 강제로 부과하기 때문에, 상승운동과 하강운동은 불가분의 관계에 있다.

그러므로 과학이 지속(연계적 지속)을 고립시키도록 체계들에 기여하는 것은 아무것도 없으므로, 그에 의하여 각각의 체계들을 체계들 전체 속에 재통합시킬 때 우리의 존재형식과 유사한 형태가 유지된다. 그러나 우리는 그 체계들을 전체 속의 제자리에 되돌려 놓아야 한다. 우리는 우리의 지각작용에 의하여 사물의 경계가 설정된 경우 보다 강력하게 그와 같은 주장을 할 수 있을 것이다. 우리가 어떤 물체에 독자적인 개성을 부여할 때, 그 물체의 윤곽이란 우리가 공간의 어느 지점에 작용케 할 수 있는 어느 한 종류의 작용을 소묘한 것에 지나지 않는다. 말하자면 그것은 우리가 물체의 표면과 모서리를 얼른 본 경우이다. 마치 거울에서와 마찬가지로 우리 눈에 반사되는 우발적인 우리 행동의 계획도를 그 표면과 잠깐의 머무름으로써만 보는 것이다. 그러한 우리의 행동을 지워 없애자. 그렇게 함으로써, 우리의 행동이 현실의 혼돈 속에서 지각을 통해 사전에 닦아놓은 길을 제거해 버리자. 우리가 그런 식으로 지각한다면, 물체의 개별성은 아마 그 실재 자신이라고 하는 보편적인 상호교류 작용 속에서 해소될 것이다.

이제까지 우리는 우연히 취한 물질적 사물에 대해서 고찰하여 보았다. 그러나 특전을 받은 물체는 없는가? 천연의 물체들은 자연이라는 천 안에서 우리의 지각 작용에 의해 재단되는데, 그 지각이라는 가위는, 어떻게 보면 우리의 행동이 통과하는 점선을 따르고 있다. 그런데 이러한 행동을 행사하는 물체, 실질적인 행동을 완수하기 전에 이미 물질에 대하여 자기 잠재적 행위의 윤곽을 투영시키는 물체, 현실의 흐름을 한정된 형상으로 결정시키고, 모든 다른 물체를 창조하려면 자기의 감각기관을 유동적인 실재 위에 고정시키기만 하면 되는 물체, 즉 살아있는 물체는 결국 다른 물체들과 마찬가지인가?

그 생명체 역시 한 부분의 연장으로 구성되어 있고, 이는 연장의 나머지 부분에 연결되어 '전체'와 불가분의 관계를 맺고 있으며, 물질의 모든 부분을 지배하는 물리나 화학법칙을 따른다. 그러나 어떤 독립된 물체의 물질이 저마다 세분되는 것은 우리의 지각과 관련되어 있기 때문이고, 그 물질의 각 지점들이 폐쇄체계를 구성하는 것은 우리의 과학과 관계되어 있기 때문인 반면에, 살아있는 물체는 바로 자연 자체에 의하여 유리되고 또 폐쇄되어 있었다. 그 살아있는 생명체에서는 이질적인 부분들이 서로 보충적으로 구성되고, 서로 연루되는 여러 가지 기능을 완수한다. 그 살아있는 생명체는 하나의 개체이다. 그 밖의 다른 물체에 대해서, 또 결정체에 대해서도 개체라고 표현할 수는 없다. 왜냐하면 한 결정체는 부분이 이질적이지 않고 기능도 다양하지 않기 때문이다. 물론 유기체의 세계에서도 어떤 것이 개체적이고 어떤 것이 그렇지 않은지를 확정짓기란 쉽지 않은 일이다. 동물계에서도 이미 그것을 결정하기란 매우 어렵고, 식물일 경우에는 거의 불가능하다. 그 어려움은 보다 깊은 이유에서 연유하는 바, 그에 관해서는 나중에 더 자세히 언급하겠다. 우리는 개체성이 무수한 등급을 지닌다는 것과 어느 경우에도, 인간에게 있어서까지도, 그 개체성이 완전히 이루어지지 않는다는 사실을 알게 될 것이다. 그러나 그런 사실을 핑계로 그 개체성을 생명의 고유한 특징으로 보려 하지 않아서는 안 된다. 이런 경우에 기하학자처럼 연구해 나가는 생물학자는, 개체성에 대해서 정확하고도 일반적인 정의를 내리는 일을 무능한 우리와는 달리 아주 쉽게 극복하지만, 그렇게 완성된 정의란 이미 이루어진 실재에 대해서만 적용된다. 그런데 살아있는 생명의 여러 가지 특성은 절대로 완전히 현실화되는 법이 없고 언제나 형성되는 과정에 있다. 따라서 그 특성은 상태라고 하기보다 경향이라고 해야 한다. 그런데 하나의 경향이란, 어떤 다른 경향의 방해를 받지 않을 때에만 자기가 목표로 하는 모든 것을 달성한다. 다음에 제시하는 것과 같은 여러 가지 적대적인 경향이 언제나 상호적으로 작용하고 있는 생명의 영역에서, 이러한 경향이 무슨 수로 나타나겠는가? 특히 개체성의 경우에 있어서 개체화의 경향이 유기적 세계 안에서 언제나 존재한다고 말할 수 있다면, 그러한 개체화의 경향은 곳곳에서 생식하려는 경향에 반격을 받는다고 말할 수 있다. 개체성이 완전하기 위해서는 그 어떤 부분도 기관(유기체)에서 분리된 채로는 생존할 수 없어야 한다. 그러나 그러한 분리되지 못하는 상황에서는 생식이란 불가능할 것이다. 생식이란 결국 이전의 기관에서 떨어져 나온 단편을 가지고 새로운 기관을 재구성하는 것이 아니고 무엇이란 말인가? 그렇다면 개체성은 원수를 자기 집안에 두고 있는 격이 된다. 시간 속에서 영원히 계속하고자 하는 욕구가 오히려 개체로 하여금 공간적으로 완전한 상태에 이르지 못하게 하고 있다. 각각의 상황에서 그 두 가지 경향에 대한 고려를 하는 일도 생물학자가 할 일이다. 따라서 우리가 그 생물학자에게, 공식으로 나타낼 수 있고 자동적으로 적용할 수 있는 개체성을 정의하도록 요구한다는 것은 헛된 일이다.

그러나 사람들은 너무나 자주 천연 물질 기능에 대해서와 같은 태도로 생명에 관한 일에 대해서 논한다. 그런데 개체성에 대한 토론만큼 혼돈이 큰 문제는 없다. 룸브리쿨루스(지렁이 종류) 한 마리의 동강이마다 각각 머리가 나와 끊어진 수만큼 독립된 개체로서 살아가며, 히드라 한 마리의 조각들이 같은 수의 새로운 히드라가 되고, 성게 알의 작은 조각들이 완전한 배자(胚子)로 생성되는 것을 사람들은 우리에게 보여준다. 그러고는 그 알이나 히드라, 지렁이의 개체성은 어디에 있었느냐고 우리에게 묻는다. 그러나 지금 많은 개체가 있다고 해서 그것들이 조금 전에 단 하나의 개체가 아니었다고 주장할 수는 없다. 가구에서 많은 서랍이 떨어지는 것을 보았을 때, 그 가구는 전체가 하나로 되어 있다고 주장할 권리가 내게 없음을 인정한다. 그러나 그것은, 그 가구에는 과거에 있었던 그 이상의 것이 현재에 생겨날 수 없기 때문이다. 또한 그 가구가 현재 여러 가지 이질적인 것으로 되어 있는 것도, 처음 만들어졌을 때부터 그랬기 때문이다. 보다 보편적으로 말해서, 천연 물체는 우리가 행동하는 데 필요하며 우리 사고방식의 모델이 되고 있지만, 결국 '현재는 과거에 있었던 것 이상의 다른 그 무엇도 포용하고 있지 않으며, 결과가 보여주는 것은 이미 그 원인 속에 들어 있었다'라는 단순한 법칙의 지배를 받기 때문이다. 그러나 유기체는 극히 피상적인 관찰에서도 드러나듯이, 끊임없는 성장과 변형이 그 유기체의 분별 요소라 가정한다면, 처음에는 하나였다가 나중에 다수가 된다는 사실이 조금도 이상하지 않다. 단세포 유기체의 생식은 바로 그러한 원칙으로 구성되고, 그러한 생물은 반으로 나뉘어 둘로 되면 그 각각이 완전한 하나의 개체가 된다. 그러나 보다 복잡한 생물의 경우, 자연은 일체를 새로이 낳는 능력을 이른바 생식세포라고 하는 거의 독립된 장소에 국한시킨다. 그러나 이 능력의 어떤 부분은, 이를테면 재생 현상과도 같이 유기체의 그 나머지 부분에도 널리 남아 있을 수 있다. 그리고 어느 특수한 경우에 그 기능은 잠재적이면서도 완전한 형태로 존속하여 기회만 있으면 표면화할 수도 있다. 사실상 내가 개체성에 대해 언급할 수 있기 위하여 유기체가 필연적으로 생존 가능한 단편으로 분화되어야 한다는 말은 아니다. 이 유기체가 분화되기 이전에 각 부분들이 조직화되어 있었음을 제시하고, 일단 분리된 부분들에서도 그와 같은 통일을 반복하려는 경향이 있기만 하면 그것으로 충분하다. 그런데 우리가 유기적 세계에서 관찰하는 것이 바로 그것이다. 결론을 내리자면, 개체성이란 결코 완전한 속성이 아니다. 어느 것이 개체이고 어느 것이 개체가 아닌가를 말하기란 어려우며, 때로는 거의 불가능하다. 그러나 그럼에도 불구하고 생물은 역시 개체성 추구의 모습을 분명히 나타내고 있으므로, 생물의 속성에는 자연적으로 고립되고 자연적으로 폐쇄된 조직체계를 구성하려는 경향이 있다.

그러한 까닭으로, 하나의 생물은 우리의 지각이나 과학이 인공적으로 고립시키기도 폐쇄하기도 하는 모든 사물들과 구별된다. 그러므로 생물을 사물과 비교하는 일은 잘못일 것이다. 살아 있는 유기체와 비교하는 대상을 천연 사물에서 구하려 한다면, 어느 한정된 물적 대상보다는 오히려 물질적 우주의 전체와 비교해야 할 것이다. 그러한 비교가 크게 유용하지 않을 것은 사실이다. 왜냐하면 생물이란 관찰이 가능한 반면에, 우주의 전체는 우리의 사유에 따라 구성되거나 재구성되기 때문이다. 하지만 이런 방법으로 우리는 적어도 유기조직의 본질적 특징에 대해서 주의를 기울일 수는 있었으리

라. 우주 전체가 그러하고 의식을 가진 존재 하나하나가 그렇듯이, 살아 있는 유기체는 지속하는 존재이다. 그 모든 과거가 현재로 연장되고 현재 속에 남아 있으며 또 행동한다. 그렇지 않다면 유기체가 일정한 단계를 거치면서 나이가 들고 드디어 하나의 역사를 이루게 되는 과정을 이해할 수 없었을 것이다.

특히 내 몸을 잘 살펴보면, 나의 육체는 나의 의식과 같이 어린아이에서 노인으로 성숙해 간다는 사실을 알게 된다. 나와 함께 내 몸도 늙어간다. 말하자면 성숙과 노화는, 본디부터 가지고 있는 내 몸의 속성에 지나지 않는다. 내가 그에 대응하여 나의 의식적 인격에 생기는 변화에 대해서도 그와 마찬가지 이름을 붙이는 것은 단지 비유에 지나지 않는다. 내가 만약 생물의 사다리를 위에서 아래로 내려오고, 가장 잘 분화된 것에서 가장 분화되지 않은 것으로, 이를테면 인류의 다세포 유기체에서 적충류의 단세포 유기체로 내려간다면, 그 단일한 세포 속에서도 그러한 노화과정을 찾아볼 수 있을 것이다. 적충류는 몇 번 분열하면 힘이 다 소모되는 부류이므로, 그 환경을 변화시킴으로써 접합을 통해 다시 젊어지는 시기를 늦출 수는 있으나, 끝없이 지연시킬 수는 없다.*2 물론 이것은 유기체가 완전히 개체화되어 있는 양극단의 사례이다. 이 두 경우 사이에 보이는 예로, 개체성이 그처럼 뚜렷이 드러나지 않고, 분명히 그 어디에선가 노화는 일어나고 있으나 무엇이 노화하는지는 정확히 말할 수 없는 경우가 그 밖에도 수없이 많을 것이다. 다시 반복해서 말하면, 생물학에는 모든 생물에게 자동적으로 그대로 적용되는 보편적인 법칙이란 없다. 단지 생명이 종(種)들을 일괄적으로 던져 버리는 여러 방향이 있을 뿐이다. 각각의 종들은 저마다 자기를 이루는 행위에 있어, 바로 그 행위에 의하여 자기의 독립을 확보하고 변덕에 따라 나아가며, 정해진 선에서 얼마쯤 벗어나기도 하고, 때로는 내려온 언덕길을 다시 올라가면서 본디 방향에 등을 돌리는 것처럼 보이기도 한다. 나무가 늙지 않는다는 것, 그 끝의 잔가지들이 언제나 젊디젊고, 꺾꽂이를 하면 언제든지 새로운 나무를 만들어낼 수 있다는 사실을 누구든 손쉽게 우리에게 말해줄 수 있다. 그러나 그와 비슷한 유기체 속에서는—그것은 개체라기보다는 사회라고 해야 하겠지만—, 잎사귀나 줄기 내부에서일 뿐이라 하더라도 무엇인가가 노화하고 있다. 게다가 어느 세포라도, 그것만을 보면 어느 정해진 형태로 진화하고 있다. 무엇인가 살고 있는 곳이라면 그중 어딘가에 시간이 기록되는 장부가 펼쳐져 있는 것이다.

사람들은 그것을 하나의 은유에 지나지 않는다고 말할지도 모른다. 사실 시간이라는 것에 효과적인 행동과 적절한 현실성을 부여해 주는 모든 표현을 은유적이라고 간주하는 것이 기계론의 본질이기도 하다. 우리의 의식적인 존재의 바탕 그 자체는 기억이다. 즉 과거가 현재로 연장된 것이며, 간단히 말하면 행동적이고 역행시킬 수 없는 지속이다. 하지만 이것을 직접 관찰하더라도 소용없다. 또한 상식이나 과학이 제거했거나 고립시킨 사물이나 체계로부터 우리가 멀어질수록, 우리가 취급하는 사상은 그 내적 여러 성질을 완전히 바꾸어버려서, 마치 과거를 축적한 기억이 거기서 되돌아갈 수 없게 하는 것 같다고 추론으로써 증명해 보아야 소용없다. 정신의 기계론적 본능은 논리보다도 강하고, 직접적인 관찰보다도 강하다. 우리는 자기 안에 형이상학자를 품고 있다. 그것은 나중에 설명하듯이 인간이 생물 전체 안에서 점유하는 지위 자체로 설명되지만, 그 무의식중에 우리 안에 있는 형이상학자는 확고한 요구나 이미 만들어진 설명이나 환원 불능의 주장을 가지고 있다. 이 형이상학자가 지닌 요구나 설명이나 주장에 의해, 모든 구체적인 지속이 부정된다. 변화는 부분들의 정돈이나 혼돈으로 환원되어야 하고, 시간의 역행시킬 수 없는 속성은 우리의 무지에서 기인하는 외적인 모습이며, 과거로 되돌아갈 수 없음은 인간이 사물을 원위치에 다시는 되돌려 놓을 수 없음을 보여주고 있음이 틀림없다(철학은 목적론의 틀에 맞추어져 있지만—). 그렇게 되면 노화란 어떤 물질을 점진적으로 획득하는 일, 또는 점진적으로 잃는 일, 아니면 두 가지를 다 포함하리라. 시간이 생물에 대해 갖는 현실성은, 모래시계의 윗부분이 비워지는 동안 아랫부분은 가득 채워지고, 거꾸로 놓으면 다시 본디대로 되는 모래시계의 그것과 같다.

우리가 태어나면서부터 죽는 날까지 얻는 것과 잃는 것에 대해 사람들은 의견 일치를 보지 못한다. 어떤 사람은 세포가 생성된 뒤부터 죽을 때까지 그 원형질의 양이 계속 증가하는 사실에 집착하였다.[*3] 보다 사실에 가깝고 깊이가 있는 이론은, 감소는 유기체가 자기 갱신을 행하는 내부환경에 포함된 영양물질의 양에 관계되고, 증가는 배설되지 않고 체내에 쌓여 몸을 '딱딱한 외피로 덮는' 잔재물의 양에 관계된다는 이론이다.*4 그게 아니라면 어느 저명한 미생물학자처럼 식세포 조직을 고려하지 않는 노화현상에 대한 설명은 모두 충분치 않다고 주장해야 할 것인가? *5 우리에게는 그에 대해서 결정적인 대답을 할 만한 자격이 없다. 어쨌든 그 두 학설이 무엇을 얻고 잃는지를 결정하는 일에서는 거의 공통점이 없다고 하더라도, 어떤 종류의 물질이 계속적으로 축적되거나 또는 상실된다는 것을 주장하는 데에는 일치하고 있으며, 이 사실은 설명의 틀이 선험적으로 설정되었음을 충분히 보여준다. 그러한 점은 우리가 연구를 계속하면서 더 분명히 밝혀지겠지만, 기본적으로 인간은 시간에 대하여 생각하는 경우 모래시계의 모형을 생각하지 않을 수 없다.

노화의 원인은 보다 더 깊은 데 있음이 확실하다. 우리는 배아의 발달과 완전한 유기체의 발달 사이에 끊임없는 계속성이 있다고 생각한다. 생물을 성장, 발달, 노화시키는 추진력은 생물로 하여금 배(胚)의 생애에서 여러 가지 국면을 거치게 한 것과 같은 추진력이다. 배아의 발달은 형태의 끊임없는 변화에 있다. 배아가 자라는 모습을 계속적으로 기록하고자 하는 사람은, 마치 하나의 연속성을 대할 때와 마찬가지로 무한 속에 갈피를 못 잡게 된다. 생명은 이처럼 출생 이전부터 있는 성장의 연장이다. 때때로 문제가 되고 있는 것이 노화하는 유기체인지, 아니면 계속해서 성장하는 배아인지를 우리가 말할 수 없다는 것이 바로 그러한 사실(배아 속에 계획되어 있었던 성장의 현실화라는 사실)을 증명해 주고 있다. 예를 들면 곤충류나 갑각류의 유충이 바로 그러하다. 한편 우리(신체)와 같은 유기체의 경우, 개체의 완전한 변형을 유발하는 사춘기나 갱년기와 같은 전환기는 유충이나 배아의 생애에서 일어나는 변화와 비교할 만하다. 그렇지만 그러한 전환기는 노화의 완전한 구성부분을 이룬다. 일정한 나이에, 그리고 아주 짧은 기간 동안에 그러한 전환기가 생겨난다. 하지만 누구라도 마치 스무 살이 되면 징집령이 나오듯이, 단순히 우리가 일정한 나이에 도달했기 때문에 외부로부터 갑자기 그러한 전환기가 들이닥친다고 주장할 수는 없을 것이다. 사춘기 같은 변화는 출생 이후부터, 심지어 출생 이전부터 계속 준비되고, 또 이 전환기에 이르기까지 생물의 노화도 최소한 부분적으로나마 이렇게 점진적인 준비로 이루어진다는 사실이 확실하다. 한마디로 말해 노화에 있어서 특유의 핵심은 형태의 변화가 무한히 세분되어 점진적으로 계속된다는 점이다. 노화 현상에는 유기체의 파괴 현상이 수반된다는 점 또한 의심할 여지가 없다. 노화를 기계론적(비슷한 특징을 지닌 다른 사물에 비유했던 표현이 행동화, 현실화됨)으로 설명하는 사람은 그러한 현상에 집착하게 될 것이다. 그러한 기계론적 설명은 굳어지는 증상의 여러 사실, 즉 노폐물의 점진적인 축적 그리고 세포원형질의 점진적인 비대증 등에 유의할 테지만, 그처럼 눈에 띄는 현상에는 내부적인 원인이 숨겨져 있다. 생물의 성장은 배아의 성장과 마찬가지로 지속의 부단한 기록, 즉 현재 속에 계속되고 있는 과거의 존속이다. 따라서 그것은 최소한 외형적으로는 유기적 기억을 전제로 한다.

어떤 천연물체의 현 상태는, 전적으로 방금 전에 있었던 상태에 따라 좌우된다. 과학이 어떤 체계의 경계를 정하여 유리시킨 물질적인 지점의 위치는 바로 그 직전에 그 점들이 있었던 위치에 따라 결정된다. 바꾸어 말해서, 천연물체를 지배하는 법칙들은 원칙적으로 시간(수학자가 취급하는 의미에서)이 독립변수의 역할을 하는 미분방정식으로 표현된다. 생명체에 대한 법칙도 이와 같은 미분방정식으로 표현될까? 생명체가 처해 있는 상태도 바로 직전의 상태로 완전히 설명될 수 있을까? 만약 우리가 선험적으로 생명체를 자연계의 다른 사물들과 같은 종류로 보고, 자신의 이론을 옹호하기 위해 화학자·물리학자·천문학자가 기반으로 삼고 조작하는 인위적인 조직체계가 생명체와 사물에 있어 같다는 데 동의한다면 그러한 주장이 성립할 것이다. 그러나 천문학과 물리학, 그리고 화학에 있어서 위의 명제는 매우 한정된 의미를 지닌다. 즉, 그 명제는 과학에 있어서 매우 중요한 현재의 어떤 상태가 바로 직전 과거의 함수로부터 산출될 수 있음을 의미한다. 그러나 생명의 영역에서는 상황이 전혀 다르다. 거기에서 우리는 기껏해야 유기적 파괴 현상을 산출해 낼 수 있을 뿐이다. 그 반면에 엄격한 의미로 생명을 구성하는 진화현상의 유기적 창조에 관해서 말하자면, 우리는 그것을 어떻게 하면 수학적으로 처리할 수 있을까, 하는 가능성조차도 엿볼 수 없는 형편이다. 사람들은 그러한 불가능성을 우리의 무지 때문이라고 말할 것이다. 하지만 그러한 불가능성은 이 생명체의 현 순간이 자기의 존재 이유를 직전의 순간에서 찾아볼 수는 없으며, 유기체의 모든 과거, 유전, 그리고 지난날의 길고 긴 역사의 총체까지 합쳐서 고찰해야 한다는 사실을 의미할 수도 있다. 사실상 생물학의 현재 상태와 방향까지도 보여 주는 것은, 이 두 가지 가설 중에서 후자(유기체의 과거, 유전, 역사)이다. 생명체가 태양계의 경우와 마찬가지로 어떤 초인적인 계산기의 수학적인 처리를 따를 수 있다는 착상에 관해서 언급하자면, 그러한 착상은 갈릴레이의 물리학 발견 이래로 보다 구체적인 모습을 갖춘 어떤 형이상학에서 점차 생겨났다고 하겠다. 그러나 이 형이상학은—나중에 밝히겠지만—언제나 인간정신의 자연적인 형이상학이었다. 그 형이상학이 지니는 외적인 명석함과 그것을 참이라고 생각하는 우리의 조바심, 그리고 유명한 학자들이 아무런 확증 없이 서둘러 그러한 형이상학적인 참을 받아들인다는 사실, 또 그러한 형이상학이 우리의 생각에 미치는 모든 유혹 등은 우리에게 그 형이상학에 대한 경계를 불러일으켜야 마땅하다고 본다. 그 형이상학이 우리에게 매력을 준다는 사실은, 그 형이상학이 우리의 내적인 성향을 만족시킨다는 사실을 충분히 증명해 준다. 그러나 뒤에서 보겠지만, 생명이 진화과정에서 만들어냈고 오늘날에 이르러서는 선천적인 것으로 되어버린 여러 지적 경향은, 우리에게 생명체에 대한 설명을 제공하기 위한 것이 아니라, 전혀 다른 그 무엇을 위해 생겨난 지적 경향들이다.

인공적인 조직체계와 자연적인 조직체계, 그리고 죽은 존재와 산 존재를 구별할 때, 우리는 즉시 이 경향에서 유래하는 반론에 부딪친다. 그렇기 때문에 우리는, 반드시 유기체(조직체)는 지속되고 무기체(비조직체)는 지속되지 않는다고 생각할 수는 없다. 사람들은 이렇게 말할 것이다. 인위적인 어떤 체계의 상태가 오로지 직전 순간의 상태에 따라 좌우된다고 주장함으로써 당신은 시간을 개입시키고, 인공적 체계를 지속 속에 포함시키고 있지 않는가? 또 한편 당신이 말하는 대로, 과거는 생물의 현재 순간과 합체된 것이라 하더라도, 그것은 유기적 기억이라기보다 모두가 바로 직전의 순간에 응축되는 것이 아닌가? 그렇다면 그 순간이 현재 상태의 유일한 원인이 되는 것은 아닐까? 그렇게 말한다면, 현실적인 조직체계의 발전 경로인 구체적인 시간과, 인공적인 조직체계 위에 세워진 우리의 사색 속에 개입되는 추상적 시간 사이를 구별 짓는 주요한 차이를 인식하지 못하는 셈이다.

어느 인공적인 체계의 상태가 바로 직전의 순간에 처해 있던 상태에 좌우된다고 말할 때, 그것은 무엇을 의미하는가? 하나의 수학적인 점에 인접할 수 있는 수학적인 점이 없듯이(최소의 미립점을 산정할 수 없듯이), 한 순간의 바로 직전의 순간이란 없으며 있을 수도 없다. 직전의 순간이란, 사실은 간격 dt(가장 미세한 간격의 추정점, 또는 추정 순간)에 의해 현재의 순간에 연결된 순간이다. 그러므로 그 체계의 현재 상태는 어떤 등식에 의해 정의될 수 있는데, 이 등식에는 $\frac{de}{dt}$나 $\frac{dv}{dt}$와 같은 미분계수가 개입되며, 더 깊이 들어가면 이러한 미분계수들은 각각 현재(현재 시간)의 속도와 현재(현재 시간)의 가속도이다. 즉 문제가 되는 것은 오직 현재이며, 경향을 포함시켜 생각한다고 하더라도 중요한 것은 현재이다. 사실 과학이 다루는 체계는 언제나 새로워지는 순간적인 현재 속에 있는 것이지, 결코 있는 그대로의 과거를 현재에 합체시키고 있는 것 같은 구체적이고 실재적인 지속에는 있지 않다. 수학자가 어느 체계의 미래 상태를 시간 t의 맨 끝에 산정할 때, 물질적 우주는 시간 t가 지난 다음에 다시 불쑥 나타나기 위해 지금 사라진다고 가정한들 조금도 지장이 없다. 계산에 넣는 것은 t번째의 순간(순간점)뿐이며, 이것은 순수하게 순간적인 것이리라. 그 사이에 흐르는 것, 즉 현실적인 시간은 계산에 들어가지 않았으며 들어갈 수도 없다. 수학자가 이 사이의 간격에 자기 자신이 있다고 말해도, 그것은 언제나 특정 지점이자 특정 순간으로, 다시 말하면 시간 t'의 끝 지점일 뿐이다. 따라서 시간 t'까지의 사이는 문제가 되지 않는다. 수학자가 이 구간을 미분계수 dt를 고려하여 한없이 작은 부분으로 쪼갠다고 하더라도, 그는 단지 그 가속도와 속도를 고려하고 있을 뿐이다. 결국 그것은 어떤 (하나의 결과수가 아니라) 경향을 나타내는 각 개의 수들, 즉 어느 체계의 주어진 순간에 있어서의 상태 계산을 가능하게 해주는 수들을 고려하고 있음을 나타내고 있는 데 지나지 않는다. 어쨌든 문제가 되는 것은 어디까지나 주어진 순간, 즉 정지한 순간이지, 흐르는 시간은 아니다. 간단히 말하면, 수학자가 취급하는 세계는 매순간 죽고 다시 태어나는 세계이며, 그것은 진정 데카르트가 끊임없는 창조를 말했을 때 생각하고 있던 바이다. 그렇다면 시간을 이렇게 풀이할 때, 과연 그 속에서 진화, 즉 생명의 본질적 특징이 표상될 수 있을까? 진화는 과거가 현재 속에 실재적으로 연속되어 있고, 지속이 그 연결 부호임을 함축한다. 달리 말하면, 생물 내지 자연적인 체계의 인식은 바로 지속의 구간에 해당하는 데 반해, 인공적 내지 수학적 체계의 인식은 그 맨 끝점에만 해당한다.

이렇게 보면 생물이란 의식과 더불어 변화의 연속성, 과거가 현재 속에 보존되는 것, 실재적 지속 등의 속성을 공유하는 것 같다. 좀더 나아가 생명은 의식활동과 같은 발명이며, 끊임없는 창조라고까지 말할 수 있을까?

이 자리에서 진화론의 증거를 열거할 생각은 없다. 단지 이 책에서는 진화론을, 이미 알려진 여러 사실들에 대한 충분히 정확하고 정밀한 해석으로서 받아들이고자 하는 데 관한 이유를 간단히 말하고자 할 뿐이다. 진화론 사상은 유기체의 자연적인 분류에서 이미 그 근원을 찾아볼 수 있다. 그리하여 박물학자는 비슷한 유기체들을 서로 끌어 모으고 나서, 그 가운데 유사점이 보다 많은 것들을 모아 다시 큰 무리로 분류하고, 이러한 방식으로 일을 계속한다. 작업이 진행되는 동안 그 무리의 특성은 일반적인 주제로 나타나고, 거기서 그 밑의 무리들은 각자 특수한 변주곡을 연주하는 듯이 보일 것이다. 그런데 동물이나 식물의 세계에서, 생성하는 것과 생성되는 것의 사이에서 바로 그와 동일한 관계를 볼 수 있다. 조상은 후손에게 물려주고, 그 후손들은 이 공유의 화폭 위에 저마다 독창적인 자수를 놓는다. 후손과 조상의 차이는 사소하고, 같은 생명체가 어류, 파충류, 조류처럼 차례로 다른 형태를 띨 정도로 충분히 유연할지(즉, 변화적일지) 의심스러운 것은 사실이다. 그러나 그러한 질문에 대해서 우리의 관찰은 확고부동한 대답을 해준다. 조류의 태아는 일정한 성장을 할 때까지 파충류의 태아와 별다른 점을 보여주지 않으며, 각 개체는 일반적으로 배아 기간 동안 한 종류에서 다른 종류로 옮겨갈 때 일어난다고 진화론이 주장하는, 변태(métamorphose)에 비교할 만한 일련의 변태를 일으키고 있음을 우리는 보고 있다. 암수 두 세포의 결합에서 생겨난 하나의 세포는 자기분열을 하면서 이러한 작업을 완수한다. 매일같이 우리 눈앞에서 생명 최고의 형태들이 아주 기초적인 형태로부터 나오고 있다. 경험에 의하면, 가장 복잡한 형태의 생물체가 진화를 통해 가장 간단한 생물체에서 나올 수 있었음이 입증되고 있다. 그런데 정말 가장 복잡한 생물체가 가장 단순한 생물체에서 나왔을까? 고생물학은 자료가 부족하기는 하지만, 우리에게 그러한 사실을 믿도록 권유한다. 고생물학이 종의 정확한 계기(繼起) 순서를 얼마간 재현시키는 것을 보면, 그 순서는 바로 비교태생학이나 비교해부학에서 추정한 고찰과 일치하며, 고생물학상의 새로운 발견은 그러한 진화론에 새로운 확증을 주기 때문이다. 이처럼 순수하고 간단한 관찰에서 끌어낸 증거는 언제나 점차적으로 강화되고, 한편으로 실험은 그 학설에 대한 여러 가지 반대 이론을 하나씩 제거해준다. 드 브리스의 흥미로운 실험을 예로 들면, 중대한 변이는 갑자기 생길 수 있고 규칙적으로 유전될 수 있다는 사실을 보여줌으로써 그 주장이 야기시켰던 난관 가운데 몇 가지를 해결해 주었다. 이 실험은 생물 진화에 필요하다고 생각되는 시간을 많이 단축하였다. 그 실험은 또한 고생물학에 대한 우리의 요구를 덜어준다. 요컨대, 진화론의 가설은 차츰 다소 진리에 가까운 주장이라 생각된다. 그 진화 이론을 엄격히 증명할 수는 없다. 그러나 이론적이거나 실험적인 증명이 보여주는 확실성 아래에, 확증을 보충해주는 무한히 증대되는 개연성(미확정적 진실)이 있다. 바로 그러한 것이 진화론이 제시하는 종류의 개연성이다.

그러나 진화론이 오류에 빠졌다고 해 보자. 추리에 의해서든, 실험에 의해서든, 종들이 오늘날 전혀 짐작할 수 없는 불연속적인 과정을 거쳐 생겨났음을 입증할 수 있다고 가정해 보자. 그렇다면 진화론이 지닌 가장 흥미로운 점, 우리에게는 가장 중요한 점이 치명타를 입는다고 할 수 있을까? 물론 분류의 근간은 그대로 유효할 것이다. 태생학에 관하여 현재까지 알려진 지식 역시 그대로 유효할 것이다. 비교태생학과 비교해부학 사이의 대응관계도 여전할 것이다. 그러면 생물학은 생물의 형태 사이에 생물변이설이 가정하는 것과 동일한 관계, 동일한 혈연관계를 계속 밝힐 수 있고 또 밝혀야 할 것이다. 물론 이것이 관념상의 혈연관계이지 물질적인 혈연관계가 아니라는 것은 사실이다. 그러나 고생물학의 기존 자료도 그대로 유효할 것이므로, 상호 관념적 혈연관계를 지니는 형태들이 나타난 것은 동시적이 아니고 연속적이라는 사실을 인정할 수밖에 없게 된다. 그런데 진화론은 철학자의 견해로 보아 중요한 문제에 있어서 이 이상의 것을 요구하지 않는다. 이 학설의 요점은 이렇다. 특히 관념적인 혈연관계를 확립하고, 여러 형태들 사이에 말하자면 논리적인 혈연관계가 있을 경우, 그러한 혈연관계의 여러 형태가 구체화되는 종들 사이에는 시간적 계기관계가 있음을 주장하는 데 있다. 이러한 이중적인 테제는 어떤 상황에서도 효력을 지닐 것이다. 그렇다면 역시 어딘가에는 진화가 있다고 가정해야한다. 이를테면 창조적인 '사유' 안에 지상에서의 종의 발생에 대해서 진화론이 주장하는 바와 같은 여러 종류의 이데아가 창조적인 사유에서 발생되었는지도 모른다. 또는 어떤 자연 속에 내재하는 생명조직화의 계획 안에 그 계획이 천천히 표면에 나왔는데, 그때 나타나는 순수한 형태 사이의 논리적·연대적인 혈통관계가 생물 하나하나 사이의 실제적인 혈통관계로서 진화론이 제시하는 바와 완전히 일치하는지도 모른다. 아니면 마지막으로, 그 생명에 숨겨져 있는 미지의 원인 안에 이 원인이 서로가 서로를 탄생시키듯이 여러 가지 결과를 전개하였는지도 모른다. 그렇게 보면, 사람들이 그 진화의 장소를 옮겨 놓은 것에 지나지 않는 것이 된다. 그 진화의 장소를 가시적인 곳에서 불가시적인 곳으로 옮겨 놓은 셈이다. 오늘날 진화론이 우리에게 가르치는 것은 해석이 달라졌을 뿐, 대개 그대로 남아 있다. 그렇다면 과학자들이 거의 합심하여 부르짖는 진화론을 문자 그대로 믿는 편이 더 낫지 않을까? 그것이 사실을 어느 정도까지 기술하고 어느 정도까지 사실에 부합하고 있는지 하는 문제들을 제쳐놓는다면, 진화론은 그와 대치하려고 하는 이론과 상반되는 점이 없다. 흔히 사람들이 진화론과 대비시키는 개별적 창조이론과도 어긋나지 않는다. 따라서 나는 진화론의 독단적 주장이 과학에 대해 힘을 발휘하는 것과 같이, 진화론의 용어는 현재 모든 철학에 대해서 힘을 발휘하고 있다고 생각한다.

하지만 우리는 일반적인 생명에 대해 말할 때, 더 이상 어떤 추상물 또는 모든 생명체의 이름을 그 아래에 써넣기 위한 표제처럼 취급하여 언급해서는 안 될 것이다. 어느 특정한 순간(순간점)에, 공간 내의 특정한 점(지점)에서, 눈에 띄는 하나의 흐름이 생겨났다. 그 생명의 흐름은 여러 물체를 차례로 지나며 그것을 유기적으로 조직하고, 한 세대에서 다음 세대로 앞으로 가면 갈수록 더 강화되면서 종(種) 사이에서 나뉘었다. 즉 자기의 힘은 조금도 잃지 않은 채 개체 사이에 분산되어 존재하는 것이다. 바이스만 (Weismann)이 주장하는 '생식질 연계설'에 따르면, 어미 유기체의 성(性) 요소는 그 특성이 자(子) 유기체의 성(性) 요소에 직접 유전한다고 한다. 이러한 주장은 극단적인 형태를 띠었기 때문에 논박할 여지가 많은 것 같이 보였다. 왜냐하면 수정란이 분열하기 시작하면서부터 생식선(腺)이 나타나는 것을 볼 수 있는 경우는 단지 예외적인 경우에서 뿐이기 때문이다. 그러나 성(性) 요소의 여러 생식세포들은 대체로 배(胚) 초기에서부터 나타나지 않는다고 하지만, 그 세포들은 아직 특수한 기능적인 분화를 겪지 않았고 변형되지 않는 원형질로 구성된 배아의 조직을 재료로 형성된다는 점 또한 사실이다.[*6] 바꿔 말하면, 수정란의 생식력은 점점 자라나는 배아 조직 전체에 분배됨에 따라 더 약화된다. 그러나 이렇게 생식력이 넓게 퍼져 흐려지는 동안, 생식력은 새롭게 어떤 특수한 점에, 난자나 정자가 생겨날 세포에 자신의 그 무엇인가를 집중시킨다. 그러므로 생식질이 연속되지는 않더라도, 적어도 생식 에너지는 계속되고 있다. 이 에너지는 배아의 생명에 충격을 가하고자 하는 짧은 순간에만 소비되고, 다시 한번 자신의 기회를 기다리게 될 새로운 성(性) 요소 속에서 되도록 빨리 자신을 회복하는 것이다. 이러한 관점에서 보면, 생명이란 발달된 유기체의 중계로 하나의 배아에서 다른 배아로 옮겨 가는 흐름처럼 보인다. 마치 유기체 자체는 이전의 배아가 새로운 배아 속에서 계속되도록 노력하면서 돋아나는 하나의 혹 또는 싹에 지나지 않는 것 같다. 핵심은 발달이 무한정으로 계속된다는 사실이다. 눈에 보이지 않게 발달하지만 그러한 발달(배아, 생명의 발달) 과정에서, 표면적으로 보이는 각 조직이 움직여 달리고 있다. 그렇게 발달하는 동안, 생명을 부여한 시간의 간격(일정기간)도 함께 달린다.

그런데 이러한 생명의 계속성에 대해서 우리의 주의를 집중시키면 시킬수록 유기체의 진화는, 과거가 현재를 압박하여 이전의 것과는 비교할 수 없는 새로운 형태를 솟아나게 하는 의식의 진화에 접근한다는 사실을 볼 수 있다. 식물이나 동물의 한 종의 출현이 몇 가지 명료한 원인에 기인한다는 것에는 아무도 반대하지 않는다. 그러나 그러한 사실은, 어떤 일이 생겨난 뒤 그 원인에 대한 세부사항을 알게 되면, 그 원인에 의해서 생겨난 종의 형태를 설명할 수 있게 된다는 것을 의미한다. 즉, 그로부터 어떤 형태가 생길지 예언한다는 것은 문제 외에 속한다.[*7] 그 형태가 어떤 조건하에서 생성되는지를 자세히 알면 그 형태를 예언할 수 있다고 사람들은 말할 것이다. 그러나 그러한 조건들은 생명이 처하는 자기 역사의 순간에 보여주는 특징이기 때문에 그 형태와 합치할 뿐만 아니라, 아예 그 둘은 서로 일체를 이룬다. 그런데 어떻게 우리가 그 부류에 있어서 독특하고, 아직 발생되지 않았으며 절대 재현되지 않을 상황을 미리 알 수 있겠는가? 우리가 미래에 대해 예견할 수 있는 것은, 과거의 것과 흡사하거나 또는 과거에 있었던 요소들과 비슷한 요소들로 구성할 수 있는 것뿐이다. 천문학·물리학·화학의 사실들과 대체로 어떤 체계의 일부를 이루는 사실들의 경우가 그렇게 예견 가능하다. 또 부동적이라고 생각되는 요소들이 단순히 늘어서 있는 채 위치의 변화만 일어나며, 사물이 원위치에 놓였다고 상상해도 이론적인 부조리가 없는 체계, 따라서 동일한 전체적 현상, 아니면 동일한 요소적 현상들이 반복될 수 있는 체계들이야말로 그렇게 예견이 가능하다. 그러나 일반적으로 뭔가가 최초로 탄생할 때 그것은 자신의 독창적인 무엇인가를 자신의 요소들에게 나누어준다. 그러니 사람들이 최초의 탄생 상황에 대해서 부분적인 관점들을 적용시켜 생각한들, 과연 어떻게 그 탄생이 이루어지기도 전에 주어져 있는 바를 예상할 수 있겠는가? *8 우리가 말할 수 있는 것은, 그 독창적 상황은 일단 발생하고 난 후, 그 상황을 분석하여 발견되는 여러 요소에 의하여 설명된다는 정도일 것이다. 그러므로 새로운 종이 생겨나는 데 있어서 사실인 것은 새로운 개체가 생겨나는 데 있어서도 사실이며, 보다 보편적으로 볼 때 어떤 형태 어떤 순간에 있어서도 사실이다. 왜냐하면 변이가 새로운 종을 낳을 수 있을 만큼의 어떤 중요성을 띠고 어떤 일반성에까지 이르는 경우에, 그것은 순간순간 생겨나며, 각 생물체 속에서 그 변이가 점진적으로 계속되는 것이다. 오늘날 사람들이 말하는 돌연변이가 같은 현상도 일종의 부화 작용이다. 즉 돌연변이는 외면적으로 아무 변화가 없는 것처럼 보였던 일련의 세대를 거쳐 성숙의 작업이 이루어진 경우에만 가능하다는 것은 분명하다. 이러한 뜻에서 생명에 있어서도, 의식에 있어서와 마찬가지로, 그것은 늘 무엇인가를 창조하고 있다고 할 수 있을 것이다.*9

그러나 이러한 형태의 절대적인 독창성과 예측 불가능한 것에 대해서 우리의 지성은 반항한다. 생명의 진화에 따라 형성된 우리 지성이 지닌 본질적 기능은, 우리의 행동을 밝혀주고, 우리가 사물에 대해 작용하도록 준비하며, 주어진 상황에서 뒤에 일어날 수 있을 유리하거나 불리한 사건들을 예견하는 것이라고 하겠다. 따라서 우리의 지성은 어느 상황에서 본능적으로 이미 아는 것과 유사한 것을 분리시켜 놓는다. 그리고 동일한 것은 동일한 것을 낳는다는 자기의 원리가 적용되도록 동일한 것을 찾는다. 이것이 상식에 따른 미래 예측의 요점이다. 과학은 그러한 조작을 최고도로 정밀하고 확실한 데까지 이끌고 가기는 하지만, 그 본질적인 성격을 변질시키지는 않는다. 일상적인 인식과 마찬가지로, 과학은 사물이 갖는 반복되는 면만 파악한다. 모든 것이 독창적인 경우에도, 과학은 그것을 대체적으로 과거의 재현이라 할 수 있는 요소나 양상으로 분석할 수 있도록 조절한다. 과학은 반복된다고 판단되는 것, 즉 지속의 작용으로부터 벗어난 것에 대해서만 적용될 수 있다. 한 역사의 연속적인 순간에서 환원될 수 없고 거꾸로 역행시킬 수 없는 것은, 과학에 의해 포착되기 힘들다. 이러한 환원 불가능성이나 역행시킬 수 없는 속성을 그려 보려면, 사고의 기본적인 요구에 부응하는 과학적인 습성과 결별하고, 일상의 사고방식을 바꾸어 지성의 자연적인 언덕을 거슬러 올라가야 한다. 철학의 역할이란 바로 그런 데 있다.

그러므로 생명이 예측 불가능한 형태의 끊임없는 창조자로서 우리 눈앞에서 진화하고 있는데도, 형태라든가 예측 불가능성이라든가 연속성 등은 우리의 무지를 반영한 순전히 외관적인 모습에 지나지 않는다는 생각이 언제까지나 남게 된다. 상식에서 하나의 계속적인 역사처럼 보이는 역사는 여러 개의 연속적인 상태들로 분해된다고 사람들은 말할 것이다. 우리에게 어떤 독창적 인상을 주더라도 그것을 분석해 보면, 그 각각은 이미 아는 사실과 반복에 지나지 않는 요소적인 여러 가지 사실들로 분해된다. 예측할 수 없는 형태라 부르는 것도 이전 요소들의 새로운 배열일 뿐이다. 요소적인 원인의 총체가 그 배열을 결정했다 하더라도 그들의 원인은 바로 옛 원인 그대로이며, 그것이 새로운 순서로 되풀이된 것이다. 여러 가지 요소와 요소적인 원인들을 알면, 그들의 총화이며 성과인 어떤 생명형태의 윤곽을 미리 그려볼 수 있을 것이다. 현상의 생물학적 모습을 물리화학적 인자로 분해한 후, 우리는 필요하다면 이번에는 물리학이나 화학까지도 뛰어넘을 터이다. 우리는 덩어리에서 분자로, 분자에서 원자로, 원자에서 미립자(微粒子)로 나아갈 것이고, 마지막에 가서는 일종의 태양계와 같은 천문학적으로 다루어져야 될 그 무엇에 이를 것이다. 여러분이 이 일을 부인한다면, 과학적 기계론(다른 사물과 비교하여 표현하고, 또 행동화, 현실화함)의 원리 그 자체를 인정하지 않는 셈이 되고, 생명물질은 다른 것과 동일한 요소로 구성되지 않았다고 주장하는 셈이다. 이에 우리는 무기물(조직되지 않은 물질)과 유기물(조직된 물질) 사이의 근본적인 동일성을 부정하지 않는다고 대답할 것이다.

단 한 가지 알아야 하는 것은, 우리가 살아있는 생물이라고 부르는 자연적 체계는 무기물질 속에서 과학이 재단해내는 인공적인 체계와 동류로 다루어져야 할 것인가, 아니면 차라리 우주 전체가 만드는 자연적 체계와 비교되는 편이 나을 것인가 하는 문제이다(당연히 생명은 유기체로서 우주 전체의 자연체계와 비유되어 탐구되어야 하고, 사물은 무기체로서 바로 직전 과거의 함수식으로부터 탐구되어야 하지만). 생명이 하나의 기계장치라는 점은 나도 인정한다. 그러나 그 생명은 우주 전체 또는 실재 전체에서 인공적으로 고립시킬 수도 있는 기계장치인가? 앞에서도 말한 바와 같이, 사상계 전체란 하나의 불가분의 연속일 수 있다. 그렇다면 사상계 속에서 우리가 잘라낸 여러 체계는 엄밀하게 말하면 부분일 수 없다. 그러한 체계는 전체에서 취한 부분적인 외관에 지나지 않는다. 그리고 이러한 부분적인 외관 끝과 끝을 맞대어 보아도 당신은 총체를 재구성하는 토대조차도 얻지 못할 것이다. 그것은 어떤 물체의 사진을 여러 각도에서 찍어 아무리 겹쳐 보아야 그 물질성을 다시 재생해낼 수 없는 경우와 마찬가지이다. 생명과 생명을 물리화학적 현상들로 분해해내겠다고 하는 경우도 이와 마찬가지이다. 분석하여 보면 유기적 창조 과정에서 틀림없이 점점 많은 수의 물리화학적 현상들이 발견될 것이다. 화학자와 물리학자가 목표로 하는 바가 바로 그것이다. 그러나 그렇다고 해서 화학과 물리학이 우리에게 생명의 열쇠를 반드시 준다는 결론은 나오지 않는다.

한 곡선의 아주 작은 요소(미립요소)는 거의 직선을 이룬다. 그 요소는 더 작게 잡을수록 더 직선에 가까워질 것이다. 궁극에 가서는, 그 부분이 직선의 일부 또는 곡선의 일부라고도 할 수 있을 것이다. 사실 곡선은 그 점 각각에 있어서 접선과 일치된다. 그와 마찬가지로 '생명성'도 어느 점(최초의 탄생점)에서나 물리적·화학적 힘과 접하고 있다. 그러나 결과적으로 보면 그 점(최초의 탄생점)들은 정신이 본 것에 지나지 않으며, 그때 정신은 곡선을 그리는 운동의 이 순간 저 순간에 스톱 장치를 놓고 보고 있다. 사실 곡선이 직선들의 합성물질이 아니듯이, 생명 또한 물리화학적 요소들로 이루어진 것이 아니다.

보편적으로 과학이 이룩할 수 있는 가장 철저한 발전은 이미 획득한 결과를 새로운 총체 속에서 결합하는 데 있다. 그 새로운 총체와의 관계에서 그 결과들은, 계속된 운동에 의해 점점 멀어진 관점들을 포착한 순간적이고 부동적인 외관이다. 바로 그것이 근대와 고대 기하학의 관계이다. 고대 기하학은 완전히 정적인 것으로, 이미 그려진 도형을 대상으로 한다. 그러나 근대 기하학은 함수의 변동, 즉 도형을 그려나가는 운동의 연속성을 연구한다. 물론, 우리는 보다 정확을 기하기 위하여 우리의 수학적 처리로부터 운동에 대한 모든 고려를 제거할 수도 있다. 그러나 도형을 그리는 데 있어서 운동의 도입이 근대 수학의 기원이라는 점 또한 사실일 수밖에 없다. 만약 수학이 수학의 대상을 정밀하게 계산하는 만큼 생물학도 그렇게 자기의 대상에 접근할 수 있다면, 생물학과 유기체 물리화학과의 사이는 근대 수학(운동적, 함수적 수학)과 고대 기하학(정적인 완성도형을 대상으로 탐구)의 관계와 같아질 것이다. 물리학이나 화학이 연구대상으로 삼는 질량과 분자의 지극히 표면적인 변위(위치의 변화)가, 심층부에서 생기는 변화, 즉 변위가 아니고 변형인 이러한 생명운동에 대해 갖는 관계는, 공간에서 일어나는 하나의 운동체의 정지(단순한 변위)와 운동(심층부의 변형) 사이의 관계와 같다고 하겠다. 그리고 우리가 예상할 수 있는 한도 내에서, 우리가 어떤 생명활동에 관한 정의로부터 그 생명활동이 내포하는 물리화학적인 사실의 체계로 건너갈 때의 방식은, 함수에서 도함수(유도된 함수)로, 즉 곡선의 방정식(즉 곡선을 만들어내는 연속적인 운동법칙)에서 순간순간의 방향(전환점)을 정해 주는 접선의 방정식으로 갈 때의 계산과 같은 점이 있으리라. 이러한 과학은 변형의 역학이다. 지금의 변위의 역학은 그의 특수 예이고 단순화이며, 순수 양(量)적인 면에 대한 투영에 불과하다. 그리고 동일한 미분계수를 갖는 함수들에 대해 하나의 무한성이 존재하듯이, 생명활동의 물리화학적 요소들을 아무리 적분해 봐도 이 적분값은 생명활동을 결정하되 단지 부분적으로만 결정하고 일부는 부정(不定)으로 남게 될 것이다. 그렇더라도 우리는 고작 그러한 적분(적분값과 같은 총체적 합성값)을 꿈꾸어 볼 수 있을 뿐이다. 그 꿈이 현실이 된다고 주장하지는 않겠다. 단지 가능한 한도 내에서 어떤 비교를 전개하면서 우리의 주장이 어떤 면에서 순수한 기계론에 가깝고, 어떤 점에서 그것과 다른가 하는 점을 보여주려고 했을 따름이다.

한편 우리는, 무기물을 통해 생물의 진위를 보다 깊이 파볼 수 있을 것이다. 화학은 유기물의 합성을 실현할 뿐 아니라, 세포의 간접분열과 원형질의 순환과 같은 어떤 유기조직의 사실을 외적인 도형으로라도 인공적으로 재현해낼 수 있다. 우리는 세포의 원형질이 피막 내부에서 여러가지 운동을 한다는 사실을 알고 있다. 또 한편으로 세포의 간접분열은, 어떤 것은 세포핵과 또 어떤 것은 세포질과 관계가 있는 매우 복잡다단한 조작에 의해서 이루어진다. 이 조작은 세포핵 주위에 위치한 둥글고 작은 물체인 중심체를 양분하는 일로 시작된다. 이러한 방식으로 얻게 된 두 개의 중심체는 서로 멀어지면서, 주로 원시핵을 구성하는 가는 실의 끊어진 토막을, 절단되고 또 양분된 섬사(纖絲)의 부분들을 자기 쪽으로 끌어당긴다. 이리하여 두 개의 세포핵이 구성되고, 그 주위에는 먼저 세포의 뒤를 잇는 새로운 두 개의 세포가 형성된다. 그런데 외형적으로는 최소한 방금 본 그러한 조작 중의 일부를 모방하는 데 성공하였다. 설탕이나 소금을 가루로 만들어서 거기에 오래 묵은 기름을 부어 섞은 것 한 방울을 현미경으로 관찰하면, 벌집 구조의 거품을 볼 수 있다. 어떤 연구자에 따르면, 이 거품은 원형질과 흡사하고, 그 속에서는 원형질의 순환을 강력히 연상시키는 운동이 벌어진다.*[10] 그러한 벌집 모양의 거품 속에서 공기를 뽑아내면, 끌어당기는 힘이 그리는 원뿔 모양이 보이는데, 이것은 핵분열이 일어날 때 중심체의 주위에 생기는 원추형과 흡사하다.*[11] 사람들은 단세포 유기체의 외부운동이나 또는 최소한 아메바의 외부운동까지는 기계적으로 설명할 수 있다고 생각한다. 물 한방울 속에 있는 아메바의 이동은, 문과 창문이 열려 있어 공기가 통하는 방에서 극소량의 먼지가 움직이는 것에 비교할 수 있겠다. 아메바의 덩어리는, 주위의 물에 들어 있는 어떤 가용성 물질을 끊임없이 흡수하고 자기 안에 있는 다른 것들을 물속에 내보낸다. 이러한 끊임없는 교환은 구멍이 있는 칸막이로 분리된 두 용기 사이에서 이루어지는 물질교환 현상과 비슷한 데, 이 교환작용에 의해 그 조그마한 조직체 주위에서 끝없이 모양이 변하는 소용돌이가 일어난다고 한다. 아메바가 스스로 만드는 것처럼 보이는 일시적인 돌기 또는 위족(僞足)은, 아메바가 만들어낸다기보다는 주위 모체의 흡인 내지 흡수 작용에 따라 아메바 밖으로 밀려나온 부분이라고 생각된다.*[12] 이 설명법을 확대 적용하면, 적충류가 그 섬모로 해내는 보다 복잡한 운동에까지 이르게 될 것이다. 섬모는 어쩌면 굳어진 위족에 지나지 않을 것이다.

그러나 과학자들끼리 이러한 종류의 설명이나 도식의 가치에 대해 합의를 보기란 매우 어려운 일이다. 유기체는 그만두고 유기물만을 두고 보더라도, 과학은 지금까지 생명활동의 노폐물밖에는 재구성하지 못했다고 화학자들은 말한다. 본디 활동적이고 유연한 물질은 합성에 응하지 않는다. 현대의 가장 저명한 어떤 박물학자는, 살아 있는 조직 속에서 확인할 수 있는 현상은 두 계열로 대립된다고 주장하였다. 하나는 동화(同化)발생이며, 다른 하나는 이화(異化)발생이다. 동화발생적 에너지의 역할은 무기물질을 동질화하여 낮은 에너지를 자기 고유의(동화발생) 수준까지 끌어올리는 데 있다. 그렇게 되면 조직이 형성된다. 그와 반대로 생명(생명탄생) 기능 그 자체는(단, 동화, 성장 그리고 생식은 제외하고) 이화발생의 계열에 속하는데, 이때 에너지는 하강하며 상승하지 않는다. 그런데 사실 물리화학이 취급할 수 있는 것은 단지 이화발생 계열의 현상으로, 다시 말해 살아 있는 것이 아니고 죽은 것을 취급한다.[*13] 또한 첫 번째 종류(죽어있는 존재)의 작용현상들은 엄격한 의미에서 동화발생이 아닐지라도, 물리화학적 분석이 받아들여지지 않는 것처럼 보인다(즉, 죽은 존재에 대한 분석이 아니라 살아 있는 존재에 대한 분석으로 받아들여진다). 원형질의 외관을 인공적으로 모방하는 데 관해서 말하자면, 원형질의 물리적인 윤곽에 대해서 아직 아무것도 확실히 알려지지 않았는데, 이론적인 면에서 거기(원형질의 물리적 윤곽)에 대해 실질적인 중요성을 부여해야 할 것인가? 원형질의 화학적 합성이란 당분간은 별로 큰 문제가 되지 않는다. 마지막으로 지극히 원시적인 유기체들을 가까이에서 관찰한 많은 사람들에게 적충류의 행동에 대한 설명은 물론이고, 아메바의 운동에 대해 물리화학적으로 설명하기는 불가능한 것으로 보인다. 생명의 가장 미미한 발현에 있어서까지 그런 과학자들은 유효한 심리적 활동의 흔적을 발견한다.[*14] 그러나 무엇보다도 교훈적인 것은, 조직학적 현상(유기적 생명체의 현상)에 대한 연구가 깊어질수록, 모든 것을 물리학과 화학으로 설명하려고 하는 경향을 강화하기보다 저지하게됨을 볼 수 있다는 사실이다. 조직학자 E.B. 윌슨(Wilson)이 세포의 발달에 대해 쓴, 진실로 훌륭한 저서의 결론이 바로 그러하다. '세포의 연구는 생명의 형태, 그것도 최하등한 것들과 무기물의 세계를 갈라놓는 엄청난 틈을 좁혔다기보다는 오히려 넓힌 것처럼 보인다.'[*15]

요약하면, 생물의 기능적인 활동만 취급하는 사람들은 물리학이나 화학이 우리에게 생물학적 발전과정의 열쇠를 줄 것으로 믿는 경향이 있다.*16 실제로 그 물리학이나 화학은 무엇보다도 생물의 체내에서, 마치 증류기 속에서와 마찬가지로 끊임없이 반복되는 현상에만 집착한다. 이리하여 생리학의 기계론적 경향은 부분적으로 설명된다. 그와는 반대로 생세포조직의 섬세한 구조와 그 세포조직의 생성, 그리고 진화에 집중하는 사람들, 즉 한편으로는 조직학자들과 태생학자, 그리고 또 한편으로 박물학자들은, 단지 레토르트로(증류기를 응용하여 고체를 간접적으로 가열하는 장치)의 내용물만 보는 것이 아니라 그 레토르트로 자체를 앞에 두고 본다. 그들은 그 레토르트로가 사실 그대로의 역사를 구성하는 일련의 독특한 행위를 거치는 동안 고유의 형태를 창조한다고 보고 있다. 조직학자들, 태생학자들 또는 박물학자들은 물리학자들과 달리, 생명활동의 물리화학적 성격을 쉽게 믿지 않는 것이다.

사실대로 말하면 그러한 두 가지 주장, 즉 기초유기체를 화학적으로 만들어 낼 수 있는 가능성을 주장하는 측과 부정하는 측 어느 쪽도 경험의 권위를 앞세울 수는 없다. 그 두 가지 주장은 다 같이 증명 할 수 없다. 기초유기체를 화학적으로 만들 가능성을 주장하는 측은 과학이 생물질의 화학적인 합성을 향하여 아직 한 발자국도 떼지 못하였기 때문이고, 부정하는 측은 어떤 사실의 불가능성을 경험적으로 증명할 어떤 방법도 없기 때문이다. 그러나 우리는 이미 자연에 의한 체계인 생물체를, 과학이 유리시켜 놓는 체계들과 동류로 취급할 수 없다는 이론적 근거를 제시한 바 있다. 아메바처럼 거의 진화하지 않는 원생유기체의 경우 이러한 이유들은 강력한 근거가 되지 못한다는 점을 인정한다. 그러나 보다 복잡한 유기체로서 규칙적인 변형주기를 이행하는 유기체를 보면 그 이유들은 더 강력한 근거를 제시한다. 생물에게 지속이 영향을 줄수록 유기체는, 지속이 아무런 영향을 끼치지 않고 지나쳐 버리는 순수하고도 단순한 기관과는 뚜렷하게 구별된다. 그리고 진화를 받아들이는 생명물질의 단일성과 계속성에 의하여 그 진화가 불가분한 역사를 구성한다는 점에서, 가장 미미한 기원으로부터 현재 볼 수 있는 고도의 형태에 이르기까지 생명의 총체적인 진화를 대상으로 할 때 그 증명은 가장 큰 설득력을 보여주게 된다. 또한 우리는 진화론적 가설이 일반적으로 생명의 기계론적 개념에 결부된다고 간주하는 것을 이해하지 못하고 있다. 물론 그러한 기계론적 개념에 대해서 수학적이며 결정적인 반론을 펴야만 이해할 수 있겠다는 말은 아니다. 다만 지속에 대한 고찰에서 유도된 반론이 우리의 견해로는 가능성이 있는 유일한 반론적 가설인데, 그것은 우리가 거리낌없이 진화론적 가설의 입장에서 논할수록 보다 더 정확성을 띠고 실증적으로 된다. 우리는 그 점을 강조하고자 한다. 그러나 우선, 우리가 목표로 삼고서 도달해야 할 생명에 대한 개념을 보다 명백한 언어로 표시하고자 한다.

앞에서 우리는, 우리의 사유가 전체에서 인공적으로 분리시키는 조직체계에 대해서 기계론적 설명이 유효하다고 말한 바 있다. 그러나 전체 그 자체와 이 전체 속에서 그 모습을 본따 구성되는 여러 체계들이 선험적으로 기계론적 방법을 통해 설명된다고 할 수는 없다. 그렇게 선험적이고 비유적일 경우 시간은 무용지물이 될 것이고, 게다가 실재하지도 않을 것이기 때문이다. 기계론적 설명의 요체는 현재를 통해 미래와 과거를 산출해낼 수 있다고 생각하며, 그렇게 해서 모든 것이 주어졌다고 주장하는 데 있다. 이러한 가정 하에 그것을 계산할 수 있는 능력을 지닌 초인간적 지성이 있다면 그는 과거·현재·미래를 한눈에 보게 될 것이다. 따라서 기계론적 설명의 보편성과 완전한 객관성을 믿었던 과학자들은 의식적으로든 무의식적으로든 그러한 종류의 가정을 하였던 것이다. 일찍이 라플라스(Laplace)는 그러한 가설을 다음과 같이 가장 뚜렷하게 표명하였다.

"어떤 주어진 순간에 자연에 생기를 주는 모든 힘과, 자연을 구성하는 존재들 저마다의 위치를 알 수 있는 지성이 있다면, 그리고 그것이 이 여건을 '분석'할 수 있을 정도로 광대하다면, 그러한 지성은 우주의 가장 커다란 물체들과 가벼운 원자들의 운동을 동일한 공식 속에 포함할 수 있을 것이다. 이 지성 앞에서 불확실한 것이라고는 그 무엇도 없고 미래도 과거와 마찬가지로 눈앞에 현존한다."[*17]

그리고 뒤 보아 레이몽(Du Bois Reymond)은 이렇게 말했다.

"사람들의 자연에 대한 인식이 세계의 모든 변화 과정을 유일한 수학 공식, 즉 동시적인 미분방정식 체계로 표시할 수 있고, 그로부터 매순간 세계의 각 원자의 위치와 방향 및 속도를 산출해낼 수 있는 정도까지 이르게 되리라 상상할 수 있다."[*18]

헉슬리(Huxley)도 같은 생각을 하였는데 이를 보다 구체적으로 표현하였다.

"진화론의 근본 명제가 참이라면, 즉 생물계이건 물질계이건 온 세계가 우주의 아주 먼 옛날 성운질을 구성하던 분자들이 지녔던 힘의 일정법칙을 따른 상호작용의 결과라면, 현 세계가 잠재적으로 당시의 우주 증기 속에 놓여 있다는 사실도 역시 명백하다. 또한 지성이 뛰어난 사람이라면 그 증기 분자의 성질을 앎으로써, 예컨대 마치 겨울의 추운 날씨에 입김을 불면 어떤 현상이 일어나리라고 확실히 예언할 수 있는 것과 마찬가지로, 1868년 영국의 동물군 분포상태에 대해서도 예언할 수 있을 것이다."

이러한 이론에서도 여전히 시간을 논하고 있지만, 그 어휘를 사용할 뿐 실제로 그 내용에 대한 고려는 거의 하고 있지 않다. 왜냐하면 여기에서 시간이란 효율성도 없고 또 아무런 역할도 하지 못하므로 아무것도 아니기 때문이다. 과격한 기계론이 포괄하는 형이상학에서는, 실재하는 전체가 영원 속에서 통틀어 문제화된다. 그리고 여기서 사물의 외면적 지속은 단지 모든 것을 한꺼번에 알 수 없다는, 정신의 약점만을 드러내 보여줄 뿐이다. 그러나 우리 의식에서, 다시 말하면 우리 경험 가운데 재론할 여지가 없는 그 무엇에 있어서의 지속(지속적 경험)이란 그런 것과는 다르다. 우리는 지속을, 거슬러 올라갈 수 없는 하나의 흐름 같다고 지각한다. 지속은 우리 존재의 바탕이고, 우리가 잘 느끼는 바와 같이 우리가 소통하는 사물들의 본질 그 자체이다. 보편학의 관점을 우리에게 강조해 보아야 소용 없다. 우리는 하나의 체계에 대한 필요 때문에 경험을 희생시켜버릴 수는 없다. 그러한 이유에서 우리는 과격한 기계론을 배격한다.

그러나 과격한 목적론 또한 마찬가지 이유로 받아들일 수 없다. 목적론의 학설은, 예컨대 라이프니츠(Leibniz)의 경우에서처럼 극단적인 성격을 띠었을 때, 무생물과 생물은 계획된 예정표를 실현하기만 한다는 것을 전제로 한다. 그러나 예상 외의 실현이라고는 아무것도 없다면, 우주 안에 새로운 발명이나 창조란 없고 시간은 여전히 무용지물이 되고 말 것이다. 기계론적 가설에 있어서와 같이, 이 경우에도 사람들은 모든 것이 주어졌다고 가정한다. 그러한 의미의 목적론은 거꾸로 된 기계론에 지나지 않는다. 목적론은 기계론과 동일한 전제로부터 영감을 받는다. 기계론과의 유일한 차이점은, 목적론은 일이 피상적으로 계속되는 과정을 통한 유한적인 지성의 운행에 있어서 조명을 우리 앞에 설치한다는 것이다. 그것은 그 조명을 가지고 우리 뒤에서 비춰주면서가 아니라 앞에서 비춰가면서 우리를 인도해 주겠다고 주장한다. 그 목적론은 과거가 주는 추진력을 미래가 제기하는 견인력으로 대치한다. 그러나 그런 잇따름 또한 우리 지성의 운행과 마찬가지로 단순한 외양에 지나지 않는다. 라이프니츠의 학설에 따르면 우리는 시간이 흐름에 따라, 인간적인 관점에서 유래하는 혼잡한 지각작용에 이르게 된다. 그리고 사물들 가운데에 자리잡은 정신에게 있어 그 지각은 마치 안개처럼 사라져갈 것이다.

그러나 목적론은 기계론처럼 전혀 융통성이 없는 이론은 아니다. 목적론은 우리가 원하는 만큼의 유동성을 가진다. 기계론적 철학은 전적으로 받아들이거나 거부하거나 하는 양자택일적인 것이다. 만약 아주 적은 미립자의 먼지가 기계장치에 의해서 예정된 코스를 벗어나면서 가장 경미한 자발성이라도 드러내 보인다면, 그 철학은 포기해야 한다. 그와는 반대로, 목적인의 학설은 결코 결정적인 반박을 받지 않을 것이다. 만약 우리가 그 이론의 어느 한 가지 형상을 거부하면 그 이론은 다른 형상을 취할 것이다. 심리적인 본질로 이루어진 그 원리는 융통성이 대단하다. 그 이론은 이와 같이 확대가 가능하고, 폭도 넓기 때문에 우리는 순수한 기계론을 거부하자마자 목적론의 일부를 받아들이는 셈이 된다. 그러므로 우리가 본서에서 발표하고자 하는 이론은 어느 면에서 보면 불가피하게 목적론의 모습을 띠고 있다. 그 이론에서 취하는 바와 취하지 않는 바를 정확히 밝히는 일이 중요한 까닭은 바로 그러한 이유에서이다.

무엇보다 먼저, 라이프니츠의 목적론을 무한히 세분함으로써 약화시킨다면 그것은 편법일 수 있다는 점을 말해 두자. 그러나 바로 그것이 목적론의 이론이 취한 방향이다. 우리는 설령 온 우주가 하나의 계획(사전계획)을 실현한다 하더라도 경험적으로는 그것을 잘 증명할 수 없음을 알고 있다. 그리고 유기적 세계만을 두고 본다 하더라도, 모든 것이 조화를 이루고 있음을 증명하기란 쉬운 일이 아니라는 점 또한 잘 느끼고 있다. 사실들을 조사해 보면 그와 반대되는 이론도 볼 수 있을 것이다. 자연은 생물을 서로 경쟁하게끔 한다. 그리고 질서와 동시에 무질서를, 진보와 동시에 퇴보를 어느 곳에서나 보여준다. 그러나 모든 물질에 대해서나 모든 생명현상에 대해서 사실이라 주장할 수 없는 이론이, 각각의 유기체를 따로 놓고 보면 참이 될 수도 있지 않을까?

우리는 그러한 데서 훌륭한 분업과 각 부분 간의 놀라운 연대성, 그리고 무한한 복잡성 가운데서 완전한 질서 같은 것을 볼 수 있지 않을까? 그러한 면에서 볼 때, 생물 저마다는 자기 본질의 내재적 계획을 이루어가는 것이 아닐까? 사실 이러한 주장은 예로부터 지금까지의 목적관념을 세분하려는 데 그 목적이 있다. 사람들은 어떤 외적인 목적성에 따라 생물들이 가지런히 질서 바르게 연관되어 있다는 생각을 받아들이지도 않고 우스꽝스런 것으로 돌리기조차 한다. 풀은 소를 위해, 새끼 양은 늑대를 위해 만들어졌다는 식의 가정은 불합리하다고 한다. 그러나 내적인 목적성에 따르면, 생물은 어쨌든 자기 자신을 위해서 만들어졌으며, 그 모든 부분은 전체의 최대선을 위해 협동하고, 그러한 목적을 달성하기 위해 지성을 가지고 유기적으로 조직되어 있다. 이것이 오랫동안 지속된 고전적 목적관이다. 목적론은 한번에 하나 이상의 생물체를 다룰 수 없을 만큼 좁혀들었다. 아마도 자신을 더 작아지게 함으로써 공격을 받을 수 있는 면적을 좁힐 생각이었을 것이다.

그러나 실제로는 그럼으로써 공격을 받을 여지를 더욱 크게 하고 있다. 우리의 주장이 과격하게 보일지 모르지만 목적론이란 외적인 것이거나, 아니면 아무것도 아니다.

실제로 가장 복잡하고 가장 잘 조화된 유기체를 생각해 보자. 모든 요소는 전체의 최대선을 확보하기 위해 협심한다고 우리는 배웠다. 그렇다 하더라도 잊어서는 안 될 점은, 그 각 요소가 상황에 따라서는 그 자신 하나의 유기체가 될 수도 있고, 그리고 그와 같이 작은 존재를 큰 유기체의 생명에 종속시킴으로써 우리는 외적인 목적론을 충족시킨다는 사실이다. 그런 까닭에, 내적인 목적론이라는 개념은 언제나 저절로 무너지고 만다. 유기체는 각각 자기를 위해서 살아가는 여러 조직으로 구성되었다. 그 조직을 이루는 세포들은 또한 어떤 자주성을 가지고 있다. 엄밀히 말하자면, 개체의 모든 요소가 그 개체에게 완전히 종속되어 있다면, 각 요소를 유기체로 보지 않고 유기체라는 이름을 그 개체에게 부여하면서 내적 목적론에 대해서만 논할 수도 있을 것이다. 그러나 우리는 누구나 이러한 요소들이 참다운 자주성을 가질 수 있음을 알고 있다. 자기를 먹여 살리는 유기체를 공격까지 하는 식 세포는 제쳐놓고, 체세포와 함께 있으면서 독립적인 생활을 영위하는 생식

세포는 별도로 치더라도, 재생의 사실만 언급하면 충분하다. 여기서 보통 때에는 좁은 자리만 차지하며 특수한 기능만 수행할 뿐인 요소 또는 요소군이, 갑자기 많은 일을 할 수 있으며 상황에 따라서는 전체와 같은 기능을 한다고 여겨질 만한 일이 일어난다.

바로 여기에 생명론자들의 여러 가지 이론들이 부딪치는 뜻하지 않은 장애물이 있다. 우리는 생명론에 대해, 질문 자체를 가지고 질문에 대답을 한다는 일반적인 비난은 않는다. 물론 '생명원리'는 대단한 것을 설명하지는 못한다. 그러나 적어도, 그 원리는 우리의 무지 위에 세워 놓은 일종의 푯말 구실을 한다. 그리고 기계론이 우리의 무지를 잊으라고 권하는 반면, 생명의 원리는 우리의 무지를 상기시켜 준다.[*19] 그러나 사실상 자연계에 순수한 의미에서의 내적 목적론도 없고, 절대적으로 분명한 개체성도 없다는 사실 때문에 생명론의 입장은 매우 곤란하다. 유기적 요소들은 개체를 구성하면서 그 자신이 일정한 개체성을 지니고 있다. 따라서 그 요소들은 각 개체가 자기의 생명원리를 가져야 할 때, 각자 자기의 생명원리를 요구할 것이다. 그러나 한편으로, 그 개체 자체는 우리가 그에게 고유한 '생명 원리'를 허락하기에 충분할 정도로 독립적이거나 고립적이지도 못하다. 모든 유기체 중에서 고등척추동물과 같은 유기체가 가장 개체화되어 있다. 그러나 그 유기체가 어머니 몸의 일부분이던 난자와 아버지 몸에 속하던 정자가 발달한 것에 지나지 않고, 그 두 가지 본질을 모두 갖춘 수정란은 어머니와 아버지 사이를 잇는 참다운 연결선이라는 점에 주목해 보라. 그러면 인간을 포함한 모든 유기적 개체는 어머니와 아버지의 결합체가 자라서 된 단순한 싹임을 알게 된다. 그렇다면 개체의 생명원리란 어디에서 시작되어 어디에서 끝나는 것일까? 점점 거슬러 올라가다 보면 우리는 그 개체의 가장 윗대 선조에까지 올라갈 테고, 그 개체가 저마다 선조와 불가분의 유대를 맺고 있으며, 생명의 계통도 밑바탕에 있을 젤리 모양의 작은 원형질 덩어리와도 끈끈하게 이어져 있음을 알게 될 것이다. 그 개체는 어느 정도까지는 그 개체의 시조와 일체를 이루고 있으면서, 분가하며 그 시조로부터 떨어져 나가는 후손들과도 불가분의 유대를 맺고 있다. 이러한 의미에서, 개체는 보이지 않는 유대에 의해 모든 생물과 연결되어 있다고 하겠다. 따라서 목적성을 생물의 개체성 차원으로 축소시켜 주장하는 일은 헛수고일 뿐이다. 생명의 세계에 목적성이 있다고 한다면, 그 목적성은 생명 전체를 유일하고도 나눌 수 없는 품속에 포용할 것이다. 모든 생물에게 공통적인 이 생명은 물론 여러가지 불일치와 차이를 보여준다. 또 한편으로 그 공통적인 생명은, 각 생물이 어느 정도까지 개체화하게끔 내버려둘 만큼, 수학적인 의미에서 하나는 아닌 것이다. 그렇다고 유일한 전체를 구성하지 않는다는 말은 아니다. 우리는 목적성을 순수하고도 단순하게 부정하든가, 유기체의 여러 부분을 유기체 그 자체에 뿐만 아니라 한 걸음 더 나아가서 객체 생물을 나머지 생물 전체에 통합시키는 가설을 세우든가, 둘 중 한 가지를 택해야 한다.

목적성을 잘게 분할하면 사람들이 보다 쉽게 받아들이리라고 생각해서는 안 된다. 우리는 생명에 내재하는 목적성이라는 가설을 통틀어 거부하든가, 아니면 전혀 다른 방향으로 수정해야 한다고 믿는다.

철저한 기계론도 마찬가지지만, 철저한 목적론의 과오는 우리의 지성에 자연스런 어떤 개념들을 너무 먼 데까지 확대 적용하는 데 있다. 본디 우리는 오로지 행동하기 위해서 생각한다. 우리의 지성은 행동의 틀에서 찍어낸 대로이다. 사변(思辨)이 사치인 반면, 행동이란 하나의 필요이다. 그런데 행동하기 위해서는 우선 목적이 결정된다. 계획이 세워지면 그 계획을 실현할 세부기구로 넘어간다. 그 마지막 조작은, 우리가 기대할 수 있는 것이 무엇인가를 알 때에만 할 수 있다. 우리는 미래를 점지해줄 만한 유사관계를 자연계에서 캐내야만 한다. 따라서 의식적으로든 무의식적으로든 이미 인과법칙이 적용되어야 한다. 또 동력인(動力因)에 대한 관념이 우리의 머리에 보다 분명히 그려질수록, 동력인은 점차로 기계적 인과성의 형태를 취하게 된다. 그런데 이러한 관계도, 종전보다 엄정한 필연성을 나타냄에 따라 그에 비례하여 수학적이 된다. 우리는 정신의 경향을 따라가기만 하면 수학자가 되는 것이다. 그러나 다른 한편 이 자연적인 수학은, 동일한 원인을 같은 결과와 연결시키려는 우리의 의식적인 습관의 무의식적 버팀대에 지나지 않는다. 그리고 그 습관 자체는 보통 갖가지 목적의식에서 비롯된 활동들을 인도하거나, 또는 같은 말이 되지만, 어느 모형의 실현을 목표로 여러 가지 결합운동을 조정하는 일을 그 목적으로 삼는다. 우리는 태어나면서부터 장인(匠人)이듯이, 태어나면서부터 기하학자이다. 주관적으로 말하면, 우리가 기하학자인 까닭은 장인이기 때문이다. 이리하여 인간의 지성은 인간적 행동의 요구에 맞춰 만들어진 이상, 의도와 계산과 아울러 목적에 맞는 수단의 조정과 점점 복잡한 기하학적 형태의 기계성의 표상을 수행하는 지성이다. 사람들은 자연을 수학적인 법칙의 지배를 받는 거대한 기계로 상상하거나 또는 하나의 계획의 실현으로 보거나 하지만, 이들 모두가 인간의 정신 속에 있는 상호 보충적인 두 가지 경향을 모두 따른 것에 지나지 않는다. 그 두 가지 경향은 모두 생명의 필연성에서 그 근원을 찾아볼 수 있다.

　이러한 이유에서 철저한 목적론은 철저한 기계론과 여러 면에서 비슷하다. 두 학설 모두 사물의 흐름 속에서는 물론, 단순히 생명의 발전 가운데서도 예측 불가능한 형태의 창조를 보려 하지 않는다. 기계론은 실재에서 유사와 반복의 면만 본다. 따라서 기계론을 지배하는 것은, 자연계에서 같은 존재를 생성하는 존재는 같은 존재뿐이라는 법칙이다. 기계론이 품고 있는 기하학이 보다 뚜렷이 부각될수록 무엇인가가 창조된다는 것은, 설령 그 창조가 형태의 창조라고 해도 인정받지 못하게 된다. 따라서 우리는 기하학자로서 예측 불가능한 것은 거부하게 된다. 하기야 우리가 예술가라면 예측할 수 없는 것을 용인할 수 있을지도 모른다. 왜냐하면 예술도 창조를 생명으로 하고, 자연의 자발성을 잠재적으로 믿기 때문이다. 그러나 이해를 떠난 예술은 순수한 사변과 마찬가지로 사치에 지나지 않는다. 우리는 예술가이기 전에 장인이다. 그리고 모든 제작은 아무리 기초적 제작이라 하더라도 모두 유사나 반복을 기반으로 하고 있으며, 그것은 기초 제작을 뒷받침해 주는 자연 기하학과 같다. 기초 제작의 목적은 재생산하려는 모형을 바탕으로 형성된다. 기초 제작에 의해 무언가를 발명할 때도, 그 제작 과정은 이미 알고 있는 요소들을 새로이 배열함으로써 진행된다. '같은 것을 획득하기 위해서는 같은 것이 필요하다'는 것이 그 원리이다. 한마디로 말해서, 목적원리를 엄격히 적용하면 기계적 인과원리의 경우와 마찬가지로 '모든 것은 이미 주어져 있다'는 결론에 도달한다. 이 두 가지 원리(목적원리와 기계원리)는 동일한 요구에 대한 답으로서, 같은 이론을 두 가지로 말하는 셈이다.

　그 두 가지 원리가 서로 짜기라도 한 듯 시간을 백지로 돌려 버리는 것은 바로 그러한 이유에서이다. 현실적인 시간의 지속은 사물을 갉아먹고는 거기에 잇자국을 남긴다. 모든 것이 시간 안에 있다면, 모든 것은 내적으로 변화하기 때문에, 똑같은 구체적인 실재가 절대로 되풀이되는 일은 없다. 따라서 반복은 추상적인 생각 속에서만 일어날 수 있다. 그렇기 때문에 반복되는 것은 우리의 감각 기관과 그 지각 작용, 특히 우리의 지성이 현실에서 떼어낸 어느 한 가지의 일면이다. 왜냐하면 우리의 지성이 모든 노력을 기울이는 행동은, 반복되는 것 가운데서만 움직일 수 있기 때문이다(상세히 말하면, 모든 탄생의 순간에는 전력이 기울여지는 법이며, 이러한 현상은 끊임없이 반복된다. 핵의 분열 또는 행동의 실행도 마찬가지이다). 이리하여 지성은 반복되는 것에 정신을 집중시켜 같은 것을 같은 것과 결합시키려는 일에 전념하기 때문에, 눈을 시간의 모습에서부터 다른 곳으로 돌린다. 지성은 유동적인 것을 싫어하여 자기가 접촉하는 것을 모두 고체화시킨다. 우리는 실재적인 시간을 사색하는 것이 아니라 시간을 살고 있다. 생명이란 우리 지성의 한계를 넘어서기 때문이다. 순수 지속 가운데 우리를 비롯한 모든 사물이 진화하고 있다는 느낌이 우리에게 존재한다. 그것은 본디 의미의 지성적 표상의 주위에, 점차 어둠 속으로 사라지는 희미한 무리〔暈〕를 그린다. 기계론과 목적론은, 한가운데에서 반짝이는 빛의 핵밖에는 생각하지 못한다는 점에서 서로 일치한다. 두 가지가 다같이, 이 핵은 그 나머지 부분을 희생시키고 응결작용에 의하여 생겼으며, 생명의 내적인 운동을 재파악하기 위해서는 전체, 즉 응결체뿐만 아니라 그 이상으로 유동적인 것을 고려해야만 한다는 점을 잊고 있다.

사실 사물을 둘러싸고 있는 빛의 무리가 뚜렷하지 못하고 희미하게 존재한다면, 철학자에게 그 무리는 그 무리가 둘러싼 빛의 핵보다도 더 중요해야 한다. 왜냐하면 무리가 져 있기 때문에 그 핵이 존재할 수 있는 것이며, 전적으로 순수한 지성이 보다 광대한 힘으로 응결된 결정으로서 파악 가능해지기 때문이다. 물론 그런 막연한 직관은 사물에 대한 우리의 행동, 즉 현실의 표면에 국한된 행동을 이끄는 데 조금도 도움이 되지 않는다. 하지만 그렇기에 그 직관은 단순히 표면에서 작용하는 것이 아니라 보다 깊은 곳에서 작용한다고 추정할 수 있다.

우리의 사유를 막고 있는 기계론과 극단적인 목적론의 틀(사전 계획의 틀) 밖으로 나가면, 곧 실재(현실)는 새로운 것들의 끊임없는 분출처럼 보인다. 그 새로운 것은 하나하나 솟구쳐올라 현재를 만들었는가 했더니 벌써 과거로 물러나 버린다. 바로 그 순간에 그 새로운 것들은, 영원히 뒤(과거)만 보고 있는 지성의 시야에 포획된다. 우리의 내적 생활이란 이미 그러한 것이다. 우리의 행위들을 지나간 것들의 기계적인 결과물로 본다면 사람들이 지난 행동을 설명하기란 어렵지 않을 것이다. 또 사람들은 행동 하나하나가 과거의 어떤 의도의 실현이라고도 말할 것이다. 이러한 의미에서 우리가 행위를 전개하는 어디에나 기계성과 목적성이 있다. 그러나 가령 행동이 우리 인격 전체와 관계되고 그야말로 우리의 행동이라고 할 수 있다면, 비록 이루어지고 난 뒤 지난 것이 그 행동을 설명해 준다 하더라도 그것은 미리 예견될 수 없었을 것이다. 게다가 의도를 실현하는 데 있어서도, 현재의 새로운 실재인 행동은 과거를 다시 시작하거나 다시 정돈한 것에 지나지 않는 의도와는 다르다. 그리고 보면 여기에서 기계론과 목적론이란 우리의 행위를 외부에서 본 것에 지나지 않는다. 기계론과 목적론은 우리의 행위로부터 지성적인 성격을 추출해 낸다. 그러나 우리의 행위는 그 두 가지 이론을 벗어나서 훨씬 멀리까지 뻗어간다. 되풀이해 말하지만, 이것은 자유스런 행동이 변덕스럽고 이치에 닿지 않는 행동이라는 의미는 아니다. 마음 내키는 대로 행동한다는 것은 두 개 내지 몇 개의 기정 노선들 사이를 기계적으로 왔다갔다하다가 결국은 그 중 하나에 귀착한다는 뜻이다. 이는 내적으로 완숙하다는 것도, 진화하였다는 것도 아니다. 이러한 주장은 역설적으로 들릴지도 모르나, 그 마음대로 하는 행위란 의지를 억지로 꺾어 지성의 기계성을 모방하게 하는 행위이다. 반면, 참된 우리 자신의 행동이란 의지의 행동이다. 이 의지는 지성을 흉내내려 하지 않고 어디까지나 의지로서 나아가며 점차적인 성숙에 의하여 갖가지 행위에 다다른다. 지성은 뒤늦게 그 행위들을 분해하려 하는데, 결코 성공하지 못하면서도 그러한 분해를 무한히 되풀이한다. 자유로운 행동은 관념에 의해서는 약분될 수 없는(즉, 무한히 해결될 수 없는) 것이고, 그 관념의 '합리성'은 다름 아닌 이 약분할 수 없다는 사실에 의해 스스로를 정의해야 할 것이다. 그렇게 되어야 비로소 사람들은 명료함(지성적 명료함)을 바라는 만큼 발견할 수 있다. 이것이 우리 내적 진화의 성격이요, 의심할 여지 없는 생명진화의 성향이다.

우리의 이성은 매우 오만하다. 그래서 타고난 권리나 획득한 권리에 의해, 날 때부터든 아니면 배워서든 진리 인식의 본질적 요소를 모두 가지고 있다고 생각한다. 이성은 우리에게 제시된 대상을 인식할 수 없다고 그렇게 고백할 때에도, 예로부터의 범주들 가운데서 새로운 대상에 꼭 맞는 것이 무엇이냐는 문제에서 이성 자신의 무지가 유래한다고 믿는다. 언제라도 열 수 있는 서랍 중에서 어느 서랍에 넣을까? 어떤 기성복을 입힐까? 이것일까 저것일까, 아니면 딴것일까? 그러나 '이것'도 '저것'도 '딴것'도 우리에게는 모두 이미 생각되고 알려진 것이다. 새로운 대상을 위하여 새로운 개념이나, 어쩌면 새로운 사유법을 모두 새로이 만들어야만 한다는 생각은 우리에게 불쾌감을 준다. 하기야 철학사는 체계들이 서로 영원한 투쟁을 벌이고 있음을 보여 주며, 실재(현실)에 완전히 만들어져 있는 개념이라는 기성복을 입히면 절대 꼭 맞지 않으므로 치수를 재어 맞춤복을 만들어야 한다는 것을 가르쳐 준다. 그러나 우리의 이성은 그러한 한계점(새로이 측정하는 일)에까지 이르려고 하기보다는, 오히려 다시 한 번 오만한 겸손을 내세우며 자신은 앞으로도 상대적인 것 이외에는 알려고 하지 않겠다고 한다. 그리고 절대적인 것은 자신의 영역 밖에 있다고 공언하고 싶어 한다. 사전에 이러한 공언을 했기 때문에, 이성은 아무 염려 없이 자유로이 자신의 습관적인 사유법을 적용할 수 있으며, 절대적 진리에 이르지 못한다는 구실 아래 만사에 대해 절대적으로 잘라(가설적으로) 단언할 수 있다. 현실적 실재를 인식한다는 것은 그에 맞는 관념을 찾아내는 데 있다는 점을 이론적으로 처음 정립한 사람은 플라톤이었다. 그에 따르면, 마치 우리가 암암리에 보편적 지식을 소유하고 있듯이, 실재를 이미 우리 수중에 있는 기존의 틀에 집어넣는다는 것이다. 그러한 신념은, 어떤 새로운 대상에 부딪히더라도 그 대상을 이전부터 있던 어느 표제 아래 기재하느냐 하는 문제에만 관심을 둔 인간 지성에게는 자연스런 생각이다. 따라서 어떤 의미에서 우리는 모두 태어나면서부터 플라톤 적이라고 해도 좋을 것이다.

그런데 이 방법의 무능함은 어느 곳보다도 생명에 관한 학설들에서 뚜렷이 나타난다. 생명이 일반적으로 척추동물의 방향으로, 특히 인간과 지성을 향해서 진화할 때, 생물체의 이러한 특수양식에 맞지 않는 요소들을 도중에 많이 내버려야 했다. 뒤에 보듯이 그 요소들을 다른 진화노선에 의뢰해야만 했는데, 생명활동의 참다운 본성을 다시 파악하게 하기 위해서 우리는 어떻게 해서라도 그러한 요소 전체를 찾아내어, 이것을 본디 의미의 지성과 융합시켜야만 한다. 물론 그러한 작업을 하는 데 있어서는, 뚜렷한 즉 지성적인 표상을 둘러싸고 있는 희미한 표상의 무리[暈]가 아마도 도움이 될 것이다. 결과적으로 핵심 주변의 이 쓸데없는 무리[暈]도 역시 진화 원리에 따르는 하나의 부분인데, 이것이 우리 유기조직의 특수한 형태로 미처 응축되지 못하고 버려진 부분이 아니고 무엇이겠는가? 그러고 보면, 우리가 사유의 지성적 형식을 확대하기 위한 실마리를 구할 곳은 바로 그곳일 것이다. 그곳에 서야말로 자기를 보다 높은 곳으로 끌어올리는 데 필요한 약동을 퍼올릴 수 있을 것이다. 생명의 총체를 표상한다는 것은 생명 자체가 진화하는 도중에 우리 안에 침전시킨 여러가지 단순한 관념들을 조합하는 것이 아니다. 부분이 전체와 어떻게 같을 수 있겠으며, 내용물이 용기와, 생명활동의 잔재가 생명활동 그 자체와 어떻게 같을 수 있겠나? 그럼에도 우리는 '동질에서 이질로 가는 과정'이라든가, 그 밖에 지성의 단편을 결합시켜 얻은 개념을 가지고 생명의 진화를 정의하는 그릇된 생각에 빠지곤 한다. 우리는 진화의 도달점 중 하나에 위치하고 있는데, 그것은 중요한 지점임에는 틀림없으나 유일한 지점은 아니다. 더욱이 우리는 그 지점에 위치하고서도 그곳에 있는 모든 것을 취하지는 않는다. 우리가 지성으로부터 취하는 것은 지성을 나타내는 두세 가지 개념에 지나지 않기 때문이다. 그런데도 우리는 한 부분의 부분이 전체를 대표한다 주장하고, 나아가 이 부분이 견고한 전체를 벗어나는 변형체(또는 진화체)를 대표한다고 말한다. 즉, 그 '전체'가 현재의 모습에 지나지 않는 진화운동 자체를 대표한다고 선언한다. 사실 이 경우 지성을 남김없이 받아들이는 것은 지나치지 않을 뿐 아니라 충분치도 않을 터이다. 더 나아가서 진화의 각기 상응되는 종점에서 발견되는 것을 지성에 접근시키고, 그 여러가지 서로 다른 요소들이 가장 보잘것없는 모습임에도 상호보완적인 모습을 띠었거나 띠고 있는 정수라고 생각해야 할 것이다. 그래야만 비로소 우리가 진화운동의 참다운 성격을 그대로 예감하고 있다고 할 수 있다. 그렇다 해도 역시 예감하는 데 지나지 않는다. 왜냐하면 우리는 언제나 진화된 것(즉, 결과)만을 다루고 진화 그 자체(즉, 그러한 결과를 가지고 온 행동)는 관계하지 않기 때문이다.

　이상이 바로 우리가 목표로 삼는 생명의 철학이다. 이 철학은 기계론과 목적론을 모두 동시에 앞지를 것이다. 그러나 처음에 말해 둔 바와 같이, 이러한 이론은 전자(기계론, 다른 사물에 비유하여 현실화하는 이론)보다는 후자(목적론, 모든 존재는 사전의 계획표대로 이루어졌다는 이론)에 더 가깝다. 이 점에 대해서 강조를 하고, 생의 철학은 어떤 점에서 목적론과 흡사하며, 다르다면 어떻게 다른가를 보다 정확한 말로 보여주는 일이 필요할 것이다.

생의 철학은, 외면적으로 좀 더 막연하지만 극단적인 목적론과 마찬가지로, 유기적인 세계를 하나의 조화를 이루는 전체로서 우리에게 보여준다. 그러나 그러한 조화는 종래에 사람들이 말한 것처럼 완전함과는 거리가 멀다. 그것은 부조화를 상당히 인정한다. 왜냐하면 저마다의 종(種)이나 개체까지도 생명의 전체적인 충동에서 특정한 약동(부분적 움직임)만을 취하여 그 에너지를 자기 자신의 이익에만 이용하려고 하기 때문이다. 여기에서 적응이 이루어진다. 종이나 개체는 이처럼 자기만 생각한다. 그 밖의 생명 형태와의 알력은 여기서 비롯되는 것이다. 그렇게 본다면, 조화는 사실상 존재하지 않고, 각각의 권리로서 존재한다. 내가 말하고 싶은 것은, 근원적인 약동은 공동적인 약동이며 위로 거슬러 오르면 오를수록 여러 가지 경향들이 상호보완적으로 나타난다는 점이다. 이는 사거리에 불어닥친 바람이 여러 다른 방향의 기류로 나뉘어도 모두 같은 바람인 이치와 같다. (전체적) 조화라기보다는 오히려 (부분적) '상호보완성'에 의해 표출되는 이러한 외면적 모양새들은, 대체로 상태들로서보다는 여러 가지 경향들로서 나타난다. 특히 (목적론은 다른 무엇보다 이 점에서 심한 오류를 범하고 있는데) 조화는 전방보다는 오히려 배후에 존재한다고 말할 수 있다. 조화는 충동의 동일성에서 기인하는 것이지, 그 공통의 지향에서 기인하는 것은 결코 아니다. 생명에 인간적인 의미에서의 목적이라는 것을 부여해 보았자 소용없다. 목적에 대하여 논하는 것은, 실현(이미 계획된 목적의 실현)되기만을 기다리는 기존의 본보기를 생각하는 것이다. 따라서 그러한 사고방식은 사실상 모든 것이 주어져 있고, 현재로부터 미래를 알아볼 수 있다고 하는 가정이다. 또한 생명이 운동에 있어서, 그리고 그 전체로서 우리의 지성과 같은 행동 방식을 갖는다고 믿는 것이다. 그러나 우리의 지성은 생명에 대해 부동적이고도 단편적으로 투시할 뿐이며, 또 언제나 자연적으로 시간 밖에 서 있다. 생명, 그것은 진행하고 지속하는 것이다. 일단 그것이 걸어온 길을 한눈으로 바라보자. 그리고 그 방향을 표시한 뒤 그것을 심리학의 용어로 표시하여, 거기에 어떤 목적의 추구라도 있었던 듯이 말하기는 물론 언제든지 가능할 것이다. 우리가 자신에 대해 말할 때는 이와 같이 말한다. 그러나 우리가 앞으로 걸어가려고 하는 길에 대해서는 아무것도 말할 수가 없다. 왜냐하면 길은 행동 그 자체의 방향에 지나지 않으며, 행동이 그 길을 걸어감에 따라 점차적으로 만들어지기 때문이다. 그렇기에 진화란 어느 순간에서도 심리적 해석을 허용하고 있다. 단지 우리의 견지에서 보면 심리적인 해석은 최선의 설명이긴 하지만 회고적인 의미에서가 아닌 한 아무 가치도, 의미조차도 없는 것이다. 이제부터 우리가 제창하는 목적론적인 해석은 결코 미래를 예언하는 의미로 받아들여서는 안 된다. 이는 현재의 조명을 받아 과거를 바라보는 어떤 관조이다. 요컨대 고전적인 목적 개념은 전제가 지나치게 많기도 또 너무 적기도 하다. 그것은 너무 넓고 동시에 너무 좁다. 목적 개념은 생명을 지성으로부터 설명하려 하기 때문에 생명의 의미를 지나치게 축소시키고 있다. 적어도 우리 자신에게서 볼 수 있는 지성은, 진화가 계속되는 도중에 형성된 지성이다. 그것은 무엇인가 보다 넓은 것에서 절단해낸 조각이다. 아니, 오히려 높이와 깊이가 있는 실재의 지극히 평면적인 투영에 지나지 않는다. 참다운 목적론은 이러한 보다 폭넓은 실재를 재구성해야 하고, 또 가능하면 그것을 더 단순한 관조 속에 포함시켜야 할 것이다. 그런데 또 한편으로, 이러한 실재가 동일한 것을 동일한 것과 연결시키고 반복을 관찰하고 그것을 생산하기도 하는 기능인 지성을 능가한다는 사실 때문에, 그 현실적 실재란 의심할 여지없이 창조적인 실재이다. 그 속에서 여러 가지 결과를 생산하여 자신을 확장하고 초월하는 실재이다. 그리고 보면, 이런 결과는 실재 속에 미리 주어져 있는 그런 결과가 아니다. 따라서 실재가 그 결과들을 목적으로 삼을 수는 없다는 말이 된다. 단지 결과가 산출되고 난 뒤에는, 마치 하나의 모형을 실현한 공작품에 대한 설명과 같은 합리적인 해석을 동반할 뿐이다. 요컨대 목적인(目的因) 이론은, 자연계에 지성의 일부를 투입하는 데 지나지 않을 경우에는 미숙하고, 미래가 관념의 형태로 현재에 선행하는 것이라고 가정하는 경우에는 훨씬 지나쳐 가 버린다. 그리하여 후자의 과오적 테제는 전자의 부족한 과오적 테제로부터 비롯된 귀결이다. 본디 의미의 지성 대신에, 보다 폭넓은 실재가 있어야 한다. 왜냐하면 지성은 실재를 축소해 놓은 것에 불과하기 때문이다. 그러면 비로소 미래는 현재를 확장하는 모습으로 보이게 된다. 따라서 미래란 표상된 목적의 형태로 현재에 포함되었던 것은 아니다. 그렇지만 미래도 한번 실현되기만 하면, 현재가 미래를 설명한 것보다 더 잘 현재에 대해 설명할 수 있을 것이다. 미래는 결과라고 생각될 수도 있지만, 그보다 목적으로도 생각될 수 있어야 할 것이다. 우리의 지성은 그 자신의 원천이 된 원인에서 조작된 것이기 때문에, 관례적인 견지에서 미래를 추상적으로 고찰할 권리를 갖는다.

물론 그렇게 된다면, 원인을 파악할 수 없는 것처럼 보일 것이 사실이다. 생명에 대한 목적론조차도 정확한 검증을 할 수 없는 이론이 되고 말았다. 이제 사람들은 '목적론이 나아가는 방향 중에서 하나를 택하여 목적론보다 더 멀리까지 나아간다고 하면, 무엇에 다다르게 되는가?' 질문할 것이다. 우리는 실제로 이제 피할 수 없었던 우회 끝에, 우리가 본질이라고 생각하는 다음 질문으로 되돌아왔다. 기계론의 불충분성은 현실의 여러 사실들을 통해 증명할 수 있을까? 앞에서 말한 바와 같이 이 증명이 가능하기 위해서는, 솔직히 진화론적 가설에 입각해야만 한다. 기계론이 진화를 설명하는 데 부족하다고 하면, 이 부족을 확증하는 방법은 고전적인 목적개념을 고집하는 길은 아니며, 목적개념을 축소하거나 완화하는 것은 더더욱 아니고, 반대로 그 목적개념을 초월해서 보다 더 멀리까지 나아가는 것임을 입증할 때가 되었다.

무엇보다 먼저 증명의 원리를 제시해 두자. 앞서 말한 바와 같이, 생명은 그 발현 이래로, 동일한 약동이 전개되는 과정에서 여러 진화의 노선으로 나뉘어 왔다. 일련의 첨가에 의해 어떤 것은 성장하고 어떤 것은 발전했는데, 그 각각의 첨가란 별개의 창조였다. 그러한 각각의 첨가에 의한 발전은 경향들을 여러 줄기로 분리시켜 놓았고, 그 경향들은 일정한 정도까지 성장하면 이제 서로 공존할 수 없게 되었다. 유일한 개체가 있고, 그 속에서 수천 세기에 걸친 여러 변형의 결과로 생명의 진화가 이루어진 것일지도 모른다는 상상을 막을 수 없다. 또는 유일한 하나의 개체 대신에 여러 개체가 하나의 계열 안에서 잇따라 일어났다고 가정할 수도 있다. 이렇게 말해도 좋을지 모르나, 그 두 가지 경우 진화는 일차원밖에 갖지 않았다는 말이 된다. 그러나 사실 진화는 수백만이나 되는 개체를 매개로 해서 서로 다른 여러 노선상에서 행해지고, 더욱이 이들 각각의 노선은 또 분기점에 부딪혀 그로부터 새로운 길이 파생되었다. 이리하여 진화는 끝없이 진행해 왔다. 만약 우리의 가설에 근거가 있고 이러한 여러 가지 길을 따라 작용하는 본질적인 원인들이 심리적인 성질이라면, 그 원인들은 결과가 여러 갈래로 분리된다고 하더라도, 마치 옛날 헤어진 친구가 같은 어린 시절의 추억을 간직하고 있듯이, 무엇인가 공통적인 부분을 보유하고 있을 것이다. 분기점에서 갈라지는 일이 생긴다든가 또는 옆길이 열려 거기에서 떨어져 나온 요소들이 독자적인 방향으로 전개된다 하더라도 관계없다. 그래도 원시적인 약동이 여전히 부분들의 움직임을 계속 이어 나가리라 기대되기 때문이다. 따라서 부분은 전체(최초의 본체) 중에서 무엇인가를 보존하고 있을 것이다. 또 그러한 공통요소는 어떤 모양을 띠되, 아마 서로 전혀 다른 유기체들 속에 똑같은 기관이 나타나는 현상 등으로 눈에 띄게 될지도 모른다. 기계론을 사실이라고 잠시 가정해 보자. 그러면 진화란 일련의 이변이 잇따라 보태어져 이루어지는 현상이 될 테고, 저마다 새로운 이변들이 선택에 의해 보존되는 까닭은 그 이변들이 생명체의 현재 형태로 대표되는 이전의 유리한 우연들의 총체에 이익이 되기 때문이다. 하지만 이 경우 전혀 다른 두 진화가 전혀 다른 두 계열의 이변을 중복시킬 때, 어떤 계기에 의해 이들이 유사한 결과로 되는 것일까? 진화의 두 노선 폭이 커지면 커질수록, 외부로부터의 우연적인 영향 또는 내부의 돌연변이가 결정적으로 작용하여 그 두 가지 노선상에 동일한 기관이 형성될 가능성은 상대적으로 감소한다고 하겠다. 특히 양쪽으로 진화가 나뉘던 순간, 그러한 기관이 생겨날 조짐이 없었다면 더욱 그러할 것이다. 반대로, 우리가 세운 가설에서 그러한 유사성은 자연스러운 것이 된다. 원천에서 받은 충동은 작은 개울물이 되더라도 어느 정도 그 흔적을 찾아볼 수 있다. 따라서 생명이 여러 다른 방향의 진화선상에서 서로 다른 수단을 가지고 어떤 동일한 기관을 만드는 일(과정)이 가능하다고 증명할 수 있다면, 우리는 순수한 기계론을 거부할 수 있게 되는 동시에, 우리가 해석하는 특수한 의미로서의 목적성이라면 어느 면에서 입증할 수 있을 것이다. 더구나 그 입증력은 우리가 선택하는 진화의 노선들 사이에 벌어지는 간격의 정도와, 그 선상에서 볼 수 있는 서로 비슷한 구조체의 복잡성에 비례할 것이다.

구조가 서로 닮는 까닭은, 생명이 진화할 때 여러 조건이 동일했기 때문이라고 사람들은 변명할는지도 모른다. 그러한 영속적인 외적 환경 조건에 의해, 외부로부터의 일시적 작용이나 내적인 돌연변이의 다양성에도 불구하고, 특정기관의 구성에 관계되는 힘이 같은 방향으로 움직였다고 할 수 있을 것 같다. 실제 우리는 적응(환경에 적응하는 진화 또는 도태)의 개념이 현대과학에서 어떤 역할을 이룩하고 있는지 안다. 물론 모든 생물학자가 이 개념을 똑같이 쓰고 있지는 않다. 어떤 사람의 입장에서 보면, 외적 환경은 생명물질 중에 물리화학적인 변화를 일으킴으로써, 유기체를 일정한 방향으로 직접 변이시킬 수 있다. 예를 들어 아이머(Eimer)의 가설이 그러하다. 한편으로 다른 사람들은 다윈설을 보다 존중해서, 환경의 영향은 간접적으로밖에 작용하지 않는다고 한다. 환경은 생존경쟁에 있어서 종(種)의 구성원들 중 우연히 태어나면서부터 주위에 잘 적응할 수 있는 것을 우대한다. 바꿔 말하면 한편은 외부조건에 대해서 적극적인 영향이 있음을 인정하고, 또 다른 한편은 소극적인 작용만이 있음을 인정한다. 전자의 가설(외부의 적극적 영향)에서는 외적 원인이 실제로 변이(진화)를 낳게 하고, 후자(소극적 영향)에 있어서는 그것을 제거(도태)하는 데 지나지 않는다고 하겠다. 그러나 두 경우 모두 외적 원인은, 유기체가 그 생존조건에 대해 정확한 조절을 하도록 시키고 있다고 간주된다. 사람들은 양자(외부의 적극적 영향과 소극적 영향)에 공통적인 적응 현상을 들어, 구조의 유사성을 기계론으로 설명하려고 한다. 그러나 우리는 그 구조의 유사성에서 기계론에 대항하는 가장 강력한 반증을 끌어들일 수 있다. 그러한 이유에서 세부사항에 들어가기 전에, 어째서 '적응(진화이냐, 도태이냐)'으로부터 유도해내는 설명이 우리에게 만족스럽지 못한가 하는 까닭을 대략 지적해야만 하겠다.

우선 위의 두 가설 중에서 애매하지 않은 것은 후자뿐이라는 점에 주목해야 한다. 적응이란 부적응자가 자동적으로 제거됨으로써 실현된다고 하는 다윈주의적인 사고방법은 간단하고 명료하다. 그 대신 이 사고방법에서는 진화를 유도하는 외적 원인에 대하여 소극적인 작용밖에 인정하지 않기 때문에, 우리가 검토하려는 것과 같은 복잡한 기관의 직선적이고 점진적인 발달을 이것으로 설명하기란 상당히 곤란한 일이다. 하물며 서로 상반적인 여러가지 진화들의 노선상에 나타나는, 예상외로 복잡한 기관들의 구조적 일치 등을 이러한 사고방법으로 어떻게 설명할 수 있을까? 돌연변이의 경우 아무리 작은 변이라도, 수많은 물리적·화학적인 작은 원인의 영향이 개입되어 있다. 하나의 복잡한 구조를 만드는 데 필요한 돌연변이의 쌓임에는, 말하자면 무한소의 원인들이 무한수로(반복해서) 협력해야만 한다. 그런데 완전히 우연적인 원인들이 어떻게 시간과 공간의 여러 가지 점에서, 같은 원인과 같은 순서로서 다시 나타날 수 있을까? 아무도 그런 것은 주장할 수 없다. 다원주의자일지라도 같은 결과가 다른 원인에서도 발생할 수 있다는 점과, 같은 장소에 가는 길은 하나뿐이 아니라는 점을 말하는 정도에 그칠 것이다. 그러나 비유에 속지 말자. 도달하는 장소는 거기에 가기 위해 선택한 길의 형태를 그려주지 않지만, 그에 비하여 유기적인 구조는, 진화가 거기에 도달하기까지 통과했던 미세한 차이들의 축적 그 자체인 것이다. 생존경쟁과 자연도태는 이 부분의 문제를 해결하는 데 아무 도움도 되지 않는다. 우리는 여기에서 소멸된 요소들 보다는, 오로지 보존된 요소들에만 관심을 두고 있기 때문이다. 그런데 우리는 저마다 독립적인 진화의 과정에서 여러 가지 결과가 하나씩 보태어져서 점점 쌓인 것이 같은 구조를 그려왔음을 본다. 그 원인이 그토록 수없이 많고 또 결과도 무한히 복잡한데, 어떻게 우연적인 여러 원인이 우연한 순서로 나타나 몇 번이고 똑같은 결과에 도달했다고 상상할 수 있는가?

기계론의 원리는 '같은 원인은 같은 결과를 낳는다'는 원리이다. 물론 이 원리가 '같은 결과는 같은 원인을 갖는다'는 원리를 전제로 하지는 않는다. 그러나 그 원리는, 결과를 만들어 내는 원인이 결과 속에 뚜렷이 남아 그 구성요소가 되는 경우에는 그러한 귀결을 유도한다. 두 사람이 각기 다른 지점에서 산책에 나서 마음 내키는 대로 들판을 거닐다가 마주쳤다면, 이것은 극히 평범한 일에 지나지 않는다. 그러나 이런 식으로 걸어다니며 그리는 곡선이 서로 딱 맞아떨어지는 것은 전혀 믿을 수 없는 일이다. 둘이서 걸은 길이 보다 복잡한 굴곡을 나타낼수록 그 사실은 한층 믿을 수 없게 된다. 더욱이 산책하는 두 사람이 그리는 구불구불한 선이 무한히 복잡해지면, 그것은 믿을 수 없다기보다도 차라리 불가능하게 된다. 그런데 이러한 복잡함도 하나의 유기체인, 수천이나 되는 여러 가지 세포가 일정한 질서에 따라 배열되어 있는 기관의 복잡성에 비하면 아무것도 아니지 않을까?

그러면 다른 가설로 옮겨, 이것이 이 문제를 어떻게 해결하는가를 살펴보자. 이제 적응을 부적응자의 제거(도태)라고만은 말할 수 없을 것이다. 적응은 유기체를 그 고유한 형태로 만든 외부 환경의 적극적인 영향에서 온다고 하겠다. 이번에는 결과의 유사성을 원인의 유사성이 설명해줄 것이다. 이 경우 외면적으로는 우리가 순수한 기계론을 고수하듯이 보일 것이다. 그러나 좀더 자세히 살펴보면, 그 설명이란 전적으로 실속 없는 말에 지나지 않고, 우리는 여전히 그저 언어일 뿐인 것에 속고 있다는 사실, 그리고 '적응'이라는 말을 전혀 다른 두 가지 의미(진화와 도태)로 사용하는 일이야말로 인위적인 해결이라는 점 등을 알게 될 것이다.

같은 컵에 물과 포도주를 번갈아 따르면, 두 액체는 컵 안에서 같은 형태를 취할 것이고, 그 모습이 흡사한 까닭은 내용물이 용기에 대해 똑같이 적응하는 데 있다. 이 경우, 적응이란 분명히 기계적인 주입을 의미한다. 왜냐하면 물질이 적응해야 할 형태가 거기에 이미 이루어져 있고, 그 형태가 자신의 형상을 물질에 억지로 부과하기 때문이다. 그러나 유기체가 살아가야 하는 환경에 적응한다고 할 때, 물질을 기다리고 있는 형태가 어디에 미리 있다는 말인가? 환경이란 생명의 형태를 찍어내는 틀이 아니니 말이다. 이와 같은 이론을 전개하는 사람은 비유에 속고 있는 것이다. 형태라는 것은 아직 없으며, 자신에게 부과된 환경에 적합한 형태를 창조하는 것은 생명의 몫이다. 생명은 이 환경을 이용해 그 가운데에서 불리한 점은 없애고 유익한 점은 취해야 하며, 요컨대 외부의 작용에 대해 그와는 전혀 다른 기관을 만들어 반응(방어)해야만 한다. 이때 적응한다는 것은 되풀이한다는 뜻이 아니라 그것과는 전혀 다른, 응수한다는 의미이다. 이 둘은 전혀 다른 뜻이다. 그래도 아직 적응이라는 것이 더 있다면, 그것은 이를테면 기하학에서 문제의 해답이 가설의 조건들에 적응한다는 식의 적응일 것이다. 나로서는 적응을 그와 같이 해석하면, 어째서 여러 가지 다른 진화 과정이 비슷한 형태(결과적 형태)에 도달하게 되는지 설명할 수 있다고 생각하고 싶다. 사실 같은 문제는 같은 해답을 유도한다. 하지만 그렇게 되면 기하학의 문제를 푸는 경우와 마찬가지로, 일종의 지성활동이나 아니면 적어도 지성처럼 움직이는 어떤 원인을 개입시켜야만 할 것이다. 그리고 이 때문에 목적성이 다시 도입될 것이다. 그것도 이번에는 의인적 요소를 훨씬 많이 띤 목적성이다. 한마디로 적응이, 주위의 환경이 내미는 오목한 모양을 볼록한 모양으로 되도록 반복하기만 하는 수동적 방식으로 이루어진다면, 그러한 적응은 사람들이 원하는 바를 만들어 주지 못할 것이다. 또 적응은 능동적이어서 환경이 제시한 문제에 대하여 계산에 의해 해답(적응가능성)을 줄 수 있다고 누군가가 단언해 버린다면, 그러한 사람은 우리가 처음에 정한 방향으로 우리보다 너무 앞서 나간 것이 된다. 그러나 실상, 사람들은 적응의 두 가지 의미 중 하나에서 다른 하나로 몰래 건너 다닌다. 그들은 두 번째 의미(현재 환경 계산에 의한 적응)로 사용하다가 목적론의 현행범으로 잡히게 되면 어느새 첫 번째 의미(반복에 의한 적응) 속으로 숨어버린다. 과학에서 실제로 쓰이는 것은 두 번째 의미(계산에 의한 환경 적응)이지만, 그 과학적 의미의 적응에 철학을 제공하는 것은 대개 첫 번째 의미(사전 계획의 반복)이다. 사람들은 저마다의 특수한 경우에, 적응 과정이란 마치 외적 환경을 최대한도로 선용할 수 있는 기관을 조립하려는 유기체의 노력인 듯이 말한다. 그런데 적응 일반에 대해서는, 그 적응이 무차별한 물질에 의해 수동적으로 받아들여진 환경의 인영(印影) 그 자체인듯이 설명한다.

여하튼 실례를 살펴보자. 먼저 식물과 동물의 일반적인 비교를 해보면 재미있을 것이다. 식물과 동물, 양쪽이 성적으로 이룩한 진보가 나란한 사실을 보고 어찌 놀라지 않을 수 있겠는가? 수정현상 그 자체는 두말할 필요 없이 같다. 양쪽 수정 모두 두 개의 반핵(半核)이 결합함으로써 이루어진다. 이 반핵은 서로 접근하기 전에는 성질이나 구조 면에서 달랐지만, 접촉한 다음에는 동등하게 된다. 수정뿐만 아니라 성요소의 형성도 양쪽에서 마찬가지 조건 아래 진행된다. 그것은 염색체(染色體)의 수를 줄이고 일정한 양의 염색질을 버림으로써 이루어진다.[20] 이러한 병행에도 불구하고, 식물과 동물은 서로 다른 환경 속 독립적인 선상에서 저마다 다른 방해에 저항하며 진화되어 온 것이다. 그들은 다른 각도로 진행된 두 개의 큰 계열이다. 각 계열을 따라 수천 수만의 원인이 서로 섞여서, 형태적이고 기능적인 진화를 결정해 왔다. 그런데 무한히 복잡한 그 원인의 총합이 양쪽 계열에서 동일한 결과를 낳았다. 이러한 결과를 '적응' 현상의 결과라고 말할 수는 없겠다. 애초에 유성생식의 유용성 자체가 뚜렷하지 않은데, 어떻게 동식물의 적응을 운운하겠으며, 어떻게 외적 환경의 압력을 개입시킬 수가 있을까? 유성생식의 효용에 대해서는 온갖 해석이 존재하며, 또 뛰어난 학자 중에는 적어도 식물의 성(性) 속에서 자연이 필요로 하지 않는 사치성 성기능을 보기도 했는데, 어떻게 외적 압력이 있었고 적응이 있었다고 운운하겠는가?[*21] 그러나 이렇게 의론이 분분한 문제는 더 길게 이야기하지 않겠다. '적응'이라고 하는 말이 지니는 애매함이나, 기계적 인과성의 관점이나, 의인적 목적성의 시각을 아울러 극복할 필요성은 보다 간단한 예에서 더 분명히 드러날 것이다. 목적성에 관한 학설은, 자연의 작업을 지성적인 일꾼의 작업에 비유하기 위하여 항상 감각기관의 뛰어난 구조를 이용해 왔다. 더욱이 이 감각기관은 원시적인 상태로나마 하등동물에게서도 볼 수 있고, 또 자연계에는, 가장 간단한 유기체 색소의 반점으로부터 척추동물의 무한히 복잡한 구조의 눈에 이르기까지 사이의 모든 중간물들이 우리를 위해 제공되어 있기 때문에, 우리는 바로 이런 때(중간물 시기)에 (진화의) 결정을 내릴 수가 있다. 점진적으로 완성을 향해 나아가기 위해 어떤 자연성을 취할 것인지 결정을 내리는 완전한 기계적 작용을 개입시켜 볼 수 있는 것이다. 요컨대 만일 사람들이 적응이란 말을 적용할 권리가 있을 것 같은 경우가 있다면, 이때야말로 그때라고 하겠다. 왜냐하면 유성생식(두 가지 성의 혼합생식)의 역할이나 의의, 유성생식과 유성생식이 행해지는 환경을 연결시키는 관련성에 대해서는 이론의 여지가 많지만, 눈과 빛의 관련성은 뚜렷하기 때문이다. 여기에서는 적응이란 말을 써도 그 의미가 분명할 테니까. 그러므로 만약 우리가 이와 같은 특수한 경우에 두 가지 학설이 내세우는 원리의 부족한 점이 무엇인가를 보여줄 수 있다면, 우리의 증명은 곧 충분한 정도의 일반성을 갖게 될 것이다.

　목적성을 변호하는 사람들이 항상 강조해 온 예로서, 우리의 눈 구조를 고찰해 보자. 그들은 이렇게 복잡한 기관 속에서, 모든 요소가 놀라울 정도로 잘 배열되어 있음을 쉽게 보여주었다. '목적인'에 관한 유명한 저서의 저자가 말한 바에 따르면, 시각이 작용하기 위해서는 '눈의 공막이 그 표면의 한 점에서 투명하게 되어 광선이 공막을 빠져나갈 수 있도록 해두어야 한다. ……각막은 안공 입구 그 자체에 꼭 맞게 되어 있어야 한다. ……이 투명한 입구 뒤에는 빛을 수렴적으로 굴절시키는 매질이 있어야 한다. ……암실(暗

室) 끝에 망막이 있어야 한다.[*22]......망막에 수직으로 수많은 투명한 원추체(圓錐體)들이 있고, 이 원추체들은 그 축의 방향으로 들어오는 광선만이 신경막에 도달하게 해야 한다.[*23] (이하 생략) 이러한 이론에 대답하기 위해서 우리는 이 목적인의 변호인(辯護人)에게 진화론자의 가설에 입각하도록 권고해 보았다. 과연 우리의 눈과 같은 눈을 고찰하면, 수천의 요소가 그곳에 결합되어 통일적 기능을 발휘하고 있기 때문에 모든 것이 놀랍게만 생각된다. 그러나 그 기능도, 그 발생의 원천인 적충류부터 파악해 볼 필요가 있을 듯하다. 거기에서 이 기능(눈의 기능)은 한 점의 색소 반점이 광선에 대해서 갖는(거의 순화학적인) 단순한 감광성에 귀착된다. 이 기능은, 처음에는 우연한 사실에 지나지 않았다. 그러나 어느 미지의 장치가 직접적으로, 또는 그 생물에게 이익을 주어 자연도태에 실마리를 줌으로써 간접적으로 그 기관에 가벼운 복잡화를 일으켰는데, 이것이 그 기능을 한층 더 완성시켰을 것이다. 그리하여 기능과 기관 사이에 작용·반작용을 끊임없이 일으키며 눈이 차츰 형성되는 과정은—우리의 눈처럼 잘 짜여진 것이라도—기계적인 것 외의 원인을 개입시키지 않고(순전히 기계적으로[비슷한 다른 생물의 적응성 탐구에 의해]) 설명될 수 있을 것이다.

실제로 이 문제의 해결은, 목적성의 학설이 그렇게 했고, 기계론 자체도 그와 같이 했듯이, 문제를 갑자기 기능과 기관 사이에 놓고 보면 해결하기 힘들게 된다. 기관과 기능이란 서로 이질적이면서 또 상당히 밀착되어 있으므로 두 관계를 언급할 경우, 기계론이 원하는대로 전자(기관의 형태)부터 시작하는 편이 나은지 아니면 목적성의 입장이 요구하는 대로 후자(기능)부터 시작하는 편이 나은지는, 선험적으로 말할 수 없는 것이다. 그렇지만 만약 같은 성질의 두 가지 사항, 즉 기관과 기능이 아니라, 기관과 기관을 비교하게 되면 논의의 양상이 전혀 달라질 것으로 생각된다. 이번에야말로 우리는 보다 수긍할 수 있는 해답을 향해 조금씩이나마 전진할 수 있을 테고, 여기서 우리가 보다 과감히 진화론적 가설의 입장을 취한다면 성공의 기회도 그만큼 증가할 것이다.

여기에 척추동물의 눈과 조개 같은 연체동물의 눈이 있다고 하자. 각각의 눈은 두 동물에서 유사한 요소로 이루어져 있으며 모두 중요한 부분이다. 조개의 눈에는 세포 구조로 된 망막, 각막, 수정체가 있는데, 그것은 우리의 눈도 마찬가지다. 거기에서는 보통 무척추동물의 망막에서는 볼 수 없는, 망막 구성요소들이 특별하게 도치되어 있는 현상(변이적 반전현상)까지 볼 수 있다. 연체동물의 기원에 대해 논의가 있는 것은 사실이지만, 어떤 의견을 취하더라도, 연체동물과 척추동물이 공통 줄기에서 분리된 때는 조개의 눈만큼이나 복잡한 눈이 나타나기 훨씬 이전이라는 점에서 일치할 것이다. 그러면 그와 같은 구조의 유사성은 어디서부터 올까?

이 점에 관해서, 서로 다른 두 가지 진화론 체계의 설명을 차례로 들어보자. 하나는 순수한 돌연변이의 가설이고, 다른 하나는 외적 환경의 영향 아래 일정 방향으로 전개되는 변이의 가설이다.

전자(돌연변이)에 관해 말하면, 다 아는 바와 같이 이 가설은 오늘날 아주 다른 두 가지 모습으로 제시되고 있다. 다윈은 자연도태의 결과에 따라 축적되는 아주 작은 변이에 관해서 말한 바 있다. 다윈도 돌연변이를 모르지는 않았다. 그러나 다윈의 이른바 '운동경기'의 결과는, 그에 따르면, 영속력이 없는 기형들만 낳았다. 그러므로 그는 종(種)의 발생은 눈에 보이지 않는 변이들이 축적된 결과라고 설명하였다.*24 지금도 이와 생각이 같은 박물학자는 많다. 그렇지만 대부분은 그와 반대되는 의견 쪽으로 기울어져 있다. 기존의 특징과는 상당히 다른 신기한 몇몇 특징이 돌연히(즉, 변이들의 점진적인 축적이 아니라) 일시에 나타나서, 그로부터 신종(新種)이 구성되었다는 것이다. 이 후자의 가설(일시에 신종이 생겨났다는 가설)은 전에도 여러 사람의 논문에 발표되었다. 그 중에서도 특히 베이트슨(Bateson)의 주목할 만한 저서에서 언급되기도 했지만, 드 브리스(Hugo de Vries)의 훌륭한 실험 이래, 그 학설이 지닌 의미가 한층 깊어지고 대단히 큰 영향력을 갖게 되었다.*25 큰달맞이꽃(Oenothéra Lamarchiana)을 몇 대에 걸쳐 실험한 그 식물학자는 상당한 수의 신종을 얻었다. 이 실험에서 드 브리스가 유도해낸 학설은 더없이 큰 흥미를 불러일으킨다. 그에 따르면, 종(種)은 안정과 변형의 시기를 교대로 통과한다는 것이다. '변동'의 시기가 오면 종은 여러 가지 예기치 못했던 형태를 만들어낸다.*26 이러한 가설과 '점진적인 변이'의 가설 중에서 어느 한편을 택하는 모험을 하지는 않겠다. 단지 우리는, 사람들이 내세운 변이란, 그 변이가 크든 작든 간에 우연에 의한 변이인 경우에는, 이미 살펴본 바와 같은 구조상의 유사성에 대한 설명이 될 수 없음을 지적하고 싶다.

  우선 다윈의 '점진적 변이'의 학설을 받아들여 보자. 아주 작은 차이들이 우연히 생겨 계속 쌓여 간다고 가정하자. 유기체의 모든 부분들은 반드시 서로 결합되어 있음을 기억하자. 기능이 기관의 결과인지 아니면 원인인지를 알아보는 일은 그다지 중요하지 않다. 단 한 가지 분명한 점은, 기관이 기능을 다하지 않는 한, 기관은 아무 쓸모도 없으며 도태의 어떤 전리품(실마리)도 생겨나지 않는다는 사실이다. 망막의 미세한 구조가 아무리 발달하고 복잡해져도, 그 구조와 함께 시각중추와 시각기관 그 자체의 모든 부분들도 발달하지 않는다면 망막(망막구조)의 진보는 시각에 도움을 주기는커녕 도리어 혼란을 줄 것이다. 만약 그들의 변이가 우연적이라면, 변이들끼리 합세하여 동시에 기관의 모든 부분들에 대해 변이를 발생시킴으로써 기관이 계속 기능을 다하도록 해주는 일은 불가능함이 너무나도 분명하다. 다윈은 이 점을 잘 이해했고, 그렇기에 눈에 보이지 않는 점진적인 변이를 상정하고 있다.*27 시각기관의 한 구석에서 차이가 우연히 일어나더라도, 그것은 아주 미세하기 때문에 기관의 기능수행을 방해할 리는 없다. 그렇게 되면 이 최초의 돌연변이는 그것을 보충하는 변이가 첨가되기를 말하자면 기다리고 있고, 이윽고 시각의 완전도를 보다 높여갈 수 있게 된다. 그렇다고 하자. 그러나 점진적인 변이가 눈의 기능을 방해하지 않는다 해도, 그것을 보충하는 변이가 발생하지 않는 한 눈의 기능은 좋아지지 않는다. 그러고 보면, 어떻게 (자연성을) 선택함으로써 그 점진적 변이를 보존하는 효과를 누릴 수 있단 말인가? 따라서 싫든 좋든, 점진적인 변이들은 뒷날의 구조 건설을 위해 유기체가 갖다 놓은 예비적 돌들이라는 억지 설명을 할 수밖에 없다. 이러한 가설은 다윈의 원칙에 어긋난 것이기는 하나, 이를테면 척추동물의 눈과 같은 기관의 중요한 단일 진화선상에서 발달해 온 것을 고찰할 때에는 피하기 힘든 것처럼 보인다. 그러나 척추동물의 눈과 연체동물의 눈의 구조상 유사점을 주목한다면 이러한 가설은 필요불가결하게 된다. 사실 똑같은 미세한 변이가 순전히 우연에 의한 변이라면, 그러한 변이가 서로 독립된 진화의 두 선상에 같은 순서로 수없이 발생할 수 있다고 과연 가정할 수 있겠는가? 또 미세한 변이 하나하나를 본다면 전혀 소용없는 것들인데, 동일한 변이가 어떻게 도태에 의해 동일한 순서로 양쪽 진화선에 모두 보존되고 축적되었던 것일까?

그러면 돌연변이의 가설로 넘어가서, 그것이 문제를 해결하는지 못하는지를 살펴보자. 그 가설은 어느 한 점이 지닌 어려움은 약화시켰지만, 대신 다른 점에 있어서는 어려움을 훨씬 더 가중시켰다. 만약 연체동물의 눈도 척추동물의 눈도 비교적 적은 횟수의 돌연한 비약(일시에 일어나는 변이)을 통해 현재와 같이 진화했다면, 헤아릴 수 없이 많은 무한소의 유사성들이 잇따라 획득되었다는 가설보다는, 그 편이 더 두 기관의 유사성들을 이해하기 쉽게 느껴진다. 두 경우 다 우연성이 작용하기는 하지만, 후자의 경우 전자에서 일어나야 하는 기적이 필요치 않다. 첨가해야 하는 유사성의 수가 줄어들 뿐 아니라, 그 저마다의 유사성이 보존되어 다른 유사성에 첨가된다는 것도 보다 잘 이해하게 된다. 왜냐하면 개개의 변이가 이번에는 기본적인 생물의 이익을 확보해 줄 만큼 충분하며, 그럼으로써 도태에 적합하게 되기 때문이다. 그러나 여기서 다른 어려운 문제가 제기된다. 시각기관의 모든 부분이 갑자기 변형되면서도 여전히 서로 잘 결합되어 있고, 눈이 그 기능을 여전히 계속 수행하는 까닭은 어째서일까? 그러한 변이들이 극히 미세한 것이 아니라면, 일부분만의 변이는 시각을 못쓰게 만들 것이기 때문이다. 그리고 보면 모두가 한꺼번에 변화해야 하고 각 부분은 다른 부분들과 협의해야만 한다. 나로서는, 서로 잘 결합되지 않은 한 무리의 변이(하나의 구조 속에서의 이탈적 변이)가 운이 없는 개체에게 갑자기 생기고, 자연도태에 의해 그 변이들이 제거되며, 그리고(그 구조 속에서) 다시 시각을 보존하고 그 기능을 개선할 수 있는 변이만이 남는 일이 있을 법하다고 인정한다. 그렇다고 하더라도, 어쨌든(그러한 이탈 없이 구조 속에서 조화로운) 결합이 일어나야 할 필요가 있다. 그리고 우연이 그러한 혜택을 한번 베풀었다고 가정한다 해도, 어떻게 그 우연한 변이가 종의 역사에서 반복해서 일어나 그때마다 새로운 복잡화가 발생하고, 그 복잡화는 서로 놀라울 정도로 잘 조정되어 이전의 복잡화에 연장된다는 가정을 어떻게 용납할 수 있겠는가? 특히 일련의 단순한 '우발'에 의해서, 이 돌연변이들이 서로 독립된 진화의 다른 선상에서 같은 모습으로 같은 순서에 따라 생겨났고, 그때마다 요소의 수와 복잡성을 더욱 증가시키며, 그 요소들의 완전한 화합을 내포하는 경우를 과연 어떻게 상상할 수 있는가?

하기야 사람들은, 다윈 자신이 이미 도움을 호소한 적이 있는 상관법칙을 내세울 것이다.[28] 하나의 변화는 유기체의 한 점에 국한될 수 없고, 다른 여러 점에서 필연적으로 그 반응을 일으킨다고 할 것이다. 다윈이 인용한 예는 현재까지도 그 가치를 널리 인정받고 있다. 즉, 푸른 눈의 흰 고양이는 대체로 귀머거리이고, 털이 없는 개는 이빨의 발육이 불완전하다는 등의 예가 그것이다. 그럴 수 있다고 하자. 그러나 '상관'이라는 말의 뜻을 가지고 하는 말장난은 그만두자. 일군의 연대적인 변화와 상호보완적인 변화의 계열은 별도의 변화이다. 후자에 속하는 변화는 어느 기관의 기능을 보다 더 복잡한 환경 속에서 유지하게 할 뿐만 아니라, 보다 안전하게 할 수 있도록 서로 적당히 배열되어 있다. 개의 모발 부분에 일어나는 이상이 이빨의 발육 이상을 수반한다는 데에는 끌어들일 만한 어떤 특수한 설명원리랄 것이 없다. 모발과 이빨의 형성 방식이 비슷하고, 따라서 모발의 형성을 방해하는 배(胚)의 화학변화가 반드시 이빨의 형성도 방해할 것이다.[29] 푸른 눈의 흰 고양이가 귀머거리인 사실도 아마 이와 같은 원인(눈과 귀가 같은 배아의 화학변화 영향을 받는 인과관계)으로 돌려야 할 것이다. 이러한 여러 가지 예(例)에 있어서, '상관적'인 변화란 연대적인 변화에 지나지 않는다(그것들이 실은 장해의 예, 즉 그 무엇인가의 감소 내지 억압이지, 그것과는 매우 다른 부가의 뜻이 아니란 사실을 고려치 않아도 그렇다). 그러나 '상관적'인 변화라 해도, 눈의 여러 가지 부분에 돌연한 변화가 일어나는 경우를 가리킬 때, 이 말은 전혀 새로운 의미로 해석된다. 문제가 된 일군의 변화는, 이번에는 동시에 일어나고 공통적인 기원으로 상호 연결되어 있을 뿐 아니라, 기관이 동일하고 단일적인 기능을 계속 수행하며, 나아가서는 보다 더 잘 기능을 수행할 수 있도록 서로 결합되어 있다. 모발과 이빨 형성이 이질적이라는 것과는 전혀 다른 의미에서 서로 이질적이지만, 망막의 형성을 좌우하는 배(胚)의 변형이 동시에 또 각막, 홍채, 수정체 그리고 시각중추 등의 형성에도 작용한다는 설을 필요에 따라서 인정할 용의는 있다. 그러나 돌연변이의 가설에 있어서 그 돌연한 동시적인 모든 변이가 시각기능을 개선한다거나, 또는 최소한 그 기능을 유지하는 방향으로 행해진다는 설은 용납할 수 없다. 다만 신비적인 원리를 개입시켜서 그 원리의 역할이 그 기능의 이익을 지켜주었다고 한다면 문제는 다르다. 그러나 그 경우 '우연' 변이라는 생각은 포기해야 한다. 사실 생물학자의 머릿속에서는 '상관'이라는 말의 두 가지 뜻이, '적응'이라는 말의 경우와 마찬가지로 혼동되고 있다. 그 혼동은 식물학에서는 거의 합법적이다. 식물학에서는 돌연변이에 의한 종의 형성이론이 매우 견고한 실험적 기초 위에 자리 잡고 있다. 사실 식물의 기능과 형태의 관계는 동물의 경우처럼 밀접하지 못하며 상당히 멀다. 형태학적인 깊은 차이, 이를테면 나무 잎사귀 모양의 변화는 기능 수행에 별 영향을 끼치지 못한다. 따라서 그 식물이 생존력을 갖도록 하기 위한 어떤 보충적인 수정체계 전체를 필요로 하지 않는다. 그렇지만 동물의 경우는 그와 다르다. 고찰 대상이 눈처럼 매우 복잡한 구조와 미묘한 기능을 겸한 기관인 경우는 특히 그렇다. 여기에서는 연대적인 변이와 그 밖에 상호보완적인 변이를 동일시해 보아야 헛일이다. '상관'이라는 말의 두 가지 뜻을 조심스레 식별해야만 한다. 두 가지 뜻의 하나를 들어 추론의 전제로, 또 하나를 결론에 사용하는 사람은, 틀림없이 추리의 착오를 범하게 될 것이다. 그럼에도 불구하고 사람들은 세부적 해명에 있어서는 상관의 원리를 채용하여 상호보완적인 변이를 자세하게 설명하고, 상관일반을 논할 때에는 그것이 마치 배(胚)의 한 변이에 의해 일어난 한 무리의 변이에 지나지 않는 듯이 말한다. 사람들은 우선 일상과학에 있어서의 상관 관념을, 마치 목적론(사물을 계획표대로 전개된 결과로 보는 이론)의 옹호자가 하듯이 이용하기부터 시작한다. 그러면서 사람들은 그것이 단지 편리한 표현법일 뿐이라 생각하고, 자연의 원리를 설명할 때에는 생각을 고쳐 먹고 순수한 기계론으로 돌아가리라 생각한다. 또한 그러고 나서 과학에서 철학으로 옮겨가리라고 생각한다. 그렇게 되면 우리는 사실상 기계론으로 되돌아오는 셈이 된다. 그러나 그것은 '상관'이라는 말을 새로운 의미로 해석하는 이론으로, 그러한 의미(다른 사물과 비교해서 설명하는 일)는 이번에는 세부적인 설명에는 적합치 않게 된다.

요약하면, 진화를 결정한 우연변이가 점진적인 변이일 경우에 이러한 변이를 보존하고 추가(기능 향상)하기 위해서는 어떤 선한 신―미래 종(種)의 수호신―에게 의뢰해야 할 것이다. 왜냐하면 자연도태는 그 역할을 맡을 수 없기 때문이다. 또 한편으로 우연변이가 급격하게 일어날 경우에는, 돌발적인 모든 변화가 한 가지 행위의 수행을 목표로 서로 보충해 나갈 수가 없다. 이전의 기능을 계속 수행할 수도 없고, 그 기능을 새로운 기능으로 대치할 수도 없을 것이다. 한번 더 훌륭한 신의 힘(진화를 위해 자연적 역경에 도전할 힘 또는 어떤 원리)을 빌려야 할 것이다. 그 까닭은, 방금 우리가 계속적인 변이 방향의 연속성을 확보하기 위하여 그렇게 했던 바와 같이, 이번에는 동시적인 변화의 수렴성을 얻기 위해서이다. 어쨌든 (부분들이) 서로 독립적인 진화 선상들에 있는 복잡한 동일구조가 나란히 발달했다면, (이러한 결과는) 우연변이들의 단순한 축적(기능 보조)에 기인한다고 할 수는 없다 (즉, 도전적 적응에 의해 진화했을 것이다). 그렇다면 우리가 검토한 바 있는 두 가지 큰 가설 중에서 두 번째 가설로 가보자. 변이가 이제는 우연적이거나 내적 원인에 의하지 않고 외부환경의 직접적인 영향에 따른다고 가정하자. 계통발생적 견지에서는 독립된 계열들에서 나타나는 눈 구조의 가설을 어떻게 다루는지 알아보기로 하자.

연체동물과 척추동물은 따로따로 진화하였으나 둘 다 빛의 영향을 계속 받아왔다. 그런데 빛은 일정한 결과를 일으키는 물리적 원인으로, 계속 작용함으로써 고정적인 방향으로 계속적인 변이를 발생케 할 수 있었다. 물론 척추동물과 연체동물의 눈이 단순한 우연에서 비롯하는 일련의 변이에 의해 그 기능이 수정되었다는 것은 있을 법한 일이 아닐 것이다. 설령 빛이 도태의 도구로서 개입하여 유용한 변이만을 잔존시키기 위해 우연한 장난을 그처럼 외부에서 감시한다 해도, 그 결과 두 경우에 요소들이 나란히 늘어서거나 같이 배치될 요행은 조금도 없다. 그러나 빛이 직접적으로 유기체에 작용하여 그 구조를 변형시키고, 그것을 빛의 모양에 적응시킨다고 가정한다면 사정은 달라진다. 두 가지 결과의 유사성은 이 경우 오로지 원인의 동일성에 의해서 설명된다. 점점 복잡해지는 눈은, 마치 빛이 특정한 물질에 점점 깊이 각인한 그 어떤 흔적과 흡사한 것이 되는데, 이때 그 물질이란 유기화된 기관으로서 자기 나름대로 그 빛을 받아들일 성향을 지니고 있다.

그러나 유기적 구조를 각인과 비교할 수 있을까? 우리는 앞에서 이미 '적응'이라는 어휘의 애매성을 지적한 바 있다. 그러나 외부환경의 틀에 점점 더 잘 맞아들어가는 하나의 형태가 점진적으로 복잡해진다는 것(소극적 적응)과, 외부환경을 점점 유리하게 이용하는 기관이 점점 더 복잡한 구조를 지니게 된다는 것(적극적 적응)은 서로 다르다. 첫 번째 경우는 물질을 받아들이는 것으로 그치는 데 비해, 두 번째 경우는 능동적으로 반응하여 문제를 해결하고 극복한다. 이 두 가지 의미 가운데, 빛의 영향에 관한 눈의 점진적인 적응을 말할 때 사용하는 것은 물론 두 번째 의미이다. 그러나 사람들은 어느 정도 무의식중에 두 번째 의미에서 첫 번째 의미로 옮겨가며, 또한 순기계론적인 생물학은 무생물질이 환경의 영향을 받을 때의 수동적인 적응과, 유기체가 환경이 영향을 적당한 방법으로 이용하려고 하는 능동적인 적응을 마치 똑같은 것처럼 다룬다. 더욱이 우리가 인정하는 바는, 그 자연도 우리의 정신으로 하여금 그 두 종류의 적응을 혼동하도록 유도하는 것처럼 보인다는 점이다. 왜냐하면 자연은 뒤에 가서 능동적으로 반응하는 장치를 구성해야 할 때, 보편적으로 먼저 수동적인 적응을 시작하기 때문이다. 이리하여 우리가 문제 삼는 이 경우에, 눈의 최초 흔적이 하등 유기체의 색소 반점에 있다는 사실은 의심할 여지조차도 없다. 빛의 작용으로 그러한 반점이 물리적으로 생겨났을 수도 있으며, 우리는 색소의 간단한 반점과 척추동물의 복잡한 눈 사이에 일군의 중간 단계가 있다는 사실도 관찰을 통해 볼 수 있다. 그러나 단계적으로 하나에서 다른 것으로 옮겨간다는 데서부터 시작하여 그 두 가지의 성질이 같다는 논리를 유도할 수는 없다. 연설가가 우선 청중의 기호를 따르다가 나중에 가서는 청중을 조종했을 경우에, 따른다는 말과 이끈다는 말을 같다고 결론지을 수는 없겠으니 말이다. 그런데 생명 물질이 환경을 이용하자면, 우선 거기에 수동적으로 적응하는 일 말고는 다른 도리가 없는 것 같다. 어떤 운동을 이끌어야 할 경우, 생명 물질은 우선 그 운동을 받아들인다. 생명은 영합함으로써 행동한다. 사람들은 색소의 반점과 눈 사이에 있는 모든 중간단계를 남김없이 보여주려고 할는지도 모르지만, 아무리 그렇게 해 보아도 둘 사이에는 여전히 사진과 사진기의 거리 같은 것이 남는다. 물론 눈이라는 사진이(자신의 본질을 찾아) 서서히(관념적으로) 사진기의 방향으로 굽던 것은 의심할 수 없다. 그러나 빛이라는 물리적 힘만으로 이렇게 방향을 전환시키고, 빛이 남긴 인상을 전환시켜 그것을 이용 가능한 기계로 만들 수 있었을까?

사람들은 유용성에 대한 고려를 개입시킨 일(적극적 적응)이 부당하다고 주장할는지도 모른다. 눈은 보기 위해 만들어졌다기보다 눈이 있기 때문에 보는 것이고, 기관은 기관일 뿐이며, '유용성'이라는 단어는 구조의 기능적인 효과를 가리킬 때 쓰는 말이라고 주장할 것이다. 그러나 내가 눈은 빛을 '이용한다'고 할 때 그 말은, 눈이 볼 수 있다는 뜻만은 아니다. 나는 이 기관과 운동기관의 사이에 존재하는 매우 정확한 관계를 은연중에 암시하고 있다. 척추동물의 망막은 시신경으로 연장되고, 그것은 또 운동기구에 연결된 뇌중추로 계속 연결된다. 우리의 눈이 빛을 이용할 때는, 눈이 반응 운동을 통해, 유리하게 보이는 사물은 이용하고 유해해 보이는 사물들은 피한다는 점에서 그러하다. 그런데 빛이 이 색소의 반점을 물리적으로 만들었다면, 빛은 그와 아울러 어떤 종류의 유기체의 운동을 물리적으로 결정할 수 있음을 나는 쉽게 증명하리라. 예를 들면, 섬모를 가진 적충류는 빛에 반응하는 것이 그렇다. 하지만 빛의 작용에 의해 신경계통이나 근육계통, 골격계통 등 척추동물의 시각기관과 연결되는 모든 체계가 물리적으로 형성되었다고 주장하는 사람은 아무도 없을 것이다. 사실 이미 눈의 점진적인 형성을 말할 때, 그리고 더욱이 눈을 눈과 불가분의 기관에 결부시켜 생각할 때에는, 사람들은 빛의 직접작용과는 전혀 다른 것을 개입시킨다. 즉, 사람들은 유기물질에 그 나름대로의 어떤 능력이 있다고 암암리에 간주하게 된다. 그 이상한 잠재력은, 대단히 복잡한 기계를 조립하여, 그것에 영향을 미치는 단순한 자극을 활용하는 신비한 능력이다.

그러나 그 능력이야말로 필요 없는 능력이라고 사람들은 말한다. 사람들은 물리학과 화학이 모든 문제들을 해결할 열쇠를 주리라고 기대한다. 아이머의 주요 저서는 이런 점에 교훈을 준다. 주지하는 바와 같이 이 생물학자는 계속 탐구한 결과, 변형이 행해지는 까닭은, 외부에서 내부로 주어지는 영향이 일정한 방향으로 연속적으로 작용하기 때문이지, 다윈이 바랐던 바와 같이 돌연변이에 의해서가 아님을 증명했다. 아이머의 학설은 더없이 흥미진진한 관찰에서 비롯했는데, 그 출발점은 어떤 종류의 도마뱀의 피부색이 일으키는 변이가 밟아나가는 과정에 관한 연구였다. 한편 이미 오래된 도르프마이스터(Dorfmeister)의 실험은, 같은 번데기라도 추운 데 두느냐 더운 데 두느냐에 따라서 상당히 다른 나비가 됨을 보여 주고 있다. 그래서 바네사 레바나(Vanessa levana ; 큰 멋쟁이, 봄형(型))와 바네사 프로르사(Vanessa prorsa ; 큰 멋쟁이, 여름

$\binom{\text{형}}{\text{型}}$)는 오랫동안 다른 종으로 간주되었다. 또 중간 온도는 중간형을 낳는다. 아르테미아 살리나(Artemia salina ; $\binom{\text{작은 새우}}{\text{의 일종}}$)라는 작은 갑각류가 서식하는 물의 염분이 증감할 때에 관찰할 수 있는 중요한 변형을 우리는 그러한 사실과 연관시켜 볼 수 있다.[*30] 이러한 여러 가지 실험을 보면, 외부의 어떤 동인이 변형의 원인인 것 같다. 그러한 원인이라는 말을 여기에서는 어떤 의미로 받아들여야 하는가? 인과성의 관념을 철저히 분석할 의도는 없으나, 사람들이 보통 이 원인이라는 말의 세 가지 다른 의미를 혼동하고 있다는 사실만 지적하고자 한다. 원인이 작용하는 것은 추진력이나 촉발 또는 전개에 의해서이다. 당구공으로 다른 공을 맞추면, 추진력에 의하여 그 작용이 결정된다. 화약의 폭발을 야기시키는 불꽃은 촉발에 의해 작용한다. 태엽이 점점 풀리면 축음기가 돌아가면서 판 위에 기록된 선율을 전개한다. 연주되는 선율을 결과라고 간주하고 태엽이 풀리는 것을 원인으로 간주한다면, 이때 원인은 전개에 의해 작용한다고 말할 수 있을 것이다. 이 세 가지 경우는, 원인과 결과 사이의 연대성이 많고 적음에 따라 서로 구별된다. 첫 번째 경우(추진력)에는, 결과의 양과 질이 원인의 양과 질과 함께 변화한다. 두 번째 경우(촉발력)에는, 결과의 질도 양도 원인의 질과 양을 따라 변화하지 않는다. 결과는 불변이다. 끝으로 세 번째 경우(전개력)에는, 결과의 양은 원인의 양에 달려 있으나, 원인은 결과의 질에 영향을 미치지 않는다. 태엽의 작용으로 판이 돌아가는 시간이 길면 길수록 나에게 들리는 선율의 부분도 길어질 것이다. 그러나 들려오는 선율 내지 내가 듣는 선율 부분의 본질이, 태엽의 작용에 좌우되지는 않는다. 사실상 원인이 결과를 설명해 주는 것은 첫 번째 경우뿐이다. 다른 두 경우에는, 결과가 어느 정도 미리 주어져 있고, 증거로 내세운 그 선행물은 결과의 원인이라기보다는 오히려—물론 정도의 차이는 있으나—기회이다. 그런데 물의 염분이 아르테미아를 변형시킨 원인이라고 말하거나, 또는 어떤 종류의 번데기가 나비로 될 때 생기는 날개의 빛깔이나 모양이 변하는 원인이 기온의 높낮이 때문이라고 말한다면, 원인이라는 단어는 첫 번째 의미(추진력)로서 쓰이는 것일까? 물론 아니다. 이 경우의 인과성은 전개와 촉발의 중간 의미를 지닌다. 더구나 아이머도 때로는 인과성을 확실히 이 의미로 해석하여, 변이의 '만화경적'인 성격을 말하고,[*31] 또 유기물질의 변이는 무기물질이 경우와 마찬가지로[*32] 어느 일정한

방향으로 행해진다고 설명한 것이다. 그러한 과정이 순물리화학적인 과정이라는 주장은, 그것이 피부색의 변화에 관해서라면 한 발 양보하여 인정할 수도 있다. 그러나 이러한 설명 방식을 넓혀, 예컨대 척추동물의 눈의 점진적인 형성에까지 적용한다면, 유기체의 물리화학은 이러하다고 상정할 수밖에 없다. 즉, 지금의 예로 말하면 빛의 작용은 유기체로 하여금 차츰 발전한 일련의 시각기관을 만들게 했는데, 그것은 어느 것이나 복잡성을 띠어가면서 무엇이든 볼 수 있게 되었고 차츰 시력을 증진해 나간 것이다.[33] 목적론의 가장 완고한 신봉자라 하더라도 아주 특수한 이 물리화학의 특징이 아닌 그 이상의 무엇을 더 말할 수가 있을까? 그리고 기계론 철학의 입장도 더욱 어려운 입장에 처하게 되지는 않을까? 만일 연체동물의 눈은 (애초부터) 척추동물과 같은 화학적 구조를 갖출 수가 없게 되어 있고, 연체동물로 향해 진화한 유기물질은 척추동물의 방향을 취한 것과는 화학적으로 동일할 수가 없으며, 그럼에도 불구하고 빛의 영향으로 형성된 기관이 (결과적으로) 양자 모두 동일하다는 점을 지적한다면 말이다.

이 점에 대해 깊이 생각할수록, 수많은 작은 원인들이 다른 두 길에서 축적되어 같은 결과를 낸다는 설이, 기계론 철학이 내세우는 원리와 얼마나 모순되는지 차츰 알게 될 것이다. 우리는 논의의 모든 노력을 계통발생론에서 끌어낸 한 예에 집중시켜 왔다. 그러나 개체발생론이 제시하는 사실들도 그에 못지 않은 증거가 될 것이다. 자연계에서는 서로 가까운 종이 때로는 전혀 다른 발생학적 과정을 거쳐 같은 결과에 도달하는 일이 눈에 띈다. '이질배종'에 관한 관찰이 최근 몇 년 동안 굉장한 증가를 보이면서, 배엽의 특유성에 대한 고전적인 학설은 버려야만 하게 되었다.[34] 다시 척추동물과 연체동물의 눈에 대한 비교로 돌아가 보자. 척추동물의 망막은 어린 배아 안에서 발육이 불완전한 뇌가 팽창하여 나옴으로써 생긴다. 그것은 신경중추 자체가 뇌의 주변으로 뻗어 나온 조직이다. 그러나 그와는 반대로 연체동물의 망막은 외배엽에서 직접 생기는 조직이지, 배아의 중개를 통해 간접적으로 생기는 조직이 아니다. 그러므로 인간과 조개의 망막은 같은 발달이지만 저마다 진화되어 온 과정이 다르다는 말이 된다. 그러나 이처럼 거리가 먼 두 개의 유기체에 대해 비교하지 않더라도, 동일한 유기체에 대해 재생이라는 기묘한 사실을 연구할 때에도 그와 똑같은 결론에 다다르게 된다. 가리비의 수

정체를 잘라버리면, 홍채에 의해 수정체가 재생되는 현상을 볼 수 있다.[*35] 그런데 본래의 수정체는 외배엽에서 형성된 반면, 홍채는 중배엽에서 생겼다. 그뿐 아니라 살라만드라 마쿨라타(Salamandra maculata ; ^{도룡뇽의 일종})에게서 홍채를 건드리지 않고 수정체를 뽑아버리면, 수정체는 홍채의 윗부분에서 재생한다. 그러나 홍채의 윗부분까지도 뽑아버리면, 나머지 부분의 내층이나 망막 부분에서 다시 재생한다.[*36] 이렇듯 장소도 구성도 다른 부분들이 평상시에는 다른 기능을 수행하다가, 필요할 때는 구조역할을 할 수 있고 기관의 동일부품을 제조하는 것이다. 여기서 우리는 원인의 다양한 결합으로 같은 결과를 얻게 되는 현상을 볼 수 있다.

싫든 좋든 어떤 내적인 방향원리에 호소하지 않는 한, 결과를 이렇게 수렴할 수는 없을 것이다. 그러한 결과로의 수렴 가능성은 다윈주의, 특히 신(新)다윈주의가 세운 점진적인 돌연변이의 학설이나 급격한 돌연변이의 가설에도 나타나지 않았고, 외력과 내력 사이에서 일종의 기계적인 합성에 의해 여러 기관의 진화가 일정한 방향으로 결정된다는 이론에서도 볼 수 없다. 그러니 현재 남아 있는 진화론의 유형 가운데서 아직까지 검토하지 못한 유일한 학설인 신(新)라마르크설을 살펴보기로 하자.

누구나 알다시피 라마르크는, 생물이 기관은 쓰이고 안 쓰이고에 따라 변이하는 능력이 있고, 또 이렇게 해서 획득된 변이를 자손에게 전할 능력이 있다고 말했다. 이와 같은 계통의 학설에 오늘날 상당한 수의 생물학자들이 찬성의 뜻을 나타내고 있다. 그 학설에 따르면, 신종을 낳게 하는 변이는 배(胚) 자체에서 유래하는 돌연변이가 아니다. 또 그 변이는, 유용성과는 전혀 관계없이 일정한 특징을 일정한 방향으로 전개시키는 일종의 독특한 결정론에 지배되지도 않는다. 그 변이는 다만 생물이 자기가 살아야 할 환경에 적응하려는 노력 그 자체에서 생겨난다. 사실 그러한 노력은 외부환경의 압력에 의해 기계적으로 일어난 어떤 기관의 기계적인 작용에 지나지 않는 수도 있다. 그러나 그 변이는 또한 의식이나 의지를 내포할 수도 있다. 이 학설의 가장 뛰어난 대표자의 한 사람인 미국의 박물학자 코프(Cope)는, '노력'이라는 것을 후자의 의미로서 이해하는 듯하다.[*37] 그리고 보니, 현재 존재하는 모든 형태의 진화론 중에서 신라마르크설만이 발전의 내적·심리적 원리에

도움을 요청하지는 않으면서도 그것을 허용하고 있다. 그것은 또한, 서로 독립된 발전선상에 복잡하고도 동일한 기관이 형성되는 이유를 설명할 수 있을 것 같은(즉, 물리적 영향이 아니라 관념적 영향을 받는 변이라는) 유일한 진화론이기도 하다. 사실 동일한 환경을 유리하게 이용하려는 '노력'에 의해 동일한 결과에 다다르리라는 사실은, 특히 외부적 환경이 제기하는 문제가 하나의 해결밖에 허용치 않을 때에는 납득할 수 있다. 그렇다면 '노력'이라는 말을, 이 경우에 신라마르크파 학자들이 상상한 것보다도 더 깊고 심리적인 의미로 해석할 필요가 있느냐 없느냐 하는 문제만 알아보면 된다.

사실 단순한 크기의 변이와 형태의 변화는 별개의 변화이다. 한 기관이 단련함으로써 강해지고 커진다는 사실은 아무도 부정하지 않을 것이다. 그러나 이러한 사실은, 연체동물이나 척추동물의 눈이 점진적으로 발달한 현상과 거리가 멀다. 빛에서 수동적으로 받은 영향의 연장으로부터 그들의 눈이라는 결과가 생겼다면, 우리는 앞서 비판한 바 있는 주장으로 되돌아가고 만다. 반대로 내적 활동을 그들 눈의 각기 다른 변이의 원인으로 제시한다면, 그것은 보통 우리가 일컫는 노력과는 전혀 다른 노력이 된다. 왜냐하면 우리는 실제로 노력을 통해 다소라도 기관이 복잡하게 된 예를 보지 못했지만, 적충류의 색소반점에서 척추동물의 눈에 이르기까지는 무수한 복잡화가 놀라울 정도로 꼭 맞게 전개되어야 했기 때문이다. 여하튼 동물에 대해서는 그러한 진화과정을 인정하기로 하자. 그러면 어떻게 그것을 식물계에까지 확대할 수 있을까? 식물계에서는 형태가 변이해도 그 기능은 반드시 변화하지는 않으며, 변화하도록 유도되지도 않는 것처럼 보인다. 그리고 변이의 원인이 심리적인 부류라면, 그 의미를 유달리 확대하지 않는 한, 그것을 노력이라고 부르기는 어렵다. 실은 그 노력 자체를 파헤쳐서 보다 깊은 원인을 찾아야만 한다.

그 깊은 원인이 특히 필요하게 되는 상황은, 생각건대 규칙적으로 유전되는 변이의 원인을 확인하려는 경우일 것이다. 우리는 여기서 획득형질의 유전성에 관한 세부 논쟁에는 들어가지 않겠다. 더구나 우리의 능력을 넘어서는 문제에 대해서는 지나치게 확고한 태도는 취하고 싶지 않다. 그렇다고는 하나 이 문제(유전성의 세부사항)에 관해서 모든 관심을 접을 수도 없다. 오늘날의 철학자로서는 이 경우처럼 막연한 일반론으로 만족할 수 없다고 느껴지는 분야도 없고, 또 그토록 과학자들의 세부적인 실험을 자세히 지켜보고 그들과 그 성과를 논의하는 일이 의무로 느껴지는 분야도 없다. 스펜서가 획득형질의 유전문제를 먼저 자문하는 데에서 시작했더라면, 그의 진화론은 틀림없이 전혀 다른 모습을 취했을 것이다. 만약 개체가 익힌 습관이 매우 예외적인 경우에만 자손에게 전해진다고 한다면(나에게는 그렇게 생각된다), 스펜서의 심리학은 모두 다시 써야만 하고 그의 철학 상당 부분도 붕괴되리라 본다. 따라서 이 문제가 어떤 식으로 제기되는지, 또 어느 방향을 쫓으면 그 문제가 해결될 수 있는지를 말하기로 하자.

획득형질의 유전은 과거에 독단적으로 긍정되었으나, 그 뒤 생식세포의 본성에 대한 가정에서 검토를 미처 거치지도 않고 도출된 이유를 근거로 역시 독단적으로 부정되었다. 바이스만이 생식질연계설을 세워 그에 의해 유도된 생식세포—난자와 정자—를 신체세포와 거의 관계가 없는 것(독립적 조직)이라고 보게 되었음은 일반에게 널리 알려진 사실이다. 여기서부터 출발하여, 사람들은 획득형질의 유전을 생각할 수 없는 사실이라 주장해 왔고, 지금도 역시 그렇게 주장하고 있다. 그러나 만일 획득형질이 우연히 유전될 수 있음을 실험으로 보여준다면, 이것만으로 그 실험은 생식질도 사람들이 말하는 것만큼 신체로부터 독립적이지는 않다는 사실을 입증하게 될 테고, 획득형질의 유전성에 대해서도 사실적으로 생각할 수 있게 될 것이다. 다시 말해 이는 결국 생각할 수 있다거나 생각될 수 없다는 것과는 아무런 관계가 없고, 문제는 다만 실험에 의해 좌우됨을 의미한다. 그런데 실은 여기서부터 어려워진다. 우리가 흔히 말하는 획득형질이란 대개는 습관이거나 습관의 결과이다. 그러므로 몸에 익힌 습관의 바탕에 무엇인가 자연적인 경향이 없는 경우는 드물다. 따라서 우리는 유전되는 질이 개체의 신체가 획득한 습관인지, 아니면 오히려 습관이 몸에 익기 전의 어떤 자연적인 성향인지에 대해서 언제라도 자문해 볼 수 있다. 이 성향은 개체가 자기 안의 배종(胚種)에 이미 지니고 있었던 그대로 지금도 지니고 있는 성향일 것이다. 따라서 이 성향은 생식질에도 내재되어 있을 것이다. 그리하여 두더지가 앞을 보지 못하게 된 것이 땅속에서 생활하는 습관 때문이라는 증명은 없다. 어쩌면 두더지는 눈이 약해져 가고 있었기 때문에, 부득이하게 스스로 땅속으로 들어갔을 수도 있다.[*38] 시력이 없어지는 경향은 배(胚)에서 배(胚)로 유전된 성향이므로, 그 두더지의 신체는 획득도 소실도 없는 상태로 되었을 것이다. 검술 사범의 아들이 아버지보다 훨씬 빨리 칼을 뛰어나게 쓸 수 있게 된 사실 때문에 부모의 습관이 자식에게 유전되었다고 결론을 내릴 수는 없다. 왜냐하면 자라나고 있는 어떤 자연적 성향이 아버지를 낳은 배(胚)로부터 아들을 낳은 배(胚)로 옮겨가, 원초적 약동에 힘입어 도중에 커진 결과, 말하자면 아버지의 행위와는 관계없이 아들에게 아버지보다 나은 재주가 주어졌는지도 모르기 때문이다. 동물을 점차적으로 길들이는 예를 보더라도 대부분은 그와 마찬가지이다. 유전되는 것이 몸에 밴 습관인지, 그렇지 않으면 오히려 어떤 종(種)의 자연적 경향인지 하는 문제는 좀처럼 알 수 없다. 여기서 그런 경향이란 어떤 특수한 종 또는 그 성원 중의 어떤 개체를 길들이기 위해 선택된 것을 뜻한다. 사실을 말하자면, 의심스러운 경우나 여러 갈래로 해석할 수 있는 사실을 모두 제거해 버리고 나면, 획득된 특성의 유전에 대해 절대 부인할 수 없게 된 확실한 예는 브라운-세카르(Brown-Séquard)가 한 유명한 실험밖에 없다. 이는 그 뒤 다른 여러 생리학자들에 의해 반복 확인되었다.*³⁹ 브라운-세카르는 모르모트의 척수 또는 좌골신경을 절단해서 간질증상을 발생시켜 이 증상을 그 모르모트의 후손에게 전했다. 같은 좌골신경이나 그 밖에 삭상체(索狀體) 등의 상해는 모르모트에게 여러 가지 장애를 야기시켰는데, 그 장애들은 때로 안구돌출이나 발톱이 빠지는 등 여러 다른 형태로 후손에게 유전되었다. 그러나 이와 같은 장애 유전의 여러 가지 경우에 있어서, 동물의 체세포가 그의 배아에 영향을 미쳤는 지는 증명되지 않았다. 바이스만은 브라운-세카르의 수술 중에 모르모트의 몸에 어떤 특수한 세균이 들어갔을지도 모르며, 이 세균이 신경조직에 자리 잡고는 성(性)요소에까지 침입하여 병을 유전시켰을지도 모른다며 이의를 제기하였다.*⁴⁰ 이러한 이의는 브라운-세카르의 인정을 받지 못하였으나, 이와는 다른 보다 그럴듯한 이의를 내세울 수는 없을까?*⁴¹ 사실 브와쟁(Voisin)과 페롱 (Peron)의 실험결과에 따르면, 간질의 발작에는 어떤 유독물질의 배설이 뒤따르고, 이 독물이 동물에게 주사되면 경련증상을 야기시킬 수 있다.*⁴² 아마 브라운-세카르가 가한 신경상해에 따른 영양장애가 이 경련을 야기시키는 독소의 형성으로 나타날 수도 있다. 이때 독소는 모르모트에서 그것의 정자나 난자로 옮겨가 배자의 발달에 일반적인 장애를 발생시킬지도 모른다. 그러나 그러한 장애는 유기체가 진화하고 난 뒤에 여기저기 특수한 점에만 가시적인 영향을 준다. 그렇다면 여기서는 샤랭(Charrin)이나 델라마르(Delamare) 또는 무쉬(Moussu)의 실험에서와 같은 경과가 나타날 것이다. 임신중인 모르모트의 간장이나 신장을 상하게 하면 이 상해는 자손에게 유전되는데, 그것은 오로지 모체기관의 상해에서 특수한 '세포독소'가 발생하여 그것들이 태아의 동종기관에 작용하기 때문이었다.*43 확실히 이 생리학자들이 전에 행한 관찰에서도 그랬듯이, 이 실험에서도 이미 형성된 태아가 독소의 영향을 받은 것이다.*44 그러나 샤랭의 다른 연구 결과는, 같은 효과가 유사한 기계적 과정으로 정자나 난자에도 발생할 수 있음을 보여주었다.*45 요컨대 브라운-세카르의 실험에 있어 획득된 특성의 유전은 배(胚)의 중독으로 설명될 수 있다. 상해가 아무리 국소에 한정된 것처럼 보여도 그 상해는, 예를 들면 알콜(알콜중독의 영향)에 의한 결합과 같은 과정을 통하여 유전될지 모른다. 그런데 어떤 '특별한 성질'이 유전되는 것은 모두 이런 식으로 되지 않을까?

획득형질의 유전성을 긍정하는 사람도 부정하는 사람도 다 같이 동의하는 점이 하나 있다. 그것은 어떤 종류의 영향, 예컨대 알콜의 영향 같은 것은 생물과 생물의 생식질에 동시에 작용할 수 있다는 점이다. 이러한 경우에는 결함의 유전이 행해져서 마치 부모의 신체가 그 배(胚)에 작용이라도 하는 듯 모든 일이 진행되지만, 실제로는 배아와 신체가 모두 동일한 원인의 작용을 받았을 뿐이다. 이것을 부정할 수 없는 사실이라 하고, 획득형질의 유전을 인정하는 사람이 믿는 그대로 신체가 배아에 영향을 미칠 수 있다고 하자. 무엇보다도 가장 자연스러운 가설이란, 사물의 경과는 전후 어느 경우에도 마찬가지이며, 또 신체의 영향에 의한 직접적인 결과는 생식질의 전반적 변질로 나타난다고 하는 상정이 아닐까? 가령 그렇다면 자손에게서 나타나는 '모습의 변화'가 부모와 동일하게 되는 경우는 예외로서, 말하자면 우연일 것이다. 그것은 알콜에 의한 결함의 유전과 같다. 알콜에 의한 결함은 물론 어버이로부터 자식에게 옮겨지기는 하지만, 자식 하나하나에 따라서 취해지는 형태가 각각 달라질 수 있고, 또 어떤 자식의 결함은 어버이의 그것과 전혀 닮지 않을 수도 있다. 생식질에 일어난 변화를 C라고 부르자. 이 변화 C는 물론 적극적일 수도 소극적일 수도 있다. 즉, 그것은 어떤 물질의 획득이나 상실을 나타낼 수 있다. 어떤 생물이 태어났을 때, 이 생물은 자신의 본디 형질들을 똑같이 재현하지 못할 것이다. 체물질(생식질 이외의 생체물질의 총칭) 중에서 일부가 어떤 변화를 일으켜 그 생식질까지 변화시켰다고 해도, 새로이 형성되는 새로운 유기체의 그 체물질 일부분(모체에서는 변형되었던 체물질부분)은 다시 태어날 때 변형되지 않은 채 그대로일 수도 있다. 만일 새로 태어나는 이 체물질의 모든 다른 부분들(모체에서 변화되었던 체물질 부분 이외의 다른 부분들)이 생식질에 일어난 변화 C에 대해 일종의 '면역성'을 가졌다면 그렇다. 그러나 변화를 일으켰던 그 부분은 변화되지 않은 형태로 새로 태어나기는 하지만, 새로운 환경의 영향에 대해 또다시 혼자만 민감하기 때문에 결국 변화할 것이다. 더욱이 그 변모도 모유기체의 변화부분과는 전혀 다른 방향에서 일어날 수 있다.

우리는 일탈(일탈작용)의 유전과 형질의 유전을 구별할 것을 제안한다. 개체는 새로운 형질을 획득하고 나면, 자신의 이전 형태나 자신이 지녔던 배(胚) 또는 배의 반쪽이 재현하는 형태로부터 일탈해서 성장한다. 일탈작용에 의한 유전(새 환경에 반복해서 영향을 받아 쉽게 변이를 일으키는 성질의 유전)은, 일탈과 더불어 배아를 변모시킬 만큼 힘이 있는 물질을 만들어내지 못하거나, 영양에 어떤 전면적인 변화가 일어나 배아에 특정한 요소가 결여되지 않는다면, 그 변모는 개체의 자손에게 아무 결과도 미치지 못할 것이다. 대개 이러한 경우는 틀림없이 발생한다. 반면 만약 그런 변모가 어떤 결과를 낳는다고 한다면, 그것은 아마 그 변모에 의해 생식질에 발생된 어떤 화학변화의 개입에 따른 변모일 터이다. 이 화학변화는 본래의 변모를, 다시 배아로부터 발달시킬 유기체 속에 예외적으로 재현할 수도 있다. 그러나 엉뚱한 결과를 만들어낼 기회도 그에 못지않게, 아니 그보다 더 많다. 후자의 경우에 있어서도 태어난 유기체는 모유기체와 비슷한 정도로 정상형에서 일탈할 수 있겠지만, 그 일탈법은 다를 것이다. 자(子)유기체가 물려받은 성질은 일탈(일탈경향 또는 습성)이지 형질 자체는 아니다. 그리고 보면 개체가 몸에 익힌 습관은, 보통은 자손에게 아무런 반향도 불러일으키지 않는다. 반향이 있다 하더라도 자손에게 생긴 변모는 부모의 변모와 눈에 띌 정도의 유사점을 띠지 않을 수도 있다.

이상이 적어도 가장 사실처럼 보이는 가설이다. 여하튼 반증이 나올 때까지는, 또 우수한 한 생물학자가 요구하는 결정적 실험이 실시되지 않는 한, 우리는 이제까지의 관찰 성과로 만족하는 수밖에 없다.[*46] 그런데 획득형질의 유전설에 가능한 한 유리하도록, 이른바 획득형질이 대개는 타고난 특징의 다소 뒤늦은 발달이 아니라고 가정한다 해도, 그 유전은 예외이지 일반적인 것이 아님을 여러 사실이 보여주고 있다. 그러한 유전에서 눈과 같은 기관을 발달시킬 능력을 어떻게 기대할 수 있을까? 생각건대 적충류의 색소 반점에서부터 연체동물이나 척추동물의 눈에 이르기까지의 사이에 막대한 수의 변이가 각각 같은 방향을 향해 차례로 축적되었다는 가설을 상정해야만 한다면, 도대체 우리가 고찰하는 바와 같은 유전에서 어떻게 그처럼 많은 차이가 축적되었는지, 각 개체의 노력이 저마다 차이를 따로따로 만들어냈다고 가정해 보더라도 의문은 생긴다. 결국 신라마르크설(생물기관은 유전되는데, 그 기관의 사용 여부와 노력 또는 의지의 여부가 유전에 영향을 준다는 설)도 그 밖의 다른 진화론이 틀린 것처럼, 문제의 해결에는 이르지 못하는 것이다.

이처럼 현재 주장되고 있는 여러 진화론을 모두 시험하여, 그 이론들 모두가 극복할 수 없는 어려움에 부딪치는 경우를 보았다. 그러나 그렇다고 해서 그 이론들을 모두 버리려는 의도는 조금도 없다. 그와 반대로 진화론은 저마다 상당수의 사실에 근거를 두고 있어서 그 나름대로는 옳다. 그 이론들은 저마다 진화과정에 대한 어느 특정한 시점에 대응하고 있음에 틀림없다. 그리고 어떤 학설이 과학적이기 위해서는, 즉 세부적인 탐구에 정확한 방향을 제시하려면, 아마도 특수한 한 관점을 고집해야 할 것이다. 그러나 실재는 그들을 모두 뛰어넘으며, 각 학설들은 실재의 부분적인 모습만을 다룰 뿐이다. 그 실재야말로 철학의 고유한 대상이다. 철학은 응용을 조금도 염두에 두지 않으므로 과학에 필요한 정확성에 속박받지 않는다. 여기서 현재 대두된 진화론의 세 가지 주요 형태들은 저마다의 '문제 해결을 위해 무엇에 적극적으로 기여했고, 또 무엇을 버리고 돌보지 않았는가, 그리고 우리 입장에서 이 삼중의 노력을 어느 점으로 수렴시켜야만 진화과정의 관념이 그 때문에 막연해질지라도 어쨌든 포괄적으로 변할 수 있는가?' 이 문제에 관해 간략하게 다음과 같은 점을 지적해 보자.

신다윈주의에 따르면, 변이의 본질적인 원인은 각 개체가 지닌 배(胚) 속에 있는 차이 때문이지, 개체가 삶을 살아가는 도중에 취하는 행동방식에서 유래되지는 않는다고 하는데, 이는 상당히 옳은 견해로 보인다. 내가 이 주의를 따르기 싫을 때는, 이 생물학자들이 배아에 있는 차이가 오로지 우연적이고 개별적이라고 할 때이다. 차이는 개체를 통해 배아에서 배아로 전해지는 충동이 발달한 것이므로 단순한 우연은 아니라는 점, 또 그 차이는 동일한 종(種)의 구성원들 모두에게나 적어도 그중 일부에게 있어 같은 형태로 동시에 나타나는 일이 있을 수 있다는 점, 등을 나로서는 믿을 수밖에 없다. 사실 돌연변이설이 일찍부터 이 점에 관한 다윈설을 근본적으로 수정하고 있다. 돌연변이 학설에 따르면, 종(種)은 오랜 시간이 지나 어떤 일정한 시기에 도달하면 전체가 변하려는 경향에 사로잡힌다는 것이다. 그런데 이 변하려는 기운은 우연한 것이 아니다. 물론 드 브리스가 말한 바대로, 돌연변이가 종의 다양한 대표자들에게 저마다 서로 다른 방향으로 작용되어 있다면, 이러한 변화 그 자체는 우연에 의한 변화일지도 모른다. 그러나 무엇보다 우선, 이 학설이 다른 여러 식물의 종에 대해서도 확인되는지를 살펴보아야 한다(드 브리스는 이를 큰달맞이꽃에서만 확인해 보았다). 그리고 나중에 설명하겠지만, 식물계에서의 기능은 그다지 식물기관 형태에 의존하지 않으므로, 우연(변이들이 축적된 결과가 아닌 단순한 우연)의 역할은 동물의 변이에서보다 식물의 변이에서 훨씬 크다.[*47] 어찌 되었든 간에 신다윈주의는 변이의 주기가 정해져 있다는 사실을 점차 인정해 가고 있다. 따라서 돌연변이의 방향 역시 적어도 동물계에서는, 그리고 우리가 정해야 할 한도 내에서는 결정될 수 있을 듯하다.

이리하여 사람들은 아이머의 주장과 같은 가설에 도달하게 된다. 아이머에 따르면, 여러 가지 특질의 변이는 세대에서 세대로 일정 방향을 따라 계속된다고 한다. 이 가설은 아이머 자신이 정하는 범위 안에서는 수긍이 간다. 물론 유기적 세계의 진화가 전체적으로 미리 결정되어 있을 까닭은 없다. 그와는 반대로, 나는 잇따라 별개의 형태가 끊임없이 창조되어 가는 과정에서 생명의 자발성이 나타난다고 주장한다. 그렇지만 이 비결정성(사물의 진화는 그 계획표가 미리 결정되어 있지 않다는 설)이 완벽한 것일 수는 없다. 그 어떤 부분은 결정성에 따라 좌우되고 있다. 이를테면 눈과 같은 기관은 일정 방향으로 변이가 계속되면서 형성되었다. 그런데 공통적인 역사가 전혀 없는 종 사이에서 나타나는 눈 구조의 유사성 등은 달리 어떤 방법으로 설명해야 할지 나로서는 모르겠다. ─내가 아이머와 의견을 달리하는 점은, 물리적·화학적 원인의 조합만 있으면 결과는 보장된다고 주장하는 데에 있다. 나는 그와는 달리, 만약 눈이라는 정확한 예에 '정향진화(定向進化)'가 존재한다면, 거기에는 심리적인 원인이 개입되고 있다는 점을 입증하려고 시도한 것이다.

신라마르크주의자들은 바로 심리적인 관계의 원인에 관하여 의존한다. 내가 보기에 신라마르크설의 장점 중 한 가지가 바로 그 점이다. 그러나 그 원인이 개체의 의식적 노력에 지나지 않는다면, 그것은 매우 한정된 상황에서만 작용할 수 있다. 이 원인이 개입할 수 있는 경우는 기껏 동물에서일뿐, 식물계까지는 이르지 못할 것이다. 동물계 자체에서도 직접 또는 간접적으로 의지의 영향을 받는 지점들에만 원인이 작용할 것이다. 그리고 그 원인이 작용하는 경우라도 복잡성의 증대와 같은 깊은 변화를 일으킬 수 있을지는 알 수 없는 일이다. 그런 일이 일어날 수 있는 상황은, 획득형질이 규칙적으로 유전되어 점점 누적되는 경우 정도일 것이다. 그러나 그러한 유전은 규칙이라기보다 오히려 예외적으로 이루어지는 듯하다. 방향이 일정하고 유전되는 변화가 축적되어 자신과 함께 더욱더 복잡한 기관을 만들게 되는 것은 아마도 확실히 어떤 종류의 노력과 관련이 있을 것이다. 그러나 그 노력은 개체의 노력에 비해 각별히 뿌리깊고 환경에 대하여도 훨씬 독립적이다. 또한 그 노력성향은 동일한 종(種)에 속하는 대부분의 구성원에게 공통적이고, 단순히 개체의 체물질에 속하는 것이 아니라 그들이 지니고 있는 배아에 내재적이어서 틀림없이 자손에게 유전될 것이다.

우리는 이리하여 길을 멀리 돌아 처음 생각으로 되돌아왔다. 그것은 배아와 배아를 잇는 연결부인 성(性)체를 매개로, 배아의 한 세대로부터 다음 세대로 옮겨가는 생명의 근원적 약동에 대한 생각이다. 이러한 약동이야말로 진화의 여러 선상에 나뉘어지면서 존속되고 변이의 뿌리깊은 원인이 되며, 적어도 규칙적으로 유전되고 첨가되어 새로운 종(種)을 창조하는 변이의 근원으로서 계속 남아있게 된다. 일반적으로 몇 가지 종이 공통적인 근원에서 여러 갈래로 갈라지기 시작하면, 그들은 진화함에 따라 갈라지는 도를 더해간다. 그러나 공통적 약동에 대한 가설을 받아들인다면, 그 종들은 일정한 점에서 동일하게 진화할 수 있어야 하고, 또 그렇게 진화할 수밖에 없다. 우리가 할 일은, 앞에서 택한 연체동물과 척추동물의 눈 형성과 같은 예를 바탕으로 위 사실을 보다 분명하게 제시하는 일이다. 그리고 그렇게 함으로써 '근원적 약동'에 대한 생각이 더욱 뚜렷해질 것이다.

눈과 같은 기관에는 놀라운 점이 두 가지 있다. 바로 구조의 복잡성과 기능의 단순성인데, 눈은 백막·각막·망막·수정체 등의 서로 다른 부분으로 이루어져 있다. 이들 각 부분은 또한 무한한 세포로 되어 있다. 망막만을 가지고 말하더라도, 거기에는 신경요소가 삼층으로 포개져 있으며—절세포·양극세포·시세포—그 각층은 개성을 가진 채 심히 복잡한 유기체를 이루고 있다. 그나마 이것도 이 막의 미세한 구조의 간략한 도식에 지나지 않는다. 눈이라는 기관은 이루 다 말할 수 없을 정도로 복잡한 수많은 부분으로 이루어져 있으나, 시각은 단순하기 그지없다. 눈을 뜨면 시각은 작용한다. (구조에 비해) 기능이 이처럼 단순하기 때문에, 자연이 무한히 복잡한 이 기계를 구성할 때 만약 조금이라도 잘못을 저질렀다면 시각은 쓸모없이 되었을 것이다. 기관의 복잡성과 기능의 단순성이 이루는 그 대비 때문에 우리의 마음은 어리둥절해지고 만다.

기계론의 학설이란, 외부 환경이 직접적으로 조직에 작용하거나 간접적으로 적응성이 우수한 것을 선택함으로써, 그 영향에 의해 기계가 점차로 구성되는 상태를 우리에게 보여주는 것이다. 그러나 어떤 형태를 취하든 간에 그러한 테제는, 설령 그것이 부분적으로 가치가 있다 하더라도 부분들 간의 상관성에 대해서는 아무런 해명도 줄 수 없다.

바로 그러한 경우에 나타나는 설(說)이 목적론이다. 그 이론에 따르면 각 부분들은 하나의 목적을 이룩하기 위해 미리 세워진 계획에 따라 조립된 것이다. 바로 이 목적성은 자연의 영위를 장인의 작업공정과 동일시한다. 장인도 역시 어떤 관념을 실현할 목적으로, 또는 어떤 모형을 모방하기 위하여 부분을 조합하면서 일을 해나가니까 그렇기도 하다. 따라서 기계론이 목적론의 의인적 성격을 비난하는 것은 당연하다. 그러나 기계론은 자신이 똑같은 방법을 단지 부족한 그대로 이용한다는 사실을 알아차리지 못하고 있다. 물론 기계론은 목적의 추구나 이상적인 모형을 모조리 지워버렸다. 그러나 기계론은 자연이 공작하는 인간처럼 부분을 조합해가면서 일하길 바란다. 만약 배(胚)의 발달에 대하여 단 한번이라도 살펴보았다면, 생명은 그 기계론과는 전혀 다른 모양을 띠고 있다는 사실을 알았을 것이다. 생명이란, 요소들을 연결하고 첨가하는 일로 만들어지지 않고 분리와 분할로 만들어진다.

따라서 우리는 목적론과 기계론의 견해를 모두 넘어서야만 한다. 그 두 가지 학설은 모두, 사실 인간의 작업 광경을 보면서 그에 이끌려 우리의 정신이 만들어낸 견해일 뿐이다. 그러면 어떤 방향으로 그것을 극복해야 할까? 앞서 말한 바와 같이, 기관의 구조를 분석할 경우 분해하면 분해할수록 한이 없어진다. 그런데도 기관 전체의 기능은 단순하다. 기관의 무한한 복잡성과 기능의 극단적인 단일성, 이 두 가지 대비가 우리를 깨우쳐줄 것이 분명하다.

대체적으로 같은 사물이, 한편으로는 단일하게 다른 한편으로는 굉장히 복합적으로 보이면, 그 두 가지 상이 갖는 중요성 또는 오히려 그 실재성은 그 정도가 도저히 같을 수 없다. 이때 단일성은 사물 그 자체에 속하는 속성이고, 무한한 복잡성은 우리가 사물의 주위를 돌며 취하는 관점들에 의해 생겨난다. 그리고 이 복잡성은 우리의 감각이나 지성이 사물을 표상하기 위해 사용하는 나란한 기호에, 아니, 보다 일반적으로 말하면 우리가 사물을 인공적으로 모방하려 할 때 사용하는 다른 질서의 요소들에 의해 생겨난다. 그러나 사물은 그 요소들과는 성격을 달리하므로, 그 요소들을 가지고는 그 사물을 측정할 수 없다. 천재적인 예술가가 화폭에 얼굴을 그렸다고 하자. 우리는 다채로운 모자이크판을 써서 그 그림을 모사할 수 있을 것이다. 그 모자이크판이 작고, 수(조각들 수)가 많고, 색조가 다양할수록, 우리는 그만큼 원화의 곡선과 뉘앙스를 잘(섬세하게) 재현해낼 수 있을 것이다. 그러나 그 판이 무한히 작고 많은 색감을 보여주지 않는 한, 예술가가 단순한 것으로 구상(극단적인 단일성 속의 세부구상)한 그림과 같은 것을 그릴 수 없는 노릇이다. 그 예술가는 그러한 단순한 구상 전체를 화폭에 옮겨 놓으려 하였다. 그 그림은 나누어질 수 없는 직관의 투영으로서 나타날수록 점점 더 완벽한 것이 된다. 지금 우리의 눈이 이 대가의 작품에서 모자이크의 효과(섬세한 조각들로 섬세하게 표현하는 효과)를 보아야만 한다고 가정하자. 아니면 우리의 지성이 화폭의 얼굴을 모자이크 작업으로밖에 설명할 수 없다고 가정하자. 그러면 우리는 작은 사각형의 판을 끌어맞춘 것만을 운운하며 기계론적 가설에 서게 될 것이다. 그 끌어모은 것의 물질성 이외에도 모자이크 공이 일을 하기 위한 계획이 반드시 필요하다고 말할 수도 있다. 이때 우리는 목적론자의 입장에서 말을 하는 것이 된다. 그러나 어느 경우에도 실재 그 자체에는 도달(추론과 실재가 일치)할 수 없을 것이다. 처음부터 모자이크판(즉, 가설)은 없었기 때문이다. 있는 것은 그림, 즉 화폭에 투영된 단순한 행위뿐이다. 그것이 우리 지각 속에 들어왔다는 단순한 사실로 인해 수천의 작은 사각형으로 분해되고, 그것이 모두 모여 훌륭한 배열을 나타내는 듯이 보이는 것이다. 마찬가지로 놀랄 만큼 복잡한 구조를 지닌 눈도 본다는 단순한 활동에 지나지 않는지도 모른다. 그러나 그것이 세포들의 모자이크로 나뉘어, 우리가 그 자체를 하나의 집합으로 표상해 보면 놀라울 만큼의 질서가 나타나는 것이다.

내가 손을 A부터 B까지 올린다고 하면, 이 운동은 동시에 두 측면을 보인다. 안으로부터 느낄 때 그것은 단순하고 불가분한 행위이다. 밖으로부터 본다면 그것은 어떤 곡선 AB가 된다. 이 곡선상에서 우리는 원하는 만큼의 위치를 구별할 수 있고, 곡선 그 자체는 그들의 위치 상호간의 어떤 배열로서 정의할 수 있다. 그런데 위치는 무한수이고, 그리고 위치를 연결하는 질서는 A에서 B까지 손을 옮겼을 때 발생한 불가분의 행위에서 자연적으로 생겨났다. 여기서 위치(A지점과 B지점)만을 보면 기계론이 성립될 것이다. 목적론은 여기서 위치의 순서를 고려할 것이다. 그러나 기계론과 목적론 둘 모두 실재 그 자체인 운동을 지나쳐버릴 것이다. 어떤 의미에서 운동은 위치나 순서보다 그 이상의 것이다. 왜냐하면 그 불가분의 단일성 그대로의 운동을 하기만 하면, 그것으로서 차례로 무수한 위치 또는 그 순서를 아울러 얻을 수 있고, 그와 동시에 순서도 아니고 위치도 아니지만 어떤 본질적인 것, 즉 가동성(可動性)을 취할 수 있기 때문이다. 그러나 또 다른 의미로, 운동은 위치 내지는 이 위치 사이를 연결하는 순서보다 이하의 것이다. 점을 어떤 순서로 배열하기 위해서는 우선 순서를 생각해 보고 나서 점으로써 그 질서를 실현해야 되기 때문이다. 즉 끌어모으는 일과 지성이 필요한데, 손의 단일한 운동에는 그런 일과 지성은 전혀 포함되어 있지 않다. 손의 운동은, 인간적인 뜻으로는 지성적이 아니고, 요소들로 된 속성이 아니기 때문에 끌어모은 속성도 아니다. 눈과 시각과의 관계도 마찬가지다. 시각에는 눈을 구성하고 있는 세포들과 그 세포들 상호간의 배열 이상의 것이 있다. 이 의미에서는, 기계론과 목적론은 도달해야 할 곳까지 못 갔다. 그러나 다른 의미에서, 기계론과 목적론은 너무 멀리까지 가 있다. 그 두 학설은 헤라클레스의 가장 힘든 작업을 자연에게 할당하여, 복잡한 수많은 요소들을 조립하고 하나의 행위를 만들게 했는데, 사실 자연(자연의 어머니)은 눈을 만들 때 내가 손을 올리는 것 이상의 수고는 하지 않는다. 자연의 단순한 행위는 자동적으로 수많은 요소로 나뉘고, 사람들은 그것을 같은 목적을 향해 배열되어 있듯이 보았던 것이다. 그것은 마치 손의 운동이 수많은 점들을 거쳐 갔는데, 나중에 살펴보니 그런 점들이 같은 방정식을 성립시키더라 하고 주장하는 식이다.

그러나 이해하는 데 상당히 힘든 점이 바로 그것이다. 왜냐하면 우리는 유기조직을 제작품과 같이 생각할 수밖에 없기 때문이다. 그러나 제작과 유기화는 별개의 작업이다. 전자의 작업은 인간에게만 있다. 그 요점은 재료를 여러 부분으로 재단해서 그 하나가 다른 것에 꼭 들어맞게 맞추어 거기서 공동작용을 얻도록 하는 일이다. 이때 인간은 그 관념적인 중심이 되어 있는, 이른바 행동의 주위에 그 부분들을 배치한다. 결국 제작은 주변에서 중심으로 향하는 조립이고, 또는 철학자 식으로 말한다면 다수에서 하나로 진행되는 조립이다. 이에 반하여, 조직화(유기체의 조직화) 작업은 중심(핵)에서 주변으로 향(확장)한다. 그것은 거의 수학적인 점에서 시작하여 이 점 주위에 동심원의 파장을 계속 확대시키며 파급해간다. 제작의 작업은, 재료의 분량이 많으면 많을수록 그만큼 더 효과적이다. 그 방법은 집중과 압축으로 이루어진다. 반면 유기조직화의 작업에는 어딘지 폭발적인 면이 있다. 그래서 출발 단계에서는 가능한 한 작은 장소와 최소한의 재료만 있어도 된다. 유기화하는 힘은 간단히 공간에 들어가 버렸다고 여겨질 정도로 조금밖에는 보이지 않는다. 배(胚)의 생명을 발전 과정으로 움직이게 하는 정자는 유기체 중에서도 가장 작은 세포의 하나로, 더욱이 실제로 이 작용(유기화)을 담당하는 것은 그 정자의 극히 일부분에 지나지 않는다.

그렇기는 하지만 그런 것들은 표면적인 차이에 지나지 않는다. 이 차이를 들추어 파보면, 보다 뿌리깊은 하나의 차이가 발견될 것이다.

제작품은 제작이라는 작업의 형식을 그린다. 이는 제작자가 작업에 투입한 만큼의 것을 자기 생산품에서 찾아낸다는 의미이다. 그는 기계를 만들 때 분리된 부품 하나하나를 조립할 것이다. 완성된 기계에서는 부분품과 그 집합 모두 보일 것이다. 결과의 총화는 작업 전체를 나타내고, 작업의 각 부분은 결과의 한 부분에 대응한다.

　그런데 실증과학은 유기화를 제작과 동류의 작업이라고 간주하여 일을 처리할 수 있고, 또 그렇게 해야만 한다. 이 점은 나도 인정한다. 이러한 조건에 설 때에 한해서만 실증과학은 유기체를 다룰 수 있을 것이다. 사실 그 과학의 목적은 사물의 참모습을 우리에게 공개하려는 것이 아니고, 사물에 대한 최선의 작용 방법을 우리에게 제공하려는 것이다. 그런데 물리학과 화학은 이미 학문으로서 성장해 있다. 살아 있는 물질은 기껏해야 물리학이나 화학의 절차에 포함되는 정도로 우리의 행위에 응해 준다. 그러므로 유기체를 과학적으로 연구할 수 있기 위해서는, 우선 유기체를 기계와 동일하게 취급해 보아야 한다. 세포는 기계의 부품이고, 유기체는 그 기계부품의 조합이다. 그리고 부품을 조립한 하나하나의 작업은 전체를 조직한 작업 그 자체의 실질적인 요소이다. 이것이 과학의 견해이다. 생각건대 철학의 견해는 그와 전혀 다르다.

　내 생각에, 유기적으로 조직된 기계 전체(완성 기계의 기능)는 엄밀히 말해서 조직자의 작업 전체를 훌륭히 나타내고 있으나(그것은 대략 그렇다는 말이다), 기계의 부분(부품 각각의 기능)은 작업의 부분에 대응하지 않는다. 왜냐하면 그 기계의 물질성(완성된 총체)은 사용된 모든 수단들의 총체를 보여주는 것이 아니라, 단지 극복된 장애의 총체를 보여주기 때문이다. 따라서 우리가 보는 사물들의 모습(완성된 모습)은 긍정적인 실재라기보다는 오히려 부정적인 실재(극복하여 나타난 실재)이다. 이러한 까닭으로 이전의 연구에서 보인 바와 같이, 시각은 우리의 시력이 미치지 않는 수많은 사물에도 똑바로 닿을 수 있는(더 유능한) 능력을 본래는 가질 수 있었을 것이다. 그러나 그러한 시각은 행동으로 계속 연장되지는 않는다. 그것은 유령에게는 적용될지 몰라도 살아 있는 사람에게는 적합하지 않을 것이다. 생물의 시각이란, 생물이 작용할 수 있는 사물에만 한정된 유효한 시각이다. 그것은 운하로 집중된 시각이고, 시각장치는 단순히 운하 준설 작업을 표상할 뿐이다. 이제 시각장치의 창조는 해부학적인 요소의 조립으로만 설명될 수 없다. 그것은 흙을 운반하여 운하의 둑을 만들어도 운하를 뚫는 데 대한 설명은 되지 않는 이치와 마찬가지이다. 기계론의 주장은 흙이 한 수레씩 운반되었다고 말할 것이다. 게다가 목적론은 흙이 아무 데나 적당히 뿌려진 것이 아니고, 일꾼들이 하나의 계획에 따라 뿌렸다고 덧붙일 것이다. 그러나 운하는 전혀 다른 방법에 따라 만들어진 것이고 보면, 기계론과 목적론은 둘 다 착각하고 있을 뿐이다.

더 정확을 기하기 위해, 자연이 눈을 만드는 절차를 우리가 손을 드는 단순한 행동과 비교해 보았다. 앞에서는 손이 아무 저항도 받지 않는다고 가정했다. 이번에는 손이 공기중을 움직이는 대신, 쇳가루를 뚫고 지나가야만 한다고 가정해보자. 그리고 이때 그 쇳가루는 내가 앞으로 나감에 따라 압축되어 저항한다고 가정하자. 어느 순간 손은 힘이 빠져 버리고, 바로 그 순간에 쇳가루는 어느 일정한 형태로, 즉 움직임을 멈춘 손과 팔의 일부 형태대로 나란히 정돈되어 있을 것이다. 지금 손과 팔은 보이지 않는다고 가정하자. 보고 있는 사람은 쇳가루 그 자체에서 그리고 산더미로 쌓인 쇳가루 자체 내부의 힘에서 그 정돈(손과 팔 모양대로 정돈된 쇳가루 상태)의 이유를 찾으려고 할 것이다. 어떤 사람은 각 입자의 위치를, 주변의 입자들이 그에 미치는 작용으로 설명하려고 할 것이다. 그래서 이제 그 사람은 기계론자가 된다. 나머지 사람들은 전체적인 계획이 기본적인 동작의 세부까지 좌우하였다고 볼 것이다. 그 사람들은 목적론자들이다. 그러나 사실은 알다시피, 다만 이 현상과 나눌 수 없는 한가지 행동, 즉 쇳가루를 빠져나가는 손의 움직임이 있었던 것에 지나지 않는다. 입자의 운동이 보여주는 무궁무진한 세부들은 입자의 마지막 배열 순서와 함께, 말하자면 이 불가분한 운동을 소극적으로 표현하고 있는 것이다. 즉 그것은 저항의 총체를 나타낸 형태일 뿐이지, 적극적인 낱낱의 작용을 종합한 것은 아니다. 그러므로 (입자의 배열을 '결과'라 부르고, 손 운동을 '원인'이라 부르면) 상황에 따라서는 결과의 전체가 원인의 전체에 의해서 설명된다고 말할 수 있을 것이다. 그러나 결과의 어떤 부분부분이 원인 부분부분에 일일이 대응하여 답해주는 일은 결코 없을 것이다. 다시 말하면 기계론도 목적론도 여기서는 논할 바가 못 되고, 어느 독특한 설명법에 도움의 손길을 구해야만 되는 것이다. 그런데 우리가 제시한 가설에서, 시각과 시각 장치와의 관계는 손과 쇳가루 더미의 관계와 같다. 쇳가루 더미가 손 운동을 그려내고 운하를 트고 한정하는 것이다.

손의 노력이 뚜렷할수록 그만큼 손은 쇳가루에 깊이 틀어박히게 된다. 그러나 어느 점에서 손이 멈춰도 쇳가루는 그 순간 즉시 자동적으로 서로 간에 균형을 잡고 정돈된다. 마찬가지 현상이 시각과 그 기관에 대해서도 성립된다고 말할 수 있다. 눈에 보이는 그대로일 뿐인 불가분한 작용이 점점 진전될 때, 그 진전 과정에서는 기관의 물질성이 많은 수의 요소들의 상호협조에 의해 서로 구성되고 있다. 그런데 이 요소들의 질서(순서)는 언제나 완전무결하게 된다. 그 질서는 부분적일 수 없다. 다시 한 번 말하지만 현실적 생성과정을 통해서 그 질서(순서)는 하나의 실체로서 탄생되었으므로 부분은 존재하지 않기 때문이다. 이 점은 기계론도 목적론도 다 같이 고려하지 않고 있었다. 우리가 눈과 같은 도구의 불가사의한 구조에 놀라는 것은, 우리 역시도 그 점에 대해 주의하지 않는다는 증거이다. 우리의 놀라움 밑바닥에는, 그러한 질서의 일부만이 실현될 수 있었고, 그 완전한 실현은 하늘의 은총이라고 하는 생각이 언제나 있었던 것이다. 목적론자는 이러한 하늘의 은총을 목적인이라는 것으로서 단번에 조제한다. 기계론자는 자연도태의 작용에 의하여 그것을 조금씩 획득한다고 주장한다. 그러나 양쪽 모두 그 질서 속에서 무엇인가 적극적인 것을 발견하고, 결과적으로 그 원인 속에 완성할 수 있는 여러 등급을 포함하고 있는 분할 가능한 무엇이 있다고 본다. 사실상 원인이란, 그 강도의 대소는 있으나, 완성한 모습 전체로밖에는 결과를 만들지 못한다. 그 원인이 시각의 방향을 따라 멀리까지 나가고 안 나감에 따라, 하등 유기체의 단순한 색소 덩어리나 세르풀라(환형동물의 일종)의 원시적인 눈 또는 알키오파(환형동물의 일종)의 이미 분화된 눈이 될 수도 있으며, 조류의 놀랄 만큼 완성된 눈이 될 수도 있다. 그러나 이들 기관의 복잡성이 모두 같지는 않아도, 그 나타내는 배열은 반드시 하나밖에 없다. 그러므로 두 종(種)의 동물이 서로 아무리 떨어져 있어도 각자의 시각으로 향한 행군이 같은 지점까지 도달해 있으면, 둘 모두 같은 시각기관을 갖출 것이다. 기관의 형태는 기능이 어느 정도로 이루어져 있는가를 나타낼 뿐이기 때문이다.

그러나 시각으로의 행군이라고 하면, 낡은 목적론의 개념으로 되돌아가는 것은 아닐까? 이 행군이 도달목표에 대한 의식적이거나 무의식적인 구현을 요구한다면 위 말이 맞을 것이다. 그러나 사실 시각은 생명의 근원적 약동을 원동력 삼아 행군하며, 그 발걸음은 그 약동 자체에 뿌리를 두고 있다. 그러므로 진화의 독립적인 여러 갈래의 선상에 같은 행군(행군 모습)이 인정되기도 하는 것이다. 그렇다면 이 행군이 어째서 또 어떻게 거기에 포함되는가? 누가 이렇게 질문한다면, 나는 생명이란 무엇보다도 우선 무생물에 작용하는 경향이라고 대답하겠다. 그 작용의 방향은 물론 미리 정해진 것은 아니다. 그런 까닭으로 생명은 진화하는 도중 예측도 할 수 없는 다양한 형태를 흩뿌린다. 이 작용은 항상 정도에 따라서 우연적 성격을 띠고 있다. 여하튼 선택의 여지가 거기에 포함되어 있다. 그런데 선택을 하려면 전제로서, 가능한 행동 몇 가지가 그에 앞서 표상되어야 한다. 즉, 행동의 여러 가지 가능성이 그 행동 이전에 생물을 위해 보여야만 한다. 시각을 통한 지각은 바로 그런 것에 지나지 않는다.*48 물체의 시각적인 윤곽은 그 물체에 대한 우리의 가능한 행동의 스케치이다. 그리고 보면 시각은 여러 강도로 여러 동물에게서 발견된다. 그리고 같은 강도에 도달한 곳에서는 같은 구조의 복잡성을 보여줄 것이다.

이제까지 우리는 구조상의 유사점 일반에 대해서 특히 눈을 예로써 강조하였다. 한편으로는 기계론에 대해서 또 한편으로는 목적론에 대해서 우리의 태도를 분명히 정해야만 되었기 때문이다. 이제 남은 일은 이 태도를 있는 그대로 보다 확실하게 기술하는 작업이다. 진화의 서로 다른 결과를 예상하면서 그 작업을 지금부터 하고자 한다. 단지 이번에는 유사성을 보이기보다는 그들 서로 간의 보충적인 면을 중심으로 고찰하려고 한다.

<주>

*1 《물질과 기억(*Matière et mémoire*)》, Paris, 1896, chaps. II et III.

*2 칼킨스(Calkins), 《원생동물의 생활사 연구(*Studies on the life history of Protozoa*)》, *Arch. f. Entwickelungsmechanik*, vol. XV, 1903, pp.139~186.

*3 세지윅 마이넛(Sedgwick Minot), 《어떤 노화현상에 대하여(*On certain phenomena of growing old*)》, *Proc. of the American Assoc. for the advancement of science. 39th meeting*, Salem, 1891, pp.271~288.

*4 르 당텍(Le Dantec), 《개체성과 개체론의 오류(*L'individualité et l'erreur individualiste*)》, Paris, 1905, p.84 et suiv.

*5 메치니코프(Metchnikoff), 《노쇠론(*La dégénérescence sénile*)》, *Année biologique*, III,

1897, p.249 et suiv. 같은 저자의 《인간의 본성(*La nature humaine*)》, Paris, 1903, p.312 et suiv. 참조.

＊6 루울(Roule), 《일반태생학(*L'embryologie générale*)》, Paris, 1893, p.319.

＊7 생물계열의 불가역성은 볼드윈(Baldwin)이 분명하게 밝혔다. 《발달과 진화(*Development and evolution*)》, New-York, 1902, 특히 p.327.

＊8 나는 《의식에 직접 주어진 것들에 대한 시론(*Essai sur les données immédiates de la conscience*)》(pp.140∼151)에서 이 점을 강조했다.

＊9 세아이유(Séailles)는 그의 명저 《예술의 천재(*Le génie dans l'art*)》에서, 예술은 자연의 연장이며 생명은 창조라는 이중의 테제를 상술하고 있다. 나는 여기서 후자의 명제를 기꺼이 받아들이겠다. 그러나 저자가 하는 말과 같이, 창조라는 것은 요소의 종합이라고 풀이해야만 할까. 그 요소가 이미 존재하는 경우, 그로부터 이루어진 종합은 몇몇 가능한 배열의 하나에 지나지 않으므로 잠재적으로 이미 주어져 있다. 초인간적인 지성이라면, 이러한 배열을 주위의 모든 가능성 중의 하나로서 미리 알아낼 수 있다. 이와 반대로 내 생각에, 생명의 영역에는 요소라는 것이 독립한 사상으로 존재하지 않는다. 요소는, 어떤 불가분의 과정을 정신으로부터 본 여러 가지 견해인 것이다. 그러므로 발달에는 근본부터 우연성이 있고, 먼저 있었던 것과 그 다음에 따라 오는 것과의 사이에는 약분이 불가능한 성질이 있으며, 결국 지속이 있게 된다.

＊10 부췰리(Bütschli), 《현미경적인 거품과 원형질에 대한 연구(*Untersuchungen über mikroskopische Schäume und das Protoplasma*)》, Leipzig, 1892, 1 re partie.

＊11 룸블러(Rhumbler), 《간접적인 세포 및 핵분열의 기계론적 설명의 시도(*Versuch einer mechanischen Erklärung der undirekten Zell und Kerntheilung*)》, Roux's Archiv, 1896.

＊12 베르톨트(Berthold), 《원형질의 기구에 대한 연구(*Studien über Protoplasmamechanik*)》, Leipzig, 1886, p.102.—르 당텍, 《신생명론(*Théorie nouvelle de la vie*)》, Paris, 1896, p.60에 제안된 설명 참조.

＊13 코프(Cope), 《유기체 진화의 일차적 요소들(*The primary factors of organic evolution*)》, Chicago, 1896, pp.475∼484.

＊14 모파스(Maupas), 《섬모충류에 대한 연구(*Études des Infusoires ciliés*)》, *Arch. de zoologie expérimentale*, 1883, 특히 pp.47, 491, 518, 549—비뇽(P. Vignon), 《상피세포의 일반세포학에 관한 연구(*Recherche de cytologie générale sur les épithéliums*)》, Paris, 1902, p.655. 적충류의 운동을 깊이 연구하고, 향성의 관념을 철저히 비평한 사람으로 최근에 제닝스(Jennings)가 있다. 《하등 유기체의 행태 연구에 관한 기여(*Contributions to the study of behavior of lower organisms*)》, Washington, 1904. 제닝스의 하등 유기체의 '행동 유형' 정의에서 보듯, 그것이 심리의 영역에 속함은 논의의 여지가 없다(pp.237∼252).

*15 윌슨(E. B. Wilson), 《세포의 발달과 유전(*The cell in development and inherit-nce*)》, New-York, 1897, p.330.

*16 다스트르(Dastre), 《생과 사(*La vie et la mort*)》, p.43.

*17 라플라스(Laplace), 《해석적 확률론 서설(*Introduction à la théorie analytique des probabilités*)》, *Oeuvres complètes*, vol. Ⅶ, Paris, 1886, p.6.

*18 뒤브아-라이몬트(Du Bois Reymond), 《자연 인식의 한계(*Über die Grenzen des Naturerkennens*)》, Leipzig, 1892.

*19 사실 오늘날의 신(新)생기론에는 두 면이 보인다. 한편에서는 순수한 기계론은 불충분하다고 주장하는데, 그 주장은 이를테면 드리쉬(Driesch)나 라잉케(Reinke)와 같은 과학자들로부터 제기되면 커다란 권위를 얻는다. 또 한편으로는, 이 생기론은 기계론과 중복된다는 가설이다(드리쉬의 〈엔텔레케이아(*entéléchies*)〉, 라잉케의 〈지배원리(*dominantes*)〉 등). 두 가지 면 중에 전자 쪽이 훨씬 의의가 깊다는 것은 논할 필요도 없다. 다음의 훌륭한 연구를 참조하라. 드리쉬 : 《형태발생학적 과정의 국소화(*Die Lokalisation morphogenetischer Vorgänge*)》, Leipzig, 1899 ; 《유기적 조절(*Die organischen Regulationen*)》, Leipzig, 1904 ; 《역사와 학설로서의 생기론(*Der Vitalismus als Geschichte und als Lehre*)》, Leipzig, 1905 및 라잉케 : 《사실로서의 세계(*Die Welt als that*)》, Berlin, 1899 ; 《이론생물학 입문(*Einleitung in die theoretische Biologie*, Berlin)》, 1901 ; 《식물철학(*Philosophie der Botanik*)》, Leipzig, 1905.

*20 게렝(P. Guérin), 《현화식물의 수정 지식의 현 단계(*Les connaissances actuelles sur la fécondation chez les Phanérogames*)》, Paris, 1904, pp.144~148. 들라주(Delage), 《유전(*L'hérédité*)》, 2ᵉ édition, 1903, pp.140 et suiv. 참조.

*21 뫼비우스(Möbius), 《작물의 번식학설에의 기여(*Beiträge zur Lehre von der Fortpflanzung der Gewächse*)》, Jena, 1897, 특히 pp.203~206. 아르토그(Hartog), 《재생현상에 관하여(*Sur les phénomènes de reproduction*)》, *Années biologiques*, 1895, pp.707~709 참조.

*22 폴 쟈네(Paul Janet), 《목적인(*Les Causes finales*)》, Paris, 1876, p.83.

*23 Ibid., p.80

*24 다윈(Darwin), 《종의 기원(*Origine des espèces*)》, trad. Barbier, Paris, 1887, p.46.

*25 베이트슨(Bateson), 《변이연구 자료(*Materials for the study of variation*)》, London, 1894, 특히 p.567 이하. 스콧(Scott), 《변이와 돌연변이(*Variations and mutations*)》, *American Journal of science*, November, 1894 참조.

*26 드 브리스(De Vries), 《돌연변이설(*Die Mutationstheorie*)》, Leipzig, 1901~1903. 《종과 변종(*Species and Varieties*)》, Chicago, 1905 참조.

*27 다윈, 《종의 기원》, p.198.

＊28 《종의 기원》, p.11 et 12.

＊29 털과 치아의 이러한 동족성에 대해서는 브란트(Brandt), 《모발과 이 사이에 추측되는 동족성에 관해서(*Über······ eine mutmassliche Homologie der Harre und Zähne*)》, *Biol. Centralblatt*, vol. XVIII, 1898, 특히 p.262 et suiv. 참조.

＊30 최근의 관찰로부터의 귀결은, 아르테미아의 변이는 처음에 믿었던 것보다 더 복잡한 현상인 듯하다. 이 문제에 관해서는 잠터(Sampter)와 하이몬(Heymons), 《아르테미아 살리나의 변이(*Die Variation bei Artemia Salina*)》, *Anhang zu den Abhandlungen der k. preussischen Akad. der Wissenschaften*, 1902 참조.

＊31 아이머(Eimer), 《나비류의 정향진화(*Orthogenesis der Schmetterlinge*)》, Leipzig, 1897, p.24, 《종(種)의 발생(*Die Entstehung der Arten*)》, Jena, 1888, p.53 참조.

＊32 아이머, 《종의 발생》, p.25.

＊33 아이머, Ibid., p.165 et suiv.

＊34 살렌스키(Salensky), 《이질배종(*Hétéroblastie*)》, *proc. of the fourth international Congress of Zoology*, London, 1899, pp.111~118, '이질배종'은 살렌스키가 만든 말로, 근친 관계에 있는 동물들에게 같은 위치에 대등한 기관이 형성되면서도, 이 기관의 태생학 상의 기원이 각각 다른 경우를 가리킨다.

＊35 볼프(Wolff), 《우로텔레에 있어서의 수정체의 재생(*Die Regeneration der Urodelenlinge*)》, *Arch. f. Entwickelungsmechanik*, 1895, p.380 et suiv.

＊36 피셸(Fischel), 《수정체의 재생(*Ueber die Regeneration der Linse*)》, *Anat. Anzeiger*, XIV. 1898, pp.373~380.

＊37 코프, 《최적자의 기원(*The origine of the fittest*)》, 1887 ; 《유기체 진화의 일차적 요소들》, 1896.

＊38 퀴에노(Cuénot), 《신진화론(*La nouvelle théorie transformiste*)》, *Revue générale des sciences*, 1894. 모르간(Morgan), 《진화와 적응(*Evolution and adaptation*)》, London, 1903, p.357 참조.

＊39 브라운-세카르(Brown-Séquard), 《척수 및 좌골신경의 어떤 종의 상해에 의한 간질에 관한 신연구(*Nouvelles recherches sur l'épilepsie due à certaines lésions de la moelle épinière et des nerfs rachidiens*)》, *Arch. de physiologie*, vol. II, 1869, p.211, 422 et 497.

＊40 바이스만(Weismann), 《유전론집(*Aufsätze über Vererbung*)》, Jena, 1892, pp.376~378 및 《진화론 강연집(*Vorträge über Descendenztheorie*)》, Jena, 1902, t, II, p.76.

＊41 브라운-세카르, 《우연적 원인에 의한 질환의 유전(*Hérédité d'une affection due à une cause accidentelle*)》, *Arch. de physiologie*, 1892, p.686 et suiv.

＊42 브와쟁(Voisin)과 페롱(Peron), 《간질환자의 소변의 독성(*Recherches sur la toxicité urinaire chez les épileptiques*)》, *Archives de neurologie*, vol. XXIV, 1892, et XXV, 1893.

브와쟁의 《간질(*L'épilepsie*)》, Paris, 1897, pp.125~133 참조.

*43 샤랭(Charrin), 들라마르(Delarnare), 무쉬(Moussu), 《조상에게 나타난 상해의 자손에의 유전에 관한 실험(*Transmission expérimentale aux descendants de lésions développées chez les ascendants*)》, *C.R. de l'Ac. des sciences*, vol. CXXXV, 1902, p.191. 모르간, 《진화와 적응》, p.257 및 들라주 《유전》, p.388 참조.

*44 샤랭과 들라마르, 《세포의 유전(Hérédité cellulaire)》, *C.R. de l'Ac. des sciences*, vol. CXXXII, 1901, pp.69~71.

*45 샤랭, 《질병의 유전(*L'hérédité pathologique-verses*)》, *Revue génárale des sciences*, 15 janvier 1896.

*46 지아르(Giard), 《진화 논쟁(*Controverses transformistes*)》, Paris, 1904, p.147.

*47 물론 그와 비슷한 예는 식물계에서 늘 지적되어 왔다. 블라랭겜(Blaringhem), 《종의 개념과 돌연변이설(*La notion d'espèce et la théorie de la mutation*)》, *Année psychologique*, vol, XII, 1906, p.95 et suiv. 드 브리스, 《종과 변종》, p.655 참조.

*48 이 문제에 관해서는 《물질과 기억》, chap. I 참조.

제2장
생명진화의 여러 갈래 방향
마비, 지성, 본능

생명이 그리는 궤도가 대포에서 쏘아올린 단단한 포탄이 그리는 것과 같은 단 하나의 곡선이라면, 진화의 운동은 간단한 현상이며 그 진화의 방향도 쉽게 밝혀볼 수 있을 것이다. 그러나 우리가 다루어야 할 문제는, 발사되자마자 폭발하여 파편으로 부서지는 유탄(榴彈)이다. 그리고 파편도 일종의 유탄이어서 이번에는 이 파편들이 폭발(서서히 이루어지는 변형이 아니라 어떤 전력을 기울인 순간의 힘에 의해 변형하는 폭발)하여 파편이 되며, 그 파편들이 다시 또 폭발하는 식으로 오랫동안 계속되어 왔다. 우리는 가장 몸 가까이에 있는 것, 즉 산산이 부서진 파편의 개별적인 운동 이외에는 지각하지 못한다. 우리는 이 운동을 기점으로 하여 본디의 운동에까지 거슬러 올라가야만 한다.

유탄이 폭발할 때 그 조각들이 파편화되는 특별한 방식은, 그 유탄에 들어 있는 화약의 폭발력과 그 힘에 대한 금속의 저항력에 의해 설명된다. 생명이 개체나 종(種)으로 갈라지는 경우도 그와 마찬가지이다. 그것은 두 가지 계열의 원인에서 기인한다고 생각된다. 생명이 천연물질에게서 받는 저항력과, 생명 내부의 폭발적인 힘이 그것이다. 이 폭발적인 힘은 여러 경향의 불안정한 균형 때문에 생겨나며, 생명의 사정거리는 이 힘의 내부에까지 이르러 있다.

우선 생각해야만 하는 장애물은 무기물질의 저항이다. 생명은 겸손이라는 수단을 써서 그 장애물을 피하고 있는 듯 보인다. 아주 작아지고 호의적으로 되어, 바로 철도의 방향전환기가 레일에서 분리되고자 할 때 레일의 달리던 방향으로 잠시 같이 가는 경우와 마찬가지로, 생명은 그 가던 길을 물리학적, 화학적 힘과 함께 조금 더 가는 일에 동의함으로써 성공(완만하고 적절한 힘을 획득)한 것이다. 생명의 가장 초보적인 형태에서 보이는 현상이 물리적이고 화학적인 것인지, 그렇지 않으면 이미 생명이 있는 것인지는 아직 말할 수 없다. 생명은 그렇게 마술에 걸린 자기의 물질을 차츰 그 다른 길(화학적 마술의 길)로 이끌고 가기 위해, 천연물질의 습성으로 몰입할 수밖에 없었던 것이다. 그러므로 최초에 나타난 생명 형태는 매우 단순한 것이었다. 그것은 아마도 거의 분화되지 않은 원형물의 작은 덩어리로서, 겉보기에는 오늘날 우리가 보는 아메바와 비슷하다. 그러나 그 생명은 가공할 만한 추진력을 지니고 있어서 그 작은 덩어리를 보다 고등한 생명형태로까지 끌어 올리게 되었다. 최초의 유기체들이 이 추진력에 의하여 가능한 한 크게 성장하려고 하였다는 사실은 있음직한 일이다. 그러나 유기물질의 팽창에는 더 이상 넘어설 수 없는 한계가 있다. 그것은 어떤 지점을 넘어서게 되면 팽창하기보다는 차라리 분열한다. 물론 생명이 이 새로운 곤란을 극복하는 데는 수세기 동안의 노력과 기적이 필요했을 것이다. 생명은 분열하려는 요소들의 수를 늘리면서도 그 통일을 잘 보존시켰다. 생명은 일을 분담함으로써 요소들 사이를 끊으려야 끊을 수 없는 끈으로 묶어 놓았다. 그리하여 복잡하고 불연속적인 유기체도, 연속적인 생물의 덩어리가 성장하던 때와 같은 기능을 발휘하게 되었다.

그러나 분열의 깊고 참다운 원인은 생명이 자기 자신 안에 품고 있던 것이었다. 왜냐하면 생명은 하나의 경향인데 경향의 본질은 다발 모양으로 전개되는 것이며, 게다가 이 경향은 성장하면서 그 방향을 부채꼴로 넓혀 생명의 약동을 여러 방향으로 나누기 때문이다. 우리의 성격은 어떤 특수한 경향이지만, 이러한 성격 발전에서도 그와 같은 현상을 관찰할 수 있다. 누구나 자신의 과거를 회고적인 눈길로 돌아보면, 여러 가지 성격이 서로 얽혀 있었다는 사실을 인정한다. 그 성격들은 자기 자신의 어린 시절 인격에 불가분한 속성이긴 하지만 말이다. 그러한 복합적인 성격이 융화될 수 있었던 까닭은, 그것이 생겨나는 과정에 있었기 때문이다. 이처럼 여러 가지 가능성을 지닌 미확정이라는 상태야말로 어린이가 지닌 최대 매력 가운데 하나이다. 그러나 서로 얽혀 있는 몇 가지 성격들은 성장하면서 서로 양립할 수 없게 되며, 우리 개개인 앞에는 다만 하나의 생애밖에 놓여 있지 않으므로 무언가를 선택할 수밖에 없게 된다. 사실 우리는 끊임없이 선택하고, 아울러 끊임없이 많은 것들을 버린다. 우리가 시간 속에서 추구하는 길에는, 대체로 우리가 되기 시작한 것이나 또는 될 수 있었던 모든 것의 잔재가 흩어져 있다. 그러나 무수한 생명을 좌우할 수 있는 자연은 그와 같은 희생을 치르지 않아도 된다. 자연은 성장하면서 나뉜 여러 가지 경향을 보존하고 있다. 그리하여 자연은 그 경향들을 부채꼴로 펼쳐진 온갖 종(種)의 계열로 만들어 내고, 또 각각 진화시킨다.

그러한 그들 계열은 모두 서로 다른 중요성을 지닐 수도 있다. 소설을 쓰기 시작하는 작가는 그 주인공에게 많은 요소를 부여하지만 계속 써나가면서 그것들을 포기하게 된다. 아마도 그는 나중에 포기한 것들을 끌어들여 다른 책에서 새로운 인물을 구성할 테고, 그 인물은 처음 인물에게서 뽑아냈다기보다는 차라리 보충적인 인물로 보일 것이다. 그러나 그러한 인물은 거의 언제나 본디 인물에 비하여 어떤 불완전한 면을 지닌다. 생명의 진화에서도 마찬가지이다. 진화의 길에는 나뉘어 갈리는 현상들이 무수히 일어났지만, 두세 개의 줄기를 제외하고는 모두 막다른 골목이었다. 그중에서 척추동물을 거쳐 인류에까지 진화해온 길만이 생명의 크나큰 입김을 자유롭게 드나들게 할 만큼 넓었다. 예컨대 꿀벌류나 개미류의 사회를 인간사회와 비교해 보면 이러한 인상을 받게 된다. 전자(꿀벌, 개미류)는 매우 훌륭한 규율 아래 통일되어 있지만, 형태가 굳어져 있다. 후자(인간 사회)는 모든 진보에 대해 개방되어 있지만, 분열되어 있고 자기 자신과 끊임없는 투쟁을 계속하고 있다. 가장 이상적인 형태는 항상 진보하며 항상 균형을 유지하는 사회겠지만, 이러한 사회는 아마도 실현될 수 없을 것이다. 왜냐하면 상호보충적이기를 원하는 두 특성들이 발생 상태에서는 실제로 그렇게 서로 보충적이었겠지만, 점차 저마다의 성격이 뚜렷해짐에 따라 양립할 수 없게 되기 때문이다. 사회생활에 대한 충동을 비유가 아닌 다른 방법으로 설명한다면, 그 충동의 주력은 인류에 다다르는 진화노선에 집중되었고 그 충동의 나머지 힘은 막시류에 이르는 진화 선상에 모였다. 그리하여 개미류와 꿀벌류의 사회는 우리의 사회와 보완적인 모습을 보여준다. 그러나 이것은 하나의 표현 양식에 지나지 않을 뿐, 사회생활을 하고 싶은 특별한 충동이라는 힘은 애초에 존재하지 않았다. 단지 생명의 일반적인 움직임이 존재할 뿐이다. 그 움직임은 여러 가지 다른 노선들 위에 항상 새로운 형태를 창조한다. 그러한 노선들 중에서 두 가지 노선상에 사회가 나타난다면, 그 사회들은 동일한 약동과 동시에 노선의 서로 다름을 보여주어야 할 것이다. 그럼으로써 그 사회들은 우리가 막연하게나마 상호보완적이라고 하는 그 두 가지 계열의 성격을 발전시킨다.

따라서 우리는 진화운동의 연구에서, 몇 가지 다른 진화 방향을 식별해내고 그 저마다의 방향에서 일어난 사실의 중요성을 평가하며, 한마디로 분리된 경향의 성격을 밝히고 그 양을 정해야 할 것이다. 그리고 그러한 경향을 서로 결합시키면, 그들의 약동이 배출시킨 불가분적 동력원리의 근사치나 그와 닮은꼴을 얻게 될 것이다. 즉, 우리는 진화에서, 기계론이 주장하는 바와 같은 환경에 대한 일련의 적응과는 전혀 다른 적응에 의한 진화를 발견하고, 또한 목적론의 이론이 바랄 만한 전체적인 계획의 실현과도 전혀 다른 진화의 모습을 볼 수 있을 것이다.

진화의 필요조건이 환경에의 적응이라는 사실에 대해 우리는 전혀 이의가 없다. 종(種)이 주어진 생존조건에 적응하지 못할 때 소멸한다는 사실은 너무나도 당연하다. 그러나 진화 과정에서 고려해야 할 강력한 요소가 외부환경이라고 인정하는 주장과, 그 외부환경이 진화의 주도적인 원인이라는 주장은 전혀 다르다. 후자는 기계론의 주장이다. 기계론은 근원적인 약동의 설, 즉 생명으로 하여금 차츰 복잡한 형태를 취하게 하면서 점점 고차원적 사명으로 그것을 이끌어가는 어떤 '내적 추진력'의 가설을 배제한다. 그러나 이 약동은 뚜렷한 힘이어서, 화석의 종을 한 번만 보아도 알 수 있다. 생명이 원시적인 형태 속에서 마비되는 안이한 길을 택했더라면 진화는 일어나지 않았거나 또는 제한된 범위 안에서만 일어났을 터이다. 어떤 유공충류는 고대 실루리아기 이래로 변화하지 않았다. 여관자속(女冠者屬, Lingules)은 지구를 격동시킨 바 있는 수많은 혁명들을 무감각하게 목격하면서 오늘날에도 고생대의 최고기에 있던 그대로 있다.

사실 적응은 진화운동의 우여곡절을 설명하지만, 그 진화운동의 일반적인 방향이나 진화운동 그 자체는 설명하지 못한다.[*1] 마을로 가는 길은 올라가기도 해야 하고 내려가기도 해야 하며, 또 그 길은 땅의 오르내림에 적응해야 한다. 그러나 지면의 오르내림은 그 길의 원인이 아니며, 그 길이 가고자 하는 방향을 부여해준 것도 아니다. 그 기복은 길에 딸린 땅 그 자체를 매순간 도로에게 제공하면서 영향을 주는 불가분의 존재다. 그러나 만약에 그 도로 전체만을 염두에 두고 각 부분 따위는 고려하지 않는다면, 지형의 기복은 이미 방해의 요인이거나 또는 지연의 원인으로밖에는 보이지 않는다. 왜냐하면 도로는 단지 그 마을을 목표로 삼고 일직선이 되고자 했기 때문이다. 이러한 사실은 생명의 진화와 그 진화과정이 거쳐 지나야 하는 환경에 대해서도 마찬가지이다. 다만 진화가 단일로를 그리지는 않는다는 사실과 또한 어떤 방향을 따라가기는 하지만 뚜렷한 목표를 향해 가지는 않는다는 사실, 그리고 결국 생명은 적응에 있어서까지도 창의적이라는 사실 등이 다르다고 하겠다.

그러나 생명의 진화가 우연적 환경에 대한 일련의 적응과 다르다 해도, 그것은 어떤 계획의 실현도 아니다. 계획은 사전에 주어지며, 세부적으로 실현되기 이전에 표상되거나 아니면 적어도 표상될 수 있다. 그 계획의 완전한 성취는 먼 미래로 미루어지거나 무한히 늦어질 수도 있지만 그럼에도 불구하고 현재 주어진 용어를 써서 그러한 구상을 명백히 하는 일이 가능하다. 오히려 그와 반대로 진화가 끊임없이 새로워지는 창조라고 한다면, 이 진화의 반복적 창조에 의해 점차적으로 생명형태가 창조될 뿐만 아니라, 지성이 생명을 이해할 수 있도록 해주는 관념과 생명을 표명하는 데 쓰일 수 있는 용어도 함께 창조된다. 말하자면 진화의 미래는 현재를 넘어서고, 그 윤곽도 그리기 힘들다.

바로 여기에 목적론의 첫 번째 오류가 있다. 이것은 보다 중대한 다른 오류를 낳는다.

만약에 생명이 계획을 실현한다면, 생명은 앞으로 나아갈수록 점차 더욱 고도의 조화를 나타내게 된다. 이를테면 집은 돌을 점점 많이 쌓아올림과 동시에 차츰 건축가의 의도를 보다 구체적으로 그려낸다는 이치와 같다. 그런데 이와 반대로, 생명의 통일성이 전적으로 생명을 시간 위의 길에서 앞으로 밀어주는 약동에 의해 이루어진다고 하는 경우에, 조화는 전면에 있지 않고 후면에 있다. 통일은 배후의 힘으로부터 나온다. 그 통일성은 맨 처음에 추진력 역할을 하는 것이지, 마지막에 위치하여 끌어 당기는 역할을 하는 것이 아니다. 약동은 전파됨과 동시에 점점 분할된다. 생명은 진보함에 따라 여러 가지 형태로 산재되어 있다. 그러다가 어떤 여러 국면에 처했을 때, 그 분산된 생명들은 그들 본디의 상호보완적 속성을 발휘하여 의심할 바 없이 공동체를 형성하기에 이른다. 그러나 이때 그 산재해 있던 생명들은 서로 여전히 적대적이며, 절대 호환적으로 양립하고 있지 않다. 그리하여 종(種)들 서로간의 부조화는 점점 더 커진다. 그런데 이제까지 우리는 아직 본질적인 원인성밖에 지적하지 않았다. 보다 간단하게 하기 위하여 우리는 각각의 종이 자신에게 주어진 추진력을 받아들여 그 본질적 원인성을 다른 종에게 전하고, 또한 생명이 진화하는 모든 방향에 있어서 전파는 직선적으로 행하여지는 것이라 가정했었다. 그러나 실제로는 진화하다가 멈춰버리는 종(種)도 있고, 오히려 뒤로 돌아가는 종도 있다. 진화란 앞을 향한 움직임만이 아니다. 어느 한자리에서 제자리걸음하고 있는 것을 관찰해 보면, 대부분이 탈선하거나 후퇴하는 현상을 흔히 볼 수 있다. 나중에 설명하겠지만 진화란 실제로 그렇게 될 수밖에 없는 면이 있다. 진화운동을 분화시키는 원인들은 생명으로 하여금 진화하는 도중에 자기 자신이 방금 만들어낸 형태를 보고 정신을 빼앗기게 한다. 그러나 그로부터 무질서가 점점 증대하게 된다. 만일 진보 의미가, 최초의 추진력이 정하는 전반적인 방향으로 계속 진행되는 것이라면, 아마도 진보가 있다고 할 수 있을 것이다. 그러나 이러한 진보는 점점 고등한 형태가 부각되는 두세 가지 커다란 진화 노선상에서만 완성된다. 이 노선들 사이에는 수많은 샛길이 뻗어 있는데, 거기에서는 반대로 탈선, 정지, 후퇴가 증가한다. 각각의 세부가 전체적인 계획에 결부되어 있었다는 가설을 원칙으로 세웠던 철학자라면, 사실들을 검토할수록 점점 더 큰 환멸에 빠질 것이다. 그는 모든 문제들을 똑같은 수준에 놓고 보았기 때문에 전에는(계획된 변이만을 생각하고) 우연(우연한 변이)을 고려하지 않았으나, 이번에는 모든 것을 우연이라고 믿게 된다. 그는 지금까지와 반대로 우연에 큰 비중을 두고 연구를 시작해야 한다. 자연계에서는 모든 것이 잘 짜여 있지 않다는 사실을 인정해야 한다. 그럼으로써 사람들은 부조리가 결정되는 중심을 어느 정도 결정할 수 있게 될 것이다. 그리고 이 결정은 나머지 부분을 분명하게 할 것이다. 즉, 생명이 본원적 추진력을 발전시키면서 움직이는 주요 방향이 눈에 띄게 될 것이다. 물론 어떤 계획의 자세하고 구체적인 실현을 사실은 목격할 수 없다. 그곳에는 계획의 실현보다 더 많고 더 좋은 실마리가 있다. 계획이란 작업에 지정된 목표이다. 다시 말하면, 그것은 자신이 미래의 모양을 그리면서 미래를 닫는다. 이와 반대로, 생명의 진화 앞에는 미래의 문이 활짝 열려 있다. 그것은 자신이 운동하기 시작한 순간의 힘으로 끊임없이 계속되는 창조이다. 이 운동에 의해 유기적 세계의 통일이 이루어진다. 이 통일은 참으로 무한히 풍부한 통일이며, 어떤 지성이 상상할 수 있는 이상의 (신비한) 통일이다. 왜냐하면 지성은 이 운동의 한 모습이자 하나의 산물에 지나지 않기 때문이다.

그러나 방법을 정의하기란 그 방법을 응용하기보다 쉬운 일이다. 우리가 생각하는 바와 같은 과거의 진화운동에 대한 완전한 해석은, 유기적 세계의 역사가 완성되기 전에는 불가능하리라. 그와 같은 결과가 이루어지기까지는 아직 까마득하다. 여러 가지 종(種)에 대하여 거론되고 있는 계통도는 대개의 경우 의심스럽다. 그 계통설은 제창자에 따라 그리고 그 제창을 생각해낸 이론적인 견지에 따라 다르므로 과학의 현재 상태로는 해결할 수 없는 논쟁을 유발한다. 그러나 그 여러 가지 해결을 서로 비교해 보면, 논쟁은 주된 줄기보다는 오히려 잔가지들에 관계되고 있음을 알게 된다. 주된 줄기를 주시하는 한, 우리는 결코 방향을 잃지 않을 것이다. 실제로 우리에게 중요한 요점은 그뿐이다. 우리의 목적은 박물학자처럼 여러 종(種)의 잇따르는 순서를 찾아내는 일이 아니라, 다만 그들이 진화하는 주요한 방향을 정하는 일이기 때문이다. 그렇다 하더라도, 그러한 방향이 모두 우리에게 같은 정도의 관심을 끌지는 않는다. 특히 우리의 마음을 점하는 것은 인류에게로 이르는 길이다. 그러므로 여러 진화 노선들을 주시하면서, 우리가 연구해야 할 문제가 동물계 전체와 인류의 관계 및 유기적 세계 전체에 있어서의 동물계 지위를 결정하는 일임을 잊어서는 안 된다.

먼저 두 번째 문제부터 시작하자면, 동물과 식물을 구별할 수 있는 뚜렷한 특성은 없다는 전제부터 하겠다. 이 두 세계를 엄격하게 정의하려고 한 시도들은 언제나 실패했다. 식물 생명의 특성은 어떤 특성이든 간에 정도의 차이는 있으나 동물 생명에서도 찾아볼 수 있으며, 동물의 특유한 특징도 어느 것이든 식물계의 종에게서 관찰되지 않은 것이 없다. 그러므로 엄밀성을 내세우는 생물학자들이 주장하기를, 이 두 세계 간의 구별이 인위적이라고 한 점을 이해할 수 있다. 만일 수학과 물리학에서와 같이, 정의된 대상만 소유하고 다른 대상들은 소유하지 않는 어떤 고정적 속성에 의하여 정의된다면 그들의 주장이 옳을지도 모른다. 그러나 우리 생각에는 생명과학에 적합한 종류의 정의는 그와 크게 다르다. 생명의 형태들 중에서 다른 형태들 대부분의 본질적인 특성을 원초적인 형태로, 잠재적으로든 실질적으로든 내포하지 않은 생명 형태는 거의 없다. 차이가 있다면 그 비율이다. 그러나 그런 차이가 우연이 아니라면, 그리고 그 집단이 진화함에 따라 차차 그들의 특별한 특징이 강화되는 경향이 있다고 입증할 수만 있다면, 그러한 차이가 생기는 집단을 충분히 정의할 수 있다. 요약하면 집단의 정의는, 이미 어떤 특징을 지니고 있다는 사실을 토대로가 아니라 그들의 특징을 강화하는 어떤 경향에 의하여 정해질 것이다. 만약에 이러한 관점에 입각하여 상태보다도 경향 쪽을 더 고려한다면, 식물과 동물은 명확한 방법으로 정의되고 구분될 테고, 그들은 생명의 두 가지 상반되는 발전에 잘 대응된다는 점이 밝혀질 것이다.

이러한 상반성은 우선 영양 섭취 방식에서 뚜렷하게 나타난다. 알려진 바와 같이, 식물은 생명을 유지하는 데 필요한 성분, 특히 탄소와 질소를 공기나 물, 흙으로부터 직접 섭취한다. 즉 그 성분들을 광물의 형태로 취한다. 그에 반하여 동물은, 그 원소들이 식물이나 다른 동물을 통해 유기물질 속에 고정되어 있지 않으면 섭취할 수 없다. 또 그 다른 동물도 그러한 원소를 직접 또는 간접적으로 식물에게서 얻는 처지이므로, 결국 동물에게 영양을 주는 당사자는 식물이 되는 셈이다. 물론 이러한 법칙에서 벗어나는 식물들도 상당수에 달한다. 우리는 끈끈이주걱·끈끈이대나물·벌레잡이제비꽃 같은 식충식물을 주저하지 않고 식물로 분류한다. 한편 균류는 식물계에서 그처럼 무시하지 못할 위치를 점하고 있으면서도 동물들처럼 영양을 섭취한다. 효모나 부생(腐生)식물, 기생식물은 모두 이미 형성되어 있는 유기물질로부터 양분을 취한다. 그러므로 어떤 경우라도 식물이냐 동물이냐 하는 문제를 자동적으로 규정하는 고정적인 정의를, 이러한 영양 섭취 방식의 차이에서 유도해 낼 수는 없을 것이다. 그러나 이러한 차이는, 식물과 동물이 발달해 나간 방향이 다름을 보여준다는 점에서, 이 두 세계의 동적인 정의의 발단을 제공할 수는 있다. 자연계에 놀랍도록 많이 퍼져 있는 균류가 진화하지 못한 사실은 주목할 만한 점이다. 균류를 만드는 조직은 유기적으로 볼 때, 고등

식물에 있어서 새로운 개체가 배(胚)에서 발달하기 전에 알의 배낭 가운데 형성되는 것 이상으로 자라지 못한다.[*2] 그것은 식물계의 발육부전식물이라 할 수 있다. 그들 여러 가지 종(種)은 마치 식물류가 보통 택하는 영양섭취법을 포기함으로써 식물진화의 대로에 멈춰 서 있는 것처럼 보인다. 끈끈이주걱이나 끈끈이대나물을 비롯한 식충식물은 일반적으로 다른 식물과 마찬가지로 뿌리에서 양분을 섭취하며, 녹색 부위에서 대기중에 포함되어 있는 이산화탄소의 탄소를 고정시킨다. 곤충을 잡아 먹고 소화시키는 능력은, 나중에 토지가 너무 메말라서 그들이 충분한 양분을 공급 받지 못하게 된 전혀 예외적인 상황에서 생겨났을 것이다. 특징의 존재보다는 오히려 그 특징이 발전하는 경향에 주의를 기울이고, 진화가 어느 경향을 따라 끊임없이 계속되면서 생겨났을 때 그 경향을 본질적인 경향이라고 본다면, 식물은 대기·흙·물에서 직접 광물원소를 흡수하여 그 성분들을 가지고 유기물질을 만들어내는 능력을 갖추었다는 점에서 일반적으로 동물과 다르다고 할 수 있다. 그러나 이와 같은 차이는 별도의 보다 깊은 차이와 결부된다.

　동물은 어디에나 있는 탄소와 산소를 직접 고정시킬 수 없으므로, 그와 같은 영양분을 섭취하기 위해서 이미 그러한 원소를 고정하고 있는 식물 또는 식물계로부터 그러한 원소를 얻고 있는 동물을 찾아야만 한다. 따라서 동물은 필연적으로 움직이도록 되어 있다. 물방울 속에 흩어져 있는 유기물을 얻기 위해 위족(僞足)을 여기저기 뻗는 아메바에서부터, 먹이를 탐지하기 위한 감각기관과 그 먹이를 포획하기 위한 운동기관, 그리고 자신의 운동을 감각에 맞추어 조정하기 위한 신경계통 등을 지닌 고등동물에 이르기까지, 동물적 생명은 그 일반 방향에서 말한다면 공간 안에서의 운동성으로 특징지을 수 있다. 가장 원시적인 형태에서, 동물은 원형질의 작은 덩어리로서 겨우 단백질의 엷은 막으로 싸여 있기 때문에 변형이나 운동을 자유자재로 한다. 이에 반하여 식물의 세포는 셀룰로오스 막으로 싸여 있어 움직이지 못한다. 식물은 이동할 필요가 없고 자기 주위의 대기나 물, 흙에서 광물원소를 찾아내어 직접 자기 것으로 만들 수 있기 때문에, 식물계에서는 하등식물에서 고등식물에 이르기까지 점차 정착하는 습관이 모두에게서 발견된다. 물론 운동 현상은 분명히 식물계에서도 관찰할 수 있다. 다윈은 덩굴풀의 운동에 대하여 훌륭한 책을 쓴 바 있다. 그는 끈끈이주걱과 끈끈이대나물 같은 식충식물이 먹이를 얻는 작업에 대해 연구했다. 우리는 아카시아나 미모사 등의 잎의 운동을 잘 알고 있다. 또한 그 밖에 식물의 원형질이 그 막의 내부에서 왔다 갔다 하는 현상은 동물의 원형질과의 친족성을 증명해 준다. 그와는 반대로 여러 동물의 종(種, 보통은 기생충)에 있어서는 식물의 경우와 비슷한 고착현상을 볼 수 있다.[*3] 고착성과 운동성이라는 두 가지 특징에 의하여 지금 여기에 있는 생물체가 식물인지 동물인지를 알 수 있다고 주장한다면, 우리는 또다시 잘못을 저지르게 될 것이다. 그런데 동물의 경우 고착성은 종(種)이 처한 마비 상태로서, 어느 방향으로 더 멀리 진화하기를 거부하는 상태처럼 나타나는 경우가 상당히 많다. 그 동물의 고착성은 기생생활과 흡사하며 식물생명을 연상시키는 특징을 곁들이고 있다. 한편 식물의 운동은 동물의 운동과 같은 횟수나 다양성을 지니고 있지 않다. 운동에 관계가 있는 것은 보통 유기체의 일부분에 지나지 않으며, 그 운동성이 모든 유기체에 미치는 일은 없다. 막연한 자발성이 식물에 나타나는 예외적인 경우를 보면, 평소 잠들어 있던 활동성이 우연히 눈뜨게 되는 것을 목격한다는 느낌을 받는다. 간단히 말해 운동성과 고착성이 동물계와 식물계에 공존한다 하더라도 그 비중은 확연히 달라서, 식물계에서는 고착성이 동물계에서는 운동성이 압도적이다. 이 상반되는 두 경향들이 진화를 이끌어왔음은 분명한 사실이므로, 이 사실만으로도 이미 이 두 세계를 정의할 수 있을 듯하다. 하지만 고착성과 운동성은 보다 깊은 경향의 표면적인 징표에 지나지 않는다.

  운동성과 의식 사이에는 명백한 관계가 있다. 고등유기체의 의식은 어떤 두뇌 장치와 긴밀한 유대관계를 맺고 있는 듯하다. 신경계가 발달하면 할수록 그 신경계통이 선택할 수 있는 운동의 수도 점점 많아지고 또 정밀성을 띠게 되며, 그에 따르는 의식도 점점 명백해지게 된다. 그러나 이러한 운동성이나 선택, 그리고 결과적으로 이러한 의식도 신경계의 존재를 필요조건으로 하고 있지는 않다. 신경계는 일정한 방향으로 길을 개척하는 일만을 하였고, 유기물질의 덩어리 속에 분산되어 있는 원시적이고 모호한 활동의 강도를 일정한 방향으로 향하게 하여, 높이 끌어올리는 역할을 하는 데 지나지 않는다. 동물계의 하위 부문으로 내려갈수록 신경중추들은 간단해짐과 동시에 서로 분리되어, 마침내는 신경요소가 소멸되면서 분화되지 않는 유기체의 전신에 매몰되어 버린다. 그러나 사정은 다른 모든 장치, 다른 모든 해부학적 요소에서도 마찬가지이다. 그리하여 동물(이를테면, 하등동물)에 뇌가 없다는 이유로 의식이 없다고 단정하는 것은, 위가 없다는 이유로 양분을 섭취할 수 없다고 말하는 경우와 마찬가지로 어리석은 생각이다. 사실 신경계도 다른 계통과 같이 작업의 분화에서 생긴다. 그 신경계는 기능을 만들어 낸다기보다, 기능에 반사활동과 수의활동이라는 이종형식을 부여함으로써 단지 그 강도와 정밀도를 보다 높은 차원으로 끌어올릴 뿐이다. 참다운 반사작용을 수행하기 위해서는 척수나 연수 속에 일련의 기구를 갖추어야 한다. 몇 가지 정해진 동작 중에서 자의적으로 선택을 하기 위해서는 뇌중추가 필요하다. 즉, 모습이 다르면서도 정밀도가 같은 운동의 기관들로 향하는 길이 중앙 광장에서부터 몇 갈래로 뻗어 나와 있어야 한다. 신경요소에 통로가 뚫려 있지 않은 곳에서도, 그리고 신경요소들이 하나의 체계로 모이지 않은 곳에서도, 분화작용에 의하여 반사와 의지작용의 원천이 되는 무엇인가가 존재한다. 그 무엇인가에는, 반사작용의 기계적인 정확성도 없고 의지작용의 이지적인 주저함도 없다. 그러나 이것은 반사작용과 의지작용의 무한 소량을 나누어 가짐으로써, 막연하긴 해도 결과적으로 의식적인 반응이다. 가장 하등한 유기체라도, 그것이 자유롭게 움직인다는 의미에서 의식을 가졌다고 하겠다. 이때 의식은 운동과의 관계에서 결과인가, 원인인가? 그 하등동물은 의식에 의해 자기의 이동 여부를 통제하기 때문에, 어떤 의미에서 의식은 원인(의식이 우선)이다. 그러나 또 다른 의미에서는 결과이기도 하다. 왜냐하면 그 의식을 유지하게 하는 것은 이동 생활이어서, 이 활동이 없어지자마자 의식은 위축되거나 잠들어 버리기 때문이다. 옛날에는 보다 분화된 구조를 보여주었음이 틀림없는 리조케팔라(근두류)와 같은 갑각류는, 고착 생활과 기생 생활을 하면서 신경계통이 퇴화되어 거의 사라졌다. 여기에서 유기화의 진보는 모든 의식활동을 신경중추에 국한시켰다. 따라서 그러한 종류의 동물들에서 의식은, 중추신경을 가져본 적이 없으면서도 활동을 계속하는 보다 미분화된 조직체들보다도 그 의식활동이 더 미약함을 추측할 수 있다.

그러면 대지에 고착되어 있고 제자리에서 자신의 양분을 찾을 수 있는 식물은 어떻게 의식활동의 방향으로 발전할 수 있었을까? 원형질을 싸고 있는 셀룰로오스의 막은 가장 간단한 식물체까지도 움직이지 못하게 함과 동시에, 대개의 외적 자극으로부터 지켜준다. 이 외적 자극은 동물에게 작용하면 감수성을 예민하게 하여 잠들지 못하게 한다.[*4] 그러므로 식물은 일반적으로 무의식적이다. 이 점에 있어서도 역시 극단적인 구별은 피해야 한다. 무의식과 의식은, 하나(무의식)는 모든 식물 세포에, 다른 하나(의식)는 모든 동물에 자동적으로 부착할 수 있는 푯말이 아니다. 의식은, 기생물로 퇴화하여 움직이지 못하게 된 동물에서는 잠들어 버렸으나, 반대로 운동의 자유를 다시 얻은 식물에서는 눈 뜰 것이다. 게다가 의식은 식물이 이러한 운동의 자유를 획득한 정도에 정확히 비례한다. 그럼에도 불구하고 의식과 무의식은 이 두 세계가 발전해온 방향을 나타내고 있다. 왜냐하면 의식이 있는 동물의 가장 좋은 표본을 보기 위해서는 동물 계열을 최고로 대표하는 표본에까지 올라가야 하는 반면, 의식이 있는 식물의 예를 찾아내려면 식물의 단계를 내려갈 수 있는 한 내려가서, 이를테면 조류(藻類)의 운동성홀씨까지 또는 보다 폭넓게 식물 형태와 동물성의 중간 입장에 있다고 할 수 있는 단세포유기체에까지 내려가 보아야 하기 때문이다. 이러한 관점에서 볼 때, 동물은 감수성과 눈뜬 의식으로, 식물은 잠들어 있는 의식과 무감각으로 정의할 수 있을 것이다.

요컨대 식물은 광물질을 가지고 유기물질을 직접 제조한다. 이러한 능력 덕분에 일반적으로 움직이지 않아도 되며 또한 느끼지 않아도 된다. 동물은 자신의 영양분을 찾으러 가야 하기 때문에 이동 활동의 방향으로 진화하였고, 따라서 의식이 점점 풍부하고 뚜렷한 방향으로 진화해 왔다.

동물 세포와 식물 세포가 동일한 원천에서 파생되었다는 점, 최초의 생물은 식물 형태와 동물 형태 사이를 넘나들면서 이 둘의 특징을 동시에 지니고 있었던 점은 이제 의심할 여지가 없다. 사실 방금 살펴본 대로, 이 두 세계에 나타난 진화상의 특징적 경향은 실제로 상반적임에도 불구하고 오늘날까지도 식물계와 동물계에 다같이 공존하고 있다. 단지 비율만 다를 뿐이다. 일반적으로 이 두 가지 경향은 한쪽이 다른 쪽을 포함하거나 눌러 버리지만, 예외적인 상황에서는 희미해진 쪽이 다시 드러나 보이게 되어 잃어버린 위치를 되찾기도 한다. 식물 세포의 운동성이나 의식은, 상황이 그 운동성이나 의식을 허용하거나 요구할 때 다시 깨어날 수 없을 정도로 잠들어 버리지는 않는다. 또한 동물계의 진화도 식물적 생명에서 물려받은 경향 때문에 끊임없이 지체되거나 정지되거나 후퇴하기도 했다. 실제로 어느 동물종(種)의 활동이 아무리 충분하고 정력적인 듯이 보인다 해도, 감각 마비와 무의식이 그의 활동을 노리고 있다. 그 동물종은 피로를 감수하고 노력을 함으로써 자기의 역할을 계속한다. 동물이 진화해 오는 동안에 수없이 여러번 쇠퇴되는 일이 있었는데, 그 대부분은 기생 습성과 결부된 노쇠 현상 때문이었다. 말하자면 그 동물들은 식물적 생명으로 노선을 변경한 것이다. 이 모든 사실에서 우리는 식물과 동물이 같은 조상에서 비롯된다고 상상할 수 있다. 즉, 이 공동의 조상이 탄생될 때는, 여러 가지 경향들(동물적 또는 식물적 경향들)이 그 공동 조상 속에서 서로서로 작용하고 있었다고 상상할 수 있다.

그러나 그 두 경향은, 그러한 초보 형태에서는 서로 얽혀 있었으나 성장함에 따라 분리되어 나갔다. 그래서 식물은 고착성과 무감각성을 지니게 되고, 동물은 운동성과 의식을 갖게 되었다. 이 분열을 설명하기 위해서 신비로운 힘을 개입시킬 필요는 조금도 없다. 생물은 자연적으로 가장 편리한 방향으로 향하게 마련이고, 식물과 동물은 저마다 스스로에게 필요한 탄소와 질소를 얻는 데 있어 두 가지 다른 편리한 길을 택했다는 점을 우리는 주의하기만 하면 된다. 식물은 그들이 필요로 하는 원소들을 끊임없이 공급해 주는 주위에서 그것을 연속적·기계적으로 흡수한다. 동물은 불연속적으로, 어느 순간에 집중적으로 행해지는 의식적인 행동으로, 유기체 속에 이미 축적되어 있는 그러한 물질(탄소나 이산화탄소 같은 성분)을 찾으러 나간다. 이것은 노동 또는 오히려 게으름에 대한 두 가지 서로 다른 사고방법이다. 또한 식물에게서 아무리 초보적인 형태의 것이나마 신경요소가 있음을 발견하리란 생각은 의심스러운 일이다. 나는 식물에서 동물의 지향적 의지에 해당하는 의지는, 식물이 탄산가스 속의 탄소와 산소의 결합을 깨뜨리기 위하여 이용하는 태양복사 에너지를 일정한 방향으로 굴절시키는 조정작용이라고 생각한다. 식물에서 동물의 감각성에 해당하는 것은 엽록소가 빛을 느끼는 특수한 감광성이다. 그런데 신경계통은 무엇보다도 우선 감각과 의지 사이에서 중개 역할을 하는 기구이므로, 식물의 참다운 신경계통은 엽록소의 감광성과 녹말의 생산 사이에서 중개 역할을 하는 독특한 기구나 화학작용으로 보인다. 이것은 다시 말하면, 식물은 신경요소를 가질 수 없다는 뜻이다. 즉 동물에게 신경과 신경중추를 가져다준 약동성이 식물의 경우에는 엽록소의 기능으로 귀착했음이 틀림없다는 말이 된다.*5

유기적 세계에 대한 간단한 첫 고찰은, 우리에게 두 세계를 결합하는 무언가와 아울러 분리시키는 무언가를 보다 정확한 용어로 규정할 수 있게 한다.

앞장에서도 그런 사실을 비친 바 있지만, 생명의 밑바탕에는 물리력의 필연성에 되도록 많은 불확정성을 접목시키려는 노력이 있다고 가정해 보자. 이 노력은 에너지를 창조하는 데까지 이르지 못하고, 혹시 그것을 창조하더라도 그 양이 우리의 감각기관이나 측정 기구, 우리의 실험이나 과학으로 얻을 수 있을 정도의 크기에 이르지 못한다. 그러므로 이러한 모든 노력은, 마치 자신이 자유롭게 쓸 수 있는 기존의 에너지를 되도록 잘 이용하는 일만을 목표로 하듯이 이루어진다. 그 노력이 성공할 수 있는 길은 한 가지뿐이다. 그것은 바로 충분한 잠재 에너지를 물질에서 축적해 놓고 주어진 순간 방아쇠를 당김으로써 활동하는 데 필요한 작업을 얻는 일이다. 노력 자체는 방아쇠를 당겨 촉발하는 능력밖에 없다. 그러나 비록 이 작업은 언제나 주어진 양에 미달하지만, 중량이 더 큰 것을 높은 곳에서 떨어뜨릴수록, 즉 사용 가능하고 축적된 잠재 에너지의 양이 많으면 많을수록, 그만큼 더 효과적이다. 실제로 지구 표면에서 이용할 수 있는 에너지의 주에너지원은 태양이다. 그러므로 다음과 같은 사실이 문제가 된다. 즉, 태양이 지구 표면에서 이용 가능한 에너지의 끊임없는 소비를 부분적이고 잠재적으로 중지하여, 그 어떤 분량만을 아직 이용되지 않은 에너지의 형태로 적당한 장소에 저장해 두었다가, 그것을 필요한 순간에 원하는 장소에서 원하는 방향으로 흘러나올 수 있도록 만드는 것이 문제다. 동물이 먹는 물질은 정확히 말해서 바로 이런 저장물들이다. 그것은 상당히 많은 화학적 에너지를 잠재적으로 함유한 매우 복잡한 분자로 되어 있어서, 조그만 불꽃만 있으면 저장해둔 힘을 방출하는 하나의 폭약(爆藥)인 셈이다. 그런데 생명은 맨 처음 폭약의 제조와 그 폭약을 이용하기 위한 폭발을 동시에 얻으려고 노력했었던 듯하다. 이때, 태양 복사 에너지를 직접 저장한 유기체가 공간에서의 자유로운 운동에 그 에너지를 소비하였을 것이다. 여기서 우리는, 최초의 생물이 한편으로는 태양으로부터 받은 에너지를 끊임없이 축적하는 노력을 했고, 다른 한편으로는 그것을 이동운동을 통해 불연속적이며 폭발적인 방법으로 소비하고자 했었음을 추측할 수 있다. 엽록소를 지닌 적충류와 유글레나는 오늘날까지도 발육부전하고 진화불능한 형태로나마, 이와 같은 생명의 근본적인 경향을 상징한다고 하겠다. 두 세계의 서로 다른 발달은, 비유적으로 말하자면 각각의 세계가 계획의 반을 망각한 데에 기인하지 않을까? 그렇지 않으면 보다 그럴싸한 가설로, 지구상에서 생명이 마주친 물질의 본성 자체의 반대에 부딪치는 바람에, 동일한 유기체 속에서 두 개의 경향이 너무 멀리까지 함께 진화할 수 없었던 것은 아닐까? 다만 확실한 것은, 식물은 첫 번째 방향으로 기울어졌고, 동물은 두 번째 방향으로 기울어졌다는 사실이다. 그런데 만약 처음부터 폭약의 제조가 폭발을 목적으로 하는 것이었다면, 결국 생명의 근본적 방향을 가리키는 진화는 식물보다는 동물의 진화이다.

그러므로 이 두 세계의 '조화', 즉 그들이 보여주는 상호보완적 성격들은, 결국 처음에는 하나로 융합되어 있던 두 가지 경향을 발전시키는 것에서 유래한다. 하나밖에 없었던 본래의 경향도, 성장하면 할수록 생물 속에 자기의 두 요소를 원시상태 그대로 하나로 합쳐 유지하기란 점점 어렵다고 느낀다. 그래서 그로부터 분열이 일어나고 두 상반적인 진화가 일어난다. 또한 거기서부터 어떤 점에서는 서로 상반되며, 어떤 점에서는 서로 보충적인 두 계열의 특성이 나온다. 이 특성들이 상호보완적이건 상반적이건, 그들 사이에는 항상 가까운 점이 존재한다. 동물이 도중에 돌발적 사고를 겪으면서도 차츰 자유롭게 불연속의 에너지를 소비하는 방향으로 진화해 온 반면, 식물은 오히려 본디 위치에서 에너지를 축적하는 체계를 갖추어갔다. 이 두 번째 점에 대해서는 더 강조하지 않기로 하겠다. 다만 식물과 동물 사이에 생겼던 것과 비슷한 새로운 분열을 통해, 식물이 큰 득을 얻었음에 틀림없다는 점을 지적하는 것으로 충분하다. 원시식물 세포는 혼자서 탄소와 질소를 모두 고정시켜야만 했다. 그러나 미세한 식물(식물분류)이 복잡한 그 작업에서 여러 가지로 전문화되고 특히 질소를 고정하는 일을 전담하게 된 뒤로, 식물 세포는 그 두 기능 중에서 질소 방향을 거의 포기할 수 있었다. 어떤 미생물들은 공기 중의 질소를 응결시키고, 또 어떤 생물은 암모니아 합성물을 아질산화합물로 변화시키는데, 이 생물들은 이러한 화학작용(즉, 질소와 암모니아를 섭취해서 고정 또는 변화시키는 일)에 의해 모든 식물계에 봉사활동을 하였다. 이 봉사활동은 바로 식물이 일반적으로 동물에게 제공하는 봉사활동(즉, 동물이 섭취하여 진보할 먹이 제공)과 같다. 식물계와 동물계는 이렇게 최초의 어떤 경향에서 다른 경향을 분리해내어 재이용하는 작용에 의해 진보했던 것이다. 만일 이들 미세한 식물을 위하여 특별한 세계를 만든다고 하면, 땅 속의 미생물과 식물·동물 분류에 의해 우리는 다음처럼 말할 수도 있다. 즉 처음에 서로 연루된 상태에서 생명이 포함하고 있던 것이, 이 지구상에서 생명이 마음대로 다룰 수 있는 물질에 의해 분해된 모습을 땅 속 미생물, 식물, 동물이 보여주고 있는 것이다. 이를 본디의 의미에서 '분업'이라고 할 수 있을까? 이 말로는 내가 생각하는 바와 같은 진화의 정확한 관념을 주지 못할 것이다. 분업이 있는 곳에는 연합이 있으며 노력의 수렴도 있다. 그에 반하여, 내가 말하는 진화는 반드시 연합의 방향이 아니라 분리의 방향으로 행해지며, 노력이 수렴하는 쪽이 아니라 발산하는 방향으로 진행된다. 내 의견으로는, 어떤 점에서 상호보완되는 사항들 간의 조화는 도중에 서로 적응함으로써 생기는 것이 아니다. 반대로 조화는 출발점에서만 완전무결하다. 그것은 근원의 동일성에서 비롯된다. 진화 과정 가운데 처음에는 상호보완적이어서 하나로 융합되었던 여러 사항이 동시에 성장하면서 멀어지는 데에서 조화는 온다.

또 하나의 경향이 여러 요소로 분리될 때 모두가 같은 중요성을 갖지는 않는다. 특히 진화하는 능력은 전혀 같지 않다. 이런 표현을 써도 좋을지 모르겠지만, 우리는 방금 유기적 세계에서 세 가지 다른 세계를 구별했다. 첫째 세계에는 미세 유기체만이 있어서 원시상태에 머무르는 데 반하여, 동물과 식물은 행운의 절정으로 눈을 떠 뛰어올랐다. 그런데 이것은 하나의 경향이 분해될 때 자주 발생하는 현상이다. 그 경향이 낳는 상반적 발전 가운데 어떤 발전은 무한히 계속되고 어떤 발전은 일찍 끝나버린다. 후자(무한히 계속되는 발전)가 발생하는 근원은, 본디의 경향이 아니라 그 경향이 갈라져서 생기는 요소의 하나이다. 즉, 참다운 의미에서의 기본적인 경향이 진화 도중에 이룩하고 쌓아올린 잔재적인 발전이고, 그런 발전은 계속되는데 그것은 자신의 특징을 식별하게 해주는 표식을 지니고 있다고 생각한다.

이 표식은 그 기본적 방향이 제시하고 있는 근원적인 경향이 내포하고 있던 흔적과 같은 흔적을 지니고 있는 표식으로서, 그 흔적은 기본적인 방향

속에서 눈에 띄는 것이요, 기본 경향은 근원적인 경향을 표시해 주고 있다. 한 가지 경향이 지니고 있는 여러 요소들은 사실상 공간 중에 나란하게 배열된 서로 배타적인 관계의 물체에 비유할 것이 아니라, 오히려 심리적인 상태에 비유해야 할 것이다. 그 각각의 심리 상태는 자기 특징을 갖고 있으면서도 다른 심리적인 요소의 성질을 나누어 가지고 있고, 그럼으로써 자신이 속하는 인격 전체를 잠재적으로 내포하고 있다. 앞에서도 말했듯이, 모든 생명의 본질적인 표현은, 초보적 상태 또는 잠재적 상태로 다른 표현들의 특성도 우리에게 보여준다. 그와는 반대로, 한 가지 진화선상에서 다른 노선을 따라 발전하고 있는 생물의 유물 비슷한 것을 보게 되면, 그 생명은 본디 동일한 경향이었는데 분리되어 생겨난 요소라고 결론지어야 한다. 이런 의미에서 식물과 동물은 생명의 상반적인 두 발전을 분명히 대표하고 있다. 식물이 고착성과 무감각성으로 동물과 구별된다 하더라도, 운동과 의식은 마치 다시 깨어날 수 있는 추억처럼 그(식물)의 속에 움츠리고 있다. 그리고 평소에는 잠들어 있는 그러한 추억 이외에, 현재 깨어나 활동하고 있는 것이 있다. 요소의 경향 자체의 발전을 방해하지 않고 활동을 하는 것들이 바로 그러한 추억들이다. 따라서 아래와 같은 법칙을 말할 수 있을 것이다. 즉, 하나의 경향이 발전하면서 분해할 때 생기는 특수한 경향은, 본디 경향 중에서 현재 자기가 전문으로 하는 작업과 모순되지 않는 모든 기능을 보존하고 발전시키려 하는 경향이다. 이리하여 앞 장에서 자세하게 설명한 바 있는, 독립적인 진화선상에서 동일한 모양의 복잡한 기관이 형성되는 현상은 위와 같은 사실을 통해 해명될 것이다. 식물과 동물 사이에 어떤 깊은 유사점이 있는 원인도 거의 이 때문이다. 유성생식은 아마 식물에게는 지나친 사치일 테지만, 동물에게는 그렇게 유성생식을 할 필요가 있었고, 동물을 진화의 길로 추진시켜 왔던 것과 동일한 약동에 의하여 식물도 그러한 데까지 꼭 이르러야 했었다. 그 약동은 원초적이고 근원적이며 동물계와 식물계가 양분되기 이전에 있었다. 점차 보다 복잡해지는 식물의 경향에 대해서도 마찬가지로 이야기를 할 수 있을 것이다. 점점 폭넓고 보다 효율적인 행동에 대한 필요가 작용하는 동물계에서는, 그러한 경향이 본질적이다. 그러나 무감각과 부동성을 벗어날 수 없는 식물이 동물계와 동일한 경향을 나타내는 까닭은, 최초에 동일한 추진력을 받았기 때문이다. 최근의 실험은 식물이 '돌연변이'의 시기에 도달하면 어느 방향으로든 변이하게 된다는 사실을 우리에게 알려준다. 반면 동물은 보다 더 일정한 방향으로 진화할 수밖에 없었다고 본다. 그러나 우리는 생명의 이 근원적인 분화에 대하여 더 이상 거론하지 않기로 하겠다. 이제 그보다 관심이 가는 동물의 진화를 보기로 하자.

앞서 말한 바와 같이, 동물성을 구성하는 능력이란, 가능한 한 많이 축적된 잠재 에너지를 어떤 촉발 장치를 써서 '폭발적인' 행동으로 전환시키는 능력이다. 처음에 폭발은 자기가 바라는 방향을 선택할 여지 없이 우연히 일어난다. 아메바가 위족의 돌기를 모든 방향으로 뻗는 행위가 그 예이다. 그러나 동물 계열의 상위로 올라갈수록 신체의 모양 자체가 어느 정도 일정한 수의 방향을 뚜렷이 그려주고, 에너지도 그 방향을 따라감을 볼 수 있다. 그 방향들은 각각 끝과 끝이 서로 이어져 있는 신경요소를 통해 표시된다. 그런데 신경요소는 유기조직의 거의 분화되지 않은 전체로부터 조금씩 생겨나므로, 그것이 생겨난 뒤로는 축적 에너지를 갑작스레 방출하는 능력이 이 신경요소와 그 부속기관에 집중되어 있다고 추측할 수 있다. 사실 모든 생물 세포는 자신의 평형을 유지하기 위하여 꾸준히 에너지를 소비하고 있다. 처음부터 가수면 상태에 빠진 식물세포는 자신을 유지하는 이러한 작업에 전적으로 몰두하는데, 이는 마치 처음에는 수단에 지나지 않았던 것을 목적으로 삼은 경우와 같다고 하겠다. 그러나 동물의 경우에는 모든 힘이 행동으로, 즉 이동 운동을 하기 위하여 에너지를 사용하는 일에 집중된다. 물론 동물의 각 세포는 자신이 임의로 쓸 수 있는 에너지의 대부분을, 그리고 나아가 때에 따라서는 그 전부까지도 살기 위해 소비한다. 그러나 그 유기체 전체는 될 수 있는 대로 그 에너지를 이동 운동이 행하여지는 지점으로 집중시키기를 원한다. 따라서 신경계가 그 부속기관 역할을 하는 감각기관 및 시동장치와 함께 존재하는 곳에서는, 신체의 나머지 부분은 필요한 순간에 힘을 그 기관에게 전하여 일종의 폭발에 의해 힘을 방출하도록 비축하는 일이 자신의 본질적인 기능인 듯 작업한다.

사실 고등동물의 세계에서 영양분이 담당하는 역할은 매우 복잡하다. 우선 영양은 조직을 수리하는 데 쓰인다. 다음으로, 동물에게 필요한 열을 공급하여 외부의 온도변화에 가능한 한 영향을 받지 않도록 해준다. 신경계통이 삽입되어 있고 신경요소가 살아가기 위한 발판이 되기도 하는 유기체는, 이렇게 영양을 토대로 보존되고 유지된다. 그러나 만일 그러한 신경요소 자체나 특히 신경요소가 움직이게 하는 근육에 대하여, 거기서 소비될 에너지를 그 유기체가 일정량 공급하지 않는다면, 그러한 신경요소는 존재 이유를 잃게 된다. 그리고 이러한 점이 요컨대, 영양의 본질적이며 궁극적인 사명이라고 추측할 수도 있다. 그러나 영양의 가장 많은 부분이 이러한 일에 쓰인다는 의미는 아니다. 국가가 조세의 수납을 확보하기 위해 막대한 비용을 들여야 할 때가 있다. 징세비용을 제하고 국가가 쓸 수 있는 금액은 매우 적을지도 모른다. 그럼에도 그 조세 수납 금액은 조세의, 그리고 세수입을 얻기 위한 비용의 존재 이유이다. 동물이 영양물질에 대하여 요구하는 에너지도 이와 마찬가지라고 할 수 있다.

신경이나 근육의 요소가 유기체의 나머지 부분에 대해 이와 같은 위치를 차지한다는 것을 많은 사실이 증명해 주는 것 같다. 우선 영양물질이 생물체의 여러 가지 요소에 분배되는 현상을 살펴보자. 그 물질은 두 가지로 나뉜다. 하나는 사원소의 화합물 또는 단백류이며, 다른 하나는 삼원소의 화합물로서 탄수화물과 지방을 포함한다. 전자는 그것이 함유하고 있는 탄소 때문에 에너지화할 때도 있지만, 본디 조형적이어서 조직을 보수하는 데 주로 쓰인다. 에너지의 기능은 오히려 후자(탄수화물과 지방) 쪽에 속한다. 후자는 세포질과 합체된다기보다는 그 세포 속에 침전되어서, 화학적 잠재에너지의 형태로 있다가 운동이나 열로 직접 전환되는 잠재에너지를 세포에게 가져다준다. 간추려 말하면, 전자(단백류)의 주된 역할은 기관의 보수이며, 후자는 기관에 에너지를 공급하는 역할을 한다. 신체기관은 모든 부분이 보수·유지될 필요가 있으므로, 전자가 어느 한 곳만 특별히 선택하지 않는 것은 당연하다. 그러나 후자의 경우는 그렇지 않다. 탄수화물은 매우 고르지 않게 분포되어 있는데, 이 분배의 불평등은 우리에게 무엇보다도 많은 것을 가르쳐 준다.

사실상 이 물질들은 포도당의 형태로 동맥혈을 타고 운반되어, 조직을 형성하고 있는 여러 가지 세포 속에 글리코겐 형태로 저장된다. 알려진 바와 같이, 간의 주요한 기능 중의 하나는, 간세포가 정제하는 글리코겐의 저장을 통해 혈액의 포도당분을 일정하게 유지하는 일이다. 그런데 이 포도당의 순환이나 글리코겐의 축적에서 쉽게 알 수 있는 바가 있다. 바로 유기체가 근육조직 및 신경조직 요소에 잠재에너지를 공급하는 일에 온 힘을 기울이듯이 모든 일이 이루어진다는 사실이다. 근육에의 공급과 신경에의 공급의 경우, 이러한 유기체의 노력은 서로 다르게 이행되면서도 같은 결과에 귀착된다. 전자(근육에 에너지를 공급하는 일)에서 유기체는 상당한 저장량을 세포에게 보장해 주며, 그것을 미리 그 세포 속에 맡겨둔다. 실제로 근육이 함유하는 글리코겐의 양은 다른 조직에 비하면 어마어마하다. 반대로 신경조직에 저축되는 글리코겐의 양은 소량뿐이다. (신경조직의 역할은 다만 근육에 저축되어 있는 잠재에너지를 방출하는 일이기 때문에 단번에 많은 일을 할 필요가 결코 없다.) 그러나 주목해야 할 점은, 이 저축이 소비되는 순간에 즉각적으로 혈액은 그 소비량을 다시 보충해 주며, 따라서 신경은 즉시 잠재에너지를 다시 얻는다는 사실이다. 그러므로 근육조직과 신경조직은 두 가지의 특수조직으로서, 한쪽은 상당한 에너지의 저축을 공급받고 있으며, 다른 한쪽은 항상 에너지가 필요한 순간에 꼭 필요한 만큼 그것을 공급받는다는 점에서 특수조직이다.

좀더 구체적으로 살펴보자. 여기서 글리코겐, 즉 잠재에너지에 대한 요청은 감각운동계통으로부터 오며, 유기체의 남은 부분은 온 힘을 기울여 신경계 및 그 신경이 움직이게 하는 근육으로 힘을 전달해 주려 하는 듯 보인다. 물론 신경계통(그리고 감각운동계통까지도)이 유기체 생활의 조정자로서 하고 있는 역할을 생각한다면, 우리는 그 신경계통과 신체의 남은 부분 사이의 유익한 방식의 교환에 있어서, 신경계통이 육체가 받드는 주인인지 아닌지를 자문해 보게 된다. 그러나 정적인 상태에서 조직 사이의 잠재에너지의 분배만 고려해 봐도, 우리는 이미 위에서 본 가설 쪽으로 기울어질 것이다. 그리고 만일 에너지가 소비된 뒤 회복되는 상황에 관하여 숙고해 보면, 이 가설에 완전히 동의하리라고 믿는다. 우선 감각운동계통이 다른 운동계통과 같은 계통이며 수준 또한 같다고 가정해 보자. 유기체 전체에 맡겨져 있는 감각운동계통이 작업을 수행하자면, 그 감각운동계통은 화학적 잠재에너지의 잉여량을 공급받기까지 기다려야 한다. 다시 말해 신경 및 근육이 소비하는 글리코겐의 소모는 글리코겐의 생산에 의해 조정된다. 이와는 반대로 감각운동계통의 위치가 참으로 지배적이라고 가정해 보자. 이때 행동의 지속과 폭은, 그 기관이 함유하는 글리코겐의 저장량 및 그 유기체 전체가 보유하는 글리코겐의 저장량까지와도 어느 정도까지는 상관이 없게 된다. 감각운동계가 일을 시작하면 다른 조직은 가능한 방법을 동원하여 거기에 잠재에너지를 공급할 수 있도록 조정하여야 할 것이다. 그런데 특히 모라(Morat)와 뒤푸르(Dufourt)의 실험이 증명해 주는 바와 같이, 모든 작용이 꼭 이처럼 진행되고 있다.*6 만약 간장의 글리코겐 산출 기능이 자기를 지배하고 있는 신경의 촉진작용에 의존한다면, 이 촉진신경은 또한 운동근을 움직이게 하는 신경작용에 지배된다. 이때 운동근은 아무 계산 없이 우선 글리코겐을 소모하여 혈액 속의 포도당을 결핍시킨다. 그러면 간은 글리코겐이 부족한 혈액 속에 자기가 저축한 일부 글리코겐을 부어주고 자신은 새로운 글리코겐을 만들 수밖에 없다. 요컨대 모든 일이 확실히 감각운동계통에서 출발하며, 또 모든 일이 거기에 집중되고 있으므로, 꼭 은유를 쓰지 않더라도 유기체의 나머지 부분은 그 감각운동계통을 위해 존재한다고 할 수 있다.

또한 오랫동안 단식하면 일어나는 현상을 깊이 고찰해 보자. 굶어 죽은 동물을 보면 뇌수에는 거의 고장이 없으면서, 다른 기관은 어느 정도 무게가 줄었고 그 세포는 심한 변화를 받았음을 알 수 있다.*7 신체의 다른 부분은 마지막 순간에 이르기까지 신경계통을 의지하며, 신경계통을 목적으로 삼고 자기 자신은 수단처럼 다루는 것 같다.

요컨대 뇌척수 신경계와 거기서 연장되는 감각기관과 그 신경감각기관이 지배하는 운동근육을 한데 묶어 간단히 '감각운동계통'이라 부른다면, 고등유기체는 본질적으로 소화·호흡·순환·분비 등의 기관 위에 설치된 감각운동계통으로 구성된다. 그리고 그들 기관은 감각운동계통을 복원하고 청소하고 보호하며 또한 항구적인 내부 환경을 조성해 주고, 결과적으로 무엇보다 이동운동으로 전환하기 위한 잠재에너지를 그 계통에 제공해 주는 역할을 한다.*8 물론 신경기능이 완벽하면 할수록 그것을 뒷받침하는 역할을 맡은 기능이 점점 발달해야 하고, 따라서 자기 자신만의 역할을 지니게 되는 것이 사실이다. 신경활동은 자기가 묻혀 있던 원형질 덩어리로부터 노출됨에 따라, 그 주위에 모든 종류의 활동을 불러들여 그 활동들에 의존해야만 했었다. 그들 활동은 다른 여러 활동들을 기반으로 해서만 발달하였고, 그 활동들은 계속 다른 활동을 얼마든지 끌어들일 수 있었다. 이와 같은 방식으로 고등유기체 기능의 복잡화는 무한성을 띠게 된다. 그러므로 그 유기체 중 하나를 연구하면 거기서는 모든 것이 모든 것의 수단이 되는 셈이어서 우리는 하나의 원운동 속으로 끌려 들어가고 만다. 그래도 이 원에는 중심이 있는데, 그 중심이 바로 감각기관과 운동장치 사이에 있는 신경요소의 체계이다.

이전 저서에서 다룬 문제에 대하여 여기서는 깊이 들어가지 않기로 한다. 다만 기억할 점은, 신경계통의 발달은 운동의 적응이 차츰 정확해지는 방향과, 생물이 여러 가지 운동을 선택할 때의 폭이 차츰 증대하는 방향, 이 양쪽으로 동시에 행해진다는 점이다. 이 두 가지 경향은 상반적으로 보일 수 있고 실제로 또 그것은 사실이다. 그러나 설사 가장 원시적인 형태를 띠는 경우라 하더라도 신경연쇄는 그 두 경향을 화해시키는 데까지 이른다. 그리하여 그 신경연쇄는 한편, 그 원주 위의 한 점과 또 한 점, 즉 감각의 점(정확한 방향점)과 운동의 점 사이에 아주 명확한 선을 그린다. 그러므로 그 신경조직은 처음에 원형질 덩어리 속에 흩어져 있던 활동을 일정한 방향으로 이끄는 것이다. 그러나 다른 한편으로는, 신경연쇄를 구성하고 있는 요소는 아마도 불연속일 것이다. 어떤 경우이건 그들 요소는, 서로 접합상태에 있다고 가정하더라도 기능적인 불연속성을 나타낸다. 왜냐하면 그 감각요소들은 일종의 교차로에서 끝나는데 거기서는 물론 신경충동이 자신의 길을 택할 수 있기 때문이다. 가장 하등한 모네라(핵막이 없어 세포의 핵이 구분되지 않는 단세포 생물군)로부터 가장 재주있는 곤충류, 가장 지성적인 척추동물에 이르기까지 실현된 진보는 신경계통의 진보였고, 그 진보는 각 단계마다 진보가 필요로 하는 여러 부분의 모든 창조 및 복잡화와 함께 이루어졌다. 이 책이 처음부터 암시한 바와 같이, 생명의 역할은 물질에 불확정성을 삽입하는 일이다. 생명이 진화함에 따라 창조해 가는 형태는 불확정적인, 즉 예견불능의 형태이다. 그들 형태가 담당하는 활동 역시 점점 불확정적으로, 다시 말해 점차 자유로워진다. 끝이 서로 맞닿아 있고 끝에 여러 갈래의 길이 열려 있으며, 그 길의 수만큼의 의문을 제기하는 뉴런—이러한 뉴런을 가진 신경계통은 각각 불확정성의 저장소는 아닐까! 생명충동의 본질이 이러한 장치를 창조하는 방향으로 진전되었다는 사실은 유기적 세계의 전체에 대해서 잠시 스쳐 보기만 해도 알 수 있을 것 같다. 그러나 이 생명 충동 자체에 대해서는 약간의 해명이 필요하다.

유기적 세계를 통하여 진화하는 힘은 한정된 힘이다. 그러한 진화의 힘은 항상 자신을 초월하려고 하는 동시에, 자신이 생산해내려고 의도한 작품에 적합하지 않은 채로 남아 있다. 이 점의 오해로부터, 과격한 목적론(계획표에 의해 진화한다는 설)의 여러 가지 오류와 유치한 생각이 생긴다. 과격한 목적론은 생물계 전체를 하나의 공작물로서, 그것도 우리가 만드는 물건과 흡사한 공작물로서 표상했다. 그에 따르면 그 공작물의 모든 부분은 기관 전체가 하나의 가능한 기능을 발휘하도록 배치되어 있고, 각각의 종은 자기 나름대로의 존재 이유와 기능, 사명을 갖는다고 한다. 전체적으로 그들은 하나의 대협주곡을 연주하고 있다. 표면에 나타나는 불협화음이란, 근본적 조화를 부각시키는 데 도움을 줄 뿐이다. 요컨대 자연계에서도 천재적인 인간의 작품과 마찬가지로 모든 일이 이루어지며, 이때 얻은 결과는 미미할지도 모르나 적어도 그 제작된 물체와 제작작업 사이에는 완전한 의도의 합치가 존재한다.

하지만 실제 생명의 진화에서는 그런 합치가 조금도 없다. 여기서는 작업과 결과가 놀랍도록 불균형적이다. 유기적 세계에서는 아래에서 위에까지 단 하나의 커다란 노력(하나로 집중된 노력)이 있을 뿐이다. 그러나 대개 이 노력은 때로는 반대의 힘에 의해 마비되기도 하며, 때로는 자기가 하고 있는 일 때문에 해야 할 일을 잊어버리기도 하고, 자기가 되려고 전념하는 모습에 빠져 거울을 들여다 보듯이 그것을 보다가 최면술에 걸리기도 하여 도중에 멈춰 버린다. 가장 완전한 작품 결과가 이루어져서, 외부로부터의 저항이나 자기 자신의 저항에 이겨낸 것처럼 보이더라도, 실상 이 노력은 자신이 내부적으로 스스로 자기에게 부여해야 했던 물질성에 좌우되는 형편이다. 이것은 우리 각자가 자신 속에서 경험할 수 있다. 우리는 확실시되는 운동에서 어떤 새로운 습관을 창조하는 자유성이 있는데, 만일 자유가 부단히 노력해 스스로를 쇄신해 나가지 않는다면, 그 습관은 우리의 자유를 질식시켜 버릴지도 모른다. 기계생활은 자유를 노리고 있다. 다른 무엇보다 살아 있는 사상이라 할지라도, 그 사상을 표현하는 공식 속에 동결되고 말 것이다. 언어는 관념을 배반하고, 문자는 정신을 죽인다. 우리의 가장 열렬한 감격도 행동으로 외부에 나타날 때에는, 흔히 그렇듯 이해나 허식의 냉정한 계산 속에 자연스럽게 응결되어 버린다. 또한 한 사람이 다른 사람의 형식을 쉽게 받아들이기 때문에, 만약에 죽은 사람도 얼마 동안 산 사람의 특징을 유지한다는 사실을 모른다면, 우리는 모든 것을 혼동하여 우리의 고유한 진실성을 의심하며 선의와 사랑을 부정할 수도 있을 것이다.

이러한 불일치의 깊은 원인은 어쩔 수 없는 리듬의 차이에 있다. 생명은 운동성 그 자체이다. 생명의 구체적인 발로는 이러한 가동성을 마지못해 받아들이고, 그 가동성은 항상 생명의 뒤를 쫓는다. 생명 그 자체는 언제나 전진하나, 생명의 개별적인 발로는 움직이지 않고 제자리에 머물고자 한다. 진화 일반은 가능한 한 직선적으로 행해지지만, 특수한 진화 과정은 어느 것이나 원을 그린다. 마치 지나가는 바람이 일으킨 먼지의 회오리처럼, 살아있는 생물들은 생명의 대풍에 걸려 회전하고 있다. 따라서 그들은 비교적 안정적이며, 매우 교묘하게 부동성(浮動性)을 흉내 내기까지 한다. 그래서 우리는 그것을 진보라기보다는 사물로 취급한다. 그들 형태의 영속성 자체가 하나의 운동 스케치에 지나지 않는다는 사실을 잊어버리는 것이다. 그러나 생물을 움직이게 하는, 눈에 보이지 않는 숨결이 때때로 우리 눈앞에 보인다. 대부분의 동물에게 나타나는 아주 인상적이고 감동적인 어떤 모성애의 형태들을 보고 우리는 갑작스레 그러한 계시를 받는다. 이는 식물의 자기 종자에 대한 배려에서도 관찰된다. 어떤 사람들은 이러한 사랑에서 생명의 깊은 신비를 보기도 하는데, 이는 어쩌면 우리에게 생명의 비밀을 밝혀 주는 현상이리라. 모성애는 각 세대가 다음 세대에 대하여 관심을 기울임을 우리에게 보여준다. 그리고 그것은 생물이란 무엇보다 생명이 통과하는 곳이라는 것, 생명의 본질은 생명을 전달하는 운동 속에 존재한다는 것을 우리로 하여금 느끼도록 해준다.

생명 일반과 생명의 발로를 보여주는 형태들 사이의 이러한 대비는 어디서나 같은 성격을 나타낸다. 생명은 될 수 있는 한 행동을 최대화하려는 경향이 있지만, 각각의 종(種)은 가능한 한 최소한의 노력을 더 좋아한다고 말할 수 있다. 생명의 본질 자체를 중심으로 고찰하면, 즉 생명을 종에서 종으로 옮겨가는 것으로 본다면, 생명은 끊임없는 행동의 증대이다. 그러나 생명이 통과해 가는 각각의 종은 자신의 즐거움밖에는 염두에 없다. 그래서 그 종(種)은 수고를 가장 적게 요구하는 쪽으로 향한다. 자신이 취하고자 하는 형태 속에 몰두하여 의식이 흐릿해진 나머지, 생명의 다른 모든 부분은 거의 망각하고 있다. 각각의 종은 자신의 주변 환경을 될 수 있는 한 쉽게 이용하는 일을 목표로 하여 자신을 형성해 간다. 이리하여 생명이 새 형태의 창조를 향하여 나아가는 행위와, 이 형태가 모습을 나타내는 행위는 두 가지의 다른 운동으로서, 이 두 운동은 때때로 서로 적대적이다. 전자는 후자로 연장되어 가지만, 이 일이 가능하기 위해서는 자신의 방향에서 벗어나는 수밖에 없다. 마치 곡예사가 장애물을 극복하기 위해서는 그 장애물로부터 눈을 돌려 자기 자신을 바라볼 수밖에 없는 경우와 마찬가지로, 자기의 방향을 잠시 포기하지 않고는 자신을 연장시킬 수 없다.

생명의 형태는 정의 그 자체로 보면 살 수 있는 형태를 가리킨다. 유기체의 그 생존조건에 대한 적응을 어떻게 설명하건, 그 종이 살아가는 한 그 적응은 응당 충분한 것이다. 이런 의미에서 고생물학이나 동물학이 서술해온 대대로 이어지는 종(種)은, 어쨌든 생명이 이룩한 성공이었다. 그러나 각각의 종을, 종이 끼어든 환경에 비교하지 않고, 지나가는 도중에 남기고 간 운동(중간물)과 비교한다면, 사태는 전혀 다른 모습을 나타낸다. 이 운동은 어떤 때는 다른 길로 이탈되어 나갔고, 때로는 뚜렷하게 정지해 버렸다. 통과점에 지나지 않던 것이 종점이 되어버렸던 것이다. 이러한 새로운 관점에서 보면 실패가 일반적인 것처럼 보이고, 성공은 예외적이면서 항상 불완전한 것처럼 보인다. 다음에 보겠지만, 동물계가 밟아온 네 방향 중에서 두 길은 막다른 골목에 이르렀고, 다른 두 길에서는 노력과 결과가 대개 비례하지 않았다.

이러한 역사를 상세하게 재구성하기에는 우리에게 자료가 부족하다. 그러나 우리는 그 윤곽을 알아낼 수 있다. 우리가 말한 바와 같이, 동물과 식물은 매우 일찍부터 그 공통 근원으로부터 갈라져야만 했는데, 식물은 고착성 속에 잠들어 버리고, 반대로 동물은 점점 깨어나서 신경계통을 얻는 길로 매진해 갔다. 동물계가 노력 끝에 만들어낸 유기체는 아직 간단한 종류였으나 거기에는 어떤 종류의 운동성이 갖추어졌고, 특히 그 형태는 미래의 모든 확정(즉, 여러 가지 가설들의 실현)에 응할 수 있을 만큼 충분히 불확정적으로 있었다. 그러한 동물은 현재 우리가 보는 회충과 비슷했을 것이다. 다만 예전의 그 회충은 극피·연체·절지·척추 동물과 같은 공통적인 근원을 이루었던, 무한히 유연하며 다분히 불확정적인 미래를 품고 있는 형태였던 데 반해, 오늘날의 회충은 그러한 본디 형태를 잃고 동결된 표본이라는 차이점을 가지고 있다.

한 가지 위험이 그런 동물을 노리고 있었다. 그 위험은 어쩌면 동물의 비약을 저지할 뻔했던 장애물이었다. 원시시대의 동물군을 살펴보면 한 가지 놀라운 특징이 있다. 바로 어느 정도 굳은 껍질 속에 동물이 갇혀 있었다는 특징으로서, 그 껍질 속의 동물들은 그 껍질 때문에 운동을 방해받았고, 심지어는 마비되기도 하였을 것이다. 그 무렵 연체동물이 껍데기를 쓰는 형태는 오늘날보다도 보편적으로 나타났다. 절지동물은 일반적으로 딱딱한 껍질에 싸여 있었다. 그것은 갑각류였다. 최고의 어류는 대단히 딱딱한 골질의 껍질을 지니고 있었다.*⁹ 이러한 사실에 대한 설명은, 연약한 유기체가 가능한 한 다른 생물이 자기를 삼킬 수 없게 만들어 몸을 지키려는 경향에서 찾아보아야 한다. 각각의 종(種)은 자신을 형성하는 행위에 있어서 자신에게 가장 편리한 쪽으로 향해 간다.

원시유기체 중에는 무기물(조직되지 않은 물질)로 유기물(조직된 물질) 만들기를 포기하고, 이미 식물생활로 들어간 유기체에게서 만들어진 유기물을 섭취함으로써 동물성을 향하게 된 것들이 있었다. 그와 마찬가지로 동물류 그 자체에도 다른 동물을 희생시킴으로써 살아가는 동물이 많이 생겼다. 실제 동물적인 유기체는 움직일 수 있으므로 그 운동성을 이용하여 무방비적인 동물을 찾으러 가서, 식물을 먹는 이치와 마찬가지로 동물을 먹고 산 것이다. 이렇게 종(種)이 더 많이 움직이면 움직일수록 더 탐식하게 되고 서로에게 위험하게 되었다. 그 결과 동물계 전체는 지금까지 점차 고도의 운동성으로 향하게 했던 진보 도중에서 갑자기 정지하게 되었다. 왜냐하면 극피동물의 딱딱한 석회질 피부, 연체동물의 껍질, 갑각류의 딱지, 옛날 어류의 굳비늘 갑옷 등의 속에 들어 앉아서 더 이상 진보할 수 없게 되었기 때문이다. 아마도 이는 동물의 종이 적대적인 종에 대비하여 자기를 지키려는 노력에서 대부분 유래하게 된 듯하다. 그러나 동물이 방패로 삼은 이 갑옷은 그 동물의 운동을 방해하였고, 때로는 그들을 움직일 수 없게 하였다. 식물이 셀룰로오스 막으로 감싸이면서 의식작용을 포기하게 되었다고 한다면, 동물은 성벽이나 갑옷 속에 몸이 갇혀 반수면 상태에 빠지게 되었다. 오늘날에도 극피동물은 물론 연체동물마저도 이러한 마비된 생활을 계속하고 있다.

절지동물과 척추동물도 물론 마찬가지로 그러한 위협을 받았던 듯하다. 그러나 그들은 그 위협으로부터 빠져나왔고 그 행운 덕에 생명의 최고 형태인 현재의 개화를 이룩할 수 있었다.

사실 두 가지 방향(정지와 운동)에서 운동으로 향한 생명의 충동은 다시 우위를 차지하는 것으로 보인다. 어류는 굳비늘 갑옷을 비늘과 바꾸었다. 그보다 훨씬 전에 곤충류 역시 그들의 선조를 보호했던 갑옷을 벗어버렸다. 굳비늘 어류와 곤충류는 모두 외피인 갑옷의 약함을 민첩성으로 보충하였다. 그 민첩성 때문에 그들은 적으로부터 도망치거나 공격할 수 있었으며, 적을 만나는 시간과 장소를 결정할 수 있게 되었다. 이와 같은 진보는 인간의 무장 발달에서도 보인다. 최초의 움직임은 엄폐물을 구하는 일이다. 둘째는 좀 더 개선된 방법으로서 가능한 한 몸을 민첩하게 하는 것이었다. 이로써 인간은 도망친다든가, 특히 공격하거나 할 수 있게 된다. 공격은 무엇보다도 가장 효과적인 방어수단이다. 그러므로 그리스의 무장병은 로마군단병으로 대치되었고, 철로 만든 갑옷을 입었던 기사는 자유롭게 몸을 움직일 수 있는 보병에게 그 자리를 내줄 수밖에 없었다. 대체로 생명 전체의 진화에 있어서도 인간 사회의 발전이나 개인적인 운명의 전개와 마찬가지로, 가장 큰 위험을 감수하는 쪽이 가장 큰 성공을 거둘 수 있었다.

그러므로 쉽게 움직일 수 있는 방도를 취하는 일은 동물에게는 뚜렷한 이익이었다. 앞에서도 적응 일반에 관하여 말한 바와 같이, 종(種)의 변형은 언제나 그 종 특유의 이익을 위한 변형이라고 설명될 수 있다. 사람들은 이로써 변이의 직접 요인을 설명할 수도 있을 터이다. 그러나 그것은 대체로 가장 피상적인 원인을 설명하는 데 지나지 않을 것이다. 근본적인 원인은 생명을 세계 안에 발사한 추진력이다. 그 추진력은 식물과 동물을 분열시켰고 동물성을 유연한 형태 쪽으로 향하게 하였으며, 동물계가 잠들어 버릴 위험성이 있던 어느 시점에 이르자 적어도 약간의 부문에서는 그들로 하여금 깨어나 전진하도록 하였다.

척추동물과 절지동물은 두 길을 따로따로 진화했으나, 그 두 줄기의 발달은(기생이나 그 밖에 전혀 다른 원인에 의한 후퇴는 별도로 하고) 무엇보다도 감각·운동신경계통의 발달에 있었다. 동물은 운동성과 유연성을 추구하여 운동의 변화를—많은 암중모색을 통하여 처음에는 물량과 동물력을 과장하는 경향도 없지는 않았으나—꾀했다. 그러나 그 탐구 자체는 여러 가지 서로 다른 방향으로 행해졌다. 절지동물과 척추동물의 신경계통은 우리가 언뜻 보기만 해도 그 차이점을 드러낸다. 절지동물의 신체는 일련의 고리가 여러 가지 길이로 늘어져 이루어진다. 그 경우 절지동물의 기관차 같은 이동 활동은 각각 전문화된 여러 부속기관들에 나뉘어 있고, 그 부속기관들의 수는 가지각색이며 때로는 상당히 많을 때도 있는데, 어느 부속기관도 각기 담당하는 역할이 정해져 있다. 척추동물에서는 이러한 활동이 사지에만 집중되어 있어서, 이 기관들은 그 형태와 별로 직접적 관계가 없는 기능을 수행한다.*10 인간의 경우에는 독립성이 완전히 발달하게 되어, 가령 손은 어떤 작업이라도 (혼자서) 할 수 있다.

우리가 볼 수 있는 것은 그 정도이다. 그러나 그 너머에 우리가 추측해야만 하는 것이 있다. 생명에는 두 가지 능력이 내재하는데, 그 능력들은 처음에는 혼합되어 있다가 성장과 함께 분리해 나가야만 했다. 이들 능력을 정의하려면 절지동물과 척추동물의 진화를 좇아, 저마다의 정점을 나타내는 종(種)을 고찰해야 한다. 그 정점을 어떻게 결정하는가? 여기서도 역시 기하학적인 정확성을 노린다면 잘못된 길로 들어서게 될 것이다. 동일한 진화선상에서 하나의 종이 다른 종보다도 더 진화되어 있음을 인식시켜 주는 유일하고 단순한 표적은 존재하지 않는다. 각 종에는 다양한 특징들이 있어서 그들을 서로 비교하여야 하고, 그 특징들이 어떤 점에서 본질적이며 우연적인가 또는 어느 정도까지 그것을 고려해야 적당한가를 개별적으로 신중히 검토해 보아야 한다.

예를 들면 성공이 우위를 나타내는 가장 일반적인 기준이라는 것은 엄연한 사실로서, 이 두 용어는 어떤 점까지는 동의어로 쓰인다. 생물의 경우, 성공이란 가장 다양한 환경 속에서 온갖 장애물을 뚫고 지구상에서 가장 넓은 땅을 차지할 수 있도록 발달하는 능력이라는 의미로 해석해야 한다. 지구 전체를 자기의 영토라고 내세우는 종(種)이야말로 참으로 지배적이며, 따라서 우수한 종이다. 인류는 그러한 종으로서, 척추동물 진화의 정점을 나타낼 것이다. 그런데 그 밖에 관절동물 계열 중에 그런 동물이 있다. 곤충, 특히 막시류가 바로 그것이다. 인간이 지상의 왕이라면, 개미는 지하의 여왕이라고 한 옛말도 있지 않은가?

한편 뒤늦게 나타났으면서도 퇴화한 종의 무리일 때가 있다. 그러나 그 종에는 퇴보의 특수한 원인이 개입되어 있어야 한다. 원칙적으로 말하면, 뒤늦게 나타난 이 퇴화한 종의 무리는 진화해 나온 단계에 해당될 것이기 때문에, 자기 본래의 무리보다는 우위를 점하게 된다. 그런데 인간은 아마도 척추동물 중에 마지막으로 나타났을 것이다.*[11] 또 곤충 계열에서 막시류의 뒤를 이은 것은 인시류밖에 없지만, 이 종류는 꽃이 피는 식물의 틀림없는 기생자로서 퇴화한 종임은 의심할 여지가 없다.

이렇게 우리는 서로 다른 길을 통하여 동일한 결론에 도달하게 된다. 절지동물의 진화가 곤충류, 특히 막시류로서 정상에 달했던 것처럼, 척추동물은 인류로서 절정에 올랐다. 그런데 곤충의 세계만큼 본능이 발달한 경우가 없다는 사실과, 곤충 중에서도 막시류 이상으로 경탄할 만한 본능을 가진 무리가 없다는 사실을 주목한다면 다음과 같이 말할 수 있을 것이다. 즉, 동물계의 모든 진화는, 식물계의 생활로 후퇴하는 형태를 제외하면 두 개의 상반된 선으로 진행되는데, 그 하나는 본능으로, 다른 하나는 지성으로 뻗어 나갔다는 말이다.

그러므로 결국 식물적 마비와 본능, 그리고 지성, 이 셋은 동식물에 공통된 생명 추진력이 아울러 지녔던 요소이다. 이러한 요소들은 가장 예견 불능한 형태로 나타나 발달하면서, 단지 커졌다는 이유만으로 분열하였다. 아리스토텔레스 이후 전해 내려오는 생각으로 대개의 자연철학에 해악을 끼친 오류 중의 오류가 있다. 하나의 활동이 성장하면서 생물은 식물적 생활, 본능적 생활, 이성적 생활의 세 가지 방향으로 분열하였는데, 아리스토텔레스 이후로 사람들은 그것을 같은 하나의 경향이 발전하여 차례로 이루는 세 가지 단계처럼 보아왔던 것이다. 사실 그러한 생활의 차이는 강도의 차이도 아니고, 보다 일반적으로 말해 정도의 차이도 아니며 바로 성질의 차이에 의하여 분류된다.

이 점에 대하여 보다 깊이 생각해보는 일이 중요하다. 식물의 생명과 동물의 생명에 대하여 우리는 그들이 서로 어떤 식으로 상호 보충하고 또 대립하는가를 살펴보았다. 이제는 지성과 본능이 또한 어떻게 서로 대립하고 보완하는가 하는 점을 보여주는 일이 문제이다. 그러나 그 전에, 사실 그들의 활동은 같은 계통의 활동도 아니요, 차례로 나타난 것도 아니요, 등급을 매길 수도 없는 것인데, 사람들은 왜 그중 하나(지성)가 다른 것(본능)보다도 우위에 있으며 뛰어나다고 믿는지 그 까닭부터 설명해 보자. 이는 바로 지성과 본능이 처음에는 서로 얽혀 있던 것으로서, 아직까지도 그 공통의 기원을 보유하고 있기 때문인데, 그 어느 쪽도 순수한 상태로 발견되지는 않는다. 앞에서도 언급한 바와 같이, 식물에도 동물의 의식과 운동성이 깊이 잠들어 있어서, 그것이 눈뜰 수 있으며, 또 동물은 자신을 식물적인 생활로 전향시키려는 위험을 끊임없이 느끼면서 살아가고 있다. 식물과 동물의 이 두 경향은, 처음에는 매우 잘 얽혀 있었기 때문에 뒤에 가서도 결코 완전히 갈라서지는 않았다. 한쪽이 다른 한쪽을 끊임없이 따라다니므로 어디서 발견되더라도 그 둘은 뒤섞여 있다. 차이점은 비율뿐이다. 지성과 본능도 이와 마찬가지이다. 지성에서 본능의 흔적이 발견되지 않는 경우가 없고, 더구나 본능이 지성적인 무리에 둘러싸여 있지 않은 경우도 없다. 그 지성의 무리는 그만큼 오해를 낳게 하는 불씨가 됐다. 본능이 항상 어느 정도까지는 지성적이라는 이유로, 사람들은 지성과 본능이 같은 차원이고 그들 사이에는 복잡함이나 완전함의 차이밖에 없으며, 특히 둘의 어느 한쪽은 다른 쪽의 언어로 표현될 수 있다는 결론을 내렸다. 사실 양자가 서로 수반되는 까닭은 그들이 상호 보충적이기 때문이다. 그리고 그들이 상호 보충적인 까닭은 서로 다르기 때문이고, 본능 속에 있는 본능적인 요소는 지성 속에 있는 지성적인 요소와 반대 방향을 나타내고 있다.

우리가 이 점을 강조하는 것은 이상한 일이 아니다. 우리는 이 점을 무엇보다 중요하다고 본다. 우선 말해 둘 점은, 이제부터의 구별이 지나치게 단호하다는 사실이다. 구체적인 본능에는 지성이 섞여 있으며, 마찬가지로 실제적인 지성에는 본능이 깊이 스며들어 있는데, 우리는 본능을 본능적인 것으로 정의하고 지성을 지성적인 것으로 정의하려 하기 때문에 그러하다. 실제로는 지성이든 본능이든 둘 다 엄격한 정의를 내릴 수 없다. 두 가지 모두가 하나의 경향이지 완성품은 아니다. 끝으로 이 장에서는 생명이 자기의 길을 가며 만들어 놓은 초기 형태로서의 지성과 본능을 고찰한다는 사실도 잊지 말기를 바란다. 그런데 생명이 하나의 유기체로 되어 나타났을 때, 우리의 관점에서 보면 그 생명은 무기물질에서 어떤 종류의 것을 획득하려는 노력을 나타낸다. 그러므로 우리가 본능과 지성을 보고 그 노력의 다양함에 놀랐다고 하더라도, 그리고 이들 두 가지 형태의 심리활동을 무엇보다도 무생물에 대한 두 가지 다른 활동방법이라 본다 하더라도, 의외라고 생각할 사람은 없을 것이다. 이러한 견해를 바탕에 깔고 본능과 지성을 대하는 것은 약간 편협할지라도, 이것이 그 둘을 구별하는 객관적인 수단이란 편의는 제공한다고 하겠다. 그러나 이러한 방법으로는 지성 일반과 본능 일반에 대해서 그 중간 위치밖에는 볼 수 없을 테고, 따라서 지성과 본능은 중간에서만 위아래로 오르내릴 터이므로, 이제부터의 설명을 도식 이상의 것으로 간주하지 말기를 바란다. 거기에서는 지성과 본능이라는 윤곽이 모두 필요 이상으로 강조되고 있고, 또한 지성과 본능의 불분명성과 상호 잠식에서 오는 희미한 점이 무시되고 있다. 이와 같이 극히 모호한 문제에 대해서는, 뚜렷한 빛을 비추는 어떠한 큰 노력을 하더라도 지나치지 않다. 나중에 가서 형태를 희미하게 만들고, 또한 지나치게 기하학적인 윤곽을 부드럽게 바로잡고, 마지막으로 도식의 딱딱함을 생명의 유연성으로 바꿔놓는 일은 언제든 쉬울 것이다.

인류가 지구상에 나타난 시기를 살펴려면 언제까지 거슬러 올라가야 할까! 처음으로 무기가 제작되고 도구가 만들어졌던 시기까지로 하자. 부셰 드 페르트(Boucher de Pertes)가 물랭—키뇽(Moulin-Quignon)의 채석장에서 발견한 유물을 둘러싸고 일어난 기념할 만한 논쟁은 아직도 생생하다. 거기서 문제는, 그 발견물이 진짜 도끼인지 아니면 우연하게 도끼날 모양으로 부서진 돌의 파편인지를 아는 일이었다. 어쨌든 그 발견물이 손도끼가 맞다면, 이는 확실히 지성, 그것도 특히 인간 지성의 산물임을 잠시나마 의심할 사람은 누구 하나 없었다. 그와는 달리 동물의 지성에 관한 일화집을 펼쳐보자. 많은 행위가 모방이나 자동적 심상 연상으로 설명되지만, 그와 더불어 분명히 지성적이라 단정할 만한 행위가 있음을 알 수 있다. 그 첫 장을 장식하는 내용으로, 제작이라는 관념을 보여주는 행위가 있다. 동물이 스스로 엉성한 도구를 만드는 일에 성공했다거나, 인간이 만든 물건을 자신을 위하여 이용했다는 부류의 행위다. 지성의 면에서 보아 인간 바로 다음에 들어갈 수 있는 동물인 원숭이와 코끼리는 때에 따라 인공적인 기구를 사용하는 법을 알고 있다. 그들보다는 열등하지만 그들과 큰 차이가 없는 등급에 들어가는 생물이, 제작물을 인식하는 동물이다. 예를 들면 여우는 덫이 어떤 속성의 물체인가를 매우 잘 알고 있다. 의심할 여지 없이, 추리가 행해지는 경우에는 지성이 개입될 것이다. 추리란 과거의 경험을 현재 경험의 방향으로 구부리는 사고로, 그것은 이미 발명의 시작이다. 발명은 물질화하여 도구로 만들어졌을 때 완성된다. 이 발명은 동물의 지성이 목표로 하는 이상이 된다. 일반적으로 동물의 지성은, 아직 인위적인 도구를 만들거나 그 도구를 사용할 정도까지는 못 되지만, 자연으로부터 타고난 본능에 대하여 가하는 변화 그 자체로 볼 때, 그 정도 수준에 다다를 준비를 하고 있는 듯하다. 인간의 지성에 관해 살펴보면, 기계의 발명이 처음부터 인간의 본질적인 행동방식이었고, 아직 오늘날까지도 우리의 사회생활은 인공적인 도구의 제조와 그에 대한 사용을 중심으로 움직이고 있다는 사실, 그리고 진보로 가는 길에 이정표를 세우는 발명이 역시 인간의 진보 방향도 그려왔다는 사실을 사람들은 아직 충분히 유의하지 않았다. 우리가 그러한 사실을 알아차리기는 어렵다. 인류의 변모는 그러한 도구류의 변형보다도 항상 늦었기 때문이다. 우리의 개인적인 습관이나 사회적인 습관까지도, 그 습관이 이루어졌던 상황이 바뀐 뒤에까지 어느 정도 계속해서 오래 남아 있다. 그래서 발명의 새로운 참신함이 이미 우리의 시야에서 사라진 뒤에야 우리는 그 발명의 깊은 영향을 주목하게 된다. 증기기관이 발명된 지 한 세기가 지난 뒤에야 겨우 우리는, 이 발명이 우리에게 가져다 준 깊은 동요를 느끼기 시작했다. 사실 이 발명이 산업에 끼친 혁명은 인간 관계를 모두 뒤집어 엎은 혁명이었다. 새로운 사상이 싹트고 새로운 감정이 꽃피려 하고 있다. 몇천 년이 지나 과거가 이미 그 윤곽밖에 보여주지 않을 정도로 멀어지면, 우리가 하고 있는 전쟁이나 혁명을 후세 사람들이 기억한다 하더라도 그 사건들은 중요성을 거의 잃을 것이다. 하지만 증기기관과 그에 뒤따르는 모든 종류의 발명에 대해서는, 사람들은 아마도 우리가 오늘날 청동기나 석기도구에 대하여 말하듯이 말할 것이다. 그 도구들은 한 시대를 정의하는 데 도움이 될 것이다.*¹² 만약 우리가 모든 오만을 벗어버릴 수 있다면, 만일 우리의 인류를 정의하기 위해 역사시대 및 선사시대가 인간이나 지성의 불변적인 특징으로 제시하는 것을 엄격히 따른다면, 아마도 우리는 인간을 호모사피엔스(지성인)가 아니라 호모파베르(공작인)라고 불러야 할 것이다. 요컨대 지성을 그 본디 특징에 따라 살펴보면, 그것은 인공물, 특히 도구를 만들기 위한 도구를 제작하고 그 제작에 끊임없이 변화를 주는 능력이다.

그런데 지성적이지 않은 동물도 도구라든가 기계를 가지고 있을까? 물론 가지고 있기는 하지만, 그 도구는 사용자 신체의 일부로서 있다. 그리고 그 도구를 사용할 수 있는 본능이 있다. 물론 모든 본능에는 태어나면서부터 기계를 이용하는 자연적인 능력이 있다고 말할 수는 없다. 그 같은 정의는 로마네즈가 '이차적'이라고 부르는 본능에는 적용될 수 없고, 여러 가지 '일차적'인 본능도 그 정의에서 벗어나 있을 것이다. 그러나 본능에 대한 이러한 정의(본능은 선천적으로 기계를 이용하는 자연 능력을 가지고 있어야 한다는 정의)는 내가 지성에 대하여 잠재적으로 부여하는 정의와 마찬가지로 적어도 관념적인 한계를 정해주기 때문에, 정의된 대상의 많은 형태가 그 관념적 한계를 향하여 나가게 된다. 대부분의 본능이란 유기조직의 작업 자체의 연장이거나, 오히려 그보다도 그 작업의 완성이라는 사실이 자주 지적되었다. 그렇다면 본능의 활동은 어디서부터 시작되며 자연의 활동은 어디에서 끝나는 것일까? 그에 대해서는 아무도 말할 수 없다. 유충이 번데기를 거쳐 성충이 되는 탈바꿈 과정에서, 유충에게는 적절한 동작과 주도성이 때때로 요구되지만, 이때 동물의 본능과 생명물질을 조직화하는 작업 사이에 분명한 경계선이 존재하지는 않는다. 본능이 도구를 꾸며서 그것을 사용하려고 한다거나, 또는 조직작용이 기관을 이용할 만한 본능까지 연장되었다거나, 이렇게 원하는 대로 말할 수 있을 것이다. 곤충의 가장 경이적인 본능도, 그 특수한 구조를 운동으로 더욱 발전하게 하는 역할밖에 하지 않는다. 그리하여 사회생활이 개체들에게 작업을 분담시키고 저마다 서로 다른 본능을 부과하면, 그에 따라 구조도 각각 달라짐을 볼 수 있다. 개미·꿀벌·말벌 그리고 어떤 의맥시류(擬脈翅類)에 동종다형(同種多形)현상이 있음은 잘 알려져 있다. 이처럼 지성과 본능의 완전한 승리가 목격되는 극적인 예들만을 생각한다면, 우리는 그들 사이에 본질적인 차이가 있음을 볼 수 있다. 완성된 본능은 유기적인(조직된) 도구를 이용하고 만들기까지 하는 능력이며, 지성은 무기적인(조직되지 않은 천연의) 도구를 제작하여 사용하는 능력이다.

이 두 가지 활동방식의 이점과 불편은 일목요연하게 드러난다. 본능은 손이 닿는 범위에서 적당한 도구를 찾아낸다. 이 도구는 자연적으로 만들어지고 자연적으로 수리되는데, 모든 자연의 작품처럼 세부의 무한한 복잡성과 기능의 놀랄 만한 단순성을 함께 갖추고 있어서, 해야 할 일을 즉시 필요한 순간에 곤란 없이, 그리고 때로 굉장히 완벽하게 해낸다. 그 대신 그 도구(본능이 찾아내는 도구)의 변화는 종의 변화 없이는 불가능하기 때문에, 거의 자신의 불변의 구조를 고수한다. 그러므로 정해진 도구를 정해진 목적에 이용하는 데 지나지 않으므로 본능은 필연적으로 전문화되어 있다. 이에 반하여 지성을 써서 제작된 도구는 불완전하다. 지성적 도구는 노력을 기울이지 않고서는 얻을 수 없고, 거의 언제나 조작하기가 어렵다. 그러나 지성이 제작하는 도구는 무기물로 되어 있으므로 모든 모양을 취할 수 있고, 어떤 용도로도 쓰일 수 있다. 그리고 새로 제기되는 모든 곤란으로부터 생물을 구해내고 그 생물에 무한한 힘을 부여할 수도 있다. 직접적인 필요를 충족시키기에는 자연적인 도구보다 못하지만, 필요성이 긴급하지 않으면 않을수록 자연적인 도구보다 유리한 점이 많다. 특히 인공적으로 만들어진 도구는 제작자의 본성에 역으로 작용을 미친다. 왜냐하면 도구는 그것을 제조한 사람에게 새로운 기능을 행사하도록 요구하면서 타고난 신체조직을 연장시켜 주는, 말하자면 보다 풍부한 유기조직을 발달시켜 주기 때문이다. 본능은 동물의 행동을 기계적으로 유도하여 그 행동영역을 폐쇄적으로 만들지만, 도구는 동물이 활동할 무한한 무대를 열어주며, 활동이 더 멀리까지 미치게 해주고, 그 행동을 더 자유스럽게 만들어 준다. 그러나 본능에 대한 지성의 이러한 이점은 훨씬 뒤에 가서야 나타난다. 즉, 지성이 깊은 잠재력을 끌어올려 성능 좋은 기계를 제작할 때 나타난다. 처음에는 인공적인 도구와 자연적인 도구의 이점과 불편이 서로 균형을 이루고 있었으므로, 이들 둘 가운데 어느 것이 생물에게 자연 지배력을 확보해 주는가를 말하기는 곤란하다. 다만 이러한 추정이 가능할는지도 모르겠다. 본능과 지성은 처음에는 서로 섞이면서 발달했고 본디 심적 활동은 이 두 성질을 동시에 띠었으며, 상당히 먼 과거로 거슬러 올라간다면 심적 활동에서 오늘날 곤충의 본능보다도 훨씬 지성에 가까운 본능과, 현재의 척추동물의 것보다 본능에 더 가까운 지성을 찾아볼 수 있지 않을까? 단 그것은 초보적인 지성이자 본능으로, 아직 물질을 지배하기까지에는 이르지 못함을 알 수 있다. 생명에 내재하는 능력이 무제한하다면, 그 능력은 동일한 유기체 내에 본능과 지성을 무한하게 발전시켰을 것이다. 그러나 모든 징후로 보아 생명의 이러한 능력은 유한하며, 그 능력이 발휘되면 쉽사리 소모되어 버리는 것 같다. 이러한 능력으로 동시에 여러 방향으로 멀리까지 가기는 어렵다. 그래서 이 능력은 천연물질에 대한 두 가지 작용 방법 중에서 하나를 선택해야 한다. 그 천연물질에 작용하는 능력은 유기적인(조직된) 도구를 만들어내고 그 도구로 일하며 직접적으로 그런 작용을 낳을 수도 있다. 아니면 그 능력은 어떤 유기체에게 도구를 만들게 함으로써 간접적으로 그런 작용을 할 수도 있다. 이때 그 유기체는 필요한 도구를 자연적으로 소유하지 않고, 그 대신 유기체 자신이 무기물(조직되지 않은 천연물질)을 세공함으로써 그 도구를 만들어낸다. 여기서부터 지성과 본능이 한꺼번에 생겨난다. 그 둘(지성적 능력과 본능적 능력)은 발전과 함께 점점 벌어지는 길을 걷게 되지만, 서로 완전히 떨어지는 일은 결코 없다. 실제로 가장 완전한 곤충의 본능도 건축의 장소·시간·재료를 선택할 때만은 지성의 희미한 빛을 발한다. 매우 이례적으로 꿀벌이 야외에서 벌집을 지을 때, 그들은 이 새로운 환경에 적응하기 위하여 새롭고 참으로 지성적인 장치를 발명한다.*13 다른 한편으로, 본능이 지성을 필요로 하는 이상으로 지성은 본능을 필요로 한다. 왜냐하면 자연 그대로의 물질을 가공하기 위해서는 이미 고도의 유기조직이 동물에게 있어야 되며, 그러한 높이까지 오르는 데에는 본능의 날개가 있어야 하기 때문이다. 그런 만큼, 절지동물에 있어서 자연은 단연 본능의 방향으로 발전한 반면, 우리는 거의 모든 척추동물에게서 지성의 개화보다는 오히려 지성의 탐구를 목격하게 된다. 척추동물의 심적 활동의 기본을 이루고 있는 것은 여전히 본능이지만, 지성이 그 지위를 빼앗으려고 호시탐탐 노리고 있다. 이 지성은 도구를 발명할 정도까지 이르지는 못한다. 그러나 적어도 본능과 마주하여 되도록 많은 변주를 꾀하면서 본능의 힘을 빌리지 않고 처리하고자 한다. 지성은 인간 안에서만 자기 자신을 온전히 소유하며, 이러한 인간 안에서의 지성의 승리는, 인간이 적이나 추위, 굶주림에 대하여 자기 자신을 지키는 수단이 불충분하다는 사실 자체로 뚜렷해진다. 이러한 인간 능력의 불충분함의 의미를 해석하려 하면, 그것은 선사시대 자료의 가치를 지니게 된다. 그것은 본능이 지성으로부터 받은 최후의 하직인사(태초의 지성적 본능의 모습)이다. 그럼에도 불구하고 역시 자연은 심적인 활동의 두 양식 사이에서 망설여야 했다. 그 한쪽(본성능력)은 직접적인 성공이 보장되나 효과는 제한되어 있고, 다른 한쪽(지성능력)

은 불확실하긴 하지만 만일 독립적으로 행동하다가 성공한다면 그 정복은 무한히 확대될 수 있다는 것이다. 그리고 여기서도 역시 보다 큰 위험이 따르기 쉬운 쪽에서 보다 큰 성공을 쟁취하였다. 그러므로 본능과 지성은 같은 문제에 대해 대립되면서도 똑같이 능숙한 해결 방법을 나타낸다.

그러한 데에서 사실상 본능과 지성의 내부 구조 사이에 여러 가지 근본적인 차이가 생긴다. 그러나 그 차이점 중에서, 여기서는 현재의 연구에 관계되는 점만을 논술하기로 한다. 따라서 지성과 본능은 서로 전혀 다른 두 종류의 인식을 감추고 있다고 해두자. 그러나 먼저 의식 일반에 관하여 얼마쯤 해명이 필요하다.

본능은 어디까지 의식적이냐 하는 문제가 전부터 제기되어 왔다. 우리는, 거기에는 많은 차이와 정도가 있어서 어떤 때에는 본능이 다소 의식적이며 또 어떤 때에는 무의식적이라고 대답할 것이다. 다음에서 보듯이 식물은 본능을 가졌지만, 그 식물의 본능이 느낌을 수반하는지는 의심스럽다. 동물의 복잡한 본능에서 나온 동작은 그 일부라도 의식적으로 행해지는 일은 거의 찾아볼 수 없다. 그러나 여기서 두 종류(식물과 동물)의 무의식에는 차이가 있다는 점을 밝혀야 할 것 같다. 바로 의식이 없는 무의식과 의식이 있다가 없어진 무의식의 차이로, 이 점은 지금까지 거의 주목받지 못했다. 없는 의식과 없어진 의식은 둘 모두 '0'이지만, 앞의 '0'은 아무것도 없음을 나타내고, 뒤의 '0'은 두 가지 양이 크기가 같지만 방향이 반대여서 서로 상쇄되어 중화됨을 나타낸다. 낙하하는 돌의 무의식은 의식이 아예 없는 무의식이다. 돌은 자신이 낙하하는 느낌을 조금도 받지 않는다. 그런데 본능이 무의식으로 되는 극단적인 경우에, 그러한 본능의 무의식도 역시 같은 무의식일까? 우리가 버릇이 된 행동을 기계적으로 할 때, 또는 몽유병자가 자동적으로 자신의 꿈을 실현할 때, 그 무의식은 절대적일 수도 있다. 그러나 이때 무의식은 그 행위의 표상이 행위의 실행에 가로막힌 데서(역동적으로) 연유한다. 그 행위가 표상과 너무나도 완전하게 흡사해서 거기에 정확하게 끼이게 되면 이제는 어떠한 의식도 넘쳐나올 수 없게 된다. 행위가 표상을 막고 있는 셈이다. 행위가 장애물에 의하여 그 수행이 저지되거나 방해받거나 하면 의식이 나타날 수 있다는 사실이 그 증거이다. 의식은 거기에 존재하고 있었지만, 표상을 이행하는 행동에 의하여 중화되어 (나오지 않고) 있었던 것이다. 그 장애물은 어떤 적극적인 충동을 만들어내지 못했다. 다만 빈 공간을 이루어놓았고, 출구를 뚫어놓았을 뿐이다. 이렇게 행위가 표상에 들어맞지 않을 때 분출되려 하는 것이, 우리가 여기서 말하는 의식이다.

이 점을 깊이 파고 들면, 의식이란 생물이 현실에 이룩하는 행위를 둘러싸고 있는 가능한 행동 또는 잠재적인 활동의 지대에 내재해 있는 빛임을 알 수 있다. 그 의식은 주저 내지는 선택을 의미한다. 똑같이 가능한 많은 행동들이 부각되면서도 실제 행동으로는 이루어지지 않을 때(마치 토의만 거듭하고 아무런 결론에 도달하지 못할 때와 마찬가지로) 의식은 강렬해진다. 실제 행동이 유일하게 가능한 행동일 경우(몽유병이나 보다 일반적으로 자동적인 종류의 활동에 있어서와 같이) 의식은 존재하지 않게 된다. 이 후자의 경우에도, 거기에서 볼 수 있는 운동의 전체가 체계화되어 있고, 그 최후의 운동이 최초의 운동 속에 예상되어 있으며, 어떤 장애물에 부딪히면 그 충격으로 의식이 솟아오를 수 있다는 것이 확인되므로, 표상과 인식은 엄연히 존재하고 있다고 보겠다. 이러한 견지에서 보면, 생물의 의식은 잠재적 활동과 현실 활동 사이의 산술적인 차이와 대응한다고 정의할 수 있다. 그것은 표상과 행동 사이에 존재하는 거리를 측정하는 잣대다.

그러므로 지성은 보다 의식 쪽이며, 본능은 무의식 쪽이라고 상정할 수 있다. 왜냐하면 조종해야 할 도구가 자연적으로 형성되어 있고, 적용 대상은 자연이 지정하며, 획득하여야 할 결과도 자연이 요구하는 상황에서는 선택의 여지가 매우 적기 때문이다. 그러므로 그 표상에 내재하는 의식은 표상에서 벗어나고자 노력할 때마다, 의식과 균형을 이루고 있고 표상과 동일한 행위의 수행에 의해 상쇄될 것이다. 의식이 나타날 경우, 의식은 본능 그 자체보다도 오히려 본능이 감수해야 하는 곤란을 밝혀준다. 요컨대 의식으로 되는 것은 본능의 결핍이며 행위와 관념 사이의 거리이다. 이때 의식은 하나의 우연에 지나지 않는다. 의식은 본질적으로 본능의 최초 행동 양식, 즉 모든 일련의 자동적인 운동을 촉발하는 방식을 강조하는 데 지나지 않는다. 반면 지성에 있어서는 결핍이 정상적 상태다. 곤란을 겪는 것은 그 지성의 본질 자체이다. 무기(천연물질)의 도구를 제작하는 것이 지성의 본디 기능이므로, 지성은 많은 곤란을 뚫고 이러한 작업을 위해 때, 장소, 형태, 재료를 선택해야 한다. 그리고 지성에게 완전한 만족이란 있을 수 없는데, 새로운 만족은 반드시 새로운 요구를 끊임없이 낳기 때문이다. 요컨대 본능과 지성이 모두 인식(인식능력)을 지니고 있다면, 그것은 본능의 경우 차라리 부과된 역할(능력)이 실제로 나타난다는 것으로서 무의식적(무의식적 인식)이라 하겠고, 지성의 경우 오히려 사유되는 것으로 의식적(의식적 인식)이라 하겠다. 그러나 이 점은 성질상의 차이라기보다는 오히려 정도의 차이이다. 전적으로 의식에만 집착하는 한, 인간은 심리적인 면에서 (의식 속에 있는) 지성과 본능의 근본적인 차이에 눈을 감고 있는 셈이다.

본질적인 차이에 도달하기 위해서는, 이 두 가지 형태의 내적 활동을 비추는 어느 정도 강력한 조명에 구애되지 말고 그들 활동의 적용 지점인, 근본적으로 다른 두 개의 대상을 향하여 곧바로 가야만 한다.

쇠파리가 말의 다리나 어깨에 알을 낳는 이유는, 유충이 말의 위(胃) 안에서 성장해야만 하는데, 말이 몸을 핥을 때 막 태어난 유충이 소화기관으로 운반될 것을 미리 알아서인 듯 보인다. 마비시키는 기능을 가진 막시류가, 그의 먹이인 곤충의 신경중추가 있는 곳을 찔러 그 벌레를 죽이지 않고 움직이지만 못하게 하는 것은, 곤충학자와 외과의사의 숙련된 손놀림을 겸한 듯한 행동이다. 하지만 그렇게도 자주 화제에 올랐던 작은 투구풍뎅이 시타리스(Sitaris)야말로 가장 똑똑하지 않을까? 이 초시류는 안토포라(Anthorphore)라는 일종의 꿀벌이 파는 땅굴 입구에 알을 낳는다. 시타리스의 유충은 오랫동안 기다리고 있다가 안토포라의 수놈이 땅굴에서 나올 때 달라붙어 꿀벌의 '밀월비행'에까지 붙어 다닌다. 교미하는 기회를 보아 수놈에게서 암놈에게로 옮겨붙어, 암놈이 알을 낳을 때까지 또 참고 기다린다. 산란시기가 되면 알 위로 뛰어올라 꿀 속에 거점을 만들고, 며칠 동안 알을 먹어치운 뒤 알 껍데기에 자리잡고 최초의 탈바꿈을 경험한다. 이제 몸이 꿀 위에 떠다닐 정도가 되면 그 저장된 자양분을 먹고는 번데기가 되고, 그리고 나서 완전한 곤충이 된다. 이 모든 과정에서 보았듯이, 시타리스의 유충은 모든 것을 이미 안다는 듯 움직인다. 안토포라의 수컷이 먼저 땅굴 속에서 나오면 교미 비행으로 암컷에게 바꿔타는 길이 열리고, 그 암컷이 안내해 준 벌꿀 창고로 들어가면 탈바꿈한 뒤에 꿀을 먹이로 쓸 수 있다는 점, 그리고 그 동안 안토포라의 알을 먹어치움으로써 영양분을 공급받고 꿀 위에 떠 있으며 알에서 나온 경쟁 상대를 제거할 수 있음을 잘 아는 듯이 일을 진행시킨다. 또한 시타리스 자신도, 자기의 유충이 모든 것을 알게 되리라는 사실을 아는 듯하다. 그러나 거기에 인식이 존재한다 하더라도, 이는 암묵적인 인식에 지나지 않는다. 그 인식은 내면화되어 의식이 되는 것이 아니라, 그 대신 이내 정확한 행동 양식으로서 외부에 나타난다. 그렇기는 해도, 곤충은 특정한 사물이 존재하거나 생겨나는 바로 그 때와 장소를 배우지 않고도 알아서, 그 표상을 행동으로 나타낸다는 것 역시 사실이다.

그런데 그와 같은 관점에서 지성을 본다면, 지성 역시 어떤 사물을 배우지 않고도 알고 있음을 보게 된다. 그러나 그 지성적 인식은 본능과는 매우 다른 차원의 인식이다. 여기에서 생득성을 둘러싼 철학자들의 해묵은 논쟁을 재연시킬 생각은 없다. 단지 모든 사람들이 동의하는 점만을 기록할 터이다. 어린아이는 동물이 전혀 이해할 수 없는 일을 즉시 이해할 수 있는데, 이런 의미에서 지성은 본능과 마찬가지로 유전되는 기능으로서 생득적이다. 그러나 이 생득적인 지성은 인식할 수 있는 능력이라고는 하지만, 개별적으로는 아무것도 인식하지 않는다. 방금 태어난 갓난아기가 처음으로 엄마의 가슴을 더듬어 아직 본 일도 없는 그 무엇을(물론 무의식중이지만) 알고 있음을 보여줄 때, 사람들은 그 생득적인 인식이 특정한 사물에 관한 인식이라는 이유에서 그것은 본능의 인식일 뿐 지성에는 속하지 않는다고 말할 것이다. 따라서 지성은 어떤 사물에 대해서도 생득적인 인식을 주지 않는다고 할 수 있다. 그러나 그러면서도 지성이 자연적으로 아무것도 알지 못한다면, 지성에는 생득적인 요소가 전혀 없다고 해야 할 것이다. 아무것도 아는 것이 없다면 어떻게 무엇인가를 인식한단 말인가. 그러나 사물(사물적 인식) 이외에도 관계(관계적 인식)라는 것이 있다. 방금 태어난 아기는, 그 지성적인 면에 한해서만 말하자면, 특정한 대상도 대상의 특정한 성질도 알지 못한다. 그러나 어느 날 사람이 그 앞에서 어떤 대상의 성질에 대해 명사와 수식어를 붙여 말하면 아기는 그것이 무슨 의미인지 곧 알게 된다. 따라서 주어와 술어의 관계를 그 아이는 자연적으로 파악하고 있다. 이러한 일은 동사가 표현하는 일반적인 관계에 대해서도 말할 수 있을 것이다. 그 관계는 정신이 순간적으로 빠르게 이해할 수 있는 것이므로, 동사가 없는 원시적 언어에서 흔히 볼 수 있듯이, 이 언어는 관계를 말하지 않고 이해시킬 수가 있다. 따라서 지성은 이것과 저것의 등가 관계, 내용과 표현의 관계, 원인과 결과 등,

주어·술어와 동사로 구성되는 문장에 포함된 관계들을 자연적으로 사용한다. 지성은 그러한 하나하나의 관계(관계적 인식능력)를 개별적으로 선천적 지식으로서 가지고 있다고 말할 수 있는가? 그런 관계들이 그 이상은 환원 불가능한 관계인지, 아니면 좀더 일반적인 관계로 귀착될 수 있는지를 연구하는 일은 논리학자의 몫이다. 그러나 실제 어떤 방법으로 사고를 분석해도, 나중에는 항상 한 가지 또는 몇 가지의 일반적인 틀에 도달한다. 이 틀을 정신이 자연스럽게 쓰는 이상, 정신은 그에 대한 인식을 선천적으로 지니고 있다. 따라서 이렇게 말할 수 있다. 본능과 지성이 선천적으로 지니고 있는 것을 고려한다면, 이 선천적 인식은 본능에서는 사물들에 기초하고 지성에서는 관계들에 기초함을 알 수 있다.

철학자는 우리 인식의 소재(사물)와 형식(관계)을 구별한다. 소재란 본디 상태에 있을 때의 지각능력을 통해 주어진 것이다. 이와 같은 소재 사이에 관계가 생겨 하나의 인식체계가 짜여지면, 그 관계의 총체가 형식이다. 형식은 소재 없이도 인식의 대상이 될 수 있을까? 물론 될 수도 있다. 단지 그 인식(인식 대상이 없는, 관계적 인식)은 소유된 물건이라기보다는 몸에 젖은 습관과 비슷하고, 상태라기보다는 방향에 가깝다는 조건에서만 그러하다. 어쩌면 그것은 주의력을 지니고 있는 어떤 자연적인 경향이라고 해도 좋다. 학생은 선생님이 이제부터 분수를 적으라고 할 것임을 알면, 분자·분모가 몇인지도 모르면서 줄부터 긋는다. 즉 그 두 가지 중 어느 쪽도 알지 못하면서 그들 사이의 일반적인 '관계'는 알고 있다는 말이다. 말하자면 소재 없이도 형식을 안다는 말이다. 그러므로 그는 그러한 관계적 인식을 모든 경험에 앞서 가지고 있고, 우리의 경험이 그의 인식에 삽입되는 틀이라고 말할 수 있다. 어쨌든 습관에 따라 공인된 이 두 가지 언어를 여기에 받아들이기로 하자. 지성과 본능의 구별을 이러한 공식으로 나타내면 좀 더 정확해질 것이다. 지성은 생득적인 점에 있어서 어떠한 형식에 대한 인식을 지니고 있고, 본능은 생득적으로 어떤 소재에 대한 인식을 지니고 있다.

행동의 관점이 아니라 인식의 관점인 두 번째 관점에서 볼 때, 생명 일반에 내재하는 힘은 역시 유한한 원리처럼 보인다. 거기에는 처음에 두 가지의 다른 상이한 인식 방법이 공존하며 서로 잠식하고 있다. 하나는 특정 대상의 물질성 그 자체에 직접적으로 도달한다. 그러고는 '이런 것이 있다' 말한다.

다른 하나는 아무런 특정한 대상에게도 다다르지 못한다. 그것은 한 사물을 다른 하나의 사물에, 한 부분을 다른 한 부분에, 또는 한 국면을 다른 국면에 연결시키는 자연적인 능력에 지나지 않는다. 즉, 전제에서 결론을 유도하고, 아는 것에서 모르는 것으로 발전하는 자연적 능력에 그친다. 그것은 '이것이 있다' 말하지 않는다. 단지 '조건이 이러하다면 결론은 저러할 것이다' 말할 수 있는 그런 인식일 뿐이다. 요컨대 첫 번째 인식은 본능적인 성질의 것으로서 철학자들이 정언명제라고 부르는 안에서 표명되고, 두 번째 인식은 지성적인 것으로서 반드시 가언적으로 표현된다. 처음에는 첫 번째(본성적 성질의 인식) 능력이 두 번째 능력보다 바람직한 듯이 보인다. 이 첫 번째 인식이 무한한 수의 대상에 실제로 확대 적용된다면 사실상 그럴 것이다. 그러나 사실 이 기능은 어떤 특정한 사물, 더욱이 그 사물의 어떤 한정된 부분 이외에는 결코 적용되지 않는다. 그러나 적어도 이에 관해서라면, 그 기능은 내적이고 완전한 인식을 가지고 있다. 이 인식은 설명적이지는 않아도 실제의 행동 속에 함축적이다. 두 번째(지성적 성질의 인식)의 기능은 그와는 반대여서, 본디 외적이고 내용이 없는 인식밖에 소유하지 않는다. 그러나 오히려 이 점 때문에 두 번째 인식은 하나의 큰 틀을 가져다 준다는 장점이 있고, 그 틀 속에는 수많은 사물이 저마다 자기의 자리를 찾아서 정착할 수가 있다. 모든 생명의 여러 행태를 통하여 발전하는 힘은 하나의 한정적인 힘이기 때문에, 자연적 인식 내지는 생득적인 인식의 영역 속에서 두 종류(본성적 인식·능력과 지성적 인식·능력)의 제한 가운데 어느 한 가지를 택할 수밖에 없었던 듯하다. 그 제한의 하나는 인식의 외연에, 다른 하나는 그 내포에 관계된다. 전자에서 인식은 풍부하고 충만하지만, 어느 특정한 사물에 한정되게 된다. 후자에서 인식은 대상에 제한을 두지 않는데, 그 이유는 이 인식이 소재 없는 형식일 뿐으로 아무것도 자기 속에 포함시키지 않기 때문이다. 처음에 서로 한데 섞여 있었던 이러한 두 경향은 성장과 함께 분리되어야만 했다. 각자 나름대로 행운을 찾아서 세상으로 나갔고, 각각 본능과 지성으로 귀결되었다.

이처럼 인식에는 방향이 다른 두 가지 인식이 있다. 행동의 관점이 아니라 인식의 관점에 입각하여 관찰할 때, 지성과 본능은 그러한 인식들을 통해 정의된다. 그러나 여기서 인식과 행동은 동일한 능력을 지닌 두 측면에 지나지 않는다. 실제로 이 두 번째 정의는, 첫 번째 정의를 새로운 형태로 고친 것에 지나지 않음을 쉽게 알아볼 수 있다.

만약 본능이 무엇보다도 자연적이고 유기적인 도구를 사용하는 능력을 의미한다면, 거기에는 그 도구에 관한 타고난 인식, 그리고 도구가 적용되는 대상에 관한(잠재적이거나 무의식적인 것에 지나지 않는다 하더라도) 타고난 인식이 포함되어야만 한다. 그러고 보면 본능은 사물에 대한 생득적인 인식이다. 그러나 지성은 무기적인(조직되지 않은 천연물질로), 즉 인공적인 도구를 제작하는 능력이다. 자연이 필요한 도구를 어떤 생물에게 제공하지 않는 까닭은, 그 생물이 상황에 따라 그에 알맞는 제작을 할 수 있도록 하기 위해서이다. 따라서 지성의 본질적인 기능은 어떤 환경에 처해 있더라도 곤란을 극복하는 길을 찾아내는 일일 것이다. 지성은 자기에게 가장 필요한 길을, 즉 부과된 환경에 가장 잘 부합하는 길을 찾을 것이다. 지성의 본질적인 기능은, 주어진 상황과 이 상황을 이용하는 수단의 관계와 관련 있다. 따라서 지성에 무엇인가 생득적인 점이 있다면, 그것은 여러 가지 관계를 짓는 경향일 것이다. 그리고 그러한 경향은 어떤 매우 '일반적인 자연 인식'을 지니고 있다. 그러한 자연적인 인식이란, 지성 하나하나에 적합한 행동이 보다 특수한 관계로 진보하기 위해 잘라낼 실제 재료이다. 그리하여 활동이 제작으로 향하는 경우, 인식은 필연적으로 관계에 주목하게 된다. 그런데 매우 형식적인 이 지성 인식은, 본능이 지닌 재료적 인식에 비하여 헤아릴 수 없을 만큼 많은 이점을 지니고 있다. 형식은 속이 텅 비어 있어서 원하는 대로 차례차례 수많은 사물들로 채워질 수 있고, 때로는 아무 소용없는 사물로 채워지기도 한다. 그 결과 형식적인 인식은 실용을 목적으로 세상에 나타나기는 하지만, 그 인식 작용이 실제 필요한 것에만 한정되어 있지는 않다. 지성을 가진 생물은 자신을 초월할 수 있는 가능성을 자기 속에 내포하고 있다.

그러나 지성은 자기가 바라는 만큼, 또한 자기가 할 수 있다고 상상하는 만큼 자신을 넘어서지는 못한다. 지성은 순수한 의미에서 형식적인 성격을 띠었기 때문에, 사변(思辨)의 가장 강력한 관심사가 될 대상 위에 놓여지는 데 필요한 추를 갖지 못한다. 본능은 그와 반대로, 원하는 물질적인 소재는 가지고 있으나 자기의 대상물을 멀리까지 찾으러 갈 능력이 없다. 따라서 본능은 사변적이지 못하다. 이 점은 본연구에서 가장 중요한 문제이다. 우리가 여기서 지적하려고 하는 본능과 지성 사이의 차이는, 우리의 분석이 보여주었던 바와 흡사하다. 그것을 다음과 같은 공식으로 표현할 수 있을 듯하다. 지성만이 찾을 능력이 있으나 지성만으로는 결코 발견할 수 없는 것들이 있다. 그러한 것들은 본능만이 발견할 수 있으나 본능은 결코 그것을 찾으려고 하지 않는다.

이제 여기서 지성의 구조에 대하여 몇 가지 세부사항으로 들어가 보자. 앞에서도 말한 바와 같이, 지성은 관계를 설정하는 기능을 맡고 있다. 지성이 설정하는 관계의 성격을 보다 정확하게 규정지어 보자. 지성은 순수 사변을 본분으로 하는 능력이라고 보는 한, 이 점에 대하여 우리는 언제까지고 막연한 생각이나 독단적인 판단밖에는 가질 수 없다. 그러면 인간은 지성의 일반적인 틀을, 환원할 수도 없고 설명할 수도 없는 그 어떤 절대적인 것으로 간주할 수밖에 없게 된다. 우리가 자신의 얼굴을 지니고 태어나듯이, 지성도 자신만의 형식을 갖추고 하늘에서 떨어진 셈이 된다. 물론 사람들이 그러한 형식을 정의하기는 하지만, 고작 정의한다는 일 이외에는 아무것도 할 수 없고, 그 형식이 어째서 그런 형식을 갖게 되는지 또 어째서 다른 형식이 되지 않았는지 하는 문제는 물어보아야 소용이 없다. 이리하여 우리는, 지성이란 본질적으로 통일이며, 그 모든 지성 작용의 공통된 목적은 현상의 다양성 속에 숨겨져 있는 하나의 통일성을 유도해내는거라고 가르칠 수 있을 것이다. 하지만 '통일'이란 분명치 않은 말이여서 '관계', 심지어는 '사고'보다도 뚜렷하지 못하며, 그 이상은 아무것도 말해 주지 않는다. 뿐만 아니라 우리는 지성의 기능이란 통일보다도 분할하는 데 있지 않을까 하고 반문할 수도 있다. 결과적으로, 지성은 다양한 현상들 속에서 하나의 통일성을 찾아보기 위해 우리가 보는 바와 같이 일을 처리해 나가고, 지성이 통일을 구하는 까닭은 오로지 그 자신에게 통일이 필요하기 때문이라면, 우리의 인식은 정신의 어떤 요구들(요구의 강도)에 따라 상대적으로 된다. 그 요구는 물론 지금과는 전혀 다른 별개의 요구로 될 수도 있다. 만약 지성이 현재와는 다른 모습으로 발달했다면 인식 또한 달라졌을 것이다. 그런데 지성이 아무것에도 의존하지 않는다고 하면, 이번에는 지성이 아닌 다른 모두가 지성에 의존한다. 그리하여 지성을 지나치게 높은 차원에 올려 놓음으로써, 그 지성이 제시하는 인식은 지나치게 낮은 곳에 갖다 놓는 결과가 된다. 지성(지성 능력)이 절대적인 이상, 인식은 상대적인 것이다. 하지만 그와 반대로, 우리는 또 인간의 지성이 행동의 필요에 의존한다고 생각한다. 행동을 제시하면 거기에서 지성의 형식 자체도(그때그때의 필요성에 의해) 도출된다. 그리고 보면 그 형식은 환원되거나 설명될 수 없는 것도 아니다. 그리고 이 형식이 독립적인 속성이 아니기 때문에, 우리는 인식이 지성에 좌우된다고 더 이상 주장할 수 없다. 따라서 인식은 더는 지성의 산물이 아니고, 어떤 의미에서 실재의 불가분한 일부분이다.

철학자들은 이렇게 대답할 것이다. 행동이란 질서가 있는 세계에서 수행되는 것으로, 이 질서는 이미 사고에 속해 있다. 그러므로 행동이 지성을 전제로 하는 이상, 지성을 행동에 의해 설명하는 것은 부당 전제의 잘못을 범하는 일이 된다. 이 장에서 우리가 취하고 있는 견지(우리의 지성적 추리를 현재의 사물현상에 일치시키려는 견지)가 우리의 궁극적인 견해라고 한다면 그러한 주장에도 일리가 있을 것이다. 그러나 그렇게 되면 우리는 스펜서와 같은 오류에 빠지게 된다. 스펜서는, 물질의 일반적인 성격이 우리에게 남긴 흔적으로까지 지성을 환원하면, 그것으로 지성이 충분히 설명되리라고 믿었다. 마치 물질에 내재하는 질서는 지성 자체가 아니라 행동이라고 하듯이 말이다. 그렇지만 철학이 지성과 물질의 참다운 발생을 어디까지, 그리고 어떤 방법으로 알아볼 수 있는가 하는 문제는 다음 장에서 다루기로 하자. 현재 우리를 사로잡는 관심사는 심리적인 차원의 문제이다. 우리는 지성이 특히 적합한 물질세계의 부분은 어디인가 하는 질문을 던지고 있다. 이 물음에 답하기 위해서 어떤 하나의 철학체계를 택할 필요는 없다. 상식적인 입장에 서서 논하는 것으로 충분하다.

그러면 행동으로부터 출발해 보자. 지성은 우선 제작을 목표로 한다는 점을 원리로 세워 보자. 제작은 전적으로 무기물질(조직되지 않은 천연물질)에 대해서만 행해진다. 제작은 유기화된 물질을 사용할 때에도 그 유기물질들을 무생물로서만 다루고, 거기에 형태를 가져다준 생명에는 상관하지 않는다는 점에서 그러하다. 무기물질 자체에서도 제작은 고체 이외에는 관심을 두지 않는다. 나머지 부분은 그 유동성에 의하여 빠져나가 버린다. 그러므로 지성이 제작의 경향을 띤다면, 실재 중에서 유동적인 물질의 일부분을 포착하지 못하며, 또 생물이 지닌 생명 특유의 점은 전혀 가늠할 수 없다는 사실을 우리는 예상할 수 있을 것이다. 자연이 빚어놓은 우리의 지성은 비유기적인 고체(조직되지 않은 천연물질)를 그 주요 대상으로 삼고 있다.

지성의 능력을 하나하나 점검해 보면, 지성은 무기물질, 특히 고체를 다룰 때에 한하여 자신 있어 한다는 사실을 쉽사리 알 수 있다. 무기물질의 가장 일반적인 특성은 무엇일까? 그것은 무기물질이 면적을 차지하고 있다는 점이다. 이 특성으로 인해 어떤 사물은 다른 사물에 대해 외적이며, 그리고 그 사물 중 어떤 부분은 다른 부분에 대해 외적이다. 물론 앞으로의 조작을 위해서는, 모든 사물을 임의로 분할하고 그 각 부분을 원하는 만큼 나누는 작업을 무한히 할 수 있다고 생각하는 편이 아마도 유익할 것이다. 그러나 현재의 조작을 위해서는, 우리가 문제삼고 있는 현실의 사물이나 사물을 분해해서 얻은 현실의 요소를 잠정적으로나마 결정적인 근원찾기의 실마리로 보고, 그 실마리들을 각각 단일체로 간주하는 일이 무엇보다도 가장 필요하다. 우리가 물질의 연속적인 면적 확대를 논할 때 물질은 원하는 만큼, 그리고 우리의 생각대로 분해할 수 있는 가능성을 암시해 준다. 그러나 알려진 바와 같이, 이 연속성은 물질 속에서 보이는 불연속성의 모습을 물질이 우리에게 선택하도록 해 주는 능력으로 귀착된다. 결과적으로, 불연속의 한 모습(진보 도중에 정지된 모습)이 한 번 선택되면 그것이 항상 우리 눈앞에는 실재 현실로 나타나며, 우리는 현재 그것을 기준으로 행동하기 때문에 그 모습에 주의를 쏟는다. 이리하여 불연속성(정지된 모습)은 그 자체로서 생각되고, 그 자체만으로 생각될 수 있으며, 우리는 그것을 정신의 적극적인 활동으로 표상한다. 반면 연속성에 대한 지성적 표상은 소극적이다. 사실 그 지성적 표상은 현재 주어진 어떤 분해 체계 앞에서도 그것만이 유일한 체계라고 생각하지 않으려는, 우리의 정신적인 거부에 지나지 않는다. 지성은 불연속적인 것만을 명료하게 표상한다.

한편 우리의 행동이 작용을 미치려 하는 대상은 의심할 바 없이 동적인 사물들이다. 그러나 우리에게 중요한 것은 운동체가 어디로 가는가, 임의의 순간에 그 궤도상 어디 있는가를 알아내는 문제이다. 바꿔 말하면 우리가 무엇보다 먼저 문제 삼는 점은 운동체의 현재와 미래의 위치이지, 운동체가 하나의 위치로부터 다른 위치로 옮길 때의 진행, 즉 운동 그 자체인 진행이 아니다. 우리의 행동은 또한 체계화된 운동이지만, 행동할 때 우리의 정신이 집중되는 것은 운동의 목표나 의미, 그 전체적인 윤곽, 요컨대 부동적인 실시 계획에 관해서이다. 동적인 행동은 도중에 갑자기 나타나는 어떤 사건이 전체를 촉진시키거나 지체시키거나 방해하거나 할 경우에 한해서 우리의 관심을 끌고 있다. 우리의 지성은 운동성 그 자체에는 관심을 두지 않는다. 그까닭은 관심을 두고 살필 것이 아무것도 없기 때문이다. 지성의 목적이 순수 이론에 있을 경우에만 지성은 운동 속에 정착할 것이다. 왜냐하면 운동은 현실 그 자체이고 부동성은 어디까지나 외관적 또는 상대적인 성질에 지나지 않기 때문이다. 그러나 지성의 사명은 전혀 다른 곳에 있다. 자신에게 무리를 강요하지 않는 한 지성은 그와는 반대의 길(현실의 모습에서 출발하는 길)을 밟는다. 지성은 부동성이 궁극의 현실이나 요소이기나 한 것처럼 반드시 거기에서 출발한다. 지성은 운동(움직이는 생물들의 운동)을 표현하고자 할 때, 부동성들을 나란히 놓고 그 운동을 재구성한다. 이러한 조작은, 뒤에 보는 바와 같이, 사변의 영역에서는 부당하고 위험하다(그 행위는 막다른 골목에 이르고, 해결 불능한 철학상의 문제를 인위적으로 조작해 내기에 이른다). 그러나 그 본래의 사명을 생각해 보면, 그에 대한 이유가 설명이 된다. 자연상태에서 지성은 실제로 유익한 것을 목표로 한다. 부동성들을 병렬로 나란히 놓고 운동에 대입할 때, 이런 식으로 대체해 보아도 현재 모습 그대로의 운동이 재구성되는 것처럼 보이지는 않는다. 이때 지성은 운동을 실질적 등가물로 대체하는 데 지나지 않는다. 철학자들이 행동(즉, 목표나 의미 등을 가진 체계화된 운동)을 위하여 이룩한 사고 방법을 사변의 영역으로 옮겨 놓을 때, 그들은 오류를 범한다. 그러나 이 점에 관해서는 나중에 다시 언급하기로 하자. 다만 지성이 그 자연적인 성향에 따라 집중하는 대상은 안정된 부동성이라는 점만을 말해 둔다. 우리의 지성이 뚜렷하게 표상하는 것은 부동성밖에 없다.

그런데 제작이란 소재(또는 재료) 안에서 사물 형태를 잘라내는 행위이다. 무엇보다 중요한 것은 앞으로 구현할 형태이다. 소재는 가장 적합한 것을 선택하면 된다. 그러나 선택할 때, 즉 많은 소재 중에서 바로 그것을 찾으려 할 때는, 상상을 통해서나마 구상된 대상의 형태를 모든 종류의 소재에 부여해 보려고 노력해야 한다. 다시 말하면, 제작을 목표로 삼는 지성은 사물의 현재 형태에 머무는 일이 결코 없고, '바로 그것'을 결정적인 것으로 간주하지 않는 그런 지성이다. 반면 그 지성은 모든 물질을 마음대로 재단할 수 있다고 생각한다. 플라톤은 훌륭한 변증법철학자를 어떤 훌륭한 요리사에 비유하고 있다. 이 요리사는 짐승을, 본디 생긴대로의 관절 마디를 따라 뼈를 부러뜨리지 않고 처리하는 요리사이다.*14 항상 이러한 처리법을 따르는 지성이 있다면, 그것은 사실상 사변(spéculation)으로 향한 지성임에 틀림없다. 그러나 행동, 그 중에서도 제작은 이 사변과는 반대 경향의 정신을 요구한다. 그러한 행동은 우리에게, 자연적인 사물까지 포함하여 모든 사물의 현재 형태는 인공적이고 일시적인 존재에 지나지 않으므로 설사 유기화된 생물의 경우라도 그 포착된 대상의 내부 구조를 외부적으로 드러내주는 선을 우리의 사유 행위에서 지워버리라고 요구한다. 요컨대 사물의 소재란 자기가 지니고 있는 형태에 아무 관련이 없다고 우리가 생각하기를 바란다. 따라서 소재로서의 물질 전체는 단지 굉장히 넓은 옷감처럼 우리의 사고에 나타나고, 우리는 거기에서 무엇이든 원하는 것을 재단하여 나중에 마음 내키는 대로 꿰맬 수 있다고 생각하게 될 것이다. 이 기회에 잠시 언급하자면, 그렇게 하는 능력을 우리는 공간이 있다고 하는 말로 인정한다. 여기서 공간이란 등질의 허공이고 무한대이며 또한 무한히 분할 가능한 매체로서, 어떤 양식으로도 분해 가능하다. 이러한 종류의 매체는 결코 지각되지 않으며, 다만 개념으로서 생각될 뿐이다. 지각되는 것은 빛깔 있는 반응이 보이는 면적(확장)으로서, 실재적 물체나 그 실재적 구성요소의 윤곽이 그리는 선에 따라 분할되는 공간이다. 그런데 물질에 대한 우리의 능력, 즉 그 물질을 원하는 대로 해체하고 재구성하는 능력을 표상할 때에, 우리는 그 가능한 모든 해체와 재구성을 통틀어서 실재적인 확장의 배후에 투영한 다음에, 그 확장의 기초가 되는 공허하고 무차별한 공간 형태를 생각한다. 따라서 이 공간은 무엇보다도 우선 사물에 대한 우리의 가능한 행동 도식이다. 뒤에 설명하겠지만 이 종류의 도식에 투입되는 경향은 사물 쪽에도 자연히 갖추어져 있다. 공간은 정신의 조망이다. 동물은 인간과 마찬가지로 면적을 지닌 사물을 지각하면서도 그때 공간에 대한 관념은 조금도 지니지 않음이 분명하다. 공간은 인간 지성의 제작적인 경향을 상징하는 표상이다. 그러나 지금은 이 점에 대해서 길게 언급하지 않기로 한다. 단지 이러한 언급만으로도 충분하리라.

즉, 지성을 특징짓는 능력은, 어떤 법칙에 따라서라도 분해할 수 있으며 어떤 체계로라도 재구성할 수 있는 무한한 능력이다.

우리는 인간 지성의 본질적인 특징을 몇 가지 들어 보았다. 그러나 지금까지는 개인을 고립된 상태에서 다루었고, 사회생활은 고려하지 않았다. 사실 인간이란 사회 속에 사는 존재이다. 인간 지성이 진실로 제작을 목표로 한다면, 지성은 그 제작을 위하여 그리고 다른 목적을 위해서도 다른 사람의 지성과 연합한다는 점을 덧붙여야 한다. 그런데 그 구성원이 부호에 의해 서로 의사를 전달하지 않으면서 사는 사회란 상상하기 어렵다. 곤충 사회에는 분명히 언어가 있고, 그 언어는 인간과 마찬가지로 공동생활의 필요에 적응하여 만들어졌음이 틀림없다. 언어는 공동 동작(여러 구성원들의 공동동작)을 가능하게 한다. 그러나 공동 동작에 대한 필요성은 개미 무리와 인간 사회가 결코 같을 수 없다. 곤충 사회에는 일반적으로 다형현상이 있다. 고로 그곳에서는 분업이 자연스럽게 행해지며, 각 개체는 구조상으로도 그가 행하는 기능에 얽매여 있다. 여하튼 그 사회는 본능 위에 기반을 두고 있으며, 따라서 기관의 형태에 어느 정도 관련이 있는 어떤 종류의 행동 내지 제작이 그 사회의 토대를 이루고 있다. 따라서 예를 들어 개미에게 언어가 있다면 그 언어를 구성하고 있는 부호는 그 수가 한정되어 있고, 개미의 부류가 한번 형성되고 나면 그 부호의 하나하나는 일정한 대상이나 작업에 결부된 채 영원히 변하지 않을 것이다. 부호는 그 부호를 의미하는 사물에 밀착되어 있다. 반면 인간 사회에서는 제작 형태나 행동 형태가 가변적일 뿐만 아니라, 각 개인은 자기의 구조에 따라 어떤 역할을 맡도록 예정되어 있지 않으므로 자기의 역할을 배워야 한다. 따라서 언제든지 아는 것에서 모르는 것으로 갈 수 있도록 해주는 매개체 같은 언어가 필요해진다. 그러한 언어의 부호는—그 수는 무한할 수 없다—무수한 사물에게 확대될 수 있어야 한다. 부호가 하나의 대상에서 다른 대상으로 옮겨갈 수 있는 이와 같은 경향이야말로 인간 언어의 특징이다. 이런 경향은, 아이가 말을 하기 시작하는 그날부터 그 아이에게서 관찰된다. 아이는 언어의 의미를 곧바로 자연스럽게 확장한다. 가장 우연한 접근이나 매우 거리가 먼 유추를 이용하여, 사람들이 그 어린아이 앞에서 어떤 대상을 지적하기 위하여 쓴 부호를 분리한 다음, 다른 대상에게로 옮겨 쓴다. '어떤 언어(또는 부호)가 무언가를 가리킬 수 있다'는 것이 아이들이 가진 언어의 잠재적인 원리이다. 이런 어린 아이들의 언어적 경향을, 일반화하는 능력과 혼동하는 것은 잘못이다. 일반화는 동물도 할 수 있다. 게다가 부호는 본능적인 측면이더라도 항상 어느 정도 하나의 개념을 나타내고 있다. 인간 언어의 부호를 특징 짓는 요인은, 그 일반성이라고 하기보다는 오히려 가동성이라고 하겠다. 본능의 부호는 고정적 부호이며, 지성의 부호는 가동적인 부호이다.

그런데 이처럼 하나의 사물에서 다른 사물로 옮겨갈 수 있게 된 언어의 가동성은, 언어가 사물로부터 관념으로 확대되는 길을 열어 주었다. 물론 완전히 외향적일 뿐 내향적일 수 없는 지성에게, 반성하는 능력을 언어가 부여하지는 않았을 것이다. 반성하는 지성이란, 실제로 유효한 노력을 기울이고도 남는 힘을 지니고 있다. 그러한 지성은 잠재적으로 이미 자기 자신을 지배하고 있는 의식이다. 그러나 그렇다고 해도 이 잠재성은 현실성으로 옮겨가야만 한다. 언어가 없었더라면 지성은 자기가 흥미롭게 고찰하던 물질 대상에만 거의 고정되어 있었을 테고, 또 자기 작업에 매혹되어 몽유병 상태에서 살며, 자신에게서 일탈되어 있었으리라. 언어는 지성을 해방시키는 데 큰 공헌을 하였다. 사실 언어는 어떤 것에서 다른 것으로 움직일 수 있도록 되어 있으므로, 본질적으로 위치를 옮길 수 있는 자유로운 속성이다. 따라서 어떤 지각된 것으로부터 다른 지각된 것으로 확대될 수 있을 뿐만 아니라, 그 언어는 또 지각된 것으로부터 사물에 대한 기억으로, 정확한 기억에서 보다 덧없는 심상으로, 덧없게나마 표상된 심상으로부터 이 심상을 표상하는 행위 자체의 표상, 즉 관념으로 확대될 수 있을 것이다. 그리하여 이제까지는 밖으로 향해 있던 지성의 눈에 내적인 세계 전체가, 즉 자기가 행하는 조작의 경관이 펼쳐지게 된다. 사실 지성이 기다리고 있던 것이 바로 이러한 기회였다. 지성은 언어 그 자체가, 자기의 작업 내부로 침투하기 위한 그 무엇(매개체)이라는 사실을 이용한다. 물론 지성의 첫 번째 작업은 도구를 제작하는 일이었다. 하지만 어떤 수단을 쓰지 않는 한 그러한 제작은 가능하지 않으며, 그 수단은 대상에 꼭 맞추어 재단되어 있지 않다. 그 수단들은 그 대상을 초월하며, 이리하여 지성에게 추가 작업, 즉 자신의 이익과 무관계한 작업을 하게끔 허용한다. 지성이 자기의 행동 양식에 대하여 반성(필요한 만큼보다 더 탐구하는 일)하고, 자신은 관념의 창조자이자 일반적 표상 능력이라고 깨닫는 경우, 그 다음부터는 실제 행동과 직접적인 관계가 없는 사물에 관해서라도 지성은 모든 것에 대한 개념을 갖고자 한다. 이러한 까닭으로 전에 지성만이 찾아낼 수 있는 사물이 있다고 말했던 것이다. 사실 이론을 염두에 두는 것은 지성뿐이다. 더구나 그 지성의 이론은 되도록 일체를, 즉 지성이 자연적으로 장악하고 있는 무기물질뿐만 아니라 생명이나 사고력마저도 포괄하고 싶어한다.

어떤 수단과 어떤 도구, 요컨대 어떤 방법을 써서 지성이 이러한 문제들에 접근할 수 있을지 우리는 짐작할 수 있다. 지성은 본디 무기물질의 형태에 적응되어 있다. 언어는 지성에게 그 활동 반경을 확장시켜 주었으나, 그 언어 자체는 오직 사물만을 지적하게 되어 있다. 다만 언어가 가동적이고 하나의 사물에서 다른 사물로 옮아가므로, 지성은 어느 시기에 이르러 도중에 아무것에도 고정되어 있지 않은 언어를 택해야 했고, 그때 언어는 사물이 아닌 한 대상을 가리키게 된다. 즉 지성은 언어의 도움을 받아 어둠에서 빛을 보기 위하여 그때까지 숨어 지내던 대상에 그 언어를 적용하는 것이다. 그러나 언어는 이 대상을 감싸면서 그 숨어지내던 대상마저 사물로 바꿔놓는다. 이처럼 지성은 무기물질에 대해서 작용하지 않을 때에도, 무기물질을 다룰 때 익힌 습관을 따른다. 즉, 유기화되어 있지 않은 물질 형태(즉, 천연물질 상태)에 지나지 않은 것을 그대로 적용한다. 지성은 본디 이러한 종류의 작업을 위해 존재한다. 그 종류의 작업만이 지성을 한껏 만족시켜 준다. 지성의 판명과 명석이란 이렇게 하여 처음으로 이루어진다, 라고 말할 때의 지성도, 같은 것을 표현하고 있다.

그런 의미에서 지성이 자기 자신을 명석하고 분명하게 생각하려면 자신을 불연속적인 형태로 보아야 할 것이다. 사실상 개념들은 공간 안의 사물과 마찬가지로 서로 무관하다. 개념은 그 개념을 만들 때의 원형이었던 사물과 같은 정도의 안정성을 가진다. 개념들은 합쳐져서 하나의 지성적 세계를 구성한다. 이 세계는 본질적인 특징으로 보아 고체의 세계와 비슷하다. 그러나 이 세계의 구성요소들은 구체적인 사물의 순수하고 간단한 심상보다 가볍고 투명하며, 지성이 조종하기 쉬운 요소들이다. 사실 개념은 이미 사물의 지각 그 자체가 아니다. 그것은 지성이 자신의 관심을 사물에 집중시키는 행위의 표상이므로, 이미 심상이 아니라 하나의 기호이다. 이 기호를 다룰 때 따라야 하는 법칙의 총체가 우리의 논리가 된다. 이러한 기호는 고체에 대한 고찰로부터 유래되고, 기호들 상호 간의 결합 규칙은 거의 고체 사이에 존재하는 가장 일반적인 관계를 표시하는 일에 지나지 않으므로, 우리의 논리는 물체의 고체성을 대상으로 하는 과학, 즉 기하학에서 특히 뛰어난 능력을 보여준다. 논리와 기하학은 조금 뒤에 보겠지만, 서로를 발생시킨다. 어떤 종류의 자연기하학이 고체에서 직접 볼 수 있는 일반적 특성의 암시로부터 이루어졌고, 그것이 확장되어 자연적 논리가 생겼다. 이 자연논리에서 이번에는 과학으로서의 기하학이 생겨나고, 그것은 고체의 외적 특성의 지식을 끊임없이 확대한다.*15 기하학과 논리는 물질에 대해서는 엄밀하게 적용될 수 있다. 여기에서 이 기하학과 논리는 안심하고 자신의 소유자로서 독자적으로 기능한다. 그러나 이들 영역 밖에서는, 순수 논리가 자기와 근본적으로 다른 상식의 감시를 받을 필요가 있다.

이처럼 지성의 기본적인 힘은 물질을 행동의 도구로, 즉 어원적인 의미에서의 기관(생물의 기관)으로 변형시키려는 경향이 있다. 생명은 유기체를 만들어내는 일에 만족하지 않고, 유기체에게 부속물로 무기물을 부여하여 이를 생물의 노력에 의하여 거대한 기관으로 전환하려고 한다. 생명은 우선 그러한 역할을 지성에게 부과하고 있다. 그래서 지성은 항상 무생물질에 현혹된 듯이 행동하는 것이다. 지성은 외부를 바라보는 생명으로서 자기 자신과의 관계에 있어서 외향적이며, 원칙적으로 무기화된 자연의 방법을 받아들여 그 자연을 통제하고자 한다. 지성이 생물을 향해 돌아서서 유기조직을 눈앞에 대할 때 놀라는 까닭은 이러한 이유에서이다. 따라서 지성은 무엇을 하든 간에 유기화된 것을 무기적인 것으로 분해하고 만다. 왜냐하면 지성은 자신의 자연적인 방향을 역류하지 않고는, 또 자신을 뒤틀지 않고는 참다운 연속이나 실재 그 자체의 운동성, 상호침투 작용을, 한마디로 표현하면 생명 그 자체인 창조적 진화를 생각할 수 없기 때문이다.

연속이 문제라면 어떻게 될까? 우리의 지성이 연장하는 감각과 마찬가지로 지성이 접근할 수 있는 생명의 국면은, 우리의 행동에 어떤 실마리를 주는 듯하다. 우리가 어떤 사물을 변형시키기 위해서는 그 사물을 분할 가능하고 불연속인 것으로 지각해야만 한다. 실증과학의 견지에서 보면, 유기체의 조직을 세포로 분해한 시기에, 인간은 더할 나위 없는 커다란 진보를 이룩했다. 그런데 세포 연구가 깊어질수록, 세포도 복잡성이 증대하는 하나의 유기체임이 밝혀졌다. 과학이 발달하면 할수록, 우리는 생물체를 이루기 위하여 상호 외재적 요소로서 병렬되어 있는 이질적인 요소의 수가 증가됨을 알게 된다. 이런 식으로 과학은 생명의 문제에 점점 다가가고 있는 것일까? 또는 그 반대로, 생물의 생명에게 고유한 현상은, 우리가 서로 병렬된(여러 갈래의 진화선상에 있는) 부분들의 세부 문제들을 각기 파고들어도 점점 멀어지는 듯이 보이는 것이 아닐까? 이미 과학자들 사이에서는, 유기체의 실질이 연속이며 세포는 인위적인 실체(연속적인 진화선상에서 환경에 따라 편리하게 조작된 실체)로 보는 경향이 뚜렷하게 나타나고 있다.*16 그러나 점점 깊이 연구함에 따라 결국은 그러한 견해가 우세해진다 하더라도, 그것은 생물에 대한 지금까지와는 다른 분석법에 지나지 않는다. 따라서—생명의 실제적인 연속성에 더 가까워지는 것일는지는 모르나—결국은 또 새로운 불연속성(진보의 멈춤)에 지나지 않는다. 사실 그러한 연속은 본성에 따라 움직이는 지성으로서는 생각할 수 없는 연속이다. 그 연속성은 요소의 잡다성과, 전체가 전체에 의하여 상호 침투됨을 동시에 전제로 한다. 이 두 가지 특성(각각의 요소와 전체)은 우리의 제작활동이 행해지는 영역, 다시 말해 우리의 지성이 활동하는 분야에서는 도저히 양립할 수 없다(즉, 지성은 각 요소에 집착한다).

우리는 공간 속에서 분리하는 것과 마찬가지로, 시간 속에서 고정한다. 지성은 본디 의미에서의 진화, 즉 순수한 움직임이라고도 할 수 있는 연속변화를 생각할 수 있게 되어 있지는 않다. 이 점에 대해서는 특별한 장을 따로 마련하여 보다 깊이 살펴보기로 하고, 여기서는 더 이상 언급하지 않겠다. 다만 한마디만 하자면, 지성은 생장을 일련의 여러 상태들로 표상한다는 사실이다. 그 경우 각 상태는 자기 자신과 동질이며, 따라서 변화하지 않는다. 그 상태들 중 어느 하나의 내부 변화가 우리의 관심을 끈다고 해 보자. 그러면 우리는 재빨리 그 내부 변화를 일으킨 상태를 다른 일련의 상태로 분해할 것이다. 그리고 이 상태들은 합쳐져서 내부의 변한 모습을 구성할 것이다. 각각의 새로운 상태는 모두 불변적이다. 혹시 또 그 내부의 변화가 눈에 띨 때에는, 그 불변적인 새로운 상태는 즉시 새로운 일련의 불변상태로 분해되고, 이 과정이 한없이 계속될 것이다. 여기서도 역시 생각한다는 것은 재구성하는 일이며, 그 재구성은 또한 당연히 주어진 요소들, 즉 안정된 요소들을 가지고 행해진다(즉, 세포가 분열할 때, 최초의 속성을 그대로 지닌 채계속 분열을 반복하여 생물기관을 형성한다는 입장이 지성 쪽의 입장이다). 그렇기 때문에 우리가 아무리 요소를 무한히 더하여 생장의 움직임을 모방한다 하더라도, 생장 그 자체는 우리가 그 신비의 실마리를 잡았다고 믿는순간에 손가락 사이로 빠져나갈 것이다.

지성은 언제나 재구성하려 한다. 그것도 주어진 요소들로 재구성하려고하기 때문에, 역사의 순간순간에 나타나는 신기한 것을 놓쳐버리고 만다. 지성은 예측할 수 없는 것은 인정하지 않는다. 지성은 창조를 모두 배척한다. 우리의 지성은, 결정된 앞의 사항들이 그의 함수로서 계산할 수 있는 일정한결과를 유도할 때 만족한다. 일정한 목적은 그 목적을 달성하기 위한 일정한수단을 생기게 한다는 사실, 이것도 우리는 이해한다. 어느 경우에도 우리가찾는 바는 이미 아는 요소들로 구성된 이미 아는 것으로, 요컨대 항상 반복되는 낡은 요소들일 뿐이다. 이런 상황에서 지성은 자신을 갖고 있다. 그리하여 대상이 무엇이든 간에 그것을 추상이나 분리 또는 제거하고, 때에 따라서는 그 대상을 그와 비슷한 물체로 바꿔놓아, 이 등가물 속에서 모든 것이앞서 말한 바와 같은 과정을 거치게 한다. 그러나 각 순간이 무엇인가를 각각 새롭게 기여한다는 사실, 신기한 것이 쉬지 않고 솟아난다는 사실, 새로생겨난 형태는 물론 한번 외부에 나오면, 어떤 원인에 의해 결정된 결과(형태)라고는 하더라도, 그 원인은 독특한 것으로서 결과의 부분을 이루어 결과와 동시에 구체화한 것이므로 결과(이 결과가 무엇에서 유래되었는지)를결정함과 동시에 결과 자체에 의해서 결정되기도 하는 경우, 그 결과가 무엇이 될지 전혀 모른다는 사실, 이러한 사실들은 우리가 속으로 느낄 수 있고, 자기 외부에서 공감해 살필 수는 있으나, 순수 지성의 용어로는 표현하기 불가능하고 좁은 의미로 생각할 수도 없다. 우리 오성(또는 지성)의 사명을생각해 보면 그것은 놀라운 일도 아니다. 지성이 곳곳에서 찾아내는 인과성은 바로 우리의 제작활동 체제를 표현하고 있다. 거기서 우리는 같은 요소를가지고 같은 전체를 무한히 재구성하며, 같은 결과를 얻기 위해 같은 운동을반복한다. 이때 미리 주어진 모형, 즉 낡고도 이미 아는 요소로 이루어졌다고도 할 수 있는 모형에 따라 작업하는 것을 보면, 제작활동의 목적성은 우리의 지성에 있어서 뛰어난 의미로서의 목적성이다. 발명에 관해 말하자면, 그것은 제작활동의 출발점인데, 지성은 본디 의미로서의 발명의 분출, 즉 그 불가분성이나 천재성, 다시 말해 발명이 지닌 창조자다운 속성을 포착하는 데에는 이르지 못한다(즉, 창조적 요인보다는 기존의 요인만을 포착하는데 그친다). 발명을 설명한다는 것은 언제나, 그 예견할 수 없는 신기한 것을 이미 아는 요소나 오래된 요소로 분해하여 다른 순서로 배열하는 데 있다. 지성은 철저한 생성과 마찬가지로 완전한 새로움이라는 것을 인정하지 않는다. 말하자면 지성은, 생명 같은 대상을 고찰하기에는 자신이 적합하지 않은 듯이, 생명의 본질적인 부분이 빠져나가도록 내버려둔다.

우리의 모든 분석은 우리를 그러한 결론으로 이끈다. 그러나 그러한 지성 활동의 기계적 양식에 관해서 그렇게 길게 의논할 필요는 조금도 없다. 지성이 이미 이룩한 결과만 고찰해도 충분하지 않은가. 우리는 지성이 무생물을 다루는 데는 대단히 능하지만 생물을 다루게 되면 곧 무능을 드러내 보임을 알고 있다. 육체 내지는 정신의 생명을 다뤄야 할 때, 지성은 그러한 생명을 다룰 용도로 만들어지지 않은 도구를 가지고 엄격하고 완고하게, 그리고 난폭하게 일을 처리한다. 위생학이나 교육학의 역사는 이 점에 대하여 상세하게 말해 줄 것이다. 우리가 육체의 보존이나 영혼의 고양에 대하여 가지고 있는, 본질적이고 긴박하며 고정적인 관심에 관하여 생각할 때, 그리고 이에 관해서는 각자가 자신이나 다른 사람에 대하여 끊임없이 실험하기 쉽다는 점에 관하여 생각할 때, 그리고 의술이나 교육법상의 결함으로 인하여 우리가 치러야 할 손실을 생각할 때, 우리는 오류의 조잡함과 특히 그 줄기참에 당혹해 한다. 그러한 오류는 우리가 완고하여, 산 것을 죽은 것으로 다루고, 그토록 유동적인 모든 실재를 결정적이고 움직이지 않는 고체 형태로 생각하려는 데서 기인됨을 쉽게 발견할 수 있을 것이다. 우리는 불연속적인 것, 부동인 것, 죽은 것을 다룰 때에만 자신감을 가진다. 지성은 생명에 대한 본연적인 몰이해를 특징으로 한다.

반면에 본능은 생명의 형식 그 자체를 본떠 만들어진 것이다. 지성은 모든 것을 기계적으로 다루는 데 비하여, 본능은 유기적으로 처리한다. 만일 본능 속에 잠들어 있는 의식이 눈을 뜬다면, 그리고 본능이 밖으로 나가 행동하는 대신 인식으로서 내면화된다면, 그리고 우리가 본능에게 물어볼 수 있고 본능도 그에 대답할 수 있다면, 본능은 생명의 가장 은밀한 비밀을 우리에게 남김없이 넘겨줄 것이다. 왜냐하면 본능은 생명이 물질을 유기화할 때의 작업을 계속할 뿐이므로, 사람들이 흔히 말하듯이, 우리는 어디서 유기화가 끝나며 본능이 어디서 비롯되는가를 말할 수 없기 때문이다. 병아리가 알을 부리로 쪼아 깰 때에는 본능에 의해 행동한다. 그러나 그것은 배아의 생활을 통하여 그를 이끌고 간 움직임을 따른 데에 지나지 않는다. 그와 반대로 배의 생활을 하는 동안에도(특히 배아가 유충의 형태로 자유롭게 생활할 때) 본능에 바탕을 둔 행위가 여러 가지 행해진다. 따라서 원초적 본능 중에서 가장 핵심적인 것은 사실상 생명 과정이다. 그 생명 과정에 수반하는 잠재적인 의식은, 항상 행동의 초기 국면에만 현실화되고, 그 과정의 나머지는 스스로 이루어지도록 내버려 둔다. 생명의 생성력과 합치하기 위해서 의식은 가장 광범위하게 개화하고 완전히 심화하기만 하면 된다.

우리도 보는 바와 같이, 생물의 몸 속에는 수천 개의 세포가 공통된 목적을 향해 함께 일하며 분담하고, 자기를 위해 살면서 동시에 다른 것을 위해서도 살며, 자기를 보존하고 기르며 재생할 뿐만 아니라, 위험에 처하면 적당한 방어 작용으로 반응한다. 그중 어느 것 하나 본능이 아니라고 생각할 수 있겠는가? 이 모든 것은 세포의 자연적인 기능이며 그 생명력의 구성요소이다. 반대로 하나의 벌집의 꿀벌들을 보면, 그들은 실로 밀접한 유기조직을 형성하고 있어서, 어느 개체이든, 설령 거처와 음식물을 공급받는다 해도 일정기간 이상은 고립하여 살 수 없다. 여기서 비유적으로가 아니라 실질적으로 그 벌집은 단일한 유기체이며, 개개의 꿀벌은 그 유기체의 세포로서, 눈에 보이지 않는 끈으로 다른 세포와 결합되어 있다고 그 누가 인정하지 않을 수 있는가? 그렇다면 꿀벌을 움직이는 본능은 세포를 움직이는 힘과 융합되어 있든가, 그렇지 않으면 이 힘의 연장에 지나지 않는다. 이와 같은 극단적인 경우에 본능은 유기적 조직의 활동과 합치한다.

물론 한 가지 본능에서도 완성도는 저마다 다르다. 예를 들면 땅벌과 꿀벌의 차이는 큰 것이어서, 한쪽에서 다른 쪽으로 건너갈 때 도중에 많은 중간단계(중간물 형태)가 있고, 그 하나하나는 각각 여러 가지 복잡한 사회생활과 대응하게 된다. 그렇지만 우리는 어느 정도 근친관계가 있고 서로 다른 조직에 속하는 조직요소의 기능 속에서도 그와 같은 다양성을 볼 수 있다. 이러한 두 경우, 동일한 주제를 가지고 여러 변주곡이 연주되고 있다. 그렇다고 해도 주제의 불변성이 불분명하지는 않다. 그리고 변주곡은 주제를 복잡한 환경에 적응시킬 뿐이다.

그런데 동물의 본능이 문제가 되든, 세포의 생명에 관한 특성이 문제가 되든, 어느 쪽에서나 똑같은 지식과 무지가 나타난다. 마치 한 세포가 다른 세포들로부터 자신과 이해관계가 있는 것을 알고 있고, 동물도 다른 동물에게 있어서 자신이 이용할 수 있는 점은 알고 있으나, 그 나머지는 모두 전혀 알려지지 않은 듯이 모든 일이 이루어진다. 생명이 응축하여 특정한 종(種)이 되면, 곧 생명은 그 생겨난 종에 이해관계가 있는 두 세 가지 점을 뺀 생명의 나머지 부분과의 접촉을 잃는 듯하다. 이런 점을 볼 때 생명이 의식 일반과 같이, 그리고 기억작용과 마찬가지로 움직인다고 보지 않을 수 있을까? 우리는 비록 감지하지 못한다 해도 자신의 모든 과거를 뒤에 끌고 다닌다. 그러나 기억은 우리의 현재 상황을 어떤 면에서 보완해 주는 두 세 가지 추억밖에 부어 주지 않는다. 그렇다면 하나의 종이 다른 종의 어떤 특수한 점에 대하여 갖는 본능적인 인식은 생명의 통일성 그 자체에 바탕을 두고 있는데, 어느 옛날 철학자의 표현을 빌리면, 생명의 통일성이란 자기 자신과 공감하는 하나의 총체이다. 이상한 환경에서 태어난 동물이나 식물이 지니는 특수한 본능을 잘 살펴보면, 우리는 외면상으로는 잊혀졌으면서도 시급한 필요의 압력을 받고 단번에 솟아나는 추억과 그 본능을 비교할 수밖에 없게 된다.

물론 과학적인 설명을 허락하는 요소들은 많은 이차적 본능들과 많은 일차적 본능들의 형식 속에 들어 있다. 그러나 과학이 현재와 같은 설명 방식으로 언젠가는 본능을 완전히 분석할 수 있으리라는 생각은 의심스럽다. 왜냐하면 본능과 지성은 동일한 하나의 원리가 두 가지 방향으로 갈라져 발전한 것이기 때문이다. 그 동일한 원리는 어떤 경우에는 자신의 내부에 계속 남아 있고, 또 어떤 경우에는 밖으로 나가 무기물질의 이용에 몰두하고 있는 것이다. 이처럼 방향을 달리하여 이루어진 현상은 근본적인 불협화의 증명이며, 지성이 다시 한 번 본능을 흡수하는 일(통일성을 이루는 일)은 불가능함을 나타낸다. 말하자면 본능이 지닌 본질적인 점은 지성의 용어로는 표현될 수 없고, 따라서 분석되지도 않는다.

본디부터 장님인 사람이 역시 본디부터 장님인 다른 사람들 틈에서 살아 왔다면, 중간에 있는 모든 사물들을 지각하지 않고도 먼 거리에 있는 사물을 (눈으로 간단히) 지각할 수 있다는 사실을 인정하지 않을 것이다. 그러나 눈으로 보는 시각은 이러한 기적을 행한다. 물론 시각은 빛의 파동이 망막을 진동시켜 생겨나는 것이므로 결국은 망막의 촉각(촉각 반응)에 지나지 않는다고 말할 수 있고, 태어나면서부터 장님인 사람이 가지고 있는 생각이 옳다고 할 수도 있다. 그러한 논법이야말로 과학적이다. 왜냐하면 모든 지각을 촉각의 용어로 옮겨 적는 역할이야말로 과학이 할 일이기 때문이다. 그러나 다른 곳에서 증명한 바와 같이 지각의 철학적인 설명이란, 여기서도 설명이라는 말을 할 수 있다면, 아주 다른 성격을 띤 설명이었음이 틀림없다.*17

그런데 본능 역시 거리를 두고 하는 인식(과거보다는 눈으로 현실을 보고 하는 인식)이다. 이 본능과 지성의 관계는 시각과 촉각의 관계와 같다. 과학으로서는 본능을 지성의 용어로 옮기는 길밖에 다른 도리가 없다. 그러나 그렇게 한다면, 과학은 본능 그 자체에 파고들기보다는, 오히려 본능의 모조품을 만들게 될 것이다.

이러한 사정은, 앞으로 진화론 생물학의 여러 가지 찬란한 학설들을 연구해 가면 납득이 갈 것이다. 이 여러 학설들은 두 가지 형으로 요약할 수가 있으며, 이 둘은 처음부터 서로 간섭해 왔다. 그 중 하나로, 신다윈설의 원리에 따르면 도태에 의해 보존된 우연적 차이들의 총합이 곧 본능이다. 배아의 우연적인 경향에 따라 개체가 자연적으로 이룩한 여러 유효한 행동양식은, 우연이 그와 동일한 방법을 통해 새로운 완성법을 추가시켜 주기를 기다리면서 배아에서 배아로 전해진다고 하고 있다. 한편 본능을 퇴화된 지성으로 보는 사람들이 있다. 어떤 행동(우연이 아닌, 인식적 행동)이 특정한 종(種)이나 또는 종의 어떤 구성원에 의해 유효하다고 판정되면, 그 행동이 습관을 낳고 그 습관이 유전적으로 전달되어 본능이 되었다는 것이다. 이 두 가지 체계(조그만 우연적 차이들을 극복하여 진화·유전시킨 총체가 본능이라고 주장하는 친다윈설과, 퇴화된 지성이 본능이라고 주장하는 설) 중 전자는 본능의 발생을 우연적인 변형에 두는데, 이 우연적 변형은 개체가 획득한 것이 아니라 배아에 수반되어 있는 변형으로, 중대한 이의를 초래하지 않고 유전적인 흐름을 설명한다는 장점을 갖는다. 그 대신 그 이론은 대부분의 곤충에게서 볼 수 있는 영리한 본능은 전혀 설명하지 못한다. 물론 그들 본능이 오늘날 볼 수 있는 바와 같은 복잡성을 단번에 달성한 것은 아니었던 듯하다. 그것은 진화해 온 것이 확실하다. 그러나 신다윈설과 같은 가설에서는, 진화는 새로운 부품이 점진적으로 추가되고, 요행히 그 새로운 부품을 낡은 부품에 끼움으로써만이 가능하게 된다. 그런데 대부분의 경우, 단순한 증가만 가지고는 본능이 발전될 수 없었다는 점은 분명하다. 실제로 새로운 부품이 더해질 때마다, 모두를 망가뜨리지 않기 위해서 전체를 완전히 재조정할 필요가 있었다. 어떻게 우연으로부터 이와 같은 조정을 기대할 수 있겠는가?

물론 배아에 우연하게 생긴 변화는 유전될 것이고, 새로운 우연변이가 나타나서 그것을 복잡하게(완성되게) 만들 때까지 기다리고 있을 수도 있다. 그리고 자연도태는 살아갈 수 없는, 보다 복잡해진 형태의 변화를 모두 제거할 수도 있을 것이다. 그렇다 하더라도, 본능으로서의 생명이 진화하기 위해서는 존속 가능한 복잡성이 생겨나야만 한다. 그러나 이러한 복잡화는, 새로운 요소가 더해지면 거기에 대응해서 낡은 요소가 모두 변화를 일으키는 경우에만 가능할 것이다. 우연하게 이러한 기적이 일어난다고 주장할 사람은 아무도 없다. 어떤 형태로든 인간은 지성의 힘을 빌리게 될 테고, 생물이 자기 자신 속에 고도의 본능을 발전시키는 것은 어느 정도 의식의 노력 덕분이라는 점을 상정할 수 있다. 그러나 그런 경우에는, 우리가 익힌 습관은 유전이 될 수 있다는 점과, 특히 진화가 보증될 만큼 규칙적으로 유전된다는 점이 인정되어야만 한다. 한마디로 말하자면 사실 그것은 미심쩍다. 설사 동물의 본능이 지성의 힘으로 획득되고 유전적으로 전달되는 습관이라고 결론내릴 수 있다 하더라도, 이러한 설명법을 식물의 세계에까지 확대적용시킬 수 있다는 것은 납득하기 힘들다. 식물계에서의 노력은 때에 따라 의식적일 수는 있어도, 지성적일 수는 없다. 그럼에도 불구하고 덩굴식물이 그 덩굴손을 정확하게 쓰고, 난초가 곤충을 매개로 수정하기 위해 교묘하게 연결된 조작을 행하는 과정을 보면, 어찌 그것이 모두 본능이라고 생각하지 않을 수 있겠는가?*18

이렇게 말하는 것은 신라마르크파(생물기관은 사용 여부에 따라, 더욱이 의지에 따라 변이할 능력이 있다는 설)라든가 신다윈파의 주장을 모조리 포기해야 한다는 뜻은 아니다. 신다윈파(변이의 원인이 개체변이에 있지 않고 자연선택(또는 도태)에 있다고 주장하여 다원설을 수정한 새로운 학설)는 진화가 개체에서 개체로보다는 오히려 배아에서 배아로 진행된 다고 주장할 때 옳으며, 신라마르크파는 본능의 기원이 노력에 있다고 말할 때 옳다(비록 우리 생각에는 그것이 지적인 노력과 아주 다른 것이라 하더 라도). 그러나 전자는 본능의 진화를 우연한 진화라고 하고, 후자는 본능이 나오는 의지를 개체의 의지라고 보는 까닭에 오류를 범하고 있다. 어떤 종이 본능을 변화시키고 자기 자신도 변화하는 의지는, 보다 깊은 데서 유래되어 야만 한다. 그 의지는 환경에만, 개체에만 의존하지 않는다. 그것은 비록 개 체들이 거기에 협력하고 있다 하더라도 개체의 주도권에만 의존하는 의지는 아니며, 우연이 거기에서 점하는 위치가 크더라도 순수하게 우연적인 의지 는 아니다.

그러면 실제 막시류의 여러 종에 나타난, 같은 본능의 다양한 모양을 비교 해 보자. 우리가 받는 인상은, 반드시 여러 요소가 하나씩 추가되어 복잡성 을 증대시킨 듯한 인상은 아니다. 또는 수많은 정돈된 장치가, 말하자면 사 다리를 따라 올라가듯이 한 줄로 늘어선 인상도 아니다. 그 인상은 대개 하 나의 원주를 연상시킨다. 그 원주 위의 여러 점에서 여러 가지 변종이 출발 하여, 모두 같은 중심을 주시하며 항상 그쪽을 향하여 노력을 계속한다. 그 러나 어느 변종도 자신의 수단이 허용하는 정도밖에는, 그리고 각자에게 있 어서 중심이 밝혀지는 정도밖에는 중심에 다가갈 수 없다. 다시 말해, 본능 은 어디에서나 완전하지만 어느 정도 단순화되어 있으며, 특히 그 단순화되 는 방법이 여러 가지이다. 또 규칙적인 상승을 이루는 곳에서, 본능은 마치 사다리라도 오르듯이 스스로 같은 방향을 향해 복잡성을 더해 간다 해도 본 능에 의해 직선적으로 분류되는 종이 반드시 근친 관계를 가진다고 하기에 는 거리가 너무 멀다. 이를테면 최근 행해진 여러 꿀벌의 사회적 본능에 대 한 비교연구에 따르면, 그 복잡성으로 보아 멜리포나의 본능은 봄비나의 아 직 원시적인 경향과 오늘날 꿀벌의 원숙한 지식의 중간에 있다. 그럼에도 불 구하고 꿀벌과 멜리포나의 사이에 계보상의 관계는 있을 수 없다.*19 아마도 각 사회의 복잡한 정도는 부가된 요소들 수의 많고 적음에 비례하지는 않는 듯하다. 그보다 차라리 우리는, 여기서 어떤 음악의 주제와 만나게 된다. 그 곡조들은 우선 전체가 몇 개의 곡조로 옮겨지고, 이어서 그 곡조들을 바탕으

로 어떤 것은 아주 단순하게 어떤 것은 더할 수 없이 복잡하게 다양한 변주
곡이 연주된다. 본디 주제에 대해 말하자면, 그 주제는 어느 곳에나 있으면
서 또 어느 곳에도 없다. 따라서 그 주제를 표상의 언어로 표현함은 헛수고
이다. 주제(主題)는 근원적으로 보면 아마도 생각되는 것이기보다는 오히려
느껴지는 것이었을 터이다. 말벌류의 마비본능을 볼 때 받는 인상이 바로 그
러하다. 알다시피 마비 능력이 있는 막시류의 여러 종은 거미, 투구풍뎅이,
쐐기벌레의 몸 안에 알을 낳는다. 이러한 벌레들은, 말벌의 능숙한 외과수술
을 받고는 일정 기간 동안 움직이지 않고 살아 가다가 유충에게 신선한 먹이
로 제공된다. 갖가지 막시류는 먹이의 신경중추를 찔러, 그것을 죽이지는 않
되 움직이지 못하게 한다. 그들은 자기가 택한 먹이의 여러 종류에 따라 그
방법을 결정한다. 꽃무지류의 유충을 습격하는 배벌은 어느 한 곳밖에는 찌
르지 않는다. 그런데 그가 찌르는 그 지점에는 운동신경절, 그것도 그 신경
절만 집중되어 있다. 다른 신경절을 여기저기 찌르면 본의 아니게 그 유충을
죽게 하거나 부패시킬 수 있기에 그런 것이다.[*20] 귀뚜라미를 먹이로 택한 노
란 날개의 조롱박벌은, 귀뚜라미에게 세 쌍의 다리를 움직이게 하는 세 개의
신경중추가 있다는 사실을 알거나 적어도 아는 듯이 행동한다. 조롱박벌은
우선 그 벌레의 목 밑을, 그리고 앞가슴의 뒤쪽을, 그리고 마지막으로 배 밑
쪽을 찌른다.[*21] 침을 단 나나니벌은 잡은 송충이의 신경중추 아홉 군데를 차
례로 아홉 번 찌르고 마지막으로 머리를 물어, 죽지 않고 마비된 상태의 그
것을 먹는다.[*22] 일반적인 주제는 '죽이지 않고 마비만 시켜야 할 필요성'이
다. 변이는 수술을 받는 대상의 구조에 따라 좌우된다. 물론 수술이 언제나
완벽하게 행해지지는 않는다. 최근 알려진 바에 따르면, 모래조롱박벌은 송
충이를 마비만 시키지 않고 죽이는 일이 있고, 또한 반밖에 마비시키지 못하
는 때도 있다고 한다.[*23] 그렇지만 본능도 지성과 마찬가지로 실수할 수 있
다. 본능도 역시 개체에 따라 차이를 나타낸다고 해서, 조롱박벌의 본능이
사람들의 주장처럼 결코 지적인 모색을 통해 획득되었기 때문에(다른 곤충
들과) 차이를 나타낸다고는 할 수 없다. 가령 조롱박벌이 자신의 먹이를 움
직이지 않게 하려면 어디 어디를 찔러야 하는지, 또 먹이를 죽지 않을 정도
로 마비시키려면 그 뇌수에 어떤 특수한 타격을 줘야 하는지 등에 대해서,
시간을 들여 하나하나 찾아내어 배웠다고 가정하자. 그렇다고 해서 그처럼

정확한 인식의 특수한 여러 요소가 하나하나 규칙적으로 유전되었다는 가정까지야 어떻게 할 수 있겠는가? 현재 우리의 모든 경험 속에 이런 종류의 부정할 수 없는 유전의 예가 한 가지라도 있었다면, 획득형질의 유전에 반대하는 사람은 단 한 명도 없을 것이다. 그러나 사실 몸에 밴 습관의 유전적 전달은, 그 전달이 실제 일어난다고 가정하더라도 그 방식은 부정확하고 불규칙적이다.

이러한 곤란은 모두 우리가 막시류의 지식을 지성의 용어로 옮기려고 하는 데에서 기인한다. 그렇다면 우리는 조롱박벌을 곤충학자와 비교해야 할 것이다. 곤충학자는 다른 모든 지식들을 터득할 때와 같이, 자기 쪽에서는 생명에 특수한 이해 관계를 가지지 않고 외측으로부터 송충이에 대해서 안다. 그러므로 조롱박벌은 송충이의 신경중추 위치를 곤충학자들처럼 하나하나 배워야만 하며, 찔러서 결과를 시험해 보면서, 적어도 그 위치에 대한 실제적인 지식을 얻어야 한다. 하지만 조롱박벌과 먹이(희생양) 사이에(그 단어의 어원적인 의미에서의) 공감(스스로 느끼는 직감 같은 것)을 상정해 보면, 사정은 오히려 달라질 것이다. 이 공감은 이른바 내부 쪽에서 송충이의 취약점을 조롱박벌에게 가르쳐 준다. 이러한 취약점은, 외부 지각에 의존하지 않더라도 알 수 있는 것으로 조롱박벌과 송충이가 그저 마주치기만 해도 느껴지는 것이다. 그것은 조롱박벌과 송충이를 더 이상 두 개의 유기체로 생각하지 않고, 두 가지 활동으로 생각하여 그들을 한곳에 모아놓는 데서 비롯된다. 취약성을 느끼는 이 직감은 둘 사이의 관계를 구체적인 모양으로 나타낼지도 모른다. 물론 과학적인 이론은 이와 같은 고찰에 호소할 수 없다. 과학적인 이론은 행동을 유기조직보다 우선해서는 안 되며, 공감을 지각이나 인식보다 우선해서도 안 된다. 하지만 다시 한 번 말하거니와, 철학은 이런 문제와 전혀 별개의 것이거나, 아니면 철학의 역할은 과학의 역할이 끝나는 곳에서 시작된다.

과학은 본능을 '반사의 복합', 지성적으로 습득된 습관의 자동 장치, 또는 우연한 작은 장점들이 축적되고 자연선택에 의해 고정된 총화로 다룬다. 이 모든 경우에 과학은 본능을 지성적인 행동 양식으로 완전히 분해하거나, 아니면 우리의 지성이 구성하듯이 각 부품 하나하나가 모여 구성된 기계 장치처럼 분해하려고 한다. 이것이 과학의 역할이라고 말하고 싶다. 과학은 대상이 있는 그대로 분석되지 않을 때, 그 대상을 지성의 용어로써 일단 번역해서 우리에게 제공한다. 그러나 과학 자체가 사물을 좀 다른 각도에서 보도록 철학에게 권한다는 점을 어찌 간과할 수 있겠는가? 우리의 생물학이 지금도 아리스토텔레스의 수준에 머물러서, 생물의 계열을 일직선으로 생각한다면, 그리고 생명 전체는 지성을 향하여 진화하며, 따라서 그 생명 전체가 그렇게 지성을 향하는 도중에 감각과 본능을 통과하는 것이라고 가르쳐 준다면 이야기는 달라질 것이다. 지성적인 생물인 우리는 생명에 앞서 발현된 형태, 즉 우리보다도 하등한 형태를 뒤돌아보고, 그 하등 형태들은 우리의 지성의 틀에 끼우더라도 모양이 비뚤어지지 않는다고 주장해도 괜찮을 것이다. 그러나 생물학의 가장 뚜렷한 성과 가운데 하나는, 진화가 서로 다른 몇 가지 진화선상에서 진행돼 왔음을 보여준 일이다. 그러한 진화의 여러 갈래 중에서 주된 길이 두 가지 있는데, 이 두 선의 끝에 지성과 본능이 거의 순수한 모습으로 보인다. 그런데 어떻게 본능이 지성의 요소로 분해될 수 있다는 것일까? 어떻게 본능이 완전히 지성적인 용어로 표현될 수 있단 말인가? 지성적이라든가 지성으로 파악 가능한 것에 대해 생각하는 일은 결국 아리스토텔레스의 자연론으로 돌아가는 행위임을, 사람들은 깨달을 수 없다는 것인가? 물론 불가사의한 신비에 부딪친 듯이 본능 앞에서 우뚝 멈춰 버리느니 차라리 그렇게 되돌아가 보는 편이 좋을 것이다. 하지만 지성의 영역에 속하지 않는다 해서 본능이 정신의 영역 밖에 자리잡고 있음을 뜻하지는 않는다. 우리는 감정의 현상이나 본능적인 공감이나 반감을 느낄 때, 본능을 좇아 행동하는 곤충의 의식 속에 꼭 일어난다고 생각되는 것과 비슷한 무엇을 우리 속에서 경험한다. 물론 막연하고도 지나치게 지성이 침투된 형태로 경험하지만 말이다. 진화가 한 일이란, 본디 서로 얽혀 있었던 요소들을 끝까지 발전시키기 위해 산산이 찢은 데에 지나지 않는다. 좀더 정확하게 말하면, 지성은 무엇보다도 공간의 한 점을 공간의 다른 점에 결부시키고, 하나의 물적 대상을 다른 하나의 물적 대상에 결부시키는 능력이다. 지성은 모든 대상에 적용되지만, 지성 자신은 모든 대상들의 밖에 머물러 있으며, 어떤 깊은 원인에 대하여서도 그것이 낳은 병렬적 결과밖에는 살피지 않는다. 어떤 힘이 진화하여 송충이의 신경계가 발생하게 되었다 하더라도, 우리의 이 눈과 지성을 통해서는, 신경이나 신경중추 등을 나란히 병렬해놓는 일로밖에는 그 힘을 포착하지 못한다. 단지 그럴 경우,

그 힘의 외부에 나타나는 결과를 남김없이 포착할 수 있음은 사실이다. 이런
식으로는 조롱박벌도 사실상 자기에게 이해관계가 있는 현상밖에는 파악하지
못할 것이다. 그러나 적어도 그 조롱박벌은 내부로부터 그것을 파악한다. 그
파악하는 방법도 인식 과정을 거치는 일과는 전혀 달리 어떤 직관에 따른다.
직관은 표상된다기보다는 오히려 체험되는 것으로서, 우리가 예언적 공감이라
부르는 그 무엇과 비슷하다.

주목할 만한 일이지만, 본능에 대한 과학적 이론은 지성적인 본능과 단지
지성에 의하여 파악 가능한 본능 사이를 오가고 있다. 다시 말해 본능을 '타
락한' 지성과 동일시하거나, 또는 본능을(구조 파악이 가능한 어떤) 순수한
기계장치로 바꾸고 있다.[*24] 두 가지 설명 체계는 모두 상대를 비평할 때에
서로 자기가 더 우세하다고 주장한다. 전자(본능을 지성적이라고 보는 사
람)는 우리에게 본능이 순수한 반사일 수 없음을 보여줄 때, 후자(본능은
지성적으로 기계장치처럼 파악이 가능하다고 보는 사람)는 설령 무의식(무
의식적 운동) 속으로 타락했다 해도 본능은 지성과 별개임을 알려줄 때 의
기양양해 한다. 실제로 그들은 두 가지 표상체계로서, 어떤 면에서는 용인될
수 있으나 다른 면에서는 둘 다 대상에 충분히 들어맞지 않는 점이 있다고밖
에 할 수 없다. 구체적인 설명은 전혀 다른 방향에 있다. 그것은 오히려 과
학적이 아닌 철학적인 설명이며, 지성의 방향이 아닌 '공감'의 방향에서 구
해야 한다.

본능은 공감이다. 만약 이 공감(직감과 같은, 자기 내부와의 공감)이 대
상의 범위를 넓히고 자기 자신 쪽으로 되돌아갈 수 있다면, 그런 공감은 우
리에게 생명의 조작을 푸는 열쇠를 줄 것이다. 이는 성장하고 훈련된 지성에
게 이끌려 물질 속으로 들어가는 것과 같은 경험이리라. 아무리 되풀이해도
지나침이 없지만, 지성과 본능은 무생의 물질(즉, 지성이 다루는 물질)과
생명(즉, 본능이 다루는 대상)이라는 서로 상반되는 두 방향으로 향해 있기
때문이다. 지성은 과학을 만들어내어, 그 과학을 매개로 물리적인 작용의 비
밀을 우리에게 조금씩 모두 밝혀줄 것이다. 그러나 생명에 대해서는 무생물
의 용어를 써서 해석한 것 이외에는 아무것도 가져다주지 않고, 그 이상 가
져다준다고 주장하지도 않을 것이다. 지성은 대상의 둘레를 돌면서 외부로

부터 그 대상에 대하여 될 수 있는 대로 많은 견해를 취하지만, 대상 속에 파고들지는 않은 채 대신 그 견해들을 자기에게로 끌어들인다. 그러나 직관은 우리를 생명의 깊은 곳에까지 이끌고 간다. 여기서 직관이란, 이해관계를 떠나 자유롭게 자신을 의식하고, 대상에 대한 관심을 계속 환기시키며 그 범위를 한없이 확대시키는 본능을 가리킨다.

  이런 노력이 불가능하지 않다는 사실은, 인간에게 일반적인 지각과 아울러 미적인 능력이 있다는 것만 보아도 알 수 있다. 우리 눈은 생물의 여러 특징들을 파악하지만, 그 특징들은 나열되어 있을 뿐 서로 유기적이지 않다. 생명의 의도, 즉 진화의 선을 가로지르고 그들을 서로 연결시키며 그들에게 의미를 부여하는 단일한 운동은, 우리의 눈으로 포착하지 못한다. 그러나 예술가는 일종의 공감으로 대상의 내부에 자리잡고, 자기와 대상 사이에 있는 공간의 장벽을 직관의 활동으로 무너뜨려, 생명의 의도를 포착한다는 목적을 이룬다. 무엇보다도 외부 지각이 모두 그렇듯이, 이 미적인 직관도 개별적인 사물에만 미치고 있다. 그러나 어떤 탐구가 예술과 같은 방향을 목표로 하면서 생명 일반을 대상으로 선택하는 경우는 생각해 볼 수 있다. 그것은 물리학이, 외부지각이 지시한 방향을 따라가면서 개개의 사실을 일반적인 법칙으로 연장하는 경우와 같다. 어쩌면 이러한 철학은, 과학이 그 대상에서 얻는 지식과 어깨를 나란히 할 만한 지식은 결코 얻지 못할 것이다. 지성은 여전히 예지로 빛나는 핵을 이루고, 본능은 확대되어 순화된 직관으로 되었다고는 해도, 그 핵 주위에 번진 어슴푸레한 성운에 지나지 않는다. 그러나 본디 의미의 인식은 순수지성의 영역에 속하므로 여기에는 없다고 하더라도, 그 대신 직관이 지성의 이 대상에 대한 인식의 미비한 점을 우리에게 파악하게 해주고, 그 미비점을 보충하는 수단을 우리에게 엿보도록 해줄지도 모른다. 사실 직관(또는 직감)은, 한편으로는 지성의 기능 그 자체를 이용하여 지성의 틀이 여기서는 정밀하게 적용될 수 없음을 보여주며, 또 다른 한편으로는 지성의 틀 대신 무엇을 놓으면 좋을까를 직관 고유의 활동으로, 적어도 막연하게나마 느끼도록 암시해 줄지도 모른다. 이리하여 직감은 지성으로 하여금, 생명은 많은 범주에도 하나의 범주에도 들어가지 않는다는 사실과, 기계적 인과성이든 목적성이든 생명 과정을 충분히 해석해 낼 수는 없다는 점을 인식하게 할 수 있을 것이다. 그리고 직감은 우리와 다른 생물 사이의 공감에 뿌리내린 교류를 통하여 우리의 의식을 확장시킴으로써 우리를 생명 고유의 영역으로 인도할 것이다. 그 생명 고유의 영역은 상호 침투 영역이자, 무한히 계속되는 창조의 영역이다. 그러나 그러한 점에서 직감이 지성을 능가하기는 하지만, 직감을 그러한 위치에까지 오르게 한 추진력은 지성으로부터 왔을 것이다. 지성이 없었다면 직감은 언제까지나 본능의 형태를 띠고 자기 자신에게 실용적으로 관계된 특수한 사물에만 고정되어 있었을 테고, 그 사물에 의하여 외면화된 채로 이동운동을 계속했을 것이다.

인식론이 지성과 본능이라는 두 능력을 어떻게 생각해야 할지, 그리고 지성과 직감 사이의 구별을 분명히 할 수 없기 때문에 환상적인 관념을 만들어낸 인식론이, 그 환상의 문제로 인해 얼마나 큰 곤란에 말려드는지 하는 사정을, 우리는 곧 제시할 것이다. 이러한 관점에서 볼 때, 우리는 인식 문제가 형이상학 문제와 같은 문제이며, 이들 모두 경험으로부터 유래하는 문제임을 알게 될 것이다.

사실 한편으로는, 만일 지성이 물질에 동조되고 직감은 생명에 동조되어 있다면, 이들에 압력을 가하여 자기가 동조한 대상으로부터 그 대상의 정수를 추출해낼 수 있도록 해야 할 것이다. 그러면 형이상학은 인식론에 의존하고 있는 것이 된다. 그러나 다른 한편으로, 만일 의식이 이처럼 본능과 지성으로 분열되어 있다면, 그것은 생명의 흐름을 따라야 함과 동시에 물질에 대처해야 될 필요에서 그렇게 분리되어 있는 것이다. 따라서 의식의 양 끝은 사상(현실)의 이중형식에 바탕을 두게 되며, 인식론은(직감에 의해 영역을 확장하듯이) 형이상학에 의존할 수밖에 없게 된다. 사실 이 두 가지 탐구는 서로 관련이 있어서, 하나를 택하면 그것은 다른 한쪽으로 향해 간다. 이 두 가지는 원을 이루고 있으며, 이 원의 중심은 진화에 대한 경험적인 연구일 수밖에 없다. 의식이 물질을 관통하여 흐르고, 거기서 자기를 잃었다가 다시 찾고, 분열되었다가 재구성됨을 보는 일만으로 우리는 그 두 가지 요소(지성과 직감)의 상호대립에 대해서도, 그 공통적인 기원에 대해서도 다 같이 어떤 견해를 만들어낼 수 있을 것이다. 그러나 다른 한편으로는, 이 두 요소의 대립과 그 기원의 공통점을 근거로 하여, 진화 그 자체의 의미를 보다 더 뚜렷하게 돋을새김할 수 있을 터이다.

이 문제에 대해서는 다음 장에서 다루기로 하겠다. 지금까지 검토해 온 여러 사실은, 생명을 의식 그 자체, 또는 그와 흡사한 무엇에 결부시키는 사고방식을 우리에게 암시해 주고 있다.

앞서 말한 바와 같이, 의식은 동물계의 모든 영역에 걸쳐 생물이 자유롭게 활용할 수 있는 선택의 능력에 비례하는 듯이 보인다. 의식은 행위를 둘러싸고 있는 잠재적인 것의 영역을 밝혀 준다. 의식은 행해지는 것과, 행해질 수 있는 것의 차이를 측정한다. 밖에서 본다면 그것은 단순히 행동의 보조에 지나지 않는 것으로, 행동이 불붙여주는 빛이며, 현실의 행동과 가능한 행동과의 마찰에서 솟아오르는 일시적인 불꽃처럼 보일지도 모른다. 그러나 주의해야 할 것은, 의식이 설사 결과가 아니라 원인이라 하더라도, 사정은 똑같을 것이라는 점이다. 가장 원시적인 동물의 의식도 권리상으로는 광대한 영역을 맡고 있지만, 실제로는 눌림대에 눌려 있다고 가정할 수 있다. 신경중추의 진보는, 유기체에게 더 많은 행동들의 선택을 부여함으로써 실재를 둘러쌀 수 있는 잠재력을 표면으로 끌어내게 된다. 그렇게 함으로써 눌림대가 늦추어지고 의식은 보다 자유롭게 통행할 수 있게 된다. 이 두 번째 가설(행동의 진화에 신경중추의 진보가 기여한다는 가설)에서도 첫 번째 가설에서와 마찬가지로, '의식'은 확실히 행동의 도구이다. 그러나 행동이 의식의 도구라고 하는 편이 보다 사실에 가까울 것이다. 왜냐하면 의식이 갇혀 있을 때는, 행동이 자기 자신과 얽히고 다른 행동과 맞붙는 것만이 자기 해방의 유일한 길이기 때문이다. 이 두 가지 가설 중에서 어느 쪽을 선택해야 하는가? 첫 번째 가설이 옳다면, 의식은 순간마다 뇌의 상태를 정밀하게 그려낼 것이다. 심리 상태와 뇌 상태의 병행관계는 알면 알수록 엄격해질 것이다. 이에 반하여 두 번째 가설에서는, 뇌수와 의식 사이에 유대관계와 상호의존 관계는 있어도 그 둘이 병행하지는 않는다. 뇌수가 복잡해짐에 따라 유기체가 선택할 수 있게 된 가능한 행동들의 수가 늘어나며, 그에 비례해서 의식은 동시적으로 병행해서 일어나는 물리적 현상들도 초월할 것이다. 이런 이유로, 인간과 개의 지각이 동일하다면 같은 광경을 목격했을 때, 그 기억은 비슷하게 이들의 뇌를 변화시킬 것이다. 그러나 기억은 인간의 의식과 개의 의식에 있어서 틀림없이 별개이다. 개의 기억은 지각에서 벗어나지 못할 것이다. 그 기억은, 그와 비슷한 지각이 같은 광경을 재현하여 기억을 불러일으킬 때만 다시 깨어날 것이다. 여기서 기억이 떠오른다 하더라도, 그것은 현재의 지각을 전에 있었던 것으로서 생각보다는 오히려 실연에 의해 재인식하는 현상이므로, 좀처럼 기억 그 자체가 진정으로 재생된다고는 볼 수 없을 것이다. 반대로 인간은, 어느 순간에도 현재의 지각에 관계없이 마음대로 기억을 불러일으킬 수 있다. 인간은 과거의 생활을 재연하는 일에 그치지 않고, 그 과거를 상기하고 꿈꾸기도 한다. 기억이 자리잡고 있는 뇌의 국부적인 변화는 개나 인간이나 마찬가지이므로, 이들 기억의 심리적인 차이의 원인은 뇌 기구의 세부적인 차이가 아니다. 그 차이는 이들의 뇌가 지니는 전반적인 차이에서 기인한다. 둘 중에서 보다 복잡한 쪽의 뇌에는, 보다 많은 조직들 사이에서 갈등을 불러일으켜, 의식이 그 속박으로부터 벗어나 독립적으로 활동할 수 있게 해 줄 것이다. 모든 것이 이와 같이 진행되고, 두 개의 가설 중 후자 쪽이 선택되어야만 한다는 사실 등은 이미 지난 저서에서 증명해 보았다. 그것은 의식 상태와 뇌 상태의 관계를 가장 돋보이게 하는 사실, 즉 정상 및 병적인 재인식의 사실, 특히 실어증을 연구함으로써 가능했다.[25] 그러나 그것은 이론으로도 충분히 예견될 수 있다. 뇌 상태와 심리 상태가 등가관계라는 가설은 자기모순적인 전제 위에 서 있고, 서로 양립될 수 없는 두 가지 표상법을 어떤 식으로 혼동했기 때문에 성립되었다는 점을 우리는 이미 증명해 보였다.[26]

이러한 측면에서 볼 때, 생명의 진화는 참다운 관념으로서 포섭할 수는 없다 하더라도, 그 의미는 훨씬 뚜렷해진다. 모든 일의 과정을 보면, 마치 어떤 폭넓은 의식의 흐름이 물질을 관통하고, 다른 의식들과 마찬가지로 서로 침투되는 다양한 잠재력을 지닌듯이 진행된다. 물질은 이 흐름에 끌려들어가 유기 조직이 되었으나, 그 흐름의 운동은 물질에 의하여 무한히 지체되고 또 나뉘었다. 사실 한편으로 의식은 피막 속에서 날개 만드는 준비를 하는 번데기처럼 잠들어야만 했고, 다른 한편으로는 아직 의식이 지니고 있던 복합적인 경향은 유기체의 상반적인 계열 사이에 배분되었다. 더욱이 그들 유기체는 그 경향들을 표상으로 내면화하기보다는 오히려 운동으로 외부화했다. 그러한 진화가 진행됨에 따라, 어떤 유기체는 점점 깊이 잠드는가 하면 또 어떤 유기체는 점점 완전하게 되살아나, 한쪽의 마비 상태가 나머지 한쪽의 활동을 돕기에 이르렀다. 그런데 그러한 각성은 두 가지 모양으로 따로따로 생겨날 수 있었다. 생명, 즉 물질 속을 흐르는 의식은 자신의 운동이나 자신이 통과하는 물질에 주의를 고정하였다. 의식은 이렇게 하여 직감의 방향이나 지성의 방향을 취했다. 얼른 보기에는 직감 쪽이 지성보다 훨씬 나은 것처럼 생각된다. 왜냐하면 직감은 생명도 의식도 자기 속에 보유하기 때문이다. 그러나 생물 진화의 실제 모습이 보여주듯이, 직감은 별로 멀리까지 갈 수는 없었다. 직감 안에서 의식은 껍질에 너무 눌렸기 때문에, 직감은 본능으로까지 축소될 수밖에 없었다. 즉 의식은 생명에서 자기와 관계가 있는 일부분밖에 포착할 수 없었다. 그것도 실물을 거의 보지 않고 어둠 속에서 만져보고 이해한 데에 지나지 않았다. 그래서 이 어두운 쪽으로는 시야가 곧 막혀 버렸다. 그와 반대로 의식이 자신을 지성으로 규정할 때, 즉 물질에 자기 자신을 집중할 때, 의식은 자신과의 관계에 있어 외부화되는 것처럼 보인다. 그러나 외부 사물에 적응함으로써 의식은 그 외부 사물 사이를 오갈 수 있게 되고, 자기를 가로막는 외부 사물의 울타리를 넘어 자기의 영역을 끝까지 넓히게 되었다. 한번 해방되어 버리고 나면, 의식은 자신의 내부로 되돌아가 아직 거기에 잠들어 있는 갖가지 직감들의 잠재력을 눈뜨게 할 수도 있다.

이런 관점에서 보면, 바로 의식이야말로 진화를 움직이는 원리로서 나타날 뿐만 아니라, 의식을 지닌 생물 가운데에서도 인간은 특권적인 지위를 차지한다. 동물과 인간 사이에는 이미 정도의 차이가 아니라 성질의 차이가 있다. 이 결론이 다음 장에서 분명해지리라 기대하기로 하고, 지금까지의 분석으로 그것이 암시하는 바를 보기로 하자.

발명의 결과와 발명 그 자체(발명동기와 과정)의 이상한 불균형은 사실 주목할 만한 일이다. 앞서 말한 바와 같이, 지성은 물질을 본떠 형성되었고 제작을 목표로 한다. 지성은 제작을 위한 제작을 하는 것일까? 아니면 본의 아니게 의식하지도 않으면서 다른 무엇을 추구하는 것일까? 제작이란 물질에 형태를 부여하는 일, 물질을 부드럽게 하고 구부리는 일, 물질을 지배하고자 그것을 도구화하는 일이다. 이 '제작'의 지배가 인류에게 주는 이득은, 발명의 물질적 성과 그 자체보다도 이러한 물질의 지배력이다. 지성적인 동물이 하듯이 우리가 제작물에서 직접 이익을 끌어내고, 이러한 이익만이 발명가가 목표로 하던 전부라고 하자. 하지만 그런 이익은, 우리를 현재보다 높여주고 우리의 시야를 넓히는 발명이 모든 분야에서 야기할 수 있는 새로운 사상이나 감정에 비하면 아무것도 아니다. 여기서는 결과와 원인 사이의 불균형이 너무 크기 때문에, 원인이 결과를 낳는다고 하기는 어렵다. 사실 원인은 방향을 가르쳐줌으로써 결과를 촉발한다. 결국 모든 점으로 보아 지성이 물질을 장악하는 주목적은, 물질에 의해 저지당하고 있는 무엇인가를 원리적으로 해방시키는 데 있는 것으로 보인다.

인간과 동물의 뇌를 비교해 보아도 같은 인상을 받게 된다. 그 차이는 처음에는 용적과 복잡성의 차이에 지나지 않는 듯 보였다. 그러나 그 기능을 판단하자면, 거기에는 확실히 좀 다른 차이가 있음에 틀림없다. 동물의 뇌가 조직하기에 이르는 운동 기능, 다시 말해 동물이 의지로써 몸에 익히는 습관의 유일한 목적은, 그러한 습관속에 나타나 있고 그 기능에 저장돼 있는 운동을 완수하도록 하는 데 있다. 그런데 인간의 운동 습관은, 첫 번째 결과와는 엄청나게 다른 두 번째 결과를 낳을 수 있다. 그 운동 습관은 다른 운동 습관을 막을 수 있고, 이로써 자동성을 길들이면서 의식을 해방시킬 수 있다. 누구나 다 아는 바와 같이, 인간의 뇌에서 언어가 차지하는 영역은 참으로 넓다. 언어에 대응하는 뇌의 기구는, 어딘가 특수한 점이 있어서 다른 기구, 이를테면 사물 그 자체에 대응하는 뇌의 기구와 대적하는 일이 있으며, 아니면 자기 안의 여러 기구들끼리 대치하는 일도 있다. 그러는 동안 행위의 수행에 끌려 파묻힐 뻔했던 의식은 스스로를 되찾고 자유의 몸이 된다.*27

그러고 보면 그 차이는 피상적인 관찰로 드러나는 차이보다는 훨씬 근본적임에 틀림없다. 그 차이는 주의력을 집중시키게 하는 뇌의 기구와, 주의를 기울이지 않아도 좋은 뇌의 기구 사이에서 볼 수 있는 차이이다. 뉴커먼(Newcomen)이 고안한 것 같은 원시적인 증기기관의 경우, 실린더에 증기를 넣거나 응결용 찬물을 그곳에 뿌리기 위해 수도꼭지 조작을 전적으로 맡는 사람이 필요했다. 이 일을 위해 고용됐던 한 소년은, 일이 지루해지자 수도꼭지 손잡이를 끈으로 기계의 레버에 연결시켜둘 생각을 했다고 한다. 그때부터 기계는 스스로 수도꼭지를 열고 닫을 수 있게 되면서 혼자 힘으로 움직이게 되었다고 한다. 이제 어떤 관찰자가 옛날 기계와 새로운 기계를 비교했다고 하자. 여기서 그가 그 기계를 돌보는 두 소년에게 주의를 기울이지 않았다면, 두 기계 사이에서는 대단치 않은 복잡성의 차이밖에는 발견하지 못했을 것이다. 사실 기계만 쳐다본다면 이런 사실밖에 발견할 수 없다. 그런데 소년들 쪽으로 눈을 잠시 돌려보면, 한 소년은 기계를 살피는 일에 여념이 없고, 다른 소년은 마음대로 노는 모습을 볼 수 있을 것이다. 그러면 두 기계는 근본적 차이를 보이게 된다. 전자는 줄곧 주의를 기울여야 하고, 후자는 주의하지 않아도 알아서 여유있게 작동한다. 우리는 동물의 뇌와 인간의 뇌 사이에 바로 이와 같은 차이가 있다고 본다.

요컨대 만일 목적성의 용어를 써서 표현한다면, 의식은 자신을 해방시키기 위하여 유기적 조직을 식물계와 동물계의 상호보충적인 두 부분으로 나눈 뒤, 본능과 지성의 두 가지 방향에서(진화의) 출구를 찾아 왔다고 말할 수밖에 없다. 의식은 본능으로는(동물계에서든 식물계에서든) 진화의 출구를 찾아낼 수 없었다. 그리고 지성 면에서도 찾아낼 수 없었다. 다만 그 출구는 동물로부터 인간으로의 어떤 갑작스런 비약에 의해서만 발견될 수 있었다. 그리하여 결국 마지막으로 분석해 보자면, 인간은 이 지상에서 생명의 유기조직 전체 존재의 근거가 될 것이다. 그렇지만 이는 하나의 표현법에 지나지 않을지도 모른다. 실제로는 어떤 존재의 흐름과 거기에 대항하는 어떤 흐름만이 있다. 모든 생명의 진화는 그러한 어떤 흐름과 반대 흐름에서 비롯되는 것이다. 이제 우리는 이 두 가지 흐름의 대립을 좀더 가까이 살펴보아야만 한다. 그럼으로써 아마도 공통의 근원을 발견할 수 있을 것이다. 거기에서부터 또다시 우리는 아마 가장 어둠에 싸인 형이상학의 영역(직감 같은 지성적 능력) 속에 파고들게 될 것이다. 그러나 우리가 따라야 할 두 방향이 하나는 지성에, 또 하나는 본 능과 직감에 뚜렷이 나타나 있으므로, 우리는 길 잃을 걱정은 할 필요가 없다. 생명 진화의 모습은 우리에게 어떤 종류의 인식 개념과 아울러 어떤 형이상학을 암시해 줄 것이다. 이 둘은 서로를 포함하고 있다. 그러한 형이상학과 인식 비판이 한번 드러나게 되면, 이번에는 그것이 진화 전체에 대하여 무엇인가 빛을 던져줄 터이다.

〈주〉

＊1 적응에 관한 이러한 견해는 마랭(F. Marin)의 주목할 만한 논문인 〈종의 기원(*Origine des espèces*)〉에서 언급되었다. (*Revue scientifique*, nov. 1901, p.581)

＊2 드 사포르타(De Saporta)와 마리옹(Marion), 《은화식물의 진화(*L'évolution des Cryptogames*)》, 1881, p.37.

＊3 고착성 및 기생 일반에 관해서는 우세(Houssay), 《형태와 생명(*La forme et la vie*)》,

Paris, 1900, pp.721~807 참조.

*4 코프(Cope), op. *cit.* p.76.

*5 식물이 자신 속에 잠들어 있는 능동적인 운동 능력을 회복하는 경우가 있듯이, 동물도 예외적인 환경에서는 식물적인 생활 상태로 되돌아가서 엽록소의 기능과 비슷한 것을 자신 속에 발달시킬 수 있다. 실제로 마리아 폰 린든(Maria. Von Linden)의 최근 실험 결과에 따르면, 여러 인시류의 번데기나 모충은 빛의 작용을 받아 대기 속 이산화탄소의 탄소를 고정하는 듯하다. (폰 린든, 《인시류의 번데기에 의한 이산화탄소의 동화(*L'assimilation de l'acide carbonique par les chrysalides de L'épidoptères*)》, *C.R. de la Soc. de biologie*, 1905, p. 692 et suiv.)

*6 *Archives de physiologie*, 1892.

*7 드 마나쎈느(De Manacéine), 《완전한 불면증의 영향에 관한 실험적 고찰(Quelques observations expérimentales sur l'influence de l'insomnie absolue)》, *Arch. ital. de biologie*, t. XXI, 1894, p.322 et suiv. 이와 비슷한 관찰이 최근 35일 동안 굶은 후 아사한 인간에 대해 행해진 바 있다. 그 문제에 관해서는 타라케비치(Tarakevich)와 챠스니(Stchasny)의 러시아어로 된 저작의 요약(《생물학 연보(*Année biologique*)》, 1898, p. 338)을 참조.

*8 퀴비에(Cuvier)는 이렇게 말했다. '신경계통은 사실 동물의 모든 것이다. 다른 계통은 그것에 봉사하기 위하여 존재하는 데 지나지 않는다.'(《동물계를 구성하는 등급들 사이에서 세워지는 새로운 접근에 관하여(*Sur un nouveau rapprochement à établir entre les classes qui composent le règne animal*)》, *Archives du Museum d'histoire naturelle*, Paris, 1812, pp.73~84) 물론 이 공식에는 많은 제한을 붙여야만 한다. 예를 들면, 신경계통이 눈에 뜨이지 않는 곳으로 물러나는 퇴화나 퇴보의 경우를 고려해야 할 것이다. 특히 신경계통에는, 한편으로는 운동기관을 다른 한편으로는 감각기관을 부가해야 한다. 신경계통은 이 두 가지의 중개 역할을 한다. 포스터(Foster), 《브리태니커 백과사전》 중 생리학 항목 *art. Physiology de l'Encyclopaedia Britannica*, Edinburgh, 1885, p.17 참조.

*9 그러한 점에 관해서는 고드리(Gaudry)의 《철학적 고생물학의 시론(*Essai de paléontologie physique*)》, Paris, 1896, pp.14~16 et 78~79 참조.

*10 이 문제에 대해서는 샬러(Shaler), 《개체론(*The Individual*)》, New York, 1900, pp.118~125 참조.

*11 르네 캥통(René Quinton)은 이에 대해 반박했다. 그는 육식과 되새김질을 하는 포유동물은 어떤 조류와 마찬가지로, 인간보다 나중에 나타났다고 본다(《바닷물, 유기적 환경(*L'eau de mer milieu organique*)》, Paris, 1904, p.435). 이 기회에 언급하자면, 나의 일반적인 결론은 캥통의 설과는 상당히 다르지만 그 설과 조화되지 못할 것도

없다. 진화라는 것이 내가 생각하는 그대로였다면 척추동물은 가장 유리한 행동 조건, 즉 최초에 생명이 선택했던 조건과 같은 조건에서 자신을 유지하려고 노력했을 것임이 틀림없기 때문이다.

＊12 폴 라콩브(Paul Lacombe)는 대발명이 인류 진화에 끼친 중대한 영향을 강조했다(《과학으로서 고려된 역사에 대하여(De l'histoire considérée comme science)》, Paris, 1894, 특히 pp.168~247 참조).

＊13 부비에(Bouvier), 《꿀벌의 야외에서 벌집 만들기(La nidification des Abeilles à l'air libre)》. C.R. de l'Acad. des sciences, 7 mai 1906.

＊14 플라톤(Platon), 《파이드로스(Phèdre)》, 265E.

＊15 이러한 점들에 대해서는 다음 장에서 상세히 살펴보겠다.

＊16 제3장에서 이 점을 다시 검토하겠다.

＊17 《물질과 기억(Matière et mémoire)》, chap. Ⅰ.

＊18 다윈의 다음 2권 참조. 《만초(Les plantes grimpantes)》, trad. Gordon, Paris, 1890, 《곤충에 의한 난과식물의 수정작용(La fécondation des Orchidées par les Insectes)》, trad. 레롤(Rérolle), Paris, 1892.

＊19 부텔-레펜(Buttel-Reepen), 《꿀벌국가의 계통발생(Die phylogenetische Entstehung des Bienenstaates)》, Biol. Centralblatt, XXⅢ, 1903, 특히 p.108.

＊20 파브르(Fabre), 《곤충기(Souvenirs entomologiques)》, 3ᵉ série, Paris, 1890, pp.1~69.

＊21 파브르, 《곤충기》, 1ʳᵉ série, 3ᵉ édit., Paris, 1894, p.93 et suiv.

＊22 파브르, 《속곤충기(Nouveaux souvenirs entomologiques)》, Paris, 1882, p.14 et suiv.

＊23 페컴(Peckham), 《나나니벌 등의 고립생활과 사회생활(Wasps, solitary and social)》, Westminster, 1905, p.28 et suiv.

＊24 최근의 연구 중에서는 특히 다음을 참조. 베테(Bethe), 《개미나 꿀벌에게 심적 성질을 부여할 것인가? (Dürfen wir den Ameisen und Bienen psychische Qualitäten zuschreiben?)》 Arch. f. d. ges. Physiologie, 1898. 그리고 포렐(Forel), 《비교생리학 개관(Un aperçu de physiologie comparée)》, Année psychologique, 1895.

＊25 《물질과 기억》, chaps. Ⅱ et Ⅲ.

＊26 《심리적·생리적인오류추리(Leparalogismepsycho–physiologique)》, Revuedemétaphysique, November, 1904.

＊27 이미 지난 기회에 인용한 지질학자 샬러(N.S. Shaler)는 '인간에 이르면, 신체에 오래도록 매여 있던 정신이 자유로워진 듯 보인다. 또한 신체 구조의 본질은 변하지 않은 채 있는데도, 지적인 부분은 이상한 속도로 발달하고 있다'고 단언한 바 있다(《자연의 해석(The interpretation of nature)》, Boston, 1899, p.187).

제3장
생명의 의미에 대하여
자연의 질서와 지성의 형식

　제1장에서 우리는 무기물(조직되지 않은 물질)과 유기물(조직된 물질) 사이에 하나의 경계선을 그었다. 그런데 지적한 바와 같이 물질을 무기체(조직되지 않은 물체)로 분할하는 일은 우리의 감각과 지성에 관계되어 있고, 물질을 어떤 불가분한 전체로서 본다면 그런 전체 같은 물질은 사물이라기보다는 오히려 흐름이라고 해야 한다. 그렇게 말함으로써 우리는 무생물과 생물이 서로 접근할 수 있는 길을 열어놓았다.

　한편 제2장에서 우리는 지성과 본능 사이에도 같은 대립이 존재한다는 사실, 본능은 생명의 어떤 규정에 따른 것이고, 지성은 천연물질 형태(천연물질을 합성하는 일)의 입장에 맞추어 형성되었다는 사실을 살펴보았다. 그러나 우리가 언급한 본성과 지성은, 보다 적절한 표현이 없으므로 '의식 일반'이라고 부를 수 있는 단일 토대에서 서로 분리되었으며, 그 기반은 틀림없이 보편적 생명과 같은 범주이다. 그렇게 언급함으로써 우리는 지성을 감싸는 의식 일반으로부터 출발하여 지성이 탄생할 가능성을 어렴풋이 볼 수 있게 된다.

　따라서 이제는 물체의 기원을 알아봄과 동시에 지성의 기원을 더듬어 보기로 하자. 이 두 시도는 물론 서로 연관되어 있어서, 실제로 우리 지성의 주된 경향이 물질에 대한 우리 행동의 일반 형식을 그려내는 것이며, 또한 물질의 세부사항도 우리가 활동할 때의 요구에 따르고 있기 때문에 더욱 그렇다. 지성과 물질성은 세부적으로 서로의 적응에 의해서 성립되어 왔다. 지성과 물질성 모두 보다 넓고 높은 하나의 존재 형식에서 파생되었다. 이들이 생겨나는 모습을 보려면 그러한 높은(진보한) 존재 양식으로, 즉 본디 위치로 그들을 되돌려야만 할 것이다.

그와 같은 시도는 얼핏 보기에, 그 무모함이 가장 대담한 형이상학자의 사변을 뛰어넘는 듯이 생각된다. 그 시도(지성적 물질적 시도)야말로 심리학보다도, 우주기원론보다도, 종래의 형이상학보다도 앞으로 나아가려는 행위가 아닐까? 왜냐하면, 심리학, 우주기원론, 형이상학은 지성이 가진 본질적인 요소에 지성을 전념시키고 시작하는 데 반해, 여기서는 지성의 발생을 형식 및 소재면에서 다루기 때문이다. 사실상 우리가 보려는 바와 같이 이 시도(지성과 물질성을 추구하는 시도)는 매우 겸손한 시도이다. 어쨌든 우선이 시도가 형이상학 등과 다른 까닭을 설명하기로 하자.

심리학을 보면, 그것이 동물 계열의 지성이 점점 발달하는 모습을 추적하면서 지성의 발생을 좇는다고 믿어서는 안 된다. 비교심리학이 우리에게 가르쳐주는 바에 따르면, 동물은 영리할수록 사물을 이용하기 위해 곰곰이 생각하는 경향이 있으며, 따라서 인간에 가까워지는 경향을 보인다. 그런데 동물의 그러한 활동은 그 자체로 이미 인간 활동의 큰 주류를 따르고 있었다. 동물의 활동이 물질세계에서 식별해낸 사실은 우리가 물질세계에서 식별해낸 사실과 마찬가지로 일반적인 방향이었으며, 그 활동의 근거가 된 것도 똑같은 관계로 연결된 사물이었다. 따라서 동물의 지성은 본디 의미에서의 개념을 형성하지는 않는다 하더라도, 이미 개념 권내에서 움직이고 있는 셈이다. 동물의 지성은 언제나 그 개념으로부터 유래하는 행위와 태도에만 전념하고 있고, 또 그런 행위와 태도에 의하여 외부로 이끌려지면서 자신과의 관계에 있어 자신을 외면화한다. 따라서 표상을 사고한다기보다는 실연한다. 어쨌든 그의 활동은 인간 지성의 도식을 대략적으로 그리고 있다.*¹ 따라서 동물의 지성을 가지고 인간의 지성을 설명하는 일은, 원시 형태의 인간과 현대인의 차이를 살피는 경우와 마찬가지이다. 사람들은 점점 더 지적인 존재가 됨에 따라, 생물이 어떤 방향을 멀리까지 추적하여 좇아왔던가를 보여준다. 그러나 사람들은 방향을 설정하는 순간부터, 지성을 내세우고 있다.

스펜서가 주장했던 바와 같은 우주기원론에서도, 사람들은 자기에게 물질을 부여하는 동시에 지성도 부여하고 있다. 거기에서 물질은 법칙을 따르고 사물은 사물과, 사실은 사실과 불변의 관계들에 의해 연결되며, 의식은 그러한 관계와 법칙들이 남겨주는 흔적을 받아들임을 알 수 있다. 그리하여 의식은 자연의 일반적인 외형을 받아들여 자신을 지성으로 규정한다. 그런데 사물이나 사실을 인정할 때 이미 지성이 전제된다는 사실을 사람들은 왜 이해하지 못하는가? 선험적으로, 그리고 물질의 본성에 관한 가설을 문제 삼지 않더라도, 한 물체의 물질성은 우리가 그 물체를 감각으로 만져 알 수 있는 데서 그치지 않고 더 무한하다는 사실은 분명하다. 물체는 그 영향력이 느껴지는 곳 어디에나 있다. 그런데 물체의 인력에 관해서만 말해 봐도, 그것은 태양과 행성들, 아마도 온 우주에 미칠 것이다. 물리학이 발달함에 따라 물체의 개체성(완성체)은 물리학에 의해 잊혀진다. 물리학은 그 물체(완성체)를 구성하는 미세한 입자의 개체성까지도 잊게 만든다. 과학적 상상력이 이 미세 입자들을 또다시 분해하고야 마니까 말이다. 물체와 미립자는 보편적인 상호작용 속에서 용해되는 경향이 있다. 지각은 사물 그 자체의 윤곽보다는 오히려 사물에 대해 우리가 할 수 있는 활동의 윤곽을 보여준다. 우리가 사물에서 볼 수 있는 윤곽은, 우리의 힘이 닿아 변모시킬 수 있는 한계 내에서 나타날 뿐이다. 물질 속에 그어져 있는 여러 가지 선(형성과정의 길들)은 우리가 따라 움직여야 되는 경로이다. 윤곽이나 경로는 의식이 물질에 작용할 준비가 진행됨에 따라, 다시 말해 지성이 점차 형성됨에 따라 뚜렷해진 것이다. 우리와는 다른 차원 위에 생겨난 동물, 예를 들면 연체동물이나 곤충이 우리와 같은 분할 방법으로 물질을 재단(또는 분해)할지는 의문이다. 그 동물들에게는 본디 물질을 물체로 세분할 필요조차 없는 것이다. 본능이 지시하는 대로 움직이는 데 사물을 지각하는 일 따위는 불필요하며, 특성을 구별하는 정도만으로 충분하다. 이와 반대로 지성은, 비록 극히 미미한 형식일 때조차, 이미 물질을 물질에 작용하게끔 하려 한다. 물질이 어느 면에서, 작용하는 물질요소와 작용받는 물질요소로 갈라질 준비가 되어 있다면, 좀 더 단순히 공존하는 단편으로 나뉠 준비가 되어 있다면, 지성이 눈을 돌리는 곳은 그러한 면에 대해서이다. 그리고 지성이 분할 작업에 몰두하면 할수록, 지성은 분명한 공간성이 있는 물질들을, 공간 속에 병렬적인 형태의 넓이로 펼쳐 놓을 것이다. 그 물질 자체는 틀림없이 공간성을 띠려는 경향이 있으나, 그 각 부분들은 여전히 상호포괄 가능하며 상호침투적 상태에 있다. 이리하여 정신을 이끌어 지성으로 한정시키는, 즉 뚜렷한 개념이 되게 하는 동일한 운동은, 한편으로 물질을 서로 섞이지 않는 여러 사물로 잘게 나눈다.

의식이 지성화될수록 물질은 점점 더 공간화(눈에 보이는 현실화)된다. 즉, 진화론자의 철학은, 우리의 행동이 따르고자 하는 선을 기준으로 하여 재단된 물질을 공간 속에서 표상할 때, 그 철학은 자신이 그려내겠다고 자부하는 지성을 이미 형성된(현재 사물의 모습) 그대로에 부여하고 있다.

형이상학이 추구하는 바도 이와 같은 종류의 작업(현실화 작업)이다. 단, 사고의 카테고리를 선험적으로 연역하는 경우, 그 형이상학은 보다 치밀해지며 보다 자기의식적으로 된다. 우리는 지성에 압력을 가하여, 지성을 순수 본질로 바꾸고, 비어 있다고 생각될 정도의 단순한 원리에 그 지성을 집어넣는다. 그런 다음, 잠재적으로 그곳에 넣어둔 지성을 그 단순한 원리로부터 끌어낸다. 그렇게 함으로써 우리는, 지성이 자기 자신과의 관계에서 나타내는 일관성을 보여주며, 지성을 정의하고, 지성의 공식을 얻을 수 있게 된다. 그러나 결코 지성의 기원을 진실로 되새겨볼 수는 없다. 피히테(Fichte)의 시도가, 사물이 본디부터 지니고 있는 질서를 한층 존중한다는 점에서 스펜서의 시도보다는 철학적이라 하더라도, 스펜서의 시도 이상으로 우리를 이끌어 가지는 못한다. 피히테는 집중상태에 있는 사고를 취하여 그것을 실재 안으로 팽창시킨다. 반면 스펜서는 외적 실재로부터 출발하여, 이것을 다시 지성으로 압축시킨다. 그러나 어느 경우에나 우선 우리는 자신에게 지성을 부여하는 일부터 시작해야만 한다. 여기서 지성은 압축되었거나 팽창되어 있고, 직접적인 모습 그대로 파악되었거나 아니면 거울에서의 반사처럼 자연에 반사되어 지각된 지성이다. 피히테와 스펜서 이론의 차이는 결국 그뿐이다.

이 점에 대해서 대부분의 철학자들은 합의하고 있다. 그러한 합의는 그들이 모두 자연의 통일성을 긍정하고, 그 통일성을 추상적이며 기하학적인 형태로 표상하는 데서 온다. 철학자들은 유기물과 무기물 사이에 존재하는 틈을 볼 수 없으며, 또한 보려고 하지도 않는다. 일부 철학자들은 무기물에서 출발하여 무기적인 천연물질들을 혼합해서 생물을 형성할 수 있다고 주장한다. 또 다른 철학자들은 먼저 생명을 제시해 놓고, 무기물질을 향하여 교묘한 데크레센도(decrescendo)식으로 나간다. 그러나 어차피 어느 경우에서나 자연계에는 정도—첫 번째 가설에서는 복잡성의 정도, 다음 가설에서는 강도의 정도—의 차이밖에 없다. 그러한 원리를 받아들이고 나면 지성은 실재

만큼이나 광범위한 것이 된다. 왜냐하면 사물에서 기하학적인 것 모두에 인간 지성이 접근할 수 있음은 뻔한 사실이기 때문이다. 그리고 기하학과 그 나머지 사이에 완전한 연속이 있으면, 나머지 모든 부분은 기하학과 마찬가지로 이해할 수 있는 것이 되고 아울러 지성적인 것이 된다. 대부분의 체계는 이러한 전제를 바탕으로 한다. 서로 어떤 접촉점이나 공통 척도가 전혀 없는 두 가지 학설을 비교해 보면, 이러한 사실을 쉽게 납득할 수 있을 것이다. 두 학설이란, 바로 앞에서 비교해 보았던 피히테와 스펜서의 학설 같은 설들을 그 예로서 들 수 있다.

이렇게 보면 그와 같은 사변의 밑바탕에는 서로 연관성이 있고 보충적인 두 가지 확신이 있다. 자연은 하나라는 확신과, 지성은 자연을 완전히 포용하는 기능을 가졌다는 확신이 그것이다. 인식 능력이 경험의 총화와 같다고 전제되었으므로, 이 능력을 어떻게 그려내느냐 하는 것은 이미 문제가 될 수 없다. 지평선을 바라보기 위하여 시각을 사용하듯이, 우리는 자신에게 이미 인식 능력을 부여하고, 다만 그것을 사용해야만 한다. 물론 성과의 가치에 대하여서는 의견의 차이가 있을 것이다. 어떤 사람에게는 지성이 추구하는 바가 실재 그 자체인 반면, 또 어떤 사람에게는 실재의 환영에 지나지 않는다. 그러나 환영이든 실재 그 자체이든, 지성이 포착하는 바는 포착 가능한 사실들의 총화라고 생각된다.

개인의 정신력에 대한 철학의 지나친 신뢰도, 바로 이러한 사실에 의하여 설명된다. 철학은 독단적일 수도 비판적일 수도 있으며, 우리들 인식의 상대성을 인정할 때도 있고, 자기 자신은 절대 속에 위치한다고 주장할 때도 있을 것이다. 그러나 여하튼 철학은 일반적으로 한 철학자의 작품이며, 전체에 대한 단 하나의 이상이다. 우리는 그 철학은 받아들이든가 아니면 버리든가 해야 할 것이다.

우리가 주장하는 철학은, 보다 겸손하며 스스로 자신을 보충하고 완전하게 하려는 능력을 지녔다. 우리가 생각하는 인간의 지성이란 플라톤이 동굴의 비유에서 가르쳐준 바와 같은 지성이 아니다. 인간적 지성의 기능이란 공허한 그림자가 지나가는 것을 쳐다보는 일도 아니고, 돌아서서 눈부신 태양을 물끄러미 바라보는 일도 아니다. 지성이 할 일은 그와 다르다. 우리는 소처럼 중노동을 하도록 붙들어 매어져 자신의 근육이나 관절의 움직임, 쟁기의 무게와 흙의 저항을 느끼고 있다. 활동하는 일과 활동하고 있음을 아는 일, 실재와 접촉하고 그것을 구현하는 일, 그것도 우리가 수행하는 일과 우리가 파는 밭이랑에 관계가 있는 한도 내에서 실재를 구현하는 일, 그것이 바로 인간 지성의 기능이다. 그런데 여기에 한 가지 유익한 흐름이 있어서 우리를 적셔주며, 그곳에서 우리가 일하고 사는 데 필요한 힘 그 자체를 길러낸다. 우리는 이 생명의 대양에 몸을 담근 채 그곳에서 무엇인가를 끊임없이 흡수하고, 우리 자신의 존재 내지는 적어도 존재를 인도하는 지성이 그 대양에서 일종의 국부적인 응고를 통해 형성되었음을 느낀다. 철학이란 결국 다시 전체 속으로 용해되려 하는 노력에 지나지 않는다. 지성은 자신의 원리에 다시 몰입하면서 거꾸로 자기의 기원을 거슬러 체험하려는 속성이 있다. 그러나 그 시도는 단번에 이루어질 수 없을 것이다. 그러한 시도는 필연적으로 집단적이고 점진적이 될 것이다. 그것은 여러 가지 인상의 교환으로 이루어지며, 그 인상들은 서로 시정하고 추가하면서 언젠가는 우리 안에서 인간성을 확대하고, 그 결과 인간성이 인간성을 초월하는 데 이를 것이다.

그러나 그러한 방법은 정신에 깊이 뿌리박은 여러 습관으로부터 반대를 받는다. 그 방법은 곧 악순환의 개념이라고 생각된다. 우리는 지성보다도 더 멀리까지 가려고 하지만, 사람들은 다음과 같이 안 된다고 말할 것이다. 지성에 따르지 않고 어떻게 그렇게 할 수 있는가? 당신의 의식 속에서 가장 분명한 것은 지성이다. 당신은 자신의 사고 속에 있으며, 그 사고 밖으로 나오는 일은 없을 것이다. 지성은 진보하는 힘이 있다. 지성은 더욱 명석하게 수많은 사물을 볼 수 있으리라고 말해도 괜찮다. 그러나 지성을 그려낸다고는 말할 수 없다. 왜냐하면 지성의 기원을 더듬는 일에도 역시 지성이 필요하기 때문이다.

이런 반박은 자연적으로 마음속에 떠오른다. 하지만 그러한 논법을 빌려 말한다면, 아마도 우리는 새로운 습관이라고는 아무것도 얻을 수 없을 것이다. 우리를 주어진 범위 속에 가두는 것은 바로 그러한 논법의 본질이기 때문이다. 그러나 행동은 그 주어진 범위를 깨뜨린다. 만약 우리가 사람이 수영하는 모습을 단 한 번도 본 적이 없다면, 수영은 불가능한 행위라고 말할 것이다. 왜냐하면 수영을 배우기 위해서는 먼저 몸을 물에 띄워야 하며, 그러면 이미 우리가 수영을 할 줄 아는 셈이 되기 때문이다. 실제 그러한 추론은 우리를 굳은 땅 위에 언제까지고 못 박아 둘 것이다. 그러나 아무 두려움 없이 물에 뛰어들었다면, 우리는 우선 가라앉지 않으려고 허우적거리면서 겨우 물에 뜬 다음 점차적으로 이 새로운 환경에 적응할 것이다. 이리하여 드디어는 수영을 할 수 있게 되리라. 이론상으로, 지성 이외의 것에 의지하여 인식하려는 경우에는 일종의 불합리가 따른다고 하겠다. 그렇지만 그러한 위험을 솔직하게 받아들인다면, 행동은 아마도 이론이 만들어 놓기만 하고 풀지 않은 매듭을 풀어줄 것이다.

게다가 그 위험은 다른 사람들이 우리의 관점을 받아들임에 따라 점점 적게 나타날 것이다. 앞에서 설명한 바와 같이 지성은 자기(지성이 파악할 수 있는 영역)보다 훨씬 광대한 실재로부터 분리된 것이지만, 그 둘 사이에 뚜렷한 단절이 있는 것은 결코 아니다. 개념적 사고의 주위에는 불확실한 가장자리가 남아 있어서(이 흐릿한 가장자리 속에 섞여 있는 잔재요소들이) 그 사고의 기원을 연상시켜준다. 그뿐 아니라 한 걸음 더 나가서, 우리는 지성을 응축에 의하여 형성된 어떤 딱딱한 핵(완성된 물체)에 비유해 보았다. 그 핵은 자신을 둘러싸고 있는 유체와 근본적으로는 다르지 않다. 그것들은 같은 물질로 형성되어 있기 때문에 핵은 다시 유체(분해상태의 물질들) 속에 녹아서 흡수될 것이다. 딱딱한 대지가 자기를 받쳐준다는 것밖에 모르는 사람이 물에 빠졌을 때, 그는 새로운 환경인 유체 속에서 몸부림치지 않으면 곧 익사해버릴 것이다. 그는 물 자체에서 느끼는 고체성에 매달릴 수밖에 없는 것이다. 그러한 조건이 충족되었을 경우에 한하여 그는 겨우 유체의 유동성에 적응하게 된다. 우리의 사고가 비약을 결심했을 때에도 사정은 마찬가지이다.

하여간에 사고는 비약해야 한다. 즉 자신의 환경으로부터 밖으로 나와야만 한다. 이성은 자신의 능력에 대하여 아무리 추리를 한다 하더라도 결코 그 이성적 능력을 확장하지는 못할 것이다. 게다가 이 확장은 일단 이루어진 뒤에는 조금도 불합리하게 보이지 않는다. 보행이라는 주제에 대해서 수많은 변주를 가해보았자 거기에서 수영의 규칙은 나오지 않는다. 물에 들어가야 한다. 그리고 수영법을 알게 되면 수영법이 보행법과 연관되어 있음을 이해하게 될 것이다. 수영은 보행의 연장이지만, 보행만으로는 수영을 익힐 수 없다. 이와 마찬가지로 당신은 원하는 만큼 지성적으로 지성의 조작법에 대하여 사변할 수는 있지만, 그런 방법으로는 아무리 해도 지성의 조작법을 뛰어넘지 못한다. 보다 복잡한 것을 획득할 수는 있을지언정, 보다 우위의 것이나 전혀 다른 것을 획득할 수는 없다. 그러니 일단 부딪쳐 봐야 하는 것이다. 의지 행위로 지성을 그 지성이 있는 곳 밖으로 밀어내야 한다.

악순환(우리 지성의 한계를 느끼는 악순환)은 외적인 모습에 지나지 않는다. 악순환처럼 보이는 외적 모습은 그와는 반대로 다른 모든 철학적 방법에 의해서는 실질적이 된다고 생각된다. 그 외면적 요소들은, 경우에 따라서 그 실재를 설명할 몇 마디의 실마리가 된다. 철학이 순수지성주의에 의하여 인식론과 기지론(既知論), 형이상학과 과학 사이에 이루어 놓은 관계를 받아들일 수도 없고 받아들여서도 안 될 때, 우리는 그렇게 그 외면을 다시(확실한 실마리로서) 언급하고 싶어하게 되는 것이다.

얼핏 보면 사실에 대한 고찰은 실증과학에 맡기는 편이 현명한 듯 보인다. 물리학과 화학은 물질을 다룰 것이고, 생물학과 심리학은 생명 현상을 연구할 것이다. 그렇다면 철학자가 할 일은 분명한 한계선이 그어져 있다. 철학자는 과학자의 손으로부터 사실과 법칙을 인계받는다. 그리고 그 과학적 사실들과 법칙들을 초월하여 더 깊은 원인에 도달하려고 노력하는 경우도 있고, 또 더 먼 곳까지 가기는 불가능하다고 믿어, 과학적 인식의 분석 자체로 그것을 증명할 때도 있다. 그 중 어느 경우를 막론하고, 철학자는 과학으로부터 받은 그대로의 사실이나 관계에 대하여 존경을 품는다. 그 존경은 판명된 사실들에 당연히 돌려야 할 존경이다. 철학자는 그러한 과학적 인식 위에 인식능력의 비판을 중첩시켜 놓으며, 경우에 따라서는 형이상학도 거기에 겹쳐놓는다. 인식 그 자체에 대해 언급하자면, 그 인식의 물질성은 과학이 다루어야 할 문제로서 철학이 상관할 일은 아니라고 생각한다.

그런데 우리는 어째서 그러한 이른바 분업이 모든 사실들을 뒤섞어 혼동시킨다는 사실을 깨닫지 못했는가? 철학자는 형이상학이나 인식 비판을 자기가 할 일이라고 간주하면서도, 결국 실증과학이 완성해 놓은 그대로를 받아들이게 된다. 형이상학과 인식 비판은 이미 그 기술(記述)이나, 분석에 관한 모든 걱정을 과학자들에게 떠맡겼다. 철학자는 처음부터 사실 문제에 개입하려고 들지 않기 때문에, 원리의 문제에서도 실재에 대한 과학의 태도가 보여주는 무의식적인, 따라서 부조리한 형이상학과 비판을 간단명료하게 공식화하는 일에 머물 뿐이다. 자연물과 인간적 사물의 겉모습이 비슷하다고 속지 말자. 우리는 현재 재판하는 자리에 있는 것이 아니다. 재판정에서는 사실 묘사와 그에 대한 판단이 뚜렷이 구별된다. 그것은 사실과는 독립적인, 입법자가 공포한 법률이 사실 위에 존재하고 있다는 아주 간단한 이유에서이다. 법칙은 사실 속에 내재해 있으며, 우리가 실재를 분명히 구분되는 사실로 재단하기 위하여 기준으로 삼은 선과 관계가 있다. 우리가 대상의 모습을 그릴 때에, 우리는 그 대상의 내적 성질과 조직에 대하여 거의 틀림없이 편견을 갖고 대하게 된다. 형식은 이미 소재와 완전히 떨어질 순 없다. 처음에 철학에다 원리 문제를 의뢰하고, 그럼으로써 철학을 마치 중죄재판소나 지방재판소 위에 존재하는 '최고재판소'처럼 과학 위에 놓으려고 했던 사람은, 결국 점차적으로 철학을 단지 서기국에 지나지 않는 것으로 만들어 버렸다. 그 서기국은 기껏해야, 이미 선고되어 취소 불가능해진 판결문을 보다 정확한 용어로 기록하는 정도의 일밖에 하지 않는다.

실증과학은 사실상 순수 지성의 작업이다. 지성에 관한 우리의 개념이 받아들여지든 거부되든 간에, 다음의 한 가지 점에 대해서는 모든 사람이 동의할 것이다. 그것은 지성이 천연물질(무기물질)을 대할 때 특히 자신감을 갖는다는 점이다. 지성은 기계적 발명을 통하여 그러한 물질로부터 점점 많은 이익을 추출해 내며, 또한 기계적 발명은 물질을 기계적으로 생각함에 따라서 지성에게 한층 쉽게 이용된다. 지성은 자기 안에 잠재적인 기하학 장치를 자연적인 논리의 형태로 지니고 있는데, 그 잠재적인 기하학 장치는 지성이 무생물의 내부로 깊이 파고 들어가는 수단과 균형에 비례해서 외부에 드러나게 된다. 지성은 무생물에 동조되어 있고, 따라서 천연물질에 관한 물리학과 형이상학은 서로 매우 가깝다. 그런데 생명에 관한 연구에 착수하면, 지성은 생물을 어쩔 수 없이 무생물처럼 다루고, 이 새로운 대상에 대해서 전과 똑같은 형식을 적용하며, 먼젓번 분야에서 좋은 성과를 보여준 습관을 그대로 새로운 분야에 옮겨온다. 지성으로서는 그럴 수밖에 없다. 왜냐하면 실제로 그러한 조건 위에서만 비로소 생물은 무생물질에서와 마찬가지인 실마리(미생물은 화학물질을 섭취하고, 식물은 그 배설물을 섭취하고, 동물은 그 자라난 식물을 섭취하는 연쇄고리에서 찾는 실마리)를 우리의 행동에 제공하기 때문이다. 그러나 우리가 이렇게 도달한 진리는 우리의 활동 능력에 좌우된다. 그 진리는 이미 상징적 진리에 지나지 않는다. 그러한 상징적 진리는 물리적 진리의 가치와 동일한 가치를 지닐 수 없다. 왜냐하면 상징적 진리는 단지 다음과 같은 하나의 대상에 대한 물리학의 연장이기 때문이다 (즉, 한 가지 물질 그대로의 유전이므로, 진보가 설명되지 않기 때문이다). 그것은 우리가 그 겉모습에 대해서만 선험적으로 동의할 수밖에 없는 대상이다. 그렇다면 철학의 의무는 적극적으로 그러한 일에 개입하여, 실질적 이익 관계를 떠나서 생물을 검토하는 일이라 하겠다. 이때 철학은 지성 고유의 형식이나 습관을 벗어나 있어야 한다. 철학 고유의 일은 사변하는 일, 즉 보는 일이다. 과학이 생물을 대하듯 철학이 생물을 대할 수는 없다. 과학이 목표로 하는 것은 다만 행동이며, 더욱이 과학은 무생물을 매개로 해서만 행동할 수 있으므로, 순전히 그러한 양상으로 모든 실재를 바라본다. 철학이 물리 현상을 실증과학에 전적으로 맡겨왔듯이, 생물 현상과 심리 현상까지를 오직 실증과학에만 맡긴다면 결과가 어떻게 될까? 철학은 선험적으로 자연 전체에 대한 기계론적인 개념을 받아들일 텐데, 그 개념은 물질적 필요에서 나온 개념으로서 반성적이지 못하고 무의식적이다. 여기서 철학은 인식에 관한 단순한 일원론적(l'unité simple) 학설과 자연에 관한 추상적인 일원론적(l'unité abstraite) 학설을 선험적으로 받아들일 것이다.

그렇다면 철학의 갈 길은 명백해진다. 철학자가 할 수 있는 일이라고는 형이상학적 독단과 형이상학적 회의 중 하나를 택하는 것뿐이다. 더욱이 그 둘은 근본적으로 같은 전제를 기반으로 하고 있으며, 실증과학에 대해서는 조그만 보탬도 주지 못하고 있다. 철학자는 자연의 일원성(통일성)이나 또는 그와 결국 같은 동일한 지식의 일원성을 실체화한다. 그것은 아무것도 아닌 존재 속에서나, 또는 주어진 모든 것을 자기 안에서 개괄할 뿐인 무능한 '신' 속에서 실체화할 수 있을지 모른다. 또 사물의 특성과 자연 법칙이 흘러나오는 영원한 '물질' 속에서 그러한 일원성을 실체화할 수 있을지 모른다. 아니면 철학자는, 포착할 수 없는 다양성을 포착하려고 하는 순수한 형상, 즉 원한다면 자연의 형상일 수도 있고 사고의 형상일 수도 있는 순수한 '형상' 속에서 그 일원성을 실체화할 수 있을지도 모른다. 이러한 모든 철학은, 표현은 다르지만 모두 다음과 같은 사실을 말해준다. 즉, 과학이 생물을 무생물처럼 취급하는 것은 당연한 일이며, 지성이 무생물에 머물러 있든 생명에 도전하든 간에, 지성의 카테고리를 적용하는 한 그것이 도달하는 결과들 사이에는 아무런 가치의 차이도 없고 어떠한 구별도 없다는 사실이다.

그러나 그러한 틀은 삐걱거리게 마련이다. 무생물은 우리가 끼워넣는 틀에 미리부터 맞게 되어 있고, 생물은 그 중요한 대부분을 제거한다는 약정에 의해서만 그 틀 속에 들어갈 수 있는데, 우리는 애초에 그러한 무생물과 생물의 구별을 짓지 않았으므로 그 틀 속에 들어가 있는 모든 것을 똑같은 의심을 품고 쳐다보게 된다. 전에는 형이상학의 독단론이 과학의 허구적인 일원성을 절대적이라고 승격시켜 놓았는데, 그러한 형이상학적 독단론을 이어받은 회의론과 상대론은 과학적 성과 중 일부의 인위적인 성격을 과학의 결과 전체로 확대시키고 일반화시킨다. 그리하여 이제 철학은, 절대적 실재를 알 수 없다고 보는 학설과, 절대적 실재에 대한 관념을 주지만 과학이 말한 것만을 언급하는 학설 사이에서 머뭇거린다. 우리가 과학과 철학의 모든 충돌을 미리 예방하려고 한 결과, 철학은 희생되었으나 이로써 과학이 조그만 것이라도 얻었느냐 하면 그렇지도 않다. 그리하여 지성을 초월하기 위해 지성을 이용한다는 외면적인 악순환을 피하려고 하다 보면, 우리는 실질적인 순환(실재 현상) 속에서 우리 자신이 순환하고 있음을 보게 된다. 그 실질적인 순환이란, 형이상학에 의하여 사람들이 선험적으로 제기한 일원성을 힘들여 다시 찾으려는 데 있다. 그 일원성이란 맹목적으로, 그리고 무의식적으로 받아들이는 성질인 바, 단지 그에 따라서 사람들은 모든 경험을 과학에 전적으로 맡기게 되고 실재 전체를 순수 지성에 맡기게 된다.

반대로 무생물과 생물 사이에 경계선을 긋는 일부터 시작해 보자. 무생물은 스스로 지성의 틀 속에 들어가고, 생물은 인위적 방법을 통해서만 그 지성의 틀에 맞추어짐을 알 수 있을 것이다. 따라서 우리는 생물에 대해서는 특수한 태도를 취해야만 하며, 그래서 실증과학과는 다른 눈으로 조사해볼 필요가 있다는 사실을 알게 된다. 이렇게 해서 철학은 경험의 영역에 침입한다. 그때까지는 철학과는 관계가 없었던 여러 가지 사물에 철학이 관계하게 된다. 과학과 인식론, 형이상학이 동일 분야에 한데 모이게 된다. 그 결과

처음에는 이 세 가지 학문들 사이에서 어떤 혼란이 일어날 터이며, 그 삼자 모두 무엇인가 손해를 보았다고 생각할 테지만, 결국은 서로 한데 모인 그곳에서 이익을 얻게 될 것이다.

사실상 경험의 모든 영역에서, 과학적 인식은 온갖 주장에 대하여 일관적 가치를 부여해 왔다는 점에서 자랑할 만하다. 하지만 어떤 주장이든 같은 수준의 가치를 지니게 되었기 때문에, 모두가 동일한 상대성으로 물들게 되었다. 우리라면 반드시 행하였을 구별을 그들이 처음부터 하였더라면 문제는 전혀 달라졌을 것이다. 오성(지성적 능력)은 무기물질의 영역에 대하여 자신을 갖는다. 인간 활동은 본질적으로 그러한 천연물질에 대하여 행하여지며, 활동이란 이미 말한 바와 같이 비실재적인 것 속에서는 움직이는 법이 없다. 그리하여 물리학에서 우리가 일반 형식만을 고찰하고 그 세부적인 실현을 논외로 한다면, 물리학은 절대에 관계된다고 말할 수 있다. 그와 반대로 과학이 물질에게 행사하는 지배력을 생물에게도 발휘하는 일은, 우연 아니면 운이나 약속에 의한다고 하겠다. 그 경우 지성의 틀을 적용하는 것은 자연스럽지 않다. 그와 같은 적용이 과학적인 의미로 비합법적이라고 말하려는 것은 아니다. 과학이 우리의 활동을 사물로 확대하려 하고, 우리가 무생물만을 도구로 하여 활동해야 한다면, 과학은 무생물을 다루었던 것처럼 생물을 계속 다룰 수 있고, 또한 그렇게 해야 한다. 그러나 과학이 생명의 깊은 곳까지 파고 들어가면 갈수록, 과학이 제공하는 지식은 점점 상징적이 되며, 활동의 우연성에 점점 의존하게 된다. 이렇게 보면, 철학은 이러한 새로운 터전에서 과학의 뒤를 쫓아가 과학적 진리 위에 그와는 별종의 형이상학적이라고도 부를 수 있는 인식을 겹쳐 쌓아야 할 것이다. 그래야만 비로소 과학적 인식이든 형이상학적 인식이든 우리의 인식은 모두 되살아난다. 우리는 절대 속에서 존재하고 오가며 살고 있다. 우리가 절대에 대하여 갖는 인식이란 불완전하기는 하지만, 외적인 인식도 아니며 상대적인 인식도 아니다. 과학과 철학을 서로 결합시켜 점점 발전케 함으로써, 우리는 존재 그 자체의 깊은 의미 속에 도달하게 된다.

그리하여 오성이 외부로부터 자연에 부과하였던 인위적 일원성을 포기함으로써, 비로소 우리는 내적이고 생동하며 참다운 일원성을 발견할 것이다. 왜냐하면 순수 오성을 초월하려는 노력이 우리를 무언가 보다 광활한 영역으로 인도하기 때문인데, 거기에서 우리의 오성은 윤곽을 두드러지게 드러내 보이고 분리되어 나왔다. 그리고 지성은 물질을 규제하는데, 이 둘 사이에는 분명한 일치가 있기 때문에 지성의 기원을 위해서는 어차피 물질의 기원을 더듬을 수밖에 없다. 하나의 동일한 과정이, 물질과 지성을 모두 포함한 옷감으로부터 그 두 가지를 동시에 재단했음에 틀림없다. 순수 지성을 초월하려는 노력이 진행됨에 따라 우리는 그러한 실재 속으로 점점 완전히 복귀하게 될 것이다.

그러면 우리가 소유한 요소들 가운데 외부로부터 되도록 떨어져 있고, 동시에 보다 지성의 작용이 덜 미치는 어떤 요소에 우리의 노력을 집중시켜 보자. 자신의 경험 가장 깊은 곳으로 내려가, 우리 고유의 생명에 가장 내적인 지점을 찾아보자. 그러면 우리는 순수 지속 속에 잠기게 되고, 그 지속 속에서는 과거가 끊임없이 움직이면서 전혀 새로운 현재에 의하여 끊임없이 불어가고 있다. 그와 동시에 우리는 우리 의지의 용수철이 팽팽하게 늘어날 대로 늘어나 있음도 느낀다. 자신의 인격을 그 인격 자체에 격렬하게 응축시킴으로써, 우리는 빠져나가려는 과거를 모아담고, 떨어져나가려는 과거를 밀집시키며, 과거가 들어옴으로써 창조될 현재 속으로 그 응축되고 밀집된 합성물(구성요소들의 합성)을 밀어넣어야만 한다. 현재는 이런 식으로 창조되는 것이다. 우리가 이 점에 있어 자기 자신을 포착하는 순간은 매우 드물다. 그러한 순간에 진실로 우리의 활동은 자유로울 수 있다. 그러나 그와 같은 순간에도 우리는 자기 자신을 결코 전적으로 장악하고 있지 않다. 지속에 대한 우리의 느낌에는, 다시 말하면, 우리 자신과 우리의 느낌과의 일치에는 여러 등급이 있다. 그러나 느낌이 깊어지면 깊어질수록, 그리고 그 느낌과 우리 자신과의 일치가 완전해질수록, 우리가 복귀하는 생명은 지성을 초월하면서 그것을 흡수한다. 왜냐하면 지성의 본질적인 기능은 동일물을 동일물끼리 연결시키는 데 있으며, 그러한 지성의 틀에 완전하게 들어맞는 것은 반복되는 사실뿐이기 때문이다. 그런데 우리의 지성은 순간이 지나온 본질적인 지속의 실질적 순간들을 이해할 수 있는데, 우리는 외부에서 본 일련의 모습을 가지고 새로운 상태를 재구성함으로써 그렇게 할 수 있다. 그리고 그 외부에서 본 일련의 모습은 하나하나가 기지(旣知)의 무언가와 가능한 한 흡사한 모습이다. 그런 의미에서 그 상태는 지성을 '잠재적으로' 포함한다고 말할 수 있다. 그러나 그 새로운 상태는 불가분하고 새롭기 때문에 지성을 벗어난 것이며, 또 지성과 비교할 수 없다.

그러면 이제 긴장을 풀고, 과거의 가능한 한 많은 부분을 현재 속으로 밀어넣는 노력을 중단해 보자. 만약 긴장이 완전히 풀리면, 기억도 의지도 없어져버릴지 모른다. 그 말은 우리가 절대적으로 자유로울 수 없듯이, 그러한 절대적인 수동적 태도에 빠져버리는 일도 결코 없다는 뜻이다. 그렇지만 극한에서 우리는 끊임없이 새로 시작되는 현재라는 것으로 이루어지는 존재를 잠시 엿보게 된다. 거기에는 무한히 사라졌다 다시 소생하는 순간적인 것 외에 실질적인 지속은 흔적도 없다. 바로 그것이 물질의 존재인가? 반드시 그렇지는 않다. 물질을 분석해 보면 기본적인 여러 진동으로 분해되는데, 그 진동들 중 진동의 진폭이 가장 좁은 것이라 해도 그 지속이 거의 사라졌을 뿐이지 아주 없다고는 할 수 없기 때문이다. 하여튼 물리적 존재는 이완의 방향으로, 심리적인 존재는 집중의 방향으로 기울어지고 있다고 가정할 수 있다.

그러므로 한편으로는 '정신성'의 밑바탕에는, 또 한편으로는 지성을 포함한 '물질성'의 밑바탕에는 방향이 상반되는 두 가지 과정이 있다. 그리고 우리는 반전(방향전환)에 의해서, 또는 단순한 방해에 의해서 한쪽에서 다른 쪽으로 옮겨가게 된다. 단, 여기서 반전과 방해는 두 개의 단어임에 틀림없지만 같은 뜻을 지닌다고 간주한다. 이유는 뒤에서 자세히 설명할 것이다. 이 가정이 올바르다는 사실은, 우리가 지속의 관점에서뿐만 아니라 확장의 관점에서 사물을 고찰할 때 확인된다.

순수 지속 속에서 우리 자신의 진전을 의식함에 따라, 점점 우리는 존재의 여러 가지 부분들이 서로 상대방 속에 들어가고, 우리의 인격 전체가 하나로 되어 한 지점이라기보다는 오히려 하나의 예리한 날 끝에 집중됨을 느낀다. 그리고 우리의 인격은 미래를 잠식하면서 끊임없이 그 안으로 들어간다. 자유로운 생명, 자유로운 활동이란 바로 그렇게 우리의 인격이 어떤 예리한 날 끝에 집중되어 있는 현상이다. 이번에는 반대로 우리를 그대로 내버려두자. 그리고 활동하는 대신에 꿈꾸어 보자. 그 즉시 우리의 자아는 흩어져버리고 만다. 우리의 과거는, 그때까지는 그 과거가 우리에게 전달해 주는 불가분한 행동 속에 압축되어 있지만 지금은 수천 가지 추억으로 분산되어 그 추억들은 서로 외향적인 것으로 된다. 그 추억들은 응고됨에 따라 서로 상대 속에 잠입하기를 포기한다. 그렇게 해서 우리의 인격은 다시 공간의 방향으로 내려온다. 게다가 인격은 감각 속에서 끊임없이 공간을 따라 걸어간다. 이 점에 대해서는 다른 곳에서 깊이 고찰했으므로 여기서는 더 이상 언급하지 않겠다. 다만 확대에는 몇 가지 등급이 있는데, 감각은 어느 정도까지 확대될 수 있다. 한편 인위적으로 공간에 위치하고 있는, 확대되지 않는 감각에 대한 관념은, 정신이 갖는 하나의 견해에 지나지 않는다. 그리고 이것은 심리적 고찰보다는 오히려 무의식적 형이상학에 의한 암시라는 점만을 상기하도록 하자.

물론 우리가 스스로를 갈 수 있는 데까지 가게 한다 하더라도, 우리는 연장의 방향으로 몇 발자국을 디디는 데 지나지 않는다. 그러나 잠시 머물러서, 물질이란 여기서 보다 앞으로 진전된 동일 운동으로 이루어지며, 물리학은 단순히 심리학이 전도된 이론이라고 가정해 보자. 그렇다면 공간에 대한 보다 선명한 표상을 물질이 정신에게 암시하는 즉시, 정신은 자신감을 가지고 움직이게(추론하게) 되고, 공간 안에서 자연스럽게 왕래함을 이해하게 될 것이다. 정신은 자기 긴장의 우연적인 해이, 즉 자신의 가능한 확장(생각의 확장)에서 갖게 된 느낌 속에 공간적으로 함축적인 표상을 지니고 있었다. 정신은 공간을 사물 속에서 발견하지만, 만일 상상력이 풍부하여 정신의 자연적 운동을 역방향으로 극한에까지 밀고 거슬러 올라갈 수 있다면, 사물 없이도 공간을 얻을 수 있었을 것이다. 또 한편, 이러한 방법으로 우리가 정신적 안목으로 바라볼 때, 물질이 물질성을 더욱 강조한다는 사실을 이해할 수 있다. 처음에 물질은 정신으로 하여금 물질의 경사를 거슬러 오르도록 도와서 정신에게 충동을 주었다. 그런데 정신은 한번 출발한 뒤에는 자기의 길을 계속간다. 정신이 만들어내는 순수 공간이라는 표상은, 그러한 운동이 도달하고야 말 종국을 도식으로 표시한 데에 지나지 않는다. 공간 형식을 획득한 뒤에 정신은 그 형식을 그물로 사용한다. 그 그물은 마음대로 맺거나 풀거나 할 수 있고, 그 그물에 걸린 물질은 우리의 활동이 요구하는 대로 분할된다. 그리하여 우리의 기하학 공간과 사물의 공간성은, 본질이 동일한 두 개의 사항이 반대 방향으로 진행하면서 서로 작용하고, 또 반작용해서 생겨난다. 공간은 상상만큼 우리(생물)의 본성에 무관하지는 않으며(즉, 공간 속에 존재하는 우리의 외면적 모습은 어느 정도 우리의 본성을 나타내주며), 물질은 우리의 지성이나 감각이 표상하는 만큼 완전히 공간 속에(시각적으로) 확대되어 있지는 않다.

이 첫 번째 점(생명)에 대해서는 별도로 논한 바 있다. 두 번째 점(물질)에 관하여서는 완전한 공간성이라는 것이 부분끼리 완전히 서로 소외할 때, 즉 완전히 서로 독립해 있는 경우에 성립된다는 사실만을 상기시키는 것으로 그치겠다. 그런데 다른 어떤 질점(point matériel)에도 작용하지 않는 질점이란 없다. 사물은 그 사물이 작용할 때만 실제로 존재하고 있다는 사실에 주목한다면, 우리는 결국(패러데이가 말한대로) 원자는 모두 서로 침투되어 있고, 그 하나하나의 원자가 세계를 채우고 있다고 말할 수밖에 없다.[*2] 이런 종류의 가설에서 원자, 또는 보다 일반적으로 질점은 정신의 단순한 외관이 된다. 그것은 우리가 물질을 아주 작은 물체로 세분하는(즉, 우리가 활동하는 능력과 관계 있는) 작업을 상당히 멀리까지 계속 했을 때 도달하는 외관이다. 그럼에도 불구하고 물질이 그러한 세분화 작업을 받아들이며, 또한 물질을 서로 외적인 것으로 세분할 수 있다고 가정함으로써 우리가 실재를 충분히 표상하는 과학을 구축할 수 있다는 점에는 전혀 반박할 여지가 없다. 완전히 고립된 체계가 없다고 하여도, 과학은 우주를 상대적으로 서로 독립적인 여러 체계로 분할하는 방법을 발견할 수 있을 것이며, 그럼으로써 괄목할 만한 과오를 범하지 않으리라는 점 또한 부정할 수 없는 사실이다. 그것은 결국 다음과 같은 말이 아니고 무엇이겠는가? 즉, 물질이란 물질 속에 연장되어 있기는 하지만 절대적으로 연장되어 있지는 않다. 우리는 물질을 고립된 체계로 분해할 수 있다고 간주함으로써, 그리고 자신은 변화하지 않으면서 서로의 관계에서만 변화하는(요소는 변화하지 않고 '이전한다'고 말해 두자) 명백히 구분되는 요소들을 물질에 할당함으로써, 그러니까 요컨대 물질에 순수 공간의 특성을 부여함으로써, 물질이 단순히 그리는 운동 방향의 끝으로 옮겨간다는 말이다.

칸트의 《선험적 감성론》이 결정적으로 확립해 놓은 점은, 확장이란 다른 속성과 같은 물질적 속성이 아니라는 사실이다. 열이나 빛깔 또는 무게의 개념에 대하여 무한정하게 추론할 수는 없다. 무게나 열 등의 양상을 알기 위하여서는 경험과 접촉해야 한다. 공간의 개념은 이와 다르다. 공간의 개념이 시각과 촉각을 통해 경험적으로 우리에게 제공되었다고 하자[칸트는 이에 대해 결코 이론(異論)을 제기하지 않았다]. 여기서 공간 개념의 특이한 점은, 정신은 자신의 힘만으로 공간의 개념을 사변하면서, 선험적으로 여러 형상을 나누고 그 특성을 결정한다는 점이다. 정신이 경험과 접촉하지 않았을지라도, 경험은 그 정신의 무한히 복잡한 추리를 따라서 정신을 추종하고, 언제나 정신의 추리가 옳다고 인정한다. 그것이 사실이다. 칸트는 그 점을 분명하게 드러냈다. 그렇지만 우리는 이 사실을 설명하는 방법을, 칸트가 밟았던 길과는 전혀 다른 방향에서 찾아야 한다고 생각한다.

칸트가 우리에게 설명한 바에 따르면 지성은 공간성의 대기에 젖어, 마치 생물체가 그 호흡하는 공기와 불가분의 관계를 맺듯이 공간성과 떨어질 수 없는 연관을 맺고 있다. 우리의 지각은 그러한 대기를 통과한 다음에야 우리가 있는 곳까지 도달한다. 지각은 그 공간성(물질이 공간 속에 시각적으로 존재하는 속성)을 통과하면서 일찍부터 우리의 기하학에 젖어들었다. 따라서 우리의 사고 기능이 행하는 일이란, 지각 능력이 물질 속에 미리 묻어 둔 수학적 특성을 새로이 발견하는 일에 지나지 않는다. 이리하여 우리는, 물질이 우리의 추리에 순순히 복종한다는 약속을 받아 놓은 셈이 된다. 그러나 그러한 물질이 지닌 그 알 만한 사실이라는 것들은 우리가 만들어낸 작품이다. 실재(현실성) '그 자체'에 대해서 우리는 지금도, 앞으로도 아무것도 알지 못한다. 왜냐하면 실재는, 우리 지각 능력의 형식을 통과하면서 굴절된 실재로밖에 파악될 수 없기 때문이다. 실재 그 자체에 대해서 무엇인가를 주장하려고 하면, 즉시 그와 반대되는 주장이 생겨나고, 이 반대 주장도 동일하게 증명 가능한 동시에 설득력을 갖는다. 인식의 분석을 통해 직접적으로 증명된 공간의 관념은, 그와 반대되는 명제가 유도해 가는 이율배반에 의해서도 간접적으로 증명된다. 이상과 같은 생각에서 칸트의 비판은 유도되고 있다. 이러한 생각이 칸트로 하여금 이른바 '경험주의적' 인식론을 가차 없이 반박하도록 하였다. 우리 생각에, 부정하는 면에서의 그 견해는 결정적인 것으로 보인다. 그러나 긍정하는 면에서의 그 생각이 과연 우리 문제의 해결책이 될 것인가?

칸트의 비판적 견해는, 공간(공간 속에 실재하는 물질)을 우리 지각 능력으로 파악되는 바대로의 완성된 형식으로 간주하고 있다. '기계로부터 나온 신'이란 바로 이것으로서, 우리로서는 그것이 어떻게 나타났으며, 어째서 바로 그것이고 다른 것이 아닌지도 모른다. 칸트의 비판에서는 '물자체(物自體)'를 인정하면서도 이에 대해서 우리는 아무것도 알 수 없다고 주장한다. 그렇다면 가령 '개연적인' 것이라 할지언정, 무슨 권리로 물자체의 존재를 주장할 수 있단 말인가? 만일 알 수 없는 실재(예를 들어, 어떤 물체)가 우리의 지각 능력에 감각적 다양성을 투영하고, 그 다양성은 우리의 지각 기능에 꼭 들어맞게 되어 있다면, 그것만으로 이미 실재는 부분적으로 알려진 것이 아닐까? 그리고 그 들어맞는 관계를 깊이 연구한다면, 결국은 적어도 한 가지 점에 있어서 우리의 정신과 사물 사이에 예정조화를 가정할 수밖에 없지 않을까? 이것은 게으른 가정으로서, 칸트가 이런 예정된 조화의 도움을 받지 않으려 했던 것은 옳은 태도였다. 사실 칸트가 이미 이루어진 기존의 공간을 설정한 까닭은, 공간성의 정도를 구별하지 않았기 때문이다. '감각의 다양성'이 어떻게 공간에 적응하는가 알아야 하는 문제는 그로부터 나온다. 물질이 각 부분들 간에 절대적으로 상호 외재적인 부분으로서 완전히 발전되었다고 칸트가 믿었던 것은 그러한 이유에서이다. 여기에서 이율배반이 나오는데, 우리는 그 명제와 반대명제 모두가 물질(실재물질)과 기하공간(수학공식적 공간성)의 완전한 합치를 전제하고 있는지 여부를 어렵지 않게 알 수 있다. 그러나 순수공간에서 사실인 것을 물질로까지 확대하기를 중지하면, 그 이율배반은 바로 사라져 버린다. 이런 사실에서 내릴 수 있는 결론은, 인식론에 있어서 우리는 선택을 할 수 있으며 그 선택 폭은 통틀어 세 가지 밖에는 없다는 점이다. 정신이 사물을 따르든가, 사물이 정신을 따르든가, 아니면 사물과 정신 사이에 신비스런 일치가 존재하든가. 우리는 세 가지 가정 중에서 한 가지를 선택할 일이다.

그러나 사실은 네 번째 선택의 여지가 있는데, 칸트도 거기까지는 생각이 미치지 못했던 듯하다. 왜냐하면 칸트는 우선 정신이 지성의 한계를 넘어선다고 생각하지 않았고, (결국은 마찬가지 이야기이지만) 시간을 선험적으로 공간과 같은 열에 놓음으로써 지속에 절대적 존재성을 부여하지 않기 때문이다. 그 네 번째 해결책이란, 우선 지성이 정신의 특수한 한 가지 기능으로서, 본질적으로 무생물을 향해 있다고 간주하는 데 있다. 다음으로 이 해결책에 따르면, 물질이 지성의 형식을 결정하는 것도 아니고, 지성이 자신의 형식을 물질에 강제적으로 부과하는 것도 아니고, 그렇다고 물질과 지성이 예정조화와 같은 것에 의해서 서로 조절된 것도 아니고, 사실 지성과 물질은 서로 점진적으로 적응함으로써 마침내 하나의 공통형식에 도달한 것이다. 게다가 그러한 적응은 매우 자연스럽게 이루어졌을 것이다. 왜냐하면 정신의 지적 성격과 사물의 물질적 성격을 만드는 요인은, 동일한 운동의 동일한 반전이기 때문이다.

이러한 관점에서 보면 한편으로는 우리의 지각이, 다른 한편으로는 과학이 각각 주는 물질에 대한 지식은 아마도 거의 같은 것처럼 보이며, 상대적인 것은 아니다. 우리의 활동을 조명하는 역할을 맡은 우리의 지각에 의해 물질의 분할이 이루어질 때, 그 분할은 항상 지나치게 뚜렷하고 실제적인 요구에 좌우되며, 결과적으로 언제나 수정을 요구한다. 수학 형식을 취하기를 갈망하는 우리의 과학은 물질의 공간성을 지나치게 강조한다. 따라서 과학의 도식은 일반적으로 지나치게 정밀하며, 항상 개작을 요하게 된다. 과학적인 학설이 결정적인 설이 되려면, 정신이 사물의 전체를 한꺼번에 포용하여 사물 상호간의 위치를 정확하게 정할 수 있어야 한다. 그런데 실제에 있어서 우리는 문제를 하나하나 말로써 제기해야만 하는 입장에 있으므로, 그때의 용어도 일시적인 용어가 되고 만다. 그리하여 각 문제의 해답도 그 다음 문제에 대한 해답에 의하여 한없이 정정되고, 또 일반적으로 과학은 문제들이 차례로 제기되는 우발적인 순서에 의하여 좌우되는 것이다. 이런 의미에서, 그리고 이런 한도에서 과학은 약정에 따른 성격이라고 보아야 한다. 그러나 그러한 약정적인 성격이란 말하자면 사실(실재사실)에 따르는 성격이서 권리상으로 그렇게 되는 것은 아니다. 원칙적으로 실증과학은 자기 고유의 영역인 무생물로부터 벗어나지 않는 한, 실재 그 자체를 다루는 학문이다.

이렇게 생각한다면 과학적인 인식의 위치가 높아진다. 그 대신 인식론은 무한히 어려운 시도가 되며 순수 지성의 힘을 초월하게 된다. 실제로 신중하게 분석을 진행시켜 사고의 범주(範疇)를 정하는 일만으로는 이미 충분치가 않으며, 문제는 사고의 범주를 만들어내는 데 있다. 공간에 관하여 말한다면, 공간 밖의 무언가가 공간성으로 하락할 때의 진보 또는 퇴행을 정신 특유의 노력으로 추적해야만 한다. 먼저 우리의 의식에서 되도록 높은 데 자리 잡되, 그곳으로부터 조금씩 떨어져 내려올 수 있는 곳에 자리하자. 그러면 우리는 자신의 자아가 긴장하여 불가분하고 행동적인 의지로 되려고 하는 대신, 생기 없고 상호 외재적인 여러 가지 추억 속에서 확장되어가는 느낌을 받을 것이다. 그러나 그것은 단지 시작에 지나지 않다. 우리의 의식은 그러한 움직임을 그리면서 그 방향을 우리에게 가르쳐주며, 움직임이 끝까지 계속될 가능성이 있음을 우리에게 비친다. 의식은 그렇게 멀리까지는 가지 못한다. 그와는 반대로 처음에는 공간과 일치를 이루는 듯이 보이던 물질을 관찰해 보면, 우리의 주의력이 그 물질에 집중됨에 따라 조금 전까지 병렬로 늘어서 있다고 말했던 부분들이 이제 서로서로에게 속하는 현상을 발견하게 된다. 결과적으로 말하자면, 이제 각각의 부분들은 어떤 방식으로 현재하는 전체의 작용을 받는다. 그런 까닭에 어떠한 물질이 공간의 방향으로 자신을 전개하여도, 그 물질은 완전히 그곳에 도달하지는 못한다. 물질은 의식이 우리 안에서 발생 상태를 소묘할 수 있었던 움직임을 더 멀리까지 계속해 나갈 뿐이라고 결론 내릴 수 있을 것이다. 비록 우리가 사슬의 고리 하나하나를 잡을 수는 없더라도, 그 사슬의 양 끝은 붙잡고 있다. 그런데 그 고리들은 언제나 장악할 수 없는 것일까? 우리가 정의하는 철학은 아직도 완전히 자신을 의식하지 않는다는 사실을 생각해볼 필요가 있다. 물리학은 물질을 공간성의 방향으로 추진시킬 때 자기의 역할을 깨닫는다. 그런데 형이상학은 물리학을 무조건 모방하면서 그와 같은 방향으로 더 멀리까지 가보려고 공상할 때 자신의 역할을 깨닫고 있었는가? 형이상학의 본디 임무는 오히려 그 반대로 물리학이 밟아내려온 길을 거슬러 올라가고 물질을 근원으로 되돌려 놓아, 이를테면 심리학을 뒤집어놓은 듯한 하나의 우주론을 점차적으로 구성해 가는 데 있지 않을까? 대체로 물리학자나 기하학자에게는 실증적으로 보이는 현상이, 이 새로운 관점에서 보면 참다운 실증성이 중단된 현상 내지는 역전된 현상이 될 테고, 그래서 참다운 실증성은 심리학적 용어로 정의되어야 할 것이다.

물론 수학에는 놀랄 만한 질서가 있고, 그 수학이 다루는 여러 대상은 완전한 조화를 보여준다. 또한 수나 도형에는 논리가 내재하고, 하나의 주제에 대하여 아무리 다양하고 복잡한 추리를 하여도 결국은 같은 결론에 도달한다는 확실성 등이 있다. 이러한 사실을 고려한다면, 우리는 외면적으로 그렇게 실증적인 여러 특성을 부정적인 체계로 본다든지, 거기에 참다운 사상이 현재하지 않고 오히려 결여되어 있다고 본다든지, 하는 행위를 주저하게 될 것이다. 하지만 잊어서는 안 되는 점이 있다. 그러한 질서를 확인하고 감탄하는 우리의 지성은 그 대상의 물질성이나 공간성으로 귀착케 하는 것과 동일한 운동 방향을 향하여 있다. 지성이 대상을 분석하면서 그에 복잡성을 부여함에 따라, 지성이 거기에서 발견해 내는 질서도 점점 복잡해진다. 그리고 이 질서와 복잡성은 지성과 그 방향이 동일하므로 결국 지성에게는 필연적으로 실증적인 실재처럼 보이게 된다.

어느 시인이 내게 자작시를 읊어줄 때, 나는 그에 대한 흥미를 느끼고 그의 사고 속에 들어가 그의 감정에 젖어, 시인이 언어나 구절의 형태로 흩뜨려 놓은 단일한 심적 상태를 되살려 느껴볼 수 있다. 그때 나는 시인의 감흥에 공감하며, 감흥과 마찬가지로 불가분한 행위인 계속적인 움직임으로써 그 시인의 영감에 따른다. 이제 주의를 늦추고 긴장을 풀어보자. 그렇게만 하면 이제까지 의미 속에 잠겨 있던 소리들이 물질성을 띠고 명확하게 하나씩 나타나게 된다. 거기에는 아무것도 덧붙일 필요가 없다. 무엇인가를 삭제하는 일만으로 족하다. 내가 긴장을 풀고 자신을 가만히 내버려둠에 따라 계속적인 소리들은 차츰 보다 개별화된다. 문장은 어휘로 분해되고, 그와 마찬가지로 어휘는 음절로 분화되며, 음절은 차례로 지각될 것이다. 좀더 몽상 쪽으로 가까이 가보기로 하자. 이번에는 문자들이 한 글자 한 글자 뚜렷이 구별되고, 상상의 종이 위에서 서로 얽혀 펼쳐지는 모습을 볼 수 있다. 우리는 그 문자의 정확한 교착 행렬의 멋진 질서, 즉 글자가 어절에, 어절이 단어에, 단어가 구에 꼭 들어맞는 정밀함을 대하고 감탄할 것이다. 이완이라는 소극적이고 희미한 방향으로 나가면 나갈수록 나는 점점 확장과 복잡함을 만들어낼 것이다. 그리고 그 복잡성이 증대하면 할수록 이번에는, 요소들 사이에 흔들리지 않고 계속적으로 군림할 질서가 나에게 보다 훌륭하게 보일 것이다. 그럼에도 불구하고 그러한 복잡성과 확장은 실증적인 것은 아무것도 보여주지 않는다. 그 두 가지는 의욕의 결핍을 표현하고 있다. 한편 '질서'는 반드시 복잡성과 함께 증가해야만 한다. 질서는 복잡성의 한 모습에 지나지 않기 때문이다. 우리가 불가분한 전체 속에 있는 여러 부분들을 상징적으로 지각하면 할수록, 부분들 간에 맺어진 관계의 수도 반드시 증가한다. 그 까닭은, 실재 전체가 갖는 불가분성은 산만해지는 주의에 의해 차츰 다수의 상징 요소들로 분해되면서도, 언제나 똑같은 상태로 계속하여 그들 요소 위에 군림하기 때문이다. 이상과 같은 비교에서 우리가 어느 정도 그 모습을 알 수 있듯이, 실증적인 실재의 동일한 억압이나 어떤 종류의 근원적 운동의 동일한 반전은 한편으로는 공간 내의 확장을 창조하고, 다른 한편으로는 우리의 수학이 거기에서 발견해 내는 훌륭한 질서를 한꺼번에 창조해낼 수 있다. 물론 두 경우의 사이에는 이런 차이, 즉 단어나 문자는 인류의 적극적인 노력 끝에 발명된 것인데 반해, 공간은 마치 뺄셈에서 두 항(項)이 정해지면 차(差)가 생기는 것과 같이 자동적으로 생긴다는 차이가 존재한다.*3 그러나 어느 경우에도 부분들 간의 무한한 복잡화와 부분들의 완전한 조정은, 일종의 중단이라고 할 수 있는 실증적 실재(현실성)의 감소, 즉 반전에 의해서 동시에 만들어진다.

우리의 모든 지적인 조작은, 기하학이 그 조작의 완전한 완결이 이루어지는 종점인 듯이 기하학을 좇고 있다. 그러나 지성의 조작은 절대로 공간을 재구성하는 데까지는 이르지 못하고 공간을 주어진 대로 받아들이는 이외에 다른 도리가 없기 때문에, 기하학은 지성의 조작보다 선행한다. 따라서 우리의 공간표상에 잠재적이고 내재적인 기하학은, 지성의 큰 원동력이요 그것을 전진시키는 힘임은 분명하다. 우리가 지성의 본질적인 두 기능, 즉 연역능력과 귀납능력을 고찰하면 그 점을 쉽사리 납득할 수 있을 것이다.

연역으로부터 시작해 보자. 공간 내에서 내가 도형을 그리는 움직임이 그대로 도형의 여러 특성을 낳는다. 그 특성들은 그 움직임 자체 안에서 시각과 촉각으로써 파악된다. 나는 공간 속에서 정의(定義)와 귀결의 관계, 전제와 결론의 관계를 느끼고 체험한다. 경험에 대한 생각이 암시해 주는 그밖의 다른 개념들은, 모두가 원칙적으로는 부분적으로밖에 재구성할 수 없다. 그러한 개념들의 정의는 불완전하며, 그 개념들이 관여되는 연역은 전제로부터 결론이 나오도록 아무리 엄밀하게 진행된다 하더라도 그러한 불완전성을 띠게 된다. 그런데 지금 내가 모래 위에 삼각형의 밑변을 아무렇게나 그리고, 그 다음 두 개의 밑각을 만들기 시작했다고 하자. 이때 만일 두 각이 같다면, 도형을 뒤집어 놓아도 아무런 변화가 없고 두 변도 같다는 사실을 나는 확실히 알고 완벽하게 이해한다. 그 정도는 기하학을 배우기 전부터 알고 있었다. 이처럼 기하학의 과학성 이전에 자연기하학이 있고, 자연기하학의 명철함은 여러 다른 연역의 명철한 정도를 뛰어넘는다. 이 다른 연역들은 성질에 관한 것이지 양(量, 또는 부피)에 관한 것은 아니다. 따라서 후자(기하학 이외의 방법)의 연역은 성질을 바탕으로 해서 생긴 것이 틀림없고, 성질의 배후에 존재하면서 막연히 드러나는 양에게서 그 힘을 얻는다. 주의할 점은, 위치 및 양의 문제는 우리의 활동에서 가장 먼저 제기되는 문제들이며, 또한 반성적인 지성이 나타나기 전에 행동으로 외향화된 지성이 해결하는 문제들이라는 점이다. 사실 미개인은 문명인보다도 거리를 가늠하고 방향을 추정하는 일에 능하여, 자기가 지나온 길의 복잡한 약도를 기억으로 더듬어서 직선 코스로 출발점에 돌아오는 일을 훨씬 잘한다.*⁴ 동물이 명백하게 연역하는 행위를 하지 않고 명백히 개념을 만들지도 않는 것은, 동물이 동질적인 공간(공간성)을 표상하지 않기 때문이다. 잠재적인 기하학을 도입하지 않고는 그 동질적인 공간을 설정할 수 없게 되는데, 이렇게 되면 그 기하학은 스스로 논리학으로 격하된다. 철학자들이 그러한 관점에서 사물을 고찰하려고 하지 않는 이유는 그들이 보기에 '지성의 논리적' 작업이란 정신의 적극적인 노력의 표상이라는 데서 연유한다. 그렇지만 만약 정신성을, 항상 새로운 창조를 향하여 앞으로 나아가는 속성이고, 전제의 척도로는 추정될 수도 전제와의 관계에 의해 결정될 수도 없는 결론을 향해 나아가는 속성이라 해석한다면, 우리는 필연적인 결정 관계 사이에서 사전에 결론을 지니고 있는 전제를 통하여 움직이는 표상 작용에 관해, 그 표상 작용은 전제가 가리키는 방향과는 달리 물질성의 방향에 따른다고 말해야 할 것이다. 지성의 관점에서 보면 노력처럼 보이는 것이 그 자체로서는 하나의 '버리기'이다. 또한 지성의 입장에서 보면 공간으로부터 기하학을, 그리고 바로 그 기하학으로부터 논리를 자동적으로 생기게 하는 것은 부당전제이겠으나, 반대로 만약 공간(정신으로부터, 공간 속의 존재로서 추렴해내는 일)이 정신의 이완 운동의 마지막 종단이라면, 우리는 논리나 기하학이 제기되지 않고는 공간을 인정할 수 없다. 논리와 기하학은 순수한 공간적 직관이 종단에 놓여 있는 궤도상에 있다고 하겠다.

사람들은 별로 주의하지 않지만, 심리학이나 정신과학에서 연역이 미치는 힘은 무엇보다 약하다. 사실에 의하여 확인된 명제로부터 검증 가능한 결론을 도출하는 일은 어느 정도, 어느 지점까지만 가능하다. 연역된 결론을 생의 우여곡에 맞춰 구부리기 위해서 우리는 곧 상식, 즉 실재에 대한 부단한 경험에 호소하여야 한다. 정신적인 면에서의 연역은, 말하자면 비유적인 형태로밖에는 좋은 성과를 거둘 수 없는 바, 정신이 물리(사물적 형태)로 옮겨질 수 있는 정도 내에서, 즉 공간적 기호로 표시되는 정도 내에서만 좋은 성과를 보여준다. 곡선이 언제까지고 접선과 융합되지는 못하듯이, 비유도 별로 멀리까지는 가지 못한다. 연역의 약점 속에 이처럼 이상하고도 역설적이라고까지 할 수 있는 면이 있음을 보고 어찌 놀라지 않을 수 있는가? 여기서 정신력만으로 수행되는 순수한 정신 작업이 있다고 해 보자. 이 연역이 가령 어떤 문제에 있어서 자신감을 가지고 유유하게 진전할 수 있다면, 그것은 연역이 정신적인 것 가운데에 서 있을 때이고, 정신적인 영역 안에 있을 때인 것처럼 생각된다. 그러나 결코 그렇지 않다. 여기서 연역은 곧 막다른 길에 부딪친다. 그와는 반대로 기하학이나 천문학, 물리학 등에서 우리 자신의 외적인 것을 상대로 할 때 연역은 대단히 강력해진다. 물론 거기에서도 관찰과 실험이 있어야 원리에 도달할 수 있다. 즉, 우리가 어떤 면으로 사물에 접근할까, 하는 것을 발견하려면 관찰과 실험이 필요할 것이다. 그러나 경우에 따라서 운이 좋으면 그 적합한 접근 방향을 즉시 발견할 수도 있다. 게다가 한번 원리를 파악해버리고 나면 즉시 거기에서 충분히 멀리까지 결론을 유도해낼 수 있고, 그러한 결론은 언제나 경험에 의해 확증될 것이다. 이상 살펴본 바를 통하여, 연역이란 물질의 행동 양식에 맞추어 물질의 동적인 분절을 모방한 조작, 즉 물질의 기초가 되고 있는 공간 속에 암암리에 주어진 조작이라는 점 이외의 다른 결론을 끌어낼 수 있을까? 연역이 공간 또는 공간화된 시간을 달리는 동안은 그대로 내버려두기만 하면 된다. 바퀴에 막대기를 찔러 넣는 것은 지속(지속된 시간과 그동안의 변화)이다.

그러므로 연역(Déduction)이 순조롭게 진행하려면 공간적 직관이라는 배후 사상을 두어야만 한다. 그런데 귀납에 대해서도 똑같이 말할 수 있다. 물론 같은 조건에서 같은 사실이 되풀이되리라 기대하기 위해서라면, 우리는 기하학자로서 전혀 생각할 필요가 없다. 동물의 의식도 그 정도의 작업을 이미 수행하고 있고, 모든 의식과 관계없이 생물체 그 자체는, 이미 자신이 처해 있는 연속적인 상황으로부터 자신과 관련된 유사관계를 추출해내면서 자극에 적당한 반응을 보일 수 있도록 되어 있다. 그러나 신체의 기계적인 기대나 반응과, 지적인 활동이란 의미의 귀납 사이에는 아직 거리가 멀다. 귀납이라는 지성의 조작은, 모든 일에는 원인과 결과가 있고, 동일한 결과는 동일한 원인에 따른다는 믿음에 근거를 둔다. 그런데 이 이중의 믿음에 깊이 들어가 보면 다음과 같은 사실을 알게 된다. 우선 실재(사물, 물질들)는 군(群)으로 분해할 수 있고, 그들 각 군은 실제로는 고립되고 독립된 무리로 볼 수 있음을 전제한다는 것이다. 냄비에 물을 넣고 버너에 얹어 끓일 때, 그 조작과 그 조작을 뒷받침해 주는 물체들은 사실상 그 밖의 많은 다른 물체 및 조작들과 연대적인 관계를 맺는다. 점점 그리고 더욱 자세히 더듬어 볼수록, 온 태양계가 공간의 이 점에서 이루어지는 일과 관련되어 있음을 알게 될 것이다. 그러나 어느 정도까지는, 그리고 내가 추구하는 특수한 목적을 위하여, '물―냄비―불 피운 버너'로 된 군(群)이 하나의 독립된 소우주인 듯이 상황이 진행됨을 인정할 수 있다. 이상과 같은 것을 우선 나는 확인한다. 그리고 다음에 그 소우주는 항상 일정한 양식을 따라 움직일 것이고, 열(熱)은 일정한 시간이 경과하면 필연적으로 물을 끓게 한다고 말할 때, 나는 그 체계의 일정 수의 요소들만 주어진다면 그 요소들만으로도 그 체계가 완전해질 수 있다고 인정하는 셈이다. 그렇게 체계는 자동적으로 완전하게 되는 것이지, 내가 마음내키는 대로 생각해서 완전하게 할 수는 없다. 불을 지핀 버너와 냄비와 물이 갖추어지고 시간의 지속까지 더해진다면, 어제의 실험에서 이 체계가 완전해지는 데에 결여된 존재는 '물이 끓는 것'뿐이라는 사실을 경험이 가르쳐주어, 내일 또는 언제라도 그 체계는 물이 끓는 현상으로 인해 완전하게 될 것이다. 그러한 믿음의 바탕에는 무엇이 있는가? 경우에 따라서 그러한 믿음은 강도가 다르며, 문제의 소우주가 양(또는 부피)밖에는 포함하지 않을 때 그것은 절대적으로 확실한 성격을 띠고 있다는 점을 주목할 필요가 있다. 내가 사실상 두 개의 수를 제시한 경우, 나는 그 두 숫자의 차이를 마음대로 선택할 수가 없다. 내가 삼각형의 두 변 길이와 그 끼인각을 정하면 세 번째 변은 자동적으로 생기고, 삼각형은 완성된다. 나는 언제 어디서나 동일한 두 변과 각을 그릴 수 있다. 그렇게 만들어진 새로운 삼각형은 첫 번째의 삼각형과 겹친다. 이렇게 해서 결과적으로 앞서 언급한 대로 언제나 제3의 변이 나타나서 이 체계를 완성시킴이 확실하다. 그런데 순수한 공간 규정에 대하여 추리할 때 나의 믿음이 완전하게 확실해진다고 하면, 그 밖의 경우에도 그런 극한의 경우에 접근할수록 확실성은 점점 완전하게 된다고 가정해서는 안 되는가? 그뿐 아니라 그 밖의 다른 모든 경우의 밑바닥에서 투명하게 보이는 것은 그 극한의 경우(사물의 마지막 완성 단계)이고, 다른 경우들을 투명도에 따라 기하학적 필연성에 의한 뚜렷한 색조로 채색하는 것이 아닌가? *5 사실 버너에 올려놓은 물이 어제 끓었듯이 오늘도 끓을 것이며, 그런 현상이 절대적인 필연에 의한다고 할 때, 나는 막연하게 느끼는 것이 있다. 그것은, 나는 상상으로 오늘의 버너를 어제의 버너로, 오늘의 냄비를 어제의 냄비로, 오늘의 물을 어제의 물로, 어제의 시간적 지속(끓는데 드는 시간의 인식)을 오늘의 시간적 지속으로 옮겨 놓는다는 사실이다. 그러고 나면 마치 두 개의 삼각형을 겹쳐 놓아서 두 변이 꼭 일치한다면 언제나 제3의 변이 자동적으로 생겨나 일치한다는 사실과 같은 이유로, 그 나머지 경우들도 일치하게 된다. 그러나 오늘의 체계를 어제의 체계에 갖다 맞추려 하면 나의 상상력은 마지막 세 번째 현상(지금의 모습)만 볼 뿐, 본질적인 다른 두 현상들에 대해서는 눈을 감고 있기 때문에, 나의 상상력은 어제의 체계가 오늘의 체계를 가만히 기다리도록 해야 하고, 시간을 멈추어 놓고서 모든 현상들을 동시적으로 일으켜 보아야만 한다. 그런 일은 오직 기하학의 경우에만 일어난다. 결국 귀납은, 우선 물리학자의 세계에서는 기하학자의 세계에서와 같이 시간이 문제가 되지 않음을 전제로 한다. 그런데 또한 귀납(Induction)은 질도 양처럼 서로 겹칠 수 있다고 전제한다. 내가 관념적으로 불이 피어 있는 오늘의 버너를 어제의 버너와 겹쳐본다면, 나는 그 모양이 변하지 않았음을 확인할 수 있을 것이다. 그러기 위해서는 이들의 변이나 모서리가 합치하는 것만으로 족하다. 하지만 두 가지 성질의 합치란 어떤 것인가? 어떻게 하면 둘을 겹쳐서 그 동일성을 확인할 수 있을까? 그런데 나는 일차 질서의 실재에 적용되는 것을 이차 질서의 실재의 경우로 확대한다. 물리학자는 이 조작을 나중에 정당화하여 질의 차이를 가능한 한 양의 차이로 환원시킨다. 그러나 과학 이전에 나는 질

(물질, 즉 물체의 구성요소)을 양(부피, 즉 물체)으로 보는 경향이 있는데, 그것은 마치 질의 너머에 있는 투명한 기하학적 구조를 보는 일과 마찬가지이다.*⁶ 그 기하학적 구조의 투명도가 완전해짐에 따라, 같은 조건에서 같은 사실의 되풀이는 점점 필연적인 현상으로 보이게 된다. 귀납이 우리 눈에 확실한 것으로 보이는 정도는, 공간의 동질성이 그 양 끝을 잇는 질적 차이를 용해시키는 정도와 정확히 비례된다. 그러므로 기하학은 연역에서와 마찬가지로 귀납의 이상적인 극한이 된다. 공간성을 종점에 둔 운동은 그 길을 따라가면서 연역력과 함께 귀납력을, 즉 지성 전체를 남겨주고 간다.

이 운동은 그런 능력을 우리의 정신 속에 창조해 낸다. 그런데 이 운동은 또한 사물 속에 '질서'를 만들고, 우리의 귀납은 연역의 도움을 받아 그 질서를 나중에 다시 발견한다. 우리의 활동은 이 질서에 기대고 우리의 지성은 그 질서 안에서 자신을 재발견하는데, 이 질서는 우리에게 놀라운 것으로 보인다. 동일한 큰 원인은 언제나 동일한 전체적 결과를 낳게 할 뿐 아니라, 우리 과학의 발견에 따르면 그러한 눈에 보이는 원인이나 결과에는 무한소의 변화가 무한하게 있어서, 이들에 대한 분석을 더 멀리까지 진행함에 따라 그 변화들은 점점 정밀하게 서로 관련된다. 그리하여 분석이 끝나면 물질은 기하학(물체의 공간성, 즉 구조) 그 자체가 될 것이라고까지 생각된다. 물론 이 경우 지성은 복잡성의 증대 속에서 커져가는 질서를 칭찬할 권리가 있다. 질서나 복잡성은 지성과 같은 방향으로 향하는 현상이므로, 지성에 대해서 적극적이고 분명한 실재성(현실성)을 띤다. 그렇지만 실재의 전체가 전진하는 행진으로서 불가분하고, 차례차례로 계속적인 창조를 목표로 한다는 점을 고려하면 물질의 모습은 달라진다. 그때 물질 요소들의 복잡성과 요소들 사이를 이어주는 수학 질서는, 실재 전체 속에 부분적인 중단 내지는 반전이 일어나자마자 자동적으로 곧 발생된다는 사실을 우리는 짐작할 것이다. 또 지성도 동일한 과정을 통하여 정신 속에 부각되는 것이므로, 지성은 그러한 질서나 복잡성과 조화를 이루고 그 복잡한 조화 속에서 지성 자신을 재발견함으로써 그 질서와 복잡성에 감탄한다. 그렇지만 있는 그 자체로서 감탄할 만하고 우리에게 놀라움을 일으킬 만한 것은, 바로 불가분의 실재 전체가 전진하면서 끊임없이 새로운 창조를 한다는 사실이다. 왜냐하면 수학적 질서가 아무리 복잡하고 학문적으로 어렵다하더라도 그것만으로는 세상에 새로운 원자 한 개조차 들여놓을 수 없기 때문이다. 반면 그러한 창조의 능력이 배제된다면 (사실 그 능력은 존재한다. 왜냐하면 우리가 자유로이 활동할 때 우리 자신 속에서 그것을 의식하기 때문이다) 창조력은 스스로 주의를 다른 데 돌리는 만큼 이완하기 시작하며, 이완하는 만큼 확대되고, 또 확대되는 만큼 그처럼 구별된 요소들의 배치를 주관하는 수학적 질서와, 그 요소들을 연결시키는 강직한 결정성이 모든 창조 활동의 중단을 표명하고 말게 된다. 이러한 질서와 결정성은 모두 그러한 중단 자체에 대해서만 관계한다.

물리적 세계의 특수 법칙들이 표현하는 것은 사실 그처럼 소극적이고 분명치 않은 경향이다. 그 법칙들은 그 자체로 볼 때 어느 것도 객관적 실재성을 갖추고 있지 않다. 그것은 어느 한 과학자가 물질을 어떤 용도에서 바라보고, 어떤 변화를 따로 떼어 놓고, 어떤 측정 단위를 규약에 따라 적용시켜 만들어졌을 뿐이다. 하지만 물질에는 어떤 근사적인 수학적 질서가 내재한다. 그것은 객관적인 질서로서, 우리의 과학은 진보함에 따라 점점 그 수학적 질서에 가까워진다. 왜냐하면 물질이 무연장으로부터 연장으로의 이완, 즉 자유로부터 필연으로의 이완이라고 한다면, 그 물질은 순수한 동질 공간과 완벽하게 합치되지는 않을지언정 순수 공간으로 유도되는 운동을 토대로 구성되었고, 그로 인해 기하학의 도상에 놓이기 때문이다. 순수 형식의 법칙이 물질에 완전하게 적용된다고 결코 단언할 수 없음은 사실이다. 그러기 위해서는 물질은 순수 공간이 되고 지속으로부터 빠져나와야만 한다.

아무리 강조해도 충분하지 않지만, 물리 법칙이 지닌 수학적 형식에는 인공적인 면이 있고, 이는 우리의 과학적 사물 인식에서도 예외가 아니다.[*7] 우리의 측정 단위는 하나의 약속이며, 이렇게 말해도 좋다면, 그것은 자연이 품고 있는 의도와는 전혀 관계가 없다. 어떤 가상을 세우더라도 자연이 모든 열(熱)의 양태를(수학화시켜) 동일 질량의 수은의 팽창과 관련시키거나 또는 일정한 부피에 담긴 동일 질량의 공기의 압력 변화와 관련시켰다고 생각되지는 않는다. 그러나 이것으로 다 말했다고 할 수는 없다. 일반적으로 '측정한다'는 것은 어디까지나 인간적인 조작이며, 거기에는 두 가지 대상을 실제로 또는 관념적으로 몇 번인가 서로 겹쳐놓는 일이 포함된다. 자연은 그렇게 겹쳐놓는 일을 전혀 의도치 않고 행했던 것이다. 자연은 측정하지 않으며 (최초 요소들에 의해 그 나머지 요소들이 자동적으로 개입되어 형성되었다), 더욱이 헤아리지도 않는다. 그러나 물리학은 법칙을 얻기 위해서 '양적' 변이를 헤아리고 측정하여 그들 사이에 관계를 맺게 하며, 실제로 그 목적을 달성한다. 물질성을 구성하는 운동이 그 운동의 맨 끝까지, 즉 동질적인 공간에까지 우리에 의하여 연장되어 상호 함수관계에 있는 항목 각각의 변이를 우리로 하여금 헤아리게 하고, 측정하며, 추적할 수 있게 하는 바로 (물질의) 운동에 의해서가 아니면, 물리학의 성공을 달리 설명할 수 없을 것이다. 그러한 연장을 하기 위하여는 지성은 자신을 연장하기만 하면 충분하다. 왜냐하면 지성성과 물질성은 동일한 본성을 지니고 있으며 동일한 방법으로 생겨난 까닭에 지성은 자연적으로 공간(현실적 공간)과 수학을 향하기 때문이다.

가령 수학적 질서가 적극적이고 분명하며, 우리의 법규에 비교할 만한 법칙이 물질에 내재하여 있다고 한다면, 우리 과학의 성공은 기적이라고 할 만하다. 실제로 우리가 자연의 씨말(種馬)을 발견할 수 있다면, 그리고 그 상호관계를 정하기 위하여 자연이 택한 변수들을 정확히 분리시킬 수 있다면 이 얼마나 굉장한 행운이란 말인가? 그러나 가령 물질이 우리의 틀 속에 들어가기 위해 필요한 모든 요소들을 언제나 다 갖추고 있지는 못하다고 한다면, 수학 형식을 취하는 과학의 성공도 이해 불가능할 것이다. 그리하여 단한 가지 가설만이 가능하게 된다. 그 가설에 따르면 수학적 질서는 적극적이고 분명한 그 무엇을 조금도 가지고 있지 않으며, 어떤 종류의 중단(또는 방해)이 스스로 향해가는 형식이다. 그리고 물질성은 실로 그와 같은 종류의 중단 속에서 이루어지는 것이다. 이처럼 우리의 과학은 우연적이며, 스스로 택한 변화에 의존하고, 그 과학이 차례차례로 제기하는 문제의 순서에 좌우된다. 그럼에도 불구하고 과학은 성공한다. 우리의 과학은 전체적으로 아주 다른 것이 될 수도 있었고, 그래도 역시 성공할 수 있었을 것이다. 그 이유는 바로 자연의 바탕에는 어떠한 수학적 법칙에 의하여 정의된 체계도 없으며, 일반적으로 수학은 물질이 전락해 가는 방향을 표상할 뿐이기 때문이다. 오뚝이는 아래쪽에 납이 들어 있어서 어떤 자세로 놓건, 즉 등으로 뉘어 놓아도, 머리를 거꾸로 놓아도, 공중에 던져도 반드시 자동적으로 일어선다. 물질도 마찬가지이다. 물질은 우리가 어떤 끝으로 잡고 어떤 방식으로 다루더라도, 기하학이라는 추를 달고 있기 때문에 언제나 우리의 어느 수학적인 틀 중의 하나로 되돌아온다.

그러나 아마 철학자는 그러한 고찰을 기반으로 인식론을 구축하기를 거부할 것이다. 수학적 질서도 질서인 이상 무엇인가 적극적이고 분명한 요소를 내포하는 듯이 보이기 때문에, 그들은 그러한 고찰을 거부하고 수학적 질서를 고수할 것이다. 어떤 하나의 질서는 그와 반대방향의 질서의 중단(방해)에 의하여 자동적으로 생긴 것이고, 또 그 질서는 중단 그 자체라고 우리가 아무리 말하더라도 소용없다. 그렇다고 하여도 질서란 전혀 없을지도 모른다는 생각, 또는 사물의 수학적 질서는 무질서의 정복이므로 적극적이고 분명한 실재(실재적 질서)를 지니고 있다는 생각은 둘 다 여전히 존속할 것이다. 이 점을 깊이 연구하면 인식론에 관계되는 여러 가지 문제에 있어서 무질서의 개념은 맡은 역할이 얼마나 중요한가를 알게 될 것이다. 이 개념은 거기에서 명확하게 드러나지 않고, 그럼으로써 사람들은 그것을 문제 삼지 않았다. 그러나 역시 인식론은 무질서 개념의 비판(반대개념)으로부터 시작해야 할 것이다. 실재가 어째서, 그리고 어떻게 질서를 따르느냐 하는 것이 중요한 문제인 이유는, 모든 종류의 질서의 부재가 가능하거나 아니면 상상될 수 있기 때문이다. 실재론자와 관념론자는 모두 그러한 질서의 부재를 고려한다고 믿는다. 때때로 객관적 법칙이 자연의 사실상 무질서에 대해서 실제로 강제부과하는 어떤 규제에 관해서 실재론자가 말할 때나, 관념론자가 가끔 '감각의 다양성'을 가정할 때, 그것은 그러한 사실을 뒷받침해주고 있다. 그런데 그러한 감각의 다양성이란 질서가 없는 것으로서, 우리 지성의 조직 활동의 영향을 받고 있다. 이 경우 질서 부재의 뜻으로 해석되는 무질서의 개념부터 우선적으로 분석해야 할 것이다. 철학은 일상생활에서 그 무질서의 개념을 빌려 온다. 실제로 우리가 보통 무질서에 관해서 말할 때 무엇인가에 대해서 생각하는 것은 부정할 수 없는 사실이다. 그러면 우리가 생각하는 그 무엇인가는 무엇일까?

다음 장에서 알게 되겠지만, 부정 개념의 내용을 밝히기란 매우 어려운 일이다. 게다가 그러한 작업을 시도하지 않으면 우리는 실로 여러 가지 착각을 피하기 어렵게 되며, 철학도 역시 좀처럼 풀기 어려운 곤란에 빠지게 된다. 곤란이나 착각은 대개 본디 일시적인 표현법을 사람들이 결정적인 것으로 받아들이고, 실제적인 것을 위하여 만들어진 방식을 사변의 영역으로 옮기는 데서부터 온다. 내가 서고에서 무턱대고 책 한 권을 뽑았다고 하자. 그런데 그 책을 얼른 보고 "이건 시가 아니다" 하며 도로 책꽂이에 꽂는다. 나는 '시가 아니다'라는 사실을 책에서 목격한 것일까? 결코 그렇지 않다. 나는 시의 부재를 보지 못했고, 앞으로도 볼 리가 없다. 나는 단지 산문을 보았을 뿐인데 그렇게 말했다. 그런데 내가 원하는 것은 시이므로, 이를 중심으로 표현하여 '오, 산문이군!' 하는 대신 '이것은 시가 아니다' 말했다. 반대로 산문을 읽고 싶은데 한 권의 시집에 부딪히면, 나는 '이것은 산문이 아니다' 외칠 터이다. 이는 산문 이외의 것에 관해서는 주의를 기울이지 않으려 하고, 산문 생각에 고정되어 있는 기대와 주의의 언어로써 시를 보여주는 지각의 여건을 표현하는 것이다. 그리하여 지금 주르댕 씨가 만일 나의 음성을 들었다고 하면, 그는 나의 두 가지 외침을 듣고 산문과 시는 책을 위한 두 가지 언어 형식인데, 이 세련된 두 언어 형식은 현재 산문도 아니고 시도 아닌 어떤 자연언어와 포개졌을 것이리라고 추리할 것이다. 그리고 이 형식이 산문도 시도 아닌 것을 말할 때, 그는 그 무언가를 떠올릴 것이다. 하지만 그것은 거짓 표상에 지나지 않는다. 그것만으로 그치지 않고 이 거짓 표상은 다시 거짓 문제를 만들어낸다. 예를 들면 주르댕 씨가 철학 교수에게, 산문 형식도 시의 형식도 갖추지 않은 것에 어째서 그러한 형식이 부가되었느냐고 묻거나, 그처럼 단순한 소재에 그 두 가지 형식을 부과하는 이론을 설명하라고 요구하는 경우에는 그러한 문제가 제기된다는 말이다. 이때 그의 질문은 불합리하다. 그 불합리는, 주르댕 씨가 산문과 시의 공동기체 안에서 양자의 동시 부정을 실체화하였으나, 한쪽의 부정이 다른 쪽의 긍정으로 이루어진다는 점을 잊어버렸다는 사실에서 연유한다.

그리하여 가정을 세워 질서에 두 종류가 있고, 그 두 질서는 같은 유(類) 속에서 대립하는 두 개의 항(項)이라고 하자. 또 무질서의 관념은 우리가 그 두 종류의 질서 가운데 한 가지를 찾다가 다른 쪽 질서를 만날 때마다 항상 마음 속에 떠오르는 것이라고 하자. 그러면 무질서의 관념은 일상의 실천 생활에서는 분명한 의미를 갖게 된다. 무질서의 관념을 쉽게 표현하자면, 정신이 자기의 요구에 벗어난 질서를 찾아냈을 때 느끼는 실망을 편의상 객체화한 관념이다. 정신이 찾아낸 그 무질서란 당장은 자신에게 소용없는, 그런 의미에서 자신에게는 존재하지 않는 질서이다. 그러나 그러한 관념은 아무런 이론적 역할도 갖지 못한다. 만일 우리가 억지로 그것을 철학에 도입시키려고 한다면 우리는 어쩔 수 없이 그 관념의 참다운 의미를 잃게 된다. 무질서의 관념은 어떤 질서의 부재를 표상하면서(문제 삼을 필요가 없었던) 다른 질서 관념의 존재를 가리키는 관념이다. 그런데 그(무질서의) 관념은 두 질서에 차례로 적용되며, 거기에 둘 사이를 끊임없이 왕래하므로, 우리는 머지않아 그 도중이라고 하기보다는 오히려 공중에서 마치 두 개의 라켓 사이를 왔다 갔다 하는 공을 잡듯이 그 관념을 포착하게 된다. 그리고 우리는 그것을 어느 한쪽 질서의 부재를 표상하는 것이 아니라, 양자의 동시적 부재를 표상하는 것으로 취급하게 된다. 둘 다 부재한다는 것은 지각되지도 상상되지도 않는, 단지 말뿐인 존재에 지나지 않는다. 이리하여 질서가 무질서에게 어떻게 부과되고, 형식은 소재에 어떻게 부과되느냐를 알아보는 문제가 생기게 되었다. 그런 속임수 같은 무질서의 관념을 분석해 보면 그것이 전혀 아무것도 표상하고 있지 않음을 알 수 있고, 동시에 우리가 그 주위에 제기해 놓은 문제들도 사라지게 될 것이다.

우리가 일반적으로 혼동하는 두 종류의 질서를 우선 서로 구별하여 대립시켜야 함은 사실이다. 그러한 혼동에서 인식론의 주요 난제가 생겨난 까닭에, 두 질서를 판별하게 해주는 특징을 다시 한 번 강조하는 것도 쓸데없는 일은 아닐 것이다.

일반적으로 실재는 그 실재가 우리의 사고를 만족시키는 정확한 한도 내에서만 질서정연하다고 할 수 있다. 말하자면 질서란, 주체와 객체 사이에 (즉, 물질들 사이에) 존재하는 어떤 종류의 화합이요, 물질들 속에서 자신을 재발견하는 정신이다. 그런데 앞서 말한 바와 같이 정신은 상반된 두 방향으로 진행할 수 있다. 어떤 때에는 자신에게 자연스런 방향을 따른다. 거기에는 긴장한 형태로서의 진보가 있고, 부단의 창조가 있으며, 자유스런 활동이 있다. 또 어떤 때에는 정신은 방향을 반전한다. 정신이 이 반전을 만약 끝까지 밀고 가면 확대에 도달하며, 상호 외재적인 요소들 간의 필연적인 상호 한정으로, 그리고 결국에는 기하학의 기계 작용에 도달하게 된다. 그런데 경험이 첫 번째 방향(자연스런 방향)을 취하는 듯이 보이든, 두 번째 방향(반전)으로 향하는 듯이 보이든, 어느 경우에도 우리는 거기에 질서가 있다고 말한다. 왜냐하면 정신은 두 과정에서 모두 자신을 재발견하기 때문이다. 그러므로 이들의 혼동은 자연스럽다고 하겠다. 혼동을 피하려고 하면 두 질서에 저마다 다른 이름을 붙여야만 한다. 그런데 이들이 취하는 형태는 여러 가지이고, 또 변화하기 쉬우므로 이름을 붙이기가 수월하지 않다. 두 번째 종류의 질서는 그 극단을 이룬다고 할 수 있는 기하학을 통해 정의할 수도 있다. 일반화하면, 아마도 원인과 결과 사이에 필연적인 한정의 관계가 발견될 때 문제가 되는 것은 언제나 두 번째 종류(반전)의 질서일 것이다. 이 질서는 타성이나 수동이나 자동적 행위 등의 관념을 상기시킨다. 첫 번째 종류(자연스런 방향)의 질서에 대하여 말하자면, 그것은 틀림없이 목적성의 주위에서 진동하고 있다. 그러나 목적성만으로 그런 질서를 정의할 수 없는데, 그 이유는 그것이 때로는 목적성 위에 있고, 때로는 그 밑에 있기 때문이다. 이 질서에서 최고의 형태인 것은 목적성을 뛰어넘는다. 왜냐하면 우리는 자유활동 내지는 예술작품을 대할 때, 그 모두가 완전한 질서를 나타내고 있다고는 말할 수 있으나, 그렇다고 해도 그것이 나타내고 있는 관념에 대한 언급은 나중에서야 일반적으로 밖에 말할 수 없기 때문이다. 창조적 진화로 보이는 생명의 총체도 무언가 그 예술작품과 비슷하다. 미리 고안된, 또는 고안될 수 있는 생각을 실현하는 것이라고 목적성을 해석한다면, 생명은 그러한 목적성을 뛰어넘는다. 즉 목적성의 틀은 생명 총체에게는 너무 좁다. 반대로 생명을 개별적으로 본 경우에는, 그 갖가지 생명 형태에 대하여 목적성의 틀이 때로는 지나치게 넓다. 여하튼 여기에서 취급하고 있는 대상이 생명적인 존재라는 점은 여전히 사실이고, 이 연구는 전적으로 그 생명 현상이 자유의지의 방향을 추구하고 있다는 점을 보여주려함을 목적으로 한다. 그러므로 이렇게 말할 수 있다. 첫 번째 종류의 질서는 생명적인 것 내지는 의지에 의한 것의 질서이며, 이 질서는 두 번째 종류의 무생물적인 것과 자동행위적(무의식적)인 것의 질서에 대립한다. 그리고 상식은 두 종류의 질서를, 적어도 극단적인 사례에서는 본능적으로 구별한다. 또 본능적으로 이들을 접근시키기도 한다. 우리가 천문현상에 관하여 그 현상이 훌륭한 질서를 표명한다고 말하는 것은, 그들 현상이 수학적으로 예견이 가능하다는 의미로 하는 말이다. 한편 그 못지않은 질서를 베토벤의 심포니에서 발견하는데, 그 질서는 천재적이고 독창적이며 예견 불가능한 종류의 질서일 것이다.

그러나 첫 번째 종류의 질서가 그러한 분명한 형태를 갖추는 것은 예외에 지나지 않는다. 보통 그러한 질서(자연스런 방향의 질서)가 나타날 때에는 반대 질서의 특징과 아무래도 혼동되기 쉬운 특징을 띤다. 예를 들어 만약에 생명 진화의 총체를 문제 삼을 경우, 그 운동의 자발성이나 행동 방식의 예견 불가능성이 우리의 주의를 집중시킨다는 사실은 확실하다. 그런데 일상적인 경험에서 우리가 볼 수 있는 것은 특정한 생물이고, 특수한 생명 발현이어서 그 생물이나 생명 발현은 이미 알려져 있는 형태나 사실을 거의 반복하고 있다. 뿐만 아니라 우리가 곳곳에서 확인하고 있는 바, 낳는 존재와 태어나는 존재 사이에는 구조적 유사점이 있고, 그 유사점이 있기에 우리는 동일군 속에 많은 생물 개체들을 포용케 할 수 있는 것이지만, 그러한 유사성은 우리의 눈에는 유적인 것의 전형으로서 무기물의 유(類)도 생물의 유를 모델로 하고 있는 것처럼 보인다. 따라서 우리의 경험을 통해 잘게 나뉘어 제시되는 생명 질서는 물리적 질서와 동일한 특징을 우리에게 보여주고 있으며, 또 물리적 질서와 동일한 기능을 수행한다. 두 질서 모두 우리의 경험으로 하여금 되풀이되게 하며, 우리의 정신이 일반화하는 일을 허락한다. 사실상 그러한 특징은 두 경우에 각각 그 기원을 전혀 달리하며, 상반적인 의미까지도 가진다. 두 번째(반전적 질서)의 경우, 그 물리적 질서는 기하학적 필연성(현실성)을 전형으로 하고 관념적 극한으로 보며, 또한 그 바탕으로도 삼고 있는 바, 그 기하학적 필연성 때문에 동일 분력은 동일 합력으로 된다. 그런데 첫 번째 경우, 생명 질서는 그와는 반대로 어떤 무엇의 개입을 전제로 하는데, 그것은 무한히 복잡한 기본 원인이 전혀 달라질 수 있는데도 어찌되었든 동일한 결과(실재적 사실)가 나오도록 조절한다. 우리는 본서 제1장에서 진화의 독립적인 선상들에서 동일한 구조가 어떻게 나타나게 되는가 하는 점을 설명하면서, 그 점을 강조하였다. 하지만 그렇게 멀리까지 갈 필요도 없다. 후손이 조상의 유형을 재현하는 예만 보더라도, 이는 동일한 힘(분력들)의 혼합이 동일한 합력으로 요약되는 일이 되풀이되는 현상과는 전혀 다르다. 하나의 생물의 발생에 무한소의 요소나 무한소의 원인이 무수하게 협력하고 있음을 생각하고, 그들 요소나 원인이 단 한 가지라도 결여되든가 일탈하든가 하면 아무것도 이루어지지 않게 되는 경우를 생각해보자. 이때 정신의 첫 움직임은, 그러한 작은 일꾼들의 무리를 '생명원리'라는 똑똑한 작업감독으로 하여금 관리하도록 하는 것이다. 그 '생명원리'는 어느 순간에든지 과오를 바로잡고, 방심한 데서 오는 결과를 수정하고, 모든 것을 원위치에 갖다 놓는다. 이러한 비유를 통하여 물리적 질서(반전적 질서)와 생명 질서(자연스런 질서)의 차이를 표현해 보자. 이때 전자는 동일한 원인들의 결합이 동일한 총체적 결과를 낳게 하고, 후자는 원인이 유동적일 때에도 결과의 안정을 유지한다. 하지만 그것은 하나의 비유적인 표현에 지나지 않는다. 잘 생각해 보면 그곳엔 감독이 있을 리가 없다. 이는 일꾼이 없다는 매우 간단한 이유만으로도 감독이 없는 까닭을 알 수 있다. 물리화학적 분석이 발견하는 원인이나 요소는, 유기체 붕괴 현상에 대해서라면 실제적 원인이요 요소임이 분명하다. 그 경우, 원인이나 요소의 수는 한정되어 있다. 그런데 본디 의미의 생명 현상이나 유기적 창조 현상을 분석해 보면, 그 유기적 생명의 창조 현상은 끊임없는 진보의 전망을 우리 앞에 펼쳐준다. 이를 보아도 알 수 있듯이, 거기에서 발견되는 다양한 원인이나 결과는 정신의 조망에 지나지 않으며, 이때 정신은 자연의 조작과 무한히 가까운 모방을 하려고 하지만, 이 모방하려는 조작은 불가분한 작용들의 합성물이다. 그런 까닭에 동일한 종(種)에 속하는 개체 간의 유사성이라는 것도, 사실상 동일한 원인의 동일한 구성에 의하여 얻어지는 복잡한 여러 결과 간의 유사성에 비하면 그 의미도 기원도 전혀 서로서로 다르다. 그러나 어느 쪽에도 유사성은 있으므로 일반화가 가능하기는 할 것이다. 그리고 이런 일반화야말로 실제에 있어서 우리의 관심을 집중하게 하는 대상이다. 왜냐하면 우리의 매일매일 생활은 아무래도 동일 사물이나 동일 상황을 기대하는 것이기 때문이다. 따라서 우리 행동의 관점에서 보면 본질적인 이 공통 특성이, 지극히 내적인 다양성에도 불구하고 그 두 가지 질서를 접근시켰던 것은 매우 자연스러운 일이었다. 그런 내적인 다양성은 사변의 흥미밖에 끌지 못한다. 일반적인 자연 질서는 여기서 유래하는데, 그 질서는 아무 데서나 생명과 물질 위에 군림한다. 무생물에 있어서의 법칙의 존재와 생명계에 있어서의 유의 존재에 대하여, 우리가 같은 명명법과 표상법을 쓰는 습관도 거기서부터 나온다.

그리고 고대에서나 근세에서도, 인식론의 난점이 대개 그러한 혼동에서 온다는 점은 의심스럽지 않다고 생각된다. 사실상 법칙의 일반성과 유(類)의 일반성이 같은 개념에 포함되고 같은 말로 불렸기 때문에, 기하학의 질서(원리적 반전 질서)와 생명의 질서(자연 질서)가 곧 하나로 혼동되어 왔다. 우리가 어떤 관점에 서느냐에 따라 법칙의 일반성이 유(類)의 일반성으로 설명되거나, 유의 일반성이 법칙에 의해서 설명되거나 했다. 이렇게 규정된 두 테제 가운데 전자는 고대사상의 특징을 나타내고, 후자는 근대철학(자연질서중시. 요소와 반대요소를 동시에 유에 포함)에 속한다고 하겠다. 그러나 양쪽 다 '일반성'의 개념이 여전히 애매하다. 그 개념은 서로 양립하지 않는 대상이나 요소를 결국은 외연이나 내포 속에 하나로 결합하고 있기 때문이다. 두 철학이 모두 두 질서를 같은 개념으로 묶고 있지만, 두 질서가 닮은 점이 있다면 우리의 물질에 대한 활동을 용이하게 해주는 점뿐이다. 우리는 다만 외적인 유사성에 의하여 두 항을 접근시키려고 하는데, 물론 그 유사성은 실제에 있어서는 두 항을 동일한 어휘로 부르는 일을 정당화한다. 그러나 그렇다고 하여 사변의 영역에서 두 항을 동일한 정의로 혼동해도 좋다는 뜻은 결코 아니다.

실제로 고대 사람이 문제로 삼았던 것은 자연이 어째서 법칙에 따르는가가 아니라, 어째서 자연은 유(類)에 따라서 정리되는가 하는 점이다. 유의 개념은 특히 생명의 영역에 있어서의 객관적 사상(事狀, 현실)에 대응하여, 유전(여러 가지 형질들의 유전)이라는 명백한 사실을 표현하고 있다. 하기야 유는 개별적인 대상이 존재하는 곳밖에는 있을 수 없다. 그런데 유기체는 물질 총체 속에서 자신의 유기조직 그 자체에 의하여, 즉 자연에 의하여 재단되는 데 비해, 무생물은 우리의 지각에 의하여 세분된다. 여기서 지각은 행동의 이해관계와, 우리의 신체가 묘사하는 방금 생겨난 반응(지각반응)을 따른다. 즉, 다른 데서 이미 언급된 대로, 조직되기를 바라는 잠재적인 유(같은 유의 반응들 가운데 하나)를 따른다.*8 그렇다면 유와 개체는 일종의 반쯤 인위적인 조작에 의하여 상호결정되는 바, 그 조작은 물질에 대한 우리의 미래 활동에 전적으로 좌우된다. 그럼에도 불구하고 고대인들은 조금도 주저하지 않고 유를 모두 같은 줄에 놓았고, 그들에게 동일한 절대존재를 부여하였던 것이다. 그리하여 실재는 유의 체계로서 형성되고, 그 때문에 고대 사상(고대철학)의 법칙의 일반성이 귀착되는 곳은 유의 일반성(요컨대 생명질서의 강력한 일반성)에서였다. 그 점에 대해서는 물체의 낙하에 관한 아리스토텔레스의 이론을 갈릴레이가 했던 설명과 비교하면 흥미로울 것이다. 아리스토텔레스는 전적으로 '높다'와 '낮다', '고유한 장소'와 '빌린 장소', '자연스런 운동'과 '강요된 운동' 등의 개념에 몰두해 있었다.*⁹ 돌이 떨어지는 것은 물리법칙 때문인데 아리스토텔레스에게 있어 그 법칙은, 모든 돌의 '자연스런 장소'인 지상에 그 돌이 되돌아오는 것을 표현하는 것이었다. 아리스토텔레스에 따르면 돌은 그의 정상적인 장소를 점유하지 않는 한, 완전한 돌일 수가 없다. 돌은 본래의 장소에 떨어짐으로써 성장하는 생물처럼 자기를 완성하고자 하고, 그렇게 하여 돌이라는 유(類)의 본질을 남김없이 실현하려 한다.*¹⁰ 물리법칙에 대한 이 이론이 정확하다고 한다면, 법칙은 이미 정신에 의하여 작성된 단순한 관계가 아닐 테고, 물질을 여러 물체(어떤 물질이 포함된 여러 가지 물체들)로 하위분류하는 일도 더 이상 우리의 지각 기능에 의하지 않게 된다. 모든 물체는 생물체와 동일한 개체성을 지니며, 물리적 우주의 법칙은 실재적인 유 사이의 실재적 친근관계를 나타내는 셈이 될 것이다. 그로부터 생겨난 물리학의 성격은 주지하는 바와 같다. 고대인은 모든 사상(현실)을 포괄하고 절대와 합치하는 결정적이고도 일원적인 학문이 생겨날 가능성을 믿었기 때문에, 물리적인 것을 대략 생명적인 것으로 해석하는 데 그쳤다.

그런데 그와 같은 혼동을 근대인에게서도 볼 수 있다. 다만 다른 점은, 두(명제) 항(項)의 관계가 반대가 되고, 법칙이 더 이상 유(類)를 따르지 않고 그 대신 유(類)가 법칙을 따른다는 것이다. 여기서 과학은 아직도 하나라고 가정되고 있지만, 그 전체가 고대인이 바랐던 것처럼 절대와 합치하는 일은 없고, 전체가 상대적으로 되고 만다.

근대철학에서 유의 문제가 빛을 잃은 일은 실로 주목할 만하다. 우리의 인식론은 오로지 법칙 문제를 주제로 삼고 있다. 따라서 유는 어떤 방법을 써서라도 법칙과 조화를 이루어야만 한다. 그 이유는 우리의 철학이 천문학이나 물리학의 대발견에서(과학적으로) 출발했기 때문이다. 근대철학에서 케플러와 갈릴레이의 법칙은 인식의 유일하고도 이상적인 전형이었다. 그런데 법칙이란 사물들 사이의 관계 또는 사실들 사이의 관계이다. 좀더 정확하게 말하면 수학형식의 법칙이 표명하는 어떤 양이란, 그 밖의 적당하게 선택된 하나 내지 약간의 변량의 함수라는 점이다.

그런데 여러 변량을 택하는 일이나, 자연을 여러 사물들 또는 사실들로 안배하는 일에는 이미 무언가 우연적이고 관례적인 점이 개입되어 있다. 그러나 경험이 선택을 지시하고 강요하기까지 한다고 해도 그 법칙이 일종의 관계라는 점에는 변함이 없고, 관계는 본질적으로 비교로 구성된다. 이 법칙의 객관적 실재성은, 몇 개의 항을 동시에 표상하는 어떤 지성에 대해서만 획득될 수 있다. 그때 그 지성은 나의 지성이나 당신의 지성이 아니다. 따라서 법칙을 목표로 하는 과학은 객관적인 과학일 수 있고, 또 그 법칙적 과학은 사전 경험에 포함되어 있으며, 우리는 그것을 경험으로부터 뽑아내기만 하면 된다. 그런데 비교가 어느 특정인이 만든 것이 아니라면, 비교는 적어도 몰개성적으로 이루어진다. 법칙으로 이루어진 경험, 즉 서로 관계되어 있는 다른 항들로 이루어진 경험은 비교로 되어 있다. 그런 경험은 우리가 얻게 되었을 때, 이미 지성의 공기 중을 통과하였음에 틀림없다. 그렇다면 인간 오성에게 어디까지나 의존하는 과학과 경험에 관한 생각은, 법칙으로 이루어진다고 볼 수 있는 일원적이고 전체적인 과학개념에 함축되어 있는 것이다. 칸트가 한 일은 그러한 사실(인간 오성에 의한 과학적 경험)을 들추어서 보여준 데에 지나지 않는다. 그런데 그러한 개념은, 법칙의 일반성과 유의 일반성에 대한 제멋대로의 혼동에서 유래한다. 항과 항을 서로 조건 짓기 위하여 지성이 필요한 경우에도, 우리는 때에 따라서는 항들이 독립적으로 존재할 수 있다고 상상할 수 있다. 그리고 가령 항 대 항의 관계 이외에, 경험이 우리에게 독립적인 항을 제시한다면, 생물의 유(類)는 법칙체계와는 전혀 별개의 것이어서, 우리의 인식은 적어도 그 반은 '사물 자체', 즉 현실 그 자체에 관한 것이 된다. 그러한 인식은 더 이상 대상을 구성하지 않고 반대로 그 대상을 따라야만 하므로, 실로 인식이 매우 까다로워질 것이다. 그러나 이런 인식이 조금이라도 그 대상을 정복하면 그것은 완전한 절대 그 자체에 파고든 것이 된다고 하겠다. 좀더 멀리까지 가보자. 다른 반쪽의 인식은, 그 인식이 정반대의 질서의 실재에 관한 것이라는 점을 우리가 증명할 수만 있다면, 그것은 이미 철학자들이 말하는 것만큼 근본적으로, 그리고 결정적으로 상대적인 인식은 아니다. 그 실재는 우리가 늘 수학 법칙으로, 다시 말하면 비교를 전제하는 관계로 나타내는데, 그 실재가 이러한 작업(수학적 비교 관계)에 응하는 까닭은 단지 그 실재에 공간성, 즉 기하학의 추가 달려 있기 때문이다. 여하튼 두 질서에 대한 혼동은 근대인들의 상대주의 안에서도 볼 수 있는 것으로서, 그러한 혼동은 고대인의 독단론 밑바닥에 있었던 것과 마찬가지이다.

그러한 혼동(인간오성을 과학적 경험이라고 오인하는 일, 즉 유(類)의 일반성이나 법칙의 일반성을 혼동하는 일)의 근원에 관해서는 지금까지 충분하게 설명을 하였다고 본다. 혼동의 근원은, 본질적으로 창조인 '생명'의 질서가 우리에게는 그 본질로보다는 우발적인 것으로 나타난다는 데 있다. 그러한 우발적인 생명의 질서들은 물리학과 기하학의 질서를 모방하는 것으로, 우리에게 물리학과 기하학의 질서의 반복(즉, 경향)을 보여주고, 그것(경향)들은 그 질서와 마찬가지로 유의 일반화를 가능하게 한다. 우리에게 가장 중요한 것은 바로 그러한 점이다. 전체적으로 볼 때 생명이 진화한다는 것은 의심할 여지가 없다. 즉, 생명은 하나의 끊임없는 변형이다. 그러나 생명은 생물에 의하지 않고는 진보할 수 없기 때문에, 생물은 그 생명의 수탁자이다. 수천 수만의 거의 비슷한 생물들이 시간과 공간 속에서 서로 반복됨으로써, 그들이 정성스레 가다듬는 새로움이라는 것이 자라고 성숙한다. 마치 책이 몇 천 부를 몇 천 판에 걸쳐 찍어내면서 개작으로의 길을 가는 경우와 마찬가지이다. 다만 그 두 경우에서 다른 점은, 계속해서 나오는 판은 동일하고 또 한 판에서 동시에 나온 책들은 동일한 데 반하여, 동일종의 구성원은 공간의 여러 점과 시각에 따라서 서로 같지 않다는 것이다. 유전은 형질뿐만 아니라 형질의 변화를 일으키는 추진력까지도 전달한다. 그리고 이 추진력이야말로 생명력 그 자체이다. 따라서 일반화를 위한 토대가 되는 반복은 물리적 질서의 경우에는 본질적이지만, 생명적 질서의 경우에는 우연적이다. 물리적 질서는 '자동적'인 질서인 반면, 생명적 질서는 내가 자발적이라고 말하지는 않겠지만 계획적인(의도적, 의지적) 질서와 유사하다고 하겠다.

그런데 '계획적인' 질서와 '자동적인' 질서의 구별이 뚜렷하게 머리에 떠오르면, 무질서의 개념을 감싸고 있던 애매함은 곧바로 사라진다. 그와 동시에 인식 문제의 가장 큰 난제 한 가지도 자취를 감춘다.

실제 인식론의 근본 문제는, 어떻게 해서 과학이 가능한가, 즉 어째서 사물에는 질서가 있고 무질서는 없는가를 알아내는 일이다. 질서가 존재한다는 것, 이는 하나의 사실이다. 그러나 한편으로 질서보다는 덜 존재하는 듯한 무질서도 당연한 권리를 가지고 존재하는 것처럼 보인다. 따라서 질서의 존재는 하나의 신비로서 해명을 요하는, 여하튼 우리가 제기해야 할 문제가 된다. 좀더 간단히 말하면, 질서를 이룩하려고 시도하자마자 우리는 곧 그 질서를 우연한 질서라고 본다. 사물 그 자체가 그렇지 않다고 하더라도 적어도 정신의 눈에는 그렇게 보인다. 우리는 우연이라고 판정되지 않은 질서에 대한 설명은 요구치 않을 것이다. 만일 질서가 무엇에 대한 정복, 또는 '질서의 부재'라고 하는 무엇에 대한 첨가(극복)라고 보이지 않는다면, 고대의 실재론은 이데아가 부가되는 질료에 대하여는 말하지 않았을 것이고, 또한 근대 관념론도 지성이 자연계에서 체계화할 '감각적 다양성'을 제기하지 않았을 것이다. 질서는 모두 우연적이고, 또 우연적인 질서으로 해석되고 있다는 점은 사실상 부정할 수 없다. 그런데 그것은 무엇에 대해 우연적이라는 말인가?

우리의 생각에 그 대답은 뚜렷하다. 어떤 질서가 우연적이고, 또한 우연적인 질서처럼 보이는 것은, 그와 반대되는 질서와 관련될 때이다. 이는 마치 앞서 예로 든 시가 산문과의 관계에서, 또한 산문이 시(詩)와의 관계에서 우연적인 것이라는 사실과 마찬가지이다. 그러나 산문이 아닌 말(言)이 모두 시이고, 시로 생각될 수밖에 없는 것과 마찬가지로, 또한 시가 아닌 말은 모두가 산문이고, 산문이라 생각될 수밖에 없다. 이런 이치처럼 아마도 존재 양식은 그 존재함이 두 질서 중에서 한 쪽이 아니면 다른 쪽이고, 필연적으로 다른 쪽의 것이라 이해된다. 하지만 우리는 자기가 무엇을 생각하는가를 이해하지 못할 때가 있고, 또한 자기 정신에 현재하고 있는 그대로의 상념을, 감정 상태의 안개를 통해서밖에 감지하지 못할 때도 있다. 우리가 무질서의 개념을 보통 때 어떻게 사용하는지 고려해 보면, 그에 대한 납득을 할 수 있을 터이다. 내가 어떤 방에 들어가 방이 '무질서하다'고 생각했다 하

자. 이는 무엇을 뜻하는가? 물건 저마다의 위치는, 그 방에서 기거하는 사람의 자동적인 움직임에 의해서 설명되며, 또는 개개의 가구나 옷을 지금 있는 곳에 놓아두게 한 원인을 통해 설명된다. 두 번째 의미에서 본 질서는 완벽하다. 그러나 내가 기대한 것은 첫 번째 종류의 질서였다. 그것은 규칙적인 사람이 생활 속에서 의식적으로 만드는 질서로, 요컨대 계획된 질서이지 자동적인 질서는 아니다. 이 첫 번째 질서의 부재를 나는 무질서라고 부른다. 이처럼 두 질서 중에서 한쪽이 부재할 때 실재적인 것, 지각되는 것, 구상된 모든 것, 그것이 상대 질서의 존재이다. 그러나 나는 두 번째 질서에 대해서는 현재 무관심하며, 첫 번째 질서에만 관심이 있다. 따라서 나는 두 번째 질서의 존재를 그 자신의 함수로 표시하지 않고 첫 번째 질서의 함수로 표시하여, '이것은 무질서'라고 말한다. 이와 반대로 우리가 혼돈(chaos), 즉 물리적 세계가 더 이상 법칙에 따르지 않을 때 물질이 처하는 상태를 표상한다고 공언할 경우, 우리가 생각하는 상태는 무엇인가? 우리는 변덕스럽게 나타났다가 사라지는 여러 사실들을 생각하게 된다. 우리는 우선 우리가 아는 대로, 원인과 결과가 잘 균형잡힌 물질적 우주를 생각해본다. 그러고는 임의로 정한 법령에 따라 그것에 대해 무언가를 더하거나 줄이거나 제거함으로써 결국은 이른바 무질서라는 상태를 얻는다. 사실상 우리는 자연의 기계적(자동적) 작용을 의지로써 대치(극복)하였다. 우리는 갖가지 현상들의 출현과 소멸에 대해, '자동적인 질서'를 우리가 상상할 수 있는 한 다수의 작은 의지로 대치하였던 것이다. 아마도 이 작은(인간의, 또는 생물의) 의지들이 모여 하나의 '계획적인 질서'를 만들어 내기 위해서는 보다 상위 의지의 방향을 따라야 할 것이다. 그런데 자세히 보면 실로 그렇게 되고 있음을 알 것이다. 거기에는 우리의 의지가 도사리고 있어서, 그 의지가 차례로 그러한 변덕스런 의지 속에 객체화한다. 우리의 의지는 동일물을 동일물과 연결시키지 않도록, 결과가 원인에 비례하지 않도록 주의한다. 그러고는 어떤 하나의 의도로 하여금 기본적인 모든 의지력을 총괄하게 한다. 따라서 이번에도 확실히 두 질서 중에서 한쪽의 부재는 다른 쪽의 존재를 이루는 원인이 된다. 무질서라는 개념에 가까운 '운'의 개념을 분석해 보면, 동일한 요소를 발견할 수 있다. 룰렛의 구슬이 어떤 숫자에 머물러 나에게 돈을 따게 해준다면, 이 기계적 작용은 마치 선한 신이 나의 이익을 보호해 주기라도

한듯이 이루어졌다고 말하겠다. 또한 바람의 기계적인 힘이 지붕의 기왓장을 날려 나의 머리를 때렸다고 하자. 그때 바람은 마치 악신이 나를 노리고 있는듯이 작용했다고 말하겠다. 그 두 경우에서 내가 어떤 의도를 찾아내려 하고 또 그 의도를 꼭 찾아낼 수 있다고 믿는 장소에서, 나는 어떤 기계적인 작용을 발견한다. 그 작용을 나는 운이라고 표현한다. 그리고 여러 가지 현상이 계속 무질서하게 일어나는 무질서한 세계에 대해서도 역시 그것은 운의 지배라고 나는 말한다. 말하자면 내가 기대하던 것은 기계적 작용인데, 찾아낸 것은 몇몇 의지이거나, 또는 몇몇 법령이라는 것을 의미한다. 우리의 정신이 운을 정의하려고 시도할 때 발생하는 정신의 이상한 동요는 이렇게 설명될 수 있을 것이다. 동인이나 목적인은 모두 우리가 찾아내려 하는 운에 관한 정의를 우리에게 제공해 주지 못한다. 정신은 목적인의 부재라는 개념과 동인의 부재라는 개념 사이에서 가만 있지 못하고 왔다 갔다 한다. 두 개념은 모두 정신을 상대편 정의로 돌려보낼 뿐이다. 실제로 운이라는 개념을 감정이 섞이지 않은 순수 관념이라고 고집하는 한, 문제는 결코 해결되지 않는다. 그런데 사실 운이란, 두 가지 질서의 한쪽을 기대하다가 다른 쪽을 만날 때의 심정을 객체화한 관념에 지나지 않는다. 따라서 운과 무질서는 필연적으로 관계가 있다고 해석된다. 우리가 그것들을 절대적인 것으로 표상하려고 하면, 우리 자신이 그 두 질서 사이를 왔다 갔다 하고 있어서, 자신이 어느 한쪽의 질서 편에 있다고 믿는 순간에 이미 다른 쪽 질서로 옮겨가고 있다는 사실을 알게 된다. 이른바 질서의 부재라는 것도, 사실상 어느 쪽에도 정착하지 못하는 정신의 동요를 지닌 무질서의 현존이라는 사실을 알게 된다. 물질에 있어서든 물질의 표상에서, 무질서를 질서의 기체로 삼는 일은 문제가 될 수 없다. 왜냐하면 무질서는 두 질서를 포함하며, 그것들이 결합하여 생겨난 것이기 때문이다.

그러나 우리의 지성은 훨씬 앞서 가고 있다. 지성은 단순히 우리의 명령 (sic jubeo)에 따라, 무질서를 '질서의 부재'라고 설정한다. 이처럼 지성은 하나의 어휘 또는 어휘의 병립을 생각할 뿐 그 이상은 조금도 고려하지 않는다. 지성이 그 어휘 속에 어떤 생각을 담으려 하는 경우, 지성이 무질서를 어떤 질서의 부정일 수 있다고 볼는지는 모르지만, 그때의 부정은 반대 질서의 현존임을 암암리에 확인하고 있다고 생각된다. 하지만 그 확인에 대해 우리는 흥미가 없기 때문에 눈을 감고 보지 않거나, 또는 이제는 두 번째 질서를 부정하면서, 말하자면 실은 첫 번째 질서를 회복시키면서, 확인하기를 피하고 만다. 그렇게 확인을 피한다면, 어떻게 우리가 오성이 통일할 수 있는 앞뒤가 맞지 않는 다양성에 관하여서 이야기할 수 있겠는가? 그러한 부조리가 현실로 이루어졌거나, 이루어질 수 있다고 아무도 가정하지 않는다 하더라도 소용없는 일이다. 그 점에 대해서 말하는 순간 이미 그 점에 대하여 생각한다고 믿게 되기 때문이다. 그런데 실제로 현존하는 그대로의 이 관념을 분석할 때 다시 한 번 발견하는 것은, 정신이 자신에게 관심없는 질서를 만났을 때의 실망이나, 두 가지 질서 사이를 왔다 갔다 하는 정신의 주저, 또는 요컨대 어떤 의미 있는 어휘에 부정사를 접두시켜 만들어낸 내용 없는 어휘의 단순한 표상이다. 사람들이 하는 게으른 분석이 바로 이런 분석이다. 그 이유는 다름이 아니라, 그들이 서로 환원 불가능한 두 질서를 구별할 생각을 하지 않기 때문이다.

사실상 우리는 모든 질서가 반드시 우연적인 듯이 보인다고 말하였다. 질서에 두 종류가 있다고 한다면, 질서의 그러한 우연성에 대해서 다음과 같은 설명이 가능하다. 즉 한 가지 형태는 다른 형태와의 관계에 있어서 우연적이다. 기하학적인 질서가 보이는 곳에서는 생명적인 질서도 있었다. 질서가 생명적인 곳에서는, 질서가 기하학적일 수도 있었을 것이다. 그런데 질서는 어디까지나 같은 종류이고, 다만 기하학적인 질서로부터 생명적인 질서에 이르는 여러 단계를 내포할 뿐이라고 가정하자. 그러면 어떤 특정한 질서가 계속 우연하게 보이고, 그 우연성도 이미 다른 종류의 질서와의 관계에서는 우연일 수 없다고 한다면, 아무래도 그 질서는 그 자신의 부재와의 관계에 있어서 우연하다고 나는 어쩔 수 없이 믿게 될 것이다. 즉 그 질서는 '질서가 전혀 없는' 상태와 관련하여 우연한 것으로 믿을 것이다. 그리고 그런 상태를 지금 생각하고 있다고 믿을 것이다. 왜냐하면 그 상태(무질서 상태)는 질서의 우연성 그 자체에 포함되어 있는 듯이 보이고, 이 우연성은 부정할 수 없는 사실이기 때문이다. 그리하여 나는 계층의 정상에 생명의 질서를 놓고, 다음에 질서의 약화 내지는 복잡도가 덜 높은 것으로서 기하학의 질서를, 그리고 마지막으로 맨 밑바닥에 질서의 부재와 부조리 그 자체를 놓겠다. 질서는 그들과 중첩한다. 그러므로 부조리는 그 속에 무엇인가가 실현된 것, 또는 적어도 생각된 무엇인가가 있을 법한 어휘의 인상을 준다. 그러나 어떤 결정된 질서의 우연성에 관련된 사태가 단순히 반대되는 두 질서의 존재를 의미한다는 것을 알아챈다면, 그리고 그 상태를 보고서 서로 반대인 두 질서(즉, 어떤 우연적 일과, 그 반대의 우연한 일)를 상정 한다면, 나는 그 두 질서 사이에 중간적인 질서는 상상할 수 없고, 두 질서보다 더는 아래로 부조리를 향해서는 내려갈 수 없음을 스스로 알게 된다. 여기서 부조리란 의미 없는 어휘에 지나지 않는다. 아니면 그 부조리에 어떤 의미를 부여하는 경우에는, 그 부조리는 두 질서 사이를 통과해(즉, 해결해)가는 길의 도중 상태에 놓일 수 밖에 없고, 그 두 질서의 어느 쪽의 아래에도 놓이지 않아야 한다. 무엇보다 먼저 부조리한 질서가 있고, 다음에 기하학적인 질서가 있고, 그 다음에 생명적인 질서가 있지는 않은 것이다. 있는 것은 단순히 기하학적 질서와 생명적 질서뿐이고 그 다음에 정신이 이들 사이에서 주저함에 따라 부조리 개념이 생겨난다. 그렇게 보면 무질서한 다양성 위에 질서가 추가될 수 있다고 하는 생각은, 부당 전제의 오류를 범하는 것이 된다. 왜냐하면 무질서한 것을 상상함으로써 우리는 실제적으로 하나의 질서, 또는 오히려 두 가지 질서를 설정하기 때문이다.

이처럼 길게 분석한 것은, 실재가 방향전환을 통해 어떻게 긴장에서 확장으로, 자유에서 기계적 필연으로 옮겨갈 수 있는가를 보여주기 위해서 부득이한 일이었다. 그러한 두 항 사이의 관계가, 의식과 감각 경험에 의하여 동시에 우리에게 암시됨을 증명한다는 것만으로는 충분치 못했다. 기하학의 질서란 단순히 반대의 질서를 삭제한 공간질서(눈에 보이는 질서)에 지나지 않기 때문에 설명이 필요하지 않다는 사실이 증명되어야만 했다. 그리고 그러기 위해서는 삭제는 언제든지 바꿔놓기를 가리키며, 아무래도 그렇게 이해될 수밖에 없다는 점을 증명해야만 했다. 단지 실제생활의 필요들만이 우리에게 표현 방법을 암시하는데, 그것은 물질 속에서 일어나는 일에 대해서나 우리의 사고 속에 현존하는 일에 대해서 모두 우리를 속인다. 우리는 도치(변증법과 같은 방법)로부터 오는 여러 가지 결과에 대해서 자세히 언급한 바 있는데, 이번에는 도치 그 자체를 보다 자세히 살펴보려고 한다. 그러면 결과가 역전되는 현상과 동일하게, 원인이 중단(방해)되는 현상은 무엇이며 도대체 이완하기만 하면 확대되는 원리란 무엇인가?

　알맞은 어휘가 없기 때문에 우리는 그것을 의식이라고 불러왔다. 이는 우리 개개인 속에서 작용하는 약화된 의식이 아니다. 우리가 지닌 의식은 공간 내의 어떤 점에 위치한 생물이 갖는 의식이다. 그리고 그 원리의 방향에 따라 잘 진행되는 경우, 우리의 의식은 전진하면서도 되돌아보지 않을 수 없어, 끊임없이 반대 방향으로 이끌린다. 우리가 이미 살핀 바와 같이 회고적인 관조야말로 지성의 자연적인 기능이요 따라서 명확한 의식의 자연적인 기능이다. 우리 의식이 자신의 원리 중 그 무엇과 일치하기 위해서는 이미 '완성된 것'으로부터 유리되어 '완성되고 있는 것'에 밀착되어야만 한다. 시각 기능은, 그 자신의 방향을 바꿔 돌려 놓고 보면 의지 행위와 하나가 될 수밖에 없다. 시각 기능이 의지의 도움을 받는 그러한 일은 우리가 갑자기 치르기에는 괴로운 노력이며, 천성에 무리를 가함으로써 야기할 수 있지만 잠깐 이상은 지속할 수 없다. 우리는 자유스런 행동에 있어서 자신의 전신을 수축함으로써 자기 전방으로 더욱 비약하게 할 때, 그 동기나 이유를 어느 정도는 분명하게 의식한다. 극단의 경우에는 생성까지도 의식하는데, 동기나 이유가 행위로 조직되는 것은 그 생성에 의해서이다. 그러나 순수의지, 즉 물질 속에서 생명을 전달하며 물질을 꿰뚫는 흐름은 우리에게 좀처럼 느껴지지 않는다. 우리는 기껏해야 그것을 지나는 결에 스칠 뿐이다. 그때 우리가 포착할 수 있는 의지가 단편적이고 개별적인 의지뿐이라고 하더라도 잠시나마 그 속에 정착해 보자. 생명의 원리에 도달하기 위해서는 물질성의 원리의 경우에서도 그랬듯이 좀더 깊이 들어가야만 한다. 그것은 불가능한 일일까? 결코 그럴 리 없다. 철학사가 그것을 증명해준다. 적어도 그 몇 가지 부분에 있어서는 직관이 생기를 불어넣지 않는 그런 지속적인 체계란 없다. 직관을 검증하기 위해서는, 그리고 또 직관이 개념으로 굴절되어 다른 사람에게 전파되게 하기 위해서는 변증법이 필요하다. 그러나 보통 변증법이 하는 일은, 변증법을 초월하는 직관의 결과를 확대시키는 일뿐이다. 사실 이 두 행동방식은 그 방향이 반대이다. 즉, 우리가 관념과 관념을 연결시킬 때의 그 노력은 관념이 축적하려고 하는 직관을 사라지게 한다. 철학자는 한 번 직관의 약동을 받아들인 다음에는 직관을 포기할 수밖에 없다. 그리고 그 뒤부터는 개념을 차례로 밀고 나가면서 자신만을 의지하며 운동을 계속한다. 그러나 그는 곧 발판을 잃었음을 느낀다. 그리하여 새로운 접촉이 필요하다. 이제까지 그가 이룩한 것은 대부분 해체되어야만 할 것이다. 요컨대 변증법은 우리의 사고가 자기 자신과의 일치를 보장하려는 하나의 방식이다. 그런데 직관의 이완에 지나지 않는 그 변증법을 통한 일치에는 다른 여러 가지 것이 있을 수 있다. 그러나 진리는 하나밖에 없다. 만약 직관이 잠시 뒤에도 계속될 수 있다고 한다면, 직관은 철학자와 그의 사고와의 일치만이 아니라 모든 철학자 상호간의 일치도 확실히 보장할 것이다. 사라지기 쉽고 불완전한, 있는 그대로의 직관은, 저마다의 체계 속에서 체계 그 자체보다도 귀중하며 생명이 긴 보물과 같은 실마리(사고의 실마리)이다. 가령 이러한 직관이 오래 계속되어 일반화되고, 특히 길을 잃지 않게끔 외부의 이정표를 확보할 수 있다면, 철학의 목적은 달성되는 셈이리라. 그러기 위해서는 자연과 정신 사이에 끊임없는 왕래가 필요하다.

우리가 자신의 존재를 자신의 의지 속으로 끌어들이고, 다시 그 의지를 연장하는 충동 속에 둘 때, 우리는 실재가 끊임없는 증대이며 한없이 계속되는 창조임을 알고 느끼게 된다. 우리의 의지가 이미 그러한 기적을 행하고 있다. 일부 발명을 내포하고 있는 인간의 업적, 그리고 일부 자유를 내포하고 있는 의지 행위, 또 일부 자발성을 나타내는 유기체의 운동은 무언가 새로운 물질현상을 세계에 가져다준다. 물론 그 현상들은 형태의 창조에 불과하다. 그 현상들이 어떻게 그 밖의 다른 것일 수 있겠는가? 우리는 생명의 흐름 그 자체는 아니다. 그 흐름이 이미 물질을 실은 것, 즉 실질 속에 응결(물질이 보이지 않는 상태에서 보이는 상태로 응축)한 흐름에 실려 옮겨가는 부분이다. 천재가 작품을 제작하며 자유로운 결단을 내릴 때와 마찬가지로, 우리는 자기 활동력의 용수철을 가능한 한 긴장시켜 소재의 단순한 조립으로는 만들어낼 수 없는 것을 창조하려고 한다. (아는 곡선들은 아무리 늘어놓는다 해도 그것이 위대한 화가의 연필 자국에 필적할 수 있겠는가?) 그러나 어떠한 경우에도 거기에는 역시 어떤 요소가 그 유기체보다 먼저 존재하고, 또한 그보다 나중에까지도 살아남는다. 하지만 가령, 형태를 발생하게하는 활동(운동)이 단순히 저지되어 어떤 물질(순화된 중간물질)이 구성될 수 있다면, 소재 물질의 창조는 이해할 수 없지도 받아들일 수 없지도 않을 것이다. 화가가 긋는 독창적인 선은 그 자체가 이미 운동의 고정이며 응결이 아닐까? 우리는 형태 창조를 내부 쪽으로부터 파악하며 끊임없이 체험하는데, 형태가 순수하고 창조의 흐름이 순간적으로 방해를 받을 때는 그것이 바로 물질의 창조일 수 있다. 오늘날까지 알파벳으로 쓰인 모든 문자를 고찰해 보자. 우리는 이제까지 없던 문자가 나타나 이제까지의 문자에 첨가됨으로써 새로운 시가 쓰인다고는 생각지 않는다. 그러나 시인이 시를 창작하여 인간의 사상이 그만큼 더욱 새로이 풍부해진다고 하면 충분히 납득된다. 그러한 창조는 정신의 단순한 행위이므로 그런 일이 가능하다. 그리고 이 행동이 새로운 창조로 계속되는 대신 잠시 휴식을 취하기만 하면, 그것만으로 그 행위는 스스로 분산되어 어휘로 되고, 어휘는 문자로 분할되고, 그 문자는 이제까지의 세계에 있었던 모든 문자에 첨가될 것이다. 이처럼 어떤 주어진 '순간'에 물리적 우주를 구성하고 있던 원자의 수가 증가(비약)한다는 사실은, 우리 정신의 습관을 거스르며 경험과 상반되는 일이다. 그렇지만 전혀 다른 유(類)의 실재가 있어, 그것이 마치 시인의 사상이 알파벳 문자와 전혀 다르듯이, 원자와 전혀 다른 실재, 전혀 별개의 질서에 속하는 실재가 예기치 않은 더함으로 증가한다는 현상은 용납하지 못할 바가 아니다. 그 각각의 추가되는 것의 이면은 하나의 세계일 수 있는데, 우리는 그것을 물론 원자의 배열로서 상징적으로 표상하게 된다.

　우주의 존재에 대하여 널리 알려진 신비는 사실상 그 대부분이, 우주의 생성이 단번에 갑작스럽게 이루어졌다거나 모든 물질이 영원하다거나 하는 생각에서 생겨난다. 우리가 창조를 말할 때, 또는 창조되지 않은 물질을 상상할 때 문제 삼는 것은 우주의 총체이다. 정신의 그러한 습관을 깊이 파고들어 가면 다음 장에서의 분석과 같은 편견을 발견하게 될 것이다. 이는 유물론자나 그 반대자에게도 공통된 견해로서, 그들에 따르면 실재적으로 작용하는 지속이란(정신적 영원성조차도) 없으며, 그리고 절대란—그것이 물질이든 정신이든—구체적인 시간 속에, 즉 우리 생명의 바탕 자체라고 느끼는 시간 속에 자리를 차지할 수 없다는 것이다. 이 결과 모든 것은 단 한 번만 주어졌고, 오래전부터 물질적 다양성이 존재했거나, 그 다양성을 만들어낸 창조 행위가 성스런 본질 속에 하나의 전체로서 주어졌다는 주장 가운데 어느 한쪽을 우리는 가정해야만 했다. 이러한 편견이 제거되면 창조라는 개념이 보다 뚜렷해지는데, 이는 창조 개념이 성장 증대라는 개념과 마찬가지가 되기 때문이다. 그러나 그렇게 되면 우리가 논해야 할 것은 더 이상 우주 전체에 관한 것일 수 없다.

무슨 이유로 우리는 우주 전체에 대해서 이야기하는가? 우주는 우리의 태양계와 유사하다고 믿을 만한 근거를 가지고 있는 여러 태양계의 집합이다. 물론 그들 태양계는 서로 절대적으로 독립해 있지는 않다. 태양은 가장 멀리 있는 혹성 너머에까지 열과 빛을 방사하며, 우리의 태양계 전체는 마치 그 방향으로 끌리기나 한듯이 일정 방향으로 움직이고 있다. 따라서 여러 세계 사이에는 어떤 유대 관계가 있다. 그러나 그 유대는 한 세계의 여러 부분을 서로 연결시키는 연대에 비하면, 무한히 이완된 것으로 보일 수 있다. 따라서 우리가 단지 편리만을 위해 이 태양계를 인위적으로 고립시키는 것은 아니다. 자연 그 자체가 우리로 하여금 그것을 고립시키도록 한다. 우리는 생물로서는 우리가 살고 있는 혹성과 그 혹성을 부양하는 태양에 의존하고 있고, 그 밖에는 아무것에도 의존하지 않는다. 사고하는 존재로서 우리는 자신의 물리적 법칙을 자신의 세계에 적용할 수 있고, 나아가서는 그 적용을 넓혀 일일이 고립된 세계에까지 확대할 수 있다. 그러나 아무래도 물리적 법칙이 우주 전체에도 적용된다고 할 수는 없고, 그러한 주장에 어떤 의미가 있다고 할 수도 없다. 왜냐하면 우주란 완성된 것이 아니라 오히려 끊임없이 완성되어 가고 있기 때문이다. 의심할 여지없이 우주는 새로운 세계의 첨가로 한없이 성장해 가고 있다.

그러면 과학의 가장 일반적인 원칙, 즉 에너지 보존 법칙과 에너지 하락 법칙을 태양계의 총체로 확장시켜 보자. 단, 비교적 폐쇄적인 다른 계와 마찬가지로 비교적 폐쇄적인 이 태양계에 한하는 것으로 하자. 여기서 어떤 결과가 나올지 보기로 하자. 먼저 이 두 법칙의 형이상학적 의의가 다르다는 점에 주목해야 한다. 에너지 보존 법칙은 양의 법칙이므로 부분적으로는 우리의 측정 방법에 따라 어느 정도 좌우된다. 그 법칙에 따르면 폐쇄적이라고 가정된 계에서는 에너지의 총량, 즉 운동 에너지와 위치 에너지의 합이 항상 일정하다. 그런데 가령 세계에 운동 에너지밖에 없다고 한다면, 또는 운동 에너지 이외에 위치 에너지가 한 가지밖에 없다고 한다면, 측정 기술만 가지고는 법칙을 인위적으로 만들 수 없을 것이다. 에너지 보존 법칙은 무엇인가 일정량이 유지됨을 의미한다. 그런데 실제로는 여러 가지 성격의 에너지가 있고, 각 에너지의 척도는 확실히 에너지 보존 법칙을 합리화시킬 수 있도록 선택되었다.*¹¹ 따라서 이 원칙에 수반되는 협약이 차지하는 부분은 상당히 크다. 같은 계를 구성하는 여러 가지 에너지의 변화 사이에 하나의 유대 관계가 있고, 그 유대 관계가 적당히 선택된 척도에 의하여 원칙의 확대를 가능하게 했다고 하여도 여전히 마찬가지이다. 따라서 철학자가 태양계 전체에 그 보존 법칙을 적용할 때에는 적어도 딱딱한 법칙의 윤곽을 흐리게 할 것이다. 이 경우 에너지 보존 법칙은 어느 사물의 일정한 양에 대한 객관적인 영구성을 나타낼 수는 없다. 그보다도 그것은, 생성되는 모든 변화 어디에서인가 반대 방향의 변화에 의하여 반드시 상쇄되게 되어있다는 필연성을 의미한다. 즉 에너지 보존 법칙이 태양계의 총체를 지배한다 하더라도, 그것이 우리에게 알려주는 것은 계 전체의 본성이라기보다는 오히려 이 세계의 한 부분과 다른 부분의 관계에 관한 것이다.

열역학의 두 번째 원칙에서는 문제가 다르다. 사실상 이 에너지 하락 법칙은 본질적으로 크기에 관한 법칙이 아니다. 그에 대한 최초의 개념은 아마도 카르노의 열기관의 효율에 관한 어떤 양적인 고찰에서 나왔을 것이다. 또한 클라우지우스가 수학의 용어를 도입하여 그 법칙을 일반화하였고, 나아가 '엔트로피'(entropy, 열역학 상태 함수 중의 하나)라는 계산 가능한 양 개념에 도달하였다. 응용을 위해서는 그런 정밀성이 필요하다. 그러나 우리가 물리 세계의 여러 에너지를 측정할 생각조차 못했고 또 에너지 개념을 창안하지 못했다고 하여도, 우리는 그 법칙을 어렴풋이 공식으로 나타낼 수 있으며, 여의치 않은 경우에는 엇비슷이 정식화할 수 있을 것이다. 사실상 그것이 본질적으로 표현하고 있는 요점은, 모든 물리적 변화가 열로 하락하는 경향이 있고, 열 그 자체는 동일한 방법으로 물체 사이에 배분된다는 점이다. 이처럼 보다 덜 정확한 모습을 띠는 경우(즉, 물체가 분해되는 경우), 그 법칙은 어떠한 협약으로부터도 독립적인 것이 된다. 세계가 나아가는 방향을 상징의 개입이나 인위적인 척도 없이 가리켜주고 있다는 점에서 그 법칙은 물리학의 법칙 중에서 가장 형이상학적인 법칙이다. 그 법칙에 따르면 가시적이고 서로 이질적인 변화는 점차 불가시적이고도 동질적인 변화로 희석된다고 한다. 또한 태양계에서 이루어지는 변화의 풍부성과 다양성에 이바지하는 불안정성은, 서서히 기본적 진동의 상대적인 안정성에 자리를 양보하는데, 그 근원적 진동은 무한히 반복된다고 한다. 그것은 마치 어떤 사람이 힘을 보존하고 있으면서 점차 그 힘을 행동에는 덜 소비하고, 마침내는 폐를 호흡하게 하고 심장을 고동시키는 일에만 그 힘을 모두 쓰게 되는 것과 같다.

이런 관점에서 본다면, 우리 태양계와 같은 세계는 그 세계가 가진 변화력을 어느 정도 끊임없이 소모하는 듯 보인다. 처음에는 에너지의 사용 가능량이 최대에 이르렀다. 그 변화력은 계속 줄어들어 갔다. 변화력은 어디서 왔던 것일까? 우선 그것은 공간의 다른 어딘가에서 왔다고 가정될 수 있으리라. 그러나 그렇게 보면 난점은 한 발 후퇴할 뿐으로, 그 변화력의 외부 원천에 대하여 똑같은 문제가 제기될 것이다. 물론 상호 간에 변화력으로 인해 존재할 수 있는 세계의 수는 한이 없으며, 우주에 포용되어 있는 변화력의 총화는 무한하고, 따라서 변화력의 종말을 예언할 필요가 없는 이치와 마찬가지로 그 기원을 찾을 필요도 없다고 말할 수도 있다. 이런 가설은 증명되지도 않으며, 반박할 수도 없다. 그렇지만 무한한 우주를 말한다는 것은 사실 물질과 추상 공간의 완전한 합치를 용인하는 데 있고, 따라서 물질의 모든 부분을 상호 간에 절대적인 외재적 관계에 둠을 인정한다. 이러한 최종적 주장에 대하여 어떻게 생각해야 하는가, 그리고 그러한 주장이 물질의 모든 부분의 상호 영향이라는 논지와 융합하기가 얼마나 어려운가 하는 점은 이미 앞에서 살펴본 바 있다. 그런데 지금은 바로 그 상호 간의 영향에 도움을 청한다. 결국 우리는 이 일반적인 불안정이 일반적인 안정 상태에서 나왔으며, 지금 우리가 살아가는 기간, 즉 사용 가능한 에너지가 점차 감소되고 있는 기간은 변화력이 전적으로 증대한 기간(힘을 집중시켰던 순간) 다음에 오며, 증대와 감소는 한없이 교체된다고 가정할 수 있을 터이다. 이 가설은 이론적으로는 상상할 수 있는 것으로, 이 점은 근래에 와서 상세히 증명되었다. 그러나 볼츠만의 계산에 따르면, 그 가설은 상상 이상으로 수학적 불확실성을 지니고 있으며, 실제로 절대 불가능에 가깝다.*[12] 사실상 물리학의 영역에 얽매인다면 문제는 해결될 수 없다. 왜냐하면 물리학자는 에너지를 펼쳐진 입자에 결부시키기 때문이다. 설령 그들 입자를 에너지의 저장소 정도로만 본다 하더라도, 물리학자는 여전히 공간 속(공간차원)에 머물러 있다. 물리학자가 에너지의 원천을 공간 외의 과정에서 구한다면 자신의 역할을 배반하는 것이 된다. 그럼에도 불구하고 우리의 생각에는 바로 거기서 에너지의 원천을 찾아야 한다고 본다.

연장 일반을 '추상적'으로 고려하면 어떨까? 앞서 말했듯이 연장은 '긴장'이 단지 중단된 것으로서 나타난다고 하겠다. 그렇다면 그러한 연장을 충족시키는 구체적인 실재(현실)를 살펴보자. 그 실재를 지배하는 질서, 그리고 여러 가지 자연 법칙에 의하여 표명되는 질서(보이는 현상)는 반대의 질서가 삭제될 때 저절로 생긴다. 그러한 삭제를 일으키는 것은 바로 의지의 이완(즉, 긴장의 이완)이다. 그래서 결과적으로 그러한 구체적인 눈에 보이는 현실이 나아가는 방향은, 우리에게 어떤 것이 상대적으로(안보이도록) 해체되고 있다는 생각을 암시한다. 물질성의 본질적인 특징 중 하나가 거기에 있다. 그러한 것이 완성되는 과정은 물리적 과정과 반대 방향을 향한다. 그러므로 정의 그 자체에 의하여 그 과정은 비물질적이라는 사실 이외에 우리가 여기에서 무슨 또 다른 결론을 내릴 수 있겠는가? 물질 세계에 대한 투시에 의하여 우리는 중량이 낙하할 때의 모습을 본다. 본디 의미의 물질로부터 어떤 이미지를 추출하여 보아도 그것이 상승하는 중량의 개념을 주지는 않을 것이다. 그러나 우리가 구체적인 실재를 좀더 가까이에서 관찰하고, 단지 물질 일반에 관해서가 아니라 그 물질의 내부에 파고들어가서 생물체를 고찰한다면, 그러한 결론은 보다 강력하게 우리에게 강요될 것이다.

실제로 생명에 대한 모든 분석의 결과, 생명은 물질이 내려가는 언덕길을 거슬러 오르려는 노력임을 우리는 보았다. 따라서 우리 위의 분석은 그러한 사실을 통하여, 한쪽 과정의 중단만으로 물질을 창조하는 물질성의 반대 과정에 대한 가능성 내지는 필연성까지 우리에게 보여준다. 이 지구상에서 진화하는 생명은 확실히 물질과 결부되어 있다. 가령 생명이 의식을 초월하였다면 더 말할 나위가 없지만 최소한 순수 의식이기라도 하다면, 생명은 순수한 창조 활동이 되었을 것이다. 사실 생명은 유기체 속에 고정되어 있고, 유기체는 생명으로 하여금 무생물의 일반법칙을 따르게 한다. 그러나 모든 일은 마치 생명이 그러한 법칙을 벗어나기 위하여 온 힘을 기울이는 듯이 진행된다. 생명에는 카르노의 원리가 정한 물리적 변화의 방향을 역전시킬 만한 힘이 없다. 그러나 적어도 생명은 스스로 맡겨두면 반대 방향으로 작용하는 힘처럼 절대적으로는 행동한다. 생명은 물질적인 변화의 행군을 막을 수는 없지만 늦출 수는 있다. 앞에서도 본 바와 같이, 생명의 진화는 최초의 추진력을 이어간다. 이 추진력은 식물의 엽록소 기능과 동물의 감각·운동 계통 발달을 결정지어, 생명으로 하여금 보다 강력한 폭약을 제조하고 사용하여 점차 효과적으로 행동하게 한다. 그런데 이러한 폭약은, 바로 태양에너지의 저장이 아니라면 무엇이겠는가? 그때 그 에너지는 방출되는 군데군데에서 잠시 동안 하락을 멈춘다. 물론 폭약이 지닌 이용 가능한 에너지는 아마도 폭발할 때 소비될 것이다. 그러나 유기체가 에너지의 발산을 막고 그 에너지를 자신 속에 고정시켜 저장할 목적으로 있지 않았다면, 에너지는 좀더 빨리 소비되었을 것이다. 오늘날 우리 눈앞에 나타난 그대로의 생명들은 과거에 자신들이 포함하고 있던 상호 보충적인 여러 경향의 분열로 거기까지 다다랐는데, 생명은 식물의 엽록소 기능에 전적으로 의존하고 있다. 즉 생명은, 그 분열 이전에 있었던 최초의 추진력 면에서 본다면, 무엇인가를 저장소에 저장해 두는 경향이라고 말할 수 있다. 그 저장해 놓는 무엇인가는 생명이 없었더라면 아마도 유실되었을 것으로서, 생명은 그것을 오늘날의 동물이 행하듯이 유효하게 순간적으로 소비하기 위하여, 특히 식물의 녹색 부분이 하는 일(탄소의 저장)과 같은 방법으로 저장하고 있었다. 생명은 낙하하는 무게를 들어올리려는 노력과 같다. 생명이 할 수 있는 일이란 사실상 낙하를 늦추는 것뿐이다. 그러나 생명은 적어도 무게를 들어올린다는 일이 무엇인가를 우리에게 얼마만큼은 보여줄 수 있다.*13

이제 고압의 상태에서 증기로 가득 채워진 그릇이 있는데, 그 그릇의 벽 여기저기에 균열이 있어서 그곳으로부터 수증기가 새어나온다고 상상해보자. 공중으로 분출된 증기는 거의 남김없이 작은 물방울로 응축되어 낙하한다. 이러한 응축이나 낙하는 단순히 무엇인가의 소실이나 중단 또는 부족을 나타낼 뿐이다. 그런데 분출하는 증기의 일부는 일정한 순간 동안 응축하지 않고 그대로 있다. 그 증기는 떨어지는 물방울을 끌어올리려 하지만 기껏해야 낙하를 늦출 수 있을 뿐이다. 마찬가지로 무한히 큰 생명의 저장소로부터 끊임없이 분류가 솟아나오고, 그 분류는 낙하하면서 저마다 하나의 세계를 이룬다. 그 세계의 내부에 생존하는 종(種)의 진화는, 그러한 본디의 분류가 보였던 원초적 방향과, 물질성의 반대 방향으로 계속되던 추진력에서 비롯된 잔해를 나타낸다. 하지만 이러한 비교에 지나치게 구애받지 않도록 하라. 이러한 비교는 실재에 대해 매우 얄팍하고도 거짓된 이미지밖에는 주지 못한다. 왜냐하면 그릇의 균열과 수증기의 분출, 작은 물방울을 끌어올리는 작용은 모두가 필연적으로 결정되어 있는 반면, 세계의 창조는 자유 행위에 의해 이루어지고, 생명도 물질 세계의 내부에서 그러한 자유를 누리기 때문이다. 따라서 차라리 팔을 올리는 동작을 생각해 보자. 그리고 팔을 그대로 놓아두면 다시 낙하하지만, 팔에 생기를 넣어주는 어떤 의욕 같은 것이 존재해서 그것이 팔을 들어올리려고 노력한다고 가정해 두자. 이렇게 해체되어 가는 창조적 동작의 영상 속에서 우리는 물질에 대해 보다 정확한 표상을 얻는다. 그리고 우리는 생명 활동 속에서, 전도된 운동 속에 직접 운동이 잔존해있는 실재물, 즉 해체되는 실재를 통하여 형성되는 다른 실재를 보게 될 것이다.

우리가, 습관적으로 또 지성이 어쩔 수 없이 하였던 것처럼, 창조되는 사물들과 또 창조하는 사물에 대해서 생각해 보면, 창조의 개념에 포함된 모든 것은 온통 모호하기만 하다. 다음 장에서는 그러한 착각의 근원을 살펴보도록 하자. 그 착각은 우리의 지성 입장에서는 당연하다. 지성의 기능은 본질적으로 실용적이고, 변화나 행위보다는 오히려 사물이나 상태를 우리에게 표상해 주도록 되어 있기 때문이다. 그러나 사물과 상태란 생성 중에서 우리의 정신에 포착된 외관에 지나지 않는다. 결국 사물(정지된 물질)이란 없는 것이며, 있는 것은 행위(운동성의 물질)뿐이다. 특히 우리가 살고 있는 세계를 보다 상세히 고찰해 보면, 자동적이고 잘 결합된 그 전체의 엄격히 한정된 진화란 와해되고 있는 행동의 일부이고, 생명이 거기에서 재단하고 있는 예측 불가능한 형태와 예측 불가능한 움직임으로 연장될 수 있는 형태로서, 그것은 형성되고 있는 행위의 일부를 나타내고 있다는 사실을 발견하게 된다. 그런데 다른 이웃 세계도 우리의 세계와 유사하며, 또한 그곳에서도 모든 것이 동일한 양상을 띠고 형성되고 있다는 사실에 대해 믿을 만한 근거가 있음을 나는 알고 있다. 뿐만 아니라 나는 그 세계들이 모두 동시에 형성되지는 않았다는 사실도 알고 있다. 오늘날에도 응집되고 있는 성운을 관찰할 수 있으니 그 사실이 뒷받침되지 않는가. 만약 곳곳에서 같은 종류의 행동이 수행되고 있다면, 그 행동이 해체되는 행동이건 재구성하려고 시도하는 행동이건 간에, 세계가 커다란 불꽃처럼 분출되는 하나의 중심에 관하여 언급함으로써, —이 중심을 하나의 사물로서가 아니라, 계속되는 분출 과정으로 간주한다는 조건 아래—나는 이러한 개연적 유사성을 단순하게 표명한다. 이렇게 정의된 신은 완성된 존재라고는 하나도 가지지 못한 채, 다만 끊임없는 생명이며 행동이요 자유라고 하겠다. 따라서 창조는 그 어떤 신비가 아니다. 우리는 자유롭게 행동할 때 창조를 우리 자신 속에서 체험하고 있다. 사물이란 우리의 지성에 의한 응집 작용에서 비롯되며, 또한 지성이 형성한 사물이 있을 뿐 결코 다른 사물이 있을 수 없다. 따라서 현존하는 사물에 새로운 사물들이 첨가될 수 있다는 가정은 확실히 불합리하다. 그러므로 사물이 창조된다고 말한다면 그것은 결국 지성이 스스로 할 수 있는 것 이상을 자신이 할 수 있다고 주장하는 것과 같으므로, 자신과 모순되는 주장으로서 공허하고 덧없는 표상일 따름이다. 우리가 저마다 자신이 행동하는 것을 응시할 때 확인하는 바는, 바로 행동이 진전되면서 점차 확대되고 창조를 행한다는 점이다. 사물은 오성이 주어진 한 순간에 그러한 종류의 흐름(순간의 흐름) 속에서 행하는 순간적인 절단에 의하여 구성된다. 또 그 자체 내에서 이 절단을 서로 비교할 때는 신비스럽기만 하던 것이 이 흐름에 비춰보면 해명이 된다. 마찬가지로 창조 행위의 모든 양상들도 이러한 각도에서 관찰하면, 그 행동이 생명 형태의 유기적 구조에서 이루어지는 한에서는 신기할 정도로 단순화된다. 우리의 오성은 그러한 유기체의 복잡성과 실제로 무한히 다양한 분석과 종합 앞에서는 당황하여 후퇴한다. 설사 화학적이고 물리적인 힘의 간단하고 순수한 작용이 이러한 경이를 행한다 해도 우리는 믿을 수 없다. 어떤 심오한 뜻이 거기에 작용한다 해도, 소재없는 형태가 무형의 소재 위에 작용하는 영향력을 어찌 이해할 수 있겠는가?

그 난점은 이러한 데서 생긴다. 즉, 사람들이 공존하는 기존의 물질미립자를 정지 상태로 표상하며, 이러한 미립자들에 복잡한 유기적 조직을 갖다 씌울 어떤 외부 원인을 역시 정지 상태로 표상하는 데서 난점이 생긴다. 사실 생명이란 하나의 움직임(자연스런 질서에 의한 움직임)이며, 물질성은 그 반대의 움직임(원리적 반전에 의한 움직임)이고, 이 두 운동은 저마다 단순하다. 하나의 세계를 형성하는 물질은 불가분의 물결상태로서, 거기에서 생명체(최초의 생명체 덩어리)를 재단(응축)해내고 그 물질들의 물결을 가로 질러가는 생명 또한 불가분이다. 이 두 흐름 가운데 후자(생명체)는 전자 (물질물결의 흐름)를 방해한다. 그러나 그럼에도 전자의 흐름은 후자의 그 것으로부터 무언가를 얻는다. 따라서 이들 사이에서 타협안이 나오는데, 그 것이 바로 유기조직이라는 것이다. 이 유기조직은 우리의 감각과 지성에 대하여, 시간과 공간 속에서 각 부분들의 상호 외재적인 형태(parties extérieures)를 취한다. 우리는 세대(世代)를 가로지르면서 개체와 개체, 종과 종을 연결하고 생물의 모든 계열로부터 물질 위에 흐르는 단 하나의 거대한 물결을 만들고 있는 비약의 단일성에 대해 눈을 감아버린다. 뿐만 아니라, 각 개체 자체도 우리의 눈에는 분자의 집합체나 현상의 집합체처럼 보인다. 그 이유는 아마도 우리 지성의 구조에 있을 것이다. 우리의 지성은 외부로부터 물체에 작용하도록 만들어졌으며, 또한 이 작업을 수행하려면 실재의 흐름 속에서 그 흐름에 대해 순간적인 단절을 해야만 한다. 그런데 각각의 단편은 그 고정된 가운데에도 무한히 분할 가능한 것이 된다. 지성은 하나의 유기체 속에서 상호 외적인 부분밖에 인식할 수 없으므로, 다음 두 가지 설명 체계 중 어느 하나를 택할 수밖에 없다. 즉, 지극히 복잡한(따라서 지극히 정교한) 조직을 하나의 우발적인 집합으로 간주하든가, 아니면 이 현상을 그 요소를 형성하였음직한 어떤 외부 힘의 불가사의한 영향력으로 돌리는 것이다. 그러나 이러한 복잡화와 난해성도 모두 지성의 작품이다. 이미 완성된 전체만을 포착하고 그것도 외부로부터 볼 수밖에 없는 지성의 눈 대신, 정신으로 보도록 하자. 즉, 행동 기능에 내재하고 있는 직관 능력, 말하자면 의지가 자기 위에서 몸을 비틀 때 분출하는 그런 능력으로 관찰하도록 노력하자. 그러면 모든 존재들이 다시금 움직이게 될 것이며, 또한 모든 존재들이 움직임으로 변할 것이다. 지성이, 가령 진행 중인 행위의 고정된 영상에 작용함으로써 우리에게 지극히 복잡한 부분과 한없이 정교한 질서를 보여주면, 우리는 단순한 과정을 짐작하게 된다. 그 단순한 과정은 같은 종류의 과정을 가로지르는 하나의 행동으로 짐작되는데, 이는 마치 불꽃놀이의 마지막 불꽃이 꺼져버린 불꽃으로부터 떨어지는 파편을 헤치고 만들어 내는 길과 같다.

이와 같은 관점에서 볼 때, 우리가 앞에서 소개한 바 있는 생명 진화에 관한 일반적 고찰은 분명해지며 또한 보충될 것이다. 우리는 이런 생명 진화의 부수적인 것과 본질적인 것을 보다 명백히 규명할 수 있을 터이다.

우리가 말하는 생명의 비약이란 요컨대 창조의 요구이다. 그렇지만 그 생명의 비약에 의해서는 절대적 창조는 행해질 수 없다. 그 이유는 물질, 즉 생명 자신의 운동과 반대인 운동이 그 앞에 도사리고 있기 때문이다. 그러나 생명이 비약할 때는 그러한 물질을 포착하려고 하며, 불확정성과 자유성을 되도록이면 많이 도입하려고 한다. 그러면 생명의 약동(비약)은 어떻게 그 일을 해 나갈 것인가?

앞에서 말한 바와 같이, 생물의 계열에서 고등동물이라 함은 대체로 소화, 호흡 및 순환계 등에 감각·운동의 신경계를 갖춘 존재로 대표될 수 있다. 소화·호흡·순환계는, 감각·운동 신경계를 청소·수리·보호하고 가능한 한 외적 환경으로부터 독립시키는 구실을 한다. 그러나 특히 중요한 임무는 신경계통에 에너지를 공급하여 운동에 소비하도록 하는 일이다. 그러므로 유기체가 점점 복잡해지는 원인은, 논리적으로는(진화하는 도중에 우연히 발생한 수많은 예외에도 불구하고) 신경계통을 복잡화하는 필연에서 기인한다. 또 한편으로, 유기체의 어느 일부의 복잡성은 각기 다른 부분의 복잡화를 초래한다. 신체의 한 점에서 일어난 변화는 전체에 영향을 주기 마련이고, 그 부분 또한 마땅히 생명을 유지해야 하기 때문이다. 따라서 복잡화는 모든 방향으로 무한히 뻗어 나갈 수 있다. 그러나 사실상 꼭 그렇지는 않더라도 권리상 다른 계통들을 좌우하는 당사자는 바로 신경계통의 복잡성이다. 그러면 신경계통 그 자체의 발전은 무엇으로 이루어지는가? 그 답은 자율 활동과 의지 활동의 동시적인 발전에 있으며, 이때 전자는 후자에게 적당한 도구를 제공한다. 그러므로 우리 인간과 같은 유기체 내에는 엄청난 수의 운동 구조들이 골수나 연수 속에 설치되어 있어서, 신호만 내리면 즉시 그에 상응하는 동작을 가동한다. 몇몇 경우에 의지는 그 유기체 내 운동 구조 자체를 설치하는 데 사용되며, 또 다른 경우에는 행동을 촉발할 구조 자체, 그리고 이들을 함께 결합하는 방식과 그 행동 순간을 선택한다. 동물의 의지는, 그 선택 대상의 구조 수가 많고 모든 운동의 신경전달로가 교차되는 분기점들이 보다 다양한 정도에 비례하여, 즉 대뇌가 보다 발전되어 있는 정도에 비례하여 효과적이고 강력해진다. 그리하여 신경계통의 진보는 동작에 대해 보다 큰 정확성과 다양성, 유효성, 그리고 독립성을 보장한다. 유기체는 점차, 마치 탄성고무로 만들어져 매순간 그 모든 부분의 형태를 변경시킬 수 있기라도 하듯이, 새로운 동작 하나하나를 위해 그 전체가 구성될 수 있는, 작동하는 기계처럼 움직인다. 그러나 신경계통의 출현에 앞서 본디 의미의 유기체가 형성되기도 전에, 이미 아메바의 미분화된 덩어리 속에서 이 동물생명의 본질적 특성은 드러나 있었다. 아메바는 일정치 않은 여러 방향으로 자신을 변형시킨다. 그러므로 발달된 동물에서는 각 부분의 분화로 인해 감각·운동계통에 국한되어 이루어지는 운동을 아메바는 온몸으로 행한다. 이는 지극히 초보적인 방법으로 이루어므로 자연히 아메바는 고등유기체의 복잡성을 취하지 않아도 된다. 이 경우에는 보조요소가 운동요소로 에너지를 전달할 필요가 없다. 그 동물은 분화되지 않은 채로 움직이고, 역시 분화되지 않은 채로, 자신이 섭취하는 유기물질을 매개로 에너지를 구한다. 그러므로 동물의 계열을 내려가 보든 올라가 보든, 동물 생활이란 어디서나 변하지 않음을 발견할 수 있다. 동물 생활이란 (1)에너지를 손에 넣고 저장하는 데 있으며, (2)되도록 유연한 물질을 매개로 하여 변화 가능하고 예측 불가능한 여러 방향으로 에너지를 소비하는 데 있다.

그러면 에너지는 어디서 생기는가? 바로 섭취된 양분에서이다. 양분이란 일종의 폭약이므로, 불티만 튀면 자신이 축적하고 있는 에너지를 발산한다. 이 폭약을 제조하는 것은 무엇인가? 동물의 살이 그 에너지 발산 폭약의 양분이 될 수도 있고, 이 동물 또한 그 전에는 다른 동물에게서 영양을 취했을 것이며, 이러한 순환은 계속될 것이다. 그러나 마지막에 이르는 곳은 결국 식물이다. 오직 식물만이 진정으로 태양에너지를 받아들인다. 동물들은 태양에너지를 식물로부터 빌려올 뿐이고, 그 방법은 직접적이거나 또는 다른 동물을 우회하는 식이다. 그러면 식물은 이 에너지를 어떻게 축적하는가? 주로 엽록소 작용을 통해서이다. 즉, 아직 알 수는 없으나, 우리의 실험실에서 보는 화학작용과는 다른 듯 보이는 그 어떤 독특한 화학작용에 의한 것이다. 그 작용은 태양에너지를 사용하여 이산화탄소로부터 탄소를 분리·응고시켜 저장하고 있다. 마치 우리가 높은 저수지에 물을 채워 그 물의 낙차로써 에너지를 얻는 일과 마찬가지로 이 에너지를 구한다. 높은 곳에 올려진

물은 사람들이 원하는 바에 따라 적당한 시기에 물방아나 터빈을 가동시킬 것이다. 응고된 각 탄소 원자는 높은 곳에 위치한 물의 무게나, 또는 이산화탄소 안에서 탄소와 산소를 결합시켜 묶어놓았던 고무줄의 장력 같은 그 무엇을 나타낸다. 이때 신호를 보내 탄소를 산소와 다시 결합하게 하면, 고무줄이 느슨해지고 물이 낙하하듯이, 저장된 에너지가 본디 형태로 돌아갈 것이다.

그러므로 동물이건 식물이건 간에 모든 생명은, 본질적으로 에너지를 축적하여 이를 다시금 유연하고 가변적인 배수관 속에 풀어놓고, 그 에너지를 그 배수관의 말초기관에까지 보내려고 노력한다. 이 말초기관에서 생명은 무한히 다양한 작업을 수행할 것이다. 이 작업이 바로 생명이 비약할 때, 물질의 물결을 횡단하면서 단번에 해내기를 바라는 바이다. 만약 그 힘이 무한하거나 또는 그 어떤 도움이 외부로부터 주어질 수 있다면, 생명의 비약은 이 일을 성공시킬 수도 있을 것이다. 그러나 비약은 유한하고 기회는 한 번밖에 주어지지 않는다. 그 약동(비약)이 모든 장애물을 극복할 수는 없다. 약동이 일으키는 움직임은 때로는 빗나가거나 분산되어 항상 저항을 받으므로, 유기적 세계의 진화라는 것도 결국은 이 투쟁의 전개에 지나지 않는다. 최초의 커다란 분열은 식물계와 동물계를 가른 분할이었다. 그 두 가지 세계는 지금 상호보완관계에 있지만 협조하지는 않는다. 식물이 에너지를 축적하는 것은 동물을 위함이 아니라 바로 자기의 소비를 위함이다. 그러나 식물이 스스로 하는 소비는, 본질적으로 자유로운 행위를 지향하는 생명의 첫 약동이 요구하던 소비보다는 결과적으로 보다 덜 불연속적이고, 보다 덜 집중적이며, 또 덜 효과적이다. 하나의 유기체가 똑같은 힘으로, 에너지를 서서히 축적해가는 역할과 급격히 사용하는 역할을 동시에 해낼 수는 없었다. 이러한 이유에서 어떤 외부의 간섭 없이 본디의 약동이 지니는 이중 경향과 비약에 대한 물질의 저항과의 결과만으로서, 유기체들 중 어떤 유기체는 식물 방향으로, 또 어떤 유기체는 동물 방향으로 그 스스로 기울어졌던 것이다. 이러한 대분열에 이어 다른 많은 분열이 일어났다. 이로부터 진화의 노선들 가운데 적어도 본질적인 요소들을 포함한 선은 그 끝이 넓게 벌어지게 되었다. 그러나 우리는 여기서 모든 종류의 후퇴와 정지와 우연을 고려해야 한다. 그리고 더욱이 잊어서는 안 될 점은, 어떤 종이든 생명의 일반 운동이 자기 자신을 통과해 간다기 보다는 마치 그 종(種)에서 머무는 듯 행동한다는 사실이다. 종은 저마다 자신만을 생각하며, 자신만을 위해 살고 있다. 이로부터 헤아릴 수 없는 투쟁이 자연을 무대로 하여 비롯되는 것이다. 거기에서 격렬하고도 충격적인 부조화가 탄생된다. 그러나 그런 부조화에 대한 책임을 생명의 원리 그 자체에게 돌릴 수는 없다.

이렇게 보면, 우연이 진화에서 차지하는 역할은 크다. 채용된 여러 형태들, 정확히는 발명된 여러 형태들은 대개 우연한 것이다. 어느 때 어느 장소에서 장애에 부딪히자 그 방해와의 관계에서 본디의 경향은 우연하게 분파하여 여러 가지 상호보완적인 경향이 되고, 그 경향이 진화의 선들의 끝을 갈라지게 했다. 정지와 후퇴도, 또 크게 보면 적응도 우연이다. 필연적인 사실은 다음 두 가지뿐이다. 즉 (1)에너지가 서서히 축적된다는 사실과 (2)그 에너지를 신축성 있는 배수관에 넣고 일정치 않은 방향으로 흐르게 하여, 그 출구에서 자유롭게 나아가도록 한다는 사실이다.

이러한 이중적인 성과는 지구상에서는 일정한 양식에 의해 획득되었다. 그러나 다른 방법을 썼더라도 그 결과는 마찬가지였으리라. 생명은 본디 이산화탄소의 탄소에 눈독을 들일 필요는 없었다. 생명에게 본질적인 요인은 태양에너지를 축적하는 일이었다. 따라서 생명은 태양에게, 예컨대 산소와 탄소 원자를 서로 분리시키라고 요구하는 대신에(최소한 이론적으로는, 그리고 극복할 수 없을지도 모르는 시행상의 난점을 제외한다면) 별개의 화학적 원소를 제공할 수도 있었을 것이다. 그러면 전혀 다른 물리학적 방법에 의하여 생명은 여러 다른 화학 원소를 결합시키거나 분리시켜야 했을 것이다. 또한 유기체의 에너지원을 이루는 지표 원소가 탄소가 아닌 다른 물질이었다면, 아마도 조형물질의 지표 원소도 질소가 아닌 다른 물질이었으리라. 따라서 생화학도 지금과는 심히 다른 모습이었을 것이다. 그 결과 생물 형태도 우리가 보아온 모습과는 다른 모습이었을 테고, 해부학이나 생리학도 아주 다른 것이 되었으리라. 그러나 감각·운동 기능만은 그 구조는 다를지라도, 최소한 그 작용은 여전했을 터이다. 그러므로 다른 행성이나 다른 태양계에서도 우리가 전혀 알 수 없는 형태로, 우리의 생리학 관점으로 보면 절대적으로 혐오감을 줄 것 같아 보이는 신체 조건을 가진 생명이 살아가고 있으리란 가정은 있음직한 일이다. 그리고 주로 폭발적 행동에 사용할 에너지를 얻는 일이 생명의 목적이라면, 이 생명은 어느 태양계에 속하든, 그리고 어느 행성에 있든 간에 분명히 지구에서와 마찬가지로 자신에게 주어진 조건 아래에서 그 성과를 얻기 위한 가장 적절한 방법을 취했을 것이다. 적어도 유추해본 바로는 그러하다. 지구와는 다른 조건이 주어진 곳에는 생명이 있을 수 없다는 단언은, 이러한 추리를 역으로 사용하는 것이다. 생명은 에너지가 카르노의 법칙에 의해 지적된 비탈면을 내려오고 있는 곳, 그리고 반대 방향으로부터 한 가지 원인이 그 하강을 늦추는 곳이라면 어디에서나 가능하다. 아마도 모든 별들에 속한 모든 세계들에서 생명은 가능할 것이다. 더 구체적으로 언급해 보자. 생명을 반드시 유기체 안에 집중되고 한정되었다고 할 필요는 없다. 이른바 유기체는 에너지 유통에 대해 탄력적이지만 일단은 완성된 배수관을 제시하고 있는, 이미 결정된 육체에 집중되고 한정되어야 할 필요는 없는 것이다. 비록 구체적으로 상상하기는 어렵다 하더라도 에너지는(생체기관들 이외의 부분에도) 저축되어 있다가, 아직 고체화되지 않은 물체를 가로질러 흐르는 여러 노선을 따라 소비될 수도 있다고 생각한다. 이곳에서도 역시 에너지의 완만한 축적과 급속한 방출이 있을 테니, 생명의 모든 본질은 아마 여기에 있는 것 같다. 이러한 막연하고 유동적인 생명 형태와 우리가 이미 알고 있는 확정된 생명 형태의 차이점이란, 우리의 심리적 생활 속에서 꿈꾸는 상태와 깨어 있는 상태의 차이점과 거의 다를 바 없다. 반대 운동에 의해 성간물질이 출현하는 바로 그 순간에 생명이 비약한다는 것이 사실이라면, 물질의 고체화가 달성되기 이전, 우리의 성운체 속에서 생명의 조건은 그와 같을 수 있었을 것이다.

그러므로 생명은 전혀 다른 외형을 취할 수 있었고, 우리가 아는 바와는 전혀 다른 형태를 그릴 수 있었으리라 생각된다. 화학적 기체(基體)가 다르고 물리적 환경이 다르다면, 생명의 추진력이 여전히 같은 것으로 남아 있다고 해도 진행 과정에서 전혀 다르게 갈렸을 것이며 전체적으로 볼 때 전혀 다른 길을 걸어갔을 수 있다. 그 길은 더 나을 수도, 더 못할 수도 있다. 여하튼 생물 전체의 계열 중에서 그 어느 항도 현재와는 같지 않았을 것이다. 그런데도 불구하고 그 계열과 항이 존재할 필요가 있었을까? 유일한 약동(비약)이 유일한 신체에 전도되어 무한정 진화하지 않았던 까닭은 어째서일까?

그러한 의문이 생기는 것은 생명을 약동에 비유하기 때문임에 틀림없다. 사실 생명은 약동에 비유할 수밖에 없다. 물리적 세계로부터 이미지를 빌려 보면, 약동만큼 생명과 비슷한 개념을 부여하는 관념은 없기 때문이다. 그렇다 하더라도 약동이란 하나의 이미지에 지나지 않는다. 생명은 실제로는 심리적인 범주에 속한다. 그리고 심리적인 요소들은 수많은 항들을 상호 투입시키면서 혼연하게 내포하는 본성을 갖는다. 분명한 다양성이라는 개념을 (현실적으로) 가능하게 하는 것은 의심할 여지 없이 공간뿐이다. 거기서 한 점은 다른 점에 대해 절대적으로 외적이다. 그런데 순수하고 공허한 단일성이라는 것도 공간 안에서만 존재한다. 그 순수하고 공허한 단일성이란, 하나의 수학적 점이다. 공간성과 지성은 서로가 서로를 모방한 속성이어서 추상적인 단일성이나 다양성은, 이를테면 공간의 한정이나 오성의 범주가 된다. 그러나 심리적인 성격의 것은 공간에 꼭 적용되지도 않으며, 또한 전혀 오성의 범주에도 들어가지 않는다. 나의 인격은 어떤 주어진 한 순간에 단일한가, 아니면 다양한가? 내가 이 순간의 인격을 단일하다고 선언하면 내면의 목소리, 즉 나의 개체성을 공유하고 있는 온갖 표상과 감각과 감정의 목소리가 들고 일어나 이를 반대한다. 그러나 내가 이를 다양하다고 해도 내 의식의 저항은 여전하다. 나의 여러 감각과 감정 그리고 생각이란, 나 자신에 대해 행하는 추상작용이며, 나의 상태는 저마다 다른 모든 상태들을 포함한다고 의식이 주장한다. 따라서 나는 다양한 단일성이며, —언어는 오성(지성적 능력)만의 것이어서 오성의 언어를 채용할 수밖에 없으므로 동시에 단일한 다양성이다.*14 그러나 단일성이나 다양성은, 자신의 범주들을 나에게 집중시키고 있는 오성이 나의 인격에서 포착한 외관에 지나지 않는다. 비록 이 둘이 모이면 내가 나 자신 속에서 발견하는 이러한 융합과 연속을 근사하게 모방할 수도 있으나 나는 그 둘 중 어느 편에도 속하지 않으며, 또한 동시에 속하지도 않는다. 나의 내적 생명은 이와 같으며 생명 일반 또한 그러하다. 생명은 물질에 접촉해 있는 동안은 추진력 내지는 약동에 비유될 수 있지만, 생명 그 자체로 생각해 볼 때는 측정할 수 없는 잠재력이며, 수백 수천의 경향이 그 생명 속에서 서로 잠식하고 있다. 단지 그것이 '수백 수천' 개의 경향이 되는 시점은 상호관계에 있어서 외부화, 즉 공간화되고 난 다음이다. 그래서 물질과의 접촉이 이러한 분파의 결정적인 요인이 된다. 물질은 잠재적 다수에 지나지 않았던 것을 현실적 다수로 분할한다. 또한 이런 의미에서 개체화의 일부분은 물질의 작용이며, 다른 일부분은 생명 자체가 지닌 바의 결과이다. 시심(詩心)의 경우도 마찬가지로, 한 가닥의 시심을 전개하여 분명한 절이 되고, 분명한 행이 되며, 분명한 말이 될 때, 그것은 그러한 개개의 요소를 많이 포함하고 있다고 말할 수 있다. 그러나 그런 다수를 만들어 내는 요인은 언어의 물질성이다.

그러나 시(詩) 전체를 이루는 단일한 영감은 낱말과 행과 절을 관통하여 흐르고 있다. 그와 같이 분리된 개체 사이에서 생명은 순환하고 있다. 개체화되는 경향은, 어디서든지 그와 연합하려는 적대적인 경향의 도전을 받는 동시에 완성된다. 마치 생명이라는 다양한 단일성은 다수의 방향으로 잡아당겨 늘려지면 그만큼 더 자기를 향하여 수축하려고 노력하는 듯하다. 부분은 분리되자마자, 나머지 전체는 아니라 해도 자기와 가장 가까운 곳에 있는 부분들과 다시금 결합되고자 노력한다. 이로써 생명의 온 영역을 통해 개체화와 연합 사이에 균형이 유지된다. 개체가 모여서 사회가 된다. 그런데 사회는 형성되자마자 그곳에 연합되어 있는 개체들을 새로운 유기체로 융합시킨다. 그러면 이번에는 그 사회가 하나의 개체로 되어 새로운 연합의 구성원이 될 수 있을 것이다. 유기체의 가장 낮은 단계에서도 이미 진정한 의미의 연합 현상이 눈에 띈다. 그것은 미생물의 취락(聚落)으로서, 이에 대하여 최근 연구된 결과를 받아들인다면, 이 연합에는 핵을 구성하여 개체화되려는 경향이 나타나고 있다.[*15] 같은 경향이 비교적 고등한 유기체, 이를테면 원생식물에서도 눈에 띈다. 원생식물은 모세포로부터 분열되어 나와도 그들 표피를 감싸고 있는 젤라틴 물질에 의해 여전히 서로 결합되어 있으며, 마찬가지로 원생동물도 처음에는 우선 서로 위족을 한데 섞고 있다가 결국에는 서로 붙게 된다. 고등유기체의 기원에 관한 '취락설'도 알려져 있다. 그 이론에 따르면 단세포로 구성된 원생동물이 연합하여 취군(聚群)을 형성한 뒤, 다시 그들 취군이 접근하여 취군의 취군을 만들어낸다. 고등유기체도 그러한 방식(하위 단체들의 연합의 반복방식)으로 분화하여, 거의 분화되지 않은 요소유기체의 연합으로부터 태어나서 더욱더 복잡하게 되고, 더욱더 분화되어 왔을 것이다.[*16] 그러나 이렇게 극단적인 형태로 제시된 견해는 심한 반론을 불러일으켰다. 절충유론은 이상한 예외의 경우라는 생각이 점차

유력해가고 있는 듯하다.*17 그러나 오히려 지나온 과정으로 보아, 모든 고등 유기체는 세포가 서로 일을 분담하고 연합함으로써 태어난 듯이 보인다. 하지만 실은 세포가 연합하여 개체를 만든 것이 아님은 분명한 듯하다. 오히려 개체가 분열하여 그들의 세포를 만들었다고 하겠다.*18 그런데 이 사실로 분명해지듯이, 우리에게 개체의 생성이란 곧 사회 형식이라는 관념이 머리에서 떠나지 않는다. 개체는 자기발달을 위해 자기의 실질을 각 요소로 분열되게 하며, 더구나 그들의 요소가 각각 외관의 개체성을 가지고 외관의 사회성으로 서로 연결(적응)되도록 해야만 할 것처럼 보인다. 자연이 두 형태 사이에 서서 사회를 구성할까, 아니면 개체를 이룰까 망설인다고 생각되는 경우가 많다. 이때 개체 생성에 있어 둘(개체성에 의하느냐, 사회성에 의하느냐)의 평형을 어느 한쪽으로 기울게 하려면 아주 미세한 추진력으로도 족하다. 가령 나팔충과 같이 상당히 큰 적충을 잡아, 이것이 각기 핵의 일부를 포함하도록 둘로 자르면, 각각의 반쪽은 저마다 하나의 독립된 나팔충으로 재생한다. 그러나 이 곤충을 완전히 자르지 않아 두 개의 반쪽 사이에 원형질이 유통하도록 내버려두면, 우리는 그 두 개가 완전히 협조적인 운동을 하게 됨을 본다. 다시 말해 여기서는 한 가닥의 실을 지속시키느냐 자르느냐 하는 것만으로도 생명이 사회적 형식을 꾸미도록 할 수 있고, 개체적 형태를 이루도록 할 수도 있다. 그렇게 단세포로 이루어진 발육이 불완전한 유기체의 경우에서 이미 확인되듯이, 전체를 나타내는 외관의 개체성은 정해지지 않은 수의 잠재적 개체가 연합하여 이루어진 복합물이다. 그런데 그러한 법칙이 생물계열을 하위에서부터 상위에까지 나타나고 있다. 이를 다음과 같이 표현해 보았다. 즉, 단일과 다수는 무생물의 카테고리에 속하며, 생명의 약동은 순수한 단일도 다수도 아니다. 또한 생명의 약동 시에는 그 비약 작용을 받은 물질이 그에 강요받아 단일이나 다수의 어느 쪽을 선택하지만, 그 선택은 결코 결정적인 선택일 수 없다. 약동은 한쪽에서 다른 한쪽으로 끊임없이 도약할 것이다. 그러므로 생명의 진화가 분화와 연합이라는 이중 방향으로 나아갈 수 있는 현상은 조금도 우연적이지 않다. 그 양쪽 현상들은 생명의 본질 그 자체에 기인한다.

반성에 이르는 전진(의지적 전진) 역시 본질적이다. 우리의 분석이 정확하다면, 생명의 근원은 바로 의식이다. 또는 초의식이라는 편이 더욱 적절할는지도 모르겠다. 의식 또는 초의식이란 커다란 불꽃이며, 그 불 꺼진 파편들은 다시금 물질로 되돌아온다. 그 파편을 관통하면서 그 파편을 유기체로 조명해주고 불꽃 자체로부터 잔존하는 당사자 역시 의식이다. 그런데 이 의식은 창조의 요구이므로, 창조가 가능한 곳에서만 창조의 요구에 따라 분명히 나타난다. 생명이 무의식적 동작만 할 때 의식은 잠을 자고 있다. 선택의 가능성이 다시 나타날 때 그 의식은 잠에서 깨어난다. 신경계통이 존재하지 않는 유기체 안에서도 그 유기체가 자유로이 변형과 이동을 행할 수 있는 능력에 비례하여 의식도 변화한다고 하는 까닭은 바로 그러한 이유 때문이다. 그리고 신경계통을 지닌 동물의 의식은 이른바 감각신경 전달로와 운동신경 전달로가 교차되는 분기점의 복잡성에, 즉 대뇌의 복잡성에 비례한다. 그러면 이러한 유기체와 의식의 연대성을 어떻게 이해해야만 하는가?

　이전의 연구에서 탐구한 바 있는 사항을 강조하지는 않겠다. 단지 한 가지만을 떠올려 보자. 그것은 의식이 가령 몇 개의 신경세포에 부착되어 있으며, 이들 신경세포의 작용에 의해 인광(燐光)처럼 자신의 작업으로부터 부각된다는 이론은 그 분석의 세밀함 덕분에 학자의 인정을 받을 수 있다는 사실이다. 그런데 이는 설명의 편의를 위한 방법일 뿐 그 이상은 아니다. 실제로 한 생물체는 하나의 운동중추이다. 그 생물체는 세계에 도입되는 일정량의 우연성, 즉 일정량의 가능한 행위를 반영한다. 그리고 그가 도입하는 우연성의 양은 개체에 따라 다르고, 특히 그 종류에 따라 변한다. 동물의 신경계통은 유연성 있는 선을 그으며, 그 선 위로 동작이 질주한다(비록 방출될 잠재에너지가 신경계통보다는 오히려 근육에 축적되더라도). 신경중추는 행동의 선택을 지시한다. 그리고 자신의 신경중추 발달과 형세에 따라 많은 수의 범위를, 그리고 복잡한 행동 가운데에서 그가 갖고 있는 선택의 범위를 시사해 준다. 그런데 생물체에서 의식의 각성은 자신에게 주어진 선택의 범위가 크면 클수록, 그리고 부여된 행동의 양이 많으면 많을수록 더욱더 완전해지므로, 의식의 발달은 신경중추의 발달 정도에 준하고 있음이 분명하다. 한편 의식의 상태란 모두가 어느 면으로는, 운동에 관련된 문제인 동시에 답변의 실마리이기도 하다. 따라서 대뇌피질의 작용을 내포하지 않는 심리적 현상은 하나도 없다. 그러므로 의식은 마치 뇌에서 분출되는 듯이 보이며, 의식 활동의 세부 사항은 뇌 활동을 본보기로 하는 듯이 보일 것이다. 그러나 실제로 의식은 뇌에서 분출되지 않는다. 오히려 의식과 뇌는 서로 상응한다. 그 이유는 생물체에 부여된 자유로운 선택의 양을, 뇌는 그 구조의 복잡성으로, 의식은 그 자신의 각성의 강도로 나타내주기 때문이다.

뇌의 상태는, 단순히 이에 상응하는 심리 상태 속에서 발생되는 동작을 표현한다. 바로 이 때문에 심리 상태는 뇌의 상태보다도 여러 가지를 더 자세히 가르쳐준다. 우리가 다른 저서에서 이미 이를 증명하려고 시도한 바와 같이, 한 생물체의 의식이란 뾰족한 칼과 그 끝이 불가분의 관계를 맺고 있는 이치와 동일한 의미에서, 그 생물체의 뇌와 불가분의 관계를 맺고 있다. 뇌는 바로 이 예리한 칼 끝이며, 의식은 그 뇌를 통하여 사건의 빽빽한 조직을 꿰뚫는다. 그러나 칼끝이 칼과 똑같이 생기지 않은 것처럼, 뇌도 의식과 그 생김이 다르다. 그러므로 원숭이와 인간의 뇌가 서로 많이 닮았다는 사실만으로, 양자에 대응되는 의식을 비교할 수 있다거나 같은 척도로 측정할 수 있다고 결론 지을 수는 없다.

어쩌면 그 두 가지 두뇌는 우리가 생각하는 것보다 덜 유사할지 모른다. 새로운 운동을 궁리해 내는 능력은 가장 재주 있는 동물의 경우, 예컨대 원숭이의 경우에도 눈에 띄게 한정되어 있다. 그런데 인간은 어떠한 작업도 습득할 수 있고, 어떠한 물건도 제작할 수 있고, 결국 어떠한 운동 습관도 터득할 수 있다. 이 사실에 어찌 놀라지 않을 수 있겠는가? 인간의 두뇌 특징은 여기에 있다. 모든 두뇌가 그러하듯 인간의 뇌도, 운동 장치를 설치하고, 어느 순간에든지 우리로 하여금 그 장치들 중에서 선택하여, 이를 촉발 작용으로 움직일 수 있도록 되어 있다. 그러나 설치할 수 있는 장치의 수에 있어서, 선택의 자유를 부여하는 촉발 장치의 수가 무한하다는 점에서 인간의 두뇌는 다른 두뇌들과 다르다고 하겠다. 한정된 것과 무한정한 것의 사이에는 폐쇄된 것과 개방된 것 사이와 같은 간격이 있다. 그것은 정도의 차이가 아니라 본성의 차이이다.

결과적으로 아무리 지적인 동물의 의식이라도, 동물의 의식과 인간의 의식은 역시 차이가 매우 심하다. 왜냐하면 의식은 생물체가 자유로이 행사할 수 있는 선택 능력과 정확히 부합되기 때문이다. 의식은 실제의 행동을 감싸고 있는 가능한 행동들의 무리와 외연(外延)이 같다. 발명, 자유는 의식과 동의어이다. 그런데 동물에게 발명은 습관적 행위의 주제에 대한 변주곡일 뿐, 그 이외에는 아무것도 아니다. 종(種)의 습관 속에 파묻혀 있는 동물이 때로는 자신의 개체성을 통해 이 습관의 벽을 밀어내는 수도 있다. 그러나 그 무의식적인 동작에서 탈출하는 것은 한 순간, 즉 새로운 무의식적 동작을 창조하는 순간에 지나지 않는다. 그 감옥(습관의 감옥)의 문은 열리자마자 다시 잠긴다. 자신을 묶고 있는 사슬을 잡아당겨 보아도 그 길이만 늘어날 뿐이다. 그러나 인간의 경우는 의식이 그 사슬을 끊는다. 의식은 오직 인간에 한해서만 자기를 해방한다. 이때까지만 해도 모든 생명의 역사는 물질을 들어올리려고 하는 노력으로 일관된 역사였으며, 또한 다시 낙하하는 물질이 의식을 거의 완전히 짓누르는 역사였다. 시도와 노력이라는 말을 은유적이 아니게(즉, 현실에 비유하지 않고 막연한 시간에 의해) 표현할 수 있다면, 그러한 시도는 역설적이다. 실제 문제는, 필연 그 자체이기도 한 물질로부터 자유의 도구를 창조하는 일, 기계 장치를 뛰어넘는 기계를 제작하는 일, 그리고 자연의 결정성이 쳐놓은 그물 사이를 통과하는 데 그 자연의 결정성을 사용하는 일이었기 때문이다. 그러나 인간을 제외한 다른 종에서는, 의식은 그물에 걸려들어 그 사이를 통과하지 못했다. 의식은 자신이 설치한 장치에 사로잡히게 되었다. 의식이 자유로운 방향으로 이끌고 가겠다고 하던 기계적 동작은, 도리어 의식 주위를 맴돌다가 의식을 끌고 간다. 의식은 그것에서 벗어날 힘이 없다. 동작을 위해 비축하여 놓았던 거의 모든 에너지를, 자신이 물질을 유도해 갔던 불안한 평형, 즉 매우 예민하고 본질적으로 불안한 평형을 유지하는 데 써버렸기 때문이다. 그러나 인간은 자신의 기계를 보존하고 있을 뿐만 아니라, 그 기계를 자기 의도에 따라 사용하기에 이르렀다. 인간으로 하여금 무제한 수의 운동 장치를 조립하고, 낡은 습관에 대하여 새로운 습관을 계속 대립시키며, 무의식적 동작을 그 자체와 대립시켜 분할하고, 그것을 지배하도록 해주는 것은 분명 인간 두뇌의 우월성 덕분이다. 그리고 또한 인간이 가지고 있는 언어의 덕분이다. 언어는 의식에 비물질적인 형체를 제공하여 거기에서 자신을 구현하고, 의식으로 하여금 오로지 그 물적 형체에만 의지하지 않아도 되게 해준다. 덕분에 의식은, 물질의 흐름에 처음에는 끌려가다가 이윽고 먹혀버린다는 파국에 빠지지 않을 수 있다. 그것은 또한 사회생활의 덕이기도 하다. 언어가 사고를 비축하듯이 사회생활은 개인의 노력을 모아 저장함으로써, 그 평균 수준을 확정하여 개인으로 하여금 단번에 그 수준에 올라서도록 한다. 그리고 이러한 최초의 자극을 통해 평범한 인간이 잠들지 않도록 하고, 우수한 사람들을 더욱 높이 오르도록 밀어준다. 그러나 우리의 두뇌와 사회, 그리고 언어란 하나의 동일한 내적 우월성을 다양하게 나타내는 외부적 징조에 지나지 않는다. 이 징조들은 저마다 자기 나름의 방법으로 생명이 그 진화 과정 중 어느 한 순간에 이룩한 보기 드문 특출한 성과를 대변한다. 이 징조들은 단순히 정도의 차이뿐만 아니라, 인간과 기타 동물을 구별 짓는 본성의 차이를 보여준다. 이들을 통해 우리는 생명이 도약한 바 있는 넓은 도약대의 끝에서 다른 모든 동물들은 줄이 너무 높이 달려 있다며 내려와 버렸지만, 오직 인간만이 그 장애물을 뛰어넘었음을 짐작할 수 있다.

인간이 진화의 '마지막'이며 '목적'이라는 것은 전적으로 이러한 특별한 의미에서이다. 앞에서 말했지만, 생명은 다른 범주와 마찬가지로 목적성도 초월한다. 생명은 본질적으로 물질을 관통하는 흐름이며, 또 그 물질로부터 가능한 것을 얻는다. 그러므로 어떠한 계획이나 설계도 없다는 말이 적절한 표현이다. 한편 자연이 인간을 위해 존재하는 것이 아님은 너무나도 자명하다. 우리는 다른 종들과 마찬가지로 투쟁하고 있고, 또 투쟁해 왔다. 결국 생명의 진화가 도중에 다른 돌발사건에 부딪혀, 그로 인해 생명의 흐름이 달리 갈라졌다면, 우리는 육체적으로나 정신적으로 지금의 우리와는 전혀 다른 무엇이 되어 있을 것이다. 이러한 여러 가지 이유에서, 만약 어떤 사람이 우리가 지금 눈으로 보고 있는 인류를 진화의 움직임 속에서 미리 형성되어 있었다고 생각한다면 그것은 잘못이다. 그뿐만 아니라 인류가 모든 진화의 결과물이라고도 말할 수 없다. 왜냐하면 진화는 여러 상이한 선상에서 이루어졌으며, 인류가 그중 어느 한 선의 끝에 다다른 것이라면, 다른 종들은 다른 선들의 마지막 부분을 달리고 있기 때문이다. 따라서 우리가 진화란 인류를 위해 존재한다고 간주하는 것은 이와는 전적으로 다른 의미에서이다.

이러한 관점에서 생명은 대체로 하나의 커다란 물결 파장처럼 보인다. 그 파장은 어느 한 중심으로부터 퍼져 나가다가, 그 원 둘레의 전체에 거의 미치면 정지하고는 즉시 진동으로 변한다. 결국 그 추진력은 어느 한 점에서만 장애물의 저항을 밀어내고는 자유로이 그 원의 파장을 통과하였다. 인간의 형태가 기록하는 것은 바로 이런 자유이다. 인간을 제외한 다른 종들은 그 의식이 막다른 골목으로 몰려 꼼짝도 못한다. 오로지 인간의 경우에만 의식은 자신의 길을 추구해 왔다. 그러므로 비록 인간은 생명이 지니고 있던 모든 것을 자기와 함께 이끌고 가지는 못할지라도 한없이 생명의 움직임을 계속하고 있다. 다른 진화의 갈래에서는 생명이 품고 있던 다른 경향들이 그 갈래 길을 개척하였다. 물론 모든 것은 서로 침투해 있으니 인간도 분명 그러한 경향의 일부를 보존하였을 테지만, 그것은 너무나도 적은 부분에 지나지 않았다. 인간이 지닌 진화의 경향은, 인간이라 불러도 좋고 초인간이라고 불러도 좋을 유동적이며 모호한 존재가 자기 구현을 위해 노력하는 식으로, 또 거기까지 도달하기 위해서 어쩔 수 없이 자신의 일부를 포기해야만 했던 식으로 진행되었다. 그러한 포기 부분은 인간 이외의 동물계, 또 식물계에까지도 나타나고 있다. 그것은 적어도 식물들이 진화의 우연적 사건들에서 보여준 적극적이고 우월한 면에서 그러하다.

이러한 관점으로 보면, 자연계가 우리에게 보여주고 있는 광경의 불협화음도 이상할 정도로 약화된다. 대체로 유기적 세계는 말하자면 토양인 셈이다. 거기에서 이 인류라든가 또는 정신적으로 그와 흡사한 어떤 생물이 성장해야만 했다. 동물은 인류와 아무리 인연이 멀고 서로 적대적이라 하더라도 우리의 유익한 동반자였다. 의식은 동물들 덕에 자신이 끌고 가던 거추장스러운 짐을 덜었고, 인간과 함께 높이 날아올라 끝없는 지평선이 자신 앞에 펼쳐지고 있음을 보았다.

사실 의식이 도중에서 귀찮은 짐들만 포기해버리지는 않았다. 때로는 대단히 귀중한 짐들도 역시 포기해야만 했다. 인간의 경우 의식은, 무엇보다도 우선 지성이다. 지성은 또 직관일 수도 있고, 또한 분명히 직관이어야 했던 듯하다. 직관과 지성은 의식적 작업의 상반된 두 방향을 나타낸다. 즉, 직관은 바로 생명의 방향으로 걷고 있고, 지성은 그 반대되는 방향(물질)으로 가고 있으니 자연적으로 물질의 운동과 일치하는 셈이다. 완전무결한 인간성이란 그러한 두 형식의 의식 활동을 발달시켜 온 인간성일 것이다. 물론 완전한 인간성과 우리의 인간성 사이에는 많은 중간단계가 있고, 그 단계들은 상상 가능한 모든 수준의 지성과 직관에 대응한다. 바로 그 부분이 인류의 정신 구조에서 우연에 따른 몫이다. 진화가 달랐더라면, 우리는 보다 높은 지성의 인간성이나, 보다 직관적인 인간성에 도달했을지도 모른다. 사실 우리가 속해 있는 인류의 경우, 직관은 거의 완전히 지성에게 희생당하고 있다. 의식은 물질과 스스로를 정복하는 데에 자기의 가장 큰 힘을 써야만 했던 것 같다. 그러한 정복이 이루어지게 한 특수한 조건 아래에서 물질을 정복한 일은, 의식이 물질의 습성에 적응하도록 요구했으며, 의식의 모든 주의력을 그 물질의 습성에 집중시키도록 요구하였고, 결국은 무엇보다 특히 지성이 되도록 요구하였던 것이다. 그러나 비록 희미하고 더욱이 간헐적이기는 하지만, 그곳에는 직감(또는 직관)이 도사리고 있다. 그 직감은 꺼질 듯한, 겨우 몇 순간 동안, 그것도 가끔 되살아나는 등잔불이다. 그러나 이 등잔불은 생명적 이해관계가 문제될 때에는 결국 다시 살아난다. 우리의 인격에 대하여, 우리의 자유에 대하여, 자연 전체에서 우리가 차지하고 있는 위치에 대하여, 우리의 근원에 대하여, 그리고 어쩌면 우리의 운명에 대하여, 비록 깜박이는 연약한 불빛일지라도 이 직감의 등잔은 지성이 우리를 버려둔 그 밤의 어둠을 가히 밝혀주고 있다.

철학은, 단지 먼 발치에서만 비추어줄 뿐인 이 소멸되어 가는 직감들을 사로잡아 우선 뒷받침하여 주고, 그 다음에는 확대시키며, 그렇게 해서 철학적으로 확대된 직감들을 서로 연결시켜야 한다. 철학이 이 과업을 계속 밀고 나감에 따라, 직감이 정신 그 자체이며, 어떤 의미에서는 생명 그 자체라는 사실을 우리는 더욱 절실하게 깨닫게 된다. 지성은 물질을 생성하게 한 과정을 모방하여 그 윤곽을 드러낸다. 그런 것으로 정신 생활의 통일은 분명해진다. 그 통일을 있는 그대로 알기 위해서는 직감 안에 자리 잡고서 지성으로 향해 가는 수밖에 없다. 왜냐하면 지성으로부터는 결코 직관에 이를 수 없기 때문이다.

이리하여 철학은 우리를 정신적 생활로 인도한다. 그와 동시에 정신 생활과 육체적 생활의 관계를 우리에게 보여준다. 정신주의 이론의 커다란 잘못은, 정신적 생활을 다른 생활들과 분리하여 지상으로부터 되도록 높은 공중에 매달아 놓음으로써, 어떤 공격도 미치지 못하는 안전한 곳에 놓아 두었다고 믿었다는 점이다. 그리고 생명이 단지 신기루의 산물로 간주될 위험을 염려하지 않았던 것이다. 물론 의식이 인간의 자유를 주장하는 경우, 정신주의가 의식에 귀를 기울이는 일은 옳다. 그러나 거기에는 지성이 있어 이렇게 말한다. 원인이 결과를 결정하며, 같은 요소는 같은 결과의 요소를 조건 짓고, 모든 것은 반복되며, 그리하여 모든 것은 주어진 것이라고. 정신주의가 인격의 절대적 실재성과 물질에 대한 인격의 독립성을 믿는 일은 당연하다. 그러나 거기에는 과학이 있어서 의식적인 생활과 두뇌의 활동이 가지는 연대성을 보여준다. 정신주의가 자연계에서 특권적인 위치를 인간에게 부여하여 동물로부터 인간에 이르는 거리를 무한하다고 보는 일은 당연하다. 그러나 또 한편으로 여기에는 생명의 역사가 있어, 각양각색의 종이 조금씩 변형해 가면서 변모과정을 통한 종의 발생을 목격하게 해준다. 그리고 이와 같은 방법으로 하는 종(種)으로의 분류는 인간을 다시금 동물계에 돌아가게 한다. 강력한 본능이 인격의 사후존속을 선언할 때 정신주의가 귀를 막지 않는다 하더라도 잘못이 아니다. 그러나 독립적인 삶을 영위해 가는 '영혼'이 존재한다면 그것은 어디에서 올까? 신체는 부모의 몸에서 빌려온 하나의 혼합 세포로부터 자연스럽게 생겨나 우리의 눈에 띄게 되는데 영혼은 언제, 어떻게, 왜 몸으로 들어올까? 이러한 모든 질문은 언제까지나 대답할 수 없을 것이다. 직관(직감)의 철학은 과학의 부정이 될 것이며, 과학에 의해 조만간 모조리 사라질 것이다. 그렇게 되고 싶지 않다면, 직관철학은 마음을 정하고 신체의 생명이 있는 바로 그곳에서, 즉 정신생활로 인도하는 길에 놓고 살펴야만 한다. 직관철학의 눈에는 생명이, 그것을 세계에 던져 놓은 최초의 충동 이후부터 줄곧 상승적이기만 해온 물결처럼 보일 테고, 그 진행은 물질의 하강적인 운동에 의해 방해받는 듯이 보일 것이다. 그 흐름은 표면 대부분에서 고도는 다르지만 물질에 의해 즉석에서 생기는 소용돌이로 변모한다. 그런데 어느 한 지점에서, 이 흐름은 물질들의 이런 장애물을 밀어가며 자유롭게 통과한다. 장애물은 그 흐름의 진행을 더디게 할 뿐 이를 정지시키지는 못한다. 이 지점에 위치해 있는 존재가 바로 인류이다. 이 점에 있어서 우리의 위치는 특전인 것이다. 한편 상승하고 있는 이 물결이 곧 의식이다. 의식은 어느 것이나 그렇지만 그 수를 헤아릴 수 없는 상호 침투되는 잠재성을 내포하고 있다. 결과적으로 이 잠재성은 무생물을 위해 만들어진 단일의 카테고리에도, 다수의 카테고리에도 속하지 않는다. 이 물결을 뚜렷한 개체로 분리시킬 수 있는 물체(또는 생명체)는 오직 이 물결이 실어가고 있고,

그리고 그 조직의 틈 사이에 이 물결(물결에 들어있는 요소들)이 끼어 있는 물질뿐이다. 그러므로 이 흐름은 인간의 여러 세대를 가로질러 통과하면서 줄곧 개체로 세분된다. 이러한 흐름 자체의 이 세분화는 그 흐름 속에 희미하나마 그려져 있었지만, 이 예비 스케치도 물질없이는 뚜렷하게 되지 않았을 것이다. 이리하여 영혼들은 끊임없이 창조되고 있으며, 어떤 의미에서는 먼저 존재하고 있었다. 그 영혼들은 결국 다름 아니라, 인류의 신체를 가로질러 흐르고 있는 생명의 대하가 분할되어 이루는 작은 시냇물들이다. 하나의 흐름의 움직임은 필연적으로 그 자신이 통과하고 있는 대상의 굴곡을 따라 흐르지만, 그 대상과는 판이하게 구별된다. 마찬가지로 의식도, 자신이 생명을 주고 있는 유기체의 우여곡절을 직접 겪고 있지만, 이 유기체와 엄격히 구별된다. 하나의 의식 상태가 품고 있는 잠재 행동이 신경중추 내에서 언제든지 그 실행 신호를 접수하듯, 두뇌는 매순간 의식 상태의 운동 지시에 신경 쓰고 있다. 하지만 의식과 두뇌의 상호 의존성은 거기서 끝난다. 그러므로 의식의 운명이 뇌물질의 운명에 얽매여 있지는 않다. 결국 의식은 본질적으로 자유롭다. 의식은 자유 그 자체다. 그러나 의식은 물질을 가로질러 가려면 어쩔 수 없이 물질에 올라앉아야만 하며, 거기에 적응해야만 한다. 이 적응이야말로 지성의 본분이다. 지성은 활동적인 의식, 즉 자유로운 의식을 향해 몸을 돌려서, 물질이 자주 삽입되는 개념적인 형식 안에 의식을 끼워 넣는다. 그러므로 지성은 항상 필연적인 형태 아래서 자유를 엿보게 될 것이며, 항상 자유 동작의 고유한 독창성 내지는 신선함을 등한시할 것이고, 낡은 요소와 낡은 요소를 결합하고 같은 요소를 같은 요소들끼리 합하는 식의 인위적이고 엇비슷한 모방으로 행동 자체를 대치할 것이다.

따라서 지성을 직관에 다시 흡수시키기 위해 노력하는 철학의 관점에서 보면, 난점은 많이 제거되거나 줄어든다. 그런데 이러한 학설(철학의 직관적 지성)은 사변을 용이하게 만들 뿐만 아니라, 우리가 활동하고 살아가는 데 더욱 큰 힘을 준다. 그러한 철학을 가지고 있으면 우리는 더 이상 인류 속에서 자신이 고립되었음을 느끼지 않게 되며, 인류 또한 그가 지배하고 있는 자연에서 고립되지 않은 듯 여겨지기 때문이다. 아무리 작은 먼지라도 우리의 태양계 전체와 불가분의 관계를 맺고 있고, 태양계와 함께 물질성 그 자체인 불가분의 하강 운동 속에 끌려 들어간다. 그와 꼭 마찬가지로 모든 유기체들은 지극히 미미한 물질로부터 지고의 물질에 이르기까지, 그리고 생명의 기원으로부터 우리가 살고 있는 오늘날까지, 언제 어디서나, 물질의 움직임과 반대되며 그 자체가 불가분인 단 하나의 독특한 추진력을 우리 눈으로 볼 수 있게 만들어줄 뿐이다. 생물들은 서로 관련되면서 모두 똑같이 이 엄청난 추진력에 따르고 있다. 동물은 식물에 의존하고, 인간은 동물계에 올라타고 있다. 그리고 시공간에 걸친 인류는 모든 저항을 물리치고 많은 장애물을 극복하며—어쩌면 죽음까지 물리칠 기세로—전후좌우로 질주하고 있는 거대한 기마대와 같다.

⟨주⟩

*1 이 점은 《물질과 기억》 제2·3장, 특히 78~80쪽과 169~186쪽에 자세히 설명해 두었다.

*2 패러데이(Faraday), 《전기·전도에 대한 고찰(*A Speculation concerning Electric Conduction*)》, Philos. Magazine, 3ᵉ série, vol. XXIV.

*3 나의 비교는 플로티노스가 말한 로고스의 내용을 전개한 데에 지나지 않는다. 왜냐하면 플로티노스의 로고스는 한편으로 생성시키고 형상화하는 능력이며 프쉬케의 일면 내지는 일편이지만, 또 한편으로는 때에 따라서 논증의 뜻으로도 쓰였기 때문이다. 좀더 일반화하여 말하자면, 내가 이 장에서 세우는 '확장'과 '이완'의 관계는 플로티노스가 설정한 바와 몇 가지 면에서 흡사하다. 그는 확장을 근원적 '존재'의 반전은 아니지만, 그 본질의 약화이며 유출의 마지막 단계 중 하나로 본다(라베송(Ravaisson)은 이 전개에서 힌트를 얻었음에 틀림없다. 특히 Enneades IV, III, pp.9~11 및 III, VI pp. 17~18 참조). 하지만 고대철학은 그 생각이 수학에서 어떤 결과를 끌어내는지 알지 못했다. 아마 플라톤과 마찬가지로 플로티노스도 수학적 본질을 절대적인 실재로 삼았기 때문일 것이다. 무엇보다도 고대철학은 지속과 확장 사이에 있는 단지 외면적인 유사성에 속았다. 그로써 지속을 확장처럼 다루고 변화를 불변성의 타락으로, 감각적인 것을 지성계의 타락으로 보았었다. 그리하여 다음 장에서 설명한 바와 같이 지성의 참다운 기능과 능력을 곡해하는 철학이 생겼던 것이다.

*4 바스티안(Bastian), 《뇌수(*Le cerveau*)》, Paris, 1882, vol. I, pp.166~170.

*5 이전의 저서에서 이 점을 자세히 논했다. 《의식에 직접 주어진 것들에 대한 시론(*Essai sur les données immédiates de la conscience*)》, Paris, 1889, pp.155~160 참조.

*6 *Op. cit.*, chap. I et III, *passim.*

*7 여기서 특히 르 루아(Ed. Le Roy)가 발표한 중요한 연구 《형이상학과 도덕 잡지(*Revue de métaphysique et de morale*)》를 참조했다.

*8 《물질과 기억》, 제3~4장.

*9 특히 다음 참조. 《자연학(*Phisica*)》, Ⅳ, 215 *a* 2 ; Ⅴ, 230 *b* 122 ; Ⅷ, 225 *a* 2 ; 《천체론(*De Caelo*)》, Ⅱ. 1~5 ; Ⅱ, 296 *b* 27 ; Ⅳ 308 *a* 34.

*10 《천체론》, Ⅳ, 310 a 34 : τὸ δ'εἰς τὸν αὐτοῦ τόπον φέρεσθαι ἕκαστον τὸ εἰςτὸ αὐτοῦ εἶδός ἐσγι φέρεσθαι. '개개의 물질이 자신이 있어야 할 장소로 움직이는 현상은 곧 자기의 형상으로 움직이는 일이다.'

*11 이러한 에너지의 이질성에 관해서는 뒤엠(Duhem), 《역학의 발전(*L'Evolution de la mécanique*)》, 1905, p.197. et suiv. 참조.

*12 볼츠만(Boltzmann), 《기체론 강의(*Vorlesungen über Gastheorie*)》, Leipzig, 1898. p. 253 이하.

*13 앙드레 랄랑드(André Lalande)의 저서 《진화에 대립하는 해체(*La dissolution opposée de l'évolution*)》(Paris, 1899)는 여러 가지 사실이나 사상을 풍부하게 포함하고 있는데, 그 속에서 보이는 사실은 유기체의 순간적인 저항에도 불구하고 만물은 죽음을 향해 행진한다는 점이다. 그렇지만 무기적 물질에 대해서도, 태양계의 현 상태에서 유도해낸 고찰을 전우주에 확장시킬 권리가 우리에게 있을까? 죽어가는 세계의 옆에는 아마도 태어나는 세계가 있을 것이다. 한편 유기화된 세계에서는 개체의 죽음은 조금도 생명 일반의 감소나, 생명이 억지로 따라야 할 필연처럼 보이지는 않는다. 여러 번 지적한 대로, 생명은 그렇게 많은 점에서 노력하고 좋은 성과를 얻었으나, 개체의 생존을 어디까지고 연장하려는 노력은 결코 하지 않았다. 모든 점으로 보아 개체의 죽음은 생명 일반의 최대 진보를 위하여 요구되었거나 또는 적어도 감수된 듯이 보인다.

*14 이러한 점은 《형이상학 입문(*Introduction à la métaphysique*)》이라는 논고에서 전개되고 있다(*Revue de métaphysique et de morale*, Janvier 1903, p.1 à 25).

*15 세르코프스키(Serkovski)의 논문(러시아어). 그 요약이 《생물학 연보(*Année biologique*)》, 1898, p.317에 있음.

*16 페리에(Ed. Perrier), 《동물의 취락(*Les colonies aninales*)》, Paris, 1897(2e éd)

*17 들라주(Delage) 《유전(*L'Hérédilé*)》, 2ᵉ édit. Paris, 1903, p.97. 같은 저자의 《생물의 다생설적인 의견(*La conception polyzoiquedes êtres*)》, *Revue scientifique*, 1896, p. 641~653 참조.

*18 이 설을 지지하는 사람은 쿤스틀러(Kunstler), 들라주(Delage), 세지윅(Sedgwick), 라베(Labbé) 등이다. 부스케(Busquet), 《생명체들(*Les êtres vivants*)》, Paris, 1899를 보면 상세한 해설에 문헌 안내도 붙어 있다.

제4장
사유의 영화(映畵)적 구조 및 기계론의 착각*[1]
철학 체계들의 역사 훑어보기, 실재적 생성과 거짓된 진화론

  이제 두 가지 이론적 착각을 직접 검토하는 일이 우리에게 남아 있다. 우리는 이제까지 그러한 착각에 줄곧 부딪혀 오면서도, 지금까지는 원칙들보다 오히려 결과들만을 살펴보았다. 이번에는 직접 검토가 본 장의 주제가 될 것이다. 우리는 이 기회를 이용하여 몇몇 이론들을 제거하고, 약간의 오해들을 불식시키고, 특히 지속(시간의 지속과 그에 따른 변화) 속에서 현실적 실재의 본바탕을 찾아보는 철학을 다른 온갖 철학과 대립시켜 보다 명확히 정의할 기회를 갖고자 한다.

  물질이든 정신이든 간에, 현실적 실재는 우리에게 영원히 미래에 있는 듯이 나타난다. 현실적 실재물들은 형성되거나 와해하거나 할 뿐, 결코 완성되어 있지 않다. 우리와 의식 사이를 가로막는 장막을 젖힐 때, 우리가 정신에 대하여 갖는 직관은 바로 그러한 느낌이다. 그렇게 사물이 영원히 미완성일 듯한 느낌은, 지성과 감각 자신이 즉각적으로 그리고 정확하게 물질의 표상을 획득할 때 우리에게 물질에 관하여 보여줄 수 있는 전부이기도 하다. 그러나 지성은 감각과 마찬가지로 행동의 필요성에 몰두되어 있으므로, 물질의 생성에 대해서는 점차 멀어져가면서 그 순간 순간의 모습들, 따라서 부동의 모습들을 포착할 뿐이다. 의식도 이런 지성을 본받아, 내적 생활 가운데 이미 완성된 것을 지켜보고 있어서, 완성되어가고 있는 생활에 대해서는 매우 막연한 형태로밖에 느끼지 못한다. 이리하여 우리가 관심을 두고 있는 순간만이 지속성(시간의 흐름)으로부터 유리되는데, 우리는 그 순간들을 진행 도중에 포착하였다. 우리는 이들 순간만을 기억하고 있다. 그리고 행동만이 문제라면 우리가 그렇게 하는 것도 옳은 일이다. 그러나 우리가 현실적 실재의 본성에 대한 사변을 하면서도, 여전히 우리의 실질적으로 이로운 관심이 요구하는 대로만 그것을 보게 되면 진정한 진화, 즉 근본적인 생성은 목격할 수 없다. 그러면 우리는 다만 생성의 단편적인 상태와, 시간의 지속 속에서 순간만을 엿보게 될 것이다. 그래서 우리가 지속성과 생성에 대하여 언급한다 해도, 그것은 우리가 생각하는 바와는 다른 무엇이다. 이것이 우리가 관찰하고자 하는 두 가지 착각(첫째, 지성은 부동 순간의 현상 포착에만 집중하여 신비성을 놓치고 있고, 둘째, 자신의 실질적 관심에 집중하기 때문에 생명 진화의 본질을 포착할 수 없다) 중에서 가장 충격적인 착각이다. 이 착각은 사람들이 안정된 것의 매개로 불안정한 것을 생각할 수 있다고 믿고, 부동의 것을 통해 동적인 것을 생각할 수 있다고 믿는 데에서 생겨난다.

또 하나의 착각도 처음 것과 매우 유사하다. 그 근원은 동일한데, 이 역시 실천을 위해 만들어진 방법을 우리가 그대로 사변에 옮기는 데에서 비롯된다. 모든 행동은 자신이 지니고 있지 않다고 느끼는 대상을 취하려 하거나, 아니면 아직 존재하지 않는 것을 창조하려고 한다. 이렇듯 지극히 특별한 의미에서의 행동은 어느 공백을 채우고, 공백에서 충만으로, 부재에서 현존으로, 비현실성에서 현실성으로 옮아간다. 이때 문제가 되는 비현실성은 우리가 주목하였던 방향에 따라 좌우된다. 왜냐하면 우리는 여러 가지 현실적인 현상들에 빠져 그로부터 벗어날 수가 없기 때문이다. 오직 현실이 우리가 찾던 바와 일치하지 않는 경우에만, 우리는 처음 것의 현존을 확인하면서 제2의 것의 부재를 언급하는 식을 취하게 된다. 따라서 우리는 얻고자 하는 바를 현재 가지고 있는 것에 비추어 표현한다. 행동의 영역에서 이만큼 정당한 것은 없다. 그 사물들이 우리에 대하여 맺는 이해관계와 무관하게 우리가 사물의 본질에 대하여 사유할 때, 우리는 싫으나 좋으나 이러한 표현방법과 사고방식을 간직하게 된다. 이리하여 우리가 지적한 바 있는 착각 중, 제2의 것이 생긴다. 우선 이를 철저히 규명해보자. 이것도 처음 착각과 마찬가지로 우리의 지성이 사물에 대한 행동을 준비할 때 얻은 정적인 (고정된) 습관에서 비롯되는 착각이다. 우리는 부동의 물질을 통해 동적인 물체로 옮겨 가듯이, 공백에 전념하다가 점차 충만을 생각한다.

앞서 인식의 기본적인 문제에 접하였을 때, 우리는 이미 이러한 착각을 발견하였다. 그때 언급했듯이, 문제는 사물에 왜 무질서가 아니고 질서가 있는지 알아야 한다는 것이다. 그러나 이 질문은, 질서의 부재라고 이해된 무질서가 실제로 가능하거나, 상상할 수 있거나, 이해할 수 있다는 가정하에서만 의미가 있다. 그런데 질서 이외에 다른 실재적인 것은 없다. 그런데 질서는 두 가지 형태를 취할 수 있고, 그 중 하나의 현존은 말하자면 나머지 것의 부재로 이루어지므로, 우리는 두 질서 가운데 우리가 찾지 않던 질서를 대할 때마다 무질서라고 말하게 된다. 그러므로 무질서의 개념은 대단히 실천적이다. 그것은 어떤 기대가 어긋난 경우에 해당한다. 그 개념은 모든 질서의 부재를 지적하는 게 아니라, 다만 현재 관심의 대상이 되지 못하는 질서가 언젠가는 존재하리라는 현존성(현존 가능성)만을 가리킨다. 우리는 질서를 완전히 철저하게 부정하려고 애쓸 때, 우리 자신이 하나의 질서로부터 다른 질서로 끊임없이 옮겨가고 있는 셈이라는 사실, 그리고 이 두 질서의 삭제는 동시에 이 두 질서의 현존을 의미한다는 사실을 깨닫는다. 우리가 더 나아가 이 사실을 무시해버린다면, 그리고 고의로 이 정신의 움직임과 그에 의해 가정되는 모든 것을 도외시한다면, 우리는 이미 그 개념과는 상관없게 되며, 무질서라는 하나의 낱말이 남을 뿐이다. 따라서 질서가 공백을 채우고 있다는 생각과, 그 사실상의 현존은 그 잠재적 부재와 겹쳐 있다는 관념 때문에 의식의 문제는 복잡해져서 어쩌면 해결할 수 없게 된다. 우리의 지성이 갖는 본질적인 착각 때문에 우리는 부재에서 실재로, 공백에서 충만으로 옮아간다. 그것이 바로 우리가 보려고 하는 오류인 바, 우리는 그 한 가지 결과를 앞 장에서 지적해 두었다. 이미 암시하였던 대로, 우리가 이 오류와 싸워 결정적인 승리를 얻으려면 맞붙어 싸우는 수밖에 없다. 그러한 오류가 부정과 공백과 무에 대하여 내포하고 있는 근본적으로 잘못된 개념을 우리는 정면으로 직시하여야 한다.[2]

철학자들은 무(無)의 개념을 거의 다루지 않았다. 그렇지만 이 무의 개념은 언제 튕겨 나갈지 모르는 용수철과 같아서, 철학적 사유의 보이지 않는 동력이다. 성찰하는 습관이 눈을 뜬 이래 무의 개념은 우리에게 불안을 주는 문제들, 그리고 으레 현기증을 일으키는 질문들을 의식의 코앞에 밀어다 놓았다. 철학하기 시작하는 순간, 나는 왜 존재하는가를 자문한다. 그리고 나와, 나를 제외한 나머지 우주를 연결시켜 주는 연대성을 깨닫게 되면, 문제는 더욱 확대되어 우주는 왜 존재하는가를 알고 싶어진다. 설령 우주를 뒷받침하고 있거나 아니면 창조하고 있는 내재적 내지는 초월적인 '원리'에 우주를 결부시킨다 한들, 내가 그 원리에 안착하는 것도 다만 순간적일 뿐이다. 왜냐하면 이번에는 같은 문제가 확대되고 보편화되기 때문이다. 무엇이 존재한다는 현상은 어디에서 연유하며, 이를 어떻게 이해할 텐가? 나의 이 연구에서도 물질은 하강운동으로 정의되었고, 이 하강운동은 상승운동의 중단으로, 상승운동 자체는 성장으로 정의되었다. 결국 창조의 '원리'가 사물의 근본에 놓이게 되면 언제나 같은 문제가 제기된다. 어떻게, 그리고 도대체 무엇 때문에 다른 것이 아닌 이 원리가 존재할까?

이러한 의문을 제쳐놓고 그 뒤에 숨은 문제를 찾아보면 다음과 같다. 존재란 나의 눈에는 무(無)의 정복처럼 보인다. 나는 거기에 아무것도 있을 수 없고 또한 아무것도 없어야 한다고 생각한다. 그래서 나는 무엇이 있다는 사실에 놀란다. 또는 현실적 실재란 어느 것을 막론하고 융단 위에 펼쳐지듯 허무(빈 공간) 위에 전개된 것이라고 나는 표상한다. 즉, 그 경우 먼저 무가 있었고, 그러고 나서 그 위에 존재가 덧붙여졌다고 상상한다. 그렇지 않고 무언가가 언제나 존재했다면, 무(無)는 항상 그것의 기체(基體) 또는 용기(容器)의 역할을 했어야 한다. 따라서 무는 영원히 존재에 선행해야 마땅하다. 빈 술잔이 가득 채워져 있다 해도, 그 잔을 채운 액체는 하나의 공백을 채우고 있는 셈이다. 마찬가지로 존재도 항상 거기에 있을 수는 있지만, 그러나 그 존재로 채워지고 그 존재로 막혀버린 듯 보이는 무는 여전히 그 존재에 선행하고 있다. 사실은 그렇지 않더라도 원칙은 그렇다. 결국 충만이란 공백이라는 화폭 위에 놓은 자수이며, 존재란 무에 포개놓은 것이고, '무'의 표상이 '유'의 표상보다는 작다는 생각을 나로서는 떨어버릴 수가 없다. 이로부터 모든 신비가 생겨난다.

그러한 신비는 밝혀져야 한다. 특히 사물의 밑바닥에 지속성과 자유선택을 둔다면 더욱더 그러하다. 시간의 흐름을 따르는 지속적인 모든 실재에 대한 '형이상학'의 멸시는, 바로 형이상학이 '무'를 통과해가면서 점차 충만해짐으로써만 존재에 이를 수 있다고 생각하는 데서, 또한 형이상학이 보기에 지속하는 존재는 비존재를 정복하고 자립하기에는 너무 약해 보인다는 데서 유래한다. 형이상학이 진정한 존재에게 심리적 내지는 물리적 존재가 아니고 유독 논리적 존재를 제공하려는 이유가 바로 이 때문이다. 왜냐하면 순수하게 논리적인 존재는 스스로 자급자족하고, 진리에 내재하는 힘의 효과만으로도 자립할 수 있음직함이 그 본질이기 때문이다. 어째서 아무것도 존재하지 않는 것이 아니라 물체와 정신이 존재하는가, 이렇게 스스로 묻는다면, 나는 그 대답을 발견하지 못한다. 그러나 A=A라는 논리적 원칙이 영원히 무(無)를 누르고 스스로 창조될 수 있는 힘을 가진다면, 그것은 나에게는 당연할 것 같다. 칠판에 분필로 그려진 원은 꼭 설명되어야 하는 문제다. 이렇듯 전혀 물리적인 존재는 그 자체로는 비존재를 이겨낼 그 무엇도 가지고 있지 않다. 그러나 원의 '논리적 본질', 즉 어떤 법칙에 따라 원주를 그릴 수 있다는 가능성, 바꿔 말해 원의 정의는 나에게는 영원한듯이 보인다. 한 개의 원을 그리는 일이 가능하게 된 것은 어느 특정한 장소나 시간에 시작되지 않았으므로, 원의 정의는 장소나 일자 중 그 어느 것도 갖지 않는다. 따라서 모든 사물이 그 근거를 두고 있는 원리를 가정하고, 그것이 원의 정의나 A=A라는 공리의 본질과 동일한 본질을 가진 한 존재를 가진다고 가정한다면 존재의 신비는 사라진다. 왜냐하면 모든 사물의 기본인 존재는, 논리 자체와 마찬가지로 이제 영원 속에 자리 잡기 때문이다. 물론 우리는 이 때문에 상당히 많은 희생을 치러야 할 것이다. 즉, 모든 사물의 원리가 논리적 공리나 수학적 정의 식으로 존재한다면, 공리의 응용이나 정의의 결과처럼, 사물 자신은 그 원리에서 생겨나야 한다. 하지만 그러면 넓은 의미에서 자유선택으로 해석되는 인과율의 작용(우연적, 자동적 자연의 작용)은, 사물의 원리나 사물과 그 공리 중의 어느 곳에도 자리를 구할 수 없게 되어 버린다. 스피노자나 심지어는 라이프니츠식 학설의 결론도 바로 그러하고, 그 발생도 이와 같았다.

만약 우리가 무의 개념을 존재의 개념과 대립시킬 때 생겨나는 무의 개념이 하나의 허위 개념이라는 증명을 성립시킬 수 있다면, 그 증명이 그 주위에 야기하는 문제들도 허위가 될 것이다. 자유로이 활동하고 실질적으로 지속하는 하나의 절대를 가정한다 해서 결코 놀라울 일은 없으리라. 오히려 직관(또는 직감)에 더욱 근접한 철학으로 가는 길이 열릴 것이며, 그러한 철학은 인간의 상식에 이전 같은 희생을 강요하지는 않을 것이다.

그러면 사람들은 무(無)에 대하여 언급할 때 무엇을 생각하는지를 보자.

무를 표상한다는 것은 단지 그 무를 상상하거나 그 개념을 품음으로써 성립된다. 그러면 이 영상이나 개념은 무엇이겠는가? 우선 그 영상부터 검토를 시작하기로 하자.

나는 지금 눈을 감고, 귀를 막고, 외계에서 들어오는 감각을 차례로 꺼버린다. 그러면 나의 모든 지각은 사라지고, 나에게 있어서 물질세계는 침묵과 어둠 속으로 빠져든다. 그러나 나는 존속한다. 나는 존속하지 않을 수 없다. 내 육체의 내부와 외부로부터 감각기관을 통해 나에게 이르는 감각과 또 내 과거의 지각이 남겨준 추억을 가지고, 심지어는 내가 방금 이룩한 주위 공백에 대한 지극히 명확하고 충실한 인상과 함께, 나는 여전히 무(無)에 존재한다. 이 모든 것들을 어떻게 없앨 수 있겠는가? 어떻게 자신을 제거할 수 있겠는가? 극단적인 경우 나는 내 추억을 제거하고, 직전의 과거까지도 잊을 수 있다. 그러나 극도의 빈곤에 처한 나의 현재 상태, 즉 내 육체의 현 상태에 대하여 지닌 의식은 적어도 버릴 수 없다. 그러나 이 현재 의식 자체와도 결별을 하려고 노력해 본다. 나는 나의 육체가 보내는 모든 감각들의 감도를 차츰 약화시켜 갈 것이다. 그리하여 이 감각들은 꺼져가는 상태에 이르고 결국엔 꺼져서, 이미 모든 사물들이 사라져간 그 밤 속으로 스러진다. 그러나 나의 현재 의식이 꺼지는 바로 그 순간에, 또 다른 의식이 불붙는다. 아니 오히려 또 다른 의식은 그 전 순간에 이미 켜져서, 이전의 의식이 사라지는 광경을 목격하고 있다는 표현이 적절할 것이다. 왜냐하면 이전의 의식은 또 다른 의식에 있어, 그리고 그 의식 앞에서만 사라지기 때문이다. 나 자신이 사라지는 것을 내가 목격하는 순간은, 비록 자동적이고 무의식적이긴 하지만 어떤 적극적인 행위를 통해 자신이 다른 한편으로 이미 되살아났을 순간뿐이다. 따라서 그렇게 해도 소용없다. 외부에서든 내부에서든 간에 나는 여전히 그 무엇인가를 지각한다. 내가 외부의 대상을 지각하지 않는 까닭은, 나 자신에 대한 의식 속으로 피신하기 때문이다. 내가 만일 이러한 내면을 소멸시킨다면, 이 내면의 소멸까지도 가상의 자아에 있어 하나의 대상이 되며, 그때에는 이 가상의 자아가 사라진 자아를 일종의 외부 대상으로 지각할 것이다. 그러므로 그 대상이 외적일 수도 내적일 수도 있겠으나, 어쨌든 나의 상상력이 표상하고 있는 대상들은 항상 존재하기 마련이다. 사실 상상은 그 대상들 중 하나에서 나머지 다른 대상으로 옮아가면서, 외부 지각의 무(無, 즉 가능적·잠재적 실재) 또는 내부 지각의 무를 번갈아 상상할 수 있다. 그러나 두 가지 무를 동시에 상상할 수는 없다. 왜냐하면 하나의 대상의 부재란 결국 다른 대상의 독점적인 실재로 성립되기 때문이다. 두 개의 상대적인 무가 번갈아 상상될 수 있다고 해서, 이 둘이 함께 상상될 수 있다고 결론짓는 것은 잘못이다. 우리는 무를 상상하려면 반드시 그 무를 상상하고 있다는 사실, 즉 자신이 동작하고 생각하며, 결과적으로 무엇인가가 여전히 존속한다는 점을 적어도 어렴풋하게나마 깨달아야만 한다. 그러니까 그러한 결론의 불합리성(존재하지만 현재에는 존재하지 않는다는 불합리성)은 필연적으로 눈에 띄게 마련이다.

그러므로 엄밀하게 보면, 모든 대상들을 삭제하는 행위의 영상이란 결코 사유에 의해 형성되지 않는다. 이러한 광경을 영상으로 창조하려고 애써 보았자, 그 노력은 결과적으로 우리로 하여금 외부실재의 영상과 내부실재의 영상 사이를 오가며 피신하고 방황하게 할 뿐이다. 외부와 내부 사이를 오가는 우리 정신에는 이들로부터 같은 거리에 위치하는 지점이 있다. 이 지점에서는, 우리가 어느 한 점을 더 이상 지각하지 못하면서 다른 한 점을 아직 지각하지 못하는 듯 보인다. 무의 영상이 형성되는 것(더는 실재로서 지각할 수 없게 된 대상을 무의 필름으로 바꾸어 놓는 일)은 바로 이 지점에서다. 그러나 우리는 두 한계가 경계를 이루고 있는 지점에 도달함으로써 실제로는 그때 양쪽 다 지각하게 되고, 또한 이렇게 정의된 무의 영상은 사물로 가득찼으며 주체와 객체의 영상을 동시에 내포하고 있는 것이다. 뿐만 아니라 이 영상은 두 영상 사이를 오가는 항구적인 도약과, 마침내는 어느 한곳에 정착할 것을 결단코 사절한다는 거부의 뜻을 내포하고 있다. 이러한 무는 그 속에 벌써 존재 일반을 내포하고 있기 때문에, 우리는 바로 이 무를 존재와 대립시키거나, 존재 앞 또는 그 아래에 놓을 수 없다. 그렇지만 그것이 가시적이든 아니면 불가시적이든 간에 무의 표상이 철학자의 추리로 가능하다면, 그 표상은 영상의 형태로서가 아니라 개념의 형태를 띠고서라고 사람들은 우리에게 말할 것이다. 사람들은 모든 대상에 대한 관념을 우리 안에서 삭제하기란 결코 상상할 수 없는 일이라는 점에 우리에게 동의할 테지만, 우리가 그것을 개념적으로 사고할 수 있다 주장할 것이다. 데카르트가 말하기를, 사람들은 변이 천 개인 다각형을 상상으로는 볼 수 없지만 이해는 한다고 하였다. 사람들이 그것을 만들 수 있는 가능성을 명백하게 표상하기만 하면 충분하다. 대상에 대한 모든 관념을 없앤다는 개념도 그와 마찬가지이다. 이 개념을 만드는 방법보다 더 간단한 방법은 하나도 없다고 사람들은 말할 것이다. 사실 우리가 소멸을 가정할 수 없는 경험적 대상은 하나도 없다. 제1의 대상에서 제2의 대상으로, 그러고는 제3의 대상으로, 이렇게 원하는 대로 계속해서 그 대상을 차례로 옮겨가면서 그 소멸의 조작을 확대시켜 보자. 결국 무란 다른 것이 아니라 그 조작이 향하여 나가는 극한점이다. 그리고 이렇게 정의된 무는 바로 모든 것의 삭제이다. 이것이 논지인데, 이 안에 있는 역리를 발견하려면 이 논지를 이러한 모양으로 고찰하는 일로 충분하다.

정신이 모든 단편들을 모아서 구성한 관념이 실제로 하나의 관념이 되려면, 이 부분들이 함께 공존할 수 있어야만 한다. 만일 사람들이 관념을 구성하기 위해서 결합시키는 요소들이 조립할수록 서로 반발한다면, 그 관념은 한낱 낱말에 지나지 않을 것이다. 나는 원을 정의할 때 검은 원 내지는 흰 원, 종이로 된 원, 쇠로 된 원, 구리로 된 원, 투명한 원 또는 불투명한 원을 자유롭게 상상하지만, 그렇다고 네모난 원을 생각할 수는 없다. 왜냐하면 원의 형성 법칙에 의해서, 그 도형이 직선으로서 제한될 가능성이 배제되기 때문이다. 이처럼 나의 정신은 존재하는 어떤 사물이라도 삭제시켜 상상할 수 있으나, 만약 정신에 의한 어떤 사물의 삭제가 하나의 조작으로서 '전체' 그 자체에서가 아니라 '전체'의 일부에 대해서만 행해진다는 조건이 들어 있다면, 이러한 조작을 사물 전체에 확대시키는 일은 불합리하다. 그런 행위는 자기모순에 빠질 것이다. 모든 것의 삭제란 어쩌면 네모난 원의 성격과 동일한 성질(즉, 완전한 부정적 성질)을 보여줄 것이므로, 이는 더 이상 하나의 관념이 아니라 한 토막의 단어에 지나지 않는다. 그러므로 이 조작의 메커니즘을 보다 자세히 관찰하도록 하자.

사실상 우리가 삭제하는 대상은 외적이거나 내적인 대상이다. 즉, 사물이거나 의식의 상태이다. 먼저 사물인 경우를 살펴보자. 나는 사고를 통해 어느 외적 대상을 지워버린다. 그러면 그 대상이 있던 장소에는 '이제 아무것도 없어졌다'―틀림없이 이 대상은 없어졌다. 그러나 자연 속에는 절대적인 공백이란 없으니, 또 다른 대상이 자리 잡는다. 한편 절대적인 공백이 존재한다고 인정해보자. 그래도 대상이 제거되면 그 자리는 빈자리로 남는다고 내가 말할 때의 공백은 그 공백이 아니다. 그 까닭은 여기서는 가정상 하나의 장소, 즉 뚜렷한 윤곽으로 한정된 공백, 다시 말해 사물이 문제가 되기 때문이다.

따라서 내가 언급하고 있는 공백은 사실상 어떤 특정한 대상의 부재를 가리킬 뿐으로, 그 대상은 처음에 여기 있다가 이제는 다른 곳에 가 있다. 그리고 지금은 그 전의 자기 위치에 있지 않다는 의미에서, 이 대상은 자신의 공백을 뒤에 남겨둔다. 기억력이나 예견력을 타고나지 못한 존재가 있다면, 그는 여기서 결코 '공백'이나 '무'라는 어휘를 사용하지 못할 것이다. 그는 다만 현재 있는 대상과 지각되는 대상만을 표현할 것이다. 그런데 현존하는 대상과 지각되는 대상은 하나의 사물 내지는 또 다른 사물의 실재이지, 결코 어떠한 것의 부재는 아니다. 부재는 추억할 수 있고 기대할 수 있는 존재에게만 있다. 이 존재는 하나의 대상을 추억하며, 또한 그 대상과의 재회를 기대할 것이다. 그런데 그와는 다른 대상을 발견하면, 자신은 아무것도 찾을 수 없으며 무에 부딪쳤다고 말함으로써, 역시 추억이 낳은 자신의 속절없는 기대를 표현한다. 비록 그가 이 대상과의 만남을 예상하지 않았다 하더라도, 그 대상이 있던 곳에서 없어져버렸다고 말함으로써 표현하는 바는 바로 그 대상에 대한 가능한 기대와 또 우발적인 기대에 대한 실망이다. 실제로 그 존재가 지각하는 바, 사실상 생각해낼 수 있는 바는, 새 자리로 옮겨간 옛 대상의 현존이거나 옛 자리에 와 있는 새로운 대상의 현존이다. 그 나머지 무나 공백과 같은 낱말로써 부정적으로 표현되는 바는 모두 생각이기보다 감정이라고 하겠다. 보다 정확히 말하자면, 그것은 사유를 감정으로 착색한 것이다. 그러므로 삭제 내지 부분적인 무의 관념은, 여기서 정신이 새것의 자리에 옛 사물을 보존하는 쪽을 택하거나, 또는 적어도 그런 선택이 가능하다고 보아 이러한 사물의 대체를 생각하자마자 곧 이루어진다. 주관적으로 보면 선택(과거로서 보존하려는 선택)을, 또 객관적으로 보면 하나의 대체(새 대상으로의 대체)를 뜻하는 이 선택은, 선택의 감정과 대체의 관념 사이에 존재하는 하나의 결합 또는 오히려 간섭이라는 편이 적절하다.

이러한 것이 그 조작(대상에 대한 관념을 마음 속에서 삭제하는 조작)의 메커니즘이며, 우리의 정신은 이를 통해 어떤 대상을 삭제하고 외부세계에서 그 부분적인 무를 표상하기에 이른다. 지금부터는 우리의 정신이 어떻게 자신의 내부에서 이 무(無)를 표상하는가를 보기로 하자. 우리가 자신 안에서 확인하는 것도, 분명 생성되지 않는 현상이 아니라 역시 생성되고 있는 현상들이다. 나는 어떤 감각 내지는 감동을 느끼고, 어떤 관념을 품고, 어떤 결심을 취한다. 나의 의식도 이와 마찬가지로 이러한 사실들을 지각하는데, 그 사실들은 모두 현존하는 사실들이다. 그리고 나에게는 이런 사실들이 현존하지 않을 때가 한순간도 없다. 물론 나는 사유를 통해 나의 내적 생활의 흐름을 중단케 할 수는 있다. 내가 꿈꾸지 않고 잠자고 있다고 가정할 수도, 내가 존재하기를 그쳐버렸다고도 가정할 수 있다. 그러나 내가 이러한 가정을 하는 바로 그 순간까지도, 나는 나의 수면을 지켜보고 있는 자아, 나의 삭제를 벗어나서 남는 나 자신을 상상하고 있다. 내가 내부로부터 나 자신을 지각하기를 포기하는 까닭은, 오직 나 자신에 대한 외적 지각 안으로 도피하기 위함이다. 무슨 말이냐 하면, 이 경우에도 역시 충만 뒤에는 여전히 충만이 따라온다는 말이다. 그리고 어느 한 지성이 있어 오로지 지성에 준해서만 생각하는 경우, 미련(과거)도 기대(미래)도 갖지 않고, 자신의 움직임을 자기 대상의 움직임에 준한다면, 그 지성은 부재나 공백(점차 충만해져야 할 공백)은 생각조차 않을 것이다. 여기서 공백의 개념은, 의식이 자신에 연연하여, 다른 상태가 이미 현존하는데도 옛 상태의 추억에 그대로 집착할 때 생겨난다. 그 공백은 현존하는 것과, 존재할 수 있거나 아니면 존재해야만 하는 것 사이의 비교, 즉 충만과 충만 사이의 비교 상태일 뿐이다. 한마디로 물질적인 공백이든 의식적인 공백이든, 공백의 표상은 그 어느 경우를 막론하고 항상 충만하며, 결국에는 적극적인 두 요소로 분해되는 표상이다. 즉, 명확하거나 혼란한 대체 관념과, 체험되거나 상상되는 욕구 또는 후회의 감정으로 분해된다.

이러한 이중분석의 결과에 따라, 모든 것을 삭제한다는 의미에서의 절대무(無)의 관념은 스스로 파괴적인 관념이며, 거짓 관념이고, 따라서 단순한 단어이다. 한 사물을 제거하는 일이 그 사물을 다른 것으로 대체함으로써 성립된다면, 한 사물의 부재가 어떤 다른 사물의 존재에 대한 다소 분명한 표상이라면, 요컨대 삭제가 무엇보다도 대체를 의미한다면, '모든 대상 관념들을 삭제한다'는 관념은 네모진 원의 관념과 마찬가지로 불합리하다. 그러한 불합리성은 명백히 드러나지 않는다. 그 이유는 사람들이 그러한 제거를 가정할 수 없는 특별한 대상이 존재하지 않기 때문이다. 그래서 우리는 사유에 의하여 사물을 차례로 제거하는 일이 허용된다는 사실로부터, 그 사물들이 모두 한꺼번에 제거됨을 가정할 수 있다고 결론 짓는다. 사물(사물관념)을 하나하나 차례로 삭제한다는 뜻은 엄밀히 따지면 그 사물관념을 그때마다 다른 사물로 바꾸어 놓는다는 뜻임을 우리는 알지 못한다. 그리고 전체의 완전한 제거라는 표현이 사실상 모순을 내포한다는 점을 느끼지 못하고 있다. 그 이유는 그러한 조작이 성립되려면, 그 제거 작업이 시행되도록 허용하는 조건(기초 조건) 자체가 파괴될 것이기 때문이다.

그러나 이 착각은 집요하다. 한 사물의 제거가 사실상 그 사물을 다른 사물로 대체시키는 일일 뿐이라 해도, 사람들은 사유에 의한 하나의 사물의 제거가 옛 사물을 새 사물로 대체하는 행위를 전제로 한다고 결론 짓지 않을 것이며, 또 이를 원하지도 않을 것이다. 한 사물은 항상 다른 사물로 대체되며, 심지어 우리의 정신은 다른 사물이 대체된다는 사실을 표상하지 않고서는—불확실하고 모호한 형태로서이기는 하지만—외적 내지는 내적 대상의 소멸도 생각할 수 없다는 점에 사람들은 동의할 것이다. 그렇지만 그들은 소멸의 표상이란 공간 속에서 발생되고 있거나, 아니면 적어도 시간 속에서 일어나고 있는 어느 한 가지 현상의 표상이며, 따라서 그것은 결과적으로 한 영상의 환기를 전제로 하는데, 이 경우 바로 문제가 되는 점은 상상의 영역에서 벗어나 순수 오성에 호소하는 일이라고 부언할 것이다. 또 이렇게 말할 것이다. 이제 더 이상 소멸이나 삭제에 대해서 언급하지 말자고. 그러한 삭제(관념삭제) 조작들은 바로 물리적 조작이다. 앞으로는 A라는 대상이 삭제됐다든지 아니면 부재한다고 표상하지 말고, 다만 우리는 그 대상이 '존재하지 않는다'고만 말하자. A라는 대상을 제거한다는 말은 시간적으로, 그리고 어쩌면 공간적으로도 역시 그 대상에 작용하겠다는 뜻이다. 즉, 결과적으로는 공간적이며 시간적인 존재의 조건을 수락한다는 뜻이고, 한 사물과 나머지 다른 사물을 연결하여, 그 사물로 하여금 다른 사물과의 즉각적인 대체가 없이는 소멸하지 못하도록 하는 유대성을 수락한다는 뜻이다. 그러나 우리는 그 조건에서 벗어날 수도 있다. 우리가 추상적인 노력을 동원하여 오직 A라는 대상 하나만의 표상을 연상하며, 우선은 이 연상을 존재하는 것으로 간주하는 데 합의하고 나서, 이어 지성의 펜으로 그 조항에 줄을 그어 지워

버리면 된다. 그러면 대상은 우리의 명령에 따라 존재하지 않게 될 것이다.

좋다. 무조건 그 조항을 지워버리기로 하자. 그러나 우리가 펜으로 그은 줄이 그 자체로서 충족되어 있다거나, 나머지 사물로부터 분리될 수 있다고 생각해서는 안 된다. 그 줄은 싫든 좋든 우리가 그 줄로부터 분리하여 고찰하겠다고 주장하는 모든 대상들을 자기와 함께 끌어온다는 사실을 사람들은 곧 알게 될 것이다. 실제로 실재적인 것으로 가정된 대상 A와 '비존재적인 것'으로 가정된 대상 A의 두 관념을 서로 비교해 보자.

존재하는 것으로 가정된 대상 A의 관념은 오직 대상 A 그대로의 표상일 뿐이다. 그 까닭은 우리가 한 사물을 표상하려면, 그 대상에 어떤 실재성을 부여할 수밖에 없기 때문이다. 대상을 생각해 본다는 일과, 그 대상이 존재한다고 생각하는 일 사이에는 조금의 차이도 없다. 칸트는 존재론적 논증에 대한 그의 비판에서 이 점을 명백히 밝힌 바 있다. 따라서 대상 A를 비존재라고 표상하는 것은, 대상 A의 관념으로부터 그 속성인 '존재' 관념(사물적으로 실재해야 한다는 관념)을 제거해 버리는 것으로 성립될 수는 없다. 그 이유는, 다시 되풀이하지만 대상의 존재에 대한 표상은 그 대상의 표상과 분리될 수 없을 뿐 아니라 둘은 동일체이기 때문이다. 그러므로 대상 A가 존재하지 않는다고 상상하는 것은 그 대상의 관념에 무엇인가(즉, 비존재 관념)를 추가하는 데 지나지 않는다. 실제로 사람들은 현재적 실재 일반에 의한 개별 대상 축출 관념을 거기에 추가하고 있다. 존재하지 않는 대상 A를 생각하는 것은 결과적으로 그 대상이 존재한다고 생각하는 것이다. 그러고 나서 우리는 서로 양립될 수 없는 다른 실재가 그 비존재 대상을 대신한다고 생각한다. 그렇다고 우리가 이 마지막 실재를 뚜렷하게 표상하는 것은 아니다. 현재 그 실재가 어떤 사물이냐 하는 데에 집착할 필요도 없다. 다만 우리의 유일한 관심인 대상 A를 그런 실재가 축출한다는 사실만 알고 있으면 된다. 축출 동기보다도 축출 자체를 생각하는 것도 이러한 이유 때문이다. 그러나 우리의 정신에는 그 동기가 여전히 남아 있다. 펜을 놀리고 있는 손은 대상을 삭제하는 줄과 분리될 수 없듯이, 축출시키고 있는 주체도 축출 자체와 따로 뗄 수 없으므로, 동기는 정신에 암묵적으로 존재한다고 하겠다. 그런 까닭에 어떤 하나의 대상이 비실재적이라고 선언하는 동작은, 일반적인 실재의 존재를 제기한다. 바꾸어 말하면, 하나의 대상을 비실재적인 사물로 표상하는 것이 그 대상으로부터 온갖 종류의 존재성을 제거하는 일이라고는 할 수 없다. 한 대상의 표상은 필연적으로 그 실존하는 대상의 표상이기 때문이다. 이러한 동작은 단순히, 우리의 정신이 사물에 부여한 존재는 그 사물의 표상과 분리될 수 없는 실재로서, 전적으로 관념적이며 단순한 가능성의 존재라고 공표함으로써 이루어진다. 그러나 어느 대상의 관념적 성격이나 단순한 가능성은, 그 대상과 양립이 불가능한 실재, 즉 그 대상을 관념 또는 단순한 가능성의 영역으로 축출하는 실재와의 관계에 있어서만 의미를 지닌다. 고도로 강력하고 실체적인 존재를 제거했다고 가정해 보자. 이번에는 단순한 가능적 존재 보다 완화되고 연약한 존재가 실재 그 자체가 될 것이다. 그러면 오히려 이제 대상을 비존재로서 표상할 수 없게 될 것이다. 왜냐하면 이는 아주 기묘한 주장으로 보일지도 모르나, 다음과 같이 말할 수 있기 때문이다. 즉, 사람들이 '존재하지 않는다'고 생각하는 대상의 관념 속에는 '존재한다'고 생각된 동일한 대상의 관념보다 더 많은 관념이 있지, 더 적게 있지는 않다. 그 까닭은 '존재하지 않는' 대상의 관념은 필연적으로 '존재하는' 대상의 관념일 뿐 아니라, 게다가 현재의 실재 전체가 그 대상을 배제했다는 배제표상을 더불어 가지고 있기 때문이다.

그러나 사람들은 존재하지 않는 것에 대한 우리의 표상이 아직도 모든 상상적인 요소로부터 충분히 벗어나지 않았으며, 충분히 부정적이지도 않다고 주장할 것이다. 그들은 우리에게 말할 것이다. '한 사물의 비현실성은 그 사물의 현실성을 다른 사물이 축출함으로써 이루어진다는 사실은 별로 중요치 않다. 이 점에 대하여는 알고 싶지도 않다. 우리는 우리 마음에 드는 곳에, 우리가 원하는 대로 자유롭게 시선을 돌릴 수 있지 않은가? 그렇다면 이제 한 대상의 표상을 상기시킨 다음에, 이 상기된 표상이 존재한다고 가정하고 나서, 무조건 우리의 긍정 명제에 단 하나의 부정을 갖다붙이자. 그렇게만 해도 우리는 충분히 그 표상이 존재하지 않는다고 생각할 수 있을 것이다. 이것은 분명 정신 외부에서 일어나는 실제의 일과는 아무 관계가 없는, 아주 지적인 조작이다. 그러니 아무것이나 생각해 보자. 또는 모든 것을 생각해도 좋다. 그리고 나서 우리 사고의 울타리 밖에 부정을 표시하고, 그 부정이 사고 속에 있는 것을 배제하게 명령하자. 그러면 모든 것은 우리가 제거를 선언하는 사실 하나만으로도 관념적으로 배제된다.'—결국 이 문제에 관한 모든 어려움과 오류는, 이러한 부정 고유의 권한에서 비롯된다. 사람들은 부정이 긍정과 정확히 대칭된다고 생각한다. 그들은 부정을 긍정과 마찬가지로 자기 충족이라고 상상한다. 따라서 부정도 긍정처럼 관념들을 창조할 능력이 있다고 믿는 것이다. 차이점이 있다면, 그 창조되는 관념들은 부정의 관념이라는 사실이다. 하나의 사물을 긍정하고 그 다음 다른 사물을 긍정하고, 이렇게 끝없이 계속해서 긍정함으로써, 나는 전체의 관념을 형성하게 된다. 마찬가지로 만일 하나의 사물을 부정하고 나서 나머지 다른 사물들을 차례로 부정한다면, 그리하여 드디어는 모든 것을 부정하게 된다면, 나는 무(無)의 관념에 도달할 것이다. 그러나 우리 눈에 독단적으로 보이는 점은 바로 그 두 가지를 동류로 보는 태도이다. 긍정이란 정신의 완전한 행위로서 하나의 관념 형성에까지 도달할 수 있는 반면, 부정이란 오로지 지성 행위의 절반일 뿐으로, 사람들은 그 나머지 절반을 말하지 않고 그냥 이해하거나 또는 그 문제를 무기한의 미래에까지 미루어둔다는 사실을 깨닫지 못하고 있다. 사람들은 긍정이 순수 지성의 한 행위라면, 부정에는 지성 이외의 요소가 들어 있으며, 또한 부정이 자신의 특유한 본질을 지니는 까닭은 이런 이질적인 요소의 침입 때문이라는 점도 역시 도외시하고 있다.

두 번째 문제점부터 시작하여, 부정이란 항상 가능한 긍정을 제거하는 일로 이뤄진다는 점에 유의하자.*³ 부정은 하나의 잠재적인 긍정에 대하여 정신이 취하는 태도에 지나지 않는다. '이 탁자는 검은 색이다' 말할 때, 내가 언급하고 있는 것은 분명히 탁자이다. 나는 그 탁자를 검은색으로 보았고, 또 내 판단은 곧 내가 본 사물의 표현이다. 그러나 '이 탁자는 흰색이 아니다' 말한다면, 나는 지각한 대로 표현하지 않았음이 확실하다. 왜냐하면 내가 본 것은 검은 것이지, 흰 것의 부재를 본 것이 아니기 때문이다. 그러므로 내가 내린 판단은 결국 탁자에 대해서가 아니라, 이 탁자가 희다고 선언하는 판단에 대하여서다. 나는 하나의 판단을 판단하는 것이지, 탁자 자체를 판단하고 있지 않다. '이 탁자는 희지 않다'는 명제는, 당신이 그것을 희다고 생각할 수도 있다는, 아니면 당신이나 내가 그렇게 생각했었다는 사실을 전제로 한다. 그러므로 그 판단은 다른 판단과 대체되어야 한다는 사실을 스스로에게 알림을 나타낸다. 즉 (나는 그에 대체되는 판단을 결정하지는 않았지만), 내가 당신에게, 아니면 내가 나 자신에게 알림을 나타낸다. 그리하여 긍정은 직접 대상을 목표로 하는 반면, 부정은 대상을 목표로 하되 그 사이에 놓인 긍정을 통하여 간접적으로 할 뿐이다. 긍정적 명제는 한 대상에 내려진 판단을 표현한다. 한편 부정적 명제는 어느 판단에 내려진 한 판단을 표현한다. '따라서 부정은 이차적 단계의 긍정이라는 점에서 엄밀한 의미에서의 긍정과 구별된다. 긍정은 사물의 무언가를 인정하고 있으며, 부정은 그런 긍정에 대해 무언가를 긍정한다.'

여기서 우선 부정은 순수한 정신의 행위가 못 된다는 결론이 나온다. 무슨 뜻이냐 하면, 그것은 대상을 목전에 두고 그 대상만을 상대하려는 정신이 온갖 동적인 것들로부터 벗어나 행하는 일이 못 된다는 뜻이다. 우리는 부정할 때, 언제나 다른 사람들에게 무엇을 가르쳐주거나, 아니면 자기 스스로에게 가르침을 주려고 한다. 우리는 이미 현실적이거나 앞으로 존재할 수 있는 상대를 꾸짖는다. 그 상대는 오류를 저지르고 있기 때문이다. 아니면 우리는 그에게 주의를 주고 있다. 상대는 어떤 사실을 단언했었는데, 우리는 그에게 다른 사실을 단언해야 한다고 경고한다(그러나 처음의 긍정을 대체해야 할 새로운 긍정을 명시하지 않은 채로). 이때는 한 사람이 단순히 한 대상을 마주보고 있는 것이 아니다. 그 대상 앞에서 어느 한 사람이 다른 사람에게 말하고 있는 것이다. 그는 상대와 투쟁하기도 하고 그를 도와주기도 한다. 이러한 것은 사회의 한 시초이다. 부정은, 순수 이성의 조작처럼 그 어느 사물만을 노리는 것이 아니라, 어느 사람도 목표로 한다. 부정은 교육적이며 사회적인 본질을 지닌다. 부정은 교정하는 역할 또는 오히려 알리는 역할을 하는 것으로, 그때 교정을 통고 받은 사람은 일종의 인격 분열에 따라서 바로 말하는 그 사람일 수도 있다.

지금까지 두 번째 문제점에 대해 살펴보았다. 이제 첫 번째 문제점으로 가보자. 앞서 우리는 부정이란 나머지 절반은 결정하지 않은 채로 남겨둔 지성 행위의 절반일 뿐이라고 말한 바 있다. 내가 '이 탁자는 희지 않다'는 부정적 명제를 진술한다면, 이는 '이 탁자는 희다'고 생각하는 당신의 판단을 다른 판단으로 대체해야 함을 의미한다. 나는 당신에게 통고(부정의 통고)를 했고, 이 통고는 대체의 필연성에 기초를 둔다. 나는 당신이 당신의 긍정을 무엇으로 대체해야만 하는가에 대해서는 아무것도 말하지 않는다. 그 까닭은 내가 그 탁자의 빛깔을('희지 않다'고만 할 뿐) 모르기 때문일 수도 있으나, 또 다른 이유는, 아니 오히려 더 분명한 이유는, 당장 우리에게 관심이 있는 것은 오직 흰색뿐이기 때문이다. 즉 나는 무슨 빛깔인지는 말할 필요없이, 다만 다른 빛깔이 흰색에 대체되어야 할 것임을 당신에게 통고하기만 하면 된다. 그러므로 부정적 판단은 바로, 하나의 긍정적 판단을 또 다른 하나의 긍정적 판단으로 대체시킬 수 있다는 점을 지적하는 판단이다. 물론 그 두 번째 판단(간접적 판단, 즉 다른 판단으로 대체되어 물러서 있는 판단)의 성질은 분명히 밝혀지지 않는다. 때로는 사람들이 그 판단을 모르기 때문이며, 또 대부분의 경우에는 그 판단이 실제적인 관심을 불러일으키는 데에 실패하였기에 첫 번째 판단(직접적 판단, 즉 현재의 판단)의 내용에만 주의가 쏠리기 때문이다.

따라서 나는 하나의 긍정에다 '부정'을 덧붙일 때마다, 즉 부정할 때는 언제나, 다음과 같은 두 개의 확정된 작용을 수행한다. (1)어떤 동료가 긍정하는 사실, 또는 그가 말하고자 하던 사실, 아니면 내가 지금 통고하는 대상인 나의 또 다른 자아가 말할 수도 있었던 다른 사실에 대하여 내가 관심을 가진다. (2)내가 그 내용을 명확히 규정하고 있지는 않지만, 제2의 긍정이 내 앞에 있는 긍정과 반드시 대체되어야 함을 상대에게 알려준다. 그러나 사람들은 두 행위의 어느 것에서도 똑같이 긍정(동근원, 즉 현실적 실재에 대한 긍정) 이외의 다른 것을 발견하지는 못할 것이다. 이제 이 제1의 행위 시점에서 제2의 행위를 겹치면 부정의 독특한 성격이 생긴다. 그러므로 사람들이 부정에 대하여, 긍정이 창조하는 관념과 대칭적이고 그 긍정과 반대 방향을 향한 부정 자신의 독특한 '부정관념'을 창조할 권리를 부여하더라도, 그것은 부질없는 짓이다. 왜냐하면 부정은 그것이 판단하는 긍정적 판단의 내용 이외에는 아무것도 가지고 있지 않으므로, 부정으로부터는 어떠한 관념도 나오지 않기 때문이다.

보다 분명히 밝히기 위해, 속성 판단은 이제 그만두고 존재 판단을 생각해 보자. 내가 '대상 A는 존재하지 않는다' 말하면, 나는 우선 대상 A가 존재한다고 사람들이 믿을 수 있다는 사실을 표명하는 셈이다. 그렇지 않고서는 어떻게 대상 A를 생각하겠으며, 되풀이하지만, 존재하는 대상 A의 관념과 대상 A의 순수 관념 사이에 무슨 차이가 있을 수 있겠는가? 그러므로 ('대상

A가 있다'가 아니라) 단지 '대상 A'라고 말하는 것만으로도 나는 비록 단순한 가능성의 존재, 즉 순수 관념의 존재로나마 그 대상에 존재성을 부여한다. 그러니까 결과적으로 '대상 A는 존재하지 않는다'는 판단에는, 우선 다음과 같은 긍정이 들어 있다. 즉, '대상 A는 존재했었다' 또는 '대상 A는 존재할 것이다'라든지, 아니면 보다 일반적으로 말해서 '대상 A는 최소한 단순한 가능성으로서 존재한다' 같은 긍정들이다. 지금 내가 '존재하지 않는다'는 두 마디 말을 덧붙일 때, 이는 사람들이 한 걸음 더 나가 가능적(잠재적) 대상을 실질적인 대상으로 삼는다면 그것은 잘못임을 의미하며, 내가 말하고 있는 가능적 대상은 현실의 실재와 양립할 수 없는 것으로서 현실로부터 배제되어 있다는 사실만을 의미할 뿐이다. 실재 인물이든 가상 인물이든, 누군가가 어떤 가능성이 실현된다고 잘못 생각한다면, 한 사물의 비존재를 가정하는 판단들은, 그 가능성과 현존성 사이에서(존재의 두 종류, 즉 생각된 존재와 확인된 존재 사이에서) 하나의 대조를 표명한다. 이 가능성의 자리에는, 이 가능성과 다르며 또 이 가능성을 내쫓는 하나의 실재가 있다. 부정판단은 바로 그러한 대조를 표현한다. 그러나 그것은 의식적으로 불완전한 형식으로 표현한다. 그 판단이 상대하는 대상은 단지 가정이 지적한 가능성에만 관심을 기울이고, 그 가능성을 대체하는 것이 어떤 종류의 실재인가 하는 문제를 염두에 두지 않는 사람이기 때문이다. 따라서 이 대체의 표현은 어쩔 수 없이 가지를 잘려 불완전할 수밖에 없다. 우리는 제2항(새로운 판단)이 제1항(처음의 판단)을 대체했다고 단언하지 않은 채, 처음대로 계속해서 제1항만을 주목할 것이다. 그래서 우리는 제1항에서 벗어나지 않은 시점에서 제1항은 '존재하지 않는다' 말함으로써, 제2항이 제1항을 대체함을 암암리에 단언할 것이다. 그리하여 우리는 사물을 판단하는 대신에 하나의 판단을 판단할 것이다. 우리는 이때 다른 사람들에게, 아니면 자기 자신에게, 긍정적인 통보를 가져다주는 대신에 범할 수 있는 오류에 대해 경고할 것이다. 이런 생각은 모두 떨어버리고, 인식에 대하여 오로지 그 과학적 내지는 철학적 성격만을 부여하여 보라. 바꾸어 말해서 인간에게는 관심이 없고 오로지 사물만을 문제 삼고 있는 정신 속에, 사물의 실재가 스스로 기록된다고 가정하여 보라. 그러면 사람들은 어떠한 사물이 존재한다는 사실을 긍정할 것이다. 그러나 단지 '사물이 존재하지 않는다'는 사실은 결코 긍정

하지 않을 것이다.

그러면 사람들이 끝내 긍정과 부정을 같은 열에 올려놓고, 이들에게 동일한 객관성을 부여하기를 고집하는 이유는 무엇인가? 무엇 때문에 사람들은 부정이 가지고 있는 주관적 성격과, 인위적인 불완전성과, 인간정신, 특히 그것이 가지는 사회생활에 대한 의존성을 인정하기를 곤란해 하는 것일까? 그 이유라면 아마도 부정과 긍정이 둘 다 명제로 표현되며, 또한 명제는 개념들을 상징하는 단어들로 이루어지므로, 모두가 사회생활 및 인간의 지성에 의존하는 것이기 때문이리라. 내가 '땅이 축축하다', 아니면 '땅이 축축하지 않다' 말한다면, 이 두 경우에서 '땅'과 '축축한'이란 말들은 인간의 정신이 다소 인위적으로 창조한 개념들이다. 말하자면 경험의 연속에서 정신이 자유롭게 생각하며 추출한 개념들이다. 두 경우 모두에서 그 개념을 표현하고 있는 것은 약속된 동일한 단어들이다. 나아가 이 두 경우에서 엄밀히 말하자면, 그 명제는 사회적인 동시에 교육적인 결과를 목표로 한다고도 말할 수 있다. 긍정 명제는 하나의 진리를 전파하고, 부정 명제는 어떤 과오를 경고하기 때문이다. 우리가 이러한 형식 논리의 관점에서 본다면, 사실상 긍정하는 행위와 부정하는 행위는 분명히 상호 대칭을 이루는 두 행위이며, 그중 첫째 행위는 주체와 속성 사이에 일치 관계를 세우는 반면, 둘째 행위는 불일치의 관계를 만든다. 그러나 그 대칭이 전적으로 외부적이고, 또 그 유사성도 피상적이라는 사실을 어떻게 도외시할 수 있겠는가? 언어가 제거되고, 사회는 해체되며, 인간에게서 모든 지적 창의력과 반성 능력과 스스로 자신을 판단하는 기능이 떨어졌다고 가정해보자. 그렇더라도 땅의 습기는 여전히 남아 있어 자동적으로 감각에 새겨질 수 있고, 둔화된 지성에게 희미한 표상을 보낼 것이다. 따라서 지성도 역시 (창의력, 반성력, 판단력이 없이) 함축적인 표현만을 사용하여 그것을 긍정할 것이다. 그 결과 분명한 개념이나 단어, 자신의 주위에 진리를 펴고자 하는 열망, 그리고 자기를 스스로 개선하고자 하는 희망 등은 결코 긍정의 본질 자체에 속하지는 (즉, 실제에 일치하지는) 않았을 것이다. 그러나 이 수동적인 지각은 실재와 일치한다. 그 지성은 기계적으로 경험의 발자취를 쫓아 실재의 흐름보다 앞서지도 뒤서지도 않고 그 실재를 따라 움직이니, 무언가를 부정하려는 부질없는 생각은 하지 않을 것이다. 그런 지성은 부정의 각인을 받아들이지 못한다. 왜냐하면 되풀이해 말하지만, 존재하는 것은 기록될 수 있지만 존재하지 않는 것, 즉 비존재는 기록될 수가 없기 때문이다. 이와 비슷한 지성이 부정(否定)하기에 이르려면, 자신이 처해 있던 마비 상태에서 깨어나야만 할 것이며, 자신이 실재적이거나 가능한 기대에 속았음을 표명해야만 할 것이고, 현실적이거나 잠재적인 과오를 교정해야 할 것이며, 결국에 가서는 타인이나 스스로에 대해서 가르침을 주려고 해야만 할 것이다.

우리가 선택한 예를 가지고는 이해하기 힘들지도 모른다. 그러나 그 예는 그만큼 유익하고 논증도 확실할 것이다. 습기가 자동적으로 와서 기록된다면, 습기가 없는 것도 그와 마찬가지라고 사람들은 말할 것이다. 왜냐하면 건조함도 습함과 마찬가지로 감성에 어떤 인상들을 주며, 또 이 감성은 그 인상들을 다소 분명한 표상으로 지성에 전달할 것이기 때문이다. 이러한 의미로 보면, 우리가 습기가 없다고 부정할 때에도, 긍정만큼이나 (그 습기 감각에 대해) 객관적으로 말하는 것이고, 순전히 지적이며 교육적인 의도와는 동떨어진채로(즉, 실제로 감각되는 대로) 말하는 것이다. 그러나 사람들이 자세히 살핀다면 '땅이 축축하지 않다'는 부정적 명제와 '땅이 건조하다'는 긍정적 명제는 전혀 다른 내용을 담고 있음을 보게 될 것이다. 후자('건조하다')는 사람들이 건조한 사실을 아는 것을, 즉 그 표상의 기초가 되는 특유의 감각, 예컨대 촉각이나 시각을 경험했다는 뜻이다. 그러나 전자('축축하지 않다')는 그러한 건조한 감각을 요구하지 않는다. 가령 습한 것밖에는 전혀 지각해본 일이 없는 지성을 갖춘 물고기도 그런 명제를 분명히 언급할 수 있을 것이다. 물론 이 물고기는 실재성과 가능성을 구별할 수 있어야 되고, 자신들이 살고 있는 습한 생활환경만이 유일한 가능성이라고 생각하는 동족의 과오를 바로잡을 의도가 있어야만 한다. 당신이 정확히 '땅이 축축하지 않다'라는 명제의 표현에만 주목한다면, 그것이 다음의 두 가지 사실을 의미함을 발견하게 된다. 첫째로, 사람들은 땅이 습하다고 생각할 수도 있다는 사실과, 둘째로 실은 습기가 어떤 X라는 성질과 바뀔 수 있다는 사실이다. 사람들은 이 성질을 미정으로 남겨둔다. 그것은 사람들이 그 미정의 성질을 확실히 모르기 때문일 수도 있겠고, 또는 이 부정 판단의 대상이 되는 사람에게, 그 미정의 성질이 아무런 현실적인 이해관계를 주지 않기 때문일 수도 있다. 따라서 부정이란 두 가지 긍정으로 이루어진 하나의 연립체계를 불완전한 형태로 제시하는 행위다. 두 긍정 중 하나는 어떤 가능한 것에 대한 확정적 긍정이고, 다른 하나는 이 가능한 것을 내쫓고 그 자리에 들어서는 미지의 또는 무특징적인 실재에 관한 불확실한 긍정이다. 이 제2의 (새로운) 긍정은 우리가 제1의 긍정에 대해 내리는 판단, 즉 부정 그 자체에 잠재적으로 암시되어 있다. 그리고 그 부정에 주관적 특성이 부여되는 까닭은, 부정이 교체를 확인할 때 대체된 것(기존의 판단)만을 고려하고, 대체하는 것(새로운 판단)에는 관심을 두지 않는다는 바로 그 점 때문이다. 대체된 것은 정신의 개념으로서만 존재한다. 그 정신에 보존되어 있는 옛 판단을 계속 보려면, 따라서 그 판단에 대하여 계속 언급하려면, 후방에서 전방으로, 과거에서 미래로 흐르는 실재에 등을 돌리는 수밖에 없다. 우리가 부정할 때 하는 일이 바로 그것이다. 우리가 변화나 대체를 확인하는 일은, 마치 여행객이 매순간마다 자기가 지난 점만을 보려고 하면서 뒤를 돌아보며 차의 궤적을 살피는 일과 같다. 그는 자신의 현재 위치를 그 자체로 표현하지 못한 채, 자신이 방금 떠난 위치와 관련해서만 결정한다.

요컨대 무조건 경험의 선만을 따르고 있는 정신에게는 공백도, 상대적 또는 부분적인 무(無, 즉 반대 경우의 개념)도 없을 것이며, 따라서 부정도 가능하지 않을 것이다. 이러한 정신은 사실이 사실에 연속되고, 상태가 상태를 이으며, 사물이 사물에 계속됨만을 경험할 것이다. 그 정신이 항상 기록할 것이 있다면, 그것은 존재하는 사물과 나타나는 상태, 그리고 생성되는 사실들일 것이다. 그 정신은 현실에서만 살고, 설령 판단할 능력이 있다 해도 현재의 존재 이외에는 아무것도 긍정하지 않을 것이다.

이러한 정신에 기억력을 부여하자. 그리고 특히 과거를 파고 들어가고자 하는 욕망을 심어주자. 그것에 분해와 구별의 능력을 주도록 하자. 그러면 그 정신도 경과하고 있는 실재의 현재 상태만을 유의하지는 않을 것이다. 그 정신은 경과를 변화로서 표상할 것이며, 결과적으로는 과거와 현재 사이의 대조로 표상할 것이다. 그리고 우리가 되새기는 과거와 상상하는 과거 사이에는 본질적으로 차이가 없으므로, 정신은 이내 가능 일반(보편성)을 표상하는 데까지 이르게 될 것이다.

그리하여 정신은 부정의 길을 향해 간다. 그리고 특히 머지않아 하나의 소멸을 표상하려 할 테지만, 아직 거기에는 이르지 못할 것이다. 하나의 사물이 소멸되었다는 사실을 표상하기 위하여는, 과거와 현재 사이의 대조를 지각하는 일만으로는 충분치 않다. 그러려면 더 나아가 현재에 등을 돌려 과거를 중심으로, 현재의 모습은 배제하고 과거의 표현만을 보면서 과거와 현재의 대조를 생각하여야 한다.

그러므로 삭제의 관념은 순수 관념이 아니다. 즉, 그 관념은 사람들이 과거를 아쉬워하거나, 과거에 미련을 가질 이유가 있다는 사실을 전제로 한다. 이것은 정신이 대체 현상을 둘로 자른 다음, 그 처음 절반(옛 판단)에만 관심을 기울이고 그것만을 고려할 때 비로소 생긴다. 만약에 모든 관심과 감정을 제거한다면 오직 흐르는 실재와 끊임없이 새로워지는 인식만 남는다. 그 인식은 흐르는 실재가 자신의 현재 상태에 관해 끊임없이 우리 안에 새겨 주는 인식이다.

여기까지 오면 삭제로부터 보다 일반적 조작(삭제조작)인 부정까지는 한 발자국밖에 남지 않았다. 있는 것과 있었던 것뿐만 아니라, 앞으로 있을 수 있는 모든 일들의 대조를 생각하는 것으로 충분하다. 또한 우리는 이 대조를 있는 것이 아니라 있을 수 있는 것의 함수로 표현해야 하고 오직 가능성에 주목하여 현실의 존재를 긍정해야 한다. 이리하여 얻는 공식은 이제 단순히 개인의 실망만을 나타내지는 않는다. 그 공식은 타인의 오류로 상정되는 어떤 오류의 교정 내지는 예방을 위해 만들어진 것이다. 이러한 의미에서 부정은 교육적·사회적 성격을 띤다.

그러므로 부정(반대 개념)은 한번 공식화되면 긍정과 대칭적인 모습을 나타낸다. 이때 만약 긍정이 객관적 실재를 확언한다면, 부정은 매우 객관적이고 실재적인 하나의 비실재를 긍정하는 듯 보인다. 여기서 우리는 틀리기도 하고 또 옳기도 하다. 부정은 자신이 가진 부정적인 성격으로 인해 객관화될 수 없으니 우리가 틀린 것이다. 한편 어떤 사물에 대한 부정은 우리가 고의적으로 등한시하는 다른 사물로 대체하는 행위를 잠재적으로 긍정하는 의미를 내포하므로, 우리는 옳다. 부정적 형식은 자신의 내부에 있는 긍정의 혜택을 받는다. 즉, 이 유령(幽靈)은 자기가 부착되어 있는 적극적이고 분명한 실재에 편승함으로써 객관화된다. 이리하여 한 사물이 다른 사물로 대체되는 것이 아니고, 자신이 남겨둔 공백, 즉 자신의 부정으로 대체됨으로써 공백 내지 부분적 무의 관념이 형성된다. 뿐만 아니라 이러한 자신의 판단내용의 삭제 조작은 어떠한 사물에서도 이루어질 수 있으므로, 우리는 그 조작이 사물마다 하나씩 개별적으로 행해져서 마침내는 모든 사물에서 이루어진다고 가정할 수 있다. 이리하여 우리는 '절대무'의 관념을 얻게 된다. 그런데 지금 이 '무'의 관념을 분석한다면, 이것이 사실은 '전체'의 관념이고, 이 사물에서 저 사물로 끝없이 비약하면서 한곳에 머물기를 거부하며, 이 거부에만 그의 온 신경을 집중시키기 때문에 방금 벗어난 지점에 비교해서만 자신의 현재 위치를 결정하는 정신의 움직임이라는 사실을 발견할 수 있다. 따라서 그것은 자신과 가장 밀접한 친족관계를 맺고 있는 '전체'의 관념만큼이나 포괄적이고 충만한 표상이다.

그러면 어떻게 해야 '전체'의 관념에 '무'의 관념을 대립시킬 수 있을까? 그러한 대립은 충만함(충만한 전체)에 충만함(충만한 무, 즉 부분적이 아니라 완전한 반대개념)을 대립시키는 것임을 우리는 깨닫지 못하는가? 또한 '무엇 때문에 사물이 존재하는가'를 알고자 하는 문제는 결과적으로 의미를 잃은 문제이며, 하나의 거짓 관념 주변에 일어난 쓸데없는 거짓 문제라는 점을 우리는 모르는가? 그런데 우리는 여기서, 이 환영 같은 문제가 그토록 집요하게 정신을 사로잡고 있는 이유를 거듭 말해야겠다. 우리가 아무리 보이려고 해도 부질없는 일이기는 하지만, '실재적인 것을 삭제'하는 표상 속에는 모든 실재가 끝없이 서로를 내쫓아 가면서 순환하는 이미지밖에는 없다. 비존재 관념은 측정할 수 없는 존재 내지 '단순히 가능하기만 한' 존재가, 참다운 실재가 될 수 있는 보다 실질적인 존재에 의하여 배제되는 관념에 지나지 않다는 사실을 우리가 부언해 보았자 소용없다. 부정(반대 개념)은 판단에 대한 판단이며, 타인 아니면 자신에게 주어진 경고(새로운 판단을 위한 경고)이므로, 부정의 고유한 형식에서는 지성 이외의 요소들이 발견된다. 따라서 부정에 새로운 표상이나 내용 없이 관념들을 창조할 권한을 부여한다면 불합리할 것이다. 그러나 우리가 아무리 이렇게 주장한들 소용없는 짓이다. 실제의 사물 이전에, 아니면 적어도 사물 아래에 무가 있다는 확신이 항상 집요하게 버티고 있기 때문이다. 우리가 이러한 사실에 대한 이유를 찾는다면 바로 정서적이며 사회적인, 한마디로 실천적인 요소에서 이를 발견할 것이다. 이 실천적 요소가 부정에게 그 고유의 형식을 부여하고 있다. 앞에서도 언급한 바와 같이, 가장 큰 철학적인 난점은 인간 활동의 형식이 언제나 자신의 고유영역을 넘어 모험하려는 데서 비롯된다. 우리는 사고하기 위하여 존재한다기보다 그 이상으로 행동하기 위하여 존재한다. 아니, 오히려 우리 본질의 움직임을 따라갈 때, 우리는 행동하기 위하여 사유한다고 하겠다.

따라서 행동의 습관이 표상의 습관에 영향을 미친다고 해서 놀랄 이유는 없다. 그리고 우리의 정신이 사물을 지각하는 순서도, 항상 우리가 그 사물에 작용하기로 마음먹었을 때 그 사물들을 상상하던 바로 그 순서에 따른다고 해도 역시 놀랄 일은 없다. 그런데 앞에서 주목한 바와 같이, 모든 인간의 행동은 불만, 즉 어떤 부재의 감정에서 출발한다. 우리는 어떤 목적의 설정 없이는 결코 행동하려 들지 않으며, 따라서 우리가 한 사물을 구하고자 욕구하는 것은 오직 그 사물을 박탈당했다고 느낄 때뿐이다. 그러므로 우리의 행위는 '무'에서 '어떤 것'으로 향해 가며, '무'라는 화폭 위에 '어떤 것'을 수놓는 일을 행동의 본질로 한다. 사실을 말하면, 여기서 문제가 되는 무(無)는 사물의 부재라기보다는 유용성의 부재를 뜻한다. 만일 내가 어떤 방문객을 아직 가구도 없는 방으로 인도한다면, 나는 그에게 '아무것도 없습니다' 말할 것이다. 물론 나는 그 방에 공기가 가득하다는 사실을 알고 있다. 그러나 우리가 공기 위에 앉을 수는 없으므로, 그 방에는 당장 손님과 나 자신이 꼽을 만한 사물이라고는 아무것도 없다. 인간의 작업 목적은 일반적으로 유용성을 창조하는 데 있다. 그리고 이 작업이 이루어지지 않는 한, 사람들이 얻고자 하던 사물 가운데 있는 것은 '아무것'도 없다. 이리하여 우리의 생활은 공백을 채우면서 흘러가는데, 지성은 비지성적인 욕망과 회한의 영향, 그리고 생활상의 필요에 따른 압력에 의하여 그 공백을 구상한다. 사람들이 공백을 사물의 부재가 아닌 유용성의 부재로 이해한다면, 이와 같은 전혀 상대적인 의미에서 우리는 계속적으로 공백으로부터 충만을 향해 간다. 우리의 행동은 바로 그러한 방향으로 간다. 우리의 사변도 그렇게 하는 수밖에 없다. 게다가 그것은 자연스럽게 상대적인 의미로부터 절대적인 의미로 나아간다. 그 사변이 대상으로 하는 바는 사물이 우리에 대해 갖는 유용성이 아니라 사물 그 자체인 까닭이다. 이리하여 실재는 공백을 채운다는 생각과, 모든 것의 부재로서 생각되는 무(無)는 사실상 그렇지 못하다 하더라도 권리상 모든 사물에 선재한다는 생각이 우리 안에 뿌리박는다. 무의 관념이란,

그것이 모든 실제 사물의 소멸을 뜻할 경우에는 자신을 파괴하는 관념이 되고 단순한 단어로 환원되어 버리며, 반대로 그것이 진실로 하나의 관념이라면 전체의 관념과 마찬가지로 실질을 가리킨다는 사실을 증명함으로써, 우리는 지금까지의 그러한 착각을 불식시키려고 했다.

이와 같은 기나긴 분석은, 스스로 만족하는 실재(현실)도 지속(시간의 지속과 변화)과 관계 있다는 점을 증명하기 위하여 필요했다. 무의 관념(비존재 관념)을 지나서(의식적이든 무의식적이든) '존재'의 관념에 도달할 때 우리가 다다르는 '존재'는 하나의 논리적 내지 수학적 본질이며, 따라서 비시간적이라고 하겠다. 그리고 그로부터 정적인 실재 개념이 불가피하게 대두된다. 즉, 사물의 모든 개념들은 영원 속에서 단번에 주어진 모습으로 보인다. 그러나 '존재'를 생각하는 경우 우회하지 않고, 우리와 그 존재 사이에 가로놓인 무의 유령에 문의하기에 앞서 직접 그 존재를 생각하는 습관을 들여야만 한다. 이때 행동할 목적으로가 아니라 오직 보기 위하여 보도록 애써야 한다. 그렇게 하면 '절대'는 우리와 아주 가까운 곳에서, 또 어느 정도 우리 안에서 그 모습을 드러낸다. '절대'는 심리적 본질에 속할 뿐, 수학적 내지는 논리상의 본질이 아니다. 이러한 심리적인 절대감각은 우리와 함께 살고 있다. 그것은 우리와 마찬가지로, 그러나 어떤 면에서 보면 우리보다 훨씬 자신에게 집중되고 응집된 상태로 지속하고 있다.

그런데 우리는 과연 진정한 의미의 지속(시간의 지속과 변화)을 생각하고 있는 것일까? 여기서도 다시금 직접적인 파악이 필요하다. 우회에 의해서는 지속에 이르지 못할 것이므로 그대로 직접 시간지속 안에 들어가야 한다. 그러나 지성은 습관상 부동적인 개념(일반개념)을 매개로 하여 동적인 개념을 생각하고 있어서 대개는 그렇게 (현실적) 시간속에 직접 들어가기를 거부한다.

사실 지성은 행동을 주관하는 역할을 맡고 있다. 그런데 행동에 있어서 우리의 관심이 가는 곳은 그 결과다. 목적이 달성되기만 한다면 수단은 별로 중요하지 않다. 이러한 이유 때문에 우리는 전적으로 목적 실현을 위하여 노력하며, 목적이 관념으로부터 행위가 되도록 하기 위하여 대체로 그 목적을 따른다. 우리의 정신에서 우리의 활동이 멈추어 휴식하게 될 종점만이 뚜렷하게 표상되는 이유도 거기에 있다. 즉, 행위를 구성하는 움직임들은 우리의 의식에서 벗어나거나, 아니면 의식에 이른다 해도 막연해진다. 가령 손을 드는 행위 같은 매우 단순한 동작을 생각해 보자. 만일 우리가 그 동작이 포함하고 있는 기본적인 모든 근육의 수축과 긴장을 미리 상상해야만 한다면, 또는 한 걸음 더 나가 그 운동이 이루어지는 동안 그 동작에 따른 증세들을 하나씩 차례로 지각해야 한다면 우리는 어떻게 될까? 정신은 이내 목적으로 옮겨간다. 즉, 우리는 성취되었다고 가정되는 동작에 대한 도식적이고 단순화된 영상을 본다. 그때 어떠한 반대의 표상이 처음 표상의 효과를 중화하지 않는 한, 그 도식 간의 공백에 필요한 적절한 움직임들이 자연적으로 도식을 충족시켜 준다. 그러므로 지성은 활동에 대해서 달성해야 할 목적, 즉 휴식 지점만을 상기시킨다. 그래서 우리의 활동은 일련의 도약을 통하여 하나의 목적이 달성되면 또 다른 목적을 향해, 휴식에서 휴식으로 옮겨간다. 우리의 활동이 이러한 도약을 계속하는 동안, 우리의 의식은 오로지 성취된 움직임에 대한 미리 상상된 영상만을 주시하기 위하여, 실제로 성취되고 있는 움직임에 대해서는 되도록 등을 돌린다.

그런데 지성이 행하여지고 있는 동작의 결과를 부동의 종합적 동작상태로 표상하려면, 지성은 마땅히 그 결과를 감싸는 환경도 역시 부동의 (종합적) 상태로 지각해야 한다. 우리의 활동은 물질계에 관련되어 있다. 만약 물질이 우리 눈에 하나의 영구적인 유출로 보인다면, 우리는 어떠한 행위에도 그 한계를 설정하지 않을 것이다. 우리는, 그 행동들이 각기 수행됨에 비례하여 해체됨을 느낄 것이며, 또한 막연한 미래를 예상하지도 않을 것이다. 우리의 활동이 동작에서 동작으로 도약하려면, 물질 또한 마땅히 상태에서 상태로 옮아가야만 한다. 한 행위가 어떤 결과를 목표로 할 수 있는 곳, 결과적으로 그 행위가 이루어질 수 있는 곳은 오로지 물질계의 한 상태 안이기 때문이다. 그러나 물질은 정말 이런 식으로 제시될까?

우리의 지각은 이러한 각도에서 물질을 포착하도록 마련되어 있다고 선험적으로 추정된다. 감각기관과 운동기관들은 사실상 상호 조절되어 있다. 그런데 전자는 우리의 지각 능력을, 후자는 우리의 행동 능력을 표상한다. 그러므로 유기체는 우리에게 지각과 행위의 완전한 일치를 가시적이며 촉감으로 알 수 있는 형태로 보여준다. 그러므로 우리의 활동이 순간적으로 거기에 삽입되는 어느 결과만을 항상 목표로 한다면, 우리의 지각이 물질계에서 매 순간마다 포착하는 바는, 자신이 일시적으로 휴식하고 있는 어느 상태 이외에는 거의 없을 것이 분명하다. 이러한 가설이 정신을 나타내 줄 수 있다. 그리고 이 가설은 경험에 의해 증명된다.

세계를 언뜻 보자마자, 우리는 심지어 그곳에서 물체들을 구분하기도 전에 먼저 그 성질부터 식별한다. 색채는 색채로, 소리는 소리로, 저항은 저항으로 끊임없이 이어진다. 이 성질들은 따로 떼어놓고 보면, 저마다 다른 성질이 자신을 대체해 줄 때까지 부동인 채 그대로 있으려고 고집하는 듯한 하나의 상태이다. 그러나 이들 각각의 성질을 분석하면 그것은 엄청난 수의 원소 운동으로 분해된다. 그 운동이 진동으로 보이든, 전혀 다른 방법으로 표상되든 간에, 여하튼 한 가지 사실은 분명하다. 바로 어떠한 성질도 모두 변화한다는 것이다. 이 경우 우리가 변화 속에서 아무리 변하고 있는 사물을 찾아보아야 아무 소용이 없다. 우리가 하나의 운동을 가동적인 물질성에 결부시키는 것은 잠정적일 뿐이며, 우리의 상상을 만족시키기 위함일 뿐이다. 가동적인 것은 과학이 목격하는 앞에서 끊임없이 빠져 달아난다. 그런데 과학은 항상 가동적인 물질성을 다룬다. 우리가 지각할 수 있는 가장 작은 시간 안에 감각 성질을 순간적으로 지각할 때, 가동적인 물질성은 반복되는 억(億), 조(兆) 회(回)의 진동일 수 있다. 즉, 감각 성질의 항구성은 이런 무수한 움직임의 반복으로 이루어지는데, 이는 마치 생명의 지속성이 계속되는 심장의 고동으로 이루어지는 일과 같다. 지각의 첫 번째 기능은, 그야말로 하나의 응축 작업을 통해, 일련의 원소 변화를 성질 내지는 상태의 형태로 포착하는 일이다. 동물에 할당된 행동력이 크면 클수록, 그 지각 능력이 한순간에 집중시키는 원소의 변화의 수도 분명히 더욱더 많아진다. 그리고 자연에서도, 가벼운 진동과 거의 다를 바 없이 진동하고 있는 존재로부터, 이 수조(兆)의 진동을 매우 짧은 순간 단순한 지각 안에 동시에 고정시키는 존재에 이르기까지, 발전은 계속되고 있음이 분명하다. 전자의 존재들은 움직임 이외의 다른 것은 거의 감각하지 못하는 반면, 후자의 것들은 어떤 특성을 지각한다. 전자는 사물의 톱니바퀴에 거의 그대로 맞물려가도록 스스로를 내버려두는 경우와 다름이 없으나, 후자의 존재들은 반작용을 일으킨다. 그들의 행동력의 긴장도는 그들의 지각력의 집중도에 비례한다. 이 발전은 심지어는 인류에게까지도 계속된다. 보다 많은 수의 사건들을 한 번에 포착하는 법을 많이 알면 알수록 그만큼 보다 더 '행동적 인간'이다. 바로 이러한 이유로 사람들은 계속되는 사건들을 차례로 하나씩 지각하여 이 사건들이 인도하는 대로 이끌려가거나, 아니면 그 사건들을 한군데에 묶어서 장악하고 지배한다. 요약하자면 물질이 지니는 성질이란, 우리가 물질의 불안정성에서 취한 안정된 외관인 것이다.

우리는 감각성질의 연속 안에서 물체의 범위를 정한다. 사실 이 물체들은 매순간마다 변화한다. 각 물체는 우선 한 무리의 성질로 분해된다. 그리고 앞서 우리가 말한 대로 모든 성질은 그 원소의 계속적인 운동 속에 존재한다. 그러나 아무리 사람들이 성질을 안정된 상태로 간주하려고 해도, 물체는 끊임없이 성질을 바꾼다는 점에서 여전히 불안정하다. 다만 생명체는 비교적 폐쇄된 체계를 구성하고 있으므로, 물질의 연속성 안에서 우리가 고립시킬 수 있는 물체는 생명체이다. 뿐만 아니라 우리가 전체에서 다른 부분을 재단하는 것(부분을 잘라내어 표본으로 삼는 일)도 바로 그 생물체를 알기 위해서이다. 그런데 생명은 하나의 진화이다. 우리는 이 진화의 어느 한 시기를 고정된 모습 속에 집약시켜 이를 형태라고 부른다. 그리고 그 변화가 심해져서 우리 지각 작용의 태평스런 타성을 충분히 이겨낼 수 있을 정도가 될 때에, 우리는 그 물체가 형태를 바꾸었다고 말한다. 그러나 사실 물체는 수시로 그 형태를 달리하고 있다. 아니, 애초에 형태란 존재하지 않는다. 형태는 부동인데 실재는 운동이기 때문이다. 실재적인 것은 형태의 연속적 변화다. 즉, 형태란 변천 도중에 포착된 순간적인 모습에 지나지 않는다. 그러므로 우리 지각은 여기서 또다시 실재의 유동적 지속성을 불연속적인 (동시적·종합적) 영상으로 응결시키기 마련이다. 이 계속적인 영상들이 서로 그다지 구별되지 않을 때는, 우리는 이 영상들을 단 하나의 평균적 영상으로 하되 그 영상들의 양을 증가 내지 감소시키거나, 이 영상을 다른 방향으로의 변형으로 생각하기도 한다. 그리고 한 사물의 본질 내지는 사물 자체에 대해 언급할 때, 우리는 바로 이 평균치를 생각한다.

끝으로 사물들은 한번 구성되고 나면, 자신의 위치 변화를 통해 '전체'의 내부에서 이루어지고 있는 심오한 변화를 표면화한다. 이 경우 우리는 사물들이 상호 작용한다고 말한다. 이러한 작용은 확실히 운동의 형태로 우리 눈에 보인다. 그러나 우리는 운동의 유동성을 최대한 외면한다. 즉, 우리에게 관심이 있는 것은 앞서 말한 바와 같이, 운동 그 자체보다는 오히려 운동의 부동적인 모습이다. 단순한 움직임을 문제삼을 때, 우리는 그 움직임이 어디로 향하는가를 자문하게 된다. 우리가 순간마다 표상하는 것은 그것이 나아가는 방향, 즉, 잠정적인 목표의 위치에 따른다. 복합운동의 경우라면, 우리는 우선 '무엇이 행해지고 있는가?' '그 움직임은 무엇을 행하고 있는가?' 즉, 획득될 결과 내지는 그것을 주관하는 동기를 알고자 한다. 성취 도중에 있는 어느 행위에 관해 언급할 때 당신의 머릿속에 생각나는 바를 자세히 살펴보자. 원한다면 변화의 관념이 거기에 있다고 해도 관계없다. 그러나 그것은 숨겨져 있으므로 눈에 잘 띄지는 않는다. 뚜렷하게 보이는 것은, 성취되었다고 가정되는 한 동작의 부동적인 모습이다. 복합행위가 확실히 구별되고 정의되는 것은 바로 그 점에 의해서이고, 그 점에 의해서만 가능하다. 먹고 마시고 싸우는 등의 행위에 따르는 고유한 움직임을 하나하나 상상하기란 매우 귀찮은 일이다. 우리는 이러한 동작들을 움직임이라고 일반적으로 막연하게 알기만 하면 된다. 그 방면에 관한 일들이 정리되면, 우리는 단순히 이 복합운동 하나하나의 전체 도면, 즉 이 복합운동의 기초가 되는 부동적인 윤곽을 표상하려고 노력한다. 이 경우에도 역시 인식은 변화보다는 상태를 대상으로 한다. 따라서 이런 제3의 경우도 다른 두 경우와 마찬가지이다. 질적 운동의 경우이든, 진화 운동의 경우이든, 또는 공간 운동의 경우이든 간에, 정신은 불안정한 상태의 물체에서 안정된 모습을 포착하게 마련이다. 그래서 움직임은 조금 전에 살펴본 바와 같이 (1)성질, (2)형태나 본질, (3)행위라는 세 가지 표상으로 귀착된다.

이 세 가지 관찰 방식에는 세 가지 어휘의 범주, 즉 언어의 원초적 요소들인 형용사·명사·동사가 상응한다. 형용사와 명사는 상태를 상징한다. 그러나 동사 자체도, 그것이 상기시키는 표상의 밝혀진 부분만으로 우리가 만족하는 경우에는 거의 상태만을 표현한다.

이제 생성에 대한 우리의 자연적 태도를 보다 정확히 규정하고자 한다면, 우리는 다음과 같은 사실을 발견할 것이다. 생성은 그지없이 다양하다. 노란

색에서 초록색으로 옮겨가는 생성과 초록색에서 파란색으로 옮겨가는 생성은 서로 다르다. 즉, 이들은 서로 다른 질적 운동이다. 꽃에서 열매로 옮겨가는 생성도, 유충에서 번데기로, 나아가 성충으로 옮겨가는 생성과는 다르다. 이들은 서로 다른 진화 운동이다. 먹거나 마시는 행위는 싸우는 행위와 다르다. 이는 서로 다른 공간 운동이다. 게다가 이 세 가지 운동, 즉 질적 운동, 진화 운동, 확장 운동 간에는 서로 깊은 차이가 있다. 우리 지각의 인위성(지성과 감각이 일치하지 않으나, 일치하도록 맞추어가는 성질)은 지성, 그리고 언어의 인위성과 마찬가지로, 다양한 생성 중에서 생성 일반이라는 유일한 표상을 추출해내는 데 있다. 이 규정되지 않은 생성은 단순한 추상이다. 그 자신만으로는 아무 뜻도 없고, 우리에게 생각되는 일조차 드문 그런 생성이다. 언제나 동일하고 모호하며 무의식적이기까지 한 이러한 생성의 관념에다, 우리는 이제 그때그때 하나 내지 여럿의 명백한 영상을 첨가하는데, 그 영상들은 상태를 표상하거나 모든 생성을 상호 구별하는 데 쓰인다. 우리가 변화의 특수성과 대체시키는 것은, 규정되지 않은 변화 일반과, 바로 이 특유하고 한정된 상태의 혼합물이다. 말하자면 여러 가지 색으로 착색된 변천의 무한한 복합성이 우리 눈앞에 드러난다. 우리는 색, 즉 상태의 단순한 차이점만을 볼 수 있도록 준비하는데, 그 색채 밑에는 언제 어디서나 동일하고 무색불변인 생성이 보이지 않게 흐르고 있다.

사람들이 움직이는 장면, 가령 일개 연대의 분열행진 모습을 화면 위에서 재현하려 한다고 가정하자. 우선 다음과 같은 방법으로 일에 착수하면 어떨까? 병사들의 모습을 마디 나누듯이 분리하여, 그 각각으로 하여금 보행 운동을, 즉 인류에게 공통적이면서도 개인마다 변화 가능한 운동을 취하게 한다. 그리고는 그 전체를 화면 위에 투영한다. 이 사소한 유희에도 엄청난 노력이 들어갈 텐데, 그럼에도 불구하고 우리는 아주 보잘것없는 성과밖에 얻지 못할 것이다. 어떻게 감히 생명의 유연성과 그 다양성을 제대로 재생할 수 있겠는가? 그러면 그보다도 훨씬 쉽고 효과적인 제2의 착수 방법을 보자. 그 방법은 통과하고 있는 연대에 대해 일련의 순간적인 모습을 포착하여, 이 순간의 모습들을 화면에 투사하되 상호 간에 신속히 대체될 수 있도록 하는 것이다. 영화가 바로 이렇게 하고 있다. 연대를 고정된 자세로 묘사한 한 장 한 장의 사진들을 가지고, 영화는 행진하는 연대의 움직이는 모습을 재구성한다. 사실 우리가 오로지 사진들만을 상대한다면, 그 사진들을 아무리 응시해본들 활동하는 모습은 보지 못할 것이다. 부동적인 영상들은 아무리 무한히 나란하게 놓아도 동적인 영상으로 만들 수 없다. 영상들이 움직이도록 하려면 어디엔가 운동이 있어야만 한다. 사실 운동은 바로 영사기 속에 있다. 영사기가 필름의 여러 장면의 사진들을 연속으로 하나씩 차례로 전개시키기 때문에, 이 장면의 배우들은 저마다 자신의 가동성을 되찾는다. 배우는 필름의 보이지 않는 운동 위에 자신의 연속적인 자세를 꿰어 잇는다. 요컨대 각 인물에 특유한 모든 운동 중에서 비개성적이며 추상적이고 단순한 하나의 운동, 말하자면 운동일반을 추출하여 영사기에 담은 다음, 이 이름 없는 운동과 각 인물의 자세를 합성하여 특수운동 각각의 개별성을 재구성하는 것이다. 영화의 조작술이란 바로 그러한 방식이다. 우리 인식의 조작도 역시 마찬가지이다. 우리는 사물의 내적 생성에 집착하는 대신, 그 사물 외부에 서서 그들의 생성을 인위적으로 재구성한다. 우리는 지나가는 실재의 거의 순간적인 모습을 촬영한다. 그러면 그 촬영된 영상들은 그 현실의 특징을 지니고 있으므로, 우리로서는 이 생성 자체 내에 있는 특징을 모방하기 위해서는, 우리의 인식 장치의 내부에 위치한 하나의 추상적이고 획일적이며 보이지 않는 생성을 따라 그 특징들을 포착하여 추출해서 하나로 잇기만 하면 된다. 일반적으로 지각이나 사고, 언어는 대체적으로 그렇게 일을 처리하고 있다. 생성을 생각하거나 표현하거나 지각하는 경우에도, 우리가 하는 일이라고는 하나의 내면적 영화를 촬영하는 일뿐이다. 그러므로 우리의 관용적 인식 장치는 영화적 성질을 지닌다고 말함으로써 지금까지 설명해 온 모두를 요약했다고 하겠다.

이 조작의 실용적 성격에 대하여는 의심할 여지가 없다. 우리의 동작은 저마다 실재(현실) 속에 우리의 의지를 개입시킬 것을 목표로 한다. 그것은 우리의 신체와 다른 물체들 사이의 배열로서, 유리 조각을 짜맞춰 만화경을 만드는 배열과 비교할 만하다. 우리의 활동은 하나의 배열에서 또 다른 배열로 옮겨간다. 그러면서 매번 새로운 동요를 일으키지만, 그 동요는 활동에는 관계 없고, 우리의 활동은 새로운 형상만을 본다. 그러므로 자연의 조작에 대하여 우리의 활동이 자신에게 제공하는 인식은, 그것이 자기 자신의 조작에 대하여 갖는 관심과 정확하게 대칭적이어야 한다. 이러한 의미에서 우리는, 이런 종류의 비교를 남용하지 않는다면 다음과 같이 말할 수 있을 것이다. 우리가 사물에 대해 갖는 지식의 영화적 성격은, 사물에 대한 우리의 적응이 만화경과 같은 성격을 띠는 데에서 기인한다.

영화적 방법이야말로 사물의 생성 비밀을 파악하기 위한 유일하고 실용적인 방법이다. 왜 그런고 하니, 이 방법은 세부적인 각 동작이 구체적 인식의 세부에 일치하도록 해주면서, 또한 우리 인식의 일반적 양식이 행동의 양식에 일치하여 이루어지게 해주기 때문이다. 활동이 항상 조명되기 위해서는 지성 또한 언제나 그곳에 있어야만 한다. 그런데 지성이 이렇게 활동과 동반하고, 또 그 활동의 방향을 뚜렷이 하려면 우선 그 리듬을 받아들여야 한다. 생명의 맥박이 그렇듯이 활동은 불연속적이다. 따라서 인식도 불연속적이 된다. 인식 능력 장치는 이러한 도면 위에서 형성되었다. 그러면 본질적으로 실용적인 이러한 장치가 그대로 사변에 사용될 수 있을까? 인식 기능의 장치와 함께 현실의 굴곡을 따라가보자. 그래서 어떤 일이 일어나는가를 알아보도록 하자.

어떤 생성의 연속에 대하여 나는 일련의 외면을 촬영하여 그 포착된 사건들을 '생성 일반'으로 서로 연결시켜 놓았다. 물론 여기에서 그칠 수는 없다. 측정될 수 없는 것은 표상될 수도 없다. '생성 일반'에 대하여 내가 지닌 인식은 단지 말뿐이다. X라는 문자가 무엇이든 그것은 어떤 미지의 존재를 지적하고 있는데, 그와 마찬가지로 항상 동일한 나의 '생성 일반'도 현재 이곳에서 내가 포착한 그 어떤 생성 과정을 표상한다. 생성 일반은 추이(시간에 따른 변화의 추이) 자체에 대해 나에게 아무것도 알려주지 않는다. 따라서 나는 전적으로 이 추이에 전념하여 두 순간 사이에 무엇이 일어나는지를 탐구할 것이다. 그러나 나는 같은 방법을 적용하기 때문에 결국 결과는 역시 같다. 즉, 제3의 모습이 두 개의 모습 사이에 개재될 뿐이다. 나는 똑같은 작업을 부단히 다시 시작할 테고, 또 다른 아무 결과도 얻지 못한 채 끊임없이 상과 상들을 나열하여 놓을 것이다. 그러므로 이곳에서 영화적(film) 방법의 적용은 결국 하나의 항구적인 재출발에 귀착되며, 정신은 만족도 안정할 곳도 찾지 못한다. 그래서 정신은 자신이 불안정으로 실재의 운동 그 자체를 모방한다고 자신을 설득하고 있다. 그러나 정신 자신이 그 불안한 현기증에 자리잡고 마침내는 자신에게 가동성이 있다고 착각하게 된다 하더라도, 이 조작(가짜 운동성 조작)으로는 정신은 한 걸음도 나아가지 못한다. 이러한 조작을 가지고는 아직도 목표로부터 여전히 멀리 떨어져 방치되어 있기 때문이다. 동적인 현실과 함께 앞으로 나아가려면, 정신은 바로 그 현실적 실재물 안에 다시 자리 잡아야만 할 것이다. 만약 당신이 변화 속에 자리 잡는다면, 당신은 변화 그 자체와 더불어, 매순간 그 변화 가운데에서 변화가 부동적으로 될 수 있는 연속적인 상태(순간)를 포착하게 될 것이다. 그러나 외부로부터 이미 잠재적이 아니라 실재적인 부동 상태로 보여진 이 연속적인 상태(순간들을 시간에 따라 모은 상태)를 가지고서는, 결코 운동을 재구성하지 못할 것이다. 당신은 그 상태들을 상황에 따라 성질·형태·위치 내지는 의도라고 불러도 좋다. 원하는 만큼 그 명칭의 수를 증가시킬 수 있다. 그럼으로써 당신은 두 개의 계속적인 상태를 서로 무한히 접근할 수 있을 것이다. 그러나 이 중간적인 운동 앞에서 당신은 여전히 벌린 두 손을 모아 무언가 생명의 비밀 열쇠를 잡으려하지만, 결국 연기를 잡으려는 어린이가 느끼는 그러한 실망을 맛보게 되고, 운동성은 그러는 사이에 빠져나갈 것이다. 왜냐하면 상태로 변화를 재구성하려는 시도는, 어느 상태를 막론하고 운동이 부동성(부동의 순간들의 모음)으로 이루어져 있다는 불합리한 명제를 전제로 하기 때문이다.

철학이 눈뜨자마자 깨달은 것이 바로 이 점이다. 엘레아의 제논의 논증도 비록 전혀 다른 의도에서 이루어진 것이긴 하지만, 바로 이 사실을 말하고 있다. 날아가는 화살에 대한 고찰을 해보면 어떠한가? 제논이 말하기를, 화살은 매순간마다 정지한다고 한다. 화살에게 최소 두 순간을 허가해야만 화살은 비로소 움직이는 시간, 즉 적어도 잇따른 두 개의 위치를 점유할 시간(시간의 흐름)을 갖게되기 때문이다. 그러므로 화살은 주어진 한 순간에, 주어진 한 지점에서 정지하게 된다. 결국 날아가는 순간마다 정지하므로, 움직이는 시간 내내 정지하고 있다.
화살이 언젠가 궤도상의 어느 한 점에 머무를 수 있다고 가정한다면 위의 말은 사실이다. 움직이는 화살이 움직이지 않는 어느 지점과 일치할 수 있다면 위의 말은 옳다. 그러나 화살은 결코 궤도상의 어느 한 점에만 있을 수는 없다. 기껏해야 화살이 지나면서 그 점에 아주 잠시동안만 머무는 일이 허용된다는 뜻에서, 그 화살은 어느 한 점에 있을 수 있다고 말할 뿐이다. 그 화살이 어느 한 점에 멈출 수 있다면, 그 화살은 그 점에 머물러 존재할 것이다. 그러면 여기서 우리가 살펴보는 것은 이제 운동이 아니다. 사실 화살이 A지점에서 출발하여 B지점에 떨어진다면, 그 운동 A·B는 운동으로서 그 화살을 쏘는 활의 장력과 마찬가지로 단일하며 분해할 수 없다. 유산탄이 땅에 떨어지기 전에 폭발하여, 파열되는 구역에 대하여 불가분의 위험을 안겨주는 현상과 마찬가지로 A지점에서 B지점으로 가는 화살도, 물론 어느 정도 시간적인 지속의 폭을 요하기는 하지만, 단숨에 그 불가분의 가동성을 전개하고 있다. A지점으로부터 B지점으로 고무줄을 잡아당긴다고 가정해 보자. 그 고무줄의 늘어남을 분할할 수 있을까? 화살이 날아가는 운동도 바로 고무줄의 늘어남과 마찬가지로 단일하고 불가분하다. 그 운동은 그저 하나의 도약이다. 당신은 화살이 지나간 수많은 지점들 가운데 C지점을 정해, 어느 한 순간에 그 화살이 C지점에 있었다고 말할 수 있다. 화살이 그 지점에 있었다면, 그것이 그 지점에 (아주 짧은 순간이었기는 하지만) 정지했기 때문이다. 그때에는 화살이 A지점에서 B지점으로 날아가는 것이 아니라, A지점으로부터 C지점으로 가고, C지점에서 B지점까지 가는 두 개의 비행이 정지의 간격과 함께 당신에게 주어질 것이다. 단일한 운동은 그 가설로 보면, 전적으로 두 정지 사이의 운동이다. 그 사이에 여러 정지(정지 순간)들이 있다고 한다면 그것은 단일한 운동이 아니다. 사실상 이러한 착각은, 운동이 행해지고 난 뒤에는 그 과거 추이를 따라서 부동의 궤도곡선이 남는데, 그 선상에서 우리가 원하는 만큼의 부동 순간상태들을 헤아릴 수 있다는 데서 생긴다. 이러한 점으로 보아 우리는, 운동이 행해지는 동안 순간마다 그 바로 아래에 자신과 일치하는 하나의 지점을 남겨 놓는다고 결론지을 수 있다. 궤도곡선은 어쨌든 시간이 필요하기는 하지만 단번에 짧은 시간 내에 생성된다는 사실, 또 생성된 궤도는 우리가 임으로 분할할 수 있다 하더라도 생성 그 자체는 진행 중의 행위이지 사물(완성체)이 아니기 때문에 분할할 수 없다는 사실 등을 우리는 이해하지 못한다. 동체가 궤도 가운데 한 지점에 있다고 하는 말은 가위를 그 점에 넣어 그 궤도를 둘로 잘라, 처음에 우리가 하나라고 생각하던 궤도곡선을 두 개의 궤도곡선으로 이어놓는 일이다. 이는 가설에 따라 행위가 하나밖에 없는 상황에서, 두 개의 연속적인 행위가 있다고 보는 것과 마찬가지다. 요컨대 그것은 화살이 지나간 구간에 대하여 말할 수 있는 모든 말들을 '화살의 비행' 자체에 적용하는 것으로, 즉 운동을 부동(부동의 순간 상태들)과 일치시키는 모순을 선험적으로 인정하는 가설이다.

여기서는 제논의 나머지 세 논증에 대하여 자세히 언급하지 않겠다. 우리는 이미 다른 곳에서 그에 대하여 살펴보았다. 다만 기억해야 할 점은, 여기서 논증의 요점은 운동을 그 운동이 통과한 선상에 적용시키고, 그 선에 있어서 사실로 여겨지는 것은 운동에 대해서도 사실이라고 보는 데 있다. 예를 들어, 선은 임의의 길이를 가진 임의의 부분으로 나뉠 수 있지만 어디까지나 본디 선(전체선)과 같아야 한다. 그로부터 우리는 운동이란 임의의 방법으로 분절된 순간운동들의 모음으로 가정할 수 있으며, 그것은 언제나 본디의 운동 그대로라는 결론을 내릴 수도 있다. 그럼으로써 일련의 부조리가 생기게 되는데, 그것은 모두 동일한 근본적인 부조리를 나타낸다. 운동을 그 통과한 선상에 적용시킬 가능성이 존재하는 근거는 운동의 밖에 있는 관찰자에 의한다. 관찰자는 매순간마다 정지의 가능성에 직면함으로써, 실재적인 운동을 그러한 가능적인 부동 순간들로 재구성하려 하기 때문이다. 그러나 운동을 선상에 적용시킬 가능성은, 우리가 실재적인 운동의 연속을 보고 생각하자마자 사라져버린다. 우리 한 사람 한 사람은 팔을 들거나 또는 발을 뗄 적마다 그러한 실재 운동의 연속을 의식하고 있다. 그때 우리는 두 정지점 사이를 통과한 선이 단숨에 그려진 나눌 수 없는 선임을 전제하고, 그 선을 그리는 운동 가운데 몇 가지 구분 지점들을 만들어 저마다의 구분점을, 이미 다 그은 선상에서 임의로 선택된 여러 구분점들과 대응시키려고 시도해 보아도 허사임을 느낄 수 있을 것이다. 동체가 통과한 선(각 운동 순간들의 특징들을 시간적으로 이은 선)은 내적으로 조직화되어 있지 않기 때문에 어떠한 분해 방법에도 응하게 된다. 그러나 사실상 모든 운동은 내적으로 분절되어 있다. 그 분절 상태들은 각자 (물론 지속이 오래 계속될 수도 있지만) 불가분한 도약일 수도 있고, 불가분한 도약의 연쇄일 수도 있다. 그러한 운동의 분절을 계산에 넣든가, 아니면 운동의 본성에 대한 사변을 중지하여야 한다.

아킬레스가 거북을 쫓을 때, 우리는 그의 걸음걸이 하나하나는 나눌 수 없는 것으로 다루어야만 하고, 거북의 걸음걸이 하나하나도 그와 마찬가지로 받아들여야 한다. 아킬레스가 몇 발자국을 뛰고 나면, 거북을 넘어서게 될 것이다. 그처럼 간단한 일은 없다. 그 두 운동을 꼭 분할하고 싶다면, 아킬레스가 간 거리와 거북이 간 거리에서 각자 걸음의 약수를 구분하되, 단 두 거리의 자연적인 분절은 존중해야만 한다. 우리가 그 분절 운동들을 존중하는 동안은 경험의 지시에 따르고 있기 때문에, 어떤 곤란한 일도 생기지 않을 것이다. 그러나 제논 연구의 인위성(실재와 이론의 일치성의 인위적 조작)은, 아킬레스의 운동을 자기 임의로 선택한 법칙에 따라 재구성하는 데에 있다. 그에 따르면 아킬레스는 첫 한 발 뛰기로 거북이 있던 지점에 도달하고, 다음 한 발 뛰기로 그가 처음 한 발 뛰는 사이에 거북이 도달한 지점에 이르고, 상황은 이렇게 계속된다. 이 경우 아킬레스는 실제로 언제까지나 새로이 한 발을 뛰어야만 한다. 그러나 아킬레스가 거북을 추월하기 위해 전혀 다른 길을 취한다는 점은 언급할 필요조차 없을 것이다. 제논이 고찰한 (이론적) 운동이 아킬레스의 실제 운동과 같기 위해서는, 운동을 이미 주행한 거리와 마찬가지로 다루어서 임의로 분해하고 재구성할 수 있어야 한다. 우리가 이 최초의 부조리를 받아들이면, 다른 부조리들이 연이어 발생하기 때문이다.[*4]

한편 제논의 논증을 질적 생성이나 발전적 생성현상에까지 확장하는 것은 어려운 일이 아니다. 하지만 거기서도 같은 모순이 발견될 것이다. 어린이가 청년이 되고 성인이 되고 드디어 노인이 된다는 사실은, 생명 발전이 이 경우 실재 그 자체라는 점을 고려해 본다면 쉽게 이해될 것이다. 유년, 청년, 장년, 노년은 정신이 본 단순한 외관으로, 어느 외관이나 진보의 연속에 따라 외부로부터 우리에게 있어서 상상된 가능한 정지이다. 반대로 유년, 청년, 장년, 노년을 발전의 전체를 이루는 부분들이라고 해보자. 이때 그 각각은 실재적인 정지가 된다. 그리고 우리는 발전이 어찌하여 가능하게 되는지 생각해 볼 수 없다. 왜냐하면 정지의 병렬은 결코 운동과 같아질 수 없기 때문이다. 이미 이루어진 것(완성체)을 가지고 어떻게 이루어지는 중인 것(형성과정)을 재구성할 수 있단 말인가? 이를테면 유년을 한 가지 사물로 가정한다면, 유년시절밖에 주어진 것이 없는데 어떻게 그로부터 청년으로 옮겨갈 수 있는가? 더 자세히 살펴보면 이러한 점을 알 수 있다. 우리의 습관적인 화법은 우리의 습관적인 사고법에 준해서 입밖으로 나오기 때문에, 우리를 진정한 논리적인 궁지로 밀어 넣는다. 우리가 그 논리적 궁지에 빠져들면서도 불안해하지 않은 까닭은, 원하면 언제든지 거기서 나올 수 있다고 막연하게 느끼기 때문이다. 사실 지성의 영화적 (필름 돌리기) 습관을 버리기만 한다면 빠져나오기는 가능하다. '어린이가 어른이 된다'고 할 때, 글자 그대로의 의미를 너무 깊이 파고들지는 말기로 하자. 그렇지 않으면, 우리는 '어린이'를 내세울 때는 '어른'이라는 속성이 아직 걸맞지 않고, '어른'이라는 속성을 말할 때는 '어린이'라는 주체가 적당하지 않음을 알게 될 것이다. 유년에서 장년으로의 이행이라는 실재는 우리 손가락 사이로 빠져나간다. 우리가 갖는 개념은 '어린이' 및 '어른'이라는 가상적 정지에 지나지 않는다. 철학자 제논에 따르면 그의 화살이 궤도상의 모든 지점들에 있듯이, 그 정지 중의 하나가 곧 다른 하나와 같다는 이야기가 된다. 사실 만약 언어가 지금 실재를 그대로 모방하고 있다면, 우리는 '어린이가 어른이 된다'가 아니라 '어린이에서 어른으로 가는 생성이 있다'고 말해야 할 것이다. 제1의 명제에서 '된다'는 막연한 의미의 동사로서, 주어인 '어린이'에게 '어른'의 상태를 부여하는 모순을 감추기 위해 한정폭을 멀리 넓혀 놓은 말이다. 이 동사의 작용은, 언제나 변함없는 영화 필름의 움직임과 거의 같다고 하겠다. 필름의 움직임은 영사기 속에 숨겨져 있고, 그 필름 움직임의 역할은 실제 대상의 움직임을 모방하기 위하여 영상들을 하나씩 겹쳐 보여주는 일이다. 제2의 명제에서는 '생성'이 주어가 된다. 여기서는 그것이 정면으로 부각된다. 생성은 실재 그 자체이고, 유년기와 성년기는 여기에서 이미 잠재적인 정지이자 정신이 본 단순한 외관에 지나지 않는다. 이번에야말로 우리는 영화적 모방이 아닌, 객관적인 움직임 그 자체를 문제 삼고 있는 것이다. 다만 우리의 언어습관에 맞는 것은 오로지 제1의 표현(일반성의 표현)법이다. 제2의 표현('구체적 생성'의 표현)법을 받아들이고 싶다면, 사고의 영화적 장치로부터 벗어날 필요가 있다.

운동의 문제에서 제기되는 여러 가지 논리적 모순을 단번에 해소하기 위해서는, 사유의 영화적 장치를 완전히 제거해야 한다. 각각의 상태를 가지고서 변이(시간의 흐름에 따른 변화)를 만들 수 있다고 주장하는 한, 모든 것은 모호하고 모순된다. 먼저 우리가 변이를 따라 움직이고, 그 변이 과정에 사고(思考)로 횡단면을 마련하면서 여러 상태를 구별한다면, 즉시 어둠은 사라지고 모순은 없어진다. 왜냐하면 변이 과정 속에는 일련의 상태들, 즉 일련의 가능적 단면들 이상의 무엇인가가 더 있고, 움직임 안에는 일련의 위치, 즉 일련의 가능한 정지를 넘어선 무엇인가가 더 있기 때문이다. 단지 제1의 견지는 인간정신의 행동 양식에 보다 잘 들어맞는다. 그에 반해 제2의 견지는 정신으로 하여금, 지성적인 습관의 내리막길을 오르라고(즉, 진화 또는 비약하라고) 요구한다. 철학이 처음에는 그러한 오르막길 앞에서 물러섰다고 하는 사실에 놀랄 필요가 있을까? 그리스인들은 자연을 믿고, 그 자연적 경향을 따르는 정신을 신뢰하였고, 그중에서도 특히 사유를 자연스럽게 객관화하는 언어를 신뢰하였다. 또한 사유와 언어가 사물의 흐름에 대해 취하는 태도가 나쁘다고 하기보다는, 오히려 사물의 흐름이 나쁘다고 생각하고 싶어 했다.

이 논지를 가차없이 밀고간 사람들이 엘레아 철학자들이었다. 실재 생성 과정이 사고 습관과 충돌하고 언어의 틀에 잘 맞지 않기 때문에, 그들은 그 생성이 비실재적이라고 단언했다. 그들은 공간 운동과 변화 일반에서 그들이 본 실제 외관들을 단순한 착각일뿐이라고 생각하였다. 그들은 전제는 바꾸지 않고 이러한 결론(실재의 사물적 외관을 착시라고 본 결론)을 단지 완화시켜, 실재는 변화하지만 그러나 변화해서는 안 될 것이라고는 말하기도 했다. 경험은 우리를 생성과 대면하게 해주지만, 그 생성물이란 사실 감각적 실재에 지나지 않는다. 그러나 지성이 이해할 수 있는, 당연히 존재해야 하는 실재란 보다 더 실재적이며 그야말로 불변의 존재라고 말할 수 있다. 정신은 질적 생성에서 또는 진화적 생성에서 아니면 확장적 생성에서, 변화에 반항하는 요소들을 찾아내야 한다. 즉, 우리가 정의할 수 있는 성질과 형상 내지는 본질, 목적성을 찾아내야 한다. 이것이 고전적 고대에 발전한 형상의 철학, 또는 그리스어에 보다 가까운 용어로 표현한다면 '이데아'의 철학의 기본 원리이다.

여기서 '이데아'라고 번역된 원어는 에이도스($εἶδος$)로, 세 가지 의미를 가지고 있다. (1)특질, (2)형상 또는 본질, (3)이루어지고 있는 행위의 목적이나 의도, 즉 행하여졌다고 상정된 행위의 도면이다. 이 세 가지는 각각 형용사·명사·동사의 관점이고, 언어의 본질적인 세 가지 범주와 대응한다. 이러한 설명에 근거해서 우리는 에이도스를 '관망'이라든가 '순간'이라고도 번역할 수 있고, 또 그렇게 이해해야 할 것이다. 분명 에이도스란 사물의 불안정함에 대해 갖는 안정된 관망이다. 다시 말해 에이도스는 생성의 순간으로서의 성질과, 발전의 순간으로서의 형태와, 평균형태로서의 본질이다. 그리고여기서 다른 형태들은 평균적 형태 위아래에 그 변화로서 위치한다. 완성 중인 행위를 고취하는 구상도 그러한 평균적인 변화도 해당하는데, 이는 앞에서 말한 바와 같이, 그 완수된 행위에 대한 예견된 설계도에 지나지 않는다. 그리고 보면 사물을 '이데아'로 환원한다는 일은 생성을 그 주요한 '순간'으로 분해하는 일인데, 그 순간들은 어느 순간이나 가정에 따라 시간의 법칙을 벗어나 영원 속에서 따로 선택된 것과 마찬가지의 형태가 된다. 즉, 지성의 영화적 장치를 '실재'의 분석에 적용할 때, 우리는 '이데아'의 철학에 도달한다는 말이다.

그런데 동적인 실재의 밑바닥에 부동적인 이데아를 더하면, 즉시 그로부터 온갖 물리학, 우주론, 그뿐 아니라 신학까지도 필연적으로 생겨난다. 이를 좀 더 자세히 살펴보자. 그리스 철학처럼 복잡하고 포괄적인 철학을 설마 몇 페이지에 요약할 수 있으리라고는 생각지 않는다. 그러나 방금 지성의 영화적 장치를 기술하였으므로, 이제 그러한 장치의 작용이 실재의 어떠한 표상(외관)에 귀착되느냐를 보여주는 일이 급선무이다. 생각건대, 그러한 표상이야말로 우리가 고대 철학에서 찾아볼 수 있는 표상이라고 하겠다. 플라톤에서 아리스토텔레스(어느 면에서는 스토아학파까지도)를 거쳐 플로티노스에 이르기까지 전개되는 학설의 개요에는 부수적이거나 우발적인 것, 철학자의 순수(자연적) 공상이라고 간주할 만한 것이 하나도 없다. 거기에서 나타나는 모습은, 체계적인 지성이 만유 생성의 흐름을 그때그때 촬영한 모습을 통하여 주시할 때 자신에게 제공되는 비전일 뿐이다. 그래서 오늘날도 우리는 보다 더 그리스인 식으로 철학하고 있다. 우리는 그리스인들이 내린 일반적인 결론을 알려고 할 필요도 없이, 우리 사유의 영화적 본능에 대한 신뢰도에 따라 그 일반적 결론을 체득하고 있다.

앞서 말한 바와 같이, 운동에는 운동체가 지나온 잇따른 위치 하나하나보다 그 이상의 어떤 순간적 상태들이 있고, 생성에는 순간순간 통과하였던 모든 형태보다 그 이상의 어떤 형태들이 있으며, 또 형태의 진전에는 잇따라 실현되었던 형태보다도 그 이상의 어떤 형태들이 있다. 그러고 보면 철학은 전자의 항에서 후자의 항을 유도할 수는 있어도, 후자의 항에서 전자의 항을 유도할 수는 없다. 왜냐하면 사변은 전자에서 출발해야만 하기 때문이다. 그러나 지성은 그 두 항의 순서를 역전시키는 바(즉, 현재 사물의 현상으로부터 사물의 과거를 추론하기 때문에), 이 점에서 고대 철학은 지성과 같은 태도를 취하고 있다. 고대 철학은 불변의 사물 속에 위치하면서 자신에게 '이데아'만을 부여한다. 그럼에도 불구하고 실재의 생성은 존재한다. 그것은 뚜렷한 사실이다. 그러나 처음부터 불변성만을 상정했는데, 어떻게 그로부터 변화를 산출할 수 있는가? 여기서 변화는 무엇이 첨가됨으로써 일어나는 것이 아니다. 왜냐하면 '이데아' 밖에서는 적극적이고 분명한 사실들이 존재하지 않기 때문이다. 그러고 보면 그 변화는 축소에 의하여 일어난다. 고대 철학의 밑바닥에는 반드시 다음과 같은 전제가 잠재하고 있다. 부동체 중에는 운동체 속에보다도 더 많은 사실들이 잠재해 있고, 우리는 감소 내지 경감을 통하여 불변성에서 생성으로 옮겨간다.

따라서 변화를 획득하기 위해서는 '이데아'에 0이나 음수(즉, 감소)를 가해야 한다. 플라톤의 '비존재'나 아리스토텔레스의 '질료'는 그것으로 구성된다. 이 비존재 또는 질료는, 마치 산수의 0이 하나와 합쳐지듯이 '이데아'와 합쳐져서 '이데아'를 시공간 속에서 여러 배로 증가시키는 형이상학적 0이다. 불변적이고 단일한 '이데아'는 그러한 비존재 또는 질료에 의하여 무한히 퍼져가는 운동으로 굴절된다. 권리상으로는 오직 불변적인 '이데아', 서로 꼭 들어맞는 '이데아'만 있어야 한다. 그런데 실제로는 질료가 나타나서 공백(비존재적, 상상적 개념)을 이데아에 덧붙이고는 곧바로 보편적인 생성을 초래한다. 질료는 파악할 수 없는 무(無)로서 '이데아'의 사이에 잠입하여, 마치 서로 사랑하는 두 사람 사이에 스며든 의심처럼 끝없는 동요와 영원한 불안을 자아낸다. 불변의 '이데아'의 지위를 (물질적 차원으로) 하락시켜 보자. 그러면 우리는 사물의 영구적인 흐름을 얻게 된다. '이데아' 내지 '형상'은 의심할 것 없이 예지적인 모든 실재, 즉 모두 모여 '존재'의 이론적 평형을 나타낸다는 점에서 진리의 전부라고 하겠다. 감각적 실재에 대해서 말하자면, 그 실재란 이 평형점의 양쪽에서 끝없이 일어나는 진동이다.

이를 바탕으로 '이데아' 철학은 줄곧 어떤 의미로 지속의 개념을 형성하되, 시간 대 영원 관계의 개념과 더불어 형성하게 된다. 생성 속에 위치하는 사람에게 있어 지속은 사물의 생명 그 자체, 또는 기초적인 실재처럼 보인다. 정신이 개념 속에 유리시켜 저장하는 '형상'이란, 변화하는 실재의 외관을 찍은 사진에 지나지 않는다. 형상은 지속을 따라 따로 선택된 순간들이고, 그 순간순간의 형상들을 시간과 연결시키는 실이 끊겼으므로 형상은 이미 지속하지 않는다. 형상은 스스로 자신에 대한 정의, 즉 그 순간적 형상들의 지적 등가물인 인위적인 재구성이나 상징적인 표현과 혼동되는 경향이 있다. 원한다면 형상이 영원 속에 들어간다고 해도 좋다. 다만 형상이 지닌 그러한 영원성은 그 형상이 지닌 비실재적인 요소와 같은 것이 되고 만다. 생성을 영화적인 방법으로 취급할 때는 그 반대로, '형상'은 이미 그 변화에 대해서 찍은 사진이 아니고. '형상'은 변화의 구성 요소이고, 그 생성 상의 적극적이고 분명한 요소들을 모두 나타낸다. 영원은 이미 하나의 추상처럼 시간의 상공에 떠도는 것이 아니라, 실재로서 시간흐름의 토대가 된다. 그 실재적 영원성의 태도야말로 '형상' 내지 '이데아' 철학이 취하는 바이다. 이 철학이 영원과 시간 사이에 세우는 관계는 금화와 잔돈 사이의 관계와 마찬가지이다. 잔돈은 너무 적은 금액이라 언제까지 계속해서 지불해도 빚을 절대로 갚을 수 없다. 그러나 금화라면 단번에 다 갚을 것이다. 이것은 플라톤이 신에 대해 언급하면서, 신이 세계를 영원하게 할 수 없으므로 '영원의 움직이는 이미지'인 '시간'을 주었다고 말한 표현에 훌륭히 나타나 있다.[5]

거기서 연장의 관념이 생겨난다. 그 관념은 비록 분명히 드러나지는 않았다 하더라도 이데아 철학의 바탕을 이룬다. 생성을 따라서 자리 잡고, 그 운동을 채용하는 정신을 또 상상해 보자. 하나하나의 연속적인 상태나 성질, 요컨대 '형상'은, 정신에게는 우리의 사유가 보편적 생성에서 잘라낸 단순한 단면도에 지나지 않게 보일 것이다. 또한 정신은 형상의 생성 과정에서, 형상을 구체화시켜준 연장적 생성으로부터 분리될 수 없는 것이 형상이며, 또한 본질적으로 공간적인 것이 형상이라고 생각할 것이다. 이리하여 모든 형상은, 시간을 점유함과 동시에 마찬가지로 공간을 점유한다. 그러나 이데아 철학은 그것을 역행한다. 이 철학은 '형상'에서 출발하여 형상을 실재의 본질 그 자체라고 본다. 이 철학은 생성을 보는 하나의 관점으로 형상을 획득하는 것이 아니라, 다만 영원 속에서 자신에게 형상을 부여한다. 이때 지속이나 생성은 움직이지 않는 영원의 전락에 지나지 않게 된다. 형상은 그렇게 설정되어 시간으로부터 독립된 것으로서, 이미 지각 속에 수용되지 못한다. 그것은 하나의 개념일 뿐이다. 그리고 개념적인 차원의 실재는 지속(시간의 흐름)도 갖지 않거니와 동시에 연장도 점유하지 않으므로, '형상'은 시간의 상공에 떠돌 듯이 공간 밖에 위치한다. 따라서 고대 철학에서는 공간과 시간이 필연적으로 같은 기원과 가치를 갖게 된다. 시간적으로는 이완에 의하여, 공간적으로는 확장에 의하여 표현되는 것은 모두 존재의 감소인 것이다.

이렇게 되면 확장과 이완은 모두 다, 있는 존재(존재의 시작)와 있어야 할 존재(존재의 끝) 사이의 간격을 나타내는 데에 지나지 않는다. 고대 철학의 관점에서 보면 시간과 공간은, 불완전하다기보다 차라리 자기 외부에서 길을 잃은 실재가 자신을 되찾으러 뛰어가기 위하여 주어진 장소일 수밖에 없다. 단지 여기서 장소란, 질주가 진행되면서 점차적으로 폭넓게 형성되며, 말하자면 질주가 그 장소를 자기 뒤에 남겨 놓는다는 사실을 인정해야 할 것이다. 관념적인 시계추를 그 평형 위치, 즉 단순한 수학적 점(평형점)으로부터 벗어나도록 해보라. 그러면 끝없는 진동이 일어나고, 진동을 따라 점들이 점들과 상호 병치되고 순간이 순간에 접속된다. 그렇게 발생하는 공간과 시간에는, 운동 자체보다 적극적이고 분명한 사실들이 아무것도 없다. 공간과 시간은 추에 인위적으로 주어진 위치와 정상적인 위치와의 차이를 나타낸다. 다시 말해 추가 자연스러운 안정을 찾기 위해 필요한 부족분을 나타내는 것이다. 추를 정상적인 위치(즉, 현실적 위치)로 되돌려 보라. 그러면 공간과 시간과 운동은 수학적인 한 점에서 수축된다. 그와 마찬가지로 인간의 추리도 무한한 연쇄를 이루며 계속되지만, 직관이 파악한 진리의 심연 속으로 갑자기 영영 잠기고 만다. 추리의 확장과 이완은 말하자면 우리의 사유와 진리 사이의 간격에 지나지 않기 때문이다.*6 연장(공간의 확장)과 지속(시간의 이완)은 순수한 '형상' 내지 이데아에 대해 그런 관계를 갖는다. 감각적인 형상은 항상 자기의 이상적인 이데아성을 되찾을 준비가 되어 있으나, 자신이 품고 있는 질료에 의해 항상 방해받고 있다. 즉, 자신 속에 내재하는 공백과, 현재 존재하는 자신과 존재해야 할 자신과의 사이에 남겨진

격차가 걸림돌이 되는 것이다. 감각 형상은 끊임없이 자신을 되찾고자 하지만, 자신을 잃어버리는 일 때문에 끝없이 고생하고 있다. 그들 형상은 마치 시지프스의 바위와 같아서 정상에 도달하려고 하면 어떤 불가항력적인 법칙에 밀려 굴러 떨어진다. 감각 형상을 공간과 시간 속에 던져 넣은 이 법칙도 다름 아니라, 형상의 근원적인 불충분성의 항구성 바로 그 자체이다. 발생과 소멸의 교대, 항상 재출발하는 진화, 한없이 반복되는 천구의 원운동 등 아마도 이 모든 것은 근본적인 부족을 나타낼 텐데, 물질성은 바로 그러한 부족성으로 이루어지는 것이다. 이러한 부족을 메워보자. 그러면 공간과 시간은 즉시 제거된다. 즉, 계속 추구하여도 도달할 수 없는 안정된 평형의 주위에서 한없이 다시 시작되던 진동이 즉시 삭제된다. 그러면 물체는 서로 상대 속에 다시 들어간다. 공간 안에서 퍼져 있던 사물존재는 긴장되어 다시 순수한 형태로 돌아간다. 그리고 과거·현재·미래는 단 한 순간, 즉 영원성 속에서 수축하게 된다.

이는 결국 물리적인 존재는 논리적인 존재의 변질이라는 말과 같다. 이데아 철학은 이 명제로 요약된다. 그것은 또 우리의 지성에 나면서부터 갖추어져 있는 철학의 숨겨진 원리이기도 하다. 불변이 생성을 초월하는 어떤 상태라면, 형상은 변화를 초월하는 어떤 외관이다. 그리고 서로 합리적으로 종속되고 연결된 이데아의 논리적 체계가 분산되어, 물리와 상호 순서에 따라 우연적으로 배열된 사건의 물리적 계열이 되는 것은, 그야말로 이 진정한 전략에 의해서이다. 하나의 시를 만들어내는 시상은 수천의 이미지들로 전개되고, 그 이미지들은 구절로 물질화되며, 구절은 분산되어 단어로 구체화된다. 그리고 부동의 응축된 시상에서 그 시상을 전개시켜주는 말로 내려갈수록, 우연과 선택이 작용하는 여지가 더 커진다. 다른 말로 표현된 다른 은유가 떠오를 수도 있고, 이미지는 이미지를, 말은 말을 불러들이기 때문이다. 이윽고 그 말들은 일제히 술래잡기를 시작하여, 그들 자신으로서는 그 시에 대한 착상을 불어넣어준 단일성을 보여주려고 노력하나 그러지 못하게 된다. 우리의 귀는 말을 듣기만 한다. 즉, 귀는 우연적인 것들밖에 지각하지 못한다. 그러나 우리의 정신은 연속적인 도약에 의하여 말에서 이미지로, 이미지에서 본디의 시상으로 뛰어오른다. 이처럼 정신은 우연이 낳은 우연에 불과한 말의 지각으로부터 자립적인 이데아의 개념 파악으로 거슬러 올라간다.

우주를 앞에 둔 철학자도 그와 마찬가지 과정을 밟는다. 경험은 철학자의 눈앞에 현상을 통과시키는데, 이 현상도 시간과 장소의 환경이 결정한 우발적인 질서에 따라 계속 진행된다. 이 물리적 질서는 확실히 논리적 질서가 약해진 결과물로서, 그야말로 공간과 시간 속으로 논리가 추락한 현실과 같다. 그러나 철학자는 지각으로부터 개념으로 거슬러 올라가면서, 물리적인 존재가 지니는 실증적 실재가 모두 논리적인 사실로 응축됨을 본다. 철학자의 지성은 존재를 이완시키는 물질성을 제외하면서, 존재를 그 자체로서 이데아의 부동한 체계 안에서 다시 파악한다. 그리하여 '과학'이 생겨난다. 우리가 자신의 지성을 그 본디 장소에 되돌려놓고 지성과 그 대상과의 격차를 바로잡을 때, 그 과학은 즉시 우리에게 완전하고 완성된 것으로 나타난다. 그러고 보면 과학은 인간의 구성물이 아니다. 과학은 우리의 지성보다 앞서 있고, 우리의 지성으로부터 독립적이며 사물을 생산하는 참다운 원동력이다.

그런데 그들 '형상'을 정신이 생성의 연속에 대하여 찍은 외관에 지나지 않는다고 간주한다면, 그 형상들은 그들을 표상하는 정신에 좌우되고, 또 그 자체로는 존재를 갖지 않을 것이다. 사람들은 기껏해야 하나하나의 이데아를 모두 이상(理想)이라고밖에 말할 수 없게 된다. 그러나 우리는 현재 그 이데아와는 반대되는 가설 위에 서 있다. 그러니 이데아는 자신의 힘으로 존재해야 한다. 고대 철학자는 그러한 결론(모순적 결론)을 피할 수가 없었다. 플라톤은 그것을 명백하게 표명하였고, 아리스토텔레스는 그러한 결론을 회피하려 하였으나 어쩔 수 없었다. 운동은 부동성의 전락에서 생겨나므로, 어디엔가 그 부동상태(순간의 상태)가 실재화되어 있지 않다면 운동은 없고, 따라서 감각 세계도 없다. 그런 만큼 아리스토텔레스도 처음에는 이데아에 독립적 존재를 허용치 않았지만, 그러한 독립적 성격을 박탈할 수는 없어서 그 이데아들을 모아서 둥글게 뭉쳐놓았다. 이리하여 그는 물리적 세계 위에 형상의 형상, 이데아의 이데아, 또는 그의 표현을 빌면, 요컨대 사유의 사유인 하나의 형상을 두었다. 아리스토텔레스의 신이란 바로 그러한 신이다. 그 신은 일체의 개념을 단지 한 개의 개념으로 종합한 실체에 지나지 않기 때문에, 필연적으로 부동이며, 세계에서 일어나는 모든 일에 대해 초연하다. 물론 잡다한 개념 가운데 어느 것도, 있는 그대로 신성 속에 고립적으로 존재할 수는 없다. 플라톤의 이데아를 아리스토텔레스적 신의 내부에서 찾아보아도 허사일 것이다. 그러나 스스로 굴절하거나, 또는 단지 세계를 향하여 기울어지는 아리스토텔레스의 신을 상상해 보면 신 본질의 일관성에 함축된 플라톤의 이데아가 즉시 유출될 것이다. 그것은 마치 광선이 태양에서 나오면서도 태양 속에는 전혀 포함되어 있지 않는 경우와 같다. 플라톤의 이데아가 아리스토텔레스의 신 밖으로 나타나는 그러한 유출의 가능성이, 아리스토텔레스 철학에서 의심할 바 없이 능동적 지성에 의하여 표시되었다. 그것은 포이에티코스($\pi o \iota \eta \tau \iota \varkappa \delta \varsigma$, 능동적)라고 불리는 것으로서 인간 지성에 본질적이면서도 무의식적인 누스($\nu o \tilde{\upsilon} \varsigma$, 이성)이다. 누스 포이에티코스는 단번에 전제된 총괄적인 과학으로서, 의식적이며 추론적인 지성은 고심하면서 그것을 하나하나 재구성해야만 한다. 따라서 우리의 내부에는, 아니 그보다도 우리 뒤에는, 알렉산드리아 철학자들이 말하는 바와 같은 가능한 신의 직관이라고 할 만한 것이 있다. 단 그 직관은 어디까지나 잠재적인 직관으로서, 의식적이며 논증적인 지성으로는 절대로 현실화되지 않을 것이다. 이러한 직관 속에서 우리는 신이 이데아로 개화됨을 보게 된다. 모든 것을 '만드는 것'은 바로 이 직관이고,*7 그것이 시간 속에서 움직이는 논증적인 지성과의 관계에서 맡은 역할은, 움직이지 않는 원동력이 하늘의 움직임과 물체의 흐름에 대해서 취하는 역할과 같다.

따라서 우리가 아는 바와 같이, 이데아 철학에는 독특한 인과관(因果觀)이 내재하고 있다. 그 인과관은, 우리가 물체의 근원에까지 거슬러 올라가기 위하여 지성의 자연적인 움직임을 끝까지 추구한다면 반드시 이르게 되는 문제이므로, 꼭 밝혀야만 한다. 하기야 고대 철학자들은 그 인과 관계를 결코 명백하게 밝히지는 않았다. 그들은 거기서 결론을 끌어내는 데만 그쳤고, 대체로 그에 입각한 여러 가지 견해를 우리에게 보여주기만 할 뿐 개념 그 자체를 제시해 주지는 않았다. 사실상 그들은 온 세계에 대하여 제1의 동력이 작용하는 힘을 때로는 인력(引力), 때로는 추진력이라고 말한다. 이 두 견해 모두를 아리스토텔레스에게서 볼 수 있다. 그는 우주의 운동이란, 신적인 완성에 이르려는 사물의 열망, 즉 신을 향한 상승임을 보여준다. 그런데 다른 저서에서는, 그 우주의 운동을 신과 제1의 천구가 접촉한 결과라고 하여 신에서 사물로의 하강으로 설명한다. 알렉산드리아 철인들은 성령의 발출과 귀의에 대해 말하면서 그러한 이중적인 지시를 따른 데에 지나지 않았으리라 생각한다. 이 경우 모든 것은 제1의 원리에서 유래하며, 그 제1의 원리로 다시 돌아가고자 하는 것이다. 그런데 이 두 가지 신적 인과관은 모두 제3의 인과관으로 귀착될 때 비로소 표리일체가 될 수 있다. 그 제3의 인과관만이 핵심적인 실마리로서, 그 인과관만이 어째서 그리고 어떤 의미에서 물체가 공간과 시간 속에서 움직이느냐 하는 문제뿐만 아니라 왜 공간과 시간, 운동과 물체가 있는지를 우리에게 설명해줄 수 있다.

이러한 견해는 우리가 플라톤에서 플로티누스로 향할수록 그리스철학자들의 논증 아래 더 투명하게 드러난다. 그러한 사물생성의 '인과관계'를 우리는 다음과 같은 공식으로 표현할 수 있다. 어느 실재의 위치는, 그 실재와 순수 무(無, 개념 즉 실재물이 아닌, 비존재) 사이에 존재하는, 중간적인 실재(중간물 상태)의 모든 단계의 위치를 동시에 품고 있다. 그 원리는 수의 경우에 명백하다. 10이라는 수를 상정하기 위해서는 9, 8, 7, …… 등의 수의 존재, 즉 10과 0 사이의 모든 구간의 존재(중간 존재들)를 상정하여야 한다. 그런데 우리의 정신은 이 경우 자연적으로 양의 영역에서 질의 영역으로 옮겨간다. 어느 완전성이 우리에게 주어지면, 한쪽 끝에 있는 그 완전성에서부터 우리가 상상 속에서 그리는 무 사이에 있는 연속적인 하락 역시 주어지는 것 같다. 이제 아리스토텔레스의 신을 상정해 보자. 그의 신은 사유의 사유, 즉 원을 그리는 사유이며, 주체에서 객체로, 객체에서 주체로 순간적이라기보다 오히려 영원한 순환 과정을 되풀이하면서 변화한다. 그러면 다른 한편에서는 무가 스스로 제기되는 듯이 보이고, 그리하여 양극이 주어지면 그 사이의 구간도 역시 주어지기 때문에, 그 신적인 완전성에서 '절대 무'까지 내려가는 존재의 모든 단계가, 말하자면 신의 설정과 함께 자동적으로 실현된다.

그 구간을 위에서 아래로 더듬어보자. 우선 최초의 원리가 아주 약간 경감되면 그것만으로 존재는 공간과 시간 속으로 떨어진다. 이 최초의 경감을 표상하는 지속과 연장은 신성의 비연장이나 영원과 극도로 가까운 것이 된다. 따라서 신성 원리의 최초의 전락을 우리가 표상한다면, 자전하면서 자기의 항구적인 원운동으로 신적 사고의 영원한 순환을 모방하는 천구와 같을 것이다. 그 천구는 무엇에도 포함되지 않고 자신의 위치도 굳건히 지키기 때문에, 자신의 장소를 창조하고[8] 이로써 장소 일반을 창조한다. 또 그것의 운동은 다른 모든 운동의 척도가 되므로 천구는 자신의 지속을 만들어내고, 따라서 지속 일반도 창조해낸다.[9] 그러고 나면, 우리는 점차 완전성이 감소되어 지상 세계에까지 이르는 것을 볼 수 있을 것이다. 거기서는 발생, 성장, 사멸의 주기가 마지막으로 다시 한 번 그 원초적 원운동을 어설프게나마 모방한다. 신과 세계 사이의 인과관계를 그와 같이 해석하면, 그 인과관계는 아래에서 바라보는 사람에게는 인력이 되어 나타나고, 위에서 보면 추진력 내지 접촉 작용으로 나타난다. 제1의 하늘은 그 원운동과 함께 신을 모방한 형상이고, 또 이 모방이란 그 신의 형상을 받는 일이기 때문이다. 그러므로 우리는 어떤 방향에서 보느냐에 따라서 신을 생성인(원인)이라 보기도 하고 목적인(결과)이라 보기도 한다. 그런데 이 두 관계는 어느 쪽도 최종적인 인과관계가 아니다. 참다운 관계는, 좌변은 단일항이고 우변은 부정수 항들의 총합을 나타내는 방정식의 양변 사이에 성립되는 것이다. 그것은 금화와 잔돈의 관계라고도 말할 수 있다. 단, 금화를 제시하자마자 잔돈이 자동적으로 나온다는 가정하에서 그러하다. 그래야만 아리스토텔레스의 말을 이해할 수 있다. 그는 부동적인 신의 필연성을 증명할 때, 사물의 운동에 시초가 있어야 한다는 점에 입각하지 않고(즉, 자연의 우연성을 고려하여 총합의 등가를 맞추어야 하고), 그와는 반대로 이 운동에는 시작도 있을 수 없거니와 결코 끝도 없다고 가정했던 것이다. 운동이 존재한다면, 바꿔 말해서 만약 잔돈이 계산된다면, 이는 어디엔가 금화가 있기 때문이다. 또 만약 결코 시작된 일 없는 합산이 끝없이 계속된다면, 그것은 총합과 실질적으로 동등한 단일항의 영원성 때문이다. 항구적인 운동성이란, 그 사물의 운동이 영원한 불변성에 몸을 맞댄 채로 시작도 끝도 없이 계속 전개되지 않는 한 불가능하다.

그것이 그리스 철학의 궁극적인 요체이다. 우리는 그 철학을 선험적으로 재구성하겠다는 주장을 하지 않았다. 그리스 철학의 원천은 다양하다. 그것은 고대 혼의 모든 소질에, 눈에 띄지 않는 실로 연결되어 있다. 단일적인 원리로부터 그것을 연역하려고 하더라도 허사일 것이다.[10] 그러나 이제 이 철학에서, 시나 종교나 사회생활에서 들어온 것을 모두 없애버리고, 또한 겨우 싹튼 물리학이나 생물학에서 온 것도 마찬가지로 남김없이 제거해 보자.

그리고 이 거대한 건조물의 구성에 들어간 약한 재료를 제거해 보자. 그러면 단단한 뼈대가 되는 구조가 남는다. 우리 생각에 그 뼈대는, 인간 지성의 자연적 형이상학의 개요를 그리고 있다. 지각이나 사유의 영화적 경향을 끝까지 쫓아가보면 우리는 실제로 이런 종류의 철학에 닿게 된다. 우리의 지각과 사유는 진화의 연속 변화를 우선 일련의 안정된 형태로 바꿔놓는다. 마치 회전목마를 타는 아이들이 고리 옆을 지나면서 막대기로 그 고리들을 벗겨가듯이, 그 형태들은 통과되는 도중에 차례로 실에 꿰어진다. 그러면 그 '통과'란 무엇으로 이루어질까? 또 형태를 꿰는 실이란 무엇일까? 우리는 안정된 형태를 획득하기 위해서 변화 속에서 발견되는 결정적인 것을 거기에서 모두 추출하였기 때문에, 이 형태의 밑바닥에 남은 불안정성을 특징짓는 것으로서는 이미 부정적인 속성밖에 없다. 그것은 불확정성 그 자체일 것이다. 이것이 우리 사유의 최초 방식이다. 즉, 우리의 사유는 각각의 변화를 두 가지 요소로 나눈다. 하나는 안정적이고 저마다의 경우에 한정 가능한 요소, 즉 '형상(구체적 생성 형상)'이고, 다른 하나는 한정 불가능의 언제나 동일한 요소로서, 바로 변화 일반이다. 언어의 본질적 조작 또한 그와 마찬가지이다. 대체로 언어가 표현할 수 있는 것은 형태밖에 없다. 언어는 가동성을 함축적으로 표현하거나, 아니면 암시하는 것으로 그친다. 따라서 가동성이 표현되지 않았기 때문에 그것은 모든 경우를 통해 동일하다고 간주된다. 이때에 이번에는 철학이 새로이 등장하여, 사유나 언어에 의한 그런 분해는 정당하다고 한다. 그 구별을 보다 강력하게 객관화하고, 극한적인 국면에까지 밀고 나가 체계화하는 작업 이외에 철학이 무슨 일을 할 수 있겠는가? 따라서 철학은 한편으로는 한정된 형상 또는 불변적인 요소를 가지고, 다른 한편으로는 가동성의 원리를 가지고 실재를 구성한다. 그런데 가동성이란 형태의 부정이므로 가정에 의하여 모든 정의로부터 벗어나며, 언제나 불확정한 요소이다. 그렇게 사유로 한정되고 언어로 표현된 형태를 향해 보다 많은 주의를 기울임에 따라, 철학의 눈에는 그들의 형태가 차츰 감각계를 넘어서서 정밀한 순수 개념이 되어 보이며, 그 순수 개념은 상호 투입되어 드디어는 모든 실재의 종합이자 일체의 완전성의 완성인 유일 개념으로 뭉쳐질 수도 있을 것이다. 그와 반대로 우주의 움직임의 눈에 보이지 않는 근원을 향해 내려가면 내려갈수록, 철학은 그 근원이 그에게서 빠져 달아나면서 동시에 내용이 없어지고, 순수 무라고 불리는 심연 속으로 빠져 들어감을 느낄 것이다. 결국에 가서, 철학은 한편으로는 논리적으로 조정되거나 하나의 이데아로 집중되거나 하여 이루어진 이데아체계를 갖게 될 테고, 또 한편으로는 무(無)라고 할 수 있는 비존재(관념성), 즉 플라톤의 '비존재' 내지 아리스토텔레스의 '질료'를 갖게 될 것이다. 그러나 재단한 다음에는 바느질을 해야 한다. 현재 문제가 되는 점은 감각보다 위인 이데아와, 감각보다 아래인 비존재를 가지고 본래의 감각 세계를 재구성하는 일이다. 이를 가능하게 하기 위해서는 형이상학적 필연을 전제로 할 수밖에 없을 것이다. 그러한 필연성에 따라 '전체(형상)'와 '0(비존재, 또는 무게나 속성 없는 질료)'의 존재를 등장시키면, 이들 사이의 간격은 그 사이를 가늠하는 실재 모든 단계의 위치점들과 대등하다. 그것은 마치 어느 나눌 수 없는 수(수의 크기)를 그 수와 0의 차이라고 보자마자 그 수가 어떤 단위들의 일정한 합처럼 보이고, 동시에 그 수보다 작은 어떤 수들이 모두 출현하는 일과 같다. 이것은 가장 자연스러운 전제이며, 우리가 그리스 철학의 바탕에서 볼 수 있는 전제이기도 하다. 그렇게 되면 중간적인 실재 단계들의 개별적인 특수한 성격을 설명하기 위해 남아 있는 길은, 그 단계와 전체적 실재 사이의 거리를 재는 일뿐이다. 각 하위 단계는 어느 것이나 상위 단계를 감축하는 데서 이루어지고, 우리가 거기에서 지각하는 새로운 감각 요소도 지성인의 관점에서 보면 상위 단계에 더해지는 부정의 양에 불과하다. 부정의 최소량은 감각적 실재의 최고 형태 안에서 이미 발견되는, 따라서 물론 그보다 하위 형태에도 포함되어 있는 양으로, 표현하자면 감각적 실재의 가장 보편적인 속성인 연장(형태크기의 확장 요소)과 지속(시간적 흐름의 요소)이 될 것이다. 부정(비존재, 관념)의 점차적인 하락(물질화)에 의하여 우리는 점점 특수한 속성을 얻게 될 것이다. 여기서부터 이제 철학자의 공상이 활개를 칠 것이다. 왜냐하면 이 경우(형이상학과 감각세계가 서로 통하게된 상태에서) 감각 세계의 어느 국면을 존재의 어느 감축과 동등하다고 주장하는 것은, 아예 자의적이거나 최소한 이론의 여지가 있는 명령에 근거한 행위일 것이기 때문이다. 아리스토텔레스가 도달한 바와 같은 몇몇 동심원의 천구가 자전하며 이루는 세계에, 누구나 반드시 도달하는 것은 아니다. 다만 그와 유사한 우주론에는 다다를 것이다. 즉, 그 우주를 구성하는 부분들이 서로 전혀 다르기는 하지만, 부분들

간의 '관계'만은 동일한 구조에 다다를 것이다. 그리고 그 우주론은 언제나 동일한 원리의 지배를 받을 것이다. 물리적인 요소들은 논리적으로 정의될 것이다. 변화하는 현상들 속에서 사람들은 우리에게, 개념의 상호 종속적이고 조절되어 있는 밀폐된 체계를 투명하게 보여줄 것이다. 개념의 체계로 해석되는 과학은, 감각적 실재보다도 더욱 실재적이 될 것이다. 과학은 인간의 지식보다도, 물체보다도 앞서 있을 것이다. 인간의 지식은 과학을 한 자 한 자 더듬는 데 지나지 않고, 물체는 서투른 대로 과학을 모방하려고 노력할 뿐이다. 그리고 과학이 한 순간이라도 자신으로부터 벗어난다면, 그 순간부터 과학은 자기의 영원성 밖으로 나가서 모든 지식이나 물체에 합치하게 된다. 그러고 보면 과학의 불변성은 확실히 우주 생성의 원인임에 틀림없다.

이상이 고대 철학의 변화와 지속에 대한 관점이었다. 근대 철학이 특히 초기에 그런 관점을 바꿔보려고 노력했다는 사실은 의심할 여지가 없는 듯하다. 그러나 어떤 불가항력적인 힘이 지성을 그 자연적인 운동으로 돌아가게 하고, 근세의 형이상학을 그리스 형이상학의 일반적 결론에 귀결케 한다. 나는 지금 이 마지막 점을 밝혀보고 싶다. 그것은 어떤 보이지 않는 선에 의하여 우리의 기계론 철학이 고대 이데아 철학과 연결되어 있음을 보여주고, 나아가서는 어떻게 이 철학이 우리 지성의 요구, 그중에서도 실제적인 요구에 부응하는지를 보여주고자 하는 데에서 비롯하였다.

근대 과학도 고대 과학과 같이 영화적 방법을 따라 진행된다. 다른 방식을 취할 수 없다. 어떤 과학이든지 그 '필름 돌리기'법칙에 복종하고 있다. 실제로 기호를 대상에 대입하고 조작하는 일은 과학의 본질에 속한다. 그들 기호는 물론 언어의 기호와 달리 정밀도가 더욱 높고 효율성도 더 크다. 그러나 그 기호는 역시 기호의 일반적인 조건에 얽매어 있는데, 그 조건이란 정해진 형식을 빌어 실재의 고정적인 일면을 확정짓는 성격이다. 운동을 생각하고자 하면 끊임없는 정신의 새로운 노력이 필요하다. 기호들은 우리의 이러한 노력을 면제해 주려고 창안되었다. 그것들은 사물의 동적인 연속성을 대신할 하나의 인위적 재구성을 수행하며, 그 인위적 재구성은 실제에 있어서 그러한 연속성과 같은 가치를 지니고 있고 용이하게 취급될 수 있다는 이점을 가지고 있다. 그러나 수단은 옆으로 미루어 놓고 오로지 결과만 고찰하

자. 과학의 본질적인 목적은 무엇인가? 그것은 사물에 대한 우리의 영향력을 증대시키는 일이다. 과학은 형태상 사변적일 수 있고, 그 직접적인 의도에 무관심할 수 있다. 바꿔 말하면, 우리는 과학이 원하는 기간 동안 장기적인 신용 대출을 해줄 수 있다. 그러나 상환기일이 아무리 연장되었다고 해도 마지막에 가서 우리는 수고에 대한 보답을 받아야 한다. 그리고 보면 과학의 목표는 항상 실용이다. 이론에 몰두할 때도, 과학은 실용의 일반적인 형태에 맞춰 행동해야 된다. 과학은 아무리 높이 상승한다 해도 행동의 영역에 낙하할 준비를 갖추어야 하고, 그 영역에서 자립할 수 있어야 한다. 만약 과학의 리듬이 행동 그 자체의 리듬과 절대로 다르다면 그런 일은 불가능할 것이다. 그런데 행동은 이미 말한 바와 같이 도약함으로써 일을 처리해 나간다. 행동한다는 말은 다시 적응한다는 뜻이다. 따라서 안다는 것, 즉 행동을 위해 예견한다는 것은 한 가지 상황에서 다른 상황으로, 한 가지 조정에서 새로운 조정으로 진행함을 말한다. 과학은 서로의 간격을 더욱 좁히는 재조정을 고찰해 볼 수 있으며, 그리하여 자신이 고립시키는 순간의 수를 늘릴 수 있을 것이다. 그런데 언제나 과학은 순간을 고립시키고 있다. 그 순간 사이의 구간에서 일어나고 있는 현상에 대해서 과학은, 공통적 지성이나 오감, 언어와 마찬가지로 무관심하다. 과학이 문제 삼는 부분은 구간이 아니고 양끝이다. 그리고 보면 영화적 방법은 이미 고대인의 과학에서 그랬듯이 우리의 과학에도 필수적이다.

그러면 이들 두 과학은 어떤 점에서 다를까? 앞에서 말한 바와 같이, 고대인은 물리적 질서를 생명의 질서로, 즉 법칙을 유(類)로 귀결시켰는데, 근대인은 유를 법칙으로 변화시키고자 한다.

그러나 우리는 근대과학을 다른 면에서 고찰해야 한다. 그래봤자 전자에서 방향 전환을 하는 것뿐이지만 말이다. 그 두 과학이 변화를 대하는 태도는 어떻게 다른가? 우리는 그것을 다음과 같이 공식화할 수 있다. 즉, 고대 과학은 대상이 특혜받은 그 순간에만 집중할 때 비로소 그 대상을 충분히 인식한다고 믿는 반면, 근대 과학은 모든 순간에 걸쳐 대상을 고찰한다.

플라톤이나 아리스토텔레스 같은 철학자들의 형상이나 이데아는 사물의 역사에서 특혜가 있거나 두드러지게 독특한 순간에 해당한다. 그것은 일반적으로 언어로써 고정된 순간이라고도 말할 수 있다. 형상이나 이데아는 마치 생물의 유년기나 노년기와 마찬가지로 어느 시기를 특징적으로 일컫는 관념으로 간주된다. 또한 그것은 그 시기의 정수(精髓)를 표현하는데, 그 나머지 부분은 그 자체로는 관심의 대상이 되지 않고 한 형태에서 다른 형태로 향하는 과정에 묻혀 버린다. 낙하하는 물체는 어떠한가? 그들은 이 현상을 총괄적으로 특징지어 다음처럼 말할 때, 그 현상을 매우 충실하게 규명했다고 믿는다. 그것은 하향하는 운동이고, 중심으로 향하는 경향이며, 물체가 자신이 속한 땅에서 분리되었다가 이제 거기에서 본디 위치를 다시 찾으려는 자연적인 운동이다. 따라서 우리는 종점이나 정점을 기록하고 그 지점을 핵심적인 순간으로 승격시킨다. 그 순간은 언어가 모든 현상을 표현하기 위해 잡아둔 상태인데, 과학에서도 그 순간의 상태(부동 상태)만 있으면 현상 전체를 특징지을 수 있다. 아리스토텔레스의 물리학에서 공중에 던져진 물체 또는 자유낙하하는 물체의 운동은, 위와 아래, 자발적인 이동과 강제적인 이동, 본디 장소와 낯선 장소 등의 개념에 의하여 정의된다. 그러나 갈릴레이는 핵심적인 순간이나 특혜받은 순간도 없다고 생각했다. 낙하하는 물체를 연구한다는 말은, 운동 중의 어느 순간이든 관계없이 그 낙하현상을 고찰한다는 의미이다. 참된 중력의 과학이란, 어느 순간에든지 공간에서 물체의 위치를 예측하는 과학일 것이다. 하기야 그럴 수 있으려면 그 과학에 언어의 기호보다도 더 정확한 기호가 필요하게 되리란 것이 사실이다.

따라서 우리의 물리학이 고대인의 물리학과 특별히 다른 점은 시간에 대해서 끝없는 분해 작업을 행한다는 사실이라고 말할 수 있다. 고대인에게 있어 시간은, 우리의 자연적 지각이나 언어가 하나의 개성을 나타내는 연쇄적 사실을 거기에서 재단하는 만큼의 불가분한 기간을 포함하고 있다. 그러므로 개개의 사실들은 고대인이 보는 바에 따르면 총체적인 정의 내지 전체적인 기술밖에 내포하지 못한다. 만약 그 종체 내지 전체를 기술하면서 몇 가지 국면을 구별하는 데 이르게 되면 한 개의 사실 대신에 몇 가지 사실을, 한 개의 기간 대신에 몇 가지 불가분한 기간을 영유하게 될 것이다. 그렇다 하더라도, 시간은 여전히 한정된 기간으로 나뉘어 있다고 여겨졌다. 그 분류 방법도 언제나 사춘기와 비슷한 실재의 명백한 전환기, 새로운 형태의 돌발적 출현에 의해 정신에게 불가피하게 주어졌다고 생각되었으리라. 반면 케플러나 갈릴레이는 시간이 그 시긴의 (특징을) 충만시킬 만한 질료에 의하여 어떤 모양으로든지 객관적으로 분할되지는 않는다고 했다. 시간에는 자연적인 나눔이 없다. 우리는 생각대로 그 시간을 분할할 수 있고 또 분할해야 한다. 모든 순간은 가치가 똑같다. 어느 순간도 다른 순간을 대표하거나 지배할 권리가 있다고 주장할 수 없다. 따라서 변화를 인식하는 일도, 어느 임의의 순간에 그 변화(변화의 순서)가 처해 있는가를 우리가 결정지을 수 있을 때에만 가능하다.

그 차이는 뿌리 깊다. 어느 면에서 그 차이는 매우 근본적이다. 그러나 지금 우리가 보는 각도에서 본다면 그 차이는 성질의 차이가 아니라 도리어 정도의 차이이다. 인간 정신은 보다 고도의 정밀도를 추구하면서 점차적인 완성에 의하여 제1류의 인식에서 제2류의 인식으로 옮겨갔다. 이 두 가지 과학의 관계는, 운동의 양상들을 눈으로 받아들이는 일과 스냅사진으로 완전하게 기록하는 일의 관계와 같다. 두 가지 경우 모두 영화적 조작법이다. 그러나 제2류의 경우는 제1류의 경우가 다다를 수 없었던 정확성에 다다랐다. 우리는 말[馬]의 걷기에서, 특징적이고 본질적이며 차라리 도식적인 자세를, 다시 말해 어떤 기간을 통하여 번쩍이면서 걷기의 시간을 채우는 듯 보이는 형태를 눈여겨보게 된다. 파르테논 신전의 프리즈에 조각으로 고정된 형태가 바로 그러한 자세이다. 그러나 스냅사진은 어떤 순간도 모두 고립시킨다. 그 사진은 모든 순간을 같은 열에 둔다. 따라서 스냅사진에서의 말의 걷기는 특정한 순간에 반짝이면서 어떤 기간을 밝혀주는 유일한 자세로 집중되는 법 없이, 사람들이 원하는 수만큼의 연속적인 자세들로 분산된다.

이러한 근원적인 차이에서 다른 모든 차이가 생겨난다. 지속이 내포하는 불가분한 기간을 차례로 고찰하는 과학은 이미지가 이미지를 잇고, 형태가 형태를 대치하는 사실밖에 보지 못한다. 이 과학은 대상을 유기체와 동일한 것으로 보고, 이를 질적으로 기술하는 데 만족한다. 그러나 그들 기간 중 어느 한 기간의 내부에 깊이 들어가 어떤 임의의 순간에 무슨 현상이 일어나는가를 탐구할 때 사람들은 전혀 다른 탐구를 목표로 한다. 한 순간에서 다른 순간에 이르는 사이에 발생하는 변화는, 가정에 의하여 더 이상 그 사물의 성질 변화일 수가 없다. 이미 그것은 현상 그 자체가 아니면 그 요소 부분의 양적인 변이이다. 그리고 보면 근대 과학이 고대 과학과 대조를 이루는 점은, 근대 과학이 크기에 관계되고 무엇보다도 우선 크기를 측정하려고 한다는 점이라고 말한 것은 일리가 있었다. 고대인은 이미 실험을 했었고, 또 한편 케플러는 문자 그대로 과학적 인식의 정형 자체인 법칙을 발견하기 위하여 실험다운 실험을 하지는 않았다. 그러므로 우리의 과학을 고대 과학과 구별해주는 것은 실험을 한다는 점이 아니라, 오로지 '측정을 목적'으로 실험을 하거나 또는 더욱 일반적으로 연구를 한다는 것이다.

그런 까닭에 고대 과학이 개념을 문제 삼았던 반면, 근대 과학은 법칙, 즉 변량 간의 항구적인 관계(등식)를 구한다고 한 말도 역시 옳다. 원환(圓環)의 개념만으로 아리스토텔레스는 천체의 운행을 정의할 수 있었다. 그러나 그보다도 더 정밀한 타원형의 개념을 가지고도 케플러는 행성의 운동을 설명할 수 있으리라고 믿지 않았다. 케플러에게는 한 가지 법칙, 즉 행성운동의 둘 내지 여러 개의 요소들이 지니는 양적 변이 간에 존재하는 항구적인 관계가 필요했다.

그러나 그러한 것은 결과에 지나지 않는다. 다시 말하면 근본적인 차이에서 파생되는 차이이다. 고대인들에게도, 양 사이에 존재하는 항구적인 관계를 표시하는 법칙을 발견하려고 실험했던 것과 같이, '측정'을 목적으로 실험을 하게 되는 경우도 우연적으로 있었다. 아르키메데스의 원리는 참다운 실험적인 법칙이다. 그 원리는 세 가지 변량, 즉 물체의 용적, 물체를 담그는 액체의 밀도, 물체가 받는 밑에서 위로 향한 추진력 등을 계산에 넣었다. 결국 그 세 가지 항 중 한 가지는 남은 두 항의 함수임이 밝혀졌다.

본질적이고 근원적인 차이는 다른 곳에서 구해야 된다. 우리가 처음에 지적했던 점이 실은 바로 그것이었다. 고대인의 과학은 정적이다. 그 과학은 연구하는 대상인 변화 자체를 총체로 고찰하거나, 그 변화를 기간으로 나눈다면 이제 그들 기간을 각각 하나의 총체로 간주한다. 그것은 결국 고대 과학은 시간을 고려에 넣지 않았다는 말이 된다. 그러나 근대 과학은 갈릴레이와 케플러의 발견을 중심으로 그 주위에서 성립되었고, 그들의 발견을 모형으로 삼았다. 그러면 케플러의 여러 법칙은 무엇을 말하는가? 그 법칙은 태양을 중심으로 한 혹성의 벡터가 그리는 면적과, 그 면적을 그리는 데 필요한 시간과의 관계, 그리고 궤도의 장축과 그 궤도를 통과하는 데 소요되는 시간과의 관계를 정한다. 갈릴레이의 주된 발견은 무엇인가? 낙하하는 물체가 통과한 공간과, 낙하에 소비된 시간을 결부시킨 법칙이다. 더 깊이 들어가 보자. 근대에서 기하학이 이룬 여러 가지 큰 변혁의 발단은 무엇인가? 사실 뚜렷하게는 아니지만 시간과 운동을 도형의 고찰에까지 도입한 것이 그 발단이다. 고대인에게 기하학이란 오로지 정적인 과학이었다. 고대인의 도형은 완성된 모습으로 단번에 주어졌으며, 플라톤의 이데아와 흡사했다. 그러나 데카르트 기하학의 본질은(데카르트가 이 설명을 직접 하지는 않았지만) 평면곡선을, 가로축에 따라 평행하게 움직이는 직선상의 한 점의 운동으로 나타낼 수 있다고 보는 데 있었다. 이때 가동적 직선의 이동은 등속이고, 따라서 가로축(가로축의 길이)은 곧 시간을 나타낸다. 여기서 가동적 직선상에서 통과한 공간과 이 통과에 소비된 시간을 연결시키는 관계를 나타낼 수 있으면, 그 곡선은 정의될 수 있다. 즉, 동점이 그 도정의 임의의 순간에 주행하는 직선상의 동체의 위치를 표시할 수 있으면, 그 곡선을 정의할 수 있다는 말이 된다. 이 관계란 그 곡선의 방정식과 다르지 않을 것이다. 방정식으로 도형을 대치한다는 말은, 결과적으로 임의의 순간에 곡선의 궤적이 어떻게 되었는가를 보는 것이지, 그 곡선이 완성 상태에 있는 단일한 순간에 그 곡선을 집중시켜 단번에 그 궤적을 고찰하는 것은 아니다.

이러한 생각들이 개혁의 지도 이념이 된다. 자연에 관한 과학과 그 학문의 보조적 역할을 하는 수학은 바로 이러한 개혁에 의해서 새로워 진다. 근대 과학은 천문학의 딸이다. 천문학이 지상에 내려올 때는 갈릴레이의 비탈면을 따랐다. 왜냐하면 뉴턴과 그 후계자들은 갈릴레이 덕분에 케플러와 연결되기 때문이다. 그러면 케플러에 있어서 천문학 문제는 어떻게 제기되었는가. 문제는 주어진 순간에 있어 행성들 저마다의 위치를 알고 있으면서, 다른 임의의 순간의 그들 위치를 계산하는 일이었다. 그 뒤 이러한 질문이 모든 물질계에 제기되었다. 각 질점은 초보적인 행성이 되었다. 그리고 가장 문제가 되었던 것은, 모든 다른 문제를 푸는 열쇠가 될 이상적인 문제였다. 그 문제는 주어진 순간에 요소의 위치를 알고 나서, 임의의 순간에 그 요소의 상대적인 위치를 측정하는 것이었다. 물론 이 문제가 그렇게 정확한 용어로 제기되는 것은 도식화된 실재에 대한 매우 간단한 경우로 한정되어 있다. 왜냐하면 가령 실재의 요소가 있다고 하더라도 그러한 물질의 참된 요소의 상호 위치를 우리는 결코 알지 못하기 때문이다. 그리고 주어진 순간의 그 요소의 위치를 안다고 하더라도 다른 순간의 그들의 위치를 계산하기 위해서는 대개 초인적인 수학적 노력이 필요할 것이다. 그러나 우리는 그들 요소를 알 수 있고, 그 현위치를 측정할 수 있고, 초인간적인 지성이라면 그 주어진 여건들을 수학적 계산에 맡김으로써 임의의 순간의 요소 위치를 결정할 수 있음을 아는 것으로 족하다. 우리가 자연에 대하여 묻는 질문이나, 또 그 질문을 해결하기 위해 끌어다 쓰는 방법의 바탕에는 그러한 확신이 숨어 있다. 따라서 모든 정적인 형식의 법칙은 우리에게 임시 분할지불금이거나, 전체적이고 결정적인 지식을 우리에게 줄 수 있는 유일한 법칙인 동적 법칙에 대한 하나의 특수한 관점과 같다고 보인다.

결론적으로 우리의 과학이 고대 과학과 구별되는 까닭은 단순히 법칙을 탐구하기 때문도, 그들 법칙이 둘 사이에 존재하는 양적 관계를 밝히기 때문도 아니다. 그 차이점에 추가해야만 하는 한 가지는, 우리가 가능한 한 다른 모든 양의 기준으로 삼고 싶은 양은 시간(시간의 양)이며, 근대 과학은 시간을 독립변수로 간주하려는 열망으로 특히 정의되어야 한다는 점이다. 그런데 그 문제는 어느 시간에 관련되어 있을까?

이것은 앞에서도 말한 바 있으나 다시 반복할 필요가 있다. 물질 과학은 일상의 인식과 동일한 과정을 밟고 있다. 그 과학은 일상의 인식을 완성하고 그 인식의 정확성과 영향 범위를 증가하게 하지만, 결국 그 작업의 방향과 작용 구조는 일상의 인식과 동일하다. 따라서 일상의 인식이 영화적 방법에 예속되어 있기 때문에 생성의 유동적인 면을 그대로 따르기를 포기한다면, 물질 과학도 그 유동성(물질의 유동성)을 포기하게 된다. 물론 일상의 과학은 그 연구 대상인 시간의 구간 속에서 원하는 만큼의 순간을 구별할 것이다. 그리고 자기가 주목하는 시간적 간격이 아무리 짧아도, 이 과학은 우리가 필요로 한다면 그 간격을 더 잘게 분할하기를 허용해 준다. 고대 과학은 어느 순간을 핵심적이라고 하고 그 순간에 주목하는 데 비하여, 물질 과학은 그와 달리 어떠한 순간이든 관계없이 취급한다. 그러나 물질 과학이 고찰하는 것은 언제나 순간이고 언제나 잠재적인 정지 상태이며, 요컨대 언제나 부동적이다. 즉, 실재적 시간을 흐르는 것으로서, 또는 다른 말로 존재의 움직임 그 자체로 보는 경우, 그러한 실재적인 시간은 과학적 인식의 수중에서 빠져나가고 만다. 우리는 이미 이전의 연구에서 이 점을 밝히려고 시도하였다. 그리고 본서의 제1장에서도 그에 대해서 간단히 언급했었다. 그러나 오해를 풀기 위하여 아무래도 다시 한 번 그 점에 대해서 살펴봐야겠다.

실증 과학은 시간에 관하여 언급할 때, 어느 운동체 T가 그 궤도 위를 움직이는 운동에 연관시켜 시간을 언급한다. 그 운동은 과학이 시간의 대변자로 택한 대상으로, 정의에 따르면 등속 운동이다. 운동체의 궤도를 그 원점 T_0에서 시작하여 동등한 부분으로 나누는 점을 T_1, T_2, T_3,……라고 부르자. 운동체가 그 통과하는 선상의 점 T_1, T_2, T_3,……에 있을 때, 시간이 1, 2, 3……단위로 흘렀다고 사람들은 말할 것이다. 그러면 어느 시간 t가 끝났을 때 고찰하는 바는, 동체 T가 궤도상의 점 T_t에 있을 때 우주가 어떻게 되어 있는가이다. 그러나 시간의 흐름, 더욱이 그것이 의식에 미치는 영향 등은 여기에서는 문제가 되지 않는다. 왜냐하면 고려에 넣을 수 있는 요소들은 흐름 위에서 포착된 점 T_1, T_2, T_3,……이지, 흐름 그 자체는 결코 아니기 때문이다. 고려되고 있는 시간은 얼마든지 감축시킬 수 있다. 즉, 이웃한 두 점 T_n와 T_{n+1} 사이의 구간을 우리는 임의로 분해할 수 있다. 그러면 남는 것은 언제나 점이고, 또 점뿐일 것이다. 동체 T의 운동에서 우리가 취하는 바는, 그 궤도상에서 택한 여러 위치들뿐이다. 그 밖의 우주의 모든 점의 운동에서 우리가 파악하는 바도 각각의 궤도상에서 점이 차지하는 위치뿐이다. 동체 T가 점 T_1, T_2, T_3,……에서 행하는 잠재적인 정지 하나하나에 대해, 우리는 다른 모든 동체들이 그 통과하는 점에서 행하는 잠재적인 정지 하나하나를 대응시킨다. 어느 운동, 또는 그 밖의 모든 변화가 시간 t 만큼을 점유했다고 할 때도, 그것은 우리가 그 종류의 대응을 t개까지 기록했다는 의미로 해석된다. 그리고 보면 우리는 동시적(同時的) 관계를 헤아리기만 하고, 하나에서 다른 것으로 진행하는 흐름은 문제 삼지 않았다. 그 증거로 나는 우주가 흐르는 속도를, 어느 독립된 의식에 비추어서 자의적으로 변화시킬 수 있다. 그때 그 의식은 실제 흐름으로부터 독립적이고, 그로부터 속도의 변화를 받는 순전히 질적인 느낌을 지각하는 의식일 것이다. 그 변화(체감적 속도변화)에 물체 T의 운동이 관여하는 한, 나는 나의 방정식이나 식 중에 나타나는 수에 대해서 사소한 변화도 가할 필요가 없을 것이다.

더 깊이 들어가 보자. 그 흐름의 속도가 무한대가 된다고 가정해 보자. 본서의 처음 부분에서 말한 바와 같이 동체 T의 궤도가 단번에 주어지고, 물질적 우주의 과거·현재·미래의 역사 전체가 공간 안에서 한순간에 전개된다고 상상해 보자. 그러면 이른바 부채꼴로 퍼진 세계 역사의 순간순간과, 정의상 '시간의 흐름'이라고 불리는 선의 분할점 T_1, T_2, T_3,…… 사이에 똑같은 수학적 대응이 존재할 것이다. 과학의 눈으로 보면 아무것도 변한 점은 없으리라. 그러나 시간이 그러한 공간 안에 전개되고 계기(繼起)들이 병렬되어도 과학은 자신의 주장을 조금도 수정할 필요가 없다고 한다면, 그것은 과학이 우리에게 말한 사실들 가운데 특수한 면을 지닌 계기도, 또 유동성을 지닌 시간도 고려하지 않았다는 뜻이 된다. 과학에는 계기(계기들의 전개)와 지속을 표현하여 우리의 의식을 자극할 만한 기호가 하나도 없다. 멀리 강에 군데군데 걸쳐진 다리가, 그 아치 밑에 흘러가는 물의 흐르는 방향을 따르지 않는 아치와 마찬가지로, 과학은 동적인 면을 지닌 생성을 따르지 적용되지 않는다.

그럼에도 불구하고 계기는 존재하고 나는 그것을 의식한다. 그것은 사실이다. 물리적인 과정이 우리의 눈앞에서 이루어질 때 그 과정을 가속화하거나 늦추는 일은, 우리의 지각에 또는 우리의 성향에 좌우되지 않는다. 물리학자에게 중요한 것은 그 과정이 몇 단위의 지속으로 채워지느냐 하는 문제이다. 단위 그 자체에 대해서 물리학자가 걱정할 필요는 없다. 세계의 연속적인 상태가 가령 한 번에 공간 내에 전개되었다 하더라도, 물리학은 그 때문에 변화를 받지 않으며, 과학자도 시간에 대해서 말하기를 그치지 않을 것이기 때문이다. 그러나 우리와 같이 의식적인 존재에게는 그들 단위야말로 중요하다. 왜냐하면 우리는 구간의 양 끝을 고려하지 않고 구간 그 자체를 느끼며 살아가기 때문이다. 그런데 우리는 그 구간들을 한정된 것으로 의식하고 있다. 늘 그렇듯이 한 잔의 설탕물로 화제를 돌려본다면, 어째서 나는 설탕이 녹을 때까지 기다려야 되는가? 그 현상의 지속은, 우리가 정하기에 달려 있는 일정한 수의 시간 단위로 환원된다는 의미에서 물리학자에게는 상대적이라 해도, 나의 의식에 있어서는 절대적이다. 왜냐하면 그 지속은 엄격하게 한정되어 있는 나의 끈기의 정도와 일치하기 때문이다. 그러한 한정은 어디서 오는가. 무엇이 나를 기다리게 하고, 무엇이 내가 어쩔 수 없이 느끼는 심리적인 지속의 기간 동안 나를 얽어매는가? 만약 계기가 단순한 병렬과 구별되며 실제 효과가 없다고 하면, 그리고 만약 시간이 하나의 힘이 아니라고 한다면, 어째서 우주는 내가 인식하기에는 절대적이라고 느껴지는 속도에 따라 그 연속적인 상태를 전개하는 것일까? 어째서 그 속도는 다른 임의의 속도가 아니라 정해진 속도인가? 어째서 무한의 속도로는 안 되는가? 달리 표현한다면 어째서 마치 영화 필름에서와 마찬가지로 모든 상태들이 단숨에 주어지지 않는가? 이를 깊이 생각해 볼수록 내게는 다음 설명이 더 그럴 듯해 보인다. 즉, 미래가 현재를 뒤따를 수밖에 없고 현재와 나란히 있을 수 없는 것은, 미래가 현재 순간에 전적으로 결정되는 것이 아니기 때문이다. 또 만약 그러한 계기가 요하는 시간이 수와는 별개로서, 거기에 위치한 의식에 따라 어느 절대적인 가치와 실재성을 갖는다면, 그것은 한 잔의 설탕물처럼 어떤 인위적으로 고립된 체계 속에서가 아니라, 이 체계를 포함하는 구체적 전체에서 시간이 예측 불가능하고 새로운 것을 스스로 끊임없이 창조하기 때문이다. 그러한 지속은 물질 그 자체에 의한 현상이 아니라, 물질의 흐름을 거슬러 올라가는 '생명'의 지속이다. 그렇다고 해도 이 두 가지 운동은 상호 간에 연대적이다. 그러고 보면 우주의 지속은 거기서 일어날 수 있는 창조의 범위와 하나가 되어야만 한다.

아이들이 그림맞추기의 조각들을 모아 본디 형태로 구성하는 놀이를 할 때, 연습을 할수록 완성도 빨라진다. 그런데 이 재구성은 순간적이다. 어린 아이가 상점에서 나와 상자를 열었을 때 그것은 이미 완성되어 있었다. 따라서 작업은 일정한 시간을 요하지 않는다. 그러기는커녕 이론적으로는 조금도 시간이 걸리지 않는다. 작업의 결과가 이미 주어졌기 때문이다. 형상은 이미 만들어져 있으니, 다시 구성하고 조정하기만 하면 그 형상을 이룰 수 있다. 그것은 점점 빨라지고 무한히 빨라져서 마침내 순간적으로 행해진다고 상상할 수 있는 작업인 것이다. 그러나 형상을 자기 영혼에서 끌어내어 창조를 하는 예술가에게, 시간은 이미 부속물이 아니다. 그 시간은 늘리든 줄이든 내용에 변화를 일으키지 않는 그런 시간 간격이 아니다. 예술가의 작업의 지속은 작업의 완전한 구성 부분을 이루고 있다. 그 지속을 줄이거나 늘린다면 지속을 채우는 심리적 진전과 그 지속을 끝맺는 발명이 동시에 변할 것이다. 발명의 시간은 여기서는 발명 그 자체와 하나가 될 것이다. 그 발명하기까지의 시간이란, 구체화함에 따라 변화해 가는 사유 작용의 발전이다. 요컨대 그것은 생명이 탄생하기까지의 과정이요 관념의 성숙과 같다.

화가가 캔버스 앞에 서 있고, 그림 물감이 팔레트 안에 있으며, 모델이 포즈를 취하고 있다. 우리는 그 광경을 보고 있고, 더욱이 그 화가의 그림 그리는 법도 알고 있다. 그렇다고 캔버스 위에 무엇이 나타날지 예견할 수 있을까? 우리는 문제의 여러 요소들을 장악하고 있으며, 그 문제가 어떤 식으로 풀릴지 추상적으로는 알 수 있다. 초상화는 모델과 닮을 것이 틀림없고, 그리고 그 예술가도 닮을 것이기 때문이다. 그러나 구체적인 해답은, 모델과 함께 그 예술의 생명이라고 할 수 있는, 예상 불가능하고 사소한 무엇을 동반한다. 그리고 그 '사소한 무엇'이 시간을 허비하게 한다. 그 '사소한 무엇'이란 질료적인 무(無)로서, 자신의 형태를 스스로 창조한다. 그 형태의 발생과 개화는 축소 불능한 하나의 지속(일종의 유전인자[또는 관념]의 전달) 안에서 이루어진다. 그리고 그것은 지속과 일체를 이룬다. 자연의 작품도 동일하다. 거기에 새로 다시 나타나는 요인은 내적인 추진력에서 발생한다. 그 새로운 요인들은 진보 내지 계기적 요인들로, 계기에게 독특한 기운을 주거나, 또는 계기로부터 온갖 힘을 받는다. 여하튼 그 새 요인들은, 계기 내지 시간적 해석에 의한 연속이 공간 속에서 순간적이고 단순한 병치로 환원되게 하지는 않는다. 그러한 이유로 물질적 우주의 현재 상태(즉, 새로운 요인들)에 의해 생물 형태의 장래를 예측하려는 생각은 잘못이며, 또한 그 미래적 역사를 단번에 전개하여 보이려는 생각도 사실상 커다란 불합리성을 품는다. 그러나 그러한 부조리를 없애기란 쉬운 일이 아니다. 왜냐하면 우리의 기억은 차례로 지각하는 여러 개의 항들을 관념적인 공간 속에 일렬로 늘어놓는 습관이 있고, 지나간 계기들을 반드시 한꺼번에 늘어놓는 병치의 형태로 재현하기 때문이다. 그런 일을 할 수 있는 까닭도, 과거가 이미 발명이 끝난 것, 죽은 것에 속하는 것으로서 이미 창조나 생명과 관계가 없기 때문이다. 그러면 장래의 계기도 결국에 가서 또다시 과거의 계기가 될 터이므로, 미래의 지속은 과거의 지속과 마찬가지로 취급해도 좋을 터이다. 그리고 그 미래는 지금 당장이라도 전개될 수 있다. 미래는 이미 캔버스에 그려져 거기에 둘둘 말려 있다. 이것이 바로 사람들의 일반적인 착각이다. 그러나 이는 뿌리 뽑을 수 없는 자연스런 착각으로서, 인간 정신이 존재하는 한 그 착각(미래는 과거의 반복이리라는 착각)은 계속될 것이다.

시간은 발명(즉, 지속의 결과)이다. 그게 아니라면 전혀 아무것도 아니다. 그러나 물리학은 영화(부동 상태들의 모음)의 방법에 얽매여서 발명으로서의 시간을 고려할 수 없다. 그것은 시간을 구성하는 여러 가지 사건과, 동체 T의 궤도상 위치들 사이에 있는 동시성을 헤아릴 뿐이다. 물리학은 전체로부터 그 발생 사건들을 분리시키는데, 전체는 순간마다 새로운 형태를 띠고 그 새로움을 어느 정도 각 사건들에 전한다. 물리학은 그 사건들을 추상적 상태에 두고 생물계 전체 밖에 있는 그대로, 즉 공간으로 전개된 시간 안에 놓여 있는 것처럼 고찰한다. 따라서 고립시켜도 그다지 심한 변형을 겪지 않는 사건이나 그 체계만을 취한다. 그런 체계(일반적 체계)들 만이 물리적 방법의 적용을 받아들이기 때문이다. 인간이 그런 체계들을 고립(안정)시키는 방법을 알게된 날이 바로 근대 물리학이 태어난 날이다. 요약하면, 근대 물리학이 고대 물리학과 다른 점은 근대 물리학이 시간의 순간들을 차별 없이 고찰한다는 데 있으나, 그것은 대체로 '발명(또는 생명형성)으로서의 시간'을 '길이로서의 시간'으로 대체하는 데에 기초를 둔다.

따라서 그러한 물리학과 병행하여, 물리학에서 취급되지 않는 것을 고려할지도 모를 제2류의 인식이 형성되어야 했을 것이다. 과학은 영화적 방법에 집착하여 지속의 흐름 그 자체에는 손을 대기 싫어했고 댈 수도 없었다. 우리는 영화적 방법에서 벗어날 수도 있었다. 그러면 정신은 자신에게 가장 친숙한 습관을 버리도록 요구받았을 것이다. 이때 우리는 공감의 노력을 통해 생명의 내부로 들어가고 있을 것이다. 동체가 어디에 있는지, 체계가 어떤 형상을 취할지, 변화가 어느 순간에 어떠한 상태를 통과할지를 우리는 자문하지 않을 것이다. 순간들은 우리의 주의의 정지에 지나지 않으므로 제거되어 버렸을 것이다. 그리고 우리는 시간의 경과, 실재의 흐름 그 자체를 추적하였을 것이다. 제1류의 인식(눈으로 감지하는 인식)은 그 장점으로서 우리에게 미래를 예견하게 하여 어느 정도까지 사건을 지배하게 해준다. 그 대신 그 인식은 동적인 실재 가운데에서 그것의 우연적인 부동성, 즉 우리의 정신이 그에 대해 취한 관망밖에는 포착하지 못한다. 이 인식은 실재를 표현하지 않고 오히려 그 실재를 기호로 표시한 다음 인간적인 것으로 옮긴다. 한편 제2류의 인식은 가능하다 해도 사실상 거의 무용지물이다. 그런 인식은 우리의 자연에 대한 지배를 확대해 주지는 않고, 더욱이 지성의 어떤 자연적인 열망에 역행하기도 한다. 그러나 성공할 경우에는 이 인식이 결정적인 압력을 가하며, 현실성 그 자체를 포착할 것이다. 그러한 성공을 통하여 우리는, 지성을 동적인 물질들 안에 위치하도록 길들이면서 지성과 물질에 대한 인식을 보충하는 것으로 그치지는 않을 터이다. 그것은 지성의 기능에 대한 보충적 기능을 발전시키면서 실재 현상들의 나머지 절반에 대한 전망을 열리게 할 것이다. 왜냐하면 우리가 진정한 의미의 지속과 대면하는 즉시, 지속이란 창조를 의미하며, 해체가 지속된다면 그것은 이루어지는 것과의 연대관계에 따른 해체라는 점을 이해하게 되기 때문이다. 이리하여 우주의 연속적 성장의 필연성, 말하자면 실재의 생명이 계속 성장해야 할 필연성이 명확해지고, 또 그렇게 되면 우리는 지구상에서 볼 수 있는 생명을 새로운 면에서 검토하게 될 것이다. 그러한 생명은 우주의 생명과 같은 방향으로, 물질성과는 반대 방향으로 향하는 그런 생명이리라. 요컨대, 우리는 지성에 직감을 덧붙이게 될 것이다. 그 점에 대해서 더 깊이 검토해 보면, 우리는 형이상학에 관한 이 개념이란 근대 과학이 암시하는 개념임을 알게 될 것이다.

사실상 고대인에게 시간은 이론상 등한히 할 수 있는 요소였다. 왜냐하면 물체의 지속은 자기 본질의 하락을 표시하는 것에 지나지 않기 때문이다. 그러한 부동적인 본질이 바로 과학이 취급하는 바이다. 변화란 '형상'의 자기 실현을 위한 노력에 불과하기 때문에, 우리가 알아야 할 가장 중요한 일은 그 실현이다. 그러한 실현은 결코 완전하지 못하다. 고대 철학도 표현하기를, 우리는 질료가 없는 형상을 지각하지 못한다고 한다. 그렇지만 변화물을 어느 핵심적인 순간에, 다시 말해 그 절정기에 고찰해 보면, 그 기간 동안에는 그 대상이 지성적 형상을 스쳐간다고 할 수 있다. 우리의 과학은 그러한 지성적·관념적 형상, 말하자면 극한적인 형상을 독점한다. 그리하여 과학은 금화를 소유할 때, 실질적으로는 변화라는 이 잔돈(즉, 현재 남아서 눈으로 지각되는 사물현상)을 간직하게 된다. 변화는 존재 이하의 것이다. 변화를 목적으로 택하는 인식은 그것이 가령 가능하다고 하더라도 과학 이하의 인식이 될 것이다.

그런데 시간상의 모든 순간을 동일한 열에 두고 핵심적인 순간이나 절정점이나 최고점도 인정하지 않는 과학에서는, 변화란 이미 본질의 감축이 아니고, 지속도 영원의 용해물이 아니다. 여기서 시간의 흐름은 실재 그 자체가 되고, 흘러가는 실재가 연구된다. 다만 그 흐르는 실재에 대하여 우리는 단지 스냅 사진을 찍는 데 그친다. 바로 그런 까닭에, 과학적 인식은 자신을 보충하기 위하여 다른 인식을 불러들여야 한다. 과학적 인식의 고대 철학적 개념은 시간을 하락, 변화를 태초로부터 주어진 '형상'의 축소라고 하는 데 귀결된다. 이에 반대되는 새로운 견해를 우리가 끝까지 발전시켰다면, 시간은 절대의 점진적인 성장이고, 물체의 진화는 새로운 형태의 연속적인 발명이라는 사실을 보기에 이르렀을 것이다.

그렇게 보는 일이 고대인의 형이상학과 인연을 끊는 일임을 분명하다. 고대인들은 결정적인 앎에 대한 방법을 한 가지밖에 갖지 못했다. 그들에게 과학이란 산산이 흩어지고 단편화된 형이상학이었으며, 형이상학이란 집중적이고 체계적인 과학이었다. 그 둘은 기껏해야 같은 유(類)에 속하는 두 가지 종이었다. 그에 반해 우리가 설정하는 가설을 따르면, 과학과 형이상학은 서로 보충적이면서도 상호 대립하는 두 가지 인식 방법이다. 과학은 순간, 즉 지속되지 않는 상태만 포착하는데, 형이상학은 지속 그 자체를 문제 삼는다. 이처럼 새로운 형이상학적인 사고법과 전통적인 사고법 사이에서 우리가 태도를 결정짓지 못하고 주저하는 일은 자연스러웠다. 옛날 과학에서 시도해 본 것을 새로운 과학에서 다시 한 번 시험해보고 싶었을 것이고, 자연에 대한 우리의 과학적 인식을 완결된 것으로 가정하며, 완전히 통일하여, 옛날 그리스인들이 그랬듯이 이런 인식의 통일에 형이상학이라는 이름을 붙여주고 싶은 생각이 간절하였을 것이다. 이러하므로 철학이 개척할 수 있었던 새로운 길과 나란히, 옛날로 통하는 길도 여전히 열려 있었다. 물리학은 그 옛날 길 쪽을 걸어왔다. 그리고 물리학이 시간에 따른 현상들을 공간 내에서 단번에 전개하는 식으로밖에 고려하지 않았던 것과 마찬가지로, 형이상학도 같은 방향을 따라서, 시간은 아무것도 창조하지도 없애지도 않으며 그리고 지속은 효력을 갖지 않는다고 간주하는 식으로 모든 일을 처리하였음이 틀림없다. 근대 물리학이나 고대 형이상학이 그랬듯이 근대의 형이상학도 영화적 방법에 묶여 있어서 다음과 같은 결론에 도달하였는데, 그러한 결론은 출발 당시에 이미 암암리에 인정되어 방법 속에 내포되어 있었다. 그것은 모든 것이 이미 주어져 있다는 결론이다.

형이상학이 처음에 두 길 사이에서 주저했다는 것은 재론할 여지가 없는 듯 보인다. 그러한 방황과 동요는 데카르트주의에서 역력히 드러난다. 데카르트는 한편에서는 보편적인 기계성(자연의 주어진 최초 요소들에 이어, 다음 요소들은 목적성에 의해 자동적으로 결정되는 성질)을 주장했다. 이러한 관점에서 보면, 운동은 상대적이고 시간은 운동만큼의 실재성을 갖기 때문에 과거·현재·미래는 영원한 옛날부터 주어졌다는 것이 된다.[11] 그러나 다른 한편으로 데카르트는 인간의 자유의지를 믿었다(그래서 이 철학자는 그 문제의 극단적인 귀결에까지는 가지 않았다). 데카르트는 물리적 현상의 결정성에 인간 활동의 비결정성을 겹쳐 놓으며, 따라서 '길이로서의 시간'에 발명·창조·참된 연속의 존재 장소인 지속을 대응시킨다. 그리고 이 지속을 데카르트는 신의 일로 돌린다. 그 신은 창조의 행위를 계속 새로이 하고, 따라서 시간 및 생성과 접촉하며 그 두 가지를 뒷받침해 주고, 그들에게 자신의 절대적 실재성을 어느 정도 전달해 준다. 이 제2류의 관점에서 볼 때 데카르트는 공간적 운동조차도 절대적 실재성으로 나타낼 수 있는 것처럼 말하고 있다.[12]

데카르트는 어느 길도 끝까지 따라갈 의사가 없었으므로 두 길에 차례차례 들어서 보았다. 첫 번째 길을 따라갔더라면, 인간의 경우 자유의지의 부정에, 그리고 신에 있어서는 진정한 의욕의 부정에 도달했을 것이다. 이는 유효한 지속(시간의 흐름에 따른 변화, 즉 새 요인들의 유입)을 모두 제거하고, 우주를 하나의 애초에 주어진 여건(절대적 여건)처럼 간주한다는 뜻으로, 초인간적인 지성은 단번에 순간적으로나 영원히 그 여건을 포착할 수 있을 것이다. 두 번째 길을 따라갔다면, 그와 반대로 참다운 지속의 직관이 내포하고 있는 모든 귀결에 도달했을 것이다.

창조는 이미 단순히 계속되는 지속으로서가 아니고, 계속해 나가는 지속으로서 나타났을 것이다. 우주는 그 전체로서 볼 때 진정으로 진화하는 것이 되었을 터이다. 미래는 이미 현재의 함수로서는 결정되지 않는 속성이었을 것이다. 사람들이 할 수 있듯이, 미래가 실현되면 마치 새로운 언어의 발음을 옛 알파벳 문자로 나타낼 수 있듯이, 선행한 요소들 속에서 미래의 요소를 다시 발견할 수 있다는 말뿐이다. 여기서 우리는 문자의 가치를 넓혀, 옛 문자음을 어떻게 조립시키더라도 예견할 수 없었던 음향을 회고적으로 부여한다. 요컨대 기계론적인 설명은, 대체로 우주의 연속 가운데서 우리가 절단하고 싶은 만큼의 체계 위에 그것이 펼쳐질 수 있었다는 점에서 보편적일 수 있었다. 그러나 그 경우 기계론은 학설이라기보다 오히려 방법이었다. 기계론은 과학이란 영화적인 방법으로 일을 진행해야 한다는 점, 과학의 역할은 물체의 흐름의 리듬에 따라 박자를 맞추는 일이지 흐름에 삽입되는 일이 아님을 의미하였다. 철학에 제시되었던 것은 상반되는 이 두 형이상학의 개념이었던 것이다.

사람들이 기울어졌던 방법은 첫 번째 개념이었다. 그러한 선택을 한 까닭은 물론, 정신에는 영화적인 방법에 따라서 조작하는 경향이 있기 때문이다. 영화적 방법은 우리의 지성에게 실로 자연스럽고, 우리 과학의 요구에도 매우 적합하다. 그러니만큼 형이상학에 있어서 이를 포기한다는 것은 자신의 사변적인 무력을 이중으로 통감하는 행위가 되었다. 그러나 그렇게 되기까지에는 고대 철학의 영향도 얼마쯤 있었다. 그리스인들은 영원히 예찬받을 예술가들로서 감각적인 미와 더불어, 그 매력에 끌릴 수밖에 없는 초감각적인 진리의 정형을 창조해냈다. 우리는 과학을 체계화한 것이 형이상학이라고 보게 되자마자 플라톤이나 아리스토텔레스의 방향으로 빠져 들어간다. 그리고 그리스 철학자들의 인력권에 한번 들어가버린 사람들은 그 궤도 안으로 끌려 들어간다.

라이프니츠와 스피노자의 학설도 그렇게 구성되었다. 우리는 그 학설들이 내포하고 있는 귀중한 독창성을 안다. 두 사람은 자신들의 천재적 발명과 근대 정신의 수확으로 풍부해진 그들 영혼의 열매를 자기들의 이론에 주입하였다. 그리고 두 사람 모두 그렇지만, 특히 스피노자는 체계를 파괴하는 직관의 충동을 갖고 있었다. 그러나 두 학설에 활기와 생명을 불어넣는 요소들(새 요소들)을 제거하고 그 뼈대가 되는 구조만을 살펴보자. 그러면 우리의 눈앞에 나타나는 영상은 틀림없이, 데카르트적 기계론을 통하여 플라톤과 아리스토텔레스의 학설을 바라보면서 얻게 되는 바로 그 영상이리라. 우리는 고대 형이상학을 모형으로 하여 구성된 새로운 물리학의 체계적 통일을 대면하게 된다.

실제로 물리학의 통일이란 무엇인가? 이 과학의 핵심 이념은 우주 안에서 질점 체계를 고립시킨다. 이들 질점 저마다의 위치가 주어진 순간에 알려지면, 우리는 임의의 순간에도 그 위치를 계산할 수 있다. 그것이 물리학의 역할이다. 한편 이 새로운 과학이 다룰 수 있는 체계는 오로지 그렇게 정의된 체계들이고, 어느 체계가 이 요구 조건을 채우느냐 못 채우느냐 하는 점은 선험적으로 말할 수 없기 때문에, 언제 어디서나 그러한 조건이 마치 실현되었었다는 듯이 일을 처리해 나가는 편이 유익하였다. 거기에는 확실하게 지시되고 아주 분명해서 공식으로 나타낼 필요조차 없는 방법론적 규칙이 있었다. 사실상 단순한 상식이 가르쳐주는 바이지만, 우리가 어느 효과적인 탐구 수단을 가졌는데 그 적용의 한계를 모를 경우, 우리는 그 적용에 있어서 아무런 제한이 없는 듯 일을 처리해야 한다. 적용 한도를 낮추는 일은 언제라도 가능하다. 그러나 철학자에게는 그러한 새로운 과학의 희망 또는 오히려 충동을 실체화해서, 방법의 일반적 규칙을 물체의 기초적인 법칙으로 전환하려는 유혹이 상당히 컸을 것이다. 그때 사람들은 극한까지 간 셈이었다. 사람들은 물리학을 완성된 학문으로, 그리고 모든 감각세계를 포괄하는 학문으로 가정했다. 우주는 점들의 체계가 되었고, 그들 점의 위치는 그전 순간과의 관계에 비추어 엄격히 정해졌으며, 이론적으로는 그 위치를 어느 순간에든 계산할 수 있게 되었다. 한마디로 우리는 보편적 기계론에 도달하였던 것이다. 그러나 이 기계론을 공식화하는 일만으로는 충분치 못하였다. 그 기계론을 학설로 확립해야만 했다. 즉, 그에 대한 필연성을 증명하고 이유를 제시할 필요가 있었다. 그런데 기계론의 핵심적인 주장은, 우주의 모든 점들 사이, 그리고 우주 안에서 모든 순간들의 사이를 연결하는 수학적 연대성에 대한 주장이다. 따라서 기계론의 근거는, 공간 내에서 병렬되고 시간 내에서 계기하는 것을 모두 집약하는 한 원리의 단일성에서 발견되어야 했던 것이다. 그러한 사실로부터 사람들은 실재의 전체가 단번에 주어졌다고 가정하게 되었다. 공간 내에 병렬되어 있는 현상들의 상호 결정은 진정한 존재의 불가분성에 의해 이루어졌다. 시간 흐름 가운데 계기하는 현상의 엄밀한 결정론도, 존재의 전체가 영원히 주어진 것이라는 점을 표현하는 것이 되었다.

그러므로 신철학은 고대 철학의 재출발 내지 이식을 뜻하였다. 고대 철학은 생성이 응축되어 있거나, 그 정점을 표시하는 개개의 개념을 포착하였다.

그러고는 그 개념들을 모두 이미 알고 있다 가정하였고, 그 모두를 아리스토텔레스의 신과 같은 하나의 개념으로 압축하여 형상의 형상, 이데아의 이데아 같은 것으로 생각하였다. 한편 근대 철학은 개개의 법칙들을 포착하려고 했는데, 그 법칙들은 한 생성을 다른 여러 생성과의 관계에서 한정하는 법칙이었고 형상의 항구적 기체와 같았다. 철학은 그 법칙들을 모두 익히 아는 법칙으로 간주하여, 하나의 단일성으로 정리하였다. 그 단일성은 법칙들을 탁월하게 표현하였으나 아리스토텔레스의 신과 마찬가지로, 그리고 같은 이유로 언제까지나 자기 속에 갇혀 움직이지 못하게 될 터였다.

사실 고대 철학으로 되돌아가는 데는 커다란 어려움이 있었다. 플라톤이나 아리스토텔레스, 플로티누스 같은 철학자들이 자신들의 과학 개념을 모두 하나의 개념 속에 용해시킬 때, 거기에는 실재의 총체가 포괄되어 있다. 왜냐하면 개념들은 사물 자체를 나타냄과 동시에, 적어도 사물이 지닌 만큼의 적극적 내용을 내포하기 때문이다. 그러나 법칙이란 일반적으로 관계밖에 표현하지 않고, 특히 물리적 법칙은 구체적 사물 사이의 양적 관계만 표현한다. 지금 어떤 근대 철학자가 근대 과학의 법칙을 다룰 때, 고대 철학이 고대 과학의 개념을 다루던 방법과 같게 다루고, 또 전지적으로 생각되는 물리학의 모든 결론을 모두 한 점에 집중되게 하였다고 하자. 그러면 그 철학자는 현상에 있어서 구체적인 요소들, 즉 지각된 성질과 지각 그 자체를 등한시한 셈이 된다. 그러한 근대 철학자의 물리학적 종합에는, 실재의 한 단편밖에 포함되어 있지 않은 듯이 생각될 것이다. 실제 신과학이 내놓은 최초의 성과란, 실재를 양과 질로 나누어서 전자는 신체의, 후자는 영혼(형이상학)의 설명에 사용한 점이었다. 고대인은 질과 양의 사이에나 영혼과 신체의 사이에 그러한 장벽을 설치하지 않았었다. 고대인에게 수학의 개념은 다른 개념과 마찬가지여서 이데아의 위계 질서에 자연스레 끼어드는 부수요소였다. 그리하여 신체도 기하학적인 연장에 의해 정의되지 않았고, 영혼도 의식에 의해 정의되지 않았다. 아리스토텔레스의 경우 생물체의 엔텔레케이아(가능성으로서의 질료가 목적하는 형상을 실현하여 운동이 완결된 상태)로서의 영혼(푸시케, $\psi\upsilon\chi\acute{\eta}$)이 우리의 '영혼'처럼 정신적으로 되어 있지 않다면, 그것은 아리스토텔레스의 신체($\sigma\tilde{\omega}\mu\alpha$)가 이미 이데아에 젖어 있기에, 우리의 '신체'처럼 물체적인 신체가 아니기 때문이다. 두 항의 분열은 아직 돌이킬 수 없는 분열이 아니었다. 그러나 돌이킬 수 없는 분열이 되어버린 순간부터, 형이상학은 추상적인 통일이나마 목표로 삼게 되어, 그 종합 속에 실재의 절반만을 포함시키거나, 아니면 그와 반대로 두 개의 절반의 절대 환원불능성(즉, 재결합 불능성)을 이용하여 한편을 다른 편에 대한 해석이라고 보고 말았다. 서로 다른 어구가 같은 언어에 속할 때, 즉 그 어구들이 상호 간 발음상의 혈연관계를 나타낼 때에도, 그들은 서로 다른 사물을 표시한다. 반대로 그들 어구가 서로 다른 언어에 속할 경우에는 그 발음이 근본적으로 다르기 때문에 도리어 동일물을 나타낼 수도 있을지 모른다. 질과 양, (우리 몸의) 영혼과 신체에 대해서도 같은 일이 성립된다. 두 항이 연관성을 완전히 차단하였기 때문에, 철학자들은 고대인이 생각조차도 못했을 엄격한 평행 관계를 그들 사이에 설정하기까지 했다. 그들은 그들 두 용어가 상호 간의 해석이어서 그 중 하나가 다른 것의 도치(倒置)는 아니라고 하였고, 그리하여 결국 그러한 이원성에 대하여 어떤 근본적인 동일성을 기체로 부여하기에 이르렀다. 그러한 이원성(예를 들어, 영혼과 신체)을 종합하기까지에 이르고 보니 그것은 모든 것을 포괄할 수 있게 되었다. 신적 기계론에 의하여 사유 현상은 연장 현상과, 질은 양과, 영혼은 신체와 서로 하나씩 대응되었다.

그러한 평행 관계를 라이프니츠와 스피노자에게서도 볼 수 있다. 단 그 형태는 다른데, 그것은 두 사람이 연장에 대해서 각각 다른 중요성을 부여하기 때문이다. 스피노자는 '사유' 및 '연장'의 두 항을 적어도 원리적으로는 같은 열에 놓는다. 즉, 이들은 말하자면 신이라고 불리는 동일 원문에 대한 두 가지 해석이거나, 스피노자식으로 말하자면 같은 실체에 대한 두 가지 속성이다. 그리고 이 두 가지 방식의 해석은, 그 밖에 우리가 알지 못하는 언어로 옮겨진 수많은 해석과 마찬가지로 원문의 요청과 요구를 받기까지 하였다. 그것은 마치 원(圓)의 본질이, 말하자면 자동적으로 도형으로도 방정식으로도 표현될 수 있는 이치와 흡사하다. 반면 라이프니츠의 이론에서 연장은 역시 해석에 틀림없지만, 원문(原文)은 사유(思惟)이다. 그리고 해석은 우리만을 위해서 행해졌기 때문에, 사유 자체는 해석이 없어도 가능할 것이다. 우리는 신을 상정하면서 아울러 필연적으로 신에 대해 가능한 모든 견해, 즉 모나드를 상정하게 된다. 그런데 하나의 견해란 하나의 관점에서 본 견해라는 상상은 우리에게 언제나 가능하다. 따라서 우리처럼 불완전한 정신이, 질적으로 다른 여러 가지 견해들을 그 견해들이 취하게 될 질적으로 동일한 관점의 질서와 위치에 따라 분류하는 일은 자연스럽다. 그러나 사실상 관점이란 존재하지 않는다. 단지 견해만이 있을뿐이기 때문이다. 각각의 견해는 불가분하며, 자기 나름대로 실재의 전체, 즉 신을 나타내는 견해로서 주어졌다. 그러나 우리는 서로 외적인이 다양한 관점을 가지고, 상호 간에 전혀 유사하지 않은 다수의 견해를 표현할 필요가 있다. 그러한 것은 그들 관점의 상대적 위치, 그리고 상대적 거리 간격, 즉 양에 의하여 그들 견해 상호 간의 혈연적 관계를 기호로 표시하는 것과 마찬가지이다. 라이프니츠가 공간은 공존자들의 질서이고, 연장에 대한 지각은 혼미한 지각(즉, 불완전한 정신에 의한 지각)이고, 존재하는 것은 모나드(신에 대한 견해들)뿐이라고 한 말이 그것이다. 그 뜻은, 진정한 '전체'는 부분이 없고, 그 자신의 내부에서 그때마다 완전히(다른 운동양상으로이기는 하지만) 무한하게 되풀이되고 있으며, 그들의 반복은 총체적으로 상호 보충적임을 의미하였던 것이다. 그리하여 대상이 지니는 가시적인 부조(浮彫)는, 그 대상을 모든 관점에서 찍은 입체사진을 모은 형상과 마찬가지가 된다는 말이다. 그리고 우리는 그 부조를 고체 부분의 병렬로 보는 대신에, 전체적인 견해의 상호 보충성으로 이루어진 것으로 볼 수 있을 것이다. 이 경우 각각의 견해는 통틀어 주어져 있고 불가분하며, 그 각각은 서로 다른 동시에 모두 동일물을 대표하고 있다. 라이프니츠에게 '전체', 즉 '신'은 그러한 부조 자체이고, 모나드들은 평면적인 견해로서 상호 보충적이다. 그러한 까닭에 라이프니츠는 '신'을 정의할 때 '관점이 없는 실체', 또는 '보편적 조화' 즉 모나드 간의 상호 보완성 등등으로 표현하였던 것이다. 요컨대 라이프니츠와 스피노자는 다음 점에서 서로 어긋난다. 라이프니츠는, 보편적 기계론이란 곧 실재가 우리에게 취해 주는 모습들 자체라고 하는 반면, 스피노자에 따르면 그 보편적 기계론은 실재가 실재 스스로에 대해 취하는 모습이다.

　실재의 전체를 '신'에게로 집중한 뒤 '신'에서 사물로, 영원에서 현실적 시간으로 나아가는 것이 어렵게 되었음은 사실이다. 이 철학자들의 경우, 그 난감함은 아리스토텔레스나 플로티누스의 경우보다 도리어 훨씬 컸다. 실제로 아리스토텔레스의 신은, 세계 안에서 변화하는 사물을 완성 상태 또는 절정 상태로 표현하는 이데아들을 상호 투입하고 압축시켜 얻은 신이다. 그러고 보면 신은 세계를 초월해 있었고, 물체의 지속은 영원성이 약화된 개념으로서 신의 영원과 나란히 있었다. 그러나 보편적 기계론을 고찰함으로써 우리가 도달한 원리, 그 기계론의 바탕이 되는 원리에 응축되어 있는 것은 이미 개념 내지 사물이 아니라 법칙이나 관계이다. 그런데 관계는 떨어져서는 존재하지 않는다. 법칙은 변화하는 항목들끼리 연결시키고 자신이 지배하는 것에 내재한다. 그러한 까닭에 모든 관계를 응축시켜 자연의 통일을 이루는 그 원리는, 이미 감각적 실재사물들을 초월해서 있을 수는 없다. 그 원리는 감각적 실재에 내재해 있고, 아무래도 시간의 안팎에도 동시에 있어야 되며, 자기 실체의 단일성 속에 집약되어 있으면서 시작도 끝도 없는 연쇄로 그 실체를 전개해야만 했다. 위의 두 철학자들은 그처럼 충격적 모순을 표명하지 않고, 오히려 두 항목 중 약한 편을 희생시켜 사물의 시간적인(변화) 모습을 모두 착각이라고 하는 생각을 어쩔 수 없이 해야만 했다. 라이프니츠는 그것을 독특한 용어로 표현하고 있다. 왜냐하면 그의 이론에서는 시간도 공간과 마찬가지로 혼미한 지각이기 때문이다. 라이프니츠의 모나드 다수가 전체를 포착하는 견해의 다양성을 표시할 뿐이라고 한다면 어느 고립된 모나드의 역사란, 이 철학자에게는 모나드 자신의 실체에 대한 견해의 다양성을 나타낼 뿐인 듯이 보일 따름이다. 그렇게 되면 시간이란 각 모나드가 자기 자신에 대해서 갖는 관점의 총체일 테고, 이는 마치 모든 모나드들이 신에 대해서 갖는 관점의 총체가 공간이 되는 것과 마찬가지이다. 한편 스피노자의 생각은 훨씬 불분명하다. 아리스토텔레스가 본질성과 부수성 사이에 설정했던 차이와 마찬가지의 차이를, 스피노자도 영원과 지속하는 것과의 사이에 두려고 노력하였던 듯하다. 그러나 그러한 노력은 다른 무엇보다도 어려운 시도였다. 아리스토텔레스의 질료가 데카르트에 의하여 이미 영구히 삭제되어서, 본질적인 속성(육체)에서 부수적인 속성(영혼)으로 넘어가는 거리를 재고 그 이행을 설명할 방도(즉, 질료)가 더 이상 없었기 때문이다. 어찌되었든 간에, 우리가 스피노자의 '부당'의 개념을 '합당'의 개념과 관련시켜 깊이 연구하면 할수록 우리 자신이 아리스토텔레스 학설의 방향으로 향해감을 느낀다. 그것은 라이프니츠의 모나드가 뚜렷하게 그 윤곽을 드러냄에 따라 플로티누스의 '지적인 것'에 그만큼 더 가까워지는 경우와 비슷한 형상이라 하겠다.*13 그것은 이 두 철학(근대의 스피노자와 라이프니츠 철학)의 본디 경향에 따라 고대 철학의 결론으로 다시 이끌려가는 것이다.

요컨대 이 새로운 형이상학과 고대 형이상학의 여러 가지 모습의 유사성은, 그 둘 모두 완성된 유일한 '과학'이 이미 이루어져 있다고 상정하는 데서 온다. 고대는 그 과학을 감각계의 위쪽에 놓고, 근대는 과학을 감각계 그 자체의 내부에 놓음으로써, 감각물에 내포되는 실재적인 요소들과 완벽히 일치하는 유일하고도 완전한 과학을 상정한다. 다시 말해 두 가지 경우 모두 형이상학에 있어서도 '실재'는, 진리와 마찬가지로 그 형이상학적 영원 속에 전체적으로 주어진다는 말이다. 점차적으로 자기 창조를 해나가는 실재와 같은 생각, 즉 밑바닥에 묻혀 있는 절대 지속과 같은 생각은 두 형이상학이 모두 혐오하고 있다.

과학에서 출발한 이 형이상학의 여러 가지 귀결이 물수제비뜨기에서 물을 자르는 돌처럼 뛰어올라 과학 안에 뛰어든 모습은 쉽게 나타낼 수 있다. 이른바 우리의 모든 경험주의는 형이상학에 깊이 젖어 있다. 물리학이나 화학은 무생물질밖에 연구하지 않는다. 생물학이 물리적 및 화학적으로 생물을 연구할 때는 그 생물의 무생물적 측면밖에 고찰하지 않는다. 그러고 보면 기계론적인 설명이 아무리 진보했다고 해도 실재의 작은 부분을 포괄하는 데에 지나지 않는다. 선험적으로 가상하여 실재의 총체가 그와 같은 종류의 요소로 분해된다고 하거나, 또는 최소한 기계론은 세계에서 일어나는 일을 모두 해석할 수 있다고 하는 말은, 어떤 종류의 형이상학을 선택한다는 의미에서이다. 그 형이상학이란 스피노자나 라이프니츠 같은 철학자들이 원리를 세우고 결론을 끌어낸 설에 지나지 않는다. 분명히 정신생리학자는 뇌의 상태와 심리상태는 엄밀한 대등관계에 있다고 주장하며, 초인간적인 지성은 의식 속에서 일어나는 현상을 뇌 안에서 이해할 수 있다고 상상하여, 자신은 17세기의 형이상학자와는 상당히 거리가 멀고 경험과 극히 밀접해 있다고 믿을 것이다. 그러나 단순한 경험은 전혀 우리에게 그러한 것을 말해주지 않는다. 단순한 경험이 우리에게 가르치는 바는 신체와 정신이 상호 의존하고 있다는 사실, 그리고 심리상태에 뇌의 기체가 필요하다는 사실을 보여줄 뿐, 그 나머지는 아무것도 보여주지 못한다. 하나의 항이 다른 항과 연대관계가 있다고 해서 그 두 항이 대등하다고 말할 수는 없다. 어떤 기계에 암나사가 필요하다고 해서, 그리고 암나사를 그대로 놔두면 기계가 기능을 발휘하고 그 나사를 뽑아버리면 기계가 멈춘다고 해서, 암나사가 기계와 대등하다고 주장할 수는 없다. 대응이 대등해지기 위해서는 기계의 어느 부분이 암나사의 특정 부분과 대응해야 한다. 그것은 마치 원문을 충실하게 번역할 때 저마다 장에 장이, 절에 절이, 단어에 단어가 그대로 대응되는 이치와 같다. 그런데 뇌와 의식의 관계는 이와 전혀 다른 듯 싶다. 심리상태와 뇌의 상태 사이의 관계가 대등하다는 가설은, 앞서 우리가 증명을 시도해 본 바와 같이 움직일 수 없는 모순을 내포하고 있다.*14 그뿐 아니라 선입감을 갖지 않고 현상들을 고찰해 보면, 그들 상호 간의 관계는 기계와 암나사의 관계와 같음이 분명히 나타나는 것 같다. 두 항(영혼과 육체)의 대등성에 관해 말함으로써, 스피노자의 형이상학이나 라이프니츠의 형이상학에서 나뭇가지나 잎을 잘라내는—그 형이상학을 거의 이해할 수 없는 것으로 만들어버리는—결과가 초래된다(사실 영혼과 육체는 대등하지 않고 서로 분명히 다르며, 단지 공존관계이다). 우리는 '연장'에 관해서는 그 철학을 그대로 받아들이지만 '사유(思惟)'에 관한 부분은 잘라버린다. 스피노자나 라이프니츠와 함께 사람들은 물질 현상의 통일적 종합이 끝났다고 가정한다. 거기에서는 모든 것이 단지 기계적으로 설명된다. 그러나 의식 현상에 대해서는 사람들이 그 종합을 끝까지 밀고 나가지 않고 중도에 멈춘다. 우리는 의식이 자연의 어떤 부분에는 동연적(同延的)이지만 자연 전체에 대해서 동연적이지는 않다고 가상한다. 그리하여 우리는 경우에 따라서는 '부대현상설'에 도달한다. '부대현상설'은 의식을 어느 특수진동에 연결시켜 세계 곳곳에(매개적 특수 요소를 총체적으로) 산재시킨다. 그러나 때로는 '일원론'에 귀착하는데, 그 일원론은 하나의 동일한 의식을 원자의 수와 동일한 수의 입자로 분산시킨다. 그러나 그 두 가지 경우(부대현상설과 일원론) 모두 우리는 불완전한 스피노자학설 아니면 역시 불완전한 라이프니츠학설로 되돌아간다. 우리는 그러한 자연관과 데카르트 학설 사이에서 그 두 가지를 연결하는 역사적인 중개자들을 찾아낼 수 있을 것이다. 18세기의 의학적 철학자들은 그들의 편협한 데카르트 학설을 가지고 오늘날의 '부대현상론'과 '일원론'의 탄생에 큰 역할을 하였다.

그리하여 이들 학설은 칸트의 비판에 뒤떨어지게 되었다. 물론 칸트의 철학도, 모든 실재를 포괄하는 유일하고도 완전한 과학에 대한 확신에 물들어 있다. 그뿐만 아니라, 어느 면에서 보면 칸트 철학은 근대 형이상학의 연장, 또는 고대 형이상학을 옮겨놓은 데에 지나지 않는다. 스피노자와 라이프니츠는 아리스토텔레스의 예에 따라, 지식의 통일을 신 안에서 실체화하였다. 칸트의 비판은 적어도 부분적으로는, 그러한 모든 가정이 고대 과학에 필요했듯이 근대 과학에도 필요한지, 아니면 가정의 일부분만으로도 충분한지 그렇지 않은지에 관하여 스스로 질문해 보는 데 있었다. 사실 고대인에게 과학은 개념, 즉 사물의 종류에 관한 학문이었다. 그들은 모든 개념을 하나의 개념에 집약함으로써 어느 한 개의 존재에 이르게 되었는데, 이런 존재란 물론 '사유'라고 불릴 수 있다. 그러나 그러한 집약적 개념은 사유 주체라기보다는 사유 객체였다. 아리스토텔레스는 신을 '사유의 사유'라고 정의했지만, 여기서 역점을 둔 것은 아마 '사유의' 쪽이지 '사유' 쪽이 아니었을 것이다. 거기서 신은 모든 개념의 종합이고, 이데아의 이데아이다. 그런데 근대 과학은 법칙을 신으로 하여, 즉 관계를 축으로 하여 돌고 있다. 그런데 관계는 정신에 의해 둘 내지 다수의 항 사이에 성립된다. 관계는 관계를 지을 지성 없이는 아무것도 아니다. 그러고 보면, 우주를 법칙의 체계라고 할 수 있는 때는, 현상이 지성이라는 여과지를 통과하는 경우뿐이다. 그때의 지성은 인간보다도 훨씬 뛰어난 존재의 지성으로, 사물의 물질성을 확립시키는 동시에 사물을 서로 연결시킨다. 라이프니츠나 스피노자의 가정은 그런 지성적이고 상호관계적인 가정이었다. 그러나 그렇게 멀리까지 갈 필요는 없다. 지금 여기에서 얻으려고 하는 결과를 위해서는 인간의 지성으로도 족하다. 칸트의 해답이 바로 그러한 것이었다. 스피노자류의 또는 라이프니츠류의 독단론과 칸트의 비판과의 거리는 그야말로 '……하여야 한다'와 '……이면 충분하다' 사이의 거리와 같다고 하겠다. 칸트는 그러한 독단론(스피노자나 라이프니츠류)이 비탈길을 지나치게 미끄러져 멀리 그리스 형이상학으로 되돌아가는 일을 막았다. 또한 갈릴레이의 물리학이 무한히 확장된다고 가정하기 위해서 필요한 가설을, 최소한도로 축소시켰다. 다만 칸트가 인간 지성에 대해 말할 때 문제의 대상은, 당신의 지성이나 나의 지성이 아니다. 자연의 통일성은 통일하는 인간의 지성에 의한 통일성일지 모르지만, 그 지성에 작용하는 통일 기능은 비개인적인 기능성이다. 그 기능은 우리의 개인 의식과 통하면서도 이 개인 의식을 초월하고 있다. 이 통일은 실체적인 신에 비하면 아무것도 아니다. 그러나 개인의 고립된 작업보다는 상위이고, 인류의 집단 적인 작업에 비해도 다소간 우수하다. 그 비개인적 통일 기능은 정확히 인간 의 부분을 이루는 것이 아니다. 도리어 인간이 마치 자기의 의식이 호흡하는 지성적인 분위기 속에 거하듯이, 인간이 그 통일 속에 있다. 말하자면 통일 기능은 형식적인 신이라고 말할 수 있다. 그 기능은 칸트가 보기에 아직 어 떤 신성을 띠지는 않았으나, 신성을 띠려고 하는 경향이 있다. 이 점은 피히 테가 발견해 낸 것이다. 어쨌든 칸트에게 그 통일 기능의 주된 역할은, 우리 과학의 총체에 대하여 상대적이고 인간적인 성격을 부여함(즉, 형이상학의 현실화)에 있었다. 그 인간다움은 이미 어느 정도 신성화되어 있기는 했지 만 말이다. 이러한 점에서 칸트의 비판을 보면, 그 목적은 그의 선배들이 가 졌던 과학에 관한 개념을 받아들이면서 거기에 내포된 형이상학적 요소를 극소까지 축소시킴으로써 그 사람들의 독단론을 제한하는 데 있었다.

그러나 인식의 질료와 형식 사이의 칸트적 구별에 있어서는 사정이 달라 진다. 그는 특히 지성 안에서 관계를 설정하는 기능을 발견하고는, 그 상호 관계가 설정되는 항들은 초지성적인 기원에서 유래한다고 말했다. 그리고 바로 전의 철학자들과는 반대로, 인식은 지성의 용어로써 완전히 분해될 수 는 없다고 주장했다. 칸트는, 데카르트 주의에서 그 후계자들이 방치해 두었 던 이 핵심 요소를 수정하고 다른 차원으로 옮겨 놓음으로써, 철학에 다시 그 요소를 넣었다.

이로써 칸트는 철학에 새로운 길을 열었다. 이 철학은 직관의 고차원적인 노력에 의해, 인식의 초지성적인(비존재적) 질료 속에 확립되었다. 의식이 그러한 질료와 합치하고 그와 동일한 리듬과 운동을 받아들이면, 의식은 상 반되는 방향으로의 두 가지 노력에 의하여 자신을 순차로 높였다 낮췄다 하 면서 실재의 두 형태, 즉 물체와 정신을 외면에서가 아니라 내면에서 파악할 수 있지 않을까? 이러한 이중적인 노력은 가능한 정도 내에서 우리에게 다 시 한 번 절대적인 개념을 경험하게 해주지 않을까? 더욱이 그러한 조작이 진행되는 사이에 지성은 자기 스스로 솟아나 정신의 전체 속에 자신을 드러 내 보일 텐데, 이때 지성적 인식도 여전히 한정적이면서도 더 이상 상대적이 지는 않은 자신 그대로의 모습을 보일 것이다.

부활한 데카르트 주의에 대해서 칸트주의가 제시할 수 있었던 방향은 이러했다. 그러나 칸트 자신은 그 방향으로 나가지 않았다.

　실제 초지성적인 질료를 인식에 할당하기는 했으나, 그 질료가 지성과 서로 동연적이거나 또는 그보다 편협하다고 그는 믿었기 때문이다. 그때부터 칸트는 이미 질료에서 지성을 절단해 분리할 수도 없고, 따라서 지성과 그의 범주(種, 類 등)에 대한 기원을 더듬으려는 생각도 할 수 없었다. 지성의 여러 가지 틀들과 지성 그 자체는 그대로 완전히 완성된 것들로서 받아들여져야 했다. 우리의 지성에 제시된 질료와 지성 그 자체 사이에는 아무런 혈연관계가 없다. 단지 이들의 화합관계는 지성이 질료에게 그 형식을 강요한 데에서 오는 것이다. 그 결과 칸트는 인식의 지적인 형식을 절대적인 요인으로 간주하고, 그 질료의 발생을 더듬는 일은 단념해야 했다. 뿐만 아니라 그 인식의 질료(우리 정신 속의 사물질료, 즉 개념) 그 자체도 지성에 의하여 분쇄되었기 때문에, 그로서는 그 본디 순수한 인식의 질료에는 도저히 도달할 수 없게 되었다. 질료는 '사물 자체'가 아니라 우리의 환경을 통해 굴절된 인식에 지나지 않았다.

　만일 우리 인식의 질료가 그 형식(화합관계의 원리적 형식)을 벗어날 수 있다는 가능성을 칸트가 어째서 믿지 않았느냐고 묻는다면, 그 이유는 다음과 같다. 칸트가 자연에 대한 우리의 인식에 관하여 처음으로 행한 비판은, 우리 정신 본연의 태도와 자연 본연의 자태를 구별하자는 데 있었다. 단, 그것은 우리 과학이 내세우는 여러 주장이 옳음을 전제로 한다. 그러나 그 과학적 주장들 자체에 대해서 칸트는 비판하지 않았다. 바꿔 말하면, 칸트는 유일과학이라는 생각을 이의 없이 받아들여 주어진 여건을 모두 동일한 힘으로 포괄하였고, 모든 부분을 하나의 체계로 병합하였으며, 그 체계는 모든 부분에 대해서 긴밀성을 보여주었다는 말이다. 그는 《순수이성비판》에서, 과학이 물리적인 것에서 생명적인 것으로, 생명적인 것에서 심적인 것으로 나갈수록 점차로 객관성을 잃거나 더욱더 상징적이 된다고는 판단하지 않았다. 칸트에 따르면 경험은 두 방향, 즉 하나는 지성과 마찬가지 방향으로, 다른 하나는 그 지성과 반대 방향(직관)으로 움직이거나 하지는 않는다. 경험은 하나밖에 없고, 지성은 경험의 모든 영역을 감싸고 있다. 칸트가 우리의 직관이 감각적이라든가, 바꿔 말해서 지성 이하의 것이라고 할 때는 바로 이 의미에서이다. 사실상 우리의 과학이 모든 부분에 걸쳐 같은 객관성을 나타낸다고 한다면 그러한 사실을 인정해야 할 것이다. 그러나 그와는 반대로 과학이 물리적인 것에서 생명적인 것을 지나 심리적인 것으로 나아감에 따라 점차로 객관성을 잃고 상징적이 된다고 가정하자. 어떤 사물을 상징하려면 제대로 살펴야 하므로, 그 경우에는 심리적인 직관(또는 직감), 더 보편적으로 말하면 생명적인 직관이 있게 된다. 물론 지성이 그 직관을 조작하거나 번역하기는 할 것이다. 그러나 그렇다고 그 직관이 지성을 초월하지 못한다는 말은 아니다. 바꿔 말하면 초지성적인 직관이라고 할 만한 것이 있다는 말이다. 그러면 외적이고 현상적인 인식뿐만 아니라, 정신 자신이 자기를 포착할 실마리를 가질 수가 있다고 하겠다. 그뿐이 아니다. 만약 그와 같은 종류의 직관, 즉 초지성적인 직관이 우리에게 있다면, 감각적인 직관은 틀림없이 몇 개의 중간 단계를 사이에 두고, 마치 적외선이 자외선과 연결되듯이, 말하자면 초지성적 직관과 연속되어 있을 것이다. 그러고 보면 감각 직관 자체도 얼마든지 더 높은 차원에 다다를 수 있다. 그것은 이제 단순히 파악 불가능한 '사물 그 자체'의 유령만 파악하게 되는 것이 아니라, 우리를 절대적인 것(비존재로서 존재하는 사물관념) 속으로까지 안내해 줄 수 있다(어쩔 수 없이 거기에 몇 가지 수정을 가해야 하지만). 감각 직관을 우리의 유일한 과학 질료라고 보는 동안은, 과학 전체에 걸쳐 상대적인 것이 도약하여 정신의 과학적 인식을 놀라게 했다. 그리하여 물체에 대한 과학의 시작, 즉 물체를 지각하는 일 역시 상대적인 것으로 나타났다. 따라서 감각적 직관도 상대적으로 생각되었던 것이다. 그러나 지금 여러 과학들 사이에 구별을 두고 (생명적인 것의 경우에도 마찬가지이지만) 정신의 과학적인 인식을, 물체에 적용될 때에는 조금도 상징적이지 않았던 어떤 인식 방법이 다소 인위적으로 확장된 것이라고 본다면 문제는 이미 달라진다. 더 깊이 들어가 보자. 만약 종류가 다른 두 가지 직관이 있다(게다가 제2의 직관은 제1의 직관의 방향을 역으로 하여 획득된다)면, 그리고 지성은 이 제2의 직관으로 자연히 향한다면, 지성과 그 직관 사이에는 본질적인 차이가 없다. 감성 인식의 질료와 형식 사이의 벽은 낮아지고, 그와 마찬가지로 감성의 '순수 형식'(종, 류로 연관 또는 분류시키는 형식)과 오성의 범주를 격리하는 벽도 낮아진다. 우리는 지성적 인식의 질료와 형식이 자기 고유의 대상에 한정될 때, 지성은 물체성을 따르고 물체성은 지성을 따르므로 상호 적응에 따라 서로 상대를 발생케 함을 보게 된다.

칸트는 이러한 직관의 이중성을 인정하려고 하지도 않았고, 또 할 수도 없었다. 그것을 인정하자면 지속(시간의 흐름과 변화) 속에서 실재의 바탕(응축된 생성의 뼈대 또는 영원개념)을 보아야 했을 것이다. 따라서 사물의 실질적인 지속과 공간 안에 분산된 시간을 구별해 두었어야 했다. 그리고 공간 자체와 그 안에 내재하는 기하학을, 우리의 이상적 한계 지점(극원소)으로 보아야 했다. 물질적 사물들은 그 공간 및 기하학 방향을 향하여 전개되지만, 거기에 도달할 만큼 발전하지는 못하는 것이다. 이는 문자 그대로의 《순수이성비판》과는 정반대되고, 또 아마 그 저작의 정신과도 어긋날 것이다. 《순수이성비판》에서, 인식이란 항상 개방적인 목록으로서, 경험은 한없이 계속되는 번잡한 현상으로 제시된 것 같다. 그러나 칸트에 따르면, 그러한 현상은 하나의 평면상에서 점차 분신되는 것이고, 정신에 대해서나 서로에 대해서나 외적인 것이다. 그 현상들이 분출된 뒤에 포착하는 것이 아니라, 분출하는 중에 있는 현상을 포착하며, 그리하여 공간과 공간화된 시간 속으로 깊이 파고드는 내부로부터의 인식을 칸트는 전혀 문제시하고 있지 않았다. 그러나 우리 의식이 우리를 위치하게 하는 것은 바로 이러한 면(현실과 시간속에 던져진, 인식의 현실화)에서이다. 거기에만 참다운 지속이 있다.

그러한 점에서도 칸트는 그의 선배들과 멀지 않다. 칸트는 각각의 순간으로 흩어져 퍼진 무시간과 시간 사이의 중간물을 인정하지 않는다. 우리를 무시간 속에 옮겨다 줄 직관은 없으므로, 모든 직관은 그 정의에 의하여 감각적임을 알 수 있다. 그런데 공간 내에 흩어져 퍼진 물질적 존재와, 형이상학의 독단이 말하는 개념적이고 논리적일 수밖에 없는 존재인 무시간적인 존재와의 중간쯤에, 의식이나 생명이 차지할 장소는 없을까? 물론 틀림없이 있다. 우리가 순간에서 출발하여 그 순간을 지속으로 연결시키지 않고, 지속 안에 자리잡고 거기에서 순간으로 가려고 하면, 우리는 즉시 그것을 깨닫게 된다.

그런데 칸트의 직계 후계자들은 칸트적인 상대주의를 벗어나려고 하여 무시간적인 직관 쪽으로 향하였다. 물론 생성이나 진보나 진화에 대한 개념이 그 사람들의 철학에서 커다란 자리를 차지하고 있는 것 같이 보인다. 그러나 지속은 거기서 참된 역할을 다하고 있을까? 참다운 지속에서는 각각의 형태는 어느 것이든, 선행하는 여러 형태에 무엇인가를 부가하면서 그로부터 유래한다. 그리고 그 형태는 설명이 가능한 한도 안에서 선행형태로써 설명된다. 그러나 그 형태를 나타낸다고 가정된 보편적 존재로부터 그것을 직접 연역하면, 우리는 스피노자주의로 되돌아가게 된다. 그래서 라이프니츠나 스피노자처럼 지속에서 유효한 작용을 모두 부정하는 셈이 된다. 칸트 이후의 철학은 기계론 학설에 대해서는 가장 엄격했으나, 모든 종류의 실재를 통틀어 과학은 하나밖에 없고 동일하다는 생각을 기계론에서 받아들이고 있다. 그리하여 그 철학은 상상 이상으로 기계론적 학설에 가깝다. 왜냐하면 물질과 생명, 그리고 사유에 대한 고찰에 있어서 그 철학은, 기계론이 추정하는 연속적인(또한 필연적인) 복잡화 단계를 이데아의 실현 단계 또는 '의지'의 객체화 단계로 대체하지만, 그러면서도 여전히 존재가 한 방향으로 가고 있는 사다리의 계단과 같은 단계들을 언급하기 때문이다. 요컨대 그 철학은 자연 속에서 기계론이 발견한 분절과 똑같은 상황을 간과한 것이다. 칸트 철학은 기계론의 도면을 모두 그대로 남겨둔 채 다른 색을 칠한 데에 지나지 않는다. 그러나 그 도면 자체, 아니면 적어도 그 도면의 절반은 다시 그려져야할 것이다.

다만 그러기 위해서는 칸트 추종자들의 구성 방법을 포기해야 한다. 그러고는 필요하다면 경험에 호소해야 할 것이다. 게다가 그것은 순화(純化)된 경험, 즉 사물에 대한 우리의 행동이 발전됨에 따라 우리의 지성이 구성해온 여러 가지 틀로부터 자유로워지는 경험이다. 이런 경험은 무시간적인 것이 아니다. 그것은 우리가 부분들 사이의 계속적인 재조정이 이루어진다고 생각하는 공간화된 시간을 초월하여, 모든 것을 새로이 개조하는 구체적인 지속을 오로지 구하고 있다. 그것은 모든 우여곡절을 포함한 실재를 추구하고 있다. 그러한 경험은 구성적 방법과는 달라서, 우리를 장대한 건축물의 겹쳐올린 층인 상승적인 일반성으로 이끌거나 하지 않는다. 어쨌든 그 경험은 우리에게 암시해 주는 설명과, 설명되어야 할 대상의 사이에 여유를 남기지 않는다. 그 경험이 해명하려는 바는 이미 대상의 전체뿐만 아니라 실재의 세부이기 때문이다.

19세기의 사유가 자의를 벗어나서 개별적인 사실의 세부까지 내려갈 수 있는 철학을 요구하였음은 의심의 여지가 없다. 또 한 가지 부정할 수 없는 사실은, 19세기의 사유는 그러한 철학이 구체적 지속이라고 불리는 것 속에 자리 잡아야 한다고 느꼈다는 점이다. 정신적인 여러 과학의 성립과 심리학의 발달, 생물학 내에서 발생학의 중요성 증대, 등은 모두 내적으로 지속하는 존재, 즉 지속 그 자체인 실재에 대한 개념을 암시했음에 틀림없다. 그렇기 때문에 한 사람의 사상가가 나타나서, 물질의 지각성을 향한 진보가 합리성으로 향한 정신의 진보와 함께 서술되고, 외부와 내부 사이의 대응의 복잡화가 단계적으로 추적되고, 결국 변화는 사물의 실체 그 자체라는 진화설을 주장하자, 모든 시선이 그 사람에게 쏠렸다. 스펜서의 진화론이 당대의 사유를 강하게 매혹시킨 것은 그러한 이유에서였다. 스펜서는 칸트에게서 가장 멀어 보이고 본디 칸트주의에 대해서 전혀 알지 못했지만, 생물학과 처음 접촉할 때부터, 칸트의 비판을 고려에 넣을 경우 철학이 어느 방향으로 나아가야 되는가를 느꼈다.

단지 스펜서는 그 길을 조금만 가다가 되돌아갔다. 그는 하나의 발생을 더 들어보겠노라고 약속하고는 전혀 다른 일을 했다. 스펜서의 학설에는 틀림없이 진화론의 이름이 붙어 있었다. 그의 이론은 우주적 생성의 흐름을 오르내리겠다고 확언했었다. 그러나 사실 그의 학설에서는 생성도 진화도 문제가 되지 않았다.

우리는 스펜서 철학에 대한 깊은 고찰을 시작하지 않아도 된다. 단지 스펜서가 사용하는 방법의 기교는, 이미 진화된 존재의 단편을 가지고 진화를 다시 구성하는 것이란 사실은 말해두고 싶다. 두꺼운 종이에 그림 하나를 붙여서 잘게 잘라 놓아도, 조각을 제대로 모으면 본디의 그림이 된다. 그리고 그림맞추기 공작을 열심히 하는 아이는, 모양이 망가진 그림의 조각을 맞추어 색조가 훌륭한 그림이 완성되면 아마 자신이 그림이나 빛깔을 만들어냈다고 생각할 것이다. 그러나 그림을 그려 채색하는 행위는 이미 그려지고 채색된 그림의 조각들을 끌어모으는 행위와는 아무 관계도 없다. 마찬가지로 우리는 진화에서 생긴 매우 간단한 결과를 짜맞추어 진화에 따른 매우 복잡한 성과를 흉내낼 수는 있겠지만, 그 기원 그대로를 거슬러 올라갈 수는 없다. 또 그처럼 진화한 존재에 진화한 상태를 보태어 가도, 진화 그 자체의 운동과는 조금도 닮지 않을 것이다.

그럼에도 스펜서는 그러한 착각을 하였다. 그는 현재의 형태를 실재라고 이해하고서 그것을 깨뜨려 단편으로 만들어 바람에 띄워 흩뿌린 다음 그들 단편을 '적분'한다. 그리고 '운동을 없앤다'. 스펜서는 조각 맞추기로 '전체'를 모방하면서, 자신이 전체의 도면을 다시 그렸고 그 발생을 더듬어 나갔다고 생각한다.

물질의 경우는 어떠한가? 스펜서가 보고 만질 수 있는 물체로 적분할 때 쓰이는, 확산된 그들 요소는 단순 물체의 입자 그 자체와 실로 흡사한 모양을 한다. 이들 입자를 스펜서는 공간 내에 흩어져 있다고 가정한다. 여하튼 그것들은 '질점'이고, 따라서 불변하는 점이며, 참다운 미소고체(微小固體)이다. 고체성은 우리에게 가장 가깝고 무엇보다도 처리하기 쉬운 성질로서 마치 물질성의 원천이라도 되는 것처럼 보인다. 물리학이 진보함에 따라 더욱 뚜렷하게 보이는 사실은, 모든 물체의 가능한 토대인 에테르 내지 전기의 특성이 우리의 눈에 비치는 물질의 특성을 모델로 하였다고 표상할 수는 없다는 사실이다. 그러나 철학은 우리의 감각이 현상들 사이에서 포착한 관계의 단순한 도식적 형태인 에테르보다 더 높은 곳까지 올라간다. 다시말해 철학은, 볼 수 있고 만질 수 있는 실재는 그 사물에 대한 우리의 행동(또는 지각)이 있다는 표시임을 알고 있다. 진화된 존재를 분할해보아도, 진화하는 존재의 원리에는 도달할 수 없을 것이다. 진화된 존재는 진화의 종점이므로, 진화된 것을 진화된 것과 조합해 재구성함으로써 진화를 재현할 수는 없을 것이다.

정신에 관하여 살펴보면 어떠한가? 스펜서는 반사에 반사를 합침으로써 본능과 합리적인 의지를 잇따라 생겨나게 할 수 있다고 믿는다. 전문화된 반사는 강화된 의지와 마찬가지로 진화가 도달한 점의 하나이므로, 출발할 때 있었다고 가정될 수 없다는 점을 그는 깨닫지 못하고 있다. 그 두 가지 가운데 반사 쪽이 의지보다도 결정적인 형태에 도달했다는 것은, 충분히 있을 수 있는 일이다. 그러나 그 두 가지는 모두 진화 운동의 침전물이다. 진화 운동 그 자체는 후자만으로 성립될 수 없듯이 전자만으로도 나타낼 수 없다. 우선 반사와 의지를 혼합시키는 일부터 시작해야 한다. 그 다음 그러한 이중의 형태를 띠는 유동적인 실재에 관한 탐구로 향해야 할 것이다. 그 실재는 아마

두 형태에 모두 참여를 하면서도 어느 쪽도 아닐 것이다. 동물 단계의 가장 하층에 있는 미분화된 원형질 덩어리에 지나지 않는 생물체에서는 자극에 대한 반응이 반사와 같이 특정한 장치를 움직이게 하는 데까지는 이르지 못한다. 그 반응은 의지 행위처럼 여러 가지 특정한 장치 가운데에서 무언가를 선택하는 일도 없다. 그러고 보면 반응은 의지적인 것도 반사적인 것도 아니면서 그 두 가지를 예고하고 있다. 절박한 위기를 모면하려고 반은 의지적이고 반은 자동적인 운동을 하게 될 때는, 우리도 그러한 참다운 근원적 활동성을 자신 속에서 경험한다. 그러나 그것 역시 원초적인 행동의 불완전한 모방에 지나지 않는다. 왜냐하면 그때 우리는, 이미 형성되어 뇌와 척수에 국한된 두 활동의 혼합에 관계하기 때문이다. 반면에 최초의 활동은 단일한 것이며, 그것이 갈라져서 척수나 뇌의 기능을 만들어낸 것이다. 그러나 스펜서는 그러한 점에는 시선을 돌리지 않았다. 왜냐하면 스펜서가 쓴 방법의 본바탕은 진화 자체를 찾아내는 일이 아니라, 굳은 것을 굳은 것과 합쳐 점점 굳히는 과정이었기 때문이다.

마지막으로 정신과 물질 사이의 대응은 어떠한가? 스펜서가 그러한 대응으로 지성을 정의하려고 한 데는 일리가 있다. 그가 거기에서 진화의 종점을 본 것도 무리는 아니다. 그러나 그러한 진화를 다시 그릴 때 그는 여전히 진화된 존재를 다른 진화된 존재와 합쳐 통합하면서도 그것이 헛수고임을 알아차리지 못한다. 현재 진화되어 있는 조그만 조각을 끌어다가 그 조각으로써 현재 진화된 존재의 전체를 구성하니, 그 최초 발생으로 더듬어가겠다는 그의 주장은 헛된 것이 아니고 무엇인가?

사실상 스펜서에게 있어 자연계에서 이어지는 현상들은, 그 현상을 표상하는 영상을 인간의 정신에 투영한다. 따라서 현상들 간의 관계, 표상들 간의 관계가 대칭적으로 대응한다. 그리고 가장 보편적인 자연 법칙은 현상 간의 여러 관계를 응축한 형상으로서, 표상들 간 관계의 통합으로 주도적인 사유 원리를 산출하게 되었다. 그러고 보면 자연은 정신에 반영된다. 우리 사유의 가장 내적인 구조는 물체의 뼈대가 되는 구조 자체와 일대일로 대응한다. 그 점은 인정한다. 그러나 인간 정신이 현상들 간의 관계를 표상할 수 있기 위해서는 역시 사실들이 있어야 한다. 즉, 생성의 연속 속에 여러 가지 사실이 구별되고 단절되어 있어야 한다. 그리고 이처럼 오늘날 볼 수 있는 바와 같은 특수한 분절법을 우리가 인정하게 되면, 즉시 또 오늘날과 같은 모습의 지성을 인정하는 셈이 된다. 왜냐하면 실재가 이러한 모양으로 분해되는 것은 지성과의 관계에 의해서만이기 때문이다. 포유동물과 곤충류가 자연의 동일한 면모를 보여주고, 동일한 분할을 그리며, 전체를 동일한 방식으로 나누고 있다고 생각하는가? 그런데 곤충류는 지성적인 존재로서, 우리 지성과 같은 그 무엇인가를 가지고 있다. 대체로 생물은 자기 행동이 추구하는 방향을 따라서 물질 세계를 분해한다. 그 방향은 가능한 행동의 선이고, 그들 선이 교차하여 경험의 그물을 그리고, 그물의 눈(교차점) 하나하나가 사실로써 이루어진다. 물론 도시는 집들로 이루어져 있으며, 도시 내부의 길은 집과 집 사이의 공간에 지나지 않는다. 그와 마찬가지로 자연은 사실만을 내포하며, 이 사실들이 한번 제시되면 관계는 그 사이를 달리는 선에 지나지 않는다고 말할 수 있다. 그러나 도시에서는 지형의 점차적인 구획에 따라 동시에 주택의 위치나 형태가 정해지고, 또 도로의 방향도 정해진다. 그러한 구획을 참고하지 않으면, 주택을 저마다 현재의 위치에 그 형태로 서 있게 하고 각 도로를 현재의 방향으로 달리게 하는 각각의 소구분 방법을 이해할 수 없다. 그런데 스펜서의 근본적인 과오는 이미 구획으로 분할된 경험을 그대로 받아들인다는 것이다. 사실 진정한 문제는 그 분할이 어떤 방법으로 행해졌느냐 하는 것인데 말이다. 사유의 법칙이란 사실들 간의 관계를 통합한 원리와 다름없다는 주장에는 동의한다. 그러나 여러 사실들이 오늘날 나와의 관계에 있어서 취하고 있는 그대로의 외형과 함께 그 사실들을 상정한다는 것은, 나의 지각이나 이해 능력이 현재 있는 바와 같이 있음을 정하는 것이다. 왜냐하면 실재를 분할하고 실재의 전체 속에서 여러 사실을 재단하는 일은 그러한 능력이 하고 있기 때문이다. 그렇게 되면 사실들 간의 여러 관계가 사유의 여러 가지 법칙을 산출했다고 말하는 대신, 사유 형식이 지각된 여러 사실들의 형상을 정했다고 주장하거나, 나아가서는 그 상호 관계를 정했다고 주장해도 상관없다. 그 두 가지는 표현 방법도 같으며 사실상 같은 것을 말한다. 다만 후자는 진화에 대해서 말하기를 그만두었다고 하겠다. 그러나 전자도 진화에 대해서 말할 뿐, 그 이상 깊이 생각하지는 않는다. 왜냐하면 참다운 진화론이라면, 점차적으로 획득된 어떠한 생존양식에 의하여 지성이 현재 구조의 도면을 받아들였는지, 그리고 물질은 어떻게 그 분할 양식을 받아들였는지를 탐구하려 했을 것이다. 그 구조와 분할은 서로 맞물려 있고 상호 보충적이다. 그 두 가지는 손을 맞잡고 진보했음에 틀림없다. 게다가 정신의 현재 구조를 상정하든지, 물질의 현재와 같은 소구분을 그대로 받아들이든지, 어느 경우이든 사람들은 이미 진화된 존재 속에 머물러 있다. 다시 말해 우리는 진화하는 것에 대해서도, 진화에 대해서도 무엇 하나 알아내지 못했다.

그럼에도 불구하고 우리가 찾아내야 하는 것은 바로 그러한 진화이다. 이미 물리학의 영역에서조차, 자신의 과학을 누구보다도 깊이 탐구한 학자들은 다음과 같은 신념을 갖는 쪽으로 기울어지고 있다. 즉, 사람은 전체를 논하는 식의 방법으로 부분을 논할 수 없고, 같은 원리가 진보의 기점과 종점에 해당되지는 않는다는 신념이다. 그리고 원자를 구성하는 입자의 경우, 이를테면 창조도 소멸도 이 입자에 다 허용될 수 있다는 것이다. 그렇게 말함으로써, 학자들은 구체적인 지속 속에 스스로를 두려고 하는바, 부분의 조립뿐만 아니라 생성도 존재하는 유일한 곳인 지속 속에 자신이 있다고 주장하고 있다. 다만 그들이 말하는 창조나 소멸은 운동 또는 에너지에 관계되는 일이지, 에너지나 운동이 통과하여 순환하는 불가지적인 그 주위환경에 관련되는 일이 아님이 사실이다. 그러나 물질에서 그 물질을 야기시키고 있는 것, 즉 다름 아닌 운동 내지 에너지가 제거되면 무엇이 남을 수 있는가? 철학자는 과학자보다도 앞으로 나아가야 한다. 상상적인 기호에 지나지 않는 것을 모두 제거해버리면, 철학자는 물질세계가 단순한 하나의 흐름, 연속적인 유동, 그리고 생성임을 알 수 있을 것이다. 그렇게 함으로써 철학자는 실재적인 지속을 찾아내는 일이 유익한 영역인 생명과 의식의 영역에서, 그 실재적 지속 현상을 재발견할 준비를 한다. 생각하건대 단순한 물질에 관계되는 한, 우리는 흐름을 무시하고도 커다란 과오를 범하지 않을 수 있다. 앞에서 말한 바와 같이, 물질은 기하학의 추를 달고 있다. 물질은 하향적인 실재이며, 상승적인 실재와 상호 의존 관계를 맺음으로써만이 지속하고 있다. 그러나 생명이나 의식은 상승 그 자체이다. 생명과 의식의 움직임을 받아들이고, 그 두 가지를 본질적으로 포착하면, 우리는 현실의 나머지가 어떠한 방식으로 그러한 생명과 의식의 본질로부터 파생하는지를 알 수 있게 된다. 진화가 뚜렷이 나타나게 되고, 그 진화의 가운데에서 물질성과 지성이 상호 점차적으로 견고하게 결정되는 현상이 나타난다. 그렇게 되는 경우에만 우리는 진화의 운동에 몸을 담고 그 진화운동을 추적하여 현재의 성과에까지 이를 수 있고, 성과 그 자체의 부분을 인위적으로 재구성하는 일은 그만두게 된다. 우리는 철학 본디의 기능이 그러하다고 생각한다. 그렇게 해석되면 철학은 단지 정신이 정신 자신에게로 되돌아가는 일이 아니고, 인간의 의식이 그 자신의 근원인 생명 원리와 합치하는 일이 아니며, 창조적인 노력과 접촉을 하는 실마리만도 아닌 것이다. 철학은 생성 일반에 대한 깊은 통찰이요 진정한 진화론이고, 따라서 또 과학의 올바른 연장이다. 단, 과학이라는 말은 확인되거나 증명된 진리의 총체로 해석되어야 한다. 과학을 마치 고대 스콜라철학이 아리스토텔레스 주변에서 성장하였듯이, 19세기 후반에 갈릴레이의 물리학을 중심으로 성장한 어떤 새로운 스콜라철학적 의미로 해석해서는 안 된다.

〈주〉

* 1 이번 장에서 철학 체계사, 특히 그리스 철학 체계사를 다룬 부분은 1900~1904년 사이에 콜레주 드 프랑스에서 했던 강의를 대충 요약한 것으로, 그중에서도 《시간관의 역사(*Histoire de l' idée de temps*)》(1902~1903)에서 주로 다룬 내용이다. 거기에서 필자는 개념적 사유법과 영화적 사유법을 비교하였다. 그 비교를 여기서 다시 원용하여도 좋다고 믿는다.

* 2 우리가 이곳에서 분석하는 '無'의 개념은 이미 〈철학평론(*La Revue Philosophique*)〉(1906년 11월)에 발표되었던 것이다.

* 3 칸트(Kant), 《순수이성비판(*Critique de La raison pure*)》, 2e édit., p.737 : '우리의 일반적 인식내용의 관점에서 보면…… 부정명제는 다만 오류를 피하는 것을 자신의 고유한 기능으로 한다.' 지그바르트(Sigwart), 《논리학(*Logik*)》 2e édit., vol. I, p.150 이하 참조.

* 4 그 말은 제논의 궤변이 다음의 기하급수 계산으로 논파되리라고 보지 않는다는 말이다. 즉, a$(1+\frac{1}{n}+\frac{1}{n^2}+\frac{1}{n^3}+……$ etc.)에서 a는 아킬레스와 거북 사이의 처음 간격이고, n은 속도 간의 비라 하며, 만약 n이 1보다 크다면 이 급수는 합이 유한할 것이다. 이 점에 대해서는 에블랭(Evellin)의 논증이 결정적이라고 생각되므로 그 논증을 참조하라. 에블랭, 《무한과 양(*Infini et Quantité*)》, Paris 1880, p.63~97. cf. *Revue Philosophique*, vol. XI, 1881, pp.564~568). 사실 수학은 길이밖에 처리하지 않고 그 밖의 것은 처리할 수도 없다(그에 대한 증명을 우리는 전에 연구해 보았다). 그래서

수학은 우선 길이가 아닌 운동이 통과한 선의 가분성을 그 운동에게 옮겨놓기 위하여 기교를 발휘해야만 했다. 그러고는 경험과 운동=길이의 관념(경험과 반대되고, 불합리한 점이 많다)의 일치를 확립하기 위하여 기교를 부린 것이다. 여기서 운동=길이의 관념은, 운동을 궤도곡선에 적용시켜서 그 곡선과 마찬가지로 운동이 임의로 분해된다는 의미이다.

*5 플라톤(Platon), 《티마이오스(Timaeus)》, 37D.

*6 우리는 공간성에 관한 문제에 있어서, 이 관념에 포함되는 진리와 과오를 구분하려는 시도를 해보았다(본서 제3장 참조). 지속에 관한 한, 이 관념은 근본적으로 그릇되어 있다고 보인다.

*7 아리스토텔레스(Aristoteles), 《영혼론(De anima)》, p. 430 a 14. '거기서 지성에도, 한편에서는 일체로 '되는' 것에 관한 〔질료적〕 지성이 있다. 다른 한편에는 일체를 '만드는' 것에 관한, 이를테면 빛과 같이 어떤 능력 상태로서의 지성이 있다. 빛도 어느 면으로는 잠재적인 빛깔을 현재적인 빛깔로 만들기 때문이다'(καὶ ἔστιν ὁ μὲν τοιοῦτος νους τῷ πάντα γίνεθαι, ὁ δὲ τῷ πάντα ποιεῖν, ὡς ἕξις τὶς, οἷον τὸ φῶς. τρόπον γὰρ γίνα καὶ τὸ φῶς ποιεῖ τὰ δυνά μει ὄντα χρώματα ἐνεργειά χρώματα.

*8 《천체론(De Caelo)》 II. 287a 12, 가장 바깥쪽 원의 외부에는 공백도 없고 장소도 없다. Phys., IV, 212 a 34: τὸ δὲ πᾶν ἔστι μὲν ὡς κινήσεται ἔστι δ'ὡς οὔ. ὡς μὲν γὰρδλὼ, ἅμα τὸν τόπον οὐ μεταβάλλει. κύκλῳ δὲ κινήσεται, τῶν μορίων γὰρ οὗτος. ὁ τόπος. (그러나 〔물의〕 총체는 어떤 의미에서는 움직이지 않는다. 그러나 전체로서는 장소를 전체적으로 변화시키지는 않으나, 원환으로는 움직이고 있다. 그 장소는 〔물의〕 부분이다).

*9 《천체론》 I, 279 a 12.: οὐδὲ χρὸνος ἐστον ἔξω τοῦ οὐρανοῦ. (시간은 우주 밖에는 없다). Phys. VIII, 251 b 27: ὁ χρόνος πάθος τι κινήσεως. (시간은 운동의 한 속성이다).

*10 특히 나는 플로티노스가 뒷날 포착하여 연구·확정시킨, 감탄할 만하면서도 약간 막연한 직관(직감)에 관해서는 전혀 언급하지 않았다.

*11 데카르트(Descartes), 《원리(Principles)》, II p. 29.

*12 데카르트, ibids., II *36 et suiv.

*13 나는 1897~1899년 콜레주 드 프랑스에서 플로티노스에 관해 한 강의 가운데 그와 같은 유사성을 끌어내려고 시도했었다. 유사점은 수도 많고, 매우 인상적이며, 양자가 사용한 공식에까지 미치고 있다.

*14 《정신생리학적 배리(Le Paralogisme psycho-physiologique)》(Revue de métaphysique et de morale, Nov. 1904, pp. 895~908). cf Matière et mémioire, Paris, 1896, chap. i.

Les Deux Sources de la morale et de la religion

도덕과 종교의 두 원천

제1장
도덕적 의무

1. 사회적 질서와 자연의 질서

　금단(禁斷)의 열매*¹에 대한 기억은 인류의 기억에서도 우리 각자의 기억에서도 가장 오랜된 기억이다. 만일 우리가 더 즐겨 떠올리는 다른 기억들에 의해서 이 기억이 은폐되지만 않았더라면, 우리는 이 기억을 더욱더 잘 알아차릴 것이다. 우리가 어린 시절에 제멋대로 행동하도록 방임되었더라면 우리의 어린 시절은 어떠했을까? 우리는 쾌락에서 쾌락으로 이리저리 뛰어다녔을 것이다. 그런데 갑자기 여기에 보이지도 않고 만질 수도 없는 장애물이 나타났다. 즉, 금지의 명령이다. 우리는 왜 이 금지의 명령에 복종했을까? 의문은 전혀 품지 않았다. 우리는 부모와 스승의 지시에 순종하는 습성을 지녔다. 그렇지만 우리가 그들에게 복종하는 까닭은 그들이 우리의 부모이고 스승이기 때문임을 우리는 잘 알고 있다. 따라서 우리가 보기에 그들의 권위는 그들 자신으로부터 나왔다기보다는 그들이 우리와의 관계에서 차지하고 있는 지위로부터 나왔다. 그들은 일정한 사회적 위치를 차지하고 있다. 그리고 바로 그곳으로부터 강한 침투력을 가진 명령이 나온다. 만일 이와 동일한 명령이 다른 곳에 내려졌더라면 그와 같은 침투력은 갖지 못했을 것이다. 달리 말하면, 부모나 스승은 위임받은 자로서 행위하는 듯이 보였다. 우리는 이 사실을 분명하게 생각하지는 못했다. 그러나 우리는 부모와 스승들의 배후에 어떤 거대한 무언가, 아니 단정하기 어려운 무언가가 가로놓여 있음을 추측했다. 그리고 무언가가 그들을 통하여 자체의 모든 중량으로 우리를 압박했던 것이다. 세월이 상당히 흐른 뒤에야 우리는 그 무언가는 바로 사회라고 말한다. 그리고 사회에 관한 철학적 사색을 하면서 우리는 이 사회를 하나의 유기체에 비교할 것이다. 이 유기체의 세포는 보이지 않는 끈으로 묶여 교묘한 위계 질서 속에서 서로 종속되어 있으면서도 전체의 최대 이익을 위해서는 부분의 희생을 요구할 수도 있는 규율을 자연스럽게 따르고 있다. 그러나 이러한 유기체의 사회성화는 비유(시간의 흐름에 효과적 행동과 적절한 현실성을 부여하는 일)에 지나지 않는다. 왜냐하면 유기체는 필연적인 법칙에 종속하는 반면, 자유 의지의 사회는 행동화와 현실성으로 이루어지기 때문이다. 그러나 이러한 자유 의지들은 조직화되는 순간부터 유기체를 닮게 된다. 그리고 이러한 다소 인위적인 유기체(사회)*²에서는 습관이 자연의 작품(자연적 유기체) 속에서 필연성과 같은 역할을 수행한다. 이러한 최초의 관점에서 보면, 사회 생활은 우리에게 공동체의 요구에 부응하여 강하거나 약하게 뿌리내린 습관들의 한 체계로 보인다. 이러한 습관들 가운데 어떤 습관은 명령적이지만 대부분의 습관은 복종적이다. 그리고 이 복종은 사회적인 권리를 위임받아 명령하는 사람에게 할 수도 있고, 또는 분명하게 지각되거나 느껴지지 않는, 사회 자체로부터 나오는 비인격적인 명령에 대해 이루어질 수도 있다. 이러한 복종의 습관들은 우리의 의지에 압력을 가한다. 우리는 이 습관으로부터 벗어날 수도 있다. 그러나 이때에 우리는 수직선에서 벗어난 시계추처럼 그 습관들에 이끌려서 다시 되돌아오고 만다. 어떤 하나의 질서가 파괴되었다면, 그 질서는 복구되어야만 한다. 다시 말해서 마치 습관에 의한 것처럼 우리는 의무감을 느낀다.*³

그런데 이렇게 설명된 의무는 비교할 수 없을 정도로 강한 의무이다. 어떤 수량이 다른 수량보다 너무 차이가 커서 이 작은 수량을 큰 수량에 비교했을 때 무시될 수 있다면, 수학자들은 큰 수량을 일컬어 다른 차원의 작은 수량이 큰 수량이라고 말한다. 사회적인 의무도 마찬가지이다. 이 의무의 압력을 다른 습관과 비교해 볼 때, 그 의무적 압력의 정도 차이는 질의 차이만큼 크다. 이러한 종류의 습관들 모두가 서로를 지탱하고 있다는 사실에 주목해 보자. 우리는 이 습관들의 본질과 근원에 대해 전혀 생각해 보지 않아도, 이 습관들은 우리에게 가장 가까운 주위 환경, 또는 이 환경을 둘러싸고 있는 또 다른 환경에 연관되어 있다고 우리는 느낀다. 그리고 이처럼 계속해서 이 환경들의 끝에 있을 사회를 위해 우리가 요구하게 되는 것들이 서로 연결되어 있다고 느낀다. 각각의 습관은 직접적 또는 간접적으로 사회의 요구에 부응한다. 그리고 이러한 의무로부터 이 습관들 모두는 서로 연관되며 하나의 덩어리를 형성한다. 만일 이 습관들이 저마다 분리되어 나타난다면 그 대부분은 사소한 의무들에 지나지 않는다. 그러나 이러한 의무들이 모여서 전체적인 의무 일반을 형성한다. 그리고 그 모든 부분들의 공헌으로 인해 존재하는 이 의무 전체는 이번에는 각 의무들에게 의무 전체가 지니는 총괄적 권위를 부여한다. 이렇게 해서 그 의무 전체는 개개의 의무들을 강화하며, '그것은 의무이다'라는 상투적인 말은 우리가 저마다 분리된 의무 앞에서 가질 수 있는 망설임들을 없애 버린다. 사실 우리는 전체적인 의무를 구성한다고 생각되는 부분적이고도 하나씩 부가되는 의무들의 집합을 분명하게 생각하지는 않는다. 사실상 여기에서는 부분들로 이루어진 구성체란 존재하지 않는다. 하나의 의무가 다른 모든 의무로부터 이끌어 내는 힘이란 오히려, 각각의 세포가 하나의 요소로서 참여하고 있는 유기체의 심층으로부터 빨아올리는, 나눌 수 없고 완전한 생명의 숨결과 비교될 수 있다. 사회란 그 구성원 각자에게 내재하는 것으로서 여러 가지 요구들을 가지고 있고, 이 요구들은 크든 작든 간에 각각 그 사회의 모든 활력을 어김없이 나타내고 있다. 거듭 말하건대 이것 역시 하나의 비유에 불과하다. 인간 사회란 자유로운 존재들의 조화로운 전체이다. 사회가 부여하고, 사회를 지속시키는 의무들은 생명 현상의 확고한 질서와는 약간의 유사성만을 지닌 질서를 사회 안으로 끌어들인다.

그렇지만 우리 모두는 합심해서 이 사회적 질서가 자연의 질서와 유사함을 우리가 믿게 한다. 나는 어떤 행위는 칭찬하고 다른 행위는 비난하는 인류의 보편적인 합의에 대해서만 이야기하고 있지는 않다. 내가 말하고자 하는 뜻은, 가치 판단들 속에 들어 있는 도덕적 규범들이 지켜지지 않는 경우까지도 사람들은 이 도덕적 규범들이 지켜지는 듯이 보이도록 행동한다는 말이다. 우리가 거리를 걸을 때 질병이 있다는 사실을 깨닫지 못하듯이, 인간성이 우리에게 보여주는 모습 뒤에 어떤 비도덕적인 면모가 있을 수 있다는 사실을 우리가 생각하지 않는 일과도 같다. 사람들이 이처럼 다른 사람들을 관찰하는 데에서 그친다면, 인간 혐오자가 되는 일은 그다지 없을 것이다. 사람들은 자신의 약점을 깨닫고 비로소 인간을 불쌍히 여기거나 경멸하게 된다. 이처럼 사람들이 외면하는 인간성이란 그들이 자신의 마음속 깊은 곳에서 발견했던 인간성이다. 이런 경우 악(惡)은 아주 잘 은폐되고 비밀은 널리 모든 사람에 의해 지켜지며, 각 개인은 다른 모든 인간에게 속는 셈이다. 우리는 다른 사람들을 (외면만 보고) 아무리 가혹하게 판단하는 척할지라도 마음속으로는 그들이 자신보다 낫다고 생각한다. 이러한 다행스러운 착각을 바탕으로 대부분의 사회 생활이 성립된다.

사회가 이러한 착각을 고무하기 위해 온 힘을 다하는 모습은 자연스럽다. 사회가 제정하고, 사회 질서를 유지하는 법들은 이 밖에도 어떤 면에서 자연 법칙과 닮아 있다. 나는 이 두 법칙(사회법칙과 자연법칙)의 근본적인 차이가 철학자들의 눈에 띄기를 바란다. 철학자들은 실증되는(constater) 법칙*4과 명령하는(ordonner) 법칙은 서로 다르다고 말한다. 사람들은 명령하는 법칙에서 빠져나올 수 있다. 그것은 복종(obliger)을 강요하지만 필연적으로(nécessiter) 그렇게 되도록 만들지는 않는다. 반대로 실증되는 법칙은 회피할 수 없다. 왜냐하면 어떤 확정된 사실이 이 법칙으로부터 벗어나 있다고 하면, 이 법칙이 법칙으로 간주된 일은 잘못이기 때문이다. 아마도 이 법칙과는 다른 진정한 법칙이 따로 있을 테고, 이 다른 법칙은 사람들이 관찰하는 모든 것에 관해 설명하고자 진술되는 것으로서, 그 위반 사실도 다른 사실들과 함께 이 법칙에 따를 것이다. 이 점은 의심할 여지가 없다. 그러나 대부분의 사람들에게는 이 두 법칙들에 대한 구분 역시 불분명하기는 마찬가지이다. 그들은 물리 법칙이나 사회 법칙 또는 도덕 법칙, 즉 모든 법칙을 명령으로 본다. 자연에는 하나의 질서가 있는데, 그것을 법칙이라고 한다. 사실들은 질서에 따르기 위해 이 법칙에 '복종할' 것이다. 과학도 자연 법칙이 사실을 '지배하며', 따라서 사물들이 모방해야만 하는 플라톤의 이상적인 모델로서의 이데아*5와도 같이, 법칙이 사실을 주관한다고 믿을 수밖에 없다. 과학자가 (귀납적) 일반화의 단계를 밟아갈수록, 그는 좋든 싫든 간에 이 다른 법칙들에게도 명령적인 성격을 부여하려 한다. 그래서 현대 과학은 또 다른 시나이 산에서 찾아왔다고도 할 수 있는 숭고한 석판(石板)에 새겨진 영원 불멸의 글*6과는 다르게 역학의 원리들(자연 법칙)을 표상하기 위해서 진실로 자기 자신과 싸워야 한다. 그런데 물리 법칙이 어떤 일반성에 도달할 때 우리의 상상력 속에서 명령의 형태를 띤다면, 이에 상응해서 모든 세상 사람들에게 내려지는 명령도 우리에게는 어느 정도 자연의 법칙처럼 나타나리라. 이 두 관념(명령과 법칙)은 우리 정신에서 만나 상호 교환 작용을 일으킨다. 법칙은 명령으로부터 전제적(專制的)인 성격을 받아들이고,

명령은 법칙으로부터 필연성을 받아들인다. 이리하여 사회적 질서를 위반하는 것은 반자연적(反自然的)인 성격을 띠며, 그 위반이 자주 반복되는 경우에도, 그것은 자연계에 나타난 괴물과 마찬가지로 사회에 대해 예외적인 것이라는 효과만을 우리에게 준다.

만일 우리가 사회적인 명령의 배후에서 종교적인 율법을 통찰한다면, 이 사태는 어떻게 될까? 이들 사이의 관계는 중요하지 않다. 사람들이 종교를 어떤 방식으로 해석하든 간에, 종교라는 것은 본질적으로나 우연적으로 사회적이라 해도, 항상 사회적인 역할을 하고 있다는 점만은 분명하다. 더구나 종교의 역할은 복잡할 뿐 아니라 시간과 공간에 따라 다양하게 변화한다. 그렇지만 우리와 같은 사회(유럽)에서 종교의 가장 중요한 효과는, 사회의 요구들을 지탱하고 강화하는 역할이다. 종교는 물론 더 이상의 역할을 수행할 수 있으며, 최소한 이러한 일을 하게 된다. 사회는 죄 없는 사람을 처벌하고 범죄자를 비호할 수도 있는 형법을 제정한다. 그러면서도 사회는 이에 대한 보상을 거의 하지 않는다. 사회는 크게 보면서 작은 효과에 만족한다. 그러나 적정한 보상과 형벌을 측정하는 인간의 저울은 어디에 있는가? 우리가 단지 플라톤 이데아의 조잡한 모방물만을 지각하는데도 그 플라들의 이데아가 완전무결한 실재를 우리에게 보여주듯이, 종교는 우리를 어떤 도시(천국)로 인도하는데, 우리가 갖는 제도나 법 그리고 관습들은 기껏해야 이 도시에서 가장 눈에 잘 띄는 지점들을 때때로 표시해 놓은 지도일 뿐이다 이 세상에서의 질서란, 단적으로 개략적인 것으로 인간들에 의해 획득된 다소 인위적인 질서들이다. 그러나 저 하늘 높은 곳의 질서는 완전하며 스스로 실현되고 있다. 그래서 우리가 보기에 종교는 이미 상식이 지니는 습관들에 의해(세세한 질서를 향해) 좁혀져 있기는 하지만, 그래도 아직 남아 있는 사회적 질서와 자연 법칙 사이의 개략적 간격을 완전하게 메우고 있다.

2. 사회 속의 개인

이처럼 우리는 여러 측면에서 결함이 있기는 해도, 우리의 관심을 끌어당긴다는 점에서는 용납할 수 있는 동일한 비유로 끊임없이 되돌아온다. 한 도시의 구성원들은 유기체의 세포들처럼 서로를 지탱한다. 습관은 지성과 상상력의 도움으로 그 구성원들 사이에 행위의 규칙을 도입하는데, 이 규칙으로 말미암아 서로 뚜렷이 구별되는 개성들 사이에 형성된 유대는, 멀리서 보면 접합된 관상 세포들로 이루어진 유기체의 통일성을 닮았다.

거듭 말하지만 모든 사태는 사회적 질서가 사물들 안에서 관찰되는 질서를 닮도록 협력한다. 우리 모두가 자신을 돌아볼 때는, 분명히 자신의 기호와 욕구, 변덕에 따라 다른 사람을 생각하지 않을 자유를 느낀다. 그러나 이러한 경향이 윤곽을 드러내자마자, 모든 사회적 힘들의 축적으로 이루어진 반대의 힘이 나타난다. 각 개인을 자신에게로 향하게 하는 개인적인 동기와는 달리, 이 힘은 자연 현상의 질서와 상당한 유사성을 지닌 하나의 질서에 도달하게 될 것이다. 유기체를 이루고 있는 세포가 순간적으로 의식을 갖게 되어 자신을 해방시킬 의도를 나타내자마자, 그 세포는 다시 유기체의 필연성에 사로잡힐 것이다. 사회의 부분을 이루는 개인은 유기체의 필연성과 유사하고, 자신이 그것을 창조하는 데 조금은 공헌했으나, 주로 자신이 복종하고 있는 그 유기체의 필연성을 굴절시키거나 파괴해버릴 수도 있다. 이 필연성에 대한 감정은, 이 필연성에서 빠져나올 수 있다는 의식을 수반하고 있다. 그럼에도 이 필연성을 바로 그 개인은 의무라고 부른다. 이렇게 볼 때 가장 일상적인 의미에서 파악된 의무는, 본성(nature)에 대한 습관의 관계와 유사한 관계를 필연성과의 관계에서 가진다.

따라서 분명 의무는 외부로부터 발생하지는 않는다. 우리 각자는 자기 스스로에게 속하는 만큼 사회에도 속한다. 마음 심층에서 작용하는 각자의 의식은, 그가 더욱 깊은 곳으로 내려감에 따라, 다른 사람들의 인격과 비교할 수 없고, 또한 말로는 표현할 수 없는 독자적인 인격을 드러낸다 해도, 우리는 우리 자신의 표층에서는 다른 사람들과 서로 연결되어 있다. 우리는 그들과 유사하며, 그들과 우리 사이에 상호 의존 관계를 형성하는 규율에 의해 서로 결합되어 있다. 자신의 이 사회화된 부분 안에 자리잡는 일은, 우리 자아로서는 어떤 확고한 것에 매달리는 유일한 수단일까? 우리가 충동과 변덕, 그리고 후회의 삶에서 달리 빠져나올 수가 없다면, 그렇게 서로의 의존 관계에 따라서 스스로 사회화되는 일이 유일한 수단일 것이다. 그러나 우리가 가장 깊은 자아에서 그 수단을 찾을 수 있다면, 아마도 우리는 우리의 표면적 균형보다 더 바람직한 다른 종류의 깊은 균형을 발견할지도 모른다. 물 위에 떠 있는 수초들은 끊임없이 물결에 흔들린다. 그 수초의 잎들은 물 위에서 서로 얽힘으로써 수초의 상층부에 안정을 준다. 그러나 땅 속에 확고하게 심어져서 아래부터 줄기를 지탱하고 있는 뿌리는 더욱 안정되어 있다. 그렇지만 지금은 우리 자신의 마음속 깊은 곳까지 파고 들어가는 노력에 대해서는 말하지 않기로 하자. 그런 노력이 가능하다면 그것은 예외적인 일이며, 우리의 자아가 보통 매달릴 끈을 발견하는 곳은 표층에서, 외면화(外面化)된 (사회화된) 인격들로 꽉 짜인 조직 안에 삽입되는 지점에서이다. 그 지점의 견고성은 상호 연대성에서 기인한다. 그리고 자아가 매달리는 지점에 우리의 사회화된 자아가 있다. 우리가 인간들 사이를 연결하는 끈처럼 표현하는 의무는 우선 우리를 우리 자신에 연결시킨다.

그러므로 순수하게 사회적인 도덕이 개인적인 의무들을 무시한다고 비난하는 일은 잘못이다. 우리가 이론적으로는 다른 사람들에 대해서만 의무감을 갖는다 할지라도, 사실적으로 우리 자신에 대해서도 의무감을 갖는다. 왜냐하면 사회적인 연대성이란 사회적 자아가 우리 각자 안에서 개인적 자아에 덧붙여지는 순간에 비로소 존재하기 때문이다. 이러한 '사회적 자아'를 육성하는 것이 사회에 대한 우리 의무의 본질이다. 우리 내부에 사회적인 어떤 것이 없다면, 사회는 우리에 대한 어떠한 지배력도 갖지 못할 것이다. 또한 우리 마음속에 사회가 있음을 발견한다면, 우리는 사회에까지 나아갈 필요가 없고 우리 자신만으로 충분할 것이다. 사회의 이 내면화된 존재는 사람에 따라 눈에 띄는 정도가 얼마쯤 차이를 드러낸다. 그러나 우리 가운데 어느 누구도 사회로부터 완전히 분리될 수는 없으며, 그렇게 되기를 원하지도 않을 것이다. 왜냐하면 그는 자신의 힘 대부분이 사회로부터 생겨남을 느끼며, 자신의 행위에 가장 큰 수확을 보장해 주는 그의 에너지의 지속적인 긴장과 그의 노력의 변치 않는 목표는 끊임없이 새로워지는 사회의 요구 때문에 생기고 있음을 느끼기 때문이다. 더구나 사회에서 벗어나려고 해도 누구도 그럴 수 없다. 왜냐하면 그의 기억과 상상은 사회가 그의 마음 안에 넣어 준 것으로 지속되고, 그가 말하는 언어에는 사회의 혼이 내재해 있기 때문이다. 또 그의 곁에 아무도 없이 혼자 사색할지라도, 역시 그는 자신에게 말을 걸고 있는 셈이기 때문이다. 모든 사회 생활에서 단절된 개인을 생각하려는 일은 소용없다. 사실 로빈슨 크루소는 그의 섬에서 다른 사람들과 물질적으로까지 관계를 맺고 있다. 왜냐하면 그가 난파선으로부터 꺼낸 가공품들, 그것이 없다면 아무 일도 할 수 없었을 여러 가공품들이 그를 여전히 문명 속에 붙들고 있으며, 따라서 사회 속에 붙들고 있기 때문이다. 그러나 그에게는 그 이상의 정신적 접촉이 필요하다. 왜냐하면 만일 그가 그 한계를 잘 알고, 개인적인 힘을 제외하고는 끊임없이 발생하는 어려움들에 대처할 아무런 힘도 가지고 있지 않을 경우, 그는 곧 절망하게 될 것이기 때문이다. 그는 자신이 관념적으로나마 결속되어 있는 사회에서 에너지를 끌어 낸다. 그가 사회를 보지 않으려 해도 소용없는 일이다. 왜냐하면 사회는 여전히 그 자리에서 그를 주시하고 있기 때문이다. 개인적 자아가 사회적 자아를 생생하게 현존하는 자아로서 보존하고 있다면, 그는 고립되어 있을지라도 사회의 모든 격려와 지지까지 받아야만 할 수 있는 일까지 수행할 것이다. 여러 가지 사정에 의해서 잠시 동안 어쩔 수 없이 고립되어 생활하고, 또한 자신 안에서 심원한 내적 삶의 방책을 발견하지 못하는 사람들은, '자포 자기'에 빠지지 않을 수 없다는 사실을, 즉 개인적 자아를 사회적 자아가 규정하는 수준에 정착시키지 못함으로써 고통을 받게 된다는 사실을 잘 알고 있다. 그래서 그들은 사회적 자아가 개인적 자아와의 관계에서 조금도 그 엄격함을 늦추지 않도록 사회적 자아를 유지하는 데 주의할 것이다. 필요에 따라 그들은 사회적 자아를 위하여 이 자아의 어떤 실질적이고도 인위적인 지탱물을 찾을 것이다. 우리는 키플링(Kipling)이 말하는 산지기를 기억한다. 그 산지기는 인도의 어느 깊은 숲 속에 있는 자신의 오두막집에 홀로 살면서, '고독 속에서도 자신의 존엄성을 잃지 않도록'*7 저녁 식사 때마다 턱시도를 입었다.

3. 개인 속의 사회

우리는 이 사회적 자아가 애덤 스미스(Adam Smith)가 말하는 '공평한 방관자'*8라거나, 도덕적 양심과 같은 자아이어야 한다거나, 또는 그 사회적 자아가 충분히 마음에 새겨져 있느냐에 따라 사람들이 자신들의 자아에 만족하거나 불만을 느낀다고까지는 말하지 않을 터이다. 우리는 도덕적인 감정들에서 좀더 깊은 자아의 원천들을 발견하게 될 것이다. 그러나 여기에서는 말만이 동일한 이름일 뿐, 서로 매우 다른 것들과 결합하고 있다. 살인자의 뉘우침과, 자존심을 상하게 했기 때문에 또는 어린아이에 대하여 부당한 일을 했기 때문에 느낄 수 있는 지속적이면서 고통스러운 후회 사이에 어떠한 공통점이 있는가? 삶에 대해 자신을 개방하는 순진한 영혼의 신뢰를 배반하는 일은, 조화 감각을 지니고 있지 않는 듯이 보이는 (살인자의) 양심과의 관계에서 볼 때, 매우 큰 범죄 중의 하나이다. 그 이유는 바로 전자의 양심이 사회로부터 그 측정 기준이나 수단과 방법들을 빌려오지 않기 때문이다. 그리고 이러한 양심은 모든 경우마다 나타나는 것이 아니다. 게다가 이 양심은 사람에 따라 섬세함에 약간의 차이가 있다. 일반적으로 이 양심에 대한 판결은 사회적 자아가 내린다.

또 일반적으로 도덕적 고뇌는 이 사회적 자아와 개인적 자아 관계 사이의 혼란 상태이다. 범법자의 영혼이 겪는 가책의 감정을 분석해 보자. 처음에 당신은 이 가책감을 형벌에 대한 두려움으로 오해할 수도 있다. 왜냐하면 이 두려움은, 죄악을 숨겨서 다른 사람들이 그의 범죄를 발견하지 못하게 하기 위해 세심하고도 끊임없이 보완함으로써 새로워지는 경계심이기 때문이다. 그것은 어떤 사소한 부분이 간과되어도 법정이 그의 범죄를 드러내는 증거를 포착하리라는, 끊임없이 일어나는 괴로운 생각들이다. 그러나 좀더 자세히 살펴보면 그 범죄자에게 문제가 되는 것은, 형벌을 피하는 일보다는 자신의 과거를 지워 버리고 범죄가 마치 자행되지 않았던 듯이 만드는 일이다. 어떤 일이 일어났었는지를 인간이 모를 때, 그 일은 존재하지 않았던 것과 거의 마찬가지이다. 따라서 그 범죄자가 인간적인 양심이 가질 수 있는 죄에 대한 모든 인식을 은폐하면서 없애려고 하는 것은 바로 범죄 그 자체이다. 그러나 범죄에 대한 인식은 그에게 여전히 남아 있으며, 바로 이 점에서 성립하는 그의 죄의식은, 범죄의 흔적을 지워 버림으로써 자신이 머물러 있기를 바랐던 사회 밖으로 그를 점점 더 몰아낸다. 왜냐하면 사람들은 과거 죄를 짓기 전의 그에게, 현재는 더 이상 과거의 그가 아닌데도 똑같은 존엄성을 표하기 때문이다. 그러므로 사회가 말을 걸고 있는 것은 더 이상 (범죄자로서) 현재의 그가 아니다. 사회는 또 다른 사람에게 말을 걸고 있다. 현재의 자기 자신을 알고 있는 그는 무인도에서 느끼는 이상의 고독을 사람들 사이에서 느낀다. 왜냐하면 그는 혼자 있을 때도 그를 둘러싸고 그를 지탱하는 사회의 이미지들을 떠올리기 때문이다. 그러나 이제 그는 마치 사회로부터 단절되어 있듯이 그 이미지들로부터도 단절되어 있다. 그는 자신의 죄를 고백함으로써 사회로 다시 돌아올 수 있다. 그러면 사람들은 그에게 합당한 가치에 따라 그를 대우할 것이다. 사람들은 이제 바로 (회개한) 현재의 그에게 말을 걸어올 테고 그는 또다시 다른 사람들과 협력할 것이다. 그는 그들에 의해 벌을 받을 것이다. 하지만 그는 그들의 동료가 되었으므로, 어느 정도는 자신을 처벌하는 장본인이 될 것이다. 그의 인격의 한 부분, 즉 가장 좋은 부분은 이렇게 형벌을 모면할 것이다. 이와 같은 것이 그 범죄자를 자수하게 하는 힘이다. 때로는 이렇게까지 하지 않더라도 그는 친구나 공정한 인간 아무에게라도 죄를 고백할 것이다. 그렇게 함으로써 모든 사람들의 관점에서는 아니더라도 적어도 어느 한 사람에게는 그가 진실 속으로 되돌아온 셈이 되며, 그는 어떤 한 지점에서 한 가닥 실에 의해 사회에 결합된다. 그는 사회에 온전히 복귀하지는 않았지만 적어도 사회 곁에 있다. 그는 더 이상 사회의 이방인이 아니다. 어찌 되었든 그는 더 이상 사회와 완전히 단절되어 있지는 않으며, 그 자신의 마음 안에 지니고 있는 사회적인 면과도 완전히 단절되지는 않았다.

개인의 사회에 대한 연결을 분명히 드러내 보이기 위해서는 이러한 (범죄자의 예에서처럼) 강한 단절이 필요하다. 보통 우리는 자신의 의무를 고찰하기보다는 그 의무에 순응한다. 만약에 사사건건 의무의 관념을 일깨우고 상투적인 말을 늘어놓아야 한다면, 의무에 수행하는 일은 아주 힘들게 될 것이다. 그러나 그것은 습관으로 충분하며, 사회가 우리에게 기대하는 바를 제공하기 위해서는 대부분의 경우 스스로를 되어가는 형편에 맡겨 두기만 하면 된다. 이 밖에도 사회는 우리와 사회 사이에 중개물을 많이 끼워넣음으로써 여러 가지 일을 매우 쉽게 만들어 놓았다. 즉, 우리의 가정은 생업(生業)이나 직업에 종사하고 있다. 우리는 자신의 마을과 군(郡) 및 도(道)에 속해 있다. 그리고 그 사회에 속한 집단의 결속이 완전한 경우에, 우리가 그 사회로부터 자유로워지려면 엄밀히 말해, 그 집단에 대한 의무를 충실히 이행하는 일만으로 충분하다. 사회는 주변을 차지하고, 개인은 그 중심에 있다. 중심으로부터 주변을 향해 점점 더 넓어지는 동심원으로서, 개인이 속하는 다양한 집단들이 차례로 배열되어 있다. 주변에서 중심으로 그 원이 좁아짐에 따라 의무에 의무가 더해지고, 결국에 개인은 그 의무들의 총체에 직면한다. 이처럼 의무는 전진할수록 늘어난다. 그러나 의무는 복잡해질수록 그만큼 덜 추상적이 되고 그만큼 더 쉽게 받아들여진다. 의무가 충분히 구체적으로 되면 그런 의무는 하나의 습관적 경향과 같게 된다. 이 습관의 경향은 사회에서 우리의 위치가 우리 자신에게 부여하는 역할을 수행하는 데 있어서 자연스럽다고까지 여겨지는 경향이다. 우리가 이런 경향에 몸을 맡기는 동안 우리는 그 경향을 거의 느끼지 못한다. 우리가 이 습관적 경향을 벗어날 때에만 그러한 경향은 마치 뿌리 깊은 모든 습관이 그러하듯이 그 불가항력적인 성격을 드러낸다.

개인을 위하여 그 일상 생활의 프로그램을 작성하는 당사자는 사회이다. 사회적 규율에 따르며 의무를 수행하지 않고서는, 가족 생활을 영위하거나, 직업에 종사하고, 일상 생활 곳곳에 마음을 쓰고, 장을 보러 가고, 거리를 산책하고, 집안에서 휴식하는 일조차 할 수가 없다. 사실 우리는 순간마다 선택을 해야 하며, 무엇이 규칙에 맞는지를 자연스럽게 결정한다. 이런 행위들을 우리는 거의 의식하지 않으며 어떠한 노력도 들이지 않는다. 사회에 의해서 어떤 하나의 길이 그려지고, 우리는 그 길이 우리 앞에 펼쳐져 있음을 발견하며, 그 길을 따라 나아간다. 왜냐하면 들판을 가로질러 가기 위해서는 더 많은 결단력을 필요로 하기 때문이다. 의무란 이렇게 이해하면 거의 언제나 자동적으로 수행된다. 가장 비범한 경우에만 국한하여 말한다면, 의무에 복종하는 일은 되는 대로 내 버려둠(laisser-aller)이거나 또는 멋대로 방치함(abandon)으로 정의될 것이다. 그런데 이와 반대로 이러한 복종이 긴장 상태로 나타나며 의무 자체가 엄하고도 거북한 면모를 하고 나타나는 까닭은 무엇 때문일까? 이것은 분명 의무 속에 극기를 암시하는 경우들이 나타나기 때문이다. 이들은 예외적인 경우들이다. 그리고 사람들은 이런 경우에 주의하게 되는데, 왜냐하면 우리가 무엇인가를 망설일 때 그러하듯이 이 경우에는 강한 의식이 수반되어 있기 때문이다. 사실 의식이란 바로 그러한 망설임 자체이며, 저절로 일어나는 행위란 거의 깨닫지 못한 채 지나가 버린다. 그런데 우리의 의무들은 서로 연대되어 있고, 또한 의무 전체는 그 부분적 의무들 각각에 내재하기 때문에, 모든 의무는 부분들 중의 예외적인 어느 하나가 취하는 색조로 물든다. 실제적인 관점에서 볼 때, 이러한 방식으로 사태를 대하는 데에는 아무런 불편이 없고 약간의 이익까지 있다. 사실 아무리 자연스럽게 자신의 의무를 수행한다 할지라도 사람들은 자신의 내부 저항에 부딪칠 수도 있다. 그러므로 이 저항에 부딪치리라 예상하고 좋은 남편으로서, 훌륭한 시민으로서, 양심적인 노동자로서, 결국에는 성실한 사람으로서 해야 하는 일이 당연히 쉽다고 여기지 않는 것이 좋다. 이 밖에도 이와 같은 견해에는 상당한 진리가 담겨 있다. 왜냐하면 사회적 틀 속에서 자신을 유지시키는 일이 비교적 쉬운 경우일지라도 역시 그 틀 속에 적응해갈 필요가 있었고, 또한 사회에 끼어들기 위해서는 노력이 요구되기 때문이다. 어린아이의 자연스런 불규율성에 대한 교육의 필요성은 이에 대한 증거이다. 비록 개인이 더 이상 각각의 의무들에 대하여 숙고할 필요는 없다 할지라도, 그 개인으로서는 단지 의무 전체에 잠재적으로 부여된 합의를 고려해야 옳을 것이다. 기수(騎手)는 단지 자신이 말에 실려가도록 가만히 있기만 하면 된다. 물론 그는 안장에 올라앉아 있어야 한다. 사회에 대한 개인의 관계도 이와 같다. 의무가 자동적으로 이루어질 수 있다고 하는 말은 어떤 의미에서는 잘못되었고, 전체적인 의미에서는 위험하다. 따라서 의무에 대한 복종은 자아 자신에 대한 저항을 의미함을 행위의 준칙으로 요청해 보자.

4. 저항에 대한 저항

그런데 권고와 설명은 서로 다르다. 의무의 본질 및 근원을 설명하기 위하여, 사람들이 의무에 대한 복종이란 무엇보다도 극기이며, 긴장이나 수축의 상태라고 설정할 때, 그들은 수많은 도덕 이론들을 손상시킨 심리학적인 오류를 범하게 된다. 그래서 인위적인 난점들이 생겨나는데, 이 난점들은 철학자들 간에 의견을 충돌시키는 원인으로서 나타나며, 우리가 앞으로 그들의 말을 분석해 보면 즉시 해소된다. 의무는 다른 사실들과 늘 비교 가능하다. 마치 신비한 환영과도 같이 다른 사실들 위에 우뚝 모습을 드러내는 그런 독자적인 것이 아니라는 말이다. 여러 철학자들, 특히 칸트의 견해[9]에 따르는 철학자들이 의무를 그와 같이 본다면, 그것은 그들이 고요한 상태나 경향과 유사한 의무에 대립하는 저항을 파괴하면서 종종 체험했던 동요와, 그 의무감을 혼동했기 때문이다.

신경통이 발병하면 우리는 근육과 관절을 움직이는 데 어느 정도의 불편을 느끼며 고통을 경험할 수 있다. 이는 운동 기관에 의해서 이루어진 대립된 저항에 대한 총체적인 감각이다. 그 감각은 점점 감소해서 우리가 건강할 때 수행하는 우리의 동작에 대해서 갖는 의식을 남긴 채 사라진다. 그러나 사람들은 이때에도 그 감각이 초기적인 상태 또는 거의 사라진 상태로 머물러 있으면서 여전히 강화되는 기회만을 엿보고 있다고 생각할 수도 있다. 사실 우리가 신경통 환자라면 이러한 발작의 재발은 각오해야만 한다. 그렇지만 우리가 팔과 다리를 움직일 때 느끼는 평소의 감정을 단순한 고통의 완화 상태로 생각하여, 우리의 운동 능력을 신경통이 일으키는 비정상적 장애에 저항하기 위한 노력으로 정의하는 사람에 관하여 우리는 무엇이라고 말할 텐가? 그는 우선 그렇게 함으로써 신체의 운동 습관을 설명하려는 시도를 포기할 것이다. 그런데 이들 하나하나의 운동 습관은 특수한 운동과 결합되어 있으며, 또한 이 결합에 의해서만 설명될 수 있다. 걷거나 뛰거나 몸을 움직이는 기능 일반은 이와 같은 기본적인 습관들의 집합일 뿐이고, 그 습관 하나하나는 그 습관이 포함하고 있는 특수한 운동에 의해 적절하게 설명된다. 그러나 이 운동 능력을 총괄적으로만 고찰하고 이 능력을 저항에 대립하는 총괄적 힘으로 간주해 버린다 해도, 필연적으로 이 운동 능력 이외에 또 다른 독립적인 존재로서 신경통을 떠올리게 한다. 이와 같은 종류의 오류가 의무에 관하여 생각한 많은 사람들에 의해서 범해져 왔던 것 같다. 사람들은 수많은 특수한 의무들을 가지고 있는데, 그 각각은 고유한 설명을 요구한다. 그러나 그 의무 전체에 따르는 현상은 자연스럽고, 더 정확히 말하면 습관적이다. 예외적인 경우에, 우리는 그런 의무들 중 어느 부분적 하나에서 벗어나, 이 저항에 저항할 것이다. 그래서 마치 이 예외에 저항하는 듯이 긴장이나 수축 상태가 나타날 것이다. 사람들이 그토록 엄격한 면을 의무에 부여할 때 외형화하는 모습은 바로 이러한 경직상태이다.

철학자들이 의무를 이성적인 요소로 해체할 수 있다고 믿을 때 생각하는 경우도 바로 이러한 경직 상태이다. 욕망과 정열과 기호가 우리를 옳은 길에서 벗어나게 할 때, 저항에 저항하기 위해서, 즉 우리를 옳은 길에 머물게 하기 위해서 우리는 필연적으로 자기 자신에게 이유를 말해야 한다. 비록 우리가 이 부당한 욕구에 다른 욕구를 대립시킨다 할지라도, 의지에 의하여 일깨워지는 이 다른 욕구를 대립시킨다 할지라도, 의지에 의하여 일깨워지는 이 다른 욕구는 하나의 관념에 호소함으로써만 생길 수 있다. 간단히 말하면 지성적인 존재는 지성이라는 매개를 통하여 자신에게 영향력을 발휘한다. 그러나 우리가 의무로 되돌아가는 것이 이성적인 방법에 의해서 이루어진다고 해서 의무가 이성적 차원이었다는 결론이 도출되지는 않는다. 이 점에 대해서 뒤에 자세히 설명하겠다. 왜냐하면 지금은 아직 도덕 이론들을 논할 생각이 없기 때문이다. 여기서는 간단히 다음과 같이 말하기로 하자. 즉, 자연적이든 후천적이든 간에 하나의 경향과, 이 경향이 힘을 되찾기 위하여, 그리고 이 경향에 대립된 저항을 극복하기 위하여 이성적 존재가 사용할 필연적 합리적 방법은 서로 다르다는 것이다. 합리적 방법은 감추어졌던 경향이 다시 나타날 수 있는데, 그렇게 되면 모든 것은 마치 사람들이 이 경향을 회복함에 있어서 이성적 방법에 의해 성공한 듯이 보이게 될 것이 틀림없다. 현실적으로 우리는 이 경향을 방해하거나 중단하게 한 요인을 단지 한편으로 제쳐놓았을 뿐이다. 이렇게 해도 실제로는 동일한 사태에 도달한다. 그러나 이 사실을 사람들이 어떻게 설명하든 간에 사실은 거기에 있다. 성공한 것이다. 그리고 성공하기 위해서는 첫 번째 방식(경향)으로 일이 이루어졌다고 생각하는 편이 아마도 더 나을 것이다. 그러나 실제로 그러하다고 가정한다면 그것은 의무에 관한 이론을 손상시키는 셈이 된다. 그런데 이런 일(경향이나 유사성을 실제라고 가정하는 일)은 대부분의 철학자들에게 일어나지 않았을까?

나의 생각에 오해가 없기를 바란다. 지금까지 내가 해왔듯 사람들이 어느 특정한 도덕적 측면에만 관계한다 할지라도, 그들은 의무에 대한 여러 가지 서로 다른 태도들에 대하여도 충분히 알게 될 것이다. 이러한 태도들은 극단적인 두 태도, 아니 제시된 길에서의 두 습관 사이에 이정표처럼 배치되어 있다. 하나의 습관은 사회에 의해서 제시된 길에서의, 거의 의식하지 못할 정도로 자연스러운 왕래이다. 이와는 반대로 다른 하나의 습관은, 어느 것을 취해야 할까, 어디까지 가야 할까, 하며 몇 가지 길을 차례로 취해볼 경우 왕복해야 할 길에 대해 망설이고 숙고하는 습관이다. 두 번째 경우에는 새로운 문제들이 자주 또는 때때로 제기되며, 의무가 모두 윤곽을 드러낸 때에도 우리들은 그 의무를 수행하면서 얼마쯤 새로운 느낌을 덧붙인다. 그러나 무엇보다도 첫 번째 태도는 대다수 사람들의 태도이며, 그것은 아마도 열등한 사회에서는 그런 태도가 일반적일 것이다. 아마도 열등한 사회에서는 그런 태도가 일반적인 것이다. 더욱이 사람들이 개개의 특수한 경우에는 추론하거나 준칙(準則)들을 정하고 원리들을 말하며 결론들을 연역해 내도 소용없는 일이다. 왜냐하면 욕망이나 정열이 자기 주장을 하고 또한 그 유혹이 강하여 당장 넘어졌다가 곧바로 일어난다면, 우리를 그렇게 만드는 즉흥적 동력은 어디에 있는가? 여기에 내가 '의무 전체'라고 부르는 하나의 힘이 나타난다. 그것은 사회 생활의 수많은 특수한 요구들에 복종하는 데서 생긴 특수한 습관들의 농축액이며 본질이다. 이 힘은 특수한 어떤 속성도 아니다. 그 힘은 작용하기를 즐기는데, 만일 그 힘이 말을 할 수 있다면 다음과 같이 말할 것이다. "해야 하기 때문에 해야 한다." 그러므로 이유들을 생각해내고 준칙들을 비교하고 원리들로 이행하면서 지성이 하는 일은, 그 정의상, 사회의 요구에 따르는 행위에 좀더 많은 논리적 일관성을 도입하는 일이었다. 그러나 의무는 이러한 지성적이고 사회적인 요구에서 유래했다. 사람들이 유혹을 느낄 때에는 결코 스스로의 이익과 정열과 자만을 논리적인 일관성 때문에 희생시키려 하지 않을 것이다. 이성적 존재에 있어서 규칙들이나 의무의 준칙들 사이에 일관성을 확고히 하기 위해서 이성이 제어자로서 간섭하기 때문에, 철학은 이성을 의무의 원리로 볼 수 있었다. 마치 기계를 움직이게 하는 것이 관성 바퀴(flyuheel)라고 생각하는 이치나 마찬가지일 것이다.

게다가 사회적인 요구들은 서로를 보완한다. 이성에 의해 전혀 조절되지 않으면서도 가장 인습적인 정의감을 가진 사람까지도, 논리적으로 일관된 요구들에 맞추어 자신의 행위들에 이성적 질서를 부여한다. 나는 많은 사회들이 이런 논리를 뒤늦게 얻는다는 사실을 충분히 알고 있다. 논리적인 상호 협동은 본질적으로 경제적이다. 논리적인 상호 협동은 하나의 전체에서 몇몇의 원리들을 거칠게 끄집어 내고, 다음으로 이 전체로부터 그 원리들과 일치하지 않은 모든 것을 배제한다. 반대로 자연은 매우 풍부하다. 한 사회가 자연에 가까우면 가까울수록 우연과 부정합의 비율이 크다. 우리는 원시인에게서 수많은 금기와 규제들을 보게 되는데, 이들은 불분명한 관념들의 연합 작용이나 미신, 자동 현상(automatisme)에 의해 설명된다. 그러나 이러한 금기와 규제들이 불필요한 것은 아니다. 왜냐하면 비록 부조리한 현상일지라도 모든 사람이 이 규칙들에 복종하는 일이 사회에 커다란 응집력을 보증하기 때문이다. 그러나 그 경우 이 규칙의 유용성은, 오로지 간접적으로 사람들이 이 규칙에 복종한다는 사실에서 유래한다. 그 자체로 가치있는 규제와 금기들은 실질적으로 사회의 보존과 복지를 노린다. 물론 이들이 서로 분리되어, 마침내는 그 불분명한 규제와 금기들보다 오래 남게 된다. 그러고 나서 사회적 요구들은 서로 조화를 이루어 하나의 원리에 종속된다. 그러나 이 점은 별로 중요하지 않다. 논리는 현실 사회에 잘 침투하며, 자신의 행위를 대해 신중히 생각하지 않는 사람들까지도 만일 이 원리들에 따른다면 이성적으로 살아가게 될 것이다.

그러나 의무의 본질은 이성의 요구와는 다르다. 이것이 지금까지 내가 암시하고자 했던 모든 생각이다. 생각해 보건대 의무와 이성을 별개로 보는 나의 설명은 우리가 덜 진화된 사회와 좀더 원초적인 의식에 관계함에 따라 현실에 더욱 잘 일치할 것이다. 이 설명은 우리가 오늘날 정직한 사람에게서 발견하게 되는 정상적인 의식에 관계하는 한, 도식적인 것으로 남는다. 그러나 이 도식적인 설명을 취할 때 바로 우리는 서로 침투하는 감정, 관념, 경향들의 단순한 혼합물에 관계하기 때문에, 본질적인 요소가 나타나는 도식을 다루는 경우에만 인위적으로 분석하거나 자의적으로 종합하는 일을 피할 수 있다. 내가 그리려고 한 것은 그러한 도식이다. 의무를 마치 습관과 마찬가지로 의지를 억압하는 요소로서 표상해보라. 그리고 모든 의무들이 각각 자신의 뒤에 한 무리의 축적된 다른 의무들을 이끌면서 의지를 억압하는 기능을 수행할 때, 의무를 이 모든 다른 의무의 억압 무게를 이용하는 것으로서 표상해 보라. 그러면 당신은 단순하고 초보적인 도덕적 의식에 대해 의무 전체의 표상을 갖게 된다. 이 의무 전체는 본질적인 것이며, 의무가 극도로 복잡하게 얽힌 시점에서조차 엄밀하게 환원해 볼 수 있는 본질적인 의무이다.

5. 정언적 명령에 관하여

이제 우리는 요소적 의무가 어느 순간에 전혀 칸트적이지 않은 의미에서 '정언적(定言的) 명령'*[10]의 형식을 취하는가를 안다. 사람들은 일상적인 생활에서 이러한 명령(전체 의무가 아닌, 부분적 의무, 또는 가치가 불분명한 의무)의 예들을 발견하고 당황할 것이다. 군사적인 명령은 이유가 없고 반박도 있을 수 없으며 '해야 하기 때문에 해야 한다'고 흔히 말한다. 그러나 병사에게 그 이유를 말하지 않아도 그는 어떤 이유를 상상할 것이다. 만일 우리가 순수하게 정언적으로 명령하는 경우를 원한다면, 우리는 그것을 선험적으로(a priori) *11 구성하거나 적어도 경험을 양식화해야 할 것이다. 그러므로 반성의 빛을 보이는 개미가 이제 다른 개미들을 위해 쉬지 않고 일하는 행위가 아주 잘못이라고 판단한다. 생각해 보자. 그렇지만 게으름을 피우고 싶은 개미의 마음은, 지능의 빛이 명멸하는 아주 잠깐 동안만 지속될 것이다. 이 마지막 순간에 일하는 본능은 또 다시 우세해지면서 있는 힘껏 개미가 일을 하도록 할 것이고, 본능에 다시 흡수 되어버리는 지능은 작별 인사 대신에 '해야 하니까 해야 한다'고 말하며 얼버무릴 것이다. 이 '해야 하니까 해야 한다'는 말은 한순간 이완된 줄을 다시 본디대로 돌아갈 때의 견인력에 사로잡혀 있는 의식에 지나지 않을 것이다. 이와 같은 명령은 현재의 꿈에서 깨어나려고 하거나, 막 깨어나기 시작하는 몽유병자의 귀에 울릴 것이다. 만약 그가 곧바로 몽유병 상태로 다시 빠져들어 간다면, 정언적 명령은 나타날 뻔했다가 곧 사라져 버리는 반성을 대신해, 불가항력적인 귀환 명령을 말로써 표현할 것이다. 간단히 말해서 완전한 정언적 명령은 본능적이거나 몽유병적인 성질을 가졌다. 보통의 상태에서 의무는 이와 같은 성질로서 작용한다. 반성이 이유들을 찾을 수 있을 만큼은 아니지만, 형식화될 수 있을 만큼 충분히 오랫동안 일깨워진다면, 명령은 그와 같이 표상된다. 그러나 이때 분명한 것은 이성적 존재에 있어서 지능적인 행동이 점점 더 본능적인 형태를 취할수록 명령은 정언적 형식을 취하게 될 것이다. 그러나 처음의 지능적인 행위는 점차 본능을 닮아가게 되는데, 이 행위는 바로 인간에게는 습관이라고 불린다. 가장 강한 습관은 모든 요소적인 사회적 관습들의 축적된 힘에 의해 형성된 습관으로서, 필연적으로 본능을 가장 많이 모방하였다. 그러므로 순수하게 체험된 의무와, 충분하게 표상되고 모든 이유에 의해 정당화된 의무를 구분하는 짧은 순간에, 의무가 정언적 명령, 즉 '해야 하기 때문에 해야 한다'의 형태를 취한다는 사실은 놀랄 만한 일이 아니다.

진화의 두 분기선과, 그 양 끝에 있는 사회를 고찰해 보자. 가장 자연스럽게 나타나는 사회 형태는 분명 본능적인 사회이다. 한 벌통의 벌들을 결합하는 끈은, 서로 결합되고 종속되어 있는 유기체의 모든 세포를 지탱하고 있는 끈과 아주 비슷하다. 가령 자연이 다른 진화선의 끝에서, 개인적인 선택의 폭이 어느 정도 남아 있는 사회를 원했다고 잠시 가정해보자. 바로 이 사회에서 규율적인 면에서 볼 때 자연이 선택한 일은, 다른 진화선에서의 본능이 얻는 결과와 비교될 만한 결과를 지능으로 하여금 얻게 하는 일이다. 왜냐하면 자연은 습관에 도움을 청했을 터이기 때문이다. 사람들이 '도덕적'이라 부를 수 있는 이 각각의 습관은 우연적인 속성이다. 그러나 이들 전체, 말하자면 이 습관들을 응축한 하나의 습관은 사회의 바탕 자체에 있으면서도 이들 사회존재에 조건을 부여하는 습관이므로, 강도와 규율에서도 본능의 힘과 비유될 만한 힘을 갖게 될 것이다. 이렇게 사회 바탕 자체에 흐르는 조건적 전체적 하나의 습관, 이것이 바로 우리가 '의무 전체'라고 부르는 습관이다. 이런 습관은 자연의 손에서 금방 만들어진 인간 사회에만, 즉 원시적이고 요소적인 사회에 단순하게 적용될 것이다. 그러나 인간 사회가 아무리 진보하고 복잡해지며 정신적으로 변한다 해도 소용이 없다. 왜냐하면 이 사회의 기초적 법규, 아니 오히려 이 자연의 의도는 그대로 남아 있을 것이기 때문이다.

6. 의무와 생명

그런데 사태는 바로 이와 같이 움직였다. 다른 곳에서*¹² 우리가 관심을 가지고 다루었던 점을 깊이 고찰하지 않고 단적으로 말하면, 지능과 본능은 생명의 원초적인 상태에서는 서로 침투하지만, 성장하면서 서로 분리되었음에 틀림없는 의식의 두 형태이다. 이 발전은 절지 동물과 척추 동물의 두 큰 진화 선상에서 이루어졌다. 첫번째 진화 선상의 끝에는 곤충의 본능이, 특히 막시류(膜翅類)의 본능이 있고, 두 번째 진화 선상의 끝에는 인간의 지능이 있다. 본능과 지능의 본질적 목적은 도구의 사용이다. 지능은 발명된, 따라서 변화 가능하고 예견할 수 없는 도구를 사용하며, 본능은 자연에 의해 제공한, 따라서 불변하는 도구를 사용한다. 더욱이 도구는 이용하도록 만들어졌고, 그 도구가 전문화된 도구일수록, 서로 보완하는 여러 능력을 가진 노동자들 사이에서 분담되어 있을수록 그만큼 효과적이다. 사회 생활은 마치 모호한 이상(理想)처럼 지능과 본능에 내재하고 있다. 그리고 이 이상은 한편으로는 별과 개미의 집에서, 다른 한편으로는 인간 사회에서 가장 완전히 실현된 것으로 드러난다. 인간적이든 동물적이든 간에 사회는 하나의 유기체이다. 하나의 사회는 요소들 사이의 협동과 일반적으로는 상호 종속까지도 함축한다. 그러므로 사회는 단순히 곤충 세계에서 영위되는 것이든 인간 사회에서와 같이 표상된 것이든 간에, 하나의 규칙이나 법칙 전체를 제공한다. 그러나 벌이나 개미의 집에서 개체는 자신의 생리적 구조에 의해 쓰이도록 고정되어 있고, 그 유기 조직은 비교적 변화하지 않는다. 한편 인간의 도시는 가변적이고 모든 진보에 개방되어 있기 때문에, 첫 번째에 있어서 각각의 규율은 자연에 의해서 부과되며, 필연적이다. 이에 반해 두 번째에 있어서는 단지 규칙의 필요성이 자연스럽다는 사실만이 도출된다. 그러므로 인간 사회에서 사람들이 의무 일반에 이르기 위해 다양한 의무들의 뿌리를 파헤쳐 보면 볼수록, 의무는 필연성에 가까워지려는 경향이 있으며, 그 필연성이 가진 불가항력적인 점에서 더욱 본능에 접근한다. 그럼에도 사람들이 어떠한 것이든 특별한 의무를 본능에 관련시키려고 한다면 커다란 잘못을 저지르는 셈이다. 항상 생각해야 하는 것은 어떠한 의무도 본능적인 성격은 아니지만, 인간사회가 가변성과 지능이 갖추어져 소위 중심이 잡히지 않았다면, 전체로서의 의무는 본능적인 의무가 되었을 것이다. 그것은 말하는 습관의 배후에 있는 본능과 같은 잠재적인 본능이다. 인간 사회의 도덕은 그 사회의 언어와 비교될 수 있다. 주목해야 할 것은, 개미들이 신호를 교환한다면 그런 일은 있을 법하지만, 그 신호는 이들 모두에게 의사 소통을 가능하게 하는 본능 자체에 의해서 주어졌다는 점이다. 반대로 인간의 언어는 습관의 산물이다. 어휘나 어법 속에 있는 요소들 중 자연에서 유래하는 요소는 아무것도 없다. 그러나 말한다는 행위는 자연스럽고, 자연에 기원을 둔 변하지 않는 기호들은 아마도 곤충 사회에서 사용되겠지만, 만일 자연이 우리에게 말하는 능력을 부여하면서도 도구를 만들어 사용하는 발명적인 기능 즉 지능을 덧붙이지 않았다면, 우리의 언어는 어떠했을지 이러한 경우 우리 언어의 모습 또한 자연에 기원을 둔 변하지 않는 기호들과 같았을 것이다. 인간 사회가 지능적인 대신 본능적인 사회라면 의무는 과연 어떠했을까, 끊임없이 생각해 보자. 우리는 이런 방식으로 개개의 의무를 설명하지는 못하지만, 사람들이 관심을 가지면 오히려 잘못을 범하게 되는 의무 일반에 대한 관념을 갖게 될 것이다. 그렇지만 인도하는 끈 없이 도덕 기초를 탐구하기 원한다면, 사람들은 이 본능적인 사회를 지능적인 사회의 대응물처럼 생각해야 할 것이다.

이런 관점에서 보면 의무는 그 특수성을 상실한다. 그것은 생명의 가장 일반적인 현상과 결부된다. 하나의 유기체를 구성하는 요소들이 엄격한 규칙에 의해 얽매여 있다면, 그 요소들이 스스로 의무감을 느끼고 사회적인 본능에 복종한다고 말할 수 있을까? 분명 그렇지는 않다. 그러나 이 유기체가 사회가 아니라고 해도, 벌이나 개미의 집은 진정한 유기체이며, 이들의 요소들은 서로 보이지 않는 끈에 의해서 이어져 있다. 그리고 개미의 사회적 본능은—예를 들면, 일벌들이 그 구조에 의해 숙명지어진 일을 수행하는 힘을 말한다—살아 있는 신체의 각 조직, 각 세포로 하여금 전체의 최대 행복을 위해 행동하게 하는 원인과는, 그것이 어떤 것이든 간에 근본적으로 다를 수 없다. 그러나 전자이든 후자이든 진정한 의미의 의무는 없다. 오히려 필연성만이 있을 뿐이다. 그러나 우리가 도덕적 의무의 기초에서 분명하게 지각하는 이러한 필연성은 현실적이라기보다 의심할 여지 없이 잠재적인 필연성이다. 인간이 의무를 느끼는 것은 그가 자유로운 경우뿐이다. 그리고 각 의무는 개별적으로 보면 자유를 포함하고 있다. 그러나 의무들이 있다는 사실은 필연적이다. 그리고 우리가 정상에 있는 개별적인 의무들에서부터 기저에 있는 의무 일반, 또는 앞에서 말했듯이 의무 전체로 내려갈수록, 의무는 우리에게 마치 어떤 목적들을 실현하기 위해 지능과 선택, 따라서 자유를 요구할 때의 필연성이 생활의 영역에서 취하게 되는 형태처럼 나타난다.

7. 폐쇄된 사회

이때 사람들은 문제되고 있는 것이 아주 단순하고 원시적이며, 적어도 미발달된 사회들이라고 또 다시 주장할지도 모른다. 그러나 내가 좀 더 나중에 말할 기회가 있겠지만, 문명인은 무엇보다도 그들의 의식을 처음으로 자각한 이래 그들이 사회 환경 속에서 습득한 엄청난 양의 지식과 습관에 의해 원시인과 구별된다. 자연적인 습관과 지식은 후천적인 습관과 지식에 의해 대부분 감춰져 있으나, 수세기 동안 거의 변하지 않은 채로 지속한다. 습관과 지식은 사람들이 생각하듯이 유기체에 새겨지지도 않으며 유전적으로 전해지는 습관과는 거리가 멀다. 사실 의무에 대한 우리의 분석에서, 자연적인 습관이 수세기의 문명 기간을 지나는 동안 자신에게 축적된 후천적인 습관에 의해 짓눌려 파괴되었다면, 이 자연적인 습관은 무시할 만하다. 그러나 자연적인 습관은 가장 문명화된 사회에서 조금도 파손되지 않은 채 생생하게 유지되고 있다. 우리가 이러저러한 사회적 의무를 밝히기 위해서가 아니라 의무 전체라고 부르는 응축된 하나의 습관을 설명하기 위해서 상기해야 할 것은 바로 이 자연적인 습관이다. 더욱이 우리의 문명이 비록 자연에 의해 직접 우리에게 운명지어진 사회와 다를지라도 역시 근본적인 유사성을 보인다.

실제로 우리의 문명 사회 또한 폐쇄된 사회(sociétés closes)이다. 이 사회는 우리가 본능에 의해 이끌려 간 작은 집단들과 비교해 볼 때 아주 광대한 사회라 해도 무방하다. 모든 문명의 물질적이고 정신적인 획득물들이 사회에서 사라져 버린다면, 오늘날에도 그와 같은 본능이 이러한 사회들을 아마 재건하려고 할 것이다. 어쨌든 이 폐쇄 사회의 본질은 어떤 순간에도 다른 개체들을 배제하는 일정수의 개체들을 포함한다. 우리는 이미 도덕적 의무의 근저에는 사회적 요구가 있다고 말했다. 어떠한 사회가 문제인가? 열린 사회(société ouverte)로서의 인류 전체인가? 사람들이 자신의 동료들에 대한 의무를 이야기할 때 그러하듯이 우리는 이 문제를 확실하게 해결하지는 못할 것이다. 사람들은 신중하게 막연한 사실을 말할 뿐이다. 사람들은 단언하기를 삼가지만, '인간 사회'가 이제는 실현되었다고 믿게 내버려 두고자 한다. 그렇게 하는 것이 오히려 낫다. 왜냐하면 우리는 인간으로서 인간에 대한 의무를 가졌음을 부정할 수 없기 때문이다. (뒤에서 살펴볼 테지만, 이 의무들은 전혀 다른 기원을 가졌다.) 그리고 우리는 감히 이 인간에 대한 의무(인류애)들을 시민에 대한 의무(애국심)들과 근본적으로 구분함으로써, 이 의무들을 약화시킬 우려가 있다. 행위의 경우 이러한 구분은 하지 않는 편이 좋다. 그러나 이런 구분을 강조하지 않는 도덕 철학은 진리에서 동떨어져 있다. 의무에 대한 이러한 철학의 분석은 필연적으로 왜곡될 것이다. 사실상 우리가 타인의 생명과 소유권을 존중해야 한다는 것이 사회 생활의 기본적인 요구라고 설정할 때, 우리는 어떤 사회에 대해 이야기하고 있는 것인가? 여기에 답하기 위해서는 전시(戰時)를 생각해 보는 것이 적당하겠다. 살인과 약탈, 또한 배신과 사기, 거짓말까지 합법적일 뿐만 아니라 오히려 권장되기까지 한다. 전투원들은 《맥베스》(Macbeth)의 마녀들처럼 말할 것이다.

"정의가 불의이고, 불의가 정의롭도다(Fair is foul, and foul is fair)."*13

진실로 사회가 지금까지 우리에게 권장해 온 인간에 대한 인간의 태도가 그러한 것이었다면, 이러한 전면적인 급변이 쉽게 일어날 수 있단 말인가? 물론 나는 사회가 말하는 바의 의미를 알고 있다. (반복해서 말하지만, 사회는 이러한 것을 말할 이유를 가지고 있다.) 그러나 사회가 원하는 바를 알기 위해서 사회가 말하는 것을 지나치게 귀담아듣지 말고, 사회가 하는 일을 주시할 필요가 있다. 사회는 말하기를, 사회에 의해 정의된 의무들은 원칙적으로는 분명 인류에 대한 의무들이지만, 불행하게도 예외적이고 피할 수 없는 환경 속에서는 그 인류적 의무 수행이 유보된다고 한다. 만일 사회가 이렇게 표출하지 않는다면, 사회는 다른 도덕이 진보하는 길을 방해하는 셈이 될 것이다. 사실 그 사회가 모든 관심을 기울여 소중히 하는 다른 도덕(인류에 대한 도덕)은 이 사회로부터 곧바로 나오지는 않는다. 한편, 비교적 드물고 예외적인 환경, 예를 들면 질병을 비정상적인 현상으로 간주하는 환경은 우리 정신의 습성에 들어맞는다. 그러나 질병도 역시 건강과 마찬가지로 (이 사회에서는) 정상적이다. 즉, 건강은 어떤 관점에서 보면 질병을 예방하거나 떨쳐 버리기 위한 끊임없는 노력처럼 보인다. 마찬가지로, 평화는 항상 지금까지 방어나 공격을 준비하며, 어쨌든간에 전쟁을 대비했다. 사회적 의무는 사회적인 결속을 목표로 하며, 좋든 싫든 의무들은 적에 대비한 훈련과도 같이 우리의 태도를 형성한다. 말하자면 사회가 훈련시키려는 인간으로서는, 사회에 수세기의 문명 기간을 거치는 동안 획득한 모든 것으로 인해 풍부해졌다 해도 아무런 소용이 없다. 그럼에도 사회는 두텁게 니스칠을 한 원시적인 본능이 필요하기 때문이다. 간단히 말하면, 우리가 사회적 의무의 근저에서 보았던 사회적 본능은 항상—본능은 상대적으로 변하지 않으므로—아무리 광대하다 해도 폐쇄된 사회를 대상으로 일어난다. 물론 이 폐쇄 사회에서의 본능적 의무는 그렇게 함으로써 그가 지탱하고 있고, 그의 힘의 일부, 말하자면 명령적 성격을 빌려주고 있는 다른 도덕에 의해 은폐된다. 그러나 그런 의무 자체가 인류를 목표로 하지는 않는다. 아무리 큰 나라라 하더라도 나라와 인류 사이에는 유한과 무한의 차이나, 폐쇄된 것과 개방된 것 사이의 차이만큼이나 온전한 거리가 존재하고 있기 때문이다. 시민 도덕에 관한 훈련은 가정에서 이루어지고, 마찬가지로 자신의 조국을 소중히 하는 데서 인류에 대한 사랑을 배운다고 사람들은 즐겨 말한다. 이렇게 해서 우리의 공감

(共感)은 동일하게 남아 있으면서도 연속적인 진보에 의해 확대되어 마침내 온 인류를 포용하게 될 것이다. 그러나 이러한 인류애에는 영혼에 관한 전적으로 주지주의적인 견해에서 도출된 선험적(先驗的)인 추론이 놓여 있다. 사람들은 우리가 자신을 결부시킬 수 있는 세 집단(가족, 나라, 인류)이 점점 더 많은 사람들을 포용한다고 단언하고, 이 사실로부터 이 사랑받는 대상들 수의 계속적인 증가는 단순히 감정의 점차적인 팽창에 상응한다고 결론짓는다. 더욱이 착각을 강화시키는 까닭은, 우연의 일치이겠지만 추론의 처음 부분이 사실들과 잘 일치되어가는 것으로 나타나기 때문이다. 즉, 가정의 덕은 시민의 덕과 잘 연관되어 있다. 왜냐하면 근원적으로 혼합되어 있는 가정과 사회가 밀접한 관계를 유지하고 있다는 간단한 이유에서이다. 그러나 우리가 살고 있는 사회와 인류 일반 사이에는 앞서 언급했듯이 폐쇄된 것(le clos)과 개방된 것(l'ouvert) 사이와 같은 대비가 있다. 이 두 대상 사이의 차이는 본질적인 차이이지 단순한 정도의 차이는 아니다. 만일 우리가 영혼의 상태에까지 소급하여, 국가에 대한 애착과 인류애라는 두 감정을 서로 비교한다면 어떻게 될까? 사회적인 단결은 대부분 다른 사회로부터 어떤 사회를 보호하기 위한 필요성 때문이며, 사람들이 함께 살고 있는 사람을 사랑하는 원인은 무엇보다도 다른 모든 사람에 대해서 대항하기 때문이라는 사실을 누가 모르겠는가? 이것은 원시적인 본능이다. 이 본능은 요행스럽게도 문명의 도입 아래에 감춰진 채로 있지만 아직도 남아 있다. 오늘날 우리는 우리 부모와 우리가 같이 사는 시민들을 자연적이고 직접적으로 사랑하는 데 반해, 인류애는 간접적이고 후천적인 사랑이다. 전자에 우리는 곧바로 나아가지만, 후자에는 우회로를 통해서만 이르게 된다. 왜냐하면 사람들로 하여금 인류를 사랑하게끔 인도하는 종교는 신(神)을 통해서이거나 신 안에서이기 때문이다. 마치 철학자들이 우리에게 인간의 뛰어난 존엄성과 모든 사람의 권리를 존중하게 하기 위해 인류를 주목하게 되는 것은 이성을 통해서이며, 우리 모두가 서로 교통하는 곳인 이성 안에서뿐인 경우와 마찬가지이다. 어떤 경우에든 우리는 가족과 국가를 거쳐 단계적으로 인류에까지 도달하지는 못한다. 우리는 단번에 인류보다 훨씬 먼 곳까지 이르러, 인류에 종국적인 것으로 생각하지 않고 이를 뛰어넘을 필요가 있다. 사람들이 종교적인 말을 하든 철학적인 말을 하든, 그 말에 사랑과 존경이 문제시된다면, 다른 도덕

(개방 사회의 도덕)에 속하는 말이요, 사회적 압력에 은폐되어 있는 다른 종류의 의무에 관계하는 말이다. 지금까지의 문제는 바로 이러한 경우였다. 이제 다른 도덕으로 나아갈 순간이 다가왔다.

8. 영웅의 호소

우리는 순수한 의무를 추구하였다. 이 순수의무를 발견하기 위해 우리는 도덕을 가장 단순한 표현으로 환원해야 했다. 그렇게 함으로써 얻은 방법의 실마리는, 의무가 무엇으로부터 성립하는가를 밝힌다는 점이었다. 그러나 이 단순으로의 환원방식의 단점은, 도덕을 너무 좁혀 버리는 데에 있다. 물론 우리가 도덕의 복잡한 표현을 한편으로 제쳐놓았던 까닭은, 그것이 의무적인 도덕적 표현이 아니기 때문에 그런 것은 아니다. 어느 의무를 막론하고, 강제적이지 않은 의무를 상상할 수 있을까? 그러나 원초적이고도 순수하게 의무적인 것이 바로 우리가 방금 말한 의무(강제에 의한 의무)라면, 의무는 확산되고 퍼지면서 이 의무를 변모시키는 다른 것에 흡수되는 상황에까지 이른다고 생각한다. 그러므로 이제는 완전한 도덕이 무엇인가를 살펴보자. 우리는 같은 방법을 사용할 것이며 더 이상 아래가 아닌 위를 향해, 극한까지 나아갈 것이다.

어느 시기든지 이 완전한 도덕을 구현한 예외적인 사람들이 나타났다. 그리스도교의 성자들 이전에는 인류가 그리스의 현인들과 이스라엘의 선지자들을 알았고, 불교의 아라한들과 그 외 다른 사람들도 알았다. 우리가 항상 완전한 도덕, 오히려 절대적이라고 불러야 더 적당할 도덕성을 얻기 위해 회상하는 대상은 이러한 사람들이다. 그리고 이렇게 모든 성자들과 현인들을 회상하는 사실 자체가 이미 특이하며 교훈적이다. 또한 이 사실 자체가 이미 특징적이며 교훈적이다. 또한 이 회상하는 일 자체는 지금까지 문제시되었던 도덕과, 우리가 이제부터 연구하려는 도덕 사이의, 즉 최소한과 최대한의 사이라는 두 한계 사이의 차이가 단순히 정도의 차이가 아니라 본질적인 차이임을 예감케 한다. 전자(이제까지의 최소한의 도덕)는 점점 비개인적인 형식으로 바뀜에 따라 더욱 순수하고 완전해지는 반면, 후자(이제까지의 최대한의 도덕)는 충분히 그 본성을 발휘하기 위해서 모범이 되는 뛰어난 인격 속에서 구체화되어야 한다. 전자의 일반성은 하나의 법칙에 대한 보편적인 승인과 관계하지만, 후자의 일반성은 하나의 모범적인 인간을 공통적으로 모방하는 데에 관계한다.

왜 이처럼 성인들은 그들의 모방자를 가지는가? 또 왜 선행(善行)을 하는 위대한 인물들은 등 뒤에 군중들을 이끌고 다니는가? 성인들은 아무것도 요구하지 않지만 대중을 얻는다. 그들은 훈계할 필요도 없으며 가만히 있기만 하면 된다. 그들의 존재 자체가 호소이다. 왜냐하면 이와 같은 것이 바로 다른 도덕의 성격이기 때문이다. 자연적인 의무는 억압이자 강압이지만, 완성되고 온전한 도덕에는 호소가 있다.

완성된 도덕의 호소 본성에 대해서는, 위대한 도덕적 인격 앞에 자신이 있다는 사실을 아는 사람만이 온전히 깨닫게 된다. 그런데 우리는 자신의 습관적 행위의 준칙들이 충분하지 않다고 생각될 때, 이러이러한 경우에 이러이러한 사람이 자신에게 무엇을 기대할지를 스스로 묻는다. 이렇게 해서 우리가 떠올리는 대상은 부모님일 수도 있고 친구일 수도 있고, 또한 우리가 한 번도 만난 적이 없는, 단지 그에 대한 이야기만을 들었던 사람일 수도 있다. 그러나 우리는 상상에 의해 우리의 행동을 그들의 판단에 맡기고, 그로부터 비난받지 않을까 두려워하기도 하고 그의 칭찬을 자랑스러워하기도 한다. 그 떠올린 사람은 의식의 빛에 의해서 영혼의 심층으로부터 이끌어 낸 우리 마음 안에서 태어난 인격일 수도 있으며, 나중에 우리를 완전히 침략할 수 있다고 느끼는 인격으로서 제자와 스승 사이에 그러하듯이 당분간은 우리가 스스로를 결부시키고자 하는 그런 인격이다. 사실 이 인격은 사람들이 하나의 모범을 취하는 시점부터 그 윤곽을 드러낸다. 즉, 이 모범을 닮으려는 욕망은 관념적으로는 앞으로 취할 형상의 창조자이지만, 동시에 이미 닮음 그 자체이다. 또한 사람들은 자기 자신의 말이라고 생각한 말의 반향을 누군가로부터 자신의 마음속에서 듣는다. 그러나 그 사람이 누구이든 상관없다. 만일 자기 자신의 도덕이 명백히 비인격적인 의무로 명확히 해체되는 만큼의 힘을 갖게 된다면, 반대로 그 누군가의 말(누군가의 도덕)은 처음에는 우리의 지성이 집착하는 일반적 규범들, 즉 우리의 의지를 움직일 정도까지는 이르지 못하는 일반적인 규범들로 해체되어 버리기도 하지만, 격률들의 다양성(가치없고 불명확한 도덕들의 다양성)과 일반성이 한 인간의 통일성과 개별성으로 잘 융합될수록 그만큼 매력적이게 된다.

이(완성된 도덕의) 호소의 힘은 어디에서 비롯되는가? 이 호소에 자연스런 복종이 뒤따를 뿐만 아니라 오히려 자연스런 복종을 끌어들이는 호소 행위의 원리는 무엇인가? 이를 알기 위해 우리에게 암암리에 요구되는 바가 무엇인지를 알아보자. 지금까지의 문제성 의무들은 사회 생활이 우리에게 부과하는 바이다. 그 의무들은 인류보다는 도시(cité)에 복종할 것을 우리에게 요구한다. 그러므로 두 번째 도덕은—우리가 두 도덕을 굳이 구분한다면—단순히 사회적이기보다는 인간적이라는 점에서 첫 번째 도덕과 다르다고 말할 수 있다. 그리고 이렇게 말한 사람들이 전적으로 틀리지는 않는다. 사실 나는 사람들이 인류에 도달하는 원인이 도시를 확대함으로써가 아님을 알았다. 사회적인 도덕과 인간적인 도덕 사이에는 정도의 차이가 아니라 본성의 차이가 있다. 사회적인 도덕은 우리가 자연스럽게 복종심을 느낄 때 보통 생각하는 도덕이다. 우리는 이러한 매우 분명한 (도시의) 의무들 위에 겹쳐질 흐릿한 다른 것(인간적 도덕)들을 표상하기를 좋아한다. 충성, 헌신, 희생 정신, 자비 등이 우리가 그 의무를 생각할 때 언급하는 낱말들이다. 그러나 이때 우리는 대부분의 경우 이 낱말들 이외에 다른 것을 생각하는가? 물론 아니다. 그리고 우리는 그 사실을 잘 알고 있다. 단지 거기에 관용어가 있으면 충분하다. 이 관용어는 기회가 주어지면 그 완전한 의미를 취하고 또한 이 속을 채울 관념이 활동하게 된다. 사실 많은 사람들에게는 이 기회가 아예 주어지지 않거나, 아니면 그 행위가 훨씬 뒤에나 수행될 것이다. 어떤 사람들은 의지가 아주 조금만 발동하므로 이것이 너무 적어서 결과적으로 그의 행위는 인간적 의무 속에서 확대되거나 약화될 수 있는 사회적 의무를 확장하는 데에나 기여할 수 있다. 그러나 앞서 말한 관용어로 내용이 채워지고 내용이 생기를 얻게 된다면, 새로운 삶이 선포되며, 그때 우리는 다른 도덕이 갑자기 나타남을 알고, 또 느낀다. 그러므로 여기에서 인류애에 대해 말을 해야만 바로 우리가 이 도덕을 특징짓는 셈이 된다. 그렇지만 이 도덕의 본질이 표명되지는 않았을 것이다. 왜냐하면 인류애는 그 자체로서 충분하도록 직접적으로 작용하는 그런 원인이 아니기 때문이다. 젊은이들을 가르치는 교육자들은, 이타주의를 권고해서는 이기주의만큼 쉽게 가르쳐지지 않는다는 사실을 잘 알고 있다. 마찬가지로 헌신하려고 애쓰는 건강한 영혼이라도 그가 '인류를 위하여' 일하려 한다는 생각을 하고는 갑자기 냉정해짐을 발견하기도 한다. 목적은 너무 광범위하고, 효과는 너무 분산되어 있기에 그렇다. 그러므로 사람들이 추측할 수 있는 것은, 인류애가 이 도덕을 구성한다면, 그런 도덕은 마치 하나의 목표에 이르려는 의도로, 그 중간의 공간을 뛰어 넘어야 할 필요가 내포되어 있는 경우와도 비슷하다. 아니 어떤 의미에서는 똑같은 일이지만 다른 의미에서는 전혀 다르다. 만일 사람들이 그 간격과, 하나하나 통과해야 할 수많은 점들에만 집착해서 생각한다면 제논(Zénon)의 화살*14처럼 사람들은 출발할 용기를 잃을 것이다. 더욱이 사람들은 그 출발에 어떤 이익이나 매력도 느끼지 못할 것이다. 그러나 만일 사람들이 그 거리의 끝점만을 보면서 그 간격을 건너뛰거나 또는 더 먼 곳을 바라다 본다면, 쉽게 단일 행위를 수행할 것이고 동시에 이 행위의 단일성에 상응하는 무한한 다수성을 극복할 것이다. 그렇다면 여기에서 끝은 무엇인가? 노력의 방향은 무엇인가? 한마디로 우리에게 이것은 대체 무엇인가?

9. 개방된 영혼과 폐쇄된 영혼

우선 우리가 지금까지 고찰해 온 인간의 도덕적 태도를 정의해 보자. 인간과 사회는 일체를 이루고 있고, 또 이들 인간과 사회는 모두 개인과 사회의 보존이라는 동일한 일을 수행한다. 이들의 일은 자기중심적이다. 물론 개인의 이익이 공공의 이익과 항상 일치하는지는 의심스럽다. 공리주의적 도덕이, 개인은 자기 자신의 행복만을 추구할 수 있다는 원칙을 세우고, 이 개인주의적 원칙에 의해 개인이 타인의 행복을 바라게 되리라고 주장했을 때, 우리는 이들이 항상 부딪치는 해결할 수 없는 난점들을 알고 있다. 지성적인 존재는 자신의 개인적인 이익을 추구할 때, 자주 공공적인 이익이 요청하는 바와는 전혀 다른 쪽 일을 하게 된다. 그렇지만 공리주의적 도덕이 다양한 형태로 끈질기게 다시 나타난다고 한다면, 그것은 이 도덕이 주장될 수 있는 어떤 면모를 지니고 있기 때문이다. 그리고 만일 이 도덕이 주장될 수 있다면, 그것은 바로 개인적인 이익과 타인의 이익 중에서 하나를 선택해야 할 지적 활동 아래에, 개인적인 면과 사회적인 면이 서로 혼합되려 하고, 자연에 의해 형성된 원초적이고 본능적 행위라는 어떤 기체(基體)가 있기 때문이다. 세포는 유기체와 활력을 주고받으면서 자신을 위해서 그리고 유기체를 위해 산다. 필요하다면 세포는 전체를 위해 스스로를 희생할 것이다. 그리고 세포가 의식을 가졌다면, 이때 세포는 틀림없이 자신이 희생하는 까닭은 자신을 위해서라고 생각할 것이다. 아마 자신의 행위를 반성하는 개미의 심경도 이와 같을 것이다. 그 개미는 자신의 행위가 그 개미와 개미 집단의 이익 사이에 있는 어떤 중간적인 단계와 연관이 있다고 느낄 것이다. 그런데 내가 고유한 의미에서의 의무를 결부시켰던 대상은 이 근원적인 본능이다. 이 본능은 근원적으로 개인적인 의무와 사회적인 의무가 서로 구별되지 않는 상태를 포함하고 있다. 따라서 본능적 행위는 자기 자신에게로 회귀하는 개인과 사회의 행위라고 말할 수 있다. 개별적이든 사회적이든 모든 영혼은 여기에서는 하나의 원 속에서 순환하고 있다. 영혼은 폐쇄적이다.

다른 태도는 개방된 영혼(l'âme ouverte)의 태도이다. 그러면 이 개방된 영혼의 경우에는 무엇을 들어오게 하는가? 만일 영혼이 온 인류를 포용한다고 해도 지나친 말은 아닐 것이다. 아니, 부족하다고도 말할 수 있다. 왜냐하면 영혼의 사랑은 동물과 식물, 그리고 모든 자연에까지 확대될 것이기 때문이다. 그렇지만 이처럼 특정한 영혼을 차지하는 어떤 것도 이 영혼이 취하는 태도를 정의하기에는 충분치 못할 것이다. 엄밀히 말해 영혼은 이 영혼을 차지하는 모든 것이 없더라도 존재할 수 있기 때문이다. 이 영혼의 형식은 그 내용에 의존하지 않는다. 우리는 방금 이 형식을 가득 채웠지만 다음에는 다시 비울 수도 있다. 이 영혼을 소유한 사람에게 있어서, 자비심은 지상에 살아 있는 다른 모든 존재들이 더 이상 존재하지 않을지라도 지속될 것이다.

다시 반복하자면, 사람이 첫 번째 상태에서 두 번째 상태로 진보해 나아가는 것은 자신을 확장함으로써가 아니다. 아주 순수한 주지주의적인 심리학은, 언어의 지시를 따르면서 영혼의 상태를 그 언어와 결부된 대상들에 의해 정의할 것임에 틀림없다. 이 심리학은 가족애, 조국애, 인류애, 이 세 경향 속에서 수적으로 증가하는 사람들을 포용하기 위해 점점 팽창하는 동일한 감정으로 여길 것이다. 이 밖에 이 영혼의 상태들이 같은 태도 또는 같은 운동에 의해 외부로 표명되고, 이 세 경향 모두가 우리 마음을 기울게 한다는 사실이 우리로 하여금 이들을 사랑이라는 개념 아래 함께 묶어서 같은 낱말로 표현하게 한다. 그래서 사람들이 이들을 구분하는 방법은 이들이 관계하고 있는 점점 더 확대되는 세 대상을 지적함으로써이다. 사실 이들을 지시하는 데는 그것으로 충분하다. 그러나 이러한 언어적 지시가 이들을 서술하고 이들을 분석하는가? 의식은 단번에 처음 두 감정과 세 번째 감정 사이에서 본성의 차이를 발견한다. 가족애와 조국애는 선택을 함축하고 있고, 따라서 배타성을 지니고 있다. 즉, 가족애에 해당하는 사람들은 분쟁을 야기할 수도 있으며 증오를 배제하지 않는다. 그러나 인류애는 사랑일 뿐이다. 가족애와 조국애는 그의 관심을 끄는 대상에게로 가서 곧바로 그 대상에 정착한다. 인류애는 자신의 대상의 유혹에 굴복하지 않는다. 그것은 그 대상을 목적으로 하지 않고 더 멀리까지 돌진하며, 대상을 지나쳐서 인류에 이른다. 인류애는 고유한 의미에서 대상을 가질까? 나는 지금은 이 점을 묻지 않겠다. 단지 감정적으로 이 영혼의 태도는 오히려 하나의 운동으로서, 그 자체만으로 충분하다고 확인해 두기로 하자.

10. 정서와 추진

그렇지만 영혼의 다른 태도에서는 완전히 해결된 하나의 문제가 인류애의 태도에서 다시 제기된다. 가족애와 조국애는 자연에 의해 요구된 태도이다. 우리가 어떻게, 왜, 이런 태도를 취해야만 한다고 느끼는지는 방금 설명했다. 그러나 인류애의 태도는 후천적으로 획득되었고, 항상 노력을 요구해 왔으며 요구하고 있다. 이 태도의 모범을 보인 사람들을 다른 사람들이 따르는 까닭은 무엇 때문인가? 이 태도에 있어서 사회적인 억압에 대응하는 힘은 무엇인가? 우리에게는 아무런 다른 선택의 여지가 없다. 본능과 습관 이외에, 의지에 직접적인 작용을 하는 것은 감성의 작용이다. 게다가 감정에 의한 충동은 의무와 매우 흡사하다. 무엇보다 처음 단계의 사랑의 정열을 분석해 보자. 이 정열의 목표는 쾌락일까? 그것은 또한 고통이지는 않을까? 아마도 그 앞에는 비극이 기다리고 있어 모든 것이 엉망이 되고 낭비되고 파괴될지도 모른다. 사람들은 이러한 것을 알고 느끼지만, 무슨 상관이겠는가! 해야 하기 때문에 해야 한다. 갓 태어난 정열이 제공하는 속임수 때문에 우리는 이처럼 의무에 어긋나는 일을 하게 된다. 그러나 정열에까지 나아갈 필요는 없다. 아주 조용한 정서 속에도 어떤 행위가 요구되고 있을 수 있다. 이 행위에 대한 요구는 항상 저항에 부딪치지 않고 동의를 요구한다는 점에서는 앞에서 정의한 의무의 요구와 다르나, 그럼에도 불구하고 무엇인가를 부과한다는 점에서는 역시 의무와 닮아 있다. 우리가 이 점을 가장 잘 자각할 수 있는 경우는, 이 의무의 요구가 우리로 하여금 그 요구의 실제적인 결과를 유보하도록 한 채, 여유를 가지고 이 요구에 대해 반성하고 우리가 느끼는 바를 분석하는 경우이다. 예를 들면 우리의 의무가 음악적인 정서 속에서 생기는 경우가 그렇다. 음악을 듣고 있는 동안 우리는 음악이 암시하는 것 이외에는 아무것도 바랄 수 없으며, 이렇게 함으로써 우리가 음악을 들으면서 몸을 움직이는 행위를 멈추지 않는다면 우리는 자연스럽고 필연적으로 행위를 하게 된다. 음악이 기쁨과 슬픔, 동정과 연민을 표현한다면, 우리의 매순간은 음악이 표현하는 바대로 된다. 우리뿐만 아니라 다른 대다수의 사람, 아니 다른 모든 사람들도 마찬가지이다. 음악이 비탄스러우면 인류와 자연이 음악과 함께 비탄에 잠긴다. 사실 음악이 이런 감정을 우리 마음속에 끌어들이지는 않는다. 음악이 지나가던 사람들을 춤추게 하듯 오히려 자신 안으로 우리를 끌어들인다. 도덕에 있어서의 창시자들도 이와 마찬가지이다. 마치 새로운 심포니가 감정의 울림을 불러일으키듯이, 생명은 그들에게 예기치 않은 감정의 울림을 지닌다. 그들은 자신과 함께 우리를 이 음악 속에 끌어들여 우리로 하여금 이 음악을 행동으로 표현하게 한다.

11. 정서와 창조

사람들은 과도한 주지주의 때문에, 모든 정서가 대상에 종속되어 있다고 간주하는 동시에 모든 정서를 지적 표상에 대한 감각적 반응으로 간주한다. 음악의 예를 다시 들면, 우리는 누구나 음악이 우리 마음속에 일정한 정서를, 기쁨과 슬픔, 연민과 공감을 일깨우며, 이러한 정서들은 강렬할 수도 있고 또한 어느 대상에도 결부되어 있지 않음을 알고 있다. 그렇다고 우리가 여기에서 현실이 아니라 예술의 영역에 속에 있고, 이때 우리가 감동하는 까닭은 오직 유희 때문이며, 우리 정신 상태는 순전히 상상적이라고 말할 수 있는가? 더욱이 정서는 대상에 의해 결정지어져 있으며, 예술은 그 대상으로부터 이 정서를 분리시키기만 하면 되는데, 만일 우리가 현실 생활 속에서 그 분리된 정서를 미리 경험한 적이 없다면, 음악가는 우리 마음속에 그 정서를 일깨울 수 없고 암시할 수도 없다고 말할 것인가? 이렇게 말한다면 그는, 기쁨과 슬픔, 연민과 공감이 음악을 통해 경험한 바를 표현하기 위해 의존해야 하는 '일반성'을 나타내는 말이라는 사실을 잊고 있는 셈이다. 모든 새로운 음악에는 새로운 정서가 결부되어 있고, 이 정서는 멜로디나 심포니의 양식에 따라 독특한 구상 자체로서 정의되고 한정되므로, 이 정서들은 예술에 의해 생활에서 추출된 정서가 아니다. 이 정서들을 말로 표현하기 위해, 음악가에 의해 창조된 감정을, 생활 속에서 이와 가장 닮은 것에 접근시켜야 하는 장본인은 바로 우리이다. 실제로 사물들에 의해 마치 이 사물들 안에 예시되어 있는 듯한 영혼의 상태에 대해 말해 보자. 자연에 의해 요구된 이 영혼의 상태들은 수적으로 일정한, 말하자면 한정된 수이다. 사람들은 자연사물에 의한 이 한정된 수의 영혼 상태들이, 필요에 상응하는 행위로 사람들을 몰아가도록 형성되어 있다는 점에서 이들의 본성을 확인한다. 그러나 반대로 이와 다른 영혼의 상태는 음악가의 창의(創意)에 비할 만한 진정한 창의이고, 그 근원에는 한 인간이 있다. 마찬가지로 산은 항상 이 산을 바라보던 사람들에게 감각과 비교될 만한 감정을 전달할 수 있었고, 실제로 이 감정은 산에 밀착되어 있었다. 그러나 루소(Jean Jacques Rousseau)는 산에 관해 새롭고 독자적인 정서를 창조했다. 루소는 이 정서를 퍼뜨려 널리 쓰이게 하였다. 그리고 오늘날에도 실제의 산 이상으로 우리에게 이 정서를 체험케 하는 사람은 루소이다. 물론 루소의 영혼에서 나온 이 정서가 다른 모든 대상보다도 더 산과 결합되어 있는 데는 많은 이유가 있다. 산에 의해 직접 일깨워진, 감각에 가까운 요소적 감정들이 이 새로운 정서와 화합했을 것이다. 그러나 루소는 이 감정들을 끌어모았고, 이때부터 그는 단순한 것들로 조화된 이 감정들에 진정한 창조에 의해 기본 음정을 부여함으로써 하나의 음색에 포함시켰다. 자연에 대한 사랑 일반도 마찬가지이다. 이 자연은 항상 거의 감각이라 할 수 있는 감정을 자극해 왔다. 사람들은 항상 나무그늘의 감미로움과 물의 청량함 등, 결국은 로마인들이 전원의 매혹을 특징 지운 날말인 '쾌적한(amoenus)'이 암시하는 맛을 보아 왔다. 그러나 분명 누군가, 또는 누군가들에 의해 창조된 새로운 정서가 배음(背音)으로써 이미 존재하는 음정들을 사용하고, 이렇게 함으로써 새로운 악기의 독자적인 음색에 비교될 만한 체험, 즉 우리나라에서는 자연에 대한 감정이라 부르는 체험을 산출하게 된 것이다. 이런 식으로 도입된 기본 음정은 동양에서 그러하듯이 다른 음이 될 수도 있었다. 그렇다면 그 음색도 다른 것이 되었을 것이다. 감각에 가까운 감정들은 자신을 결정하는 대상에 밀접하게 연관되어 있으며, 이전에 창조된 전혀 새롭지 않은 정서를 그 대상에 부여할 수도 있다. 이런 일이 사랑에서도 일어난다. 어느 시대에나 여인들은 틀림없이 욕망과 구분되는 애정을 남성들에게 불어넣었다. 그렇지만 이 애정의 체험은 감정과 감각에 동시에 속해 있으면서도 인접해 있고, 또 함께 용접된 채로 남아 있다. 그런데 낭만적인 사랑에는 기원이 있다. 그 사랑은 중세에 사람들이 자연적인 사랑을 소위 초자연적인 감정 속에서 받아들이려 했을 때 나타났다. 즉, 기독교가 창조하여 이 세상에 던져넣은 종교적 정서 속에서 받아들이려 했을 때 나타난 것이다. 사람들이 신비주의가 연애적인 정열과 같은 방식으로 자기 주장을 한다고 비난할 때에는, 그들은 사람이 신비설을 표절했고 신비설에서 열정과 약동과 황홀경을 빌려왔다는 사실을 잊었다. 자신이 변형시켰던 정열의 언어를 사용하여 신비설은 자신의 재산을 되찾았을 뿐이다. 게다가 사랑이 예찬에 근접할수록 정서와 대상 사이의 불균형은 더욱 커지고, 이에 따라 사랑하는 사람이 빠지는 환멸은 더욱더 깊어진다―그러나 사랑이 정서를 통해 대상을 바라본다면 다르다. 대상과 접촉하지 않으며, 대상을 종교적으로 취급하도록 끊임없이 노력하는 경우는 다르다. 고대인들이 이미 사랑의 착각에 대해 유사한 착각이며, 그것은 사랑스런 여인의 생김새, 자태, 태도, 성격 등에 관한 착각이었다. 루크레티우스(Lucretius)의 묘사*15 를 떠올려 보라. 여기에서 착각은 단지 사랑받는 대상의 (유물론적) 성질에 관해서이지, 현대적인 착각처럼 사랑에서 '기대할 수 있는 대상'에 관해서는 아니다. 고대적인 착각과 우리가 덧붙인 착각 사이의 차이는, 대상 자체로부터 나오는 원시적 감정과, 외부로부터 환기되어 이 원시 감정을 덮어 버리고 넘쳐 흐르는 종교적 정서 사이의 차이와 같다. 그리고 그 차이로 인한 환멸에 남겨진 이 여분의 정서 크기는 거대하다. 왜냐하면 그 환멸적인 여분의 정서는 신적인 것과 인간적인 것 사이의 간격이기 때문이다.

예술, 과학 그리고 문화 일반의 위대한 창조의 근원에 새로운 정서가 있음은 의심의 여지가 없다. 그것은 정서라는 것이 자극제일 뿐만 아니라, 지성으로 하여금 모험을 하게 하고, 의지로 하여금 인내하도록 고무하기 때문이다. 더욱더 멀리 나아갈 필요가 있다. 사상을 산출해 내는 정서가 있다. 그리고 발명은 지성적 차원이라 할지라도 실질상 감성(sensibilité)을 가질 수가 있다. '정서'(émotion), '감정'(sentiment), '감성'이라는 낱말들의 의미에 대해 이해할 필요가 있다. 정서는 영혼의 감각적인 동요이지만, 표면의 동요와 심층부의 분출은 다르다. 전자의 경우에 그 효과는 분산되지만, 후자에 있어서는 불가분적이다. 전자에서는 전체에는 이동이 없고 부분들만이 동요한다. 후자에서는 전체가 앞으로 밀려 나아간다. 그러나 비유에서 벗어나 보자. 두 종류의 정서, 감정의 두 가지 다양성, 감정의 두 가지 발현을 구분할 필요가 있다. 이들은 감각과는 구분되는 감정의 상태들로서, 감각처럼 물리적 자극의 심리학적 전이(轉移)로 환원되지 않는다는 그들 사이의 공통점만을 가질 뿐이다. 표면적 동요로서의 정서는 관념이나 표상의 결과(심층부의 분출)이다. 이 정서적 상태는 감각적 상태에서 아무것도 빌려오지 않고 그 자체로 충분한 지적 상태에 뒤따르며, 지적 상태는 감각의 영향을 받아들이면 얻는 것보다 잃는 것이 많다. 여기에서 나타나는 것은 지적인 표상에 의한 감성의 동요이다. 그러나 다른 정서 (심층의 정서)에는 (지적) 표상이 뒤따르겠으나 표상에 의해 결정되지 않고 그 표상과 구분된 채로 있다. 아니, 오히려 이 정서는 뒤따라 일어날 지적 상태와의 관계에서는 원인이며 더 이상 결과가 아니다. 이 정서는 표상은 풍부하나, 이 표상의 어느 하나도 고유한 의미에서는 완성된 것이 아니다. 이 표상들은 이 정서가 자신의 실체로부터 유기적인 발전에 의해 끄집어내거나 끄집어낼 수 있는 표상들이다. 첫 번째 정서는 지성 이하(infra-intellectuelle)의 정서이다. 심리학자들이 일반적으로 연구하는 정서는 이러한 정서인데, 사람들이 감정을 지성에 대립시킬 때, 또는 정서를 표상의 막연한 반영이라고 할 때도 이러한 지성 이하의 정서를 말한다. 그러나 우리는 기꺼이 두 번째 정서(심층의 정서)를 지성 이상(supra-intellectuelle)의 정서라고 말할 것이다. 단지 이 말이 곧바로, 그리고 전적으로 가치 우월의 관념을 일깨우지만 않는다면 말이다. 또한 여기에서 문제되는 것은, 시간상의 선재성(先在性)과 산출하는 것과 산출되는 것과의 관계이다. 실제로 두 번째 정서만이 관념의 산출자가 될 수 있다.

사람들이 경멸의 느낌을 가지고 '여성적'이라고 단정하는 까닭은 감성에 넓고 좋은 자리를 마련해 주는 심리학을 이해하지 못해서이다. 그와 같이 (감성적이라고) 말하는 사람들의 첫 번째 잘못은 아주 쉽게 관찰될 수 있는데, 그것은 여성을 천박함에 관련짓는 것이다. 우리는 부정확한 표현을 교정할 목적만으로 이 두 성(性) 사이를 비교 연구하지는 않을 것이다. 단지 내가 말하고자 하는 뜻은 여성도 남성과 같이 이지적이지만 여성은 덜 정서적이며, 그래서 여성에게서 발달이 늦어진 영혼의 어떤 능력이 나타난다면, 그것은 지성이 아닌 감성이다. 잘 알려져 있듯이 문제는 심층의 감성이지 표면적인 동요가 아니다.*16 그러나 별상관은 없다. 가장 뛰어난 정신 능력을 감성에 결부시킴으로써 남성을 비하했다고 믿는 사람들의 잘못은 이해하고 논의하며 승인하거나 거부하는, 다시 말해 비판에 구애되는 지성과 발명하는 지성과의 차이가 단적으로 어디에 있는가를 알지 못한다는 것이다.

창조는 무엇보다도 정서를 의미한다. 창조는 단순히 문학이나 예술에만 관련하지는 않는다. 사람들은 과학적 발견이 집중과 노력을 요구한다는 사실을 안다. 천재성은 길고 긴 인내로 정의된다. 사실 사람들은 한편으로 지성을 생각하고, 또 다른 한편으로 주의(注意)라는 일반적 능력을 생각하며, 이 주의 능력의 많고 적음에 따라 지성도 강약에 차를 두고 집중되리라고 생각한다. 그러나 어떻게 이 무규정적이고 지성에 외재적인 주의력이, 내용도 없으면서 그 주의력 자신이 지성과 결합한다는 사실만으로 지성에 없었던 것을 떠올리게 할 수 있을까? 심리학이 모든 가능한 경우에 행해진 모든 주의에 대해 '주의'라는 동일한 말로써 지칭하고, 같은 성질이라고 생각된 여러 주의 사이에 크기의 차이만이 있다고 생각할 때, 사람들은 심리학이 또 한번 언어에 속고 있음을 알아차린다. 실제로 각각의 경우에 주의는 특별한 느낌으로 구별되며, 이 주의가 이끌리게 된 대상에 의해 개별화된다. 이 때문에 심리학은 이미 '관심'을 주의에 대해서 만큼이나 말하려 하고, 그렇게 함으로써 함축적으로, 특수한 경우에 따라 더욱 다양화될 수 있는 감성을 이 말에 개입시키려는 경향을 이미 지니고 있다. 그러나 이때에도 사람들은 그 감정의 다양성에 충분하게 의존하지 않는다. 사람들은 항상 동일하지만 그것의 대상에 대한 적용의 다소에 의해서만 다양화된다는 '관심 일반'의 기능을 설정한다. 그러므로 관심 일반에 대해 언급하지 않겠다. 관심을 불러일으켰던 문제는 여러 정서가 뒷받침된 하나의 표상이며, 그 정서는 호기심인 동시에 일정한 문제를 해결하려는 욕망과 문제 해결에 의해 야기되는 기쁨으로서, 그 표상과 같이 독특하다는 사실을 언급할 것이다. 장애물이 있음에도 지성을 전진시키는 것은 이러한 관심이 불러일으킨 정서이다. 이런 정서는 주로 이와 한몸을 이루고 있는 지적 요소에 활력을 불어넣는다고 하기보다는 오히려 생명을 부여한다고 해야 하며, 항상 이 지적 요소와 유기화될 수 있는 요소들을 끌어모아, 끝내는 문제의 여건을 그 문제의 해결에 전개시킨다. 문학과 예술에 있어서가 바로 그러하다. 천재적인 작품은 대부분 독특하다. 그래서 사람들이 말로 표현할 수 없다고 생각하지만 표현하기를 바랐던 정서에서 발생한 작품이다. 비록 불완전하기는 하지만 부분적인 창조가 들어 있는 모든 작품에서 정서는 이와 같지 않을까? 문학 작가는 누구나 그 스스로의 힘에 의지하는 지성과, 작가와 주제 간의 일치에서 나온, 말하자면 직관에서 태어난 독특한 정서를 연료로 사용하는 지성 사이의 차이를 확인할 수 있었다. 첫 번째 (지성의) 경우에 정신은, 오래 전부터 말 속에 주입되었으며 사회가 고정된 상태로 그에게 넘겨준 관념들을 서로 결합하면서 냉정하게 작업한다. 두 번째 (지성의) 경우에는 지성에 의해 제공된 재료들이 미리 융합되고, 이어 이 재료들은 정신 자체에 의해 형성된 관념에 새롭게 응고될 것이다. 만일 이 관념들이 그 표현에 적당한, 이미 존재하고 있는 낱말들을 발견한다면 그것은 저마다의 관념에 예기치 않은 행운을 초래한다. 그리고 실제로 자주 이런 좋은 관념 표현의 기회를 조성하고, 단어의 의미가 사고에 적합하도록 강압할 필요가 있다. 이 경우 노력은 고통스럽고 결과는 요행스럽다. 그러나 정신이 스스로를 창조자로 느끼거나 그렇게 생각하는 것은 이런 기막힌 관념 표현의 기회가 주어질 때뿐이다. 옛것이 새로이 배열된, 복합된 통일성에 도달하기 위해서 이미 완결된 다양한 요소들로부터 출발하는 것은 아니다. 유일하고 독특한 표현으로는 단번에 옮아 가야 한다. 그리고 이어서 어떻게 해서든 낱말들 속에 미리 주어진 다양하고 공통적인 개념 속에 배열을 할(즉, 설명과 내용을 덧붙일) 필요가 있다.

요약하면 표상의 결과이며, 표상에 덧붙는 정서 이외에 표상에 선행하며, 잠재적으로 표상을 포함하고, 어느 정도는 표상의 원인인 정서가 존재한다. 문학 작품이라 할 수 없는 희곡도 우리의 신경을 동요시킨다. 희곡은 첫 번째 종류의 정서, 즉 강렬하기는 하나 평범하며 우리가 보통 생활에서 체험하는 정서들 가운데에서 제거된 정서이며, 결국 (지적) 표상이 없는 정서이다. 그러나 위대한 희곡 작품에 의해 우리 마음속에 일깨워진 정서는 전혀 다른 성질을 지닌다. 이 정서는 독특한 종류의 정서이다. 즉, 우리의 정서를 동요케 하기에 앞서, 먼저 시인의 영혼에서만 일어났던 정서이다. 이 정서로부터 위대한 작품이 창조된다. 왜냐하면 작가가 작품을 구성하면서 끊임없이 참조하는 정서란 바로 이 정서였기 때문이다. 이 정서는 단지 창조를 요구할 뿐이었으며, 그것도 확정된 요구이므로 완성된 작품에 의해서만 만족될 수 있는 요구로서 다른 작품에 의해서는 만족될 수 없었을 것이다. 즉, 이것은 다른 작품이 첫 번째 작품과 깊은 내적 유사성을, 즉 동일한 음악을 관념이나 심상으로 번역한, 똑같이 용인할 수 있는 두 개의 번역물 사이에 존재할 유사성에 비교될 만한 유사성을 가지고 있는 경우가 아니면, 그 정서는 충족될 수 없었을 창조의 요구이다.

12. 정서와 표상

말하자면 우리는 도덕의 생성에서 정서를 중시하더라도, 결코 '감정의 도덕'을 제시하고 있지는 않다. 왜냐하면 (감정의 도덕에서) 문제가 되는 정서는 표상(심층부로부터 외부로의 표출)으로 나타날 수 있는 정서, 그리고 이론으로 결정(結晶)될 수 있는 정서이기 때문이다. 사람들은 다른 모든 이론과 마찬가지로, 이론으로부터 이러한 감정의 도덕을 연역할 수는 없었을 것이다. 어떠한 사색도, 의무나 이와 유사한 것을 산출하지는 못할 것이다. 이론이 아무리 훌륭해도 나에게는 별상관이 없으며, 나는 그런 이론이 있어도 받아들이지 않는다고 언제나 말할 수 있다. 그리고 내가 그 이론을 받아들인다 할지라도, 내 마음대로 행위한다는 점에서 나는 역시 자유롭다고 주장할 것이다. 그러나 정서의 분위기가 거기에 있어서 내가 그 분위기를 호흡하고 정서가 내 안에 침투한다면, 나는 그 정서에 자극받아서 그에 따라 행동할 것이다. 그것은 강요나 필연성이 아니라, 내가 저항하려 하지 않는 마음의 이끌림에 의해서이다. 그때 나는 내 행위를 정서 자체에 의해서 설명하지 않는다. 그 대신에 나는 그 정서를 관념으로 전환함으로써 구성된 이론으로부터 내 행위를 연역할 수 있을 것이다. 우리는 여기에서 방금 스쳐 지나쳤던 중대한 문제에 대한 가능한 해답을 살펴보도록 하자. 이 문제를 우리는 훨씬 뒤에 다시 마주할 것이다. 어떤 종교가 새로운 도덕을 받아들인다면 사람들은 기꺼이, 그것은 종교가 신, 우주 그리고 이 둘의 관계에 대한 관념에 의해 형성되는 형이상학에 의해서 부과되는 새로운 도덕이라고 흔히 말한다.

이에 대해 어떤 사람들은 반대로, 하나의 종교가 사람들의 영혼을 사로잡고 그들에게 사물에 대한 어떤 사고방식을 깨우쳐 주는 것은 그 종교의 도덕적 우월성 때문이라고 반박한다. 그러나 지성이 가치의 차이를 평가할 수 있는 것은 이 가치들을 어떤 규율이나 이상과 비교함으로써일 뿐이라고 할 때, 그리고 이상과 규율은 이미 일정한 위치를 점하고 있는 도덕에 의해 필연적으로 제공되어 있었다고 할 때, 지성은 자신에게 제시된 도덕의 우월성을 인정할 수 있을까? 다른 한편 세계의 질서에 관한 새로운 사고방식은, 우리가 알고 있는 철학들과 비교해 보면 철학 이상의 다른 것이 될까? 우리의 지성이 그 새로운 사고방식에 찬성한다 할지라도, 이 일은 지성의 이러한 승인으로부터 의지를 반전(反轉)시키는 일과는 거리가 멀다. 그리고 진실로 순수한 지적 표상의 상태에 있는 이론은 도덕을 채택하게 하거나 더군다나 도덕을 실천하게 하지는 못할 것이며, 도덕도 지성에 의한 행위 규칙들의 체계로 간주되는 한, 지적으로 그 이론을 보다 바람직하게 만들지도 못할 것이다. 새로운 도덕과 새로운 형이상학 이전에, 정서는 의지의 측면에서는 약동(비약)으로 연장되고, 지성 속에서는 설명적인 표상으로 연장된다. 예를 들면 기독교가 사랑(charité)이라는 이름으로 도입한 정서를 말해 보자. 이 기독교적 사랑의 정서가 사람들의 영혼을 사로잡는다면, 하나의 행위가 이에 뒤따라 일어나고, 하나의 교설(敎說)이 퍼져 나온다. 이 (교설의) 형이상학이 이 도덕을 부과한 것도 아니며, 이 도덕이 이러한 형이상학을 선택하게 하는 것도 아니다. 형이상학과 도덕은 동일한 대상을 표현하되, 형이상학은 지성의 언어로 표현하고 도덕은 의지의 언어로 표현한다. 그리고 이 두 표현은 사람들에게 표현될 사실(기독교 사랑의 정서)이 주어지는 동시에 모두 받아들여진다.

우리 도덕의 상당 부분이 강제적인 성격을 지닌 의무를 포함하고 있다는 사실이, 궁극적인 분석에 의해 사회의 개인에 대한 억압으로 설명되었다면, 이는 쉽게 승인될 것이다. 왜냐하면 이 억압적 의무들은 분명하고 명백한 형식을 가지고 있으므로, 우리가 이 의무들을 충분히 볼 수 있는 측면에서 포착하여 그 뿌리까지 파고 내려가 이 의무들의 출발점인 사회적 요구들을 발견하기는 쉽기 때문이다. 그러나 도덕의 그 나머지는 정서적 상태로 표명되며, 여기에서 사람들이 압력보다는 매력에 복종한다는 점을 인정하는 데 망설일 수도 있다. 그 이유는 대개의 경우 사람들이 자신의 마음속 깊이 숨어 있는 근원적인 정서를 발견할 수 없다는 점 때문이다. 그래서 여기에서는 그 정서의 잔여물인 형식(뼈대)들만이 남게 되고, 이 형식들은 이 정서에 내재하는 삶에 대한 새로운 개념, 또는 더 적절하게 말한다면, 생에 대한 어떤 태도가 견고해짐에 따라 사회적 의식이라 불릴 수 있는 것 속에 침전된다. 그야말로 우리는 불이 꺼져 버린 정서의 재 앞에 직면하여 있고, 이 정서의 추진력은 그 내부에 지니고 있는 불에서 유래하였기 때문에, 이 정서의 남아 있는 형식들은, 사회 생활의 기본적인 요구들을 나타내는 아주 먼 옛날의 형식들이 전염에 의해 자신의 의무적 성격을 조금이나마 전달하지 않는다면, 일반적으로 우리의 의지를 뒤흔들 수 없을 것이다. 나란히 놓인 이 두 도덕 (정서적 도덕으로부터 남은 뼈대와, 사회적 의무에 의한 도덕)이 이제 한몸을 이루는 듯하고, 첫 번째 도덕은 두 번째 도덕에게 명령적인 성격을 조금 빌려주고, 그 대신 이 후자로부터 그렇게 엄밀하게 사회적이지는 않은 좀더 넓은 인간적인 의미를 받아들였다. 따라서 나란히 놓고 보면 이 두 도덕은 이제 하나처럼 여겨진다. 그러나 이 재를 다시 한번 뒤집어 보자. 우리는 아직도 뜨거운 부분을 발견하게 될 터이고 또 다시 불꽃이 솟구쳐 오름을 발견할 터이다. 불은 다시 타오를 수 있고, 그렇게 되면 불은 점점 퍼져 나갈 것이다. 나는 여기에서 이 두 번째 도덕의 준칙이 첫 번째 것처럼 분리되어(부분적 의무로서) 작용하지 않는다는 점을 말하고 싶다. 이들(부분적 의무들) 중의 하나가 추상적이기를 그만두고 의미로 가득차 행위할 힘을 얻게 되면, 다른 것들도 마찬가지로 그렇게 되려고 한다. 결국 이 모두는 예전에는 이 의무들을 자신의 뒤에 방치해두었던 뜨거운 정서 속에서, 그리고 이를 느끼고 되살아난 사람들 속에서 합체한다. 종교의 창시자와 개혁자들, 신비가와 성인들, 우리가 살아오면서 만날 수 있었던, 또한 우리 눈에는 가장 위대한 사람들에 필적하는 도덕적 생활을 영위한, 알려지지 않은 영웅들 모두가 여기에 있다. 우리는 정복자의 군대에 합류하듯이 그 영웅들의 모범에 이끌려 그들에 합세한다. 사실 그들은 정복자들이다. 그들은 자연의 저항을 파괴하여 인류를 새로운 운명으로까지 고양시켰다. 이렇게 우리가 사실에 접하기 위해 현상을 헤치고, 이 두 도덕이 상호 교환에 의해 개념적 사유와 언어 속에서 취했던 공통적인 형식을 제거했을 때, 우리는 이 독특한 도덕의 양 끝에서 억압(pression)과 동경(aspiration)을 발견하게 된다. 전자는 몰인격적일 수록, 또한 사람들이 습관과 본능이라고 부르는 자연적인 힘에 가까울수록 더욱 완전해지고, 후자는 사람들(personnes)에 의해 우리 마음 안에서 고양되고 있음이 확실히 보일수록, 그리고 자연을 보다 잘 극복한 것처럼 보일수록 더욱 강해진다. 사실 사람들이 자연 자체의 근원에까지 내려간다면, 형성된 인류 안에서 그 자신에게로 순환하면서 직접 나타난 힘과, 이어 간접적으로, 즉 특별한 개성을 매개로 인류를 전진시키도록 작용하는 힘이 동일한 힘임을 깨달을 것이다.

그러나 이 강요(억압)와 동경(매력)의 관계를 확정하기 위해 형이상학으로 되돌아갈 필요는 전혀 없다. 다시 한번 말하지만 이 두 도덕 사이를 비교하는 데에는 어려움이 있다. 왜냐하면 이들은 더 이상 순수한 상태로 나타나지 않기 때문이다. 첫 번째 도덕(정서에서 남은 도덕관념의 잔재)은 두 번째 도덕(사회적 억압 또는 매력에 끌린 의무적 도덕)에 자신의 강제력을 얼마쯤 전달하였다. 두 번째 도덕은 첫 번째 도덕에 그 향기를 얼마쯤 전달하였다. 우리가 두 극단 중 어느 쪽에서든지 시작하여 도덕의 여러 규정들을 거침에 따라 일련의 상승이나 하강에 직면하게 된다. 두 극단적인 한계는 오히려 이론적인 관심사이며, 실제로 도달하는 일은 결코 없다. 그렇지만 그 자체를 강요와 동경으로 구분하여 다루어 보자. 전자에는 자기보존만을 바라는 사회의 표상이 내재해 있다. 개인들을 이끄는 강요의 순환 운동은, 즉시 발생하여 습관을 매개로 점차 본능의 부동성(不動性)을 모방한다. 모든 것이 충족되어 있는 이 순수한 의무 전체에 대한 의식을 특징짓는 감정은, 생명의 정상적인 기능에 수반되는 복지 상태와 비교될 만한 개인과 사회의 복지 상태일 것이다. 그 순수 의무 전체를 위한 감정은 환희(joie)를 닮았다기보다는 쾌락(plaisir)을 닮았을 것이다. 반대로 동경의 도덕에는 슬며시 진보의 감정이 포함되어 있다. 우리가 말한 이 정서는 전진(marche en avant)에 대한 열정이며—이 동경의 도덕이 몇몇 사람에게 받아들여지고, 이어 이들을 통해 하나의 열정이 세계로 퍼져나간다. 더욱이 여기에서 '진보(progrès)'와 '전진'은 열정과 합류된다. 이 열정에 대한 의식을 갖기 위해서, 사람들이 노리는 목표나 사람들이 접근해 가는 완성 지점을 표상할 필요는 전혀 없다. 열정의 환희에는 복지가 주는 쾌락 이상의 감정이 포함되어 있으며, 쾌락은 이 환희를 포함하고 있지 못하지만, 이 환희는 쾌락을 감싸며 자신 안에 흡수까지 하기 때문이다. 우리는 이 환희(도덕적 진보, 전진에 대한 동경과 열정)를 느낀다. 그리고 이렇게 획득된 확실성은 형이상학에 종속되어 있기는커녕 형이상학에 가장 견고한 받침대를 제공한다.

13. 해방

그러나 형이상학 이전에, 그리고 이 직접적인 체험의 아주 가까이에는, 사람들이 이 정서에 대해 장황하게 논함에 따라 이 정서로부터 솟아나오는 단순한 표상들이 있다. 우리는 종교의 창시자나 개혁가, 신비가와 성인들에 대해 이미 언급하였다. 그들의 말에 귀를 기울여 보자. 그들의 말이란 개방된 한 영혼의 특별한 정서를 표상으로써 해석하는 말일 뿐이다. 이때에 그들은 이러한 영혼을 자신 안에, 그리고 동시에 도시(cité) 안에 가두어 두려는 자연과의 관계를 끊어 버린다.

우선 그들은 자신들이 체험하는 감정은 해방(libération)의 감정이라고 말한다. 안락, 쾌락, 부 등 인간들의 공통적인 관심을 끄는 모든 대상은 그들은 무관심하다. 이러한 대상들에서 해방됨으로써 그들은 짐을 내려놓은 듯한 들뜬 기분을 느끼게 된다. 자연이 우리를 단단한 끈으로 묶어, 그 끈이 우리에게 원했던 생활에 구속시키는 실수를 범했었다는 말이 아니다. 문제는 더 멀리 나아가려는 것이다. 사람들이 자신의 집에 있는 많은 편의 시설을 여행에 지참한다면 그 시설들은 방해가 되고 귀찮은 짐들로 변할 것이다. 폐쇄된 사회 속에서 순환하는 영혼의 상대적인 부동성(不動性)은, 단적으로 자연이 인류를 형성한 행위 자체에 의해 인류를 서로 구분되는 개인들로 분화시켜 버렸다는 데에서 기인한다. 만일 그렇지 않다면, 이처럼 (해방을 향해) 동원된 하나의 영혼이 다른 영혼들과 그리고 모든 자연과 더욱더 공감하려고 한다는 것은 놀라운 일일 것이다. (생물의) 종(種)을 형성하는 모든 작용처럼, 인류도 하나의 정체 현상이었다. 다시 전진함으로써, 사람들은 (이 정체를) 파괴하려는 결단마저도 파괴해 버린다. 완전한 결과를 위해서 그는 자신과 함께 남은 사람들을 이끌고 가야 할 것이다. 그러나 어떤 사람들이 (그를) 따르고, 또 다른 사람들이 기회가 있으면 그렇게 하겠다고 결심한다면, 그것은 이미 많은 사람을 얻은 셈이다. 이로부터, 그리고 행위의 시작과 함께, 원(圓)은 파괴되고 말리라는 희망이 존재한다. 어쨌든 아무리 반복해 말해도 지나치지 않는 것은, 사람들이 이 해방감을 얻는 경로는 이웃 사람에게 설교함으로써가 아니라는 사실이다. 또 인류를 포용하는 것도 아주 편협한 감정의 확장에 의해서가 아니다. 사태가 달리 취해졌어도 지시된 행진은 그와 같으리라고 우리의 지성이 생각하려고 해도 소용없는 일이다. 우리의 지성에 단순한 것으로 보이는 것이 우리의 의지에 대해서도 동일하게 나타나지는 않는다. 논리적으로 어떤 길이 지름길이라고 말할 때 갑자기 경험이 나타나서 이 방향으로는 길이 없음을 알려 준다. 진실로 여기에서 사랑에 도달하기 위해서는 영웅주의를 거쳐야 한다. 더욱이 영웅주의는 자신을 설교하지 않는다. 스스로를 나타내 보일 필요만을 느낀다. 그리고 그의 존재만으로 다른 사람들을 움직일 수 있다. 영웅주의 그 자체는 운동으로 회귀하는 것이며, 창조적 행위와 닮은 하나의 정서로부터—다른 모든 정서와 마찬가지로 전도적(傳道的)이다—유출되어 나오기 때문이다. 종교는 우리가 다른 사람을 신 안에서 사랑한다고 말하면서 이 진리를 그 자신의 방식에 따라 표현한다. 그리고 위대한 신비가들은 하나의 흐름이 그들의 영혼에서부터 신에게로 나아가고, 신으로부터 다시 인류에게로 내려옴을 느낀다고 선언한다.

14. 전진

이처럼 자유로워진 영혼에 물질적인 장애가 있다는 사실을 말하지 않는 편이 좋다. 그 영혼은 장애물을 피해야 한다거나 치울 수 있다고 말하지 않고, 그 영혼은 장애물이 없다고 선언할 것이다. 이 영혼의 도덕적 확신에 대해, 사람들은 그 영혼이 산도 옮길 수 있다고 말할 수는 없다. 왜냐하면 그 영혼은 옮길 산을 보지 않기 때문이다. 당신이 그 장애물에 대해 논하는 한, 그 장애물은 그곳에 남아 있을 것이고, 당신이 그 장애물을 주시하는 한 당신은 그 장애물을 조각내어 하나하나 극복해가야 할 것이고, 그 분해된 미세한 조각들은 무한할 수 있다. 그래서 당신이 이 장애물 조각들을 모두 남김없이 소진해 버리리라고는 아무도 말할 수 없다. 그러나 당신이 아예 이 장애물을 부정해버린다면 당신은 그 총체를 한꺼번에 배제할 수 있다. 걷는 것으로써 운동을 증명하는 철학자는 이와 같이 앞으로 나아간다. 그의 행위는,

제논이 한 간격 사이의 점들을 하나하나 건너뜀에 있어서 필수적이라고 판단한, 영원히 되풀이해야 하는 허망한 노력에 대한 무조건적 부정이었다. 도덕에 대한 이 새로운 측면을 깊게 파들어가면 사람들은 실제적이든 착각이든 간에 생명을 산출하는 노력과의 일치감을 발견하게 될 것이다. 외면적으로 보면 생명의 작업은 모든 작품에서 끝없이 추구되어야 할 분석의 경향을 보인다. 그래서 사람들은 결코 우리의 눈과 똑같은 눈의 구조를 완전히 묘사하지는 못할 것이다. 그러나 우리가 사용된 수단의 총체라고 부르는 것은 실제로 일련의 사라질 장애물들에 지나지 않으며, 자연의 행위는 단순하다. 자연이 시각(視覺)을 얻기 위해(장애물을 극복하면서) 하나하나 구성해나간 듯이 보이는 눈의 메커니즘이 가진 무한한 복잡성은, 기능을 불가분적인 것으로 일어나게 하기 위해 서로서로 중화(中化)되는 적대 세력들의 끝없는 교차에 지나지 않는다. 이는 마치 쇠줄밥 더미 속으로 찔러 넣은 보이지 않는 손과 같은 손의 단순한 동작은, 사람들이 외면적인 것만을 고려한다면, 마치 서로 평형을 이루기 위해 쇠줄밥의 줄기들이 서로에 대해 수행하는 작용과 반작용의 무한한 교차처럼 보일 것이다. 생명의 실제적인 작용과, 그 생명이 감관이나 분석하는 지성에 의해 비춰진 모습 사이에 있는 대비가 이러하다면, 더 이상 물질적 장애를 느끼지 못하는 영혼이 옳든 그르든 간에 생명의 원리 자체와 일치감을 느낀다는 일이 과연 놀랍겠는가?

처음에 결과와 원인 사이에 이질성이 발견될 수 있고, 사물의 근본에 대한 단점과 행위의 규칙에는 얼마쯤 거리가 있지만, 사람들이 인류를 사랑하는 힘을 길어올린다고 느끼는 곳은 인간이라는 종(種)을 산출한 원리와의 접촉 장소에서이다. 잘 알겠지만 나는 영혼을 흡수하고 다시 타오르게 하는 사랑에 대해 말하고 있다. 그러나 아주 미온적이고 희박하며 간헐적인 사랑은 그 사랑이 지성 안에 남아 있거나 언어 속에 침전된 매우 창백하고 차갑기도 한 영상만 아니라면, 앞선 사랑의 방출에 불과할 수밖에 없다. 그러므로 도덕은 서로 구분된 두 부분을 포함하고 있는데, 이 부분들 중 하나는 인간 사회의 원초적인 구조에 그 존재 이유를 가지고 있고, 다른 하나는 이 원초적 구조의 설명 원리에서 자기의 설명을 발견한다. 첫 번째 경우에서, 의무는 사회 요소들이 전체 형태를 유지하기 위해 서로에게 작용하는 압력을 나타낸다. 이 압력의 결과는 저마다 마음속에, 즉 그 압력을 맞이하는 습관의 체계에 의해 이미 형태 지어져 있다. 이 의무의 메커니즘은 그 각각의 부분이 하나의 습관이지만, 그 총체(의무의 총체)는 하나의 본능에 비교될 만한 것으로 자연에 의해 예비되어 있다. 두 번째 경우에도 역시나 의무는 존재한다. 그러나 이 의무는 동경 또는 약동의 힘이다. 인간의 종(種)과 사회 생활, 또한 얼마쯤 본능과 유사한 습관들의 체계에 도달했던 약동 자체의 힘이다. 이 추진 원리는 직접 개입하는 식이므로, 이 약동이 조직하여 잠시 머물고 있는 메커니즘들의 매개에는 더 이상 의존하지 않는다. 앞에서 말한 모든 것을 간단히 요약하면, 진화의 흐름을 따라 인류를 위치시킨 자연은, 마치 개미나 벌들의 사회를 원했듯이 인류가 사교적이기를 원했다. 그러나 지능이 나타났으므로 사회 생활의 유지는 마침 지성적인 듯한 메커니즘에 맡겨져야 했다. 이 메커니즘이 지성적이라고 하는 까닭은, 각 부분의 인간의 지능에 의해 다시 제조될 수 있다는 점에서이다. 그렇지만 인간은 인간이기를 포기하지 않고서는 사람들이 이 모든 부분을 거부할 수 없고, 이 보수적인 메커니즘을 더 이상 받아들일 수 없다는 점에서 본능적이다. 본능은 잠정적으로 습관 체계에 자리를 양보했으며, 습관들 각각은 우연적인 것으로 나타나게 되었으나, 사회의 보존을 위해서는 오직 습관의 협력이 필요하며, 이 필연성은 자신과 함께 본능을 다시 끌어들인다. 부분들의 우연성을 거쳐 느껴지는 전체의 필연성은 우리가 도덕적 의무 일반이라고 부르는 전체적 필연성이다. 더욱이 이 부분들은 사회의 눈에만 우연성으로 보일 뿐이다. 사회가 습관을 가르쳐 주는 개인에게는, 부분도 전체와 같이 필연적이다. 이제 자연에 의해 요구된 이 메커니즘은, 자연에 의해 근원적으로 형성된 사회들처럼 단순했다. 자연은 우리의 사회에서처럼 사회의 거대한 발전과 무한한 복잡성을 예견했을까? 먼저 이 물음의 의미를 이해해 보자. 우리는 자연이 고유한 의미에서 무엇이든 간에 원했거나 예견했다고 단정하지는 않는다. 그러나 우리는 하나의 기관에 기능을 부여할 때마다 항상 자연의 의도에 대해 말하는 생물학자처럼 행동할 권리가 있다. 생물학자는 단순하게 기능에 대한 기관의 적합성을 표현하기 때문이다. 인류가 문명화되었다거나 사회가 변화되었다고 해도 소용이 없다. 우리는 말하자면 사회 생활의 유기적인 경향들이 처음 모습 그대로 남아 있다고 주장한다. 우리는 이 경향들을 다시 발견하고 관찰한다. 이 관찰의 결과는 명료하다. 즉, 인간의 도덕적이고 근원적이며 기본적인 구조는 단순하고 폐쇄적인 사회를 위해 만들어졌다. 이 유기적인 경향들은 내가 원하듯이 우리의 의식에 분명히 나타나지는 않는다. 그럼에도 이 경향들은 의무에 있어서 가장 견고한 부분을 이룬다. 우리의 도덕이 매우 복잡해진다 할지라도 그 복잡성은 자연적인 경향과 단순한 변형이 아니다. 자연의 방향으로 나아가지 않는 경향과 겹쳐진다 할지라도, 이 거대한 흐름이 지니는 모든 순수한 의무의 침전물을 얻으려고 할 때 우리가 도달하는 경향의 흐름은 결국 이러한 자연적인 경향들이다. 그러므로 도덕의 첫번째 절반은 이와 같다. 나머지 절반은 자연의 계획(자연의 거대한 전체적 흐름)에 포함되지 않았다. 우리는 이 말의 의미가, 자연이 지능에 의하여 사회 생활의 인위적 확장을, 그것도 제한된 확장을 예견했다는 뜻임을 안다. 자연은 이 확장이 근원적 구조를 위험에 빠뜨리는 정도로 요구하지는 않았다. 더구나 지혜롭기는 매우 소박한 자연을 인간이 이처럼 속였던 경우는 수없이 많다. 자연은 인간이 다른 모든 생물체처럼 끝없이 번식하기를 바랐다. 자연은 개체의 증식으로 종족의 보존을 확실히 하기 위해 아주 세심한 주의를 기울였다. 그렇기 때문에 자연은 우리에게 지능을 부여하면서, 이 지능이 우리 후손들의 성행위를 그 결과로부터 단절하는 수단을 발견하고, 번식하는 쾌락은 버리지 않으면서도 출산을 하지 않을 수 있다는 일을 예견하지는 못했다. 인간이 사회적 유대를 인류의 동포애로까지 확대할 때 인간이 자연을 배신한다는 경우는 전혀 다른 의미에서이다. 그러나 인간은 자연을 속인다. 왜냐하면 인간 영혼의 근원적 구조에 이미 그 윤곽이 형성되어 있었던 사회들, 그리고 오늘날 인간의 선천적이고 기본적인 경향에서 그 설계도가 지각될 수 있는 사회들은, 자기 집단이 밀접하게 통일되어서도 집단과 집단 사이에 잠재적인 적대감이 있어야 할 것을 요구했기 때문이다. 사람들은 항상 공격하거나 방어할 준비가 되어 있어야 했다. 물론 자연이 전쟁을 위한 전쟁을 원하지는 않았다. 도시의 관문을 돌파한 인류의 위대한 지도자들은 바로 이 전쟁에 의해 생명의 약동 방향으로 자리를 잘 옮겨잡은 듯하다. 그러나 생명에 고유한 이 약동은 생명처럼 유한하다. 이 생명의 약동은 그 길을 계속 따르면서 장애물들과 마주치며, (장애물을 극복하고) 연속적으로 나타난 (진화된) 생명의 종(種)들은 이 힘과 대항력을 합친 힘이다. 그러나 생명의 약동은 앞으로 밀고 나아가지만 생명체들은 제자리를 맴돌 뿐이다. 자연의 손을 벗어난 인간은 지능적이고 사회적인 존재였으며, 그 사회성은 조그만 사회들에 도달하도록 계산되어 있었고, 그의 지능은 개인적인 생활과 집단 생활을 비호하도록 되어 있었다. 그러나 지능은 그 자신의 노력에 의해 부풀어 올라 기대하지도 않은 발전을 이루었다. 지능은 인간을 그 본성(본능)의 제한 때문에 어쩔 수 없이 처해 있던 노예 상태로부터 해방시켰다. 이러한 조건에서 이들 중 특별한 재능을 부여받은 몇 사람이 지금까지 폐쇄되어 있던 한계를 다시 개방하였고, 자연이 인류에게 해줄 수 없었던 바를 적어도 그들 자신을 위해 수행할 수는 있었다. 그 몇 사람의 모범은 마침내 다른 사람들을 적어도 상상 속에서 끌어당기기에 이른다. 의지는 사유(思惟)처럼 천재성을 지니고 있고, 이 천재성은 모든 명확하지 않은 예견을 거부한다. 이 천재적인 의지의 매개로 물질을 관통하는 생명의 약동은 종족의 장래를 위해 이 천재적 의지로부터, 종족이 형성되었을 때는 문제조차 되지 않는 약속을 받아낸다. 따라서 사회적인 연대성으로부터 인류의 동포애를 향해 더욱 나아가면서 우리는 모든 자연은 아니지만 어떤 자연과 (지능에 의해) 관계를 끊는다. 스피노자적인 표현의 의미를 조금 바꾸어, 우리가 소산적 자연 (Natura naturata, 피조물의 세계)에서 분리되어 나오는 것은 능산적 자연 (Natura natu, 만물 창조주로서의 신)으로 되돌아가기 위해서라고 말할 수 있을 것이다.

15. 폐쇄된 도덕과 개방된 도덕

그러므로 첫 번째 도덕(정서에서 남은 도덕관념의 틀)과 두 번째 도덕(사회적 억압 또는 매력에 의한 의무적 도덕성) 사이에는 정지와 운동 사이만큼의 거리가 존재한다. 첫 번째 도덕은 변하지 않는 것으로 간주된다. 그것은 설령 변화하더라도 자신이 변했다는 사실을 곧바로 잊어버리며 변화를 시인하지 않는다. 어느 순간에든지 이 도덕이 제시하는 형식은 확정된 형식이다. 그러나 두 번째 도덕은 하나의 추진력이며 운동에의 요구이다. 이 도덕은 원칙적으로 가동성이다. 가동성에 의해 이 도덕은 자신의 우월성을 증명한다. 더구나 이 도덕은 무엇보다도 바로 이 점에 의해서만 자신의 우월성이 정의될 수 있다. 첫 번째 도덕을 가져도, 당신은 이 도덕으로부터 두 번째 도덕을 이끌어 내지 못한다. 마치 한 운동체가 그리는 하나 또는 여러 개의 위치로부터 운동 자체를 이끌어 내지 못하듯이 말이다. 반대로 운동은 부동성(수많은 순간적 부동의 지점들)을 포함하는데, 운동체가 거쳐 온 각 위치는 잠정적인 정지 상태로 간주되고 지각되기까지 하지만 운동은 부동성을 포함한다. 그러나 규칙의 증명은 필요가 없다. 운동의 우월성은 표상되기 전에 체험되며, (즉, 선험적이며) 더욱이 그 우월성이 먼저 느껴지지 않으면 나중에 증명될 수도 없을 것이다. 그것은 생활감정의 차이이다. 도시의 도덕을 규칙적으로 실천하는 사람은 개인이나 사회에 공통적인 안락감을 체험하는데, 이 도시적 안락의 감정은 물질적인 저항들 사이의 간섭을 드러낸다. 그러나 개방되어 물질적 장애가 그의 눈에서 사라진 영혼은 환희에 차 있다. 쾌락과 안락도 상당한 감정이지만 환희는 그 이상이다. 왜냐하면 이 환희는 쾌락과 안락에 포함되어 있지 않으나, 쾌락과 안락은 이 환희 안에 잠재적으로 들어 있기 때문이다. 실제로 쾌락과 안락은 정체이거나 제자리걸음인 데 반해 환희는 전진이다.

이 사실로부터 첫 번째 도덕은 상대적으로 형식화하기 쉬우나 두 번째 것은 그렇지 않다는 사실이 도출된다. 우리의 지능과 언어는 사실 사물들(choses) 위에 기초하고 있다. 그 사물들로서는 변화나 진보를 표상하기가 쉽지가 않다. 복음서의 도덕은 본질적으로 개방된 영혼의 도덕이다. 이 도덕이 가장 명료한 권고에 대해서도 역설이나 모순까지도 놓치지 않는다는 사실을 사람들도 알고 있다. 부(富)가 악이라면, 우리가 가난한 사람들에게 가진 것을 나눠줌으로써 그들을 해치는 것은 아닌가? 만일 한쪽 뺨을 맞은 사람이 다른 쪽 뺨을 내민다면, 정의(正義)는 무엇이며, 또한 정의 없는 사랑이란 존재하는가? 그러나 사람들이 이 영혼의 상태를 귀납한 모든 행위 준칙들의 의도를 고려한다면 역설과 모순은 사라진다. 부자가 그의 부를 버려야 하는 연유는 가난한 사람들을 위해서가 아니고 그 자신을 위해서이다. 즉 '마음이' 가난한 자에게 복이 있다. 아름다움이란, 빼앗기거나 버리는 것이 아니라 상실을 느끼지 않는 것이다. 영혼을 개방하는 행위는, 공식에 갇혀 물질화된 도덕을 순수한 정신성으로 확장하고 고양하는 효과를 갖는다. 이때 이 영혼 개방 형식들은 다른 것과 비교해 볼 때 운동하는 모습을 재빨리 휙 찍은 사진과 같다. (예수의) 산상수훈에서 계속되는 대구(對句)의 깊은 의미는 다음과 같다. "사람들은 너희에게……라고 말했다. 그러나 나는 너희에게……라고 말한다." 한 편은 폐쇄되었고, 다른 편은 개방되어 있다. 일상의 도덕은 폐기되지 않고, 진행 중에 있는 운동이 정지된 한순간과 같은 존재로서 제시된다. 사람들은 과거의 방법을 버리지 않는다. 그러나 역동적인 것이 자신의 특수한 경우인 정태적인 것을 자신 안에 다시 흡수할 때 일어나듯이, 사람들은 이 과거의 방법을 보다 일반적인 방법 속에 통합한다. 이때 우리는 엄격한 의미에서 운동과 그 운동의 경향에 대한 직접적인 표현을 필요로 할 것이다. 그렇지만 사람들이 그 표현(일상적 도덕의 표현)들을 정적이고 부동(不動)한 언어로 번역하고자 한다면—이 일은 꼭 필요하다— 그들은 거의 모순적인 용어들을 쓰게 될 것이다. 마찬가지로 우리는 복음서의 계명 가운데에서 실행할 수 없는 계명을, 미분법에 대한 최초의 설명이 제시하는 비논리적인 면모와 비교할 것이다. *17 실제로 우리는 고대의 도덕과 기독교 사이에서 고대 수학과 현대 수학 사이와 같은 종류의 관계를 발견할 것이다.

고대인의 기하학은 오늘날 우리의 일반적인 방법에서 예상되는 응용물과 같은 특별한 해결책들을 제공할 수 있었다. 그러나 고대 기하학은 현대의 일반적인 방법들을 그 응용물에서 이끌어 내지는 못했다. 정태적인 순간에서 동태적인 운동으로 비약시키는 약동이 고대 기하학에는 존재하지 않았다. 적어도 사람들은 가능한 멀리까지 정태적인 순간상태에 의해 역동적인 운동과 유사한 상태를 연출했다. 예를 들어 스토아 학파의 이론을 기독교의 도덕과 비교할 때, 우리는 이러한 종류의 인상을 갖는다. 그들은 자신들이 세계 시민이라 선언했고, 덧붙여서 모든 사람은 똑같이 신에게서 나온 형제들이라고 주장하였다. 이 말은 기독교의 도덕과 거의 같은 말이었다. 그러나 그들은 기독교와 똑같은 반향을 일으키지는 못했다. 왜냐하면 그들의 말은 기독교의 도덕과 같은 어조가 아니었기 때문이다. 스토아주의자들이 아주 적당한 예를 제시하였다. 그들이 인류를 이끌어가는데 성공하지 못했다면, 그것은 스토아주의가 본질적으로 철학이기 때문이다. 이만큼 고차원적인 이론에 열중하여 거기에 빠져 있는 철학자는 이 이론을 '실천함'으로써만 거기에 생기를 불어넣는다. 예를 들어 피그말리온*18의 사랑은 이미 조각된 작품에 생명을 불어넣는다. 그러나 커다란 불꽃처럼 영혼에서 영혼으로 무한히 파급되는 감격은 이와는 거리가 멀다. 이와 같은 정서는 분명 하나의 이론을 구성하는 수많은 관념들로 나타날 수 있고, 그 관념들 사이에 정신적 공통성 외에는 어떠한 유사성도 갖지 않을 여러 다양한 이론에서도 그러한 영혼전달의 감격적 정서는 나타날 수 있다. 그러나 이 정서는 관념을 따르는 정서가 아니라 관념에 선행한다. 고전적인 역사에서 이러한 정서를 발견하기 위하여 알아보아야 할 사람은 스토아주의자들이 아니라 오히려 어떤 이론도 도입하지 않았고 아무것도 저술하지 않았으면서도 그리스의 모든 위대한 철학에 최초의 고유한 영감을 불어넣은 사람인 소크라테스이다. 물론 소크라테스는 합리적인 활동, 더 자세히 말하면 정신의 논리적 기능을 무엇보다 중시하였다. 그가 사용했던 반어법은 반성이라는 시련을 거치지 않은 의견들을 버리도록, 즉 이런 의견들을 자기 모순에 빠뜨림으로써 이 의견을 창피스런 것이 되도록 하였다. 그가 이해하는 대화는, 플라톤의 변증법에 이어 우리도 수행하는, 본질적으로 합리적인 철학적 방법을 낳게 하였다. 이 대화의 목적은 정의(定義)에 함축된 관념에 도달하는 데 있다. 뒤에 이 관념들은 플라톤의 이데아가 된다. 그리고 이데아론 역시, 여기에서 본질적으로 합리적인 전통적 형이상학의 형성에 있어서 모범으로 사용된다. 소크라테스는 물론 더 멀리까지 나아간다. 그는 덕 자체에 관한 학문을 만든다. 소크라테스는 선(善)의 실천과 사람이 선에 대해 갖는 인식을 동일시한다. 이렇게 해서 그는 도덕적인 생활을 사유의 합리적인 수행에 흡수시키려는 이론을 예비한다. 이성이 그보다 더 높이 위치했던 적은 없었다. 적어도 우선 우리에게는 이와 같은 점이 눈에 띈다. 그러나 더 면밀히 살펴보자. 소크라테스는 델포이 신전의 신탁이 내렸기 때문에 가르쳤다. 말하자면 그는 사명을 받았다. 그는 가난하고, 또 가난한 채로 있어야 한다. 그는 대중들과 함께 섞여 스스로 대중이 되었으며, 평범한 사람들처럼 말해야 했다. 그는 자신의 생각이 사람들 마음에 생생하게 전달되도록 하기 위해 아무것도 기록하지 않았다. 그는 결코 금욕주의자가 아니지만 추위와 굶주림에 무감각했으며, 욕구로부터 자유로워졌고, 그의 신체에서 해방되었다. 한 수호신이 그와 함께 하며 경고가 필요할 때마다 목소리를 들려 주었다. 그는 수호신의 신호를 굳게 믿고 있어서 이 신호를 따르지 않을 바에는 차라리 죽음을 택한다. 그가 세속의 법정에서 변명하기를 거부하고 그 처벌을 받아들였다면, 그 이유는 이 수호신이 그에게 그만두라는 말을 하지 않았기 때문이다. 간단히 말하면, 그의 사명은 오늘날 우리가 이해하는 의미 그대로 종교적이고 신비한 차원의 사명이다. 그렇게 완전히 합리적인 그의 가르침은 순수한 이성을 넘어서는 듯한 어떤 것에 매달려 있다. 그러나 과연 사람들은 소크라테스의 가르침 자체를 알아차리지 못할까? 만일 그가 플라톤의 대화편 중 여러 곳에서 했던 영감 있고 서정적인 말들이 소크라테스의 말이 아니고 플라톤의 말이라면, 그리고 만일 소크라테스의 말이 항상 크세노폰(Xenophon)에게서 빌린 것이었다면, 사람들은 소크라테스가 제자들의 마음을 불태웠던 수세기를 통해 전달된 그의 열정을 이해할 텐가? 스토아학파, 에피쿠로스 학파, 견유학파, 그리스의 도덕론자들은 소크라테스로부터 유래한다. 이는 사람들이 늘 말했듯, 이 학파들이 스승의 이론을 여러 방향으로 전개했기 때문만이 아니라, 무엇보다도 이들이 소크라테스가 창조했으나 그리스의 천재들에게는 걸맞지 않았던 태도, 즉 현인(Sage)의 태도를 직접 소크라테스로부터 빌려왔기 때문이다. 가르치기 위해서든 모범이 되기 위해서든 또는 단순히 자신의 내면의 완성 작업을 위해서든 간에, 이 철학자가 자신의 현명함 속에 틀어박혀서 대다수의 사람들과 격리되어 있을 경우, 바로 그곳에 있는 사람은 살아 있는 소크라테스, 즉 그 인격의 월등한 매력에 의해 활동하며 살아 있는 소크라테스이다. 더 자세히 고찰해 보자. 사람들은 그가 하늘의 철학을 지상으로 가져왔다고 말했다. 그렇지만 플라톤이 《파이돈(Phaidon)》편에서 소크라테스에게 부여한 영혼의 사고방식이 소크라테스의 것이 아니었다면, 그의 생애 특히 그의 죽음을 이해할 수 있을까? 더 일반적으로는 우리가 플라톤의 대화편에서 발견하는 신화들, 즉 영혼과 그의 기원, 영혼의 신체 유입에 관한 신화들이, 소크라테스의 도덕적 가르침에 내재해 있는 창조적 정서를 플라톤적인 사고의 언어로 기술하고 있을 뿐이지 않을까? 그들 신화와 소크라테스의 영혼 상태와의 관계는, 그 프로그램과 교향악의 관계와 같은 것으로, 신화들과 소크라테스의 영혼 상태는 플라톤의 변증법과 함께 보존되어 있다. 이들은 또한 그리스 형이상학의 지하를 가로질러, 알렉산드리아의 신 플라톤 학파와 함께 아마도 암모니우스(Ammonius)*19 그리고 플로티누스(Plotinus)와 함께 지상에 다시 나타났으며, 플로티누스는 자신이 소크라테스의 후계자라고 선언한다. 이들은 소크라테스의 영혼에, 복음서적 정신이 생기를 부여한 교리와도 비교할 수 있는 교리를 육체로 제공했다. 이 두 형이상학은 그 유사함에도 불구하고, 또는 아마도 그 유사함 때문에, 한쪽이 다른쪽 형이상학에 있는 더 좋은 점을 흡수할 때까지 싸웠다. 한때 사람들은 기독교인이 될까, 아니면 신 플라톤주의자가 될까, 아니면 양쪽 모두가 될까 망설였다. 예수에 대항한 사람은 소크라테스였다. 세상이 소크라테스에게 머물기에는 다음과 같은 문제가 있었다. 만약 소크라테스가 무엇보다도 그 당시 경험주의적 도덕에, 그리고 일관성 없는 아테네의 민주 정치에 있었던 위험성에 충격받지 않았다면, 또한 이성의 권리를 내세우면서 아주 다급하게 진행할 필요가 없었다면, 그래서 이성의 배경에 있는 직관과 영감을 거부하지 않았다면, 그리고 그리스인이었던 그가 자기 내부의 동양인이고 싶어하는 바람을 꺾지 않았다면, 과연 어떠했을까 하는 문제이다. 우리는 폐쇄된 영혼과 개방된 영혼을 구별했다. 누가 소크라테스를 폐쇄된 영혼으로 분류할 텐가? 아이러니(반어법)는 소크라테스의 가르침을 관통하고 있으며, 의심할 여지 없이 여기에서 서정성은 드물게 폭발했다. 그러나 이러한 폭발이 새로운 정신으로의 길을 열어 줌으로써 이 폭발은 인류의 미래에 결정적인 계기가 되었다.

16. 폐쇄와 개방 사이

폐쇄된 영혼과 개방된 영혼 사이에는 개방되어 가는 영혼이 있다. 사람이 앉아 있을 때의 부동성(不動性)과 달릴 때의 운동 사이에는 기립, 즉 그가 몸을 일으킬 때 취하는 태도가 있다. 간단히 말하면, 정적인 것과 동적인 것 사이에서 사람들은 변화하고 있는 도덕을 관찰한다. 이 중간적인 상태는 그 사람이 정지 상태에서 운동으로 돌입하기 위해 필요한 약동을 한다면 지각되지 않은 채 지나갈 것이다. 이 상태는 약동의 불충분함에 대한 일상적인 신호인데, 거기에 머무를 경우에는 주의를 끌게 된다. 이와 똑같은 사실을 다른 형태로 말해 보자. 우리는 순수하게 정적인 것이 도덕에 있어서는 지성 이하이고, 순수히 동적인 것은 지성 이상임을 알았다. 전자는 자연에 의해 의욕되었고, 후자는 천재적인 인간이 가져왔다. 전자는 인간에 있어서 동물의 본능에 대칭적으로 상응하는 모든 습관을 특징짓는 것으로 지능보다 못하다. 후자는 동경이고 직감이며 정서이다. 이것은 분석되면 이에 대한 지적 기호인 관념들로 분해되고, 그 세부 사항은 끝없이 전개될 것이다. 그러므로 이 동적인 것은 마치 다양성을 포괄하고 초월하는, 그래서 이 다양성과는 견줄 수 없는 통일성처럼, 바랄 수 있는 한 모든 지성적인 것을 포함하고 있다. 그 동적인 것은 지능 이상의 것이다. 정적인 것과 동적인 것, 이 둘 사이에 지능 자신이 존재한다. 만약 인간의 영혼이 전자로부터 뛰어나오기는 했으나 후자에는 이르지 못했다면 인간의 영혼이 머물 곳은 바로 이 전자이다. 지능은 폐쇄된 영혼의 도덕을 지배했지만, 아직 개방된 영혼의 도덕에 도달하거나 창조하지는 못했다. 그의 태도는 기립의 결과로서 이 영혼을 지성과 접촉케 했을 것이다. 그가 방금 떠나온 지성 이하의 상태와의 관계에서 보면 그의 영혼은 무관심과 무감각을 나타낼 것이다. 그는 에피쿠로스 학파와 스토아 학파 사람들의 '평정(ataraxia)' 또는 '무감동(apatheia)' 상태에 머문다. 이 영혼이 자신 안에서 발견하는 적극적인 것에 대해 말하자면, 만약 과거로부터의 분리가 새로운 것으로 정착하고자 한다면, 그의 생활은 관상(觀想)이 되고, 그것은 플라톤과 아리스토텔레스의 이상에 일치할 것이다. 어떤 측면에서 봐도, 그의 태도는 옳고 자랑스러우며 진실로 찬탄받을 만하고, 더욱이 뽑힌 사람을 위해 챙겨둔 태도일 것이다. 아주 다른 원리들에서 출발한 철학들도 이 영혼(즉, 지성 이하의 상태에서 지성과 접촉하기 시작한 영혼, 즉 물질화된 도덕을 순수정신으로 확장·고양하기 시작한 영혼) 안에서는 일치될 수 있다. 그 이유는 단 하나의 길(道)이, 원 안에 갇힌 행위로부터 자유로운 공간의 행위로, 지성 이하의 것에서부터 지성 이상의 것에 이르기까지 통하고 있기 때문이다. 이 둘 사이에 머물고 있는 것은 필연적으로 순수한 관상(觀想, 아직 실행에까지 이르지는 않은 철학적 관념)의 영역 속에 있으며, 무엇보다도 자연스럽게 행위하며 더 이상 전자에 집착하거나 후자까지는 이르지 않은 분리 자체인 반쪽—덕(demi-vertu)이다.

우리는 순수 지성에 대해 말하고 있다. 지성은 자신 안에 틀어 박혀 인생의 목적은 고대인들이 '지식' 또는 관상이라고 불렀던 것이라고 판단하는 상태이다. 한마디로 우리는 그리스 철학자들의 도덕을 원리적으로 특징짓는 데 대해 말하고 있다. 그러나 문제는 그리스 철학인가 또는 동양 철학인가가 아니라, 우리가 지능을 단순히 재료들을 가공하거나 조정하는 수단으로서 간주하고, 이 장에서 다루었던 지성 이하의 것과 지성 이상의 것을 고려한다면, 우리는 온 인류의 도덕을 문제 삼는 셈이다. 의무의 본질 자체를 결정하기 위해서, 우리는 결국 우리에게 작용하는 두 가지 힘, 즉 충동에 의한 의무와 매력에 의한 의무를 이끌어 냈다. 이런 일이 필요했다. 그리고 한편으로는 오늘날 우리가 이 모든 의무의 본질들을 감추고 있는 지능에 붙들려 있기 때문에, 어떻게 도덕이 영혼들을 사로잡을 수 있는가를 설명하는 데는 거의 성공하지 못했다. 그러나 우리의 설명은 이처럼 우리가 이미 암시했듯이 도식적인 것으로 남게 될 운명이다. 동경은 엄밀한 의무의 형식을 취함으로써 견고화 된다. 엄밀한 의무는 동경을 통합함으로써 성장하고 확장되려 한다. 강압과 동경은 기존의 개념들이 만들어지는 사유의 영역에서 이런 일을 위한 서로의 랑데부를 이루게 된다. 그 결과 많은 표상들이 강압의 원인과 동경의 대상을 모두 결합하면서 서로 혼합된다. 그러나 우리는 또한 이 때문에 실제로 우리 의지에 효과적으로 작용하는 순수한 강압과 동경에 대한 시야를 잃게 된다. 그래서 우리는 이 두 가지가 따로따로 결부되어 있는, 두 개의 서로 다른 대상이 서로 융합된 개념 이상의 개념을 보지 못하게 된다. 우리에게 작용하는 개념은 이 개념(즉, 하나의 대상에 강압이 결합된 의지의 경우와 동경이 결합된 의지의 경우)이다. 여기에는 고유한 의미의 주지주의적인 도덕론의 실패, 즉 결국 의무에 대한 대부분의 철학적 이론들의 실패를 재현하는 오류가 있다. 물론 (지성의) 순수 관념이 우리 의지에 영향을 미치기도 한다. 그러나 그 영향이 효과적으로 작용하는 경우는 이 영향이 단독으로 있을 수 있는 경우뿐이다. 이 영향력이 대립적인 영향에 저항하기 어렵거나 또는 대립되는 영향을 이겨낼 경우, 이때 강압과 동경은 그들의 대상에 결합된 힘을 남김없이 전개하면서 나아가 개별적이고 독립적인 것으로 다시 나타나기 때문이다. 그러나 이들은 모두가 하나의 관념의 원 안에 함께 표상되기 때문에 저마다 자기 고유의 작용과 전진을 멈춘다.

17. 자존심

만일 사람들이 하나는 사회적이고 충동적이며, 다른 하나는 초사회적이고 매력적인 두 힘, 즉 도덕적 동기에 영향력을 발휘하는 이 두 힘의 열학을 밝히려면 긴 삽입 구절을 넣어야 할 것이다. 예를 들면, 정직한 사람은 자신이 자존심과 인간적인 품위의 감정에 따라 행동한다고 말할 것이다. 만일 이 사람이 두 인격, 즉 하나는 제멋대로 방치하는 인격과, 다른 하나는 그의 의지에 의해 높이 끌어올려진 인격으로 나누어 시작하지 않는다면, 그는 분명 그렇게 말하지는 않을 것이다. 존경하는 자아는 존경받는 자아와는 다르다. 그러면 이 후자의 자아는 무엇인가? 그의 품위는 어디에 있는가? 그가 느끼게 하는 존경심은 어디로부터 오는가? 우리는 존경심을 분석하는 데 있어 무엇보다도 자기를 지워 없애야 함을 발견한다. 그런데 그런 충동은 스승 앞에서 제자의 태도라기보다, 오히려 아리스토텔레스식으로 말하면 본질 앞에서 우연성의 태도이다. 그러므로 평범한 인격이 그 앞에서는 머리를 숙이는, 우월한 자아를 정의하는 일이 남을 것이다. 우선 그러한 자아는 우리가 이미 언급했던 각자에게 내재해 있는 '사회적 자아'임이 틀림없다. 단순히 이론적일 뿐일지라도 만일 '원시적인 정신(mentalité primitive)'을 인정한다면, 그 원시정신에서는 사람들의 집단이 고립된 개인 속에 현존해 있고, 개인을 감시하며, 용기를 주거나 위협하는, 즉 상의하고 복종할 것을 개인에게 요구할 정도로 자존심이 개인과 집단 간의 강한 연대감과 일치함을 보게 될 것이다. 사회의 배후에는, 그 집단이 의존하고 사회로 하여금 개인들의 행위에 대해 책임을 지게 하는 초자연적인 힘이 있다. 사회적 자아의 강압은 이러한 모든 축적된 에너지와 함께 작용한다. 더구나 개인은 행위 원칙에 따르는 습관 내지 징벌이 무섭다는 생각만으로 복종하는 것이 아니다. 개인이 속하는 집단은 필연적으로 다른 집단보다 우위에 있음을 과시하며 이는 전쟁에서 개인의 용기를 고무시키기까지 한다. 그리고 이 힘의 우월성에 대한 의식은 이 개인에게 자존심의 만끽과 함께 아주 거대한 힘을 보증한다. 이미 상당히 '진화된' 정신을 고려한다면 납득할 수 있을 것이다. '나는 로마 시민이다(Civis sum romanus).' 이 말에 들어 있는 도덕적 힘과 자존심을 생각해 보자. 즉 로마 시민에게 자존심은, 오늘날 우리가 로마의 국가주의라고 부르는 것과 거의 같은 것임에 틀림없다. 그러나 자존심과 집단의 자부심의 일치를 보기 위해서 역사나 선사 시대로 소급해 올라갈 필요는 없다. 사람들은 현실적이거나 외적인 우월성을 강조하면서, 자신들을 다른 사람들로부터 따로 분리하는 어떤 뚜렷한 특징으로 서로 접근하려 할 때, 큰 사회 속에서 이루어지고 있는 소사회 속에서 우리 눈 앞에서 일어나는 사태를 관찰하는 것으로 충분하다. 이때 모든 사람이 인간으로서 표명하는 자존심에는 부가적인 자존심이 결합된다. 즉, 단순히 사람들 가운데서 뛰어난 자아로서의, 인간 자신의 자존심이 더해지는 것이다. 한 집단의 모든 구성원이 서로 '연관'됨으로써 하나의 '태도(tenue)'가 부과된다. 사람들은 한 집단의 정신 같은 '명예심'의 출현을 본다. 이와 같은 집단적 명예심이야말로 자존심을 이루는 최고의 요소이다. 우리가 오늘날 추상하려는 노력에 의해서만 구분할 수 있는 이런 관점에서 본다면, 자존심은 자존심 자신과 함께 부여되는 사회적인 모든 강압에 의해서 의무를 부과한다. 이제 '자신에 대한' 존경심이 원본에 대한 복사품처럼, 사람들마다 자신 안에 지니고 있는 이미지이거나, 동일화하려고 열망하는 존경받고 경탄할 만한 인격에 대한 것이기만 하다면, 이러한 자존심에 의한 충동은 분명 매력이 된다. 그러나 실제로는 그렇지 않다. 왜냐하면 자존심이라는 표현은 자기 자신에 대한 반성의 관념만을 일깨우기 때문이며, 반성에도 불구하고 자존심은 근원에서처럼 진화의 종극에 가서도 역시 사회적인 감정으로 남아 있기 때문이다. 그러나 역사적으로 발자취를 남긴, 위대한 도덕적 인물들은 세기와 우리 인간의 도시를 뛰어넘어 서로 손을 잡는다. 이들은 우리를 들어오라고 부르는 신적인 사회를 구성한다. 우리는 그들의 목소리를 명확히 구별할 수 없을지 몰라도 그들의 호소는 이미 퍼져 있다. 그리고 우리 영혼의 깊은 밑바닥에서 무엇인가가 그 위대한 역사적 인물들의 목소리에 응답한다. 우리가 살고 있는 현실적인 사회에서 우리는 사유에 의해 이상적인 사회로 옮아간다. 우리가 자신 안의 인간적인 존엄성 앞에 머리를 숙이고 자존심에 의해 행동한다고 선언할 때, 우리의 존경심은 이상의 사회로 향한다. 사실 다른 사람에 의해 우리에게 작용하는 힘은 이처럼 비인격적인 힘이 된다. 이러한 비인격적인 성격이 또한 우리 눈에 뜨이게 되는 것은, 인간의 품위를 만들어 내는 당사자가 바로 우리 각자 안에 있는 이성이라고 도덕론자들이 우리에게 설명할 때이다. 그렇지만 이 점에 대해 잘 이해할 필요가 있다. 이성이 인간의 뚜렷한 특징이라는 사실은 어느 누구도 반박하지 못할 것이며 마찬가지로 사람들은 훌륭한 예술 작품이 가치를 갖는다는 의미에서 이성이 뛰어난 가치를 지닌다는 사실도 인정할 것이다. 그러나 이성은 왜 절대적으로 명령할 수 있는지에 대한, 그리고 이때 이성이 어떻게 강제되는지에 대한 설명이 부족하기 때문에 자존심에 의한 행동이 비인격적이라는 말이다. 이성은 약간의 이유들을 제시할 뿐이며, 그 이유에 대해 다른 이유들을 대립시키는 일도 항상 가능한 것처럼 보인다. 그러므로 우리 각자 안에 있는 이성이 우리 자존심을 강조하고 그 자존심의 뛰어난 가치에 의해 우리를 복종시킨다고만 하지 말고, 이성의 배후에는 인간을 신성한 것으로 드러나게 하였고, 그럼으로써 이성에 신성한 성격, 즉 인간의 본질적 속성을 부여했던 사람들이 있다는 사실을 덧붙이자. 우리가 현실 사회의 압력에 굴복함과 동시에, 우리를 이상적인 사회로 이끌어 가고 있는 것은 바로 이러한 사람들이다.

18. 정의(正義)

모든 도덕적 개념들은 서로 침투한다. 그러나 그 가운데 정의의 개념만큼 교훈적인 것도 없다. 왜냐하면 우선 이 정의의 개념은 대부분의 다른 도덕적 개념을 포괄하고, 또한 그것은 더없이 풍부함에도 불구하고 가장 간단한 용어들로 표현되며, 결국 무엇보다도 이 개념에 두 형태의 의무가 서로 연결되어 있음을 보기 때문이다. 정의 개념은 항상 평등(églité)과 균형(propor-tion)과 보상(compensation)의 관념들을 일깨워 왔다. 저울로 잰다(pensare)는 말에서 '보상(compensation)'이나 '보답(récompense)'이라는 말이 파생되었는데, 이것은 무게를 단다(peser)는 의미를 지니고 있다. 정의는 균형과 함께 표상되었다. 공평(èquité)은 평등을 뜻한다. 자(règle), 조정(rè-aglement), 공정(rectitude)과 규칙(régularité)은 직선을 나타내는 낱말들이다. 수학과 기하학에서 살펴보면, 이 직선적 말들은 역사 과정(즉, 실행)을 통해 정의의 특징들을 이룬다. 이 개념은 물물 교환(échanges) 속에서도 이미 명확히 윤곽지어져 있었음에 틀림없다. 한 사회가 아무리 원시적인 사회에서도 물물 교환은 이루어졌다. 그리고 서로 교환된 두 대상이 완전히 똑같은 가치를 갖는지를, 말하자면 똑같은 제3의 물품과 교환할 수 있는지를 의문시하지 않고는 물물 교환이 이루어질 수 없다. 이러한 가치의 동등성은 규칙으로 정립되며, 규칙은 집단의 관습에 유입되고, 우리가 말했듯이 '모든 의무'가 이렇게 해서 규칙에 부과된다. 여기에서 정의의 개념은, 이미 가장 명료한 형태로서 명령적인 성격과 평등의 관념과 자신에게 덧붙여진 상호성의 관념과 함께 성립한다. 그러나 정의는 단순히 사물의 교환에만 적용되지는 않는다. 점차로 이 개념은 오랫동안 사물이나 교환에 대한 모든 생각으로부터 분리되지 않고, 사람들 사이의 관계에까지 그 적용 범위가 확대된다.

이때 정의는 무엇보다도 자연적 충동을 조절하는 데서 성립하며, 여기에 자연적인 상호성의 관념, 예를 들면 자신이 입힌 만큼의 손해에 대한 보상의 관념을 끌어들인다. 원시 사회에서 사람에 대한 가해는, 그 행위가 사회에 신의 분노를 끌어들임으로써 사회 자체에 해를 끼칠 수 있었을 때만 예외적으로 그 사회의 관심을 일으킬 뿐이다. 따라서 피해자나 가족은 이때 단순히 그 본능을 따라야만 하며, 자연스럽게 반응하고 복수해야 한다. 만일 앞에서 행한 나쁜 교환이 막연히나마 교환의 일반적인 법칙에 따르지 않는다면, 복수는 모욕과의 비례가 맞지 않을 수도 있다. 무엇보다 반목은 영원히 계속될 우려가 있으며, 만일 돈에 대한 보상을 어느 한쪽이 받아들이지 않으려고 결심한다면, '복수(vendetta)'는 두 가족 사이에 끝없이 계속되고, 여기에서 이미 물물 교환과 상호성의 관념 가운데 내포된 보상의 관념이 분명히 드러날 것이다. 이제 사회 자체가 엄벌을 부과하고 모든 폭력행위를 단속하는 역할을 맡아야 한다면, 또 만일 이 정의라는 이름이 이미 개인이든 가족이든 간에 그들의 분쟁에 종말을 고하기 위해 조회되는 규칙을 의미한다면, 사람들은 정의를 시행하는 곳이 바로 사회라고 말할 수 있을 것이다. 더욱이 사회는 공격의 경중(輕重)에 대한 형벌을 측정할 것이다. 그렇게 하지 않으면, 사람들은 나쁜 일을 시작했을 때 중단할 마음이 들지 않을 터이기 때문이다. 극단으로 치닫는 모험도 감행하지 않을 것이다. 눈에는 눈, 이에는 이와 같이 당한 피해는 항상 입힌 손해와 똑같아야 한다. 그러나 항상 눈 하나에 눈 하나, 이 하나에 이 하나가 대응할까? 양(量)뿐만 아니라 질(質)도 고려할 필요가 있다. 복수법(loi dutalon)은 한 계급의 내부에만 적용될 것이다. 만일 희생자가 보다 높은 계급에 속할 때, 똑같은 손해, 똑같은 모욕이라도 보다 큰 보상이나 또는 보다 엄한 벌을 요구할 것이다. 요약하면 평등은 하나의 관계에 의존하고 하나의 균형이 될 수 있다. 그러므로 정의가 좀 더 다양한 사실들을 포괄한다 하더라도 역시 이와 같은 방법으로 정의된다. 더욱이 정의는 아주 진보된 문명 상태에서도 지배하는 자와 지배받는 자 사이, 더 일반적으로는 사회적 범주들의 관계에까지 확대될 때에도 변하지 않을 것이다. 실제적인 상황 속에서 정의 개념은 수학적으로 확정된, 그리고 이에 의해 외견상 상당히 확정적인 어떤 것을 형성하는 평등과 균형에 대한 생각들을 끌어들일 것이다. 결국 고대 사회에서 상호 종속된 계급들로의 분할의 근원에 힘이 존재했었다는 사실에는 의심의 여지가 없다. 그러나 계급들의 관습적인 상호 종속은 자연스럽게까지 보이고 그 종속 자체에서 정의에 대한 설명이 발견된다. 하위 계급이 아주 오랫동안 자신의 지위를 받아들이면, 그 계급은 자신이 잠재적으로는 가장 강하게 되었을 때라도 그 그대로의 지위에 만족하고 있을 수 있다. 왜냐하면 그 계급 지위는 지도자들에게 우월한 가치를 부여했을 터이기 때문이다. 더욱이 이 가치의 (체감적) 우월성은 그 지도자들이 지적·도덕적으로 스스로를 완성하기 위해 사용했다면 현실적인 것이 될 것이다. 그러나 이 우월성 또한 조심스럽게 유지된 외견상의 모습에 지나지 않을 수 있다. 실질적이든 외견적이든 타고난 것처럼 보이기 위해서 우월성은 지속되어야 할 필요가 있다. 사람들은 세습적인 특권이 있으면 그만큼 타고난 우월성도 있어야 한다고 생각한다(이러한 등가야말로 정의이므로). 규율을 지키는 사회(세습적 사회)를 원했던 자연은 인간에게 이러한 착각(우월하다는 착각)을 갖도록 만들었던 것이다. 플라톤은 적어도 그의 이상적인 공화국을 위해 이 착각에 참여했다. 이처럼 사람들이 계급제도를 이해한다면, 부담과 특전은 개개인의 가치에 따라, 결과적으로 그들의 임무에 따라 분할되는 하나의 공유재산으로 취급받는다. 정의는 계급에 따라 분담된 그 부담과 특전의 균형을 지닌다. 정의는 측정하고 비례를 이루게 한다. 공리주의적인 말로 표현될 수 없음에도 그 상업적인 근원에 충실하게 남아 있는 이 정의로부터, 교환이나 봉사를 포함하지 않으면서도 침해될 수 없는 권리에 대한 순수하고도 단순한 긍정이며, 어떤 가치와도 비교될 수 없는 인간적 가치인 정의 개념으로 어떻게 나아가는가? 이 물음에 답하기 전에 우리는 언어의 마력에 감탄하게 된다. 마력이란, 한 단어가 기존의 대상에 적용된 뒤에 새로운 관념으로 확대되어 기존의 대상을 변화시키고, 과거의 것에 회고적(回顧的)으로 영향을 끼칠 때 갖는, 이 단어의 새로운 관념에 미치는 영향력을 말한다. 언어 관념의 변이가 여러 번에 걸쳐 이루어지든 단번에 이루어지든, 그리고 언어의 상대적인 정의 개념으로부터 절대적인 정의 개념으로의 전이가 어떻게 표상되든, 거기에는 창조가 있었다. 존재하지 않을 수도 있으며, 어떤 환경, 어떤 사람들 또는 어떤 한 사람이 없었다면 있지도 않았을 어떤 것이 갑자기 이루어진다. 그러나 예견 불가능한 전체 속에, 과거의 것이 탈취된 새로운 것을 생각해서 포함시키는 대신에, 우리는 과거의 것을 예전에 잠재적으로 미리 있었다고 할 전체의 일부를 취급하기를 더 좋아한다. 그래서 고대 사회에서 차례로 나타난 정의관은, 단적으로 현대에 볼 수 있는 완벽한 정의 개념의 부분적 불안전한 모습들에 지나지 않을 것이다. 매우 일반적이며 철학자들이 거의 알아채지 못한 수많은 형이상학적 이론을 망쳤던, 인식론으로 해결할 수 없는 문제들을 부과했던 이러한 착각의 특별한 경우를 상세히 분석하는 일은 필요하지 않다. 단지 말하고자 하는 것은, 이 착각이 운동체가 멈추기를 선택할 경우의 우리 습관과 유사하며, 존재할 정류소로서 출발점과 종착점 사이에 있는 거리의 점차적인 단축이 전진 운동이라고 생각하려는 우리 습관과 결부되어 있다는 점이다. 운동체가 이미 종착점에 도달한 상태에서는 운동을 항상 이와 같이 취급할 수 있기 때문에, 운동이 이 종착점에 점차 '접근(시간에 따라 접근)'하는 방식으로 이루어진다는 결론은 도출되지 않는다. 하나의 한계점만을 가진 간격은 아직 간격이 아니기 때문에 점차 감소할 수는 없다. 그 운동체가 다른 하나의 한계점을 현실적이거나 잠재적인 정지(순간적 정지상태들의 모임)를 통해 창조했을 때, 그래서 우리가 이 운동을 회고적(回顧的)으로 바라볼 때, 또는 단순히 전진하는 운동을 따르면서 이 운동을 미리 이러한 방식으로, 즉 거꾸로 재구성할 때에야 비로소 그 간격은 감소할 것이다. 그러나 우리는 대개의 경우 이러한 방식을 생각하지 않는다. 우리는 현실적인 사물들 속에서까지 가능적인 것이 선재(先在)한다는 형식으로 이 회고적인 예견을 사물들 속으로 끌어들인다. 이 착각은 많은 철학적 문제들의 기원을 이루며, 제논의 양분(兩分, dichotomie) 역설*[20]이 그 전형적인 예이다. 그리고 점점 더 광범위해지는 상대적인 정의의 형식들이 절대적인 정의에 점점 접근하는 식으로 정의될 때, 이러한 착각을 우리는 도덕에서도 발견하게 된다. 우리가 말할 수 있는 것은 기껏해야 한번 절대적인 정의가 설정되면, 상대적인 정의는 절대적 정의에 이끌리며, 우리가 회고적으로 그려낸 하나의 길을 따라 늘어선 수많은 정류소들처럼 간주될 수 있다는 사실이다. 좀 더 말하자면 점진적인 진척이 아니라 어느 한 순간에 갑작스러운 비약이 있다는 말이다! 흥미 있는 점은, 이 비약(Saltus)이 산출되는 정확한 지점을 결정하는 데 있을 것이다. 또한 교훈적인 점은, 생각은 했지만 단지 모호한 형태인 절대적인 정의가 어떻게 이렇게 오랫동안 존경받는 이상 상태에 머물렀으며, 어째서 그 실현이 문제조차 되지 않았는지를 밝히는 데 있다. 첫 번째 점에 관해서는 다년간에 걸친 계급적 불평등으로 받아들여져서 점차 하층 계급의 비판을 받게 되었다. 게다가 지도층은 시간이 흐름에 따라 점점 가치를 잃어갔다. 왜냐하면 그들은 스스로 너무 자만하여 내적 긴장에 보다 큰 지성과 의지의 힘을 추구했고, 그럼으로써 그들의 지배를 공공연하게 했던 내적 긴장이 해이해졌기 때문이다. 그렇지만 그들이 단결한 채로 있으면 그들의 지위는 유지될 것이다. 그러나 자신의 개성을 주장하려는 그들의 경향 때문에, 언젠가는 주인이기를 주장하고, 이미 국사에 관여하고 있는 하층 계급에서 자신의 지지기반을 찾으려는 야심가를 발견할 것이다. 이때는 상층 계급 사람에게서 더 이상 천부적인 우월성도 찾을 수 없게 되어 매력은 사라진다. 이처럼 귀족 정치는 민주 정치로 해소되기에 이르는데, 이는 단순히 정치적인 불평등이 불안정 요소로 작용하기 때문이다. 이는 마치 실현된 정치적인 평등이 단순한 현실에 지나지 않아 예외를 허용하는 경우, 예를 들면 도시에서 노예 제도를 묵인해야 할 경우의 불안정성과 같다. *21 그러나 이러한 기계적으로 도달된, 즉 고대적인 정의에 의해 이루어진 균형처럼 항상 일시적인 '형평'과, 현재 우리가 가진 정의, 즉 관계나 측정의 관념을 더 이상 불러일으키지는 않으나 반대로 측정할 수 없는 절대적인 것의 관념을 일깨우는 '인권'이라는 정의 사이의 거리가 멀다. 이 후자(인권)의 정의는 수학자들이 말하는, '무한히'라는 의미에서만 완전한 표상을 지닐 것이다. 이 정의는 단적으로, 또한 절대적으로 일정한 순간에 금지에 의해서만 형식화된다. 그러나 그 '인권'의 정의가 지닌 적극적인 측면에서 볼 때, 이 정의 개념은 계속적인 창조에 의해 나아가며, 이 창조 각각은 그 인격의, 따라서 인류의 보다 완전한 실현이다. 이 실현은 법의 매개에 의해서만 가능하며 사회의 승인을 함축하고 있다. 게다가 사람들이 이 실현은 장구한 역사 속에서 일정 시기의 사회적 영혼의 상태에 의해 조금씩 저절로 이루어진다고 주장해도 소용없는 일일 것이다. 그 인류의 완전한 실현은 앞으로의 도약이며 사회가 하나의 경험에 대한 시도를 결심한 경우에만 수행된다. 이를 위해서 사회는 스스로 정복 당하도록 내버려 두어야 하며 적어도 동요되도록 내버려 두어야 한다. 그리고 이 동요는 항상 어느 한 사람에 의해 야기되어 왔다. 이 도약 전진은 그 배후에 어떤 창조적인 노력이 없다거나, 예술가의 창의성과 비교될 만한 창의성이 없다고 주장해도 소용없을 것이다. 이런 주장은 대부분의 거대한 변혁이 처음에는 실현할 수 없는 듯이 보였고 실제로도 그랬다는 사실을 망각한 주장이다. 이 변혁은 오직 영혼의 상태가 실현됨으로써 초래되는 것임에 틀림없는 사회에서, 영혼의 상태가 이미 갖추어져 있을 때만 실현될 수 있었다. 그리고 여기에 우리가 빠져나오지 못하는 순환이 있으며, 우리가 빠져나오는 경우는, 하나 또는 몇몇의 우월한 영혼이 그 자신 안에서 사회적인 영혼을 팽창시켜 자신의 배후에 사회를 이끌면서 이 원을 돌파하고 나가는 경우뿐이다. 그런데 그것(사회적 영혼을 확장시켜 사회성을 지니는 변혁)은 예술적 창조의 기적이다. 천재적인 작품은 처음에는 우리를 어리둥절케 하지만 점점 그 존재 사실만으로도 그 작품을 이해하게 하는 예술관과 예술적 분위기를 창조할 수 있다. 이때 그 작품은 회고적 관점에 의해서 천재적인 작품이 될 것이다. 그렇지 않으면 그 작품은 처음에 있었던 대로 단순히 혼란만을 주는 작품으로 남게 될 것이다. 금전 투기의 경우 좋은 생각이었다고 하는 것은 성공했을 때이다. 이와 같은 경우는 예술적 창조에도 있다. 차이가 있다면 처음에 불쾌감을 주었던 작품이 끝내는 성공하기에 이른다면, 이 성공은 작품 자체에 의해 발생한 대중적인 기호의 변화에 기초한다는 사실이다. 그러므로 예술적 작품은 사물이자 힘이다. 그 작품의 물리적 힘은 이 작품에 예술가가 전달하는 약동이거나 또는 보이지는 않으나 그 작품에 깃들어 있는 예술가의 약동 자체이다. 도덕적 발명에 대해서도 그리고 특히 점점 정의의 관념을 풍부하게 하는 계속적인 창조에 대해서도 사람들은 그와 같이 말할 것이다. 그 창조들은 무엇보다도 정의의 내용에 영향을 주며, 그 형식도 바꾸어 버린다. 먼저 형식에 대해 말하자면 정의는 언제나 의무적인 것으로서 나타나지만 오랫동안 다른 것들과 같은 하나의 의무였다는 점이다. 정의는 다른 의무들과 마찬가지로 사회적인 필요성에 부응했다. 그리고 정의를 의무적인 것으로 만든 요인은 개인에 대한 사회의 압력이었다. 이런 조건에서 불의도 다른 범법과 똑같이 나쁜 것이다. 노예들에게는 정의라는 것이 없었거나 또는 있어도 임의의 상대적인 정의였다. 국민의 영원한 복지는 단순히 최고법일 뿐만 아니라, 그러한 단순한 최고로서 존속해왔고 선포되었다. 그러나 오늘날 우리는 그러한 국민의 복지가 불의를 정당화하는 것을 원칙으로 받아들이지 않고 있으며, 이것은 우리가 이 원칙으로부터 이런

저런 결과들을 얻을 경우조차도 그러하다. 이 점에 대해 충분히 생각하고 다음의 유명한 물음을 던져 보자. '만약 우리가 국민들의 구원을 위해, 인류의 생존 자체를 위해, 어디에선가 영원히 고통받도록 선고받은 한 무죄인 사람이 있음을 알 경우, 우리는 어떻게 할 텐가?' 아마 마법의 미약(媚藥)이 우리로 하여금 이 물음을 망각하게 하여 우리가 그 물음에 대해 아무것도 모르게 된다면, 우리는 앞선 상태의 사실대로 허용할 것이다. 그러나 이러한 사실을 알고 생각해야 한다면, 그리고 이 사람이 우리를 살리기 위해 잔인한 형벌을 받고 있으며, 그것이 우리의 생존 일반의 기본적 조건이라고 생각해야 한다면, 우리는 차라리 더 이상 아무것도 존재하지 않음을 인정하는 편이 나을 것이다. 오히려 이 지구를 파멸시키는 편이 낫다. 대체 무슨 일이 일어났단 말인가? 어떻게 하면 정의가 그것이 희미하게 내재해 있던 사회 생활로부터 나타나서 이 생활을 넘어 비상하며, 그 무엇보다 더 높이 정언적(定言的)이고 초월적인 것이 되어 비상할 수 있게 될까? 바로 이스라엘 선지자들의 어조를 회상해 보면 되겠다. 우리가 큰 불의를 저지르고 또 용서받을 때 듣는 것은 그들의 목소리이다. 몇 세기의 심연으로부터 그들은 자신들의 항변을 이끌어 냈다. 확실히 정의는 그들의 존재 이래로 크게 확장되었다. 그들이 설교한 정의는 무엇보다 이스라엘에 관계한다. 그들의 불의에 대한 분노는 신에게 불복하는 그 백성이나 또는 이 선택받은 백성의 적들에게로 향한 여호와의 분노였다. 예컨대 이사야가 보편적인 정의를 생각할 수 있었던 까닭은, 하느님에 의해 다른 민족과는 구별되었고, 계약에 의해 하나님과 맺어진 이스라엘이 다른 인류보다 더 높이, 모범으로 취해질 만큼 고양되었기 때문이다. 적어도 선지자들은 정의(正義)에다, 그것이 지니고 있었고 그 이후로 무한히 확장된 내용에 새겨넣었던 극단적인 명령적 성격을 부여했다. 그러나 명령의 이러한 극단적 확장은 더 이상 단독적으로만 이루어지지는 않았다. 이 정의들 각각에 충분한 학식이 있는 역사가가 고유명사를 부여했다. 정의 각각은 하나의 창조이며, 문은 항상 새로운 창조를 향해 열려 있다. 선지자적 전통이 정의의 형식에 대해 그러했듯이, 정의의 내용에 대해 결정적이었던 진보는 도시의 경계선에 머물렀고, 또한 도시 안의 자유로운 사람들로 만족한 상태를 모든 인간을 포함하는 보편적인 공화국으로 대치하는 데에서 성립했다. 그 밖의 모든 것은 이 사실로부터 유래한다. 왜냐하면 그 문이 늘 새로운 창조를 향해 열려진 채로 있고, 또한 열려야 했기 때문이다. 이 두 번째 진보, 즉 닫힌 것에서 열린 것으로의 이행이 기독교에 기인한다는 사실은, 마치 첫 번째 진보가 유대인의 예언자적 전통에 기인했던 사실과 같다는 것은 의심의 여지가 없다. 이러한 일(이행)이 순수 철학에 의해 수행될 수 있었을까? 철학자들이 이 일을 어떻게 지나치고 접촉했으며 또한 놓쳤던가를 보는 일은 매우 교훈적일 것이다. 분명히 초감각적인 이데아 가운데 인간의 이데아를 포함시킨 플라톤은 제쳐두도록 하자. 그 사고방식으로부터 모든 인간이 똑같은 본질로 되어 있다는 결론이 도출되지 않았던가? 이 사실로부터 모든 사람은 인간인 한 동등한 가치가 있으며, 본질의 공통성이 이들에게 똑같은 기본적 권리를 부여한다는 관념에까지는 단지 한 발짝의 거리가 있을 뿐이다. 그러나 이 한 발짝이 떼어지지 않았다. 이방인들은 야만인들로서 어떠한 권리도 요구할 수 없다는 그리스적 관념을 버렸어야 했고, 노예 제도를 부정해야 할 필요가 있었다. 게다가 이런 것(평등관념)이 과연 고유한 의미의 그리스적인 관념인가? 우리는 고대인에게서나 현대인에게서, 기독교가 침투되지 않았던 곳에서 이러한 관념(평등 관념)이 어디든 잠재적인 상태에 있음을 발견한다. 예를 들면 중국에서는 아주 고도의 도덕적 교설이 나타났으나 인류를 위해 법률로 제정하려는 생각은 전혀 없었다. 중국은 사실상 중국인 사회에만 관심이 있다. 그렇지만 기독교 이전에, 스토아주의가 존재했다. 철학자들은 모든 사람이 형제이며 현인은 세계시민이라고 선언했다. 그러나 이 선언들은 아마도 실현할 수 없다고 생각된 이상(理想)의 표명이었다. 위대한 스토아주의자 중 어느 누구도, 심지어 황제였던 사람까지도 자유인과 노예, 로마 시민과 야만인 사이의 장벽을 낮출 수 있다고 생각하지 않았다. 동등한 권리와 인격의 불가침성이 내포된 보편적인 동포애의 관념이 작동하기 위해서는 기독교의 도래를 기다려야 했다. 사람들은 이 작동이 매우 느렸다고 말할 것이다. 인권이 아메리카 청교도들에 의해 선언되고, 곧이어 프랑스 대혁명의 주도자들에 의해 추종되기까지는 18세기라는 세월이 흘렀다. 그럼에도 이러한 사상은 역시 복음서의 가르침과 함께 시작되었고 무한히 계속되었다. 존경받을 만한 현인들에 의해 사람들에게 단순히 제시된 이상과, '사랑의 사명'을 띄고 세계로 전파되어 사랑을 불러일으킨 사상은 분명히 다르다. 사실 여기에서 문제되는 것은 더 이상 격률로 완전히 형식화할 수 있는 일정한 지혜가 아니다. 오히려 사람들은 하나의 방향을 지시했고 하나의 방법을 도입했다. 기껏해야 사람들은 잠정적일 뿐이며, 따라서 끊임없이 새로운 노력을 요구하는 목적을 지시했을 뿐이다. 게다가 이 목적을 위한 각각의 노력은 적어도 어떤 사람들에게는 필연적으로 하나의 창조적인 노력이었음에 틀림없다. 그 방법은 어떤 사회에서는 실제로 가능하지 않은 일을 가능한 일로 가정하고, 이로부터 사회적 영혼에게 일어날 것을 표상하고, 또 선교 운동이나 모범에 의해 이 영혼의 상태에서 무엇인가를 귀납하는 데서 성립하였다. 결과가 얻어진 뒤에는 거슬러 올라가 그 원인을 추적하여 완성할 것이다. 새롭지만 점차 사라져 버리는 이 감정(즉, 새로운 노력을 요구하는 각자의 목적을 지닌 사회적 영혼)들은 또다시, 이 감정들이 나타나는 데 필수적인 듯이 보이고 감정을 견고하게 하는 데 봉사할 새로운 입법을 제정하도록 자극할 것이다. 이처럼 정의의 현대적 관념은, 성공했던 일련의 개인적인 창조에 의해, 그리고 이와 똑같은 약동에 의해 생명을 얻은 수많은 노력에 의해 진보했다. 고전적인 고대인들은 선교 운동을 알지 못했다. 그들의 정의는 올림포스 신들의 명랑한 무감각을 지니는 반면, 확장의 필요성, 전도에 대한 열정, 약동, 운동성, 이 모든 성격은 유대 기독교적인 기원에서 유래한다. 그러나 사람들은 같은 말을 여전히 계속 사용했기 때문에 이들이 똑같은 것이라 확신했다. 이 사실은 아무리 반복해도 지나치지 않다. 즉, 계속적이고 개인적이며 우연적인 창조들 각각은 서로 다음 창조의 원인이 되었으나, 이 창조의 사후(事後)에 이들이 서로 연결되는 것으로 보일 경우에는, 이들을 일반적으로 같은 항목으로 분류하여 같은 개념으로 요약하였으며 같은 이름으로 불렀다. 더 자세히 살펴보자. 이러한 이름은 이렇게 구성된 계열에서 기존의 항목에만 적용되지는 않을 것이다. 그 이름은 모든 계열을 지칭하고 미래를 예견하면서 마지막까지 붙여질 것이며, 이 과정은 무한히 계속된다. 이와 마찬가지로 사람들은, 개방(순수한 정신성화)되어 있으나 내용이 불확정된 개념(즉, 전체적 개념)을 오랫동안 그리고 영원히 완성된 것처럼 상정할 것이다. 이 경우 저마다 얻은 진보는 예전의 것에 의해 그만큼 이득을 본 셈이다. 그리고 현실은 이러한 모든 영원한 정의(正義)에 조금씩 동화되면서, 그 이상(理想)을 잠식해 들어갈 것이다. 그리고 이런 일은 정의의 관념에서만 참이지는 않고, 이 관념과 동등한 관념들, 예를 들면 평등, 자유의 관념에서도 참이다. 사람들은 기꺼이 정의의 진보를 자유와 평등으로의 행진으로 정의한다. 이 정의(定義)는 공격받지 않는다. 그러나 이러한 정의로부터 사람들은 무엇을 이끌어낼 것인가? 이 정의는 과거에는 마땅했으나 미래에까지 우리의 선택방향을 지정하는 경우는 드물다. 자유를 예로 들어 보자. 일반적으로 한 개인은 타인의 자유를 손상하지 않는 한 모든 자유에 대한 권리를 가진다고 말한다. 그러나 이 새로운 자유에 대한 특권이 오늘날 사회에서는 모든 자유의 상호 침해 결과를 초래함으로써, 이 개념의 변혁이 변화시킬 감정과 관습들을 지닌 사회 속에 반대의 결과를 산출할 수도 있을 것이다. 그러므로 그와 같은 종류의 모든 기존의 자유를 전혀 침해하지 않고서는 한 개인에게 허용된 자유의 양이 얼마인가를 선험적으로 말하기란 종종 불가능하다. 자유는(이를테면, 침해당하여) 그 분량이 변하면 더 이상 똑같은 성질의 자유가 아니다. 다른 한편 평등은 자유의 대가(희생)를 치르고서만 겨우 성취된다. 그래서 이 둘 가운데 어느 것이 더 바람직한지 스스로 물을 필요가 있다. 그러나 이 질문은 어떠한 일반적인 답변도 갖지 못한다. 왜냐하면 어떠한 자유의 희생이 시민들 모두에 의해 자유롭게 동의된다 하더라도, 그러한 자유의 희생 역시 자유에 속해 있기 때문이다. 그리고 무엇보다도 남은 자유는, 평등한 방향에서 수행된 변혁에 의해 사람들이 더 마음 편히 살 수 있고 행위의 기쁨을 더 잘 체험하는 사회가 주어진다면, 보다 우월한 성질의 자유일 수도 있을 것이다. 무슨 일을 하든, 우리는 항상 도덕적 창조자들의 개념으로 되돌아와야 한다. 이 도덕적 창조 개념들은 사유에 의해 하나의 새로운 사회적 분위기, 보다 나은 생활을 영위할 수 있는 환경, 즉 사람들이 한번 경험해 보면 이전의 상태로 되돌아가려고 하지 않을 그러한 사회로 표상된다. 이렇게 해야만 도덕적 진보는 정의될 것이다. 그러나 어떤 특이한 도덕적 본성이 새로운 음악과 비슷한 새로운 감정을 창조하고, 이 감정에 자신의 고유한 약동을 새겨넣어 사람들에게 전달한 뒤에야 이 도덕적 진보에 대한 정의는 가능하다. 이처럼 '자유', '평등', '권리의 존중'에 대해서 생각해 본다면, 사람들은 우리가 구분해 왔던 정의, 즉 개방된 정의는 폐쇄된 정의라는 두 정의 관념 사이에 단순한 정도의 차이가 아니라 근본적인 성질의 차이가 있음을 보게 될 것이다. 왜냐하면 상대적으로 안정되고 폐쇄된 정의는 자연으로부터 발생한

한 사회의 자동적인 평형으로 나타내는 정의로서, '의무 전체'가 결부된 관습에서 표현되며, 이 '의무 전체'는 이들이 여론에 의해 용납됨에 따라 계속적인 창조에 개방된 다른 정의의 명령들을 포함하기 때문이다. 이처럼 똑같은 형식이 두 내용, 즉 사회에 의해 제공된 의무와 인간의 천재성으로부터 나온 의무에 부과된다. 결국 실제적으로 이 둘은 혼동되고 있음에 틀림없다. 그러나 철학자라면 이 둘을 구분할 것이다. 그렇지 않으면 그는 의무의 기원 및 사회적 진화의 성격에 대해서 큰 오류를 범하게 되는 수고를 통하여 이들을 구분할 것이다. 사회적 진화는, 나중에 그 사회를 변혁시키도록 미리 정해져 있던 방법에 의해 처음부터 발전해 온 사회의 진화는 아니다. 발전과 변화 사이에는 유사한 것도 공통적인 척도도 없다. 폐쇄된 정의와 개방된 정의는 똑같이 명령적인 법칙들로 구체화되고 똑같이 형식화되며 외면적으로 서로 닮았기 때문에, 이로부터 이 둘이 똑같은 방식으로 설명되어야 한다는 결론은 나오지 않는다. 도덕의 이중적 기원과 의무의 두 구성 요소에 대해 이보다 더 적당한 예는 없을 것이다.

19. 강압과 동경

오늘날의 사태에서 이성은 틀림없이 유일한 명령으로 나타나고, 인간의 관심은 도덕적 개념에 고유한 권위와 내재적인 힘을 부여하는데 있으므로, 결국 문명 사회에서 도덕적 행위가 본질적으로 이성적이라는 사실은 의심의 여지가 없다. 그렇지 않다면 우리가 각각의 특별한 경우에 무슨 일을 해야 하는가를 어떻게 알 수 있을까? 하나는 충동적이며 다른 하나는 매력적인 힘들이 여기에 있다. 결단을 내려야 할 때마다 우리가 이 힘들에 직접 기댈 수는 없다. 이것은 한편으로는 사회 일반이, 다른 한편으로는 선택받은 인간이 우리를 위해 한 일을 쓸데없이 되풀이하는 셈이 될 것이다. 이 때문에 그 일은 규칙들로 형식화되고 이상으로 그려지기에 이르렀다. 이 규칙을 따르고 이 이상에 일치하는 것이 도덕적으로 사는 길일 것이다. 이렇게 해서 사람들은 비로소 자신과 완전히 일치하고 있음을 확신하게 될 것이다. 이성적인 길 이외에 일관성 있는 길은 없다. 이렇게 해서만 행위의 노선들이 서로 비교될 수 있으며 노선들의 도덕적 가치가 평가될 수 있을 것이다. 사태가 이렇게 명백하므로, 우리는 이 사실을 지적하지는 않았지만 대부분의 경우

이 사실을 암묵 속에 승인해 왔다. 그러나 이로부터 우리의 설명이 도식적이고 충분하지 않은 것으로 보였을지 모른다. 사실 지적인 차원에서 도덕에 대한 모든 요구는 서로 침투하며, 이 각각의 개념은 라이프니츠의 단자(單子)처럼 얼마쯤 다른 개념들을 반영하고 있다. 이 차원의 위 또는 아래에서 우리는 힘들을 발견하는데, 이 힘들 각각은 고립된 채로는 지성적 차원에 투사된 것의 일부분에만 상응한다. 우리가 채용한 방법은 명백히 이런 결점을 갖고 있고, 또한 그것은 불가변적이다. 우리는 이 방법을 사용해야 하기 때문에, 그 방법을 적용하면서 반드시 반발을 일으킬 것이다. 결론적으로 우리는 이 방법을 새롭게 특성화하고 정의하려 한다. 비록 어떤 점에 대해서는 우리가 이미 말할 기회가 있었던 것을 거의 같은 말로 반복해야 하더라도 말이다.

구성원들이 유기체의 세포처럼, 또는 거의 같지만 개미집의 개미들처럼 서로 유대를 맺고 있는 인간 사회란 결코 존재하지 않았다. 그러나 원시 인류의 집단들은 분명 오늘날의 집단보다는 이에 더욱 가까웠다. 자연은 인간을 사회적 동물로 만들면서 이런 밀접한 연대성을 원했으나, 개인은 사회적인 이익 자체를 위해 자연이 마련해 주었던 지능을 전개하는데 필요한 만큼 이 연대감을 이완시켰다. 이것이 우리의 설명 중 처음 부분에서 검증하는데 그쳤던 주장이다. 이러한 검증은 후천성의 전승을 논의 없이 믿어 버리는 도덕 철학에 있어서 별로 중요하지 않다. 즉, 이 도덕 철학의 경우에 오늘날의 사람은 그 가장 먼 선조와 전혀 다른 경향을 가지고 태어날 것이다. 그런데 경험이 보여 주는 바에 따르면 우리에게 습관의 전승은—그것이 일어난다고 할 경우—하나의 예외를 보여준다. 이 예외는 자연적 기질의 깊은 변화를 결정하기에 충분할 정도로 규칙적이거나 빈번한 사실이 아님을 보여 준다. 우리는 이 경험을 믿는다. 그러므로 문명인과 원시인의 차이가 근본적일지라도, 그 차이는 오직 어린이가 처음 의식이 깨어난 이래로 축적해 온 것들로부터 유래한다. 즉 수세기 동안의 문명에서 인간의 모든 획득물이 거기에, 그의 곁에, 그가 배운 과학, 전통과 제도, 관례, 그가 배워 말하는 구문과 단어, 그를 둘러싼 사람들의 동작에까지 침전되어 있다. 원초적 자연의 바위를 덮고 있는 것은 이러한 식물의 두터운 지층이다. 이 지층이 천천히 축적된 수많은 원인들의 결과를 나타낸다 하더라도 소용없는 일이다. 이 층은 또한 그 자신이 올라앉아 있는 지반과 거의 같은 형상이 되어야 했다. 요약하면 우리가 우리 의식의 심층에서 발견하는 의무, 이 말이 잘 나타내듯이 우리를 사회의 다른 구성원들과 연결시키는 이 의무는, 개미집의 개미들이나 유기체의 세포들을 서로 통합하는 끈과 같은 종류의 끈이다. 이 끈은, 사람처럼 지능적이 된 개미의 눈에, 또는 지능적인 개미처럼 독립적으로 운동할 수 있게 된 세포의 눈에도 의무의 형태로 드러날 것이다. 물론 나는 내용없이 이렇게 단순한 형식으로 보이는 의무에 대해 말하고 있다. 즉, 이 의무에는 환원될 수 없는 요소가 있고, 그런 요소는 또한 우리의 도덕적 본성에 항상 현존해 있다. 이 형식의 틀에 삽입되는 내용은 지능적 존재에게는, 이 형식에 직접적인 요청을 받아서가 아니라 이미 여기에 삽입되어 있는 지성적인 내용의 논리적 압력 하에서 문명의 진보에 따라 그리고 새로운 내용의 끊임없는 출현에 따라 점점 이성적이고 일관적이게 된다. 우리는 또한 서로 다른 형식 속으로 유입되도록 형성된 내용, 매우 간접적이기는 하지만 사회 보존의 필요성에 의해서가 아니라 개인적인 의식의 동경에 의해 도입된 내용이 어떻게 다른 도덕과 마찬가지로 지성적 차원에 머물면서 이러한 형식을 취하는지를 보았다. 그러나 의무 속에 어떤 고유한 의미의 명령적인 요소가 있다는 사실을 우리가 다시 언급할 때마다, 그리고 우리는 지성이 의무를 풍부하게 하기 위해 그 안에 삽입시킨 것, 이성이 의무를 정당화하기 위해 자신의 주위에 놓아두었던 모든 것을 의무에서 발견할 때에도, 우리가 마주하는 것은 또 다시 이 기본적 구조이다. 순수한 의무는 이와 같다.

20. 주지주의

신비적인 사회란, 온 인류를 포함하며 공동의 의지에 의해 생기를 띠고 보다 완전한 인간을 끊임없이 새롭게 창조하는 사회로서, 동물 사회에 비교될 만한 유기적 기능을 하는 인간 사회가 과거에 존재하지 않았듯이, 미래에도 명백히 실현되지 않을 것이다. 순수한 동경은 적나라한 의무처럼 이상적인 한계이다. 그렇다 해도 진실로 문명 사회를 자신의 운동 속으로 이끌었고, 오늘날에도 이끌고 있는 당사자는 신비한 영혼들이다. 그들이 어떠한 존재였는가, 또 무엇을 했던가에 대한 추억은 인류의 기억에 저장되어 있다. 특히나 이 추억을 우리 저마다에게 남아 있는 심상에, 즉 이 신비에 참여했고 자신의 주위에 이 신비를 내뿜고 있는 인격의 모습과 근접시킨다면, 우리는 누구나 이 추억을 되살릴 수 있다. 가령 이러저러한 위대한 인물을 떠올리지는 않아도, 우리가 그를 떠올릴 수 있다는 사실은 알고 있다. 그러한 인물은 우리에 대해 잠재적인 매력을 발휘한다. 우리가 이 인물들에게 무관심하다 할지라도, 문명화된 인류가 오늘날 받아들이고 있는 도덕의 일반적 형식은 역시 존재한다. 이 형식은 두 사실, 즉 비개인적인 사회적 요구에 의해 내려진 명령 체계(un système d'ordres)와, 인류 가운데 있는 가장 우월한 것을 대표하는 인물들에 의해 우리 각자의 양심에 부여된 호소들 전체(un ensenble d'appels)라는 두 가지를 포함하고 있다. 명령에 결부되는 의무는, 그런 의무가 근원적이고 기초적이라는 점에서 지성 이하이다. 호소의 효과는 이미 일깨워졌고 현재도 그러하며 앞으로도 그러할 수 있는 정서의 힘에 기초한다. 이 정서는, 그런 정서가 단지 관념으로 무한히 해체될 수 있기 때문에라도 관념 이상이며 지성 이상이다. 의무와 정서, 이 두 힘은 영혼의 서로 다른 영역에서 작용하며 지성의 영역인 중간적 차원에 투사된다. 이후에, 이 두 힘은 자신들이 투사된 투사물에 의해 대치될 것이다. 이 투사물은 서로 섞이고 침투한다. 그 결과 명령과 호소는 순수 이성의 어휘들로 대치된다. 정의는 이처럼 사랑에 의해 끊임없이 확장되며, 사랑은 점점 단순한 정의의 형식을 취한다. 도덕적 요소들은 동질적이고 서로 비교되며 거의 약분될 수 있는 공통의 성질이 된다. 도덕적 문제들은 명확히 말해지고 방법적으로 해결된다. 인간은 일정한 수준을—의무가 단순히 본능적인 동물 사회보다는 높고, 모두가 창조적 약동인 신(神)들의 모임보다는 낮은 위치를—점유하도록 유치된다. 그러므로 이처럼 유기화된 도덕적인 삶의 현상들을 고찰해 보면, 사람들은 이런 현상이 완전히 그들 사이에 일관적이고, 따라서 모두 원리에로 환원될 수 있음을 발견한다. 도덕적 삶은 이성적인 삶이 될 것이다.

사람들은 모두 이 점에 찬동할 것이다. 그러나 도덕적 행위의 이성적 성격을 확인해도 그로부터 도덕의 기원과 기초까지도 순수 이성에 있다는 사실은 도출되지 않는다. 보다 큰 문제는 의무를 수행하기 위해서 자신을 제멋대로 놔두기가 결코 충분하지 않을 경우에도 우리가 왜 의무감을 느끼는가를 아는 일이다.

이때 자기 주장을 하는 당사자가 이성임을 나는 충분히 안다. 그러나 만일 이성이 그 이름으로만 표현된다면, 그리고 이성이 자신의 배후에 지니는 어떤 힘들의 작용을 이성적으로 진술하는 일 이외의 일을 한다면, 어떻게 이성은 정열이나 사심에 맞서 싸울 것인가? 이성이 그 자체만으로 충분하며 이를 증명할 수 있다고 주장하는 철학자는 암묵 속에 이 힘들을 다시 이끌어들이는 경우에만 그의 증명에 성공한다. 더구나 이 힘들은 그도 모르게 슬며시 돌아와 있었다. 실제로 그 철학자의 증명을 탐구해 보자. 그의 증명은, 그가 텅 빈 이성을 취하는가 아니면 그 이성에 내용을 남겨두는가에 따라서, 그가 도덕적 의무를 자기 자신과 일치하는 무조건적인 필연성으로 보는가 아니면 논리적으로 어떤 목적을 따르게 하는 권유로 보는가에 따라 두 형식을 취한다. 이 두 가지 형식을 차례로 고찰해 보자. 위탁금은 되돌려주어야 하는데, 그 이유는 만일 보관자가 그 위탁금을 차지한다면 그것은 더 이상 위탁금이 아니기 때문이라고 칸트가 말했을 때,*22 그는 분명 말장난을 하고 있다. 또는 좋게 이해하면 칸트는 위탁금이라는 말을, 예를 들면 한 친구에게 일정액의 돈을 나중에 청구하기로 하고 맡겨 놓은 물적 사실로 이해하고 있다. 그러나 단지 통지에 그치는 물적 사실만으로는, 보관자가 필요로 하지 않는 경우에는 돈을 반환하기로 결심하고, 돈이 필요할 경우에는 보관자가 가로채도록 결심하는 결과를 불러올 것이다. 이 두 행위는 '위탁금'이라는 말이 도덕적 관념을 수반하지 않는 물적 심상만을 일깨우는 한, 똑같이 일관적인 행위이다. 그러나 도덕적인 고려들이 한편에서 이루어지고 있다. 즉, 예금 위탁이 '신뢰'받고 있고 이 신뢰가 배반 되어서는 '안 된다'는 관념, 보관자가 그 행위에 '책임을 지고' 그가 '약속을 했다'는 관념, 그가 아무 말도 하지 않았다 할지라도 그는 암묵적으로 '계약'에 묶여 있다는 관념, 소유'권'이 존재한다는 관념 등등. 그러므로 실제로 예금 위탁을 인정하면서 위탁 예금의 반환을 거부하는 행위는 사실 자기 모순이 될 것이다. 예금 위탁은 더 이상 성립할 수 없다. 그 철학자는 이 경우 비도덕적인 행위가 곧 비이성적인 행위라고 말할 수 있다. 그러나 문제는 바로 그 보관자가 행한 승인과 함께 '예금 위탁'이라는 낱말의 사용이 고유한 의미에서의 도덕적 관념들과 관습, 의무들이 존재하고 있는 인간 집단에서 이루어진다는 사실이다. 즉, 도덕적 의무가 인도되는 곳은 더 이상 자기 모순이 없는 텅 빈 필연성이 아니다. 왜냐하면 여기에서 모순은 승인에 의해 이미 있었던 것으로 나타나는 도덕적 의무를 승인한 뒤에 단순히 이 모순을 거부함으로써 성립할 것이기 때문이다. 그러나 이런 미묘한 점은 잠깐 제쳐두자. 논리를 존중하는 곳에 도덕을 기초할 수 있다는 주장은 사변적인 내용의 논리에 이끌리며, 그래서 모든 일이나 온 인류에게는 논리가 최고 권위를 가지고 부과된다고 믿는 철학자들이나 현자들에게서 나타날 수 있었다. 그러나 과학자가 그의 탐구를 성공하려면 사태들의 논리와 논리 일반을 존중해야 하며, 이와 같은 것이 과학자다운 과학자의 관심이라는 사실로부터, 마치 인간 일반이나 또는 한 인간으로서 과학자의 관심까지도 그러하다는 듯이, 우리 행위에 항상 논리를 도입할 의무가 있다는 결론은 도출되지 않는다. 정신의 사변적인 기능에 대한 우리의 감탄은 커도 좋다. 그러나 철학자들이 정신의 사변적인 기능은 이기주의와 정념을 침묵시키는 데 충분하다고 주장할 때, 그들이 우리에게 보여 주는 바는—우리는 이 점에 대해 그들을 축하해야 한다—그들의 마음속에서 어떤 목소리가 크게 울려퍼짐을 일찍이 듣지 못했다는 점이다. 이성을 마치 내용이 없는 순수한 형식으로 취급하기를 요구하는 도덕에 대해서는 이와 같다. 이 형식에 내용을 덧붙이는 도덕을 고찰하기 전에, 대부분의 경우 사람들이 두 번째 도덕에 도달했다고 믿을 때, 그들은 사실 첫 번째 도덕에 얽매여 있다는 점에 주의해야 한다. 이와 같은 일은 도덕적 의무를 선(善)의 관념이 부과된 힘에 의해 설명하는 철학자들에 의해 수행된다. 만일 철학자들이 유기적인 사회 속에서, 즉 사회적 응집력을 유지하고 인류를 진보케 하는데 적합한 능력의 다소에 따라 인간의 행위들이 분류되었고, 무엇보다도 어떤 일정한 힘이 이 응집력을 산출하며 진보를 보증하는 사회에서 이 선의 관념을 취한다면, 물론 그들의 활력은 이 선에 일치하는 만큼 도덕적이라고 말할 수 있다. 그리고 그들은 또한 이 선이 의무적인 선으로 생각된다고 덧붙일 수 있다. 그러나 이 선은 단순히 어떤 적합성을 보이는 행위들을 배열하는 데 편리하고, 우리가 정의했던 충동과 매력의 힘에 의해 결정된 것으로 느끼는 하나의 단어일 뿐이라는 사실이다. 그러므로 한편으로 이 다양한 행위들의 위계와, 이에 따른 그들 각각의 가치에 대한 표상과, 다른 한편으로 부과된 행위가 갖는 의사적(擬似的) 필연성(quasi-nécessité)은 선의 관념 안에 이미 있고, 이 선의 관념은 사후(事後)에야 예절과 명칭을 제공하기 위해 나타났을 뿐이다. 이 선의 관념은 혼자 내버려 두면, 행위들을 분류하는 데 쓰이지 않았을 수도 있으며, 또한 행위들을 부과하는 데도 공헌할 수 없었다. 반대로 사람들은 선의 관념이 모든 의무와 동경의 근원이었고 또한 인간 행위를 평가하는 데 사용된다고 주장하려면, 어떤 행위가 이 선에 일치하며 무슨 징표에 의해 아는가를 우리에게 설명해야 할 것이다. 따라서 사람들은 우리에게 선을 정의해 보여야 한다. 그리고 우리는 존재의 위계 아니면 적어도 행위들의 위계, 즉 어떤 것들과 다른 것들의 상하관계에 대한 가정 없이도 이 선을 정의할 수 있을지는 알지 못한다. 이 위계가 자체적으로 존재한다면, 이 위계를 세우기 위해 선의 관념에 호소할 필요는 없다. 그 밖에 우리는 왜 위계가 보존되어야 하고, 왜 이 위계를 존중해야 하는지 알지 못한다. 사람들은 위계 설정을 위해 미적인 이유만을 채용할 수 없으며, 하나의 행위가 다른 행위보다 '더 훌륭하다' 주장하고, 그 행위가 우리를 존재의 계열에서 좀더 높거나 낮은 곳에 위치시킨다고 할 수밖에 없다. 그러나 자신의 이해(利害)에 대한 생각을 다른 어떤 이해보다도 가장 높이 설정할 것을 주장하는 사람에게 사람들은 어떻게 대답할 것인가? 좀더 자세히 살펴보면 사람들은 이러한 도덕이 그 자체로는 결코 만족될 수 없다는 사실을 알게 될 것이다. 이 도덕은 그에 앞서 마치 예술적인 보충물처럼 이 도덕을 가능케 한 의무들에 덧붙여지게 되었을 뿐이다. 그리스 철학자들이 선의 순수한 관념과 더 일반적으로는 사색적 생활에 뛰어난 우월성을 부여할 때, 그들은 사회 내부에서 성장하고 있으며 사회 생활을 화합된 생활로 간주하고 시작할 하나의 선택된 사람(élite)에 대해 이야기하고 있다. 사람들은 이 도덕이 책임에 대해 언급하지 않고 우리가 이해하는 의무를 모른다고 말했다. 그 도덕이 의무에 대해 말하지 않았다는 것은 사실이다. 그러나 이는 바로 도덕이 의무를 자명한 의무로서 간주하였기 때문이다. 철학자는 우선 모든 세상 사람들처럼 국가가 그에게 부과했던 의무를 수행했다고 간주되었다. 그러자 그의 생활을 예술 작품처럼 취급하면서 아름답게 만들도록 운명지워진 하나의 도덕이 출현하였다. 간단히 요약하자면 도덕을 이성 숭배에 근거하도록 하는 일은 문제가 될 수 없다. 우리가 이미 언급했듯이, 이때 남는 문제는 이성에 일치하나 거기에 덧붙여지는 일정한 목적, 즉 이성이 우리로 하여금 방법적으로 추구하도록 가르치는 목적을 우리 행위에 대해 제시하는 한에서 도덕

이 이성의 기초가 될 수 있는지를 탐구하는 일이다. 그러나 어떠한 목적도
—우리가 지적했던 이중적인 목적도 아니고, 사회적 응집력을 유지하고 인
류를 진보시키려는 이중적인 배려도 아니다—단순히 이성에 의해 제시된 한
에서는 어떤 의무적 방식으로도 부과되지 않으리라는 사실을 쉽게 알 수 있
다. 만일 우리 의지에 현실적으로 작용하고 실제로 압력을 가하는 어떤 힘이
있다면 그 결과들의 조정을 위해 이성이 간섭할 수 있고 간섭해야 하겠으나,
이성이 그 힘에 대항할 수는 없을 것이다. 왜냐하면 사람들은 항상 이성을
상대로 추론하며 그 이유들에 대해 다른 이유들을 대립시킬 수 있고, 또는
깨끗이 논의를 거부하고 '나는 이렇게 소망하고, 이렇게 명령한다는 말로 대
답할 수도 있기 때문이다. 실제로 의무란 순수하게 이성적인 생각들 위에 기
초한다고 생각하는 도덕은, 우리가 이미 말했고 앞으로도 반복할 테지만, 항
상 무의식중에 다른 차원의 힘을 다시 끌어들인다. 이런 점이 바로 그 도덕
이 그렇게 쉽게 성공하는 이유이다. 진정한 의무는 이미 존재하고, 이성은
이 의무 위에 당연히 의무적인 성격을 설정할 것이다. 사회는 자신을 유지시
키고 전진시키는 일과 함께 이미 존재하고 있고, 바로 이 때문에 이성은 사
람들이 사회에서 추구하는 목적 중의 하나를 도덕의 원리로서 채택할 수 있
다. 이성은 이러한 목적을 실현하는데 쓰이는 수단들의 아주 적합한 체계를
구성하면서 상식에 따라 인간 일반이 실천하거나 실천한다고 주장하는 도덕
을 또 다시 발견할 것이다. 왜냐하면 이성에 의해 사회에서 취해진 목적들은
저마다 이미 사회화되어 있고, 바로 이 때문에 사람들이 사회에서 자신을 위
해 정립할 수 있는 다른 모든 목적들로 충만하여 있기 때문이다. 이처럼 사
람들이 개인적인 이익을 도덕의 원리로 정립하는 경우에도, 현행의 도덕과
아주 유사한 이성적 도덕의 구축은, 공리주의적 도덕의 상대적인 성공이 증
명하듯이 그렇게 어려운 일은 아닐 것이다. 실제로 이기주의는 사회에서 생
활하는 사람에게는 자존심, 칭찬받고자 하는 욕구 등을 포함하고 있다. 순수
한 개인적 이익은 거의 정의할 수 없으며, 여기에 일반적인 이익이 끼여들기
때문에 이들을 서로 구별하기는 그만큼 더 어렵다. 사람들이 자기애라 부르
는 사랑, 그리고 시기와 질투 속에도 타인에 대한 존경심이 있다는 사실을
생각해 보라! 절대적인 이기주의를 실행하고자 하는 사람은 자신 안에 갇혀
야 하고, 이웃을 시기하거나 질투할 정도로 그들에게 신경을 써서도 안 될

것이다. 이런 형태의 증오에 동정이 들어 있으며, 사회에 살고 있는 사람의 악덕들까지도 어떤 덕을 함축하고 있다. 즉, 모든 사람은 허영심에 가득차 있는데, 허영심은 무엇보다도 사회성을 의미한다. 더군다나 사람들은 명예나 공감 또는 동정과 같은 감정들로부터 도덕을 거의 비슷하게 연역해 낼 수도 있다. 사회에 살고 있는 인간에 있어서 이러한 각각의 경향들은 사회적 도덕이 그 경향 속에 저장해 놓은 것으로 가득 차 있다. 그리고 이런 경향에 의해 도덕을 설명하면서 선결 문제 요구(petitio principii)의 원리를 범하지 않기 위해서는 이 감정의 내용을 비워서 그 감정을 아주 사소한 것으로 환원해 버리는 위험까지도 감수할 필요가 있다. 이런 종류의 이론들은 구성의 용이함으로 인해 틀림없이 우리의 의심을 받을 것이다. 즉, 매우 다양한 목적들이 이처럼 철학자들에 의해서 도덕적인 목적들로 변화될 수 있다면, 아직 그들이 화금석(pierre philosophale) *23을 갖고 있지 않아서 용광로 밑바닥에 금을 두고 시작했기 때문일 것이다. 또한 이러한 이론들 중 어느 이론도 의무를 설명하지 않으리라는 사실도 분명하므로, 우리가 이러이러한 목적을 실현하기를 원한다면 어떤 수단들을 채택하는데 관심을 가질 수도 있을 것이다. 그러나 이 목적을 거부하는 일이 좋다면 우리는 어떻게 수단들을 강요할 것인가? 그렇지만 이 목적들 가운데 어느 하나를 도덕의 원리로 채용하면서 철학자들은 이로부터 준칙의 체계들을 이끌어 냈다. 이 준칙들은 명령적인 형태를 취하지는 못하지만 사람들이 만족할 만큼은 도덕 원리와 서로 닮아 있다. 이 이유는 아주 간단하다. 거듭 말하지만 철학자들이 이 목적들에 대한 추구를 시도한 곳은, 결정적인 강제력들이 있고 이 강제력들을 확대하는 보완적인 동경들이 있는 사회에서였다. 강압과 매력은 확정되면 이 준칙들의 어느 한 체계에 이르게 될 것이다. 왜냐하면 이들 각각은 개인적이면서 동시에 사회적인 목적의 실현을 노리기 때문이다. 그러므로 이 강압과 매력의 체계들 각각은 철학자들의 도래에 앞서 사회적 분위기 속에서 이미 존재하고 있다. 이 체계는 그들의 내용에 의해 철학자가 작성할 의무적인 준칙들에 충분히 유사한 준칙들을 포함하고 있다. 이 준칙들은 철학에 의해 다시 발견되었으나 지성이 거부할 수도 있는 목적 추구를 위한 권고들에 지나지 않으므로 더 이상 명령의 형태는 아니며, 이 준칙들과 닮았으나 의무가 부과된, 더 모호하거나 단순히 잠재적인 준칙과 맞물려 있다. 이렇게 해서 이 강압적 의무와 매력적 의무의 체계는 모두 의무적인 성격이 된다. 그러나 의무는 사람들이 생각하듯 위로부터, 즉 이 준칙들이 합리적으로 연역된 원리로부터 내려온 원리적 의무가 아니다. 의무는 아래로부터, 즉 사회의 기초이자 동경으로 확대될 수 있는 강압의 심층으로부터 올라왔다. 간단히 말하자면, 도덕 이론가들은 사회를, 따라서 사회의 안정과 운동을 가능케 하는 두 힘을 요청한다. 모든 사회적인 목적은 서로 침투하고, 이들 각각은 말하자면 이 균형과 운동 위에 설정되어 있어서 마치 이 두 힘을 배가하는 일과도 같다는 사실을 이용하는 이론가들은, 원리로 생각된 목적들 중의 하나로서 도덕의 내용을 재구성하며 그럼으로써 이 도덕이 강제적임을 증명하는 데 어려움을 느끼지 않는다. 이것은 바로 그들이 사회와 함께 미리 이 도덕의 내용과 형식을, 이 도덕이 포함하는 모든 내용과 함께 그 내용을 감싸는 모든 의무를 갖고 있기 때문이다.

모든 도덕적 이론에 공통적인 이러한 착각의 근거를 파헤치면서 사람들이 발견하는 사실들은 다음과 같다. 의무는 논쟁의 여지가 있다. 따라서 지성과 자유를 수반하는 하나의 필연이다. 더구나 이 필연은 생리적 또는 물리적 결과를 산출하는 일과 결부되어 있는 필연과 비슷하다. 자연에 의해서는 지성적으로 되지 않는 인류에 있어서, 그리고 개인적으로 어떠한 선택의 여지도 없는 사회적 인류에게 있어서, 집단의 보존과 결속을 유지하도록 하는 행위(인간의 지성적 행위)는 필연적으로 수행될 것이다. 이 행위는 확정된 하나의 힘, 즉 각각의 개미로 하여금 개미집을 위해 일하게 하고, 조직 세포가 유기체를 위해 일하게 하는 힘과 똑같은 힘의 영향 아래서 수행될 것이다. 그러나 여기에 선택의 능력을 가진 지능이 개입한다. 이 지능은 항상 현실적인 다른 힘이며, 이 힘이 앞에서 확정된 힘을 잠재적인 상태로, 아니 오히려 그 작용에 있어서는 명백하지 않지만거의 볼 수 없지만 그 강압력에 있어서 감지되는 현실적인 상태로 유지하게 하는 힘이다. 괘종 시계에서 추의 왕복은 태엽의 장력이 갑작스럽게 이완되지 않도록 막고 있다고 해도 역시나 그 원인에 대해 억제 내지 조절 작용을 하는 결과이다. 그러면 지능은 어떠한 일을 수행할까? 지능은 개인을 생활의 다양한 어려움에서 벗어나게 하는데 자연스럽게 사용되는 능력이다. 반대로 지능은 종족을 위해 일하며, 종족을 위해서 밖에 개인을 생각하지 않는 힘의 방향에는 따르지 않을 것이다. 지능은 곧바로 이기적인 해결을 향해 나아갈 것이다. 그러나 이는 지능의 최초의 운동일 뿐이다. 지능은 눈에 보이지 않는 압력이 자신에게 미치는 힘을 고려할 것이다. 따라서 현명한 이기주의는 다른 모든 사람의 이기주의에 각각의 몫을 남겨야 한다고 지능은 스스로를 타이를 테고, 만일 그 지성이 철학자의 지성이라면, 이 철학적 지성은 하나의 윤리 도덕을 구성할 것이다. 그리고 이 윤리 도덕에서는 개인적 이익과 일반적 이익의 상호 침투가 증명되고, 의무는 우리가 우리 자신에게 지적으로 유익하기를 원한다면 다른 사람을 생각해야 한다고 느끼는 필연성으로 인도될 것이다. 그러나 우리는 항상 우리의 이익에 대한 이해가 마음에 들지 않는다고 대답할 수 있고, 이때 우리가 왜 의무감을 느끼게 되는지를 알지 못한다. 그렇지만 우리는 의무감을 느끼며 지성은 이를 잘 알고 있다. 이 의무감의 느낌이 바로 지성이 증명하려고 노력했던 바이다. 그런데 실제로 지성의 증명은 성공적인 듯하지 않으며, 성공한다면 그것은 지성이 말하지 않은 본질적인 그 무엇인가로의 통로가 제공되기 때문이다. 즉, 이성이 추방해 버렸으나 반대 이성이 다시 끌어들이는 필연성, 체험하고 느끼는 체감적 필연성이다. 따라서 의무 속에 있는 고유한 의미의 의무적인 어떤 요소는 지성으로부터 나오지 않는다. 지성은 의무에 대해서, 사람들이 그것에서 발견하는 망설임만을 설명할 뿐이다. 의무가 지성에 의해 기초지어지듯이 보이는 경우에도, 이때 지성이 하는 일은 저항에 저항하고 고의적인 방해를 자제하면서 의무를 유지하는 일에 국한된다. 그밖에 우리는 다음 장에서 지성이 어떤 조수들의 협력을 얻는지 보게 될 것이다. 우리가 앞서 사용했던 비유를 다시 인용해 보자. 마치 자신에 대해서는 생각지도 않는 듯이, 오로지 개미 집단을 위해서만 사는 것처럼 힘든 노동을 수행하는 개미는 아마도 몽유병적 상태에 빠져 있는 것 같다. 개미는 피할 수 없는 필연성에 복종한다. 그 개미가 갑자기 지성적으로 되었다고 상상해 보자. 개미는 자신이 하는 일에 대해 반성하고 왜 그 일을 하는가를 스스로 물을 것이며, 자신은 휴식과 즐거운 시간을 갖지 못하는 바보라고 말할 것이다. "희생은 충분하다. 이제 자신을 생각할 때가 왔다." 여기에 전복된 자연의 질서가 있다. 그러나 자연은 감시하고 있다. 자연은 개미에게 사회적 본능을 부여했고, 이제 막 여기에 지능의 빛을 결합시켰다. 본능은 지능을 잠시 동안만 필요로 하기 때문이다. 그러나 지능이 본능의 질서를 교란하지 않

제1장 도덕적 의무 513

기 위해서는 재빨리 사물을 제자리에 되돌려 놓고 자신이 한 일을 해체하는 일에 전념해야만 한다. 따라서 개미는 개미 집단을 위해 노동하는 데에만 모든 관심을 쏟는다는 추론이 성립될 것이며, 이렇게 해서 의무는 기초지어진 듯이 보일 것이다. 그러나 사실상 이와 같은 기초는 전혀 견고하지 못할 것이다. 의무의 모든 힘은 전부터 존재하고 있었기 때문이다. 지능은 단순히 자신에게서 도출된 장애물에 또 하나의 장애물을 만들었을 뿐이다. 그럼에도 불구하고 개미 집단의 철학자는 이 점을 인정하는 데에 거부감을 나타낼 것이다. 물론 그는 지능에 소극적이 아니라 적극적인 역할을 부여하려 애쓸 것이다. 도덕 이론가들은 대부분의 경우 이러한 일을 수행했는데, 그 이유는 지능에 충분한 자리를 허락하지 않는다고 우려하는 지성인들 때문이었거나, 아니면 오히려 그들에게는 의무가 분해될 수 없는 단일체로 보였기 때문이다. 반대로 만일 사람들이 이 의무에서 어떤 저항에 의해 우연히 대립된 의사(疑似) 필연성을 본다면, 사람들은 이 저항이 마찬가지로 저항에 대한 저항인 지능에서 유래하며, 본질적인 필연성은 다른 기원을 갖는다고 생각한다. 사실 모든 철학자는 처음부터 이 필연성을 설정해야만 한다. 그러나 대부분의 경우 철학자는 이 필연성을 암묵 속에 가정하고 아무런 선언도 하지 않는다. 우리는 이 필연성을 말로 나타내어 설정했다. 게다가 우리가 인정하지 않을 수 없는 원리에 이 필연성을 덧붙였다. 실제로 사람들이 집착하는 어떤 철학에서, 인간은 살아 있는 존재이며, 생명의 진화는 두 주요 선상에서 사회 생활의 방향으로 수행되었고, 생명은 유기적 작용이므로 생명 활동의 가장 일반적인 형태는 연합이며, 이로부터 사람들은 감지할 수 없는 방식으로 한 유기체의 세포들 사이의 관계에서 사회 속의 개인들 사이의 관계로 나아간다는 사실을 인정하게 된다. 따라서 우리는 반박되지 않고 반박될 수 없는 것에 주의하는 데에서 그쳐야 한다. 그러나 이러한 것이 한번 인정되면 모든 의무 이론은 무력해짐과 동시에 무익한 이론이 된다. 이렇듯 의무의 이론이 무익한 까닭은 의무가 생의 필연성이기 때문이며, 또한 의무의 이론이 무력한 까닭은 도입된 가설이 기껏해야 지성의 눈에는 지적인 재구성에 앞서 존재했던 하나의 의무(지성 이하의 의무)를 정당화할 수밖에 (그것도 아주 불완전하게) 없기 때문이다.

21. 생명의 약동

게다가 생명은 바로 이 점에 집착할 수도 있고, 엄격한 의무에 의해 그 구성원들이 서로서로 연결되어 있는 닫힌 사회를 구성하는 일 이외에 아무것도 하지 않았을 수도 있다. 지능적 존재들로 구성된 이러한 사회는 본능에 의해 지배되는 동물 사회에서는 발견되지 않는 다양성을 보여 줄 것이다. 그러나 이 변화는 근본적인 변혁의 꿈을 북돋워 주는 데까지는 이르지 못할 것이다. 인류는 모든 사람을 포용하는 단일 사회가 가능하게 보이는 데까지는 변화되지 않았다. 사실상 이러한 단일 사회는 아직까지 존재하지 않았고 아마 결코 존재하지 않을 것이다. 즉 집단적인 생활에 필요한 도덕적 형체를 인간에게 부여함으로써 자연은 아마도 자신이 할 수 있는 모든 것을 이 종(種)에게 수행하였다. 그러나 천재적인 인간이 나타나 지능의 한계를 후퇴시켰듯이, 그리고 그 때문에 이 종족에게 단번에 부여할 수 있었던 것보다도 훨씬 많은 것을 몇몇 개인들에게 양보했듯이, 집단의 한계 안에 머무르면서 자연에 의해 설정된 연대성에 만족하는 대신 모든 영혼들과 친숙하며 사랑의 약동 안에서 인간 일반을 향해 돌진하는 특별한 영혼들이 나타났다. 이 영혼들의 출현은 단일 개체로 구성된 새로운 종(種)의 창조처럼 보이고, 일정한 한 인간에게 있어서의 생명의 추진력은 인류 전체로서는 갑자기 획득할 수 없었던 결과에 점점 도달한 것이다. 이처럼 이 영혼들 각각은 생명의 진화에 의해 도달된 어떤 지점을 표시했다. 그리고 이 영혼들 각각은 또한 독자적인 형태로서 창조적 노력의 본질 자체로 보이는 사랑을 보여 주었다. 이 특권적인 영혼을 일으켜 세웠고, 생명의 충일함이었던 창조적 정서는 그 영혼들의 주위로 퍼져나갔다. 스스로 열광적이었던 그들은 결코 완전히 꺼진 적이 없으며, 언제라도 그 불꽃을 다시 발견할 수 있는 열광을 발산했다. 오늘날 우리가 이 위대한 선인들을 떠올리고 그들의 말에 귀를 기울이고 그들이 하는 일을 관찰할 때, 우리는 그들이 자신들의 열정을 우리에게 전달하고 그들의 운동 속으로 우리를 끌어들인다는 느낌을 받는다. 이것은 더 이상 다소 완화된 강제가 아니라 어느 정도 저항할 수 없는 매력이다. 첫 번째 힘과 마찬가지로 두 번째 힘도 설명할 필요는 없다. 당신은 본능에 대응하는 습관들에 의해 부과된 반강제(demi-contrainte)에 따르지 않을 수 없다. 당신은 정서로서의 영혼의 고양을 인정하지 않을 수 없다. 앞의 경우에 당신은 원초적인 의무를 갖지만, 뒤의 경우에는 이 의무의 연장된 것을 갖는다. 그러나 이 두 경우에 당신은 고유하고도 엄밀한 의미에서는 도덕적이라고 할 수 없는, 그리고 윤리학자가 그 발생을 설명할 수 없는 힘에 직면해 있다. 철학자들은 이 발생의 설명을 원했기 때문에, 현실적인 형태로서의 의무의 혼합된 성격을 보지 못했다. 그들은 지성의 이러저러한 표상에다 의지를 이끌어 가는 힘을 부여했음에 틀림없다. 마치 하나의 관념이 단언적으로 그 자신의 현실화를 요구할 수 있다는 듯이 말이다! 마치 관념이 여기에서는 공통적인 지성의 추출물과는 다른 관념이라는 듯이, 아니면 이 관념이, 순수 지성 위에 또는 순수 지성 아래에 놓여 있는 경향과 동경 모두의 지적 차원에로 투사된 관념과는 다르다는 듯이 말이다. 근원의 이원성을 재정립해 보자. 그러면 어려움들은 사라진다. 그리고 이 이원성 자체는 또 다시 통일성에 흡수된다. 그 이유는 '사회적 강압'과 '사랑의 약동'이 생명의 상호 보완적인 두 현상에 지나지 않기 때문이다. 생명은 보통 근원에서부터 인류의 특징이었던 사회적 형태를 대체적으로 보존하는 데 전념하나, 예외적으로는 새로운 종을 출현시켰듯이, 창조적 진화의 노력을 대표하는 몇몇 개인들 덕분에 사회적 형태를 변모시킬 수도 있다.

22. 훈육과 깨달음

도덕의 이 두 근원(강압 또는 매력)에 대해 모든 교육자들은 아마도 완전한 시야를 갖지 못하겠지만, 그들이 학생들에게 도덕을 말로만 전하지 않고 정말로 마음에 새겨넣기를 바랄 때, 그들은 이 근원에 대해 무엇인가를 인식한다. 우리는 순수 지성에 호소하고 의무를 정의하며 상세하고 다양하게 적용되는 하나의 원리에 이 의무를 결부시키는 도덕 교육의 유용성과 필요성을 부정하지는 않는다. 논의는 오직 지성적 차원에서만 가능하며, 반성, 분석 그리고 자신 및 다른 사람과의 논쟁이 없이는 완전한 도덕성도 있을 수 없다. 그러나 지성에 호소하는 교육이 도덕적 의미에서 확정성과 섬세성을 부여하는 데 요소라면, 우리의 의도가 좋을 경우에 교육이 우리로 하여금 완전히 의도를 실현할 수 있게 성장시켜준다 하더라도 우선 이 의도가 있어야 한다. 의도는 지성의 방향을 나타냄과 동시에, 그 이상으로 의지의 방향을 표시한다. 사람들은 의지를 어떻게 제어할 것인가? 교육자에게는 두 길이 열려 있다. 하나는 훈육(dressage)의 길이다. 이 낱말은 그 최고의 의미에서 취해진 단어이다. 다른 길은 신비성(mysticité)의 길이다. 이 낱말은 반대로 여기에서는 가장 소극적인 의미를 가진다. 첫 번째 방법에 의해서는 공적 습관인 도덕을 가르친다. 두 번째 방법에 의해서 사람들은 한 인격의 모방, 그 인격과의 정신적인 통합 또는 얼마쯤 그 인격과의 일치를 획득한다. 원시적인 훈육은 자연에 의해 의욕을 일으켰던 교육으로, 집단의 습관을 채택하는 데에 그 요점이 있었다. 그것은 자동적이며 개인이 집단과 절반 정도 합류되었다고 느끼는 지점에서 저절로 이루어진다. 분업화로 사회가 분화됨에 따라 사회는 자신의 내부에서 구성된 집단에게, 개인을 훈련하고 집단, 즉 사회와 조화를 이루게 하여 자신과 화합하게 하는 일을 위임했다. 그러나 항상 문제는, 사회의 이익만을 습득한 습관들의 체계이다. 이러한 종류의 도덕성만으로 완전하다면, 그것이 엄밀한 의미에서 충분하다는 사실은 의심의 여지가 없다. 이처럼 자신의 생업이나 직업의 틀에 엄격하게 짜맞춰진 인간은, 매일의 노동에 완전히 몰입되어 있을 테고, 그의 생활을 유기적으로 만들어 가능한 한 최대량과 최상질의 작업을 제공하려 함으로써 일반적으로는 그 밖의 많은 의무도 사실상(ipso facto) 수행할 것이다. 훈육은 그러한 사람을 정직한 사람으로 만들 것이다. 이 훈육이 첫 번째 방법이다. 이 방법은 비개인적인 대상에서 작용한다. 두 번째 방법은 필요시에 이것을 보완하거나 대신할 수도 있다. 우리는 이 두 번째 방법을 종교적이라 부르고 신비적이라고까지 부르는 데 주저하지 않는다. 그러나 여기에서 이 낱말들의 의미를 밝혀둘 필요가 있다. 종교가 형벌을 두려워하게 하고 보상을 기대하게 한다는 점에서, 사람들은 흔히 종교가 도덕의 보조물이라고 말한다. 이 말은 아마도 옳다. 그러나 이런 면에서 종교는 신적인 정의(正義)에 의해 인간적인 정의를 확장하고 재정립하기를 약속하는 일 이외에는 아무 일도 하지 않는다고 덧붙였어야 했다. 사회에 의해 제재가 정립되었으나 그 작용이 불완전할 때, 그 제재 위에 사회는 무한히 높은 다른 아무것도, 즉 우리가 인간의 도시를 떠났을 때 신의 나라에서 적용됨에 틀림없는 제재를 덧붙인다. 그렇지만 사람들이 그와 같이 처신하는 곳은 인간의 도시이다. 물론 사람들은 종교를 개입시키지만 더 특별히 종교적이라는 점에서 그런 것은 아니다. 사람은 아무리 높아져도, 변함없이 도덕 교육을 훈육으로 간주하고 도덕성을 규칙으로 간주한다. 이것은 사람들이 아직도 두 방법 중 첫 번째 것에 결부되어 있고 두 번째 것으로 옮아가지 않았기 때문이다. 한편 '종교'라는 낱말을 듣고서 보통 우리가 바로 생각하는 것은, 이 종교가 함축하고 있는 종교적 교의나 형이상학이다. 그래서 사람들은 도덕의 기초로서 종교를 제시할 때 하나님과 세계에 관한 개념 전체를 표상하며, 이 개념들을 받아들임으로써 선(善)을 행하는 결과가 될 것이다. 그러나 그런 개념(도덕적 기초로서의 종교 개념)들은 그 자체로서도 분명, 이론 즉 관념의 경우가 그러하듯이 우리의 의지나 행위에 영향을 미친다. 즉, 여기에서 우리는 지성적 차원에 머무른다. 앞에서 보았듯이 의무개념이나 이 의무개념을 연장하는 개념은 순수 관념으로부터 파생될 수 없으며, 순수 관념은 우리가 흔쾌히 그 관념을 받아들여 '실행'함으로써만 우리 의지에 작용한다. 만일 사람들이 이 형이상학을 그것이 단적으로 우리의 승인에 따른다고 말함으로써 다른 형이상학들과 구분하려고 한다면 그것은 아마도 부당하지는 않을 것이다. 그러나 이때 사람들이 생각하는 바는 더 이상 형이상학의 내용이나 순수한 지적 표상만은 아니다. 사람들은 표상을 떠받치며 그 표상에다 정체 모를 어떤 효과를 전달하는, 특히 종교적인 어떤 다른 요소들을 끌어들인다. 그러나 이제 도덕의 종교적 기초는 바로 이 요소이지, 이 요소가 결합되어 있는 형이상학이 아니다. 여기서 우리는 두 번째 방법에 관계하고 있으나 문제는 신비 체험이다. 우리는 모든 해석을 떠나 직접적인 측면에서 접하는 신비 체험에 대해 말하려고 한다. 진정한 신비가는 자신에게 침투해 들어오는 파도에는 간단하게 마음을 연다. 그들은 자신에 넘쳐 있는데, 그 까닭은 그들이 자기 마음속에서 자기 자신보다 더 훌륭한 무언가를 느끼기 때문이다. 이 확신 속에서 그들은 행동하는 위대한 인간으로서의 자신을 드러내어, 신비주의를 환상, 열광, 황홀경일 뿐이라고 말하는 사람들의 놀라움을 산다. 그들이 자신의 내부로 흐르게 내버려 두었던 것은 그들을 통해서 다른 사람들에게 도달하고자 하는 하강(下降)의 흐름이다. 그들은 자신이 받아들였던, 자신보다 훌륭하다고 느낀 그 무언가(종교적 기초 도덕과 형이상학이 결합된 신비적 체험)를 자기 주위에 전파할 필요가 있다고 느낀다. 이때 사랑의 약동으로써 느낀다. 그것은 그들 각자가 자신의 인격의 표징을 새겨넣은 사랑이며, 그들 각자의 마음속에서 인간 생활을 변화시킬 수 있는 전혀 새로운 정서로서의 사랑이고, 이처럼 그들 한 사람 한 사람이 그 자신으로서 사랑받을 수 있게 하는 사랑, 그에 의해서, 그를 위해서, 다른 사람들이 인류애를 향해 자신의 영혼을 열어놓게 하는 사랑이다. 그리고 그들, 또는 생생하게 남아 있는 그들에 대한 추억에 매달려, 이러한 모범(인류애적 모범)에 자신의 생활을 일치시키려고 하는 사람을 매개로 하여 잘 전파될 수 있는 사랑이다. 더 멀리 나아가 보자. 위대한 신비가나 그 모방자들 중 누군가의 말이 우리 가운데 이러저러한 사람의 마음에 반향을 일으킨다면, 이는 우리 마음 안에 잠자고 있으면서 깨어날 기회만을 기다리는 신비가가 내재해 있었기 때문이 아닐까? 첫 번째 경우 그 사람은 비인격적인 것에 집착하고 그것에(인류애가) 맞춰지기를 바란다. 그러나 두 번째 경우에 그 사람은 어떤 인격의 부름에 호응하며, 그 부르는 인격은 도덕적 삶의 계시자의 인격이거나, 그 계시자의 모방자의 인격이거나, 심지어 어떤 상황에서는 그 자신의 인격일 수도 있다.

이 두 방법 가운데 어느 한 방법을 실행한다고 하면, 사람들은 그 자체에 있어 정적으로, 또는 그 근원에 있어서 동적으로 포착된 인간 본성의 심층을 고려했을 것이다. 오류가 있다면 단순한 사실로 간주된 사회 생활에서 강압과 동경의 결정적인 설명을 발견한다고 믿는 데 있다. 사람들은 즐겨 말하기를, 사회는 현존하고 따라서 사회는 필연적으로 그 구성원들에게 구속을 가하며 이 구속이 의무라고 한다. 그러나 우선 사회가 있기 위해서는 개인들의 선천적인 기질 전체를 가져올 필요가 있고, 따라서 사회는 그 자체로는 설명되지 않는다. 그 결과 사람들은 사회적 획득물의 근저를 파고들어 생명에 도달하여야 한다. 인간 사회는 인류와 마찬가지로 생명의 현상이다. 그러나 이렇게 하는 말만으로는 충분치 않다. 단순히 사회가 개인들에게 어떻게 의무를 지우느냐 하는 것뿐만 아니라 개인이 사회를 어떻게 판단하며 사회에 어떻게 도덕적 변화를 실현시킬 수 있는가를 이해하고자 한다면, 보다 깊이 살펴볼 필요가 있다. 사회가 그 자체로 충분하다면 사회는 지고의 권위이다. 그러나 이런저런 사회가 생명의 결정들(결정 지점들) 가운데 하나에 지나지 않다면, 진화과정의 이런저런 지점에다 인류를 위치시켰을 생명이 새로운 추진력을 더욱 보태게 될 수도 있다고 생각된다. 즉, 사회가 더 진보하는 일을 돕기 위해 생명(인간) 안에 다시 잠겼을 특별한 개성들에게 생명이 새로운 추진력을 전한다고 생각된다. 사실 생명의 원리 자체에까지 돌진할 필요가 있을 것이다. 사람들이 단순한 현상들에 만족한다면, 이들을 모두 사회적이라고 부르든, 좀 더 특별한 사회적 인간으로서의 지능을 고찰하든 모든 것은 불분명해진다. 반대로 이러한 단순한 현상들을 초월하여 생명 자체를 탐구한다면 모든 것은 명료해진다. 따라서 생물학이라는 말에 이 학문이 가져야 할, 아마도 어느 날엔가는 갖게 될 매우 포괄적인 의미를 부여해 보자. 그리고 결론적으로 강압에 의해서든 동경에 의해서든 간에 모든 도덕은 생물학적 본질(진보의 본질)을 가진다고 말하자.

〈주〉

*1 성서의 창세기에 나오는 실락원 신화의 선악과(善惡果).

*2 이하 ( )의 구절은 이해를 돕기 위해 옮긴이가 삽입한 것임.

*3 의무에 관한 베르그송의 이론은 칸트의 이성주의적 윤리관을 비판한다. 특히 프랑스의 유심론적 전통에서는 습관이 윤리적인 문제의 해결에서 중요한 실마리를 제공해 주는데, 이 전통에 따라 베르그송도 의무의 기원을 이성보다는 정서에 기초한 사회적 관습에서 보고 있다.

*4 자연 법칙을 말한다.

*5 플라톤은 생성 소멸하는 이 자연 세계를 현상 세계라 하고, 이 현상 세계는 영원 불변의 진실한 세계가 아니며, 진실한 세계는 이데아계로서 현상 세계를 초월하는 신적인 세계라고 한다. 《티마이오스》편에 따르면, 이 현상 세계는 데미우르고스 신이 이데아의 세계를 모방하여 만든 단 하나의 좋은 우주라고 말한다.

*6 모세가 여호와로부터 받은 석판 위에 적힌 십계명을 의미한다.

*7 키플링(Rudyard Kipling)의 《많은 발명들》(Many inventions)이라는 이름이 붙은 문서 안에 있는 〈루크 지방에서〉(In the Rukh).

*8 애덤 스미스(Adam Smith), 《도덕적 감정》, 2~3장.

*9 칸트(I. Kant)의 《도덕 형이상학 원론》과 《실천 이성 비판》을 볼 것.

*10 판단에는 정언적·가언적·선언적 판단이 있다. 정언적 판단은 '사람은 동물이다' 등과 같이 '이다', '아니다'와 같은 단정적인 술어로 주어와 술어를 연결하는 판단이다. 가언적 판단은 '만일' '가령' 등과 같이 판단과 판단을 조건을 붙여 연결하는 판단이다. 선언적 판단은 '또는'과 같은 선택의 연결사로 판단 사이를 연결한 판단이다. 여기에서 '정언적'의 의미는 '절대적'의 의미이다.

*11 경험에 의해 확증하기에 앞서 순전히 사유에 있어서 논리적으로 앞선다고 생각되는 사태를 지칭하는 용어로서 칸트가 인식론적으로 사용했다. 칸트에 따르면, '경험에서

주어지지 않는 것으로서 그러면서도 경험을 구성하는 것'을 지칭한다. 이에 대한 대립은 '경험적으로'(a posteriori)라는 용어가 있다.

* 12 《창조적 진화》, 2장.

* 13 셰익스피어, 《맥베드》, 1막 1~2장.

* 14 화살의 역설로서 알려진 바를 심플리키우스(Simplicius)가 전하는 말을 보면 다음과 같다. "제논은, 모든 것이 그 자신에 동일한 공간을 점유하고 있을 때 정지하고 있으며, 어느 것도 지금─순간에는 운동하지 않고, 날아가는 물체는 저마다 모두 지금─순간에 그 자신과 동일한 공간을 차지한다고 전제한 뒤, 논증을 다음과 같이 추론한다 : 날아가는 물체는 지금─순간에 자신에 동일한 공간을 점유하고, 날아가는 모든 지금─순간에 그러하다. 어느 한 순간, 지금─순간에 그 자신과 동일한 공간을 차지하고 있는 상태는 어떤 것도 지금─순간에는 움직이지 못하는 순간의 상태이므로 날고 있지 않다. 그런데 움직이지 않고 있는 물체는 순간 정지해 있다. 따라서 날아가는 물체는 날고 있을 때, 그 물체가 날고 있는 모든 순간 동안에 순간순간마다 정지해 있다."

* 15 로마의 원자론 철학자인 루크레티우스가 지은 《사물의 본성에 관하여》(De rerum natura)를 의미한다.

* 16 많은 예외가 있음은 물론이다. 예를 들면 종교적인 열광은 여성에게서 의심할 바 없이 깊은 경지에까지 도달할 수 있다. 그러나 일반적으로 자연은 아마도 여성으로 하여금 자신의 가장 훌륭한 감수성을 어린아이에게 집중하게 하고 아주 협소한 한계 안에 가두어 버리기를 원했던 듯하다. 이 영역에서 여성의 기능에 비교될 만한 것은 없다. 여기에서 정서는 선견 지명이 된다는 의미에서 지성 이상이다. 자식을 바라보고 경탄해 마지않는 어머니의 눈앞에서 무슨 일들이 일어나는 것일까? 착각일까? 착각은 분명 아니다. 오히려 현실은 수많은 가능성을 잉태하고 있고, 어머니는 아이의 장래뿐만 아니라, 아이가 그 생애의 매순간마다 선택하고 거부할 필요가 없을 경우에 그 아이가 될 수 있는 모든 가능성을 예견할 것이다.

* 17 베르그송에 따르면 우리의 지능은 운동을 표상하지 못한다. 그럼에도 지능이 운동을 표상하고자 할 때 발견하는 지능의 가장 창조적인 방식은 미적분법적 사고라고 말한다. 베르그송의 《형이상학 입문》 참조.

* 18 고대 그리스 전설에 나오는 키프로스 섬의 왕. 조각의 명인으로서 자신의 이상적인 처녀가 나타나지 않자 상아로 된 여인상을 조각하였다. 그는 이 조각에 반하여 아프로디테 여신에게 조각의 생명을 청하여 받아, 이 생명있는 조각을 아내로 삼았다. 이 아내와의 사이에 딸이 하나 있었는데, 이름은 파토스(정열)이다.

* 19 플로티누스의 스승.

* 20 제논의 운동 부정의 역설 중 첫 번째 설로서 심플리키우스가 전하는 바는 다음과 같

다. 운동이 있다면, 운동체는 운동을 끝마침에 있어서 무한한 거리를 지나야 한다. 그러나 이렇듯 무한거리를 지나는 일은 불가능하므로 운동은 없다. 그는 이 가설을 다음과 같이 증명한다. "운동하고 있는 물체는 어떤 일정한 거리를 이동해 가야 한다. 그러나 모든 연장은 무한 분할이 가능하므로, 그 운동체는 먼저 그것이 가야 할 거리의 절반을 지난 뒤에 전체를 가야 한다. 그런데 이 운동체는 전체의 절반 거리를 지나기 전에 또 그 절반의 절반을 지나야 하고, 다시 그 절반의 절반을 가야 한다. 그런데 어떤 주어진 길이의 절반을 나누는 일은 항상 가능하므로, 그 절반들이 무한히 있다면…… 어쨌든 요약하면, 모든 크기의 분할도 역시 무한 분할을 지니고 있어서 유한한 시간에 어떤 일정 연장량을 지나는 일은 불가능하다."

*21 고대 아테네의 노예 제도에 기초한 민주주의를 의미한다.

*22 칸트, 《실천이성비판》. 1권, 1장, 4절, 공리 3, 부속 논증. '그와 같은 원리는 법칙으로서 자기 모순적일 것이다. 왜냐하면 그와 같은 완고한 원리적 법칙은 모든 예탁거래 행위 자체를 없애 버리는 결과를 갖게 될 것이기 때문이다.'

*23 연금술에서 말하는 현자의 돌.

제2장
정적 종교

1. 이성적 존재의 자가당착

과거 여러 종교의 모습이나 현재 일부 종교의 모습은 인간 지성에게 매우 수치스러운 것이다. 그 모든 종교의 모습은 탈색으로 얼룩진 옷과 같다고나 할까! 아무리 경험이 '그것은 잘못이다' 말하고 이성이 '그것은 터무니없다' 말해도 소용없다. 인류는 더욱더 자가 당착과 오류에만 매달릴 뿐이다. 인류가 거기에만 만족한다면 그래도 괜찮겠지만, 사람들은 종교가 영혼불멸을 규정하는 동시에 죄악을 규정하는 것을 본다. 종교가 거칠면 거칠수록 국민 생활에서 실질적으로 차지하는 영역은 크다. 뒷날 과학, 예술, 철학과 함께 공유하기 마련인 것을 처음에 종교는 오직 종교 독자적으로 요구하고 차지한다. 우리가 인간을 지능적 존재로 정의하기 시작했을 때 놀라게 되는 이유는 여기에 있다.

가장 저급한 미신이 그렇게 오랫동안 보편적인 사실이었음을 알 때 우리의 놀라움은 더욱 크다. 게다가 미신은 아직도 존속한다. 사람들은 과거에도 오늘날에도 과학, 예술, 철학이 없는 사회를 발견할 것이다. 그러나 종교가 없는 사회는 일찍이 존재하지 않았다.

만약 이 점에서 우리를 동물과 비교한다면, 우리의 놀라움은 어떠했을까! 아마도 꽤나 심했을 것이다. 동물은 미신을 모른다. 우리 자신과는 다른 의식 속에서 어떤 일이 일어나고 있는지 우리는 아무것도 알 수가 없다. 그러나 종교적 상태가 일반적으로 태도와 행위에 의해 나타나듯이, 만일 동물이 종교심을 가질 수 있다면 우리는 그것을 어떤 신호에 의해 알게 될 것이다. 따라서 우리는 이 점에 관해서는 우리 인간 편에 서서 파악할 뿐, 단념할 수밖에 없다. 지혜인(homo sapiens), 즉 이성이 부여된 유일한 존재는 또한 자신의 생존을 비이성적인 것들에 의존시킬 수 있는 유일한 존재이다.

사람들은 자주 '원시 정신(mentalité primitive)'에 대해 말하는데, 오늘날 이 원시 정신은 열등 인종의 소유일 테고, 예전에는 인간 일반의 정신이었으며, 이 정신을 기반으로 미신을 설정할 필요가 있을 것이다. 이처럼 사람들이 어떤 사고 방식들을 공통적인 명칭 아래에 모으고 이 방식들 사이의 어떤 관계를 밝힘으로써 모든 일을 마무리한다면, 그것은 유용하고, 또 비난할 수 없는 일이다. 유용하다는 까닭은 가장 높은 의의를 갖는 인종학적이고 심리학적인 연구 분야를 구획짓는 점에서 그렇고, 비난할 수 없다는 까닭은 우리보다 덜 문명화된 인간의 특정한 신앙과 관습적 행위의 존재를 확증할 수 있게 해주기 때문이다. 게다가 레비 브륄(Lévy-Bruhl)이 그의 주목할 만한 저서, 특히 마지막 저서*¹에서 만족하고 있는 듯이 보이는 것은 바로 이 점이다. 그러나 이때 사람들이 해결하지 않고 놓아둔 문제는, 어떻게 조금도 이성적이지 않은 행위들과 신앙이 지능적인 존재들에 의해 받아들여질 수 있었고 아직도 받아들여질 수 있느냐 하는 점이다. 우리는 이 문제에 대해 대답을 찾아야 한다. 좋든 싫든, 레비 브륄의 훌륭한 저서들을 읽는 독자는 이들 작품에서, 인간 지능이 진화했으며 자연의 논리는 언제나 똑같은 논리가 아니고, 또한 '원시 정신'은 우리의 정신이 대치하여 오늘날에는 뒤처진 민족에게서나 발견할 수 있는 정신으로서, 다양한 기본적 구조에 상응하리라는 결론을 끌어낼 것이다. 그러나 이때 사람들은 수세기를 지나는 동안 개인에 의해 습득된 정신적 습성들이 전승될 수 있었고, 본성을 변화시켜 이 종족에게 새로운 심성을 줄 수 있었다는 점을 인정하고 있다. 이 점은 조금도 의심할 바가 없다. 만일 부모들에 의해 습득된 습관이 언젠가 자식들에게 반드시 전해진다고 한다면, 이런 일은 우연적으로 결합된 상황들의 모든 일치점에 근거해 볼 때 아주 드문 사실이다. 이러한 사실로부터는 종의 어떠한 변화도 발생하지 않을 것이다. 그러나 이때 정신의 구조는 동일한 채 남아 있으므로, 계속적으로 수세대에 걸쳐 획득된 경험은 사회 환경 속에 맡겨지고, 이 환경에 의해 그 경험이 우리 각자에게 환원되어, 왜 우리가 미개인처럼 생각하지 않으며, 왜 예전의 인간이 현재의 인간과 다른가를 충분히 설명해 줄 것이다. 이 두 경우에 정신은 똑같이 작용하지만, 사회가 똑같은 요구를 하지 않기 때문에 정신은 같은 내용에 적용되지는 않는다. 우리가 탐구하고 나서의 결론은 바로 이와 같다. 여기서 결론을 미리 언급하지는 말자.

'원시인'에 대한 관찰은 필연적으로 미신에 대한 심리학적 기원의 문제를 제기하고, 인간 정신의 일반적 구조는—따라서 지금의 문명화된 인간에 대한 관찰은—외견상 이 문제의 해결에 대한 충분한 요소를 우리에게 제시하리라는 점만을 언급해 두자.

우리는 더 이상 '원시적'이지는 않지만 '집단적'인 정신에 관해 대략 똑같은 말을 표명했다. 에밀 뒤르켐(Émile Durkheim)에 따르면 이런저런 종교가, 믿기를 요구하는 사실들이 '왜 개인의 이성을 그렇게 당황하게 하는가'를 탐구할 필요는 없다. 그 이유는 단적으로 종교란, 제공하는 표상이 개인적인 이성의 작품이 아니라 집단적 정신의 작품이기 때문이다. 그런데 이 집단 정신이 현실을 우리의 정신과 달리 표상하는 현상은 자연스럽다. 왜냐하면 그 집단본성은 다른 본성이기 때문이다. 사회는 그 자신에게 고유한 존재 방식과 사고 방식을 가지고 있다.'*2 우리는 제도, 언어, 관습에 저장된 집단적 표상의 존재를 기꺼이 인정한다. 이 표상들의 총체는 개인적 지능을 보완하는 사회적 지능을 구성한다. 그러나 우리는 어떻게 이 두 정신이 서로 불화하고, 이 둘 중 하나가 다른 쪽을 '난처하게' 하는지를 모른다. 경험은 이와 같은 난처함에 대해 아무것도 말해 주지 않고, 사회학은 이런 문제를 설정하는 데 어떤 이유도 제공하지 않는 듯이 보인다. 자연이 개인만으로 만족했다고 사람들이 판단한다면, 그리고 사회가 우연이나 협약으로부터 탄생되었다면, 사람들은 이 명제를 끝까지 밀고 나아가서, 개인들의 이러한 해후는 화학적 결합 속에서 통합되는 여러 원소들의 만남과 비교될 수 있는 것으로, 개인적 이성을 당황하게 할 특정한 표상을 가진 집단적 지능을 주장할 것이다. 그러나 어느 누구도 사회에 더 이상 우연적이거나 계약적인 기원을 덧붙이지는 않을 것이다. 사회학에 대해 비난할 일이 있다면, 그것은 오히려 사회학이 너무 다른 방향으로 기울어지고 있다는 점이다. 사회학의 대표자 가운데 어떤 사람*3은 개인을 하나의 추상물로 보고 사회 단체를 유일한 실재로 볼 것이다. 그러나 그렇다면 어째서 집단적인 정신이 개인적인 지능에서 예상되지 않았을까? 어떻게 자연은 인간을 '정치적 동물'로 만들면서, 인간의 지능으로 하여금 그것이 '정치적'으로 생각할 때 길을 잃었다고 느끼게 만들었을까? 우리는 사람들이 개인을 연구할 때, 개인의 사회적 사명을 충분히 고려하지 않았다고 평가한다. 심리학이 어느 방향에서는 그리 발달하지 못했던 까닭은 이러한 고려를 게을리했기 때문이다. 벌집 안의 꿀벌들 사이처럼, 한 사회의 구성원들 사이에 보이지 않는 문합(吻合, anastomose : 혈관이나 신경 등이 서로 연락을 가지는 상태)을 내포하는 비정상적인 상태나 병적인 상태를 연구하는 데 있을 유익함에 대해서 나는 이야기하지 않는다. 벌집을 떠난 꿀벌은 기력을 잃고 죽는다. 사회와 분리되었거나 사회적 노력에 충분히 참여하지 못하면 인간은 아마도 이와 비슷한 병, 즉 지금까지 거의 연구되지 않은, 권태(l'ennui)라 부르는 병에 고통받는다. 사회와의 분리가 지속되면, 마치 형벌에 의한 격리처럼 특징적인 심적 착란이 나타난다. 이런 현상들에 대해 이미 심리학에서 특별한 연구를 시작했는데, 이 연구는 말할 것도 없이 가치있는 일이다. 이 일은 좋은 혜택으로 나타날 것이다. 그러나 이것으로 충분하지는 않다. 한 과학의 장래는 그 과학이 처음 자신의 대상을 분석한 방식에 달려 있다. 과학이 만일 탐구 대상을 다행히도 자연적인 분절에 따라 플라톤이 말한 훌륭한 요리사처럼 분리해 낸다면, 그 과학이 분리할 조각들의 수효는 전혀 상관없다. 마치 부분들로 절단하는 일이 요소들의 분석을 예비하듯이, 결국 사람들은 전체의 단순화된 표상들을 소유할 것이다. 오늘날의 심리학이 몇몇 세분화 작업에서 뒤로 물러났을 때 바로 이 점을 깨닫지 못했다. 예를 들면 심리학이 지각하고 해석하고 이해하는 일반적인 능력들을 규정할 때, 이 능력들이 사람에게 적용되는가 사물에게 적용되는가에 따라, 또는 사회 환경 속에 지능이 잠겨 있거나 그렇지 않거나에 따라, 서로 다르게 작동하는 체제인지 아닌지를 묻지 않는다. 그렇지만 보통 사람들은 이미 이러한 구분을 막연히 따르면서, 그들의 언어에다가 이 구분을 맡겼다. 그들은 사물에 대해 우리에게 알려 주는 감각기관(sens)과 나란히, 사람들과 나와의 관계에 관한 양식(bon sens)을 설정한다. 사람들이 자기 자신에 대해서 분석하는 한, 그는 사려 깊은 수학자, 뛰어난 물리학자, 세밀한 심리학자일 수 있음에도 다른 사람의 행위를 잘못 이해할 수 있고, 자신의 추리를 잘못 계산하고, 결코 환경에 적응하지 못하며, 마침내 양식을 갖지 못할 수 있음을 어째서 알지 못할까? 피해망상, 더 단적으로 광적인 판단에 의해, 추리 능력이 손상당하지 않은 때에도 양식이 손상당할 수 있다는 가능성이 보인다. 즉, 이 질환의 무게, 모든 치료에 대한 그 질환의 고집스런 저항, 일반적으로 사람들이 병자의 아주 먼 과거에서 발견하는 전조들, 이 모든 현상에 의해, 이 현상들이 심층적이고 선천적이며 분명히 심리적인 무능에 관계한다는 사실이 알려진다. 따라서 양식은 사회적 감각이라 부를 수 있는 것으로, 정상적인 인간에 본디부터 있으며, 마치 사회의 존재를 함축하고 마찬가지로 개인의 유기체 속에 나타나는 언어 능력과 같다. 게다가 각각 막시류의 진화의 길과 인간의 진화의 길에서 각각 정점에 도달한 진화의 두 큰 노선 끝에서 사회적 삶을 설계한 자연이, 미리 개미집 속 개미들의 행위를 상세한 부분까지 규정해두고서도, 인간으로 하여금 인간 자신의 행위를 자기 동료들의 행위와 화합하게끔 기준을 부여하는 일을 소홀히 했다는 점은 인정하기 어렵다. 물론 인간 사회는 집단의 행적은 물론 개인의 행적까지도 확정 짓지 않은 채로 방치되어 있다는 점에서 곤충 사회와는 다르다. 그러나 곤충의 본성에 미리 형성된 것은 행위이고, 인간에게 형성된 것은 기능뿐이다. 그럼에도 개인에게는 사회에서만 수행되기 위한 유기화된 기능이 있다. 그러면 어떻게 개인적인 정신에 덧붙여져 개인 정신을 혼란스럽게 할 수 있는 사회적 정신이 갑자기 나타날 수 있을까? 어떻게 그 집단적 정신이 개인적 정신에 내재해 있을까? 따라서 우리가 설정한 문제, 즉 어떻게 하여 터무니없는 미신들이 이성적 존재의 생활을 지배할 수 있었으며 또한 여전히 지배하는지에 대한 문제가 그대로 남아 있다. 우리는 말하기를, 장난삼아 원시 정신에 대해 말해도 역시 문제는 현실적인 인간 심리에 관계한다고 했다. 여기에 보태어 우리는 장난삼아 집단 표상에 대해 말해도 문제는 개인 심리학에 관계한다고 할 것이다.

2. 우화 기능

그러나 바로 이 문제(원시적 미신들이 여전히 우리의 이성적 생활을 지배하는 까닭)의 어려움은, 우선 우리의 심리학이 그 심리학적 대상을 자연에 의해 표시된 선에 따라 그 밑바탕까지 충분히 구분하지 못한 데에 기인하지 않을까? 미신을 낳는 표상들의 공통적인 성격은 환상적이라는 점에 있다. 심리학은 이 표상을 일반적인 기능, 즉 상상에 관계시킨다. 게다가 심리학은 과학적 발견과 발명, 예술의 업적 등을 같은 항목 아래에다 분류할 것이다. 그러나 우리는 왜 서로 다른 사물들을 하나로 모아 같은 이름을 주고, 이렇게 해서 그들 사이의 유사성을 암시하는가? 이는 단지 언어의 편리함 때문이며, 이 다양한 작용들이 지각도 아니고 기억도 아니며 정신의 논리적 작업도 아니라고 완전히 부정하기 때문이다. 그러므로 환상적인 표상들을 환상적 상태로서 별도로 떼어 놓는 데 합의하고, 이 표상들을 나타나게 하는 작용을 '우화'(fabulation) 또는 '허구화'(fiction)라고 부르자. 이렇게 이름을 붙이는 것이야말로 문제 해결의 첫걸음이다. 이제 주의할 점은 심리학이 정신 활동을 기능별로 나눌 때, 이 각각의 기능들이 무엇에 쓰이는지를 아는 일에 심리학이 충분히 관심을 갖지 않았다는 사실이다. 이는 구분의 세분화가 대부분 충분치 않거나 인위적이었기 때문이다. 물론 인간은 몽상을 하거나 철학할 수 있다. 그러나 그는 몽상이나 철학에 앞서 우선 살아야 한다. 우리의 심리적 구조는 분명 개인 생활과 사회 생활을 보존하고 발전시키려는 필요에 기초한다. 만일 심리학이 이러한 생각에 의해 조정되지 않는다면, 반드시 자신의 대상을 왜곡하게 될 것이다. 기관들을 해부하고 조직을 연구하면서 이 기관들의 목적에 대해 관심을 두지 않는 학자에 대해 사람들은 뭐라 말할까? 그렇게 목적성에 관심을 두지 않는다면 그는 잘못 나누고 잘못 구분지을 위험성이 있다. 만일 기능이 목적성을 모르는 채 구조에 의해서만 이해된다면, 반드시 기능의 관념을 가지고서만 구조의 커다란 분할선들을 해체할 수 있을 것이다. 따라서 정신이 마치 '아무 존재도 아니고 단지 즐거움을 위해' 있는 존재인 듯이 취급해서는 안 된다. 다음과 같이 말해서는 안 된다.

"정신의 구조가 그와 같아서 그러한 부분이 도출되었다."

정신이 도출한 부분은 역으로 그 유래를 추적해보면, 그 구조 결정에 틀림없이 관계되어 있음을 알 수 있다. 어쨌든 우리의 탐구를 인도하는 끈은 그 표출된 정신의 부분에 있다. 그러면 '상상력'이라 한정지워지고, 물론 자의적이었던 이 분명치 않은 영역에서 우리가 우화 작용이라 명명했던 자연적인 절단품을 고찰해 보자. 그리고 이 기능이 자연스럽게 무엇에 잘 사용될 수 있는지를 보자. 이 기능으로부터 소설, 희곡, 신화와 이에 앞선 모든 우화적 존재들이 나타났다. 그러나 어느 때에나 소설가나 극작가들이 있었던 것은 아니며, 한편으로 인류는 결코 종교없이 지내지는 못했다. 따라서 진실로 시와 모든 환상은, 정신이 우화를 만들 줄 안다는 점에 힘입어 이 기능 위에 덧붙여져 왔으며, 종교는 우화 기능의 존재 이유였다는 점이다. 즉 종교와의 관계에서 이 우화를 만들어내는 기능은 결과이지 원인이 아닐 것이다. 아마도 개인적이고 어쨌든 사회적인 하나의 '필요성'이 정신에게 이런 종류의 활동을 요구했음에 틀림없다. 이 요구가 무엇인가를 생각해 보자. 허구는 효과를 가질 때, 마치 환각 초기 상태와 같다는 점에 주목해야 한다. 허구는 진정 지능적 능력인 판단력과 추리력을 거역할 수 있다. 그런데 자연이 지능적인 존재를 창조한 뒤에 지능의 장래를 위험에 빠뜨림이 없이 지능적 행위의 위험에 대처하기를 원하지 않았다면 무엇을 원했겠는가? 관찰 사실들이 우리에게 그 대답을 준다. 오늘날 과학이 완전히 개화한 속에서 우리는 세계에서 가장 훌륭한 추론이 경험 앞에서 무너지는 현실을 본다. 아무것도 사실에는 저항하지 못한다. 따라서 최초의 지능이 개인이나 사회를 위협하는 비탈길 위에 머물러 있다면, 그것은 곧 지능이 지니는 그럴듯한 주장들 또는 사실과 같은 환상에 의해서 그런 위협에 처할 것이다. 그러나 실제적인 경험이 없다면 경험을 위조해서라도 지능을 일깨워야 할 것이다. 허구는 그 영상이 생생하게 우리를 사로잡는 허구라면 곧바로 지각을 닮을 수 있고, 이에 의해 행위를 억제하게 하거나 변경할 수 있다. 지능이 진실한 경험에서 너무 동떨어진 결과를 끌어내려 할 때, (자연에 의해) 체계적으로 위조된 경험이 지능 앞에 나타나면서 지능을 정지시킬 수 있다. 아마도 자연은 이와 같이 지능의 인위적 조작을 저지했을 것이다. 그러한 조건 속에서는 사실 지능이 형성되자마자 미신에 의해 침투되고, 본질적으로 지능적인 존재는 자연적으로 미신적이며, 지능적 존재만이 미신적이라는 사실을 알아도 놀라지 않을 것이다.

사실, 이때 새로운 문제가 제기된다. 우선 아주 간단하게 우화적 기능이 무엇에 소용되고, 자연이 어떤 위험에 대비하기 위해 이 기능을 준비했을까를 물을 필요가 있다. 아직 이 점에 대해서는 깊이 관찰하지 않고, 인간 정신이 진실과 거짓 속에 있을 수 있고, 그러나 이 경우에나 저 경우에나 그가 몰입하고 있는 방향이 무엇이든 지능은 앞으로 곧게 나아간다는 점에 주목하자. 결과에서 결과로, 분석에서 분석으로 나아감에 있어서 인간 정신은 마치 진실 속에서 완전히 개화하는 듯이 오류 속으로 돌진해 들어간다. 우리는 이미 진화된 인류만을 알 뿐이다. 왜냐하면 오늘날 우리가 관찰하는 '원시인'은 우리만큼이나 늙었고, 종교의 역사가 기록된 서류들은 비교적 가까운 과거의 것이기 때문이다. 따라서 우리가 다루는 무한히 다양한 신앙들은 오랜 증식의 결과물이다. 물론 신앙의 비이성적 형상과 괴상함으로부터, 사람들은 어떤 정신 기능의 진행에서, 이상함이나 자가 당착으로 향하는 하나의 방향을 결론으로 이끌어 낼 수는 있다. 그러나 이러한 잘못된 특성들이 강해진 까닭은 아마도 그 진행이 상당히 멀리까지 나아갔기 때문이다. 또한 단지 방향만을 고려한 상태라면, 신앙의 경향이 비이성적이라는 점에 대해 불쾌함을 덜 느끼고, 아마도 신앙의 유익함을 이해할 것이다. 이 진행이 도달한 수많은 오류는 종족에게는 이익을 안겨주는 오류이거나, 나중에 몇몇 개인에게 틀림없이 나타날 진리의 변형이 아닌지 누가 알까? 그러나 이것이 다가 아니다. 미리 답변할 필요가 있는 두 번째 질문이 제기된다. 즉, 이 경향(신앙의 오류적 경향)은 어디에서 유래하는가? 이 경향은 다른 생명체의 출현에도 결부될까? 우리는 자연의 의도에 대해 말했다. 그것은 하나의 비유로서 생물학에서처럼 심리학에서도 편리한 비유이다. 이처럼 우리는 이 관찰된 자연의 기질이 개인과 종족의 이익에 공헌한다는 점에 주의하자. 그러나 그 표현은 모호하다. 좀더 명확히 말해, 환상적인 영상을 정신에 떠오르게 하는 무언가가 바로 본능과 같은 것이 아니라고 한다면, 우리는 이처럼 관찰된 경향(실제 자연의 경향)이 하나의 본능이라고 말할 것이다. 이 환상적 영상은 본능에 귀속될 수도 있었을 역할을 하며, 지능이 없는 존재에 있어서는 틀림없이 그 본능의 역할을 할 것이다. 잠정적으로 그 환상적 영상을 잠재적 본능(instinct virtuel)이라고 말하자. 그리고 이 말의 의미는, 의사적이고 환각적인 영상들이 지능적이고 자유로운 인간에게 암시하는 바와 비교될 하나의 유익한 행위를 다른 진화 노선의 한 끝, 즉 곤충 사회에서는 본능이 기계적으로 일깨운다는 것이다. 그러나 이렇게 한편으로(인간은) 실질적인 본능에 도달했고 다른 한편으로(곤충은) 잠재적인 본능에 도달한, 다양하고 상보적인 발전들을 상정하는 일은 바로 생명의 진화에 대해 언급하는 셈이 아닐까?

3. 우화 작용과 생명

사실 우리의 두 번째 질문이 제기하는 바는 이와 같이 매우 광범위한 문제이다. 게다가 이 문제는 첫 번째 의문에 함축적으로 포함되어 있었다. 사람들이 생명의 기본적인 욕구들을 확정하지 않았다면, 지능 앞을 가로막고, 지능에 가끔 반항하는 허구들을 어떻게 생명의 요구와 관계 맺게 할까? 이와 같은 문제는 우리에게 피할 수 없는 의문이 나타날 때, 훨씬 더 명백하게 다시 발견될 것이다. 즉, 종교는 자신을 탄생시켰던 위험을 어떻게 넘어 살아남을 수 있었을까? 어떻게 종교는 사라져 버리지 않고 단순히 변형만 되었을까? 지능이 그 형식과 내용 사이에 놓아둔, 실제로 위험한 빈틈을 과학이 채우게 되었는데도 왜 종교가 지속되는 걸까? 생명이 나타내는 안정의 필요 아래, 종족 보존이라는 이러한 정지 상태, 또는 오히려 제자리걸음 속에, 전진 운동에 대한 어떤 요구나 여분의 추진력이나 생의 약동이 있지는 않을까? 그러나 당장 잠시 동안은 처음 두 질문으로 충분하다. 이 두 물음은 우리가 예전에 생명의 진화에 대해 제시했던 고찰들 쪽으로 우리를 데려간다. 이 고찰들은 어떤 사람들[4]이 생각했던 바와 같이 가설적인 것은 결코 아니었다. '생의 약동'(élan vital)과 창조적 진화에 대해 말하기 위해 우리는 가능한 한 경험에 가까이 접근하였다. 사람들은 이 점을 알아채기 시작했다. 왜냐하면 실증 과학이 몇 가지 명제들을 포기하거나 단순한 가설로 간주했다는 사실만으로도 점점더 우리의 관점에 접근했기 때문이다. 우리의 관점을 가로채도 실증 과학은 자신의 재산을 되찾을 뿐이다.

4. '생의 약동'의 의의

따라서 생명의 두드러진 특징 몇몇으로 되돌아와, '생의 약동'이라는 개념의 분명한 경험적 특징에 주의하자. 생명 현상은 물리적·화학적 사실로 해체될 수 있을까? 생리학자가 이 사실을 긍정한다면, 그는 이 긍정에 의해 의식적으로든 무의식적으로든 생리학의 역할을 생명의 물리적이고 화학적인 면에서 찾는 것이며, 사람들이 미리 이 탐구에 결론을 내릴 수 없고, 이로부터 마치 이 탐구는 끝이 있을 리 없다는 듯이 진행될 필요가 있다고 생각한다. 이렇게 해서만 생리학은 앞으로 나아갈 것이다. 따라서 그는 방법의 규칙을 설정한다. 그러나 그는 사실을 말하고 있지 않다. 그러므로 우리는 경험에 고집하여 다음과 같이 말하자. 즉, 많은 생물학자들이 인식하고 있듯이, 과학 역시 어느 때보다 생명에 대한 물리 화학적 설명에서 멀리 떨어져 있다는 사실이다. 우리가 생명의 약동에 대해 말할 때 우선 확인하는 바는 이 점이다. 생명이 정립되면 생명의 진화는 어떻게 표상될까? 한 종으로부터 다른 종으로 변이하는 과정은 모두 우연적이며, 도태에 의해 보존되고 유전에 의해 정착된 조그만 변화들의 연속에 의해 이루어진다고 주장할 수 있다. 그러나 만일 유기체에 유익하거나, 단순히 어떤 해로움도 겪지 않기 위해 서로 조화를 이루며 보완하는 수많은 변이들을 생각한다면, 따로 떼어 낸 변이들 각각이 어째서 도태에 의해 보존되고 이 변이 상태가 보완되기를 기다리겠는가 하는 점에 의문이 간다. 그들 각각의 변이는 단독으로는 대부분의 경우 아무 쓸모가 없다. 그 변이에 의해 그 기능이 방해받거나 마비될 수도 있다. 따라서 우연과 우연적인 구성을 끄집어 내어 진화하는 생명에 의해 포착된 방향을 어떤 특별한 원인에 결부시키지 않으면서 사람들은 실증 과학에 의해 권장되는 절약 원리를 선험적으로 적용하지만, 이 원리들은 결코 사실을 확인해주지 않으며, 또 곧바로 극복할 수 없는 난점들에 부딪치게 된다. 다윈주의의 이러한 불충분함은 우리가 생의 약동에 대해 말했을 때*[5] 두 번째로 지적한 점이다. 이러한 이론에 우리는 사실을 대립시켰으며, 생명의 진화가 일정한 방향으로 이루어짐을 확인했다. 이런 일정한 방향은 생명을 진화하게 한 조건들에 의해 생명에 새겨질까? 그렇다면 개체에 의해 체험된 변이들이, 예를 들면 똑같은 기능을 점점 정교하게 수행하는 한 기관의 점진적인 복잡성을 보증하기에 충분할 만큼 규칙적으로 그 후손에게도 전해진다고 인정해야 할 것이다. 그러나 후천적인 유전은 반박될 수 있고, 또 어느 때고 그 유전적 요소가 관찰된다면 그것은 예외적인 유전이다. 사람들이 이 유전을 규칙적으로 작용하게 하는 것은 역시 선험적으로 생각하기 때문이며, 논증에 편리하기 때문이다. 이 규칙적인 유전이 선천적인 요인에 기인한다고 해 보자. 그러면 우리는 경험과 일치할 것이다. 생명을 주어진 일정한 방향 속에서 점점 더 복잡하게 만드는 힘은 외적인 기계적 작용이 아니고 개체를 통해 싹에서 싹으로 나아가는 내적인 추진력이다. 이러한 힘은 생의 약동 이미지가 일깨우는 세 번째 관념이다. 더 나아가 보자. 더욱 복잡한 조건들에 적응하는 유기체나 기관의 발달에 대해 사람들이 말할 때, 대부분의 경우 사람들이 원하는 것은 주물이 석고에 그러하듯, 조건의 복잡성이 생명의 형태도 복잡하게 한다는 점이다. 즉, 사람들은 이러한 조건에서만 기계적인, 따라서 과학적인 설명을 하리라고 생각한다. 그러나 이처럼 적응 일반을 설명하는 데 만족한 뒤에, 사람들은 특별한 경우에는 마치 적응이 전혀 다른 것인 양—사실 그렇지만—즉 외적 조건이 제기한 문제에 대해 생명이 발견한 독자적인 해결인 양 추론한다. 그리고 문제들에 대한 이러한 해결 능력을 사람들은 설명하지 않은 채 놓아둔다. 그래서 우리는 '약동'을 끌어들임으로써 설명을 제공하지는 않았다. 그러나 일반적으로 이 약동을 체계적으로 배격하면서, 각각의 특별한 경우에서는 몰래 이 약동을 인정하고 이용하게 되는 대신, 우리는 생명 작용의 신비한 성격을 드러나게 했다. 그러나 이 신비를 꿰뚫어보기 위해 우리는 아무 일도 하지 않았는가? 부분들이 전체에 대해 보기 좋게 정돈되어 있는 것은 기계적으로 설명되지 않을 뿐 아니라 우리의 관점으로 보아 목적론적으로 취급할 필요도 없다. 외견상 서로 협동하는 수많은 부분들로 해체될 수 있는 유기체적 존재도 내면적으로는 아마도 단일한 동작처럼 작용할 것이다. 우리가 불가분하게 느끼는 우리 손의 움직임도 외적으로 지각되면 마치 방정식에 의해 정의될 수 있는 곡선으로, 즉 모두가 하나의 동일한 법칙을 만족시키는 수많은 점들의 병렬처럼 느껴질 것이다. 약동의 이미지를 일깨움으로써 우리는 이 다섯 번째 관념을, 그리고 더 이상의 어떤 것까지도 암시하고자 했다. 외부에 머물러 있는 우리의 분석이 점점 더 많은 실증적인 요소들을 발견하고 이에 의해 점점 더 이 실증적 요소들 사이에 놀라운 조화로움을 발견하는 지점에서, 내면으로 옮겨가는 직관적 직감은 더 이상 결합된 수단들이 아닌, 극복된 장애물들을 포착할 것이다. 보이지 않는 손은 단번에 갑자기 쇠줄밥 속을 지나면서 저항들을 물리칠 뿐이다. 이 행위의 단일성은 저항의 관점에서 보면 마치 일정한 질서 속에서 일어난 쇠줄밥들의 병렬(시간의 흐름에 따른 순서적 변화를 보여주지 않고, 한꺼번에 모든 순간의 필름을 모아 놓은 상태)처럼 나타나 보일 것이다. 그렇다고 사람들은 이 행위와 이 행위가 만나는 저항에 대해 아무것도 말할 수 없을까? 생명은 물리적·화학적 사실들로 해체될 수 없다 해도, 우리가 일상적으로 물질이라 부르는 것에 덧붙여진 특별한 원인과 같은 방식으로 항상 작용하고 있다. 즉, 이 물질은 (생명의) 도구인 동시에 극복되어야 할 장애물이다. 물질은 자신이 확정하는 것(생명)을 분할한다. 그래서 이런 종류의 분할에서 다양한 생명 진화의 큰 노선들이 갈라져 비롯되고 있음을 우리는 추측할 수 있다. 이 사실에 의해, 우리가 생명에 대해 갖고자 했던 직관을 준비하고 검증하는 수단이 암시된다. 우리가 막다른 곳에 다다른 진화의 노선들 곁에 자유로이 뻗어 있는 두세 개의 큰 진화 노선(진화가 중단된 막시류와, 진화가 계속된 다른 동물들의 예)을 보고, 또한 이 진화 노선을 따라 점점 본질적인 하나의 성격이 전개됨을 본다면, 우리가 추측할 수 있는 것은 생명의 추진력이 처음 단계에는 이 진화 노선들의 성격들을 서로서로에게 침투한 상태로 제시하였으리라는 점이다. 즉, 동물 진화의 주요한 두 노선의 끝에서 자신의 정점에 도달한 본능과 지능은 둘로 나뉘기 전에는 서로를 공통으로 함축하고 있었음에 틀림없으며, 이 둘의 모습은 하나의 실재에 대한 다른 관점들에 지나지 않고, 단순한 실재의 복합적 전체가 아닌 구성적 전체이다. 우리는 이러한 표상을 처음부터 헤아려 왔기 때문에, 생명의 약동 관념이 일깨우는 것은 여섯 번째, 일곱 번째, 여덟 번째의 표상임을 알 수 있다. 우리는 아직 암시적으로만 본질에 대해서 말했다. 즉, 생명이 그의 진화에 따라 불연속적인 비약에 의해 창조한, 모든 부분의 예견 불가능성에 대해서이다. 순수 기계론이나 순수 목적론 모두 생명 창조는 미리 결정되어 있다. 왜냐하면 미래는 계산에 의해 현재로부터 연역될 수 있거나 관념의 형태로 이미 현재에서 윤곽지어질 수 있으며, 따라서 시간은 아무 효용성이 없게 되기 때문이다. 순수한 경험은 이와 같은 미래를 아무것도 암시하지 않는다. 충동의 미래도 매력의 미래도*6 아니라는 듯이 말이다. 하나의 약동이 이런 종류의 어떤 순수한 경험을 암시할 수 있고, 내적으로 느끼는 직감의 불가분성이나 외적으로 지각되는 무한한 가능성을 통해 생명의 본질적 속성인 효과적 진실이 지속되었음을 생각하게 만들 수 있다. 우리가 '생의 약동'의 이미지에 포함시킨 관념은 이와 같았다. 사람들이 대부분의 경우 그러하듯, 이러한 관념들을 무시하면 사람들은 순수한 '살려는 의지'라는 텅 빈 관념 앞에, 소득 없는 형이상학 앞에 서 있음을 발견한다. 만일 사람들이 이러한 관념들을 고려한다면, 경험적으로 획득된 탐구의 방향을 가리킬 수 있는 내용 있는 관념을 갖게 된다. 이러한 관념들은 우리가 생명의 과정에 대해 아는 것들을 거칠게나마 요약하고, 또한 우리가 모르는 사실들도 밝힐 것이다.

이와 같이 고찰하면, 진화는 마치 갑작스런 비약에 의해 이루어진 듯이 보이고, 새로운 종(種)을 형성하는 변화는 마치 전체적으로는 하나의 씨앗에서 나온 유기체 속에서 상호 보완적인 다양한 차이들로 이루어진 듯이 보인다. 우리의 비유를 다시 사용하면, 그것은 갑자기 쇠줄밥 속에 뛰어들어 모든 철분을 단번에 재배열하는 손의 운동이다. 게다가 만일 변화가 일어난다면, 이 변화는 모두에게서 똑같은 성공을 이룰 수는 없다. 인류의 출현은 그 이전의 종(種) 가운데 여기저기에서 이루어진, 그리고 이렇게 해서 아주 서로 다른 인간의 표본들에 이르게 된, 어떤 똑같은 방향의 몇몇 비약에 기인하는지는 아무도 말해 주지 않는다. 그리고 이 인류의 표본들 각각은 이들 각각을 특징짓는 다양한 변이가 서로 완전히 조정되고 있다는 의미에서, 성공한 하나의 시도에 따른 결과물에 해당할 것이다. 그러나 모두가 같은 가치를 갖지는 않는다. 비약은 모든 표본 동물들의 경우에 똑같은 거리를 뛰어넘지는 않았을 것이기 때문이다. 그럼에도 그들은 모두 같은 방향을 가졌다. 의인화된 의미를 이 낱말에 부여하는 일을 피하기 위해 사람들은 이들 모두가 생명의 똑같은 의도에 부응한다고 말할 수 있을 것이다.

인류가 하나의 뿌리에서 나왔는지 그렇지 않은지, 인간에 대한 환원할 수 없는 표본이 하나가 있는지 여럿이 있는지는 조금도 중요하지 않다. 인간은 항상 본질적인 두 가지 특징을 보이는데, 지능과 사회성이 그것이다. 그러나 우리가 처한 관점에서 보면 이러한 성격들은 특별한 의미를 갖는다. 이 특징들은 더 이상 심리학이나 사회학에만 관계하지는 않고, 우선 생물학적인 해석을 요구한다. 지능과 사회성은 생명의 일반적 진화 속에 다시 놓여야 한다.

5. 우화의 사회적 역할
사회성으로부터 시작한다면 우리는 개미나 벌과 같은 막시류와, 인간 같은 진화의 두 최고봉에서 완성된 형태를 발견한다. 단순한 경향의 상태는 자연 어디에나 있다. 개체를 이미 사회라고 말할 수도 있었다. 단세포로 이루어진 원생 동물들은 집합체를 구성했을 테고, 이 집합체는 서로 접근하여 집합체의 집합체를 형성했을 것이다. 가장 분화된 유기체들은 이렇게 해서 거의 분화되지 않은 요소적인 유기체의 연합 속에 그들의 기원을 가질 것이다. 여기에는 분명 과장된 설명이 있다. '복합체 형성(polyzoïsme)'은 분명 예외적이고 비정상적인 작용이다. 그럼에도 고등 유기체에서는 마치 세포들이 서로 작업을 분담하기 위해 연합하는 듯이 사태들이 일어나는 것이 사실이다. 따라서 수많은 생명의 종(種)들에서 발견되는 사회 형태의 굴곡은, 개체의 구조 속에서까지 나타난다. 그러나 한번 더 말하지만, 거기에는 경향만이 있을 뿐이다. 그리고 사람들이 개성이 저마다 뚜렷한 조직인 완성된 사회에 관계하고자 원한다면, 곤충 사회와 인간 사회, 즉 전자는 불변하나*⁷ 후자는 변화하며, 하나는 본능적이고 다른 하나는 지능적이며, 전자는 전체를 위해서만 존재하는 요소들로 구성된 유기체에 비교될 수 있고, 후자는 개체에게 여유가 주어져 사회가 개인을 위해 형성되었는지 아니면 개인이 사회를 위해 만들어졌는지를 잘 알 수 없는 것으로서, 이 두 사회가 내보이는 완전한 두 유형의 연합을 취할 필요가 있다. 콩트에 의해 제시된 두 조건, 즉 '질서'(ordre)와 '진보'(progrès) 중에서 곤충은 질서만을 원하는 반면에, 적어도 인류의 일부분이 목표하는 바는 진보인 것이다. 그리고 이 진보는 가끔 질서와 양립할 수 없을 때가 있어서 항상 개인적인 독창성에 기초한다. 따라서 사회 생활의 완성된 이 두 형태(곤충과 인간)는 한 쌍을 이루어 서로 보완한다. 그러나 사람들은 이들(질서와 진보, 즉 곤충이 원하는 질서와 인간이 원하는 진보) 각각을 특징짓는 본능과 지능에 대해서도 그와 같이 말할 것이다. 생명의 진화 속에 다시 놓아두면 그들은 서로 분리되고 보완적인 두 행위처럼 나타난다.

우리는 이전의 저작에서 했던 설명*⁸으로 돌아가지는 않을 것이다. 단지 상기해야 할 점은, 생명이란 자연 그대로의 물질로부터 무언가를 얻기 위한 노력이고, 본능과 지능은 완성된 상태에서 보면 이 목적을 위해 도구로 사용되는 두 가지의 수단이라는 것이다. 즉, 본능이라는 도구는 생물의 일부를 이루고, 지능이라는 도구는 발명하고 제작하며 조작하는 일을 학습할 필요가 있는 무기적인 도구이다. 사용, 더욱이 제작, 또 발명을 설정해 보라. 그러면 우리는 지능의 모든 요소를 하나씩 다시 발견할 수 있다. 왜냐하면 지능이 사명적으로 지능의 구조를 설명하기 때문이다. 그러나 잊어서는 안 될 것은 지능의 주위에 본능의 잔여물이 달무리처럼 남아 있고 지능의 빛이 본능의 밑바닥에 존속해 있다는 사실이다. 사람들은 이들이 서로를 함축한 상태에서 시작하였고, 만일 먼 과거까지 거슬러올라간다면, 오늘날 곤충의 본능보다 지능에 더욱 가까운 본능을, 우리 척추 동물보다 본능에 더욱 가까운 지능을 발견할 것이다. 두 작용은 처음에는 서로 침투하나 성장하면서 서로 분화되었음에 틀림없다. 그러나 한쪽의 어떤 것은 다른 것에 들러붙은 채 남아 있다. 그 밖에도 사람들은 생명체의 모든 위대한 현상들에 대해서도 그와 같이 말할 것이다. 이 생물체의 발현들 각각은 대부분의 경우, 다른 대부분의 발현체의 본질적 성격을 흔적처럼, 아니면 숨어 있는 상태로 나타내 보인다.

그래서 자연의 위대한 노력의 한 종착점에서, 인간 사회, 즉 본질적으로 이성적이고 부분적으로 자유로운 존재 집단을 연구하면서, 우리는 진화의 다른 끝점, 즉 순수한 본능에 지배되고 개체가 공동체의 이익에 맹목적으로 봉사하는 사회들을 놓치지 말아야 한다. 이러한 비교는 결코 확고한 결론을 허용하지는 않겠지만 다양한 해석을 암시할 수는 있을 것이다. 만일 사회들이, 진화 운동의 두 원리적인 지점에서 발견되고 개별적인 유기체가 사회들의 유기성을 나타내는 계획 위에 구축되었다면, 이는 생명이 분업적으로 일하는 요소들의 협력체이자 위계 질서이기 때문이다. 사회적인 것은 생명의 근저에 있다. 이미 개별적인 유기체들이 이룬 사회에서 그 요소는 전체를 위해 언제라도 스스로를 희생할 준비가 되어 있고, 진화의 두 큰 노선 중의 하나의 끝, 즉 벌떼와 개미떼가 구성하는 집단들의 사회에서도 그와 같다. 마지막으로 만일 자연의 유기화 작업의 연장에 지나지 않은 본능에 의해 이 결과가 획득된다면, 이는 자연이 개체보다는 오히려 사회에 관심을 가지고 있기 때문이다. 그런데 만일 인간에게 있어서는 사정이 더 이상 이와 같지 않다면, 그것은 새로운 종의 창조로서 생명의 모든 영역에서 나타나는 발명의 노력이 인류에게서만은 지능과 함께 독창성과 독립과 자유가 주어진 개인들에 의해 계속 수행되는 수단을 발견했기 때문이다. 만일 지금이라도 지능이 어떤 점에서 사회적 응집력을 파괴하려고 한다면, 그리고 사회가 지속되어야 한다면, 이 점에서 지능에 대해 하나의 평형추가 있어야 한다. 본능의 자리가 지능에 의해 차지된 이상, 이 평형추가 본능 자체일 수 없다면, 그 대신 지능 주위에 남아 있는 달무리같은 잠재적인 본능, 즉 본능의 잔여물이 똑같은 결과를 산출할 필요가 있다. 이러한 잔여물은 직접 작용할 수는 없으나, 지능이 표상에 작용을 하기 때문에 현실의 표상에(즉, 실질적 외관에 만족하지 않고) 대항하여 지능 자체를 매개로 지능의 작업을 방해하는 데 성공할 '가공의' 표상들을 일깨울 것이다. 이렇게 해서 우화적인 기능이 설명될 것이다. 게다가 이 우화적 기능이 만일 사회적인 역할을 한다면, 그 기능은 대부분의 경우 사회가 소중히 여기려는 대상인 개인에게도 봉사할 것임에 틀림없다. 그러므로 이 기능은 그의 가장 요소적이고 원초적인 형태에서는 개인 자신에게도 여분의 힘을 가져다 준다고 간주할 수 있다. 그러나 이 두 번째 점에 이르기 전에 첫 번째 것을 고찰해 보자.

자, 그러면 처음으로 돌아가 우리의 종교심, 즉 신앙의 유래에 이 고찰이 연관되는지를 보자. 우리는 예전에 '심령학'에 의해 수집된 관찰 사실들 가운데 다음과 같은 사실에 주목했었다. 한 부인이 어떤 호텔의 가장 높은 층에 있었다. 승강기 문은 마침 열려 있었다. 이 승강기의 문은 승강기가 그 층에 멈추었을 때에만 열리도록 되어 있었기 때문에, 그 부인은 자연히 승강기가 그 층에 있으리라 믿고, 서둘러 타려고 한 순간, 부인은 갑자기 뒤로 밀쳐짐을 느꼈다. 승강기를 조작하는 남자가 나타나서 부인을 층계참으로 밀쳐 버렸던 것이다. 이 순간 부인은 정신이 번쩍 들었다. 부인은 그곳에 남자도 승강기도 없음을 확인하고 매우 놀랐다. 승강기는 아래 층에 있었으나, 장치가 고장나 승강기의 겉문이 부인이 서 있던 층에서 열려 있었던 것이다. 그 부인이 뛰어들려 했던 곳은 텅 빈 공간이었으며, 그 순간 어떤 '기적적인 환각'이 부인의 생명을 구했던 것이다. 이 기적은 이렇게 쉽게 설명될 수 있다. 그 부인은 현실적인 사실에 대해 정확하게 추론하기는 했다. 왜냐하면 그 승강기 문은 실제로 열려 있었고, 따라서 승강기는 틀림없이 그 층에 있었을 것이기 때문이다. 승강기 수직 통로가 텅 비었다는 지각만 했었다면, 그런 실수를 하지 않았을 것이다. 그러나 이 지각은 너무 늦게 이루어졌고, 추론에 따른 행위는 이미 시작되었다. 그러자 본능적이고 몽유증적이며 추리하는 일에 종속되어 있는 인격이 나타났다. 그 인격은 위험을 직감했다. 곧바로 행위할 필요가 있다. 이 본능적이고 몽유적인 직감의 인격이 곧바로 부인의 몸을 뒤쪽으로 튕겨냈고, 그와 동시에 허구의 환각적 지각을 나타나게 했다. 그리고 이러한 지각이 외견적으로는 부조리한 운동의 도발과 설명에 가장 적합했던 것이다.

이제 원시인과 원초적인 사회를 상상해 보자. 이 원시적 집단에 필요한 만큼의 응집을 확보하기 위해서 자연은 아주 간단한 수단을 사용했을 것이다. 즉, 자연은 단지 인간에게 적합한 본능을 부여하기만 하면 되었을 것이다.

자연은 벌떼와 개미떼들에게도 이와 같이 했다. 게다가 자연의 성공은 완전했다. 여기에서 개체는 공동체만을 위해 살 뿐이다. 그리고 그 곤충의 작업은 쉬웠다. 왜냐하면 자연은 자신의 습관적인 방법을 따르기만 하면 되었기 때문이다. 본능은 결국 생명과 동연(同延)의 것이고, 곤충에게서 발견되는 사회적 본능은 모든 생명체의 세포와 조직, 기관들을 살리는 상호 종속과 협력의 정신일 뿐이다. 그러나 척추 동물의 계열에서 생명의 추진력이 향한 쪽은 지능의 개화 쪽이지 더 이상 본능의 발달 쪽이 아니다. 이 운동의 종착점이 인간에게서 만들어졌을 때, 본능은 사라지지 않고 단지 은폐되어 있다. 본능에서 남은 잔재란, 완전히 밝혀진 아니 오히려 빛나는 핵으로서의 지능의 주위에 있는 불분명한 빛일 뿐이다. 이 때문에 지능이 반성을 거듭하게 되면 개인은 발명을 하게 되고 사회는 진보를 하게 된다. 그러나 사회가 진보하기 위해서는 지속될 필요도 있다. 발명은 창의력을 의미하고, 개인적인 창의력에 대한 호소는 이미 사회적 규율을 위협할 우려가 있다. 만일 개인이 자신에게로 관심을 돌려 사회 생활이 그에게 부과하는 속박과 그가 공동사회를 위해 치르는 희생으로 향하게 하기 위해 반성의 대상을 회피한다면, 즉 행위하고 완성하고 변혁하는 일에 운명지워진 반성을 회피한다면 어떤 일이 일어날까? 개인은 개미나 벌처럼 본능적으로 도달해야 할 외적 목표를 향한 채로 있을 것이다. 그는 종족을 위해 자동적이고도 무의식적으로 몽유병자처럼 일할 것이다. 지능이 부여되고 반성이 일깨워지면 개인은 자기 자신에게로 향하여 안락하게 사는 일만을 생각할 것이다. 물론 지능의 정석대로의 추론은 개인에게 증명하기를, 다른 사람의 행복을 증진시키는 일도 그의 이익이라고 할 것이다. 그러나 존 스튜어트 밀과 같은 공리주의자를 탄생시키기 위해서는 수세기의 문화가 필요하다. 그리고 밀은 모든 철학자들을 설복하지 못했고 일반 대중들은 더더욱 설복하지 못했다. 사실 지능은 우선 이기주의를 권한다. 아무것도 지능을 막지만 않으면, 지능적 존재가 서둘러 가는 쪽은 이런 측면이다. 그러나 자연이 감시하고 있다. 열려진 장벽 앞에 한 파수꾼이 나타났고 출입을 금하였으며 그 위반자를 밀쳐내 구해주었다. 여기에서 금지하고 위협하고 처벌하는 파수꾼은 도시의 수호신일 것이다. 사실 지능은 현재의 지각들이나 사람들이 추억이라 일컫는 다소 생생한 지각의 잔여물 상태에 따른다. 왜냐하면 본능은 흔적이나 잠재적인 상태로만 존재하며, 행위를 일어나게 하거나 억제할 만큼 충분히 강하지는 않기 때문에, 지능이 지각에 의해 결정할 수 있을 만큼 충분히 정확하고 인상적인 추억의 위조물을 불러일으켜야 할 것이기 때문이다. 그러므로 종교는 지능의 해체력(모든 자연을 파헤치는 능력)에 대한 자연의 방어적 반응이다.

이렇게 해서 우리는 단지 실제적으로 일어나는 현상의 유형화된 모습만을 얻는다. 좀더 명백히 하기 위해 우리는 사회 속에 개인의 갑작스러운 반항과, 개인적인 상상력 안에서 금지와 보호의 신(神)의 갑작스러운 출현을 가정해 보았다. 물론 문명의 도상에서 상당히 앞선 인류에게는, 어떤 주어진 순간과 일정한 시간 동안에 사태는 이처럼 극적인 형태를 취한다. 그러나 현실이란, 극적(진보의 끝)인 모습을 명료화하는 본질적인 요소를 강화하고 여분의 희미한 잔재는 제거함으로써만 이루어진다. 사실상 자연의 손에서 갓 빠져나온 인간 집단에서는, 집단의 응집에 중요한 요소와 중요하지 않은 요소 사이의 구분은 그다지 분명치 않고, 개인에 의해서 이루어진 행위의 결과도 엄밀하게 개인적인 결과로 보이지는 않으며, 행위가 막 이루어지는 순간에 나타나는 금지의 힘도 한 인격 안에서 완전히 구현되지는 않는다. 이 세 가지 점에 대해 설명하자.

우리 사회와 같은 사회에는 관습과 법률이 있다. 물론 법률은 종종 공표된 관습이기도 하다. 그러나 관습이 법으로 변화되는 것은, 이 관습이 확정적으로 인정되고 형식화할 수 있는 이익을 제시할 때뿐이다. 따라서 그 관습은 다른 종류의 법들보다 특출하게 보인다. 따라서 본질적인 요소와 우연적인 요소 사이의 구분은 분명해진다. 한편으로는 단순한 관습이 있고, 다른 한편으로는 법적이고 도덕적이기도 한 의무가 있으니까 그렇다. 그러나 관습밖에 발견할 수 없는 진화가 덜 된 사회에서는 이와 같을 수가 없다. 즉 이 사회는, 어떤 것은 현실적인 필요에 의해 정당화되지만, 대부분의 것들은 단순한 우연이나 첫 번째 것의 무반성적인 확장에 기인하는 관습들만을 가진다. 여기에서 관습적인 것이란 모두 필연적으로 의무적인 것이다. 왜냐하면 사회적인 유대는 단지 관습에 대한 공통의 승인 위에서 확산될 뿐, 법률 안에서나 원리들 안에서 응집되지는 않기 때문이다. 그래서 한 집단의 구성원들에게 '관습적'으로 승인된 모든 행위, 즉 사회가 개인에게 기대하는 모든 행위는, 관습에 대한 존중에 의해서만 인간이 다른 사람들과 결부되고, 그래서 자기로부터 이탈한다는 행위가 사실이라면, 그것은 모두 종교적 성격을 취하고 있을 것임에 틀림없다. 말이 나온 김에 언급하지만 도덕과 종교 관계에 대한 문제는, 원초적인 사회들을 고려할 때 이처럼 매우 단순화된다(공동으로 승인한 관습에 기인한다)고 하겠다. 원시 종교들이 비도덕적이라거나 또는 도덕과 무관하다고 말할 수 있는 경우는, 종교를 이 원시 시기보다 훨씬 나중에 형성된 도덕적 모습과 비교하기 위해, 초창기에 그러했을 종교 모습을 취하는 경우뿐이다. 근원적으로 관습은 모두 도덕이다. 그리고 종교는 습관으로부터 멀리 떨어지는 행위를 금하므로, 도덕은 종교와 동연(同延)이다. 그러므로 종교적 금기들이 오늘날 부도덕하거나 반사회적으로 보이는 행위에 항상 관련이 있지는 않았고 때로는 잘못 금기로 취급되었다고 항의하는 일은 쓸데없을 것이다. 우리가 처음 고찰한 측면에서 볼 때, 원시 종교는 사람이 생각하기 시작하면서부터 자신만을 생각하는 위험에 대한 예방책이다. 그러므로 종교는 바로 지능에 대한 자연의 방어적 작용이라고 앞서 말했던 것이다.

다른 한편, 개인적인 책임 관념은 사람들이 생각할 수 있을 만큼 단순한 의미와는 거리가 멀다. 이 관념은 개인의 행위에 대한 비교적 추상적인 표상을 함축하고 있어서 이 책임 관념을 독립적인 것으로 간주하는 것은 사람들이 이 관념을 사회적 활동으로부터 분리시켰기 때문이다. 그러나 우선 한 집단의 구성원 사이의 연대성은 그 모든 구성원이 단 한 사람의 과실에도, 적어도 그들이 중대하다고 여기는 경우에는, 어느 정도 연관이 있다고 스스로 느끼게 된다. 즉, 미리 '도덕적인 병'이라는 낱말을 쓸 수 있다면, 이 도덕은 전염에 의해 점점 확산되어 사회 전체에 미치는 육체적 병과 같은 결과를 가져온다. 그러므로 만일 복수하는 힘이 나타나면, 그것은 단지 그 병이 발생했던 지점만을 억압하는 데서 멈추지 않고, 함께 사는 사회 전체를 징벌하고자 한다. 죄인의 죄를 묻는 정의의 여신 그림은 비교적 최근의 그림이고, 사회적인 유대를 파괴한 순간 혼자만이 당하게 될 형벌에 대한 종교적 두려움에 사로잡힌 개인을 내보임으로써 우리는 사태를 너무 단순화해 왔다. 그럼에도 사태들은 이런 형식을 취하려 하고, 종교가 그 자신의 고유한 윤곽을 확고히 하면서 더욱 분명히 신화적으로 됨에 따라, 점점 더 사태들이 이런 형식을 취한다는 사실은 진실이다. 게다가 신화는 항상 자신의 기원에 대한 혼적을 지닐 것이다. 신화는 결코 물리적 질서와 도덕적 또는 사회적 질서, 모든 사람의 법에 대한 복종에서 나온 규칙성과 자연의 순환이 가져오는 규칙성 사이를 완전하게 구분하지는 않을 것이다. 인간적 정의의 여신인 테미스(Themis)는, 계절의 신들(Horai)의 어머니이자, 도덕적 법칙과 함께 물리적 법칙을 나타내는 '신 디케(Dike)'의 어머니이다. 이러한 혼동에서 우리는 오늘날까지도 거의 해방되지 못하고 있다. 그 혼적은 우리 언어에 남아 있다. 그래서 전통적 관례가 곧 도덕인 듯이 표현되고, 항구성의 의미를 가진 규칙(règle)과 명령(사회적 의무)의 의미를 지닌 규칙(règle), 즉 사실의 보편성과 권리의 보편성은, 거의 같은 방식으로 표현된다. '질서'(ordre)라는 낱말은 배열과 동시에 명령을 의미하지 않는가?

6. 부분적인 인격들

마지막으로 우리는 금지하고, 경고하고, 벌하기 위해 나타나는 신에 대해 말했다. 그러므로 저항의 원천이자 필요할 때는 복수의 원천이기도 한 도덕적인 힘은 한 인격으로 구체화할 것이다. 이렇게 해서 도덕적인 힘이 자연스럽게 인간의 견지에서는 인격적인 형태를 취한다는 사실은 의심할 바가 없다. 그런데 신화가 자연의 산물이라면, 현화식물처럼 말기의 산물이고, 종교의 시초는 더욱 조심스러웠을 것이다. 우리 의식에서 일어나는 일에 대해 주의 깊게 관찰해 보면, 의도적인 저항, 그리고 복수까지도 처음에는 그 자체로서 충분한 존재들로 나타남을 알 수 있다. 경계심과 복수심이 강한 신의 몸처럼, 일정한 형태의 몸으로 감싸는 행위는 이들에게는 이미 하나의 사치이다. 물론 정신의 우화 작용이 예술적인 기쁨과 함께 작용하는 경우는 이처럼 옷이 입혀진 표상에 대해서 뿐이다. 그러나 우화 작용이 처음부터 이러한 표상들을 형성하지는 않는다. 우선 그것은 옷을 완전히 벗은 표상들을 취한다. 우리는 심리학자들의 주의를 충분히 끌지 않았던 이 점에 대해 깊이 생각해야 한다. 탁자 모서리에 부딪쳤을 때 이 탁자에 앙갚음하는 어린아이가 탁자를 하나의 인격으로 본다는 증거는 전혀 없다. 더욱이 오늘날 모든 심리학자들이 이 설명을 받아들인 것은 결코 아니다. 그러나 이 경우 신화적 설명에 많은 양보를 한 뒤에, 심리학자들이 단순히 어린아이가 화가 나서 탁자를 때리려는 욕구가 일어났다고 생각할 때, 그들의 생각은 충분하게 멀리까지 미치지 않은 것이다. 사실은 탁자를 어떤 사람과 동일시하는 일과 탁자를 무생물로서 지각하는 일 사이에는 사물의 표상도 아니고 사람의 표상도 아닌 중간적인 표상이 있다. 그것은 충돌하면서 탁자가 수행하는 행위의 표상이거나, 또는 더 적절히 말하면—마치 등에 지고 있는 짐처럼—등 뒤에 서 있는 탁자와 함께 부딪친다는 행위의 표상이다. 부딪친다는 행위는 인격의 한 요소이지만, 아직 완전한 인격은 아니다. 적의 칼끝이 자신에게로 향해 있는 광경을 보는 검객은, 검을 내지른 것이 그 칼끝의 운동이라는 사실, 팔을 함께 내지른 것은 검이고, 팔이 내밀어졌기 때문에 몸도 내밀어졌다는 사실을 잘 알고 있다. 적당한 찌르기를 넣고 정확한 일격을 가할 수 있는 때는 사태가 이와 같다는 것을 인식하게 되는 때부터이다. 이 일을 역순(逆順: 사람, 칼, 칼끝)으로 위치시키는 것은 이들을 재구성하고 따라서 철학하는 일이다. 이 일은 어쨌든 순수한 행위에의 요구에 만족하지 않고, 직접적으로 주어지며 진정 원초적인 것에 전념하는 대신, 함축적인 것을 분명히 하는 일이다.

7. 질서 파괴에 대한 보장

'통행금지' 팻말을 읽을 때 우리는 우선 금지를 알아챈다. 그것은 명약관화하다. 이 뒤에는 막연하게 상상되는, 희미한 불빛 속에 조서(調書)를 작성하고 있을 감독관이 있다. 이렇게 사회 질서를 보호하는 금지들이 그 자체로서 먼저 앞에 나온다. 이것들은 사실 이미 단순한 형식들 이상이다. 이들은 저항과 강압과 추진력이다. 그러나 금지를 명하고 이러한 명령들로 위장하고 있던 신은, 우화 기능의 작업이 완성됨에 따라 훨씬 나중에야 나타날 것이다. 그러므로 미개한 사람들의 어떤 개인적인 행위에서 절반은 물리적(본능적)이고 절반은 도덕적인 저항들로서의 금지를 발견한다고 해서 우리는 놀라지 않는다. 다시 말해, 저항의 영역에서 중심을 차지하는 미개인의 상대는 '성스럽고' 동시에 '위험하다'고 말할 것이다. 그러나 이와 같은 말을 할 때는 '성스럽다'와 '위험하다'라는 두 개의 분명한 말이 형성되고, 물리적인 배척의 힘과 도덕적 금기 사이의 구분이 분명해질 때이다. 그 전까지 그 대상은 두 속성을 하나로 융합시켜 가지고 있다. 그리고 그것은 종교학 때문에 우리에게 친숙한 폴리네시아 어를 사용하면 터부(taboo)이다. 원시 인류는 '터부'를 오늘날의 '원시인'과 같은 방식으로 생각하였을까? 먼저 이 말의 의미를 이해하자. 만일 생명의 종(種)들이 알아챌 수 없을 만큼 느린 추이로 형성되었다면 원시인들은 존재하지 않을 것이다. 인간이 동물성에서 빠져 나온 정확한 순간을 나타낼 수는 없다. 그러나 이것은 자의적인 가정이고, 이 가정은 많은 비진리에 부딪치며 우리가 지지할 수 없다고 믿는 모호성 위에 근거를 두고 있다. *9 사실과 유추가 인도하는 길을 따르면 사람들은 오히려 하나의 불연속적인 진화에 도달하는데, 이 진화는 멈출 때마다 만화경을 돌렸을 때 나타나는 광경들에 비교될 만한 그러한 진화로, 진화의 종류에 있어서 완전한 복합체를 이루면서 비약하여 전진한다. 그러므로 인류가 다양한 지점에서 수행된 집중적인 도약에 의해 형성될 수는 있었으나, 그러면서도 모든 비약이 인간의 형태를 실현하는 데에 가까이 이르지는 못했던 일과도 같이, 바로 원시 인류의 유형이 있다. 만일 후천적인 습관의 유전이 있었더라면 우리는 오늘날에도 원시적인 영혼을 완전하게 포착하지는 못할 것이다. 그래서 있는 그대로의 상태로 포착된 우리의 도덕적 본성은 아주 먼 우리 조상들의 도덕적 본성과는 근본적으로 다를 것이다. 그러나 사람들이 유전적인 습관에 대해 말하고 무엇보다도 유전이 변화를 이루기에 충분한 규칙적인 유전이라고 생각하는 까닭은 선입관념의 영향 때문이기도 하고 한 이론의 요구를 만족시키기 위해서이기도 하다. 사실 문명이 인간을 근본적으로 변화시켰다면, 수많은 습관과 지식이 마치 저수지에 모이듯이 사회 환경에 축적되고, 사회가 그것들을 새로운 세대마다 개인에게 주입하기 때문이다. 표면을 긁어 떼어내 버리고 모든 순간의 교육으로부터 우리에게 온 것을 지워 보자. 그때 우리는 우리의 심층에서 원시 인류를 다시 발견할 것이다. 이 인류에 대한 이미지를 오늘날 우리가 관찰하는 '원시인'이 제공할까? 결코 그렇지 않다. 왜냐하면 원시인들도 그들의 사회적 환경이 개인에게 주입하기 위해 보존해 온 습관의 층에 의해 그 본성이 은폐되어 있기 때문이다. 그러나 이 습관층이 문명인의 경우보다는 덜 두텁고 더욱 뚜렷하게 본성을 내보인다고 믿을 만한 여지가 있다. 몇 세기를 지나는 동안 습관의 증가는 실제로 원시인들에게 있어서 문명인과 다른 방식으로, 즉 표면적으로 유사한 것에서 유사한 것으로 우연적인 사정의 영향 아래 행해졌음에 틀림없다. 그러나 다른 한편 기술과 지식, 결국 문화의 진보는 꽤 긴 시간 동안에 똑같은 방향인 위쪽으로 서로 겹쳐지고 접합되면서 단순히 표면적인 복잡성에 이르는 것이 아니라, 근본적인 변형에 이르는 변화에 의해 이루어진다. 이로부터 우리가 오늘날 '원시인'에게서 발견하는 터부 개념을 절대적인 의미에서 얼마만큼 원시적으로 그대로 볼 수 있는지를 알게 된다. 이 개념이 자연의 손으로부터 갓 빠져나온 인간에게 조금이나마 나타났다고 해도, 이 개념은 오늘날과 똑같은 사태 모두에 적용되지 않았고 아마도 오늘날만큼 많은 사태에도 적용되지 않았으리라. 각 터부는 이 터부에 의해 그 사회가 일정한 이익을 발견하게 되는, 그러한 금지임에 틀림없었다. 그러나 개인의 관점에서는 비합리적인 금지이다. 왜냐하면 터부는 지능에 기대지 않고 지능적 행위들을 단호하게 정지시켰고, 사회와 종족에 유익한 한에서만 합리적인 터부였기 때문이다. 예를 들면, 성적 관계는 터부들에 의해 유용하게 조정될 수 있었다. 그러나 터부는 바로 개인의 지능에 호소하지 않고 개인의 지능을 거부하는 문제였기 때문에, 개인의 지능은 터부 개념을 탈취하여 이에 관해 우연적인 관념들을 연합함으로써 온갖 자의적인 부연 설명을 하게 되었다. 그러나 지능은 자연의 근원적인 의도라 부를 수 있는 명분을 고려하지 않았음에 틀림없다. 그래서 터부가 항상 오늘날과 같은 잘못된 금기가 되었다고 가정한다 하더라도, 그러한 터부는 적어도 오늘날처럼 많은 대상들에 관계하지 않을 것이며, 또한 부조리한 적용을 용납하지도 않을 것이다. 그러면 이 터부는 본디 형식을 간직했다는 말일까? '원시인'의 지능은 우리 지능과 본질적으로 다르지 않다. 그들의 지능은 우리 지능처럼 역동적인 것을 정태적인 것(관념적 상태)으로 전환시키고 운동들을 사물들로 견고하게 하려고 할 것이다. 따라서 이 지능의 영향 아래서 금지들이 이들과 관계하는 사물들 속에 자리잡게 된다고 가정할 수 있다. 왜냐하면 이 금지들은 경향에 대한 저항에 지나지 않았기 때문이다. 그러나 경향이 대부분의 경우 대상을 가지므로, 저항은 마치 그 대상 안에 숨어 있었던 듯이, 그 대상에서 출발하는 듯이 보인 것이며, 이렇게 해서 저항은 이 실체의 한 속성이 된다. 정체된 사회에서 이런 고정 작용은 결정적으로 이루어진다. 지능이 금지의 배후에 있는 인격을 알아채는 동적인 사회에서 이 고정 작용은 완전하지 못했고 무엇보다도 일시적이었다.

8. 의기소침에 대한 보장

우리는 방금 종교의 첫 번째 기능, 즉 직접적으로 사회 보존에 관계하는 기능을 지적했다. 이제 다른 기능에 접근해 보자. 이 기능은 간접적이기는 하나 개인적인 행위들을 자극하고 인도하면서 사회의 복지를 위해서 일하는 기능임을 볼 것이다. 게다가 그 작업은 매우 복잡할 테고, 우리는 그 형식들을 열거해야 할 것이다. 그러나 우리는 이 연구에서 길을 잃고 헤매지는 않는다. 우리는 길의 실마리를 쥐고 있기 때문이다. 생명의 영역은 본질적으로 본능의 영역이며, 진화 선상의 본능은 자기 자리의 일부를 지능에게 양보했고, 이 때문에 생명에 혼란이 와서 자연이 할 수 있는 수단이라고는 지능에 지능을 대립시키는 일뿐임을 우리는 항상 상기해야 했다. 이렇게 해서 자연을 위해 평형을 되찾은 지능적 표상은 종교적인 차원이다. 가장 단순한 경우부터 시작하자.

동물들은 자신이 반드시 죽으리라는 사실을 모른다. 물론 그들 가운데에도 살아 있는 존재와 죽은 존재를 구분할 수 있는 것도 있다. 즉 이 말은 죽은 존재의 지각과 생명체의 지각이 동물들에게 같은 움직임, 같은 행동, 같은 태도로 나타나지 않는다는 사실을 의미한다. 이는 그들이 죽음에 대한 일반적인 관념을 가졌다는 의미가 아니며, 나아가 생명에 대한 일반적인 관념은 물론, 단순히 몸에 의해 취해진 것이 아닌 적어도 정신에 표상된 어떠한 일반적 관념을 가졌다는 의미도 아니다. 동물들은 적을 피하기 위해 '죽은 체할 것이다'. 그러나 이렇게 그들의 태도를 언어로 표현하는 당사자는 우리이며 동물 자신은 움직이지 않는다. 움직이면 주의를 끌거나 자극을 하기 때문에 그렇다. 그들의 움직임이 공격을 초래할 테고 운동이 운동을 불러일으킴을 느끼기 때문이다. 사람들은 동물에게서도 자살의 경우를 발견한다고 믿었다. 그러나 사람들이 틀리지 않았다 해도, 죽기 위해 필요한 일을 하는 경우와 그렇게 하면 죽는다는 것을 아는 경우와는 큰 거리가 있다. 매우 복잡한 동시에 적절하기도 한 행위를 수행하는 일과 이로부터 귀결될 상태를 상상하는 일은 다를 것이다. 그러나 동물이 죽음의 관념을 가졌다는 사실을 인정한다 하더라도, 동물은 분명 자신이 죽을 운명이며, 변사가 아니면 자연사로 죽으리라는 생각은 하지 못한다. 이 사실을 알기 위해서는 다른 동물들에 대한 일련의 관찰과 종합, 마지막으로 여기에 과학적 성격을 띠는 일반화 작업이 필요할 것이다. 동물이 이러한 노력을 어떻게든 한다고 가정해도 그것은 알아볼 만한 가치가 있는 어떤 사실을 위해서일 것이다. 그러나 자신이 죽어야 하는 운명이라는 사실을 아는 만큼이나 동물에게 무익한 일은 없을 것이다. 동물은 오히려 이 사실을 모르는 편이 더 낫다. 그러나 인간은 자신이 죽을 운명임을 알고 있다. 다른 모든 동물은 생에 집착한 채 단순히 생명의 약동에 몸을 맡기고 있을 뿐이다. 만일 그들이 '영원의 모습 아래서'(sub specie aeterni) 스스로를 생각하지는 못하더라도, 현재로부터 미래로의 끊임없는 침식인 그들의 믿음이란, 이런 생각을 감정으로 번역한 것이다. 그러나 인간과 함께 반성이 나타나고, 따라서 직접적인 유용성이 없어도 관찰하는 능력과, 감정적으로 관심에서 초연하여 관찰들을 서로 비교하고 결국에는 귀납하며 일반화하는 능력이 나타난다. 자기 주위에 살아 있는 모든 존재가 결국은 죽고 만다는 사실을 확인함으로써 인간은 자기 자신도 이윽고 죽는다는 사실을 믿게 된다. 자연은 인간에게 지능을 부여함으로써 좋든 싫든 이러한 신념으로 인간을 끌고 가야 했다. 그러나 이 신념은 자연의 운동에 위배된다. 만일 생의 약동이 모든 다른 생명체를 죽음의 표상으로부터 떼어 놓았다면, 인간에게 있어서는 죽음에 대한 생각이 생의 운동을 지체시켰음에 틀림없다. 죽음에 대한 생각은 훨씬 나중에야 인간으로 하여금 그 자신을 넘어서도록 고양시켰고, 행위를 위한 보다 큰 힘을 그에게 줄 철학 속으로 들어올 수 있었다. 그러나 인간은 죽음에 대한 생각으로 처음에는 의기소침해진다. 자신이 죽는다는 사실이 분명한데도 죽을 날짜를 모른다면 더더욱 그러할 것이다. 그 죽음이라는 사건이 틀림없이 일어난다 해도, 사람들은 이 사건이 현재 일어나지 않았음을 매순간 확인하는 이상, 끊임없이 반복되는 죽음에 대한 부정적인 경험이, 이번에는 반성에 의해 확신된 결과를 약화시키면서 거의 의식되지 않는 의심으로 응결된다. 그럼에도 사는 일만을 생각하도록 만들어진 생물 세계에서 거듭되는 반성과 함께 나타나는 죽음의 확신이 자연의 의도에 대립됨은 사실이다. 자연은 자신의 길 위에 스스로 놓아둔 장애물에 부딪쳐 비틀거릴 것이다. 그러나 곧 다시 일어난다. 죽음을 피할 수 없다는 생각에 자연은 사후에 삶의 영속이라는 심상*¹⁰을 대립시킨다. 피할 수 없는 죽음에 대한 관념을 자리잡게 한 지능의 영역으로 자연이 던진 이 영상은 사태를 제자리에 놓이게 한다. 그래서 죽음의 관념을 이 영원한 삶의 심상에 의해 중화시켰다는 말은, 가까스로 발이 미끄러지지 않도록 억제하는 자연의 균형을 나타낸다. 그러므로 우리는 종교의 근원적 특징으로 나타나는 심상과 관념의 매우 특수한 승부에 직면한다. 이러한 두 번째 관점에서 보면, 종교는 죽음을 피할 수 없다고 말하는 지능에 대항하는 자연의 방어적 반작용이다.

9. 유용한 우화 기능의 일반적 주제

죽음을 피하려는 자연의 이 방어작용에 개인만큼이나 사회도 관여하고 있다. 그것은 사회가 개인의 노력에 혜택을 입기 때문도 아니고, 한 목적지에 대한 관념이 약동의 관념과 서로 대립되지 않을 때 이 개인의 노력이 더 멀리까지 가기 때문도 아니다. 무엇보다도 사회 자신의 안정과 지속을 필요로 하기 때문에 그 자연의 방어작용에 사회가 동참하는 것이다. 이미 문명화된 사회는, 법과 제도에 의지하여 시간에 대항하기 위해 만들어진 다양한 건축물에 의해서까지 유지된다. 그러나 원시 사회는 단순히 '사람들로 구축되어' 있었다. 이 원시 사회를 구성하는 개인들의 불멸성을 믿지 않는다면 그 사회의 권위는 어떻게 될까? 그러므로 죽은 자들이 현존하는 일이 중요하다. 훨씬 나중에야 조상 숭배 의식이 나타날 것이다. 이때 죽은 자들은 신에 가깝다. 그러나 그러기 위해서는 신들이 존재해야 하고 적어도 예비되어 있어야 하며, 의식(儀式)이 있고 정신은 결연히 신화의 방향으로 향해 있어야 할 것이다. 출발점에서 지능은 죽은 자들을 단순히 그들이 행과 불행을 끼칠 수 있는 사회 속에서 산 자 사이에 섞여 있는 존재로 표상해야 한다.

지능은 죽은 자들이 어떤 형태로 살아남는다고 생각할까? 우리는 영혼의 심층에서 내관법(內觀法)에 의해 원시 종교를 탐구하고 있음을 잊지 말자. 이러한 원시종교적 요소들은 순수한 상태로는 결코 외부로 산출될 수 없었다. 그 원시적 요소들은 곧바로 똑같은 기원을 갖는 다른 요소들과 만났을 테고 이 요소들과 함께 구성되었을 것이다. 아니면 이 요소들은 단독적이거나 다른 요소들과 함께, 우화 기능의 무한히 연속적인 작업 재료로 취해졌을지도 모른다. 이처럼 그 요소들은 단순하건 복잡하건 간에 자연에 의해 제공된 주제로서 존재한다. 그리고 다른 한편 인간적인 환상 작용에 의해 이 주제들 위에서 이루어진 수만 가지의 변형들이 있다. 이 주제들 자체에는 종교학이 곳곳에서 발견한 기본적인 신앙들이 결부된다. 이 주제들에 대한 변형에는 시간과 장소에 따라 무한히 다양화하는 신화와 이론적 착상도 있다. 우리가 방금 지적했던 죽음에 관한 단순한 주제는, 신화와 이론들 이전에 영혼에 관한 원시적인 표상을 보여 주기 위해 곧바로 다른 주제들과 결합되었음이 틀림없다. 그러나 이 단순한 주제가 이런 결합 이외에도 일정한 형식을 가질 것인가? 이러한 의문이 제기되는 까닭은, 육체가 죽은 뒤에도 살아남는 영혼에 관한 우리의 관념이, 육체는 육체 자신이 죽은 뒤에도 살아남을 수 있다는, 직접 의식에 나타난 심상을 오늘날에는 은폐하고 있기 때문이다. 그렇다 해도 이러한 심상은 역시 존재하며 그 심상을 또 다시 취하기 위해서는 아주 적은 노력만으로도 충분하다. 그것은 아주 전적으로 접촉적인 영상이 없는 신체에 대한 시각적 영상이다. 우리는 시각적 영상을 접촉적 영상에서 분리할 수 없다고 하여 하나의 반영(反影)이나 결과로 간주하는 습관에 젖어 있다. 지능의 진보는 이러한 방향으로 진행된다. 오늘날의 과학에서 신체는 본질적으로 접촉을 위해서 존재한다. 그것은 우리와는 독립적인 일정한 형태와 크기를 가지고, 공간 속에서 어떤 자리를 차지하고서 중간적인 위치들을 하나하나 차지하는 시간을 소비하지 않고서는 운동할 수 없을 것이다. 따라서 우리가 물체에 대해 갖는 시각적인 영상은 하나의 외관이며, 외관상의 변화는 접촉적인 상에 조회함으로써 항상 그 변화를 교정해야 할 필요가 있다. 그러나 접촉 감각의 상은 실물이며, 시각적인 상은 그 접촉 감각의 상을 뚜렷하게 나타나게 하는 역할만을 한다. 그러나 직접적인 인상은 그와 같지 않다. 선입견을 갖지 않은 정신은, 시각적인 상이나 접촉적인 상을 똑같은 위치에 놓고 이 둘에 똑같은 실재성을 부여하며, 이들을 상대적으로 서로 독립된 상으로 간주할 것이다. '원시인'은 연못 위로 몸을 기울였을 때 그 연못 속에서, 만질 수 있는 신체와는 독립된, 눈으로 보는 모습과 똑같은 자신의 신체를 지각할 뿐이다. 물론 그가 만지는 신체는 그가 보는 신체와 똑같다. 이것은 눈으로 본 신체를 구성하는 신체의 표피가 둘로 나누어질 수 있다는 사실, 그리고 이 두 모습 가운데 하나는 접촉되는 신체와 함께 남는다는 사실을 증명한다. 그렇더라도 사람들이 접촉하는 몸에서 분리될 수 있는, 알맹이도 없고 무게도 없으며 순간적으로 그가 있는 곳으로 옮겨지는 몸이 있음도 사실이다. 물론 이 신체에는 그 신체가 죽은 뒤에도 존속한다는 것을 우리로 하여금 믿게 하는 근거물은 아무것도 없다. 그러나 만일 우리가 원칙적으로 어디엔가 존속해야 한다고 설정하고서 시작한다면, 그것은 분명 다름 아닌 신체일 것이다. 왜냐하면 사람들이 접촉하는 신체 역시 현존해 있고 꼼짝없이 가로놓여 있으며 금세 부패하지만, 눈에 보이는 표피는 어느 곳이든 피신하여 살아남을 수 있기 때문이다. 그러므로 사람이 그림자나 환영의 상태로 살아남는다는 관념은 아주 자연스럽다. 우리 생각에는, 이러한 사상은 신체에 생기를 주는 숨결(souffle)과 같은 원리에 관한 보다 세련된 관념이 나왔음에 틀림없다. 이 숨결(anemos)은 그 자체가 점차로 정신화되어 영혼(anima 또는 animus)으로 되었다. 사실 신체의 환영 그 자체만으로서는 인간들의 사건에 압력을 가할 수 없는 듯이 보인다. 그렇지만 압력을 가해야 한다. 왜냐하면 연속적인 행위가 요구되었으므로 사후 생존을 믿게 되었기 때문이다. 그러나 인간 신체의 행위가 계속되려면 여기에 새로운 요소가 끼여든다.

우리는 아직 이 다른 요소적 경향을 정의하지는 않을 것이다. 이것 역시 앞의 두 가지 것처럼 자연적이다. 그것 역시 자연의 방어적 반작용이다. 우리는 이 요소의 근원을 탐구해야 하겠지만, 지금은 단지 이 새로 끼어드는 요소들의 결과만을 고찰하겠다. 그 경향은 자연 전체에 퍼져, 개별적인 대상들과 존재자들 사이에 나뉘어 존재하는 힘의 표상에 도달한다. 이러한 표상을 종교학은 일반적으로 원시적인 표상으로 간주한다. 사람들은 우리에게 폴리네시아의 '마나'(mana)에 대해서 말한다. [11] 그리고 이와 비슷한 것이 다른 곳에서도 여러 이름으로 발견된다. 즉, 수(Sioux) 족의 '와칸다'(wakanda), 이로쿼이(Iroquois) 족의 '오렌다'(orenda), 말레이(Malay) 족의 '팡탕'(pantang) 등이다. 어떤 사람에 따르면 '마나'는 생명의 보편적 원리이고, 우리 말로는 영혼들의 실체를 구성하는 어떤 힘을 뜻한다. 다른 사람들의 말에 따르면 그것은 오히려 부수적인 힘이고, 이 힘은 영혼의 힘처럼, 다른 모든 존재처럼 사로잡을 수 있는 힘이지만 본질적으로는 영혼에 속하지 않는 그런 힘일 것이다. 첫 번째 가설을 가지고 추론하는 듯 보이는 뒤르켐은, '마나'가 그 씨족(clan)이 서로 영적으로 교류하는 동물 숭배적 원리를 제공한다고 생각한다. [12] 즉, 이에 따르면 영혼은 '동물조상'(totem)이 직접적으로 개별화된 형상으로, 이 동물조상을 매개로 '마나'에 참여할 것이다. 여러 해석 가운데 하나를 선택하는 것은 우리가 할 일이 아니다. 일반적으로 우리는 오늘날에도 자연스럽게 형성되지 않는 표상을 원시적, 즉 자연적이라고 간주하기를 주저한다. 원시적이었던 것은, 비록 이것을 다시 발견하려면 내면적인 관찰의 노력이 필수적이라 해도, 원시적이기를 이제까지 그치지 않았다고 우리는 생각한다. 지금 문제되고 있는 표상이 어떠한 형태를 취하건, 그 표상은 생물뿐만 아니라 수많은 무생물에게도 생기를 불어넣는 힘의 샘물과 같다는 관념은, 우리가 앞에서 정의한 자연적이고 원초적인 경향을 따라 정신이 나아갈 때, 그 도상에서 처음 만나는 관념들 중 하나와 동일함을 인정하기는 어렵지 않을 것이다. 여기에 좀 더 나중에 가서야 영혼이라 부르게 될 것을 가진 사람이 있다고 하자. 이 영혼은 신체가 죽은 뒤에도 살아남을까? 이런 영혼에 한해서, 사람들이 이 영혼에 한해서, 그렇게 상정하는 데에는 아무런 이유도 없을 것이다. '마나'와 같은 힘이, 이 힘을 포장하고 있는 물체보다 오랫동안 지속해야 한다고 말할 이유는 아무것도 없다. 그러나 신체의 그림자는 남는다는 원리를 설정하고서 시작한다면, 신체에 행동력을 부여하는 원리를 남기는 일을 막는 것은 아무것도 없을 것이다. 이렇게 하여 사람들은 능동적이고 활동적이며 인간적인 사건에 영향을 미칠 수 있는 그림자를 얻을 것이다. 사후 생존에 대한 원시적인 관념은 이와 같다.

10. 자가 당착의 번성

영혼에 대한 관념이 정령에 관한 관념과 결합하지 않으면, 영혼의 관념이 끼친 영향 역시 그리 크지 않을 것이다. 또한 정령의 관념은 우리가 확정해야만 할 다른 자연적인 경향에서 파생된다. 이 관념 역시 합의된 관념으로 간주하고, 이 두 개념 사이에 교환이 이루어지는가를 확인해 보자. 자연 곳곳에 현존한다고 생각되는 정령은, 사람들이 이미 영혼을 인간적인 형태로 표상하지 않는다면, 인간적인 형태를 취하는 데까지 이르지는 않을 것이다. 신체에서 분리된 영혼들 측면에서도, 만일 그 영혼들이 정령과 같은 종류가 아니고, 어느 정도 그 정령들 가운데 자리를 차지할 수 없다면, 자연 현상에 대한 영향력이 없을 것이다. 그래서 죽은 자들은 고려해야 할 인격들이 된다. 그들은 해를 끼칠 수도 있고 봉사를 할 수도 있다. 그들은 어느 정도까지는 우리가 자연의 힘이라고 부르는 그러한 힘을 행사한다. 고유한 의미에서나 비유적인 의미로 그들은 비를 오게 하고 좋은 날씨를 만든다. 사람들은 그들을 화나게 하는 행위를 삼갈 것이고, 그들의 신망을 얻으려고 노력할 것이다. 사람들은 그들의 신의를 얻거나 그들을 속이는 수많은 수단들을 상상할 것이다. 한번 이런 길로 접어들면, 지능은 어떠한 부조리에든 빠질 수 있다. 우화 기능은 이미 스스로 잘 나아가고 있다. 만일 이 기능이 두려움과 필요에 의해 분발된다면 어떻게 될까? 위험을 피하고 호감을 얻기 위해, 사람들은 죽은 자에게 그 죽은 자가 원한다고 믿는 모두를 제공할 것이다. 만일 죽은 자의 마음에 들 수만 있다면 스스로의 목을 자르기까지 할 것이다. 이 주제에 관해서는 선교사들의 포고에 아주 상세하게 기록되어 있다. 유치함과 기괴함들, 여기에 인간의 어리석음이 만든 행위들까지, 이에 대한 목록은 한이 없다. 이런 행위만을 본다면 사람들은 인간을 혐오하려 할 것이다. 그러나 잊어서는 안 될 일은, 오늘날 또는 지난 날의 원시인들은 우리와 같이 몇 세기를 살아왔고, 원초적이고 자연적인 경향들 속에 있을 수 있는 비합리적인 현상들을 항상 과장해 왔으며 약화시켜 왔다는 사실이다. 진정한 원시인들은 그들이 자연적인 경향과 그 직접적인 결과에 만족했다면 틀림없이 더 분별이 있었을 것이다. 모든 것은 변화하며, 우리가 앞에서 말했듯이, 심층에서 일어날 수 없는 경우에는 표면에서 이루어질 것이다. 진보하는 사회가 있다. 아마도 불리한 생존 조건 때문에 살기 위해서는 어쩔 수 없이 노력을 하게 되고, 이 때문에 점차로 창시자나 발명가, 우월한 인간을 따르기 위해 그들의 노력을 강조하는 데 동의한 사회이다. 여기에서 변화는 그 강도의 증가이며 그 방향은 비교적 일정하다. 사람들은 점점 더 높은 효율성을 향해 나아간다. 반면 필연적으로 아주 낮은 수준을 유지하는 사회가 있다. 그렇지만 그들에게도 변화는 있으므로, 그 사회 안에서도 질적인 진보로서의 강화 작용은 아니지만, 원초적으로 주어진 현상물의 증가나 과장이 일어난다. 즉, 사람들이 여기서도 발명이라는 낱말을 사용할 수 있다면, 이 발명은 더 이상 노력을 요구하지는 않는다. 필요에 부응했던 한 신앙으로부터 사람들은 외면적으로는 이 신앙과 닮고 그 표면적인 성격을 더욱 드러나게 하기는 하나 아무것에도 쓸모 없는 새로운 믿음으로 옮아간다. 이로부터 사람들은 끊임없이 덧붙이고 증대시키기는 하나 제자리걸음을 할 뿐이다. 반복과 과장의 이중적 효과에 의해 비합리적인 현상은 터무니없는 현상이 되고 이상한 현상은 기괴한 현상이 된다. 게다가 이러한 과정의 계속적인 확대 역시 개인들에 의해 수행되었음에 틀림없다. 그러나 여기에서는 발명을 위해서나 발명을 받아들이기 위해서나 지적인 우월성이 더 이상 필요치 않았다. 부조리의 논리, 즉 인간 정신을 점점 근원에서 멀어지게 하는 논리는, 이상한 관념에서 출발하여 이 관념의 이상한 점을 설명해 주고 그 증식을 억제할 근원과 연결됨이 없을 때, 점점 더 엉뚱한 귀결에 이르게 되었다. 우리 모두는, 소심함과 경멸감 때문에 홀로 고립되어 행동하면서도 자체로서는 매우 단결되어 있고 스스로 만족하며 사는 어떤 가족을 만나는 기회를 가졌을 것이다. 만약 밀폐된 병 속에서 발효가 계속된다면 심각한 일이 벗어질 수 있는 것처럼, 이런 가족에게서 어떤 괴상한 습관들이나 공포증 또는 미신들을 관찰하게 되는 경우는 드물지 않다. 이러한 기이한 경우들은 저마다 기원을 가지고 있다. 그러한 경우는 그 가족 구성원 중 누군가에게서 나타나, 다른 구성원이 안심하고 받아들인 관념인 경우일 수 있다. 또는 어느 일요일 날 산책을 했더니, 다음 일요일에도 산책을 다시 하게 됐고, 이렇게 해서 그 해 일요일마다 산책을 하게 됐다. 만일 불행하게도 한 번이라도 빠뜨리게 되면 무슨 일이 일어날지 모른다는 산책인 경우도 있다. 반복하고 모방하며 믿기 위해서는 그대로 내버려 둠으로써 충분하다. 노력을 필요로 하는 것은 비판이다. 이때 몇 년 대신 수백 세기를 생각해 보라. 고립된 한 가족의 사소한 기괴함을 무한히 확대해 보라. 창문을 열고 그들의 환경에서 형성된 독기를 밖으로 몰아내 버림으로써 자신들의 한계를 확장하는 끊임없는 노력을 하는 대신, 틀어박힌 채 자신의 운명을 받아들였던 원시 사회에서 틀림없이 일어났을 일을 쉽사리 떠올릴 수 있을 것이다.

11. 예측 불가능한 일에 대한 보장

우리는 방금 종교의 본질적인 두 기능을 확정했고, 우리의 분석 도중에 종교가 취했던 일반적인 형식들을 설명한다고 생각되는 기본적인 경향들을 만났다. 우리의 방법은 앞으로도 똑같을 것이다. 우리는 본능적 행위를 설정하고 지능을 나타나게 하여, 어떤 위험한 혼란이 뒤따르는가를 탐구한다. 이 경우에 진정 혼란을 일으키는 지능의 중심에서 본능이 일으키는 표상들에 의해 평형을 되찾을 것이다. 그러한 본능적 표상이 존재한다면 그것은 원초적인 종교적 관념들일 것이다. 이렇게 해서 생명의 약동은 죽음을 무시한다. 이 약동의 압력을 뚫고 지능이 솟아나면, 죽음의 불가변적인 관념이 나타난다. 생명에게 자신의 약동을 주기 위해서 하나의 반대적인 표상이 일어날 것이다. 그리고 이로부터 죽음의 주제에 대한 원시적인 믿음이 나타날 것이다. 그러나 만일 죽음이 더 없는 재난이라 해도, 인간의 삶은 많은 다른 재난에 노출되어 있지 않은가! 의외로 생에 대한 지능의 적용 자체가 문을 열고 모험심을 불러일으키지는 않는가? 동물은 자신을 갖고 있다. 동물의 목적과 행위 사이에 개재하는 끈은 아무것도 없다. 동물은 만일 먹이가 앞에 있으면 곧바로 달려들뿐이다. 만일 동물이 기다릴 일이 있다면, 그 기다림은 예기된 행위이며, 수행되는 행위와 불가분의 전체를 이룰 것이다. 만일 궁극적인 목적이 멀리 있으면, 마치 벌이 벌집을 만들 때처럼, 동물은 그 목적을 무시한다. 동물은 직접적인 대상만을 보며, 그가 의식을 가지고 취하는 약동은 그가 수행하고자 하는 행위와 같다. 그러나 지능의 본질은, 멀리 있는 목적을 위해 수단들을 연구하고, 그가 생각대로 실현할 수 있다고 느끼지 못하는 바를 시도하는 것이다. 지능이 하는 일과 지능이 얻고자 하는 결과 사이에는 거의 대부분, 시간적으로나 공간적으로 우연한 사건들에 의해 많은 차이의 여지가 주어지는 간격이 있다. 관례적인 표현에 따르면, 지능이 시작하고 끝을 맺기 위해서는 환경의 도움이 있어야 한다. 게다가 지능은 이러한 예측불가능한 여지에 대해 충분히 인식할 수 있다. 화살을 쏜 야만인은 그 화살이 과녁에 명중할 지 알지 못한다. 여기에서는 마치 동물이 먹이를 향해 달려들 때와 같은 행동과 결과 사이의 연속성이 없다. 우연에 개방되고 우연을 끌어들이는 빈틈이 나타난다. 물론 이론상으로는 이와 같지 않을 것이다. 지능은 물질에 대해 기계적으로 작용하도록 만들어졌다. 따라서 지능은 기계적으로 사물들을 표상한다. 이처럼 지능은 보편적인 기계론을 요청하고, 행위가 시작된 순간 목표에 도달하기 전에 만나게 될 모든 것을 예견할 완성된 과학을 생각한다. 그러나 이와 같은 이상(理想)의 본질은 결코 실현되지 않고 기껏해야 지능의 작업을 자극하는 데 쓰인다. 사실상 인간의 지능은 자신에 의해 아주 불완전하게 알려진 물질에 대해 매우 제한된 작용을 미치는데 만족해야 한다. 그러나 생명의 약동은 대기하고 있으며, 약동은 기다림을 허용치 않고 장애물도 허용치 않는다. 생명의 약동에게는 우연한 사건이나 예측할 수 없는 일, 다시 말해 자신의 길을 따라 놓여 있는 불확정적인 요소들은 중요치 않다. 생의 약동은 도약하면서 나아가며 목적만을 본다. 약동은 간격을 먹어치워 버린다. 그렇지만 이러한 예상에 대해 지능이 꼭 인식을 가질 필요가 있다. 실제로 하나의 표상, 즉 자연적인 원인에 겹쳐지거나 대치되는 유덕한 힘의 표상이 나타날 것이다. 그 힘은 자연스럽게 시작된 행동을, 자연적인 원인에 의해 의욕되고 우리의 소원과 일치되는 행위로 전개할 것이다. 우리는 하나의 메커니즘을 작동했다. 이 작동이 시작이다. 이 메커니즘은 바라던 결과의 실현 상태에서 발견될 것이다. 이 발견으로 끝이다. 이 둘 사이에 성공에 대한 기계외적인 보장이 개입될 것이다. 우리가 이처럼 성공에 관심을 갖는 우호적인 힘을 상상한다면, 지능의 논리는 우리로 하여금 적대적인 원인이나 악의를 가진 힘을 설정하여 자신의 실패를 설명하도록 요구할 것이다. 게다가 이 마지막 믿음은 실천적인 유용성을 가질 것이다. 이 믿음은 우리로 하여금 주의하게 함으로써 간접적으로 우리의 행위를 자극할 것이다. 그러나 우리의 이 행위는 부차적인 행위이다. 굳이 말하자면 퇴폐적인 행위이다. 물론 금지하는 힘의 표상은 돕는 힘의 표상 바로 뒤에 있다. 만일 돕는 힘의 표상이 자연적이라면 이에 대한 직접적인 결과는 금지하는 힘의 표상이 된다. 그러나 신앙들이 유추에 의해 그 기원에 대한 고려 없이 무한히 증가하는 오늘날, 우리가 원시 사회라 부르는 정체된 사회에서 특히나 이상발달을 이룩할 것이다. 생명의 약동은 곧 낙관주의자이다. 따라서 여기에서 이 약동으로부터 직접 나오는 모든 종교적 표상들은 똑같은 방법으로 정의된다. 즉, 이 종교적 표상들은 취해진 행동과 원하는 결과 사이에 있는 예상할 수 없는 것으로서, 용기를 꺾는 공허에 대한 지능의 표상에 대항하는 자연의 방어적 반작용이다.

12. 성공 의지

우리는 누구나 원한다면 이런 경험을 할 수 있다. 즉, 우리는 성공에 대한 의지로부터 미신이 솟아나오는 경우를 눈앞에서 볼 수 있다. 룰렛의 한 번호 위에 일정액의 돈을 놓고 공이 멈추기를 기다려 보라. 이 공이 멈출 듯하면서 당신이 선택한 숫자에 도달하게 되는 순간, 당신의 손은 그 공을 밀려고, 또한 그 공을 세우려고 튀어 나온다. 여기에서 취해진 결단과 기대되는 결과 사이의 간격을 채우는 것은, 당신 밖으로 투영된 당신 자신의 의지이다. 이렇게 해서 당신의 의지는 우연을 몰아낸다. 카지노에 자주 다니며 익숙해지면 당신의 손은 곧 움직이기를 단념한다. 당신의 의지는 그 자신 안으로 수축한다. 그러나 의지가 자리를 떠남에 따라 하나의 실재가 그 자리를 차지하는데, 그 실재는 의지로부터 나오며 의지로부터 위임을 받았다. 즉, 그 실재는 운(運)이다. 이기려는 의지가 운으로 모습을 바꾼 것이다. 운은 완전한 인격은 아니다. 하나의 신성(神性)을 형성하기 위해서는 이 이상이 필요하다. 그러나 운은 당신이 의지하기에는 충분할 만큼 신성의 요소들을 지니고 있다.

야만인은 자신의 화살이 표적에 맞도록 이러한 운의 힘에 도움을 청한다. 긴 진화의 단계들을 뛰어넘어 보라. 그러면 전사들에게 승리를 보장하는 도시국가의 수호신들을 보게 될 것이다.

그러나 이 모든 경우에 일이 잘 진척되는 것은 이성적인 수단에 의해서이며, 원인과 결과의 기계적 연쇄에 의해 그러하다는 점에 특히 주의하자. 사람들은 자신에게 의존하고 있는 일부터 하기 마련이다. 사람들이 기계외적인 힘에 의지하는 경우는 스스로를 더 이상 도울 수 없다고 느낄 때뿐이다. 왜냐하면 기계외적인 힘이 존재함을 믿고 있고, 또 자신의 힘에 의해서는 결코 어떻게 하지 못한다고 느끼는 행위가 현존하고 있음을 믿기 때문이다. 그러나 여기에서 심리학자들이 실수하게 되는 까닭은, 두 번째 인과관계(기계외적인 힘에 연관)야말로 사람들이 말하는 유일한 것이기 때문이다. 첫 번째 인과관계(기계적 연쇄)에 대해서 사람들은 아무것도 말하지 않는다. 왜냐하면 그것은 자명하기 때문이다. 첫 번째 것은 사람들이 도구로서의 물질을 가지고 수행하는 행위들을 지배한다. 이 첫 번째 인과관계에 대한 믿음을 사람들은 영위하고 산다. 이 인과관계를 말로 번역하고 그 관념을 설명하는 일은 무슨 소용이 있는가? 그런 일이 유용한 경우는 사람들이 이미 그 인과관계를 이용할 수 있는 과학을 소유한 경우 뿐이다. 그러나 이 두 번째 인과관계에 대해서는 잘 생각해야만 한다. 왜냐하면 사람들은 거기에서 적어도 용기와 격려를 발견하기 때문이다. 만일 과학이 미개인들에게 목표를 맞히는 데 수학적인 보장을 하는 장치를 제공한다면, (가령 잘 알려져 있듯이 미개인이 고질화된 정신의 습관을 일시적으로 거부할 수 있다고 한다면) 그는 기계적인 인과성만으로 만족할 것이다. 이러한 과학을 기다리면서 그의 행위는 기계적인 인과관계에서 그가 끄집어낼 수 있는 모든 것을 끄집어낸다. 왜냐하면 그는 화살을 당겨서 겨누고 있기 때문이다. 그러나 그의 생각은 오히려 가야 할 곳으로 올바르게 화살을 이끌고 갈 기계외적인 원인으로 나아간다. 왜냐하면 그 원인에 대한 믿음은, 목표에 확실하게 이르게 해 주는 다른 무기가 없어도, 더 잘 겨누게 하는 자신감을 그에게 줄 것이기 때문이다.

인간의 행위는 인간이 영향을 주고 또 의존하는 사건들로서 전개된다. 이 사건들의 일부는 예견될 수 있으나, 대부분은 예견할 수 없다. 우리의 과학이 점점 더 예견의 범위를 확장하기 때문에, 끝에 가서 우리는 모든 것을 예견할 수 있는 완전한 과학을 생각한다. 그렇기에 문명화된 사람의 반성적인 사고의 눈에는(그 자신의 자발적인 표상은 완전히 그와 같지는 않음을 우리는 나중에 볼 것이다) 그가 사물에 작용을 미칠 때 접촉하는 원인과 결과의 그 동일한 기계적 연쇄 원리가 틀림없이 우주 전체로 확장 적용되리라고 보인다. 문명화된 그가 제어하는 물리적 사건들에 일치하는 설명 체계는, 그가 더 멀리 나아가기를 모험할 때 전혀 다른 체계에, 즉 사회 생활에 있어서 자신에 대한 타인의 태도를 그가 선의나 악의, 호의나 적의에 결부시킬 때 사용하는 그런 체계에 자리를 양보해야만 함을 인정하지 않는다. 그가 인정한다면 그것은 자신도 모르는 사이에 한 행위이다. 그래서 그 스스로는 그 사실을 인정하지 않는다. 그러나 미개한 사람은, 그가 물질에 대해 행하는 행위의 정도에 따라 정확히 재단된 더이상 확장될 수 없는 과학만을 사용하므로, 예견할 수 없는 영역에다 그 과학을 완전히 뒤덮고 곧바로 그의 야심에 넓은 전망을 열어 주는 잠재적인 과학을 투입할 수가 없다. 그는 용기를 잃기보다는 오히려 그가 그의 동료들과의 관계에서 사용한 설명 체계를 이 과학의 영역에까지 확장한다. 그는 과학 영역에서 우호적인 힘을 발견했다고 믿으며 또한 악영향에 대해서도 개방적으로 대하게 될 것이다. 미개한 그는 어떤 방식으로든 자기 자신의 세계와 전혀 관계가 없는 세계에 관여하지는 않을 것이다. 만일 선한 또는 악한 수호신이 물질에 대한 그의 행위를 뒤따라가야 한다면, 그 신들은 이미 그의 행위 자체에 영향을 미치는 듯이 보일 것이다. 그래서 미개인은 자신에게 의존하고 있는 대상에 대해서도 원인과 결과의 기계적 연쇄를 조금도 고려하지 않는 듯이 이야기할 것이다. 만약 여기에서 그가 기계적인 연쇄를 믿지 않는다면, 우리는 그가 행동하기 시작하면서부터 기계적으로 결과를 일으키는데 필요한 모든 순리적 행동을 보지 못할 것이다. 그래서 야만인이 문제되든 문명인이 문제되든, 한 인간이 무엇을 생각하는가를 깊이 있게 알기 원한다면, 그가 하는 일에 의지해야지 그가 하는 말에 의지할 필요는 없다.

13. 우연

'원시적 정신'의 연구에 바친 매우 흥미롭고 유익한 책들에서 레비―브륄은 이 원시 정신의 '이차적 원인에 대한 무관심'과 '신비한 원인'에 직접 의존하는 점에 대해 주장한다. 그는 말한다. "우리의 일상적인 행위에는 자연 법칙의 불변성에 대한 확고하고도 완전한 믿음이 포함되어 있다. 원시인의 정신적 태도는 이와 완전히 다르다. 그가 살고 있는 자연은 그에게는 전혀 다른 광경으로 나타난다. 거기에서 모든 대상과 모든 존재는 신비한 참여(participations)와 배척(exclusions)의 한 그물망에 포함되어 있다."*13 그리고 좀더 나아가서 말한다. "집단 표상에서 변화하는 두려운 요소는, 갑자기 닥친 병이나 죽음의 원인으로 생각되는 숨은 힘들이다. 어떤 때는 마법사에게 책임이 있고 어떤 때는 죽은 자의 정신이, 어떤 때는 확정적이고 개별화된 힘들에게 책임이 있다……. 이와 비슷하고 또 거의 동일하다고 말할 수 있는 경우는, 한편으로는 병과 죽음, 다른 한편으로는 보이지 않는 힘, 이 둘 사이의 오랜 인연이다."*14 이 관념에 의지해서 저자는 여행자나 선교사들과 일치하는 증언들을 들고 있다. 그리고 가장 보기 드문 예들을 들고 있다.

그러나 첫 번째로 눈에 띄는 점은 원시인에 의해 숨은 원인에 결부된 결과는 인증된 모든 경우에 있어 인간에 관계하는 사건이며, 더욱 특수하게는 인간에게 일어난 돌발 사건이며, 또 더욱 자세하게는 한 인간의 죽음과 병이다. 무생물에 대한 무생물의 작용은 (말하자면 인간들이 이해관계를 가지고 있는 기상학적이거나 또는 그 밖의 현상을 제외하면) 결코 문제가 되지 않는다. 원시인들은 바람이 나무를 휘게 하고 파도가 조약돌을 굴리고 자신의 발이 먼지를 일으키는 광경을 보고서도, 우리가 기계적 인과관계라 부른 이치와는 다른 어떤 것을 끌어들인다고 말하지는 않았다. 원시인이 지각하는 앞선 것과 뒤의 것 사이의 관계가 항구적으로 계속 그렇게 행해지리라는 감각이 그의 주의를 끌지 않을 리 없다. 이 경우 원시인에게는 이 항구적인 관계만으로 충분하며, 그가 여기에 '신비한' 원인을 더하거나 대치한다고는 생각할 수 없다. 더 멀리 나가 보자. 원시인이 무심한 방관자로서 보고 있는 물리적 사실은 한쪽으로 제쳐놓자. 그 원시인에 관해서도 "그의 일상적 행위는 자연 법칙의 불변성에 대한 완전한 믿음을 포함한다." 말할 수는 없을까? 이 믿음이 없다면 그는 자신의 카누를 조종하기 위해 강물의 흐름을, 화살을 쏘기 위해 활의 장력을, 나무 줄기를 치기 위해 도끼를, 물어뜯는 데 그의 이빨을, 걷는 데 그의 다리를 의지하지 않을 것이다. 그는 이 자연적인 인과관계를 분명히 표상할 수는 없다. 그는 물리학자나 철학자가 아니므로 그렇게 하는데 아무런 관심도 없다. 그러나 그는 그 인과관계를 믿고 있으며 자기 행위의 지탱물로 간주한다. 더 나아가 보자. 원시인이 죽음이나 병이나 다른 모든 우연적인 사건을 설명하기 위해 신비한 원인에 호소할 때, 그가 전념하는 행위는 정확히 무엇인가? 예를 들면, 그가 어떤 사람이 폭풍우에 날아온 바윗돌 파편에 맞아 죽는 광경을 보았다. 바위가 이미 금이 가 있었고 바람이 그 돌을 날려 버렸고 그 돌에 맞아 두개골이 부숴져 버린 일을 그가 부정할까? 분명 그렇지 않다. 우리처럼 그 미개인도 이 이차적 원인을 확증한다. 그러면 왜 그는 원리적인 원인성으로서 요구하기 위해 정령이나 마술사의 의지와 같은 '신비한 원인'을 끌어들이는가? 좀더 자세히 살펴보자. 원시민이 여기에서 '초자연적'인 원인에 의해 설명하는 것은 물리적 결과가 아니라 그 인간적 의미이며, 또한 인간에 대한 그 사건의 중요성이고, 특히는 일정한 사람, 즉 돌에 머리가 깨진 사람에 대한 그 사건의 중요성임을 알 것이다. 한 원인이 결과에 비례해야 한다고 할 때, 바위의 균열이나 바람의 방향과 강도처럼 순전히 물리적이고 인간에 대해서 무관심한 현상들이 확인되면, 우리에게는 한 인간의 죽음(죽음의 원인)이라는 중요한 사실을 설명하는 일이 남는다는 믿음 속에는 비논리적인 것도, 따라서 '논리 이전'(prélogique)의 것도, '경험의 불가침성'을 증명하는 것도 없다. 원인은 두드러지게 결과를 포함한다고 예전에 철학자들은 말했다. 그리고 결과가 만일 인간적으로 중요한 의미를 갖는다면 원인은 적어도 그 만큼의 의미를 가져야 한다. 어쨌든 원인은 결과와 같은 종류이다. 즉 원인은 의도이다. 정신에 관한 과학 교육이 정신으로 하여금 이렇게 추론하는 습관에서 벗어나게 한다는 사실은 의심할 바 없다. 그러나 이 방법은 자연스럽다. 이 방법은 문명인에게서도 끈질기게 존재하고 있으며, 적대적인 힘이 끼여들지 않는 한 언제라도 나타난다. 룰렛의 한 숫자에 내기를 건 노름꾼은 성공과 실패를 행운이나 불운에 결부시키리라는, 즉 호의적인 의도나 비호의적인 의도에 결부시키리라는 사실을 우리는 주의했다. 물론 그가 돈을 거는 순간부터 공이 멈추는 순간 사이에 일어나는 모든 과정을 그는 자연적인 원인에 의해 설명할 것이다. 그러나 이 기계적 원인성(제1의 필연적 원인에 이어, 제2의 원인이 자동적·임의적으로 결정되는 자연의 원리성)에, 결국 그는 자신의 의지(즉, 제1원인)에 반(半)의지적인 선택(제2원인)을 겹쳐 놓아 종속되게 할 것이다. 그래서 최후의 결과는, 똑같이 하나의 선택이었던 최초의 결과와 같은 계통의 중요성이자 같은 차원일 것이다. 게다가 노름꾼이 공을 정지시키기 위해 손의 움직임을 가볍게 연출하는 모습을 우리가 볼 때, 우리는 이러한 아주 논리적인 추론의 실제적인 기원을 포착한다. 그 노름꾼이 동맹을 했거나 아니면 적대적인 힘을 발견하기 위해, 그리고 놀이에 그의 모든 관심을 쏟기 위해 행운이나 불운 속에 객관화하게 되는 것은 그의 성공 의지이자 이 의지에 대한 저항이다. 그러나 우리가 방금 대한 것들과 같은 사실들, 즉 죽음, 병, 중대한 사건들이 문제될 때, 문명인의 정신과 원시인의 정신은 역시 매우 현저한 유사성을 보인다. 세계 대전에 참가했던 한 장교는, 폭격이 훨씬 더 살상을 많이 하는데도 병사들이 항상 포탄보다는 총알을 더 두려워하는 모습을 보아 왔다고 우리에게 말했다. 이는 총알에 의해 자신이 겨누어지고 있음을 느끼고, 각자는 자신도 어쩔 수 없이 다음과 같은 추론을 하기 때문이다. "나에게 죽음이나 중상과 같은 중대한 결과를 일으키려면 결과와 똑같이 중요한 원인이 필요하다. 즉, 하나의 의도가 필요하다" 분명 포탄의 작열에 의해 상처를 입은 한 병사는 우리에게 말하기를, 그의 처음 일은 다음과 같이 비명을 지르는 일이었다고 한다. "바보 같으니라고!" 순전히 기계적인 원인에 의해 발사된 포탄의 작열, 아무나 상처를 입힐 수도 있고 또 아무도 다치지 않을 수 있는데, 하필 다른 사람이 아닌 그를 맞췄다는 것은 그의 자발적인 지능의 관점에서는 비논리적이었다. '불운'을 끌어들임으로써 그는 자발적인 지능과 원시인의 정신 사이의 유사성을 한번 더 잘 보여 주었다. 물론 마법사나 신령한 자의 관념처럼 내용이 풍부한 표상이 '불운'의 표상이 되기 위해서는 그 내용의 대부분을 포기해야만 할 것이다. 그렇지만 그 표상은 남아 있고 완전히 비워지지 않으며, 따라서 이 두 정신은 본질적으로 서로 다르지 않다.

레비─브륄이 그의 저작에 모아 놓았던 '원시 정신'에 대한 이처럼 다양한 예들은 몇 가지 항목으로 모아진다. 이 저자에 따르면 가장 많은 수의 예들은, 원시인들이 우연을 전혀 인정하지 않으려는 고집을 증거하는 예들이다. 돌이 떨어져 지나가는 사람에게 상처를 입혔을 때, 그 원인은 악의를 가진 정령이 그 돌을 떨어지게 했기 때문이다. 한 사람이 카누에서 악어에게 낚아채였던 까닭은 그가 마술에 걸려 있었기 때문이다. 그래서 우연이란 없다. 전사가 창에 맞아 죽거나 상처를 입었던 까닭은 그가 피할 상태에 있지 않았고, 사람이 그를 향해 저주를 했기 때문이다. 우연은 없다. *15 이 형식은 레비─브륄의 책에 자주 나타나서, 사람들은 그 형식을 마치 원시 정신의 본질적 성격들 중의 하나를 제시하는 것으로 간주할 수도 있다. 그러나 원시인들이 우연을 믿지 않는다고 비난하면서, 또는 적어도 그들 정신의 하나의 특징으로서 그들이 우연을 믿지 않는다는 사실을 확인하면서, 당신은 뛰어난 한 철학자에게, 우연이 있음을 인정한다고 말할까? 그리고 인정한다면, 당신이 비판하고 어쨌든 당신의 정신 상태와 본질적으로 구별하고자 하는 원시 정신으로 다시는 떨어지지 않으리라고 당신은 확신하는가? 나는 당신이 어떤 우연히 작용하는 힘을 만들지 않는다는 사실을 잘 알고 있다. 그러나 만일 그 우연히 작용하는 힘이 당신에게는 순전히 허무였다면, 당신은 그 우연에 대해 말하지 않을 것이다. 당신은 이 낱말을 사물처럼 존재하지 않는 것으로 간주하겠지만, 그러나 단어는 존재하고, 당신은 그 단어를 사용하며, 그 단어는 당신에게 무엇인가를 표상케 한다. 마치 우리 모두에게도 그렇듯이 이 단어에 의해 우리가 잘 표상할 수 있는 것이 무엇인가 물어 보자. 넓은 기왓장이 바람에 날려 지나가는 사람에게 상처를 입혔다고 하자. 우리는 그런 일을 우연이라고 말한다. 이 기와가 단순히 땅에 부딪쳐 박살났을 경우에도 우리는 그렇게 말할까? 아마 그럴 것이다. 그러나 그것은 우리가 그곳에 있었을 수도 있는 한 사람을 희미하게나마 생각하기 때문이거나, 아니면 이러저러한 이유 때문에 이 보도의 특별한 지점이 특별히 우리의 관심을 끌고 그래서 그 기왓장이 떨어지는 장소로 그곳을 선택했던 것처럼 보이기 때문이다. 이 두 경우에 우연이 있었던 것은 인간의 관심이 작용하고 있었고, 사건들은 마치 봉사하기 위해 또는 오히려 그를 해치기 위해, 인간이 고려되고 있었던 듯이 일어났기 때문이다. *16 기와를 날려 버린 바람, 보도에 떨어지는 기왓장, 땅에 대한 기와의 충격만을 생각지 말자. 당신이 기계적인 측면만을 보면 우연은 사라져 버린다. 우연이 간섭하기 위해서는 결과가 인간적인 의미를 가지면서 이 의미가 원인에서 솟아나고, 말하자면 원인이 인간적인 것으로 채색되어야 할 필요가 있다. 그러므로 우연은 마치 의도를 가진 듯이 작용하는 기계적인 것이다. 어쩌면 사람들은 바로 사건들이 마치 의도되었던 사건처럼 일어났을 때 우리가 이 낱말을 사용했을 뿐이라고 말할 것인가? 또한 사람들은 우리가 이때 현실적인 의도를 생각하지 않고 그와 반대로 모든 것이 기계적으로 설명됨을 알고 있었다고 말할 것인가? 그리고 만일 반성된, 완전히 의식된 사유만 있었다면, 이 말은 아주 맞는 말일 것이다. 그러나 이 사유 밑에는 자발적이고 반의식적인 사유가 있고, 이 사유는 원인과 결과의 무의식적인 연계에다가 뜻밖에 닥친 재난을 고려하기 위해서가 아니라, 그 기왓장의 추락이 한 사람이 지나갈 때와 일치하는 바로 그 순간을 선택했음을 설명하기 위해 전혀 다른 원인성을 덧붙여 놓는다. 선택 또는 의도의 요소는 가능한 한 억제되어, 거듭되는 반성이 이 요소를 포착하고자 함에 따라 이 요소는 점차 물러난다. 그리고 나서 그 선택 또는 의도적 요소들은 도망치거나 사라지기까지 한다. 그러나 만일 그 요소가 없었다면 사람들은 기계론에 대해서만 말할 것이고, 우연은 더 이상 문제되지 않을 것이다. 그러므로 우연은 그 내용이 비워진 하나의 의도이다. 우연은 그림자에 지나지 않는다. 그러나 그 형식만은 내용없이 그곳에 남아 있다. 이 우연에서 우리가 '현실적으로 원시적'이라 부르는, 인간의 자연적인 경향에 의해 자발적으로 형성된 표상들 가운데 하나를 포착하는 것일까? 천만의 말씀이다. 이 표상이 자발적인 표상이라 할지라도, 우연의 관념이 우리의 의식에 도달하려면, 우리에게 말을 가르쳐 준 날부터 사회가 우리 마음 안에 저장한 축적된 경험의 층을 거친 뒤라야만 가능하다. 우연성의 관념이 텅 비게 되는 것은 이러한 궤적(단어의 궤적) 자체 안에서이며, 점점 기계적으로 되어 가는 과학은 이 우연성의 관념(경험적 단어의 관념)이 포함하고 있는 목적성을 추방해 버린다. 그러므로 이 관념의 근원적인 표상을 재구성하기를 원한다면, 이 관념을 채우고 구체적 신체를 부여할 필요가 있다. 그렇게 하면 의도의 환영은 살아 있는 의도가 될 것이다. 반대로 이 살아 있는 의도에 매우 많은 내용을 부여하고 과장함으로써, 내용으로 균형을 잡아 원시인들이 생각하는 벌 주고 복 주는 실체들을 얻어야 할 필요가 있다. 미신들이 보통 과장, 부풀림, 결국은 풍자적인 어떤 것을 함축하고 있다는 말을 너무 반복할 필요가 없다. 미신들은 대부분의 경우 수단이 목적을 달성하기에는 너무 멀리 분리되어 있음을 나타낸다. 처음에는 유용하고 의지를 자극하던 신앙이, 자신의 존재 이유였던 대상들로부터 더 이상 아무런 쓸모 없이 위험하게까지 될 수 있는 새로운 대상으로 옮겨갈 것이다. 자신과는 전혀 무관한 모방에 의해서 이제는 아주 나태해져버린 신앙은, 아예 나태함에 용기를 더욱 불어넣는 효과를 낼 뿐일 것이다. 그렇지만 과장하지는 말자. 원시인들은 신앙에 의해, 언제나 행위에 대한 책임이나 원인이 있음을 느낀다. 카메룬의 토착민들은 특이하게도 그들 중의 누군가가 악어에게 잡아먹혀 버리면 그 책임을 마법사에게 묻는다. 그러나 이 사실을 보고한 레비─브륄은 여행자의 증언에다가 덧붙이기를, 그 고장의 악어들은 사람을 거의 공격하지 않는다고 한다.[17] 악어가 통상적으로 위험시되는 곳에서, 토인은 우리처럼 물속에 들어가기를 삼간다는 사실이 인정되었다고 해보자. 이때 동물은 토인들에게 악의를 갖거나 갖지 않거나 간에 공포를 준다. 그럼에도 이러한 '원시 정신'으로부터 바로 현대 우리 정신과 같은 영혼의 상태로 나아가기 위해서는 대부분 두 가지 수행해야 할 작업이 있다. 우선 우리의 과학이 모두 없다고 해보자. 그러면 이어서 되는 대로 내버려 두어 게을러질 필요가 있다. 다시말해, 사람들이 매우 합리적이라고 간파하는 설명을 회피하고, 지능과 무엇보다도 의지의 많은 노력을 요구할 설명을 회피할 필요가 있다. 많은 경우에 이 작업 중 하나만으로 충분하고 다른 경우에는 우리는 이 둘을 결합해야 할 것이다.

14. 문명인들의 원시적 정신

예를 들면, 레비─브륄의 매우 흥미있는 장(章)들 중의 하나, 즉 우리의 총기와 문자, 책, 마지막으로 우리가 그들에게 가져갔던 물건들이 원시인들에게 준 첫인상을 다룬 장이다. 실제로 우리는 이 인상을 우리와는 다른 정신에 결부시키려고 했다. 그러나 우리가 우리 정신에서 점차적으로 그리고 거의 무의식적으로 획득한 과학을 지워 버림에 따라, '원시적인' 설명이 점차 우리에게 자연스럽게 보일 것이다. 여기 책을 펴고 있는 여행자 앞에 원주민들이 있다. 그리고 그 여행자가 이들에게 이 책은 여러 정보를 준다고 말한다. 그 사람들은 이로부터 책이 말을 한다 결론짓고, 책에 귀를 가까이 하면 소리를 들으리라고 결정한다. 그러나 우리의 문명에 생소한 사람으로부터 다른 면을 기대한다는 것은, 그들에게 우리들 대부분과 같은 지능보다 훨씬 더 나은, 천재 이상의 고급 지능을 요구한다는 말이다. 즉, 그가 문자들을 다시 발명하기를 원하는 셈이다. 왜냐하면 그가 한 장의 종이 위에 하나의 담화를 묘사할 수 있다고 우리가 생각했다면, 그는 그 나름의 철자법의 원리 또는 더 일반적으로는 음성적인 글자의 원리를 보유하고 있을 것이기 때문이다. 즉, 문명인도 처음에는 아주 뛰어난 수많은 사람들에 의해 오랫동안 축적된 노력으로만 도달할 수 있었던 지점에, 그 원시인은 단숨에 도달하는 것이 된다. 그러므로 여기에서는 우리의 정신과 다른 정신들에 대해 말하지 말자. 단지 그들이 우리가 배운 것을 전혀 알지 못하고서도 그 담화를 메울 수는 있다고만 말하자.

이제 무지가 노력을 혐오하는 경우들이 있다는 사실을 덧붙였다. 이와 같은 경우들은 레비—브륄이 '병자들의 배은 망덕'이라는 항목에 분류했던 예들이다. 유럽의 의사에게 치료를 받았던 원시인들은 의사에게 전혀 감사할 줄을 모른다. 그렇기는커녕 그들은 봉사를 베푼 당사자가 마치 자신들인 양 의사에게 보수를 요구한다는 것이다. 그러나 원시인들은 우리의 의학에 대해 아무런 관념도 없고, 기술로 뒷받침된 과학을 전혀 모르며, 게다가 의사는 그 환자를 반드시 낫게 한다고 단정할 수는 없음을 보면서, 결국 의사는 시간을 쪼개서 고생을 하고 있을 뿐이라고 생각할 게 분명하다. 또한 한편으로는 원시인들이 그 의사가 자신들도 모르게 그 일을 함으로써 어떤 이익을 보지 않았나 하고 어떻게 생각하지 않겠는가? 또 그 원시인들은 무지에서 벗어나려고 하기보다는 어떤 이익관념을, 즉 최초에 그들에게 떠오른 이익을 끌어낼 수 있는 해석을 왜 그들이 자연스럽게 취하지 않겠는가? 나는 《원시적 정신》의 지은이에게 그 점을 물어 보았고, 나의 오랜 친구만큼이나 오래되어 낡아 버린 추억 하나를 생각해 냈다. 나는 어렸을 때 충치가 있었다. 그래서 가끔 치과 의사에게 가야만 했고 치과 의사는 곧 그 충치에 엄벌을 가해 사정없이 이를 뽑아 버렸다. 우리끼리 이야기이지만 그렇게 아프지는 않았다. 왜냐하면 그 이는 저절로 빠지려고 했기 때문이다. 그러나 나는 늘 회전의자에 앉기도 전에 심하게 울어댔다. 내 가족은 마침내 내 입을 다물게 할 수단을 발견하게 되었다. 수술 뒤에 내 입을 헹구도록 되어 있는(이처럼 아주 옛날에는 방부 조치가 알려져 있지 않았다) 잔에 치과 의사는 요란하게 50상팀짜리 동전 하나를 던져넣어 주었다. 그 돈으로는 당시에 대략 10개의 사탕을 살 수 있었다. 나는 이미 예닐곱 살 먹었었고 다른 아이들보다 바보는 아니었다. 분명, 치과 의사와 내 가족 사이에는 나를 조용하게 하기 위한 결탁이 있었고, 나를 위해 내 주위에 있는 사람들이 공모했음을 알아차릴 만한 능력이 내게는 있었다. 그래서 가벼운 반성의 노력을 해야 할 필요가 있었으나, 나는 아마 게으름 때문에, 또는 내가 50상팀 때문에 이를 드러내고—이 표현은 이 경우에 딱 들어맞는다—사람들에 대한 태도를 바꿀 필요가 없었기 때문이기도 하지만, 그런 노력을 하고 싶지 않았다. 그래서 나는 단순히 아무 생각도 하지 않게 되었다. 그러자 그때 내가 치과 의사에 대해 품어야 할 올바른 관념이 저절로 내 마음속에서 뚜렷하게 그려졌다. 그는 분명 이를 빼는 데서 가장 큰 기쁨을 찾는 사람이고, 이 일을 위해서 50상팀의 돈을 지불하기까지 했던 사람이었던 것이다.

그러나 이 이야기에 끝을 맺고서 요약해 보자. 우리가 앞에서 고찰한 신앙의 근원에 자연의 방어적인 반작용이 있음을 발견했다. 그 반작용이란 지능 때문에 비롯되었을 의기소침에 대항하는 자연의 방어적 반작용이다. 이 반작용은 지능 자체의 중심에 원기를 꺾는 표상이 출현하지 못하게 하거나 억제하는 심상과 관념들을 일깨운다. 그래서 다양하고도 완전한 인격일 필요가 없는 실체들이 나타난다. 그 실체들은 의도를 갖거나 의도가 일치하는 것만으로도 충분하다. 따라서 믿음은 본질적으로 신뢰를 의미한다. 믿음의 일차적인 기원은 두려움이 아니라 두려움에 대한 보장이다. 그리고 다른 한편, 처음에 믿음이 취하는 대상은 반드시 인격이 아니다. 부분적인 의인화만으로도 충분하다. 인간이 지능적이라는 사실 때문에 인간은 미래를 생각한다. 순수한 지능이 그 인간에게 부여한 미래의 표상에서 예견할 수 없는 면을 발견하기 때문에, 불안한 미래에 대한 인간의 자연스런 태도를 고려할 때, 우리의 눈에 뜨이는 점은 이 두 가지이다. 이러한 두 가지에 있어 문제는 미래가 아니라 현재이므로, 인간이 자연보다 우월한 힘에 농락당하는 경우에도 이 문제들은 곧바로 확인할 수 있다. 이들 중에는 지진, 홍수, 폭풍우 같은 대이변이 있다. 이미 오래된 한 이론*18에 따르면 대이변과 같은 자연이 우리에게 주는 공포가 종교를 만들었다고 했다. 즉, 두려움은 처음으로 세상에 신들을 만들었다(Primus in orbe deos fecit timor). 사람들이 이 말을 완전히 저버린 일은 지나친 처사였다. 자연 앞에서 인간의 정서는 틀림없이 종교의 기원과 어떤 중요한 관련성을 갖고 있다. 그러나 다시 한번 말하지만, 종교는 공포라기보다는 공포에 대한 반작용이며, 종교가 곧 신들에 대한 믿음이 아니다. 여기에서 이 두 사실을 검증해보는 일도 좋을 것이다. 이 검증은 앞서 있었던 우리의 분석을 확증할 뿐만이 아니라, 우리로 하여금 아직 인간은 아니지만 인격성을 가지고 있다고 우리가 말한 존재들을 좀더 가까이에서 파악하게 할 것이다. 신화의 신들은 이 존재들의 내용을 보다 풍부하게 만듦으로써 우리에게 전달된다. 그러나 이 존재들을 보다 빈약하게 만들면 이 존재들로부터, 원시인들이 사물들의 근저에 설정했다고 사람들이 말하는 비인격적인 힘을 끌어낼 것이다. 그러므로 우리의 습관적인 방법을 따라가 보자. 후천적으로 획득된 의식은 제외하고 근원적인 단순성으로 환원된 우리 자신의(선천적) 의식에게, 자연의 침입에 대해 어떻게 대답할지를 물어 보자. 그런데 자기 자신에 대한 성찰은 중대한 사건들의 갑작스러움 때문에 여기에서는 매우 어렵다. 게다가 이 관찰을 철저하게 행할 기회들이 매우 드물다. 그러나 우리가 혼돈된 추억만을 간직하여 온 피상적이고 모호했던 옛 인상들은, 만일 심리학의 대가가 자신에 대해 수행한 관찰에 의해 보충된다면 좀더 명료하고 뚜렷해 보일 수 있다. 윌리엄 제임스(William James)는 1906년 4월 샌프란시스코 일부를 파괴한 무서운 지진이 있었을 때 캘리포니아에 있었다. 여기에서 그가 이 문제에 대해 쓴, 정말로 번역하기 힘든 몇 페이지를 불완전하게나마 번역해 보았다.

　내가 12월에 하버드를 떠나 스탠퍼드 대학으로 떠날 때, 캘리포니아 인인 내 오랜 친구 B의 인사가 하마터면 마지막 인사가 될 뻔했다. 그는 나에게 이렇게 말했다. '나는 단지 자네가 그곳에 머무는 동안 조그마한 지진이라도 만나서 캘리포니아의 독특한 명물과 친숙해지기만을 바라네."

4월 18일 오전 5시 반경, 스탠퍼드 대학 도시의 내 조그만 아파트에서 자다가 잠을 깬 내가, 침대가 흔들거리기 시작하는 것을 느꼈을 때, 처음 느낀 감정은 이 동요의 의미를 즐겁게 음미하려는 마음이었다. "어라! 이게 B가 말한 지진이로구나. 그럼 역시 지진이 찾아온 건가?" 지진은 점차 강도를 높여갔다. "이거, 이거, 지진치고는 꽤나 기운이 넘치는 녀석이로군."

이 모든 것은, 릭 관측소(Rick Observatory)가 우리에게 알려 주었듯이, 48초 이상은 지속하지 않았다. 이 시간은 내가 생각한 대로와 거의 같았다. 그런데 다른 사람들은 이 시간이 훨씬 길었다고 믿었다. 내 경우는 감각과 정서가 아주 강해서, 이 현상이 차지했던 그 짧은 시간에는 거의 사유할 수 없었고 어떤 반성이나 의지도 있을 수 없었다.

내 마음은 온통 희열과 감탄으로 차 있었다. 희열이란, 내가 가지고 있던 추상적인 관념, 즉 '지진(tremblement de terre)'과 같은 단순한 단어의 결합이, 한번 감각적 실재로서 나타나서 구체적인 검증의 대상이 되자, 취할 수 있었던 생명의 강렬함 앞에서의 그 희열이며 감탄이란, 약하고 조그만 나무집이 이러한 진동에도 끄떡없이 유지될 수 있었다는 사실 앞에서의 바로 그 감탄이다. 공포는 없었다. 단지 지진이라는 단어에 대한 나의 추상관념이 실체화되자 환영하고 싶은 마음과 함께 즐거움만이 있었다.

나는 거의 부르짖을 뻔했다. "그래, 잘한다. 더 강하게!"

내가 생각할 수 있게 되었을 때, 나는 회고적(回顧的)으로 내 의식이 이 현상을 받아들이면서 취한 몇 가지 완전히 특별한 양상들을 구별해 냈다. 그것은 말하자면 피할 수 없고 저항할 수 없는 자연발생적인 일이었다.

나는 먼저 이 지진을 지속적이고 개성적인 존재로 인격화했다. 그것은 내 친구 B가 예언한 그 지진으로서, 그 사이 몇 달을 평온을 유지하며 자제했던 지진이, 드디어 이 기억할 만한 4월 아침에 내 방으로 침입해 들어와서 그렇게 의기양양하고 힘있게 자신을 나타내 보인 것이다. 지진은 더욱이 곧바로 나에게 다가왔다. 지진의 실체는 방 안으로 미끄러져 들어와 내 등 뒤로 왔다. 그러고는 나를 고스란히 사로잡아서 압도적으로 자신을 나타내 보였다. 이 이상의 생기와 의도가 인간의 행위에 있었던 적은 일찍이 없었다. 이 이상으로 명백하게 인간의 행위가 자신의 배후에 원천과 근원으로서의 생생한 능동적 요인을 드러낸 적도 없었다.

　나는 이와 같은 경험에 대해 많은 사람에게 물었다. 그들 모두가 같은 의견을 보였다. 즉, "땅의 흔들림은 어떤 의도를 가진 듯했다." "그것은 지독했다." "그것은 파괴하려고 하였다." "그것은 자신의 힘을 내보이려고 했다." 등. 나에게 그 지진은 단지 자신의 이름의 의미를 충분히 과시하려고 하였다. 그러나 '그것'은 무엇일까? 어떤 사람에게는 아마도 막연한 악마적인 힘이었을 것이다. 그러나 나에게는 하나의 개별적인 존재, 즉 B가 말한 지진이었다.

　자신들의 인상을 나에게 말해준 사람들 가운데 어느 한 사람은 그 지진 현상을 이 세상의 종말 즉 최후의 심판이 시작된 거라고 생각했다. 그는 샌프란시스코의 한 호텔에 묵었던 부인이었는데, 여기에 다니러 와서 지진이라는 설명을 듣고서야 처음으로 그 현상이 지진이라는 것을 알았다. 그 부인은 나에게 말하기를, 자신의 신학적인 해석이 그녀를 공포에서 구했고 그녀로 하여금 침착하게 이 진동을 받아들이게 했다고 했다.

　과학적으로 지진이란, 지각의 장력이 파열 지점에 도달하여, 지층들의 평형에 변화 작용을 받았을 때 일어나는 모든 진동과 이변의 집합명사에 지나지 않을 뿐이다. 이것이 지진이다. 그러나 나에게 지진은 모든 이변의 원인이었고, 생생한 능동적 요인으로서 지각할 수 없는 것이었다. 이 지각은 모든 것을 압도하는 극적인 설득력을 갖고 있었다.

　이제 나는 이런 재난들에 대한 오래된 신화적 해석들이 얼마나 불가피했으며, 과학이 교육에 의해 우리에게 주입하는 후천적 습관들이 어떻게 자발적인 지각과 반대 방향으로 나아가는지, 또 얼마나 그 과학적·후천적 습관들이 인위적인지를 잘 알게 되었다. 교육받지 않은 정신에게 지진의 인상은 단순히, 경고나 초자연적인 제재와 다르게 받아들일 수 없는 것이었을 뿐이다.[*19]

　사람들은 제임스가 지진에 대해서 '개별화된 존재'라고 한 말을 알 것이다. 그는 지진이 '자신에게는 항구적이고 개별적인 존재로 인격화'한다는 사실을 확인하고 있다. 그러나 그는 다양한 행위를 할 수 있고, 지진이라는 현상으로 특별히 나타내 보였을 완전한 인격—신이든 악마든—이 있다고는 말하지 않는다. 반대로 지금 문제되고 있는 존재는 항구적인 존재라고 간주된 현상 자체이다. 이 현시가 우리에게 그 본질을 알게 해 준다. 그것은 지진이라는 유일한 기능을 가졌다. 거기에는 영혼이 있다. 그러나 이 경우의 혼이란 행위에 생기를 불어넣는 의도를 말한다(Animus and intent were never more present in any human action) *20이다. 제임스가 우리에게 "인간의 행위가 그 인간의 배후에 살아 있는 행위자를 이렇게 명료하게 드러낸 적은 일찍이 없었다"고 말한다면, 그것은 의도와 '생기'가 살아 있는 행위자에, 즉 자신이 수행한 행위들의 배후에 위치한 행위자에 속하듯이, 지진에 속하는 것으로 보인다는 의미이다. 그러나 여기에서 살아 있는 행위자란 지진 자체이고, 그 지진은 다른 행동을 하지 않으며, 다른 특성도 갖지 않고, 따라서 단지 지진 자신이 한 일과 그대로 일치하는 실체일 뿐이라는 사실만을 이 모든 이야기는 증명하고 있다. 그 존재와 현시가 하나를 이루고, 일정한 행위와 혼합되며, 그 의도가 행위 자체에 내재하면서 이 행위의 윤곽이나 의식화된 의미에 불과한 존재는 바로 우리가 인격의 요소라고 부르곤 했던 존재이다.

여기에 주목해야 할 또 다른 요소가 있다. 샌프란시스코의 지진은 거대한 재난이었다. 그러나 위험을 갑자기 마주하게 된 제임스에게 그 지진은, 친근하게 대해도 좋을, 무엇인가 모를 좋은 사람의 모습을 가지고 나타난다. "저런! 이건 그 지진이군." 다른 목격자들의 인상도 그와 비슷했을 것이다. 그 지진은 '지독한 녀석'이었다. 지진은 생각을 가졌다. 분명 '파괴할 생각이었다.' 사람들은 이처럼 버겁기는 하지만 관계를 끊을 수 없었던 말썽꾸러기에 대해 말한다. 우리를 경직시키는 공포는 이 무섭고 맹목적인 힘이 무의식 중에 우리를 부수어 버리려고 한다는 생각으로부터 나온다. 물질 세계가 순수 지능에게는 이렇게 나타난다. 제임스가 마지막 몇 줄에서 언급한 지진의 과학적 개념은, 우리에게 재난의 분명한 모습을 보여 주지만, 이 지진의 재난으로부터 빠져나갈 어떠한 수단도 주지 않는 한 어떠한 개념보다도 위험하다. 이러한 과학적 개념에 대항하여, 보다 일반적으로는 이 과학적 개념이 분명하게 드러내는 지능적인 표상에 대항하여, 중대하고도 갑작스러운 재난 앞에서 하나의 방어적 반작용이 산출된다. 우리가 관계하고, 그 각각은 전적으로 기계적인 혼란들이 모여서 한 사건으로 구성된다. 그 사건은 악의 있는 주체에 의해 벌어진 일일 수 있으며, 그럼에도 우리 세계에 있다. 그 사건은 우리에게 낯설지가 않다. 그와 우리 사이에는 어떤 우호 관계가 가능하다. 이것은 공포를 없애기에, 또는 오히려 공포를 싹트지 못하게 하는 데 충분하다. 일반적으로 공포는 다른 모든 감정과 마찬가지로 유익하다. 공포를 모르는 동물은 도망치거나 자신을 피신시킬 수 없을 것이다. 그러면 그 동물은 생존 경쟁에서 곧바로 패배하고 만다. 그러므로 사람들은 공포와 같은 감정의 존재 이유를 안다. 또한 공포가 위험의 심각성에 비례한다는 사실도 안다. 그러나 공포는 억제하고, 우회하게 하며, 되돌아오게 하는 감정이다. 그것은 본질적으로 방해자이다. 위험이 극도에 달하고 공포가 절정에 달해 경직의 상태가 될 때, 자연의 방어적 반작용은 마찬가지로 자연적인 정서에 대항해서 산출된다. 우리의 감수성은 분명 변화될 수 없을 터이므로, 과거와 같은 감수성으로 남아 있다. 그러나 지능은 본능의 충동 아래서 스스로 환경을 변화시킨다. 지능은 우리를 안도케 하는 심상을 일깨운다. 지능은 그 사건에다 통일성과 개별성을 부여하며, 이 사건을 악의 있고 심술궂은, 그러나 친근하고 인간적인 면을 가진, 우리와 가까운 한 존재로 만든다.

나는 독자에게 자신의 추억을 탐색해 보라고 요구한다. 내가 착오를 일으키지 않았다면 이 추억은 제임스의 분석을 확증할 것이다. 어쨌든 나는 내 추억들 중의 한둘을 일깨우겠다. 첫 번째 추억은 아주 옛날까지 거슬러올라간다. 아주 어렸을 때 나는 스포츠를 즐기곤 했는데, 특히 승마를 하였다. 어느 화창한 날, 높은 자전거를 탄 남자가 환상처럼 나타나서 길을 가로지르는 바람에 내가 타고 있던 말이 놀라 날뛰었다. 이런 일은 언제라도 닥칠 수 있고, 이와 같은 경우에 해야 하거나 적어도 시도해야 할 몇 가지 조치들이 있다는 사실을 나는 말을 자주 타 본 사람처럼 알고 있었다. 그러나 이런 뜻밖의 사건은 내 머리에는 추상적인 형태로밖에 떠오른 적이 없었다. 어떤 일정한 시간과 장소에서 실제로 한 사건이 일어났는데, 다른 사람이 아닌 나에게 일어났다면 그것은 내가 선택되었음을 의미한다는 생각이 든다. 그러면 누가 나를 선택했나? 그것은 말(馬)이 아니었다. 나를 선택한 자는 좋은 수호신이든 나쁜 수호신이든 완전한 존재는 아니었다. 그 자는 사건 자체, 몸이 없는 어떤 존재였다. 왜냐하면 그는 상황들의 종합에 지나지 않는 존재였으나 매우 요소적인 자신의 영혼을 가졌고, 그 상황들이 나타내는 듯이 보이는 의도와 거의 구별되지 않는 존재였기 때문이다. 그는 심술궂게도 내가 그 상황으로부터 어떻게 빠져나오는가를 보기 위해 불규칙한 나의 승마 노선을 따라왔다. 나로서는 그에게 내가 할 줄 아는 것을 보여 주는 일만이 걱정될 뿐이었다. 내가 어떠한 공포도 느끼지 않은 까닭은 바로 내가 이런 생각에 몰두해 있었기 때문이며, 또한 아마도 나를 따라온 그 기묘한 동반자의 악의가 어떤 호의를 버리지 않고 있었기 때문이리라. 나는 자주 이 조그만 사건을 생각하며 다음과 같이 중얼거렸다. 만일 자연이 우리에게 공포심이 유용한 정서라고 하면서 주고, 되어 가는 대로 맡겨두기보다 무언가를 하는 편이 더 좋다고 생각되는 경우에는 우리로 하여금 이 공포심으로부터 피할 수밖에 없도록 만드는 일보다 더 좋은 다른 어떤 심리적 메커니즘을 생각하지는 못했으리라고.

나는 방금 '우연'의 '착한' 성격이 보다 잘 눈에 띄는 예를 인용했다. 다른 예가 하나 있는데, 그것은 우연이 갖는 통일성과 개별성, 현실의 흐름 속에서 분리되는 분명함을 가장 잘 드러나게 하는 사례이다. 보불전쟁 직후인 1871년, 내 또래의 모든 다른 어린아이들처럼 역시 어린애였던 나는 새로운 전쟁이 12년 또는 15년 안에 곧 일어날 것으로 간주했다. 그러나 이 전쟁은 일어날듯 하기도 하고 동시에 일어나지 않을 것 같기도 했다. 복잡하고 모순적인 관념이 운명적인 날까지 지속되었다. 더구나 이 전쟁의 관념은 우리 마음속에 낱말적인 표현 이외에는 어떤 심상도 떠오르게 하지 않았다. 이 전쟁 관념은, 충돌이 불가피한 듯이 보이는 비극적인 시간까지, 사람들이 희망을 가지고 모든 절망에 대해 싸웠던 최후의 순간까지, 그 전쟁의 추상적인 성격을 지니고 있었다. 그러나 1914년 8월 4일, 《마탱》(Matin)지(誌) 1면을 펴면서 '독일이 프랑스에 전쟁을 선포하다'라는 대문짝만한 글자를 읽었을 때, 나는 그림자가 그 투영하는 몸에 앞서 드리워지는 것처럼 모든 과거가 현재[présence]를 준비해 오고 예고해 왔음을 갑작스럽게 감지했다. 이는 마치 전설의 한 인물이 그의 이야기가 수록된 책에서 빠져나와 조용히 방 안에 들어선 듯했다. 진실을 말하자면 나는 완전한 인간을 다루지 않았다. 단지 그 인간의 어떤 일정한 효과를 얻는 데 필수적이었던 측면만을 다루었다. 그 인간의 희미한 옆얼굴은 자신의 시간을 기다리고 있었다. 그리고 지금 그는 멋대로 친근하게 자기 자리에 앉아 있었다. 그의 윤곽이 나의 모든 과거와 섞여 막연하게 있었던 것은 이 순간 이 장소에 개입하기 위해서이다. 그것은 이 가구가 있는 방, 탁자 위에 펼쳐진 이 신문, 그 앞에 서 있는 나, 그리고 자신의 존재로 이 모든 것에 침투하여 막연한 불안의 43년 세월이 노려 왔던 사건 등을 구성하고 있다. 승리하기는 했지만 나에게는 재난처럼 여겨졌던 전쟁의 혼란에도 불구하고, 나는 제임스가 말한 추상적인 관념에서 구체적인 실체로의 이행이 이처럼 쉽게 이루어지는 데 대해 감탄했다. 그처럼 무시무시한 예측못할 사건(예를 들면, 오랜 앙숙 관계로 인한 전쟁)이 아무 장애도 없이 현실 속으로 들어올 수 있었다고 누가 믿을 것인가? 그런데도 이렇게 '간단히'라는 인상이 모든 것을 지배했다. 이런 일들을 우리가 돌이켜보면, 만일 자연이 공포에 대해 방어적인 반작용으로 대응시키고, 끝없는 영향력을 가진 한 재난에 대한 아주 지능적인 표상 앞에서 의지가 수축됨을 방지하려면, 요소적인 인격으로 단순화되고 변질된 사건과 우리 사이에 자연은, 우리 마음 대로 하게 하고 우리의 긴장을 풀게 하며, 자신의 의무를 아주 성실하게 수행하게끔 해주는 친교를 일깨우리라는 점을 깨닫게 된다.

사람들이 만일 우리의 아주 오랜 조상들이 겪었을지도 모를 어떤 현상을 다시 발견하기를 원한다면, 거듭되는 반성 때문에 오히려 곧바로 말살되어 버리는 이러한 사라지기 쉬운 본디의 인상을 찾으러 갈 필요가 있다. 인간의 지능적 도덕적 획득물이 개별적인 유기체의 실체와 한몸을 이루면서 유전적으로 전해진다는 편견에 물들어 있다면, 사람들은 이렇게 오래오래 모든 현상을 찾으러 나서지 않을 것이다. 만일 그런 유전이 있다면, 우리는 과거 우리 조상들과는 전혀 다르게 태어나고 있으리라. 그러나 유전이란 이러한 지능적, 과학적 힘이 아니다. 세대에서 세대에 걸쳐 얻어진 습관들이 유천에 의해 나의 자연적인 기질로서 변화될 수는 없다. 습관이 유전된다고 한다면, 그것은 우연적이고 예외적으로 아주 조금밖에 유전되지 않을 것이다. 그래서 물론 유전은 거의 아무런 영향도 미치지 않는다. 따라서 오늘날 나의 자연적 기질은 과거에도 항상 그러했던 것이다. 사실 사태들은 마치 자연이 변화된 듯이 일어난다. 왜냐하면 문명에 의해 획득된 모든 산물들이 자연적 산물들을 덮어 버리고, 사회는 한 개인이 탄생한 이후 끊임없이 계속되는 교육에 의해서 개인을 만들기 때문이다. 그러나 어떤 갑작스러운 놀람 때문에 이러한 표면적인 교육적 행위들이 마비되고 이 행위들의 작업장을 비추는 빛이 잠시 꺼진다고 해보자. 밤이 되면 붙박이별이 다시 나타나듯이 즉시 자연적인 산물들이 다시 나타난다. 원시인으로 거슬러 올라가고자 하는 심리학자는 이런 예외적인 체험을 추구해야 한다. 그는 이런 일을 위해 그를 인도

하는 실을 늦추지 않을 것이며, 또한 자연이 공리주의적이며, 본능은 모두 저마다의 기능을 한다는 사실을 잊지 않을 것이다. 즉, 사람들이 지능적이라 부를 수 있었던 본능은, 지능 안에 있는 과장되고 무엇보다도 조숙한 지능적인 것에 대항한 방어적 반작용이다. 그러나 이 두 방법(본능과 지능)은 서로 의지하려 할 것이다. 하나는 탐구에 더 이용되고, 다른 하나는 검증에 더 쓰인다. 우리가 보통 이 방법들을 멀리하는 경우가 있는데 그것은 우리의 자부심, 이중적인 자부심 때문이다. 즉, 우리는 인간이 예전 그대로의 인간보다 우월하게 태어나기를 원한다. 마치 진정한 가치는 노력에 있지 않다는 듯이, 그리고 모든 과거를 힘겹게 온 힘을 다해 한 순간에 동화함으로써 자신을 넘어 고양되는 개인들로 이루어진 종족이, 최소한 유전의 자동적인 작동에 의해 전체적으로 앞선 세대를 넘어서는 종족만 못하다는 듯이! 그러나 또 다른 자부심, 지능의 자부심이 있는데, 그것은 지능이 생물학적 필연성에 근원적으로 종속되어 있음을 인정하지 않으려는 사람들의 자부심이다. 사람들은 '기능'을 탐구하지 않고 세포나 조직이나 기관을 연구하지는 않을 것이다. 심리학적인 영역 자체에서도 '종족의 요구'에 결부시켜야만 본능적 요구에서 해방된다고 생각할 것이다. 그러나 한번 지능에 이르면, 자연이여 안녕! 생명이여 안녕! 이다. 지능은 '이렇다 할 이유없이 재미삼아' 있었다고 생각된다. 마치 지능이 인간의 생명 이전에 있었고, 또한 지능이 무엇인가 흥미로운 시도를 의도하고 있었다는 듯이! 지능의 본디 역할은, 사실상 진보를 보장하면서, 자연과의 관계에서 이론적으로 완전히 독립해야만 실행될 수 있는 방법으로, 본능이 해결하는 문제들과 비슷한 문제들을 해결하는 일이다. 그러나 이런 독립은 사실상 제한되어 있다. 즉, 그것은 지능이 생명의 이익을 해침으로써 본디 목적에 대립해서 나아갈 바로 그 순간에 정지한다. 따라서 지능은 필연적으로 본능의 감시를 받고, 또는 오히려 본능과 지능의 공통적 근원인 생명의 감시를 받는다. 우리가 지능적인 본능을 이야기할 때 의미하는 바는 바로 이것이다. 문제는 지능에 의해 자연적으로 형성된 표상들이며, 이 문제성의 표상들은 몇몇 인식의 위험에 대해 어떤 확신을 가지고 안정시키기 위한 지능적 표상들이다. 그러므로 심리학이 근원으로 거슬러올라가고자 한다면, 고려해야 할 것은 이러한 경향들과 실재의 경험들이다.

15. 마법

미개인들에 대한 연구가 이 마법보다 덜 가치 있지는 않다. 우리는 이미 이 점을 언급했으나, 몇 번을 반복한다 해도 지나치지는 않을 것이다. 즉, 그들 역시 우리만큼이나 근원에서 멀리 떨어져 있었다. 그러나 우리보다 덜 발명했다. 따라서 미개인들은 많은 응용을 수행했고, 과장하고, 풍자했으며, 결국 근본적으로 변형했다기보다는 왜곡했다. 게다가 변형이나 왜곡의 경우 본디 형태는 남아 있되, 후천적인 것에 의해 단순히 덮여 있을 뿐이다. 따라서 이 두 변형과 왜곡의 경우에 대한 근원을 발견하고자 하는 심리학자는 그와 같은 노력을 해야만 할 것이다. 그러나 가야 할 길은 처음의 경우보다는 두 번째 경우에 보다 더 짧을 수 있다. 서로 교류할 수 없었던 토착인 사이에서 비슷한 신앙들을 발견할 때 특히 이런 일이 일어난다. 이러한 신앙들은 반드시 원시적이지는 않지만, 이 미개 신앙들은 내적 성찰의 노력에 의해 우리 자신 안의 기본적 경향의 하나로부터 직접 나타났다고 생각해도 좋을 것 같다. 따라서 이 미개인들의 신앙은, 우리를 이러한 발견 도상에 놓고, 이어 이들 신앙을 설명하는 데 쓰일 내적인 관찰을 지도할 수 있을 것이다.

우리가 이러한 탐구에서 헤매지 않기를 원한다면, 항상 방법을 고찰하는 일들로 되돌아가자. 우리가 도달했던 전환점에서 우리는 특히 이러한 고찰들을 필요로 한다. 왜냐하면 사물과 사건과 우주 일반의 지각에 대한 인간의 반작용만이 문제되기 때문이다. 지능이 물질을 이용하기 위해 생겼고, 또한 사물들을 지배하고, 사건들을 제어하기 위해 형성되었음은 의심할 바 없다. 지능의 힘이 과학에 정비례한다는 사실 또한 확실하다. 그러나 이 과학은 처음부터 매우 제한되어 있다. 과학이 총괄할 수 있는 우주적인 기계론과, 과학이 제어할 수 있는 시간과 공간의 영역은 사실 매우 협소하다. 과학은 나머지 부분에 대해서 무슨 일을 할까? 그 자체로 놔두면 과학은 단순히 자신의 무지를 확인할 뿐이다. 인간은 무한 속에서 길을 잊었음을 느낄 것이다. 그러나 본능이 감시하고 있다. 기술을 동반하거나 기술에 포함되어 있는 고유한 의미의 과학적인 지식에다, 우리의 제어 작용에서 벗어나 버린 모든 것을 위해 과학은 인간을 고려하는 힘들에 대한 신앙을 덧붙인다. 이렇게 해서 우주는 또한 일시적이고 변화하기 쉬운 다양한 의도들로 가득 차게 된다. 순수한 기계론으로부터는, 우리가 기계적으로 행동할 수 있는 영역만이 나올 뿐이다. 이 기계적 영역은 우리의 문명이 진보함에 따라 확장된다. 완성된 과학을 표상하는 지능의 눈에는 마침내 온 우주가 하나의 기계장치 형태를 취하게 된다. 우리는 이미 그러한 관점에 가담해 있고, 오늘날 우리의 과학이 알고 있는 모든 지식들과 알고자 하는 모든 지식들로 은폐되어 버린 근원적인 믿음들을 다시 발견하는 데에는 내적인 강한 노력이 필요하다. 그러나 우리가 이 근원적인 본디의 믿음을 다시 회복하여 보유한 순간부터, 이 신앙들이 지능과 본능의 합작에 의해 어떻게 설명되고 생명의 관심에 어떻게 틀림없이 부응했는가를 알게 된다. 그리고 미개인들을 고찰함으로써 우리는 우리 스스로의 안에서 관찰했던 바를 검증한다. 그러나 여기에서의 신앙은 부풀려져 있고 과장되었으며 증식되어 있다. 미개인의 신앙도 문명인의 신앙과 마찬가지로 과학의 진보 앞에서 후퇴하는 대신에 기계적 행위로 미루어진 행동 영역에까지 침투하고, 자신을 배제할 행위들과 겹쳐진다. 우리는 여기서 본질적인 면에 접한다. 사람들은 종교가 마법으로서 시작되었다고 말했다. 또한 사람들은 마법 안에서 과학의 서곡을 보았다. 우리가 방금 그러했듯이 사람들이 심리학에 머물러, 사물의 지각에 대한 인간의 자연스런 반작용(지능의 한계에 의한 틈새를 메우는 일)을 내적인 노력에 의해 재구성한다면, 사람들은 마법과 종교는 서로를 지탱하지만 마법과 과학 사이에는 아무런 공통점도 없음을 발견한다.

우리는 방금 원시적인 지능이 자신의 경험에 있어서 두 부분으로 나뉘어 감을 보았다. 한편으로 손과 도구의 작용에 복종하는 것, 예견할 수 있는 것, 확신할 수 있는 것이 있다. 이 부분의 우주는 수학적으로 생각되기 전까지는 물리적으로 생각되었다. 그런 경험들은 원인과 결과의 연쇄처럼 나타나 보이거나 그러한 경험으로 취급된다. 그 표상이 불분명하거나 거의 의식되지 않아도 상관없다. 이 표상이 명시될 수는 없다. 그러나 지능이 암묵적으로 생각하는 바를 알기 위해서는 지능이 하는 일을 잘 보는 것으로 충분하다. 다른 한편으로 공작인(homo faber)이 더 이상 어떻게 해볼 수 없음을 느끼는 경험의 부분이 있다. 이 부분은 더 이상 물리적으로 다루어지지 않고 정신적으로 다루어진다. 이 부분에 대해서 우리가 작용할 수 없으므로, 우리는 그것이 우리를 위해 작용해 주기를 기대한다. 여기에서 자연은 인간적이다. 그러나 자연이 그렇게 인간적으로 되는 것은 필요에 따를 뿐이다. 힘이 없다면 그 대신 우리는 신뢰를 필요로 한다. 우리가 마음이 편하다고 느끼기 위해서는, 현실에서 우리 눈에 두드러져 보이는 사건이 어떤 의도를 띠고 생기있게 나타나야 한다. 사실 우리의 자연적이고 근원적인 신앙은 이와 같이 모든 사건이 반드시 무슨 의도 때문에 일어난다고 믿는 일이다. 그러나 우리는 거기에 만족하지 않을 것이다. 두려워할 일이 아무것도 없다는 안도감만으로는 충분치 않다. 그 밖에도 우리는 기대할 만한 무언가를 갖기 원한다. 만일 그 사건이 완전히 알아차릴 수 없는 것이 아니라면, 우리가 그 사건에 영향을 미칠 수는 없을까? 그 사건은 정복되거나 억제되지 않을까? 만일 그 사건이 일어난 의도 그대로, 즉 기본적인 영혼으로 남아 있다면, 그렇게 되기는 어려울 것이다. 그 사건은 우리가 소원을 들어 주기에는 충분한 인격을 갖추지 않았을 것이고, 우리의 명령에 따르기에는 과다한 인격을 갖추었을 것이다. 그러나 우리의 정신은 사건을 쉽게 어느 한 방향으로 밀쳐 버릴 것이다. 본능의 압력은 실제로 지능의 중심 자체에서 우화 기능이라는 형태의 상상력을 나타나게 만들었다. 이 우화 기능은 저 나름대로 놓아두기만 하면, 처음부터 떠오르는 다양한 요소적 인격들에서, 신화에서처럼 점점 고양되는 신들, 단순한 정령과 같은 점점 하락하는 신들, 또는 그들의 심리학적 기원으로부터 하나의 특성만을, 즉 순수하게 기계적이지 않고 우리의 욕망에 굴복하여 우리의 의지에 복종하여 멈춘다는 단 하나의 특성만을 가진, 다양한 힘을 만들어 내게 된다. 첫 번째와 두 번째 방향이 종교의 방향이며, 세 번째 방향은 마법의 방향이다. 우선 마법부터 시작하자.

16. 마법의 심리학적 기원

사람들은 마나(mana)라는 개념에 대해 많은 말을 했다. 이 말은 예전에 코드링턴(Codrington)에 의해 멜라네시아 인들에 관한 유명한 책[*21]에서 지적되었다. 이 개념과 꼭 같은 개념, 또는 비슷한 개념을 다른 많은 원시인들에게서도 찾을 수 있을 것이다. 즉, 이로쿼이 족의 '오렌다', 수 족의 '와칸다' 등이다. 이 낱말들은 모두 자연계에 퍼져 있는 하나의 힘을 가리킨다. 이 낱말들은 모든 사물 자체가 아니라면, 적어도 이 사물들 중 어떤 부분들이 다양한 정도로 나뉘어 참여하고 있는 힘이다. 이러한 것(낱말 개념과 사물의 연결)에서부터, 인간이 반성하기 시작함과 동시에 인간 정신에 떠올랐던 원시적 철학의 가설에까지의 연결은 단지 한 걸음의 거리가 있을 뿐이다. 어떤 사람들은 실제로 미개인들의 사고에 막연한 범신론이 늘 따라다녔다고 생각했다. 그렇다고 인류가 일반적이고도 추상적인 개념에서 출발했다고 생각되지 않는다. 철학을 하기 이전에 살아야 한다. 과학자들과 철학자들은 사고 작용이 그들에게서처럼 모든 사람에게서도 즐겁게 수행된다고 믿게 되는 데까지 나아갔다. 그러나 사실 사유는 행위를 목표로 하며, 실제로 미개인들에게서 어떤 철학을 발견한다면, 그것은 생각되었다기보다는 사용되었음에 틀림없다. 그 철학은 유용하거나 유용하다고 판단된 모든 작업에 포함되어 있다. 그 철학이 이러한 작업에서 벗어나 단지 행위의 편의를 위해서 말로, 그것도 필연적으로 모호한 말로 표현되었을 뿐이다. 위베르와 모스는 《마법에 관한 일반 이론》에서 그들이 많은 흥미를 가지고 있는 마법에 대한 믿음이 마나 개념과 밀접한 관계임을 주장했다. *22 그들에 따르면 이 믿음은 마나 개념처럼 파생된 것 같다. 그러나 이 관계는 오히려 반대가 아닐까? '마나', '오렌다' 등과 같은 말들에 상응하는 표상들은 처음부터 형성되어 있었고, 마법이 이 표상으로부터 나왔다는 것은 우리에게는 전혀 그럴 듯하지 않다. 바로 이 반대이다. 왜냐하면 그것은 사람이 마법을 믿고 실행하며, 이에 따라 사상을 표상하리라고 생각되기 때문이다. 그 마법은 성공하는 듯이 보였고, 인간은 그 성공을 설명하는 데, 아니 오히려 그의 성공을 표현하는 데 만족했다. 게다가 인간이 곧바로 마법을 실행하였다는 사실을 사람들은 쉽게 이해한다. 곧 인간은 바깥 세계에 대한 통상적인 자신의 영향력이 한계에 빨리 도달했음을 인식했다. 그럼에도 인간은 체념하지 않고 더 멀리까지 나아갔다. 따라서 그는 행위를 계속했고, 자기 혼자만의 힘으로는 이 행위가 바라던 결과를 얻지 못했기 때문에 자연이 이에 대해 책임을 질 필요가 있었다. 이러한 일은 인간으로부터 임무를 부여받기 위해서, 즉 인간의 명령을 수행하기 위해서, 말하자면 물질이 자화(磁化)되는 경우, 즉 물질이 자기력을 띠고 저절로 인간을 향하는 경우에만 가능했다. 그러나 물질은 오늘날 우리가 말하듯이 물리 법칙을 따르고 있었다. 기계적으로 물질을 제어하기 위해서는 반드시 그리해야 했다. 그럼에도 물질에는 인간성이 침투되어 있다. 말하자면 인간의 계획에 참가할 수 있는 힘이 부여되고 있었다. 이러한 배치로부터 사람은 이익을 보고 그의 행위를 물리 법칙이 허용한 이상으로 연장할 수 있었다. 만일 사람들이 마법의 전개 과정과 마법이 성공할 수 있음을 막연히 표상하게 해주는 이러한 '물질 개념'을 고려한다면, 사람들은 이러한 점을 쉽게 납득할 것이다.

마법의 작용은 자주 묘사되어 왔듯이, '비슷한 것은 비슷한 것에 작용한다', '부분은 전체를 나타낸다.'*23 등과 같은 어떤 이론적인 원칙들의 응용과 같았다. 이러한 형식들이 마법의 작용들을 분류하는 데 쓰일 수 있다는 사실은 틀림없다. 그러나 마법 작용들이 이 형식들로부터 파생되었다는 결론은 결코 나오지 않는다. 만일 여기에서 원시적인 지능이 원칙들을 생각하는 일에서부터 시작했다면, 그것은 곧 경험으로 환원되었을 테고, 경험은 그 원리의 거짓됨을 증명했을 것이다. 그러나 여기에서도 원시적 지능은 본능의 암시들을 표상으로 번역했을 뿐이다. 더 정확히 말하자면, 욕망의 연장으로서 몸의 논리가 있었으며, 그 욕망은 지능이 신체를 위한 개념적 형식을 발견하기 훨씬 전에 실행되어 있었던 것이다.

예를 들면, 여기에 적을 죽이고자 하는 '원시인'이 있다. 그러나 그의 적은 멀리 떨어져 있다. 그는 적에게 다가갈 수가 없다. 그런 것은 상관없다. 이 원시인은 분노하고 있다. 그는 그 부재자에게 달려들려는 몸짓을 한다. 한번 시작한 이상 그 일을 끝까지 수행한다. 그는 손가락 사이로 자신이 붙잡았다고 믿거나 붙잡기를 원하는 희생물을 쥐고 목을 졸라 죽인다. 그렇지만 그는 그 결과가 완전하지 않음을 잘 알고 있다. 그는 자신이 할 수 있는 모든 일을 다 했다. 그래서 그는 사물이 나머지 일을 떠맡기를 원하고 요구한다. 사물이 기계적으로 그 나머지 일을 받아들이지는 않을 것이다. 사물은 이 남자가 땅을 차고 손과 다리를 흔들어 결국은 물질로부터 그의 행위에 상응하는 반응들을 얻을 때처럼, 그렇게 물리적 필연성에 양보하지는 않을 것이다. 따라서 물질이 받은 운동을 기계적으로 재구성해야 한다는 필연성에다가, 욕망을 채우고 명령에 복종하는 능력이 결합되어야 한다. 만일 자연의 경향이 이미 인간을 고려하고 있다면, 이러한 일은 가능할 것이다. 어떤 사건들이 증거하는 순종성은 사물에서 다시 발견되는 것으로 충분하다. 이때 사물은 얼마쯤 복종심과 힘을 지닐 것이다. 그 사물의 힘은 인간의 욕망에 따르고, 사람은 이 힘을 소유할 수 있을 것이다. '마나', '와칸다' 등과 같은 낱말은 이 말을 둘러싸고 있는 불가사의한 관념과 동시에 이러한 힘을 나타내고 있다. 이 말들은 정확한 의미에서는 똑같은 의미를 지니지 않으며 막연하게 같은 관념에 상응할 뿐이다. 이 낱말들은 완전한 파악이 불가한 사물들이 마법의 작용에 따르게 하는 바를 가리킨다. 이 마법의 작용 자체에 대해서 우리는 방금 그 본성을 확정했다. 그들은 인간이 성취할 수 없는 행위를 시작한다. 마법의 작용은 원하는 효과를 산출하는 데까지 가지는 않지만, 만일 그 사람이 억지로 사물들의 환심을 살 줄 안다면 그 효과를 거둘 수 있는 몸짓을 형성한다.

그러므로 마법은 인간에게 내재되어 있으며, 그의 가슴에 차 있는 욕망의 표현에 지나지 않는다. 만일 마법이 인공적으로 보이고 피상적인 관념의 연합으로 귀결된다면, 그것은 마법사가 그 낱말에 영혼을 불어넣는 일에서 해방되게끔 하는 거짓 마술 행위를 마법으로 여기거나, 어려움 없이 똑같은 결과를 얻도록 되어 있는 간단한 마술 행위를 사람들이 마법으로 간주하기 때문이다. 자신의 역할을 연구하는 배우는 그가 표현해야 할 감정에 진심으로 몸을 내맡긴다. 그는 이 감정에서 나오는 몸짓들과 억양들을 주의한다. 나중에 관중들 앞에서 그는 그 억양과 몸짓을 되풀이할 뿐이다. 그는 감정을 절약할 수 있을 것이다. 마술도 이와 같다. 사람들이 마법에서 발견한 '법칙'은, 이 마법이 나온 자연적인 약동에 대해서 우리에게 아무것도 말해주지 않는다. 이 법칙들은 게으름이 스스로 흉내내기 위해 이 근원적인 마법에 암시한 방법들에 대한 형식에 지나지 않는다.

사람들은 말하기를, 마법은 첫째 '같은 것이 같은 것을 산출한다'는 원리에 의해 진행된다고 한다. 왜 인간이 추상적이고도 자의적인 법칙을 설정하는 데서부터 시작하는지 이해할 수 없다. 그러나 이렇게 있지도 않은 적을 향해 돌진해 가는 몸짓을 본능적으로 한 뒤에, 그의 분노가 허공에 던져져 호의적인 물질에 실려 처음 행위를 마무리하리라고 스스로 납득한 뒤에, 우리는 그 사람이 똑같은 상황에 다시 처할 필요도 없이 똑같은 결과를 얻으려 한다는 연유를 이해할 수 있다. 그러므로 그 사람은 그 행위를 냉정하게 반복할 것이다. 그가 적을 손가락 사이에서 목졸라 죽였다고 믿을 때, 그의 분노가 그리는 상상적 행위를 그는 이미 완성되어 있는 계획이나 그 외형만 손보면 되는 인형(人形)의 도움을 빌려 다시 연출할 것이다. 이렇게 그는 저주를 시행할 것이다. 게다가 그가 사용하는 인형은 적을 닮을 필요가 없다.

왜냐하면 인형의 역할은 단지 행위가 그 행위 자신을 닮도록 하는 것이기 때문이다. 이와 같은 원리가 우리에게는 원칙의 심리학적 기원인 듯 보이며, 이 원리의 형식은 오히려 '같은 것은 같은 것과 동등하다'거나, 더 정확한 말로 적절하게 표현하면, '정적인 요소는 그 정적 요소가 부여하는 도식을 가진 동적인 요소를 대신할 수 있다.'는 말이 될 것이다. 그 자신의 기원을 회상시키는 이 마지막 형식 아래서 원리는 무한히 확장되려고 하지는 않을 것이다. 그러나 첫 번째 형식 아래서 이 원리는 사람들이 멀리 있는 대상에 대해, 이와 피상적으로나마 가장 닮은 현존하는 대상을 매개로 행위할 수 있다고 믿게 한다. 이 원리는 추려 내어져 형식화될 필요도 없다. 거의 본능적인 작용에 포함되어 있기만 해도, 이 자연스런 마법으로 하여금 무한히 번식할 수 있도록 해준다.

　마법의 수행과 같은 원리는 다른 법칙에까지도 이르게 된다. 즉, '존재나 사물에 영향을 미치려면, 그 사물에 접촉했던 요소에 작용하면 된다', '부분은 전체를 나타낸다'는 등의 원리이다. 하지만 그 심리학적 기원은 역시 똑같다. 항상 침착하게, 또 그것이 효과적이라고 믿으면서, 행위가 흥분된 순간에 이루어질 때의 그 효과에 있어 거의 환각적인 지각을 부여했던 행위의 반복만이 문제된다. 가뭄 때에 사람들은 마법사에게 비를 오게 하라고 요구한다. 그 마법사가 그의 온 영혼을 이 일에 기울일 때, 그는 상상의 노력에 의해 구름에 올라, 자신이 구름을 찢어 빗방울로 쏟아지게 한다고 느낀다. 그러나 그는 지금 막 자신이 땅으로 다시 내려왔다고 상상한다. 그리고 물을 조금 뿌리는 편이 더 간단하다고 여길 것이다. 다시 말해, 만일 땅으로부터 하늘까지 올라가야만 하는 노력을 대신할 수 있는 수단을 발견하고, 이 매개적인 물질이 얼마쯤—마치 그것이 양전기나 음전기를 띠고 있듯이—인간을 돕거나 해치는, 물리적이고 정신적인 경향을 띠고 있다면, 이 사소한 물질부분이 사건 전체를 재산출할 것이다. 몇 개의 의식(儀式)으로 환원될 아주 간단하고 자연스런 마법이 어째서 존재하는지를 사람들은 알 텐데, 한편 용어는 항상 그 용어가 표현하는 사실들을 넘어서 더 많은 사실들이 내포되어 있기 때문에, 이 의식들에 대한 반성에 의해, 또는 아마도 단순히 말로 번역하기만 해도, 그 의식들은 모든 의미로 다양화되고 모든 미신들을 지니게 할 수 있다.

그러므로 마법은 두 가지 요소로 해체되는 것같이 보인다. 무엇에든지 간에, 또는 사람이 도달할 수 없는 것에까지 영향을 미치고 싶은 욕망으로, 그리고 우리가 인간적인 유체(fluide humain)라고 불러야 할 요소들을 사물들이 지니고 있거나 지니게 된다는 생각으로이다. 마법과 과학을 비교하기 위해서는 첫 번째 점을, 마법과 종교를 결부시키기 위해서는 두 번째 점을 참조해야 할 필요가 있다.

17. 마법과 과학

마법이 우연히 과학에 도움을 준다는 경우는 가능하다. 사람들이 물질을 다루는 까닭은 반드시 이 물질로부터 어떤 이익을 끄집어 내기 위해서이다. 관찰을 이용하거나, 또는 단지 좀더 주목하기 위해서까지, 이미 과학적 탐구의 경향을 가질 필요가 있다. 그러나 이에 의해서 사람은 더 이상 마법사가 아니게 되며 마법에 등을 돌리기까지 한다. 사실 과학을 정의하기는 쉽다. 왜냐하면 과학은 항상 같은 방향으로 작업해 왔기 때문이다. 과학은 예견하고, 행위하기 위해 측정하고, 또 계산한다. 과학은 우선 우주가 수학적 법칙에 의해 지배된다 가정하고 이어서 이를 확증한다. 간단히 말하면 모든 과학적 진보는 보편적 메커니즘의 더욱 확장된 인식을 보다 풍부히 이용하려는 데에서 성립한다. 이 진보는 우리 지능의 노력에 의해 수행되고, 지능은 사물에 대한 우리 행위를 지시하기 위해 만들어졌다. 따라서 그 구조는 우주의 수학적 형상에 틀림없이 잘 들어맞는다. 비록 우리는 우리를 둘러싸고 있는 대상들에만 작용할 뿐이고, 이렇게 영향을 주는 일이 원초적 지능의 사명이라 할지라도, 우주라는 기계 장치가 우주의 각 부분마다 들어 있기 때문에 인간은 모든 물질 세계를 포괄할 수 있는 잠재적 가능성을 가진 지능과 함께 태어날 필요가 있었다. 이는 마치 시각 기관에 대해서처럼 지능에 대해서도 그렇다. 즉, 눈의 기관은 오직 우리에게 우리가 작용할 수 있는 대상들을 명시해주기 위해서만 만들어졌다. 그러나 자연이 시각에 대해 원했던 정도를 얻을 수 없었기 때문에, 그리고 그 눈의 기능적 결과가 자연의 목적을 넘어서는 장치에 의해서만 가능했기 때문에 (왜냐하면 우리는 별을 보는 일에서 그칠 뿐 별에 대해서 아무런 작용도 하지 않기 때문이다), 자연은 필연적으로 우리가 조작하는 물질을 포괄하는 능력과 함께 나머지 물질에 대한 잠재적인 인식과 이 물질을 이용하는 잠재적인 힘을 우리에게 부여했다. 사실 여기에서 잠재적인 것과 현실적인 것 사이는 거리가 멀다. 행위의 영역에서처럼 인식 영역에서의 모든 효과적인 진보는 뛰어난 한 사람이나 여러 사람의 지독한 노력을 요구했다. 그 인식의 진보는 매순간 하나의 창조였으며, 자연은 인간에게 지능을 부여함으로써 이 창조를 가능케 했다. 그런데 지능은 그 형식상 물질을 능가한다. 말하자면 자연이 원했던 바를 넘어서까지 나아간다는 말이다. 결국 인간의 유기화(육체적 유기화)에 의해 인간은 보다 평범한 삶에 운명지워졌던 것 같다. 그의 혁신에 대한 본능적인 저항이 그런 육체적 인간의 한계를 증거한다. 인간의 타성은 천재의 추진력에 이외의 힘에 결코 굴복한 적이 없다. 간단히 말하자면 과학은 이중의 노력을 요구하는데, 그 노력이란 몇몇 사람이 새로운 인식을 찾는 노력과 다른 모든 사람이 그 새로운 인식을 채용하고 이에 적응하기 위한 노력이다. 하나의 사회는 사람들이 이러한 창의력과 동시에 순종을 발견하는 때부터 문명화되었다고 말할 수 있다. 그런데 이 두 번째 조건이 첫 번째 조건보다 충족시키기가 더욱 어렵다. 미개인들이 필요로 하는 것은 아마도 뛰어난 사람이 아니라(우리는 자연이 왜, 어느 곳에서나 항상 이런 편리한 어리석음을 갖지 못했는지를 알지 못한다) 오히려 그런 사람에게 부여된 우월성을 발휘시키기 위해 제공한 기회이며, 그를 따르고자 하는 다른 사람의 의향이다. 한 사회가 이미 문명의 길로 접어들었다면, 단순한 복지 향상에 대한 전망 때문에 그 사회의 구습은 충분히 타파된다. 그러나 사회가 문명으로 접어들기 위해 그 첫걸음을 떼려면 그 이상이 필요하다. 새로운 무기가 적대 관계에 있는 부족에게 출현하는 섬멸의 위협이 아마도 그러할 것이다. 얼마쯤 '원시적'으로 남아 있는 사회들은 아마도 이웃 사회를 가진 적이 없었던 사회이거나, 더 일반적으로는 너무나 안이한 생활을 영위해 왔던 사회들이다. 그들은 창시적인 노력이 없었다. 나중에는 이미 늦었다. 즉, 원한다 할지라도 그 사회는 더 이상 진보할 수가 없었다. 왜냐하면 그 사회는 게으름의 산물에 중독되어 있었기 때문이다. 이 게으름의 산물이 바로 마법 의식들이며, 적어도 그 사회는 너무 게을렀거나 그 게으름에 '너무 많이' 사로잡혀 있다. 왜냐하면 마법은 과학과 반대로, 끝없는 욕망과 진보를 멈추고 복종을 택한 결과이기 때문이다. 환경의 타성이 마법을 이상하게 발달시키지만 않는다면, 마법은 그 나름의 존재 이유를 갖는다. 마법은 불안한 지능을 일시적으로 달래 준다. 지능의 형식은 그 내용을 능가하며 자신의 무지를 어렴풋이 의식하고 그 무지의 위험을 이해한다. 나아가 지능은 행동이 확실히 효과를 거두어 직접적인 미래를 예견할 수 있기는 하나, 매우 좁은 기존의 과학 영역 때문에 불안을 느낀다. 그리고 그 영역 주위에, 너무나도 광대해서 예견할 수 없는 탓에 행동의 용기를 꺾을지도 모르는 지대가 있음을 알고 또 불안을 느낀다. 그렇지만 이러한 경우에도 행동을 해야 한다. 이때 생명 추진력의 직접적인 결과로서 마법이 개입하게 된다. 이 마법은 인간이 노력에 의해 자신의 인식을 확장함에 따라 후퇴해 갈 것이다. 그때까지는 마법이 성공하는 듯이 보이므로 (마법 작용의 실패를 항상 반대되는 다른 마법이 성공하는 탓으로 돌릴 수 있기 때문이다), 마법은 정신적으로는 과학과 똑같은 효과를 산출한다. 그런데 마법과 과학의 공통점은 이뿐이며, 마법과 과학은 욕망과 의지 사이에 있을 모든 거리만큼이나 서로 분리되어 있다. 사람들이 종종 주장했듯이, 마법은 과학의 도래를 예비하기는커녕, 방법적 지식이 싸워내야 했던 커다란 장애물이었다. 문명인이란, 그 인간에 있어서 일상적인 행위에 함축된 과학의 싹이 끊임없이 긴장된 의지에 의해 그 나머지 영역을 차지하고 있던 마법에 침투할 수 있었던, 더욱 성장된 싹과 같은 인간을 말한다. 반대로 미개인이란, 노력을 등한시하면서 마술이 과학의 싹의 영역까지 침투해 들어와 그 과학에 겹쳐져서 과학을 감춰 버려, 거기에서는 어떤 진정한 과학도 나오지 않을 원초적인 정신을 우리가 믿게 내버려 두는 사람들이다. 게다가 한번 그 자리의 주인이 되면, 마법은 자신 위에 과학보다도 풍부한 수천 가지의 변형들을 실행한다. 왜냐하면 마법의 발명은 순전한 환상이어서 아무 비용도 들지 않기 때문이다. 따라서 과학의 시대가 계승했다고 하는 마법의 시대에 대해서는 말하지 말자. 과학과 마법은 똑같이 자연적이고 항상 공존했으며 우리의 과학은 먼 옛날 조상들의 과학보다는 훨씬 광대하다는 사실, 그러나 우리의 먼 조상들은 오늘날의 미개인들보다는 훨씬 덜 마법적이었으리라는 사실을 말하자. 우리는 근본적으로는 과거의 그들과 같다. 과학에 의해 억제되어 있기는 하나 마법으로의 경향은 여전히 살아남아 자신이 나타날 때를 기다린다. 과학을 향한 주의가 방심의 순간을 맞게 될 때, 즉시 우리 문명 사회에서 마법이 침입해 온다. 마치 깨어 있을 때 억눌려 있던 욕망이, 꿈속에서 만족을 찾기 위해 가벼운 졸음에 찾아드는 이치와 같다.

18. 마법과 종교

그러면 남은 문제는 마법과 종교 관계에 관해서이다. 모든 문제는 분명히 종교라는 말의 관념적 의미에 달려 있다. 철학자는 대개 상식이 이미 한낱 말로 나타낸 사물을 연구한다. 이 사물은 언뜻 보이거나 잘못 보였을 수도 있으며 다른 사물과 뒤죽박죽으로 섞여 있어, 거기에서 구별해야 할 수도 있다. 이 사물이 실재 전체로부터 부분으로서 분리될 수 있었던 것도 담화의 편의를 위해서일 뿐으로, 실제로는 독립적인 연구를 하게 하는 하나의 사물을 구성하지 못할 수도 있다. 수학과, 그리고 자연과학과 비교할 때조차 철학이 크게 뒤처지는 이유가 거기에 있다. 철학은 언어에 의해 작동되고, 아마도 전적으로 도시의 요구에 대해 상대적이다. 그런데 철학은 대부분의 경우 이 기원을 잊어 버리고, 마치 지구 여러 지역의 한계를 설정하거나, 그들 지역간에 갖는 자연적 관계를 나타내기 위하여 조약에 의해 설정된 경계들을 신뢰하는 지리학자와 같은 태도를 취한다. 우리가 시도한 연구에서 우리는, 직접 '종교'라는 낱말과, 사물에 대한 아마도 인위적인 절단에 의해 이 사물을 지칭하는 낱말이 포함하고 있는 모든 의미로부터 떠났다. 또한 이러한 낱말에 상응하는 개념들 속에서 현실을 재분석하지 않고, 곧바로 사람들이 직접 관찰할 수 있는 어떤 정신적 기능으로 옮겨감으로써 이 인위성의 위험을 피했다. 이 정신적 기능의 작업을 분석하면서 우리는 사람들이 종교라는 말에 부여하는 많은 의미를 하나씩 하나씩 재발견했다. 우리의 연구를 속행한다면, 우리는 이 '종교'라는 의미의 다른 뉘앙스들을 다시 발견할 것이며 아마도 한두 개의 새로운 의미를 덧붙일 것이다. 그러므로 종교라는 말은 하나의 실재를 포괄하면 이번에는 잘 증명될 것이다. 사실 여기서 말하는 실재는, 이 말의 일상적 의미의 아래로 그리고 위로 약간씩 넘어갈 것이다. 그러나 이 때 우리는 이 실재의 의미를 그 구조와 원리 안에서 자체로 포착할 것이다. 마치 사람들의 소화와 같은 생리기능에 유기체의 여러 영역에서 관찰된 수많은 사실들을 관계시켜 새로운 것을 발견할 때처럼, 이러한 관점에서 보면 마법은 분명 종교의 일부를 이룬다. 물론 여기에서는 우리가 지금까지 다뤄온 종교와 같은 하등 종교만이 문제될 뿐이다. 그러나 마법은 일반적인 종교들과 마찬가지로, 지능적 존재가 겪는 어떤 위험에 대한 자연의 경고를 나타낸다. 한편 사람들은 다른 진로를 따라갈 수도 있고, 종교라는 말의 일상적인 다양한 의미들에서 출발하여, 이들을 서로 비교하여 평균적인 의미를 뽑아낼 수도 있다. 이렇게 해서 사람들은 철학적 문제보다는 어휘의 문제를 해결하게 될 것이다. 그러나 그렇다고 해도 자신이 하는 행위를 이해하기만 한다면, 그리고 단어의 관습적인 의미에 대해 의견이 일치했을 때 사물의 본질을 소유했다고(철학자들의 끊임없는 착각이다!) 생각하지만 않는다면 조금도 관계가 없다. 그러면 스펙트럼의 다양한 색조나 음계의 음표들처럼, 종교라는 말의 모든 의미를 단계에 따라 살펴보자. 그러면 우리는 두 극단에서 똑같은 거리인 중간부에 있는, 기도로써 사람들이 말을 거는 신들에 대한 찬양을 발견할 것이다. 이렇게 해석된 종교가 마법과 대립된다는 사실은 말할 필요도 없다. 마법은 본질적으로 이기적인데, 종교는 무사무욕(無私無欲)을 추구하고, 종종 그런 태도를 요구하기까지 한다. 하나는 자연의 승인을 강요하고 싶어하고, 다른 하나는 신의 호의를 탄원한다. 무엇보다도 마법은 반쯤 물리적이고 반쯤 도덕적인 환경에서 시행된다. 그런데 어찌되었든 마법사는 어떠한 인격과도 거래하지 않는다. 반대로 종교는 신의 인격성으로부터 가장 큰 효과를 빌려왔다. 만일 사람들이 우리와 함께, 원시적인 지능이 자신을 둘러싸고 있는 현상과 사건들 속에서 완전한 인격보다는 인격의 요소들을 인정한다고 믿는다면, 우리가 방금 해석한 종교는 이 요소들을 인격으로 전환시키는 지점에까지 이 인격적 요소들을 강화하게 될 것이다. 한편 마법은 이 인격의 요소들을 정도가 낮은 요소로 간주하고, 마치 그 요소들의 효력이 사로잡혀 있을 수 있는 물질 세계 속에 그 인격의 요소들이 용해되어 있는 것으로 상정한다. 그래서 마법과 종교는 공통적인 기원에서 출발하여 서로 나누어지고, 종교가 마법으로부터 출발하는 일은 문제될 수 없다. 이 둘은 동시적이다. 게다가 이 중 하나는 계속 다른 것에 붙어다니며, 종교에는 약간의 마법이 남아 있고, 무엇보다 마법에도 종교적인 어떤 면이 남아 있음을 사람들은 알고 있다. 마법사가 종종 정령들을 매개로 하여, 말하자면 비교적 개별화된 존재들, 그러나 완전한 인격도 신의 뛰어난 위엄성도 지니지 않은 존재들을 매개로 일을 한다고 알려져 있다. 다른 한편 주술은 명령과 기도에 동시에 속할 수 있다.

19. 정령 신앙

　종교의 역사는, 정령 신앙을 오랫동안 나머지 모든 원시적인 신앙까지 설명할 수 있는 것으로 간주해 왔다. 우리는 누구나 신체의 본질보다도 더욱 미세한 본질인 영혼을 갖듯이, 자연계에서도 모든 사물은 정령화될 것이다. 즉, 희미한 영적 존재가 모든 사물에 수반되어 있을 것이다. 한번 정령들이 설정되면, 인간은 신앙에서 찬양으로 나아갔을 것이다. 따라서 하나의 자연철학, 즉 애니미즘(animisme)이 존재하고, 여기에서 종교가 나왔을 것이다. 이 가설보다 오늘날에는 다른 가설이 선호되고 있는 것 같다. '프리 애니미즘(préanimiste) 또는 애니머티즘(animatiste)' 단계에서 인류는 만유 속에 퍼져 있고, 한편 부분들 사이에는 차별적으로 부여된 폴리네시아 인의 '마나'와 같은 비인격적인 힘이 표상될 것이다. 이 인격의 은유적 힘은 훨씬 뒤에야 정령으로 될 것이다. 만일 우리의 분석이 정확하다면 사람들이 처음에 생각했던 힘은 비인격적인 힘이 아니며 이미 개별화된 정령도 아니다. 단순히 사람들은, 마치 자연이 여기저기에 사람을 바라보는 눈을 가지듯이, 사물들과 사건들에 의도만을 부여했을 것이다. 바로 거기 그 사물들과 사건들에게 인간의 근원적 성향이 있다는 사실을, 우리 각자의 심층에서 잠자고 있는 원시 인간이 갑작스러운 충격에 잠을 깼을 때 우리가 확증할 수 있었다. 그때 우리는 '효험 있는 현존'에 대한 감정을 체험한다. 이 현존의 본성은 중요하지 않다. 가장 중요한 것은 그 효험성이다. 사람들이 우리에게 관심을 갖는 순간부터, 그 의도는 항상 좋을 수만은 없어도 어쨌든 우리는 우주에서 의미 있는 존재가 된다. 경험이 가르쳐 주는 바는 이와 같다. 그러나 어쨌든 인류가 이론적인 관점에서 출발했다는 것은 선험적으로 생각해도 이미 그럴 것 같지 않다. 거듭해서 말하지만 철학하기 이전에 우선 살아야 한다. 근원적인 성향들과 확신들의 근원은, 틀림없이 살아야 한다는 필요성이다. 종교를 관념의 체계나 논리, 또는 '예비 논리'에 결부시키는 것은 우리의 아주 먼 조상들을 지성인으로 본다는 말이고, 무엇보다도 우리 가운데 있음에 틀림없는 지성인들로 본다는 말이다. 왜냐하면 고대 종교에는 모든 생명이 걸려 있었는데 반해, 아무리 훌륭한 이론도 정열과 이익 앞에서는 굴복하여 사색하는 시간에만 의의를 갖는 것을 우리가 보기 때문이다. 종교는 인류와 동연적(同延的)이므로 틀림없이 우리의 구조에 기초한다. 우리는 방금 종교를 근본적인 체험에 결부시켰다. 그러나 사람들은 이 체험 자체를 겪기 전에 이미 예감하고 있었다고 할 것이며, 어찌되었든 그래서 체험은 획득하고 난 뒤에는 잘 설명될 것이다. 이런 설명은 인간을 생물체에 다시 넣고 심리학을 생물학에 다시 넣음으로써 충분하게 된다. 실제로 사람 이외의 동물을 살펴보자. 동물들은 스스로 사용할 수 있는 모든 수단을 사용한다. 동물은 세계가 자신을 위해 만들어졌다고 생각할까? 물론 아니다. 왜냐하면 동물은 세계를 표상하지도 않고 게다가 생각하려는 어떤 욕구도 없기 때문이다. 그러나 동물은 자신의 욕구를 만족시킬 수 있는 측면만을 보고 관찰하며, 사물들은 동물이 자신들을 사용하는 정도에 따라서만 동물에게 존재하기 때문에, 그 동물은 분명 만물이 자연 속에서 그의 행복과 그 종족의 이익을 위해 안배되어 있다는 듯이 행동한다. 동물이 체험한 확신은 이와 같다. 이 신념은 그 동물을 지탱케 하면서, 동시에 그 동물의 살기 위한 노력과 혼합된다. 이제 반성을 나타나게 하자. 그러면 이 동물적 신념은 사라져 버릴 것이다. 반성을 통해 인간은 스스로를 자각하게 되고 스스로를 무한한 우주 속의 한 점에 지나지 않는다고 생각하게 된다. 만일 살기 위한 노력이 그의 지능 안에, 즉 이러한 지각과 사유가 차지하려는 바로 그 자리에, 인간을 향한 사물들과 사건들의 본말 전도라는 대립된 [종교적] 표상을 투영하지 않는다면, 그는 자신이 소멸한 듯이 느끼게 될 것이다. 호의적이든 악의적이든 그를 둘러싸고 있는 환경의 의도는, 마치 인간이 달릴 때 달도 달리는 것처럼 보이듯이 그를 어느 곳이나 따라 다닌다. 그 환경의 의도가 선하면 그는 그것에 의지할 것이다. 만일 이 의도가 그에게 해를 끼치고자 한다면 그는 그 결과를 피하기 위해 애쓸 테고, 어떤 방식으로든 그는 관심을 받고 있을 것이다. 이런 일이 벌어짐은 이론도 아니며 자의적인 여지도 없다. 즉, 이렇게 환경의 관심을 받고 있다는 확신이 부여되는 연유는 이 확신이 생명적인 차원에서일 뿐 철학적인 확신은 전혀 아니기 때문이다.

게다가 이 확신이 서로 다른 방향으로 나뉘어 발전한다면, 즉 한편으로는 이미 개체화한 정령에 대한 믿음으로, 다른 한편은 비인격적인 본질에 대한 관념으로 향한다면, 그것은 이론적인 이유 때문이 아니다. 이론적인 이유라는 것은, 논쟁을 불러일으키고 의혹을 허용하면서 행위에 영향을 미칠 수는 있으나, 한 존재의 모든 사건에 섞이지도 않고 또 삶 전체를 조정할 수도 없는 이론들을 나타나게 한다(그러나 사실 인간의 이 두 가지 확신 방향은 이론이 아니라 삶의 실재[사건들과 생의 불확실한 일면] 때문에 발전한다). 확신이 한번 의지 속에 자리잡으면 의지는 그 확신이 개방되어 있는 쪽으로 발전하거나, 노력하는 도중에 최소한의 저항을 가진 지점 쪽으로 개방될 때는 그쪽으로 밀고 나간다. 의지는 현존한다고 느끼는 의도를 모든 수단을 통해 이용할 것이다. 즉, 물리적인 효과를 얻는 점에서 그 의도를 취하기도 하고, 그가 지닌 물질적인 측면을 과장하기도 하며, 그 경우 힘으로 이 의도를 지배하려고 노력하기도 하고, 이 의도에 도덕적인 측면에서 접근하기도 하고, 반대로 기도에 의하여 자기 편으로 만들려고 인격의 방향으로 이 의도를 밀고 나가기도 한다. 그러므로 근원적인 믿음의 빈곤화 또는 물질화인 '마나'와 같은 개념이 나오는 것은 효과적인 마법에 대한 요구로부터이다. 그리고 이 똑같은 믿음으로부터 반대 방향으로 정령과 신들을 끌어낸 까닭은 호의를 얻기 위한 욕구 때문이다. 비인격적인 것이 인격적인 것으로 진화되지도 않았고, 처음부터 순수한 인격이 설정되었던 것도 아니다. 지능을 밝힌다기보다는 의지를 고무하기 위해 만들어진 어떤 중간적인 것으로부터 위 아래로 분리되어, 마법이 지향하는 힘과, 기도가 향하는 신들이 나타나게 되었다.

우리는 첫 번째 점에 대해서는 소견을 밝혔다. 만일 두 번째 점에 대해서까지 설명해야 한다면 우리가 할 일은 산더미 같을 것이다. 종교의 인격성이 점차적으로 드러나면 서로 더욱더 확정된 관계를 갖게 되거나, 유일신으로 흡수되려는 신들로 상승하는데, 그것은 문명의 방향으로 향하는 인류의 위대한 두 진보 중에서 첫 번째 진보에 해당한다. 이러한 상승은 순수한 지능이 한정된 크기의 고찰에서 미분법(영혼)으로 옮아갔을 때 행한 전향과 비슷한 전향에 의해, 종교적 정신이 밖에서 안으로, 정적인 것에서 역동적인 것으로 방향을 바꾼 날까지 계속되었다. 물론 이 최후의 변화는 결정적이었다. 유기체의 세계에서 차례로 종(種)들을 태어나게 했던 형태 변화와 같은 변화가 개인 안에서 가능했다. 이때부터 진보는 새로운 성질(質)의 창조에 속할 수 있었으므로, 단순한 크기(量)의 증대 같은 진보는 더 이상 아니었다. 인간이 정지한 지점에서 제자리에 머물며 단순히 생명을 이용하는 대신, 사람들은 이제 생명의 운동을 계속할 것이다. 전적으로 내면적인 이 종교에 대해서는 다음 장에서 다룰 터이다. 우리는 종교가 인간을 창조적 약동 속에 다시 놓음으로써 인간에게 전하는 운동 자체에 의해, 인간을 지탱케 함을 볼 것이다. 이는 더 이상 불변성 속에서 인간의 행위를 상상적인 표상에 기대하게 하는 것이 아니다. 그러나 우리는 또한 종교적 역동설이 표명되고 확산되기 위해서는 정적인 종교가 필요함을 볼 것이다. 그러므로 종교 역사에서는 정적인 종교가 첫 번째 자리를 차지하는 연유를 사람들은 이해한다. 한번 더 말하자면 우리는 종교의 무한히 다양한 현상들을 추적할 필요가 없다. 주요한 현상들을 지적하고 이 현상들 사이의 연쇄를 드러나게 하는 것으로 충분하다.

그러므로 사물에 내재하는 의도들이 있다는 관념으로부터 출발하면 우리는 곧바로 정령들을 표상하게 된다. 이 의도들은 막연한 존재들로서, 예를 들면 샘이나 강, 물이 흘러나오는 근원에 살고 있다. 정령은 저마다 자신이 나타나는 장소에 매여 있다. 이 점에서 정령은 다신교의 고유 신(divinité)과 구별된다. 다신교의 신은 분할됨이 없이 여러 장소에 나타날 수 있고, 같은 종류에 속하는 모든 것을 다스릴 수 있다. 이 신은 이름을 가질 것이며 자신의 독특한 모습도 가질 테고 아주 분명한 인격도 가질 것이다. 한편, 숲이나 샘에 있는 수 천의 정령은 똑같은 한 모델의 예들이며, 기껏해야 호레이스가 말한 대로 '우리는 수없이 많다'(Nos numerus sumus)고 할 수 있는 것이다. 훨씬 뒤에 종교가 신들의 위대한 인격에까지 고양될 때에야, 종교는 신들의 모습을 본뜬 정령들을 생각할 수 있다. 그러나 이 신들은 하급 신들이다. 그러므로 정령들은 항상 그러한 신들이었던 듯이 나타날 것이다. 그러나 정령들이 모습을 가질 수 있었던 것은 반사적인 결과에 의해서일 뿐이다. 물론 희랍인에게 있어서 샘의 정령이 다정한 님프(nymphe)가 되고, 나무의 정령이 하마드리아드(Hamadryade)가 되기에는 많은 시간이 필요했다. 본디 샘의 정령은 인간에게 은혜를 베풀어 주는 샘 자체였을 뿐임에 틀림없다. 더 정확하게 말하면 그 샘은 항구적인 은혜로운 기능이었다. 여기에서 측면에서 본 지능적인 노력에 의해, 사물들에서 추출한 작용의 표상과 그 연속성을 추상적인 관념으로 간주하는 식은 잘못일 것이다. 왜냐하면 사물은 감각기관에 직접적으로 주어진 실재이기 때문이다. 우리의 철학과 언어는 먼저 실체를 설정하고 속성들로 이것을 감싸고서 그 작용을 추출물로써 나타나게 한다. 그러나 이런 과정은 아무리 반복해도 지나치지 않다. 즉, 우선 처음에 기능이 전개된다. 더구나 그 기능이 특히 인간에 관계되는 경우들에서는 자기충족적일 때가 있다. 우리에게는, 물을 길어 마신다는 기능이 그와 같다. 사람들은 이 기능을 사물과 인간에 위치시킬 수 있다. 그러나 그것은 자신의 독립적인 존재를 갖는다. 만일 이 기능이 무한히 계속되면, 그 영속성 자체가 사람이 물을 길어 마시는 샘에 생기를 주는 정령으로 추대된다. 한편 샘은 자신이 수행하는 기능으로부터 분리되어 그만큼 더 완전하게 단순한 사물의 상태로 되돌아갈 것이다. 사실 죽은 자의 영혼은 아주 자연스럽게 정령과 결합하게 된다. 육신에서 분리된 영혼은 자신의 인격을 완전히 버리지는 않았다. 정령과 섞이면 그 영혼은 필연적으로 정령의 색을 바래게 하고, 정령을 다양한 색조로 물들여 인격이 되게끔 준비시킨다. 이처럼 저마다 다르기는 하지만 구심적인 방법에 의해 정령은 완전한 인격에로 나아갈 것이다. 그러나 정령은 처음부터 가지고 있던 요소적인 형태를 지니고서 아주 자연스런 욕구에 응하므로, 정령에 대한 믿음이 모든 고대 종교의 근저에서 발견된다 하더라도 놀랄 필요는 없다. 우리는 그리스 인들에게서 이 믿음이 행한 역할에 대해 말했다. 즉, 미케네 문명에 의해 판단될 수 있는 한, 그리스인들의 원시 종교였던 이 정령신앙은 그 뒤로도 여전히 대중적인 종교로 남아 있었다. 이 정령에 대한 믿음은, 그리스나 그 밖의 다른 곳에서 유입된 위대한 신들에게 가장 큰 자리를 만들어 준 뒤에도 로마 종교의 기초를 이루고 있었다. 즉, 집의 정령이었던 가족의 수호신 라르(lar familiaris)는 항상 자신의 중요성을 보존할 것이다. 그리스 인과 마찬가지로 로마 인에게 헤스티아(Hestia) 또는 베스타(Vesta)라 불리었던 여신은, 그 기능이 처음에는 유익함을 주는 기능으로서 아궁이의 불꽃에 지나지 않았음에 틀림없다. 고전 고대를 떠나 인도, 중국, 일본으로 건너가 보면, 우리는 어느 곳에서나 정령에 대한 신앙을 발견할 수 있을 것이다. 오늘날에도 정령 신앙은 이와 아주 비슷한 조상 숭배와 함께 중국 종교의 본질을 구성하고 있다. 이 신앙은 보편적이었기 때문에, 이러한 신앙을 근본적이라고 사람들은 쉽게 믿었다. 적어도 이 신앙이 근원에서 그리 멀지 않고, 인간 정신은 신의 숭배에 도달하기 이전에 자연히 이러한 신앙을 거친다는 점을 확인해두자.

20. 종족으로 간주되는 동물

물론 인간 정신이 중간적인 단계에 머물러 버릴 수도 있을 것이다. 우리는 동물 숭배에 대해 말하고 있다. 이런 숭배는 옛날의 인류에게 아주 널리 퍼져 있어서 어떤 사람들은 이 의식을 인간적인 형상을 가진 신들의 숭배보다도 더욱 자연적이라고 여겼을 정도이다. 우리는 이 동물 숭배가, 인간이 이미 그 자신의 형상을 본떠 신들을 표상하는 곳에도 끈질기고 강인하게 남아 있음을 본다. 예를 들어, 고대 이집트에서는 이 동물 숭배가 끝까지 남아 있었다. 동물 형상으로부터 나타났던 신은 가끔 이 동물 형상을 완전히 버리기를 거부해서 인간의 몸뚱이에 동물의 머리를 가진다. 이러한 모든 형상은 오늘날 우리를 놀라게 한다. 우리가 보기에 인간은 뛰어난 위엄성을 가지고 있기 때문이다. 우리는 이 인간의 뛰어난 위엄성을 지능으로 특징화한다. 그리고 지능이 우리에게 줄 수 없는 우월성은 없고, 지능을 보상할 수 없는 열등함도 없음을 우리는 알고 있다. 그러나 지능이 아직 그 진가를 발휘하지 않았을 때는 그러하지 못했다. 그때는 지능의 무한한 발명 능력을 밝히기에는 지능의 발명이 너무 드물었다. 한편 지능이 인간에게 확보해 준 무기와 도구는 동물이 자연으로부터 얻은 것과 비교할 수 없다. 지능적인 힘의 비밀인 반성 자체도 약점이 될 수밖에 없었다. 왜냐하면 동물의 반응은 진정 본능적일 때 우리에게 직접적이고 확실한 반면에, 반성은 우유부단의 원천이었기 때문이다. 말을 못한다는 부족함조차 동물에게 신비스런 후광을 더했다. 게다가 동물의 침묵은 마치 우리와 대화하느니보다 다른 일을 하는 편이 낫다는 듯한 경멸로 간주될 수도 있다. 이 모든 현상은 인류가 동물 숭배를 싫어하지 않았음을 설명한다. 그러나 이 의식이 왜 여기에까지 이르렀나? 동물이 숭배받은 까닭은 그 특정적 성격 때문임을 주의해야 할 것이다. 고대 이집트에서 황소는 전투력을 상징했다. 암사자는 파괴였고, 독수리는 새끼들에게 자상했으므로 모성애를 나타냈다. 그러나 만일 인간이 정령을 처음부터 믿었다면, 동물이 숭배의 대상이 된 현상을 우리는 분명히 이해하지 못할 것이다. 그런데 처음부터 사람들이 호소한 것은 어떤 존재들이 아니라 항구적인 듯한 기능, 즉 유익하거나 해로운 기능들이었다면, 사람들이 기능을 포착한 뒤에 이 기능적 성질들을 스스로 소유하고 싶어했다는 것은 자연스러운 일이다. 이러한 기능의 성질들은, 행동이 단순하고 일관되어 있으며 외적으로는 한 방향으로만 향한 동물에게서 순수한 상태로 나타나듯 보였다. 따라서 동물 숭배는 원시적 종교가 아니었고, 원시적 종교로부터 이탈할 때 사람들은 정령 숭배와 동물 숭배 중 하나를 선택했던 것이다.

21. 토테미즘

동물의 본성이 유일한 성질로 집중되는 것같이 보임과 동시에, 사람들은 그 동물의 개성이 그 종(種)에 융화된다고 말할 것이다. 한 인간을 인식한다는 것은 그 사람을 다른 사람과 구별하는 데서 성립한다. 그런데 하나의 동물을 인식한다는 것은 보통 그 동물이 속해 있는 종(種)을 이해하는 일이다. 전자와 후자의 경우에 있어서 우리의 관심은 그와 같다. 그 결과, 우리의 지각은 첫 번째 경우에는 개별적인 특징을 포착하는데 반해, 두 번째 경우에서는 이러한 개별적 특징들을 대부분 놓쳐 버린다. 따라서 한 동물이 구체성과 개별성을 갖는다고 해도, 동물들은 본질적으로 하나의 성질처럼, 또한 하나의 종(種)으로서 나타난다. 우리가 방금 보았듯이, 두 모습 중 첫 번째 것은 대부분 동물 숭배를 설명한다. 두 번째 것은 우리 생각에 어느 정도까지는 토테미즘과 같은 독특한 사상을 이해하게 할 것이다. 우리가 여기에서 이 토템 신앙을 연구할 필요는 없지만 이에 대해 한마디 하지 않을 수 없다. 왜냐하면 토테미즘은 '동물 숭배'(Zoolâtrie)가 아니면서도 종교적인 면과 어딘가 비슷한 경의를 가지고 동물 또는 식물, 가끔은 단순한 무생물을 대하기 때문이다. 가장 빈번한 예를 들어보자. '토템', 즉 어느 씨족의 수호자 역할을 하는 동물, 예를 들면 쥐나 캥거루의 경우가 그렇다. 여기서 가장 놀라운 점은, 이 씨족의 구성원들이 그 토템과 일심동체임을 선언한다는 점이다. 그들은 쥐들이고 캥거루들이다. 무엇보다 그들이 어떤 의미에서 그렇게 동물과 일심동체라고 말하는지를 밝힐 필요가 있다. 사태를 '원시인'에게 고유한 논리에 연결시킨다거나, 모순율 원리에서 해방된 특별한 논리에 곧바로 귀결시키는 것은 일을 조금 급하게 처리하는 셈이 될 것이다. '캥거루이다'에서 쓰인 '이다'(être)라는 동사는 완전히 문명화된 우리로서도 정의하기 쉽지 않은 많은 의미를 지니고 있다. 원시인이 이러이러한 경우에 이 비슷한 낱말에 부여하는 의미를 우리에게 설명한다고 해도, 어떻게 재구성할 수 있을까? 이러한 설명도 그 원시인이 철학자일 경우 외에는 조금도 명백한 설명이 아닐 것이다. 그래서 그 설명을 이해하기 위해서는 그들 언어의 모든 느낌을 알아야 할 필요가 있다. 우리의 도덕가들 중에서 가장 위대한 사람이 '인간은 생각하는 갈대이다'라고 말한 것을 알았다면, 그 철학자가 우리 인간이나 우리의 관찰 능력과 추리력, 나아가 양식에 대해 내릴 판단을 생각해 보자. 나아가 원시인은 자신의 토템과 대화를 할까? 그 원시인은 토템을 사람처럼 취급할까? 우리가 언제나 되풀이하는 말이지만, 원시인의 정신과 문명인의 정신 속에서 일어나는 현상들을 알기 위해서는 적어도 그가 말하는 것만큼이나 그가 하는 일을 고찰해야 한다. 이제 만일 그 원시인이 자신을 그의 토템과 동일시하지 않는다면, 그는 토템을 단지 상징으로 간주할까? 이렇게 되면 반대 방향으로 너무 멀어지게 될 것이다. 즉, 뒤르켐이 생각하듯이 비록 토테미즘이 미개인들의 정치적인 유기 조직의 바탕에 깔려 있지 않다 할지라도, 토템은 씨족을 나타내는 단순한 수단으로 보기에는 그들의 생활에서 너무 큰 자리를 차지하고 있다. 진리는 이 두 극단적 해석 사이에 있는 중간적인 어떤 것임에 틀림없다. 우리의 원칙에 의해 이끌어질 수 있는 해석을 단순한 가설로 제출해보자. 한 씨족이 이러이러한 동물이라고 불린다 하자. 이 사실로부터 파생되는 것은 아무것도 없다. 그러나 같은 종족에 포함되는 두 씨족이 필연적으로 서로 다른 동물이어야 한다는 사실은 매우 교훈적이다. 실제로 두 씨족이 생물학적으로 두 종족을 구성하는 현상을 보이고자 한다고 해 보자. 이럴 때 언어가 아직 과학이나 철학을 배태하지 못하고 있는 경우에는 어떻게 생물학적으로 그렇게 다른 부류들을 구성할까? 동물의 개체적인 특징들은 주의를 끌지 않으므로, 우리는 동물이 지각될 때는 하나의 종(種)으로서 지각된다고 말했다. 두 씨족이 서로 다른 두 종족을 구성함을 표현하기 위해서 사람들은 이들에게 저마다 다른 동물의 이름을 부여할 것이다. 사실 이 이름을 저마다 독립적으로 취하면, 그것은 하나의 명칭에 지나지 않으나, 이 이름들을 같이 보면 하나의 주장과 같아진다. 그러나 두 명칭은 실제로 이 두 씨족이 서로 다른 혈족임을 의미한다. 왜 그러한 의미를 갖는가? 만일 토테미즘이 사람들이 확신하듯 지구의 여러 곳에서 발견된다면, 그리고 서로 교류가 없었던 사회들에서 발견된다면, 토테미즘은 틀림없이 이 사회들의 공통적 욕구, 즉 생명의 요구에 부응하는 신앙이다. 우리는 부족이 몇 개 씨족으로 나뉘어 있을 경우 종종 이족 결혼(exogamie)을 한다는 사실을 안다. 달리 말하면 결혼은 한 씨족 내부에서가 아니라 서로 다른 씨족의 구성원 사이에 계약된다. 거기에는 일반적인 법칙이 있고 토테미즘은 항상 이족 결혼 관념을 내포한다고 사람들은 오랫동안 믿어 왔다. 출발점에서는 그러했으나, 이족 결혼은 많은 경우에 도중에 쇠퇴했다고 해 보자. 한 집단의 구성원들끼리 서로 결혼을 못하게 하는 폐쇄된 사회에서는 결혼이 근친 사이에서 이루어지는 일을 자연이 방해하려 하고 있음을 사람들은 잘 안다. 그런 사태가 생기면 그 종족은 곧 퇴화할 것이다. 따라서 유용한 습관이기를 그만두자마자 다른 습관들이 즉시 은폐해 버리는 본능은 다시 앞으로 나타나서 종족 내부의 씨족들을 결혼이 금지될 씨족들로 나눌 것이다. 게다가 이 본능은 한 씨족의 구성원들로 하여금 이미 혈족임을 느끼게 하고, 반대로 씨족과 씨족은 가능한 한 서로 타인이라고 믿게 함으로써 그 목적을 달성할 것이다. 왜냐하면 본능이 작용하는 방식은, 우리에게서도 잘 관찰할 수 있듯이, 함께 살거나 서로 혈족관계임을 아는 남자와 여자 사이에 성적인 매력을 감소시키기 때문이다. *24 그러면 어떻게 서로 다른 두 씨족의 구성원들은 자신들이 같은 피가 아니라고 스스로를 납득시킬 것이며, 어떻게 표현할까? 그들은 자신들이 같은 종족에 속하지 않는다고 말하는 습관을 가질 것이다. 따라서 그들이 자신들은 두 '동물' 종족을 구성한다고 선언할 때, 그들이 강조하는 것은 그 동물성이 아니라 이원성이다. 적어도 처음에는 같았을 것임에 틀림없다. *25 그러나 우리는 여기에서 순수한 가능성의 영역은 아니라 하더라도 단순한 개연성의 영역에 있음을 인정하자. 우리는 단지 논란이 많은 문제들을, 우리에게 통상 가장 확신되는 방법을 시험해 보고자 했다. 생물학적인 필연성에서 출발하여, 우리는 생명체 안에서 여기에 대응하는 욕구를 찾았다. 만일 이 욕구가 현실적이고 활동적인 본능을 창조하지 않는다면, 이 욕구는 잠재적인 본능이라 말할 수 있는 속성을 매개로 하여 마치 본능적 행위처럼 행위를 결정할 상상적 표상이라도 불러온다. 토테미즘의 저변에는 이런 종류의 표상이 있다.

22. 신들에 대한 신앙

그러나 사람들이 아마도 보다 훌륭한 가치의 대상이라고 말할 어떤 대상을 위해, 이 삽입구는 여기서 닫자. 우리가 논해 온 대상은 정령들이다. 종교의 본질 자체를 통찰하고 인간의 역사를 이해하기 위해서는, 곧바로 지금까지 문제로 삼았던 정적이고 외면적인 종교로부터 우리가 다음 장에서 다룰 동적이고 내면적인 종교로 옮겨가야 할 필요가 있다. 정적종교는 지능 때문에 인간이 겪을 수 있는 위험들을 피하기 위한 종교이다. 정적인 것은 지능 이하의 것이었다. 이 종교가 자연스럽다는 말을 덧붙이자. 왜냐하면 인간은 생명 진화의 한 단계에 서서 이 단계를 나타내고 있기 때문이다. 바로 그 단계에서 어떤 주어진 순간에 전진 운동은 멈춘 것이다. 따라서 이때 인간은 총체적으로 지능과 함께, 이 지능이 줄 수 있는 위험과 함께, 이 위험에 대비하는 우화 기능을 가진 존재로서 정립되었다. 마법과 원초적인 정령론, 이 모든 신앙은 한 덩어리로 나타났고, 이 모든 신앙은 정확히 개인과 사회의 요구에 부응했으며, 전자나 후자나 자연이 원했던 그들의 야심 안에 국한되어 있다. 그 뒤, 나타나지 않을 수도 있었던 어떤 노력에 의해 인간은 그의 다람쥐 쳇바퀴 같은 순환에서 빠져 나왔다. 인간은 다시 진화의 흐름 속으로 끼어들어 이 흐름을 보다 멀리까지 밀고 나아갔다. 이는 물론 우월한 지능에 결부되어 있으면서도 이 지능과는 구분되는 역동적 종교였다. 종교의 처음 형태는 지능 이하의 형태였다. 우리는 그 이유를 알고 있다. 두 번째 형태는 우리가 앞으로 이야기할 이유 때문에 지능 이상이었다. 이들을 곧바로 대립시킴으로써 사람들은 이들을 가장 잘 이해할 것이다. 이 두 극한의 종교들만이 본질적이고 순수하다. 고대 문명에서 발달된 중간적 형태들이 만일 점진적인 완성에 의해 한쪽 끝에서 다른 쪽 끝으로 옮아간다고 믿게 되었다면, 종교 철학은 오류로 인도된 데에 지나지 않는다. 이는 물론 자연스런 오류이며, 이 오류는 정적 종교가 동적 종교 안에 부분적으로 남아 있다는 사실에 의해 설명된다. 그러나 이 중간적 형태들은 인간의 알려진 역사에서 아주 큰 위치를 차지해왔기 때문에 우리는 이들에 대해 자세히 설명할 필요가 있다. 우리로서는 이 형태에서 전적으로 새로운 모습도, 동적인 종교에 비교될 수 있는 모습도 보지 못하고 단지 원초적인 정령론과 마법의 이중적 주제에 의한 다양한 변주곡만을 본다. 한편 정령 신앙은 항상 민중 종교의 기초에 남아 있다. 그러나 이 종교를 세련되게 만들었던 우화 기능에서는 차후 발전에 의해 문학, 예술, 제도, 즉 고대 문화의 본질을 싹틔운 신화가 발생했다. 따라서 신화에 대해 말하되, 결코 이 신화의 출발 지점이었던 모습들과 또 이 신화를 통해 명백히 지각하는 모습들을 놓치지 말자.

정령에서 신으로의 변이 과정은 눈에 띄지 않을 수 있으나, 그 차이는 분명하다. 신은 하나의 인격이다. 신은 그의 장점·단점과 성격을 지니고 있다. 그는 이름을 가지며, 다른 신들과 일정한 관계를 지킨다. 그는 중요한 기능을 행사하며, 무엇보다도 이 기능들을 수행하는 유일한 자이다. 반대로 온 나라 안에 널리 배치되어 똑같은 일을 수행하는 수많은 서로 다른 정령들이 있다. 그들은 같은 이름에 의해 지칭되고 이 이름은 어느 경우에는 단수를 취할 수조차 없다. 즉, 그 많은 망령들(mânes)과 수호신들(pénates)의 예만을 들더라도, 이들은 복수만이 발견되는 라틴어이다. 진정 근원적인 종교적 표상은 '효험있는 현존'에 대한 표상이라면, 그리고 한 존재나 사물이기보다는 기능의 표상이라면, 진정 신앙은 근원에 아주 가까이 위치하고 있는 셈이다. 신들이 나타난 것은 훨씬 나중으로, 정령이 가졌던 단순한 실체성이 그러그러한 것에서 인격에까지 고양되었을 때이다. 게다가 이 신들은 정령들에 덧붙여지기는 하나 정령들을 대신하지는 않는다. 정령 신앙은 우리가 말했듯이 변함없이 민중 신앙의 기초를 이룬다. 그렇다 해도 계몽된 일부 국민들은 역시 정령보다는 신들을 선택할 것이고 다신교로의 행진은 문명을 향한 진보라고 말할 수 있다.

이 행진에서 리듬이나 법칙을 찾으려 하는 일은 쓸데없다. 행진은 변덕 자체이다. 한 무리의 정령 가운데에서 지방적인 한 신이 나타남을 볼 것이다. 이 신은 처음에는 겸손하지만 도시와 함께 성장하고 마침내 온 나라가 채택할 것이다. 그러나 다른 진화 역시 가능하다. 그러나 이 진화가 결정적인 상태에 도달하는 일은 드물다. 신이 아무리 고양되었다 할지라도 신의 신성은 결코 불변성을 포함하지 못한다. 그러기는커녕 고대 종교의 주요 신들은 가장 많이 변화하고, 다른 신들을 병합함으로써 새로운 속성으로 풍부해지면서 그들의 실체를 증대시켰다. 예컨대 이집트인들에게 최고의 숭배 대상이었던 태양신 '라'(Râ)는 다른 많은 신성을 끌어들여 이들을 동화하거나 연결하고, 테베의 중요한 신 '아몬'(Amon)*26과 합체하여 '아몬—라'(Amon—Râ)가 된다. 마찬가지로 바빌로니아의 신 '마둑'(Mardouk)*27은 니푸르(Nippour)의 위대한 신 '벨'(Bel)*28의 속성들을 취한다. 또한 강력한 여신 '이스타르'(Istar)*29는 아시리아 인의 많은 신들이 섞여 있다. 그러나 그리스 최고의 신인 제우스(Zeus)의 진화보다 더 풍부한 진화는 없다. 의심할 바없이 처음에 제우스는 사람들이 산정에서 찬양하는 신, 구름이나 비와 천둥을 다스리는 신으로 시작하여, 그 기상학적인 기능에 점차 복잡한 사회적 속성들을 결합시켰다. 그는 결국 가족에서부터 나라에 이르기까지 모든 집단을 주재하게 되었다. 그의 모든 활동 방향을 나타내기 위해서 그의 이름에 다양한 형용사들을 늘어놓아야 했다. 즉, 그가 환대하는 의무를 감시할 때에는 크세니오스(Xenios), 그가 설교에 참석하고 있을 때에는 호르키오스(Horkios), 그의 탄원자들을 보호할 때에는 히케시오스(Hikesios), 결혼식을 위해 그를 부를 때에는 게네틀리오스(Genethlios)*30 등의 이름을 붙였다. 진화는 일반적으로는 더디고 자연적이다. 그러나 진화는 매우 빠를 수도 있고, 신의 찬양자들이 보는 앞에서 인위적으로 이루어질 수도 있다. 올림푸스의 신들은 호메로스 시(詩) 시대부터 시작한다. 호메로스의 시들은 이 신들을 창조하지는 않았으나 이 신들에게 오늘날 우리가 알고 있는 형태와 속성들을 부여했으며, 복잡하게 하기보다는 단순화함으로써 제우스를 중심으로 이들 사이에 질서를 부여했다. 그럼에도 이 신들은 그리스 사람들에 의해 받아들여졌다. 그리스 사람들은 이 신들의 탄생 환경과 날짜 등의 사정을 알고 있었다. 그러나 시인들의 천재성은 조금도 필요없었다. 왕 한 명의 칙령이면 신들이 만들어지고 폐해지는 데 충분할 수 있었다. 이런 간섭을 상세하게 다루지 않고, 우리는 그 중 가장 극단적인 예, 즉 이크나톤(Iknaton)*31의 이름을 취한 파라오의 예만을 회상해 보자. 그는 이집트 신들 중에서 한 명의 신만을 위해 다른 신들을 모두 제거해 버렸고, 그가 죽을 때까지 이 유일신을 받아들이게 했다. 사람들은 그 밖에도 파라오들이 스스로 신성에 참여했음을 알고 있다. 아주 오래 된 고대 적부터 그들은 스스로를 '라(Ra)의 아들'이라 불렀고, 제왕을 신으로 섬기는 이집트의 전통은 프톨레마이오스 왕조하에 계속되었다. 이러한 전통은 이집트에만 국한되어 있지는 않았다. 우리는 이러한 전통을, 황제가 살아 있는 동안은 신적인 영예를 받고, 죽어서는 신이 되는 세레우코스 치하의 시리아, 중국, 일본, 마지막으로 원로원이 율리우스 카이사르(Julius Caesar)를 신격화하여 아우구스투스(Augustus)나 클라우디우스(Claudius), 베스파시아누스(Vespasianus), 티투스(Titus), 네르바(Nerva) 황제에까지 이름을 볼 수 있고, 마침내 모든 황제가 신의 반열에 오른 로마에서도 볼 수 있다. 물론 최고 통치자를 숭배하는 일이 어디에서나 똑같이 진지하게 실행된 것은 아니다. 예를 들면, 로마 황제의 신성은 파라오의 신성과는 거리가 멀다. 파라오의 신성은 원시 사회에서 족장의 신성과 아주 닮아 있으며, 통치자가 보유하는 특별하고 신비한 정신력 또는 마력의 관념과 연관되어 있다. 한편 로마 황제의 신성은 카이사르에게 단순한 아첨 수단(instrumentum regni)으로서 붙여졌고, 아우구스투스에 의해서는 통치 수단으로써 사용되었다. 그렇지만 로마에서 제왕 숭배와 혼합되었던 반회의 주의는 변함없이 교양인들의 특권이다. 그 제왕 숭배주의는 국민들에게 널리 퍼지지는 않았으며 확실히 지방에까지 도달하지는 않았다. 말하자면 고대 신들도 사람의 의도와 환경에 따라 생겨날 수도, 없어질 수도, 변형될 수도 있었고, 우상 신앙은 제한 없이 융통성이 있었음을 의미한다.

23. 신화적 상상력

인간의 변덕과 환경의 우연성이 신들의 형성에 많은 역할을 해왔기 때문에, 신들은 엄밀하게 분류되지 않았다. 기껏해야 신화적 환상의 몇 가지 큰 방향을 해석할 수 있을 뿐이다. 또한 이들 방향은 모두 다 규칙적 추적만으로는 부족하다. 사람들이 자주 이용하기 위해 신들을 요구했듯이, 일반적으로 신들에게 기능을 부여하고, 많은 경우에 숭배되는 신들에게서 기능의 관념이 우세하였던 일은 자연스럽다. 로마에서 일어난 일이 그러했다. 신의 문화 전체가 로마 종교의 특징이었다고 사람들은 말할 수 있었다. 씨뿌리기를 위해 로마 종교는 사투르누스(Saturnus)를, 과실 나무의 개화를 위해 플로라(Flora)를, 과실의 성숙을 위해 포모나(Pomona)를 가졌다. 로마 종교는 문 지키는 일을 야누스에게, 부엌의 보호를 베스타(vesta)에게 맡겼다. 같은 신에게 서로 닮은 여러 기능을 부여하기보다는 서로 다른 신들을 세우기 좋아했고, 그 신들에게는 형용사가 다른 같은 이름을 준 것이 다였다. 승리의 비너스(Venus Victrix), 행복의 비너스(Venus Felix), 생산의 비너스(Venus Genetrix)가 있었다. 주피터(Jupiter)도 풀구르(Fulgur), 페레트리우스(Feretrius), 스타토르(Stator), 빅토르(Victor), 옵티무스 막시무스(Optimus maximus)가 덧붙여졌다. [*32] 그리고 이들은 어떤 점에서는 독립적인 신들이었다. 이들은 비나 좋은 날씨를 가져오는 주피터와, 전쟁시와 같이 평화시에 국가를 보호하는 주피터 사이를 연결하는, 도로에 찍힌 이정표와 같았다. 그러나 똑같은 경향이 정도의 차이는 있지만 여기저기서 발견된다. 인간이 땅을 경작한 이래, 수확에 관계하고 더위를 배분하고 계절의 규칙성을 보장하는 신들을 가지고 있다. 신이 진화함에 따라, 긴 역사를 가지게 된 신의 인격성이 복잡하게 되었을 때 옛 신들의 경작 기능을 잃어버리긴 했으나, 이 기능들은 아주 오랜 몇몇 신을 특징 있게 하였음이 틀림없다. 이집트의 모든 신들 가운데 가장 풍부한 모습을 가진 오시리스(Osiris)는 처음에는 작물의 신이었다. 그리스 인들의 아도니스(Adonis)에게 원초적으로 부여된 기능도 그와 같다. *33 마찬가지로 과학의 여신이 되기 전에 곡물을 주관했던 바빌로니아의 니사바(Nisaba)의 기능도 그와 같다. 인도의 신들 중 최상위는 인드라(Indra)와 아그니(Agni)이다. *34 땅을 보살피는 비와 폭풍은 인드라가 맡았고, 불과 아궁이를 돌보는 일은 아그니가 맡았다. 여기에 또한 다양한 기능들이 성격의 차이를 가지고 수반되고 있다. 인드라는 힘에 의해서, 아그니는 지혜에 의해서 구별된다. 그러나 최고의 기능은 바루나(Varouna)의 기능인데, 그는 우주의 질서를 주관한다. 우리는 일본의 신도(神道)에서도 땅의 여신, 수확의 여신, 산과 나무들을 지키는 여신 등을 발견한다. 그러나 이 가운데 어떠한 신도 그리스 인들의 여신 데메테르(Demeter)보다 뚜렷하고 완전한 인격을 가지고 있지는 않다. 이 여신 역시 땅과 수확의 여신이며, 죽은 자에게 거처를 제공하면서 죽은 자를 보살핀다. 또, 테스모포로스라는 이름으로 가족 생활과 사회 생활을 주관하기도 한다. 신들을 창조하는 상상력의 가장 눈에 띄는 경향은 이와 같다.

　그러나 이 상상력은 신들에게 기능을 부여하면서, 아주 자연스럽게 토지의 형태를 취하는 통치권을 부여한다. 신들은 우주를 분할하여 가진다고 생각된다. 베다의 시인들에 따르면, 신들의 다양한 영향력의 범위는 하늘, 땅, 그리고 이 사이의 대기이다. 바빌로니아의 우주론에서 하늘은 아누(Anu)의 영역이고 땅은 벨(Bel)의 영역이다. 바다 밑 깊은 곳에는 에아(Ea)가 살고 있다. 그리스 인들은 세상을 하늘과 땅의 신인 제우스, 바다의 신 포세이돈(Poseidon), 지하 왕국을 차지하고 있는 하데스(Hades)로 나누고 있다. 이들은 자연 자체에 의해서 한정된 영역들이다. 그러나 천체 또한 그 윤곽이 분명하다. 천체는 그 형태에 의해 개별화되어 있고, 이 형태에 의존하는 듯한 운동에 의해서도 구별되어 있다. 그들 중 하나는 이 하계에서 생명을 주관하고 다른 것들은 그와 같은 힘을 갖지는 않지만 마찬가지로 같은 성질을 가지고 있음에 틀림없다. 따라서 그들 역시 신이 되기에 필요한 성질을 갖추고 있다. 천체의 신성에 대한 믿음이 가장 조직적인 형태를 취하는 곳은 아시리아이다. 그러나 태양 숭배와 하늘 숭배 역시 거의 모든 곳에서 발견된다. 즉, 일본의 신도에서는 태양신이 달의 신 그리고 별의 신과 함께 최고의 신으로 내세워졌다. 이집트 원시 종교의 달과 하늘은 이 달과 하늘을 지배하는 태양과 동등하게 신으로 취급되고 있다. 베다 종교에서는 미트라(Mitlra)가 태양신이나 빛의 신에 어울리는 속성들을 가지고 있다. 고대 중국의 종교에서는 태양이 인격 신이다. 마지막으로 그리스 인들에게 오래 된 신들 중 하나는 태양신 헬리오스(Helios)이다. 인도—게르만 민족 일반에서 하늘은 특별한 숭배의 대상이다. 디아우스(Dyaus), 제우스, 주피터, 치우(Ziu)라는 이름 아래, 하늘은 베다 시대 인도인과 그리스 인, 로마 인, 그리고 튜턴 인에게 공통적인 존재이다. 그러나 그리스와 로마에 있어서만, 중국에서 몽고족의 하늘 신(天神)이 그러하듯이, 하늘은 신들의 왕이었다. 특히 중국에서는 원초적으로 모든 사물의 일을 떠맡았고, 시대가 지남에 따라 도덕적 속성들로 풍부해진 아주 오랜 고대 신들의 경향이 확증된다. 남부 바빌로니아에서는 모든 존재를 바라보는 태양이 법과 정의의 수호자가 되어 '판관'의 이름을 받는다. 인도의 미트라는 진리와 법의 전사이며, 정당한 이유에는 승리를 부여한다. 이집트의 오시리스는 식물생장의 신이었다가 태양신과 합해져, 사자(死者)의 나라를 지배하는 공정하고 자비로운 위대한 판관이 된다.

이 모든 신은 사물에 결부되어 있다. 그러나 이 중에는 개인 내지 집단과의 관계에 의해 정의되는 신들도 있다. 그 신들은 종종 다른 관점에서 본 동일한 신들이다. 한 개인에게 속하는 수호영(génie)이나 악령(démon)을 신(dieu)으로 간주할 수 있을까? 로마의 수호신(Genius)은 신(deus)이 아니라 신적인 힘(numen)이었다. 그 신적인 힘은 모습도 이름도 없었다. 그 힘은 우리가 신성 가운데 원초적이고 본질적인 존재라고 본 '효험있는 현존'(présence efficace)에 거의 환원되는 힘이었다. 가정을 수호하는 가족의 신 라르(lar familiaris)는 거의 인격을 갖지 않는다. 그러나 집단은 중요하면 중요할수록 더욱 진정한 신을 요구할 권리를 갖는다. 예를 들면, 이집트에서 태고의 도시들은 저마다 수호신을 갖고 있었다. 이 신들은 이러저러한 공동체와의 관계에 의해 서로 뚜렷이 구별된다. 사람들은 '에드푸의 그것'(Celui d'Edfu), '네케브의 그것'(Celul de Nekkeb)이라고 말함으로써 충분히 이 신들을 지시한다. 그러나 대개는 집단보다 먼저 있었고 이 집단이 채용해 온 신들이 문제이다. 이집트에서도 테베의 신 아몬—라(Amon—Ra)가 그러했다. 바빌로니아에서도 마찬가지여서 우르(Ur)시는 달을, 우르크(Uruk)시는 금성을 여신으로 가지고 있었다. 그리스에서도 곡물의 여신 데메테르는 엘레우시스(Eleusis)에서, 아테네는 아크로폴리스에서, 아르테미스는 아르카디아에서 특히 내 집같은 느낌을 받았다. 수호신과 수호받는 자들은 종종 운명을 함께 했다. 도시의 신들은 그 도시 확장에서 혜택을 입었다. 전쟁은 적대적인 신들 사이의 싸움이 되었다. 그러나 적대적인 신들은 서로 화해할 수도 있었는데, 이때 복속된 민족들의 신들은 정복자의 만신전(萬神殿)에 들어갔다. 그러나 사실 한편으로는 도시와 제국이, 다른 한편으로는 그 수호신들이 무한히 변화함에 틀림없는 성격을 지닌 하나의 막연한 조합을 형성했다.

24. 우화 기능과 문학

그렇지만 우리는 편의를 위해서 신화 속의 신들을 이처럼 정의하고 분류한다. 신들의 탄생도 그들의 발전과 마찬가지로 어떠한 법칙에도 지배받지 않는다. 인간은 여기서 자신의 우화 본능을 자유롭게 기능하도록 내버려 두었다. 물론 이 우화 본능은 그냥 놔두면 그다지 멀리 가지 못한다. 그러나 사람들이 이 본능을 마음대로 작동시키면 그것은 끝없이 전진한다. 이런 점에서 보면 서로 다른 민족의 신화들 사이에는 커다란 차이가 있다. 고전 고대 시대가 이런 대조적 차이의 예를 우리에게 제공한다. 로마 신화는 빈약하나 그리스 신화는 풍부하다. 고대 로마의 신들은 그들이 부여받은 역할과 일치하며, 말하자면 꼼짝도 못할 정도로 그 역할에 밀착해 있다. 그들이 하나의 몸이나 상상할 수 있는 모습을 지니는 경우는 거의 없다. 그들은 거의 신이라고는 말할 수 없다. 반대로 고대 그리스의 신은 자신의 모습과 성격과 경력을 가진다. 그는 자신의 기능을 수행하는 영역 밖으로 드나들며, 또 그 밖에서도 활동한다. 사람들은 그들 신의 모험을 이야기하고, 우리 일에 간섭하는 그들의 모습을 묘사했다. 신(神)은 자신을 예술가와 시인의 모든 상상력에 맡긴다. 보다 분명하게 말하면, 만일 그 신이 인간의 힘보다 우월한 능력과 적어도 어떤 경우에는 자연 법칙의 규칙성을 파괴하는 우월권을 가지지 않았다면, 소설 속의 인물과 다를 바 없을 것이다. 요약하면 정신의 우화 기능은 로마신화에서는 정지하고, 그리스 신화에서는 언어로써 그 우화적 일을 계속한다. 하지만 언제나 똑같은 기능이 남아 있다. 필요에 따라 그 우화 기능은 중단된 일을 다시 할 것이다. 예를 들어 그리스 문학, 더 일반적으로는 그리스 사상이 로마로 흘러들어간 결과가 그러했다. 사람들은 로마인들이 어떻게 그들의 몇몇 신을 그리스 신들과 동일시하고, 그렇게 더 뚜렷한 인격을 부여하여 이 신들로 하여금 다시 활동하게 만들었는지를 알고 있다.

이 우화 기능을 상상력의 한 변종으로 여긴다면, 그것은 잘못된 정의라고 우리는 말했다. 이 상상력이라는 말은 오히려 부정적인 의미를 갖는다. 사람들은 지각도 아니고 기억도 아니지만, 구체적인 표상들을 상상적인 표상이라고 부른다. 이 표상들이 현재 대상이나 과거 사상들을 묘사하지 않으므로 이들은 모두 상식에 의해 똑같은 방식으로 고찰되며, 통용되고 있는 언어 가운데 단 하나의 말로 지칭된다. 그러나 심리학자들은 이 표상들을 똑같은 범주로 다루어서는 안 되고 같은 기능에 결부시켜서도 안 된다고 한다. 그러므로 말에 불과한 상상력은 옆에 제쳐두고, 정신의 아주 명확한 기능, 즉 우리 스스로 자기 자신에게 인물들을 상상으로 창조하여 그 역사를 이야기하는 기능을 고찰해 보기로 하자. 이 기능은 소설가나 극작가에게서 특별한 생명력을 갖는다. 이러한 작가들 중에는 자기 작품의 주인공에게 정말로 사로잡혀 버린 사람들이 있다. 그들은 주인공을 이끌어 간다기보다는 주인공에 의해 이끌려 간다. 그들은 자신의 희곡이나 소설을 완성했을 때, 그 주인공을 떨쳐내느라 고생하기까지 한다. 반드시 가장 높은 가치를 갖는 작품의 저자들만 그런 것은 아니다. 그러나 그들은, 적어도 우리 가운데 어떤 사람에게는 유의적인 환상의 특별한 능력이 현존한다는 사실을 다른 사람들보다 명확히 실증해준다. 사실 사람들은 어느 정도 이 능력을 세상 사람 모두에게서 발견한다. 이 능력은 어린아이들에 있어서 특히 생생하다. 그들 가운데 어떤 아이는 상상의 인물과 날마다 교류하면서 이 인물의 이름을 당신에게 말할 테고, 또한 이 인물이 겪은 하루 동안의 모든 사건에 대한 영향을 이야기해

줄 것이다. 그러나 이와 똑같은 기능은, 스스로 가공의 존재를 창조하지는 않았지만 이러한 픽션들에 대해서 진실과 똑같은 관심을 나타내는 사람들에게서도 작용하고 있다. 극장에서 눈물 흘리는 관객을 보는 것처럼 놀라운 일이 어디에 있나? 사람들은 그 눈물의 연유가 연극 배우들에 의해서 연기되기 때문이며, 또 무대 위에는 살아 있는 사람이 있기 때문이라고 말할 것이다. 그렇다고 하자. 그러나 우리가 읽는 소설에 우리는 아주 강하게 '사로잡힐' 수도 있으며, 사람들이 우리에게 들려주는 이야기 속 인물들과 똑같은 공감을 할 수도 있다. 어떻게 심리학자들이 이와 같은 능력이 갖는 신비한 측면에 대해서 놀라지 않았을까? 우리의 모든 능력은, 우리가 이 능력들 가운데 어떠한 능력의 내면적 메커니즘도 모른다는 의미에서, 신비롭다고 사람들은 대답할 것이다. 물론 그렇다. 그러나 이렇게 우리가 만든 우화에 빠져들고 또 공감할 때 우리 안에서 일어나는 그 문제의 메커니즘이 기계적인 재구성이 아니라면, 우리는 달리 심리학적인 설명을 요구할 권리가 있다. 그리고 그 심리학적 설명은 생물학에서와 같다. 사람들이 한 기능의 존재를 설명할 때는 그 기능이 어떻게, 왜 생명에 필수적인지를 증명해야 했다. 그러나 소설가와 극작가의 존재는 확실히 필수적이지는 않다. 우화 기능 일반이 생명의 요구에 부응하지는 않는다는 말이다. 그러나 특별한 경우에 있어서, 어떤 대상에 적용된 이 기능이 개인과 사회의 생존에 없어서는 안 된다고 가정해 보자. 그 경우, 이 기능을 필요로 하는 일을 하도록 주어졌다 해도, 사람들이 이 우화 기능을 단순히 놀이를 위해 이용한다는 사실을 우리는 쉽게 이해할 수 있다. 왜냐하면 이 기능은 현존해 있기 때문이다. 사실상 우리는 오늘날의 소설에서 다소 오래된 이야기들로, 전설들로, 민담으로, 그리고 민담에서 똑같은 것은 아니더라도 동일한 방식으로 이루어진 신화로 어렵지 않게 나아간다. 신화는 신들의 인격성을 단지 이야기 식으로 전개할 뿐이며, 신들의 창작은 더욱 단순한 다른 창작, 즉 종교의 근원에 있다고 생각되는 '반쯤 인격적인 힘' 또는 '효험 있는 현존'의 확대일 뿐이다. 여기에서 비로소 우리는 우리가 생의 근본적 요구라고 지적했던 어떤 보이지 않는 현존의 힘을 접하게 된다. 이 요구는 우화 기능을 나타나게 했다. 우화 기능은 이렇게 해서 인간의 생존 조건으로 연역된다. 우리가 이미 오랫동안 설명해 온 것을 다시 언급하지 말고, 생명의 영역에서는 분석하기에 무한히 복잡하게 보이는 것도, 직관적으로 보면 단순한 행위로 주어진다는 사실을 상기해 두자. 행위는 이루어지지 않을 수도 있다. 그러나 이루어졌다면, 단번에 모든 장애물을 뛰어넘었기 때문에 이루어졌다. 그리고 이 장애물들은 저마다 다른 장애물을 나타나게 하므로 무한히 많아진다. 우리의 분석에 주어진 과제는 바로 모든 장애물을 제거하는 일이다. 이러한 장애물 제거를 앞선 제거에 의해 해명하고자 한다면 잘못된 길로 내닫게 될 것이다. 이 모든 과정은 단 하나의 작용, 그 단순성의 행위 자체에 의해 해명된다. 예를 들어 화살의 불가분적인 운동은 단번에 수천의 장애물을 넘어서 가버린다. 그런데 제논의 추론에 도움을 받은 우리의 지각은, 궤적상 계속적인 부동상태의 점들을 그 장애물들이라고 믿는다. 마찬가지로 분할되지 않는 시각의 작용(즉, 선상의 미세한 정지점들을 포착하지 못하는 시각 작용)은, 제대로 성취되기만 한다면, 단번에 수만의 장애물들을 회피했다는 말이 된다. 이 회피된 장애물들은 우리의 지각과 과학에는 눈(眼)을 구성하는 무한한 세포로, 시각 장치의 복잡함으로, 그 시각 작용의 기본적인 메커니즘으로 나타난다. 마찬가지로 인간 종족을, 말하자면 진화해 온 생명을, 개별적이고 또 사회적인 인간에 도달하게 한 갑작스러운 비약들의 결과라고 설정해 보라. 이와 동시에 당신은 제작적(製作的) 지능과, 이어 자신의 임무인 단순한 제작을 넘어 위험을 창조하면서 자신의 약동에 의해 계속 추구될 하나의 노력을 갖게 될 것이다. 인류가 존재하는 까닭은, 제작적 지능과 지능의 계속적인 노력과, 이 계속된 노력에 의해 창조된 위험과 함께 설정된 똑같은 행위가 인간의 우화 기능을 자극했기 때문이다. 따라서 이 우화 기능은 자연에 의해 의욕된 기능은 아니었다. 그렇지만 그것은 자연스럽게 설명된다. 사실 우리가 이 지능화된 우화 기능을 다른 심리학적 기능(본능 또는 자연적 직감 기능)과 결부시킨다면, 이런 기능의 총체를 통해 우리는 인간으로 비약되기까지, 각각이 정지해 있는 생명들의 사다리를 뛰어건너 생명 전체의 불가분적 행위들을 다양한 형태로 나타낼 수 있음을 발견하게 된다.

그러나 왜 이 우화 기능은 종교의 영역에서 작용할 때, 그 발명품들에 특별한 힘을 부여하는가를 더 자세히 살펴보자. 이 기능이 종교 영역에서 제 고향을 찾음은 의심할 여지가 없다. 그 기능은 정령들과 신들을 만들어 내도록 형성되어 있다. 그러나 이 기능이 다른 곳에서 우화 작업을 계속하지만,

왜 똑같이 작용하면서 다른 곳에서는 같은 신용을 얻지 못하는가를 물어 볼 여지가 있으며, 거기서는 두 가지 이유가 발견될 것이다.

첫 번째 이유는 종교적 내용에 있어서 각자의 귀의는 모든 사람의 귀의에 의해 더욱 강화된다는 점이다. 극장에서 극작가의 암시에 관중이 쉽게 따르는 까닭은 현존하는 사회의 주의와 관심 때문이다. 그러나 그 홀의 크기와 같은 사회, 그 연극의 길이만큼만 지속하는 사회가 문제이다. 만일 개인적인 믿음이 온 국민에 의해 지지되고 확인된다면, 또 그 개인적 믿음이 현재와 같이 과거에서 그의 의지처를 취한다면 어떻게 될까? 만일 신이 시인들에 의해 노래되고 사원 안에 안치되어 예술에 의해 그려진다면, 이 믿음은 어떻게 될까? 실험적인 과학이 확고하게 구축되어 있지 않는 한, 보편적인 승인보다 더 진리를 확실하게 보장하는 방법은 없을 것이다. 진리는 대개 이러한 보편적 합의 자체이다. 말이 났으니 말이지만 그 보편성 속에서는 편협함도 존재 이유가 있다. 공통의 믿음을 받아들이지 않는 자는, 그가 부정하는 동안 그 공통의 믿음이 전적으로 참되다는 것을 방해한다. 진리는 그가 자신의 의견을 취소하든지 아니면 사라지게 하든지 할 때 비로소 그 완전성을 회복할 것이다.

25. 어떤 의미에서 신들은 존재했는가

우리는 종교적 신앙이 다신교에서조차도 개인적인 신앙일 수 없었다고 말하려는 것은 아니다. 로마 인은 저마다 자신의 수호신(genius)을 가지고 있었다. 그러나 그들이 자신의 수호신을 굳게 믿었던 이유는, 다른 로마 인들도 자신의 수호신을 갖고 있었기 때문이며, 이 점에서 개인적 신앙이 보편적 신앙에 의해 보장되었기 때문이다. 마찬가지로 우리는 종교가 일찍이 개인적이라기보다는 꼭 사회적 본질을 가지고 있었다고 말하려 했던 것은 아니다. 우리는 개인의 선천적 우화 기능의 첫째 목적이 사회를 공고하게 만드는 일이었음을 잘 보아 왔다. 그러나 우리는 이 기능은 또한 개인 자신을 유지한다는 사명을 가지며, 한편으로는 사회를 위해서이기도 하다는 사실을 알고 있다. 사실 개인과 사회는 서로 연루되어 있다. 개인들이 모여서 사회를 구성한다. 사회는 개인들 각자 속에 예시되어 전적으로 개인의 한 측면을 결정한다. 따라서 개인과 사회는 순환적으로 서로의 조건이 된다. 이 순환은 자연이 원했으며, 인간이 스스로 창조적 약동 속에 자리잡고서 인간의 본성을 제자리에서 돌게 하는 대신 앞으로 전진시켰던 날, 인간에 의해 파괴되었다. 이 날로부터 본질적으로 개인적인 종교가 사실상 보다 깊게 사회적이 되었다. 그러나 우리는 뒤에서 이 점을 다시 언급할 것이다. 여기서는 사회가 개인적인 믿음에 부여하는 보장이란, 종교적인 내용에 있어 우화 기능이 발명한 존재들을 다른 존재들이 필적할 수 없게 만들어 버리는 일로 충분하리라는 점만을 말하자.

그러나 다른 존재(신)들도 고려할 필요가 있다. 우리는 어떻게 고대인들이 이런저런 신들의 생성을 냉정하게 보고 있었는지를 알았다. 이후로는 다른 모든 신들에 대한 신앙처럼 그들은 이 새로운 신을 믿을 것이다. 만일 사람들이 이 신들의 존재가 그들에게는 그들이 보고 만지는 대상들의 존재와 같은 본성의 것이라고 상정한다면, 믿을 수 없을 것이다. 그 실재성은 인간적인 의지에 의존함이 없이는 존재할 수 없는 성질이다.

이교 문명의 신들은 아주 옛날에 존재했던 엘프(elfes)나, *35 놈(gnomes), *36 정령들과 구별되며, 민중 신앙은 이들로부터 결코 분리되지 않았다. 이교 문명 신들의 본체는 우리에게 자연적인 우화 기능에서 거의 직접적으로 발생하여, 자연스럽게 산출된 것처럼 자연스럽게 받아들여졌다. 이들은 자신을 탄생하게끔 한 필요성의 윤곽을 정확히 그리고 있었다. 그러나 원초적인 작업의 확장인 신화는 모든 면에서 이 필요성을 넘어선다. 신화가 자신과 이 필요성 사이에 놓은 거리는, 인간의 변덕이 크게 좌우하여 선택한 내용으로 채워지고, 사람들이 신화에 쏟는 집착에 의해 다시 감지된다. 개입하는 것은 언제나 똑같은 기능이고, 이 기능은 자신의 모든 발명에 대한 똑같은 신용을 얻는다. 그러나 각각의 발명품은 따로 떼어 보면 다른 창작도 가능할 수 있었다는 유보적인 마음으로 받아들여진다. 만신전(萬神殿)은 인간과 독립적으로 존재한다. 그러나 신을 그곳에 안치하고, 이렇게 해서 그 신에게 존재를 부여하는 일은 사람에게 달렸다. 우리는 오늘날 이러한 영혼의 상태에 대해 의아해할 것이다. 그렇지만 우리는 주어진 어떤 순간에 원하던 사건을 꿈속에 끌어들여 이 상태를 마음으로 경험한다. 이 상태는 우리와 상관없이 그 자체로서 성립되는 전체 속에서 우리에 의해 실현된다. 마찬가지로 각각의 일정한 신은 우연적인 신이지만, 모든 신, 또는 신 일반은 필수적이라고 말할 수 있겠다. 이 점을 밝혀 고대인들보다 이 논리를 멀리까지 밀고 나가면, 사람들은 정령 신앙 이외에 결정적으로 다원론적인 신앙은 일찍이 존재하지 않았고, 고유한 의미의 다신교도 신화와 함께 잠재적인 일신교를 함축하고 있어서, 많은 신들은 신성의 대리자들로서 이차적으로만 존재한다는 사실을 알게 될 것이다.

26. 정적 종교의 일반적 기능

그런데 고대인들은 이러한 고찰들을 부수적으로 취급했을 것이다. 이러한 고찰들은 종교가 인식과 사색의 영역에 속하는 경우에만 중요성을 가질 것이다. 그 경우, 사람들은 신화 이야기를 역사 이야기로 취급할 수 있고, 그 둘 중 어떤 경우에도 진위성의 문제를 제기할 수 있다. 그런데 사실 이들을 비교할 수는 없다. 왜냐하면 이들은 같은 차원이 아니기 때문이다. 역사는 인식이지만 종교는 주로 행위이다. 즉, 우리가 여러 번 반복했듯이, 종교가 인식에 관계하는 경우는, 어떤 지적 능력이 일으키는 위험을 피하기 위하여 지능적 표상을 필요로 하는 경우뿐이다. 이 표상을 따로 떼어 고찰하고 표상으로서 비판하는 것은, 이 표상이 그에 따른 행위와 혼연일체를 이룸을 망각하는 행위이다. 우리가 위대한 영혼들에 대하여, 그들이 어떻게 자신들의 종교로서 유치함과 자가 당착 투성이인 것을 받아들일 수 있었는지를 물을 때, 우리가 범하는 오류는 이러한 종류이다. 물이 있어서 이 물이 수영하는 사람을 지탱해 주고, 그 사람의 움직임과 물의 저항, 강물의 흐름이 모두 불가분적인 전체로 함께 간주되어야 한다는 사실을 잊은 사람에게 헤엄치는 사람의 몸짓은 부적절하고 우습꽝스럽게 보일 것이다.

종교는 힘과 규율을 부여한다. 이를 위해 계속 반복되는 연습이 필요하며, 이는 마치 기계적인 훈련이 병사의 신체에 그가 위험에 처했을 때 필요로 하는 정신적 확신을 굳게 해주는 이치와 같다. 말하자면 의식(儀式)과 행사가 없는 종교는 없음을 의미한다. 종교적 표상은 이러한 종교적 행위에 무엇보다도 이 행위를 유발하는 기회 원인으로서 봉사한다. 종교적 행위들은 물론 믿음에서 나오지만, 곧 믿음에 다시 작용하고 그것을 공고히 한다. 즉, 신들이 있다면 그들에 대한 예배 의식이 있어야 한다. 또한 예배 의식이 있는 이상, 그것은 신들이 있음을 의미한다. 신과, 인간이 그에게 바치는 예배의 이러한 연대성은 종교적 진리로 하여금 사변적인 진리와는 아무런 공통적 척도가 없는 별도의 한 실체를 만들며, 이 실체는 어느 점까지는 사람에게 달려 있다.

종교 의식과 행사들은 바로 이러한 연대성을 강화하려고 한다. 이 의식들에 대해 길게 늘어놓을 필요는 없을 것이다. 여기서는 주요한 두 원리, 즉 희생과 기도에 대해서 한마디만 하자.

우리가 역동적이라고 부르는 종교에서 기도는 그 언어적 표현과는 무관하다. 기도는 영혼의 고양이며 말이 없이도 이루어질 수 있다. 다른 한편, 아주 낮은 단계에서 기도는 마술적인 주문과 관계가 있다. 이때 이 기도가 노리는 바는 신들 그리고 무엇보다도 정령들의 의지를 강화하는 일은 아니라 해도, 적어도 교묘한 말로 그들의 호의를 얻는 일이었다. 사람들이 다신교에서 이해하는 기도는 보통 이 두 극단 사이의 중간에 위치한다. 물론 고대인들은 영혼이 좀더 나아지기를 열망함으로써 드러나는, 훌륭한 기도 형식들을 알고 있었다. 그러나 그러한 사례들은 예외적인 사례들이며, 좀더 순수한 종교적 신앙을 예상케 한다. 다신교에서는, 단순히 기도 문구의 의미만이 아니라 말의 수행과 동시에 이 말에 효과를 줄 모든 행위를 가진 판에 박힌 형식이 상습적으로 강요되었다. 다신교가 진화하면 할수록 이 점을 더욱 요구하게 된다고까지 말할 수 있다. 신자들의 훈련을 더욱 확실히 하기 위해서는 점점 성직자의 간섭이 필요해진다. 한번 신에 관한 관념이 일깨워지면 이 관념은 규정된 말과 미리 정해진 태도로까지 연장되어야 한다. 그러한 습관이 신의 모습에 좀더 큰 객관성을 부여한다는 사실을 어찌 알지 못할까? 우리는 예전에 지각이 현실을 이루고 있고, 이 지각을 추억이나 상상으로부터 분리하는 작용이, 바로 이 지각이 신체에 전달하고 이 지각에 의해 자동적으로 시작된 행위에 의해 지각을 완성하는 발생 운동(mouvements naissants)*37 전체임을 밝혔다. 이러한 종류의 운동은 다른 원인 때문에 나타날 수도 있을 것이다. 이 발생 운동들의 현실성은 이들을 불러일으켰을 표상을 향해 다시 흘러가, 이 표상을 실제적인 사물로 변화시킬 것이다.

희생에 관해서 말하자면, 그 희생은 처음에는 물론 신의 호감을 사거나 신의 노여움을 피하기 위한 희생이었다. 그것이 비쌀수록 그리고 희생물의 가치가 있을수록 희생은 잘 받아들여져야 한다. 아마도 이렇게 해서 부분적으로 인간을 희생물로 바친 관습, 우리가 과거로 더 거슬러올라간다면 대부분의 고대 종교에서 발견되는 습관이 설명된다. 순수한 지능에서 나오지 않은 내용들에 논리가 적용될 때, 논리는 어떤 오류이든 범할 수 있고 어떤 무서운 짓도 저지를 수 있다. 그러나 희생에는 바로 그 다른 논리, 즉 지능적이지 않은 논리도 포함되어 있다. 만일 사람들이 순수하게 지능적이었다면 희생물이 왜 반드시 동물이나 식물, 또는 거의 항상 동물이어야 했는지를 이해하지 못할 것이다. 우선 사람들은 일반적으로 희생의 기원을, 신과 그 숭배자들이 함께했다고 생각되었던 식사로 본다. 무엇보다도 피는 특별한 효력을 가졌다. 생명의 원리인 이 피는 신이 인간을 좀더 잘 돕도록 하고, 또한 (그러나 이것은 거의 의식되지 않은 속마음이었다) 신의 존재를 좀더 확고하게 보장하도록 신에게 힘을 주었다. 그것은 기도와 같이 인간과 신 사이의 끈이었다.

이와 같이 다신교는 그 신화와 함께 인간을 둘러싼 보이지 않는 힘을 점점 더 고양시켜 인간을 그러한 힘과 더 밀접한 관계에 있도록 하는 이중 효과를 가지고 있었다. 고대 문명과 동연적(同延的)인 이 다신교는 문학과 예술에 영감을 불어넣었고, 이 문학·예술로부터 자신이 준 이상으로 많은 보상을 받으면서, 문명이 산출한 모든 산물을 섭취하고 비대해졌다. 말하자면 고대에서 종교적 감정은 민족에 따라 변화하는 수많은 기본적 요소들로 되어 있었으나, 이들은 모두 하나의 원초적인 핵을 중심으로 뭉치게 되었다. 우리가 집착하는 곳은 이 핵이다. 왜냐하면 우리는 고대 종교들로부터, 이 종교들이 가졌던 특별히 종교적인 측면을 빼내려고 했기 때문이다. 고대 종교들 가운데 어떠한 것, 예를 들어 인도와 페르시아의 종교들은 철학과 중첩되어 있다. 그러나 철학과 종교는 항상 구분된다. 실제로 대부분의 경우 철학은 많은 교양인들에 만족을 주기 위해서 나타난다. 우리가 말해 온 종교는 국민들 가운데 존속한다. 혼합이 일어나는 경우조차 이 두 요소는 저마다 개별성을 유지한다. 즉, 종교는 사변하려는 속마음을 가질 것이고, 철학은 행위하는 일에 무관심하지는 않을 것이다. 그렇다 해도 역시 종교는 본질적으로 행위로서 남아 있고, 철학은 무엇보다도 사유이다. 실제로 종교가 고대인들에게 철학이 되었을 때, 종교는 오히려 행동하기를 권장하지 않고 이 세계에 나온 이유인 본디 사명을 방치했다. 그것이 아직도 종교일까? 우리가 처음에 의미를 정의해두기만 한다면, 우리는 우리가 원하는 의미를 단어에 부여할 수 있다. 그러나 우리가 사물들의 자연적인 분할을 나타내는 말을 우연히 발견하였을 때 우리가 그렇게 정의를 한다면 잘못일 것이다. 즉, 그런 경우 우리는 이 단어의 외연에서 기껏해야 우연적으로 포함된 그러그러한 대상을 제외시켜야 할 것이다. 종교에 대해서도 이와 같은 일이 일어난다. 우리는 사람들이 어떻게 이 행위를 지향하는 표상에, 일정한 관심 안에서 자연에 의해 일깨워진 표상에 종교라는 이 말을 부여하는지 증명했다. 사람들은 예외적으로, 그리고 알아차리기 쉬운 이유에서, 종교라는 말을 다른 대상을 가진 표상들에게까지 확대하여 적용할 수 있었다. 그러나 종교는 역시 우리가 자연의 의도라고 불렀던 바에 따라 정의되어야만 할 것이다.

우리는 여기에서 의도라는 말을 어떻게 이해해야 하는지를 수없이 설명했다. 그리고 이 장(章)에서 자연이 종교에 지정했던 기능에 대해 길게 역설해 왔다. 마법, 정령 또는 동물 숭배, 신들의 찬양, 신화, 각종 미신들은 하나씩 하나씩 취한다면 아주 복잡하게 보일 것이다. 그러나 이 전체는 아주 단순하다.

인간은 그 행위가 안정되어 있지 않고, 망설이고 모색하며, 성공의 희망과 실패의 두려움을 가지고 계획을 세우는 유일한 동물이다. 인간은 질병에 굴복됨을 느끼며, 죽을 운명임을 아는 유일한 동물이다. 그 밖의 자연은 완전한 안심 속에서 피어난다. 식물과 동물이 어떤 우연에 처하더라도, 그들은 일시적인 순간에도 마치 영원에 대해서와 마찬가지로 신뢰한다. 우리는 전원을 거닐며 이들의 변치 않는 신뢰로부터 무엇인가를 들이마시고, 마음이 평화로워져서 돌아온다. 그러나 이것만으로는 충분히 말하지 않았다. 사회에 사는 모든 생물체 중에 인간만이 공공의 이익이 문제될 때 이기적인 관심에 굴복하여 사회적인 행로에서 벗어날 수 있다. 그 밖에 어디에서나 개인적인 이익은 일반적인 이익과 조화를 이루거나 종속되어 있다. 이 이중의 불완전성이 지능의 몸값이다. 인간이 생각하는 기능을 발휘할 때는 언제나 불안과 희망을 일깨우는 불확실한 미래를 표상한다. 자연이 인간을 사회적 존재로 만든 지점에서, 인간이 가끔 다른 사람을 무시하고 자기 자신만을 돌봄으로써 이익을 발견하리라는 생각 없이는, 자연이 그에게 요구하는 바에 대해 반성할 수 없다. 이 두 경우에는 정상적이고 자연적인 질서의 균열이 있을 것이다. 그렇지만 자연은 지능을 요구하였고, 지능을 동물 진화의 두 큰 노선 중 하나의 끝에 부여하여, 다른 노선의 종착점인 가장 완전한 본능과 짝을 이루게 한 당사자는 바로 자연이다. 자연적 질서가 지능에 의해 파괴되자마자 자동적으로 복구되도록 자연이 미리 배려하지 않았다는 것은 불가능한 일이다. 사실상 지능에 속하기는 하지만 순수한 지능이 아닌 우화 기능은 바로 이러한 목적을 가졌다. 이 기능의 역할은, 우리가 지금까지 다뤄 왔고 우리가 정태적이라 부르며, 이 표현이 다른 의미를 갖지 않는다는 가정 아래에서 자연적인 종교라고 우리가 말한 종교를 만들어 낸다. 따라서 이 종교를 정확한 말로 정의하기 위해서는 우리의 말을 요약하기만 하면 된다. 지능적인 활동 중에는 개인을 의기소침하게 만들어 사회를 해체시켜 버리는 활동이 있을 수 있다. 정적 종교는 이러한 활동에 대한 자연의 방어적 반작용이다.

두 가지 오해를 예상하면서 두 가지 주의점을 이야기하고 끝맺도록 하겠다. 자연에 의해 의욕된 종교 기능들 중 하나가 사회 생활을 유지시키는 기능이라고 말할 때, 이 말은 종교와 도덕 사이에 연관성이 있음을 의미하지는 않는다. 역사는 이 반대를 증거하고 있다. 죄를 짓는 일은 항상 신을 배반하는 일이었다. 그러나 신은 항상 배덕에 대해, 또는 죄에 대해서조차 노여워하지 않는다. 신이 배덕이나 죄를 명하기도 했다. 분명 인간은 일반적으로 신들이 선하기를 바랐던 것 같다. 종종 인간은 신들에게 기원하여 덕을 구했다. 아마도 각각 초보적이고 근원적인 도덕과 원시 종교 사이에 우리가 특기했던 일치 자체 때문에 인간적인 영혼의 심층에서는 서로 의지하고 있었을, 명확한 도덕과 유기화된 종교에 대한 막연한 이상이 주어졌던 것 같다. 그럼에도 도덕은 명확해지고 종교와는 따로 발전했으며, 사람들은 신들에게 도덕성에 대한 증명서 제시를 요구하거나 도덕적 질서를 보장하기를 요구하지도 않고 항상 그들의 전통적인 신들을 받들어 왔다는 것이 사실이다. 그래서 사실상 이들이 없으면 공통적인 삶이 불가능할 아주 일반적인 성격의 사회적 의무들과, 어떤 한 공동체의 구성원들로 하여금 이 사회의 보존에 집착하게 하는 특별하고 구체적인 사회적 유대는 서로 구별할 필요가 있다. 전자는 우리가 밝혔듯이 그 근원에서 보였던 관습들이 혼돈된 심층으로부터 점차 해방되어 나왔다. 그들은 사회적 도덕을 부여하기 위하여 순수화와 단순화,

추상화와 일반화에 의하여 그 심층으로부터 벗어났다. 그러나 일정한 사회의 구성원들을 서로 결합시키는 것은 이 집단을 다른 집단으로부터 방어하고 그 집단을 모든 집단 위에 두려는 전통과 필요성, 그리고 의지이다. 우리가 자연스럽게 발견했던 종교가 이 유대를 유지하고 공고히 하는 일을 목표로 함은 더 말할 나위가 없다. 즉, 이 종교는 집단의 구성에 공통적이고, 이 집단을 다른 집단으로부터 구별하며, 공통적인 모험의 성공을 보장하고, 공동의 위험에 대비하게 한다. 자연의 손으로부터 빠져나온 그대로의 종교가 동시에—오늘날 우리의 언어를 사용한다면—도덕적이고 국가적인 두 기능을 수행한다는 사실을 우리는 의심할 수 없다. 이 두 기능은 실제로 관습만이 있는 원시적인 사회들 안에서는 필연적으로 혼합되어 있었다. 그러나 이 사회들이 발전하면서 종교를 두 번째 방향으로 유도한 이유는 우리가 지금까지 설명했던 바를 회상한다면 쉽게 이해될 것이다. 생물학적 진화의 큰 노선들 중 한 끝에 있는 인간 사회가 다른 큰 노선에 위치하고 있는 가장 완전한 동물 사회와 짝을 이루고 있다는 사실, 또 본능이 아닌 우화 기능이 동물 사회에서의 본능 역할과 대칭적인 역할을 인간 사회에서 한다는 사실을 생각하면 이 점은 곧바로 납득되었을 것이다.

우리가 여러 번 반복했던 뒤라서 생략할 수도 있는 우리의 두 번째 주의점은 우리가 '자연의 의도'(intention de la nature), 즉 '자연적 종교'(religion naturelle)에 대해 말하면서 사용했던 표현에 부여하는 의미에 대해서이다. 사실 문제는 이 종교 자체가 아니라 이 종교에 의해 획득된 결과였다. 물질을 통과하면서 도중에 분열될 것을 각오하고 이 물질로부터 자신이 끌어낼 수 있는 모두를 끌어내는 생명의 약동이 있다. 이처럼 추적된 진화의 주요한 두 노선의 끝에 지능과 본능이 있다. 다른 쪽의 본능처럼 지능도 하나의 성공이기 때문에, 충분한 결과의 산출을 방해하는 장애물은 모두 극복하고 멀리하려는 경향이 수반되지 않고는 지능은 존립할 수 없다. 이 경향은 지능 및 지능이 전제하는 모든 것과 함께 나눌 수 없는 하나의 덩어리를 이룬다. 그러나 이 덩어리는, 지능 자체에 전적으로 상대적인 우리의 지각능력이나 분석능력의 눈에는 나눌 수 있는 덩어리로 보인다. 눈과 시각에 대해서 말했던 것을 다시 한번 반복하자. 본다는 행위가 있고, 그 행위는 단순하다. 그리고 시각에는 무한한 요소들이 있고, 이 요소들은 서로에게 영향을 끼친다.

이 요소들을 가지고 해부학자나 생리학자는 시각의 단순한 작용을 재구성한다. 요소들과 작용들은 저항에 대한 저항들로서, 분석적으로 말하자면 부정적으로 표현되나, 불가분적인 행위는 자연이 실제로 획득한 유일하게 긍정적인 증거물이다. 이처럼 지상에 던져진 인간의 불안과, 공동 사회보다도 자기 자신이 우선한다는 개인이 느낄 수 있는 유혹—지능적 존재에 고유한 불안과 경향들—은 끝없이 헤아려질 수 있을 것이다. 이러한 지능의 저항들에 저항하는 여러 형태의 미신들, 아니 정적 종교의 형태 또한 무한하다. 그러나 만일 사람들이 인간을 자연에 다시 집어넣고, 지능이 다른 어느 곳에서나 발견하게 되는 평온에 대한 장애물임을 고려하며, 이 장애물이 극복되어 평정이 되찾아져야 함을 생각한다면, 이러한 복잡성도 사라질 것이다. 이런 관점에서 본다면 생명에 적용된 지능이 가져올 모든 동요와 기력상실증은, 종교들이 진정제로서 가져오는 모든 위안과 함께 단순한 증상이 된다. 혼란과 우화 작용은 서로를 보상하고 서로를 없앤다. 높은 곳에서 내려다볼 하느님에게 모든 존재는, 마치 봄에 피는 꽃들의 확신처럼 나누어질 수 없는, 모습 그대로 나타날 것이다.

〈주〉

*1 레비 브륄(Lévy Bruhl), 《원시적 정신》(*La mentalité primitive*, Paris, 1922), 8장.
*2 《사회학 연보》(*Année sociologique*), 2권, 29면 이하.
*3 콩트(A. Comte)까지 소급한다. 뒤르켐의 논문 '종교상에 관한 정의에 대하여'(1878), 2장, 1∼28면 참조.
*4 예를 들면, 회프딩의 '설명과 비판', 《베르그송의 철학》(1916), 4장, 특히 100∼103면.
*5 《창조적 진화》, 1장.
*6 쇼펜하우어의 경우에서처럼 충동은 아무런 질서의 관념을 함축하고 있지 않으며, 아리스토텔레스에 있어서 목적인인 신의 매력도 무차별적인 성격을 지녔다는 점에서는 마찬가지이다.
*7 불변성은 절대적이라기보다 본질적이다. 불변성은 원칙으로서 존재할 뿐이지, 사실상은 설정된 주제에 의해 변화를 허용한다.
*8 《창조적 진화》 5장을 말함.
*9 《창조적 진화》, 특히 첫 두 장 참조.
*10 형태상 그 이미지가 원시인에게 그러하듯이 환상적이라는 것은 말할 필요가 없다. 사후의 생에 대한 일반적인 물음에 대해서 우리는 이전의 저작 《정신력》(*L'énergie spiritue-*

lle)의 '영혼과 신체', '생명체의 환상'에서 설명했으며. 이 책에서도 다시 언급할 것이
다. 제3장 13절 뒤의 생존 (282~285면)과 제4장 339~341면을 참조.

＊11 뒤르켐(E. Durkeim), 《종교적 삶의 요소적 형태들》, 2권, 6장 11절.

＊12 《종교적 삶의 요소적 형태들》, 2권, 4장 3절과 9장 5절.

＊13 《원시적 정신》, 17~18면.

＊14 《원시적 정신》, 24면.

＊15 특히 《원시적 정신》, 28, 36, 45면 참조.

＊16 우리가 이 우연의 개념에 대해 전개했던 것은 알렉상드르(Alexandre d'Aphrodisiade)
의 '운명에 관하여'에 대한 1898년의 콜레주 드 프랑스에서 교수한 강좌에서였다.

＊17 《원시적 정신》, 38면.

＊18 에피쿠로스와 루크레티우스의 이론. 《사물의 본성에 관하여》, 5권, 1161~1240행.

＊19 윌리엄 제임스(William James), 《추억과 연구》(*Memories and studies*), 209~214면.
칼렌(H. M. Kallen), 《왜 종교인가?》(*Why religion*, New York, 1927)에서 인용.

＊20 정령(Animus)과 의도는 인간의 어떤 행위에서도 이 이상으로 현존한 적이 없다.

＊21 코드링턴(Codrington), 《멜라네시아인들에 관한 인류학과 민속》(Oxford : Clarendon,
1891)과 《멜라네시아 언어들》)(Oxford : Clarendon, 1891).

＊22 위베르와 모스(Hubert et Mauss), "마법에 관한 일반 이론"(Théorie générale de la
magie), 《사회학 연보》, 7권(Paris, 1904).

＊23 뒤르켐, 《종교적 삶의 요소적 형태들》, 2권 7장 4절 328면과 3권 3장 2절 참조.

＊24 이 주제에 관해서는 웨스터마크(Westermarck). 《인간의 혼례의 역사》(*History of hum-
an marrige, London*, 1901), 290면 이하 참조.

＊25 벌족이 동물 토템에서 유래한다는 관념─반 게네프(Vancenep)가 《토템문제의 현 상
태》(*L'état actual du problèm totème*, Paris 1920)라는 흥미있는 책에서 주장한 관념
은 우리가 지적하는 표상과 아주 잘 맞아들어 갈 수 있다.

＊26 아몬(Amon)은 본디 중앙 이집트의 신으로서 태초에 바다의 불가사의한 불가시성(不
可視性)을 인격화한 신이다. 이 신에 대한 예배 의식이 알려지지 않은 상황에서 테베
의 신이 되었다.

＊27 바빌로니아의 전쟁 신.

＊28 땅과 대기의 신.

＊29 바빌로니아의 사랑과 전쟁의 신.

＊30 그리스 어 크세니오스(Xenios)는 '손님을 접대하는'의 의미를 지니고, 호르키오스
(horkios)는 '정세하는', 히케시오스(hikesios)는 '탄원하는', 게네틀리오스(genethlios)
는 '아기를 낳는'의 의미를 지닌 형용사이다.

＊31 이크나톤(Iknaton)은 이집트 왕 파라오 아멘호테프(아멘노피스) 4세(B.C. 1379~

1362)가 붙인 이름. 세상의 모든 것에게 빛을 비추는 우주 신이자, '태양신 아톤(Aton)을 기쁘게 하는'이란 의미를 가짐.

*32 풀구르(Fulgur)는 천둥 번개, 페레트리우스(Feretrius)는 '전리품을 가져가는' 제우스에게만 붙혀진 이름. 스타토르(Stator)는 건설자, 빅토르(Victor)는 승리자, 옵티무스 막시무스(Optimus maximus)는 최상, 최고의 존재를 의미함.

*33 오시리스는 이시스(Isis), 호루스(Horus)와 삼위일체를 이루는 이집트 최고 신들 중의 하나이다. 처음에는 농사의 신이었으나 그의 제사 의식에서는 사람을 죽이는 의식과 죽은 신의 부활 의식이 결부되어 있다. 아도니스는 그리스 신화에서 미의 여신 아프로디테가 사랑한 아름다운 청년이다. 그에 관한 신화는 식물의 순환적인 생명, 즉 겨울에 죽었다가 봄에 다시 소생하는 식물적인 정령을 상징하고 있다.

*34 아그니(Agni)는 본디 희생물을 바치는 제사관을 상징하고, 신과 인간 사이의 전령 역할을 하는 인도의 제2의 신이다.

*35 스칸디나비아 신화에서 바람, 불, 땅의 요정.

*36 난쟁이, 땅의 신.

*37 지각에 대한 베르그송의 독특한 용어. 베르그송은 감각 지각을 잠재적 행위 또는 가능적 행위라 하고, 기억이나 상상 또는 사고 기능과 같은 심적 기능과 구별한다. 즉, 우리의 감관 지각에 나타나는 지각 표상은 베르그송에 따르면, 우리의 신체가 외부 대상에 수행할 잠재적 행위의 도식이며, 이 도식에 상응하여 일어나는 두뇌 운동을 지칭하여 발생적 운동 또는 시초적 운동이라 불렀다. 베르그송이 두뇌의 운동을 구태여 발생적 운동이라 부른 연유는 우리의 두뇌가 결코 지각 표상을 발생케 하거나 이를 저장하고 기억하는 기능을 하는 것이 아님을 표현하기 위해서이다. 두뇌는 중앙 전신 전화국의 역할만을 할 뿐, 우리가 보통 생각하듯이 표상을 만든다거나 저장한다거나 기억하거나 상상하는 그런 기관이 아니다. 《물질과 기억》 1~2장 참조.

제3장
동적인 종교

1. 종교라는 말의 두 의미

앞에서 우리는 생명의 발전에 따라 틀림없이 종교가 생명에서 탄생되었다는 데까지 추적했다. 이제 이 생명에 대해 잠시 돌이켜보자. 창조적인 힘의 거대한 흐름은, 물질 속으로 침투하여 물질에서 얻을 수 있는 모든 형태를 얻는다. 그러나 곳곳에서 그 흐름은 정체된다. 이 정체 상태의 형태들이 우리 눈에는 그만큼 많은 종류의 생명체들의 발현으로 보인다. 그들은 유기체들로서, 본질적으로 분석하고 종합하는 기능을 가진 우리의 시선은, 이 유기체를 많은 기능을 수행하기 위해 서로 조정하는 수많은 요소들로 분해한다. 그렇지만 이 유기화 작업은 정체 자체이자 단순한 작용으로, 마치 수많은 모래알이 순간적으로 단번에 발의 윤곽을 그리도록 하는 발디딤의 행위와도 같다. 생명이 가장 멀리 가는 데 성공한 도정(道程)들 중 하나에서, 우리는 이 생명력이 자신이 가진 가장 좋은 것을 이끌고서 곧바로 앞으로 나아가리라고 생각할 수도 있을 것이다. 그러나 생명력은 굴절하여 모두 구부러진다. 그래서 그 활동은 똑같은 원을 끝없이 돌며, 그 기관들은 끊임없이 새로운 도구들의 발명으로 나아갈 수 있는 여유를 갖는 대신, 전적으로 완결되어 폐쇄된 도구가 된 생명체들이 나타나게 된다. 그리고 그로써 완결된 기관을 지닌 유기체의 의식은 반성적인 사유로 나타나서 강화되는 대신, 본능이 갖는 몽유 상태로 빠져 들어갔다. 예를 들면, 곤충 사회에서 개체의 상태가 이와 같다. 이 곤충 사회의 조직은 정교하고 치밀하나 완전한 자동적 기제이다. 반면에 창조적인 노력이 성공적으로 거치는 길은, 사람에 이르는 진화의 길뿐이다. 물질을 관통하면서 의식은 말하자면 거푸집에 삼켜져서 도구 제작적인 지능의 형태를 취한다. 그리고 비로소 발명은 자신 안에서 심사 숙고하면서 자유롭게 만개한다.

그러나 지능에 위험이 없지는 않았다. 이전까지는 모든 생명체가 생명의 샘물을 탐욕스럽게 들이켰다. 생명체들은 자연이 이 샘 가장자리에 놓아둔 꿀을 맛보았다. 게다가 그들은 보지도 않고 나머지 것도 탐욕스럽게 먹어치운다. 그러나 지능은 샘물의 바닥까지 보았다. 왜냐하면 지능적인 존재는 더 이상 현재에만 사는 것이 아니었기 때문이다. 미래에 대한 예견 없이는 반성도 없으며, 불안이 없다면 예견도 없고, 생명에 대한 집착에서 순간적으로나마 벗어나는 순간 불안감이 덮칠 수 있기 때문이다. 무엇보다도 사회없는 인간이란 없고, 자신에 대한 완전한 망각에 이르도록 곤충을 밀어 붙인 생에 대한 무관심같은 것을 인간사회는 개인에게 요구하고 있다. 이러한 무관심을 지탱하기 위해 반성에 의지할 필요는 없다. 지능은, 세심한 공리주의 철학자의 지능이 아니라면 오히려 이기심을 권장한다. 따라서 지능은(이익의) 균형을 지키기 위한 추를 양쪽에 요구한다. 아니 오히려 지능은 이미 그런 추를 갖고 있다. 반복해서 말하지만 자연은 생물을 만들 때, 흩어진 조각들을 이어붙여 만들거나 하지는 않기 때문이다. 외견상 다양하게 보이는 형태도 그 생성은 단순하다. 하나의 생물 종(種)은 자신의 출현과 더불어 자신을 존립케 하는 불가분의 작용 속에서 자신을 생존케 한 모든 것을 지니고 있다. 우리 인류의 출현에 의해 표현되는 창조적 약동의 정지도, 인간의 지능과 함께 그 내부에 종교들을 만들어 내는 우화 기능을 부여했다. 그러므로 우리가 정적 또는 자연적이라 불렀던 종교의 역할과 의미는 이와 같다. 종교란 반성(지능적 사유) 능력이 부여된 존재에 있어서 생에 대한 집착이 지니는 우연적인 결여를 보충해야 하는 것이다.

사실 우리는 곧바로 이 결여의 보충 문제를 위한 다른 가능한 해결책을 감지한다. 정적인 종교는 어린이를 잠재우는 동화 같은 이야기를 들려 주면서 인간을 생명에 집착케 하고 개인을 사회에 집착케 한다. 단순히 위로를 위해서가 아니라 필요에 의해 우화 기능에서 나온 그러한 이야기들은 행동을 위해 지각된 현상을 인위적으로 위조한다. 다른 상상적인 창조도 이러한 경향을 가지지만 우리가 그 경향을 따라가도록 요구하지는 않는다. 이러한 창조는 관념의 상태에 머물 수 있다. 반대로 우화 기능은 관념운동적(idéo-motrices)이다. 그렇다 해도 그들 이야기는 변함없이 신화이며, 우리가 보아왔던 대로 비판적 정신은 종종 이 우화를 사실적으로(en fait) 받아들이지만 정당한 권리에 의해서(en droit)는 거부했어야 한다. 능동적이고 활발한 원리의 한 극한점에서의 이러한 정체 상태의 형태가 바로 인류의 모습으로 나타난 바이지만, 이 원리는 모든 창조된 종들에게 생명에 집착하기를 요구한다. 그러나 우리가 이미 보았듯이 이 원리가 마치 모든 방향으로, 끝에 싹이 튼 가지들을 뻗어내는 나무와 같이 모든 생명의 종들이 일괄적으로 뻗어나오도록 한다면, 그것은 물질에 자유로운 창조력이 위탁되어 있다는 말이다. 그리고 인간 또는 같은 의미의—같은 형태라고는 말하지 않는다—어떤 존재이자 모든 생명 발전의 존재 이유이다. 이 전체는 현재보다 훨씬 우월했을 수도 있다. 아마도 그러한 우월성은 생명의 흐름이 좀 더 저항이 적은 물질을 통과하여 돌진한 세계에서 생겨날 것이다. 또한 이 진보의 흐름은 자유로운 통로를 결코 발견하지 못하고 더군다나 그것도 불충분한 정도로밖에 못했을지도 모른다. 이런 경우에는 이 지구에서 인간의 형상이 나타내는 양과 질의 창조적인 힘은 결코 발현되지 않았을 것이다. 그러나 어쨌든 생명은 바람직하고, 또한 다른 종들보다 인간에게는 더욱 바람직한 형태이다. 왜냐하면 다른 종들은 생명을 마치 창조력이 발전 도중에서 산출한 결과처럼 체험하지만, 인간의 생명은 비록 불완전하고 일시적이기는 해도 이 노력의 성공 자체이기 때문이다. 그렇다면 왜 인간은 자신에게 결여되어 있는 신뢰를, 그리고 반성 능력이 동요시킬 수도 있는 신뢰를, 다시 약동을 개시하기 위해 이 약동이 지나온 방향으로 거슬러올라가 그 원천에서 다시 발견하지 못하는가? 이렇게 거슬러 역추적하는 일은 지능에 의해서가 아니며 어쨌든 지능만으로는 할 수 없다. 지능은 오히려 반대 방향으로 갈 것이다. 지능은 특별한 운명을 가졌다. 그리고 지능이 자신의 사색을 고양할 때, 그가 우리에게 하는 일이란 기껏해야 가능성들을 생각게 하는 정도이지, 실재와 접촉하게 하지는 못한다. 그러나 우리는 이 지능의 주위에 희미하고 사라질 듯한 직관의 무리(暈)가 남아 있음을 안다. 우리가 이 직관을 고정하고 강화하며 무엇보다도 작용하도록 완성할 수는 없는가? 직관은 자신의 근원을 약화시킴으로써, 그리고 이렇게 말할 수 있다면 자신에 대한 추상화에 의해서 순수한 환상이 되고 있을 뿐이다.

2. 왜 같은 말을 사용하는가

이렇게 직관을 강화하여 더욱 근원을 파악하는 노력을 할 수 있고, 또 그럴 자격이 있는 영혼은, 그가 지금 접하고 있는 원리(principe)가 모든 사물을 초월하여 더 나아가는 원인인지 아니면 단순히 그 지상적 사물로서의 위임에 불과한지를 생각하지도 않을 것이다. 마치 강철이 그것을 달구는 불에 의해 침식되듯이, 이러한 영혼에게는 그 영혼의 인격이 흡수되지 않고도, 또 그 자신의 영혼보다도 무한히 강대할 수 있는 어떤 진지한 존재에 의해 자신의 영혼이 침투됨을 느끼는 일만으로도 충분하다. 이때부터 이 영혼의 생에 대한 집착은 그 원리로부터 뗄래야 뗄 수 없는 관계가 될 것이고, 또한 그것은 환희 속의 환희이며 오직 사랑일 뿐인 것에 대한 사랑이다. 더욱이 그 영혼의 소유주는 사회에 자기자신을 바칠 것이며, 사회는 이때 이 원리에 대한 그의 사랑 속에서 사랑받는 온 인류가 될 것이다. 정적인 종교가 인간에게 가져다 주는 자신은 이러한 것(동적 종교, 계속되는 외적 진보를 멈추고 겸허하게 내면적으로 더욱 유기화되는 종교)에 의해 인류애적 개인으로 변화할 것이다. 다시 말해 더는 장래에 대하여 아무런 걱정도 없는가 하면 불안한 자기 반성도 없다. 그래서 정태적 종교의 목적에는 더 이상의 노력이 필요하지 않겠지만, 도덕적으로는 더할 수 없이 큰 의미를 갖게 될 것이다. 이제 생명 일반에 대한 집착은 곧 개개의 사물로부터의 이탈일 뿐이다. 그러나 이때에도 종교라는 말로 표현할 필요가 있을까? 만약 그렇다면 앞에서 말한 모든 것에 대해서도 벌써부터 이 종교라는 말을 사용할 필요가 있었는가? 이 두 가지는 서로 배타적이어서 같은 이름으로 부를 수 없으며 서로 다른 것이 아닌가?

그렇다 해도 이 두 경우에 종교라는 말을 사용할 충분한 이유가 있다. 우선 신비주의가─왜냐하면 지금 우리가 생각하고 있는 것은 이 신비주의이기 때문이다─영혼을 다른 차원에 옮겨 놓는다 하더라도 소용없는 일이다. 정적 종교가 안정성과 평온을 부여하는 기능을 하는 것에 못지않게 신비주의는 뛰어난 형태로 영혼에 안정성과 평화를 확신시켜 준다. 그러나 무엇보다도 순수한 신비주의는 그 본질상 드물며, 우리가 접하는 대부분의 경우에 그 신비주의는 희박한 상태이다. 이 경우에도 신비주의가 그 융화되어 있는 물체에 자기의 색채와 향기를 옮기는 것에는 역시 변함이 없다고 생각할 필요가 있다. 또한 우리가 신비주의를 그 작용하는 상태로 포착하기를 원한다면, 실제로 그 신비감을 물체로부터 분리될 수는 없으므로 그 물체와 함께 다루어야 하며, 이렇게 함으로써만 신비주의가 세상에 자신을 드러내게 된다고 생각해야 한다. 이러한 관점에서 봄으로써, 우리는 근본적인 본성의 차이가 있는 곳에서 정도의 차이와 일련의 점차적인 전이를 볼 수가 있을 것이다. 이 두 점의 각각의 요점으로 되돌아가 보자.

생의 약동과의 관계에서 신비주의를 정의하면서, 우리는 진정한 신비주의가 매우 드물다는 사실을 암묵적으로 인정해 왔다. 우리는 조금 더 뒤에 이 신비주의의 의미와 가치에 대해 말해야 할 것이다. 우선 잠시 앞에서 언급한 바에 따라, 물질을 꿰뚫고 돌진한 정신적 흐름이 나아가고자 했으나, 실제로는 갈 수 없었던 지점에 머물러 위치하고 있음을 지적하는 데에 국한하여 말하자. 왜냐하면 신비주의는 자연이 타협해야만 했던 수많은 장애물을 쉽게 처리하기 때문이며, 다른 한편 생명 진화의 길은 억지로 참여하게 된 측면선 상의 길들을 제거해 버리면, 위대한 신비가도 접근하기 힘든 목표에 대한 탐구로 볼 수밖에 없다고 이해되기 때문이다. 모든 인간이나 다수의 사람이 이 특별한 사람과 같은 높이에까지 오를 수 있다면, 그것은 자연이 더 이상의 진보를 멈추게 한 인간 종(種)이 아니다. 왜냐하면 그는 사실상 인간 이상이기 때문이다. 나아가 다른 형태의 천재들에 대해서도 이와 같이 말할 수 있다. 다시 말해 천재는 어떤 형태이든 똑같이 매우 드물다. 따라서 진정한 신비주의가 예외적이라는 연유는 우연 때문이 아니라 그 본질 자체 때문이다.

그러나 신비주의가 말을 할 때, 대부분 사람의 마음속 깊이에서 그들에게 희미한 반향을 일으키는 무엇인가가 있다. 진정한 신비주의는 우리에게 놀라운 전망을 보여준다. 아니 우리가 원한다면 보여 줄 것이다. 그런데 우리는 그 놀라운 광경을 원하지 않으며 대개의 경우 원할 수도 없다. 우리는 긴장 때문에 초췌해질 것이다. 그럼에도 신비의 매력은 작용하고 있다. 그리고 천재적인 예술가가 우리를 뛰어넘는 작품을 만들었을 때, 우리는 그 작품의 진수에 제대로 동화하지는 못하지만 그 작품은 우리에게 이제까지의 감탄이 저속했음을 통감시키듯이, 정적 종교도 진정 위대한 신비주의가 출현했을 때에는, 설령 아직 살아남아 있더라도 이미 본디 모습과는 완전히 달라져서,

특히 더 이상 주제넘게 나서는 일은 굳이 하지 않는다. 그래도 인류가 자신에게 필요한 의지처를 요구하는 곳은 이 정태적 종교이며 적어도 원리적으로는 그렇다. 이 정태적 종교는 최선을 다해 우화기능을 개량하여 그 기능이 계속 작용하도록 내버려 둔다. 간단히 말해서 생에 대한 인류의 확신은 자연이 설정한 바와 비슷하게 남아 있을 것이다. 그러나 인류는 생명에 대한 전혀 다른 형태들에 집착하여, 즉 변모된 신뢰에 의하여 나타나는 자연 원리 자체와의 접촉을 진지하게 추구하여, 어느 정도까지 그런 원리를 달성한 듯이 가장할 것이다. 인류는 그렇게 높이까지는 고양될 수 없는데도, 그러한 인위적 몸짓을 하고, 그러한 자세를 나타낼 것이다. 그리고 담화를 할 때에는, 마치 의식을 치를 때 높은 사람들을 위해 준비된 팔걸이 의자가 비어 있는 것과 마찬가지로 인류에 있어 그 모든 의미에서 충족되지는 않는 몇몇 용어를 위해 가장 좋은 자리를 비워 둘 것이다. 이렇게 해서 낡은 종교의 새로운 방향 정립을 포함하는 혼합적인 종교가 완성될 것이다. 이러한 종교는 우화기능에서 태어난 고대의 몇몇 신들에 표명된 갈망을, 즉 실제로 자기를 현시하고 그 현존에 의하여 특권적인 영혼에 빛과 열을 부여하는 신에게 합병되고 싶다는 갈망을 포함할 것이다. 이렇게 해서 우리가 언급했듯이 본성에 있어 근본적으로 서로 다르고, 또한 처음에는 같은 방식으로 불러서는 안 될 것 같은 두 사상 간의 정의와 정도의 분명한 차이들이 끼여들게 된다. 이 대비는 대부분의 경우에 뚜렷하게 드러난다. 예를 들면 전쟁 중에 있는 두 나라는 서로 자신들을 위한 신을 가졌다고 주장하는데, 이런 신들은 이교도의 국가적인 신에 지나지 않음이 드러난다. 한편 그들이 말하는 신(le Dieu)은 사실 온 인류에게 공통되는 한 분이신 하느님(un Dieu)으로, 단 한 번의 출현으로 모든 사람에게서 바로 전쟁을 없애 버린다. 그러나 신비주의로부터 탄생했으나 그 정신 전체가 온 인류에 침투할 수 없기 때문에 자신들의 용어 사용을 일반화해버린 저 종교들을 평가 절하하기 위해 이러한 대비를 이용할 필요는 없을 것이다. 이 대비는 결국 진정 마법적인 말들과 이 말을 채울 수 있는 정신들을 여기저기 살아남게 하기에는 거의 공허한 형식들에 도달하게 된다. 평범한 교사라 해도 천재가 창출한 과학을 기계적으로 가르치면서 그의 제자들 가운데 어떤 제자의 마음속에 그 자신은 가지지 못했던 소명의식을 일깨워, 모르는 사이에 그 제자로 하여금 교사 자신이 전달하는 사명에 보이지 않게 존재하는 이 위대한 사람의 경쟁자가 되게 할 것이다.

그렇지만 이 두 경우 사이에 존재하는 하나의 차이점을 고려한다면, 우리가 방금 서로의 특징을 드러내기 위해 고집한 종교에 관한 '정적인 것과 동적인 것' 사이의 대립이 약화됨을 볼 것이다. 대부분의 사람들은 예를 들어 데카르트나 뉴턴이라는 천재를 전적으로 존경하면서도 수학에는 거의 문외한일 수 있다. 그러나 신비한 말에 멀리서부터 이끌린 사람일지라도 자신의 내부로부터 그 말의 어렴풋한 반향을 들을 수 있으므로, 이 신비한 말이 알리는 것에 무관심할 수는 없을 것이다. 그들이 이미 신앙을 가지고 있고, 또한 이 신앙으로부터 멀어지기를 원치 않거나 또는 그럴 수 없다면, 그들은 이 믿음을 변화시켰다고 믿을 것이다. 그리고 그로 인해 실제로 그 신앙을 변화시킬 것이다. 다시 말해, 그 신앙의 모든 요소는 남아 있을 것이다. 그러나 자기화(磁氣化)에 의해 그들의 믿음은 다른 방향으로 자기화되고 전환되었다. 어떤 종교 역사가는, 사람들 사이에 퍼져 있는 희미하나마 신비한 믿음의 실체 속에서 신비하고 마법적인 요소들을 어렵지 않게 발견할 것이다. 그래서 그는 사람들에게 자연스런 정적 종교의 존재와 인간성의 불변성을 증명할 것이다. 그러나 그가 이 점에 집착한다면 그는 무엇인가 가장 중요한 점을 무시하게 된다. 적어도 그는 명확히 그렇게 하기를 원치 않았는데도 정적인 것과 동적인 것 사이에 다리를 놓고서 이렇게나 서로 다른 두 경우에 똑같은 낱말을 사용하는 일을 정당화하게 된다. 우리가 여전히 관계하고 있는 종교는 하나의 종교이지만 새로운 종교이다.

다른 한편 우리는 동적 종교가 정적 종교를 대치하기 전에, 정적 종교 속에 자리잡기 위해 실시했던 시도들을 고려한다면, 이 두 종교가 어떻게 서로 대립하고 어떻게 서로 결합하는가를 보다 잘 이해하고 보게 될 것이다. 그러나 사실 이 종교들을 이러한 시도들로 소급해서 전환해 보는 이는 우리이다. 이 종교들이 탄생되었을 때, 이들은 그 자체로 완전하며 충분한 행위들이었다. 그러나 이들이 시작이나 예비적인 이전의 요인들에게로 소급되는 일은, 현재가 과거에 대해 부여하는 신비한 힘 덕택에, 마지막 성공에 의해 성공이 아닌 다른 형태로 변형되어 버리는 경우에나 비로소 가능하다. 그럼에도 이러한 시도들은 간격을 표시하거나 동적인 종교를 형성하기 위해 필요한 작용을 그 실질적인 요소들로 분석하거나 한다. 그리고 이 일은 동시에 성공하지 못한 약동들과, 분명히 공통적인 방향에 의해서 결정적이 되었던 갑작스런 비약이 어떻게 전혀 우연적인 비약들이 아니었는지를 밝히는 데 도움이 될 것이다.

3. 그리스 신비주의

앞으로 신비주의를 개략적으로 묘사함에 있어서, 가장 먼저 우리는 이교도의 비밀 의식들의 몇 가지 측면을 정립할 것이다. 우리는 이 낱말로 인해 착오를 일으켜서는 안 된다. 대부분의 비밀 의식은 신비적인 면을 전혀 가지고 있지 않다. 그 의식들은 기성의 종교에 결부되어 있고, 기성의 종교는 또한 이 비밀 의식이 자기 옆에 있는 데 대해 자연스럽게 생각한다. 그들은 똑같은 신들이나 똑같은 우화 기능에서 나온 신들을 찬양한다. 이들 비밀 의식은 신입자들에게 단순히 종교적 정신을 강화시켜 주는데, 그것은 거대한 사회 내부에 조그만 사회를 형성하는 데서, 또 비밀스럽게 이루어지는 신입식이라는 사실에 의해, 그 신입자를 특별한 자로 요구하는 데서 사람들이 체험하는 만족감으로 이 종교 정신을 배가한다. 여기에서 이 폐쇄된 사회의 구성원들은 공개 의식에서보다 더욱 큰 역할을 수행하는 신화적 장면들의 표상으로 인해, 이들이 가호를 빌었던 신에 훨씬 가까움을 느낀다. 어떤 의미에서 신은 존재한다. 그리고 신입자들은 이 신성에 조금은 동참한다. 그러므로 이들은 국민적인 종교에서 기대하는 세계보다는 더 크고 좋은 내세를 바랄 수 있다. 그러나 아마도 이러한 종교에는 다른 지역에서 완전히 완성되어 들어온 관념이 있을 뿐이다. 우리는 고대 이집트인들이 죽은 뒤 인간의 운명에 대해 얼마만큼 마음을 쏟았는지 알고 있다. 그리고 우리는 헤로도토스의 증언들을 기억하는데, 이 증언에 따르면, 엘레우시스 밀교의 데메테르 신과 오르페우스 밀교의 디오니소스 신은 이시스(Isis) 신 및 오시리스(Osiris) 신의 변형이었다. 이처럼 비밀 의식은 적어도 우리가 알고 있는 한, 공개적인 제례 의식보다 절대적으로 뚜렷한 의식을 전혀 제공하지 않는다. 그러므로 언뜻 보아서는 이러한 종교에서는 다른 종교 이상의 신비성은 발견할 수 없다. 그러나 우리는 대부분의 신입자들의 관심을 사로잡는 이러한 유일한 측면에 집착해서는 안 될 것이다. 우리는 이 비밀 의식 중에서 적어도 어떤 것들이 이러저러한 위대한 인격의 흔적을 가지고 있는지, 그리고 그들이 이 정신을 부활시킬 수 있는지 어떤지를 스스로에게 물어 보아야 할 것이다. 또한 열광 속에서 신들은 실제로 자신을 불러온 영혼들을 사로잡고 있는데, 그 열광의 장면들에 대해 대부분의 저자들이 주장했던 바에 우리는 주의해야 한다. 사실 가장 강력한 생명력을 지닌 신비들은, 엘레시우스 밀교 자체를 활동으로 까지 이끄는 것으로서 디오니소스와 이를 뒤따르는 오르페우스의 밀교였다. 트라키아 출신의 이방 신 디오니소스는 그 난폭함 때문에 올림포스 신들의 명랑함과 대조를 이루었다. 처음에 디오니소스는 술의 신이 아니었으나, 그가 영혼에 제공하는 도취는 술이 일으키는 도취와 닮은 바가 적지 않으므로 그는 쉽게 술의 신이 되었다. 사람들은 제임스(W. James)가 신비를 묘사할 때 아산화질소를 들이마심으로써 일어나는 상태로 묘사하거나, 또는 그러한 것으로 연구했기 때문에 어떻게 취급되었는지를 알고 있다. *1 사람들은 거기에서 불경(不敬)을 보았다. 만약 그 철학자가 '내적 계시'를 아산화질소의 심리적 등가물(等價物)로 보고, 그 경우 아산화질소가 형이상학자들이 말하듯이 산출된 결과에 논리적으로 적합한 원인이라면 사람들이 옳았을지도 모른다. 그러나 그 중독 현상은 철학자가 보기에는 단지 우연에 의할 뿐이었음에 틀림없다. 그런 심적 상태는 거기에 있되, 틀림없이 다른 심적 상태와 함께 예고되었으며 나타나기 위한 신호만을 기다리고 있었다. 다른 심적 상태는 자체적으로 정신적인 차원에서 수행되는 노력에 의해 정신적으로 일깨워질 수도 있었을 것이다. 그러나 그 다른 심적 상태는 그 상태를 억제하고 있는 것을 억제함으로써, 즉 장애물을 배제함으로써 물리적으로 일깨워질 수도 있었다. 그리고 중독의 결과는 그와 같이 완전히 부정적인 결과이다. 그런데 심리학자는 즐겨 이 중독 현상을 사용했다. 이 중독 현상은 그로 하여금 마음대로 그 결과를 얻게 하였는데, 그것은 아마 무엇보다도 포도주를 숭배하기보다는 포도주의 효과를 디오니소스적인 도취에 비유하는 식이었다. 그러나 중요한 점은 이것이 아니다. 문제는 한 번 나타난 신비주의에 비추어 볼 때, 이 도취가 회고적으로 어떤 신비한 상태를 예고로 간주할 수 있는지를 알아볼 일이다. 이 문제에 대한 답은 그리스 철학 발전에 대해 잠깐 살펴보는 것만으로도 충분하다.

그리스 철학의 발전은 순수히 이성적이다. 그리스 철학은 인간의 사상을 고도의 추상화와 일반성으로까지 끌어올렸다. 그리스 철학의 발전은 오늘날까지도 정신의 변증법적 기능에 많은 힘과 유연성을 부여한다. 그러므로 우리는 이 기능을 훈련하고자 그리스 학파들을 살펴보아야 한다. 그렇지만 다음 두 가지 점에 주의해야 한다. 첫째로 이 커다란 운동의 근원에는 철학적 차원이 아닌, 충동과 동요가 있었다. 둘째는 이 운동이 도달한 학설과 그리스 사상이 완성을 이룬 학설은 순수 이성을 초월한다고 주장했던 점이다. 그래서 결국 이 디오니소스적인 열광은 오르페우스 밀교로 이어졌고, 그 종교가 피타고라스주의로 이어졌음은 의심의 여지가 없다. 그런데 플라톤주의의 첫 영감은 피타고라스 철학, 또는 오르페우스 주의에까지 거슬러올라간다. 우리는 플라톤의 신화가 오르페우스적인 말의 의미에서 볼 때 어떤 신비한 분위기에 둘러싸여 있었고, 이데아 이론 자체가 은밀한 공감에 의해 피타고라스의 수(數) 이론에 얼마나 이끌리고 있는가를 알고 있다. 이런 영향은 아리스토텔레스에게서는 물론 그의 직접적인 후계자들에게서도 전혀 느껴지지 않는다. 그러나 그리스 철학 발전의 귀착점이자 플라톤과 아리스토텔레스에게 빛을 지고 있는 플로티노스(Plotinos)의 철학은 틀림없이 신비적이다. 그의 사상이 알렉산드리아 지방에서 아주 활발했던 동양 사상의 영향을 받았다 해도, 그것은 플로티노스 자신도 몰랐던 일이며, 플로티노스는 단지 그리스 사상을 압축하여 단적으로 이방의 철학설에 대비시키려 했을 뿐이다. 요약컨대 이처럼 근원에서는 오르페우스교가 침투하였고 마침내 변증법이 신비주의를 꽃피웠다. 이로부터 우리는 이성적 발전을 자극한 힘이 바로 초이성적인 힘이었고, 종국에는 이 발전을 이성 너머에까지 인도했다고 결론지을 수 있다. 이처럼 느리고 규칙적이며 매우 뚜렷한 침전 현상은 때때로 지각을 뚫고 나오면서 침전 활동의 방향을 결정하는 보이지 않는 분출력에 의해 조건지워져 있다. 그러나 다른 해석도 가능하다. 그리고 그것은 우리가 보기에는 더욱 진실해 보인다. 우리는 그리스 사상의 발전이 이성만의 작품이고, 이 이성적 작품의 곁에는 이와는 독립적으로 어떤 소질 있는 영혼에 의해 지능을 넘어 초월적인 실재의 환영과 그 이성과의 접촉, 계시를 모색하기 위한 노력이 때때로 수행되었다고 생각할 수도 있다. 이 노력은 결코 그 목적에 도달하지는 못했을 것이다. 그러나 기진맥진해진 순간마다 이 노력은 완전히 사라졌다기보다는 남아 있는 자신의 힘을 변증법에 전해 주었을 것이다. 이렇게 해서 새로운 시도는 동일한 근원의 힘을 소비하면서 더 멀리까지 가서야 멈출 수 있었다. 한편으로 그동안에 더 많은 유연성을 획득하여 보다 많은 신비성을 허락했던 철학적 발전의 매우 진보된 지점에서, 지능은 이 신비성의 노력에 재결합되게 되었다. 사실상 우리는 순수하게 디오니소스적인 최초의 물결이 결국에는 뛰어나게 지능적인 오르페우스 교 속으로 사라지게 됨을 본다. 우리가 오르페우스적이라 부를 수 있는 이 두 번째 물결은 피타고라스주의, 말하자면 철학적인 사고에 이르렀다. 그러자 이번에 피타고라스주의는 자신의 정신적인 어떤 것을 플라톤주의에 전했고, 이 플라톤주의는 그 피타고라스적 정신 요소를 받아들여 그 뒤 자연스럽게 알렉산드리아의 신비주의로 개화되었다. 그러나 이 두 흐름, 즉 하나는 지성적이고 다른 하나는 초지성적인 것 사이의 관계를 어떤 방식으로 떠올리든, 플라톤주의를 초지성적 또는 신비적이라고 부를 수 있고, 비밀 의식에서 나온 하나의 충동을 신비로 간주하는 일은 소급적으로 거슬러 올라가 맨 끝 시점에서 보았을 때 일어날 뿐이다.

그러면 남은 문제는 이 운동의 끝이 완전한 신비주의였나 하는 점이다. 우리가 낱말들에 원하는 의미를 부여할 수 있다면, 그것은 우리가 처음부터 그 낱말의 의미를 정의한 경우이다. 우리가 보기에 신비주의의 목적은 생명을 나타나게 한 창조적 노력과의 접촉, 따라서 그러한 인간존재의 창조적 노력과의 부분적인 일치이다. 이 노력은 신 자체는 아니더라도 신으로부터 나왔다. 위대한 신비가란, 물질성으로 인하여 인간 종(種)이 겪는 한계를 뛰어넘음으로써 신적인 행위를 계속하고 발전시키는 개인일 것이다. 우리의 신비주의에 대한 정의는 이와 같다. 이 정의가 언젠가 적용될 것인가, 아니면 어떠한 경우에 적용될 것인가를 우리가 스스로에게 묻기만 한다면, 우리는 이 정의를 정립하는 데 있어서 자유로워진다. 플로티누스에 관한 한, 그 신비가 무엇인지에 대한 대답은 틀림없다. 이 정의는 그에게 약속된 땅을 보여주나 그 땅을 실제로 밟아 보는 일은 허용하지 못한다. 플로티누스는 황홀경, 즉 영혼이 신의 빛 아래 있으면서 스스로 신 앞에 있음을 느끼거나 그렇게 믿는 상태에까지 이르렀다. 그러나 그는 관조적 명상(contemplation)이 행위 속으로 침잠하면서 인간적인 의지와 신적인 의지가 융합되게 되는 지점에까지 도달하기 위한 이 마지막 단계를 뛰어넘지는 못했다. 그는 스스로 절정에 있다고 믿었다. 그가 더 앞으로 나아간다면 그것은 하강이었을 것이다. 그는 이 하강 현상을 경탄할 만한 말로 표현하였으나, 그것은 충만한 신비주의의 말은 아니었다. 그는 "행위는 명상을 약화시킨다."*²고 말했다. 이로써 그는 그리스적인 주지주의에 충실했고 이 주지주의를 감명 깊은 문구로 요약하기까지 했다. 그는 적어도 그리스적 주지주의에다 강하게 신비적인 요소를 새겨 놓았다. 한마디로 신비주의는 우리가 취하기로 합의한 절대적인 의미에서 볼 때, 그리스적인 사고에 의해서는 도달되지 않았다. 그래서 물론 신비주의는 존재하고자 했지만 그것은 단순히 잠재적인 상태에서 몇 번이고 문을 두드렸다. 문은 점점 크게 열렸으나 결코 그리스적 사고를 완전히 통과하게 하지는 않았다.

4. 동양의 신비주의

그리스에서 신비설과 변증법의 차이는 근본적이다. 이 설들은 단지 가끔씩만 서로 결합할 뿐이었다. 그에 반해, 다른 곳에서는 이 둘이 표면적으로는 서로 돕지만 극단으로 치닫는 경우를 서로 억제하면서 끊임없이 혼합된다. 생각건대 인도 사상이 도달한 경로는 이와 같다. 우리는 이 점을 깊이 연구하거나 요약하지는 않을 것이다. 인도 사상의 발전은 꽤 오랜 기간에 걸쳐서 이루어졌다. 철학과 종교, 이들은 시간과 장소에 따라 다양하게 바뀌었다. 인도 사상은 많은 느낌을 가진 말로 표현되는데 이 말을 잘 아는 사람들까지도 그 말의 느낌을 놓치고 만다. 더욱이 이 낱말들은 그 의미가 항상 명확하든, 일찍이 명확했든 간에 변하지 않는 의미를 보존하는 일과는 거리가 멀다. 그러나 우리가 관심을 갖는 목적을 위해서는 각 낱말 관념보다도 그 이론 전체를 잠깐 살펴보는 것만으로 충분할 것이다. 이런 전체적인 시야를 갖기 위해서는 우리가 필연적으로 이미 취해진 모든 관점을 서로 겹쳐 모아 놓는데서 만족해야 하듯이, 우리는 무엇보다도 서로 부응하는 경로들을 고려함으로써 오류에 빠지지 않을 기회를 가질 것이다.

이를 위해, 우선 인도인들이 항상 그리스의 고대 종교에 비교할 만한 종교 활동을 해왔음을 언급하자. 인도에서도 신들과 영혼들은 어디에서나 마찬가지의 역할을 수행했다. 관습과 종교 의식은 비슷했다. 희생물은 매우 중요했고, 이런 종교 의식은 브라만교, 자이나교, 불교를 통해 지속되어 왔다. 이 의식들이 어떻게 부처가 가르친 가르침과 공존할 수 있었을까? 사람들에게 해탈을 가져온 불교가, 신들까지도 구해낼 필요가 있는 존재로 간주했다는 사실에 주의할 필요가 있다. 따라서 불교는 사람과 신들을 똑같은 운명에 복종하는 동일한 존재들로 취급했던 것이다. 이러한 사실은 다음과 같은 가설에서도 생각할 수 있다. 즉, 인간은 사회 속에서 자연스럽게 살면서 우리가 우화적이라 부른 자연적인 기능에 의해 자신의 주위에, 인간 생활과 비슷하나 자신보다는 훨씬 지고하며 자신과 서로 연결되어 살고 있는 환각적인 존재들을 투사한다. 우리가 자연적인 신앙체라고 간주한 종교는 이와 같다. 인도의 사상가들은 사실들을 과연 이와 같이 환각적 존재들로써 표상한 적이 있었을까? 아마 그럴 것 같지는 않다. 그러나 도시 밖에서 신비한 세계로의 여행길에 오른 모든 정신들은 막연하게 자신들의 뒤에 인간과 신들을 버려두고 왔음을 느낀다. 이렇게 함으로써 신비에 빠진 정신은 사람들과 신들을 함께 본다.

이제 인도 사상은 이 도정을 어디까지 밟아 갔는가? 여기서 문제는 오직 고대 인도뿐이며, 그것은 서양 문명의 영향을 받기 이전 또는 서양문명에 대항할 필요의 영향을 받기 이전의 순수한 시대이다. 사실 정적이든 동적이든 간에 우리는 종교를 그 근원에서 포착한다. 그리고 우리는 정적 종교는 자연 그대로의 모습에서 예견됨을 발견했다. 이제 우리는 동적 종교에서는 자연 밖으로의 도약을 보는데, 무엇보다도 이 도약은 생의 약동이 충분치 않거나 저항받을 경우에 고찰된다. 이 도약에 대해 인도의 영혼은 서로 다른 두 방식을 시도한 듯하다.

그 중 하나는 생리학적이면서 심리학적인 방식이다. 우리는 이 방식을 인도 족과 이란 족에 공통적으로 존재하는 관습, 따라서 이 둘이 분리되기 이전에 근원을 둔 관습에서 발견한다. 즉, 이들이 서로 '소마'(soma)라고 불렀던 술에 의지한 방식인데, 이 방식은 신적인 도취였으며 디오니소스 신의 열광자들이 포도주에서 구한 도취와 비교될 수 있다. 훨씬 뒤에는 감각을 유보 상태에 놓고 정신 활동을 지체시키면서, 결국 최면 상태에 비교될 만한 상태로 이끌어들이는 일련의 종교적 수련들이 나타났다. 이 모든 것은 체계화되어 '요가'(yoga)가 되었다. 이 경우에 우리가 생각하는 의미의 신비주의적인 면이 있는가? 최면 상태 그 자체로는 전혀 신비적인 면을 가지고 있지 않다. 그러나 신비적이 될 수 있거나 적어도 신비주의에 긴 암시에 의해 진정한 신비주의를 고지하고 예비할 수는 있다. 최면적인 상태가 이미 지능의 비판적 기능을 정지시키면서 환상과 황홀경의 윤곽을 그린다면 그때는 신비주의가 될 수 있고, 그 형식은 신비주의가 이러한 내용들이라는 근본적인 원인이 될 것이다. 마침내 '요가'로 체계화되기에 이른 수련들의 의미는 적어도 한편에서는 틀림없이 그와 같았다. 신비주의는 그곳에서 밑그림에 지나지 않는다. 그러나 보다 뚜렷한 신비주의, 즉 순수한 정신적인 집중은 요가가 실질적인 면을 지녔다는 점에서 요가를 사용하며, 이 실질적인 면에 의해 요가를 신령화할 수 있었다. 사실상 요가는 시대와 장소에 따라 신비한 명상의 보다 통속적인 형식이었거나 또는 그 명상을 포괄하는 전체였던 것 같다.

남은 일은 이 명상 자체가 어떠한 것이었으며, 또한 그 명상은 우리가 의미하는 신비주의와는 어떠한 관계에 있을 수 있는지를 알아보는 일이다. 먼 고대 적부터 인도인은 존재 일반, 자연, 생명에 대해 명상했다. 그 명상의 노력은 그리스 철학자들의 것처럼 수세기에 걸쳐 전개되었으나, 그리스적인 학문처럼 무한히 발전할 수 있는 지식에는 도달하지 못했다. 그 이유는 지식이 항상 인도인들의 눈에는 목적이라기보다는 수단으로 보였기 때문이다. 그들의 문제는 자신들에게 특별히 가혹했던 인생에서 도피하는데 있었다. 그리고 자살에 의해서는 이 도피에 성공하지 못했을 것이다. 왜냐하면 영혼은 죽은 뒤 또다른 육신으로 옮겨가야 했으며, 그것은 인생과 고통의 영겁의 되풀이였기 때문이다. 그러나 인도인들은 브라만 종교의 초창기부터, 현세를 버림으로써 해탈에 도달한다고 믿었다. 이 포기는 만유 속으로의 몰입이자 또한 자신 속으로의 몰입이었다. 불교는 브라만교의 방향을 바꾸었으나 본질적으로는 변경하지 않았다. 단지 불교는 무엇보다도 브라만교를 좀더 학문적으로 만들었다. 그때까지는 인생이 고통이라고 이야기되었다. 부처는 이 고통의 근원에까지 거슬러올라갔다. 그는 이 고통의 원인을 욕망 일반 속에서, 생에 대한 갈망 속에서 발견했다. 이렇게 해서 좀더 정확하게 해탈의 길이 추적되었다. 그리고 브라만교와 불교, 자이나교는 삶의 의지를 버리도록 점차 강하게 설교하였으며, 이러한 포기의 전도는 처음에는 지능에 호소하는 것처럼 보였다. 이 세 교설은 지능이 고양된 다소간의 정도에서만 서로 다를 뿐이었다. 그러나 좀 더 자세히 살펴보면 이 세 교설이 확립하려는 신념은 순수히 지적인 상태와는 거리가 먼 것임을 알 수 있다. 이미 고대 브라만교에서의 최후의 확신은 추론이나 학문 연구에 의해서 이루어지지 않았다. 그 종교적 확신은 실제로 체험한 사람에 의해 전달되는 견신(見神)에서 성립하였다. 불교는 매우 학문적이지만, 다른 한편으로는 그만큼 더 신비적이다. 불교가 길을 제시하는 영혼의 상태는 행복과 고통을 넘어서고 의식을 넘어서 있다. 살아서는 욕망을 버리고 죽어서는 업(karma)을 없앤 열반(nirvana)에 도달하려면 일련의 단계들과 신비한 수련을 모두 거쳐야 한다. 부처의 임무 근원에는 그가 청년기에 얻은 깨달음이 있다는 사실을 잊어서는 안 된다. 물론 불교가 지닌, 말로 표현할 수 있는 모든 일은 하나의 철학으로 다룰 수 있다. 그러나 본질은, 말과 이성을 뛰어넘는 결정적인 계시이다. 그 초월적 계시는 점차적으로 획득되기도 하고 갑자기 깨닫기도 하는, 목적이 이루어졌다는 확신이다. 현재 있는 사실들 중에서 유일하게 결정된 사실, 따라서 고유한 의미에서 현존적인 유일한 사실인 고통은 끝났다는 확신이다. 여기에서 우리는 이론적인 관점에 관계하고 있지 않고 황홀경과도 매우 닮은 하나의 체험에 관계하고 있으며, 창조적인 약동과 일치하려는 노력 속에서 한 영혼은 이러한 길을 갈 수 있다. 또 좌절하는 것은 그 영혼이 인간적 생활에서도 벗어나고 신적 생활에도 도달하지 못하여, 이 두 활동 사이에서 현기증 나는 허무를 느끼며 중도에서 중단했기 때문임을 고려한다면, 우리는 불교를 하나의 신비주의에 지나지 않다고 보는 데 주저하지 않을 것이다. 그러나 우리는 왜 불교가 완전한 신비주의가 아닌가를 이해한다. 완전한 신비주의는 행위요, 창조요, 사랑이기 때문이다.

물론 불교가 자비를 모른 것은 아니다. 반대로 불교는 매우 장엄한 말로 자비를 권장했다. 불교는 계율뿐만 아니라, 모범도 보였다. 그러나 불교는 열정이 부족하다. 한 종교 역사가*³가 정당하게 말했듯이, 불교는 "전적이며 신비에 몰입하는 헌신"을 몰랐다. 우리는 여기에 덧붙여서 말하자. 아마도 결국 같은 뜻이지만, 불교는 인간 행위의 효력을 믿지 않았다고 말하자. 불교는 인간의 행동에 믿음을 두지 않았다. 그러나 행동에 대한 믿음만이 힘이 될 수 있고 산을 들어올릴 수 있다. 완전한 신비주의라면 그러한 지점에까지 도달했을 것이다. 아마도 인도에서 이런 신비주의를 만나게 된 시기는 훨씬 뒤이다. 기적적 행위를 믿는 이 신비주의는 기독교의 신비주의와 비교될 만한데, 비교적 최근의 사례만을 말하면 우리는 이것을 라마크리슈나*⁴나 비베카난다*5에게서 발견한다. 그러나 정확히 그 사이에 기독교가 나타났다. 기독교의 인도에 대한 영향은—기독교는 이슬람교에까지 영향을 미쳤다—매우 피상적이었다. 그러나 이미 예감하고 있는 영혼들에게는 단 하나의 암시나 신호만으로도 충분하다. 그렇지만 어떤 교의로서의 기독교의 직접적인 작용은 인도에서는 거의 없었다는 사실을 인정해야 한다. 기독교는 모든 서구 문명에 침투했기 때문에, 사람들은 기독교가 마치 향수인 듯이, 이 기독교 문화가 지니고 있는 모든 것 속에서 그 냄새를 흡입한다. 우리가 나중에 살펴보겠지만 산업주의 자체도 간접적으로 여기에서 파생되었다. 그러나 라마크리슈나나 비베카난다 같은 이의 신비주의를 일깨우는 동기는 산업주의이며 서구 문명이다. 이 열성적이고 활동적인 신비주의는, 인도인이 자연에 의해 짓밟히고 모든 인간의 간섭이 무용하다고 느끼던 시대에는 나타나지 않았다. 피할 수 없는 기근이 수백만의 불행한 사람들을 굶어죽게 만든다면 어떤 일을 할 수 있을까? 인도 염세주의의 근본에는 이러한 무력감이 있다. 인도로 하여금 자신의 신비주의의 목표에 도달하지 못하게 한 요인은 바로 이 염세주의이다. 왜냐하면 완전한 신비주의는 행동이기 때문이다. 그런데 토지의 산출을 증가시키고 무엇보다도 그 생산물을 유통시키는 기계가 전해지면, 군중들이 거스를 수 없는 필연성에 의해 노예와 같은 비참한 생활에 빠지는 일이 없다는 사실을 실질적으로 증명하는 정치적·사회적 조직도 전해진다. 해탈은 전혀 새로운 의미에서 가능해지고, 신비적인 추진력이 어딘가에서 충분한 힘을 가지고 수행된다면 그 힘은 분명 행위가 불가능한 경우를 만나도 단번에 멈추지는 않을 것이다. 그 힘은 더 이상 체념의 교설이나 황홀경의 연습으로 후퇴하지는 않을 것이다. 영혼은 자기 자신에 몰입하는 대신에 보편적인 사랑을 향해 자신을 개발할 것이다. 그러나 이러한 발명들과 유기적 조직들은 서구적이다. 인도에서 신비주의로 하여금 자신의 목표에 도달케 한 것은 바로 이들이다. 그러므로 그리스나 고대 인도에서도 완전한 신비주의는 없었다. 왜냐하면 약동이 충분치 못했고, 어떤 때는 물질적인 환경이나 지나치게 편협한 지성에 의해 신비주의가 방해되어 있었기 때문이다. 우리가 회고적으로 신비주의의 출현을 보게 될 때 그것은 어느 단적인 한 순간의 신비주의의 출현에 의해서이다. 그것은 마치 갑자기 폭발하는 화산이 과거로부터 있었던 일련의 긴 지진을 단번에 선명하게 드러내 보여 주

듯이 출현한다.*6

5. 기독교 신비주의

완전한 신비주의는 결국 위대한 기독교 신비가들의 믿음이다. 잠깐 그들의 기독교를 제쳐두고, 그들에 있어서 내용이 없는 형식만을 고찰해 보자. 틀림없이 그들 대부분은 다양한 점에서 고대 신비주의가 도달한 바와 유사한 상태들을 지나왔다. 그러나 기독교 신비가들은 그러한 상태를 단순히 통과해왔을 뿐이다. 그들은 전혀 새로운 노력을 하기 위해 자신에게로 힘을 응축하고 수렴하면서 제방을 무너뜨렸다. 그러자 거대한 생명의 물결이 또 다시 그들을 사로잡아 버렸다. 그들의 증대된 생명력으로부터 정열과 모험, 관념과 비상한 실현력이 나타났다. 행위의 영역에서 성자 바울로, 성녀 테레사, 시에나의 카텔리나, 성자 프란체스코, 잔다르크, 그 밖의 많은 인물*7이 수행했던 일을 생각해 보자. 이 모든 풍요한 활력은 거의 기독교를 전파하는 데 사용되었다. 그렇지만 예외도 있다. 그리고 잔다르크의 경우에는 형식이 그 내용으로부터 분리될 수 있음을 보여 주기에 충분할 것이다.

이처럼 위대한 신비가들의 내면적인 발전을 끝까지 추적할 때, 우리는 이들을 어떻게 미치광이와 동일시할 수 있었는지에 대해 의문을 갖는다. 물론 우리는 불안정한 균형 상태에 살고 있으며 더욱이 평균적인 정신 건강은 신체 건강과 마찬가지로 정의하기가 어렵다. 그렇지만 지적으로 확고하게 안정된 예외적인 건강이 있는데 이러한 지적 건강은 쉽게 확인된다. 그 건강은 활동하고 싶어하며, 다양한 환경에 적응하며 또 재적응하는 능력, 유연함과 결합된 확고함, 가능한 것과 불가능한 것에 대한 예견적인 분별력, 복잡함을 이겨내는 정신의 단순성, 다시 말해 뛰어난 지식과 판단력(bon sens)으로써 나타난다. 이러한 지적 건강은 바로 우리가 말하고 있는 신비가들에게서 발견되지 않는가? 그리고 그들은 지적인 건강에 대한 정의 자체에 공헌할 수 있지 않을까?

우리가 그들의 정신을 달리 판단한다면, 그것은 종종 결정적인 변화에 앞서 나타나는 신비가들의 비정상적인 상태 때문이다. 그들은 자신의 환상과 황홀경, 법열에 대해서 이야기한다. 이런 현상은 정신병자들에게서도 자주 일어나며, 병자들의 병을 구성하는 요소이다. 최근 황홀경을 노이로제 증세처럼 고찰한 중요한 저서*8가 출간되었다. 그러나 건강한 상태와 유사한데도 병적인 상태가 있다. 그렇다 해도 건강한 상태는 건강한 것이고 병든 상태는 병적이다. 어떤 미치광이는 스스로를 황제라고 믿는다. 그의 태도나 말, 행위에서 그는 제법 나폴레옹과 같은 태도를 취할 것이다. 그것이 바로 그의 광증(狂症)이다. 그의 행위가 조금이라도 나폴레옹의 명예를 손상시키게 될까? 우리는 신비주의를 흉내낼 수도 있다. 그렇다면 거기에 신비한 광증이 있을 것이다. 이런 사실로부터 신비주의가 광증이라고 말할 수 있을까? 그렇다고 해도 황홀경과 환상, 그리고 법열은 비정상적인 상태임에 틀림없으며, 비정상적인 것과 병적인 것을 구분하기는 어렵다. 더욱이 위대한 신비가들의 견해도 마찬가지였다. 그들은 자신의 제자들에게 순전히 환각적일 수 있는 환상들에 대해 경계하라고 말한 최초의 사람들이었다. 그리고 그들이 환상을 접했을 경우에도, 그들 자신의 환상에 대해서 일반적으로 이차적인 중요성만을 부여했을 뿐이었다. 그것은 목적지로 가는 도중에 생긴 부수적인 사건들이었으며, 이를 넘어설 필요가 있었다. 법열과 황홀경은 뒤에 남겨 두어야 했다. 이 목적지는 인간적인 의지와 신적인 의지의 동화이다. 사실 이 비정상적인 상태나, 그러한 상태에서 병적인 상태로까지 되는 까닭은, 우리가 정적인 것에서 동적인 것으로, 닫힌 것에서 열린 것으로, 일상 생활에서 신비한 생활로 나아갈 때 겪는 혼란을 생각한다면 쉽게 이해될 것이다. 영혼의 어슴프레한 심층이 동요될 때 표면으로 올라와 의식에 도달하는 내면의 표출은 그 강도가 충분한 경우에는 이미지(image)적 형태나 정서적 형태를 취한다. 정서가 쓸데없는 동요에 지나지 않듯이 이미지들도 대부분의 경우 순수한 환각이다. 그러나 이 둘 모두 이러한 혼란을, 보다 우월한 평정을 위한 조직적인 재정비로 나타내 보일 수 있다. 이미지는 이때 예비되어 있는 어떤 형상의 상징이며, 정서는 변화를 기대하는 영혼의 집중이다. 이 정서의 경우가 신비주의의 경우이다. 그러나 정서는 이미지의 성질도 가질 수 있다. 단순히 비정상적인 정서에 분명 병적인 이미지가 겹쳐질 수 있다. 의식과 무의식 간의 통상적인 관계를 혼란에 빠뜨리면 위험을 초래하게 된다. 따라서 신경 장애가 곧잘 신비주의를 수반한다고 해도 놀랄 필요는 없다. 우리는 이런 경우를 다른 형태의 천재, 특히 음악가의 경우에서도 자주 만난다. 그 현상, 즉 신경장애와 신비주의의 만남은 단순한 우연으로 보아야 한다. 그러한 신경장애에 있어서는 이미지들이 신비적인 이미지가 아니듯이 정서들도 음악적인 정서가 아니다.

영혼이 자신을 인도하는 생명의 흐름에 의해 자신의 심층으로부터 동요되면, 이 영혼은 순간적으로 종족과 개인이 순환적으로 서로를 조건지우는 법칙에서 벗어나 자신으로 귀환하는 일을 멈춘다. 영혼은 마치 그를 부르는 소리를 들은 듯이 멈춘다. 그리고 곧장 앞으로 나아간다. 영혼은 그를 움직이는 힘을 직접적으로 인식하지는 못하지만, 그 힘의 표현할 수 없는 현존(présence)을, 또는 상징적인 환상을 통해 신적인 힘을 느낀다. 그때 끝없는 기쁨과 영혼이 몰입되는 황홀경과 영혼을 매혹시키는 법열이 찾아온다. 신(Dieu)이 거기에 있고 영혼은 신 안에 있다. 더 이상 아무런 신비도 없다. 문제들은 사라지고 어둠은 흩어져 버리며, 명백한 광명이 넘쳐흐른다. 그러나 얼마 동안 계속될까? 또다시 황홀경 위를 날아다니던 희미한 불안이 내려와 그림자처럼 황홀경에 결합된다. 이 불안은 이에 뒤따르는 상태들이 없다 해도 그것만으로도 완전하고 진정한 신비주의를, 앞에서 예상한 모방이나 예비적인 것과 구분하기에 충분할 것이다. 사실 이 불안은, 위대한 신비가의 영혼이 여행길에서의 종점인 듯이 그 영혼의 황홀경에 머무르지 않고 있음을 보여 준다. 비유가 적합하다면 황홀경은, 바로 휴식이나 마치 자동차가 앞으로 새롭게 출발하려는 기대 속에서 억제된 상태로 계속 시동만을 건 채 머물고 있을 정류소에서의 휴지 상태이다. 더욱 간단히 말해 보자. 신과의 결합이 아무리 긴밀하다 해도 전면적이 아니라면 결정적인 결합은 아닐 것이다. 물론 사유와 사유 대상 사이에 더는 어떠한 간격도 없다. 왜냐하면 이 간격을 측정하고 이 거리를 형성하는 문제들이 사라졌기 때문이다. 사랑하는 것과 사랑받는 대상 사이에 더는 근본적인 분리가 없듯이 말이다. 신은 현존하시고 기쁨은 무한하다(Dieu est présent et la joie est sans bornes). 그러나 영혼이 사유와 감정을 통해 신에게 흡수된다면 영혼의 어떤 부분은 자신의 외부에 남아 있게 된다. 그것은 의지이다. 이 의지가 발동하면 단순히 의지로부터 그 행위가 발생할 것이다. 그러므로 그 영혼의 삶은 아직 신적인 삶이 아니다. 영혼은 이 사실을 잘 알고 있다. 영혼의 희미한 불안과 이 휴식 속의 동요는, 우리가 완전한 신비주의라 불렀던 동요의 특징이다. 약동이 좀더 멀리 나갈 결심이 되어 있는데도 황홀경은 단지 보고 감동하는 기능과 관계하고 있음을 이 신비적 동요는 나타낸다. 그러나 또한 이 동요는, 의지가 있고 이 의지 자신을 신에게 귀속시킬 필요가 있음을 보여 준다. 이러한 감정이 모든 곳을 점유할 정도로 증대될 때, 황홀경은 사라지고, 영혼은 또다시 고독감을 느끼고, 때로는 슬픔에 잠긴다. 얼마 동안 눈부신 빛에 익숙해진 영혼은 어둠 속에서는 아무것도 구별하지 못하게 된다. 영혼은 그의 마음속에서 몰래 이루어지고 있는 의미 깊은 작업을 이해하지 못한다. 영혼은 자신이 너무 많은 것을 잃었다고 느낀다. 그는 이 잃음이 모든 것을 얻기 위한 잃음이라는 사실을 아직 모른다. 위대한 신비가들이 '어두운 밤'(nuit obscure)이라고 말했던 것은 바로 이러한 무지이며, 이것은 아마도 기독교 신비주의 가운데 가장 의미 있고 교훈적이다. 위대한 신비주의의 결정적이고 특징적인 국면은 준비되었다. 이 마지막 준비 단계를 분석할 수는 없다. 신비가들 자신도 이 메커니즘을 거의 들여다보지 못했기 때문이다. 우리가 말할 수 있는 것은, 특별한 일을 위해 만들어진 매우 견고한 강철로 된 기계가 조립된 순간에 자신에 대한 의식을 갖는다면, 틀림없이 자신은 그와 비슷한 상태 속에 있으리라는 사실이다. 이 기계의 부품들 하나하나는 엄격한 검사를 받아, 어떤 부품은 버려지고 어떤 부품은 다른 것으로 대치되므로, 이 기계는 여기저기에서 결함을 느끼고 전신에서 고통을 느낄 것이다. 그러나 완전히 피상적인 이 고통은 단지 깊어지기만 한다면 놀랄 정도의 도구가 되는 기대와 희망 속에서 틀림없이 사라져 버릴 것이다. 신비한 영혼은 이러한 기대와 희망의 도구가 되고자 한다. 그 신비한 영혼은 자신의 실체 속에서, 신이 쓰기에 충분히 순수하지도 유연하지도 않은 모든 요소를 제거한다. 그래서 이미 그 영혼은 현존하는 신을 느끼고 상징적인 환상 속에서 신을 보았다고 생각하며, 이미 황홀경 속에서 신과 합일하였다. 그러나 이 모든 상태는 전혀 지속적일 수 없었다. 왜냐하면 이 모든 상태는 관상(觀想)에 지나지 않으며, 행위가 영혼을 영혼 자신에게로 데려감으로써 영혼과 신을 떼어놓기 때문이다. 이제 이 행동하는 영혼을 통하여 이 영혼 속에서 행동하는 이는 신이며, 이 합일은 전면적이고 결정적이다. 그러므로 매커니즘이나 도구와 같은 말이 일깨우는 비유와 상들은 한편으로 제쳐두어야 훨씬 좋다. 우리는 이 비유와 상들을 예비작업의 관념을 떠올리기 위해 사용할 수 있었다. 그러나 이에 의해서는 마지막 결과에 대해 아무것도 얻은 바가 없다. 이후 그것은 그 영혼에게는 생명의 충만함이다. 그것은 무한한 약동이다. 그것은 영혼을 더욱더 광대한 모험 속으로 내던지는 저항할 수 없는 추진력이다. 그 모든 기능의 조용한 고양에 의해 영혼은 광대하게 볼 수 있고, 그 고양이 아무리 미약하다 할지라도 힘있게 실현한다. 무엇보다도 그러한 영혼은 사물을 단순하게 보며, 이 단순성은 그의 말과 행위에서도 드러나 보임으로써 그 영혼이 지각조차 못할 것 같은 복잡함에서 빠져나가 이 영혼을 인도한다. 선천적인 인식, 아니 오히려 후천적인 순수함이 이처럼 곧바로 이 영혼에게 유용한 절차와 결단성 있는 행위와 반박할 수 없는 말을 제공해 준다. 그렇지만 노력은 아직도 필요하다. 또한 인내와 끈기도 마찬가지이다. 그러나 이러한 영혼의 힘들은 단독으로 발생하고, 능동적이면서 동시에 '수동적인' 영혼 속에서 스스로 전개되는 것으로서, 이 영혼의 자유는 신적인 활동과 일치한다. 이러한 영혼들은 막대한 에너지 소비를 보이나, 이 에너지는 그 영혼이 주장하는 생명력의 충만함이 생명의 원천 자체에서 흘러나오기 때문에 요구되는 즉시 제공된다. 이제 환상은 멀리 있다. 이후부터 신성은 이 신성으로 채워진 영혼의 외부에서는 나타날 수 없을 것이다. 그런 인간을 그 주변의 사람들로부터 본질적으로 구별하게 하는 것은 아무것도 없다. 단지 그 자신만이, 신을 돕는 자(adjutores Dei)[9]의 반열에 자신을 올려놓고, 또한 신과의 관계에서 수동적으로, 사람과의 관계에서 능동적인 지위에까지 올려놓는 변화를 생각한다. 그는 결코 이러한 고양 때문에 오만해지지는 않는다. 반대로 그는 매우 겸손하다. 한편으로 그의 영혼이 완전히 녹아 버렸다고 느끼는 감정과 마주한 조용한 대화 가운데서, 우리가 신적인 겸손이라고 할 수 있는 말을 할 수 있다면, 어떻게 그가 사람들에게 겸손해지지 않겠는가?

6. 신비주의와 변혁

황홀경, 즉 관조적 명상에 도달한 신비주의 안에도 이미 어떤 행위가 예고되어 있다. 하늘에서 땅으로 다시 내려오자마자 신비가들은 가르치고자 하는 욕구를 느낀다. 물론 육신의 눈으로 보는 세상은 실재하지만 이 눈에 보이는 바와는 다른 세상이 있으며, 그것은 이성적 추론의 결론처럼 단순히 가능하다거나 있을 법한 세상이 아니라 하나의 체험처럼 확실한 세상이라는 사실을 모든 사람에게 알릴 필요가 있었다. 즉, 어떤 사람은 보았고, 어떤 사람은 접했으며, 어떤 사람은 알았다고 알려야 했다. 그렇지만 그 세계에는 사도직(使徒職) 앞에서 그렇듯이 망설임만이 있을 뿐이다. 결국 시도는 실망스러웠다. 경험으로부터 얻은 확신을 어떻게 말로 전달할 수 있으며, 무엇보다도 표현할 수 없는 사실들을 어떻게 나타낼까? 그러나 이러한 문제들은 위대한 신비가에게는 일어나지도 않는다. 그는 진리가 자신 안에서 활동적인 힘처럼 자신의 근원으로부터 흘러나옴을 느낀다. 그는 이 진리를 퍼뜨리는 데 있어서 태양이 빛을 쏟아낼 때 그렇듯이 억제하지는 않을 것이다. 그는 진리를 단순한 말로 전파하지는 않는다.

왜냐하면 그를 불태우는 사랑은 단순히 인간의 신에 대한 사랑이 아니고, 모든 사람에 대한 신의 사랑이기 때문이다. 신을 통하여, 신에 의해 그는 신적인 사랑으로 모든 인류를 사랑한다. 그런 사랑은, 철학자들이 모든 인간은 근원적으로 이성적인 동일한 본질에 속함을 증명하며 이 이성의 이름으로 권고하는 형제애는 아니다. 다시 말해 고귀한 이상 앞에서 우리는 존경심을 갖고 이끌린다. 우리는 그 이상이 개인이나 사회에 큰 폐가 되지 않는다면 이 이상을 실현하려고 할 것이다. 그러나 우리는 정열적으로 그 일에 집착하지는 않을 것이다. 집착한다면 우리는 우리 문명의 한 구석에서 신비주의가 남긴 영혼을 고양시키는 향기를 맡게 될 것이다. 만약 단 하나의 나눌 수 없는 사랑으로 온 인류를 포용하기 위해 신비가들이 존재하지 않았다면, 일상의 경험에는 잘 일치되지 않으면서도 모든 인간의 좀더 우월한 본질에 똑같이 참여하는 원리를 철학자들 스스로가 그렇게 확신있게 규정할 수 있었을까? 그러므로 여기에서 문제는, 그 형제애란 하나의 이상으로 만들기 위해 우리가 구축한 관념으로서의 형제애는 아니다. 또한 사람에게 내재해 있는, 사람에 대한 동정을 강화하는 사랑 감정은 더더욱 아니다. 더구나 그러한 애정 본능은 사실상 그것의 반대급부가 갖는 이유 때문에 철학자들의 상상 속에서나 존재해 오지 않았나 하는 의문을 제기할 수도 있다. 가족, 국가, 인류는 점점 더 확대되는 동심원처럼 보이므로, 우리는 가족이나 국가를 사랑하듯 자연스럽게 인류를 사랑해야 한다고 생각한다. 그러나 실제로는 가족 집단이나 사회 집단은 자연에 의해 의욕된 단독적인 형태들이며, 여기에는 본능이 대응한다. 또한 사회적 본능이 사회를 지탱케 하는 목적은 사회들 서로간의 투쟁을 위해서이지 이들이 통일을 이루어 결과적으로 인류를 구성하게 하기 위해서는 결코 아니다. 기껏해야 가정적 감정이나 사회적인 감정이 때로 풍부해지면, 사치나 놀이에 의해 그 풍부해진 감정들은 자연적인 경계선 너머까지 이를 수 있을 뿐이다. 그런 감정은 결코 멀리까지 이르지는 못한다. 그러나 인류에 대한 신비가의 사랑은 전혀 다르다. 그 사랑 감정은 본능의 연장이 아니며 관념에서 비롯되지도 않는다. 그 감정은 감각적이지도 이성적이지도 않다. 그 신비가의 인류애는 감각과 이성을 함축적으로 가지고 있으나 훨씬 효과적인 것이다. 왜냐하면 그러한 사랑은 다른 모든 것들의 근원에 있듯이 감성과 이성의 근원에도 있기 때문이다. 이 사랑은 그 결과로서 신의 사랑, 모든 것을 창조한 사랑과 일치하므로, 이 사랑은 질문할 수 있는 사람에게 창조의 비밀을 털어놓을 것이다. 그것은 도덕적인 사랑보다 더 형이상학적이기도 하다. 그러한 사랑은, 하느님의 도움으로 인간 종(種)의 창조를 완성하고, 인류가 인간 자신의 도움 없이도 확고하게 스스로를 형성할 수 있었다면 곧바로 완성되었을 그러한 존재로 만들기를 원할 것이다. 또는 뒤에서 살펴보겠지만 똑같은 의미를 다른 말로 나타내는 단어를 사용한다면 그 사랑의 방향은 생명의 약동의 방향이며, 특별한 사람에게 완벽하게 전해진 생명의 약동 자체이다. 이때 이 특별한 사람은 이 약동을 온 인류에게 전하고, 현실적인 모순이기는 하지만 하나의 종(種)으로서 창조된 이 피조물을 창조적인 노력으로 바꾸어, 정지인 것을 정의(定義)에 의해 운동으로 바꾸려고 하는 사람이다.

그것은 성공할까? 신비주의가 인류를 틀림없이 변화시키는 일은 신비주의 자신의 일부분을 차례로 천천히 전파함으로써만 가능하다. 신비가들은 이 점을 잘 알고 있다. 그들이 직면할 커다란 장애는 신적인 인류의 창조를 방해하는 장애물이다. 사람은 이마에 땀을 흘려야 빵을 얻을 수 있다. 즉, 인간은 동물이며, 동물 세계를 지배하고, 생명체로 하여금 생명체를 먹도록 하는 법칙에 복종한다. 그래서 인간에게 식량은 일반적으로 자연과, 그리고 인간이 동료들과 함께하는 다툼의 대상물이다. 사람은 필연적으로 이 식량을 얻기 위해 노력하고, 또 그의 지능은 바로 이 싸움과 일을 위해 무기와 도구를 공급하도록 만들어졌다. 이런 조건에서 인간은 어떻게 본질적으로 땅에 고정되었던 그의 주의력을 하늘로 돌릴 것인가? 이렇게 주의력을 돌리는 일이 가능하다면, 그것은 서로 크게 구별되는 이 두 가지 방법을 동시에 또는 순차적으로 사용함으로써 가능하다. 우선 첫 번째로 지적인 작업을 강화하고 자연이 그에게 요구했던 정도를 초월해서까지 지능을 전개하여, 단순한 도구가 거대한 기계 조직에게 자리를 양보함으로써 인간의 활동을 자유롭게 하며, 더욱이 이 기계의 진정한 목적을 보장하는 정치적·사회적 조직에 의해 이 해방을 강화하는 데에서 성립한다. 이 방법은 위험한 수단이다. 왜냐하면 기계가 발전할수록 신비적인 것에 대항할 수 있기 때문이다. 기계의 가장 완전한 발전은 이 신비적인 것에 대한 명백한 반동에 의해서이다. 그러나 모험을 할 위험이 조금 더 있다. 즉, 좀더 고차원의 활동은 좀더 저차원의 활동을 필요로 하기 때문에, 필요하다면 스스로를 보호하는 행위에서 벗어나 저차원의 활동을 자극하거나 또는 어떤 경우든 간에 내버려 두어야 한다. 그런데 경험이 알려 주는 바에 따르면, 이 서로 상반되기는 하지만 보완적인 두 경향 중 어느 하나가 모든 자리를 차지하기 위해 증대된 경우에도, 다른 하나는 스스로를 조금이라도 보존할 수 있다는 사실만으로도 기쁘게 생각할 것이다. 자신의 때가 다시 오면, 그때에는 자신이 없이도 이루어졌고 그 자신에 대립해서 심지어 강하게 영위되기조차 한 모든 행위까지도 이용할 것이다. 어쨌든 이 수단은 훨씬 뒤에야 사용될 수 있었고, 그때까지는 전혀 다른 방법을 따라야 했다. 그것은 신비한 약동이, 분명 불가능한 직접적이고도 일반적인 전도를 꿈꾸는 것이 아니라, 비록 약화되기는 했지만 전체가 모여 하나의 정신적인 사회를 구성할 소수의 선택받은 사람들에게 신비한 약동을 전달하는 식의 방법이었다. 이런 사회는 이른바 분봉(分蜂)을 할 수가 있고, 이들 각각은 예외적인 천분이 주어진 구성원들에 의해 하나 또는 다수의 다른 사회를 탄생시킬 것이다. 이렇게 해서 자연에 의해 인류에게 부과된 물질적 조건들의 근본적인 변화가 정신적인 측면에서의 철저한 변화를 허용하게 될 때까지, 그 약동은 보존되고 계속될 것이다. 위대한 신비가들이 따라온 방법은 이와 같은 것이다. 무엇보다도 그 위대한 신비가들이 수도원의 건립이나 수도회의 창설에 그들의 흘러넘치는 힘을 소모할 필요성은 필연적이었고, 또한 그들이 더 이상의 일은 할 수 없었기 때문이다. 우선 그들은 더 멀리까지 살펴볼 필요는 없었다. 그들로 하여금 인간을 신에게까지 고양시키게 하고 신적인 창조를 완성하게 하는 데까지 이끄는 사랑의 약동은 그들을 도구로 사용하는 신의 도움없이는 다다를 수 없는 것이다. 그러므로 그들의 모든 노력은 매우 위대하고 어려운, 그러나 매우 한정된 일에 집중되었다. 다른 노력들도 시도될 것이고 더욱이 다른 노력들은 이미 나타났다. 모든 노력은 한 점에 집중될 것이다. 왜냐하면 신이 이 노력들을 통합하기 때문이다.

사실 우리는 사항을 매우 단순화시켜 왔다. 보다 더 명료화시키고 무엇보다도 어려움을 열거하기 위해, 우리는 마치 내적 계시의 사자인 기독교 신비가가 이 계시를 전혀 알지 못하는 인류 앞에 갑자기 나타난 것처럼 추론해 왔다. 사실상 기독교의 신비가가 말을 거는 사람들은 이미 하나의 종교를 가지고 있고, 더욱이 이 종교는 그 신비가의 종교와 같았다. 이 신비가가 환상을 가진다면, 그 환상은 그의 종교가 그에게 관념의 형태로 알려 주었던 바를 심상으로 제시해 줄 것이다. 이 신비가가 황홀경을 체험한다면, 이 황홀경은 그 신비가가 상상해 왔으나 이 종교가 그에게 제공해 온 추상적인 묘사에도 일치하는 신에게, 즉 모든 실재를 넘어서는 한 분이신 신에게 자신을 결합시킬 것이다. 우리는 이 추상적인 가르침이 신비주의의 근원에 있지 않았었는지, 이 신비주의는 그 종교의 교의 내용을 복습하게 함으로써 이번에는 열정적인 문자로 나타내는 일 이외에는 아무것도 하지 않을 것인지를 의심할 수도 있다. 그렇다면 신비가의 역할은 종교를 다시 활기차게 하기 위하여 그들에게 생기를 주는 어떤 열정을 종교에 전하는 일 뿐이다. 그리고 물론 그러한 견해를 주장하는 사람은 그 견해를 받아들이는 데 아무런 어려움도 없을 것이다. 종교의 가르침은 결국 모든 가르침과 같이 지성에 호소하고, 또 이 지적 차원의 가르침은 그것이 무엇이든, 모두가 접근할 수 있는 가르침이 된다. 종교를 가지고 있든 그렇지 않든 간에, 우리는 종교의 비밀 의식을 신비로서 표상하기만 하면 되므로, 항상 지적으로는 그것을 동화한다. 반대로 신비주의는 그 무언가를 체험하지 않은 사람에게는 결코 아무것도 말하지 않는다. 그러므로 모든 사람은 말로 표현할 수 없는 독자적인 신비주의가 점점 지적인 언어로 형식화된 기존의 종교에 끼여든다는 사실을 인정한다. 그러나 신비주의에 의해서만 존재하고 지성적으로 공식화할 수 있기 때문에 일반화할 수 있는 종교는, 신비주의의 추출물이라는 관념을 사람들이 인정하게 하기는 어렵다. 이러한 해석들 가운데 어떤 해석이 종교의 정통성에 일치하는지를 탐구할 필요는 없다. 단지 심리학적인 관점에서는 처음에 말한 것보다 두 번째 말한 것이 더욱 진실에 가깝다는 것만을 말해 두자. 단순한 교설에 지나지 않은 교리에서 열광과 계시와 산을 움직일 만한 신앙이 생기기는 어려울 것이다. 그러나 만일 이러한 열광이 존재하는 경우, 끓어오르는 물질이 교설이란 거푸집에 쉽게 흘러들어가거나 응고되면 교설 자체가 될 것이다. 그러므로 우리는 종교를, 이렇듯 신비주의가 연소되어 인간의 영혼에 저장되어 있던 바가, 뛰어난 냉각 작용에 의해 결정화된 것이라고 생각한다. 이러한 종교를 통해서 모든 사람은 특별한 소수인만이 충만하게 가졌던 것을 소량 얻을 수 있다. 사실 한 종교 자체가 용인되기 위해서 다른 많은 요소들을 받아들였을 것이다. 인간이 새로운 것을 잘 받아들일 수 있는 것은 그 새로운 것이 옛 것을 계승한 경우뿐이다. 그러나 옛 것은 한편으로는 그리스 철학자들이 쌓아올렸고, 다른 한편으로는 고대 종교들이 상상해 왔던 것이다. 기독교가 이 둘에서 많은 것을 받아들였다는 것, 아니 오히려 끌어냈다는 것은 의심의 여지가 없다. 기독교는 그리스 철학적인 면을 지니고 있고, 우리가 정적 또는 자연적이라고 부른 종교에서 유래된 많은 제례 의식과 축제 의식 그리고 믿음까지도 간직하였다. 그것은 기독교에 이익을 주었다. 왜냐하면 아리스토텔레스적인 신플라톤주의를 부분적으로 차용함으로써 이 종교는 철학적인 사유에 복귀할 수 있었고, 고대 종교에서 빌려온 요소들은, 방향이 반대이고 예전과 같은 점이라고는 이름뿐인 새 종교가 보급 되도록 도왔음에 틀림없다. 그러나 이런 것들은 전혀 본질적인 것이 아니었다. 이 새로운 종교의 본질은 신비주의를 전파하는 일이었음에 틀림없다. 고귀한 통속화 운동이 있는데, 이 운동은 과학적 진리의 전체적인 윤곽을 존중하고, 단순히 교양을 가진 사람들에게 자신의 진리를 대체적으로 이해하게 해준다. 그러나 언젠가는 보다 큰 노력이 그들에게 과학적 진리를 상세하게 발견하도록 해주며 무엇보다도 그 깊은 의미를 파악하도록 해줄 것이다. 종교에 의한 신비주의의 전파도 우리에게는 이와 똑같다. 이런 의미에서 종교와 신비주의의 관계는 통속화와 과학의 관계와 같다.

그러므로 신비가가 눈 앞에서 발견하는 것은, 가르침을 말하는 종교에 보이지 않게 현존하면서 다른 신비가에 의해 배우도록 준비된 인류이다. 더욱이 그의 신비주의까지도 이 종교에 의해 물들여져 있다. 왜냐하면 이 신비주의의 출발점은 이 종교이기 때문이다. 그의 신학은 일반적으로 신학자들의 신학과 같을 것이다. 그의 지성과 상상력은 그가 체험한 바를 말로 표현하고, 그가 정신적으로 본 것을 물질적인 형상으로 표현하기 위하여 신학자들의 가르침을 이용할 것이다. 이런 일은 이 신비가에게는 쉬울 것이다. 왜냐하면 신학은 신비성에 그 원천을 두고 있는 흐름에서 그야말로 물을 끌어왔기 때문이다. 이처럼 신비가의 신비주의는, 종교가 그의 신비주의로 인해 풍부해지는 날까지는 종교에게 신세를 진다. 이렇게 함으로써 그가 우선 소명 받았다고 느끼는 역할, 즉 종교적 신앙을 강화하는 역할이 설명된다. 그는 우선 제일 시급한 일에 착수한다. 현실적으로 위대한 신비가들에게 문제되는 점은, 자신이 내보이는 모범으로부터 시작하여 인간성을 근본적으로 변화시키려 한다는 점이다. 이 목적이 실현되게 하는 요인은 결과적으로는 신학적 근원에 존재하고 있었을 터인 신적인 인류이다.

그러므로 신비주의와 기독교는 제한없이 서로의 조건이 되고 있다. 그렇지만 분명 시작이 필요했다. 사실상 기독교의 근원에는 그리스도가 있다. 우리가 서 있고, 모든 인간의 신성이 확실해지는 관점에서 보면, 그리스도가 인간으로 불리는지 여부는 중요하지 않다. 또한 그가 그리스도라 불리는지조차 중요하지 않다. 예수의 존재를 부정하기까지 한 사람들도, 산상수훈이 복음서에서 다른 신성한 말과 함께 나타나는 일을 방해하지는 않을 것이다. 산상수훈의 주인에 어떤 이름을 붙이든 간에 우리는 그 주인의 존재를 부정하지는 않을 것이다. 그러므로 여기에서는 그런 문제를 제기할 필요는 없다. 단지 말해 둘 점은, 위대한 신비가들이 우리가 묘사했던 바로 그런 사람이라면, 그들은 복음서에서 완전하게 그리스도였던 분의 독자적이기는 하나 불완전한 모방자들이자 후계자들이라는 점이다.

7. 이스라엘의 예언자들

그리스도 자신은 이스라엘 예언자들의 후계자로 간주될 수도 있다. 그리스도교가 유대교의 근본적인 변형이었다는 사실은 의심할 여지가 없다. 다음과 같은 사실은 수없이 말해졌다. 즉, 본질적으로는 아직도 민족주의적 종교에 보편적인 것이 될 수 있는 종교가 대치되었다는 것이다. 의심할 바 없이 모든 다른 신들보다 그 전능과 정의면에서 두드러졌으며, 자신의 권능을 백성을 위해 행사하고, 자신의 정의로 그의 종들에게 관심을 보이신 신의 뒤를 이어, 사랑의 신, 온 인류를 사랑하는 신이 나타났다. 우리가 유대 예언자들을 고대 신비가들 사이에다 끼워 넣지 않은 까닭은 바로 이 때문이다. 여호와는 매우 엄한 심판자였고, 이스라엘과 그들의 하느님 사이에는 충분한 친근감이 없었기에, 유대교는 우리가 정의한 신비주의가 되지 못한다. 그렇지만 어떠한 사상이나 감정의 흐름도, 우리가 완전하다고 한 신비주의를 출현시키는 데 있어 유대의 예언적 전통만큼 공헌하지는 못했다. 그 이유는, 만일 어떤 다른 조류(潮流)가 몇몇 사람들을 관상적인 신비주의에까지 이끌고 가서, 이에 의해 그 사람이 신비가로 간주될 자격이 있다면, 그가 도달한 지점은 순수한 관상(觀想) 상태였기 때문이다. 사유(思惟)와 행위 사이의 간격을 뛰어넘기 위해서는 비약이 필요한데, 그 비약이 결여되어 있다. 우리는 이 비약을 예언자들에게서 발견한다. 그들은 정의(正義)에 대한 열정을 가지고 있고, 그들은 그 정의를 이스라엘의 하느님의 이름으로 요구한다. 그리고 그리스도교는 유대교의 뒤를 이음으로써 행동적인 신비주의를 갖게 되었고, 세계 정복을 위해 진군해 나갈 수 있었던 것은 대부분 유대 예언자들 덕분이었다.

8. 신의 존재

신비주의가 바로 우리가 앞에서 언급한 것이라면, 그것은 어떤 점에서 신의 존재와 신의 본성 문제에 실험적으로 착수하는 수단을 제공할 것이다. 더구나 우리는 철학이 어떻게 달리 이 문제에 접근할 수 있는지를 알지 못한다. 일반적으로 실재(實在)하는 대상은 지각되거나 지각될 수 있는 대상이라고 평가한다. 그러므로 그것은 현실적 또는 가능적인 경험에 주어진다. 기하학자가 기하학적인 도형을 만들듯이 어떤 대상이나 존재의 관념을 만드는 일은 자유롭다. 그러나 경험만이 어떤 대상을 그처럼 형성된 관념이 아닌 현실적인 존재라고 확증할 것이다. 당신은 모든 문제가 여기에 있으며, 어떤 절대적 존재가 우리가 경험할 수 없으면서도 실재하는 다른 모든 것처럼 실재한다는 점에서, 이 문제는 단적으로 다른 모든 문제와 구분된다고 말할 텐가? 나는 이런 종류의 주장과 여기에 덧붙여지는 추론들이 근본적인 착각을 내포한다고 생각하지만, 지금은 잠시 그 주장과 추론들을 인정하겠다. 그러나 이처럼 정의되고 증명된 존재가 바로 신이라는 사실을 확증하는 문제가 남을 것이다. 당신은 그것은 정의에 있어서의 신이며, 정의되는 어구에 우리가 마음 내키는 대로 자유롭게 의미를 부여한다고 주장할 것인가? 나는 그 점도 인정한다. 그러나 당신이 일상적인 의미와는 전혀 다른 의미를 그 어구에 부여한다면, 그 의미가 적용되는 대상은 전혀 새로운 대상이 된다. 즉, 당신의 추론은 더 이상 옛 대상에 대한 추론이 아니다. 그러므로 우리에게는 당신이 다른 대상에 대해 말한다고 이해되었다. 일반적으로 철학이 신에 대해 말하는 경우가 단적으로 그러하다. 철학에서 말하는 신은 대부분의 사람들이 생각하는 신과는 거의 관계가 없으므로, 기적에 의해서 그리고 철학자의 견해에 반하여 그처럼 정의된 하느님이 경험의 영역으로 내려온다 할지라도 아무도 그를 알아보지 못할 것이다. 결국 정적이든 동적이든 간에 종교는 그를 무엇보다도 우리와 교류를 가질 수 있는 하나의 존재로 간주한다. 그런데 바로 이 점에서 대부분의 후계자들에 의해 약간 변형된 채로 채택된 아리스토텔레스의 신이 불가능하다. 아리스토텔레스의 신성에 관한 개념을 여기에서는 깊이 생각하지 않는다. 단지 그의 신의 개념은 이중의 문제를 제기함을 언급한다. 1) 왜 아리스토텔레스는 불변 부동의 운동 원인을, 자신 안에 틀어박혀 있으면서 그 스스로를 사유하는 사유를, 그것도 자기완성의 매력에 의해서만 작용하는 사유를 제1원리로 설정했는가? 2) 그는 왜 이러한 원리를 설정하고서 그 원리를 신이라 불렀는가? 이 두 의문에 대한 대답은 쉽다. 플라톤의 이데아 이론은 모든 고대의 사상을 지배했고 근대 철학에도 침투하였다. 그러나 아리스토텔레스의 제1원리와 세계와의 관계는 플라톤이 이데아와 사물 사이에 세운 관계 자체이다. 관념을 사회적이고 개인적인 지능의 산물에 지나지 않다고 생각하는 사람에게는, 불변 부동하는 일정한 수의 관념이 우리가 경험하는 무한히 다양하고 변화하는 사물들에 상응한다는 사실은 결코 놀라운 일이 아니다. 사실 우리는 사물들의 다양성에도 불구하고 사물들 사이의 닮은 점들을 발견하게 되어 있고, 그들의 변화에도 불구하고 그들에 대한 고정된 관점을 취하게 되어 있다. 이렇게 해서 우리는, 사물들은 우리 손에서 미끄러져 나가는데도 우리가 자유롭게 처리할 수 있는 관념을 얻게 된다. 이 모든 것은 인간의 산물이다. 그러나 사회가 상당히 멀리까지 그 작업을 진행시켰을 때 찾아와 철학하고, 언어에 저장된 이 작업의 결과들을 발견한 사람은 사물의 기준으로 보이는 이러한 관념의 체계들에 대해 감탄할지도 모른다. 이러한 관념들은 자신들의 불변함에도 불구하고 변화하고 움직이는 사물들에 의해 모방당하기만 하는 모델들이 아닐까? 이 관념들이 실재이고 또한 변화와 운동이란, 불변하는 이데아를 닮기 위해 자기 자신을 뒤쫓는 거의 비존재적인 사물들의 끊임없고 쓸모없는 기도가 아닐까? 그러므로 감각적 세계 너머에 이데아의 이데아인 선(善)의 이데아에 의해 지배되는 이데아들의 위계를 놓고서, 플라톤이 이데아 일반, 더욱이 선의 이데아는 자기 완성의 매력에 의해 작용한다고 판단했던 일을 사람들은 알고 있다. 바로 이것이 아리스토텔레스에 따르면 사유의 사유가 작용하는 방식이며, 이 사유의 사유는 이데아의 이데아와 관계가 있다. 플라톤은 선의 이데아를 신과 동일시하지는 않았다. 《티마이오스》(Timaios) 편의 데미우르고스(Demiourgos)는, 세계를 조직하는 신으로서 선의 이데아와는 확연히 다르다. 그러나 《티마이오스》 편은 신화적인 대화록이다. 그러므로 데미우르고스는 반쯤의 존재(demiexistence)일 뿐이다. 그리고 신화를 거부한 아리스토텔레스는 거의 생각하는 존재라고 하기 어려우며, 차라리 사유라기보다는 이데아라고 불리는 정신을 신성과 동일시하려 한다. 이 때문에 아리스토텔레스의 신은 그리스 인들이 숭배하던 신과는 아무런 공통점도 없다. 게다가 그의 신은 성경이나 복음서의 신과 전혀 일치하지 않는다. 정적 종교이든 동적 종교이든 간에, 종교는 철학에게 다른 모든 문제를 환기시키는 신을 제공한다. 그렇지만 신의 본질과 조화할 수 없는 속성들에 대한 언급을 제외한다 할지라도, 일반적으로 형이상학이 포착하는 존재는 아리스토텔레스의 신이다. 형이상학이 신을 그 근원에서 포착하지 않다니! 만약 그랬다면 형이상학은 자신의 신의 개념이 모든 관념을 하나로 압축함으로써 형성되는 개념임을 보았을 것이다. 어째서 형이상학은 이 관념을 고찰하지 않았을까! 형이상학은 모든 관념이 무엇보다도 개인 및 사회의 사물에 대한 행위나 기능을 준비하는 데 봉사하고, 사회는 이를 위해서 개인에게 관념을 제공하며, 이 개념들의 진수를 신성으로 승격시키는 일은 전적으로 사회적인 것을 신성화하는 데 있음을 보았어야 했다. 마지막으로 형이상학이 이 개인적인 행위의 사회적 조건들과 개인이 사회의 도움으로 수행하는 일의 본성을 분석하지 않다니! 일을 단순화하고 상호간 협동을 용이하게 하기 위해 사물들을 말로 나타낼 수 있는 소수의 범주나 관념들로 환원하기 시작한다면, 이 각각의 관념들로 그 사물의 생성 과정 중에 얻어진 부동의 속성이나 상태를 나타낸다는 사실을 형이상학은 확인했을 것이다. 왜냐하면 실재는 동적인 존재, 아니 오히려 운동이며, 우리는 연속적인 변화만을 지각한다. 그러나 실재에 대해 작용하기 위해서, 특히 인간 지성의 고유 목적인 제작 작업을 잘 수행하기 위해서, 우리는 사유에 의해 많은 정지점들을 고정해야 하며, 이렇게 함으로써 우리는 운동하는 목표물을 맞추기 위해 잠시 동안이나마 그 목표물의 지체나 상대적인 정지를 기다린다. 그러나 이러한 정지는 운동의 우연한 사건에 지나지 않으며, 더군다나 순수하게 외면적 모습들로 환원되고, 성질들도 변화에 대해 취해진 순간적인 것에 지나지 않지만, 우리가 보기에는 실재적이고 본질적인 것들이 되어 버린다. 왜냐하면 그들은 사물들에 대한 우리의 행위에 관계한다고 보는 일이 정당하기 때문이다. 이렇게 해서 휴지(休止)는 우리에게 운동보다도 한 차원 앞서는 우월성이 되며, 운동은 이 휴지 상태에 도달하기 위해 동요를 겪고 있는 데에 지나지 않게 될 것이다. 그래서 불변성은 변화 위에 있게 되고, 변화는 결여나 부족한 것, 즉 확고한 형태의 탐구에 지나지 않은 것이 될 것이다. 더욱이 운동과 변화는 그 사물이 현재 있는 위치와, 그 사물이 위치해야 하거나 위치하려고 하는 지점 사이의 거리에 의해 정의되고 측정되기조차 한다. 이렇게 해서 지속(durée)은 타락한 존재가 되고, 시간은 영원성의 결여가 된다. 아리스토텔레스의 신에 대한 개념 가운데 포함된 것은 모두 이러한 형이상학이다. 그의 형이상학은 언어에 예비적인 사회적 작업과, 모형이나 모범을 요구하는 개인의 제작 작업을 신성화하는 데에 있다. 에이도스(이데아 또는 형상)는 이러한 이중 작업에 상응한다. 따라서 이데아의 이데아, 사유의 사유는 신성 자체이다. 우리가 이처럼 아리스토텔레스의 신의 기원과 의미를 재구성해보면, 근대의 학자들이 그리스도교 신의 현존재 및 그 성질을 논하면서 아리스토텔레스적인 관점에서 이 신을 고찰하는 경우에만 제기되고, 또한 사람들이 그 보호를 필요로 하는 경우에만 제기되는 어려운 문제에 어째서 곤혹해하는지 의문이다.

9. 신비주의의 철학적 가치

이러한 문제들은 신비 체험이 해결해주지 않을까? 우리는 이 신비 체험이 불러일으키는 많은 반대 의견을 잘 알고 있다. 우리는 모든 신비가를 머리가 이상한 사람이라 생각하고, 모든 신비주의를 병리학적인 상태라고 취급하는 반대 의견을 모두 물리쳤다. 우리가 다뤘던 대상은 위대한 신비가들뿐이었는데, 그들은 일반적으로 뛰어난 양식을 갖춘 행동하는 남자와 여자로 간주되었다. 그들의 모방자 가운데 정신이 이상한 사람이 있었고, 그들 중에 누군가가 잠시 지성과 의지의 극단적이고도 오랜 긴장감에 사로잡힌다 하더라도 상관없다. 많은 천재들도 그러한 경우에 처했었다. 그렇지만 다른 일련의 반대 의견을 고려해야 한다. 사실 위대한 신비가들의 경험은 개인적이고 예외적인 경험이며, 사람들의 상식으로는 이해할 수 없다. 따라서 과학적 경험에 비교될 수 없으며, 여러 문제를 해결할 수 없으리라고 사람들은 주장한다. 이 점에 관해서는 말할 사항들이 많다. 우선 과학적 경험, 또는 좀더 일반적으로는 과학에 의해 기록된 관찰은 항상 반복과 검증을 할 수 있어야 한다. 중앙아프리카가 미지의 땅(terra incognita)이었을 당시, 지도는 성실함과 능력에 있어서 충분한 보증을 받는 단 한 사람의 탐험가의 보고에 의지해야 했다. 리빙스턴의 여행 경로는 우리의 지도 위에 오랫동안 그려져 왔다. 사람들은 이 지도의 검증이 사실적으로는 아니지만 권리적으로 가능하다고 말할 것이다. 또 다른 여행자들이 그곳에 얼마든지 검증을 위해 가볼 수 있으며, 더욱이 그 유일한 여행자의 지시에 기초해 그려진 지도는 잠정적인 지도여서 나중의 많은 탐험에 의해 결정적인 지도가 되기를 기다리고 있었다고 답변할 것이다. 나도 이 점에 찬성한다. 그러나 신비가 자신도 다른 사람들이 사실적으로는 아니라 하더라도 권리적으로 다시 할 수 있는 여행을 했다. 그리고 현실적으로 이러한 일을 할 수 있는 사람은, 적어도 리빙스턴을 찾아가는 스탠리의 대담성과 힘을 가진 사람들만큼 많다. 이로써는 충분치 않다. 신비의 길을 끝까지 따라가는 사람들 곁에는 적어도 이 노정의 일부분만이라도 수행하는 사람들이 많다. 그러나 얼마나 많은 사람이 그들 자신의 의지적인 노력에 의해서든 본성적인 기질에 의해서든 이 길을 몇 걸음이라도 나아갔을까? 윌리엄 제임스는 결코 신비 상태를 경험하지 않았다고 선언했다. *10 그러나 그는 덧붙이기를, 경험으로 그 상태를 아는 사람이 하는 말을 들으면 '무엇인가 자신의 마음속에서 반향한다'고 했다. 우리의 대부분도 아마 이런 경우에 해당할 것이다. 이들에 반대하여 신비주의에서 속임수나 광기만을 찾는 사람들의 분노한 이의를 대립시킨다 하더라도 소용없는 일이다. 물론 어떤 사람들은 완전히 신비 체험에 다가갈 수 없이 차단되어 있어서, 그런 체험에 대해 아무것도 체험할 수 없고 상상할 수도 없다. 게다가 마찬가지로 음악이 소음에 지나지 않는다고 생각하는 사람들도 만난다. 그리고 그들 가운데 어떤 사람은 음악가들에 대해서 개인적인 원한이라도 있는 듯 이러저러한 분노를 터트린다. 어느 누구도 이런 사실로부터 음악에 대한 반대 논의를 끄집어내려 하지는 않을 것이다. 그러므로 이러한 거부 반응은 제쳐두고, 우리가 신비 체험에 대한 가장 피상적인 탐구를 한다 할지라도, 이러한 체험의 타당성을 옹호하는 가설들을 설정하지 않을지 알아보자.

먼저 신비가들 사이의 합의점에 주목할 필요가 있다. 이 사실은 그리스도교 신비가들에게서 두드러진다. 우선 그들은 결정적인 신격(神格)에 도달하기 위해서 일련의 상태들을 거친다. 이런 상태들은 신비가에 따라 변할 수 있으나 비슷한 점이 많다. 도중의 휴게소 거리가 서로 다르다 할지라도 어쨌든 지나온 길은 똑같으며, 무엇보다도 종착점이 같다. 그 체험자들이 일반적으로 서로 알지 못함에도, 결정적인 상태의 묘사에서 같은 표현, 같은 이미지, 같은 비유들이 나타난다. 사람들은 그들이 때로는 서로를 알았고, 더욱이 모든 신비가들이 영향받을 수 있는 신비 전통이 있었다고 반박할 것이다. 우리도 이 점은 인정한다. 그러나 위대한 신비가들은 이 전통을 전혀 생각하지 않는다는 사실에 주의할 필요가 있다. 그들은 저마다 그들이 원하지도 않고 바라지도 않는 독자적 근원을 가지고 있으며, 그럼에도 우리는 본질적으로 그가 자신의 독자성에 관계하고 있음을 느낀다. 그의 독자적 근원성은 분에 넘치기는 하지만, 특별한 호의의 대상이기도 하다. 사람들은 종교적인 공통성이 이 유사성을 설명하는 데 충분하다고 말할까? 또 모든 그리스도교 신비가들이 복음서에 의해 양육되었고 신학적으로 똑같은 교육을 받았다고 말할까? 이 말이 간과하고 있는 점은, 만일 환상들 사이의 유사성이 사실 종교의 공통성에 의해 설명된다고 해도, 이 환상들이 위대한 신비가들의 삶에서 차지하는 자리는 아주 미미하다는 사실이다. 이 환상들은 속히 극복되어, 신비가들이 보기에 상징적인 가치만을 가질 뿐이다. 일반적인 신학적 가르침에 대해서 신비가들은 절대적 복종심으로 그 가르침을 받아들이는 듯하다. 특히 신비가들은 고해 신부에게 복종하는 것 같다. 그러나 사람들이 자세하게 말했듯이 "그들은 그들 스스로에게만 복종하고 있으며, 하나의 확고한 본능이 분명 그들이 가고자 하는 길로 그들을 인도할, 그런 사람에게로 데리고 간다. 만약 이 인도자가 길에서 빗나갈 경우, 우리의 신비가들은 그의 권위를 실추시키기에 주저하지 않으며, 그들의 신과의 직접적인 관계에서 힘을 얻어 더 높은 자유를 과시할 것이다."*¹¹ 사실 여기에서 인도자와 인도되는 사람과의 관계에 관한 연구가 흥미있을 것이다. 이들 중 겸허하게 인도(引導)를 받아들이는 사람은 그 겸허한 만큼 몇 번이고 인도자가 될 것이다. 그러나 이 점은 우리에게 그리 중요하지 않다. 만약 그리스도교 신비가들 사이의 외면적인 닮음이 전통이나 교육의 공통성과 관계한다면, 우리는 단지 이들의 심원한 일치가 그들이 교통한다고 믿는 존재의 현존에 의해서 가장 간단하게 설명될 직관의 동일성에 대한 표징임을 말하고자 한다. 고대의 것이든 근대의 것이든 다양한 신비주의들이 다소 멀리까지 전진하고 이곳 저곳에서 정지하면서도 모두 같은 방향을 가리킨다면, 점점 닮아가서 그렇게 되지 않을까?

그렇지만 우리는 신비 체험 그 자체로서는 철학자에게 결정적인 확실성을 가져올 수 없다는 사실을 알고 있다. 신비 체험이 완전한 확신이 되는 경우는, 철학자가 감성적 경험과 이에 기초한 이성적 추론이라는 다른 방식에 의해서 인간을 선험적인 원리와 교통할 수 있게 만드는 특별한 체험의 존재를 진실로 인정하는 경우뿐일 것이다. 이때 신비가에게 기대되는 이러한 경험과의 만남은 획득된 결과를 증대시킨다. 한편 이 획득된 결과는, 그 자체의 고유한 객관성 가운데 어떤 면을 신비 체험에 파급시킬 것이다. 경험 이외에 다른 지식의 원천은 없다. 그러나 사실에 대한 지성적인 기록이 필연적으로 원초적 사실을 능가하듯이, 결코 모든 경험이 똑같이 결정적이며 똑같은 확실성을 부여하지는 않는다. 많은 사실은 우리를 단순히 개연적인 결론으로 이끈다. 그렇지만 개연성들은 첨가될 수 있고, 이 첨가에 의해 실제적으로는 확실성에 상당하는 결과가 주어진다. 우리가 일찍이 이야기한 바이지만, 각각의 사실들은 충분히 멀리까지 가지 못하기 때문에 진실의 방향만을 제공할 뿐이며, 이 진실의 경향성들로 형성된 '사실의 노선들'(lignes de faits)의 성격에 대해 이야기했다. 즉, 우리는 이 사실들 중 둘을 그들이 만나는 지점에까지 연장할 수 있다면, 진실 자체에까지도 이를 수 있다는 말이다. 측량

사는 자신이 다가갈 수 있는 두 점으로부터 차례차례 그 한 점을 겨냥함으로써 접근하기 어려운 그 지점까지 거리를 측량한다. 우리는 이 교차를 이용하는 방법이 형이상학을 결정적으로 진보시키는 유일한 방법이라고 생각한다. 이 방법에 의해 철학자들 사이에 협동이 이루어질 것이다. 그래서 형이상학은 채택해야 하느냐 말아야 하느냐 하면서 항상 반박되고 항상 다시 시작해야 하는 완성된 체계로 남는 대신에, 과학처럼 획득된 결과들의 점차적인 증가에 의해 전진하게 될 것이다. 그러나 분명 종교적인 문제들과 전적으로 다른 차원의 어떤 문제들을 연구하다 보면, 우리는 신비 체험과 같은 특권적이고 독특한 경험의 존재를 그럴싸하게 보여 주는 결론에 다다른다. 다른 한편 신비 체험 그 자체의 연구에서는 전혀 다른 영역에서 전혀 다른 방식으로 얻은 지식에 덧붙여질 수 있는 암시들을 제공받게 된다. 그러므로 여기에는 상호적인 강화와 보완이 있다. 첫 번째 점에서 시작해 보자.

우리가 생의 약동과 창조적 진화의 개념에 도달한 것은, 생물학이 주는 사실들을 가능한 한 가까이에서 뒤쫓은 덕이다. 우리는 이 점을 앞 장의 시작 부분에서 보았다. 이 개념은 형이상학적 구성의 기초가 되고 있는 가설들과는 어떠한 공통점도 갖지 않는다. 그 개념은 사실들의 압축이며 요점들의 요점이다. 그렇다면 생명의 약동은 어디에서 유래했고, 그 근원(원리)은 무엇이었는가? 그것이 그 자체로서 충분하다면, 그것은 자신에게 무엇이었으며, 약동의 모든 발현에 어떤 의미를 부여해야 했는가? 이런 물음에 대해서 고찰된 사실들은 어떠한 대답도 제공하지 않았다. 그러나 우리는 대답을 얻을 수 있는 방향을 잘 알고 있었다. 물질을 꿰뚫고 돌진한 에너지는 하등 의식이나 고등 의식이며, 어쨌든 그 에너지의 모습은 의식과 동종인 것처럼 나타났다. 그 에너지는 장애물을 우회하기도 하고 지나가기 위해 축소되기도 했으며, 무엇보다도 다양한 진화 선상으로 분할되어야 했다. 결국에는 원리적인 두 간선의 양 극단에서 우리는 두 개의 인식 방식을 발견하게 되는데, 그 인식 방식은 곤충의 본능과 인간의 지능으로 구체화된 방식이었다. 본능은 직관적이었고, 지능은 반성하고 추리하는 식이었다. 사실 직관은 본능이 되기 위해 어느 정도 퇴화(잘못 열린 엘리베이터 겉문 앞에 서 있을 때의 순간적 방어 행위의 예처럼)되어야 했다. 그것은 그 종(種)의 이익에 열중이었다. 그 본능이 보유했던 의식은 몽유증 형태를 취했다. 그러나 동물적인 본능 주위에 지능의 무리(暈 : 해무리나 달무리 같은 경우의 무리)가 남아 있듯이, 인간적 지능도 직관의 후광을 가지고 있었다. 인간에게 이 직관은 완전히 관심에서 자유로우면서도 잠재의식과 같은 형태로 남아 있었다. 그러나 그 직관(예를 들면, 엘리베이터가 오지 않고 겉문만 열려 있을 때의 착각적 직관)은 희미한 빛에 지나지 않아 멀리까지 투사되지는 않았다. 그렇지만 생의 약동의 내부와 그 의미와 목적이 언젠가 비춰진다면, 빛은 이런 직관으로부터 비춰질 것이다. 왜냐하면 직관은 내부로 향해 있기 때문이다. 그리고 만일 최초의 강화에 의해서 이 직관이 우리의 내적 생명의 연속성을 포착하게 하고, 또 우리들 가운데 대부분이 그 이상 멀리 가지 못한다면, 거듭된 강화에 의해 우리를 아마도 우리 존재의 뿌리에까지, 생명 일반의 원리 자체에까지 인도할 것이다. 신비한 영혼은 바로 이 우월성을 가지지 않았을까?

이렇게 해서 우리는 우리가 두 번째 지점이라 말한 데에 도달하였다. 문제는, 신비가들이 단순히 정신착란자인지 아닌지, 그들의 체험 이야기가 순전히 환상인지 아닌지를 알아야 했다. 그러나 이 문제는 적어도 위대한 신비가에 관한 한 빨리 해결되었다. 이어 발생하는 문제는 신비주의가 단지 신앙의 거대한 열정인지 아닌지, 즉 전통적인 종교가 정열적인 영혼 안에서 취할 수 있는 상상적인 형태일 뿐인지, 아니면 이 신비주의가 가능한 한 전통적 종교에 동화하고 여기에서 자신의 언어를 빌리면서도 종교가 전통, 신학, 교회에서 얻고 있는 바와는 상관 없이 종교의 근원 자체에서 끌어낸 독자적인 내용을 가지고 있지 않는지를 아는 일이다. 처음의 경우에 신비주의는 필연적으로 철학과는 동떨어져 있게 될 것이다. 왜냐하면 철학은 날짜가 있는 계시, 이 계시를 전달한 제도, 이 계시를 받아들인 신앙을 무시하기 때문이다. 또 철학은 경험과 추론에만 관계하기 때문이다. 그러나 두 번째 경우에 신비주의를 철학적 탐구의 강력한 보조자로 만들기 위해, 우리는 신비주의가 표현된 환상과 비유, 신학적 용어들에서 해방된 순수한 상태에서의 신비주의를 취하는 데서 만족할 것이다. 신비주의와 종교의 관계에 대한 이 두 개념 중에서 우리에게 부과된 듯이 보이는 것은 이 두 번째 개념이다. 신비 체험이 우리를 생의 약동 이론으로 인도했다. 우리는 그 이론을 어느 정도까지 연장할 수 있는지 고찰해야 한다. 신비 체험이 철학에 제공할 모든 정보는, 철학에 의해서 확인된 형태로 신비 체험에게 되돌려질 것이다.

10. 신의 본성

우선 신비가들은 우리가 '거짓 문제들'이라 불렀던 문제들을 무시한다는 사실에 주의하자. 아마도 그들은 진실이든 거짓이든 간에 어떤 문제도 설정하지 않겠다고 말할 것이고, 그 말은 옳을 것이다. 그럼에도 분명히, 그 신비가들은 철학자들을 사로잡고 있는 문제들에 내재하는 답변을 우리에게 준다. 그리고 철학은 그 앞에 잘못 머물렀던 것으로 드러난 문제들이 암암리에 실제로는 존재하지 않는다고 냉철하게 생각한다. 우리는 예전에*12 일부 형이상학이 의식적이든 무의식적이든 간에, 왜 어떤 것이 존재하며, 왜 완전한 무(無)가 아니라 물질, 정신, 신이 존재하는가를 알려는 물음의 주위를 배회하고 있음을 나타내 보였다. 그러나 이러한 물음은 실재가 공허를 채우고 또 그 존재의 밑에는 허무가 있음을 전제로 하며, 또한 권리적으로는 아무것도 없어야 하는데 사실적으로는 왜 어떤 것이 존재하고 있는 것처럼 느껴지는가를 설명해야 하는 상황을 예상하고 있다. 이러한 가정은 순전한 착각이다. 왜냐하면 절대적인 허무의 관념은 둥근 사각형의 관념과 마찬가지로 사실 아무런 의미도 없기 때문이다. 한 사물의 부재는 항상 다른 사물의 현존이며—이 사물의 현존을 우리는 무시하려고 한다. 왜냐하면 그것은 우리의 관심을 끌지 못하거나 우리 기대 밖에 있기 때문이다—한 사물의 삭제는 다른 사물로의 대치에 지나지 않은 현상으로서, 사물은 그렇게 양면 작용을 지니고, 우리는 편의상 그 한쪽 면만을 보려 하고 있기 때문에 다른 쪽 면이 감추어진 채 존재하고 있을 것이다. 따라서 모든 것의 삭제라는 관념은 그 자체가 파괴적이고, 또 생각할 수 없다. 그런 관념은 유사 관념이고 표상의 신기루이다. 그러나 이미 설명했던 이유에서 보면 이 착각은 자연스럽다. 그리고 이 착각은 지능의 심층에 근원을 두고 생겨나며, 그래서 형이상학적 고뇌의 주요한 근원이 되는 문제들이 자극을 받고 생겨나는 것이다. 그러나 또다시 신비가는 이러한 형이상학적 고뇌의 근원적 문제는 설정되지도 않는다고 평가할 것이다. 이런 문제들은 인간적 지능의 구조에 기인하는 내면적인 착각으로서, 그들은 인간적 관점 이상으로 고양되기만 한다면 점차 엷어지고 사라지리라. 그와 똑같은 기대에서 신비가는 신에 대한 '형이상학적' 속성 주위에 축적된 철학적 난점들에는 개의치 않을 것이다. 그는 부정하거나 부정적으로만 표현되는 한정과는 관계가 없다. 그는 신이 존재하는 이유를 본다고 믿으며, 신이 존재하지 않는 이유에 대해서는 아무 것도 보지 않는다. 그러므로 철학자가 물어야 하는 바도 긍정적인 신의 본성에 대해서이다. 말하자면, '영혼의 눈'에 지각될 수 있는 측면에서 '직접 포착'된 신의 본성에 대해서 물어야 한다.

철학자가 신비주의를 관용어로 나타내고자 한다면, 그는 이 신의 본성을 곧바로 정의할 수 있었을 것이다. 신은 사랑 자체이자 사랑의 대상이다. 신비주의가 기여한 모든 단호한 행위들이 이러한 우리 안의 신에게서 왔다. 신비가는 이 이중의 사랑에 대해 결코 완전히 말할 수는 없을 것이다. 신비가의 묘사는 그가 묘사해야 할 대상이 말로 표현하기 어려운 탓에 끝없이 계속된다. 그러나 그의 묘사가 분명히 말하고 있는 바는, 신적인 사랑이란 신의 어떤 것이 아니라 신 자체라는 점이다. 철학자는 이런 지적에 집착할 것이다. 그는 신을 하나의 인격으로 간주하면서도 조잡한 의인론(擬人論)에는 빠지지 않으려는 사람이다. 예를 들면, 여기에서 철학자는 하나의 영혼을 불타게 하면서 그 영혼에 있는 모든 것을 연소하고 이어 전적으로 영혼을 독점할 수 있는 열광을 생각할 것이다. 그러면 그 인격은 열광이라는 정서와 하나가 된다. 더욱이 인간은 이 정도로까지 자기 스스로에게 충실했던 적은 없었다. 그 신의 인격은 단순화되고 통일되었으며 강화되었다. 우리가 언급했듯이 정서에 두 종류가 있다는 말이 참이라면, 사람이 이만큼 사상(思想)을 짊어진 일도 없었다. 그 하나는 지능 이하의 것으로 표상에 뒤따라 일어나는 동요 상태에 지나지 않는 정서이다. 다른 하나는 지능 이상의 것으로서 관념에 앞서며, 관념 이상의 것으로서, 전적으로 순수한 영혼인 그러한 정서는 자신의 몸을 갖기를 원하는 경우 어떤 관념의 모습으로서 꽃을 피우고 표출되었을 것이다(바로 이런 지능 이상의 순수하고 열정적인 관념 이상의 관념, 그리고 구체적 관념의 표출이 신의 본성이다. 철학자는 이 눈에 보이거나 감각되는 표출에 대해 물어야 한다고 앞서 언급했다). 베토벤의 교향곡처럼 잘 구성되어 있고 기교가 뛰어난 것은 없다. 그러나 지적인 차원에서 추구되는 편곡과 재편곡, 선곡의 모든 작업을 따라가면서, 그 음악가는 자신의 지적 차원 밖에 위치하는 지점을 향해, 그곳에서 승인과 거부, 방향과 영감을 얻기 위해 상승한다. 이 상승 지점에 나누어질 수 없는 정서가 숨어 있으며, 물론 지능적 또는 지적 요인이 이 정서가 음악으로 전개되도록 돕기는 하나, 이 정서 자체는 음악 이상이요 지능 이상의 것이었다. 지능 이하의 정서와는 반대로 이 정서는 의지에 종속되어 있었다. 이 정서에 의지하기 위해 예술가는 마치 밤하늘 속으로 곧 사라지려는 별을 다시 한 번 보아두려는 눈처럼 매순간마다 노력해야 했다. 이런 종류의 정서는, 물론 아주 약간이긴 하지만, 신비가에게는 신의 본질 자체인 숭고한 사랑과 닮았다. 어쨌든 철학자가 신비한 직관을 점점 더 압박하여 지성적인 용어로 그 신비적 직관을 표현하려고 하는 것은 이러한 정서이다.

11. 창조와 사랑

철학자는 음악가일지도 모르지만 일반적으로 저술가이다. 그러므로 그가 저술할 때, 자기 영혼의 고유한 상태에 대한 분석은 그로 하여금 신비가들이 신성의 본질 자체로 여기는 사랑이 어떻게 사람인 동시에 창조의 힘일 수 있는지를 이해하도록 도울 것이다. 글을 쓸 때 그는 보통, 개념과 언어의 영역에 머문다. 사회는 그에게 그의 선인들에 의해서 세련되고 언어에 축적된 관념들을 제공한다. 그는 그 관념들을 다시 주조한 다음 새로운 방식으로 결합하여 이 신성과 사랑이 어느 지점까지는 그 단어들의 결합에 들어오도록 한다. 이 방식은 얼마쯤 만족스런 결과를 만들어 내겠지만, 이 방식이 도달하는 것은 항상 하나의 결과이며 그것도 제한된 시간 내에서이다. 더욱이 완성된 작품은 독창적일 수 있고 힘이 있을 수도 있다. 종종 인간의 사유는 그것으로 인해 더욱 풍요로워진다. 그러나 이러한 일은 연간 수입의 증가에 지나지 않을 것이다. 왜냐하면 사회적인 지성은 동일한 자금과 동일한 화폐 가치에 기초를 두고 살아나갈 것이기 때문이다. 이제까지보다 야심적이기는 하나 좀더 불확실하고 언제 목적을 이룰지 도대체 이루어지기는 할 것인지 여부도 알 수 없는 다른 저술 방식이 있다. 이 방식은 지성적·사회적인 차원에서부터, 창조의 요구가 나오는 영혼의 한 지점에까지 거슬러올라가는 데서 성립한다. 이 창조의 요구를 가지고 있는 정신이 이 요구를 온전히 느낀 때는 그의 생애에서 단 한 번이었을지 모르지만, 그 느낌은 독특한 정서로서, 사물의 심층 자체로부터 얻은 진동 또는 약동으로 항상 정신에 현존하고 있다. 이러한 요구에 전면적으로 따르기 위해서 단어들을 주조하고, 관념들을 창조할 필요가 있을 것이다. 그러나 그 정서는 더 이상 전달할 수도, 따라서 저술될 수도 없을지 모른다. 그렇지만 그 저술가는 실현할 수 없는 것을 실현하려고 노력할 것이다. 그는 단순한 정서를, 즉 자신의 내용을 창조하려는 형식을 찾아갈 테고, 이 단순한 정서와 함께 기성 관념들과 이미 존재하는 말들을 맞이하려 할 것이다. 그리고 오려낸 실재 사회의 모습을 마중하러 갈 것이다. 이러한 과정에서 그 저술가는 이 정서가 도출된 자연의 상징들, 즉 그 정서 자체의 구체화된 단편으로서 상징들이 현재화함을 느낄 것이다. 이 사물화된 요소들 각각은 이미 독특한 종류인데, 어떻게 이들을 이미 사물(chose)들을 표현하고 있는 단어들과 일치시킬 수 있을까? 그러기 위해서는 단어들을 뜯어고치자. 그러고 난 다음 그 사물적 요소들을 강압할 필요가 있다. 그래도 성공을 확신할 수는 없을 것이다. 그 저술가는 자신에게 끝까지 도달할 만한 재능이 주어져 있는지 끊임없이 의심한다. 마치 말장난을 하는 사람이, 문득 발견한 단어가 자기의 농담에 딱 들어맞았던 것에 감사하듯이, 부분적인 성공에 대해서 그는 요행에 감사한다. 그러나 그가 성공한다면, 그것은 새로운 세대마다 새로운 모습을 취할 수 있는 사유 때문이다. 자, 인류를 풍족하게 하는 것은 무엇일까? 그것은 무한한 이자를 산출하는 자본금에 의해서이지, 곧바로 소모되어 버릴 현금에 의해서는 아니다. 문학의 두 저술 방식은 이와 같다. 이들이 서로를 배척하지 않는다고 해도 소용없는 노릇이다. 그들은 근본적으로 서로 구별된다. 형식에 의한 내용의 창조에 대해 부여할 수 있는 심상, 즉 두 번째 모습을 철학자는 생각해야 할 것이다. 그렇게 함으로써 철학자는 신비가가 신의 본질 자체로 보는 사랑을 창조적인 힘으로 표상할 수 있다.

이 사랑은 대상을 가졌을까? 보다 고차원의 정서는 그 자신만으로 충분하다는 점에 주의하자. 예를 들어, 어떤 숭고한 음악이 사랑을 나타낸다고 하자. 그렇지만 그것은 어떤 사람에 대한 사랑도 아니다. 다른 음악은 다른 사랑일 것이다. 거기에는 서로 다른 두 감정의 분위기, 서로 다른 두 향기가 있을 테고, 이 두 경우에 사랑은 그 대상이 아니라 그 본질에 의해 평가될 것이다. 그렇지만 실제로 작용하고 있으면서, 어디로도 향하지 않는 사랑을 생각하기란 어려운 일이다. 사실상 신비가들은 우리가 신을 필요로 하듯 신도 우리를 필요로 한다고 만장 일치로 증언한다. 우리를 사랑하기 위해서가 아니라면 왜 신은 우리를 필요로 하겠는가? 이러한 것이 바로 신비 체험에 집착하는 철학자의 결론이다. 철학자에게 창조란, 신이 피조물들을 창조하고 자신의 사랑을 받을 만한 존재들을 조수로 쓰기 위한 하나의 시도처럼 보일 것이다.

지구라고 불리는 우주의 한 귀퉁이에 살고 있는 평범한 사람만이 문제라면, 사람들은 이 사실을 인정하는 데 망설일 것이다. 그러나 우리가 예전에 말했지만, 생명이 어떤 항성 주위를 돌고 있는 모든 행성들에 생기를 불어넣고 있음이 분명 사실인 것 같다. 물론 생명은 그 행성들 속에서, 그 생명에게 주어진 다양한 조건들로 인하여 우리의 상상과는 동떨어진 훨씬 다양한 형태들을 취한다. 그러나 어느 곳에서나 생명은 동일한 본질을 갖는데, 잠재적 에너지를 점차적으로 모아서 갑자기 자유로운 행위로 소모한다. 지구를 채우고 있는 동식물 가운데 인간과 같은, 사랑할 수 있고 사랑받을 수 있는 생물체의 출현을 사람들이 우연적인 사건으로 간주한다면, 이와 같은 사실을 인정하는 데 주저할 것이다. 그러나 우리는 이 생물체의 출현이 예정되어 있지 않았다 해도, 역시 우연한 사건은 아니었음을 보여 주었다. 비록 인간으로 이끈 진화 노선 외에 다른 진화 노선들이 있다 하더라도, 인간 자체에 불완전한 면이 있음에도 우리는 경험을 좀더 가까이 관찰함으로써 지구에서의 생명 존재 이유는 인간이라고 말할 수 있다. 마지막으로, 만약 사람들이 우주는 본질적으로 자연 상태 그대로의 물질에 지나지 않고 생명은 자연 그대로의 이 물질에 덧붙여져 생겨났다고 믿는다면 아직도 망설임이 남아 있을 것이다. 이에 반해서 우리는 물질과 우리가 정의한 생명이 상호 연대적으로 함께 주어졌음을 보여 주었다. 이러한 조건에서 우주는, 사랑 자체와 사랑받는 대상의 가시적이고 만져볼 수 있는 측면이며, 이 창조적인 정서가 도출하는 모든 결과, 즉 이 정서가 자신의 보완자를 발견하는 곳인 생물의 출현, 그리고 이 생물을 나타나게 하는 수많은 다른 생물의 출현, 마지막으로 생명을 가능케 했던 무한한 물체의 출현과 함께 존재하는 우주에 대한 관념을 철저히 전개하는 일을 방해하는 것은 아무것도 없다.

물론 이렇게 해서 우리는 《창조적 진화》의 결론을 넘어선다. 우리는 《창조적 진화》에서는 가능한 한, 사실 가까이 머물고자 했다. 우리는 어느 날엔가 생물학에 의해 확증될 수 없는 바에 대해서는 아무것도 말하지 않는다. 이러한 확증을 기대하면서 우리의 철학적 방법을 우리가 이해하는 한 옳은 이해라고 말할 자격을 얻었다. 여기에서 우리는 단지 개연적 진리의 영역 안에 머물 뿐이다. 그러나 철학적 확실성은 다양한 정도를 지니고 있고, 추론과 동시에 직관에 호소하며, 과학의 지원을 받아 직관이 연장될 수 있을지라도, 그 확실성은 신비한 직관에 의할 수밖에 없다. 사실 우리가 방금 제시한 결론들은, 비록 필연적으로는 아니지만 자연스럽게 우리가 앞에서 수행한 작업의 결론들을 보충한다. 창조적인 힘은 자신으로부터 사랑받을 만한 존재들을 이끌어 내고자 하며, 또 사랑일 터이므로 이처럼 여기저기에 세상을 만들 수 있을 것이다. 그리고 이 세상의 물질성이란, 신적인 정신성과 대립되는 한, 단지 창조된 존재와 창조하는 존재 사이의 차이이며, 교향악의 병치된 음표들과 이 음표들을 자신의 외부로 분리되어 나오게 하는 불가분적인 정서와의 차이를 나타낼 것이다. 이러한 각각의 세계에서 생의 약동과 거친 물질은 창조의 상호 보완적인 두 측면이다. 왜냐하면 생명은 그가 관통하는 물질로부터 개별적인 존재들로 세분되기 때문이며, 생명이 자신 안에 지니고 있는 여러 가능성은 그들을 나타나게 하는 물질의 공간성이 허용하는 한 모두 혼합된 전체 상태로서 있다. 이러한 상호 침투는 지구상에서는 불가능했다. 즉, 모든 사실이 여기에서는, 상호 보완적인 것으로 나타나는 물질과 생명이, 생명의 약동을 촉진시킬 정도는 아니라는 것을 믿게 한다. 그러므로 근원적인 충동은 끝까지 분할되지 않은 채 하나로 유지되기보다는, 다양한 진화 과정들로 분열되었다. 그 주요 부분이 통과한 노선상에서조차 이 충동의 본질은 자신의 효과를 고갈시켜 버렸다. 아니 오히려 그 운동은 직선적이면서도 순환적인 운동으로 변해 버렸다. 인간은 이 진화 노선의 끝에서 이 원 안을 돌고 있다. 우리의 결론은 이와 같았다. 이 결론을 독단적인 가정과 조금 다르게 진전시켜보기 위해서는 우리는 신비가의 지시를 따라가기만 하면 된다. 즉, 물질을 관통한다. 그리고 이 물질의 존재 이유인 흐름을 우리는 단순히 주어진 흐름으로서 간주한다. 원칙적인 방향의 끝에 있는 인간에 대해, 우리는 그 끝에 있는 인간 자신 이외에 다른 존재 이유가 있는지를 묻지 않는다. 그런데 이 두 질문을 신비적 직관은 묻고 대답한다. 존재들은 서로 사랑하고 사랑받도록 운명지어진 존재로 태어났으며, 창조적인 힘은 사랑에 의해 정의되어야 한다고. 이 창조적인 힘 자체인 신과 구분된 존재들은 하나의 우주 안에서만 탄생할 수 있었다. 그리고 이 존재들이 탄생한 연유는 우주가 탄생했기 때문이다. 우주의 한 부분인 지구에서, 아마 우리의 태양계 안에서도 이러한 존재들은 탄생되는 과정에서 하나의 종(種)을 이룰 수밖에 없었다. 이 종은 다른 수많은 생명의 종들을 필요로 했는데, 이 다른 종들은 그 한 종의 예비물이며 지탱물인 동시에 찌꺼기였다. 그러나 그들 역시 다양한 동시에 죽을 운명임을 생각하면, 다른 곳에도 근본적으로 구별되는 개체만이 있을 뿐이며, 또한 이 개체들은 이 경우에 단번에 완전한 형태로 실현되었을 것이다. 어쨌든 지구상에서 모든 다른 존재의 존재 이유인 이 종(種)은 단지 부분적 자신으로만 있을 뿐이다. 만약 이 종(種) 내부의 대표자 몇이 생명의 일반적 노력에 개인적인 노력을 덧붙여 도구가 형성하는 저항을 파괴하고 물질을 이겨내는 데, 즉 신(神)을 발견하는 데 성공하지 않았다면, 이 종도 자신의 존재 이유에 대해 전혀 생각하지 않았을 것이다. 이 몇몇의 대표자가 신비가들이다. 그들은 다른 사람들이 나아갈 수 있는 길을 개척해 놓았다. 이 길에 의해 그들은 철학자에게 생명이 어디에서 왔고 어디로 가는가를 알려 주었다.

12. 악의 문제

인간은 지상에서 매우 작은 존재에 지나지 않고, 지구도 우주에서는 매우 작은 존재라는 사실을 사람들은 지칠 줄 모르고 반복해서 말한다. 그렇지만 인간은 자신의 신체에 의해서일지라도 사람들이 보통 그에게 허용하는, 그리고 파스칼이 '생각하는 갈대'를 물질적으로는 하나의 갈대에 지나지 않다고 단정했을 때 만족했던, 아주 작은 자리만을 차지하는 것은 결코 아니다. 왜냐하면 만일 우리의 신체가 우리의 의식이 점유하는 물질이라면, 신체는 우리의 의식과 동연(同延)이고, 우리가 지각하는 것을 포함하여 별에까지 이르기 때문이다. 그러나 이 무한한 육체는 항상 변화하며, 때로는 그 중심에서 조그만 공간을 차지하고 있는 그 자신의 일부분의 아주 가벼운 이동에도 근본적으로 변화한다. 이 내적이고 중심적이며 상대적으로 부동(不動)한 신체는 항상 현존해 있다. 그 신체는 단순히 현존해 있을 뿐만 아니라 활동한다. 우리가 그 거대한 물체의 다른 부분들을 움직일 수 있는 것은 오직 이 중심적인 신체에 의해서만이다. 또한 중요한 요소는 행위이며, 우리가 행위하는 곳에 우리가 있다는 사실이 인식되었으므로 사람들은 커다란 물체를 무시하고 아주 조그만 신체에 의식을 가두려는 습관을 가졌다. 더욱이 이 점은 과학에 의해서 권리가 주어진 것 같다. 과학은 외적 지각을 이에 맞추어 반응하는 두뇌 내부 과정의 부수 현상으로 간주한다. 따라서 가장 큰 신체에서 지각된 모든 것은, 이 가장 작은 신체에 의해 밖으로 투사된 하나의 환상일 뿐일 것이다. 형이상학에 함축된 이 착각의 가면을 우리는 이미 벗겼다. *13 단적으로 직접적인 행위를 위해 유기화된 아주 작은 우리 신체의 표면이 우리의 현실적인 운동 장소라면, 우리의 비유기적인 거대한 신체는 신체 부분이 우연적 이론적으로 행위가 가능한 장소이다. 두뇌의 지각 중추는 그러한 우연적 행위들을 정찰하는 정찰대이자 준비자이며, 내면적으로 이 행위 계획의 윤곽을 그린다면, 모든 행위는 마치 우리의 외부 지각이 두뇌에 의해서 구축된 대로 공간 속으로 투사되는 것처럼 흘러간다. 그러나 사실은 전혀 다르며, 비록 끊임없이 변화하고 잠재적인 행위들만이 자리잡고 있는 우리 신체의 일부분에 의해서이긴 하지만, 우리는 현실적으로 우리가 지각하는 모든 것 속에 함께 존재한다. 이러한 각도에서 사상을 고려해 보면, 우리는 더 이상 자신의 신체가 무한한 우주 속으로 사라져 버린다고 말하지 못한다.

사실 우리가 인간의 왜소함과 우주의 광대함에 대해 말할 때, 우리는 적어도 우주의 크기와 같은 정도로 우주의 복잡함에 대해서 생각한다. 한 명의 사람은 단순한 존재인 듯이 보이며, 물질 세계는 상상을 불허할 정도로 복잡하다. 눈에 보이는 물질의 가장 작은 조각도 그 자체가 이미 하나의 세계이다. 어떻게 우주는 인간 이외에는 아무런 존재 이유도 갖지 않는다고 말할 수 있겠는가? 그러나 겁먹을 필요는 없다. 우리가 수적으로 끝없이 계산되는 부분들 앞에 직면할 때, 이는 아마 우리가 그 단순한 전체를 잘못된 입장에서 바라보기 때문일 수도 있다. 손을 한 지점에서 다른 지점으로 움직여 보라. 그 동작은, 그것을 내부로부터 지각하는 당신에게는 불가분의 동작이다. 그러나 그 손을 외부로부터 지각하며, 그 손이 지나온 선에 주의를 집중하는 나는, 우선 운동이 이 간격의 처음 절반을 뛰어넘을 필요가 있고, 이어 남아 있는 다른 절반의 절반을, 다음으로 그 남은 것의 절반을 뛰어넘는 방식으로 계속 통과해야 했다고 생각한다(항상 운동의 처음의 반은 계획적이고 나머지 반은 자동적 또는 기계적으로 선택되기 때문이다). 당신이 불가분이라고 느끼는 운동이 내 눈에는 여러 행위로 해체되어서, 내가 설령 수십억 세기 동안 계속하더라도 나는 이 행위들의 수를 결코 모두 세지는 못했을 것이다. 이처럼 인류를, 또는 더욱 일반적으로는 조물주의 사랑의 대상들을 탄생시키는 행위는 더 많은 조건들을 요구할 수 있고, 이 조건은 또 다른 조건을 요구하며 점점 무한한 조건들을 이끌어 낸다. 현기증을 느끼지 않고서는 이 다양성을 생각할 수 없다. 그러나 이 다양성은 나누어질 수 없는 통일성의 이면일 뿐이다. 사실 손의 동작이 우리에 의해 해체되어 이루어진 무한수의 운동들은 잠재적이며, 잠재성 속에서 그 동작의 현실성에 의해 필연적으로 결정되는 운동들이다. 반면에 우주를 구성하는 부분과 이 부분의 부분들은 실재적이다. 이 부분들이 살아 있을 때, 그들은 자유로운 행위로까지 나아갈 수 있는 자발성을 가졌다. 또한 우리는 복합성과 단순성의 관계가 이 두 경우에 동일하다고 주장하지는 않는다. 우리는 단지 이 비교에 의해 복잡성이 아무리 끝없을지라도 중요치 않으며, 단순한 존재도 마찬가지로 끝없이 연쇄하는 일련의 조건들을 요구할 수 있음을 보이고자 했을 뿐이다.

우리의 결론은 이와 같다. 인간에게 그런 위치를 부여하고, 생명에 그러한 의미를 부여하는 우리의 결론은 아주 낙관적으로 보일 것이다. 그렇지만 곧 생명의 영역을 덮고 있는 고통의 목록들이 의식의 맨 밑바닥에서부터 인간에 이르기까지 나타날 것이다. 동물계에서는 이런 고통이 인간이 생각하는 만큼 큰일이 아니라고 주장해도 소용 없는 일이다. 데카르트의 동물기계라는 관념으로까지 갈 필요가 없다. 능동적인 기억이 없고, 자신의 과거를 현재 속으로 연장하지 않으며, 완전히 인격도 아닌 존재들에서는 고통이 특이하게 감소된다고 추측할 수 있다. 그들의 의식은 몽유증적 성질을 지녔다. 그들의 쾌락이나 고통은 우리의 쾌락이나 고통처럼 깊고도 지속적인 반향을 갖지 않는다. 우리는 꿈속에서 느낀 고통을 현실적인 고통으로 생각할까? 인간의 신체적인 고통은 종종 경솔과 부주의 또는 아주 세련된 취미, 인위적인 요구에 기인하지 않을까? 도덕적 고통도 마찬가지로 그 고통은 적어도 우리의 잘못에 의해 빈번히 일어나며, 어쨌든 우리가 자신의 감수성(感受性)을 병적일 정도로 과도하게 자극하지 않는다면 그 정도로 심각하지는 않을 것이다. 우리의 고통은 우리가 고통을 반성함에 의해서 무한히 길어지고 증대된다. 요컨대 라이프니츠의 《변신론》(*Théodicée*)에 몇 단락을 덧붙이면

쉬울 것이다. 그러나 우리는 전혀 그렇게 하고 싶지 않다. 그 철학자는 자신의 서재에 혼자 있을 때는 이런 종류의 사색을 즐길 수 있을지 모른다. 그렇지만 죽어가는 자식을 보고 있는 어머니 앞에서 철학자는 대체 무엇을 생각할까? 아니, 고통은 무서운 현실이다. 설령 고통이 현실적 모습 그대로 환원되었다 할지라도, 선험적으로 보아 악은 좀더 적은 선일 뿐이라고 정의하는 것은 지지될 수 없는 낙관주의이다. 그러나 경험적인 낙관주의가 있는데, 이 낙관주의는 단순히 두 가지 사실만을 말한다. 우선 인간은 그 자신이 지금의 생에 애착을 갖기 때문에 인생을 전체적으로 좋다 말하고, 다음으로 기쁨과 고통의 반대편에 있는 환희, 즉 신비가의 확고한 영혼의 상태인 혼합되지 않은 환희가 있다는 것이다. 이런 이중의 의미와 관점에서 낙관주의는 당연하며, 철학자가 신의 입장을 변호할 필요도 없다. 인생이 그 전체에 있어서 좋다고 해도, 역시 고통이 없다면 더 좋은 삶이었을 것이라고 말할 텐가? 또 고통은 사랑의 하느님에 의해 의욕되지 않았어야 했다고 말할 텐가? 그러나 고통이 의욕되었다고 증명하는 것은 아무것도 없다. 이미 말했듯이, 한편으로 고통을 포함하여, 무한히 다양한 사물들처럼 보이는 것이 다른 편에서는 불가결한 하나의 행위로 드러날 수 있다. 그래서 어느 한 부분의 제거가 전체의 제거일 수도 있다. 사람들은 전체가 다른 것일 수 있었고, 고통이 이 전체의 부분을 이루지 않았으며, 따라서 인생은 선(善)하다 할지라도 좀더 좋을 수 있었다고 주장할 것이다. 이로부터 사람들은 결론짓기를, 실제로 하나의 근원이 있고 이 근원이 사랑이라면 그 근원은 전체일 수 없고 따라서 신(神)이 아니라고 말할 것이다. 그러나 바로 거기에 문제가 있다. 진정 '전능함'은 무엇을 의미하는가? 우리는 '허무'(rien)의 관념이 '둥근 사각형'의 관념과 같으며, 분석해 보면 사라진 뒤에 단어만이 남는 유사 관념이라고 증명했다. 만일 사람이 '전체'(tout)라는 단어로써 실재의 전체뿐만 아니라 가능한 전체를 지적한다고 주장한다면, 이 전체의 관념도 마찬가지가 아닐까? 엄밀히 말하자면 사람들이 나에게 존재하는 것의 전체에 대해 말할 때 나는 무엇인가를 표상하지만, 존재하지 않는 것 전체의 경우에는 단어들의 모임으로 볼 뿐이다. 그러므로 여기서 반대 의견이 도출되는 곳은 역시 유사 관념이나 언어적 실재에서이다. 그러나 사람들은 더욱 멀리까지 나아갈 수 있다. 반대 의견은 근본적으로 잘못된 방법을 함축하고 있는 일련의 논의들과 결부된다. 사람들은 선험적으로 어떤 표상들을 구성하고서 그들을 신의 관념이라고 말하는 데에 합의한다. 그리고 나서 이 관념으로부터 세상 사람들이 제시할 특성들을 연역해 낸다. 그리고 만약 세상 사람들이 이 특성들을 제시하지 않으면 이로부터 신이 존재하지 않는다고 결론짓는다. 철학이 경험과 추론의 산물이라면 철학은 반대의 길을 걸어가야 하고, 그래서 인간의 의식이 감각적 실재로부터 초월해 있는 어떤 존재를 가르쳐 줄 수 있는지 경험에게 물어야 하며, 그럼으로써 경험이 그에게 말해 줄 바를 추론하면서 신의 본성을 결정해야 함을 왜 알지 못하는가? 이렇게 해서 신의 본성은 그의 존재를 '믿을 만한 이유'들 가운데 나타날 것이다. 즉, 사람들은 신의 본성에 관한 자유로운 개념들로부터 신의 존재와 비존재를 연역하기를 단념할 것이다. 합의한다면 사람들은 아무런 이론없이 신의 전능에 대해 말할 수 있을 것이다. 우리는 이런 종류의 표현들을 신비가들에게서 발견하며, 신적인 것의 체험에 대해서는 이 신비가들에게 물어 보아야 한다. 신비가들은 신적이라는 말을 통해서, 끊임없이 부여할 수 있는 힘, 창조하고 사랑하는, 상상을 초월하는 힘을 분명 뜻하고 있다. 그들은 분명 폐쇄된 개념을 일깨우지는 않으며, 더욱이 이 세상이나 이 세상의 것임에 틀림없다고 귀착하게 하는 신에 관한 정의를 일깨우지는 않는다.

13. 영생

이와 같은 방법은 피안(au-delà)에 관한 각종 문제들에도 적용된다. 우리는 플라톤처럼 선험적으로 영혼에 대해, 그 영혼은 단일하기 때문에 분할할 수 없고, 나누어질 수 없기 때문에 소멸할 수 없으며, 그 본질에 의해 불멸한다고 정의할 수 있다. 이로부터 우리는 연역적 방법에 의해 '시간' 속으로의 영혼의 전락이라는 사상이, 다음으로 '영원' 속으로의 영혼의 복귀라는 사상이 나올 것이다. 이와 같이 정의된 영혼의 존재에 대해 반대하는 사람에게는 무어라 말할까? 어떻게 진실된 영혼과 그 진실된 근원과 운명에 관계하는 문제들이 현실에 따라 해결될 수 있으며, 또는 현실적인 용어로써 제기될 수조차 있을까? 왜냐하면 아마 우리는 단지 정신이 결여된 개념에 대해서만 사변했으며, 가장 좋은 경우라 해도 사회가 대화의 편의를 위하여 현실에 대해 수행한 발췌에 따르는 단어의 의미를 단지 관습적으로 분명히 했을 뿐이기 때문이다. 정의(定義)가 자의적인 만큼 단정도 쓸모없게 된다. 플라톤의 관념은 2천 년의 명상에도 불구하고 우리의 영혼에 대한 인식을 전혀 진전시키지 못했다. 그것은 삼각형의 관념과 같이 똑같은 이유에서 볼 때 결정적이다. 그렇지만 영혼의 문제가 실제로 있다면 이 문제는 언어로써 제기되어야 하지 않을까? 그렇다면 그 언어는 경험적으로 점차적이고 항상 부분적으로만 해결될 경험의 언어로써일 듯하다. 우리가 다른 곳에서 취급했던 문제를 여기서 재론하지는 않고, 단지 정상적인 상태와 병적인 상태의 감각과 의식에 의한 관찰을 통해, 우리는 기억이 생리학적으로는 충분히 설명될 수 없으며 또한 추억의 저장도 두뇌에서 이루어질 수 없음을 알게 되었던 사실을 거론하자. 다른 한편으로, 이 관찰은 기억의 계속적인 확장을, 즉 기억들 중 엄격하게 현재 행위에 필요한 것만을 넘겨주기 위해 수축하는 지점(두뇌)에서부터, 파괴될 수 없는 과거를 점차적으로 남김없이 펼쳐 놓은 극한의 평면에까지 확장되는 과정을 추적할 수 있음을 우리에게 보여 주었다는 점만을 상기하자. *14 그래서 우리는 비유적으로 이처럼 원추의 정점에서부터 밑면에까지 이르렀다고 말한다. 이 원추는 그 꼭지점에 의해 물질에 포함된다. 이 꼭지점을 벗어나면 우리는 곧바로 새로운 영역에 들어선다. 그곳은 어떤 영역인가? 그곳을 정신이라고 하자. 경우에 따라서는 영혼이라고 말해도 좋다. 그러나 이때에는 이 말에 자의적인 정의가 아닌 경험 전체를 설정하여 이 용어법을 바꾸어야 한다. 이 경험적인 탐구로부터 우리는 영혼의 사후 생존 가능성과 개연성 정도까지도 이끌어 냈다. 왜냐하면 우리는 이 현세에서부터 영혼이 신체로부터 독립해 있다는 어떤 사실을 마치 손가락으로 만지듯 분명하게 관찰했을 것이기 때문이다. 그것은 영혼의 독립성이 가진 한 측면에 지나지 않는다. 우리는 내세의 조건, 특히 그 지속에 대해 아주 불완전하게 배울 것이다. 그것은 잠시인가 영원한가? 그러나 우리는 적어도 경험이 취한 한 가지 점을 발견할 것이다. 그리고 우리 인식의 우연적인 발전처럼, 논의될 수 없는 하나의 단언이 가능할 것이다. 아래쪽에서부터의 경험이라 부른 것에 대해서는 이와 같다. 그러면 이제 위쪽으로 옮겨가 보자. 우리는 다른 종류의 경험, 즉 신비한 직관을 가지게 된다. 그 직관은 신적인 본질에 참여한다. 이제 이 두 경험들이 서로 결합할 것인가? 현세에서부터 영혼의 활동 대부분이 신체와 독립되어 있다는 사실에 의해 모든 영혼에 보장되는 듯한 내세는, 이 세상에 우월한 영혼들이 끼여든다는 사실과 결합될까? 두 경험에 대한 연장과 심화만이 이 사실을 가르쳐 줄 것이다. 문제는 미해결인 채로 남을 게 틀림없다. 그러나 본질적인 점에서 확실성으로 변화될 수 있는 개연적인 결과를 얻었으며, 나머지, 즉 영혼과 그 운명에 대한 인식은 끝없는 전진 가능성을 얻었다는 사실은 대단하다. 사실 이러한 해결책은 우선 영혼에 대한 선험적인 정의(定義)의 주변에서 범주적으로 긍정하기도 하고 부정하기도 하며 싸우고 있는 두 학파의 어느 편도 만족시키지는 못할 것이다. 부정하는 사람은, 정신에 대한 아마도 공허한 구성물을 현실적인 구성물로서 요구하기를 거부하기 때문에, 사람들이 그에게 제공한 경험 앞에서 관련되는 것은 역시 똑같으리라고 생각하면서 그들의 부정을 고집한다. 긍정하는 사람은 지금은 잠정적이지만 앞으로 완성될 수 있다고 말하는 관념들에 대해서 경멸을 느낄 것이다. 그들은 거기에서 감소되고 약화된 그들 자신의 주장만을 보게 될 것이다. 그들은 자신의 주장이 통상적인 언어에서 그 모습 그대로 추출되었던 연유를 이해하는 데 시간이 꽤 걸릴 것이다. 물론 사회는 영혼에 대해 말할 때 약간의 내적 경험의 암시를 따를 것이다. 그러나 사회는 다른 모든 말과 마찬가지로, 자신의 편리만을 위해 영혼이라는 말을 만들었다. 사회는 이 영혼이라는 말에 의해 신체와는 확연히 다른 무엇인가를 나타냈다. 구별이 근본적일수록 이 말은 더욱더 그 운명에 응답할 것이다. 구별이 가장 근본적일 수 있는 때는, 사람들이 영혼의 속성을 무조건 물질의 속성에 대한 부정으로 간주하는 경우이다. 철학자들이 너무 자주 언어를 매개로 하여 사회에서 이미 완성된 형태를 취했던 관념이 바로 이와 같다. 이 영혼의 관념은 바로 그것이 어느 사태의 극한에까지 도달했기 때문에 가장 완전한 정신성을 표상하는 듯이 보인다. 그러나 이 어느 사태란 부정적인 성질의 어떤 것에 지나지 않는다. 공허에서는 아무것도 끌어내지 못하고, 그러한 영혼의 인식은 전진할 수 없는 것이 당연하다. 관념이, 대립된 어떤 철학의 타격을 받으면 곧바로 텅 빈 소리를 낼 것임은 고려할 필요도 없다. 사람들이 출발했던 의식의 희미한 암시를 회상하고 이를 탐구하여 분명한 직관으로 이끌어 간다면 얼마나 가치가 있을까? 그런데 우리가 칭찬하는 방법은 이와 같다. 다시 한번 말하지만 이 방법은 어느 쪽도 만족해지 않을 것이다. 이 방법을 적용할 때는 나무와 나무껍질 사이에 끼게 될 우려가 있다. 그러나 상관없다. 늙은 나무가 새로운 수액의 압력으로 부풀게 되면 그 껍질은 당연히 터져 있을 테니까.

〈주〉

*1 제임스(William James), 《종교적 경험, 기술심리학 시론—신비주의에 관하여》에서 이 문제를 다루었다.

*2 "또한 사람들이 명상하는 일에 약할 경우에 그들은 행위를 명상과 이성의 그림자로 간주한다."(《9권의 관상록》(Enneades), 3권, 8장, 4행).

*3 쇠데르블롬(N. Söderblom), 《종교학 연표》(Paris 1925), 290면.

*4 라마크리슈나(Ramakrishna, 1836~1886). 1836년 인도 벵갈 지방에서 태어난 현대의 성자. 그는 현대 물질 문명 세계에서 신성과 공감하는 이상을 제시했다. 어렸을 때부터 영적인 황홀경을 체험했으며, 우주 영혼 라마(Rama)와 크리슈나(Krishna) 숭배를 통해 신에 대한 인간의 사랑을 체험했다. 1866년에는 이슬람의 수련을, 1874년에는 크리스천 정신의 수행 방법을 체득해서 라마, 크리슈나, 시바(Siva), 칼리(Kali), 알라(Allah), 그리고 예수의 환상을 보았다. 그는 말했다. "나는 모든 존재가 비록 서로 다른 길을 가고 있으나 그들의 발걸음은 똑같이 신(God)에게로 향하고 있음을 발견했다." 1886년 8월 16일 암으로 죽었다.

*5 비베카난다(Vivekananda, 1863~1904). 캘커타 출신의 종교 지도자이자 성자. 라마크리슈나의 제자로서, 신에 대한 직접적인 체험을 가질지라도 그 체험이 이성과 모순되지 않아야 함을 배웠다. 인도의 물질적 후진성을 서구의 과학으로 치유해야 할 필요성을 느꼈고, 또 서구는 인도의 영적 통찰을 필요로 함을 절감하였다. 그는 존재의 단일성과 영혼의 신성, 신의 일체성과 종교의 조화를 말했다. 미국과 영국 및 유럽에서 베단타 운동을 일으키기도 했다.

*6 우리는 신플라톤주의와 불교 이외에 다른 신비주의가 고대에 있었다는 사실을 모르지는 않았다. 그러나 지금 우리를 사로잡고 있는 목적을 위해서는, 가장 멀리까지 나아간 신비주의를 고찰하는 것으로 충분하다.

*7 그리스도교의 위대한 신비가들에게는 본질적으로 활동적인 면이 있다는 점에 대해서는 앙리 들라크로아(Henri Delacroix)의 고전이 될 자격이 있는 책, 《신비주의의 역사와 심리에 관한 연구》(Etudes d'histoire et de psychologie du mysticisme, Paris, 1908)가 우리의 주의를 끈다. 이와 비슷한 사상이 언더힐(Evelyn Underhill)의 중요한 저서 《신비주의》(Mysticism, London, 1911)와 《신비의 길》(The mystic way, London, 1913)에서 발견된다. 이 저자는 자신의 몇몇 관점을 우리가 《창조적 진화》에서 설명하고, 다시 이 장에서 취급하고 있는 관점들에 결부시키고 있다. 자세한 내용은 《신비의 길》을

참조.

＊8 피에르 자네(Pierre Janet), 《고뇌에서 황홀경까지》(*De l' angoisse à l'extase*).

＊9 고린도 전서 3장 9절.

＊10 W. 제임스, "신비주의에 관한 제언", *Joural Philosophy*, 7권, 1910. 베르그송은 이 논문에 대한 평을 1910년 3월 31일자 제임스에게 보낸 편지에서 하고 있다. 《기록과 연설문들》(*Ecrits et paroles*), 2권, 335면.

＊11 드 몽모랑(De Montmorand), 《정통 가톨릭의 신비가들에 관한 심리학》(*Psychologie des mystiques catholiques orthodoxes*, Paris, 1920), 17면.

＊12 《의식과 생명》, 815～816면과 《창조적 진화》 "존재와 허무" 등에서 허무의 문제를 다루었음.

＊13 《물질과 기억》 1장 참조.

＊14 《물질과 기억》, 3장.

제4장
결론 : 기계학과 신비학

1. 닫힌 사회와 열린 사회

우리의 분석 결과 가운데 하나는, 사회 영역에서 닫힌 것(Le clos)과 열린 것(L'ouvert)을 근본적으로 구별한 일이었다. 닫힌 사회에서 그 구성원들은 그들 이외의 사람들과는 무관한 채 서로를 지탱하며, 항상 공격이나 방어 태세를 갖추고 있다. 다시 말해, 전투 태세를 강요당하고 있다. 자연에서 해방되었을 때의 인간 사회는 그와 같은 사회이다. 인간은 마치 개미가 그 집단을 위해 존재하듯이 사회를 위해 만들어졌다. 유추를 남용해서는 안 되지만, 막시류의 사회는 동물 진화의 근본적인 두 노선 중 한 노선의 극단에 있는데 이는 마치 인간 사회가 다른 노선의 극단에 있는 이치와 같으며, 이런 의미에서 이들은 서로 짝을 이룬다는 점에 주목해야 한다. 물론 막시류의 사회는 판에 박은 듯한 형태를 취하나 인간 사회는 다양하게 변화한다. 전자는 본능을 따르나 후자는 지능에 따른다. 그러나 자연은 우리를 지능적으로 만들었다는 이유 때문에 어느 정도까지는 사회적 조직의 형태를 자유롭게 선택하도록 놔두었다 하더라도, 역시 우리가 사회 속에서 살도록 이러저러하게 규정해 두었다. 중력과 물체가 관계하듯이 영혼에 관계하는 일정한 방향의 힘이 개별적인 의지들을 똑같은 방향으로 인도함으로써 집단의 결속력을 확실케 한다. 이 힘이 도덕적 의무이다. 우리는 이 도덕적 의무가 열린 사회에까지 확장될 수 있으나, 본디 그 의무는 닫힌 사회를 위해 형성되었다고 밝혔다. 또한 우리는 우화 기능에서 유래하는 종교에 의해서 닫힌 사회는 어떤 형태로 존속할 수 있는지, 또 어떤 형태로 지능의 해체 작용에 반항하는지, 그 사회의 구성원 각자에게 닫힌 사회 자신이 꼭 필요하다는 신념을 어떤 형태로 유지시키고 전달하는지를 밝혔다. 우리가 정적이라고 불렀던 이 종교와 강압에 지나지 않는 이러한 의무가 닫힌 사회를 구성한다.

닫힌 사회에서 열린 사회로, 도시에서 인류로의 이행은 단순한 확장의 방식으로는 나아가지 못한다. 이들은 동일한 본질이 아니다. 열린 사회는 원칙적으로 온 인류를 포용한다. 때때로 몇몇 선택받은 영혼이 꿈꾸어온 이러한 사회는, 창조의 순간마다 그 사회 자신의 어떤 일면을 구체화한다. 이 창조들은 저마다 깊이의 차이는 있다 해도, 인간을 변화시켜 그때까지 뛰어넘을 수 없었던 난관들을 극복하게 한다. 그러나 이 창조가 저마다 이루어지고 나면 한때 열렸던 원은 다시 닫힌다. 새로운 것의 일부분이 옛 거푸집으로 흘러들어온다. 개인적인 동경은 사회적인 강요로 변한다. 의무가 모든 것을 덮어 버린다. 이러한 진보는 같은 방향으로 이루어질까? 사람들이 그것을 진보라고 합의하는 순간부터 방향은 물론 같다고 이해될 것이다. 그 경우 실제로 이 진보는 저마다 한 걸음 앞으로 나아갔다고 정의될 것이다. 그러나 이런 단정은 은유에 지나지 않는다. 그리고 현실적으로 사람들이 단순히 따라가기만 하면 되는 방향이 이미 존재하고 있었다면 도덕적인 개혁들은 예견이 가능하다. 따라서 이 개혁들은 창조적인 노력을 전혀 필요로 하지 않을 것이다. 사실 사람들은 언제라도 마지막의 도덕적인 개혁을 취할 수 있고, 어떤 개념에 의해 그 도덕적 개혁을 정의하고서, 다른 개념들도 이 개념이 포괄하고 있는 요소들을 다소 차지하고 있었으며, 따라서 모든 개념은 이 마지막 개혁의 개념으로 통한다고 말할 수 있다. 그러나 사태들이 이런 형식을 취하는 것은 회고적으로 바라볼 때뿐이다. 변화는 양적이지 않고 질적이었으며 어떠한 예견도 거부했다. 그렇지만 한편으로 그 변화들은 단지 그 개념적인 번역에서만이 아니라 그 자체에 있어서 어떤 공통성을 가지고 있었다. 모든 변화는 닫혀 있는 것을 열려고 했다. 앞서의 개방 이래로 자신 안에 틀어박혀 있던 집단은 매번 인류에게로 다시 끌려왔다. 더 멀리 가 보자. 이 계속되는 노력들은 분명 어떤 이상(理想)의 점진적인 실현이 아니다. 왜냐하면 예견에 의해 형성된 어떠한 관념도, 창조되면서 자신만의 관념을 창조하게 될 각 획득물들의 전체를 표상할 수는 없었기 때문이다. 그렇지만 노력들의 다양성은 어떤 유일한 존재로 잘 요약될 것이다. 그 유일한 존재는, 물질을 더 이상 질질 끌 수 없기 때문에 결국 닫힌 사회들을 산출했지만 이어서 종족이 아닌 어떤 특출한 개인이 찾아서 재포착하는 약동이라고 할 수 있다. 이러한 약동은 몇몇 사람들을 매개로 하여 연속되며, 이 사람들은 저마다 단 한 사람의 개인으로 구성된 하나의 종을 형성한다. 만일 개인이 이 약동에 관한 충분한 의식을 가지고 있고, 그의 지능을 감싸는 달무리 같은 직관이 자신의 전 대상에 적용될 만큼 충분하게 확장된다면, 그것은 신비한 삶이다. 이런 식으로 나타나는 동적인 종교와 우화 기능에서 나온 정적인 종교는 마치 열린 사회와 닫힌 사회의 관계처럼 서로 대립된다. 그러나 새로운 도덕적 열망은 닫힌 사회에서 자연적인 형식, 즉 의무를 빌림으로써 비로소 형성되듯이, 동적인 종교도 우화 기능이 제공하는 심상과 상징들에 의해서 비로소 보급된다. 이들의 서로 다른 점을 다시 거론할 필요는 없다. 우리는 단지 열린 사회와 닫힌 사회 사이에서 행했던 구별을 강조해 두고자 한다.

이 구분에 유의하기만 한다면 수많은 문제는 사라지고 그 밖의 문제들이 새로운 언어로써 설정될 것이다. 사람들은 종교를 비판하거나 변호할 때, 종교가 갖는 특별히 종교적인 점을 항상 고려하는가? 사람들은 종교가 전달하고자 하는 영혼의 상태를 환기하기 위해서 종교가 필요로 하는 이야기들에 집착하거나 도전한다. 그러나 종교는 본질적으로 그러한 영혼의 상태 자체이다. 사람들은 종교가 설정한 다양한 정의나 종교가 설명하는 이론에 대해 논란을 벌인다. 사실 종교는 자신의 몸을 형성하기 위해 하나의 형이상학을 이용한다. 그러나 종교는 엄밀히 말해서 다른 형체를 취할 수 있었으며, 또 동시에 아무런 형체도 취하지 않을 수도 있었다. 사람들이 증가나 완성에 의해 정적인 것에서 동적인 것으로, 논증 또는 우화 작용에서 직관으로 나아간다는 생각은 오류이다. 이렇게 하면서 사람들은 사물 자체와 그 표현 또는 상징을 혼동한다. 보통 철저한 주지주의가 범하는 오류는 이와 같다. 우리는 종교에서 도덕으로 나아갈 때 이런 오류를 발견한다. 정적인 도덕이 있는데, 그 도덕은 특정 사회에서 특정 순간에 사실로서 존재하며, 도덕 관습과 관념, 제도에 정착해 있다. 이 도덕의 강제적 성격은 궁극적으로는 자연에 의한 공동 생활의 필요성으로서 나타난다. 다른 한편 동적인 도덕이 있는데, 이 도덕은 약동이고, 사회적 욕구를 창조했던 자연의 창조자인 생명 일반에 관계한다. 첫 번째 의무는 그것이 강요인 한 이성 이하의 의무이지만, 두 번째 의무는 그것이 열망인 한 이성 이상의 의무이다. 그러나 이 둘 사이에 지능이 끼어든다. 지능은 명령 하나하나의 동기를, 말하자면 그 지적 내용을 탐구한다. 그리고 지능은 체계적이므로, 문제는 모든 도덕적 동기를 한 군데로 모으는 일이다. 그러나 지능은 선택의 곤경에 처한다. 지능은 일반적 이익, 개인적 이익, 자애, 연민, 동정, 그리고 이성적인 일관성 등, 거의 일반적으로 승인되는 도덕을 연역할 수 있을 만한 어떠한 행동의 원리도 갖고 있지 않다. 사실 그 조작의 용이성과 결과의 단순한 개연적 성격이 우리로 하여금 이 조작을 경계하도록 한다. 거의 똑같은 행위들이 이렇게 인위적으로 조작된 서로 다른 원리들로부터 도출된다 하더라도, 아마 이 다른 원리들의 저마다의 특징적인 면에서 도출되지는 않았을 것이다. 철학자는 그 원리들을 사회적 환경에서 수집하였고, 사회에는 모든 원리들이 상호 침투되어 있으며, 이기심과 허영심이 사회성에 의해 균형잡혀 있다. 그러므로 이 원리들 각각에서 그 철학자가 사회에 설정했었거나 방치해 둔 도덕성들을 다시 발견한다고 해도 놀랍지 않다. 그러나 도덕 자체는 설명되지 않은 채 남아 있다. 왜냐하면 그는 자연에 의해 요구된 규율로서의 사회 생활, 생명 일반에 의해 창조된 자연 자체를 처음으로 규명해야 하기 때문이다. 이렇게 해서 사람들은 순수한 주지주의가 순전히 지능적 이론상으로 헛되이 추구하는 도덕의 근원 자체에 도달하게 된다. 주지주의는 충고를 하고 이유들을 주장할 수 있을 뿐이므로, 우리가 다른 이유들을 들고나와 싸울 때는 아무도 막지 못한다. 사실 순수한 주지주의는 자신이 채용한 동기가 다른 동기보다 더 '바람직하다' 하고, 여러 동기들 사이에는 가치의 차이가 있다고 하거나, 현실이 지향해야 할 일반적인 이상이 존재한다고 암시한다. 그러므로 주지주의는 다른 모든 이데아를 거느리는 선(善)의 이데아와 함께 플라톤의 이론 속으로 들어가 자신의 피난처를 마련한다. 그래서 행위의 이유들은 선의 이데아 아래에서, 최선의 이유들이 선의 이데아에 가장 가깝게 접근해 있는 하나의 사다리를 이룰 것이다. 그리고 선의 매력은 의무의 원리가 될 것이다. 그러나 이때 우리는 하나의 행위가 이상적인 '선'에 가까운지 그렇지 않은지를 무슨 징표에 의해 확인하는가 하고 묻는 말에 매우 당황한다. 왜냐하면 우리가 그 징표를 안다면 그 징표가 가장 중요하고, 이제 선의 이데아는 쓸모없기 때문이다. 사람들은 이러한 이상이 명령적인 의무에, 무엇보다도 모든 것 중 가장 엄한 의무에, 즉 본질적으로 닫혀 있던 원시 사회에서의 관습에 어떻게 결부되어 있는가를 설명하는 데 그만큼의 어려움을 겪어야 한다. 사실, 하나의 이상은 그것이 이미 실재적으로 작용하는 것이 아니라면 의무적인 이상이 될 수 없다. 그리고 이때 의무를 지우는 것은 그 관념이 아니라 작용이다. 아니 오히려 이상이란 연속적이라고 느끼는 이 행위의 궁극적 결과라고 추정된 것이다. 즉, 이상은 우리를 분발시키는 운동의 가설적인 한계점을 지적하기 위해 우리가 사용하는 낱말일 뿐이다. 그러므로 우리는 모든 이론의 근저에서 우리가 여러 번 밝혔던 두 가지 착각을 다시 발견한다. 매우 일반적인 첫 번째 착각은, 어떤 가정된 부동한 끝점까지의 거리를 점차적으로 줄여가는 움직임이 바로 운동이라고 표상함으로써 성립한다. 그러나 이 움직임들의 순간순간 위치들은 실제로 분리할 수 없는 운동에 대한 정신적 관점에 지나지 않는다. 이 사실로부터 진정한 운동을 재구성할 수 없다는 사실, 즉 여기에서는 간접적이든 직접적이든 애초에 의무를 발생케 한 열망과 강압을 재구성할 수 없다는 사실이 도출된다. 두 번째 착각은 더욱 특별하게도 생명의 진화에 관계한다. 하나의 진화 과정이 도중의 어떤 일정한 지점 이후부터 관찰되었기 때문에, 사람들은 이 지점 이전의 지점도 똑같은 진화 과정에 의해 도달되었다고 주장한다. 그러나 그 지점 이전의 진화는 전혀 다를 수도 있었으며, 또 진화가 없었을 수도 있다. 우리는 지금 도덕의 점진적인 풍요로움을 언급하고 있으므로, 인간과 함께 나타난 원시적인 도덕, 그리고 환원할 수 없는 도덕은 없다고 생각하기 쉽다. 그렇지만 인류와 동시에 이 근원적인 도덕을 설정하고 처음부터 닫힌 사회로부터 출발해볼 필요가 있다.

2. 자연적인 것의 영속

그런데 이론적인 문제들을 해결하고 제거하기 위해 꼭 필수적인 닫힌 것과 열린 것 사이의 구분을 해야만 실제적으로 도움을 받을 수 있을까? 만일 닫힌 사회가 일시적으로 개방된 뒤에 다시 폐쇄되도록 형성되었다면, 이럴 때의 구분은 전혀 유용성이 없을 것이다. 이때에는 무한히 과거로 거슬러올라간다 해도 사람들은 결코 원초적인 모습에는 도달하지 못할 것이고, 또 이때 도달한 자연적인 것은 후천적인 것을 공고히 한 데에 지나지 않을 것이다. 그러나 우리가 앞에서 말했듯이 진실은 이렇게 공고히 한 조작과는 전혀 다르다. 근원적인 자연이 있고, 이 자연에 겹쳐지면서 이 자연과 혼합됨이 없이 자연을 모방한 수많은 취득물들이 있다. 우리는 이들을 통해 점점 더 가까이 근원적인 닫힌 사회로 옮겨갈 것이며, 이러한 근원적 원시 사회의 일 반적인 계획은 마치 개미 집단과 개미의 관계처럼 우리 인류의 계획에 적합 할 것이다. 그렇지만 이들 사이에 차이는 있다. 개미의 경우 사회 조직의 세 부가 미리 주어진 데 반해, 닫힌 사회의 경우에는 곧바로 개인에게 적합한 사회적 환경을 마련해 주기 위한 몇 개의 큰 노선과 몇몇 방향, 충분한 정도 의 자연적인 예시만이 있다. 물론 이 계획을 인식해도, 오늘날 그 계획의 배 치가 다른 배치에 의해 제거되었다면 그 지나간 계획에 대한 인식은 역사적 인 의의만을 제공할 것이다. 그러나 자연은 파괴될 수 없다. 사람들이 "자연 적인 것은 쫓아 버려도 빨리 다시 뛰어 돌아온다"고 한 말은 잘못이었다. 왜 냐하면 자연적인 것은 쫓아 버릴 수 없기 때문이다. 자연적 존재는 모두 항 상 그곳에 있다. 우리는 후천적으로 얻는 유전을 생각할 필요가 있다고 느낀 다. 습관이 유전될 수 있다는 말은 있을 법하지 않다. 즉, 만약 이 사태가 발생한다면, 그 사태는 수없이 많은 좋은 조건들과의 우연적인 조우에 기인 하며, 이런 일은 종 안에다 습관을 형성할 만큼 충분하거나 확실하게 반복되 지는 않을 것이다. 도덕적인 획득물들의 저장고는 관습, 제도, 그리고 언어 자체이다. 그리고 곧 이들은 부단한 교육을 통해 전파된다. 이처럼 사람들이 전통이라고 믿는 습관들이 세대에서 세대로 전해진다. 그러나 모든 사항이 협력하여 잘못된 해석을 조장한다. 즉, 잘못된 자존심, 피상적인 낙관주의, 진보의 참된 본성에 대한 오인, 마지막으로 특히, 실제로 부모로부터 자식에 게로 전해질 수 있는 선천적 경향, 종종 자연적인 경향에 덧붙여지는 후천적 인 습관 사이에 널리 행해지는 혼동 등이 그러하다. 의심할 바 없이 이러한 믿음들은 실증 과학 자체에 압력을 가했고, 이 믿음들이 인증된 사실이 아주 적은데다 논의의 여지가 있는 성격이었음에도, 실증 과학은 상식으로부터 이 믿음을 받아들였으며, 이론을 받아들이지 않는 자신의 권위에 의해 이 믿 음들을 강화하여 상식에 이를 반환하였다. 이러한 점에서 볼 때, 스펜서(H. Spencer)의 생물학적이자 심리학적인 저서만큼 유익한 저서는 없다. 그의 저 서는 거의 전적으로 후천적 성질의 유전 관념 위에 머물고, 그 전성기에 과 학자들의 진화론에 영향을 미쳤다. 그러나 스펜서에게 그 작품은 초기 저작 들 가운데서 제시된 사회적 진보에 관한 하나의 명제를 일반화한 데 지나지 않았다. 즉, 처음에 그를 사로잡았던 것은 사회에 관한 연구였으며, 훨씬 뒤에야 그는 생명 현상의 연구로 나아갔음에 틀림없다. 따라서 후천적으로 얻은 성질의 유전에 관한 관념을 생물학으로부터 빌린 학문이라고 생각되었던 그의 사회학은 사실 자신이 빌려준 관념을 다시 되찾았을 뿐이다. 증명되지 않은 이 철학적 명제는 과학을 거치면서 마치 과학적 확신을 얻은 듯이 거짓된 태도를 취했으나, 변함없이 철학적이었으며 전보다 더욱 철학과는 거리가 멀어졌다. 그러므로 우리는 확인된 사실들과 그 사실들이 암시하는 확실성으로 만족하자. 만일 오늘날의 인간에게서, 모든 순간의 교육이 그동안 그에게 저장해 놓았던 지식을 제거한다면, 우리는 이 사람이 그의 가장 먼 선조들과 동일하거나 거의 동일함을 알 것이다. [*1]

이런 사실로부터 어떤 결론이 도출될까? 우리 각자의 마음속 깊은 곳에 종(種)의 기질이 변하지 않은 채로 남아 있기 때문에 도덕론자나 사회학자는 그 기질을 고려해야 한다. 처음에 후천적인 것의 근원을 생각해 보고, 이어 자연의 근원을 연구하여 생명의 약동 자체에 다시 자리잡는 일은, 몇몇 선택받은 사람에게만 허용되어 왔다. 만일 이러한 노력이 일반화될 수 있었다면, 인류에 있어 생명의 약동은 이른바 막다른 골목에 들어섰을 때 그러하듯 닫힌 사회에서 정지해 있지는 않았을 것이다. 그렇다 해도 이러한 특출한 사람들이 자신과 함께 인류를 이끌어 가고자 함은 사실이다. 그의 영혼의 상태가 지닌 깊은 내용을 모든 사람에게 전할 수는 없으므로, 그는 영혼의 내용을 피상적으로 바꿔놓는다. 그들은 동적인 것을 정적인 것으로 번역할 내용, 즉 사회가 스스로 받아들여야 할 내용, 교육에 의해 결정적으로 만들 수 있는 내용을 찾는다. 그러나 그들이 여기서 성공하려면 반드시 자연을 고려해야 한다. 자연을 온 인류가 강요할 수는 없지만, 인류의 본성을 굽힐 수는 있다. 그런 일은 인류가 자연의 형태를 알 때만 가능하다. 만일 이 일을 위해 심리학 일반을 연구해야 한다면, 이런 식은 매우 어려울 것이다. 그러나 특별한 한 가지 점만은 문제된다. 즉, 일정한 사회적 형태에 대한 소질을 가진 한에서의 인간 본성이 문제된다. 우리는 우리 안에 희미하게 윤곽지어진 자연적인 인간 사회가 있고, 자연은 미리 그 도식을 제공하도록 배려했으나 이 지시를 따르는 일은 전적으로 우리의 지성과 자유 의지에 맡겨졌다고 말한다. 이성적이고 자유로운 활동의 영역에서, 이 희미하고 불완전한 자연적 인간 사회의 도식은 진화의 다른 종착역인 본능의 경우, 즉 개미나 벌 집단의 분명한 도식에 상응할 것이다. 그러므로 여기에는 우리가 다시 발견해야 하는 단순한 도식만이 있을 것이다.

그러면 어떻게 이 도식을 다시 발견해야 하는가? 왜냐하면 후천적인 요소들이 자연적인 요소들을 덮어 버리기 때문이다. 우리가 기계적으로 적용할 수 있는 탐구 방법을 제공해야 한다면 우리는 답변이 곤란할 것이다. 실제로 더듬거리고 음미하면서 진행해야 하며, 각 방법에 의해서는 가능성과 개연성에 이를 뿐인 여러 방법을 동시에 따라야 할 필요가 있다. 그 결과들은 서로 간섭하면서 중화되거나 서로 강화될 것이다. 또한 상호적인 검증과 교정이 있을 것이다. 이렇게 해서 사람들은 '원시인'을 고려할 때도, 덮고 있는 한 층의 후천적인 요소들은 우리의 것보다 덜 두터울 수도 있는 원시인들에 있어서도 자연을 은폐하고 있다는 사실을 잊지 않을 것이다. 사람들은 어린이들을 관찰할 때도 자연이 서로 다른 여러 나이를 대비하였고, 어린이의 천성이 반드시 인간의 천성은 아니라는 사실을 잊지 않을 것이다. 어린이는 모방자이고, 이 어린이들이 자발적으로 행한 행위처럼 우리에게 보이는 것은 대부분 우리가 주의력 없이 그들에게 수행한 교육의 결과이다. 그러나 뛰어난 정보의 원천은 내관법(內觀法)이다. 이미 구축된 사회가 사회에 적응케 하는 습관과 기질을 우리 마음속에 주입하지 않았다면, 우리는 우리의 인식에 나타난 사회성과 비사회성의 근원을 찾아 나서야 한다. 우리는 깜박이는 불빛 속에서 점점 더 멀어져 가는 이들에 대한 계시만을 가질 뿐이다. 이 계시를 회상하고 고정할 필요가 있다.

3. 자연적인 사회의 성격

우선 인간은 아주 작은 사회를 이루도록 만들어졌다고 하자. 사람들은 일반적으로 원시 사회가 그러했다고 인정할 것이다. 그러나 예부터의 영혼의 상태는 남아 있으며, 문명을 존재케 하는 데 필수적인 습관 아래 감춰져 있다고 덧붙일 필요가 있다. 그렇지만 옛 영혼은 억압되고 무력한 채로 의식 저 밑바닥에 머문다. 영혼의 옛 상태가 행위를 결정하는 데까지 이르지 못한다면, 그 상태는 말에 의해 드러난다. 큰 나라에서는 작은 지방들이 모두 만족하도록 통치될 수 있다. 그러나 그 피통치자들이 기꺼이 좋다고 확실하게 말할 수 있는 정치는 어떤 정치인가? 그 정치가 모든 정치 가운데 가장 덜 나쁜 정치이며 이런 의미에서만 최상의 정치라고 그들이 말한다면, 그들은 이 정부를 충분히 칭찬하고 있는 것이다. 여기에서 불만은 어쩔 수 없는 것이기 때문이다. 특히 거대한 국민을 다스리는 방법은 하나뿐이며, 무엇보다도 이 방법의 빈번한 사용이 문제될 경우의 예비적 기술이나 효과적인 교육도 없다. 넓은 견식을 가진 정치가가 드문 까닭은, 사회가 확대되었기 때문에 아마도 풀 수 없을 문제를 항상 세세한 데까지 해결해야만 했기 때문이다. 근대 강대국들의 역사를 연구해 보라. 당신은 수많은 과학자와 예술가들, 훌륭한 군인들, 모든 주제에 대한 위대한 전문가들을 발견할 것이다. 그러나 위대한 정치가들은 얼마나 있는가?

작은 사회들을 원했던 자연은 이윽고 이 사회들이 거대하게 되도록 문호를 개방했다. 왜냐하면 자연은 전쟁을 원했고, 적어도 전쟁을 피할 수 없게 하는 삶의 조건들을 인간에게 제공하였기 때문이다. 그런데 전쟁의 위협은 수많은 작은 사회들로 하여금 공통의 위협에 대비하기 위해 결합하게끔 할 수 있다. 다만 이 결합이 지속적인 경우는 드물다. 어쨌든 이 결합은 사회들의 어떤 집합을 형성하였으나 크기상으로는 이 각각의 사회들과 같은 차원이다. 전쟁은 제국들의 기원이 되는데 이는 오히려 다른 의미에서이다. 제국들은 정복으로부터 탄생한다. 전쟁이 비록 처음에는 정복을 목표로 하지 않았다 할지라도, 전쟁의 도달점은 정복이며, 그 많은 정복자들은 피정복자의 토지를 자기 소유로 만들고, 피정복자의 노동을 이용하기 위해 그 국민들까지도 자신에게 예속시키는 편이 편리하다고 판단한다. 고대 아시아의 거대한 제국들이 이렇게 해서 형성되었다. 모든 제국은 여러 영향 아래, 사실 존속하기에는 너무 광대했기 때문에 모두 붕괴했다. 정복자가 복속된 국민들에게 외견상의 독립을 허락할 때, 이 집합체는 더욱 오랫동안 존속하게 된다. 로마 제국이 그 증거이다. 그러나 원시적인 본능이 지속되고 그 본능이 분해 작용을 함은 틀림없다. 이 본능을 되는 대로 방치하면 정치 구조는 붕괴한다. 이렇게 해서 여러 국가에서 서로 다른 사건들에 따라 서로 다른 조건에서 봉건 제도가 나타났다. 여기에는 사회의 붕괴를 막는 힘이 배제되었다는 공통점이 있을 뿐이다. 그러한 힘이 배제되었을 때 붕괴는 저절로 나타났다. 근대의 큰 국가들이 견고하게 형성될 수 있었던 까닭은, 전체에 대해 밖이나 위로부터 작용하는 응집력으로서의 강제력이, 집합된 요소적인 사회들 각각의 심층에서부터 올라오는 결합의 원리에 의해 점차 대치되었기 때문이다. 그런데 요소적인 사회들이란, 예전에는 큰 국가가 그들의 끊임없는 저항에 의해 대항해야 하는 파괴적인 힘들의 영역 자체였다. 와해의 경향을 중화시킬 수 있는 유일한 원리는 애국심이다. 고대인들은 이 원리를 잘 알고 있었다. 그들은 조국을 뜨겁게 사랑했고, 옛 시인들은 조국을 위한 죽음은 감미롭다고 말했다. 그러나 전쟁중에 은혜로운 신의 가호를 빌었던 집단으로서의 도시에 대한 애착에서, 전쟁의 덕인 동시에 평화의 덕인 애국심까지는 거리가 멀다. 애국심은 신비성으로 채색될 수 있으며, 그 종교에는 어떠한 타산도 섞여 있지 않고, 어떤 거대한 나라이든 전면적으로 국민을 분발시키며, 사람들의 영혼에 있는 최선의 것을 빨아들인다. 마지막으로 애국심은 천천히 그리고 강건하게 추억과 희망으로써, 시와 사랑으로써, 꿀이 꽃으로 만들어졌듯이 천하의 모든 도덕적 아름다움으로 구성되어 있다. 종족의 이기주의 같은 뿌리 깊은 감정을 극복하기 위하여, 애국심은 또한 신비 상태를 모방하는 고양된 감정을 필요로 했다.

자연의 손에서 벗어난 사회 체제란 무엇일까? 사실 인류는 흩어지고 고립된 가족 단위의 그룹에 의해 시작되었다. 그러나 그 체제는 맹아와 같은 사회에 지나지 않았다. 그리고 자연주의자들은 한 종족의 그 맹아적 상태에 관해서만 의문을 가짐으로써 한 종족의 습관에 대해 알려고 하지만, 철학자는 그 맹아적 사회에 대한 의문 때문에 사회적 삶의 본질적인 경향을 탐구해서는 안 된다. 사회가 완전할 때, 말하자면 사회가 스스로를 방위할 수 있고 따라서 비록 작지만 전쟁을 위해 조직된 경우에 그런 사회에서의 본질적 경향을 탐구 대상으로서 채택할 필요가 있다. 그러므로 이런 분명한 의미에서 사회의 자연적인 체제란 무엇일까? 야만 상태(barbarie)*2에 적용하는 일이 그리스 어를 더럽히는 일이 아니라면, 우리는 그것이 군주정치적 또는 과두정치적이며, 아마도 동시에 이 두 가지라고 해도 좋을 것이다. 이 두 체제는 원초적인 상태에서는 혼합되어 있다. 그 사회는 우두머리가 필요하고, 사회에는 반드시 우두머리에게 어느 정도 그 위엄을 빌리거나 그에게 위엄을 주는, 아니 오히려 초자연적인 어떤 권능으로부터 우두머리와 함께 그 위엄을 누리는 우월한 자들이 있다. 한편으로는 명령이 절대적이고, 다른 한편으로는 복종이 절대적이다. 우리는 인간 사회와 막시류 사회가 생물학적 진화의 두 주요 노선의 종점을 차지한다고 여러 번 말해 왔다. 우리는 이 둘 사이를 결코 동일시하지 않는다. 인간은 지능적이고 자유롭다. 그러나 인류의 구조 계획에는 꿀벌의 계획에서처럼 사회적 삶이 포함되어 있으며, 사회는 필연적이었고, 자연은 우리의 자유 의지에 그 계획을 전적으로 일임하지 않았다. 따라서 한 사람이 몇몇의 사람이 명령을 하고 다른 사람들이 복종했음이 분명하다는 사실을 항상 상기할 필요가 있었다. 곤충 세계에서의 다양한 사회적 기능은 조직의 차이와 연관되어 있다. 즉, '동종다형 현상'(polymor-phisme)이 있다. 그러나 인간 사회에서는 더 이상 곤충처럼 육체적인 동시에 심리적이라기보다, 단지 심리적인 '동종이형 현상'(dimorphisme)이 있다고 말할 수 있는가? 우리는 그렇다고 생각한다. 그렇지만 이 동종이형 현상이 인간을 서로 환원할 수 없는 두 개의 카테고리로, 즉 하나는 타고난 우두머리로, 다른 하나는 신하로 분리하지 않는다는 조건 아래에서이다. 니체의 잘못은 이런 종류의 분리를 믿은 데 있었다. 그는 한편은 '노예들', 다른 한편은 '주인들'로 분리하였다. 사실 이 동종이형 현상은, 대부분의 경우 우리들 각자를 명령하는 본능을 가진 우두머리인 동시에 복종하려는 각오를 가진 노예로 만든다. 또한 두 번째 경향은, 대부분의 사람이 분명하고 유일한 존재가 되는 데까지 동종이형 현상을 이끌고 갔다. 이 동종이형 현상은 두 조직이, 즉 서로 분리할 수 없는 성질들의 두 체계가(도덕가의 눈에는 결함으로 보이는 체계도 있을 것이다) 있다는 점에서 곤충의 체계와 비교할 만하다. 습관을 습득할 때 그러하듯이 우리는 비록 상세히는 아니지만 만화경과 같은 방식으로 이 둘 중 하나를 단번에 선택하며, 이렇게 해서 전적으로 두 성(姓) 사이에서 선택하는, 즉 태아의 상태에 비교될 만한 자연적인 동종이형에서의 선택이 발생함이 틀림없다. 이렇게 원초 상태에서 두 갈래로 선택되는 현상이 곧 우리가 혁명기에 선택의 분명한 모습을 보게 되는 이유이다. 그때까지는 얌전하고 겸손하며 순종적인 시민들이, 어느 날 갑자기 인간의 지도자가 된 듯한 태도로 일어난다. 지금까지 고정되어 있었던 만화경은 한 바퀴를 돌아 이어 돌변하게 된다. 어떤 경우에는 결과가 좋다. 그리고 그들 스스로도 알지 못했던 행동적인 위대한 사람들이 일깨워진다. 그러나 일반적으로 그 결과는 우려스럽다. 정직하고 온순한 사람들에게서 갑자기 그의 밑바닥에 잠재해 있던 인격이, 결함이 있는 우두머리의 성격인 잔인한 인격이 나타난다. 여기에 인간이라는 '정치적 동물'로서의 특징이 나타난다.

사실 우리는, 우리 마음속 깊은 곳에서 잠자고 있는 우두머리의 속성 가운데 하나가 잔인성이라고는 말하고 싶지 않다. 그러나 분명한 사실은, 자연이 우두머리를 예견했다면, 자연은 종(種)들을 생산하면서도 개인을 대량 학살하며, 무자비한 우두머리를 원했음에 틀림없다. 모든 역사가 이를 증명한다. 악랄한 고문에 앞서 전대미문의 대량 학살들이 전혀 아무렇지 않게 명령되었고, 이 사실은 학살자들 스스로가 돌에 새겨 우리에게 전해 준다. 사람들은 이러한 일이 아주 고대에 일어났다고 말할 것이다. 그러나 형식이 변화되었고, 기독교가 몇몇 죄악들을 종언시켰으며, 적어도 자만하지 못하게 했다 할지라도, 살인은 변함없이 정치의 최초 이유(ratio prima)는 아니라 해도 이유 아니면 최후의 이유(ratio ultima)였다. 도리에 어긋남은 물론이지만, 사람만큼 자연도 이에 책임이 있다. 실제로 자연은 구금이나 추방을 명하지 않는다. 자연은 사형만을 알 뿐이다. 허용된다면 추억 하나를 일깨워 보자. 멀리서 왔으며 우리와 같은 옷을 입었고 우리처럼 불어로 말하는 외국 인사들이 우리 가운데에서 친근하고 다정하게 산보하는 모습을 나는 본 적이 있다. 나중에 우리는 신문을 통해서, 그들이 조국으로 돌아가 서로 다른 정당에 가입한 뒤 이들 중 한 사람이 다른 사람을 교수형에 처했다는 사실을 알게 되었다. 모든 정의를 실현하는 기관과 함께, 단지 귀찮은 적대자를 제거하기 위해서, 그 기사는 형장의 사진을 첨부하고 있었다. 상류사회의 예의바른 사람이 반쯤 벌거벗겨진 채 군중들의 눈앞에 매달려 있었다. 공포스러운 광경이다! 사람들은 '문명인'의 범주에 있었지만, 원시적이고 정치적 본능은 문명을 날려버리고 자연성을 자유로이 나타나게 한 것이다. 스스로 죄에 대한 형평을 고려한다고 간주하는 사람도, 그들이 죄수에 관계할 때 그 죄수가 정치 문제의 죄수일 때에는 곧바로 죄없는 사람들을 사형에까지 처하는 상황으로 나아간다. 여왕벌이 수벌을 더는 필요로 하지 않을 때 일벌들이 곧바로 수벌들을 침으로 쏘아 죽이는 경우와 마찬가지이다.

4. 자연 사회와 민주주의

그러나 '우두머리'의 기질에 대해서는 잠시 제쳐두고, 지도자와 피지도자의 감정을 고찰해 보자. 이 감정들의 구획선이 좀더 명백하게 되는 곳은, 이미 사회가 거대해졌으나 '자연적인 사회'에 대한 근본적 변형은 없이 단순히 비대해진 사회에서이다. 왕이 있는 경우에는 왕까지 포함해서, 지배 계급은 여러 방법에 의해 진화 도상(途上)에서 증원되나 그들은 항상 스스로를 우수한 종족이라고 믿는다. 이는 조금도 놀라울 것이 없다. 우리를 이보다도 놀라게 하는 것은 우리가 사회적 인간의 동종이형 현상에 대해 알게 되었을 경우, 국민들 스스로가 이 타고난 우월성을 인정하는 데에 있다. 물론 과두 정치는 이 감정을 배양하려 애쓴다. 이 과두정치의 근원이 전쟁에 있었다면, 과두정치는 그들에게 선천적이고 유전적으로 전승된다고 하는 전쟁의 덕을 믿고 또 믿게 할 것이다. 더욱이 이 정치는, 자신이 따르는 원칙과, 하위 계급 조직화의 방지를 위해 취하는 처치 덕분에 현실적으로 우월한 힘을 보유한다. 그렇지만 이와 같은 경우에도 피지배자들에게 경험이 알려 주는 바는, 지도자들도 그들과 같은 사람이라는 사실이다. 그러나 본능이 저항한다. 이러한 본능이 양보하기 시작하는 경우가 있는데, 이 경우는 상위 계급 자신이 이 본능을 자신의 계급에 도입할 때이다. 어떤 때는 상위 계급이 마음에 내키지 않으면서도, 명백한 무능이나 그 계급의 신용을 실추시킬 정도로 심각한 폐습 때문에 양보를 시키기도 한다. 어떤 때에는 이 양보가 기꺼이 이루어지며, 이 계급에 속하는 이러저러한 사람이 종종 개인적인 야심에 의해, 또 어떤 때에는 정의감 때문에 그 계급에 대항한다. 이 경우 그들은 하위 계급으로의 경사에 의해, 하위층과의 거리 때문에 조장된 착각을 사라지게 한다. 이렇게 해서 1789년의 프랑스 대혁명에 귀족들이 협력했으며, 혁명은 가문의 특권을 폐지했다. 일반적으로 불평등에 가해진 선제 공격은—정당하건 부당하건—계급의 이익만이 당면 과제였던 경우, 사람들이 기대할 수도 있었을 하위 계급에서 나왔다기보다는 상위층의 더 혜택을 누렸던 사람들에게서 나왔다. 마찬가지로 부자들의 우월권에 대항하여 1830년과 (무엇보다 두 번째인) 1848년에 일어난 혁명에서 지도적인 역할을 한 계층은 노동자들이 아니라 중산층(부르주아)이었다. 그 뒤에 모든 사람을 위한 교육을 부르짖은 계층도 지식 계급의 사람들이었다. 정말로 귀족 계급이 자연적으로 또는 종교적으로 그들의 선천적인 우월성을 믿는다면, 그들이 고취하는 존경심 또한 종교적이며 자연적인 차원이다.

그러므로 인류가 민주주의에 도달하게 된 것은 훨씬 뒤의 일이었음이 이해된다(왜냐하면 노예 제도 위에 구축되어 이 제도를 근본적으로 부정함으로써 가장 크고 어려운 문제들을 제거한 최초의 유사 민주주의 체제 시기는 고대 도시 국가 시대였기 때문이다). 실제로 모든 정치적 구상 중에서 민주주의는 가장 자연에서 멀리 떨어져 있고, 적어도 의도에 있어서는 '닫힌 사회'의 조건들을 유일하게 넘어선다. 민주주의는 인간에게 불가침의 권리를 부여한다. 이 권리는 침범당하지 않기 위해 모든 사람에게 변치 않고 의무에 충실하기를 요구한다. 따라서 민주주의는 자신에 대해서 하듯 남을 존중하며, 그가 절대적이라 간주한 의무들을 지키며, 의무가 권리를 주는지 아니면 권리가 의무를 부여하는지 알 수 없을 정도로 이 절대적인 것에 잘 일치하는 이상적인 인간을 그 내용으로 한다. 칸트처럼 말한다면, 이렇게 정의된 시민은 '입법자이자 복종하는 자'*[3]이다. 따라서 모든 시민, 즉 국민이 주권자이다. 이론적인 민주주의는 이와 같다. 이 민주주의는 자유를 선언하고 평등을 요구하며, 이 두 적대적인 자매들이 자매임을 상기시키고, 형제애를 모든 것 위에 놓음으로써 화해시킨다. 이러한 관점에서 공화정의 표어를 고찰하면, 사람들은 이 세 번째 낱말(형제애)이, 다른 두 낱말들(자유와 평등) 사이에서 그렇게 자주 이야기된 모순을 지양하는데 있어 필수적임을 발견할 것이다. 이는 민주주의가 복음주의적 본질이고 원동력으로서 사랑을 가지고 있다고 말하게 하는 의미이리라. 사람들은 이 형제애의 정서적 기원을 루소의 영혼에서, 철학적 원리를 칸트의 저작에서, 종교적 기초를 칸트와 루소 모두에게서 발견하리라! 즉, 사람들은 칸트가 그의 경건주의(piétisme)에서 빌린 사고의 원리와, 루소가 서로 간섭했던 가톨릭교와 신교로부터 은혜받은 사랑의 기원에 대해 알고 있다. 게다가 1791년의 인권선언의 모범이 된 미국 독립선언(1776)은 청교도의 반향을 지니고 있다. "우리는 모든 인간이 조물주에게서 부여된 양도할 수 없는 권리들을 가진다는 것…… 등등을 자명한 사실로 간주한다." 민주주의적 신조의 모호함으로부터 도출된 반대 의견들은, 사람들이 이 민주주의의 근원적으로 종교적인 성격을 무시한 데서 온 것이다. 미래가 모든 진보에 개방되어 있고, 특히 오늘날에는 실현불가능하고 아마도 생각할 수도 없는 다양한 형태의 자유와 평등이 가능하게 될 새로운 조건들의 창조에 개방된 때에, 어째서 자유와 평등에 대한 정확한 정의를 요구하는가? 사람들은 윤곽만을 그릴 뿐이며, 이 윤곽은 형제애가 제공된다면 그 내용이 점차 좋아질 것이다. 사랑하라, 그리고 원하는 일을 하라(Ama, et fac quod vis). 그의 좌우명이 한 마디 한 마디 이 민주 사회의 좌우명에 일치하기를 원하는 비민주적인 사회의 공식은, '권위, 계급, 정체'일 것이다. 따라서 민주주의의 본질은 이와 같다. 민주주의는 단순히 이상이다. 또는 오히려 인간이 가야 하는 방향으로 보아야 함은 말할 필요도 없다. 처음에 민주주의가 세상에 들어왔을 때는 무엇보다도 항의의 형태였다. 인권선언의 각 구절은 남용에 대한 도전이다. 문제는 참을 수 없는 괴로움을 끝내는 일이다. (프랑스 대혁명 이전의) 국회 문서들에 있는 삼부회(三部會)의 진정서들을 요약하여 에밀 파게(Emile Faguet)는, 대혁명은 자유와 평등을 위하여 이루어지지는 않았고, 단순히 '사람들이 죽을 만큼 굶주렸기 때문에' 일어났다고 썼다. 이 말이 정확하다면, 사람들이 '죽을 만큼 굶주리기를' 더이상 원하지 않은 것이 구태어 왜 어떤 시기 이후부터인지를 설명해야 할 것이다. 만일 대혁명이 올바른 방향성을 천명했다면, 그것은 기존의 것을 던져버리기 위해서였다. 그러나 마치 화살의 방향과 화살의 관계가 그러하듯 하나의 의도는 이와 함께 제기된 이념에 눈에 보이지 않게 밀착되어 있는 경우가 있다. 처음에 민주주의적 형식들은 반항하려는 생각에서 선언되었지만, 거기에서는 그 기원의 여운을 느낄 수 있다. 사람들은 방해하고 거부하고 전복하기 위해 이 민주주의 형식들의 편리함을 발견한다. 그러나 이 형식들로부터 무엇을 해야 할 것인가에 대한 적극적인 방향 지시를 끄집어내는 일은 그렇게 쉽지가 않다. 무엇보다도 이 형식들이 적용될 수 있는 것은 사람들이 절대적이고 거의 복음서적인 이 형식들을 순수히 상대적인 도덕성의 용어나 만인의 이익을 위한 용어로 바꾸어 놓을 경우뿐이다. 그리고 이러한 변경은 항상 개인적 이익의 방향으로 왜곡을 불러일으킬 우려가 있다. 그러나 민주주의에 대하여 제기된 의견들과 이에 대한 답변들을 열거하는 일은 무용하다. 우리는 단순히 민주주의적인 영혼의 상태 속에는 자연과 반대된 방향의 커다란 노력이 들어 있음을 증명해 보이려고 했었다.

5. 자연적인 사회와 전쟁

우리는 이제까지 자연적인 사회의 몇몇 특징들을 지적했다. 이러한 특징들을 서로 결합하면 사람들이 어렵지 않게 해석할 그 사회의 모습이 완성된다. 이기심, 단결, 계급, 우두머리의 절대적 권위, 이 모든 것은 질서와 전쟁 정신을 의미한다. 자연이 전쟁을 원했을까? 한번 더 말하지만, 만일 의욕이라는 말이 개개의 결정을 내리는 능력을 의미한다면 자연은 아무것도 의욕하지 않았다. 그러나 자연은 암암리에 그 종(種)의 구조로부터의 결과이자 이 구조의 연장인 태도나 운동들을 윤곽짓는다. 이러한 의미에서 자연은 그러한 태도나 운동을 의욕했다. 자연은 인간에게 제작적인 지능을 부여했다. 자연은 수많은 동물들에게 도구를 제공하였지만 인간에게는 도구를 제공하지 않았다. 그대신 인간 자신이 도구를 선택하여 만들었다. 그리고 적어도 인간이 사용하는 동안은 필연적으로 그 도구들의 소유권을 갖는다. 그러나 도구들은 인간에게서 분리되어 있기 때문에, 인간에 의해 단지 선택될 수 있다. 그런데 완전히 만들어져 있는 도구를 취하는 편이 그것을 만들기보다 쉽다. 무엇보다도 이 도구들은 물질에 작용하여야 하며, 예를 들면 사냥이나 낚시의 기구로 사용되어야 한다. 그가 속하는 집단은 어떤 숲, 호수, 강에 눈독을 들였을 것이다. 그리고 이 장소에 대해, 이번에는 다른 집단이 다른 곳을 찾기보다는 여기에 거주하는 편이 편리하다고 판단할 수 있다. 그러면 서로 싸우지 않을 수 없을 것이다. 우리는 사냥할 수 있는 숲과 고기를 잡을 수 있는 호수에 대해 이야기하고 있으나, 경작할 땅, 납치할 여인, 끌고 갈 노예 역시 문제가 될 수 있다. 마찬가지로 여러 가지 이유들로 해서 사람들이 했었을 일을 정당화할 것이다. 그러나 무엇을 빼앗고 거기에 무슨 동기를 대든 상관없다. 즉, 전쟁의 기원은 개인적이든 집단적이든 소유권 때문이고, 인간은 인간 구조의 결함 때문에 무엇인가를 소유하도록 숙명지어져 있으므로 전쟁은 자연적인 것이다. 전쟁의 본능은 아주 강해서, 사람들이 문명의 표면을 긁어헤쳐 자연을 다시 발견하려고 할 때 가장 먼저 나타난다. 어린 소년들이 얼마나 싸우기를 좋아하는지 사람들은 알고 있다. 아이들은 얻어맞는다. 그러나 그들은 때리기에 만족감을 느낄 것이다. 아이들의 장난은 어른이 되었을 때 부과될 일을 위해 자연이 아이들에게 권하는 예비 연습이라고 하는 말은 옳다. 그러나 사람들은 더 철저하게, 역사에 기록된 대부분의 전쟁들을 예비 연습이나 놀이들로 볼 수 있다. 사람들이 많은 전쟁을 도발한 동기들의 사소함을 고려할 때, 사람들은 '단지 즐기기 위해' 서로를 죽인 《마리옹 들로름》(*Marion Delorme*)*4의 결투자들을 떠올리거나, 또는 브라이스 경(*Lord Bryce*)이 인용한 말, 즉 "이것이 개인적인 일일까, 아니면 끼어들 수 있는 일일까?" 이 질문을 하지 않고서는 길에서 서로 주먹질하는 두 사람을 구경할 수 없었다던 아일랜드인을 생각한다. *5 반면 만일 우연한 다툼과 한 국민을 멸망시키는 결정적인 전쟁을 비교한다면, 사람들은 이 후자가 전자의 존재 이유였음을 안다. 즉, 전쟁의 본능이 필요했으며, 그 본능은 사람들이 자연스러운 현상이라고 부를 수 있는 잔인한 전쟁을 위해 존재했으므로, 수많은 우연적인 전쟁들은 단순히 무기가 녹스는 것을 막기 위해 일어났다. 전쟁이 시작될 때 국민들의 흥분을 생각해 보라! 물론 여기에는 공포에 대한 방어적인 반작용, 용기를 자동적으로 고무하는 작용이 있다. 그러나 또한 평화란 두 전쟁 사이의 휴식에 지나지 않듯이 위험과 모험의 삶을 위해 만들어졌다는 감정도 있다. 그러나 전쟁의 흥분은 곧 사라진다. 왜냐하면 고통이 크기 때문이다. 그런데 가능하다고 믿을 수 있었던 모든 일을 넘어설 만큼의 전율을 준 지난 유럽 대전(제1차 세계대전)을 제쳐둘 수 있다면 좋겠으나, 평화시에 전쟁의 고통을 곧 망각한다는 것은 이상한 일이다. 사람들은 여성들에게는 분만의 고통을 망각하는 특별한 메커니즘이 있다고 주장한다. 즉, 너무 완전한 기억은 여자들로 하여금 다시 분만하는 것을 원치 않게 할 것이다. 전쟁의 공포에 대한 이런 종류의 몇몇 메커니즘은 무엇보다도 젊은 민족에게 작용하는 것 같다. 자연은 이러한 면에서 다양한 예방책을 마련했다. 자연은 이방인과 우리 사이에, 교묘하게 짜여진 무지와 편견과 선입견의 장막을 드리웠다. 한 번도 가본 적이 없는 나라를 사람들이 모른다는 일은 하나도 놀랍지 않다. 그러나 그 나라를 모르면서도 사람들은 그 나라를 판단하고, 그것도 거의 좋지 않게 판단한다고 해 보자. 이 사실은 설명을 요구한다. 자신의 나라 밖에서 머문 적이 있고, 우리가 그 이국적인 '정신'이라고 부르는 것을 자기 나라 사람들에게 알려 주고자 하는 사람은 누구나 자기 나라 사람 안에서 본능적인 저항을 확인할 수 있었다. 또한 먼 나라일수록 이 저항이 강한 것은 아니다. 그렇기는커녕 이 저항은 오히려 거리와는 반비례로 변화할 것이다. 다시 말해, 가장 만날 기회가 많은 사람들은 우리가 가장 알기를 원치 않는 사람들이다. 자연은 여기에서 모든 외국인을 잠재적인 적으로 만들기 위해 다른 방도를 취할 수는 없었다. 왜냐하면 서로의 완전한 인식이 필연적으로 공감은 아니라 하더라도 적어도 증오는 배제하기 때문이다. 이러한 사실을 우리는 지난 유럽 대전 동안에 확인할 수 있었다. 독일의 어느 교수는 프랑스의 다른 어느 교수만큼이나 훌륭한 애국자였고 자신의 목숨을 바칠 각오가 되어 있었으며, 독일에 대해 '격분'했었다. 그러나 사정은 앞서와 똑같지는 않았다. 한 구석이 유보된 채 남아 있었다. 한 민족의 말과 문학을 깊이 알고 있는 사람은 그 민족의 완전한 적일 수 없다. 교육이 국민 사이에 서로 이해를 준비하도록 요구한다면 사람들은 이 점을 생각해야 할 것이다. 한 외국어의 정복은 그 외국어가 속하는 문학과 문명에 그 정신의 잉태를 가능하게 하면서 자연에 의해 의욕된 외국인 일반에 대한 편견을 단번에 없앨 수 있게 한다. 그러나 우리는 숨겨진 편견들의 눈에 보이는 모든 외적 결과를 열거할 필요는 없다. 단지, 서로 대립된 두 격언, 즉 '인간은 인간에게 신(神)이다'(*Homo homini deus*)와 '인간은 인간에게 늑대이다'(*Homo homini lupus*)라는 격언은 쉽게 서로 조정된다. 첫 번째 것을 말할 때 사람들은 어떤 자국민(自國民)을 생각한다. 다른 쪽 격언은 외국인들에 관해서이다.

우리는 방금 우연적인 전쟁 이외에 본질적인 전쟁이 있고, 전쟁 본능은 이러한 전쟁 때문에 형성된 듯이 보인다고 말했다. 오늘날의 전쟁은 후자로 여길 수 있다. 사람들은 점점 정복을 위한 정복을 추구하지 않는다. 사람들은 더 이상 상처받은 자존심과 위엄, 영광을 위해 서로 싸우지 않는다. 사람들은 굶주리지 않기 위해서 싸운다고 말한다. 하지만 실제로는 일정한 생활 수준을 유지하기 위해서 싸우며, 이 수준 아래로는 더 이상 사는 보람이 없다고 생각하기 때문에 싸운다. 오늘날의 전쟁은 더 이상 국가를 대표하는 임무를 띤 몇몇 군인에게 맡겨지지 않았다. 결투같은 싸움은 이제 없다. 고대 유목민들처럼 모두가 모두와 싸워야 한다. 단지 사람들은 현대 문명에 의해 주조된 무기들을 가지고 서로 싸운다. 그리고 대량 학살은 고대인들이 상상조차 못했을 정도로 두려운 것이 되었다. 과학이 이런 식으로 진보하면 적대자 중에 한 쪽이, 즉 비장의 수단을 가지고 있던 쪽이 상대로 없애는 수단을 가질 날이 온다. 아마도 지상 위에 패자의 흔적은 남지도 않을 것이다.

이런 사태는 꼭 이런 식으로 흘러갈까? 다행히도 우리가 주저없이 인류의 은인으로 간주하는 사람들이 그 흐름을 가로막았다. 모든 위대한 낙관주의자들처럼, 그들은 해결되어야 할 문제를 해결된 문제로 가정하고 시작했다.

그들은 국제연맹을 세운 것이다. 우리는 그 수확의 결과가 사람들이 기대할 수 있었던 바를 이미 넘어선다고 평가한다. 왜냐하면 전쟁을 없애는 어려움은, 전쟁을 없애 버린 일을 믿지 않는 사람들이 일반적으로 상상하는 정도보다 훨씬 더 크기 때문이다. 염세주의자들도, 서로 전쟁을 하려 하는 두 민족의 경우를 마치 싸움을 하는 두 개인들의 경우와 유사하다고 간주하는 데 합의한다. 단, 그들은 민족의 경우에는 개인의 경우와 같이 재판관 앞에 소송문제를 가져와서 판결을 받아들이도록 실질적으로 강제될 수 없다고 생각한다. 이 차이야말로 근본적이다. 국제연맹이 설령 외견적으로는 충분하게 무장된 힘을 사용한다 할지라도(그래도 반항하는 나라는 항상 국제 연맹보다 먼저 시작하는 유리함을 가질 것이며, 또한 과학적 발견의 불가예측성 때문에, 국제연맹이 대처해야 할 저항하는 힘의 본성은 더욱더 예측할 수 없게 될 것이다), 국제연맹은 문명이 덮고 있는 뿌리깊은 전쟁 본능에 부딪힐 것이다. 한편 분쟁을 해결해야 하는 수고를 재판관에게 위임하는 개인의 경우에는, 닫힌 사회에 내재하는 규율의 본능에 의해 그렇게 하도록 막연히 고무된다. 싸움에 의해 일시적으로 그들은 사회와의 정확한 접점이었던 정상적인 입장에서 벗어난다. 그러나 그들은 정상적인 위치로 되돌아온다. 마치 시계추가 수직선 상으로 되돌아오듯이 말이다. 따라서 민족간의 전쟁은 어려움이 더욱 크다. 그렇지만 이 난점을 극복하려는 노력이 아무 소용없을까?

우리는 그렇다고는 생각하지 않는다. 이 책은 도덕과 종교의 기원을 밝히려는 목적을 가졌다. 우리는 몇몇 결론에 도달했다. 우리는 이 결론들에 머무를 수도 있다. 그렇지만 우리가 얻은 이 결론의 근저에는 닫힌 사회와 열린 사회의 근본적인 구별이 있기 때문에, 닫힌 사회의 경향들은 뿌리째 뽑힐 수 없어서 개방되는 사회에 남아 있는 듯 보였다. 이러한 규율의 본능이 원초적으로는 전쟁 본능으로 집중되어 있었기 때문에, 우리는 어느 정도 근원적인 본능이 억제되거나 회피될 수 있는지를 물어야 하며, 몇몇의 부수적인 고찰에 의해 우리에게 아주 자연스럽게 제기된 문제에 답해야 한다.

6. 전쟁과 산업시대

전쟁 본능은 그 자체로 존재한다 해도, 역시 이성적인 동기에 좌우된다. 이러한 이성적인 동기들이 매우 다양했음을 역사는 우리에게 알려 준다. 전쟁이 점차 그 공포를 더해감에 따라, 이러한 이성적 동기들은 더욱더 감소했다. 불행히 앞으로도 전쟁이 일어난다면, 장래에 예상되는 전쟁은 현대 문명의 산업적 성격에 관련된다. 만일 사람들이 현대의 전투들에 대한 도식적이고 단순화된, 그리고 정형화된 모습을 그리려 한다면, 먼저 국민들을 순수하게 농업 인구로 표상해야 할 것이다. 그들은 자기 땅의 산물들로써 살기 때문이다. 그들이 스스로 먹고 살아갈 만큼의 생산물만을 가졌다고 가정해 보자. 그들이 땅으로부터 더 많은 생산을 획득함에 따라 그들 인구는 증가할 것이다. 여기까지는 모든 일이 잘되어 간다. 그러나 인구가 너무 넘치면, 그리고 이 인구가 밖으로 넘쳐흐르기를 원치 않거나 또는 외국이 문호를 개방하지 않기 때문에 그렇게 밖으로 나갈 수 없으면, 그 많은 인구가 그들의 양식을 어디에서 찾을 텐가? 이 일을 산업이 해결할 것이다. 과잉 인구는 공장 노동자가 될 것이다. 기계들을 가동할 동력과 기계를 만들 강철과 제조 원료가 그 나라에 없다면, 그 나라는 이 자원을 외국에서 빌리려고 노력할 것이다. 그 나라의 인구는 이 부채를 지불하기 위해, 자기 나라에서 찾지 못한 더 많은 양식을 얻기 위해, 공업 제품을 외국으로 보낼 것이다. 이렇게 해서 노동자들은 '자국(自國) 내에서, 마치 타국으로 이민한 자'들처럼 될 것이다. 외국은 이들을 마치 자국 내에서 하듯이 고용한다. 그러나 외국인은 그 고용자들을 그들의 나라, 즉 현지에 놔두기를 더 좋아한다. 아니면 그 노동자들이 자신의 나라에 남아 있기를 선택했을 것이다. 그러나 그 노동자들은 외국에 의존하고 있다. 만일 그 외국인이 더 이상 그들의 생산물을 받아들이지 않거나 또는 그들에게 제조 자원을 제공하지 않는다면, 그들은 굶어 죽을 것이다. 그러기를 원치 않는다면 그들은 자신의 국가와 함께 자신들에게 없는 자원을 빼앗으러 가려고 결심할 수밖에 없다. 거기서 전쟁이 시작된다. 사태는 결코 이렇게 단순하게 되어 가지 않는다는 사실은 말할 필요도 없다. 반드시 굶어 죽을 위협에 처하지 않더라도, 향락이나 오락, 사치 등을 하지 않으면 사람들은 인생이 재미가 없다고 생각한다. 사람들은 국내 산업이 생존에만 국한되어 있고 부를 가져다 주지 않는다면 그러한 국가 산업은 불충분하다고 간주한다. 국가가 좋은 항구나 식민지 등을 가지고 있지 않으면 그 국가는 스스로 불완전하다고 판단한다. 이러한 모든 상황으로부터 전쟁이 시작될 수 있다. 그러나 우리가 방금 묘사한 도식은 전쟁의 본질적인 원인들을 나타내고 있다. 즉, 인구의 증가, 판로의 상실, 연료와 원자재 결핍이다.

이러한 전쟁의 원인들을 제거하고 그 효과를 경감하는 일이, 전쟁 폐지를 목표로 하는 국제적 기구의 대승적 임무이다. 이 전쟁 원인들 가운데 가장 중대한 요인은 인구 과잉이다. 프랑스같이 출산률이 매우 낮은 나라에서는, 국가가 인구 증가를 장려해야 한다. 즉, '국가주의'에 가장 커다란 적이었던 경제학자도, 셋째 아이 이후로 태어나는 모든 신생아를 위한 장려금을 요청할 권리를 모든 가족이 가져야 한다고 주장했다. 그러나 반대로 인구 과잉 상태의 나라에서는, 과잉 출산된 아이에게 다소 무거운 세금을 매길 수는 없을까? 국가는 간섭하고, 부자 관계를 확인할 권리, 즉 관계가 다른 경우에는 성가실 수 있는 방책들을 취할 권리를 가져야 할 것이다. 왜냐하면 한 나라와, 그리고 탄생한 어린애들의 생존을 보장할 일이 국가에게 암암리에 기대되기 때문이다. 사람들이 숫자에 얼마쯤 신축성을 부여할 때조차도, 우리는 인구에 어떤 한계를 행정적으로 부여하는데 어려움을 인식한다. 우리가 하나의 해결책을 묘사한다면, 그것은 단지 이 문제가 우리에게 해결될 수 없는 것처럼 보이지는 않는다는 사실을 나타내기 위해서일 뿐이다. 좀더 유능한 사람들에 의해서 우리는 더 좋은 해결책을 발견할 것이다. 그러나 오늘날 유럽의 인구가 과잉되어 있음이 분명하고, 세계도 곧 그렇게 될 것이며, 사람들이 노동을 합리화하기 시작했듯이 인간 자신의 출산을 '합리화'하지 않으면 분명히 전쟁이 일어날 것이다. 전적으로 본능에 맡겨 버리는 상황보다 위험한 상황은 없다. 고대 신화가 사랑의 여신을 전쟁의 신과 결합시켰을 때, 그 신화는 이 사실을 잘 인식하고 있었다. 비너스를 그녀가 하는 대로 내버려 두어 보라. 그녀는 당신을 마르스에게로 인도할 것이다. 당신은 통제 (réglementation)(고약한 낱말이다. 그러나 규칙(règle)과 규정(règlement)이라는 말에 명령법적으로 보충어미를 덧붙임으로써 말하고자 하는 바를 잘 나타내고 있다)를 피하지 못할 것이다. 거의 마찬가지로 심각한 문제들, 즉 원자재의 분배 문제, 생산물의 다소간 자유로운 유통 문제, 좀더 일반적으로는 양쪽에서 사활(死活)에 관련된 제시에 의한 대립적 요구를 공평하게 판단한다는 문제들이 일어날 때 어떻게 될까? 국제 기구가 여러 나라의 헌법과 아마도 그 나라들의 행정에까지 간섭하지 않고도 확실한 평화를 가져오리라고 생각한다면 위험한 오류이다. 사람들이 국가주권의 원칙을 유지하기 원한다면 그렇게 될 것이다. 하지만 그 원칙은 특별한 경우들에 적용되는 경우들에서는 필연적으로 왜곡될 것이다. 다시 한번 말하지만 이러한 난점 중에 어느 것도, 만일 대부분 인간들이 이 난점들을 극복할 결심이 되어 있다면 극복되지 않을 수는 없다. 그러나 이 난점들에 정면으로 맞부딪쳐서 사람들이 전쟁의 폐지를 요구한다면 어떤 점에서 승인하는지를 알 필요가 있다.

통과해야 할 길을 단축할 수는 없을까? 또한 난점을 하나하나씩 처리하는 대신 단번에 해결할 수는 없을까? 어떤 일이 일어난다 해도 그 자체적으로 잘 해결되어야 할 인구 문제와 같은 주요 문제는 한쪽으로 제쳐놓자. 다른 문제들은 주로 커다란 산업 발달 이후 생존이 취해온 방향에 연관된다. 우리는 안락과 행복과 사치를 요구한다. 우리는 즐기고자 한다. 우리의 삶이 더욱 가혹해지면 어떤 일이 일어날까? 신비주의가 도덕적인 커다란 변혁의 근원임에는 이론의 여지가 없다. 물론 인류는 오늘날에도 과거와 마찬가지로 신비주의에서 멀어진 듯이 보인다. 그러나 과연 그럴까? 우리는 앞장에서 서구의 신비주의와 산업 문명 사이의 관계를 엿보았다고 믿었다. 이 사태를 좀더 주의 깊게 관찰할 필요가 있을 것이다. 모든 세상 사람은 바로 앞의 장래가 대부분의 산업 조직과 이 산업 조직이 부여하고 받아들이는 조건들에 매달리게 된다고 느낀다. 우리는 방금 이 문제에 국가간의 평화 문제가 걸려 있음을 보았다. 적어도 국내적인 평화 문제도 이 문제에 걸려 있다. 두려워해야 하는가 기대해야 하는가? 오랫동안 산업주의와 기계의 사용이 인류를 행복하게 하리라 생각되어 왔다. 오늘날 사람들은 우리를 괴롭히는 악들을 기꺼이 이 둘 때문이라고 할 것이다. 사람들은 인류가 쾌락과 사치와 부를 이만큼 갈망한 적은 일찍이 없었다고 말한다. 저항할 수 없는 힘이 인간으로 하여금 더욱더 강렬하게 가장 야비한 욕망의 만족을 추구하게끔 하는 듯하다. 이러한 일은 가능하다. 그러나 근원에 있었던 충동으로까지 거슬러올라가자. 만일 이 충동의 힘이 강한 경우에는, 노린 목적과 얻은 결과 사이에 점점 더 큰 간격을 산출하려면 처음에 가볍게 방향을 기울이기만 해도 충분하다. 이 경우에 그 간격보다는 그 처음의 충동에 관심을 가져야 한다. 물론 이 일들이 결코 단독적으로 일어나지는 않는다. 인간이 변화하는 경우는 그가 변화하고자 할 때 뿐이다. 그리고 아마도 인류는 변화 하는 수단들을 이미 가지고 있다. 아마도 이 수단들로 인류는 자신이 생각하는 정도보다는 목적에 더욱더 가깝게 있다. 그러므로 실제 사태가 어떻게 되어 있는지를 살펴보자. 우리는 산업적인 노력을 문제 삼았으므로 더욱더 면밀하게 이 의미를 생각해 보자. 이것이 이 책의 결론이 될 것이다.

7. 경향의 진화

사람들은 자주 역사에서 관찰되는 성쇠(盛衰)의 교대에 대해 이야기해 왔다. 한 방향으로 끝까지 진행된 작용은 다시 반대 방향의 반작용을 일으키게 될 것이다. 이어서 그 작용이 다시 취해질 것이고, 이렇게 진자는 끊임없이 움직일 것이다. 여기에서 진자에는 기억이 부여되어 있고 그 중간이 경험으로 풍부해져 있으므로, 갈 때와 올 때가 더 이상 같지 않다. 이 때문에 사람들이 가끔 사용했던 나선 운동의 비유가 진자운동의 비유보다 더 적합할 것이다. 사실 이러한 종류의 결과들의 산출을 선험적으로 선언할 수 있는 심리적이고 사회적인 원인들이 있다. 사람들이 추구했던 특권에 대한 부단한 향유는 결국 게으름이나 무관심을 낳는다. 이러한 향유가 그 약속했던 모든 것을 가지고 있는 일은 거의 없다. 이러한 향유는 예상치 못했던 여러 가지 불편함을 수반한다. 결국 그러한 향유는 사람들이 이미 버리고 떠난 뒤에야 그들이 버린 것의 바람직한 측면을 뚜렷하게 드러내며 그것을 되찾고 싶어하는 마음을 일게 한다. 그런 마음은 무엇보다도 새로운 세대에게는, 즉 옛날의 악에 대한 경험이 없었고 이 악으로부터 빠져나오기 위해 고생할 필요가 없었던 새로운 세대에게는 특히 그러하다. 부모들은 예전에 비싸게 지불했다고 기억되는 획득물을 가지고 기뻐하듯이 현재 상태를 기뻐하는데 반해, 아이들은 이 현재 상태를 그들이 숨쉬는 공기 이상으로 생각하지 않는다. 그 대신 그들은 고생스럽게 획득한, 특권의 반대쪽에 있을 뿐인 불쾌한 획득물들에는 민감하다. 그래서 과거로의 회귀에 대한 희미한 바람이 생겨날 것이다. 이러한 왕복 운동이 바로 근대 국가의 특징인데, 이는 어떤 역사적인 숙명에 의해서가 아니라, 의회 제도가 대부분 불만을 배출하기 위해 생각해낸 운동이기 때문이다. 정치가들은 선정을 실시하더라도 평범한 칭찬밖에 받지 못한다. 그들은 본디 선정을 실시하기 위해 존재하기 때문이다. 그러나 그들의 실수는 아주 작은 실수도 문제가 된다. 그리고 이 모든 실수가 보존되어

이 실수들의 축적된 무게가 정부를 붕괴시키기까지 한다. 만일 현존하고 있는 존재가 서로 대립하는 두 정당이고 오직 이 둘뿐이라면, 승부는 완전한 규칙을 가지고 계속될 것이다. 이 두 정당 각각은, 책임질 필요가 없는 동안에는, 표면적으로는 손상되지 않고 있는 듯 보이는 당의 원칙들 때문에 생겨난 위세를 가지고 정권에 복귀할 것이다. 그러한 당의 허세적인 원칙들은 야당 쪽에 있다. 실제로 야당은, 만일 현명하다면, 정부 여당을 되는 대로 놓아두었다면 좋았을 경험으로부터 혜택을 볼 것이다. 그리고 얼마쯤 자신의 사상 내용을 변경할 테고 따라서 자신의 정책이 가지는 의미를 바꾸었을 것이다. 이렇게 해서 왕복 운동에도 불구하고, 오히려 사람들이 관심만 갖는다면 왕복 운동에 의한 진보는 가능하다. 그러나 이런 경우에 두 대립자들 사이의 왕복 운동은, 사회적 인간에 의해 만들어진 아주 단순한 몇몇의 장치로부터, 또는 인간 각 개인의 아주 분명한 몇몇 기질로부터 결과로서 나온다. 이 왕복 운동은 교대 운동의 원인들 각각을 지배하는 필연성을 보이지 않으며, 마찬가지로 일반적인 방법으로 인간사 각각에 부과되는 필연성을 보이지는 않는다. 과연 그럴까?

8. 이분법과 이중적인 열정의 법칙

우리는 역사에서 숙명을 믿지 않는다. 충분히 긴장된 의지들이 만일 제 시간에 취해진다면 그런 의지로 부수지 못할 장애물은 없다. 따라서 피할 수 없는 역사적 법칙은 없다. 그러나 피할 수 없는 생물학적인 법칙은 있다. 그리고 어떤 측면에서 자연에 의해 의욕된 한, 인간 사회는 이런 특별한 법칙에서 생물학에 속한다. 만일 유기체 세계의 진화가 어떤 법칙에 따라, 말하자면 어떤 힘들에 의해서 이루어진다면, 인간의 개별적 심리나 사회적 심리 진화의 결과는 이러한 생명의 습관들이 축적되어 생겨났음을 완전히 거부할 수는 없다. 그러나 예전에 우리가 증명했듯이 생명 경향의 본질은 동시 다발 형태로 발전하며, 생장함에 따라 실재 현상으로 나타나는 분산적인 몇몇 방향을 창조한다. 이 법칙은 어떤 신비한 현상도 포함하지 않는다고 우리는 덧붙여 말했다. 이 법칙은 단순히 하나의 경향이란 불분명한 다양성을 지닌 충동이라는 사실만을 나타낼 뿐이다. 이 불분명한 다양성은 우리가 이 충동을 회고적으로 바라볼 때에만 나타난다. 즉, 과거의 그 불가분한 상태를 사후에 취해진 다양한 관점들에 의해서, 실제로는 발전에 의해 창조되었을 요소들로 구성되어 있다고 간주한다. 아직 이 세상에 나타나지 않았던 유일한 색깔이 오렌지 색이라고 생각해 보자. 이 색깔이 노란색과 빨간색으로 구성되어 있다고 말할 수 있을까? 분명히 아니다. 그러나 이번에는 이 두 색깔이 미리 있었다면, 오렌지 색은 노랑과 빨강으로 구성되었다고 말할 수 있을 것이다. 이때 최초의 오렌지색은 빨강과 노랑의 이중 관점에서 볼 수 있다. 그리고 만일 상상을 작용시켜서, 노랑과 빨강이 오렌지색을 강화함으로써 나타났다고 가정하면, 우리가 다발 형태로 성장한다고 한 말에 대한 아주 간단한 예를 갖게 될 것이다. 그러나 상상도 비유도 필요없다. 인위적으로 종합하려는 생각은 전혀 없이 생명을 직시하는 일로 충분하다. 어떤 사람들*[6]은 의지적인 행위를 여러 가지가 복합된 반사 작용들로 간주하고, 다른 사람들*[7]은 이 반사 작용들을 의지의 정도가 약화된 작용으로 볼 것이다. 그러나 사실은 반사 작용과 의지적 작용(또는 행위)은 처음에는 하나의 불가분적인 행위였던 것이 가능한 두 관점에 따라 두 방향으로 구체화한 행위들이다. 처음의 이 원초적 행위는 전자도 아니고 후자도 아니나, 회고적으로는 동시에 이 둘이 된다. 우리는 본능과 지능에 대해서, 동물체와 식물체에 대해서, 그 밖의 분기적이고 상보적인, 짝을 이루는 경향에 대해서도 이와 같이 말했다. 다만, 생명의 일반적인 진화에서는 이와 같이 이분법(dichotomie)에 의해 창조된 경향들이 대부분의 경우 서로 다른 종(種)들로 발전된다. 이 경향들은 각자 제멋대로 세계 속으로 행운을 찾으러 간다. 이 경향들이 갖게 되는 물질성은 그들로 하여금 근원적인 경향을 보다 강하게, 보다 복잡하게, 보다 진화하게 함으로써 다시 결합하지 못하도록 한다. 그러나 심리적이고 사회적인 삶에서는 이와 같지 않다. 여기에서는 분해에 의해 구성된 경향들이 진화하는 곳은 동일한 개인이나 동일한 사회 안에서이다. 그리고 이 경향들은 보통 계기적(繼起的)으로만 발전할 수 있다. 대부분의 경우에 그러하듯이, 이 경향이 둘이라면 처음에 사람들은 이 경향들 중 어느 한 쪽에 집착할 것이다. 사람들은 이 경향을 가지고 다소 멀리까지, 일반적으로는 가능한 한 멀리까지 나아간다. 그러고서 이 진화의 도중에 얻은 결과물을 가지고 자신이 뒤에 남겨 놓았던 본디 모습을 찾으러 돌아온다. 이제는 첫 번째 결과물을 무시하고 뒤에 남겨 놓았던 본디의 형태를 발전시킨다. 이 새로운 노력은 새로운 획득물에 의해 힘을 얻어 처음의 것을 다시 포착하여, 보다 멀리까지 그것을 밀고 나갈 수 있는 데까지 계속할 것이다. 이런 작업을 하는 동안 사람들은 두 경향 중 하나에 온전히 매달리며, 또 그 경향이야말로 고려되는 유일한 것이므로, 사람들은 기꺼이 그 경향만이 긍적적이고 다른 것은 그 부정에 지나지 않다고 말할 것이다. 그가 이러한 형태로 사태를 파악하기 좋아한다면, 다른 경향은 실제로 그 반대라고 할 수 있다. 게다가 시계추가 처음 출발점에 다시 왔을 때 상황이 같지 않고, 또한 하나의 성취가 실현되었으므로, 진보는 두 대립된 것 사이를 왔다갔다함으로써 이루어진다고—사실은 경우에 따라서 다르지만—사람들은 말할 것이다. 그렇지만 때에 따라 이 표현은 정확할 수 있고, 진동도 바로 두 대립된 것들 사이에서 있었을 수 있다. 이는 그 자체로서 유익한 하나의 경향이, 이와 똑같이 유익한 것으로 드러나는 대립된 경향들의 작용에 의해서와는 다르게 조정될 수 없을 경우이다. 이 때 두 경향의 협동을 권고해야 현명할 것이다. 즉, 상황이 요구될 때 첫 번째 경향이 끼여들고, 이 경향이 정도를 넘어갈 순간에 다른 경향이 이 경향을 억제하도록 말이다. 불행하게도 어디에서 과장과 위험이 시작하는지를 말하기는 어렵다. 종종 이성적인 것 이상으로 멀리까지 밀고 나간다는 사실만으로 환경이 완전히 바뀌어, 유익하다고 강조하는 동시에 위협을 제거하는 새로운 환경이 창조된다. 무엇보다도 한 사회의 방향을 결정하는 아주 일반적인 경향들은 이와 같으며, 이 경향들의 발전은 필연적으로 다수 또는 소수의 세대에까지 이른다. 지능은 초인간적일지라도 인간이 어디로 인도될지를 말할 수 없을 것이다. 왜냐하면 전진 중의 행위는 자신이 나아갈 길을 창조하고, 이 행위가 수행될 조건들을 거의 모두 창조하며 따라서 모든 계산을 거부한다. 사람들은 더욱더 멀리 갈 것이다. 사람들은 종종 재앙에 임박해서야 멈출 것이다. 이때 반대의 경향이 텅 비어 있는 자리를 차지한다. 그의 차례가 되면 이 반대 경향도 자신이 갈 수 있는 데까지 멀리 갈 것이다. 다른 경향이 작용이라고 불리면, 이 반대 경향은 반작용일 것이다. 이 두 경향들은 만일 함께 길을 갔다면 서로를 조정했을 터이므로, 그리고 분화되지 않은 하나의 원초적 경향 속에서 이들이 상호 침투함으로써 이 조정이 이루어졌다고 정의해야 하므로, 자리 전체를 차지하고 있는 유일한 하나의 사실이, 이 각 경향에, 장애물이 극복되어 없어짐에 따라 열정에까지 갈 수 있는 약동을 전달한다. 그 약동은 열광적인 어떤 일면을 가지고 있다. 자유의 영역에서는 '법칙'이라는 낱말을 너무 많이 쓰지 말자. 그러나 충분한 규칙성을 드러내는 큰 사실들을 대하게 될 때는 이 편리한 용어를 사용하자. 처음에는 하나의 단순한 경향에 관한 서로 다른 관점에 지나지 않았던 경향들을, 단순한 분화 작용에 의해 구체화시킨 것처럼 보는 법칙을 우리는 이분법이라고 부를 것이다. 그리고 우리는 이때 분할에 의해 한번 실현된 두 경향 각각에 내재하는 최후 목표에까지—마치 최후가 반드시 있는 듯이!—추구하려는 경향을 우리는 이중적인 열정의 법칙이라 부르자고 제안할 것이다. 한번 더 말하지만, 생명의 단순한 경향이 둘로 나뉘지 않고 성장하여 그 경향의 추진력에 의해 당시에는 잠재적으로만 다른 충동의 힘이었던 정체된 다른 힘과 일치함으로써, 그 경향은 적당한 정도에서 계속 유지되었다. 그래서 사람들은 부조리에 빠지는 모험을 하지 않았을 것이고 재난에 대해서도 안전했을 것이다. 그렇다. 그러나 사람들은 양과 질에 있어서 최대한의 창조를 획득하지 못했다. 이 방향들 중 하나로 끝까지 나아가서 그 방향이 무엇을 주는지를 알아야 할 필요가 있다. 더 이상 나아갈 수 없을 때 사람들은 모든 획득물을 가지고 무시되었거나 버려진 방향으로 돌진할 것이다. 물론 이 왕복 운동을 외부에서 관찰한다면, 사람들은 두 경향의 적대 관계만을, 즉 다른 것의 진보를 방해하기 위한 다른 경향의 공연한 시도들만을, 전자의 궁극적인 실패와 후자의 복수만을 볼 뿐이다. 인간은 드라마를 사랑한다. 인간은 다소 긴 역사 전체에서, 두 정당이나 두 사회, 또는 두 원리 사이의 투쟁 모습을 역사에 새기는 사실을 기꺼이 끌어모은다. 이들 각각은 서로 왕복하며 차례차례로 승리를 거두었을 것이다. 그러나 여기에서 그 투쟁은 진보의 표면적인 측면일 뿐이다. 사실은 서로 다른 두 관점에서 파악할 수 있는 하나의 경향이 있고, 이 경향은 마치 운동하는 실재들의 두 가지 가능성을 구체화하고, 그 한쪽이 전진하면서 자리를 차지하는 동안, 다른 하나는 끊임없이 그 자리를 노리며 자신의 차례가 왔는가를 알려고 하며, 오직 그때에만 양적 측면이나 질적 측면에 있어서 그 경향은 자체의 한계를 제공할 수 있다. 어느 누구도, 의식적이 된 그 경향조차도 자신이 어떤 경향으로부터 나왔는지를 말할 수 없을 터인데, 그럼에도 만일 우리가 이 나타난 경향의 내용에 대해서 말할 수 있다면, 근원적인 경향의 내용은 이와 같이 전개될 것이다. 그 근원적 경향은 노력을 부여한다. 그리고 그 결과는 놀랍다. 이것이 자연의 작용이다. 즉, 자연이 우리에게 보여 주는 싸움의 광경들은 적대감보다는 호기심에 의해 일어났다. 그리고 인류의 진보가 어떤 규칙을 취하고 아주 불완전하게나마 우리가 말한 법칙에 따르게 된 동기는, 바로 인류가 자연을 모방하고 나서 맨처음 얻은 충동에 되는 대로 몸을 맡김으로써 생겨나는 것이다. 그러나 우리의 아주 긴 괄호를 닫을 순간이 왔다. 단지 앞에서 말한 두 법칙이 우리로 하여금 이 괄호를 열게 했던 문제에 대해서는 어떻게 적용될까 하는 점만은 밝혀두자.

문제는 인간의 주요 관심사가 된 안락과 사치 등에 대한 관심이다. 이러한 관심이 얼마나 발명 정신을 발전시켰고, 얼마나 많은 발명들이 우리 과학의 응용이며, 과학이 얼마나 끝없이 발달하게 될 것인가를 안다면, 사람들은 똑같은 방향으로 무한한 진보가 있으리라고 믿고 싶어할 것이다. 실제로 새로운 발명들이 오랜 욕구를 만족시켜주더라도, 인간은 결코 그 자리에 머물려고 하지 않는다. 새로운 요구가 긴급하고도 점점 셀 수 없을 정도로 많이 나타난다. 우리는 점점 밀집된 군중이 쇄도하는 경마장에서, 안락으로 향한 경쟁이 점점 더 속도를 높여 진행하는 광경을 본다. 오늘날 그곳의 모습은 그야말로 광분이다. 그러나 이러한 열광이야말로 우리의 눈을 열어 주어야 하지 않을까? 이 경마장의 열광에 앞서 있었던 행위인 동시에 또한 이 열광의 보완물이라 할 수 있는 행위를, 이 열광과는 반대 방향으로 발전시켰을 어떤 다른 열광이 있지 않았을까? 사실상 인간이 물질적인 생활의 확대를 열망한 듯이 보이는 것은 15세기 또는 16세기 이후부터이다. 중세의 전 기간 동안에는 금욕주의의 이상이 지배적이었다. 이 이상이 결국 어떠한 과장에 빠졌는지를 상기하는 일은 쓸데없다. 거기에는 이미 열광이 있었다. 사람들은 이 금욕주의가 소수의 금욕주의였다고 말할 것이다. 그리고 그 말은 옳을 것이다. 그러나 몇몇 사람의 특권인 신비주의가 종교에 의해서 대중화되었듯이, 분명 예외적이었던 농축된 금욕주의도 대다수 사람들에게는 일상 생활의 조건에 대한 일반적인 무관심 정도로 희석되었다. 그런데 우리는 모든 세상 사람들에게 안락이 없었다는 사실에 놀란다. 부자들과 가난한 사람들은 우리가 오늘날에는 필수적이라고 생각하는 '사치' 없이 지냈다. 영주가 백성보다 더 잘 살았다면 이 말은 무엇보다 그가 음식을 더 풍부하게 먹고 지냈다는 의미이어야 한다고*8 사람들은 지적해 왔다. 나머지에 대해서는 그리 차이가 나지 않는다. 따라서 여기에서 우리는 잇달아 나타나 서로가 열광적으로 행동하는 분기적인 두 경향을 대면한다. 이 두 경향은 하나의 원초적인 경향에 대한 두 상반된 관점들에 대응한다고 추정된다. 원초적 경향은 이렇게 해서 두 길에 번갈아 참여하면서, 다른 길에서 끌어모은 모든 현상들을 가지고 다른 한 방향 속에 다시 돌아가, 양적으로나 질적으로 그가 가질 수 있고 또 그 이상으로 가진 모든 현상을 자기 자신으로부터 끌어내는 수단을 발견했을 것이다. 따라서 어떤 동요가 있었고 어떤 진보가 있었을 것이다. 즉, 동요에 의한 진보가 있을 것이다. 생명의 끊임없이 증가하는 복잡성 뒤에는 단순성으로의 회귀가 있음을 예견해야 할 것이다. 이 귀환은 확실하지는 않다. 인간의 장래는 확정적이지 않다. 왜냐하면 미래는 인간에게 달려 있기 때문이다. 그러나 미래의 측면에서 우리가 늘 탐구하는 가능성이나 개연성만이 있다면, 우리가 앞에서 지적한 상반된 두 발전의 예로 볼 때, 지금이야말로 근원적으로 유일한 하나의 경향의 발전이다.

이미 사상의 역사가 이를 증명해 준다. 소크라테스에게 있어서 서로 보완적이었던 경향들이 대립된 두 방향으로 계승되어 소크라테스적 사상으로부터 퀴레네 학파와 퀴니코스 학파가 출현했다. 즉, 하나는 사람들이 가능한 한 인생에서 많은 만족을 요구하기를 원하는 학파이고, 다른 하나는 만족 없이도 사는 방식을 배우기를 원했다. 이들은 서로 상반된 두 원리, 이완과 긴장을 가지고 에피쿠로스주의와 스토아주의로 발전했다. 이러한 원리들에 상응하는 두 영혼의 상태들 사이에 있는 본질적인 공통성을 의심한다면, 에피쿠로스 학파 자체 내에서 종종 쾌락을 필사적으로 추구했던 대중의 에피쿠로스주의 곁에 에피쿠로스의 에피쿠로스주의가 있었고, 이에 따르면 최고의 쾌락은 쾌락을 필요로 하지 않는 것이었음을 주의하는 일로 충분할 것이다. 진실을 말하자면, 이 두 원리는 사람들이 항상 행복에 대해 형성해온 관념의 밑바탕에 있다. 사람들은 이 행복이라는 단어에 의해 복잡하고 혼란된 어떤 관념을 지칭하였는데, 이 개념은 각자가 자기 방식대로 그 개념을 결정하도록 애매모호한 상태로 놓아 두기를 원했던 개념들 중의 하나이다. 그런데 어떤 의미에서 행복을 풀이하든 간에, 안정 없이 행복은 없다. 말하자면 사람들이 만족스럽다고 느끼는 상태가 지속된다는 전망이 없이는 행복도 없다.

이런 보장을 사람들은 사물들을 지배하는 데서, 또는 사물들과는 독립된 것으로 나타나는 자신에 대한 통제력에서 발견할 수 있다. 이 두 경우에, 내부에서 느끼든 아니면 밖으로 확산하든, 사람들은 자신의 힘을 즐길 수 있다. 즉, 사람들은 오만 또는 허영의 길을 걷는다. 그러나 생활의 단순화와 복잡화는 바로 '이분법'의 결과이고, 또한 '이중적인 열정'으로 전개될 수 있으며, 결국 주기적으로 교대하기 위해 필요한 것을 충분히 보유하고 있다.

9. 단순한 삶으로의 복귀는 가능한가

앞에서 언급했듯이, 이러한 조건들 안에서 단순성으로의 복귀가 가능한 듯하다. 과학 자체가 우리에게 그 복귀의 길을 잘 보여 줄 수가 있다. 물리학과 화학이 우리를 도와 필요를 만족시키고, 이렇게 해서 우리의 필요를 다양하게 하는 한편, 생리학과 의학은 이러한 다양화 속에 어떠한 위험한 요소들이 있는지를, 그리고 우리의 대부분의 만족 속에 어떤 환멸이 따르는지를 점점 더 잘 보여 줄 것임을 예견할 수 있다. 나는 맛있어 보이는 고기 한 접시를 칭찬한다. 예전에는 나만큼이나 고기를 좋아했던 채식주의자가 오늘은 고기를 보면서 혐오감에 사로잡히지 않을 수 없다. 사람들은 전자나 후자나 모두 일리가 있다고 말하면서 색깔과 마찬가지로 맛도 더 이상 논쟁 거리가 아니라고 할 것이다. 아마도 그렇겠다. 그러나 다시는 옛날의 기호로 돌아가지 않을 채식주의자의 현재 확신을 나는 인정할 수밖에 없다. 한편 나는 자신의 기호를 유지할 수 있는지에 대해서는 확신이 훨씬 덜 느껴진다. 그는 두 가지 경험을 했으나 나는 그 중 한 가지만을 경험했다. 그의 혐오는 그의 주의력이 그 고기에 고정될 때 강화되는데, 반면 나의 만족은 방심과 비슷하며, 밝은 빛을 받으면 엷어진다. 만일 사람이 특별히, 그리고 천천히 고기를 먹는 일에 중독된다는 사실을 어떤 결정적인 경험이 증명하게 된다면, 나의 이 만족은 사라질 것이라고 생각한다. *9

다양한 음식의 성분이 알려져 있고, 우리 유기체가 무엇을 요구하는지도 알려졌으며, 이로부터 생명을 유지하기 위한 하루치 식량으로서 무엇이 필요하고 얼마만큼이면 충분한지를 도출해 낼 수 있음을 우리는 학교에서 배웠다. 우리의 건강에 없어서는 안 될 음식에 포함된 '비타민'들이 화학적 분석에서는 간과되고 있음을 알았다면 선생님은 매우 놀랐을 것이다. 물론 오늘날에 의학의 노력에 반발하는 여러 병은, 그 간접적인 원인을, 우리가 생각지도 못한 '비타민 결핍'에 두고 있다는 사실을 우리는 알 것이다. 우리가 필요로 하는 모든 양분을 섭취하는 유일한 수단은 음식을 절대 가공하지 않고 요리하지 않는 것이다. 여기에서도 후천적인 요인의 유전에 대한 믿음 때문에 많은 잘못이 저질러졌다. 사람들은 즐겨 말하기를, 인간의 위장은 습관을 벗어나서 더 이상 원시인처럼 음식을 먹을 수 없다고 한다. 만일 이 말이 어린 시절 이래의 자연적인 기질들을 잠자게 내버려 두었다가, 어떤 나이에 이 기질들을 일깨우기가 우리로서는 어렵다는 의미라면 옳은 말이다. 그러나 우리가 날 때부터 변화되어 있었다는 일은 거의 있을 수도 없다. 즉, 우리의 위장이 선사시대 우리 조상의 위장과 다르다고 해 보자. 이 차이는 시간의 흐름 속에서 붙은 단순한 습관에 기초한 차이가 아니다. 과학은 조만간 우리에게 이러한 모든 점에 대해 해명해 줄 것이다. 그래서 과학이 이런 일을 우리가 예상하는 방향에서 행한다고 해 보자. 우리의 영양 섭취의 개혁만으로도 우리의 공업, 상업, 농업에 막대한 영향을 미쳐 눈에 띄게 단순화시킬 것이다. 우리의 다른 요구에 대해서는 어떨까? 생식 기관의 욕구는 절대적이다. 그러나 자연적인 것으로 만족한다면 이 욕구는 빨리 해결될 것이다. 그렇지만 단지 기조음으로 취해진, 강하지만 소박한 감각의 주위에 인간은 끊임없이 증가하는 많은 화음들을 나타나게 한다. 인간은 거기에서부터 아주 풍부한 음색을 이끌어 내기 때문에, 어떠한 대상이건 어느 쪽에서든 타격을 받으면 이제는 시끄럽기까지 한 소리를 낸다. 감각은 이처럼 상상력을 매개로 하여 끊임없이 자극된다. 오늘날의 모든 문명은 선정적이다. 여기에서도 과학이 할 말이 있다. 그리고 언젠가는 이 말을 잘 경청해야 할 만큼 확실히 말할 것이다. 그때에는 이처럼 심하게 쾌락을 사랑하는 일은 더 이상 쾌락이 아닐 것이다. 여성은 지금처럼 음악가의 활 아래에서 연주되기를 고대하는 악기로 남는 대신, 진지하게 남성과 동등해지기를 원하는 정도에 따라 이 순간의 도래를 서두를 것이다. 이 변화가 이루어진다면 우리의 생활은 더욱 단순해짐과 동시에 더욱 진지해질 것이다. 여성이 남성을 기쁘게 하기 위해, 그리고 간접적으로는 스스로를 기쁘게 하기 위해, 사치를 욕구하는 일은 대부분 불필요하게 될 것이다. 낭비는 적어질 테고, 질투 또한 줄어들 것이다. 게다가 사치, 쾌락, 복지는 서로 밀접한 관계를 맺고, 그러면서도 일반적으로 생각하는 관계는 갖지 않을 것이다. 사람들은 단계적으로 이들을 배치한다. 즉, 사람들은 단계의 상승에 의해 복지로부터 사치로 나아가고, 또 우리가 복지를 확실하게 누리게 될 때, 우리는 여기에 쾌락을 더하기를 원할 것이다. 그런 다음 사치심이 생겨날 것이다. 그러나 이는 순전히 주지주의적인 심리학이며, 이 심리학은 우리의 영혼 상태를 그 대상에 투사할 수 있다고 믿는다. 사치는 단순한 안락보다 더 비싸고, 쾌락은 복지보다 더 비싸기 때문에, 사람들은 이 사치와 쾌락에 상응하는 정체 모를 욕망도 점차 커진다는 것이다. 그러나 사람들이 복지를 원하는 까닭은 사실상 대부분 사치심 때문이다. 왜냐하면 자신이 누리지 못하는 복지는 사치처럼 보이며, 우리는 그 복지를 누릴 수 있는 사람을 흉내내고, 같아지기를 원하기 때문이다. 태초에 허영이 있었다. 얼마나 많은 요리가, 비싸다는 이유만으로 주문되었던가! 문명화된 사람들은 오랫동안 그들의 많은 외적인 노력을 향료를 얻기 위해 써 버렸다. 아주 위험했던 항해의 최고 목적이 그러했으며, 수많은 사람들이 거기에 자신의 생명을 걸었고, 우연히도 아메리카를 발견하게 된 용기, 힘, 모험심이 본질적으로 생강과 정향(丁香), 후추와 계피를 찾기 위해 쓰여졌다는 사실을 알면 기가 막힐 뿐이다. 어느 식료품점에서든 몇 푼의 돈으로 구할 수 있게 된 이래, 누가 그렇게 오랫동안 소중히 다뤄졌던 향료들에 관심이나 쏟겠는가? 이러한 사실들은 도덕론자들을 슬프게 한다. 그렇지만 잘 생각해 보면 사람들은 이 점에서 희망이 될 만한 동기들을 발견할 것이다. 복지에 대한 끊임없는 욕구, 향락에 대한 갈망, 사치에 대한 열정적인 기호, 인류는 거기에서 확실한 만족을 발견할 것 같기 때문에, 인간의 미래에 대해 매우 큰 불안감을 불어넣는 이 모든 것은, 공기로 가득 찼다가 단번에 쪼그라들기도 하는 풍선처럼 보일 것이다. 우리는 하나의 열광이 그와 대립되는 열광을 불러온다는 사실을 알고 있다. 특히 과거 사실을 현재 사실과 비교해 보면, 우리는 확고하게 보이는 기호도 일시적인 기호라고 생각하게 된다. 그리고 오늘날 자동차를 갖는 것이 많은 사람들의 최고 야심이기 때문에, 자동차가 주는 비교할 수 없는 편리함들을 인식하고, 기계의 놀라움에 경탄하며, 그러한 평이성들이 더 늘어나서 사람들이 필요로 하는 곳 어디에든 자동차가 퍼지기를 바라자. 그러나 단순한 안락을 위해서 또는 사치하는 기쁨을 위해서는 더 이상 그렇게 욕구되지 않을 것이라고 언급하자. 그렇지만 자동차도 오늘날의 정향이나 계피처럼 되기를 우리는 정말 끊임없이 희망한다.

10. 기계학과 신비학

우리는 여기에서 논의의 핵심을 접한다. 우리는 방금 기계적 발명으로부터 나온 사치에 대한 만족감의 예를 들었다. 그 밖에 단순한 복지에 대한 기호처럼, 기계적 발명 일반이 사치에 대한 기호를 발전시켰다고 많은 사람들은 평가한다. 또한 만일 사람들이 보통 우리의 물질적 욕구가 항상 증가하고 극심해질 것임을 인정한다면, 그것은 인간이 한번 들어선 기계적 발명의 길을 포기하는 데 어떠한 이유도 발견하지 못하기 때문이다. 과학이 진보하면 할수록 과학적 발견은 발명들을 암시한다고 덧붙이자. 대부분 이론과 응용 사이의 거리는 한 걸음이기에 말이다. 그리고 과학이 멈추어질 수 없듯이 실제로 우리의 옛 욕구에 대한 만족과 새로운 욕구의 창조에는 끝이 있을 리가 없다. 그러나 우선 발명 정신이 필연적으로 인위적인 욕구를 일깨우는지, 또는 여기에서 발명 정신을 방향짓는 데 있어 인위적 필요성이 개입되었는지를 우선 물어 볼 필요가 있다.

두 번째 가설은 더욱 그럴듯한 것이다. 그것은 기계화의 기원에 대한 최근의 탐구에 의해서 확증된다.*10 인간은 항상 기계를 발명했고 고대인도 주목할 만한 기계를 알고 있었으며, 정교한 장치들이 현대 과학의 개화 이전에도 있었고, 그 뒤로도 종종 현대 과학과는 독립적으로 궁리되었다는 것을 사람들은 기억했다. 오늘날에도, 과학적 지식이 없는 단순한 노동자들이 전문기술자가 생각하지 못했던 개량점을 발견하곤 한다. 기계적 발명은 자연의 소산이다. 물론 이 발명은 현실적인 힘, 말하자면 가시적(可視的)인 힘들, 즉 육체적 노력, 바람의 힘, 물의 낙하 힘을 사용하는 데 그치는 한, 그 발명의 효과는 한정되어 있다. 기계가 그 현실적 힘들의 모든 능력을 발휘하는 것은 단순한 분리에 의해서 수백만 년 동안 저장되어 왔고, 태양에서 가져오며, 석탄과 석유 등에 저장된 잠재적인 에너지를 사용할 수 있게 된 때부터이다. 그러나 이때는 증기기관이 발명된 때이며, 이 증기기관의 발명도 이론적인 고찰에서 나오지 않았다는 것을 사람들은 알고 있다. 서둘러 덧붙이자면 처음에는 상당히 느렸던 진보가 과학이 한몫 끼어 들었을 때 장족의 발전을 실현한 일이다. 그럼에도 사실상 그 자체로만 놓아두는 한, 좁은 강바닥을 흐르다가, 과학을 만났을 때 무한히 확장된 기계적 발명 정신은, 이 과학과 분명히 구분되고 엄밀히 말하면 과학과 분리될 수 있다. 예를 들어, 론 강은 제네바 호수로 흘러들고, 거기에 자신의 물을 섞는 듯이 보이지만, 거기에서 떠날 때에는 자신의 독립성을 다시 보존했음을 보여 준다.

따라서 사람들이 쉽게 믿듯이 그렇게 오직 과학의 발전을 위해 과학이 요구되지는 않는다. 즉, 과학의 발전이라는 유일한 사실에 의해서 인간에게 점점 인위적으로 다양한 욕구를 부여하는 과학의 요구는 있지 않다. 만일 그와 같은 요구가 있다면 인간은 늘어가는 물질에 온 신경을 기울여야 할 것이다. 왜냐하면 과학의 진보는 멈추지 않기 때문이다. 그러나 사실 과학은 사람들이 요구한 것을 주었을 뿐이며, 이 주는 일에서는 주도권을 갖지 못했다. 인간의 발명 정신은 항상 인간의 이익만을 위해 쓰여지지는 않기 때문이다. 그래서 그 발명 정신은 많은 새로운 욕구들을 창조해 냈다. 발명 정신은 많은 사람, 가능하면 모든 사람의 첫 '욕구 충족'을 확보하는 데 충분히 전념하지 않았다. 더 간단히 말하면, 필수적인 요소들을 소홀히 하지는 않았으나 너무 쓸데없는 것에 대해 생각했다. 사람들은 이 두 단어(소용과 무용)를 정의하기가 쉽지 않아서, 어떤 사람에게는 사치인 것이 다른 사람에게는 필수적이 된다고 말할 것이다. 물론이다. 사람들은 이 미묘한 구분 속에서 쉽게 길을 잃을 것이다. 그러나 크게 볼 필요가 있는 경우들이 있다. 수백만의 사람들이, 배가 고파도 아무것도 먹을 수 없어 굶어죽는 사람도 있다. 땅이 더 많은 생산을 한다면 배가 고파도 먹을 수 없다거나, *11 굶어죽는 일이 더욱 적어질 것이다.

사람들은 땅에 일손이 부족하다고 주장한다. 그럴지도 모른다. 그러나 왜 땅은 일손에게 그가 해야 할 노력 이상을 요구하는가? 만일 기계화가 잘못을 저질렀다면, 그것은 이렇게 고통스러운 농사일에서 인간을 돕는 데 충분히 힘을 쏟지 못한 점이다. 사람들은 오늘날에는 농기계가 있고 그 사용이 이제 널리 퍼져 있다고 대답할 것이다. 나도 그것은 인정한다. 그러나 이 경우 인간의 짐을 덜기 위해 기계가 하는 일과, 한편 과학이 땅의 소출을 증대하기 위해 하는 일은 비교적 적다. 인간에게 양식을 주는 농업이 나머지 산업을 지배해야 한다. 무엇보다도 산업 자체의 일차적 관심이어야 함을 우리는 잘 알고 있다. 일반적으로 산업은 만족되어야 할 다양한 욕구의 중요성에 대해 충분히 고려하고 있지 않다. 산업은 판매할 생각만으로 제조하면서 기꺼이 유행을 따랐다. 다른 곳에서와 같이 이곳에서도 사람들은 농업과 산업의 관계를 조정하고, 기계에 그들의 합리적인 위치, 즉 인간에게 더 많은 봉사를 할 수 있는 위치를 할당한다는 중심적이고 조직적인 사상을 원할 것이다. 기계화를 비난할 때 사람들은 본질적인 불만을 소홀히 한다. 우선 사람들은 기계화가 노동자를 단순한 기계로 바꾸고, 이어 예술적 감각에 대립하는 획일화된 생산에 이르게 한다고 비난한다. 그러나 기계가 노동자에게 보다 많은 휴식 시간을 갖게 해준다면, 그리고 노동자가 이 추가로 주어진 여유를, 잘못된 산업주의가 모든 사람의 능력 범위 안에 있게 해준 소위 오락과는 다른 일에 사용한다면 어떻게 될까. 기계주의는 항상 제한된 범위 안에서 기계를 없앤 뒤에 노동자로 하여금 수공업적인 도구로 되돌아가게(실제로는 불가능하다) 함으로써 그 노동자의 지능을 만족하게 하는 대신, 노동자로 하여금 더욱 자신의 지능을 발전(이를테면, 혁명 같은 것)시키도록 선택하게 할 것이다. 획일화된 생산물에 대해 말해보자. 만일 온 국민에 의해 실현된 시간과 노동의 절약에 의해 그 절약된 시간 동안 지적 교양이 보다 고양되고 진정한 독창성이 발전된다면, 그 불편함은 사소할 것이다. 사람들은 미국인들이 모두 똑같은 모자를 쓰고 있다고 비난했다. 그러나 머리가 모자에 우선해야 한다. 내 취향에 따라 내 머리를 장식할 수 있다 해도, 역시 모두와 같은 모자를 머리에 쓸 것이다. 여기에 기계화에 대한 우리의 불만이 있지는 않다. 현실적인 욕구를 만족시키는 수단을 광범위하게 발전시킴으로써 인간에게 기계주의가 준 봉사를 따질 생각은 없으며, 우리는 기계화가 너무 인위적인 필요를 장려했고 사치를 조장했으며, 농촌의 불이익을 무시하고 도시를 좋게 했다고 비난한다. 끝으로 고용주와 노동자 사이, 자본과 노동 사이의 거리를 확대했고 이들의 관계를 변화시켰다고 비난한다. 그러나 이러한 모든 결과는 수정될 수 있을 것이다. 이때 기계는 커다란 혜택을 줄 뿐이다. 인간은 기계가 자신의 생활을 복잡하게 한 만큼의 열정을 가지고 인간의 생활을 단순화하는 일을 계획해야 한다. 주도권은 인류에게서만 나올 수 있다. 왜냐하면 발명 정신을 일정 궤도에 올려놓은 것은 인류이지, 소위 사물의 형편도 아니고 더욱이 기계에 내재하는 운명도 아니기 때문이다.

그런데 인류는 완전한 주도권을 원했을까? 인류가 맨 처음 부여한 충동은 정확히 산업주의가 취한 방향으로 나아갔을까? 만일 똑바로 전진해 나아가고 그 진행 코스가 길었을 경우, 출발점에서는 감지될 수 없는 방향의 차이에 지나지 않던 것도 도착할 때에는 목적지에서 상당히 떨어져 있게 된다. 그러나 의심할 수 없는 사실은, 나중에 기계화될 원안(原案)의 첫 윤곽이 민주주의에 대한 최초 열망과 동시에 그려졌다는 것이다. 이 두 경향 사이의 유사성은 18세기에 완전히 눈에 띄게 된다. 이 유사성은 백과전서파(encyclopédistes)들에 있어서 뚜렷하다. 인류만큼이나 오래 되었으나 사람들이 이 발명 정신에 충분한 위치를 부여해 주지 않는 한, 충분히 활동적이지 않은 발명 정신을 전진하게 한 당사자는 민주주의의 숨결이었다고 가정해야 할 것이다. 사람들은 확실히 모든 사람을 위한 사치나 모든 사람을 위한 복지는 생각하지 않았다. 그러나 모든 사람을 위해 물질적으로 안정된 생활과 존엄성의 보전을 원할 수는 있었다. 이 소원은 의식적이었을까? 우리는 역사에 있어서 무의식을 믿지는 않는다. 즉, 사람들이 자주 말하는 사상의 거대한 지하수를 보고 우리가 알 수 있는 사실은, 이 사상의 지하수는 수많은 사람들이 그 중 한 사람이나 몇몇 사람에 의해 인도되어 오듯이 나온다는 점이다. 이 사람들은 자신들이 한 일을 알고 있으나, 그 모든 결과를 예견하지는 않았다. 그 결과를 아는 우리들은 그 영상을 근원에까지 후퇴시켜 상상하지 않을 수 없다. 즉, 신기루 효과에 의해 과거 속에서 지각된 현재를, 우리는 과거의 무의식이라고 부른다. 그러나 현재에 대한 회고적 행위는 많은 '철학적인 착각'의 근원이 된다. 따라서 현대에도 비할 만한 민주주의적 관심이 15세기와 16세기, 그리고 18세기에, 더구나 이들 세기와는 완전히 다른 숭고한 삽입구라고 생각했던 17세기에도 존재했다고 생각하지 않도록 주의해야 한다(왜냐하면 현대로부터 원초 상태를 추리하면 오류가 생기기 때문이다. 운동의 처음 반은 계획이지만 나머지 반은 자동적·우연적 요소들에 의해 선택되어 이루어진 경우와 같은 이치이므로 그렇다). 또한 우리는 이들 세기가 발명 정신이 자신 안에 숨기고 있던 가능한 모습을 통찰했다고는 생각하지 않을 것이다. 그럼에도 종교 개혁과 르네상스와 발명적인 추진력의 초기 전조 또는 선구적 증상이 동시대의 증상임은 역시 사실이다. 여기에 그때까지 그리스도교적 이상이 취했던 형태에 대립하는, 밀접하게 연관된 세

가지 반작용이 있었다는 것은 불가능한 일은 아니다. 그렇다 해도 그리스도교적 이상은 여전히 지속되었으며, 그 이상은 마치 인류에게 항상 동일한 면을 보이는 성좌처럼 나타났다. 즉, 사람들은 다른 면을 보기 시작했으나 그것이 항상 똑같은 성좌라는 사실을 알아채지는 못했다. 신비주의가 금욕주의를 불러온다는 것은 의심할 바 없다. 전자나 후자나 항상 몇몇 사람의 소유물일 것이다. 그러나 완전하고 활동적인 참된 신비주의는 그 본질인 자애에 의해 확산되기를 열망한다는 것도 분명하다. 이 신비주의가 필연적으로 흐려지고 약해지면서도, 배가 고파도 먹을 수 없다는 공포에 휩싸인 인류 사이에 확산될 수 있었던 일은 어째서일까. 인간은 강력한 장치가 그에게 의지처를 제공하는 경우에만 지상 높이 오를 것이다. 그가 물질에서 해방되기를 원한다면 물질을 발판으로 삼아서는 안 된다. 달리 말하면 신비적인 것은 기계적인 것을 불러들인다. 사람들은 이 점을 충분히 주의하지 않았다. 왜냐하면 기계학은 전철기(轉轍機)의 조작 사고에 의해, 모든 사람을 해방하기보다는 과장된 복지와 몇몇 사람을 위한 사치를 목적으로 한 선로 위로 돌진했기 때문이다. 우리는 우발적인 결과에 놀라, 기계화가 당연히 그래야 할 바를 또는 그 본질을 이루는 바를 보지 못한다. 더 멀리 가 보자. 우리의 신체 기관이 자연적인 도구라면, 우리의 도구들은 인공적인 기관이다. 노동자의 도구는 그 손의 연장이다. 따라서 인간의 도구는 인간 신체의 연장이라고 해도 좋다. 자연은 우리에게 본질적으로 제작적인 지능을 부여함으로써 이처럼 우리를 위한 어떤 확장을 준비했었다. 그러나 석유, 석탄, 수력전기로 움직이면서 수백만 년 동안 축적되었던 잠재적인 에너지를 운동으로 변환시키는 기계들은, 우리 유기체에게 매우 광대한 확장과, 큰 힘과, 그 자원에 부조화한 능력을 주게 되어, 확실히 인류의 구조 계획에서 예견되었던 아무것도 가지고 있지 않았다. 이는 두 번 다시 없을 행운이었으며, 지구에 사는 인간의 가장 거대한 물질적 성공이었다. 아마도 정신적인 충동이 발단이었을 것이다. 즉, 땅 속에 묻힌 기적적인 보물*12에 부딪친 우연한 곡괭이질에 의해서, 이 확장은 자동적으로 이루어졌다. 그러나 터무니없이 커져 버린 몸 안에 영혼은 과거의 상태로 남아 있어서, 이 몸을 채우기에는 이제 너무 작고 이 몸을 이끌고 가기에는 너무 약하다. 거기에서 신체와 영혼 사이의 간격이 생긴다. 이 간격에 대한 정의(定義)들만큼이나 많으며, 이 간격을 채우기 위해서 오늘날 그렇게 많은 무질서하고도 효과 없는 노력들을 하게 하는, 사회적, 정치적·국제적인 무서운 문제들이 생긴다. 이번에는 도덕적이고 잠재적인 새로운 힘을 저장할 필요가 있을 것이다. 따라서 우리가 앞서 말했듯이, 신비적인 것이 기계적인 것을 불러들인다는 데에만 머물지 말고, 비대해진 몸은 영혼의 확대를 기다리고 기계적인 것은 신비적인 것을 요구하리라고 덧붙여 말하자. 이 기계적인 것의 기원은 아마도 사람들이 생각하는 바보다 훨씬 신비적이다. 기계적인 것이 자신의 진정한 방향을 발견하고 그 힘에 비례하는 공헌을 하는 때는, 먼저 땅을 향해 허리가 숙여지던 인간이 기계의 힘에 의해서 다시 몸을 펴고 하늘을 보게 되는 경우일 뿐이다.

아무리 찬탄해도 다할 수 없는 깊이와 힘을 갖춘 작품 속에서, 세이예르 (Ernest Seillière)는 어떻게 국가적인 야심이 신적인 임무를 떠맡는지를 보여준다. 즉, '제국주의'는 보통 '신비주의'가 되는 이유를 밝힌다. 만일 사람들이 신비주의라는 말에 세이예르의 일련의 작품들이 충분히 정의했던 의미를 부여한다면, *13 이 사실은 반박될 수 없다.

사실을 확인하고 그 사실을 그 원인에 연결하며 그 결과까지 추구하면서, 세이예르는 역사 철학에 헤아릴 수 없는 공헌을 했다. 그러나 아마 그 자신조차도 이렇게 알려진, 그것도 자신이 제시한 '제국주의'에 의해 이해된 신비주의는, 진정한 신비주의의, 즉 우리가 마지막 장에서 연구했던 '동적 종교'의 모조품에 지나지 않다고 판단했을 것이다. 우리는 이 모조품의 메커니즘을 통찰한다고 생각한다. 그것은 고대인의 '정적 종교'에서 차용한 메카니즘이었고, 이 고대의 정적 메카니즘을, 정적 종교가 표절하여 동적 종교가 제공했던 새로운 라벨을 붙여 정적인 형태 그대로 놓아둔 형태이다. 게다가 그 모조품은 어떠한 부정적인 의도도 가지지 않았다. 그것은 거의 의도적이지도 않았다. 사실 '정적인 종교'는 인간에게 자연스럽고, 인간의 이 본성은 변하지 않는다는 사실을 상기하자. 우리 조상들에게 내재한 신앙은 우리 자신의 가장 깊은 심층에 존속하고 있다. 이 신앙들은 대립적인 힘에 의해 더 이상 축출되지 않게 되자 다시 나타난다. 그런데 고대 종교의 본질적 특징 중 하나는 인간 집단들과 이들 각각에 결부된 신들 사이의 연대성에 대한 관념이었다. 도시국가의 신들은 도시를 위해 도시와 함께 싸웠다. 이 신앙은 진정한 신비주의와, 말하자면 모든 인간을 똑같은 사랑으로 사랑하고 인간들에게 서로 사랑하기를 요구하는 신의 도구들인, 몇몇 영혼들이 가지고 있는 감정과 양립할 수 없다. 그러나 영혼의 어두운 심층으로부터 의식의 표면으로 다시 올라오면서, 거기에서 근대의 신비가들이 세상 사람들에게 제시한 진정한 신비주의의 심상을 만나면, 이 신앙은 본능적으로 그 신비주의로 변장한다. 이 신앙은 근대 신비주의자의 신에게 고대신들의 국가주의를 부여한다. 제국주의가 신비주의가 되는 연유는 이러한 의미에서이다. 사람들이 진정한 신비주의만을 채택한다면 사람들은 이 신비주의가 제국주의와 양립할 수 없다고 판단한다. 우리가 말했듯이, 신비주의는 기껏해야 아주 특별한 '권력 의지'를 부추기지 않고는 확산될 수 없다. 인간에 대해서가 아니라 사물들에 대해서 영향력을 가질, 그야말로 인간이 더 이상 인간에 대해 강대한 권력을 갖지 않도록 하기 위한 주권의 행사 방법이 문제될 것이다.

신비적인 천재가 나타났다고 해 보자. 그는 자신의 뒤에 이미 터무니없이 커져 버린 몸과 이 때문에 변형된 영혼을 지닌 인류를 이끌고 있을 것이다. 그는 인류를 새로운 종족으로, 아니 오히려 하나의 종이라는 필연성으로부터 해방시키고자 할 것이다. 종족이란 집단적인 정체(停滯)를 말하고, 완전한 존재는 개별성 안의 운동성이기 때문이다. 지구 위를 지나간 생명의 숨결은, 순응하면서도 반발하는 자연이 허락하는 한 멀리까지 조직화를 추진했다. 우리가 그러한 자연이라는 말에 의해 생명이 거친 물질 속에서 만나는 유순함과 모든 저항을, 즉 생물학자를 따라, 우리가 마치 물질로부터 의도들을 볼 수 있는 듯이 취급하는 모든 것을 의미함을 사람들은 안다. 직관의 달무리에 휩싸인 제작적인 지능을 지녔던 물체야말로 자연이 가장 완전하게 만들 수 있었던 사물이었다. 인간의 신체가 그러하다. 생명의 진화는 거기에서 멈췄다. 그런데 여기에서 지능은, 자연이 예상조차하지 못했을 (기계적인 구성에는 매우 부적절한) 정도로 복잡하고 완전한 데까지 자신의 도구 제작 기능을 높이면서, 그리고 이 기계들 속에 자연이 생각지도 않았던 (경제에 대해서는 매우 무지하다) 예비 에너지를 쏟아넣으면서, 우리에게 힘을 부여했다. 이 힘과 비교하면 우리 육체의 힘은 별것이 아니다. 즉, 잴 수 있는 최소한의 물질의 조각 속에 압축된 힘을 과학이 해방시킬 수 있다면 그 힘은 무한하게 될 것이다. 물질적 장애물은 거의 없어졌다. 생명의 숨결이 생명을 이끌어 생명이 정지해야 했던 지점까지 이끌고 간 방향으로, 장차 그 길은 자유롭게 열릴 것이다. 이때 영웅의 호소가 들려온다면 우리 모두가 그를 따라가지는 않는다. 그러나 우리 모두는 그렇게 해야 함을 느끼고, 우리가 나아가야만 할 길을 알 것이다. 그리고 우리가 그곳을 지나간다면, 우리가 그 길을 확장시킬 것이다. 이와 동시에 모든 철학에 대한 숭고한 의무의 신비가 밝혀질 것이다. 즉, 이미 여행은 시작되었으나 그 여행을 중단할 필요가 있었다. 그리고 길을 다시 가면서 사람들은 이미 그들이 원했던 바를 다시 원할 뿐이다. 설명은 항상 정체가 필요로 할 뿐 운동이 필요로 하지는 않는다.

그러나 특별하고 위대한 영혼의 출현을 너무 기대하지 말자. 그 위대한 영혼이 나타나지 않아도 다른 영향력들이 우리를 즐겁게 하는 장난감이나, 우리를 서로 싸우게 한 신기루로부터 우리 주의를 돌려 놓을 수가 있었을 것이다.

실제로 사람들은 발명의 재능이 과학의 도움을 받아, 눈치채지도 못했던 에너지를 얼마나 인간의 자유에 맡겼는지를 보았다. 문제는 물리화학적인 힘과 물질을 대상으로 했던 과학이었다. 그러면 정신은 어떠한가? 과학적으로 가능한 곳까지 충분히 정신은 탐구되었나? 그와 같은 학문이 줄 수 있었던 사실을 사람들은 아는가? 처음에 과학은 물질에 몰두했다. 3세기 동안 과학은 다른 대상을 가지고 있지 않았다. 오늘날에도 사람들이 이 과학이라는 단어에 형용사를 붙이지 않을 경우에는 물질 과학에 대해 말하고 있다고 이해된다. 우리는 예전에 그 이유들을 말했다. 우리는 왜 물질에 대한 과학적 연구가 정신에 대한 과학적 연구보다 앞서 진행되었는가를 지적했다. 가장 서둘러 작업에 착수할 필요가 있었기 때문이다. 기하학은 벌써 있었다. 기하학은 고대인들에 의해 충분히 멀리까지 추진되었다. 사람들은 수학으로부터, 우리가 살고 있는 세계에 대한 설명을 위해 제공할 수 있는 모든 것을 이끌어 내는 일부터 시작해야 했다. 게다가 정신 과학부터 시작한다면 바람직하지 않았다. 즉 정신 과학은 그 스스로는 정확함과 엄밀함과 증명에 대한 관심에는 이르지 못했다. 이들은 기하학에서 물리학, 화학, 생물학으로, 정신 과학 자신이 새로운 전개를 보일 때까지 파급되었다. 그렇지만 다른 한편, 정신 과학은 그렇게 늦게 나타나는 바람에 손해를 입지 않을 수 없었다. 인간의 지능은 실제로 그 기간 사이에 모든 것을 공간 안에서 보며, 물질에 의해 모든 것을 설명하는 습관을 과학에 의해 정당화하고 이렇게 해서 반격될 수 없는 권위를 부여받을 수가 있었다. 그러면 인간 지능이 영혼을 향한다면 어떻게 될까? 그럴 때의 지능은 내면 생활에 대한 공간적 표상을 가지고 있다. 지능은 그의 새로운 대상에까지 그가 옛날부터 지니고 있었던 대상의 심상을 확장한다. 이로부터 원자론적인 심리학의 오류들이 발생하는데, 이 심리학은 의식 상태의 상호 침투를 고려하지 않는다. 이 때문에 정신을 지속(durée) 안에서 찾지 않고도 파악할 수 있다고 주장하는 철학의 쓸데없는 노력이 있게 된다. 영혼과 신체와의 관계는 어떨까? 영혼과 신체의 혼란을 보면 역시 매우 심각하다. 이 혼란 때문에 형이상학이 잘못된 궤도에 오르게 되었을 뿐만 아니라, 이 혼란이 어떤 사실들에 대한 관찰에서 과학을 우회시켰으며, 또는 오히려 정체 모를 도그마라는 이름으로 미리 추방된 어떤 과학들이 나타나지도 못하게 했다. 사실 심적 활동과 함께 나타나는 물질적인 현상은 심적 활동과 등가(等價)의 현상이라고 알려져 있다. 즉 모든 실재는 공간적 기초를 지닌다고 생각되었기 때문에, 사람들은 정신에서 초인간적인 생리학자가 그의 정신에 상응하는 두뇌에서 읽어 낼 공간적 모습만을 발견한다는 것이다. 이러한 규정은 순수한 형이상학적 가설이며 사실들에 대한 자의적인 해석이라는 점에 주의하자. 그러나 여기에 대립하는 유심론적 형이상학도 마찬가지로 자의적이다. 이 학설에 따르면 하나하나의 심적 상태는 단순히 그 도구로서 봉사하는 두뇌 상태를 이용할 것이다. 이 형이상학에게도 심적활동은 두뇌 작용과 동연적일 테고 현재의 삶 가운데에서 두뇌 활동에 정확히 대응할 것이다. 게다가 이 두 번째 이론은 첫 번째 이론의 영향을 받아 항상 그 이론에 현혹되었다. 우리는 사람들이 두 측면에서 유래하는 선입견들을 버리고 사실의 윤곽에 가능한 한 좀더 가까이 접근함으로써, 신체의 역할이 전혀 다름을 입증하려고 했다. 분명 정신적 행위는 물질적 동반자를 가지고 있다. 그러나 이 공존자는 정신 활동의 한 부분만을 그리고 있다. 그 나머지는 무의식에 머문다. 물론 신체는 우리의 행위를 위한 수단이다. 그러나 그것 역시 지각의 장애물이다. 신체의 역할은 어떤 경우에도 적절한 조치를 강구하는 일이다. 바로 이 때문에 신체는 현재 상황을 밝히지 못하는 추억들과 함께 우리가 어떠한 통어력도 가지지 못하는 대상들의 지각을 의식으로부터 멀리 떼어 놓아야 한다.*14 신체는 말하자면 여과 기이거나 무대의 장막이다. 신체는 현실화할 경우 행위를 방해할 수 있는 모든 것을 잠재적인 상태로 유지한다. 신체는 우리가 해야 할 일에 대한 관심 속에서 우리를 도와 전방을 보게 한다. 그 대신 신체는 우리가 자신의 즐거움만을 위해 좌우를 바라보는 일을 방해한다. 신체는 우리에게 무한한 꿈의 영역 가운데에서 현실적인 심리적 삶을 얻게 해준다. 간단히 말하면 우리의 두뇌는 표상의 창조자도 저장소도 아니다. 신체는 단순히 표상을 제한하여 그 표상을 활동적이게 해준다. 두뇌는 생명에 주의하는 기관이다. 그러나 이 사실로부터 신체의 내부이든 신체가 제한하는 의식의 내부이든 그 내부에 특별한 기관이 있어야 하고, 이 기관의 기능은 인간의 지각으로부터 본성적으로 인간의 행위에서 벗어난 대상들을 떼어 놓아야 한다는 결론이 나온다. 만약 이 메커니즘이 파괴된다면 이 메커니즘이 닫아 놓았던 문이 반쯤 열린다. 그러면 아마도 '피안'(au-delà)에 있는, '외부'(en dehors)의 무언가가 들어온다. 심령학이 다루는 것은 바로 이러한 비정상적인 지각이다. 그래서 이 심령학이 맞부딪치는 저항감이 어느 정도까지는 설명된다. 심령학은, 항상 조심해야 할 인간의 증언에서 자신의 의지처를 갖는다. 과학자의 전형은 우리에게는 물리학자이다. 장난삼아 속이기를 즐겨하지 않는 물질에 대한, 물리학자의 정당한 신념의 태도는 우리에게 모든 과학의 특징이 되었다. 그래서 연구하는 사람들에게 어디에서나 신비화하는 것을 분간해 내도록 요구하는 연구를, 우리는 과학적인 연구로 취급하려고 애쓴다. 이 연구자들은 의심을 하기 때문에 우리에게 불안을 주며, 그들이 신뢰할 때는 더욱 그러하다. 즉, 우리는 사람들이 조심하는 습관을 곧바로 잃어버리는 사실을 알고 있다. 호기심에서 경솔함으로 가는 길은 미끄러운 경사길이다. 한번 더 말하자면, 사람들은 어떤 거부감을 이렇게 이해한다. 그러나 진정한 과학자들이 심령 연구에 대해 제기하는 소송을 받아들이지 않는 이유는, 단지 무엇보다도 보고된 사실들을 그들이 '당치도 않다'고 간주하기 때문임을 사람들은 이해하지 못할 것이다. 만일 그들이 한 가지 사실의 불가능성을 입증할 수 있는 어떠한 수단도 없다는 사실을 안다면, 그들은 '불가능하다'고 말할 것이다. 그러면서도 그들은 결국 이러한 불가능성을 확신한다. 그들이 이 점을 확신하는 까닭은, 그들이 유기체와 의식 사이, 신체와 정신 사이의 관계를 반박할 수 없으며 결정적으로 증명되었다고 판단하기 때문이다. 우리는 이 관계가 순수하게 가설적이며 과학에 의해 증명되지 않고 형이상학에 의해 요청되었음을 방금 보았다. 사실들은 아주 다른 가설을 암시한다. 그리고 이 가설이 인정되면 '심령학'에 의해 지적된 현상들, 또는 적어도 그 심령학적 현상들 가운데 몇몇은 아주 사실과 같아서, 그 연구가 계획되는 모습을 보기 위해 오랫동안 기다려야 했던 일이 이상하게 여겨질 것이다. 우리는 여기에서 우리가 다른 책에서 논의했던 점으로 다시 되돌아가지는 않을 것이다. 다만 이 점만을 말해두자. 텔레파시 현상에 대해 수집된 긍정적인 수많은 공증들이 있은 뒤에도 '텔레파시 현상들'의 실재성을 사람들이 의심한다면, 그리고 인간의 증언 일반도 과학의 눈으로 볼 때는 성립하지 않는다고 선언해야 한다면, 역사의 경우는 어떻게 될까? 그러므로 사실은 심령학이 우리에게 제시하는 결과들 사이에서 우리가 선택을 해야 한다. 심령학 자신이 이 결과들을 모두 동등하게 놓을 수는 없다. 심령학은 자신에게 확실해 보이는 현상, 단순히 그럴듯한 현상, 또는 기껏해야 가능한 현상들을 구별한다. 그러나 심령학이 확실하다고 제시한 현상의 일부만을 채택한다 해도, 우리는 심령학이 이제 막 탐험하기 시작한 미지의 땅의 광대함을 알아채기에 충분하다. 이 알려지지 않은 세계의 희미한 빛이 우리에게 도달하여 육신의 눈에 띄게 되었다고 생각해 보자. 입으로는 무엇을 말하든, 보고 만져지는 존재만을 존재한다고 인정하는 데 익숙해진 인류 안에서 이 미지의 세계에서 비치는 희미한 빛을 본 뒤에 어떠한 변화가 있을 것인가? 이렇게 해서 우리에게 도달된 정보는 아마도 영혼 가운데서도 질이 낮은 영혼, 즉 가장 낮은 단계의 정신성에 관계할 뿐이다. 그러나 대부분의 사람들에게서 발견되는 신앙인 듯 하나 대개는 말뿐이고 추상적이며 효력이 없는 피안의 신앙을, 살아 있고 생동하는 실재로 바꾸기 위해서는 그 희미한 빛으로 충분할 것이다. 이러한 신앙이 어느 정도로 중요한가를 알기 위해서는 사람들이 얼마만큼 쾌락에 몸을 던지는가를 관찰하는 일로 충분하다. 즉 허무에서 빼앗은, 죽음을 조롱하는 수단을 그 쾌락에서 발견하는 즉시, 사람들은 쾌락에 이렇게 집착하게 될 것이다. 실제로 만일 우리가 영생에 대해 절대적으로 확신한다면, 우리는 더 이상 다른 것을 생각할 수 없을 것이다. 쾌락은 존속하겠으나 흐릿하게 퇴색된다. 왜냐하면 쾌락의 강도는 우리가 그 쾌락에 쏟는 주의력의 정도에 비례하는데 지나지 않았기 때문이다. 쾌락의 빛은 아침햇살을 받은 전등불처럼 엷어질 것이다. 쾌락은 환희(joie)의 그림자 속으로 사라질 것이다.

사실 환희는, 세상에 확산된 신비적 직관이 온 세상에 전하는 생의 단순성 (simplicité de vie)일 것이다. 또한 환희는 과학적 경험들이 확대되는 가운데 자동적으로 피안의 환영 쪽으로 따라오는 생의 단순성일 것이다. 이렇게 완전한 도덕적 개혁이 없다면 미봉책에 호소하고, 점점 침투해 들어오는 '통제'에 복종하면서, 우리는 우리의 본성이 우리의 문명에 대항해 세워 놓은 방어물들을 스스로 하나하나 피해 가야 할 것이다. 그러나 사람들이 위대한 수단을 선택하든 사소한 방식을 선택하든, 피할 수 없는 하나의 결단이 필요하다. 인류는 자신이 이룩한 진보의 무게에 짓눌려 신음하고 있다. 인류는 자신의 미래가 자신에게 달려 있음을 충분히 인식하고 있지 않다. 먼저 인류는 자신이 계속 살기 원하는지를 생각해야 한다. 그러고 나서 자신이 단지 생존만을 원하는지, 아니면 그 밖에 반항적인 우리의 지구 위에서까지 신들을 만들어 내는 기계인 우주의 본질적 기능이 수행되는 데 필요한 노력을 제공하고자 원하는지를 스스로에게 물어야 한다.

〈주〉

＊1 '거의'라고 하는 이유는, 생물체가 그 선조들이 제출한 주제에 기초하여 수행하는 변화들을 고려해야 하기 때문이다. 그러나 이 변화들은 우연적이고 아무 방향에서나 일어나기 때문에 몇 세대가 지난 뒤라도 종(種)을 변화시킬 만한 변화는 아니다. 후천적 성질들의 유전의 명제와 이에 기초한 진화론에 대해서는 《창조적 진화》 1장 참조. 우리가 이미 주의했듯이 인류를 탄생시킨 갑작스러운 비약은 시간과 공간의 여러 지점에서 시도될 수 있었으나 불완전한 성공을 거둔데 지나지 않았고, 이렇게 해서 그것은 원한다면 '인간'이라는 이름으로 부를 수도 있으나, 꼭 우리의 선조는 아닌 '인간'에 도달했다.

＊2 그리스 어 '바르바루스'(barbarus)는 그리스 어를 하지 못하고 그리스 말의 입장에서 떠드는 소음을 내는 듯한 다른 지역 말을 쓰는 이방 사람들을 의미한다.

＊3 칸트, 《도덕 형이상학 원론》, 2부, 4장.

＊4 위고(V. Hugo)의 희곡, 2막 1장.

＊5 브라이스(James Bryce), 《재판관과 역사가》.

＊6 리보(Th. Ribot), 《의지의 병》, 178~179면. 제임스(W. James)는 헉슬리의 "우리는 의식을

지닌 자동 기계이다……."를 그의 《심리학 원리》에서 인용하고 있다. 벵(A. Bain)의 《의지의 정서》(Paris : Alcan, 1885). 스펜서(H. Spencer), 《심리학 원리》, 1권, 4부, 4장과 9장.

*7 분트(W. Bundt), 《생리학적 심리학 원리》와 《심리학 개요》를 의미.

*8 지나 롬브로조(Gina Lombroso)의 흥미 있는 저작 《기계주의의 몸값》(L'arançon du machi-nism, Paris, 1930) 참조.

*9 이 점에 대해서 나는 아무런 전문 지식도 가지고 있지 않다고 일단 말해야겠다. 고기의 예를 선택했으나, 마찬가지로 다른 어떤 일상적인 음식을 채택해도 상관없다.

*10 지나 롬브로조의 훌륭한 책을 한번 더 참조한다. 망투(Mantoux), 《18세기 산업혁명》(*La Révolution industrielle au XVIIIᵉ siècle*) 참조.

*11 농산물에까지 확장된 '과잉 생산'의 위기들이 있으며, 이 과잉 생산이 농산물로부터 시작될 수도 있다. 그러나 이 위기는 분명 인류에게 식량이 너무 많다는 사실과는 관계가 없다. 이는 단지 생산 일반이 충분히 조직화되어 있지 않아서 생산물들이 서로 교환되지 않는다는 의미일 뿐이다.

*12 내가 비유적인 의미로 말하고 있음은 물론이다. 석탄은 증기기관이 그 석탄을 보물로 변화시키기 훨씬 이전부터 알려져 있었다.

*13 게다가 여기에서 우리는 이 의미의 일부만을 고려한다. 마치 우리가 '제국주의'라는 낱말에 대해 그러하듯이. 세이예르(Ernst Sellière), 《제국주의 철학 입문 : 제국주의, 신비주의, 낭만주의, 사회주의》(Paris : Alcan, 1911)와 《신비주의와 영주 지배 : 제국주의의 비평에 관한 시론》(Paris : Alcan, 1913) 참조.

*14 나는 이 앞에서 시각과 같은 감관이 어떻게 더욱 멀리까지 나아갈 수 있는지를 증명했다. 왜냐하면 시각의 도구는 그러한 시야의 확장을 불가피하게 하기 때문이다. 《물질과 기억》, 1장 전체 참조.

베르그송의 생애와 사상

앙리 베르그송

베르그송의 생애와 사상

베르그송의 생애

"나의 저서들은 이제까지 학설에 대한 나의 불만과 항의를 대변하고 있습니다."[1]

베르그송의 이 말은 그 시대의 사상적 조류에 대한 그의 태도를 분명하게 말해 주고 있다. 19세기 말 르낭(E. Renan, 1823~1892)과 같은 석학들은 '과학이 곧 종교'라는 주장을 서슴지 않고 외쳤다. 과학만능이라는 관념이 팽배하던 때에 베르그송은 과학의 밑바탕이 되는 이성과 지성의 오류와 한계를 지적하였고, 서양사고를 특징짓는 분석적 인식 대신에 직관적 통찰을 주장하였으며, 모두가 경시하던 형이상학의 필요성을 역설하였다. 이렇게 베르그송의 철학은 여러 가지로 혁명적이었다. 담담한 목소리로 차분히 설득의 마력을 펼치던 그의 강의를 조금이나마 들어 보려고 콜레주 드 프랑스의 강당으로 몰려들어, 창가에 매달리거나 아니면 복도에서 또는 교정에서 서성거리던 군중의 모습이 사라진 지도 반세기가 넘었고, 나치 점령하의 파리에서 유대계라는 이유로 단지 가족과 발레리를 비롯한 몇몇 친지들만이 그의 영구를 뒤따르는 가운데 쓸쓸히 타계한 지도 60년이 지났다. 이제 그에 대한 열광도 식었고, 철학이라는 어휘조차 아니 어쩌면 철학 자체가 많은 구조주의의 등장과 함께 그가 반대하던 방향으로 기울어졌다.

자연철학의 발달과 함께 《창조적 진화》의 저자가 수용하던 과학자료의 오류도 지적되고 있다. 그럼에도 물질에 대한 정신의 우위와 생명의 존엄성을 가장 아름답고 명쾌한 필치로 역설한 그의 철학은 오늘날도 그 신선함과 매력을 그대로 보존하고 있다. 더욱이, 그가 동양적인 어휘인 직관에 부여하는 중요성이나 또는 우주, 즉 대아는 소아인 자아와 동일한 성질이라는 《창조적 진화》

---

[1] Jean de Harpe, *Souvenirs Personnels*, ouv, cit., Cahiers du Rhône, p.358

에서의 주장은 비록 동양철학적인 체계를 갖추지 않았다 하더라도, 우리에게 흥미와 호기심을 불러 일으킨다.

　보다 직접적으로 기계론적 이론과 주지주의 철학에 대한 반발에서 실재적 시간, 즉 지속의 개념을 기초로 하여 발전시킨 그의 철학에 대한 고찰에 앞서 그의 방법론을 살펴본 다음, 그의 철학의 일반적 특징과 본서에 대한 해설을 하기로 하겠다. 그러나 먼저 그의 생애에 대한 소개가 있어야 할 것 같다.

　생의 철학을 주조로 하는, 근대 철학계에 가장 큰 영향을 준 프랑스의 철학가, 앙리 베르그송(Henri Bergson)은 1859년 10월 18일 파리에서 태어났다. 아버지는 유대계 폴란드 태생인 미셸 베르그송인데, 그는 제네바의 음악학교 교수로 재직하며 오케스트라의 지휘도 하였다. 어머니는 유대계 영국 태생의 캐더린 레비슨(Katherine Levison)으로, 두 사람 사이에 4남3녀의 자녀를 두었고 앙리는 그중 둘째였다. 본디 집안의 성은 베레크—손(Berek–Son)이었으나, 그의 아버지가 프랑스에 이주하면서 성을 프랑스어화하여 베르그송이 되었다. 그리하여 우리는 그에게서 섬세하고 투철한, 프랑스적인 지성의 면모를 확인할 수 있다. 더불어 그는 작곡가이며 피아니스트였던 아버지의 유대적인 신비주의 경향과, 어머니의 영국적인 이상주의와 실천적 성품을 이어받아 근엄한 가운데도 유머 감각을 갖게 되었다. 여하튼 장성한 베르그송은 늘 자기의 혈통이 유대계라고 지적받기를 좋아하지 않았다. 그리하여 말년에 가톨릭으로 개종하리라 결심하였으면서도 나치에게 박해받는 유대민족과의 유대감 때문에 가톨릭 영세는 받지 않았다. 그는 늘 자신이 프랑스인임을 강조하였고 그 사실을 자랑스럽게 여겼으며, 호적과 결부시켜 자신을 설명하는 것을 매우 싫어하였다. 그러면, 그의 철학 성격과 근원에 대하여 몇 가지 중요한 사실을 알려주는 그의 성장과정을 살펴보자.

　앙리가 태어나고 얼마 안 되어 그의 아버지는 제네바 음악학교의 교수로 임명되었다. 그래서 온가족이 스위스로 가서 살다가 다시 파리로, 런던으로 옮겨 다녔다. 그러나 그만은 파리에 머물면서 학업에 전념했다. 1959년, 그의 탄생 백주년기념전시회가 발간한 책자에는 베르그송이 학생 시절에 받은 여러 가지 상장과 상품이 제시되어 있다. 콩도르세 고등학교(그때의 명칭은 Lycée Fontanes) 재학시 그는, 교내의 상은 물론이려니와 전국 고등학교 경시대회에서도 라틴어, 프랑스어 논문, 수학에서 일등상을 탔을 만큼 문과와 이과에 아울러 특출하였다. 고교 재학시 그가 수학과 기하학에 관해서 풀었던 해답이 《신수학연감》 그리고 《파스칼과 현대기하학》에 실릴 만큼 뛰어났다. 그가 이과를 택하리라고 예상했으나, 파스칼이 말한 '기하학 정신'과 '섬세정신'을 아울러 갖춘 그는, 파리고등사범학교(Ecole Normale Supérieure) 문과에 좋은 성적으로 입학하였고, 졸업한 다음 철학교수 자격시험 (Agrégation)을 보았다. 교우관계에 있어서 특별한 친구는

앙리 베르그송(1859~1941)

없었으나, 장 조레스(Jean Jaurès, 1859~1914)와의 관계는 흥미롭다.

그의 동급생 중에는 콩트(Auguste Comte, 1798~1857) 이후의 프랑스 사회학을 다시 정립한 뒤르켐(Émile Durkheim, 1858~1917)을 비롯하여, 역시 유명한 철학자 블롱델(Maurice Blondel, 1861~1949) 등 쟁쟁한 수재들이 있었으나, 그 중에서도 그가 비교적 가까이 지냈던 친구는 조레스이다. 그는 뒷날 세기적인 웅변가로서 프랑스 사회당을 창당하였고, 중산층과 저소득층의 권익을 옹호하는 투쟁을 벌이다가 그의 평화주의가 독일을 이롭게 하는 이적행위라고 믿고 있던 어느 광신적인 젊은이에 의해 암살당하고 만다. 본디 베르그송과 수석을 다투던 사이의 그 둘은 서로 그 이상의 예를 찾아보기 힘들 만한 대조적인 성격과 지성을 지녔다.

조레스가 낭만적이고 웅변적이었던 반면, 베르그송은 내성적이고 이성적이었다. 시험관들은 언제나 누구에게 수석을 주어야 할지 논란을 벌였다. 그러나 그 둘은 서로 어느 누구보다도 잘 이해하는 친구였다.

고등사범학교 시절, 스펜서의 《제1원리》를 읽으며 에밀 부트루(E. Boutroux, 1845~1921)와 올레 라프륀느(Ollè-Laprune) 교수의 철학강의를 들으면서 사색을 시작한 베르그송이 자기 철학의 실마리를 발견한 것은, 앙제 고등학교와 클레르몽-페랑 고등학교에 재직하던 때이다. 22세의 젊은 철학교수였던 그는, 다른 친구들이 칸트에 빠져 있을 때 스펜서를 읽고 과학철학을 하기로 결심하면서 몇 가지 과학적인 기본개념에 대한 검토를 하게 되었다. 그는 자신이 기계론적 이론에 젖어 있다는 사실을 발견하게 되었다. 그 사실에 대하여 그는 친구 윌리엄 제임스에게 다음과 같이 쓰고 있다.

'대단히 놀랍게도 나는, 과학적인 시간이란 지속하지 않고, 만약 실재의 총체가 순간적으로 모두 전개된다 하더라도 우리의 과학적 지식에는 조금도 수정할 것이 없으리라는 사실을 알게 되었다.'

그와 같은 발견을 한 다음부터 그의 주요관심사는 시간보다 지속에 관한 고찰이었다. 앙제 고등학교에서 클레르몽-페랑으로 옮긴 베르그송이 어느 날 학생들에게 그리스 엘레아 학파의 제논의 궤변에 관하여 설명하면서, 아킬레스의 에피소드에 이르러 문득 깨달은 바가 있었다.

엘레아 학파의 제논은 이렇게 말했다.

"걸음이 빠르기로 유명한 아킬레스와 걸음이 느린 거북이 경주를 할 때, 만약 처음 출발시 거북이 한 발이라도 앞서 있다면 아킬레스는 절대로 거북보다 앞서 갈 수 없다. 왜냐하면 처음 거북이 내디딘 거리를 아킬레스가 따라잡으려고 하는 순간, 거북은 조금이나마 다시 새로 발걸음을 내디뎠을 테고, 아킬레스가 그러는 사이에 거북은 또다시 조금이나마 앞으로 나아갔을 것이다. 따라서 아킬레스는 영원히 그 거북을 따르지 못할 것이다."

또 이렇게 주장하기도 했다.

"공중에 쏜 화살은, 어떤 주어진 순간에 있어서 어느 한 점에 움직이지 않고 멈추어 있기 때문에 결국 그 화살은 움직이지 않는다."

물론 누구나 그것이 사실이 아님을 알고 있지만, 아무도 그것을 논리정연하게 반박하지 못하였다. 그때 베르그송의 머리에 떠오른 생각은, 때로는 고도의 지성이 촌부의 상식보다 못한 결론에 이른다는 사실이었다. 그리고 운동을 공간적으로 분할가능하다고 봄으로써 그와 같은 오류에 귀착한다. 그것을 기초로 그의 첫 논문 〈의식에 직접 주어진 것들에 대한 시론〉을 집필하여,

파리고등사범학교 입학 동기생들(1878) 베르그송은 맨 오른쪽(서 있는), 장 조레스는 앞줄 왼쪽에서 두 번째

1888년 파리로 와 1889년 여름에 콜레주 로랑의 교수가 되었다. 그해 말에는 〈아리스토텔레스의 장소론〉을 부제로 소르본 대학에서 박사학위를 받았다.

그 뒤 1892년 루이즈 뇌뷔르제(Louise Neuburger)와 결혼하였고, 명문 앙리 4세 고교에 있으면서, 소르본 대학의 철학 전임교수 채용에 지원하였으나 거절당하였다. 결국 그는 소원하였던 소르본 대학 교수 자리는 끝내 얻지 못하였고, 그 대신 1896년 그의 제2의 주저 《물질과 기억》을 출간하였다. 1897년 콜레주 드 프랑스에 강의를 맡게 되면서 그의 뛰어난 실력을 인정받게 되어, 그는 콜레주 드 프랑스의 고대철학 담당교수가 되었다. 그의 강의는 학자뿐 아니라 일반대중에게서도 그 유래를 찾아볼 수 없을 만큼 큰 인기를 끌었다. 그의 학자로서의 활약은 여기에 그치지 않고 유명한 그의 주요 저서 집필과 프랑스 국내외의 강연, 논문 등으로 이어져 그의 독창적 생의 철학을 형성하였다. 교수가 되고 나서는 비교적 순탄하게 지냈다. 1901년 도덕·정치학 아카데미 회원으로 뽑힌 다음 1903년 《형이상학 입문》을, 1907년에는 《창조적 진화》를 발표하였으며, 1914년 에밀 올리비에(Emile Ollivier)의 사후 아카데미 프랑세즈에 뽑혔다.

1918년 아카데미 프랑세즈 리셉션에서 베르그송

제1차 세계대전이 발발하자, 1916년 프랑스 정부가 그를 에스파냐에 파견하였다. 그 다음 해에는 미국에 파견되어, 윌슨 대통령에게 프랑스의 평화가 유럽의 평화이며 나아가서는 세계평화와 직결된다는 점을 설득하여, 프랑스는 전쟁종결을 위한 보다 직접적인 미국의 원조를 얻게 되었다.

그 뒤 1918년 재차 미국에 파견되었던 베르그송은 1921년 콜레주 드 프랑스의 교수직을 정년으로 은퇴하였다. 그 다음 해인 1922년에는 세계적으로 명성이 높은 12인의 학자로 구성된 UN의 전신 Société des Nations에 의한 국제협력위원회 위원으로 선출된 뒤, 그 첫 회합에서 만장일치로 의장에 뽑혔다. 그는 이 위원회에서 훌륭한 의장 솜씨를 발휘하여 화기애애한 분위기에서 정반대로 생각되는 의견에도 해결의 길을 발견함으로써 이 회의의 의결은 언제나 만장일치하였음이 그 특색이었다고 한다.

베르그송은 그의 제3의 주저 《창조적 진화》를 발표한 뒤, 강연한 내용들을 모아 1919년 《정신력》을 출판하고, 아인슈타인의 이론을 다룬 《지속과 동시성》을 1922년에 발표하였다. 그가 노년기의 정력을 기울여 집필한 것은 그의 마지막 대작인 《도덕과 종교의 두 원천》으로서, 류머티즘으로 손가락을 움직이기에도 자유롭지 못했지만 매일 새벽에 일어나 2시간씩 손 운동을 하면서 1932년 그 책을 완성, 출판할 수 있었다.

1937년 데카르트학회에 의장으로 선출되었으나 움직일 수 없었던 그는 메시지만 보냈다. 다시 제2차 세계대전이 터지자 1940년 잠시 남프랑스 닥스 (Dax) 시에 갔다가 그해 초겨울 지병인 류머티즘 치료 때문에 파리에 돌아와, 추운 겨울 난방도 되지 않은 아파트에서 근육경직을 막기 위해 밖에 나가 운동을 하던 중 감기에 의한 병발증인 폐충혈로 며칠을 앓다가 1941년 1월 4일 타계하니 향년 81세였다.

그는 죽기 두 시간 전까지도 의식이 있었으며 그때까지 여러 가지 이야기를 하였다. 베르그송 부인이 로즈-마리·모세-바스티드에게 말한 바에 따르면 인사불성이 되어서도 철학적인 문제나 콜레주 드 프랑스에서의 강의가 그의 정신에 소생하였던 듯하다. 왜냐하면《물질과 기억》및 1911년 그해에 행하지 않았던 그의 강의에 관한 말이 흘러 나왔기 때문이다.

베르그송은 1937년에 쓴 유언장에서 다음과 같이 희망하였다.

'만일 파리 대주교의 허가를 얻을 수 있다면 나의 장례에는 가톨릭 신부가 와서 기도해 주었으면 좋겠다. 만일 그 허가가 나지 않는다면 유대교 목사에게 부탁했으면 한다. 그러나 그런 경우에도 가톨리시즘에 대한 나의 정신적 결합과 내가 먼저 가톨릭 신부에게 기도를 부탁했다는 사실을 그 목사에게도 또 다른 누구에게도 감추어서는 안 된다.'

메를로-퐁티는 콜레주 드 프랑스의 교수 취임강연 '철학을 찬양하여'에서

같은 강좌의 선임자이기도 하며 또 배운 바가 많았던 베르그송의 《철학》에 대
하여 말한 다음, 베르그송이 철학자로서 살아간 방식에 대하여 다음과 같이
썼다.

"1937년의 유언은, 여러 가지로 숙고한 결과 그가 점차 가톨릭에 가까와졌
음을 분명히 말한 다음에 다음과 같은 말을 첨부하였으며 그것은 우리에게
도 문제를 던지고 있다. '만일 내가 온 세계에 퍼지려는 반유대주의의 물결이
수년 전부터 일어나고 있음을 보지 않았다면 나는 가톨릭으로 회심하였을 것
이다. 나는 내일에는 박해받을 사람들 속에 머물러 있기로 작정하고 있었다.'
잘 알려져 있듯이 그는 병고와 노령의 몸으로 있으면서도 자신의 주의로서는
수치스런 권력 《나치즘》이 이 고명한 유대인에게 베풀려는 은전을 거부하면서
까지 그 약속을 지켰다."

메를로-퐁티는 특히 베르그송이 우리와 진리의 관계를 어떻게 생각하고
있었는가에 주목하여 이렇게 말하기도 했다.

"교회이든 무엇이든 베르그송에 있어서 갖가지 인간관계를 끊고 생활과 역

베르그송 무덤 파리 근교 가르시 묘지

사의 굴레를 끊고서까지, 어찌했든 그곳에 진리를 구해야 한다는 〈진리의 장소〉 따위는 있을 수 없음을 그가 행한 선택 그 자체가 증언하고 있다.”

베르그송의 이 유언에 따라 그의 부인은 베르그송의 오랜 친구이기도 했던 가톨릭 신부를 초청하여 철학자의 죽음의 자리에서 가톨릭교의 기도가 올려지도록 하였다.

1월 6일 유해를 파리 근교 가르시의 묘지로 옮겼으나 장례식은 없었고 고별사도 없었다. 관이 안치된 방에 모인 사람은 30여 명. 아카데미 프랑세즈에서는 폴 발레리가 참석하여 미망인의 요청에 따라 참석자들에게 인사를 드렸다. 모두가 묘소로 옮겨 가는 이 세기의 철학자의 운구에 묵묵히 머리를 숙였다.

전쟁이 끝난 뒤, 그의 서거를 애도하는 추도식이 1947년 5월 13일, 소르본 대강당에서 대통령과 교육장관의 참석하에 성대하게 거행되었다. 그 뒤 그에 대한 연구논문들과 그의 저서는, 철학 사상사에서뿐만 아니라 문학사에도 신기원을 열어 준 공적에 대하여 높은 평가를 하고 있다.

베르그송의 저작

베르그송의 주요 저술 네 가지를 꼽자면 다음과 같다.

1. 《의식에 직접 주어진 것들에 대한 시론 *Essai sur les données immédiates de la conscience*》(1889). 이 서적은 외국어역으로는 《시간과 자유의지》라는 제목으로 되어 있다.

2. 《물질과 기억 *Matière et mémoire*》(1896)

3. 《창조적 진화 *L'Évolution créatrice*》(1907)

4. 《도덕과 종교의 두 원천 *Les Deux Sources de la morale et de la religion*》(1932)

이 네 저술 중 제1은 심리학, 제2는 생리학, 제3은 생물학, 제4는 사회학이라고 할 수도 있다. 보다 정확히 말하면 이들 저술을 통하여 베르그송은 의식현상, 생리현상, 생물현상, 사회현상에 대한 현대의 여러 과학들을 자기 입장에서 비판하고 그 과학 현상은 철학의 입장으로부터는 어떻게 파악되는가를 논하였다고 보겠다. 즉, 그는 의식을 순수하게 포착하려 했고 그것을 시간(시간의 의식)이라고 한다. 단, 그 시간을 그는 지속이라고 부르며, 과학자가 사용하는 시계의 시간이 아니다. 다음에 그 의식을 신체와의 관계에서 논한다. 그 점에서 말한다면 이것은 심신관계론이다. 생리학을 심신관계론이라고 하는 데는 이론이 있을지 모르겠으나, 이를테면 생리학의 진정한 주제는 심신관계를 어떻게 포착하는가에 있다고도 생각할 수 있으며, 그것을 인정한다면 《물질과 기억》을 생리학이라고 일컬어도 괜찮으리라고 생각한다. 오히려 베르그송은 진정한 생리학의 존재방식을 이 저술에서 나타내려 했다고도 말할 수 있다. 제3의 《창조적 진화》는 일체의 생물을 개개의 신체가 아니라 모든 신체, 즉 그 전체적인 관련에 있어서 이해하려고 하는 설로서 그것은 당연히 생물진화론이 된다.

그러면 제4의 《도덕과 종교의 두 원천》과 세 저작의 관계는 어떠한가?

언뜻 보면 앞서 말한 것들은 모두 생명철학인데 반하여 이 책은 대상을 완전히 달리하는 것같이 보인다. 즉, 《창조적 진화》와 이 책 사이에는 문제의 연속성이 없는 것처럼 보인다. 허나 그렇지는 않다. 베르그송은 《창조적 진화》에서 생명의 진화를 인류까지 더듬었다. 그러나 그 인류는 말하자면 생물학적인

관리 가능한 단위 지성은 우리가 다룰 수 있는 세계, 구획된 공간과 시간에 있어 대상이 구분되어 있는 세계를 우리에게 제시한다. 이것이 베르그송의 생각이었다. 다만 이 관리 가능한 세계가 실재를 보여 주지는 않는다.

인류이다. 제4서에서 베르그송은 그것을 인간성(휴머니티)으로서 취급하였다. 그리고 그 인간성을 특색지우는 것은 도덕과 종교라 하고 이 두 가지에 대해서 파고들었다. 게다가 그러한 문제를 단순히 문화과학적으로서가 아니라 어디까지나 생물현상의 발전으로서 포착하여 그로부터 생물현상에 있어서 이미 나타나는 사회생활을 토대로 도덕과 종교를 논하려고 했던 것이다. 이렇게 생각하면 제3서와 제4서 사이에는 단절이 있지 않고, 거꾸로 베르그송의 모든 철학은 《도덕과 종교의 두 원천》에 이르러 비로소 완성되어 있다.

이와 같이 베르그송의 철학을 이해하기 위해서는 네 저서 가운데 어느 것도 빠뜨릴 수 없다. 따라서 만일 베르그송의 책을 한 권만 읽고 싶은데 어느 것이 좋겠는가 묻는다면 나는 다음과 같이 대답할 수밖에 없다. 베르그송 철학의 근본을 파악하려는 사람은 《의식에 직접 주어진 것들에 대한 시론》을, 생명철학을 체계적으로 알기 원하는 사람은 《창조적 진화》가 좋겠다. 한데 생명 특히 신체 문제에 관하여 우리가 가장 괴로움을 받는 것은 신체와 영혼, 물질과 정신의 결합문제이다. 이것은 고대 그리스 시대부터 철학자를 괴롭혔으며, 또 보다 일반적으로는 인류가 탄생된 이래로 인간을 괴롭혀 온 난문제이다. 베르그송은 이 문제에 대해 각별한 관심을 기울였다. 존재는 1원(元)인가 2원인가. 이것은 철학에서 최대의 난문제 중 하나이다.

《물질과 기억》은 이 문제에 관한 베르그송의 악전고투의 결정이며 그가 죽음 직전까지 이 책을 마음에 생각하고 있었던 것은 앞서 그의 생애에 대한 언급에서 기술한 대로이다. 베르그송 철학의 진수를 파악하기 위해서는 우리도 한 번은 이 책과 대결해야만 한다. 그러나 그의 철학이 단순한 생물철학이 아니라고 한다면, 베르그송 철학의 전모를 알기 위해서는 《도덕과 종교의 두 원천》을 도저히 무시할 수는 없다. 다만 이 책은 그 이전의 그의 저작 또는 적어도 《창조적 진화》에 대한 지식이 없이는 올바르게 이해할 수 없으리라는 사실을 한 마디 해 두고 싶다.

이상으로 베르그송의 네 가지 주요 저술들의 중심과제와 그들의 관계 및 각 책의 중요함과 의의는 일단 이해되었다고 생각한다. 다음 그 하나하나에 대하여 그 구조를 그려, 독자 제현들의 독서에 대한 하나의 안내도로 삼으려고 생각한다.

《의식에 직접 주어진 것들에 대한 시론》

그가 30세 때 박사학위 논문(부논문은 《아리스토텔레스의 장소론》(라틴어))으로 쓴 이 저작은, 예리한 직관력과 치밀한 분석 위에 세워진 독특한 철학, 곧 베르그송 철학의 등장을 사람들에게 알려 그들의 눈을 휘둥그레지게 했다. 뿐만 아니라 이후 그의 생애에 걸쳐서 전개되는 베르그송 철학의 기본적 모티프는 여기에서 이미 뚜렷이 부각되어 있다.

이 책의 주제는 '자유'이다. 자유의 문제는 보통 우리에게 자유가 있는가 없는가 하는 형태로서 제기된다. 그리고 그에 대하여 자유론자와 결정론자의 한없는 논쟁이 계속되고 있다. 그러나 베르그송은 문제를 그러한 모양으로 다루지 않는다. 우리에게 자유가 있는지 없는지를 논하기 전에 그는 자유란 무엇인가 묻는다. 그리고 자유의 문제는 시간의 문제이며 시간의 문제는 의식의 문제라 하여 의식이란 무엇인가를 철저하게 구명해 들어간다.

이 저술은 서문과 3장과 결론으로 되어 있다. 먼저 제1장에서는 의식을 현재의 의식에만 한하여 문제삼는다. 그리고 의식의 강도(强度)란 무엇인가를 분석함으로써 의식은 양이 아니라 질임을 보여 준다. 이 양과 질의 판별이야말로 베르그송 철학의 근본적인 태도이다.

다음으로 제2장에서 그는 의식을 그 흐름에서 고찰한다. 거기에서 그는 흐르는 시간과 흘러간 시간을 구별하여 흐르는 시간만이 진정한 시간이며 흘러간 시간은 다름아닌 공간임을 보여 준다. 한쪽은 질적이고 상호 침투적인 시간적 계기(繼起)이며, 또 한쪽은 양적이고 변별적인 공간적 병존(倂存)이다. 그는 전자를 지속이라고 부른다. 의식은 이 지속이다. 또한 그는 이 장에서 수론(數論)을 전개하는데, 이 수론은 수의 본질을 가리키는 것으로서 제2장은 그 점에서

《의식에 직접 주어진 것들에 대한 시론》(1889) 속표지
1888년 박사학위 논문

도 매우 중요하다. 제3장은 이 책의 주제에 대한 해답인데, 내용적으로는 제2장 시간론의 응용에 지나지 않는다. 즉, 그에 따르면 이른바 자유론자도 결정론자도 공간의 입장에서 자유를 논하고 있는 것으로서 그처럼 공간의 입장에서 자유를 논하는 한 오히려 결정론이 옳다고 그는 생각한다. 그러나 자유 문제는 시간의 입장에서 다루어야 하며 그 입장에 서면 자유는 가장 분명한 사실이라고 한다.

결론은, 자아란 무엇인가 하는 견지에서 자유를 논한다. 그곳에 내적 자아와 외적 자아가 구별된다. 외적 자아란 사회적 자아, 언어적 자아, 공간적 변별적 정적(靜的) 또는 수동적 자아이며, 그것은 무인격적 일반적인 자아이다. 그에 대하여 내적 자아란 각 사람에게 독특한 개성적 동적 능동적 자아이다. 그리고 자유란 이와 같은 내적 자아에 철저한 것을 말한다. '우리는 평소 생각하기보다는 이야기하며, 행동하기보다는 행동되고 있다. 자유로이 행동한다는

것은 자아를 되찾는 일이다. 그것은 자아를 순수지속으로 끌어들이는 일이다.'

또한 베르그송은 항상 칸트를 의식하고 모든 문제에 관하여 칸트의 설을 비판하였는데 본서의 결론에서는 칸트의 인식론, 특히 《순수이성비판》에 대한 베르그송의 비판이 훌륭하게 요약되어 있으며 그 점에서도 이 결론은 중요하다.

《물질과 기억》

베르그송에게 의식이란 기억이다. 따라서 《물질과 기억》이라는 책 이름은 일반적인 표현을 쓴다면 《물질과 정신》이다.

본서는 머리말과 제1장 표상을 위한 이미지의 선택에 대하여—신체의 역할, 제2장 이미지의 재인식에 대하여—기억과 뇌, 제3장 이미지의 존재에 대하여—기억과 정신, 제4장 이미지의 한정과 고정—지각과 물질, 4장과 그것을 마무리하는 '요약과 결론'으로 되어 있다.

서문에서 베르그송은 이 책의 주제를 논하는 자신의 태도를 먼저 제시해 준다. 즉, 항상 철학적 논쟁을 일으키는 실재론과 관념론의 대립에 관하여 베르그송은 정신 및 물질의 실재를 처음부터 인정하고, 기억을 더듬어서 이 두 가지 것의 관계를 연구하는 일이 자기의 목적이라고 한다. 그는 분명히 2원론(기억과 실재의 일치)의 입장에 선다. 그러나 그는 독자적인 입장을 취함으로써, 보통의 2원론이 부닥치는 곤란으로부터 자신을 구하려고 한다. 그리하여 그의 독자적 입장을 가능케 하는 것이야말로 이미지의 설이다.

그가 여기에서 논하는 이미지란 물건과 표상의 중간에 놓일 것이다.

제1장에서는 '신체란 행동의 중심이다' 이 사실을 먼저 인정하고 나서, 신체는 필연적인 자연계에 비결정성을 가져온다고 설명한다. 신체는 표상으로 하는 지각을 수단으로서 실현한다. 베르그송에게 지각은 대상에 대해서 인식을 주는 것이 아니라 우주에서의 신체 위치를 알리며 그것은 가능적 행동이다. 뇌(腦)란 표상을 낳는 기구가 아니라 외부로부터 오는 인상을 받아 그것을 하나의 신체적 행동으로 전환시키는 기구일 뿐이다.

그러면 기억은 뇌의 일부에 놓인다는, 일반적으로 과학자들이 인정하고 있는 기억의 뇌국재설(腦局在說)을 어떻게 이해할 것인가? 이 문제를 실증적으

시공의 결합 시간과 공간의 결합을 신체라는 특수한 존재를 개재하여 논한다. 그러나 두 존재를 어떻게 결합할 것인가.

로 논하기 위하여 베르그송은 실어증이 나타내는 현상들을 철저히 연구하였다. 그리고 이러한 사실을 근거로 하여, 정신은 물질과 전혀 별종이며 그에게는 다름아닌 정신의 기억 그 자체도 이를테면 갖가지 장신구를 장롱의 서랍에 넣을 수 있듯이 뇌에 넣고 있는 것이 아님을 논증한다.

제2장에서는 '기억과 뇌'라는 부제 밑에, 우선 기억을 신체적 기억과 정신적인 생각으로 나누어 신체적 기억은 신체적으로 몸에 부착된 행동이라고 설명한다. 이 기억은 외계로부터의 자극에 응하여 반작용적으로 몇 번이라도 되풀이되는 기계적 기억이다. 그에 대하여 회상으로서의 기억이야말로 정신이며, 그것은 뇌를 크게 비우게 되어 있다는 것이 '기억과 정신'이라는 부제로, 제3장에서 상세히 논한다. 그러나 이때 그 정신은 어디에 있는가 하는 의문이 일어나는 데, 의식은 어디까지나 행동을 위하여 있다는 견해에 서서 베르그송은 하나의 명쾌한 답을 낸다.

그러나 이러한 학설에 대해 자연과학자들은 반론할 것이다. 그러나 베르그송은 여러 실어증의 실례를 상세히 조사한 수집과 그 수집한 실례들의 사실을 훌륭하게 정리할 치밀한 추론에 의하여, 자기의 학설이야말로 실어증의 사실을 가장 구체적으로 설명할 수 있는 이론이라고 주장한다. 그 이론의 전개는 실로 치밀하지만, 독자에게는 그 논리를 좇는 일이 쉽지 않다. 그 논리에 대하여 베르그송은 변명하여 본서의 난해함은 실어증 자체의 복잡함 때문이라고 말한다. 우리는 이 말에서도 베르그송 철학은 사변철학이 아니며, 어디까지나 사실 위에 구축될 실증적 철학이라는 증거를 보게 된다.

그것은 어쨌든 뇌와 과거의 기억이 결합됨으로써 신체는 외계에 대하여 자유로운 행동을 취할 수 있게 된다. 그것은 바꾸어 말하면 시간과 공간의 결합이다. 그 결합을 베르그송은 신체라는 특수한 존재를 개재하여 논한다.

그러나 시간과 공간, 정신과 물질이라는 완전히 이질적인 두 존재를 어떻게 하여 결합할 수 있는가? 이 철학의 근본문제를 취급하는 것이 제4장이며, 또다시 그것을 훌륭히 요약하는 결론이다. 그에 따르면 이 문제를 만약 공간의 입장에서 논하여 물질을 연장적인 존재, 정신을 비연장적인 존재로 생각하는 한, 문제는 해결되지 않는다. 그러나 시간의 입장에 서서 논한다면 해답을 낼 수 있다. 그리고 이를 가능케 하는 것이야말로 tension(긴장)이라는 개념이라기보다 사실이다. tension은 dètender(이완)함으로써 extension(연장)이 된다. 여기에서 순수지각(즉, 기억을 전혀 포함하지 않는 지각)이 물질로서 포착된다. 《시론》에서의 중심개념은 '지속'이었다. 《물질과 기억》의 중심개념은 '긴장'이며, 《창조적 진화》에 이르면 '엘랑비탈'이 된다.

《창조적 진화》

생명 진화의 역사를 더듬어 가면, 지성의 형성은 척추동물을 통하여 인류에까지 오름으로써 수행되었음을 알게 된다. 그런데 그 지성이 사용하는 개념은 고체로 모양을 떠서 만들어졌다. 지성적 개념은 물질을 사유하기 위한 개념이며, 사실 그 지성적 개념의 논리는 생명 없는 물체를 이해하는 데에는 큰 위력을 발휘한다. 그러나 이 이론에서는 모든 생명을 파악할 수 없다. 왜냐하면 지성 그 자체가 생명 흐름의 한 지류에 지나지 않으며 그와 같은 지류에서 모든 생명 흐름을 파악할 수는 없기 때문이다. 달리 말하면, 생명의 진화 도중에 일어난 부분으로써 생명의 진화 전체를 파악하려 함은, 부분이 전체와 같다고 하는 셈이나 같다.

이처럼 생각한다면 지성으로 생명을 이해하려고 하기 전에 우선 생명을 이해하기 위한 인식론을 확립할 필요가 있다. 또는 더 일반적으로 말한다면 인

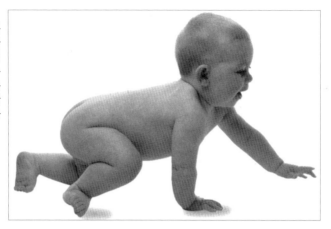

생의 비약

베르그송의 말에 따르면, 진화에는 복잡성과 개체성을 증대시키는 지속적인 충동이 존재한다. 그는 이 충동을 '엘랑비탈(생의 비약)'이라 불렀다.

식론과 존재론은 나눌 수 없다. 인식론이 없는 생명론은 오성이 사용하는 개념을 그대로 써서 생을 그 테두리에 밀어넣으며, 생명론 없는 인식론은 지성 그 자체의 성립 근거를 가르쳐 주지 않는다. 스펜서의 진화론은 제1의 오류를 범하며, 칸트의 인식론은 제2의 결점을 갖고 있다. 베르그송은 이 두 사람을 비판하면서 인식론과 생명론이 하나가 된 진정한 진화론, 진정한 생명 철학을 《창조적 진화》에서 형성하려고 하였다.

이 책은 머리말과 4장으로 되어 있다. 제1장에서는 지금까지 과학자에 의하여 설명된 진화설을 비판한다. 과학적 진화는 크게 기계론과 목적론으로 나눌 수 있는데 그 하나하나의 학설에 대하여 상세히 검토 비판하여 의론을 전개한다. 제2장에서는 적극적 자기 논술에서 유명한 '엘랑비탈(élan vital, 생의 비약)'의 생각이 발표되고 있다. 여기에서 아리스토텔레스 이래의 목적론적 생명관은 부정되고, 베르그송의 독창적 사상인 의식의 분열적 진화 이론이 설명된다.

제3장에서는 문제를 보다 철학적으로 심화하고, 특히 물질성이란 어떻게 하여 성립하는가를 풀이한다. 이것(어떻게 정신 또는 의식이 감각적으로 물질화되는가?)은 베르그송 철학에서 최대 난문의 하나인데, 그는 그 문제를 스스로 취급하여 적어도 그의 입장에서는 어떻게 이해되는가를 명쾌하게 논하고 있다. 이와 관련하여 또 하나, 소위 질서란 무엇을 의미하는지를 논한 2장의 '무질서론'은 베르그송 철학의 근본을 건드리는 중요한 문장이다.

제4장은 문제를 더욱 철학 일반으로 넓히어 과거 철학의 오류를 가리키고

진정한 진화론이 어떤 것인가를 결론짓는다. 그는 지적 사유 메커니즘의 정체를 폭로하여 그 지적 메커니즘만으로 실재를 파악할 수 없음을 이론적으로 논함과 동시에, 철학사적으로도 지금까지의 철학은 실재파악에 오류를 범하고 있음을 역사적으로 말하고 있다. 이리하여 제4장은 베르그송 철학의 이론적 및 철학사적 의의를 전체적으로 아는 데 매우 중요한 문헌이다.

《도덕과 종교의 두 원천》

이 책은 4장으로 되어 있다. 제1장은 도덕적 책무, 제2장은 정적(靜的) 종교, 제3장은 동적(動的) 종교, 제4장은 기계학과 신비설이다.

제1장에서는 사회엔 닫힌 사회와 열린 사회가 있음을 논한다. 닫힌 사회는 오직 자기의 이익만을 생각하고 그 사회의 성원도 사회를 위하여 강제된다. 이것은 생물적 사회, 사회적 사회이다. 도덕적 책무라고 생각되는 것은 이같은 자연적 사회의 압력으로서, 칸트의 도덕론 등에서 논하는 자연적 필연 müssen과 도덕적 필연 sollen의 구별을 베르그송은 인정하지 않는다. 소위 정언적 명법(定言的命法)이라는 명령도 그에 따르면 자연적 필연의 소산이다. 요컨대 여기에 있는 것은 비인격적 일반적 법칙뿐이며 이 사회의 구성원들도 그 자체가 닫힌 영혼이다.

그러나 그 도덕과는 질적으로 구별되는 또 하나의 도덕이 있다. 그것은 하나의 도덕적 영웅에 의하여 생겨난다. 여기에서는 사람들이 강제되지 않고, 이 도덕적 영웅의 말에, 아니 그 사람의 존재 그 자체에 매혹되고 끌려서 저마다 스스로 그를 모방하는 데서 하나의 도덕이 형성된다. 이때 그 영웅의 행동의 원동력은 초지성적이며, 정열 또는 감동이다. 그것을 베르그송은 에모숑이라고 부르는데 '에모숑이란 무엇보다 먼저 창조이다.' 그것은 곧 열린 혼이다.

제2장과 제3장은 종교를 논하였다. 그는 종교를 정적 종교와 동적 종교로 나눈다. 정적 종교는 자연적 사회가 자기를 지키기 위하여 형성하는 종교로서, 건설적이 아니며 다만 사회를 안정시키려는 경향이므로 정적이라고 일컫는다.

이에 대하여 동적 종교는 인생 그 자체를 전진시키는 종교로, 그 인생의 전진을 실현하는 사람이 위대한 종교적 신비가이다. 그러나 여기에서 말하는 신비적이란 '지성을 넘는'다는 뜻이다. 다만 여기에서 주목해야 할 점은 진정한

〈등불 앞의 막달라 마리아〉 조르주 드 라투르. 1640.
창조란 신이 자신의 사랑에 합당한 존재자를 스스로에게 가하기 위해 피조물을 창조하는 신의
기도이다.

신비주의란 단순히 지적인 비전도 아니며 정적인 황홀도 아니라는 사실이다.
진정한 신비주의란 의지적이며 창조적이다. 창조란 신이 자신의 사랑에 합당
한 존재자를 스스로에게 가하기 위하여 피조물을 창조하는 신의 기도이다. 그
곳으로부터 제3장에서는 다시 신의 본질과 존재의 문제, 악의 문제, 영세의 문
제가 논해지고, 사후의 생에 대해서는 텔레피디의 연구도 필요하다는 의견을
말하였다.

　제4장은 다시 닫힌 사회와 열린 사회의 문제로 돌아가서 그런 사회들과 생
명진화의 관계가 분명해짐과 동시에 현재 문명의 물질적 성격과 기계적 성격
을 떠오르게 하고 그에 대하여 정신적 신비적 입장의 필요를 강조하여 그것
은 복잡한 물질문명에 대한 단순한 정신문명으로의 귀환이라고 설명한다.

베르그송의 저작은 앞에서 말한 네 저서 외에 다음 저술들이 있다.
《아리스토텔레스의 장소론 *Quid Aristoteles de loco senserit*》(1889)
《웃음 *Le Rire*》(1900)
《지속과 동시성 *Durée et simultanéité*》(1922)
또 그 밖에 다음의 두 논문집이 있다.
《정신적 에너지 *L'énergie spirituelle*》(1919)
《사상과 움직이는 것 *La pensée et le mouvant*》(1934)

《웃음》

"웃음의 정체를 밝히려면 에누리 없이 150쪽의 논문이 필요하며, 더구나 그 논문은 아카데미의 문체가 아니라 화학의 문체로 쓰여야 한다."

스탕달의 《라신과 셰익스피어》에서 '웃음'의 장에 적힌 말이다. 그로부터 약 70년, 마치 그의 요청을 받아들이기라도 한 듯이 사람들 눈에 그다지 띄지 않는 곳에서, 더구나 그 천직이라고 하는 본디의 일에서 살짝 빗나간 부업처럼, 이 웃음이라는 기이한 얼굴의 여러 가면을 벗기는 작업을 저마다의 방법으로 꾸준히 했던 두 남자가 있었다. 한 사람은 앙리 베르그송, 또 한 사람은 지그문트 프로이트로 둘 다 유대계 피를 잇는 젊고 기운찬 학자였다. 베르그송의 《웃음—우스움의 의미에 관한 시론》이 세상에 나타난 것은 1900년, 프로이트의 《기지—그 무의식과의 관계》가 간행된 것은 1905년, 둘 다 200쪽 정도 되는 소책자이다. 《웃음》의 철학자가 그의 책 안에서 때로 자신을 '정신의 화학자'로 임명한 것이나, 다른 이가 '정신분석' 학파의 우두머리였던 것 또한 이상하게도 앞의 스탕달의 말을 떠올리게 한다.

이 소책자는 금세 세상에 커다란 물의를 불러일으켜 20세기 지적 활동의 한 가지 특색이 되었다. '웃음'의 본격적 연구의 출발점이 된 것이다. 그 뒤로 과거의 학자나 예술가가 남긴 '웃음'에 대한 설명을 샅샅이 뒤진 '고고학적' 발굴이 이루어져, 본질 구명과 원리 탐색을 사명으로 하는 철학자는 물론이고 인간과학의 모든 분야, 예술의 모든 부문에서 일하는 사람들이 앞 다투어 '웃음' 문제와 맞붙었다. 특히 1950~1960년에 걸쳐서 나타난 연구는 그 이유는 모르지만 수십 개에 달하며, 베르그송과 프로이트 이후 조금이라도 볼 만한 성과를 올린 연구도 대체로 이 10년 사이에 집중되어 있다.

〈티타니아〉 조지 롬니. 1793.
셰익스피어의 희극 〈한여름밤의 꿈〉에 등장하는 요정. '웃음의 정체를 밝히려면 에누리없이 150
쪽의 논문이 필요하며, 그 논문은 아카데미 문체가 아니라 화학의 문제로 써야 한다.'—스탕달

그런데 우리가 보기에 그 대부분은 이 학자가 세운 '학파'의 흐름 속 교조
주의, 수정주의 내지는 두 파의 절충주의일 뿐이다. 우리가 듣는 것은 기껏해
야 '베르그송의 《주제》에 의한 변주곡'이거나 '프로이트의 《주제》에 의한 변주
곡'이지만, 그 안에는 '음악 농담'이나 지레짐작한 '장송곡'에까지 미치는 탈선
의 모습도 있다. 이 '학파'—즉 '생의 철학'과 '정신분석학'의 건설자였던 두 사
람의 소책자를 훌쩍 넘어서 새로운 전망을 펼쳐 보이고 새 토대를 내세워서
우리의 방향을 전환시킨 것은 공교롭게도 앞서 말한 뛰어난 연구 안에도 없
다. 다시 말하면 결국 수십 권에 달하는 이 책들은 한결같이 그 이론 활동의
출발점이 되고 추진력이 된 이들 작은 책 2권의 '각주(脚註)'가 되었을 뿐이다.
자신의 연구 각주로 베르그송과 프로이트의 이름을 아로새긴 그런 책이 이
소책자를 2개 합친 것보다도 커다란 도해 역할을 하고 있음에도, 바로 그 어
느 한쪽 소책자의 '각주' 책까지 있는 것은 정말 아무리 생각해도 신기한 광경
이다.

그 노작(勞作)들을 간행과 함께 차례로 읽어 가다 보면 베르그송 이론으로 성립되는 기반을 거의 모두가 예외 없이 간과하고 있는 점에 놀란다. 즉 17세기 고전희극의 중심 인물 몰리에르와 19세기 후반—즉 베르그송이 열성적인 연극광이었을 무렵—파리의 눈부신 인기를 차지했던 파르스, 희극 분야의 유행 작가 라비슈, 이들 희곡작가의 '연극 안내서'가 주로 그의 작업의 이른바 현지 조사였다는 사실을 등한시한 것이다. 이 일은 그의 이론 관계와 문헌 섭렵 범위를 확인하는 것과 함께 아니, 그 이상으로 《웃음》을 읽을 때 참으로 중요한 강조점임을 깨달아야 한다. 따라서 적절한 한두 구절의 '인용'만으로도 그 무대 정경이 확 떠오르는 뛰어난 글솜씨인 이상, 베르그송의 《웃음》을 읽으려면 몰리에르, 그리고 가능하다면 라비슈의 연극에 통달하고 있어야 한다. 연극을 좋아하는 프랑스인이 몰리에르와 라비슈에 정통한 것이야말로 여전히 이 책이 그들의 손에서 떠나지 않는 이유이다.

또 한 가지는 이 '웃음'에 대해 써서 신기원을 이룬 이론이 다른 시대와 장르의 희극이나 파르스에도 적합할지 어떨지 일단 고개를 갸웃해 볼 것을, 그 학자들과 지식 대중의 상당수가 잊고 있다는 점이다. 지금 조사해 볼 겨를은 없지만, 어느 연구자가 그 노작의 각주 하나에서 몰리에르와 라비슈가 아니라, 예를 들어 마리보와 뮈세였다면 전혀 다른 '웃음' 이론이 탄생했을 것이라고 말했던 기억이 난다. 그렇지만 베르그송이 마리보의 《사랑과 우연의 장난》, 뮈세의 《사랑은 장난으로 하지 마오》《로렌자초》 그 밖의 내면적이고 섬세한, 또는 격렬한 연애희극의 명작에 무지했다고는 도저히 생각되지 않는다.

문제는 이 학자가 효력이 있을 것처럼 지적한 이런 사소한 말꼬리를 잡는 것, 좋게 말하면 '문제 제기'에 있는 것이 아니라, 다른 곳에 있다. 하지만 베르그송의 '트집'에 눈을 돌린다면 이 지적은 시사적이다. 내가 말하고 싶은 것은, 그는 다른 의미에서 엄청난 '트집'을 잡고 있다는 것이다. 베르그송의 '세계극장'에 결국 등장하지 않은 대문호들이 있다. 고대에는 불세출의 대 희극작가였던 아리스토파네스, 근대에는 위대한 희극작가이기도 했던 셰익스피어, 눈을 돌려서 세계문학의 판테온에서부터 대 산문 작가의 고전을 꺼내어 본다면 에스파냐의 돈키호테 외에 프랑스의 가르강튀아나 팡타그뤼엘은 한 번도 그 거대한 모습을 보이지 않는다. 프랑스식으로 말하면 '라블레적 박장대소'라는 중대한 웃음의 테마가 베르그송의 고찰 밖에 늘 놓여 있었다는 것이다. 우리

나라에서도 번역되어 사람들에게 커다란 충격을 준 2권의 책, 러시아의 포멀리스트 바흐친의 《도스토예프스키론》이나 《라블레론》에서 훌륭하게 전개해 보인 민중문화 안의 웃음, 축제와 결부된 카니발 형식의 웃음, 또한 C.L. 바버의 《셰익스피어의 축제적 희극 *Shakespeare's Festive Comedy*》(by C.L. Barber, 1963)에 생생하게 그려진 엘리자베스 여왕 시대 민간의 휴일(축제일) 풍습이나, 연회에 깊은 연관을 갖는 그런 희극적 양상이나 희극적 인물에 보이는 '웃음'의 등한시—이들 웃음 예술의 거장을 겨우 두세 명 데려와서 베르그송의 '세계극장' 무대 감독 자리에 앉히는 것만으로 그의 《웃음》 이론에서는 정말로 처리하기 곤란한 중대 사태가 일어난다. 요컨대 새롭게 또 다른 규모와 내용의 '웃음' 이론을 써야 하는 처지에 놓이는 것이다.

그렇지만 베르그송은 쓰지 않았다. 쓸 수 없었다. 1924년 그는 약간의 문장 형식만을 다듬은 23판을 끝으로 적어도 문필 활동에서 웃음 문제로 다시 돌아가는 일이 없었다. 유감스러운 일이다.

그러나 베르그소니즘 입장에서 이 일이 그에게 불가능했다고는 생각하지 않는다. 왜냐하면 그 힌트는 그의 마지막 노작이 된 《도덕과 종교의 두 원천》에 있다는 것이 나의 견해이기 때문이다. 즉 거기서 말하는 '닫힌 도덕'과 '열린 도덕', '닫힌 종교'와 '열린 종교' 그 지반으로서의 '닫힌 사회'와 '열린 사회'—이런 시점과 논법을 여기에 적용해서 널리 웃음의 예술 내지는 예술 안의 웃음 문제에 대해서 재고찰을 해보면 새로운 전망이 펼쳐지기 때문이다. 즉 '닫힌 웃음'에 대해서 '열린 웃음'—그렇지만 그것이 베르그송의 이 《두 원천》이라 해도 그 현지 조사, 그 방대해서 정신이 아득해질 것 같은 문헌 섭렵(그는 그리스도교 신비주의를 다룰 때 오직 성녀 데레사의 원전을 읽기 위해서 에스파냐어 공부를 16세를 훨씬 넘어, 더구나 병든 몸을 이끌고 하기 시작한, 보통 사람은 흉내도 낼 수 없는 초인적인 공부벌레였다), 이 점을 생각하면 새롭게 또 다른 저술에 몰두한다는 것은 그에게 쉽지 않은 일임에 틀림없다.

비교적 가벼운 마음으로 쓴 부분이 있는 《웃음》은 결국 닫힌 사회, 즉 기성 특권 계층의 풍속 희극과 그 본디 기능의 정당화 시도였다면, 써야 할 또 다른 《웃음》은 '생의 비약'의 발산을 취지로 한다. 말하자면 온갖 사회적 터부를 유린하여 온갖 법이나 구속을 무시하는 것이다. 이른바 반체제적인 '웃음'이다. 그것은 물론 소규모적 형태로는 '좋은 풍속'을 취지로 하는 체제 안에서 베르그송도 종종 그것을 언급했다. 그러나 내가 말하는 것은 보들레르의 이른바 '의미 있는' 웃음(몰리에르가 그 대표)이 아니라, 웃음 이외에 목표를 갖지 않는 '절대적' 웃음임을 기억해 주길 바란다.

여기에서 또 하나 지적해두고 싶은 것이 있다. 《웃음》의 참고문헌에는 그 초판에도 제23판(1924)의 그 증보에도, 웃음 이론 가운데 가장 끈질긴 홉스 이론의 원천이 예로 사용되지 않았고, 게다가 본문에서도 홉스의 이름은커녕 그 테제를 언급한 흔적조차 보이지 않는다. 스탕달(《라신과 셰익스피어》), 보들레르('웃음의 본질'《심미섭렵》), 마르셀 파뇰(《웃음에 대하여》, 이것은 베르그송 사후 6년째 되는 해에 간행되었다), 이 세 명의 프랑스 작가, 시인, 극작가의 웃음에 대한 에세이가 모두 '웃음은 우리가 남에게 대해 갑자기 순간적인 우월감을 품었을 때에 나타난다'는 유명한 홉스 주제에서부터 드높이 그 변주곡을 연주하는 것과는 큰 차이다.

어쩌면 이 베르그송의 《웃음》 전체가 적어도 홉스적인 정취로 관철되어 있는 것은 아닐까. '무언가(無言歌)' 형태로, 또는 놀랍도록 귀가 밝은 청자(聽者)밖에 알아들을 수 없는 계속 저음으로서. 리보를 인용해서 베르그송에 대해 말하는 파뇰이, 홉스에 대해 전혀 언급하지 않고 당당히 자신이 궁리해 낸 학설이라고 칭하는 것(사실은 홉스 이론)을 라이트모티프로 하고 있다고 스스로 말을 퍼뜨리는 것과는 그야말로 잘 어울리는 한 쌍이어서 얄궂은 대조라고 해야 할 것이다. 어쨌든 베르그송의 '무언가'를 알아듣기 위해서도 이들 세 예술가의 '웃음' 이론에 충분히 귀 기울여 보는 것은 이 기회에 유익할 것이다.

또한 보들레르의 '웃음의 본질'은 고야나 도미에나 칼로 등의 캐리커처(번역한다면 여기서는 만화라고 하지 말고 풍자화라고 하는 편이 좋다)의 《심미섭렵》이라는 현지 조사 안에서 저절로 태어난 미완의 단편이면서, 실로 함축 깊은 논문이므로 웃음 문제에 관심이 있는 사람은 한 번은 꼭 읽어두어야 한다. 형이상학적으로 말하면 웃음의 존재론, 아니 웃음의 신학마저도 포함하고 있는 것은, 괴기스러운 웃음, 악마적인 웃음, 절대적인 웃음에 대해서 태연하게 말하는 보들레르의 그 짤막한 문장뿐일지도 모른다.

생각이 난 김에 이 약간 지나친 듯한 말을 살짝 수정하자. 내가 이전에 본 웃음 이론 중에 분명히 '철학적'이었던 것이 세 가지 정도 있다. 그 중 하나는 사르트르나 메를로-퐁티의 영향 아래 있으나(그것들을 우산처럼 쓰고 있다는

셰익스피어의 희극 〈윈저의 즐거운 아낙네들〉 한 장면 로버트 스머크
셰익스피어의 5막 23장의 희극으로 엘리자베스 여왕의 분부로 쓰여져 윈저 궁전에서 초연된 희곡 작품이다.

뜻은 아니다), 좋게 말하면 독특한, 나쁘게 말하면 조금 제멋대로인 점도 없지는 않은 프랑시스 장송의 《웃음—그 인간적 의미》(1950)이다. 특히 베르그송에 한해 말하면, 거기서 보는 장송의 베르그송 철학의 매장된 모습이 실로 통쾌했던 것을 기억한다. 두 번째는 이것도 후설의 현상학을 통해 온 뒤 막스 셸러와 함께 '철학적 인간학'의 기초를 잡은 사람이 된 헬무트 플레스너의 《웃음과 울음 *Lachen und Weinen*》(Helmuth Plessner, 1941)이라는 연구이다. 이 철학자는 《미소 *Das Lächeln*》라는 짧은 논문도 썼는데, 이것은 그의 《철학과 사회 사이 *Zwischen Philosophie und Gesellschaft*》(1953)라는 책에 들어가 있다. 조르주 뒤마의 《미소—심리와 생리 *Le sourire-psychologie et physiologie*》(Georges Dumas, 1948) 특히 그 제5장 '미소의 법칙과 정서[복수] 표현'을 한 번 읽어볼 것을 권한다.

세 번째는 그 경력은 모르지만 스와비라는 이전에 뉴욕대학 철학교수였던 사람의 책이다(*Comic Laughter-A Philosophical Essay,* by Marie Collins Swabey, 1961). 한마디로 말해서 그것은 신장(新裝)을 곰곰이 궁리해서 모습을 나타낸 칸트 및 쇼펜하우어의 이론의 재현이라는 식으로 요약할 수 있을 것 같다. 매우 근엄하고 성실한 사람이 웃음에 대해서 철학적 고찰을 궁리하면 이렇게 되는건가 하는 의미에서도 흥미로운 책이다.

철학이라고는 하지만 그것은 이름뿐, 앞서 플레스너의 책과 다른 접근 방식으로 웃음과 눈물 문제를—즉 심신상관 문제로서가 아니라 오로지 심리문제로서—베르그송에게 조금 불평을 해가면서 그와 매우 가까운 입장에서 다루는 스턴이라는 사람의 《웃음과 눈물의 철학*Philosophie du rire et des pleurs*》(pas Alfred Stern, 1949)이라는 저서가 있다. 우는 곳도 웃는 곳도 있는 연극, 울어도 되는 건지 웃어도 되는 건지 모르는 연극(로르카의 말), 웃지도 못하고 울지도 못하는 '비극'이나 '코메디'라고 자칭하는, 궤변적인 연극—현대 연극은 이전과 달라서 특히나 애매해지고 의지할 곳도 없는 것이 되었으므로. 지금까지의 장르론이나 웃음 이론으로는 아무래도 처리할 수 없다. 거기서 이 새로운 연극, 아니 그뿐만이 아니라 예술 일반의 광대한 분야를 현지 조사하려면 아무래도 길 안내가 필요할 것이다. 그 길잡이로서 먼저 떠오르는 것은 《The Dark Comedy》(by J.L. Styan, 1968)와 이미 번역이 나와 있는 에슬린의 《부조리의 연극》쯤이 될까? 그러나 그것들은 어디까지나 길잡이일 뿐이며 중요한 일은 거기서 말하는 수많은 작품에 직접 친숙해지는 것이다.

실재는 연속의 흐름이다 외부세계의 분리된 대상이나 단위는 우리 마음의 산물이다. '진정한 시간' 은 분리되어 있지 않은 연속의 흐름이다.

그렇지만 웃음의 고찰에서 골치 아픈 것은 이 현지 조사 문제만이 아니다. 정신분석파의 한 학자는 자기 연구 서론에 고금의 주요한 웃음 이론을 그 중심적 테제별로 열거해서 무려 70개 정도를 늘어놓고 우리를 위협한다. 꽤나 세련된 명명법으로, 예를 들어 앞서 지적한 홉스계 이론—아무리 무너뜨리려 해도 꿈쩍도 하지 않는 공격에 강한 이 이론을 'Hobbes plus theory'라고 칭했다.

길어진 참에 참고문헌으로서 맥스 이스트먼의 저서 두 권만 더 덧붙여 두겠다. 《Max Eastman, The Sence of Humor》(1921) 《Enjoyment of Laughter, 1936》 (불어 번역 Plaisir du Rire, 1958) 전자는 여기에서는 생략한 베르그송의 '참고문헌' 중에 있고, 게다가 중요한 의미를 갖는 연구서에 속한다(생략문헌 중 다른 하나는 프로이트의 《기지론》). 사람은 마음이 내키지 않으면 좀처럼 웃을 수 없다. 웃음이 일어나는 심적 기저라고 하는 이른바 '예비적 문제'의 중요성을 현학적 기교 없이 이만큼 명쾌하게 해석한 책이 또 있겠는가? 그리고 그것은 동시에 저 축제적 웃음을 옆에서부터 해명한 책이기도 하다.

자신도 《웃음과 우스운 것 *Le rire et le risible*》(1953)이라는 역작을 쓴 빅토로프(Victoroff)라는 학자가 '웃음의 영역에서 행해진 이스트먼의 이론이 딸린 혁명적 의미는 인식론에서 칸트 《순수이성비판》의 그것과 필적한다'고 했다. 또 찰리 채플린이 '우리를 웃기는 것이 무엇인가에 대한 깊은 분석……시간을 잊게 할 만큼 재미있는 읽을거리……' 이렇게 말한 것은 전혀 지나친 겉치레 말이 아니다. 그것은 이른바 미국적인 웃음의 미국식 해설이 되기도 하는데, 이런 책을 미국 반체제파의 한 사람인 의연한 정치평론가가 쓴 것도 재미있다. 왜냐하면 그는 바로 러시아혁명이나 스탈린연구 등으로 유명한 바로 그 맥스 이스트먼이기 때문이다.

얼마 되지 않는 학문에 충실한 베르그송 연구가들마저 이제 좀처럼 손에 넣을 수 없는 《웃음》 제23판에서 든 '참고문헌'을 생략했다. 대신에 그 가운데 일부, 베르그송이 밑받침으로 쓰거나 비판 대상으로 하거나 한 문헌에 대해서는 그때마다 '역자주'에 써 두었음을 다시 한 번 밝힌다.

베르그송의 이론과 체계

베르그송은 그의 초기 저작을 통하여, 지금까지의 철학과 과학이 지나치게 믿고 있던 인식수단에 대한 검시와 비판을 가했다. 그는 당시 모든 사람이 생각하던 바와 같이, 과연 '이성'이나 '지성'이 생명에 관계되는 현상을 이해할 수 있느냐 하는 데 의문을 표시한다. 물론 그가 이성과 지성을 거부하는 것은 아니었으며, 단지 그 특성과 한계를 명시하고자 하였다. 이성이란, 데카르트에 따르면 양식과 동의어로서, 그의 방법론에서 그는 그것이 '참과 거짓을 구별하고 판단하는 능력'이라 하였고, 칸트는 '모든 인식은 이성 안에서 완성된다'고 하였다. 그러나 베르그송은 이성을 개념적인 사유로서 정신의 심층부를 파악할 능력이 없다 보았고, 이성의 근본임무는 우리의 행동을 준비하는 데 있다고 주장한다. 그에 따르면 '지성은 분석과 추리에 의하여 작용하며, 그 역할은 어디까지나 실제적이고 공간에서만 쉽게 움직이며, 무기질에 대해서만 자신을 갖는다.'(《사상과 움직이는 것》 2장) 그리고 '생명현상에 대한 몰이해를 특징으로 한다.'(《창조적 진화》 2장)

베르그송과 아인슈타인 1921년 노벨상위원회는 '이론물리학에 대한 기여, 특히 광전효과의 법칙 발견'으로 아인슈타인에게 노벨상을 수여했다. 상대성 이론은 베르그송이 제기한 이론으로서만 언급되었을 뿐이다. 베르그송은 1928년 노벨문학상을 받았다.

그러면 감각은 어떠한가? 감각은 경험론자들의 유일한 인식수단이기는 하지만, 항상 표면에 머물러 있고, 사물의 심층부에 깊이 침투하지 못하며, 형이상학적인 면을 본래 결여하고 있다. 본능이란 무엇인가? 본능은 지성과 반대되는 개념으로서, 지성이 기계적으로 분석하고 표상하는 바를 감응에 의하여 활용하고 느끼는 행동과 인식의 수단으로서, '본능은 생명형태를 따라 형성하는 것'《창조적 진화》 2장)이다. 그러나 감각은 동물적인 것을 특징짓고, 주로 기계적인 반응에 의해 움직이며, 거의 무의식적이기 때문에 체계적인 인식방법이 되지 못하고 있다. 그러고 보면, 흔히 우리가 의존하고 있는 인식수단은 정신의 심층부를 밝힐 수 없다는 말이 된다. 그러나 인간은 또하나의 인식수단을 지니고 있다. 그것은 직관이다. 그러면 직관은 어떠한 것인가?

베르그송의 정의에 따르면, 직관은 '정신에 의한 정신의 투시'이고, '이해관계를 초월한 본능으로서 의식적이고 대상에 대해 숙고할 수 있고, 그것을 무한히 확대할 수 있다.' 직관은 '어떤 대상의 내부에 들어가 그 대상이 지닌 특유한 속성, 즉 표현 불가능한 속성과 직관이 일치하게 해 주는 공감(sympathie)이다.《사상과 움직이는 것》 6장)

결국 직관이란, 의식을 지닌 본능과 사고능력이 있는 지성의 결합으로서 직관에 의한 인식은 일반적인 분석적 인식과 대조를 이룬다. 분석적 인식은 분류에 의하여 외부로부터 내부에 접근하는 방법으로서, 상대적이고 근사치적인 실제적 진리를 얻은 데서 그친다. 그에 비하여 직관적인 방법은, 예술에 있어서와 마찬가지로, 실제적인 또는 효용위주적인 관점을 떠나서 대상과의 합일에 의하여, 대상의 내부로부터 본질적고 절대적인 진리를 끌어내는 일을 목표로 한다. 그러면, 그와 같은 직관에 의한 방법으로 베르그송은 어떤 사실들을 포착하였는가?

베르그송은 자신의 방법을 써서 우선 자아의 내부를 비춰 보았고, 그 결과가 그의 첫 저작인《의식에 직접 주어진 것들에 대한 시론》*²이다. 그 다음에는 육체와 정신과의 관계를 다룬《물질과 기억》, 그러고는 그 방법을 생명현상에 확대 적용하여《창조적 진화》를, 그리고 사회생활을 영위하는 인간의 도덕에 대한 고찰인《도덕과 종교의 두 원천》을 발표하였다. 따라서 제1주저는 심리학에 관한 저술이고, 제2주저는 생리학적인 저술이며, 제3주저는 생물학적인 저술이고, 제4주저는 사회학적인 저술이다. 그 나머지 저서는 대개 어떤 주저(主著)를 보충하거나 강연을 모은 형식이다.

그러면 직관으로써 먼저 우리 정신의 내부인 인식을 고찰하면 어떤 사실들을 발견할 수 있는가?

과학적 기계론은 질을 양으로 환원시킬 수 있다고 가정한다. 그리하여 그것을 인간의 의식에도 적용하여 어떤 감각은 다른 감각보다 몇 배 더 강하다고 표현한다. 그러나 우리의 심적 상태는 공간적이지도 않고 동질적이지도 않게, 이질적인 의식상태들이 한데 융합되어 이루어졌고, 그들은 서로 분명한 구분을 지을 수 없는 의식상태들이다. 그럼에도 연상학설의 이론은 과학적 통념을 적용하여, 의식상태를 서로 분리되고 공간화된 요소들의 집합으로 보고, 동작

─────────────

*2 영역본에서는 베르그송의 의사에 따라 "Time and Free Will"로 하였다.

서재에서 베르그송

의 질적 요소들을 제거한 뒤 심리상태의 병렬에 의하여 자아를 재구성할 수 있다고 본다. 물론, 우리의 표면자아는 그와 같은 방식으로 설명될 수 있을지 모르나, '심층자아', '사상적 자아' 내지 진정한 자아는 그렇게 설명될 수 없다. 그러면 그 '심층자아'란 어떠한 자아인가?

'심층자아'는 일련의 의식상태의 질적 변화로 이루어진다. 그 상태들은 뚜렷한 윤곽도 지을 수 없고 수로 표시할 수도 없이 서로 침투되고 융합된 채로 속하는 바, 그것이 바로 순수지속이다. 그와 같은 순수지속은 공간화된 시간과 구별되어야 한다. 후자가 일정한 양적인 구분에 의하여 표시되는 외면적이며 동질적인 시간인 반면, 전자는 진정한 시간, 실재적인 시간으로서 체험적이고 창조적이며 사상적이다. 그 순수지속은 베르그송 자신이 '우리의 자아를 자기 자의의 상태로 둘 경우, 우리 의식 제상태의 연속이 취하는 형태 또는 질적인 변화의 연속으로서, 그 변화는 서로 용해되며 분명한 윤곽이나 어떤 수와의 연관도 갖지 않는다.'《의식에 직접 주어진 것들에 대한 시론》 2장) 정의하고 있다. 이와 같은 지속을 실재의 참모습으로 본다면, 운동체가 부동적인 점에 머물러 있다는 류의 궤변도 쉽사리 반박하게 할 수 있을 뿐 아니라, 그의 철학의 출발점이며 독창성을 이루는 획기적인 개념이다.

그 지속(시간의 흐름에 따른 변화)은 그 자체가 계속적인 변화이기 때문에,

기계론적인 필연을 제거하고 자유를 속성으로 갖는다. 그리고 우리의 내면자 아가 계속적인 변화이기 때문에, 똑같은 원인이 우리의 자아에게 언제나 같은 결과의 영향을 줄 수는 없다. 따라서 결정론자나 비결정론자들이 자유의 문제를 놓고 그릇된 결론을 내리는 것은, 그들 모두가 기계성과 동시성, 지속과 공간, 질과 양을 혼동하는 데서 비롯한다. 그리고 참다운 우리의 자유를 구현하기 위해서는 최대의 정신적인 긴장을 필요로 한다.

이와 같이, 자유를 속성으로 하는 우리의 의식은 지속을 그 본질로 삼고 있다. 환언하면, 우리의 의식은 과거와 현재를 통하여 끊임없이 미래로 향하고 있다. 현재에서 미래로 가는 경우는 그렇다 하더라도, 과거가 있었음은 무엇으로 증명할 수 있는가? 그것은 말할 필요도 없이 기억에 의해서이다. 그러면 그 기억이란 어떠하고, 그 작용을 행한다고 믿는 뇌와의 관계는 어떠한가? 그리고 한 걸음 더 나아가서, 정신과 육체는 어떤 관계에 있는가? 이러한 문제들을 다룬 내용이 베르그송의 제2의 주저 《물질과 기억》이다.

관념론자들이 사상의 존재를 인정하지 않으면서 순수사유만을 주장한 데 비하여, 테느(Taine)와 같은 실재론자들은 정신의 존재를 부인하면서 기억을 뇌의 작용이라고 보았다. 즉, 기억을 뇌물질에 부수적인 습성으로 보았고, 그렇게 되면 기억의 정신적 성격은 물론 부정되지만, 아울러 정신 그 자체도 육체에 부속되며, 따라서 정신의 독립성도 부정되는 결과가 된다. 물론 베르그송은 물질에 대한 정신의 예속성에 귀착된다는, 상식에 어긋나는 결론에 즉각적인 반발을 표시하지만, 그는 그것을 직접 반박하려 하지 않고 기억에 대한 고찰을 통하여, 즉 기억의 독립성을 증명함으로써 그에 대한 반론을 펴나가고 있다.

물론 신체가 행동의 중심임에는 틀림없으나, 뇌는 어떤 표상을 산출해내지는 않고, 외부에서 온 인상을 받아서 신체적 행동으로 옮기는 기관에 지나지 않는다. 베르그송에 따르면 기억에는 두 가지가 있다. '형상—기억(mémoire-image)'과 '습관—기억(mémoire-habitude)'이다. 후자는 하나의 기계적 작용에 지나지 않는 기억으로, 사실상 뇌에 의하여 이루어진다. 그러나 그것은 참다운 기억이 아니며, 그에 따르면 참다운 기억은 '형상—기억'이다. 둘의 차이를 예로 들어보자. '습관—기억'이 단순히 기계적으로 어떤 사실을 암기하는 기억이라면, '형상—기억'은 그 사실의 암기를 둘러싼 상황을 체계화하는 기억이라고 할 수 있다. '습관— 기억'은 어느 정도 뇌에 의하여 좌우 되는 반면, 형상— 기억은 의식 그 자 체로서, 그것은 과 거를 현재 위에 축 적하고 보존해 주 며, 회상하는 능력 에 의하여 기계적 인 습관—기억을 밝혀주고 있다.

베르그송은 이에 관한 당시의 연구 를 검토하였을 뿐 만 아니라, 자기 자 신이 직접 기억상실 증과 실어증 환자 에 대한 관찰을 하 였다. 그 결과, 흔히 뇌가 상해되는 경 우에 형상—기억이 사라진다고 믿어

파리 몽모랑시의 자택 앞에서(1912)

왔으나, 뇌의 상해현상에 의하지 않고도 정신의 장해에 의하여 그와 같은 형 상—기억이 사라질 수 있다는 사실과, 뇌의 상해가 실어증을 야기시키는 경우 에도 형상—기억은 완전히 사라지지 않음을 알았다. 그러므로 베르그송에 따 르면, 뇌는 정신과 신경계통과의 중계역할을 하는 기관으로, 그 기능은 우리 의식에 축적된 추억 가운데에서 우리에게 필요하고 유익한 것만을 선택하고, 나머지를 억제하는 데 있다. 베르그송이 뇌를 중앙전화국에 비유한 것은 널리 알려진 이야기다. 전화국은 외부의 요청에 따라서 선을 연결해 주고 통화 중

인 경우에는 순번을 대기토록 한다. 이러한 교환기능이 정지되고 통화가 단절된다고 해도 통화자의 정신이 소멸되지는 않는다. 따라서 정신의 생명은 신체 생명의 작용이 아님을 알 수 있다.

그러면 정신과 육체는 어떠한 관계인가? 이들 사이는 대응에 의한 병행관계도 아니고 동일관계는 더욱 아니다. 둘은 뗄 수 없는 유대관계를 맺고 있어서, 이원적이지만, 숙고해 보면 정신이 육체를 이용하여 움직이게 한다는 사실을 깨닫게 된다. 한걸음 나아가 통화자의 정신이 전화국과 별개라는 점을 생각하면서, 정신은 육체에 예속되어 있지 않으므로 육체가 죽고 나서도 독자적으로 남아 있게 된다는 결론에 이르렀다. 이러한 확신은, 뒷날 베르그송이 종교에 의지하게 된 이유가 되었다. 그가 죽음에 이르기 직전 《물질과 기억》에 대하여 주위 친지들과 의견을 나누었다는 일화는 그의 과학자적인 진지성에 새로운 경의를 표하게 한다.

우리의 내면과 심층부에 파고들어 우리의 의식과 기억과 정신의 작용에 대해 여러 가지 고찰을 하고 나면 '그렇다면 생명이란 무엇이냐?' 이런 의문을 자연히 품게 된다. 이 문제에서도 베르그송은 서양적인 '부분에 대한 분석'을 통하여 해답을 구하기를 거부한다. 생명도 의식과 마찬가지로 지속이다. 개별적으로도 그러하고 전체적으로도 그러하다. 생명도 과거·현재를 통하여 미래를 향해서 진화한다는 말이다.

그런데 그 진화론을 가장 먼저 주장한 다윈은, 생물의 적응이라는 외부적인 압력에 의하여 이루어진다고 하였다. 그에 비하여, 오랫동안 그가 스승으로 모시던 스펜서는, 생명이란 어떤 미리 정해진 목표를 향하여 진화한다는, 합리화를 위주로 한 목적론을 주장하였다. 그러나 의식에서의 자유와 비결정론을 확신한 베르그송은, 생명체의 진화 역시 어떤 지정된 목표를 맹목적으로 따라가는 진화도 아니고, 인과관계에 의하여 설명될 수 있는 진화도 아니며, 생명은 그 자체의 내부적인 경향에 의하여 자연적으로 적응하고 진보·진화한다는 점을 해박한 생물학적 사실에 대한 지식을 근거로 증명하고 있다. 따라서 그에 따르면, 생명은 예견할 수조차 없는 새로운 형태의 생명을 만들어 내어 《창조적 진화》를 이룩한다.

그 창조적 진화의 원동력은 무엇인가? 베르그송은 그것을 '생의 비약'이라는 역동적인 이름으로 부르고 있다. 그 비약이란 어떠할까? 베르그송은 그에 대해 자세한 설명을 하지 않고 있는 바, 그 비약에 대하여 우리는 보다 동양 철학적인 해석을 시도해 볼 수 있지 않을까?

생성의 철학서인《주역》은 모든 원리적 근원을 '태극'이라고 칭하는 바, 태극은 음양을 낳고, 음양은 사상을 낳으며, 사상은 팔괘를 낳아서 무한히 그 창조의 원리가 전개된다고 설명한다. 물론《주역》은 천지간의 삼라만상을 설명하기를 목표로 하고 있고, 그 설명이 점술로 발전한 데 비하여, 베르그송의 철학은 생명학적인 생명현상에 국한된다는 점에 그 차이가 있기는 하지만,《주역》의 요체가 모든 현상은 끊임없는 변화를 통하여 새로운 국면을 전개하는 데 있다고 본다면, 주역의 이(理)와 기(氣)를 합친 것은 베르그송적인 생의 비약 개념과 일맥상통하는 바 없지 않다.《주역》의 의미가 말해 주는 변역(變易)과 불역(不易)을 쉽게 깨닫게 하는 이간(易簡)만 하더라도, 베르그송적인 직관과 통하는 면이 있고, 무엇보다 후자가 '물질과 기억', 그리고 이른바 정신의 긴장이 이완에 의하여 연장을 갖게 되어 물질이 된다는 설명과, 음양이 하나의 성별을 떠나서, 음이 수축작용을 하고, 양이 확대작용을 하여 그것이 운동을 낳고, 운동이 생성과 변화를 가져다 준다는 주역의 이치는 몇 가지 면에서 접근시킬 수 있는 여지를 보여 주고 있다.

여하튼 베르그송에게 생명이란, 바로 이 물질을 관류하는 정신의 흐름이며, 물질은 해체되는 생명에 의하여 그리고 저락되는 정신에 의해서 이루어지고, 그 물질은 생의 비약에 대하여 끊임없이 장애물을 가져다 주며, 창조는 생명이 시시각각 새로운 장애물을 딛고 서는 데에서 이루어진다. 그 생의 비약을 베르그송은 어떤 면에서 정신적이라고 본다. 이 점에서, 그가 퇴계보다 율곡에 가깝다고 볼 수 있겠다. 생명은 여러 가지 장애물을 만나면서 차례로 분기되었고, 거기서 생긴 가장 하위의 식물적 생명 의식은 혼수상태에 빠졌고, 그 윗단계의 동물적 생명은 절족생명과 척추생명의 두 방향으로 갈라졌다. 가장 상위단계의 인간은 그 아래 단계의 동물보다 뛰어난 지성을 부여받아, 하나의 중심에서 출발한 생명의 파도가 그린 수많은 동심원 중에서 가장 먼 곳에까지 이르러 있다. 그런데 아직도 보다 많은 자유와 발전을 위한 가능성을 지니고 아무도 막을 수 없는 경주를 하고 있다. 이리하여 인간은 생명진화의 정점에 자리잡고 있다.

그러나 인간은 홀로 존재하지 않고, 하나의 사회구성원으로서 존재한다. 따라서 그 사회에 순응하려고, 사회의 찬동을 받으려는 본능을 지니고 태어난 다. 그리하여 그 사회집단이 요구하는 사회적 본능이, 구성원으로 하여금 그 사회를 위해서 헌신하도록 강요하면 그 사회는 '폐쇄적인 사회'가 된다. 그 폐쇄적인 사회는 폐쇄적인 도덕원리와 정태적 종교를 가지고 있고, 그 사회는 발전하지 않고 멈춰 있다. 그러한 폐쇄성을 벗어나 보다 바람직한 '개방적인 사회'로 이월하는 데에는 극적인 비약이 필요하다.

다행히 인류는 어느 시대에나 그와 같은 노력을 아끼지 않으려 하는, 도덕적으로 위대한 인물들을 언제나 볼 수 있었다. 온 인류를 포용할 수 있는 개방적인 도덕은, 그 구성원에게 어떤 목표를 강요하지 않으며, 그 구성원은 단지 도덕적인 모범인물의 뒤를 따라서 자연히 행동하게 한다. 이 마지막 대작은 자신의 폐쇄적인 유대사회를 떠나서 보다 넓은 인류애를 이상으로 한 그리스도교로 가까워졌다고, 그리고 그의 신비적인 종교 체험과 관련이 있다고 암시해 주고 있다. 진정한 의미에서 폐쇄적이거나 개방적인 사회가 있을 수 있느냐에 대하여 많은 사회학자들이 회의와 반대 견해를 표명하고 있다. 그러나 여하간에 이 《도덕과 종교의 두 원천》에서 베르그송은 이기주의를 바탕으로 하는 물질문명 시대에, 정신적으로 창조적인 가치관에 입각한 개방적인 도덕과 역동적인 종교에 의하여 인류가 정신문명으로 귀환해야 할 필요성을 역설하고 있다.

《의식에 직접 주어진 것들에 대한 시론》에서 의식의 자유를 보여 주었고, 《물질과 기억》에서는 영혼불멸의 가능성에 대한 확신을 납득하게 하였으며, 《도덕과 종교의 두 원천》에서 그리스도교적인 신비주의에 탐닉한 모습을 보여 주었던 베르그송은, 그의 인상이 말해 주듯이 어느 중세 수도원에서나 볼 수 있는 엄격한 수도사적인 면이 있다. 그래서 유명한 중세 연구가인 질송(E. Gilson) 교수는 《베르그송 연구》[3]에서, 그는 '직관의 계시적 영감에 빠져 길을 잃은 사람'이라고 하면서, 그를 '신의 말씀으로 작열하는 선지자' 같다고 말했다.

그러나 그와 반대로, 구조주의의 창시자이며 인류학의 대가인 레비 스토로

---

[3] *Les Etudes Bergsonniennes*, vol. Ⅰ. pp. 182~183.

스는 그의 철학이 '인디언 시우족의 철학을 필연적으로 연상시킨다'고 하였다. 이와 같은 상반적인 인상은 그가 지닌 내적 풍성함에서 비롯되는데, 그는 사실상 때로는 모순처럼 보이는 다양성을 품고 있다. 그러나 사실상 멘느 드 비랑(Maine de Biran)에서 라슐리에(Lachelier)에 이르는 프랑스 육감철학자들의 영향을 받은 베르그송은 기존 관념이나 모든 선입관을 청산하고, 특히 당시에 지배적이던, 모든 지나치게 체계적인 철학을 배격하고, 자신의 반체제적인 체계를 확립하였다. 이제 그의 철학의 기본개념을 요약하는 이원론적인 존재질서를 추려 보면 다음과 같다.

시간(temps)	: 공간(espace)
질적 다양(multiplicité qualitative)	: 양적 다양(multiplicité quantitative)
이질성(hétérogénéité)	: 동질성(homogénéité)
내면성(intériorité)	: 외면성(extériorité)
상호 침투성(pénétrabilité mutuelle)	: 상호불가침투성(impénétrabilité mutuelle)
진정한 지속(durée réelle)	: 동시성, 병렬성(simultaneité juxtaposition)
자유(liberté)	: 필연(nécessité)
정신(esprit)	: 육체(corps)
생명(vie)	: 물질(matière)

이러한 두 질서는 주로 《의식에 직접 주어진 것들에 대한 시론》과 《물질과 기억》에 나타난 질서이고, 《창조적 진화》에서는 생명체와 무기체의 구별에서 비롯하여, 전자의 비연장성과 상승적 긴장에 대하여 후자의 연장성과 하강적 이완의 대조, 그리고 《도덕과 종교의 두 원천》에서는 개방적인 사회와 도덕, 동적 종교에 대비되는 폐쇄적인 사회와 도덕, 정적 종교를 분류하고 있다. 물론, 그의 철학이 과연 이원적이냐 아니냐 하는 데는 찬·반 의견이 있을 수 있겠으나, 그의 철학은 직관—지속—생명을 주축으로 한 이원적 일원론이라고 보고 싶다.

베르그송은, 물론 그의 철학을 생명철학이라고 규정하여 철학사에서 중요한 위치를 차지하고 있지만, 문학에 끼친 영향 역시 대단히 중요하다. 내적 자아, 심층자아와 내적 지속에 대한 그의 이론은, 외적 조형미의 부각에 힘쓰던 문학으로 하여금 자기 내부의 무의식 세계로 그 시선을 돌리게 하여 상징주의의 개화와 함께 내면문학의 붐을 촉진시켰고, 그의 직관주의는 방대한 반지성적 경향의 움직임을 태동하게 하였는데, 그 대표가 시인 페기(Charles Péguy)였다. 문학비평에서도 티보데(Thibaudet)를 통하여 그의 영향이 뚜렷이 드러났으나, 가장 중요한 영향은 프루스트(Proust)에 대한 영향이라고 하겠다. 프루스트의 《잃어버린 시간》은 바로 그의 지속을 가리키고 있고, 끊일 줄 모르고 무한히 계속되는 그의 문장은, 끊임없이 생동하는 내면세계의 지속을 포용하는 문장으로서 베르그송적인 문체를 대변하고 있다.

베르그송의 연보

1859년   10월 18일, 파리의 라마르틴 가에서 4남3녀 중 둘째로 태어남. 아버지 미셸(Michel)은 유대계 폴란드인으로 1830년 바르샤바 혁명 실패로 12세의 어린 나이에 조국을 등짐. 이후 피아노와 작곡 등의 공부를 하면서 독일, 이탈리아, 프랑스 등지로 옮겨 다니다가 유대계 영국인 여성 캐더린(Katherine Levison)을 만나 결혼함.

1863년(4세)   가족이 스위스로 이주. 아버지 미셸은 제네바의 음악학교 교수가 되었고, 교향악단의 지휘도 맡았음.

1866년(7세)   가족이 다시 파리로 돌아옴.

1868년(9세)   10월, 리세(Lycée, 국립고등학교) 콩도르세(Condorcet)에 입학하여 1878년 7월까지 재학. 재학 중 라틴어, 그리스어, 수학, 작문, 철학, 영어, 자연과학, 역사, 지리, 수사학 등 다방면에서 재능을 나타냄. 전국 학력경시대회에서 라틴어 작문, 영어, 기하학, 프랑스어 작문, 수학에서 1위를 차지함. 에콜 노르말 슈페리외르(Ecole Normale Supérieure ; ENS, 고등사범학교) 시험을 볼 때에는 교장이 '본교에서 가장 뛰어난 학생'이라는 추천서를 써 주었음.

1869년(10세)   가족 모두 런던으로 이주하여 이때부터 혼자 기숙사에서 생활하며 학업을 계속함.

1870년(11세)   프로이센-프랑스 전쟁

1871년(12세)   파리코뮌(La Commune de Paris) 휴전조약 체결됨.

1878년(19세)   ENS에 입학(1881년까지 재학) 에밀 부트루(Émile Boutroux)와 올레 라프륀느(Ollè Laprune) 등의 강의를 들음. 장 조레스(Jean Jaurès)는 동기생임. 1877년 수학경시대회에서 그가 발견한 〈파스칼의 '세 개의 원'에 대한 해법〉이 《신수학연감 Nouvelles annales mathématiques》에 게재됨.

1881년(22세) 아그레가시옹(Agrégation, 교수자격 국가시험)에 합격. 10월 5일, 리세 앙제(Lycée Angers)의 교수가 되어 1882년까지 재직.

1882년(23세) 4월 4일, 여자고등학교 교수가 되어 1883년까지 재직. 리세 앙제의 수상식에서 〈전문(專門)〉이라는 제목으로 강연을 함. 이후 자주 수상식의 강연을 했음.

1883년(24세) 설리(James Sully)의 〈착각—심리학적 연구 *Illusion a Psychological Study*〉(1881)를 익명으로 번역하여 《감각과 정신의 착각 *Les illusions des sens et de lésprit*》이라는 책 제목으로, 파리의 페릭스 아르캉 서점에서 출판. 또 고등학교용 교과서로서 《루크레티우스 발췌》를 드라그라브 서점에서 출판. 이 책은 면밀한 주석 말고도 루크레티우스의 시, 철학, 자연학, 문장 등에 관해 비판적 해설서인 머리말이 붙어 있어, 거기에서 벌써 그의 사상이 엿보임. 2월 14일, 클레르몽—페랑(Clermont Ferrand) 대학에서 〈웃음—무엇에 대해서 사람은 웃는가, 왜 사람은 웃는가 *Le Rire, De quoi riton Pour quoi riton?*〉라는 제목의 강연을 함. 9월 28일, 리세 클레르몽—페랑의 교수가 되어 1888년까지 재직. 이 곳에서 이후의 철학저술에 토대와 영감을 제공한 직관을 얻음.

1888년(29세) 리세 루이 르 그랑의 교수, 이어서 콜레주 로랑의 교수가 되어 1890년까지 재직. 《시간과 자유의지 : 의식에 직접 주어진 것들에 대한 시론 *Essai sur les données immédiates de la conscience*》을 아르캉 서점에서 인쇄. 이를 주논문으로 하고, 《아리스토텔레스의 장소론 *Quid Aristoteles de loco senserit*》을 부논문으로 하여, 박사학위 신청.

1889년(30세) 전술한 논문으로 문학박사가 됨. 이 두 논문이 아르캉 서점에서 출판됨.

1890년(31세) 앙리 4세 리세의 교수가 되어, 1898년까지 재직.

1891년(32세) 프랑스 소설가 마르셀 프루스트의 사촌인 루이즈 뇌뷔르제(Louise Neuberger)와 결혼.

1892년(33세) 외동딸 잔느 태어남.

1894년(35세) 보르도 대학의 강사직을 요청받았으나 사절하고, 소르본 대학의 교수로 입후보하였으나 채용되지 않음.

1896년(37세) 《물질과 기억 *Matière et mémoire*》을 아르캉 서점에서 출판.

1897년(38세) 프랑스 최고의 명문학교인 콜레주 드 프랑스의 강사가 됨. 콜레주 드 프랑스 강의 제목(1897~1898) : 〈플로티노스의 심리학〉, 《엔네아데스》 제4권〉

1898년(39세) 소르본 대학의 교수 선발에 응모하였으나 채용되지 않음. 아버지 미셸, 런던에서 세상을 떠남. ENS의 강사가 되어 1900년까지 재직.

1899년(40세) 〈웃음 *Le Rire*〉을 《파리논평 *Revue de Paris*》에 발표.

1900년(41세) 《웃음 : 희극적인 것의 의미에 관한 소론 *Le Rire : Essai sur la significance du comique*》 아르캉 서점에서 출판. 프랑스 철학회에 의해서 기획된 《철학어휘사전 *Vocabulaire philosophique*》을 위한 토론회에 자주 출석하여, 그날의 의제인 철학용어에 대해서 의견을 말했음. 4월 1일, 레베크 교수의 후임으로서 콜레주 드 프랑스의 교수가 되어 그리스·로마철학 강좌를 맡음. 콜레주 드 프랑스의 강의 제목(1900~1901) : 〈아프로디시아스 알렉산드로스의 운명에 대하여〉, 〈원인의 관념에 대하여〉

1901년(42세) 12월 14일, 도덕·정치학 아카데미의 회원으로서 선출됨. 콜레주 드 프랑스의 강의제목(1901~1902) : 〈플로티노스의 《엔네아데스》 제6권 제9장〉, 〈시간관념의 분절〉

1902년(43세) 7월 22일, 레지옹 도뇌르 5등 훈장을 받음. 콜레주 드 프랑스의 강의제목(1902~1903) : 〈아리스토텔레스의 《자연학》 제2권〉, 〈체계와의 관계에서 시간 관념의 역사 소묘〉

1903년(44세) 1월, 《형이상학 입문 *Introduction á la métaphysique*》을 《형이상학·윤리학평론》에 발표. 이 논문은 형이상학의 입문서임과 동시에 베르그송 철학의 입문서이기도 하다. 많은 외국어로 번역되었으나 프랑스에서는 단행본으로서는 간행되지 않아 일반인이 구해 보기 힘들었으나, 1934년에 이르러 《사상과 움직이는 것 *La pensée et le mouvant*》에 조금 고쳐 수록됨. 콜레주 드 프랑스 강의제목(1903 ~1904) : 〈기억에 관한 이론의 발전〉, 〈아리스토텔레스의 《형이상

학》제11권〉

1904년(45세) 9월, 제네바에서 개최된 국제철학회에서 〈심리·생리적 오류 추리 *Le paralogisme psycho-physiologique*〉라는 제목의 보고를 읽음(〈뇌와 사고—하나의 철학적 착각 *Le cerveau et la pensée : une illusion philoso-phique*의 제명으로 《정신적 에너지 *L'énergie spirituelle*》에 수록). 같은 달, 죽은 가브리엘 탈도의 뒤를 이어 현대철학 강좌로 옮김. 콜레주 드 프랑스 강의제목(1904~1905) : 〈자유 문제 발전의 연구〉, 〈스펜서의 제1원리〉

1905년(46세) 이 해의 강의는 쿠튜라가 대신함.

1906년(47세) 콜레주 드 프랑스 강의제목(1906~1907) : 〈의지에 관한 제이론〉, 〈스펜서의 《심리학의 원리》의 약간의 장〉

1907년(48세) 레지옹 도뇌르 4등 훈장을 받음. 《창조적 진화 *L'Évolution créatrice*》를 아르캉 서점에서 출판. 콜레주 드 프랑스 강의제목(1907~1908) : 〈일반적 관념의 형성과 가치〉

1908년(49세) 콜레주 드 프랑스 강의제목(1908~1909) : 〈정신의 본성 및 정신과 뇌의 작용 관계〉, 〈버클리의 《사이리스》〉

1909년(50세) 이 해의 강의는 볼므스가 대신함.

1910년(51세) 콜레주 드 프랑스 강의제목(1910~1911) : 〈인격성〉, 〈스피노자의 《지성개선론》〉

1911년(52세) 4월, 볼로냐에서 개최된 제4회 국제철학회에서 〈철학적 직관 *L'intuition philosophique*〉이라는 제목의 강연을 함. 런던·유니버시티 칼리지에서 〈정신의 본성에 관해서 *On the nature of the soul*〉, 옥스퍼드 대학에서는 〈변화의 지각 *La perception du changement*《《사상과 움직이는 것》에 수록), 버밍엄 대학에서는 헉슬리 기념강연으로서 〈의식과 생명 *Lipe and consiousness*〉(프랑스어로 번역하여 《정신적 에너지》에 수록)이라는 제목의 강연을 함. 옥스퍼드 대학에서 이학박사 칭호를 받음. 콜레주 드 프랑스 강의제목(1911~1912) : 〈진화의 관념〉, 〈스피노자 철학의 일반적 원리〉

1912년(53세) '신앙과 생활 모임(Cercle foi et vie)'에서 〈마음과 몸 *L'âme et le carps*〉(《정신적 에너지》에 수록)이라는 강연을 함. 문화사절로서 아메리카 대학에 파견됨(1912~1913).

1913년(54세) 컬럼비아 대학에서 〈하나의 인식론의 소묘 *Esquisse d'une théorie de connaissance*〉 및 〈정신성과 자유 *Spiritualité et liberté*〉라는 제목의 강연을 함(《정신적 에너지》에 수록). 5월 28일, 런던의 심령연구회에서 〈살아있는 사람의 환경과 심령연구회〉라는 강연을 함(《정신적 에너지》에 수록). 이 회의 회장으로 추대됨. 12월 30일, 콜레주 드 프랑스에서 〈클로드 베르나르의 철학〉(《사상과 움직이는 것》에 수록)이라는 강연을 함.

1914년(55세) 도덕·정치학사원의 의장으로 선출됨. 아카데미 프랑세즈의 '불멸의 40인' 회원으로 선출. 1월 17일, 에두아르 르 로아를 자기 후계자로 삼고 싶다는 의사 표시를 콜레주 드 프랑스의 원장에게 함. 그의 주요 저작물이 교황청의 금서목록에 듦. 이 해에 제1차 세계대전 발발. 그 뒤 국내외 정치문제에서 활약하며 이스라엘 건설에 노력하였음.

1915년(56세) 문화사절로서 에스파냐에 파견됨. 마드리드의 학생회관에서 〈철학〉이라는 제목의 강연을 함. 샌프란시스코에서 만국박람회가 개최되어, 프랑스 교육부에서 《프랑스 과학 *La science francaise*》이라는 책을 출품함에 있어 그는 〈철학〉의 항목을 담당하여 프랑스 철학에 관해서, 철학사의 면에 있어서와 일반적 특징의 면에서 탁월한 서술을 했음. 이 책은 라루스 서점에서 출판되었으나, 1933년 에두아르 르 로아의 협력에 의해서 제2판이 같은 서점에서 나왔음.

1917년(58세) 미국에 파견됨. 1월 14일, 아카데미 프랑세즈 회원 취임연설을 함. 1914년에 회원으로 추대되었으면서도 취임연설이 이토록 늦어진 까닭은 제1차 세계대전 발발 이래 문화사절로서 외국에 파견되었고, 또 국내에 있을 때는 전쟁에 관련한 강연과 논문 집필로 바빴기 때문. 이 해에 다시 미국에 파견됨. 3월과 11월, 러시아혁명 일어남.

1919년(60세) 레지옹 도뇌르 3등 훈장을 받음. 교육 최고회의의 회원에 임명됨. 논문집 《정신적 에너지》를 아르캉 서점에서 출판.

1921년(62세) 콜레주 드 프랑스에 사표를 제출.

1922년(63세) 콜레주 드 프랑스의 명예교수가 됨. 에두아르 르 로아가 베르그송의 후임이 됨. 1월 4일, 국제연맹의 국제지적협력위원회의 위원에 임명되어 8월 1~6일에 개최된 제1회 위원회에서 만장일치로 의장에 선출됨. 프랑스 철학회의 4월의 예회에서, 아인슈타인의 상대성이론에 대해 그의 의견을 말함. 그 뒤《지속과 동시성 *Durée et simultanéité*》의 제목으로 아르캉 서점에서 출판. 이 책은 1923년, 세 논문을 묶어 재판됨.

1923년(64세) 레지옹 도뇌르 2등 훈장을 받음.

1924년(65세) 류머티즘 최초의 발작이 일어남.

1925년(66세) 건강상의 이유로 국제지적협력위원회를 사퇴.

1928년(69세) 노벨문학상 수상.

1930년(71세) 레지옹 도뇌르 대십자자훈장을 받음.

1932년(73세) 《도덕과 종교의 두 원천 *Les Deux Sources de la morale et de la religion*》을 아르캉 서점에서 출판.

1934년(75세) 논문집 《사상과 움직이는 것》을 아르캉 서점에서 출판.

1936년(77세) 에스파냐 시민전쟁

1937년(78세) 2월 8일, 유언장에 서명. 그는 여기에서 모든 수기와 강의 노트 및 편지 출판을 금하고 있음. 6월, 파리에서 개최한 제9회 국제철학회(데카르트 《방법서설》 출판 300년 기념학회)의 명예회장이 되어 개회식에 병상 메시지를 보냄.

1939년(80세) 제2차 세계대전이 발발하자, 그는 가족과 함께 투르 시 근처의 생 시이르 쉬르 로아르로 몸을 피함. 독일군의 진격과 함께 다시 닥스로 옮김.

1941년(82세) 1월 4일, 폐충혈로 사흘 동안을 앓고서 파리의 생 라자르 가 자택에서 숨을 거둠. 1월 6일, 파리의 생 라자르 역에서 25분 걸리는 거리에 있는 가르시의 작은 묘지에 묻힘. 묘석에는 프랑세즈 회원, 도덕·정치학사원 회원, 레지옹 도뇌르 대십자자훈장이라 써어 있음.

1978년 5월 11일, 팡테옹 사원에 다음과 같이 적힘. '그 저작과 생애가 프랑스 및 인류 사상을 영예롭게 한 철학자—앙리 베르그송'

이희영(李希榮)

성균관대학교국사학과졸업.성균관대학교대학원사학과졸업.파리사회과학고등연구원EHESS
역사인류학 박사과정 수학. 지은책《솔로몬 탈무드》《유대 부자철학》. 옮긴책 막스 디몬트
《세계 최강성공집단 유대인》앙리 프레데릭 아미엘《아미엘일기》등이 있다.

세계사상전집037
Henri Bergson
LE RIRE/L'ÉVOLUTION CRÉATRICE
LES DEUX SOURCES DE LA MORALE ET DE LA RELIGION
웃음/창조적 진화/도덕과 종교의 두 원천
앙리 베르그송 지음/이희영 옮김
동서문화사창업60주년특별출판
1판 1쇄 발행/2016. 9. 9
1판 2쇄 발행/2020. 6. 1
발행인 고정일
발행처 동서문화사
창업 1956. 12. 12. 등록 16-3799
서울 중구 마른내로 144(쌍림동)
☎ 546-0331~6 Fax. 545-0331
www.dongsuhbook.com
＊

사업자등록번호 211-87-75330
ISBN 978-89-497-1445-5 04080
ISBN 978-89-497-1408-0 (세트)